의장 톰 폴리, 하원 다수당 의장 딕 게파트, 상원 다수당 의장 조지 미첼을 리틀록으로 불러 저녁식사를 하거나 아침 면담을 했다. 나로서는 민주당 지도자들과 순조로운 출발을 하는 것이 중요했다. 성공을 위해서는 그들의 지지를 얻어야 한다는 것을 알고 있었으며, 그들 역시 미국 국민이 우리 모두에게 여대야소를 기반으로 정치적 교착 상태를 깨는 책임을 맡길 것임을 알고 있었다. 따라서 나나 그들이나 약간의 타협이 필요했지만, 그들을 만나본 뒤에 함께 일을 할 수 있다는 자신감을 얻었다.

세 번째 수요일에 나는 부시 대통령, 다른 민주당 의원들, 의회의 공화당 지도자들을 만나기 위해 이틀 예정으로 워싱턴에 갔다. 대통령과의 면담은 예정된 한 시간을 넘겨 거의 두 시간이나 계속되었으며, 분위기도 우호적이었고 실제로도 큰 도움이 되었다. 우리는 광범위한 문제들에 대해 이야기했으며, 외교정책상의 난제들에 대한 대통령의 통찰이 특히 돋보인다는 느낌을 받았다.

나는 백악관에서 나온 뒤, 차를 타고 3킬로미터 정도 떨어진 워싱턴 북서부로 갔다. 가난, 실업, 마약, 범죄에 시달리는 동네였다. 조지아 애비뷰에서 차를 내려 한 블록을 걸으며, 상인을 비롯한 여러 시민과 악수를 하고, 그들의 문제와 내가 도울 수 있는 방법에 대해 이야기를 나누었다. 1991년에, 내가 내린 곳 반경 1킬로미터 내에서 8명이 죽임을 당했다는 사실을 보면 그곳이 얼마나 위험한지 충분히 알 수 있었다. 길을 걸어가다 중국 음식점에 들어가 먹을 것을 샀는데, 사람들이 안전을 위해 방탄유리 뒤에서 일을 하고 있는 것을 볼 수 있었다. 어린 학생들의 학부모는 학교에 총을 가져오는 아이가 많아 겁이 난다고 말했다.

연방정부가 여전히 수도 행정의 상당 부분을 관장하고 있음에도, 의회와 백악관은 워싱턴 시내에 사는 사람들을 잊어버리는 경우가 많았다. 나는 이 도시의 거주자들이 내가 그들의 문제에 관심을 가진다는 것, 그들의 좋은 이웃이 되기 바란다는 것을 알아주기를 바랐다.

목요일 아침에는 조깅을 했다. 백악관에서 라파예트 광장을 건너면 나오는 헤이애덤스 호텔에서 묵었는데, 호텔 문에서부터 노숙자들이 가득한 거리를 달려 워싱턴 기념비와 링컨 기념관까지 갔다가 다시 호텔 옆의 맥도 널드로 돌아왔다. 나는 그곳에서 커피를 사다가 59세인 남자를 만났다. 그 는 불황 때문에 일자리를 포함한 모든 것을 잃었다고 말했다. 나는 그 남자 를 생각하며 호텔로 걸어갔다. 대통령을 둘러싸고 있는 담 안에 있으면서 어떻게 그와 같은 사람들의 문제를 언제나 잊지 않을 수 있을까?

나는 14명의 민주당 원내 지도자들과 아침식사를 한 뒤에 상원의 소수 당 의장 밥 돌을 비공개 방문했다. 나는 늘 돌을 존경해왔다. 그는 제2차 세 계대전 때 입은 부상을 극복한 용기 있는 사람이었으며, 식량 카드와 장애 인 인권 같은 문제에서 민주당과 협력해온 사람이기 때문이었다. 그러나 그 는 당의 입장에 따라 행동하는 사람이었기 때문에, 내가 선출되던 날 지체 없이 "다수로 승리한 것이 아니기 때문에 분명한 통치 위임이 이루어졌다고 볼 수 없다"고 말하기도 했다. 따라서 돌은 그의 책무가 "공화당을 단결시키 고, 무소속과 로스 페로 지지자들을 끌어당겨 우리의 독자적인 의제를 설정 하기 위해 노력하는 것"이라고 말했다. 돌과 나는 우호적인 대화를 나누었 지만, 그 자리를 나오면서 우리의 관계가 어떻게 될지, 그의 의제가 어떤 것인지 잘 알 수가 없었다. 어쨌거나 돌도 대통령이 되기를 바라는 사람이 었다.

나는 하원 소수당 의장인 일리노이 출신의 구식 보수주의자 밥 미켈과 따뜻한 대화를 나누었다. 그러나 공화당 원내총무인 조지아의 뉴트 깅리치 는 휴가를 떠나고 없어 아쉬웠다. 깅리치는 하원에서 보수적인 공화당 의원 들의 정치적·지적 지도자였다. 그는 문화적·종교적 보수주의자들과 큰 정부에 반대하고 세금에 반대하는 유권자들을 결합하면 공화당이 영원한 다수당이 될 수 있다고 믿었다. 그는 1990년에 부시 대통령이 민주당의 적 자 감소를 위한 일괄 법안에 서명을 했다는 이유로 그를 심하게 닦달했다. 그 법안에 휘발유세 인상이 포함되어 있었기 때문이다. 그가 나를 어떻게 할 생각인지는 상상만 할 수 있을 뿐이었다.

호텔로 돌아와 합동참모본부장인 콜린 파월 장군과 자리를 함께 했다. 레이건과 부시의 지원 하에 군대에서 최고 지위에 오른 사람으로서, 파월은 이제 전과 전혀 다른 총사령관 밑에서 참모본부장으로 마지막 9개월을 보내야 했다. 파월은 동성애자들이 군에서 복무하도록 허용하자는 나의 제안에 반대했다. 그러나 그를 대중의 영웅으로 만든 걸프전쟁 기간 동안, 펜타곤은 사실을 알고 있으면서도 100명 이상의 동성애자들이 복무하는 것을 허용했고, 전쟁이 끝나 그들이 더 필요 없게 된 후에야 제대를 시켰다. 이런 의견 차이에도 불구하고, 파월 장군은 정직한 조언을 하고 최선을 다해 맡은 일을 하겠다는 점을 분명히 했다. 그것이야말로 내가 바라는 것이었다.

힐러리와 나는 패멀라 해리먼이 주최하는 저녁 파티에 참석하는 것으로 워싱턴 일정을 끝마쳤다. 그 전날 밤에는 버넌과 앤 조던 부부가 저녁을 먹자고 우리와 함께 다른 몇 사람을 초대하기도 했다. 이 파티들은, 나중에 캐서린 그레이엄이 주도한 파티와 더불어 힐러리와 나를 워싱턴의 정계, 언론계, 재계의 중요한 사람들에게 소개하기 위해 마련된 자리였다. 그들 대부분에게 우리는 여전히 낯선 사람들이었다.

우리는 주지사 관저에서 가족과 함께 마지막 추수감사절을 보내고, 매년 하던 대로 우리의 친구가 가정폭력을 피해온 여자와 아이들을 위하여 운영하는 시설을 방문했다. 힐러리와 나는 첼시와 그녀의 친구 일리저버스 플래맹과 함께 캘리포니아로 갔다. 그곳에서 우리는 친구 토머슨 부부 집에 묵으며 레이건 대통령을 방문했다. 레이건은 20세기폭스사가 영화 제작장소로 사용하던 땅에 지어진 아주 멋진 건물에 둥지를 틀고 있었다. 그와 함께 보낸 시간은 정말 즐거웠다. 레이건은 훌륭한 이야기꾼이었으며, 백악관에서 8년을 보냈기 때문에 내가 듣고 싶어 하는 좋은 이야기들을 해줄 수 있었다. 면담이 끝났을 때 레이건은 나에게 그의 트레이드마크인 빨간색, 하얀색, 파란색 젤리빈 과자가 든 단지를 주었다. 나는 그 단지를 8년 동안 집무실에 보관했다.

12월에 나는 국민이 나에게 시키려는 일에 착수했다. 그것은 결정을 내리는 일이었다. 나는 경제에 '레이저 빔'처럼 초점을 맞추겠다고 약속했기 때문에 우선 그 일부터 시작했다. 12월 3일, 주지사 관저에서 연방준비제도 이사회FRB 의장인 앨런 그린스펀을 1대 1로 만났다. 연방준비제도이사회 의장은 경제에 엄청난 영향을 미친다. 연방준비제도이사회는 단기간의 이자율을 결정하는데, 이것이 주택 저당 이자율을 포함한 장기간의 기업과 소비자 대출 이자율을 결정하기 때문이다. 그린스펀은 또 경제의 여러 면에 해박하고 워싱턴에서도 유력하고 노련한 인물이었기 때문에, 그의 연설이나 의회 증언은 큰 무게를 지녔다. 나는 그린스펀이 보수적인 공화당원이라는 사실을 알고 있었다. 따라서 나의 당선에 실망했을 터였다. 그러나 나는 우리가 세 가지 이유에서 함께 일을 할 수 있다고 생각했다. 첫째로 내가 연방준비제도이사회의 독립성을 신봉한다는 것, 둘째로 그린스펀과 마찬가지로 나도 적자 축소를 핵심으로 본다는 것, 셋째로 그 역시 한때 테너 색소폰을 연주했으며, 역시 나처럼 생계를 위해서는 다른 일을 택하는 게 낫다고 판단했다는 것.

일주일 뒤, 나는 경제팀부터 시작해 각료를 선정해 나갔다. 제일 먼저 임명된 사람은 재무장관 로이드 벤슨이었다. 벤슨은 상원 재정위원회 위원장이었으며, 친기업적인 인물이었다. 키가 훤칠하고 귀족적인 태도를 보여주는 벤슨은 텍사스 남부의 부유한 집안 출신으로, 제2차 세계대전 때는 폭격기 조종사로 이탈리아에서 근무한 뒤 하원의원에 당선되었다. 그는 3선을 한 뒤 하원을 떠나 사업을 하다가, 1970년 선거에서 조지 H. W. 부시 의원을 물리치고 상원의원에 당선되었다. 나는 벤슨을 좋아했으며, 그가 재무쪽에는 적격이라고 생각했다. 그는 월스트리트에서 존경을 받았고, 의회에서 능력을 발휘할 수 있었고, 성장을 회복하고 빈곤을 줄이자는 나의 목표에 헌신적이었다. 재무부 부장관은 블랙스톤 그룹 투자회사의 부회장 로저 앨트먼으로 결정했다. 로저는 평생 동안 민주당원이었으며 재정통이었다. 그는 우리 팀을 강화시키고, 우리와 월스트리트와의 유대도 강화해줄 터였다. 재무부의 국제 담당 차관은 래리 서머스였다. 그는 28세에 하버드의 최연소 종신 교수가 된 인물이었다. 그는 내가 소문으로 듣던 것보다 더 똑똑했다.

나는 관리예산국OMB을 이끌 사람으로 하원 예산위원회 위원장인 캘리포니아 출신의 리언 파네타를 선택했다. 관리예산국은 중요한 자리지만, 나에게는 특히 더 중요했다. 나는 적자를 줄이면서도 장기적 번영에 핵심적인 교육, 기술 같은 영역에 대한 지출은 늘리는 예산을 짜내야 했기 때문이다. 리언과 면담을 하기 전에는 그를 몰랐지만, 그의 지식, 힘, 솔직한 태도에 강한 인상을 받았다. 나는 관리예산국장의 최종 후보에 앨리스 리블린도 올려놓고 있었는데, 그녀는 리언 밑의 차장으로 임명했다. 앨리스도 리언과 마찬가지로 아주 유능했으며 적자에 대해서는 매파the hawks였지만, 연방의 도움을 필요로 하는 사람들의 말에 귀를 기울일 줄 알았다.

나는 밥 루빈에게 새 일을 맡아달라고 했다. '국가경제회의'의 의장으로서 백악관에서 경제정책을 조율해달라는 것이었다. 국가경제회의는 국가안전보장회의와 마찬가지로 모든 관련 부처를 모아 정책을 만들고 집행하는 방식으로 운영될 예정이었다. 사실 나는 연방정부가 경제정책 작성에서 조직력과 효율성을 최대한 보여주지 못한다고 생각했으며, 재무부와 관리예산국의 세금과 예산 기능만이 아니라, 상무부, 무역대표부, 경제자문회의, 수출입은행, 중소기업청의 일들까지 한데 모으고 싶었다. 모든 소득 집단과 모든 지역에 혜택을 주는 데 필요한 포괄적이고 복잡한 경제 계획을 집행하려면 모든 가용 자원을 활용해야 했기 때문이다. 루빈은 바로 그런 일을 할 수 있는 사람이었다. 비결은 모르겠지만 그는 억제된 모습과 강렬한 모습을 동시에 보여줄 수 있는 사람이었다. 그는 뉴욕의 커다란 투자회사인 골드만삭스의 공동 회장이었는데, 그곳에서 벌어지는 자존심과 이익의 충돌을 조정할 수 있었다면, 내가 맡기는 일도 잘해낼 것 같았다. 국가경제회의는 백악관 기능에서 가장 큰 변화였으며, 루빈 덕분에 이 회의는 미국에 제대로 봉사할 수 있었다.

나는 버클리 대학의 존경받는 경제학 교수 로러 타이슨을 경제자문회의 의장으로 결정했다고 발표했다. 로러를 만나 얘기를 나누면서 기술, 제조업, 무역 등 내가 국가 경제정책 결정에서 오랫동안 무시되어왔다고 생각하던 미시경제학적 문제들에 관한 그녀의 지식에 감탄했다.

노동부 장관으로는 밥 라이히를 임명했다. 노동부는 레이건과 부시 밑에서 힘을 많이 잃었다. 그러나 나는 노동부를 우리 경제팀의 중요한 부분으로 보았다. 밥은 더 긴밀한 노사 협력의 필요성을 강조하고, 현대 노동 현장에서는 유연성과 안전성이 둘 다 중요하다는 점을 역설하는 좋은 책들을 몇 권 썼다. 그가 건강, 안전, 복지라는 면에서 노동자들의 이해관계를 방어하고, 우리의 새로운 경제정책에 긴요한 노동자들의 지지를 얻어낼 수 있을 것이라고 나는 믿었다.

론 브라운에게는 상무장관을 맡아달라고 부탁했다. 너무 오랫동안 '2급' 기관으로 간주되어온 부서의 중요성을 높이겠다는 공약을 이행하기 위해서였다. 론은 머리가 좋고 배짱이 두둑한 사람으로, 민주당전국위원회를 죽음으로부터 살려냈고, 그 자유주의적이고 노동자 지향적인 기초를 '민주당 지도자협의회'의 새로운 접근방법을 받아들이는 사람들과 결합했다. 통상 문제를 다루는 관료기구에 활기를 불어넣어 미국의 통상 이익을 증진시킬 수 있는 사람을 찾는다면 론이야말로 적임자였다. 론은 최초의 아프리카계 미국인 상무장관이었으며, 이 부서 역사상 가장 유능한 지도자로 손꼽히게 된다.

론 브라운의 상무장관 임명을 발표한 날, 나는 아칸소 주지사직을 사임했다. 이제 그 일에 시간을 할애할 수 없었기 때문이다. 부지사 짐 가이 터커는 주지사직을 인계받을 만반의 준비를 갖춘 유능한 인물이었다. 12월에 주지사직을 떠나면서, 불과 24일이 모자라는 바람에 아칸소 최장수 주지사인 오벌 포버스의 기록을 깨지 못한 것이 아쉬웠다.

주요 경제 관료 자리가 다 채워지자 나는 12월 14일과 15일에 리틀록에서 경제 정상 회의를 주최했다. 우리는 그전부터 6주 동안 미키 캔터, 힐러리의 친구로 캘리포니아에서 나를 지원해주었던 존 에머슨, 어스킨 보울스의 지휘 하에 이 일을 준비해왔다. 어스킨은 노스캐롤라이나 출신의 성공적인 기업인으로, 나의 '새로운 민주당원' 철학과 태아 조직 연구를 지지하는 입장 때문에 대통령 선거에서 나를 지원했다. 어스킨의 집안에는 당뇨병 내력이 있었으며, 그는 나와 마찬가지로 당뇨병 등 현재 치료 불가능한 질병의 수수께끼를 푸는 데 태아 조직 연구가 핵심이라고 보았다.

회의 계획이 발표되자 미국의 모든 사람이 그 자리에 참석하고 싶어 하는 것 같았다. 미키와 어스킨은 그 수많은 참석 희망자들을 리틀록 컨벤션 센터의 강당에 들어갈 수 있는 규모로 줄이는 동시에 이 행사를 취재하고 싶어 하는 전 세계에서 몰려온 엄청난 숫자의 기자들을 위한 공간을 확보하느라 애를 먹었다. 마침내 그들은 대표자 수를 329명으로 추릴 수 있었다. 여기에는 「포춘」지 선정 500대 기업에 속하는 회사의 총수로부터 실리콘밸리의 임원, 상점 주인까지 망라되었으며, 노동계 지도자, 학자, 알래스카의 농장 주인, 윌머 맨킬러(사람을 죽이는 자라는 뜻―옮긴이주)라는 당당한 이름을 가진 체로키 인디언 추장까지 포함되어 있었다.

회의가 열렸을 때 분위기는 바짝 달아올라 있었다. 정책 결정자들을 위한 록 콘서트 같았다. 언론에서는 이 회의를 '벼락치기 공부 축제' 라고 불렀다. 모든 토론자들이 날카로운 통찰과 새로운 구상을 제시했으며, 그 결과 내 앞에 놓인 선택들이 분명해졌다. 설사 중산층의 감세폭을 줄이더라도, 아니면 그것을 완전히 포기하더라도 적자를 줄이는 것이 내게 1순위라는 데 거의 완전한 합의가 이루어졌다. 우리가 '미키의 연수회' 라고 부른 이 회의는 엄청난 성공을 거두었는데, 정책 벼락치기 공부를 하는 사람들의 눈에만 그렇게 보인 것이 아니었다. 회의 뒤의 여론조사는 미국 국민의 77퍼센트가 나의 대통령직 인수 준비에 찬성한다는 것을 보여주었다.

경제 회의는 내가 약속한 대로 미국이 통화침투설에 따른 경제에서 투자와 성장의 경제로, 변화하는 세계 경제 속에서 기반을 잃어가는 사람들을 무시하는 미국에서 다시 한 번 모든 책임 있는 국민에게 기회를 주는 미국으로 옮겨간다는 메시지를 분명하고 힘차게 전했다. 결국 나는 미키 캔터를 미국 무역 대표로, 어스킨 보울스를 중소기업청장으로, 존 에머슨을 백악관 비서진으로 임명하게 된다. 우리 팀에서 자신의 힘으로 자리를 얻은 사람을 꼽는다면, 누구보다도 그들을 꼽지 않을 수 없다.

경제 회의 직전 나는 맥 맥라티를 백악관 비서실장에 임명했다. 특이한 선택이었다. 맥은 부시 대통령 밑에서 두 번 연방위원회에 참여했지만, 워싱턴의 내부 인사라고 할 수는 없었기 때문이다. 맥은 그 점을 걱정했다. 그는 나에게 자신의 기업 경험에 맞는 경제 쪽 자리가 더 낫겠다고 말했다. 그럼에도 나는 맥에게 그 자리를 받아들이라고 밀어붙였다. 그가 백악관 비서진이 편안하게 일할 수 있도록 조직력을 발휘하고, 내가 일하고 싶은 팀 분위기를 만들 것이라고 확신했기 때문이다. 그는 자신에게 엄격했고, 똑똑했고, 협상 기술이 뛰어났으며, 많은 일들을 동시에 파악하고 끝까지 추진하는 능력이 있었다. 그는 또 40년 이상 나의 의리 있는 친구였다. 나는 그가 다양한 관점과 정보원으로부터 나를 차단하지 않을 것이라고 믿었다. 솔직히 우리의 재직 기간 초기 몇 달 동안은 그와 나, 둘 다 워싱턴의 정치와 문화의 음정을 따라가지 못해 고생을 했다. 그러나 우리는 결국 맥 덕분에 많은 일을 해낼 수 있었고, 이전의 수많은 백악관 비서진에게서는 찾아볼 수 없었던 협력의 분위기를 만들어낼 수 있었다.

12월 11일에서 18일 사이에 나는 역사상 가장 다양한 출신 배경을 가진 행정부를 구성한다는 목표에 접근해가고 있었다. 11일에는 워싱턴 대학 총장 도너 샬랄라를 보건복지부 장관에, 플로리다 주 환경청장 캐럴 브라우너를 환경보호국장에 임명했다. 힐러리와 나는 키는 150센티미터에 불과하지만 엄청난 힘을 발휘하는 레바논계 미국인 샬랄라를 오래전부터 알고 있었다. 브라우너는 면담 때 처음 봤지만 좋은 인상을 받았으며, 내 친구인 로턴 차일스 주지사가 그녀를 높게 평가했고 앨 고어도 그녀가 그 일을 해주기를 바랐다. 두 여자는 나의 8년 임기 내내 그 자리를 지키면서 수많은 중요한 일들을 해내게 된다. 15일, 언론에는 미국 공중위생의 총책임자인 공중위생국 장관으로 아칸소 보건부 국장인 닥터 조이슬린 엘더스가 임명될 것이라는 보도가 나왔다. 그녀는 아칸소 의대를 졸업한 두 번째 흑인 여성이자 소아 당뇨의 권위자였다.

17일에는 헨리 시스네로스를 도시주택부 장관으로 발표했다. 헨리는 뛰어난 정치적 재능과 착한 마음씨를 겸비한 사람으로, 미국에서 가장 많은 인기를 얻은 남미계 정치가였다. 게다가 시장으로서 샌안토니오의 부흥을 이끈 훌륭한 이력으로 그 자리에 알맞은 자격을 갖추고 있었다. 나는 또 해병대 출신으로 베트남 참전용사이며 미국상이용사회의 사무총장인 아프리카계 미국인 제시 브라운을 보훈부 장관으로 임명했다.

12월 21일에는 미네소타의 노던 스테이츠 파워 컴퍼니의 아프리카계 미국인 설비 담당 이사인 헤이절 오리어리를 자원부 장관에 임명했고, 사우스캐롤라이나 주지사 출신인 딕 라일리를 교육부 장관에 임명했다. 헤이절은 천연가스의 전문가였으며, 나는 그 개발을 지원하고 싶었다. 천연가스가 석유와 석탄보다 깨끗하고 양도 풍부하여 청정에너지로 가는 중간 정거장으로 손색이 없었기 때문이다. 딕과 나는 오래전부터 친구 사이였다. 그의 겸손한 태도만 보고 그를 판단해서는 안 된다. 그는 오랫동안 척추에 문제가 있어 늘 심한 통증에 시달렸음에도 법조계와 정계에서 성공을 거두고 훌륭한 가족을 이루었다. 게다가 그는 훌륭한 교육 전문가였다. 선거운동 기간 동안 나는 아칸소가 지난 10년간 교육에서 사우스캐롤라이나를 제외한 다른 어떤 주보다 큰 진전을 이룩했다는 기사를 자주 인용했다.

12월 22일 화요일, 나는 국가안보팀 전체를 발표했다. 국무장관에 워런 크리스토퍼, 국방장관에 레스 애스핀, 유엔 대사에 매들린 올브라이트, 국가안보 보좌관에 토니 레이크, 중앙정보부장에 짐 울시, 대통령 해외정보자문위원회 위원장에 빌 크로 제독을 임명한 것이다.

크리스토퍼는 카터 대통령의 국무장관이었으며, 이란에 잡혀 있던 미국 인질들을 석방시키는 협상에서 주요한 역할을 했다. 그는 부통령과 내각 선정 과정에서 나를 잘 보좌했으며, 기본적인 외교정책 목표가 나와 같았다. 어떤 사람들은 그의 성격이 너무 차분해서 힘을 발휘하기 어렵다고 생각했으나, 나는 그가 해야 할 일은 반드시 해낸다는 것을 알고 있었다.

나는 샘 넌이 국방장관직을 맡지 않겠다는 의사를 분명히 밝힌 뒤에 레스 애스핀에게 그 자리를 제안했다. 애스핀은 하원 군사위원회 위원장으로서 하원에서 누구보다 국방에 대해 잘 아는 사람이었으며, 냉전 이후 세계의 안보 문제를 잘 이해하고 있었고 그에 대응하여 군 현대화를 위해 노력하고 있었다.

나는 듀카키스 선거운동 때 처음 만난 이래로 조지타운 대학의 인기 있는 교수 매들린 올브라이트에게서 좋은 인상을 받았다. 체코슬로바키아 출신으로 바츨라프 하벨의 친구이기도 한 올브라이트는 민주주의와 자유의 정열적이고 논리적인 옹호자였다. 나는 그녀가 냉전 이후 시대의 유엔에서 미국을 위한 이상적인 대변인이 될 것이라고 생각했다. 그리고 그녀가 국가안보 문제에 대해서도 조언을 해주기를 바랐기 때문에, 유엔 대사를 각료급으로 높였다.

국가안보 보좌관 결정은 약간 까다로웠다. 토니 레이크와 샌디 버거, 둘 다 선거운동 기간 내내 나에게 외교정책을 가르치고 조언하는 일을 잘해주었기 때문이다. 토니가 샌디보다 나이가 약간 많았으며, 샌디는 카터 국무부 시절 토니 밑에서 일하기도 했다. 그러나 나는 샌디를 더 오래, 더 잘 알았다. 결국 샌디가 나에게 와서, 토니를 국가안보 보좌관으로 임명하면 자기가 부보좌관을 맡겠다고 함으로써 일이 매듭지어졌다.

중앙정보부장 자리는 맨 마지막에 채워졌다. 나는 하원 정보위원회 위원장인 오클라호마의 데이브 맥커디 의원을 임명하고 싶었지만, 그가 사양하는 바람에 무척 실망했다. 1991년 말 샌디 버거는, 국가안보와 국방에 대해 민주당이 일반적으로 표방하는 것보다 더 보수적인 견해를 표명하는 민주당 의원 및 무소속 의원들로 이루어진 다양한 그룹과 함께 국가 안보 토론회를 주최하였는데, 나는 그곳에서 짐 울시를 처음 만났다. 울시는 워싱턴 외교정책 기구들 내에서 오랫동안 활약한 인물로, 아주 똑똑하고 그 자리에 관심도 있었다. 나는 한 번 면담한 뒤 울시에게 그 자리를 제안했다.

국가안보팀을 발표하고 나자 내 스스로 정해놓은 내각 구성 마감시한인 크리스마스까지 일을 마칠 수 있겠다는 생각이 들었다. 크리스마스 이브에 미키 캔터의 임명을 공식 발표하고, 미시시피의 마이크 에스피를 농무장관으로, 덴버 시장 출신의 페데리코 페냐를 교통부 장관으로, 애리조나 주지사 출신의 브루스 배빗을 내무부 장관에, 에이트너 생명상해보험의 법률고문 조 베어드를 첫 여성 법무장관에 임명함으로써 마감시한을 지켰다.

에스피는 민주당지도자협의회에서 적극적으로 활동했으며, 농업 문제를 잘 이해했고, 뉴올리언스의 빌 제퍼슨 의원과 애틀랜타의 존 루이스 의원과 더불어 아칸소 밖에서 나를 지지한 최초의 저명한 흑인 지도자들 가운데 한 사람이었다. 나는 페냐를 잘 몰랐지만, 그는 훌륭한 시장이었으며 덴버의 커다란 새 공항 건설을 지휘한 경험이 있었다. 항공 산업은 곤경에 처했으며, 그들의 문제를 이해하는 교통부 장관을 원하고 있었다. 브루스 배빗은 내가 가장 좋아하던 주지사 동료 가운데 한 사람이었다. 머리가 좋고, 권위를 싫어하고, 재치 있는 브루스는 전통적으로 공화당이 강세인 애리조나에서 당선되었으며, 적극적이고 진보적인 주지사로서 성공을 거두었다. 나는 그가 카터 대통령이 겪었던 것과는 달리 서부 여러 주에서 부작용을 덜 겪으면서 우리의 환경 관련 의제들을 추진해나가기를 바랐다.

나는 원래 버넌 조던을 법무부 장관으로 임명할 생각이었다. 그는 유명한 민권 변호사였으며, 미국 재계에서도 그에 대한 평가가 좋았다. 그러나 버넌은 제임스 카빌과 마찬가지로 정부에 들어오지 않겠다고 결심을 굳히고 있었다. 버넌은 12월 초에 주지사 관저의 뒤쪽 포치에서 이야기를 하던 도중 그런 의사를 밝혔으며, 나는 몇 사람을 고려하다가 결국 조 베어드를 선택했다.

나는 조를 면담 때 처음 만났다. 그녀는 에이트너의 법률고문으로 일하기 전에 카터의 백악관에서 일했으며, 가난한 사람들의 옹호자였다. 그녀는 불과 마흔이었음에도, 법무장관의 역할과 자신이 마주하게 될 난제들을 매우 깊이 있게 이해하는 것 같았다.

마약 차르CZAR(마약 대책 책임자를 가리킨다—옮긴이주), 중소기업청장, 연방비상관리국장 등 몇 개의 자리를 나중에 각료급으로 높이기는 했지만, 뛰어난 능력과 전례 없는 다양한 출신 배경을 갖춘 내각 구성을 크리스마스까지 완료할 수 있었다.

그런데 크리스마스의 가장 큰 뉴스는 이것이 아니었다. 부시 대통령은, 독립변호사(특별검사와 비슷한 뜻으로 쓰인다—옮긴이주) 로런스 월시가 이란-콘트라 사건으로 기소했던 캐스퍼 웨인버거를 비롯한 여섯 사람을 사면함으로써 이전 자신의 동료들에게, 그리고 잠재적으로는 자신에게 큰 크리스마스 선물을 주었다. 웨인버거의 재판은 곧 열릴 예정이었으며, 부시도 증인으로 소환될 가능성이 있었다. 월시는 격분하여 사면 조치를 6년간의 은폐 작업의 완성이라고 비난하면서 이렇게 말했다. "이것은 어떤 사람도 법위에 있을 수 없다는 원칙을 훼손한다. 이것은 막강한 협력자를 가진 막강한 사람들이 고위직에 앉아 심각한 범죄를 저질러 의도적으로 공중의 신뢰를 악용하고도 아무런 대가를 치르지 않을 수 있다는 것을 보여준다." 이제 피고들 가운데 누구도 법정에 소환하여 선서 증언을 시킬 수 없게 되었으므로, 더 많은 사실이 드러난다 해도 그들은 법정에 나오지 않을 가능성이 높았다. 바로 2주 전, 월시는 대통령과 그의 변호사 보이든 그레이가 계속되는 요청에도 불구하고 이란-콘트라와 관련하여 부시 자신이 당시에 썼던 메모를 1년 이상 제출하지 않았다는 것을 알게 되었다.

나는 이 사면에 반대했으며, 이 문제를 더 확대할 수도 있었다. 그러나 세 가지 이유로 그렇게 하지 않았다. 첫째, 대통령의 사면권은 미국 헌법에서는 절대적인 것이다. 둘째, 나는 나라가 더 분열되기보다는 더 통합되기를 바랐다. 설사 그런 분열로 인해 내가 정치적 이득을 본다 해도 말이다. 셋째, 부시 대통령은 수십 년 동안 조국에 봉사한 사람이었다. 나는 그것을 그와 그의 양심 사이의 문제로 남겨두고, 그가 평화롭게 퇴임할 수 있도록 해주어야 한다고 생각했다.

크리스마스가 지난 어느 날 나는 유쾌하고도 놀라운 일을 경험했다. 「타임」이 나를 '올해의 인물'로 선정하겠다고 발표한 것이다. 선정 이유는 나에게 '미국에 주기적으로 찾아오는 재창조를 이끌고 나갈' 기회가 주어졌다는 것이었다. 이 재창조란 '미국인들이 자신의 이미지를 다시 상상함으로써 가장 깊은 곤경에서 헤쳐나오는 순간'이라고 규정했다. 나에게 소감을 물었을 때, 나는 기분은 좋지만 어려운 세상 때문에, 할 일이 너무 많아 수렁에 빠지는 듯한 느낌 때문에, 워싱턴으로 이사하는 것이 첼시에게 좋을지 알 수 없기 때문에, 걱정이라고 말했다. 첼시는 잘 지내게 되었지만, 나의 다른 걱정들은 근거 있는 것이었음이 입증되었다.

나는 힐러리, 첼시와 함께 새해를 르네상스 위켄드의 힐튼 헤드에서 맞이했다. 이것은 우리가 거의 10년 동안 매년 해오던 일이었다. 오랜 친구들과 함께 어울리니 즐거웠다. 해변에서 아이들과 터치풋볼을 하기도 하고, 힐러리가 선물한 새 클럽으로 골프를 치기도 했다. 토론회에 참석하는 것도 즐거웠다. 과학에서 정치나 사랑에 이르기까지, 모든 문제에 대해 이야기하는 사람들로부터 늘 배울 것이 있었기 때문이다. 그해에는 특히 '봉투에 싸온 도시락을 먹으며 대통령에게 하고 싶은 이야기'가 마음에 들었다.

한편 부시 대통령은 밖으로 나가 활보하고 있었다. 우선 소말리아의 미군 부대를 방문했다. 이어 나한테 전화하여, 보리스 옐친과 전략 무기 제한 협정인 START II에 서명하기 위해 러시아로 향한다고 전해주었다. 나는 그 협정을 지지했기 때문에, 상원에서 협정의 비준을 밀어붙일 준비가 되어 있다고 말했다. 부시는 또 나를 지원해주기도 했다. 그는 다른 세계 지도자들에게 내가 "대통령으로서 성공하기를 바란다"고 말했으며, 내가 중요한 문제를 놓고 "함께 일하기 좋은 사람임을 알게 될 것"이라고 말하기도 했다.

1월 5일, 힐러리와 나는 첼시를 사립학교인 시드웰 프렌즈에 입학시키기로 했다고 발표했다. 그때까지 첼시는 공립학교를 다녔으며, 사실 워싱턴이 속해 있는 컬럼비아특구에도 좋은 공립학교가 몇 개 있었다. 그럼에도 첼시와 의논을 한 뒤 시드웰로 결정한 일차적인 이유는 그래야 사생활이 보장되기 때문이었다. 첼시는 열세 살 생일을 앞두고 있었다. 힐러리와 나는 첼시에게 가능한 한 평범한 십대를 보낼 기회를 주고 싶었다. 첼시도 그것을 원했다.

취임식을 불과 2주 남겨놓은 1월 6일, 부시 행정부의 관리예산국장 리처드 다먼은 새해의 예산 적자가 이전의 예측치보다 훨씬 높을 것이라고 발표했다(내 비서진은 다먼이 더 큰 규모의 적자에 대해 알고 있으면서도 선거가 끝날 때까지 이 나쁜 소식을 발표하지 않고 미룬 것이라고 확신했다). 어쨌든 경제가 미약하게 회복되고 있는 상황에서 단기간에 적자를 반으로 줄이는 일, 적자 감소에 필요한 지출 축소나 세금 인상을 장기적인 경제 번영의 핵심적인 영역들에 대한 투자 확대와 올바르게 결합하는 일, 중간 및 낮은 수준의 임금을 받는 노동자들을 위해 세금의 공정성을 확립하는 일 등 여러 가지 다급한 현안들 사이에 우선순위를 부여하는 것이 훨씬 더 어려워지게 되었다.

다음 날 경제팀은 주지사 관저의 식당 탁자에 둘러앉아 우리의 딜레마에 대해 토론하고, 최대의 성장을 보장할 수 있는 정책 선택이 무엇인지 연구했다. 전통적인 케인스 경제 이론에 따르면, 불황 때는 정부가 적자 운영을 하고, 호황 때는 균형을 맞추거나 흑자 운영을 해야 했다. 따라서 적자를 반으로 줄이는 데 필요한 강력한 지출 감소와 세금 인상의 결합은 현재 상황에서는 잘못된 처방으로 보였다. 그래서 프랭클린 루스벨트는 예산 균형을 맞추겠다는 공약을 가지고 선출된 뒤에, 적자 축소를 포기하고 사람들에게 일자리를 만들어주고 개인 경제를 자극하기 위해 지출을 늘렸던 것이다.

전통적인 분석을 현재 상황에 적용할 때는 문제가 생기기도 하는데, 레이건과 부시 행정부 시절에 호황 때나 불황 때나 달라지지 않는 엄청난 구조적 적자가 생기게 되었다는 점도 바로 그런 문제점이었다. 레이건 대통령이 취임할 때 국채는 1조 달러였다. 그의 8년 재임기간 동안 1981년의 대폭 감세와 지출 증대로 인해 이것이 세 배로 불어났다. 부시 대통령 행정부에서 빚은 불과 4년 만에 3분의 1이 더 불어났다. 이제 그 액수는 총 4조 달러에 달했으며, 그 연간 이자는 연방 예산에서 국방과 사회보장 다음으로 큰 항목이었다.

적자는 이른바 공급측 경제학의 불가피한 결과였다. 이 이론은 세금을 인하할수록 경제는 성장하며, 이 성장을 통해 이전에 높은 세율로 거두어들였던 것보다 낮은 세율로도 더 많은 세입이 발생한다는 이론이었다. 물론 이 이론대로 되지는 않았다. 적자는 1980년대의 회복기 내내 폭발적으로 불어났다. 공급측 이론은 형편없는 산수와 엉터리 경제학을 바탕으로 한 것이었음에도, 공화당은 그들의 세금을 기피하는 이데올로기적 태도 때문에, 그리고 단기적으로 공급측 이론이 좋은 정치로 보이기 때문에 그것을 고수했다. "더 소비하고 세금은 덜 내라"는 것은 듣기에도 좋고 기분도 좋지만, 그 때문에 미국은 깊은 수렁으로 빠져들고 우리 자녀의 미래에는 먹구름이 끼었던 것이다.

대규모 무역적자와 더불어 예산적자 때문에 미국은 매년 초과 지출에 충당할 엄청난 자본을 수입해야 했다. 그런 돈을 끌어오면서도 달러 가치의 급격한 하락을 피하기 위해, 미국은 내가 당선되기 전의 경제 침체기에도 필요 이상으로 높은 이자율을 유지해야 했다. 그런 높은 이자율은 경제성장을 막았으며, 중산층 미국인들은 엄청난 간접세를 내야 했다. 그들은 주택저당, 자동차 할부금을 비롯한 외상 구매에 더 많은 돈을 내야 했다.

회의를 시작하자 사회를 보던 밥 루빈은 먼저 리언 파네타의 의견을 물었다. 리언은 경제 침체기에는 세입은 낮은 반면, 정부의 원조를 받을 자격을 갖추는 사람이 늘어나고 건강관리 비용이 치솟아 지출이 늘어나기 때문에 적자가 더 심해진다고 말했다. 로러 타이슨은 현재의 상태가 계속되면 경제는 앞으로 몇 년간 2.5퍼센트 내지 3퍼센트의 비율로 성장할 텐데, 이것은 실업을 낮추거나 지속적인 회복을 보장하기에는 모자라는 비율이라고 말했다. 이어 우리는 본론으로 들어갔다.

강력한 적자 감축안이 이자율을 낮추어 (정부가 민간 부문과 돈을 빌리려고 경쟁하는 일이 줄어들 것이므로) 성장을 자극하고 실업을 감소시키는가 하는 질문에 나의 경제 보좌관 가운데 한 사람인 앨런 블라인더는 그렇게 될 수 있지만, 그런 긍정적인 효과도 2년 정도는 정부 지출 감소나 세금 인상의 부정적인 경제적 영향 때문에 상쇄될 것이라고 말했다. 단 연방준비제도이사회와 공사채 시장이 이자율을 상당히 낮추는 것으로 우리의 계획에 호응하면 상황이 달라질 수 있다고 했다. 그러나 블라인더는 지난 몇 년간 적자 축소에 대한 수많은 거짓 약속이 나왔던 터라, 공사채 시장의 강력한 긍정적 반응은 기대하기 힘들다고 생각했다. 래리 서머스는 그의 의견에 반대했다. 좋은 계획이 있으면 경제가 회복해도 인플레이션의 위협이 없다고 시장을 설득하여 이자율을 낮출 수 있을 것이라는 이야기였다. 그는 몇몇 아시아 국가들의 예를 들어 자신의 의견을 뒷받침했다.

이것이 보통 미국인들의 삶을 지배하는 서른 살짜리 채권 거래업자들이 가지고 있는 힘에 대한 우리의 수많은 대화 가운데 첫 번째 예다. 이 문제에 대한 나의 시끄러운 불평, 그리고 밥 루빈의 이에 대한 반박에 사람들이 웃음을 터뜨리기도 했지만, 사실 이 문제는 정말 심각했다. 전국 실업률이 7퍼센트 이상으로 고정된 상황에서 우리는 어떻게든 해야 했다. 타이슨과 블라인더는 경제의 장기적인 건강을 위해서는 적자를 줄여야 하지만, 그렇게 하면 단기적으로는 성장이 늦어진다고 말하는 것 같았다. 벤슨, 앨트먼, 서머스, 파네타는 공사채 시장 주장을 받아들여, 적자 축소가 경제성장을 가속화할 것이라고 믿었다. 루빈은 그냥 회의만 주재했지만 그도 두 번째 그룹과 의견이 같다는 것을 알 수 있었다. 앨 고어도 마찬가지였다. 밥 라이히는 회의에 불참했지만, 다음 날 나에게 메모를 보내 채무가 국내총생산에서 차지하는 비율이 정상보다 높지만, 교육, 훈련, 비국방 연구개발에 대한 투자는 국내총생산에서 차지하는 비율이 레이건 시대 이전보다 훨씬 낮아졌으며, 이러한 투자 저하는 대규모 적자만큼이나 경제에 해롭다고 주장했다. 그는 적자를 반으로 줄이는 것이 목표가 아니라, 적자, 그리고 투자가 국내총생산에서 차지하는 비율을 레이건-부시 시대 이전으로 돌리는 것이 목표라고 말했다. 라이히는 투자가 생산성, 성장, 고용을 늘리며, 이를 통해 적자를 줄일 수 있다고 말했다. 그러나 만일 적자 감소만을 목표로 한다면, 빈약한 세입을 동반한 정체된 경제 때문에 어차피 적자를 반으로 줄이지도 못하게 될 것이라고 말했다. 진 스펄링도 라이히의 의견에 동의했던 것 같다.

내가 이 문제를 곰곰이 생각하는 동안, 우리는 필요한 적자 축소를 달성할 방법에 대한 이야기로 옮겨갔다. 나의 선거운동 계획인 '국민을 먼저'에서 나는 임기 4년의 중반에 이르기 전까지 예산을 1,400억 달러 이상 줄이겠다고 주장했다. 적자 액수가 높아졌기 때문에 4년 안에 적자를 반으로 줄이겠다는 나의 목표에 이르려면 더 줄여야 했다.

우리는 처음으로 무엇을 줄일 것인가 하는 토론에 들어갔다. 예를 들어 사회보장에서 생계비 수당COLA을 줄이면 절약을 많이 할 수 있었다. 그러나 힐러리의 지적대로, 65세가 넘는 미국 국민의 거의 절반이 사회보장제도 덕분에 빈곤선 이상의 수준에서 살아갈 수 있었다. 따라서 생계비 수당을 줄이면 그들에게 피해가 갔다. 어쨌든 우리는 최종 결정을 내릴 필요가 없었다. 사실 의회 지도자들과 이야기하지 않고는 결정을 내릴 수도 없었다.

그러나 우리가 결국 어떤 결정을 하든, 쉽지 않을 것임은 분명했다.

선거운동에서 나는 예산 축소와 더불어 부유한 개인과 기업으로부터 돈을 거두어들여 세입을 대폭 늘리겠다고 제안했다. 이제 적자를 반으로 줄이기 위해서도 세입을 더 늘려야 했다. 그렇게 하려면 광범위한 중산층 감세를 없던 일로 해야 할 것이 분명했다. 그래도 나는 소득세 세액 공제를 두 배로 늘려, 1년에 3만 달러 이하를 버는 노동자 가족의 세금은 줄이겠다고 결심하고 있었다. 그런 사람들의 수입은 지난 20년 동안 계속 줄어 도움이 절실했다. 더욱이 사람들을 생활 보호에서 취업으로 옮기는 데 성공을 거두려면 수입이 낮은 일자리를 공적 원조보다 더 매력적인 것으로 만들어야 했다. 로이드 벤슨은 세금 인상이 가능한 항목들을 훑어본 뒤에, 어떤 세금이라도 통과는 어려우며, 따라서 가장 중요한 것은 설득하는 것이라고 말했다. 만일 우리 계획이 의회에서 꺾이면, 나의 대통령직도 시련에 부딪힐 수 있었다. 벤슨은 우리가 의회에 많은 선택안을 제시해야 한다고 말했다. 그래야 한두 개쯤은 통과시키는 데 실패한다 해도, 통과시킨 것들을 가지고 성공을 주장하여 정치적으로 불구가 되는 상황을 피할 수 있다는 것이었다.

세금 문제 토론 뒤에 로저 앨트먼과 래리 서머스는 적자 축소 계획과 병행하여 단기적인 부양 정책을 주장했다. 그들은 소비세와 사업세에서 약 200억 달러의 감세를 권했다. 그렇게 하면 잘될 경우 경제가 일어날 수 있고, 최악의 경우에도 불황으로 뒷걸음질치는 것을 막을 수 있다고 말했다. 그들은 후자의 가능성을 20퍼센트 정도로 보았다. 이윽고 진 스펄링은 새로운 투자를 위한 선택 방안들을 제시하면서, 가장 비싼 안인 900억 달러 안을 옹호했다. 그러면 나의 선거 공약들을 즉시 이행할 수 있다는 것이었다.

발제가 끝난 뒤, 나는 적자 매파들이 옳다고 판단했다. 만일 우리가 적자를 상당량 줄이지 못하면 이자율은 계속 높은 수준을 유지할 것이고, 이것이 지속적이고 강력한 경제 회복을 막을 터였다. 앨 고어도 이 의견을 강력하게 지지했다. 그러나 필요한 적자 감소 액수에 대해 토론하면서, 나는 로러 타이슨과 앨런 블라인더가 예측하고, 로저 앨트먼과 진 스펄링도 일어날 가능성이 있다고 걱정한 단기적 불황을 걱정했다. 거의 6시간 뒤에 우리는 적자 축소 방향으로 나아가고 있었다. 적어도 이런 환경에서 경제정책 결정은 과학이 아니라는 것, 이것이 예술이라면 공사채 시장에서 구경하는 사람들의 눈에 아름다워 보여야 한다는 것은 분명했다.

일주일 뒤 우리는 2차 회의를 했다. 이 회의에서 나는 중산층 감세를 포기했고, 사회보장, 메디케어, 메디케이드에서 절약하는 방향을 모색하기로 했으며, 도매 수준에서 에너지의 열 함량을 기준으로 징수하는 BTU(영국 열량 단위. 1파운드의 물을 화씨 1도 올리는 데 필요한 열량)세금이라고 부르는 광범위한 에너지 세금에 대한 앨 고어의 제안을 지지했다. 앨 고어는 BTU세금이 석탄, 석유, 천연가스를 생산하는 주에서는 논란을 불러일으키겠지만, 이것은 경제의 모든 부문에 적용되어 일반 소비자들의 부담을 줄일 것이며, 우리에게 간절히 필요한 에너지 보호를 촉진할 것이라고 주장했다.

우리는 다시 몇 시간 동안 적자 축소를 얼마나 할 것이냐를 놓고 논란을 벌였는데, 5년 뒤를 기준으로 잡고 현재로 거슬러오는 방식으로 계산해보았다. 고어는 강경한 입장을 보였다. 그는 우리가 적자를 최대한 줄이면, 용기가 있다는 평가를 받고 새로운 현실을 창조하게 될 것이며, 일정 소득 수준 이상의 사회보장 수혜자들에게 연금에 대한 소득세를 낼 것을 요구하는 등 전에는 생각도 못했던 일을 할 수 있을 것이라고 말했다. 리블린도 고어에게 동조했다. 블라인더는 연방준비제도이사회와 공사채 시장에서 우리를 믿는다면 가능할 수도 있다고 말했다. 타이슨과 앨트먼은 단기적인 경제 불황을 피한다는 데 회의적이었다. 스펄링과 라이히도 이번 회의에는 참석하여 더 많은 투자를 주장했다.

스탠 그린버그, 맨디 그런월드, 폴 베걸러도 마찬가지였다. 그들은 회의에 참석할 자격은 없었지만, 내가 우리 선거운동에 참여하지도 않았고 나를 뽑아준 보통 미국인에게 관심을 가지지도 않는 사람들의 영향을 받아, 나의 신념들을 모두 희생할까봐 걱정하고 있었다. 11월 말, 스탠은 실업과 소득 감소 문제에 빨리 대처하지 않으면 나와 유권자들 사이의 밀월 관계가 금방 끝나게 될 것이라는 내용의 메모를 보내왔다. 1992년에 자신의 경제 상태가 나빠졌다고 말한 사람들 중 60퍼센트, 즉 유권자의 3분의 1이 나에게 표를 던졌다. 스탠은 이 계획대로 하면 그들을 잃을지도 모른다고 생각했다. 회의에 참석하던 조지 스테파노풀로스는 스탠과 그의 지지자들에게 적자가 경제를 죽이고 있으며, 이 문제를 해결하지 않으면 경제 회복도 없고, 교육이나 중산층 감세를 비롯한 여러 가지 일들에 쓸 세입도 없을 것임을 설명하려고 노력했다. 벤슨과 파네타는 의회에서 통과시킬 수 있는 수준의 적자 축소를 원했다. 이것은 고어와 리블린이 주장하는 것보다는 적었지만, 그래도 꽤 많았다. 사회자인 루빈은 자신의 생각을 드러내지 않았지만, 나는 그가 벤슨과 파네타 편이라고 느꼈다. 모든 사람의 이야기를 들은 뒤, 나도 그들의 입장을 지지했다.

나는 벤슨에게 공사채 시장의 지지를 얻으려면 적자를 얼마나 줄여야 하느냐고 물었다. 그는 5차년도에 약 1,400억 달러, 5년간 총 5,000억 달러라고 대답했다. 나는 5,000억 달러라는 숫자로 가기로 결정했다. 그러나 지출 축소와 세입 증대에도 불구하고, 우리는 내 첫 임기가 끝날 때까지 적자를 반으로 줄인다는 목표에 이르지 못할 수도 있었다. 그것은 전적으로 성장 속도에 달려 있었다.

우리 전략이 단기적인 경기 침체를 가져올 수도 있기 때문에, 우리는 성장을 더 진작시킬 방법들을 찾았다. 나는 3대 자동차 제조업체의 임원들과 '자동차노동자연합'의 의장 오원 비버를 만났다. 그들은 일본 자동차가 미국 시장의 거의 30퍼센트를 차지하고 있음에도, 일본은 여전히 미국 자동차와 부품 공급자들에게 전체적으로 문을 닫고 있다고 말했다. 나는 미키 캔터에게 일본 시장을 좀더 열게 할 방법을 찾아보라고 부탁했다.

급속하게 성장하던 생물공학 산업 대표들은 연구개발 세액 공제가 더 광범위하게 적용되어 새로 창업된 회사들이 돈을 반환받을 수 있어야 한다고 말했다. 새로 창업된 회사들은 현행법에서는 완전한 세액 공제를 받을 만큼의 돈을 벌지 못하는 경우가 많았기 때문이다. 그들은 또 특허를 좀더 강력하게 보호하여 불공정한 경쟁을 막아야 하며, 식품의약국의 제품 승인 과정을 고치고 속도도 당겨야 한다고 말했다. 나는 경제팀에 그들의 제안을 분석하여 개선안을 만들어보라고 말했다. 마지막으로 나는 200억 달러가

들어가는 개발을 허용했다. 단기간에 경제 활동을 늘리고자 하는 일회적인 자극책이었다.

중산층 감세는 포기하고 싶지 않았지만, 적자 수치가 나빠지는 상황에서 선택의 여지가 없었다. 그러나 우리의 전략이 먹혀든다면, 중산층은 주택 저당 이자율의 하락이나 자동차 할부금, 신용카드 구매, 학자금 대출 등의 이자율 하락으로 감세보다 훨씬 더 큰 직접적 혜택을 보게 될 터였다. 우리는 아마 처음에는 내가 선거운동에서 제안한 만큼 지출을 늘릴 수가 없을 것이라고 보았다. 그러나 적자 축소가 이자율을 낮추고 성장 속도를 높인다면 세입이 늘어날 것이고, 4년간에 걸쳐 나의 투자 목표들을 그대로 추진할 수 있을 것이라고 가정했는데, 이것은 중요한 가정이었다.

또 하나의 중요한 가정이 있었다. 이 전략은 의회가 그것을 채택할 때에만 효과가 있었다. 부시의 패배 이후 공화당의 징세 반대는 더 강해졌다. 따라서 공화당 의원들 가운데 징세가 포함된 내 계획에 표를 줄 사람은 거의 없었다. 보수적인 지역구 출신의 민주당 의원들 가운데도 징세 투표에는 경계심을 갖는 사람들이 많았다. 자리가 확실한 자유주의적 민주당 의원들이라 해도 전체 계획에는 찬성하지만, 감세가 너무 심하면 예산안을 지지하지 않을 수도 있었다.

미국의 경제 문제가 핵심이었던 선거운동을 치른 뒤, 세계적으로 성장이 둔해지고 있는 상황에서, 나는 전례 없는 경제 전략을 손에 들고 대통령 일을 시작해야 했다. 만일 의회를 설득하여 예산안을 통과시킬 수 있다면, 또 만일 연방준비제도이사회와 공사채 시장에서 우리가 바라던 반응을 보이면, 이 예산안은 엄청난 이익을 안겨줄 수 있었다. 물론 이 예산안을 지지할 수 있는 강력한 근거들이 있었지만, 내가 대통령으로서 처리할 국내 문제 가운데 가장 중요한 이 결정은 여전히 큰 도박이었다.

내각을 비롯한 다른 직책에 사람들을 임명하고 경제 계획을 짜는 데 정권이양기의 대부분의 시간을 보냈지만, 다른 일들도 많이 진행되고 있었다. 1월 5일, 나는 보트를 타고 미국으로 건너오려고 하는 아이티인들을 차단하여 되돌려 보내는 부시 대통령의 정책에 대해 회의를 한 다음, 그 정책을 잠정적으로 이어가겠다고 발표했다. 사실 이것은 선거운동 기간에는 내가 강력하게 비판했던 정책이었다. 1991년 라울 세드라스 중장이 아이티에서 선거로 뽑힌 장-바르트랑 아리스티드 대통령을 축출하자 아리스티드를 지지하는 아이티인들이 섬을 탈출하기 시작했다. 세드라스를 지지하는 것으로 보이는 부시 행정부가 난민들을 돌려보내기 시작하자, 인권 그룹들은 거세게 항의를 했다. 나는 아이티인들이 미국에서 쉽게 정치적 피난처를 얻기 바랐지만, 낡은 배를 타고 거친 파도를 넘어오는 과정에서 많은 사람이 죽을까봐 걱정이 되었다. 실제로 일주일 전에 400명이 죽기도 했다.

그래서 우리 안보팀의 조언에 따라, 나는 보트를 타고 미국까지 오는 모든 아이티인들을 받아들이는 방법 대신, 아이티에서 우리의 공식 기구 활동을 강화하여 망명 심사를 신속하게 처리하겠다고 말했다. 그리고 안전상의 이유 때문에 보트는 정지시키고 사람들은 돌려보내겠다고 덧붙였다. 인권 단체들은 이 발표를 비판하고 언론은 이것을 공약 위반이라고 지적했지만, 역설적이게도 아리스티드 대통령은 내 입장을 지지했다. 그는 우리가 부시 행정부 때보다 많은 아이티인들을 미국에 받아들일 것임을 알았으며, 자기 국민이 익사하는 것을 바라지 않았던 것이다.

1월 8일, 나는 20여 년 전 맥거번 밑에서 일했던 텍사스 주 오스틴으로 날아갔다. 나는 숄츠 비어 가든에서 그 시절의 친구들을 만나 점심을 먹은 뒤, 당선 후 처음으로 외국 지도자를 만났다. 상대는 멕시코 대통령 카를로스 살리나스 데 고르타리였다. 살리나스는 자신이 부시 대통령과 협상했던 북미자유무역협정NAFTA을 강력하게 지지했다. 우리를 만나게 해준 사람은 나의 오랜 친구 앤 리처즈 주지사였는데, 그도 북미자유무역협정의 강력한 지지자였다. 살리나스 대통령을 일찍 만나고 싶었던 이유는, 내가 멕시코의 번영과 안정에 관심을 가진다는 사실을 분명히 보여주고, 북미자유무역협정을 강화하기 위해서는 노동과 환경 부문의 합의가 중요하며, 마약 수송을 차단하기 위해 서로 더 협력해야 한다는 내 입장을 전달하기 위해서였다.

13일에 내가 법무장관으로 임명했던 조 베어드가 곤경에 처했다. 그녀가 법무장관을 맡게 되면서 과거에 불법 이민자 두 사람을 가정부로 고용했으며, 그들에 대한 사회보장 세금 가운데 고용자가 내야 하는 부분을 최근에야 냈다는 사실이 문제가 된 것이다. 당시 불법 이민자의 고용은 그렇게 드문 일이 아니었지만, 조에게는 특별한 문제가 되었다. 법무장관은 이민귀화국을 감독하기 때문이다. 조의 조기 승인 가능성이 사라지자, 현직 민사담당 법무차관인 스튜어트 거슨이 법무장관을 대리하게 되었다. 우리는 법무차관보 내정자인 웹 허블도 법무부로 보내 상황을 관리하게 했다.

다음 이틀 동안 우리는 백악관 비서실의 구성원을 몇 명 더 임명했다. 조지 스테파노풀로스에게 언론 쪽을 맡긴 것 외에, 디디 마이어스를 백악관 최초의 여성 대변인으로 임명했다. 엘리 시걸에게는 새로운 국가 봉사 프로그램 작성을 책임지게 했다. 람 에마누엘에게는 정무를 맡겼고, 알렉시스 허먼에게는 대외업무 담당 보좌관을 맡겼다. 아칸소에서도 사람들을 불러들였다. 브루스 린지는 위원회의 임명을 포함한 인사를 다루기로 했다. 캐럴 래스코는 국내 정책 문제에서 나를 보좌하기로 했다. 주지사 집무실에서 내 스케줄을 관리했던 낸시 헌리시는 내 집무실 바로 바깥의 사무실에 앉아 오벌 오피스의 운영을 감독하기로 했다. 주지사 관저의 관리를 담당했던 맥코이도 백악관으로 오기로 했다. 데이비드 왓킨스는 백악관의 행정적 기능을 감독하기로 했다. 그리고 나의 평생에 걸친 친구 빈스 포스터도 법률고문실에서 일해주기로 했다.

선거운동에는 참여하지 않았지만 1974년 닉슨 탄핵 조사에서 힐러리와 함께 일했던 버니 너스봄이 백악관 법률고문으로 와주었다. 옥스퍼드 동창인 아이라 매거지너는 의료제도 개혁 일을 도와주기로 했다. 노련한 워싱턴 로비스트 하워드 패스터는 의회 관계를 담당하기로 했으며, 더피 선거운동 시절의 오랜 친구 존 포디스터는 비서실장을 맡기로 했다. 케이티 맥긴티는 앨 고어가 환경정책을 위해 골라준 사람이었다. 정권 인수 작업에서 워런 크리스토퍼의 비서로 일했던 베티 커리가 나를 위해서도 같은 일을 해주기로 했다. 워싱턴이 고향인 젊은 앤드루 프렌들리는 대통령 보좌관이 되어 모든 약속, 모든 출장에 동행하면서 내가 브리핑 서류를 읽었는지 확인해주고, 밖에 나가 있을 때는 백악관과 연락을 유지하는 일을 담당하기로 했다. 고어도 그와 같은 테네시 출신의 로이 닐을 비서실장으로 하는 비서진을 두었다. 힐러리도 마찬가지였는데, 비서실장은 힐러리의 오랜 친구 매기 윌리엄스였다.

나는 내 선거운동을 관리했던 데이비드 윌헬름이 론 브라운의 뒤를 이어 민주위원회의 의장이 된 것에 대해서도 지지를 표명했다. 젊은 데이비드는 론 브라운만한 지명도는 없었지만, 사실 달리 지명도가 있는 사람을 찾아볼 수도 없었다. 그의 힘은 대중 조직력이었다. 우리 당은 주와 지방 수준에서 다시 활력을 찾는 일이 절실하게 필요했다. 이제 우리는 백악관에 들어왔기 때문에, 어차피 앨 고어와 내가 자금을 모으고 대중에게 견해를 표명하는 일에서 큰 몫을 맡아야 할 터였다.

비서진 임명 외에 나는 부시 대통령의 이라크 군사 활동과 미군 1개 대대의 쿠웨이트 파병 결정을 강력히 지지하는 성명을 발표했으며, 처음으로 세르비아 대통령 슬로보단 밀로셰비치를 전범 혐의로 재판에 회부하는 일을 추진하겠다고 말했다. 실제로 그렇게 되기까지는 아주 오랜 시간이 걸렸다.

이 기간 동안 나는 또 주지사 관저에 목사들을 불러 오찬 모임을 열었다. 그것은 내가 다니던 교회의 목사가 제안한 행사로, 그가 초청자 명단을 작성해주었다. 렉스는 내가 그들과 비공식 토론을 하는 것이 도움이 된다고 생각했다. 적어도 교계와 의사소통 통로를 확보할 수는 있었기 때문이다. 이 모임에는 전국적인 명성을 가진 찰스 스윈돌, 애드리언 로저스, 맥스 루카도 등을 포함한 10명 정도의 목사가 참석했다. 우리는 힐러리가 다니던 리틀록 제일연합감리교회의 에드 매슈스 목사도 초청했다. 매슈스 목사는 훌륭한 사람으로, 오찬 모임이 말의 전쟁으로 악화되더라도, 그가 우리를 끝까지 지지해줄 것임을 알았다.

나는 시카고 근처 윌로크릭 커뮤니티 교회의 젊고 언변이 좋은 빌 히벨스 목사에게서 특히 강한 인상을 받았다. 그는 자신의 교회를 개척하여, 미국에서 가장 많은 신도가 모이는 교회 가운데 하나로 키운 사람이었다. 다른 목사들과 마찬가지로 히벨스 목사 역시 낙태나 동성애자 인권 문제에서 나와 생각이 달랐지만, 다른 문제들, 예컨대 워싱턴의 정치적 교착 상태를 끝내고 정파적 갈등을 줄이는 데 어떤 지도자가 필요한가 하는 문제에도 관심을 가졌다. 빌 히벨스는 8년 동안 나를 자주 찾아와 함께 기도하고 조언을 했으며, 나의 '영적 건강'(그의 표현이다)을 확인하곤 했다. 우리는 가끔 말다툼도 했으며 때로는 의견의 일치를 보기도 했다. 어쨌든 그는 늘 나에게 축복이었다.

아칸소에서 보내는 마지막 주가 시작되어 진입로에 이삿짐 트럭이 들어오기 시작했다. 나는 아칸소 기자들에게 고별 인터뷰를 하면서, 자랑스러움과 고향을 떠나는 섭섭함이 교차하는 심정을 고백했다. "나는 행복하고 자랑스럽고 슬퍼서 두 번이나 눈물을 흘릴 뻔했습니다…… 나는 이곳에서의 나의 삶을 사랑합니다." 워싱턴으로 떠나기 전에 개인적으로 해야 할 일도 한 가지 있었다. 첼시에게는 원래 학교 과학시간에 사용하려고 구했던 애완용 개구리가 있었다. 첼시는 고양이 속스는 데려가기로 했지만, 개구리는 '정상적인 생활'을 하도록 놓아주고 싶다고 했다. 첼시는 내가 그 일을 해주기를 바랐다. 그래서 나는 아칸소에서 보내는 마지막 날, 개구리가 든 구두상자를 들고 아칸소 강까지 조깅을 하여, 가파른 강둑을 내려가 개구리를 물에 놔주었다.

우리는 새로운 모험 때문에 흥분하기도 했지만 불안하기도 했다. 첼시는 친구들과 자신이 아는 세계를 떠나기 싫어했다. 그러나 우리는 첼시에게 친구들을 우리가 있는 곳으로 자주 부를 수 있다고 말해주었다. 힐러리는 자기 직업을 가진 독립된 상태에서 벗어나는 기분이 어떨지 궁금해하고 있었다. 그러나 힐러리는 상근 영부인으로서, 자신이 좋아하는 정책 관련 일을 하고 또 자신의 지위에 따르는 전통적인 의무를 수행하기를 바라고 있었다. 힐러리는 놀랍게도 이미 많은 시간을 할애해 백악관의 역사, 자신이 거기에서 해야 할 다양한 기능, 전임자들의 중요한 기여를 공부하고 있었다. 힐러리는 새로운 도전에 직면할 때마다 처음에는 늘 불안해했으나, 일단 상황이 몸에 익으면 긴장을 풀고 즐길 줄 아는 사람이었다. 힐러리가 약간 신경이 예민해졌다고 해서 탓할 수는 없었다. 나도 그랬으니까.

정권이양기는 힘들었고, 정신없이 지나갔다. 돌이켜보면 유능하면서도 미국의 다양성을 반영할 수 있는 인물들로 행정부의 중요한 자리를 채우는 일은 잘한 것 같지만, 공화당의 저명 인사를 각료로 임명하지 않아 양당 협력에 대한 나의 의지를 보여주지 못한 것은 실수였다. 반면 나는 일급 팀을 구성하고, 경제 정상 회의를 열고, 많은 정보를 풀어놓고 철저한 토론을 거치는 정책 결정 과정을 거침으로써 경제를 최우선 과제로 삼겠다는 약속을 지켰다. 또 이미 약속한 대로 새로운 행정부에서 앨 고어는 완전한 파트너였다. 그는 모든 전략 회의에 참여하고, 내각과 백악관 비서진의 임명에도 관여하여 늘 대중의 주목을 받았다.

나는 정권이양기 동안과 그 후에도 중산층 감세, 4년 안에 적자 규모 반감, 아이티 보트 난민 수용 등의 공약을 지키지 않았다고 비판을 받았다. 앞의 두 문제와 관련하여 예상보다 심각한 적자 예측치에 대응하여 계획을 수정한 것일 뿐이라고 답변하면, 일부 비판자들은 부시 행정부가 선거 때까지는 적자를 낮게 추정할 것임을 짐작해서 경제 계획을 짤 때 정부의 공식 발표 수치를 이용하지 말았어야 했다고 말했다. 하지만 나는 그런 비판을 심각하게 받아들이지 않았다. 반면 아이티 문제에 대한 일부 비판은 내가 선거운동 기간에 했던 적절하지 않은 발언들에 비추어 정당하다고 생각했다. 그럼에도 나는 더 많은 망명 요청자를 안전하게 미국에 받아들이고, 결국에 가서는 아리스티드 대통령을 복귀시키기로 결심했다. 이 점에서 내가 성공을 한다면 내 공약은 지켜진 것이라고 할 수 있었다.

나는 또 조 베어드를 임명한 것과, 진행되는 모든 일을 알고 싶어 하고 결정을 하는 데 시간을 너무 많이 쓰는 경향에 대해서도 비판을 받았다. 두 가지 비판 모두 어느 정도 일리가 있다. 그러나 조는 처음부터 유모 문제를 감추지 않았다. 우리가 그 의미를 과소평가했을 뿐이다. 나는 나의 관리 방식에 부족한 점이 아직 많기는 하지만, 정권이양기를 통해 대통령 직무의 가능한 한 많은 측면에 대해서 될수록 많이 알려고 노력했다고 말하고 싶다. 예를 들어 나는 정권이양기에 경제를 이해하기 위해 소비한 많은 시간을 조금도 아까워하지 않는다. 그것은 이후 8년간 나에게 큰 도움이 되었다. 그러나 나는 늘 너무 많은 일을 하려는 경향이 있었으며, 이 때문에 육체적 피로가 쌓이고, 짜증이 나고, 느리다는 비판을 받게 되었다(비판받아 마땅하다고 생각한다). 나는 정권이양기가 실제 대통령직에서 겪게 될 일, 즉 모든 일이 동시에 일어나는 상황을 미리 맛보는 기간임을 알았다. 나는 주지사 시절보다 권한을 더 위임하고, 결정 과정을 좀더 잘 조직해야 했다. 그러나 차관급 인사가 마무리되지 않은 것은 민주당이 12년 동안 권력을 잡지 못했던 상황과 더 큰 관련이 있다. 우리는 많은 사람들을 교체해야 했고, 다양성을 위해 더 넓은 그물을 던져야 했다. 게다가 자신을 고려해달라고 하는 사람들이 아주 많았다. 나아가 필수적인 심사 과정이 너무 복잡해서 시간이 아주 많이 걸렸다. 정계와 언론의 공세에도 끄떡없을 만한 사람들을 찾기 위해 연방 수사관들이 서류를 이 잡듯이 뒤지고 사소한 소문까지 다 확인을 해야 했기 때문이다.

돌이켜보면 정권이양기의 주요한 약점은 두 가지였던 것 같다. 하나는 내각에 많은 시간을 소비하는 바람에 백악관 비서진에는 거의 시간을 쓰지 못했다는 것이고, 또 하나는 나의 가장 중요하고 우선적인 정책에 공중의 관심이 유지될 수 있게 하는 방법을 거의 생각하지 못했다는 것이다. 그 바람에 서로 경합 관계에 있는 이야기들이 새어나갔고, 이것은 최소한 공중의 관심을 큰 문제로부터 돌려버리는 역할을 했으며, 최악의 경우 내가 그런 우선적인 문제들을 무시하는 것처럼 보이게 만들었다.

진짜 문제는 나의 비서진 대부분이 선거운동을 했거나 아칸소 출신으로, 백악관에서 일해본 경험이나 워싱턴의 정치 문화를 다루어본 경험이 없다는 것이었다. 나의 비서진은 재능 있고, 정직하고, 헌신적이었으며, 나는 그들 가운데 많은 사람들의 도움으로 백악관에서 나라를 위하여 일을 하게 되었다. 물론 시간이 지나면서 그들도 뱃멀미에서 벗어나 일을 잘할 수 있었다. 그러나 중요한 초기 몇 달 동안 비서진과 나는 현장 실습을 많이 했으며, 몇 가지는 아주 값비싼 수업료를 치르고 배워야 했다.

우리는 또 메시지를 전하는 것에 대하여 우리가 선거운동 때 했던 것만큼 주의를 기울이지 않았다. 물론 정부에서는, 심지어 대통령이라 해도, 매일 사람들이 원하는 메시지를 전달하기가 어렵다. 앞서도 말했듯이, 모든 일이 동시에 일어나며, 정책 결정(아무리 중요한 결정이라 해도)보다는 논란의 소지가 있는 일이 뉴스를 지배하는 경향이 강하다. 조 베어드와 군대 내의 동성애자 논쟁이 그런 경우였다. 그런 문제는 내 시간의 아주 적은 부분밖에 차지하지 못했지만, 저녁 뉴스를 보는 사람들은 내가 다른 일에는 시간을 쓰지 않는다고 생각할 수도 있었다. 우리가 정권이양기 동안에 이런 심각한 문제를 생각하고 더 열심히 노력했다면, 우리는 이 문제를 더 잘 다룰 수 있었을 것이다.

이런 문제들에도 불구하고, 우리의 정권 인수 과정은 상당히 잘 진행되었다. 아마 미국 국민도 그렇게 생각했을 것이다. 워싱턴으로 떠나기 일주일 전, NBC 뉴스와 「월스트리트 저널」은 나에 대한 우호적 여론이 60퍼센트임을 보여주었다. 이것은 5월의 32퍼센트에서 많이 올라간 것이었다. 힐러리는 성적이 더 좋았다. 66퍼센트가 힐러리를 '미국 여성의 긍정적인 역할 모델'이라고 생각했다. 이전의 조사에서는 39퍼센트였다. 초당파적인 한 조직에서 실시한 여론조사에서는 국민의 84퍼센트가 선거 이후 나의 활동을 긍정적으로 본다는 결과가 나왔다. 부시 대통령의 업무 수행에 대한 지지도도 거의 20퍼센트나 올라가 59퍼센트가 되었다. 미국 국민은 미국에 대한 낙관적 태도를 회복했고, 나에게 성공할 기회를 주고 있었다.

1월 16일, 나는 힐러리, 첼시와 함께 리틀록 공항에 전송 나온 친구들에게 작별 인사를 하면서, 에이브러험 링컨이 백악관으로 떠날 때 기차역에서 일리노이 주 스프링필드 사람들에게 했던 감동적인 작별 인사를 떠올렸다. "내 친구들이여, 나와 같은 상황에 처한 사람이 아니라면 누구도 지금 이 순간의 작별이 얼마나 슬픈지 이해할 수 없을 것입니다. 나는 이곳에, 그리고 이곳 사람들의 친절에 큰 빚을 지고 있습니다…… 하나님이 나와 동행하신다는 것, 그리고 여러분과 함께 계시고, 선을 위해 모든 곳에 계신다는 것을 믿고, 모든 것이 잘되기를 자신 있게 바랍시다." 나는 링컨처럼 잘 말하지는 못했지만, 그 비슷한 메시지를 아칸소 고향 사람들에게 전하려고 최선을 다했다. 그들이 없었다면 나는 그 비행기에 타지 못했을 것이기 때문이다.

우리는 버지니아로 갈 예정이었다. 몬티첼로에 있는 토머스 제퍼슨의 집에서 취임 기념 행사가 열릴 예정이었기 때문이다. 비행기 안에서 나는 당선의 역사적 의미와 앞에 놓인 중대한 도전들을 생각했다. 나의 당선은 제2차 세계대전 참전용사들로부터 베이비붐 세대로 옮겨가는 미국의 세대 교체의 상징이었다. 베이비붐 세대는 버릇없고 자기도취적이라고 비난을 받기도 했고, 이상주의적이며 공동의 선에 헌신한다고 칭찬을 받기도 했다. 자유주의자건 보수주의자건 우리 세대의 정치는 항의, 폭동, 암살로 얼룩진 베트남, 시민권, 1968년의 혼란에 의해 형성되었다.

우리 세대는 또 여성 운동의 막강한 힘을 처음으로 느낀 세대이며, 사람들은 이제 백악관에서 그 영향력을 보게 될 터였다. 힐러리는 역사상 전문적인 업적이 가장 큰 영부인이었다. 이제 힐러리가 변호사 일을 그만두고 이사직도 사임하게 되었으므로, 결혼 후 처음으로 우리 가족은 내 수입으로만 생활해야 했다. 대신 힐러리는 우리 일에서 상근 파트너로서 자신의 엄청난 재능을 마음껏 활용하게 되었다. 나는 힐러리가 엘리너 루스벨트 이후 어떤 영부인보다 긍정적인 영향을 줄 것이라고 생각했다. 물론 영부인은 소란을 피해 있어야 한다고 생각하는 사람들, 또는 정치적으로 우리와 입장이 다른 사람들에게는 그런 활동력이 논란이 될 수 있었다. 그러나 그것 역시 세대교체의 한 과정이었다.

물론 우리는 국민의 뜻에 의해 공화당과 근무교대를 했다. 그러나 우리가 이 혼란스러운 시대의 시험을 통과할 수 있을까? 우리가 경제·사회적 진보, 정부의 정통성을 회복할 수 있을까? 우리가 지구상의 종교적·인종적·민족적 갈등을 어느 정도라도 잠재울 수 있을까? 「타임」지가 '올해의 인물'을 선정하면서 말한 대로, "미국인들이 자신의 이미지를 다시 상상함으로써 가장 깊은 곤경에서 헤쳐나오도록" 인도할 수 있을까? 미국이 냉전에서 승리하고 전 세계에 민주주의가 널리 퍼졌지만, 강대국들은 국내외에서 사람들을 분열시키고 공동체의 허약한 구조를 무너뜨리고 있었다. 이런 도전에 맞서 미국 국민은 나에게 기회를 주어보기로 했다.

선거 3주 정도 뒤에 나는 로버트 맥너매러로부터 훌륭한 편지를 받았다. 케네디 전 대통령과 존슨 전 대통령 시절에 국방장관을 지낸 맥너매러는 베트남전쟁을 비판한 사람으로 유명했다. 그는 편지를 쓰고 싶은 마음이 들었던 이유가, 징병에 저항했으며 1971년에 자살한 나의 옥스퍼드 룸메이트 프랭크 앨러와 나의 우정에 대한 기사를 읽었기 때문이라고 말했다. 그는 이렇게 말했다.

나에게는(이 나라도 마찬가지라고 생각하지만) 클린턴 당신이 대통령으로 당선된 날 마침내 베트남전쟁이 끝났다고 말할 수 있습니다. 이번 투표를 통해 미국인들은 오랜 세월이 지난 지금에서야 마침내 정부의 베트남전쟁 결정이 현명하고 도덕적인 일이냐고 의문을 제기했던 앨러나 클린턴 같은 사람들이 군복을 입고 그곳에서 싸웠던 사람들과 똑같이 애국적인 사람들임을 인정했습니다. 클린턴과 친구들이 1969년의 우리의 행동을 놓고 논쟁하면서 겪었던 괴로움은 당시에도 견디기 힘든 것이었을 텐데, 이제 선거운동 기간에 그 문제가 또다시 등장함으로써 옛 상처를 다시 열게 되었다고 생각합니다. 그러나 클린턴 당신이 그런 공격에 위엄 있게 대응한 것, 그리고 젊은이를 전쟁에 내보내는 결정의 근거에 대하여 질문을 하는 것이 모든 국민의 책임이라는 신념을 저버리지 않은 것은 이 나라를 강하게 만드는 데 기여했습니다.

나는 맥너매러의 편지, 그리고 베트남 참전용사들이 보낸 비슷한 편지들에 감동을 받았다. 선거 직전 오하이오 주 힐스버러 출신으로 해병대에서 복무했던 밥 히긴스는 나에게 그의 베트남 공훈장을 보내면서, 나의 전쟁에 반대하는 입장, '살벌한 선거운동에서 보여준 훌륭한 행동' 때문에 그것을 보낸다고 말했다. 그 몇 달 전 라스베이거스의 로널드 머피는 그의 명예 상이 기장을 보냈으며, 아칸소 주 마머듀크의 찰스 햄프턴은 베트남에서 보여준 무공으로 받은 청동 성장星章을 보냈다. 1992년에 베트남 참전용사들은 나에게 명예 상이 기장 5개, 베트남 공훈장 3개, 전투 보병대 휘장 1개, 그리고 앞서 말한 청동 성장을 보내왔다. 나는 그 대부분을 액자에 넣어 오벌 오피스 옆의 서재에 걸어놓았다.

비행기가 미국의 첫 5명의 대통령 가운데 4명을 낳은 아름다운 버지니아를 향해 서서히 내려가자, 나는 그 참전용사들과 그들의 훈장을 생각하면서 우리가 마침내 1960년대의 상처를 치유할 수 있기를 바랐고, 내가 그들의 희생, 지지, 꿈을 짊어질 자격이 있는 사람이 되기를 기도했다.

30

1월 17일 일요일, 나는 앨과 티퍼 고어, 힐러리와 함께 취임식 주간 행사에 참석하기 시작했다. 우선 몬티첼로를 답사하고, 젊은 사람들과 미국에서의 토머스 제퍼슨의 중요성을 놓고 토론했다.

행사가 끝난 뒤 우리는 버스를 타고 200킬로미터를 달려 워싱턴으로 갔다. 버스는 연방정부를 국민에게 돌려주겠다는 우리의 약속을 상징했다. 게다가 버스에 대한 좋은 추억이 있었기 때문에, 마지막으로 한 번 더 타보고 싶었다. 우리는 셰난도 밸리의 예쁜 도시 컬페퍼에 들러 교회에서 잠깐 예배를 드린 다음 워싱턴으로 향했다. 선거운동 때와 마찬가지로 가는 길에는 행운을 빌어주는 사람들과 더불어 몇 명의 비판자도 있었다.

수도에 도착하자, '미국의 재결합 : 새로운 시작, 새로워진 희망'이라는 제목의 취임식 공식 행사들이 진행 중이었다. 해리 토머슨, 람 에마누엘, 그리고 아칸소 친구로 나중에 나의 두 번째 임기에 의전을 책임지게 되는 멀 프렌치가 특별한 일련의 행사를 준비했다. 대부분의 행사가 무료입장이거나 나를 선출해준 노동자들에게 부담을 주지 않을 정도의 입장료만 받았다. 일요일과 월요일에는 의사당 건물과 워싱턴 기념비 사이의 몰mall에서 음식, 음악, 기예를 보여주는 야외 축제가 열렸다. 그날 밤에는 링컨 기념관의 계단에서 '재결합을 외치며'라는 제목의 콘서트가 열려, 다이애너 로스, 밥 딜런을 포함한 화려한 스타들이 출연했다. 무대부터 워싱턴 기념비까지 꽉 채운 20만 명의 군중은 흥분했다. 나는 링컨의 조각상 밑에 서서 국민의 단결을 호소하는 짧은 연설을 하며, "링컨은 우리가 모두 자유롭고 평등하게 창조되었다는 제퍼슨의 꿈에 새로운 생명을 부여했다"고 말했다.

콘서트가 끝난 뒤 고어 부부와 우리 가족은 손전등을 들고 수천 명의 행렬 앞에 서서 포토맥 강 위의 미모리얼 다리를 건너 알링턴 국립묘지 밖의 레이디 버드 존슨 서클까지 갔다. 오후 6시에 우리가 '자유의 종'의 복제품을 두드리자, '희망의 종소리'가 미국 전역에, 심지어 우주왕복선 인데버 호에까지 울려 퍼졌다. 이어 불꽃놀이가 시작되었고, 몇 차례의 연회가 열렸다. 백악관 길 건너편의 공식 영빈관인 블레어 하우스로 돌아왔을 때 우리는 지쳤지만 환희에 차 있었다. 나는 자기 전에 취임 연설문의 최종 초안을 검토했다.

연설문은 여전히 만족스럽지 않았다. 선거운동 연설들에 비하면 과장이 심한 듯했다. 물론 좀더 위엄 있어 보여야 한다는 것은 알았지만, 질질 끄는 것은 싫었다. 그러나 한 구절은 정말 마음에 들었다. 우리의 새로운 시작이 이 추운 겨울날 미국에 "봄을 앞당겼다"는 표현이 담긴 구절이었다. 이것은 조지타운 대학 총장을 역임한 내 친구 팀 힐리 신부의 표현이었다. 팀은 선거가 끝나고 나서 몇 주 뒤 뉴어크 공항을 걸어가다 심장마비로 급사했다. 친구들이 그의 아파트에 가보니, 타자기에 나에게 보내는 편지가 꽂혀 있었는데, 거기에는 취임 연설문을 위한 제안도 들어 있었다. 우리는 모두 "봄을 앞당겼다"는 구절에 감명을 받았으며, 나는 그를 추모하는 마음으로 그 표현을 꼭 사용하고 싶었다.

1월 18일 월요일은 마틴 루터 킹의 생일을 기념하는 휴일이었다. 나는 조지타운 대학의 안뜰에서 다른 나라의 외교 대표들을 위해 연회를 열고, 올드 노스 빌딩의 계단에서 그들에게 연설을 했다. 그곳은 1797년에 조지 워싱턴이 섰던 자리기도 하고, 프랑스의 위대한 장군이자 혁명전쟁 영웅 라파예트가 1824년에 연설을 했던 곳이기도 하다. 나는 대사들에게 나의 외교 정책이 세 개의 기둥 위에 세워질 것이라고 말했다. 그 세 개의 기둥이란 국내의 경제적 안정, 냉전 이후 세계의 여러 도전에 대응하기 위한 군사력 재구성, 전 세계에서 민주적 가치의 지원이었다. 하루 전에 부시 대통령은 이라크의 무기 생산지로 의심되는 곳에 대한 공습을 명령했고, 이날은 미국 비행기들이 사담 후세인의 방공 기지들을 공격했다. 나는 사담으로 하여금 유엔 결의안을 완전히 따르게 하려는 노력을 지지했으며, 대사들에게도 그 점을 주재국 정부에 강조해달라고 요청했다. 외교 행사 뒤에는 조지타운 대학생들과 동창들(나의 동기 동창들도 많았다)에게 나의 국가에 대한 봉사 정책을 지지해달라고 요청했다.

우리는 차를 타고 킹 목사 기념식이 열리는 하워드 대학으로 향했다. 이어 아름다운 폴저 도서관에서 앨, 티퍼, 힐러리와 함께 내가 선거운동 기간에 만나 강한 인상을 받았던 사람들 50여 명을 불러 점심을 먹었다. 우리는 그들을 '희망의 얼굴들'이라고 불렀다. 그들이 역경에 맞서 용기를 보여주거나, 창의적인 방식으로 이 시대의 도전에 대처해나갔기 때문이다. 우리는 그들이 우리에게 영감을 준 것에 감사하고 싶었고, 취임 주간의 화려한 행사들 저편에서 많은 미국인이 여전히 곤경을 겪고 있다는 사실을 일깨우고 싶었다.

'희망의 얼굴들'에는 서로 경쟁하던 로스앤젤레스 폭력조직 조직원 출신도 둘 있었다. 그들은 로스앤젤레스 폭동 후에 아이들에게 더 나은 미래를 주기 위해 힘을 합쳤다. 나에게 훈장을 보내주었던 베트남 참전용사도 둘 있었다. 시카고의 우범지대에서 폭력으로부터 해방된 매그닛 스쿨(훌륭한 설비와 광범위한 교육과정을 갖추고 있으며 인종 구별 없이 통학 구역에 구애되지 않고 다닐 수 있는 대규모의 학교—옮긴이주)을 운영하는 교장도 있었다. 이 학교 학생들의 성적은 주와 전국의 평균 성적보다 높았다. 문제아들을 위한 창의적인 프로그램을 만든 텍사스의 한 판사도 참석했다. 아버지의 잔업 근무가 가족에게 주는 악영향을 분명하게 인식하게 해준 애리조나의 어린 소년도 있었다. 자기 부족들의 정신건강 개선을 위해 노력하는 몬태나의 미국 원주민 출신 의사도 있었다. 저임금의 외국 기업과 경쟁하는 바람에 일자리를 잃은 사람들도 있었다. 정부가 치료비를 지원해주지 않는 병에 걸려 값비싼 병원비에 시달리는 사람도 있었다. 벤처 캐피털을 모으려고 애쓰는 젊은 기업가도 있었다. 결손가정을 위해 공동체 센터를 운영하는 사람들도 있었다.

신원 확인 없이 총기를 판매하는 상점에서 권총을 산 정신병자에게 경찰관 남편을 잃은 부인도 있었다. 월스트리트에서 일하고 있는 18세의 금융계 귀재도 있었다. 공장에서 대규모 재활용 프로그램을 시작한 여자도 있었다. 나를 위해 일하려고 휠체어를 타고 얼음이 덮인 하이웨이를 달려온 젊은이 마이클 모리슨도 있었다. 아들을 자유의 몸으로 만들어달라고 부탁했던 뉴욕 출신의 그리스 이민자 디미트리오스 테오파니스도 있었다.

'희망의 얼굴들' 모두가 1992년에 나에게 미국의 고통과 희망에 대해 뭔가 가르쳐주었으나, 그 가운데 루이스와 클리퍼드 레이 부부는 특별했다. 그들의 세 아들은 오염된 피를 수혈해서 HIV 바이러스에 감염된 혈우병 환자들이었다. 그들에게는 감염되지 않은 딸도 있었다. 그들이 사는 플로리다의 작은 마을 사람들은 겁을 집어먹고 이 아이들의 등교를 막았다. 아이들이 피를 흘리면 그 피로 인해 자신들의 자녀가 감염될까봐 두려웠기 때문이다. 레이 부부는 아이들을 학교에 보내기 위해 소송을 제기했다가 법정 밖에서 합의를 본 뒤 새러소터로 이사했다. 이 비교적 큰 도시의 학교는 아이들을 환영해주었다. 장남인 리키는 심하게 아파, 살기 위해 안간힘을 쓰며 버티고 있었다.

선거 뒤에 나는 리키가 입원한 병원을 찾아가, 아이를 격려하고 취임식에 초대했다. 리키는 취임식 날을 고대했으나 결국 오지 못하고 말았다. 내가 대통령이 되기 5주 전에 병과의 싸움에서 지고 말았던 것이다. 불과 열다섯 살의 나이였다. 그래도 레이 가족이 점심식사에 와준 것이 무척 고마웠다. 내가 대통령에 오른 뒤, 그들은 에이즈로 인한 혈우병의 피해를 널리 알려, 결국 국회는 '리키 레이 혈우병 구제 기금'을 통과시켰다. 그러나 이렇게 되기까지 8년이라는 긴 세월이 걸렸으며, 그들의 슬픔 또한 아직 끝나지 않았다. 2000년 10월, 내가 대통령직에서 물러나기 세 달 전, 레이 부부의 둘째 아들 로버트가 22세에 에이즈로 사망했다. 항레트로바이러스 치료를 몇 년만 일찍 받을 수 있었더라면! 이제 그 치료가 가능하기 때문에, 나는 전 세계의 리키 레이 같은 사람들이 이 치료를 받을 수 있도록 노력하고 있다. 나는 그들도 '희망의 얼굴'이 되기를 바란다.

화요일 아침, 힐러리와 나는 알링턴 국립묘지의 존과 로버트 케네디 형제 묘지를 방문하는 것으로 하루를 시작했다. 나는 존 케네디 2세, 이설 케네디, 그녀의 자녀들 몇 명, 테드 케네디 상원의원과 함께 영원한 불길 앞에 무릎을 꿇고 짧은 기도를 드렸다. 나는 그들의 삶과 봉사에 대해 하나님께 감사하고, 눈앞에 놓인 위대한 모험을 위해 지혜와 힘을 달라고 빌었다.

정오에는 의회도서관에서 동료 주지사들을 위해 오찬 모임을 열고, 지난 12년간 그들에게서 배운 것에 감사했다. 오후에는 케네디 센터에서 미국의 아이들을 위한 행사에 참석한 후, 메릴랜드 주 랜도버의 캐피톨 센터로 갔다. 그곳에서 바브라 스트라이샌드, 윈턴 마살리스, k.d. 랭, 록의 전설인 척 베리와 리틀 리처드, 마이클 잭슨, 애리서 프랭클린, 잭 니콜슨, 빌 코스비, 앨빈 에일리 댄스 시어터 등이 출연하는 갈라 콘서트가 열렸기 때문이다. 그들은 우리를 몇 시간 동안 흥겹게 해주었다. 플리트우드 맥이 우리의 선거운동가 ‘내일에 대한 생각을 멈추지 마라Don’t Stop Thinkin’ About Tomorrow’를 부르자 관중은 자리에서 일어섰다.

콘서트가 끝난 뒤에는 제일침례교회에서 심야 기도회가 열렸다. 그 기도회에 참석하고 블레어 하우스로 돌아오니 자정이 넘었다. 나는 다시 취임 연설문을 읽었는데, 전보다 나아지기는 했지만 여전히 마음에 들지 않았다. 연설문 작성자 마이클 월드먼과 데이비드 커스닛은 머리를 쥐어뜯었을 것이다. 취임식 날 새벽 1시부터 4시 사이에 연습을 할 때도 내가 계속 연설문을 고쳤기 때문이다. 브루스 린지, 폴 베걸러, 브루스 리드, 조지 스테파노풀로스, 마이클 시헌, 내 문장가 친구들인 타미 캐플런과 테일러 브랜치도 나와 함께 밤을 새웠다. 앨 고어도 마찬가지였다. 생활습관이 제각각인 외국 수반들을 돌보는 데 익숙한 블레어 하우스의 훌륭한 직원들은 우리의 잠을 깨워줄 커피를 대량 준비해놓고 있었다. 게다가 맛있는 간식거리까지 내주어 우리는 상당히 좋은 분위기에서 일을 할 수 있었다. 나는 연설문이 좀 나아졌다는 생각을 하며 두어 시간 눈을 붙이기 위해 잠자리에 들었다.

수요일 아침은 춥고 맑았다. 나는 이른 아침에 안보에 관한 브리핑을 받은 뒤, 나의 군사 보좌관에게서 핵무기를 발사하는 방법에 대한 설명을 들었다. 대통령에게는 군사 보좌관이 다섯 명 있었는데, 각 군에서 차출한 뛰어난 젊은 장교들이었다. 그들 가운데 한 명은 늘 대통령 곁에 있었다.

냉전이 끝났기 때문에 핵무기 공방은 상상할 수 없는 일로 여겨졌지만, 우리의 무기고를 통제하는 일을 떠맡게 되자 몇 시간 뒤로 다가온 책임들이 어깨를 무겁게 짓누르는 느낌이었다. 대통령직에 대해 안다는 것과 실제로 대통령이 되는 것 사이에는 차이가 있다. 말로는 설명하기 어렵지만, 어쨌든 나는 열망과 겸손이 교차하는 마음으로 블레어 하우스를 나섰다.

취임식 전의 마지막 행사는 메트로폴리탄 아프리칸 감리교 감독교회에서 열린 기도회였다. 힐러리와 앨 고어의 도움을 받아 나는 그 자리에 참석할 목회자, 가수, 음악을 골랐다. 힐러리의 가족과 내 가족도 그 자리에 참석했다. 어머니는 활짝 웃고 있었다. 로저는 싱글거리며 음악에 취해 있었다. 우리 고향의 목사도 둘 다 예배에 참석했다. 앨과 티퍼의 목사들도 마찬가지였다. 뉴욕 트리니티 성당의 그리스정교회 수석 사제인 조지 스테파노풀로스의 아버지도 참석했다. 30년 전쯤 나더러 예수회 사제가 될 생각이 없느냐고 물었던 오토 헨츠가 기도를 했다. 리틀록의 랍비 진 레비와 이맘인 월러스 D. 모하마드가 설교를 했다. 내 흑인 성직자 친구들도 몇 명 참석했고, 인종이나 교파를 떠나 미국에서 가장 위대한 설교자로 꼽히는 가드너 테일러가 대표 설교를 했다. 아칸소와 루이지애나의 오순절교회파 친구들은 테네시 출신의 뛰어난 가수이자 트럼펫 연주자이며 앨의 친구인 필 드리스콜과 함께 노래를 불렀다. 캐럴린 스테일리는, 내가 가장 좋아하는 찬송가이기도 하고 그날 나에게 주는 가르침이기도 한 '두려워 말라Be Not Afraid'를 불렀다. 예배 중에 내 눈에는 눈물이 몇 번 고였다. 그리고 교회를 나설 때 나는 몇 시간 앞에 놓인 일을 당당하게 맞이할 준비가 되어 있었다.

우리는 마지막으로 연설문을 점검하러 블레어 하우스로 돌아왔다. 오전 4시에 보았던 것보다 훨씬 좋아졌다. 10시에 나는 힐러리, 첼시와 함께 길을 건너 백악관으로 갔다. 백악관 앞 층계에서 부시 대통령 부부가 우리를 맞이했다. 우리는 고어 부부, 퀘일 부부와 함께 안으로 들어가 커피를 마셨다. 론과 앨머 브라운도 그 자리에 있었다. 나는 이날을 위해 그렇게 애써준

론과 이 순간을 함께 나누고 싶었다.

　부시 대통령 부부가 고통스러운 상황과 서운한 이별에 의연하게 대처하는 것을 보고 나는 놀랐다. 물론 그들은 백악관에서 일하는 사람 몇 명과 정이 들어, 서로 몹시 섭섭해하는 듯했다. 10시 45분쯤 우리는 모두 리무진에 올라탔다. 전통에 따라 부시 대통령과 나는 폴 포드 의장 부부와 함께 탔다. 포드 의장은 자갈을 밟는 듯한 목소리를 가진 켄터키 주 상원의원으로, 취임식 양원 합동위원회의 공동위원장이었으며, 앨과 내가 그의 주에서 아슬아슬한 승리를 거두는 데 큰 기여를 하기도 했다.

　다행히도 의사당 복원 계획이 진행되고 있었기 때문에 지난 세 번의 취임식은 의사당 서쪽에서 열렸다. 그전에는 대법원과 의회도서관을 마주보는 그 반대편에서 열렸는데, 그 각도에서는 모인 사람들 대부분이 취임식을 제대로 볼 수 없었다. 군중은 취임식장을 가득 채우고 몰과 콘스티튜션 애비뉴, 펜실베이니아 애비뉴까지 흘러넘쳤다. 국립공원청은 내 목소리가 들리는 범위 내에 있는 군중의 수를 28만 명에서 30만 명으로 추산했다. 숫자야 어찌되었든 거대한 규모의 군중이었으며, 나이, 인종과 종교, 계층을 떠나 모든 종류의 사람들이 모여 있었다. 나는 이날을 오게 해준 사람들이 그렇게 많이 참석해 그 순간을 함께 해준다는 것 때문에 무척 행복했다.

　그곳에 와준 수많은 '빌의 친구들'은 내가 친구들에게 얼마나 빚을 지고 있는지를 잘 보여주었다. 캘리포니아 북부에서 나의 선거운동을 조직해준 마셔 스콧과 마셔 휫스턴은 아칸소의 옛 친구들이었다. '아칸소 여행자들'의 지도자 실러 브론프먼은 내가 주법무장관을 하던 시절 우리 집에서 모퉁이를 돌면 나오는 집에 살았다. 펜실베이니아 서부에서 나를 도와준 데이브 매터는 조지타운 대학에서 내 뒤를 이어 학년회장이 되었다. 기금 모금에서 가장 중요한 역할을 해준 밥 레이마와 톰 슈나이더는 법대와 르네상스 위켄드의 친구였다. 이날을 가능하게 해준 그런 친구들은 아주 많았다.

　취임식은 11시 30분에 시작되었다. 주요 인사들은 의전 순서에 따라 국회의원들과 함께 단상으로 걸어 나갔다. 부시는 내 바로 앞에서 걸었다. 해병군악대가 존 부르주아 대령의 지휘로 우리 두 사람을 위해 '총사령관께

경례Hail to the Chief를 연주했다. 그 연주를 들으며 나는 거대한 군중을 바라보았다.

이윽고 대법원 판사 바이런 화이트의 주재 하에 앨 고어가 취임 선서를 했다. 이 선서는 원래 퇴직한 대법원 판사 서굿 마셜 2세가 주재하기로 했으나 몸이 아파 오지 못했다. 마셜 판사는 존슨 대통령에 의해 최고재판소 최초의 흑인 판사로 임명된 훌륭한 민권 변호사였다. 은퇴한 판사가 선서를 주재하는 것은 특이한 일이었지만, 마셜의 아들 서굿 3세가 고어의 비서진으로 일하고 있었다. 다른 아들 존은 버지니아 주 경찰관으로, 몬티첼로에서 워싱턴까지 우리의 취임 카 퍼레이드를 이끌었다. 마셜은 취임식 나흘 뒤에 운명했다. 마셜이 바꾸어놓기 전의 미국이 어떠했는지 기억하는 수많은 미국인들이 그의 죽음을 애도하고, 그를 그리워하고, 그에게 감사했다.

고어의 선서가 끝난 뒤 위대한 메조소프라노 마릴린 혼이 고전적인 미국 노래를 메들리로 불렀다. 나는 몇 년 전 혼이 리틀록에서 노래를 부를 때 그녀를 처음 만났다. 이제 내 차례였다. 힐러리는 우리 가족의 『성경』을 들고 내 왼쪽에 서 있었다. 첼시는 내 오른쪽에 섰다. 나는 왼손을 『성경』에 올려놓고 오른손을 든 다음, 렌키스트 대법원장이 불러주는 취임 선서를 따라 했다. 나는 대통령직을 "충실하게 이행하며, 전력을 다해 미합중국의 헌법을 지키고, 보호하고, 방어하겠다"고 엄숙하게 선서한 뒤, "신이여, 나를 도우소서" 하고 끝을 맺었다.

나는 대법원장, 부시 대통령과 악수를 하고, 힐러리와 첼시를 포옹하면서 사랑한다고 말했다. 이어 웬들 포드 상원의원이 '미합중국 대통령'이 된 나를 연단으로 안내했다. 나는 미국사의 흐름 속에서 현재의 의미를 규정하는 말로 연설을 시작했다.

오늘 우리는 미국의 소생이라는 신비를 기념하고 있습니다. 이 기념식은 한겨울에 열리고 있습니다. 그러나 우리가 세상에 하는 말과 보여주는 얼굴로 봄을 앞당기고 있습니다. 세상에서 가장 오래된 민주주의 속에서 다시 태어나는 이 봄은 미국을 개혁할 비전과 용기를 선사합니다. 미국의 건립자들이 담대하게 세상에 미국의 독립을 선포하고, 전능한 하나님께 우리의 목적을 알렸을 때, 그들은 미국이 지속될 것임을 알았고, 또 변해야 할 것임을 알았습니다…… 각 세대의 미국인들은 미국인이라는 것이 무슨 의미인지 새로 규정해야 합니다.

나는 부시 대통령에게 인사를 한 뒤 현재의 상황을 이야기했다.

오늘, 냉전의 그늘에서 자란 세대는 자유의 햇볕이 따뜻하게 내리쬐지만 그럼에도 여전히 해묵은 증오와 새로운 재앙 때문에 위험에 처한 세계에서 새로운 책임을 떠맡고 있습니다. 유례 없는 번영 속에서 성장한 우리는 여전히 세계에서 가장 강하지만, 그럼에도 허약해진 경제를 물려받았습니다…… 뿌리 깊고 강력한 힘들이 우리의 세계를 흔들고 재구성하고 있습니다. 우리 시대의 긴급한 문제는 우리의 적이 아니라 우리의 친구를 변화시킬 수 있느냐 하는 것입니다…… 미국의 올바름으로 치유할 수 없는 미국의 잘못은 없습니다.

그렇지만 나는 경고하는 것도 잊지 않았다. "그러나 쉽지는 않을 것입니다. 우리의 희생이 요구될 것입니다…… 우리는 가족이 어린아이들을 부양하듯이 우리 나라를 부양해야 합니다." 나는 국민에게 후손을 생각해보고, 다가올 세계를 생각해보라고 했다. "우리는 그 세계를 위해 우리의 이상을 지켜야 합니다. 우리는 그들로부터 우리가 사는 행성을 빌렸습니다. 우리는 그들에게 거룩한 책임이 있습니다. 우리는 미국이 가장 잘하는 일을 해야 합니다. 그것은 모든 사람에게 더 많은 기회를 주고, 모든 사람에게 책임을 요구하는 일입니다."
나는 말했다.

우리 시대에는 국외와 국내 사이에 분명한 경계가 없습니다. 세계 경제, 세계 환경, 세계 에이즈 위기, 세계 군비 경쟁. 이것은 우리 모두에게 영향을 줍니다…… 미국이 크게 기여해 이룩해놓은 현재의 세계를 미국은 계속 이끌고 나가야 합니다.

나는 미국 국민들에게 도전의식을 고취하면서 연설을 마무리지었다. 나는 그들이 투표를 통해 "봄을 앞당겼지만", 정부의 힘만으로는 그들이 원하는 나라를 창조할 수 없다고 말했다. "여러분 역시 미국의 소생에서 여러분의 역할을 해주어야 합니다. 나는 새로운 세대의 젊은 미국인들에게 한철 동안 봉사할 것을 제안합니다…… 할 일이 아주 많습니다…… 이 즐거운 축하의 산꼭대기에 올라와보니 골짜기에서 봉사하라고 외치는 소리가 들립니다. 우리는 나팔 소리를 들었습니다. 우리는 근무 교대를 했습니다. 이제 우리는 우리 나름의 방법으로, 하나님의 가호 아래, 그 부름에 응답해야 합니다."

몇몇 논평자들은 이 연설이 가슴에 남는 구절도 없고 마음을 끄는 구체적인 사항도 없다고 혹평했지만, 나는 마음에 들었다. 이 연설에는 번뜩이는 웅변이 있었다. 이 연설은 명료했다. 이 연설은 우리의 미래에 대한 중요한 투자를 늘리면서 적자는 줄이겠다고 주장했다. 이 연설은 미국 국민에게 어려운 사람들을 돕고 우리의 분열을 치유하기 위해 더 많은 일을 하자고 제안했다. 게다가 이 연설은 짧았다. 역사상 세 번째로 짧은 취임 연설이었다. 가장 짧았던 취임 연설은 위대한 취임 연설인 링컨의 두 번째 취임 연설이었고, 2분도 안 걸린 조지 워싱턴의 두 번째 취임 연설이 그 다음이었다. 워싱턴이 한 말은 기본적으로 아주 간단했다. "고맙다. 다시 일을 하게 되었다. 내가 일을 잘못하면 나를 견책해라." 이와는 대조적으로 윌리엄 헨리 해리슨은 1841년에 역사상 가장 긴 취임 연설을 했다. 그는 추운 날에 외투도 안 입고 한 시간이 훨씬 넘는 연설을 한 뒤에 심한 폐렴에 걸려 38일 뒤에 목숨을 잃고 말았다. 다행히도 내 연설은 그렇게 길지 않았다. 별 특징 없이 간략한 편이었다. 그래도 국민은 내가 세상을 어떻게 보는지, 내가 무엇을 하고자 하는지 알 수 있었다.

그날의 가장 아름다운 말은 마야 안젤로의 입에서 나왔다. 나는 이 키가 크고, 목소리가 낮으면서 강렬한 여자 시인에게 이 행사를 위한 시를 써달라고 요청했다. 로버트 프로스트가 1961년 케네디 대통령 취임식에서 시를 낭송한 이후 시인이 취임식에 등장한 것은 처음 있는 일이었다. 아칸소 주 스탬프스의 가난한 흑인 공동체에 살던, 상처받고 말 없던 소녀의 어린 시절을 회상한 회고록 『나는 왜 새장 속의 새가 노래하는지 안다*I Know Why the Caged Bird Sings*』를 읽은 이후 그녀의 작업을 죽 지켜보고 있었다.

마야의 시 '아침의 고동On the Pulse of Morning'은 군중을 그 자리에서 꼼짝 못하게 만들었다. 우리가 딛고 설 바위, 쉴 수 있는 강, 미국이라는 모자이크를 구성하는 모든 문화와 종류에 뿌리를 내리는 나무라는 강력한 이미지를 중심으로 구축된 이 시는 이웃의 초대라는 형식 속에 열정적인 기원을 담고 있었다.

얼굴을 들어요, 당신을 위해 밝아오는 이 환한 아침이
당신에게는 절실히 필요해요.
역사는, 그 쥐어짜는 듯한 고통에도 불구하고
살아내지 않을 수가 없어요.
하지만 용기를 가지고 맞서면,
두 번 살 필요는 없지요.
눈을 들어
당신을 위해 밝아오는 날을 봐요.
다시 꿈을
낳아봐요.
……
이제 이 새로운 날의 고동을 들으면
당신은 선뜻 고개를 들고 밖으로 고개를 돌려
당신의 누이의 눈을 보고,
당신의 형제의 얼굴, 당신의 땅을 보고,
희망을 품고
간단하게

아주 간단하게 말할 수 있을 거예요.

참 좋은 아침입니다.

빌리 그레이엄은 짧은 축도로 우리의 '참 좋은 아침'을 마무리지었다. 힐러리와 나는 부시 부부를 배웅하기 위해 무대를 떠나 의사당 뒤쪽 계단을 따라 내려갔다. 그곳에는 대통령 전용 헬리콥터 '해병대 1호기'가 기다리고 있었다. 이 헬리콥터는 부시 부부가 고향으로 가는 첫 여정을 담당할 예정이었다. 우리는 다시 안으로 돌아와 국회 위원회와 점심을 먹은 뒤, 취임 퍼레이드를 볼 수 있는 백악관 앞의 관람대를 향하여 펜실베이니아 애비뉴를 달렸다. 우리는 마지막 몇 블록은 첼시와 함께 차에서 내려 걸어가면서, 몇 줄로 빽빽하게 보도를 채우고 있는 군중에게 손을 흔들었다.

퍼레이드가 끝난 뒤 우리는 처음으로 우리의 새집으로 들어갔다. 일하는 사람들과 인사를 나누고, 쉬고, 저녁 준비를 할 여유는 두 시간밖에 없었다. 이삿짐을 운반한 사람들은 취임식과 퍼레이드가 이루어지는 동안 우리의 소지품을 모두 옮겨놓는 기적을 이루어냈다.

7시에 마라톤과 같은 긴 저녁이 시작되었다. 저녁식사를 한 뒤에는 모두 11개의 취임 축하 무도회에 참석해야 했다. 내 동생은 나를 위해 MTV 유스 볼에서 노래를 불렀고, 나는 다른 무도회에서 클래런스 클레먼스와 '밤 기차Night Train'를 테너 색소폰 듀엣으로 연주했다. 그러나 대부분의 무도회에서 힐러리와 나는 먼저 감사의 말을 몇 마디 한 다음, 우리가 가장 좋아하는 노래인 '당신일 수밖에 없어요It Had to Be You'의 첫 몇 구절에 맞추어 춤을 추며 그녀의 아름다운 자주색 가운을 자랑했다. 한편 첼시는 아칸소에서 온 친구들과 함께 유스 볼에 가 있었다. 앨과 티퍼는 테네시 무도회에 참석했는데, 그곳에서 폴 사이먼은 그의 히트곡 '나를 앨이라고 불러도 좋아You Can Call Me Al'로 그들을 환영했다. 아칸소 무도회에서 나는 어머니를 바브라 스트라이샌드에게 소개하면서, 두 사람이 잘 지낼 것 같다고 말했다. 사실 그 이상이었다. 두 사람은 금방 친구가 되었다. 바브라는 어머니가 세상을 뜰 때까지 매주 전화를 했다. 나는 취임식 저녁에 두 사람이 손잡고 걸어가는 사진을 지금도 보관하고 있다.

백악관으로 돌아오니 새벽 2시가 넘었다. 아침에 일찍 일어나 공식 환영 파티에 참석해야 했지만, 나는 너무 흥분해서 바로 잠자리에 들 수 없었다. 집에는 손님이 가득했다. 힐러리의 부모, 어머니와 딕, 우리 형제들, 첼시의 고향 친구들, 우리 친구인 짐과 다이앤 블레어 부부, 해리와 린더 토머슨 부부. 우리의 부모들만 먼저 잠자리에 들었다.

나는 여기저기 둘러보고 싶었다. 우리는 전에도 2층 숙소에 가본 적이 있지만, 지금과는 느낌이 달랐다. 이제 진짜로 여기 살아야 하고, 이곳을 우리 가정으로 만들어야 한다는 생각이 들기 시작했다. 방마다 천장이 높았고, 아름다우면서도 편안한 가구로 장식이 되어 있었다. 대통령 침실과 거실은 남향이었다. 침실 옆의 작은 방은 힐러리가 자신의 거실로 사용할 예정이었다. 복도 건너편에 첼시의 침실 겸 공부방이 있었다. 공식 식당과 작은 부엌 바로 옆에 있었다. 복도의 맞은편 끝에는 손님방들이 있었다. 그 가운데 하나는 원래 링컨의 집무실이었으며, 그가 손으로 쓴 게티스버그 연설문 사본도 하나 걸려 있었다.

'링컨실' 옆은 '트리티룸'이었다. 그런 이름이 붙은 것은 1898년 스페인-미국 전쟁을 끝내는 조약이 이 방에서 조인되었기 때문이다. 몇 년 동안 이 방은 대통령의 개인 집무실로 이용되었다. 보통 텔레비전을 여러 개 설치해두었는데, 대통령이 모든 뉴스 프로그램을 동시에 보게 하려는 배려였다. 부시 대통령은 텔레비전을 4대 설치해두었던 것 같다. 나는 그곳을 책을 읽고, 생각하고, 음악을 듣고, 소규모 회의를 여는 조용한 공간으로 만들고 싶었다. 백악관 목수들은 바닥에서 천장에 이르는 책꽂이들을 짜주었으며, 스페인-미국 평화 조약을 맺을 때 사용한 탁자도 들여놓았다. 1869년에는 그 탁자가 율리시즈 그랜트의 각료회의 탁자로 쓰였다. 대통령과 그의 일곱 장관이 둘러앉을 만한 크기였기 때문이다. 1898년 이후에는 모든 조약의 조인식에 사용되었는데, 케네디 대통령 시절의 임시 핵실험 금지 조약과 카터 대통령 시절의 캠프 데이비드 협정도 이 탁자에서 조인되었다. 그해가 끝나기 전에 나 역시 그런 용도로 이 탁자를 사용하게 되었다.

나는 그 방에 18세기 말에 만들어진 치펜데일 소파도 갖다놓았다. 백악관에 있는 가구 가운데 가장 오래된 것이었다. 메리 토드 링컨이 산 골동품 탁자도 들여놓았다. 우리는 그 위에 1898년 조약 체결을 기념하는 은컵을 올려놓았다. 내 책과 시디를 들여놓고, 1860년의 에이브러험 링컨 사진과 유서프 카시가 찍은 유명한 처칠 사진 등 내 오래된 사진들 몇 개를 걸어놓자, 편안하고 평화로운 느낌이 들었다. 실제로 나는 그 후 몇 년 동안 그 방에서 헤아릴 수 없이 많은 시간을 보내게 된다.

대통령이 된 첫날, 나는 먼저 어머니를 로즈 가든으로 안내하여, 거의 30년 전 케네디 대통령과 악수를 나누었던 자리를 어머니께 보여드렸다. 이어 전통적 관행에서 벗어나, 백악관을 대중에게 공개했다. 표는 엽서 추첨을 통해 뽑은 2,000명에게 나누어주었다. 나는 앨, 티퍼, 힐러리와 함께 줄을 서서 표를 들고 들어오는 사람들과 악수를 했다. 이어 나와 인사를 하기 위해 디플로매틱 리셉션 룸으로 통하는 남쪽 입구로 들어오려고 차가운 비를 맞으며 차례를 기다리고 있는 사람들하고도 악수를 했다. 의지가 굳은 어떤 젊은이는 표가 없는데도 침낭을 들고 밤새도록 차를 얻어 타며 백악관까지 왔다. 6시간이 지난 뒤 나는 밖으로 나가 사우스론에 모인 나머지 군중에게 연설을 했다. 그날 밤 힐러리와 나는 다시 몇 시간 동안 줄을 서서 아칸소의 친구들, 조지타운, 웰즐리, 예일 동창생들을 맞이했다.

취임식 몇 달 뒤, 취임 주간의 흥분과 의미를 포착한 아름다운 사진들을 가득 실은 책이 출간되었다. 사진 설명은 리베커 버펌 테일러가 담당했다. 테일러는 책의 에필로그에 이렇게 썼다.

정치적 가치의 변화에는 시간이 걸린다. 성공을 한다 하더라도, 몇 달 또는 몇 년이 지나, 렌즈가 확대되었다가 다시 줄어들어야, 원거리와 중거리가 우리가 오늘 볼 수 있는 것과 합쳐져야 그것이 분명하게 보인다.

이 말은 정곡을 찌르고 있다. 아마 맞는 말일 것이다. 그러나 나는 선거운동과 취임식이 가치의 변화에 영향을 주었는지, 그 덕분에 미국 공동체의 뿌리가 더 깊이 내리고 더 넓게 퍼졌는지 확인하기 위해 몇 년이나 몇 달은 커녕 며칠도 기다릴 수가 없었다. 할 일이 아주 많았으며, 곧 우리의 일은 다시 시에서 산문으로 변했고, 그 모두가 아름답지는 않았다.

31

그 후 1년 동안 법안 처리에서 중요한 성과들을 거두었고, 외교정책에서 좌절과 성공을 겪었고, 예상치 못했던 사건들이 일어났고, 개인적인 비극을 겪었고, 시행착오를 거쳤고, 워싱턴 문화에 어울리지 않는 서툰 행동을 했다. 이런 서툰 행동이 몇몇 직원의 습관적인 누설과 결합되면 어김없이 언론에 오르내렸는데, 그 보도는 종종 내가 뉴욕 예비선거에서 겪었던 것과 비슷했다.

1월 22일 우리는 조 베어드가 자신이 법무장관으로 거론되는 것을 원치 않는다고 발표했다. 심사 과정에서 그녀가 불법 이민자들을 고용하고 그들에 대한 사회보장 세금을 내지 않았다는 사실을 파악했음에도 이 사실의 중대함을 제대로 인식하지 못했으며, 따라서 그녀가 아니라 내가 이 상황에 책임이 있다고 말했다. 어쨌든 베어드는 우리를 속인 것이 아니었다. 가정부들을 고용했을 때 그녀는 막 새 일자리를 얻은 상황이었고, 교수인 남편은 여름휴가 중이었다. 아마 부부는 상대방이 세금 문제를 처리했을 거라고 생각했을 것이다. 나는 그녀의 말을 믿었고, 그녀가 처음에 물러나겠다고 이야기했을 때도, 그 뒤로 3주 동안 그녀의 지명을 위해 계속 노력했다. 나중에 나는 베어드를 해외 정보자문위원으로 임명했으며, 그곳에서 그녀는 크로 제독 그룹이 하는 일에 실질적으로 기여했다.

같은 날, 언론은 새 백악관에 격분했다. 기자들은 오래전부터 웨스트 윙□□□□□에 있는 기자실에서 1층의 캐비닛 룸 근처에 있는 대변인 사무□□□ 가곤 했는데, 우리가 그 특권을 없애버렸기 때문이다. 기자들은 이렇게 걸어가다가 복도에서 누구를 만나든 질문을 퍼붓곤 했다. 아마 부시 행정부에서 고위직에 있던 사람 두어 명이 업무 인수인계를 하면서 이런 관행 때문에 능률이 떨어지고 기밀이 누설되는 일이 많다고 말했던 것 같다. 결국 그런 상황을 개선하겠다는 결정이 내려졌다. 누가 나한테 이 문제를 상의한 기억은 나지 않지만, 상의했을 가능성이 높기는 하다. 언론은 큰 소동을 일으켰지만, 우리는 언론이 그런 상황을 극복할 것이라고 생각하고 결정을 바꾸지 않았다. 그 새로운 결정이 비서진 사이의 자유로운 이동과 대화에 기여한 것은 틀림없지만, 과연 언론으로부터 그렇게 원한을 사면서까지 해야 할 일이었는지는 잘 모르겠다. 게다가 첫 몇 달 동안 백악관은 지붕과 벽에 구멍이 뻥뻥 뚫린 루핑 집보다 더 심하게 이야기들이 밖으로 새나갔으니, 그런 식으로 언론의 움직임을 제한한 것이 큰 도움이 되었다고 말할 수는 없을 것 같다.

그날 오후, 나는 로 대 웨이드 판결 기념일을 맞아 태아 조직 연구에 대한 레이건과 부시의 금지 조치를 철회하고, 어떤 식으로든 낙태와 관련한 국제적인 가족계획 기관들에 대한 연방의 지원을 금지하는 이른바 멕시코시티 규정을 폐지하며, 연방 자금을 받는 가족계획 병원에서 낙태 자문을 금지한 부시의 '재갈 규정'을 파기하는 행정명령을 발표했다. 나는 선거운동 때 이 같은 조치들을 약속했으며, 실제로 그것이 옳다고 믿었다. 태아 조직 연구는 파킨슨병, 당뇨병을 비롯한 여러 가지 병의 더 나은 치료법을 찾는 데 필수적이었다. 멕시코시티 규정은 가족계획 방법들에 대한 정보를 차단함으로써 오히려 낙태를 더 조장한다는 주장도 있었다.

1월 25일, 첼시가 새 학교에 등교하는 첫날, 나는 힐러리가 포괄적인 의료제도 개혁을 위한 특별대책위원회를 이끌 것이라고 발표했다. 힐러리는 실무진의 총책임자인 아이라 매거지너, 국내정책 보좌관 캐럴 래스코, 정권인수위에서 보건 문제를 담당했던 주디 페더와 함께 일할 예정이었다. 나는 매거지너가 의료제도 문제를 맡아주겠다고 한 것에 기분이 좋았다. 1969년 매거지너는 나보다 1년 뒤에 로즈 장학금을 받아 옥스퍼드에 왔는데, 그때부터 우리는 친구가 되었다. 이제 사업가로 성공을 거둔 매거지너는 선거운동 때 경제팀에서 일했다. 그는 전 국민 의료보험이 도덕적으로나 경제적으로 긴요하다고 믿었다. 나는 힐러리가 앞에 놓인 엄청난 일을 해나가는 데 매거지너가 큰 도움이 될 것이라고 생각했다.

의료제도 개혁을 지휘하는 것은 영부인으로서는 전례가 없는 일이었다. 웨스트 윙에 힐러리와 실무진이 일할 공간을 내준 나의 결정 역시 전례가 없었다. 전통적으로 백악관의 이스트 윙에서는 사교적인 일들이 진행되었고, 웨스트 윙에서는 정책 활동이 이루어졌다. 이 두 가지 결정은 논란을 불러일으켰다. 영부인의 역할에 대해서는 워싱턴이 아칸소보다 더 보수적인 것 같았다. 나는 힐러리가 보건 문제에 관심을 가지고 있을 뿐만 아니라 아는 것도 많고, 그 일을 제대로 할 시간도 있고, 의료산업, 정부기관, 소비자 단체들의 경쟁적인 이해관계 사이에서 정직한 중재자 역할도 할 수 있다고 보았기 때문에 그녀에게 그 일을 맡기기로 결정했다.

물론 나는 그 일이 매우 위험하다는 것도 잘 알았다. 해리 트루먼은 전 국민 의료보험을 시도하려다 대통령 자리를 잃을 뻔했고, 닉슨과 카터는 위원회에서 법안을 만들어내지도 못했다. 수십 년 만에 민주당 의원이 많은 의석을 얻었던 시기에 린든 존슨은 나이 든 사람들을 위한 메디케어와 가난한 사람들을 위한 메디케이드를 만들었지만, 나머지 보험이 적용되지 않는 사람들을 보험으로 지켜주는 일은 시도도 하지 못했다. 그럼에도 나는 전 국민 의료보험을 위해 노력해야 한다고 생각했다. 이것은 모든 부유한 나라가 건강상의 이유와 경제적인 이유 때문에 오래전부터 시행해오고 있는 것이었다. 미국에서는 거의 4,000만에 이르는 사람들이 의료제도의 혜택을 받지 못했다. 그럼에도 국민총생산의 14퍼센트를 보건 분야에 지출하고 있었다. 두 번째로 비율이 높은 캐나다보다 4퍼센트나 높은 수치였다.

1월 25일 밤, 나는 긴급 요청에 따라 군대 내의 동성애자 문제를 논의하기 위해 합동참모본부의 참모들과 만났다. 그전에 「뉴욕 타임즈」는 군대 내부의 강한 반대 때문에 내가 동성애자와 관련된 제한 철폐를 6개월 동안 미루고, 그 기간 동안 실질적인 문제와 고위 장교들의 견해를 고려할 것이라고 보도했다. 그것이 합리적인 방법이었다. 해리 트루먼은 군대 내의 인종 통합을 명령하면서, 국방부가 사기와 훈련 수준이 높은 단결된 군대를 유지한다는 일차적 임무에 방해가 되지 않는 방식으로 그 명령을 이행할 방법을 찾도록 훨씬 더 많은 시간을 주었다. 유예기간 동안 애스핀 장관은 신병에게 성적 취향을 묻지 말고, 동성애 행동을 하다가 적발된 경우가 아니면 제대시키지 말라고 명령을 내릴 예정이었다.

참모본부의 이른 면담 요청 때문에 문제가 생겼다. 나는 그들의 이야기를 끝까지 들어줄 용의가 있었지만, 이 문제가 더 주목받는 것은 원치 않았다. 내 입장을 감추고 싶어서가 아니라, 국민에게 내가 경제보다 그 문제에 더 관심을 가지는 것처럼 비치고 싶지 않았기 때문이다. 그것이야말로 의회의 공화당 의원들이 원하는 바였다. 돌 상원의원은 벌써 동성애자 복무 금지를 철폐하려는 내 권한을 정지시키는 결의안을 통과시키는 문제에 대해 이야기하고 있었다. 그는 이것이 내 대통령직의 첫 몇 주를 지배하는 쟁점이 되기를 바라는 것이 분명했다.

회의에서 참모들은 180만 명의 군인들 가운데 수천 명의 동성애자가 훌륭하게 활동한다는 것을 인정했지만, 그들에게 성적 취향을 공개하고 근무하게 하는 것은, 파월 장군의 말을 빌리면 "건전한 질서와 규율에 해가 된다"고 주장했다. 참모들도 모두 참모본부장의 말에 동의했다. 내가 지난 10년간 군이 1만 7,000명의 동성애자를 쫓아내는 데(그들이 성실하게 근무하지 않는다고 믿을 만한 이유가 없다는 정부 보고에도 불구하고) 5억 달러를 썼다는 사실을 제기하자, 참모들은 단결과 사기를 유지하기 위해 그럴 가치가 있었다고 대답했다.

해군 작전참모 프랭크 켈소 제독은 병사들이 배에 고립된 채 밀집된 환경에서 살아간다는 점을 고려할 때 해군에 가장 큰 실제적인 문제가 있다고 말했다. 육군 참모 고든 설리번 대장과 공군의 메릴 맥피크 장군 역시 비슷한 의견이었다. 그러나 가장 완강한 반대자는 해병대 사령관 칼 먼디 장군이었다. 그는 체면과 실제적인 문제 이상을 생각하고 있었다. 그는 동성애가 부도덕하다고 생각했으며, 만일 동성애자들이 공개적으로 근무하는 것을 허용한다면, 군은 부도덕한 행동을 인정하게 되는 셈이고 그 결과 가장 훌륭한 젊은이들을 군에 끌어오지 못하게 될 것이라고 생각했다. 나는 먼디와 생각이 많이 달랐지만, 그가 마음에 들었다. 사실 나는 그들을 모두 좋아하고 존경했다. 그들은 나에게 자신들의 정직한 의견을 이야기하고 있었다. 그러면서도 만일 내가 그들에게 명령을 한다면 그 명령을 이행하기 위해 최선을 다할 것임을 분명히 했으며, 또한 국회 앞에 나가 증언을 할 경우에는, 역시 자신들의 견해를 솔직히 밝힐 수밖에 없다고 말했다.

이틀 뒤 밤에 다시 이 문제로 회의를 가졌다. 이번에는 상원 군사위원회 위원들과의 회의였는데, 이 자리에는 샘 넌, 제임스 엑슨, 칼 레빈, 로버트 버드, 에드워드 케네디, 밥 그레이엄, 제프 빙거먼, 존 글렌, 리처드 셸비, 조 리버먼, 척 로브 등의 상원의원들이 참석했다. 넌은 내 입장에 반대했지만, 6개월 연기에는 동의했다. 내 비서진 몇 사람은 넌이 곧바로 강력하게 반대하고 나선 것에 화를 냈지만 나는 그렇지 않았다. 결국 그는 개인적으로 보수적인 사람이었으며, 위원회의 위원장으로서 군대 문화를 존중했고, 그것을 보호하는 것이 자신의 의무라고 여겼던 것이다.

그런 생각을 가진 사람은 넌 혼자만이 아니었다. 노스웨스턴 대학의 사회학자 찰리 모스코스도 동성애자 군복무 금지 조치 철회에 반대했다. 그는 민주당지도자협의회에서 나와 넌과 함께 국가 봉사 제안을 작성하는 작업을 했으며, 한국전쟁 때 동성애자 장교와 잘 아는 사이였다고 말한 적도 있었다. 모스코스는 그런 금지 조치가 밀집된 숙소에서 살아가는 병사들이 누려야 할 사생활을 유지해준다며, 군인들 대다수가 원하는 것을 지켜주어야 한다고 했다. 왜냐하면 우리가 군대에 원하는 것은 싸우는 능력과 싸우려는 의지기 때문이라는 것이다. 내가 그의 주장이나 샘 넌의 주장에서 느끼는 문제는 그런 주장이 트루먼의 인종통합 노력이나, 군대에서 여성들에게 더 많은 자리를 개방하려는 노력에 반대하는 논거로도 사용될 수 있다는 점이었다.

버드 상원의원은 넌보다 더 강경한 입장을 취해, 내가 먼디 장군에게서 들은 이야기를 되풀이했다. 그는 동성애가 죄라고 믿었다. 그는 절대 자신이 사랑하는 손자가 동성애자를 받아들이는 군대에 입대하도록 내버려두지 않을 거라고 말하면서, 로마 제국이 무너진 이유는 줄리어스 시저 이후 로마 군대에 만연했던 동성애 행위를 용납했기 때문이라고 주장했다. 버드와 넌과 달리 많은 쟁점에서 보수적인 태도를 취했고 또 베트남에서 사선을 넘기도 했던 척 로브는 오히려 내 입장을 지지했다. 그의 생각은 전시에 동성애자이면서도 용감한 전우들과 함께 싸웠던 경험에 기초하고 있었다. 의회의 베트남전 참전 의원들 가운데는 로브 의원처럼 생각하는 사람들이 적지 않았다.

당과 세대에 따라 이 문제를 둘러싸고 의견이 갈리는 듯했지만, 꼭 그런 것만은 아니었다. 일부 젊은 민주당 의원들은 동성애자 군복무 금지 조치 폐지에 반대했으며, 반대로 로런스 코브와 배리 골드워터 같은 나이 든 공화당 의원들은 오히려 찬성하기도 했다. 레이건 시절에 국방부 차관으로서 동성애자 군복무 금지를 이행한 당사자인 코브는 미국 군대의 질과 힘을 유지하는 데 그런 금지조치는 필요하지 않다고 말했다. 상원 군사위원회 출신의 골드워터는 퇴역 군인이자 애리조나 주방위군의 창설자였으며, 자유의지론적 태도를 보여주는 구식의 보수주의자였다. 그는 「워싱턴 포스트」에 발표한 성명에서 동성애자의 군복무를 허용하는 것은 문화적 방종을 허용하는 것이 아니라, 책임감 있는 국민에게 기회를 확대하고 국민의 사생활에 대한 정부의 개입을 제한한다는 미국의 가치를 재확인하는 것이라고 말했다. 그는 특유의 솔직한 태도로, 자신은 군인이 성적으로 올바른가(이성애자라는 뜻—옮긴이주) 하는 것에는 관심이 없고, 총을 제대로 쏠 줄 아는가 하는 것에만 관심이 있다고 말했다.

하지만 결국 골드워터의 지지와 나의 모든 주장은 공론空論이 되고 말았다. 하원은 3 대 1 이상의 표 차로 나의 입장에 반대하는 결의안을 통과시켰다. 상원의 반대는 하원만큼은 아니었지만, 역시 찬성과는 많은 차이가 났다. 이것은 내가 고집을 부린다 해도, 국회에서 국방 세출 예산안 수정으로 내 입장을 뒤집겠다는 뜻이었다. 이 예산안은 내가 쉽게 거부권을 행사할 수 없는 것이었으며, 설사 거부권을 행사한다 해도 양원에서 거부권 자체를 다시 엎어버릴 수 있었다.

이런 일이 진행되는 과정에서, 국민이 48 대 45로 내 입장에 반대한다는 여론조사 결과가 나왔다. 논란이 큰 쟁점치고는 수치가 그렇게 불리해 보이지는 않았지만, 어쨌든 불리한 것은 사실이었으며, 왜 국회가 이것을 구제 불능의 안건이라고 생각하는지도 알 수 있을 것 같았다. 동성애자 군복무 금지 조치 철회를 강력하게 지지하는 유권자는 16퍼센트에 불과했다. 반면 33퍼센트는 강력하게 반대했다. 이들은 국회의원이 이 문제에 어떤 입장을 보이느냐에 따라 자신의 표를 줄지 말지 결정할 수 있는 사람들이었다. 여론의 향배에 표가 좌우되는 선거구를 가진 정치가들에게 어떤 쟁점에 대해 17퍼센트의 손해를 본 상태에서 선거에 뛰어들라고 하기는 어려운 일이었다. 흥미로운 것은 여론조사에서 가장 큰 차이를 보인 항목이었다. 스스로 거듭난 기독교인이라고 생각하는 사람들은 나의 입장에 77 대 22로 반대했다. 반면 개인적으로 동성애자를 안다고 말한 사람들은 66 대 33으로 지지했다.

의회에서 패배하는 것이 불가피해지자, 레스 애스핀은 콜린 파월을 비롯한 합동참모들과 타협안을 만들어내기 시작했다. 거의 정확히 6개월 뒤인 7월 19일에 나는 포트 맥네어의 국방 대학에 가서 장교들에게 그 타협안을 발표했다. '묻지도 말하지도 않는다'는 타협안의 내용에 따르면, 자신이 동성애자라고 말하면 통일군사재판법을 위반하려는 의도가 있는 것으로 간주되어 군대에서 쫓겨날 수 있다. 다만 지휘관에게 자신이 군대 내에서 성관계를 가질 의사가 없으며, 따라서 법을 위반하지 않는다는 것을 보여주면 예외가 된다. 만일 동성애자라고 말하지 않는다면, 민간인 복장으로 동성애자 퍼레이드에서 행진하는 경우, 동성애자 술집에 들어가거나 동성애자로 알려진 사람과 함께 있는 경우, 동성애자 우편물 발송 명단에 이름이 오른 경우, 함께 사는 동성의 사람이 자신의 생명보험 수혜자인 경우에도 군대는 그를 내쫓을 수 없다. 동성애가 군의 사기와 단결을 해칠 수밖에 없다는 생각을 고수하면서도, 서류상으로는 결국 '상생'의 지점에 이르게 된 것이다. 그러나 실제로는 그렇게 되지 않는 경우가 많았다. 동성애를 반대하는 많은 장교들은 새로운 정책을 무시하고 동성애자들을 색출하기 위해 더 적극적이었다. 이로 인해 미국의 안보를 위해 더 좋은 방법으로 사용될 수도 있는 돈 수백만 달러가 소모되었다.

단기적으로 나는 양쪽에서 공격을 받는 최악의 상황을 맞이했다. 싸움에서 졌을 뿐 아니라, 동성애자 단체들은 내가 타협한 것을 강도 높게 비판했다. 그들은 국회에서 그렇게 지지를 받지 못할 경우에 생기는 문제들은 보지 않으려 했다. 뿐만 아니라 내가 동성애자들에 대한 또 하나의 금지 조치, 즉 중요한 국가안보 직책에서 제외한다는 금지 조치를 철폐한 것이나, 행정부 전체에 상당한 숫자의 동성애자들이 일하게 된 것에 대해서는 거의 인정하지 않으려 했다. 반대로 돌 상원의원은 큰 승리를 거두었다. 그는 일찍, 그리고 되풀이하여 이 문제를 거론함으로써 언론에 크게 보도되도록 했으며, 결국 내가 다른 일은 거의 하지 않는다는 인상을 심어주었다. 결국 경제를 고치라고 나를 뽑아준 많은 국민은 도대체 내가 무엇을 하고 있는지, 자신들이 잘못 뽑은 것은 아닌지 궁금해하게 되었다.

백악관 직원을 25퍼센트 줄이겠다는 선거 공약을 지키는 것도 어려운 일이라는 것을 알게 되었다. 맥 맥라티에게는 악몽 같은 일이었다. 우리는 이전 행정부보다 더 야심만만한 의제를 설정해두었고, 편지도 두 배 이상 많이 받고 있었기 때문이다. 2월 9일, 내가 경제정책을 발표하기로 예정된 날로부터 꼭 일주일 전에 나는 백악관 직원의 25퍼센트를 줄이겠다고, 즉 350명을 줄여 1,044명만 남기겠다고 제안했다. 모두가 타격을 받았다. 심지어 힐러리까지도. 책임은 바바라 부시보다 훨씬 더 커졌는데, 실무진의 규모는 더 작아지게 되었기 때문이다. 내가 가장 안타까웠던 것은 통신부서의 경력직원 20명을 내보낸 것이다. 나는 퇴직으로 생긴 빈자리에 충원을 하지 않는 방식으로 자연스럽게 줄이고 싶었지만, 맥은 달리 목표를 채울 방법이 없다고 했다. 게다가 우리는 백악관을 현대화하는 데도 돈을 좀더 투자해야 했다. 비서진은 심지어 e메일을 주고받을 수도 없었으며, 전화는 카터 시절 이후로 변하지 않았다. 우리는 전화회의는 할 수 없었지만, 누구나 불이 켜진 커다란 내선 단추를 누르면 다른 사람의 대화를 들을 수 있었다. 물론 내

대화도 들을 수 있었다. 곧 더 좋은 전화가 설치되었다.

우리는 또 백악관 실무진 가운데 한 부분을 강화했다. 연방정부와 개인적인 문제가 생긴 사람을 돕기 위해 만든 민원실이었다. 이 부서에서는 장애인, 퇴역 군인의 연금을 받아내는 일을 도와주기도 했다. 보통 국민은 그런 문제로 도움을 원할 때는 상원이나 하원의 의원에게 연락을 했지만, 나는 매우 개인적인 선거운동을 했기 때문에 나에게 직접 연락을 할 수 있다고 생각하는 미국인들이 많았다.

나는 2월 20일에 특별히 기억에 남는 요청을 받게 되었다. 이날 백악관에서는 ABC의 뉴스 앵커 피터 제닝스의 사회로 '아동시민대표자회의'가 열렸다. 텔레비전으로 중계된 이 회의에서는 여덟 살에서 열다섯 살 사이의 어린이들이 나에게 질문을 했다. 아이들은 내가 첼시의 숙제를 도와주는지, 왜 여자는 대통령으로 선출된 적이 없는지, 폭동이 일어난 로스앤젤레스를 돕기 위해 무슨 일을 할 것인지, 의료제도는 어떻게 할 것인지, 학교 폭력을 막기 위해 어떤 일을 할 수 있는지 물었다. 환경에 흥미를 가진 아이도 많았다. 그러나 특별히 도움을 원하는 아이가 하나 있었다. 아나스타샤 소모사는 뉴욕시티 출신의 예쁜 여자아이였는데, 뇌성마비로 휠체어에서 일어나지 못했다. 그녀는 자기한테 쌍둥이 자매 앨버가 있는데, 그 아이 역시 뇌성마비에 걸렸으며 자기와는 달리 말도 못한다고 말했다. "앨버는 말을 못하기 때문에 특수 교육을 받아요. 하지만 앨버도 컴퓨터를 쓰면 말을 할 수 있어요. 앨버도 저처럼 일반 교육을 받는 반에서 공부했으면 좋겠어요." 아나스타샤는 자신과 부모는 기회만 주어지면 앨버도 정상적으로 학교 공부를 할 수 있다고 확신한다고 말했다.

연방법에 따르면 장애가 있는 아동도 '최소한의 제한이 있는' 환경에서 교육을 받아야 했다. 그러나 무엇이 최소한의 제한인지에 대한 핵심적 결정은 그 아이가 다니는 학교에서 내렸다. 1년 정도 시간이 걸리기는 했지만, 결국 앨버는 일반적인 교육을 받을 수 있었다. 힐러리와 나는 소모사 가족과 계속 연락을 했으며, 2002년에는 그 아이들이 다니는 고등학교 졸업식에서 연설을 했다. 두 자매는 모두 대학에 갈 수 있었다. 아나스타샤와 부모가 앨버에게 최대한 기회를 주고, 나를 포함한 다른 사람에게 도움을 청하는 일을 부끄러워하지 않았기 때문이다. 민원실 직원은 매달 우리가 도운 사람들에 대한 보고서와 함께, 그들이 보낸 감사 편지 몇 통을 들고 왔다.

나는 직원 감축과 더불어 정부 전체의 행정 비용을 3퍼센트 줄이라는 행정명령을 내렸다. 더불어 최고 임명직의 보수와 리무진이나 전용 식당 등의 특전도 줄이게 했다. 나는 백악관 식당 규정을 바꾸어 고위 백악관 관리의 전용 식당을 하급 직원도 이용할 수 있게 했는데, 이것은 사기 진작에 엄청난 도움이 되었다. 백악관의 젊은 직원들은 장시간 일하고 주말에도 쉬지 않았다. 그들 모두에게 점심식사를 하러 나가라거나, 식사 주문을 하라거나, 아니면 집에서 봉투에 도시락을 싸오라고 하는 것은 어리석은 일로 여겨졌다. 게다가 백악관 식당에 들어오게 되면서 그들은 자신도 중요한 사람이라는 느낌을 갖게 되었다. 벽에 나무판을 댄 이 식당에서는 해군이 좋은 음식을 준비해주었다. 나는 거의 매일 그곳에서 점심을 주문했으며, 주방에서 일하는 젊은이들을 찾아가기도 했다. 그들은 일주일에 한 번씩 내가 특별히 좋아하는 멕시코 요리를 해주었다. 내가 대통령직에서 물러난 후 이 식당에는 다시 고위직만 들어갈 수 있게 되었다. 나는 우리의 정책이 사기나 생산성에 도움이 되었다고 생각한다.

일은 늘어나고 일을 할 사람은 줄어든 상태였기 때문에 우리는 하급 직원만이 아니라 1,000명이 넘는 자원봉사자들에게도 의존할 수밖에 없었다. 자원봉사자들은 오랜 시간 일했으며, 일부는 상근을 하다시피 했다. 자원봉사자들은 편지를 읽고, 필요한 경우에는 답변을 보내고, 정보를 더 요구하기도 하는 등 수많은 일을 했다. 그들이 없었다면 백악관은 미국 국민의 부름에 전혀 반응을 보이지 못했을 것이다. 열심히 노력한 모든 자원봉사자들은 봉사를 했다는 만족감 외에 힐러리와 내가 매년 사우스론에서 주최하는 감사 연회를 선물로 받았다. 백악관은 그들 없이는 운영될 수 없었다.

이미 결정한 구체적인 감축 외에도 나는 체계적인 방법을 통해 장기적으로 훨씬 더 많은 돈을 절약하고 정부의 서비스를 개선할 수 있다고 생각했다. 아칸소에서는 '전체 품질 관리' 프로그램을 제안하여 긍정적인 성과를 거둔 적이 있었다. 3월 3일 나는 앨 고어의 주도 하에 6개월간 모든 연방 기능을 검토할 것이라고 발표했다. 앨 고어는 물에 뛰어드는 오리처럼 그 일을 맡아, 외부 전문가들을 불러모으더니 공무원들의 광범위한 의견을 듣기 시작했다. 그는 8년간 이 일을 계속하여, 수백 개의 프로그램과 1만 6,000페이지의 규제를 없애고, 연방 인력을 30만 명 줄이고, 세금을 1억 3,600만 달러 줄였다. 결국 우리 정부는 1960년 이후 가장 작은 연방정부가 되었다.

나는 스스로 조직을 정비하고 언론에서 제기한 논쟁도 처리했지만, 1월과 2월에는 주로 경제계획의 세부사항을 작성하는 일에 몰두했다. 1월 24일 일요일, 로이드 벤슨이 '언론과의 만남' 프로그램에 나갔다. 그는 계획의 세부사항에 대한 질문에는 구체적인 답변을 하지 않기로 했음에도, 한 걸음 정도 더 나아가 우리가 제안할 소비세나 광범위한 에너지세에 대한 이야기를 했다. 다음 날 정부의 30년 국채 이자율이 7.29퍼센트에서 7.19퍼센트로 떨어졌다. 6년 만에 최저 이자율이었다.

한편 우리는 세부사항을 놓고 씨름하고 있었다. 큰돈이 걸려 있는 지출 축소와 세금은 다 논란이 되었다. 예를 들어 예산을 놓고 상하원의 의장들을 만났을 때, 리언 파네타는 사회보장의 생계비 수당 증액을 1회 3개월 늦추자고 제안했다. 대부분의 전문가들이 낮은 인플레이션 수준으로 볼 때 생계비 수당이 너무 높다는 데 동의했으며, 그것을 늦추면 5년 동안 150억 달러를 절감할 수 있었다. 그러나 미첼 상원의원은 그것은 퇴보적이며 불공정하기 때문에 지지할 수 없다고 말했으며, 다른 상원의원들도 마찬가지였다. 따라서 우리는 다른 데서 150억 달러를 찾아야 했다.

1월 30일, 31일 주말에 나는 내각과 백악관 고위 비서진을 메릴랜드의 캐톡틴 산맥에 있는 대통령 별장 캠프 데이비드로 데려갔다. 캠프 데이비드는 숲으로 둘러싸인 아름다운 곳으로, 편안한 오두막과 오락 시설들이 갖추어져 있고, 해군과 해병대가 시설을 운영하고 있었다. 이곳은 앞으로의 1년에 대해 이야기를 하면서 서로를 더 잘 알 수 있는 기회를 갖기에 아주 좋은 곳이었다. 스탠 그린버그, 폴 베걸러, 맨디 그런월드도 초대했는데, 그들은 자신들이 정권 인수 작업에서 소외당했으며, 적자에 대한 강박감이 내가 선거운동 때 제시했던 다른 모든 목표를 집어삼키고 있다고 생각했다. 또 고어와 내가 우리를 뽑아준 사람들의 관심과 이익을 무시함으로써 재난을 초래하고 있다고 생각했다. 나는 그들의 생각에 공감했다. 그들은 그동안 토론에 참석하지 않았는데, 그들이 없는 자리에서 우리 대부분은 적자를 처리하지 못하면 지속적이고 강력한 성장도 이룰 수 없고, 다른 공약들, 적어도 돈이 많이 드는 것들은 불경기라는 정체된 물에 잠겨 익사할 것이라고 결론을 내렸다.

나는 맨디와 스탠이 토론을 시작하게 했다. 맨디는 일자리, 퇴직, 의료, 교육에 대한 중산층의 불안을 이야기했다. 스탠은 유권자들의 가장 중요한 관심이 일자리, 의료제도 개혁, 복지제도 개혁, 그 다음에 적자 축소의 순서이며, 만일 적자 축소 때문에 중산층이 세금을 더 내야 한다면, 내가 그들을 위해 다른 뭔가를 해주는 것이 좋을 거라고 말했다. 그러자 힐러리가 아칸소에서 내 첫 주지사 임기 때 사람들에게 이야기의 분명한 줄거리를 알려주지 않고 또 길고 지속적인 투쟁을 준비시키려는 노력도 하지 않고 한꺼번에 너무 많은 일을 하려다가 실패한 과정을 상기시켰다. 이어 힐러리는 그들에게 두 번째 임기 때 성공을 거둔 이야기도 했다. 우리는 2년마다 한두 가지 쟁점에 초점을 맞추었으며, 평가를 받을 수 있는 단기적인 기준과 더불어 장기적인 목표를 제시했다. 힐러리는 그런 접근법 덕분에 내가 사람들이 이해하고 지지할 수 있는 이야기의 줄거리를 만들어낼 수 있었다고 말했다. 힐러리의 말에 누군가가 우리의 내부 정보가 계속 누설된다면 이야기의 줄거리는 짤 수 없다고 말했다. 누설된 정보들은 모두 가장 논란이 많은 제안들과 관련이 있었다. 주말이 지난 뒤, 법률고문들은 일상적인 누설과 논란을 벗어날 수 있는 의사소통 전략을 짜려고 노력하기 시작했다.

연수회의 나머지 시간에는 비공식적이고 개인적인 대화를 나누었다. 토요일 밤에는 앨 고어의 친구인 유능한 사회자가 친목의 시간을 이끌었다. 우리는 유대를 돈독히 할 목적으로, 함께 앉아 돌아가면서 남들이 모르는 우리 자신에 대한 이야기를 했다. 이 행사는 엇갈린 반응을 낳았는데, 나에게는 즐거운 시간이었다. 나는 어린 시절에 뚱뚱해서 종종 놀림을 받았다는 고백을 했다. 로이드 벤슨은 이런 자리가 우습다고 생각하고 자기 오두막으로 돌아갔다. 사실 의도적으로 감추지 않는 한, 벤슨에게는 다른 사람이 모를 것이 없었다. 밥 루빈은 그 자리에 그대로 있었지만 할 말이 없다고 했다. 아마 그런 식의 모임에서 비밀을 털어놓는 것이 골드만삭스에서 그가 성공한 비결은 아닌 모양이었다. 워런 크리스토퍼는 모임에 참가했다. 아마 그는 지구상에서 가장 규율이 확실히 잡힌 사람일 텐데, 자백을 강요하는 중국식 물고문의 베이비붐 세대식 변형판인 이 고백 모임이 상당히 수준 높은 그의 품성을 더 높여줄 것이라고 생각한 모양이었다. 어쨌거나 주말 모임은 전체적으로 우리에게 도움이 되었다. 그러나 진짜 유대는 곧 다가올 투쟁, 승리, 패배라는 불속에서 단련이 되었다.

일요일 밤 우리는 백악관으로 돌아와 연례 전국주지사연합회 만찬을 주최했다. 영부인으로서 처음 참가하는 공식행사였기 때문에 힐러리는 긴장했지만 진행은 원만했다. 주지사들은 경제에 관심을 보였다. 경제 사정으로 주의 세입이 줄어드는 바람에 서비스를 줄이거나 세금을 올려야 했고, 둘 다 해야 하는 경우도 있었다. 그들은 적자를 줄일 필요성은 이해했지만, 자신들의 희생은 원치 않았다. 책임이 연방정부에서 주정부로 옮겨지고, 그 책임을 이행할 자금은 넘어오지 않는 상황을 바라지 않았던 것이다.

2월 5일에는 역시 선거 공약과 관련된 첫 법안에 서명했다. 그 결과 가족의료휴가법이 공표되면서, 미국은 마침내 아기가 태어나거나 가족이 아플 때 노동자들에게 일정 기간 휴가를 보장하는 150여 개 나라에 끼게 되었다. 이 법안의 주요한 발의자이자 나의 오랜 친구인 코네티컷의 크리스 도드 상원의원은 이 법을 만들기 위해 오랫동안 노력했다. 부시 대통령은 이것이 기업에 너무 큰 부담을 준다는 이유로 두 번이나 거부권을 행사했다. 공화당이 국회를 지배하던 시절에는 공화당 의원들 다수가 같은 이유로 반대표를 던졌다. 나는 가족휴가가 경제에 도움이 될 것이라고 생각했다. 선택에 의해서건 필요에 의해서건 대부분의 부모가 일을 하는 미국의 상황에서 사람들은 직장 일이나 집안일을 다 잘해야 했다. 그러나 아기나 병든 부모를 걱정하는 사람들이 가족에게 할 일을 다했다고 생각하는 사람들만큼 생산성을 발휘할 수는 없었다. 내가 대통령으로 있는 동안 3,500만이 넘는 사람들이 가족의료휴가법을 적용받게 되었다.

이후 8년 동안, 그리고 내가 대통령직을 떠난 뒤에도, 내가 서명한 법안 가운데 이 법에 대하여 말하는 사람이 가장 많았다. 그들의 이야기 가운데는 감동적인 것이 많았다. 어느 일요일 아침 일찍, 조깅을 하고 들어오다가 백악관을 구경하는 가족과 우연히 만났다. 한 십대 소녀는 휠체어에 앉아 있었는데 몹시 아파 보였다. 나는 그들에게 인사를 하고, 내가 샤워를 하고 옷을 갈아입을 때까지 기다려줄 수 있으면 오벌 오피스로 초대해 사진을 함께 찍겠다고 말했다. 그들은 기다려주었고, 나는 그들을 백악관으로 안내했다. 나는 특히 그 용감한 소녀와 즐겁게 이야기를 나누었다. 내가 자리를 뜨려는데 그녀의 아버지가 내 팔을 잡아 나를 돌려 세우더니 말했다. "저 아이는 어쩌면 가망이 없을지도 모릅니다. 내가 아이와 함께 보낸 지난 3주는 내 인생에서 가장 중요한 시간이었습니다. 가족휴가법이 없었다면 그것은 불가능했을 겁니다."

2001년 초 내가 처음으로 평범한 시민이 되어 뉴욕에서 워싱턴까지 왕복 항공기를 탔을 때, 승무원 한 사람이 나에게 자신의 경험을 털어놓았다. 그녀는 부모 두 분이 동시에 병으로 고생했다. 한 사람은 암이었고, 또 한 사람은 알츠하이머병이었다는 것이다. 그녀는 부모의 마지막 며칠 동안 그녀와 언니밖에는 부모를 돌봐줄 사람이 없었는데, 가족휴가법이 없었다면 곤란했을 것이라고 말했다. "공화당은 늘 가족이 중요하다고 말하잖아요. 그런데 죽음을 앞둔 부모를 잘 모시는 것도 가족생활에서 중요한 문제 아닌가요?"

2월 11일, 경제 계획을 마무리짓는 과정에서 나는 마침내 법무장관을 확정했다. 한두 번 헛발질을 한 다음에 플로리다 주 데이드 카운티의 지방 검찰관 재닛 리노로 마음을 정한 것이다. 나는 재닛의 업적을 오래전부터 알았고 그녀를 존경해왔다. 그녀의 혁신적인 '마약 법원'은 특히 유명했는데, 이것은 마약 초범이 마약 치료를 받고 정기적으로 법원의 확인을 받겠다고 동의하면 감옥을 피할 기회를 주는 것이었다. 처남 휴 로댐은 공선 변호인 사무소의 변호사로 마이애미 마약 법원에서 일한 적이 있었다. 나는 그의 초대를 받아 1980년대에 법원 심리에 두 번 참석해보고, 검사, 변호사, 판사가 피고에게 이것이 그가 감옥에 가지 않을 수 있는 마지막 기회라고 함께 설득하는 특이하면서도 효과적인 방식에 놀랐다. 이 프로그램은 큰 성공을 거두어 징역보다 마약 상습범 비율을 훨씬 더 줄였으며, 납세자의 돈도 많이 절약해주었다. 나는 선거운동에서 전국에 마이애미 모델을 따르는 마약 법원을 설립할 연방 자금을 지원하겠다고 약속했다.

밥 그레이엄 상원의원에게 전화로 의견을 묻자 그는 리노를 열렬히 지지했다. 30년 전 리노와 함께 코넬 대학을 다녔던 내 친구 다이앤 블레어도 마찬가지였다. 사람 판단에 아주 뛰어난 빈스 포스터도 마찬가지였다. 그는 재닛을 만나본 뒤 나에게 전화를 하여 특유의 질질 끄는 말투로 말했다. "이제 제대로 고른 것 같아." 리노는 또 합리적이고 강인하면서도 공정한 검사라는 평판에 힘입어 그녀의 유권자들에게도 엄청난 인기를 끌었다. 그녀는 플로리다 토박이였으며, 키가 180센티미터쯤 되었고, 결혼을 하지 않았다. 공중에 대한 봉사가 그녀의 삶이었으며, 그녀는 그 일을 제대로 할 줄 알았다. 나는 그녀가 연방 법집행부서와 주나 지방 집행부서 사이에서 종종 빚어지는 마찰을 해소해줄 수 있을 것이라고 생각했다. 리노가 나처럼 워싱턴의 방식에 익숙하지 않다는 것이 약간 걱정되었지만, 그녀는 마이애미에 있을 때 이민과 마약 사건에서 연방 당국과 일해본 경험이 많았다. 나는 리노가 그런 경험을 기반으로 잘해나갈 것이라고 믿었다.

우리는 경제계획을 마무리지으려고 주말 동안 열심히 일했다. 폴 베걸러가 2주 전부터 백악관에서 일을 하고 있었는데, 그는 중산층을 위한 기회를 회복한다는 나의 선거운동 메시지에 맞추어 내가 하고자 하는 바를 국민들에게 설명할 수 있도록 도와주었다. 그는 경제팀이 그 점을 충분히 고려하지 않는다고 생각하고 있었다. 베걸러는 세 가지를 강조해야 한다고 생각했다. 첫째, 적자 축소는 그 자체가 목적이 아니라, 경제성장, 일자리 증대,

고소득이라는 목표를 달성하기 위한 수단이다. 둘째, 우리의 계획은 정부가 일하는 방식의 근본적인 변화를 의미한다. 1980년대의 감세와 적자로 특혜를 받았던 부자, 대기업, 기타 특수 이익집단들에 그런 특혜 때문에 결국 엉망이 되어버린 이 상황을 정리하는 데 공평한 몫을 내도록 요구함으로써 과거의 무책임과 불공정을 끝내자는 것이기 때문이다. 셋째, 우리는 국민에게 '희생'을 요구할 것이 아니라, 미국의 소생에 '기여'할 것을 요구해야 한다. 즉, 좀더 애국적이고 적극적으로 제시해야 한다는 것이다. 베걸러는 자신의 주장이 담긴 메모를 쓰고, 새로운 주제를 제시했다. "적자가 문제가 아니야, 멍청아." 진 스펄링, 밥 라이히, 조지 스테파노풀로스도 베걸러에게 동의했으며, 내부에 든든한 지원자가 생긴 것을 기뻐했다.

이런 모든 일이 공개적으로 진행되는 동안, 우리는 큰 문제들과 씨름하고 있었다. 단연 가장 큰 문제는 통합예산조율법안에 경제계획과 더불어 의료제도 개혁을 포함시키는가 하는 것이었다. 그렇게 해야 한다는 강력한 논거가 있었는데, 우선 예산안은 다른 법안과 달리 의사진행방해filibuster를 할 수 없다는 것이었다. 의사진행방해란 어떤 법안에 대하여 처리 시한이 끝날 때까지 토론을 계속하여 투표를 막음으로써 법안을 폐기하는 관행을 가리킨다. 여기에는 상원의원이 41명 필요했는데(5분의 3, 즉 60명이면 의사진행방해 종결을 결의할 수 있기 때문이다─옮긴이주), 상원 공화당 의원이 44명이었기 때문에 의료제도 개혁에 대해서는 그들이 의사진행방해를 시도할 가능성이 높았다.

힐러리와 아이라 매거지너는 의료제도 개혁이 예산안에 들어가기를 몹시 바랐다. 국회 지도자들도 환영하는 분위기였고, 딕 게파트는 힐러리에게 그렇게 하라고 권했다. 공화당 상원의원들이 의료제도 개혁에 대해서는 의사진행방해를 시도할 것이 틀림없다고 보았기 때문이다. 미첼 역시 다른 이유긴 하지만 그 의견에 공감했다. 의료제도 개혁이 별도의 법안으로 제출되면 상원 재정위원회에 회부되는데, 그 위원장이 뉴욕의 팻 모이니헌 상원의원이었으므로, 적용 가능한 의료제도 계획이 빨리 만들어질 가능성은 적다는 것이 그가 찬성하는 이유였다. 모이니헌은 먼저 복지제도 개혁을 하고,

그런 다음 2년 동안 의료제도안을 짜라는 입장이었다.

하지만 경제팀은 의료제도 개혁을 예산안에 포함시키는 데 완강하게 반대했다. 그들에게도 그럴 만한 이유가 있었다. 아이라 매거지너와 의료제도 개혁에 관여하는 많은 경제학자들은 우리의 계획이 의료 시장에서 더 큰 경쟁을 촉진하고, 이로 인해 가격 통제가 없어도 크게 절약될 것으로 보았고, 실제로 나중에 이런 예측은 옳다는 것이 판명되었다. 그러나 의회의 예산실은 우리가 제시하는 예산안에서 이렇게 절약되는 돈을 대번에 기입해주지는 않을 터였다. 따라서 전 국민 의료제도를 제공하려면, 경제계획 속에 예비적인 가격 통제 조항을 집어넣고, 세금을 올리고, 다른 지출을 훨씬 더 삭감해야 했다. 아니면 적자 목표를 줄여야 했다. 이럴 경우 이자율을 낮추려는 우리의 전략에 나쁜 영향을 줄 수도 있었다.

나는 국민과 의회 앞에서 경제계획의 세부사항들을 제시한 뒤에 결정을 내리기로 했다. 그러나 오래지 않아 결정을 내리게 되었다. 3월 11일, 고참 민주당 상원의원이자 상원 규칙의 최고 권위자인 로버트 버드 상원의원은 예산조율법안에 일반적이지 않은 항목의 삽입을 금지하는 '버드 규칙'에 의료제도 개혁안이 예외가 될 수 없다고 말했다. 우리는 생각할 수 있는 사람을 총동원하여 버드에게 우리의 입장을 알렸으나, 그는 의료제도 개혁을 기본적인 예산 처리 과정의 일부로 해석할 수 없다는 입장에서 물러서지 않았다. 이제 공화당 의원들이 의사진행방해를 한다면, 우리의 의료제도 계획은 의회에 들어가자마자 사망하게 될 판이었다.

2월 둘째 주에 우리는 의료제도 개혁이라는 깡통은 도로 밖으로 차버리고, 일단 나머지 계획을 완성하기로 결정했다. 나는 예산의 세부사항까지 깊이 파고들어 우리의 결정이 사람들에게 미치는 영향을 이해하려고 노력했다. 우리 팀 사람들 대부분은 농가 지원을 포함한 기타 농촌 프로그램을 줄이고 싶어 했다. 그런 지원이 정당화될 수 없다고 생각했기 때문이다. 앨리스 리블린은 이 예산 삭감을 강력하게 밀어붙이면서, 그렇게 하면 이제 내가 농부들에게 "현재 우리가 알고 있는 복지제도는 끝났다"는 말을 할 수 있다고 주장했다. 그 말은 내가 선거운동에서 사용하던 가장 멋진 말, 즉

"현재 우리가 알고 있는 복지제도를 끝내겠다"는 공약을 풍자한 것이었다. 나는 대부분 도시 출신인 예산 담당자들에게 농부들은 불확실한 환경에서 열심히 일하는 좋은 사람들이며, 그들을 위한 프로그램에서 어쩔 수 없이 어느 정도 삭감을 하게 되더라도, "그것을 즐길 필요는 없다"고 대꾸했다. 우리는 전체적인 농가 지원 프로그램을 다시 짤 수 없었고, 그렇다고 다른 나라의 예산에 들어 있는 지원금을 줄일 수도 없었고, 우리의 식량 수출에 대한 외국의 장벽을 모두 없앨 수 없었기 때문에, 결국 기존의 농가에 대한 혜택을 약간 줄이는 것으로 결론을 냈다. 그러나 나는 즐겁지 않았다.

물론 삭감안에서 고려해야 할 또 한 가지는 그것이 통과될 가능성이 있느냐 하는 것이었다. 예를 들어 어떤 사람은 이른바 전시용 프로젝트를 모두 없애면 많은 돈을 절약할 수 있다고 말했다. 전시용 프로젝트란 국회의원들이 자신의 지역구나 주를 위해 얻어내는 구체적인 지출 항목들을 가리킨다. 새로 국회 관계를 담당하게 된 하워드 패스터는 그 말을 듣고 믿을 수 없다는 표정으로 고개를 설레설레 저었다. 패스터는 하원과 상원에서 일을 해보았고, 민주당에 로비하는 회사와 공화당에 로비하는 회사에서도 일을 해보았다. 활달하고 솔직한 뉴욕인 패스터는 쏘아붙였다. "공사채 시장에 표가 몇 개나 됩니까?" 물론 패스터도 공사채 시장에 우리의 적자 축소 계획이 믿을 만하다는 것을 납득시켜야 한다는 것을 알고 있었지만, 그전에 이 계획이 먼저 국회를 통과해야 한다는 것, 그러려면 국회의원에게 개인적인 고통을 안겨주는 계획은 성공하기 힘들다는 것을 상기시키고 싶었던 것이다.

우리가 생각한 어떤 안들은 너무 터무니가 없어 헛웃음이 나올 지경이었다. 누군가가 해안 경비대 활동에 대해 요금을 받자고 제안했다. 나는 어떤 방식으로 할 것인지 물었다. 그 사람의 설명에 따르면 대개 조작자의 실수로 곤경에 처한 배에서 해안경비대를 부르는 경우가 많다는 것이었다. 나는 웃음을 터뜨리며 말했다. "그러니까 배를 해안으로 끌고 가거나 헬리콥터에서 밧줄을 내리기 전에 조난당한 사람들한테 비자카드로 계산할 건지 마스터카드로 계산할 건지 묻자는 거요?" 우리는 그 제안을 채택하지 않았지만, 결국 경제계획 속에 150개 이상의 예산 감축안을 포함시키게 되었다.

세금 인상에 대한 결정도 예산 삭감만큼이나 어려웠다. 나에게 가장 어려웠던 문제는 BTU세금이었다. 중산층 감세 공약을 어긴다는 것만으로도 심각한 일이었다. 그러나 5년째에 1,400억 달러 적자 축소라는 목표에 이르고 공사채 시장의 심리를 반전시키기 위해서는 세금을 올릴 수밖에 없다는 이야기가 나오고 있었다. 중산층은 1980년대에 핍박을 당했고, 부시는 휘발유세 인상으로 큰 타격을 입었다. 만일 내가 BTU세금을 제안한다면 공화당은 다시 징세반대 정당으로 돌아설 명분을 얻을 수 있었다. 그러나 중산층에게 약간의 고통을 주는 대신(직접비용으로는 한 달에 약 9달러, 소비재 가격 상승의 형태로 표현되는 간접비용으로 하자면 17달러까지 돈을 더 내야 했다) 이자율을 좌지우지하는 돈 잘 버는 사람들의 굶주림은 대체로 만족시켜주게 될 터였다. 로이드 벤슨은 이제까지 에너지 세금이 투표에 악영향을 미쳤다는 이야기는 들어본 적이 없으며, 부시가 1990년에 휘발유세 인상으로 피해를 본 것은 그의 "내 입모양을 읽으라"는 장담과 가장 호전적인 징세반대자들이 골수 공화당 지지자들이라는 점 때문이었다고 말했다. 고어 역시 BTU세금이 에너지 보호와 독립을 촉진할 것이라고 말했다.

마침내 나는 굴복했지만, 보통 미국인들의 세금 부담이 줄기를 바라는 마음으로 재무부의 징세안에서 다른 것을 몇 가지 고쳤다. 3만 달러 이하의 수입으로 살아가는 수백만의 노동자 가족들을 위하여 연간 소득세 공제 혜택을 두 배 이상으로 늘리겠다는 선거운동 공약을 위해 예산안에 268억 달러의 비용을 포함시키고, 처음으로 부양가족 없는 가난한 미국 노동자 400만 명 이상에게도 약간의 소득세 공제 혜택을 주자고 제안했다. 이렇게 하면 에너지세가 좀 늘어나더라도, 3만 달러 이하의 수입으로 살아가는 노동자 가족들은 상당한 세금감면을 받게 될 터였다. 나는 선거 유세를 하러 멈출 때마다 말하곤 했다. "자식을 기르며 상근으로 일하는 사람은 누구도 가난하게 살아서는 안 됩니다." 1993년에는 이런 상황에 처한 사람들이 많았다. 우리가 소득세 공제를 두 배로 늘린 뒤 400만 명 이상이 나의 대통령 재임 기간에 가난에서 벗어나 중산층으로 올라갔다.

이야기를 마무리지으려고 하는데, 로러 타이슨이 5년째의 적자 축소액을 1,400억 달러로 잡든 1,200억 달러나 1,250억 달러로 잡든, 경제적 의미에서는 큰 차이가 없다는 점을 짚고 넘어가야겠다고 말했다. 국회는 어차피 나의 제안들을 여러 군데 삭감할 터였다. 타이슨은 축소 목표액을 1,350억 달러, 또는 그 이하로 줄이면 골치도 약간 덜 아플 뿐 아니라, 우리의 정치적 문제도 덜어질 것이고, 또 어쩌면 그것이 더 나은 정책일지도 모른다고 주장했다. 라이히, 스펄링, 블라인더, 베걸러, 스테파노풀로스도 모두 동의했다. 그러나 그 외의 사람들은 높은 숫자를 고수했다. 벤슨은 우리가 예산에서 복지제도 개혁 추정비용을 없애면 30억 달러를 절약할 수 있다고 말했다. 나도 동의했다. 사실 우리는 아직 그 안을 만들어내지 못했으며, 그 수치는 추측일 뿐이었다. 물론 가난한 사람들이 복지제도에 의존하지 않고 일을 하도록 하려면 훈련, 아동 양육, 교통에 더 많은 지출을 해야 했지만, 생활보호대상자를 충분히 줄이면 순비용이 올라가지 않고 오히려 내려갈 수도 있었다. 더욱이 복지제도 개혁안은 초당적 지지를 받으며 따로 통과시킬 수도 있다는 생각이 들었다.

나중에 로이드 벤슨은 경제계획에 마지막으로 한 가지를 추가했다. 그때까지 근로소득 13만 5,000달러 이상의 고소득자에 대해서는 1.45퍼센트를 일률적으로 거두어 메디케어 자금으로 집어넣었는데, 그 소득 상한을 없애고 틀을 새로 짠 것이다. 이것은 메디케어의 지급능력 확대를 위해 필요한 일이었지만, 미국의 고소득층에게는 더 많은 것을 요구하게 되었다. 우리는 그 최고 비율을 39.6퍼센트로 올리기로 이미 제안했는데, 이제 그들이 내는 돈은 메디케어 프로그램으로부터 얻는 혜택보다 많아질 것이 거의 틀림없었다. 내가 그것에 대해 묻자, 벤슨은 그냥 웃음만 지으며 자신이 무슨 일을 하고 있는지 잘 안다고 말했다. 그는 추가의 세금을 내야 하는 자신을 비롯한 다른 고소득층 사람들이 우리의 경제계획 덕분에 활황을 보이게 될 주식 시장에서 세금으로 내는 액수 이상을 거두어들이게 될 것이라고 자신했다.

2월 15일 월요일, 나는 오벌 오피스에서 처음으로 텔레비전 연설을 했다. 이틀 뒤 양원 합동회의에서 밝히게 될 경제계획의 개요를 10분 동안 설명한 것이다. 경제는 통계적으로 회복세를 보이고 있음에도, 지난 12년간 네 배로 불어난 부채 때문에 일자리는 늘지 않았다. 모든 적자는 부자들을 위한 감세, 솟구치는 의료비용, 국방비 지출 증가 때문이었으므로, 교육, 아동, 교통, 치안 등과 같이 '우리를 더 강하고 더 똑똑하게 만들어주는 것, 더 부유하고 더 안전하게 만들어 주는 것'에 대한 투자는 줄어들었다. 현재의 진행 속도라면 보통 25년마다 두 배가 되었던 미국의 생활수준은 100년을 기다려야 두 배가 될 것 같다. 그런 상황을 뒤집으려면 국가 우선순위에 극적인 변화가 일어나, 세금을 올리고 지출을 줄여 적자를 축소하고, 미래에 더 많은 투자를 해야 한다. 미국의 중산층이 곤경에 처해 있고 또 지난 12년간 불공정한 대접을 받아왔기 때문에 그들에게 더 많은 것을 요구하지 않고 이런 목표를 추구하고 싶지만, 적자는 내가 선거운동 기간 예산안의 기초로 삼았던 이전 추정치보다 훨씬 늘어났다. "내일 모든 미국인들이 더 나아질 수 있도록, 오늘 더 많은 미국인들이 기여할 수밖에 없다."

그러나 1980년대와는 달리 새로운 세금의 대부분은 부유한 미국인들이 내게 될 것이라는 점을 밝혔다. "10여 년 만에 처음으로 우리 모두 같은 배를 타게 되었다." 적자 축소에 덧붙여 나의 경제계획에는 새로운 일자리를 창출하는 기업에 인센티브를 제공하고, 당장 50만 개의 일자리를 만들 수 있는 단기적인 자극을 주며, 일자리를 잃은 방위산업 노동자들을 위한 특별 프로그램을 만드는 것과 더불어 교육과 훈련에 투자하고, 복지제도를 개혁하고, 소득세 공제를 대폭 늘리며, 원하는 모든 아이들에게 취학 전 교육 기회와 예방 접종을 실시하고, 젊은 사람들이 공동체 봉사를 하여 대학에 갈 수 있는 돈을 벌도록 하는 국가 봉사 정책을 실시하는 등의 제안들이 들어가 있었다. 나는 이런 제안이 쉽게 또는 빨리 이행되지 않을 것임을 인정하면서도, 이것이 이행되기만 하면 "미국의 꿈의 활력이 회복될 것"이라고 말했다.

수요일 밤, 국회 연설에서 나는 경제계획 뒤에 깔린 전략을 설명하고,

구체적인 사항들을 이야기했다. 그 기본 원칙은 네 가지였다. 첫째, 공적 지출과 사적 지출을 소비에서 투자로 전환하여 더 많은 일자리를 만든다. 둘째, 일과 가족을 중시한다. 셋째, 과거와는 달리 비현실적인 '장밋빛 시나리오'에 입각한 수치가 아니라 보수적인 추정치로 예산안을 짠다. 넷째, 현실적인 지출 축소와 공정한 세금으로 변화에 필요한 돈을 만든다.

나는 일자리를 더 만들기 위해 소기업을 위한 지속적인 투자 세금 공제 혜택을 제안했다. 소기업은 노동력의 40퍼센트를 고용하고 있었지만 새로운 일자리의 대부분을 만들어내고 있었다. 또 공동체 개발 은행과 능력부여 지구의 설립을 제안했다. 이것은 둘 다 나의 선거운동 공약으로, 가난한 지역에 새로운 대출과 투자를 유도하기 위해 고안된 것이었다. 그리고 도로, 다리, 대중교통, 하이테크 정보 시스템, 생산성과 고용을 높이기 위한 환경 정비에 돈을 더 투자할 것을 요구했다.

교육과 관련해서 공립학교에 대한 투자 증대와 더 높은 기준 설정, 더 많은 학생이 대학에 가도록 하기 위한 국가 봉사 프로그램 등의 인센티브 제시 등을 권고했다. 나는 의회가 가족휴가법을 통과시킨 것을 치하하며, 더 강력한 자녀 부양 시행에도 협조해줄 것을 요청했다. 범죄에 대해서는 비폭력 초범을 군대식 신병훈련소에 보내는 브래디 법안과 10만 명의 경찰관을 거리에 더 풀어놓자는 나의 제안을 통과시켜달라고 요청했다.

이어 의회에 선거운동 재정 개혁과 로비스트 등록 조건을 법제화하고 로비스트 경비에 대한 세금 공제 철폐를 통해 정부가 일하는 방식을 바꿀 수 있게 도와달라고 요청했다. 나는 연방정부의 인력을 10만 명 줄이고, 행정 비용을 줄여, 90억 달러를 절약하겠다고 약속했다. 또한 국회에 의료비용 상승을 늦추도록 도와달라고 요청하고, 계속해서 국방비를 축소해나가겠지만 세계 유일의 초강대국이라는 미국의 책임 때문에 미군을 세계에서 가장 잘 훈련되고 가장 좋은 장비를 갖춘 군대로 유지하는 비용은 지출해야 한다고 말했다.

마지막에 가서 세금 문제를 이야기했다. 18만 달러 이상의 소득자에 대한 최고 소득세율을 31퍼센트에서 36퍼센트로 높이고, 25만 달러 이상의 수입에 대해서는 10퍼센트 추가할 것을 권했다. 또 1,000만 달러가 넘는 기업 소득에 대해서는 법인 소득세를 34퍼센트에서 36퍼센트로 높일 것을 권고했고, 기업이 국내에서 재투자하기보다는 미국 사업체를 폐쇄하고 해외로 옮겨갈 경우 세금 지원을 없애자고 권고했다. 또 사회보장 수혜자 가운데 가장 잘 사는 층에게서 소득의 더 많은 부분을 세금으로 거두어들일 것을 권고했다. 그리고 BTU세금을 시행할 것을 권고했는데, 소득세율은 최고 1.2퍼센트의 소득자의 경우에만 늘어나게 될 예정이었다. 사회보장 증액은 수혜자의 13퍼센트에게 혜택이 돌아갈 예정이었다. 에너지 세금은 연 수입 4만 달러인 사람의 경우 월 17달러 정도가 될 예정이었다. 소득 3만 달러 이하인 가족의 경우 소득세 공제액이 BTU세금을 초과할 것으로 보였다. 이런 세금과 예산을 계획대로 실행하면 당시의 경제적 추정치들로 보아 5년 동안 약 5,000억 달러의 적자를 줄일 수 있다는 계산이 나왔다.

연설 말미에 나는 적자 문제의 규모를 실감나게 전달하기 위해 최선을 다했다. 현재의 경향이 지속되면 10년 안에 한 해 적자가 올해의 2,900억 달러에서 적어도 6,350억 달러로 늘어나게 될 것이며, 누적된 부채에 대한 이자 지급이 미국의 예산 가운데 가장 큰 항목이 되어 세금 1달러당 거의 20센트를 지출하게 될 것이라고 지적했다. 적자 축소가 빈말이 아님을 보여주기 위해, 앨런 그린스펀을 하원 방청석에 있는 힐러리의 영부인용 박스에 함께 앉도록 초대했다. 그린스펀은 정치적 행사에는 좀처럼 모습을 드러내지 않음에도 불구하고, 자신의 결의를 보여주기 위해 초대에 응해주었다.

연설은 전체적으로 좋은 반응을 얻었지만, 논평자들은 모두 내가 중산층 감세를 포기한 점에 주목했다. 그것은 사실이지만, 나의 다른 공약들은 경제계획 속에 실현되어 있었다. 다음 며칠 동안 나와 앨 고어는 경제계획을 설명하기 위해 각료들과 함께 전국으로 흩어졌다. 앨런 그린스펀은 이 계획에 찬사를 보냈다. 폴 송거스도 마찬가지였다. 그는 의회에서 연설을 하던 클린턴은 자신이 과거에 경쟁하던 클린턴이 아니라고 말했다. 물론 이것은 뒤집어 말하면 나의 정치 보좌관들과 일부 민주당 의원들이 걱정하는 바이기도 했다.

나의 연설에는 국회를 1년 동안 바쁘게 만들 만큼 중요하고 논란의 여지가 있는 제안들이 많았다. 그 외에도 이미 상정된 법안, 또 곧 상정될 법안들이 있었다. 나는 경제계획이 통과되기 전에 수많은 우여곡절이 있을 것이며, 그것을 밀어붙이는 데 내 모든 시간을 쓸 수도 없다는 것을 알고 있었다. 외국의 문제와 국내의 상황이 그것을 허용하지 않을 터였다.

국내에서 2월은 폭력으로 끝을 맺었다. 26일에 맨해튼의 세계무역센터에서 트럭 폭탄이 터져, 6명이 죽고 1,000명 이상이 다쳤다. 조사 결과 그것은 중동 테러리스트들이 저지른 일로 밝혀졌다. 그들은 꼬리를 잘 감추지 못했고, 3월 4일에 처음으로 한 명이 체포되었다. 결국 음모자 6명은 뉴욕 연방법원에서 유죄 판결을 받고, 240년 징역형을 선고받았다. 나는 우리 법집행기관의 빠른 일처리에 만족스러웠지만, 우리의 개방 사회가 테러에 취약하다는 점 때문에 곤혹스러웠다. 나의 국가안보팀은 테러 네트워크를 추적하고 그들로부터 미국과 미국 주변의 자유 사회를 보호할 수 있는 방법을 찾는 데 더 많은 시간을 쓰기 시작했다.

2월 28일, 텍사스 주 웨이코 외곽의 사이비 종교 집단인 다윗파 집단거주시설에서 그들과 대치하던 알코올 · 담배 · 총기 단속국의 요원 4명이 죽임을 당하고 16명이 부상을 당했는데, 다윗파는 불법 무기 소지 혐의를 받고 있었다. 이 단체의 메시아적인 지도자 데이비드 코레시는 자신이 그리스도의 화신이며, 『성경』의 계시록에서 언급된 일곱 봉인의 비밀을 안다고 주장했다. 코레시는 거의 최면에 가까운 기술로 그를 따르는 사람들의 마음을 조종했으며, 언제든지 사용할 수 있도록 총기를 쌓아두고, 오랜 시간 버틸 수 있도록 식량도 충분히 마련해두었다. 다윗파와 연방수사국 사이의 교착상태는 거의 두 달을 끌었다. 그 기간 동안 어른과 아이 몇 명이 집단거주시설을 떠났지만, 대부분은 그대로 남아 있었다. 코레시는 항복하겠다고 약속했지만, 계속 핑계를 대며 시간을 끌고 있었다.

4월 18일 일요일 밤, 재닛 리노가 백악관에 와서 연방수사국이 다윗파의 시설을 공격할 예정이라고 보고했다. 연방수사국은 요원 살해 및 다른 범죄에 관여한 코레시와 일부 추종자들을 체포하고 나머지는 풀어주겠다고 말했다. 리노는 코레시가 십대 이하의 아동을 성적으로 학대하고, 집단자살을 계획하고 있을지도 모른다는 보고 때문에 걱정하고 있으며, 연방수사국의 많은 자원을 한 장소에 계속 묶어둘 수도 없는 노릇이라고 말했다. 그들은 다음 날 시설을 공격하고 싶어 했다. 장갑차로 건물에 구멍을 뚫은 뒤 그 안에 최루탄을 쏠 생각이었다. 그러면 두 시간 안에 모든 신도가 항복할 것이라는 이야기였다. 리노는 공격을 승인할 생각이었지만, 먼저 나의 허락을 받고 싶어 했다.

나는 몇 년 전 극우파 단체가 아칸소 북부 산맥 속에 자리를 잡았을 때 주지사로서 비슷한 상황과 마주친 적이 있었다. 그곳에 사는 사람들 가운데 살인 용의자가 두 명 있었다. 사람들은 오두막 몇 개에 흩어져 살았으며, 각 오두막에는 바닥에 문이 있었다. 이 문은 참호로 통하고, 거주자들은 참호에서 다가오는 당국 요원들을 향해 총을 쏠 수 있었으며 그들에게는 무기도 많았다. 연방수사국은 그때도 공격을 하고 싶어 했다. 나는 연방수사국, 아칸소 주 경찰, 우리에게 협조하는 미주리와 오클라호마의 법집행관들을 모아 회의를 열고 먼저 연방수사국의 이야기를 들었다. 그런 다음 작전을 승인하기 전에, 베트남 정글에서 싸운 경험이 있는 사람이 헬리콥터를 타고 그곳으로 날아가 상황을 파악해보았으면 좋겠다고 말했다. 전투로 잔뼈가 굵은 퇴역 군인이 조사를 하고 돌아와 나에게 말했다. "그 사람들이 총을 쏘면 공격 중에 우리 편 50명을 잃게 됩니다." 나는 공격 계획을 취소하고, 그들의 야영지 주변을 봉쇄한 다음 식량 카드 지원을 받던 몇 가족에게 그 지원을 끊었다. 그리고 식량을 얻기 위해 야영장을 떠난 사람은 돌아가지 못하게 했다. 결국 안에 있던 사람들은 굴복했고, 인명 피해 없이 용의자들을 체포할 수 있었다.

나는 리노가 하는 말을 들은 뒤, 연방수사국의 공격을 승인하기 전에 아칸소에서 했던 일을 시도해봐야 한다고 생각했다. 그러나 리노는 "연방수사국은 기다리는 데 지쳤다, 교착 상태가 계속되면 일주일에 100만 달러씩 비용이 들어가며 다른 데 필요한 법집행 자원을 묶어두게 된다, 다윗파는 아칸소 사람들보다 더 오래 버틸 수 있다. 코레시가 제정신이 아니고 그의 추종자들 다수도 마찬가지이기 때문에 아동 성적 학대와 집단자살 가능성이 높다"고 반박했다. 마침내 나는 만일 그렇게 하는 것이 옳다고 생각한다면 그렇게 하라고 대답했다.

다음 날, 나는 오벌 오피스 바로 바깥에 있는 텔레비전으로 CNN 방송을 통해 코레시의 집단거주시설이 화염에 휩싸인 모습을 보았다. 공격은 완전히 잘못되었다. 연방수사국 쪽에서 사람들이 모여 있는 건물들 안에 최루탄을 발사하자 다윗파는 총을 쏘기 시작했다. 그들이 최루 가스를 내보내기 위해 창문을 열자 상황은 더 악화되었다. 텍사스 평원으로부터 강한 바람이 불어오면서 불길이 더 강해졌다. 상황이 종결되었을 때, 25명의 어린이를 포함한 80명 이상의 사망이 확인되었다. 9명만 살아남았다. 나는 이 큰 실수에 대해 언론에 말하고 책임을 져야 한다고 생각했다. 디디 마이어스와 브루스 린지도 같은 생각이었다. 나는 그날 몇 번 기자들을 만나려 했으나, 조지 스테파노풀로스가 기다리라고 했다. 생존자가 더 있을지도 모르는데, 코레시가 내 말을 듣고 화가 나서 생존자들을 죽일지도 모른다는 것이었다. 재닛 리노는 카메라 앞에 나타나 상황을 설명하고, 공격에 대한 모든 책임을 지겠다고 했다. 미국의 첫 여성 법무장관인 리노는 책임을 회피하지 않는 것이 중요하다고 생각했다. 마침내 내가 웨이코 문제로 기자들에게 이야기했을 때, 리노는 칭찬을 받고 있었고 나는 그녀에게 책임을 떠넘겼다는 이유로 비판을 받고 있었다.

24시간이 안 되는 짧은 시간에 나는 두 번이나 내 직감에 반대되는 조언을 받아들인 셈이 되었다. 하지만 나는 스테파노풀로스를 탓하지 않았다. 그는 젊었고, 신중했고, 틀리기는 했지만 정직한 의견을 이야기해주었다. 나는 나 자신에게 몹시 화가 났다. 처음에는 나의 더 나은 판단을 묻어두고 공격에 동의한 것, 그 다음에는 책임을 공개적으로 인정하는 일을 미룬 것 때문이었다. 자신을 위해서 일하는 사람들의 조언을 언제 받아들이고 언제 거부할지 결정하는 것은 대통령이 해야 할 가장 중요한 판단 가운데 하나이다. 언제나 옳은 사람은 없다. 그러나 직감적으로 틀렸다고 느끼면서도 조언자들의 말 때문에 어떤 결정을 내렸다가 고생하는 것보다는 잘못되었다 해도 자신이 옳다고 믿고 내린 결정 때문에 고생하는 것이 훨씬 더 편하다. 웨이코 사건 이후로 나는 내 직감을 따르겠다고 결심했다.

어쩌면 행정부가 워싱턴에서 심하게 공격당하고 있었고, 나는 매번 일의 결과가 나온 다음에 소급해서 비판당하고 있었기 때문에 스스로 내 직감을 신뢰하지 않았던 것인지도 모른다. 힐러리는 처음 의사당에 멋지게 등장한 후, 그녀의 의료제도 개혁 특별위원회의 비공개회의 때문에 비판을 받고 있었다. 그들은 수백 명의 사람들에게 자문을 구하고 있었기 때문에, 그들이 하는 일에서 비밀은 있을 수 없었다. 그들은 그저 100일 안에 의료제도 계획을 국회에 제출한다는 나의 지나치게 야심찬 목표에 맞추어주기 위해 엄청나게 복잡한 문제들을 신속하게 검토하려고 했던 것뿐이다. 이 기획팀은 1,100개가 넘는 단체로부터 증언을 듣고, 국회의원들과 200회가 넘는 회의를 하고, 전국에서 공개회의를 했다. 따라서 그들이 비밀리에 일을 한다는 이야기는 과장된 것이었다. 결국 특별위원회 활동은 너무 버겁다는 것이 드러나 더 이상 진행되지 않았기 때문에, 어차피 100일이라는 마감은 지킬 수가 없었다.

이것으로도 충분하지 않았는지, 도시와 주(州)로 빨리 돈을 내보내 기간시설을 건설함으로써 50만 개의 일자리를 만들어내려 했던 단기적인 부양책도 좌절을 겪고 말았다. 경제가 여전히 느리게 성장하고 있었기 때문에 부양책은 절실했고, 일회적으로 소규모 지출을 한다고 해서 적자 문제가 더 심각해지지도 않을 터였다. 하원은 법안을 빠르게 통과시켰고 상원도 지지를 했다. 그러나 밥 돌에게는 의사진행방해를 할 수 있는 40명 이상의 공화당 상원의원이 있었다. 어쩌면 첫 의사진행방해 뒤에 더 작은 규모의 부양책을 제시하며 돌과 타협을 해야 했을지도 모른다. 아니면 보수적인 민주당 상원의원인 존 브로와 데이비드 보런이 제안한 타협안을 받아들여야 했을지도 모른다. 이 제안을 처리하던 로버트 버드 상원의원은 우리가 굽히지 않으면 의사진행방해를 돌파해나갈 수 있다고 강경한 태도를 보였다. 그러나 우리는 돌파하지 못했고, 웨이코 사건 이틀 뒤인 4월 21일에 마침내 패배를 인정했다.

내 첫 번째 임기에 공화당 의원들은 전례 없이 자주 의사진행방해에 의존하여 국회 다수당의 의지가 관철되는 것을 막았다. 어떤 확신 때문이었을 수도 있고, 단지 내가 지도력이 없다는 것을 증명하고 싶었기 때문이었는지도 모르겠다. 조지 미첼 상원의원은 나의 첫 100일 동안만 해도 의사진행방해 돌파를 위해 12번이나 표결을 해야만 했다.

3월 19일에 개인적으로 큰일을 겪는 바람에 갑자기 정치가 멀리 보이게 되었다. 장인이 심한 뇌출혈로 쓰러진 것이다. 힐러리는 첼시, 처남 토니와 함께 리틀록의 세인트 빈센트 병원으로 달려갔다. 장인의 주치의자 우리의 친구인 닥터 드루 쿰푸리스는 힐러리에게 아버지가 심한 뇌 손상을 입어 깊은 혼수상태에 빠졌으며, 의식을 되찾을 가능성이 희박하다고 말했다. 나는 이틀 뒤에 그곳에 도착했다. 힐러리, 첼시, 도로시, 휴, 토니가 번갈아가며 장인에게 이야기를 하고, 노래를 부르기도 했다. 장인은 마치 편안하게 잠을 자는 것처럼 보였다. 우리는 장인이 얼마나 버틸지 알 수 없었다. 나는 그곳에 하루밖에 머물지 못했고 힐러리를 좋은 벗들 사이에 남겨두고 그곳을 떠나왔다. 그곳에는 그녀의 가족, 토머슨 부부, 장인이 주지사 관저 행정관 시절부터 알고 지냈던 캐럴린 후버, 힐러리의 공보 담당관 리서 카푸토가 있었다. 장인은 리서 카푸토를 특별히 아꼈는데, 그것은 그녀가 그의 고향인 펜실베이니아 동부 스크랜턴 근처 출신이었기 때문이다.

다음 일요일에 나는 다시 이틀 예정으로 고향에 갔다. 기다리는 것 외에 달리 할 일이 없다 해도 가족과 함께 있고 싶었다. 의사는 장인이 뇌사 상태라고 말했다. 주말에 가족은 장인의 인공호흡기를 떼어내기로 결정했다. 우리는 모두 기도를 하고 작별 인사를 했다. 그러나 장인은 그냥 떠나지 않았다. 그의 강한 심장은 계속 뛰고 있었다. 아칸소에 있으면서도 내가 할 일을 거의 다 처리할 수 있었지만, 그래도 화요일에는 워싱턴으로 돌아가야 했다. 하지만 장인을 볼 수 있는 마지막 기회라는 것을 알았기 때문에 떠나고 싶지가 않았다. 나는 장인을 사랑했다. 비합리적인 것을 싫어하는 그의 직선적인 태도와 가족에 대한 열렬한 사랑이 좋았다. 내가 볼품없고, 무일푼이고, 무엇보다도 민주당 지지자였던 20년 전에 그가 나를 인정해준 것도 고마웠다. 우리의 피노클 게임과 정치 논쟁이 그리울 것 같았다. 그냥 그가 있어주는 것만으로도 좋았는데.

4월 4일, 장인이 여전히 버티고 있는 가운데, 힐러리 역시 워싱턴으로 돌아가야 했다. 봄방학이 끝난 첼시가 학교로 돌아가야 했고, 힐러리도 할 일이 있었기 때문이다. 힐러리는 4월 6일에 레이디 버드 존슨의 공보담당관이었던 리즈 카펜터를 위해 오스틴의 텍사스 대학에서 연설을 하기로 약속을 해놓았다. 리즈는 취소하지 말아달라고 부탁했고, 힐러리는 가기로 결심했다. 힐러리는 깊은 슬픔에 잠긴 상태에서 자신의 내면 깊숙한 곳을 드러내는 연설을 했다. "새로운 천년이 다가오는 상황에서, 우리에게는 의미 있는 새로운 정치가 필요합니다. 우리에게는 책임과 돌봄이라는 새로운 기풍이 필요합니다. 어떻게 하면 우리가 우리 자신보다 더 큰 어떤 것의 일부임을 느끼며 충족감 속에서 살아갈 수 있을까요? 시장의 힘과 정부의 힘은 여기에 대답을 할 수가 없습니다. 여기에 답을 하려면 시민 사회에 대한 새로운 정의가 필요합니다." 힐러리는 리 앳워터가 40세의 나이에 암으로 죽기 직전에 쓴 글을 읽고 감동을 받아 그런 이야기를 하고 싶어 한 것이다. 앳워터는 레이건 대통령과 부시 대통령을 위해 일하는 동안 민주당을 무자비하게 공격해서 유명해졌는데, 죽음과 직면하여 오직 권력, 부, 위신을 얻으려고 애쓰는 인생에는 아쉬움이 많다고 생각했고, 고별사를 통해 우리에게 더 높은 목적을 제시하고 싶어 했다. 힐러리는 4월 6일 오스틴에서 자신의 슬픔을 견디면서 그 목적을 규명해보려 했다. 나는 힐러리가 한 말이 마음에 들었으며, 그런 말을 했다는 것이 자랑스러웠다.

다음 날, 장인 휴 로댐이 세상을 떴다. 우리는 리틀록에서 추모 예배를 보고, 유해를 그의 고향 스크랜턴으로 운구하여 코트스트리트 감리교회에서 장례식을 치렀다. 1974년에 공화당원으로서의 신념을 밀어두고 나를 위해 일해준 사람, 평생에 걸쳐 배우면서 익힌 어린 시절의 편견들을 개인적 경험들을 통해 다 버린 그에게 나는 가슴에서 우러나오는 찬사를 보냈다.

그는 시카고에서 흑인과 일하면서 인종주의를 버렸고, 리틀록에서 이웃에 살던 동성애자 의사, 간호사와 사귀고 그들의 돌봄을 받으면서 동성애에 대한 공포를 버렸다. 그는 풋볼에 열광하는 펜실베이니아 동부에서 성장했는데, 이곳에서 가톨릭 스타들은 노트르담으로 가고, 그와 같은 신교도 스타들은 펜 주립대학으로 갔다. 이런 분열 때문에 어린 시절부터 가톨릭에 대한 편견이 심해질 수밖에 없었다. 그러나 그는 그것마저 버렸다. 이런 면에서 가톨릭 수녀들이 돌보아주는 세인트 빈센트 병원에서 마지막 나날을 보낸 것 역시 그에게 어울리는 일이라는 생각이 들었다.

32

　　　　　　　　대통령에 취임하고 나서 처음 몇 달 동안
은 신문의 머리기사 대부분이, 경제 계획을 작성하고 옹호하고 통과시키려
던 노력과 군대의 동성애자 문제, 힐러리의 의료제도 개혁 작업으로 채워졌
지만, 외교정책은 늘 빠지지 않았다. 사실 외교정책은 나의 일상적 일과이
자 관심사였다. 그런데 워싱턴 논평자들은 일반적으로 내가 외무에 별 관심
이 없고, 가능한 한 시간도 쓰지 않으려 한다고 말했다. 선거운동에서는 거
의 국내 문제에만 초점을 맞춘 것이 사실이었다. 미국의 경제적 어려움 때
문에 그럴 수밖에 없었다. 그러나 이미 여러 번 이야기했듯이, 지구 전체의
상호의존이 점점 심해지면서 대외 정책과 대내 정책 사이의 차이는 사라져
버렸다. 베를린 장벽이 무너진 뒤 부시 대통령이 선포했던 '새로운 세계 질
서'에는 혼돈과 미해결된 커다란 문제가 가득했다.

　　나의 국가안보 보좌관 토니 레이크는 일찍부터 외교 문제에서의 성공은
문제가 골칫거리가 되고 머리기사로 나기 전에 막거나 완화하는 것이라고
했다. 그는 이렇게 말했다. "따라서 우리가 정말로 일을 잘하면, 국민은 그
걸 모를 것이다. 개가 짖지 않기 때문이다." 그러나 내가 대통령에 취임했을
때 개집에는 사냥개들 짖는 소리가 가득했다. 보스니아와 러시아가 가장 크
게 짖어댔다. 그밖에도 소말리아, 아이티, 북한, 일본의 무역 정책도 뒤편에
서 으르렁거리는 소리를 내고 있었다.

　　소련의 해체와 바르샤바조약기구 소속 국가들에서 이루어진 공산주의
의 붕괴로 인해 유럽이 사상 처음으로 민주적·평화적으로 단결을 이룬 땅

이 될지도 모른다는 전망이 생겼다. 그런 전망을 현실화하는 것은 네 가지 큰 문제에 달려 있었다. 첫째, 동독과 서독은 통일될 것인가? 둘째, 러시아는 진정으로 민주적이고, 안정적이고, 비제국주의적인 나라가 될 것인가? 셋째, 티토의 강철 같은 의지로 통합되어 있던 다민족 국가 유고슬라비아는 어떻게 될 것인가? 넷째, 러시아와 이전의 공산주의 국가들은 유럽연합에 통합되고, 대서양 건너 미국, 캐나다와 나토NATO(북대서양조약기구) 동맹을 맺을 것인가?

내가 대통령이 되었을 때 독일은 비전을 가진 지도자 헬무트 콜 총리 밑에서 통일이 되어 있었다. 독일 통일은 부시 대통령의 강력한 지지를 받았지만, 유럽 여러 나라는 다시 등장한 통일 독일의 정치적·경제적 힘을 경계하는 태도를 보이기도 했다. 나머지 세 문제는 아직 답이 나오지 않은 상태였다. 나는 대통령으로서 나의 가장 중요한 책임 가운데 하나가 그 질문들로부터 올바른 답을 끌어내는 것임을 잘 알고 있었다.

선거운동 기간에 부시 대통령과 나는 모두 러시아 지원을 약속했다. 처음에는 내가 부시보다 더 강하게 나갔지만, 부시는 닉슨 전 대통령으로부터 자극을 받은 뒤에 G-7(미국, 독일, 프랑스, 이탈리아, 영국, 캐나다, 일본 등 가장 큰 7개 산업국가)이 러시아의 민주주의와 경제개혁을 지원하기 위해 240억 달러를 제공하겠다고 발표했다. 1992년 6월 워싱턴에 온 러시아 대통령 옐친은 부시에게 고마워하며, 부시의 재선을 공개적으로 지지했다. 6월 18일에 러시아 외무장관 안드레이 코지레프와 나의 외교정책 보좌관 가운데 한 사람인 토비 가티의 우정 덕분에 옐친은 블레어 하우스에서 나와 의례적인 면담을 했다. 나는 옐친이 부시를 지지한다는 것을 알았지만 상관하지 않았다. 나는 그에게, 만일 내가 이기면 그를 지지하겠다는 사실을 알리고 싶었을 뿐이다.

11월에 선거가 끝나고 나서 이틀 뒤 옐친은 나에게 전화해 축하한 뒤, 가능한 한 빨리 모스크바에 와서 미국이 그의 개혁을 지지한다는 사실을 재확인해줄 것을 요청했다. 러시아 내에는 그를 반대하는 세력이 점점 확산되고 있었으며, 옐친은 힘겨운 일을 하고 있었다. 그는 1991년 러시아 대통령으로 선출되었는데, 당시 러시아는 여전히 무너지는 소비에트 연방의 일부였다. 8월에 소비에트 대통령 미하일 고르바초프가 쿠데타 음모자들에 의해 북해의 별장에 연금당하자 러시아 국민은 모스크바 거리로 나와 항의했다. 대통령직을 맡은 지 불과 두 달밖에 되지 않은 옐친이 러시아의 백궁, 즉 쿠데타 음모자들이 장악한 의사당 건물 앞의 탱크 위에 올라갔을 때 이 드라마는 절정에 이르렀다. 그는 러시아 국민에게 어렵게 얻은 민주주의를 지키자고 촉구했다. 그는 반동적인 세력을 향해 이렇게 말하고 있는 것이나 다름없었다. "너희들은 우리의 자유를 훔칠 수 있다. 하지만 그렇게 하려면 나를 죽이고 가야 한다." 옐친의 영웅적인 호소는 국내외의 지지를 얻었으며 결국 쿠데타는 실패했다. 12월에 소비에트 연방은 독립국가들의 집합체로 해체되었으며, 러시아는 유엔 안전보장이사회에서 소비에트의 자리를 차지했다.

그러나 옐친의 문제는 끝나지 않았다. 권력 상실에 분개한 반동분자들은 소비에트 군대를 에스토니아, 리투아니아, 라트비아 등 발트해 국가들로부터 철수시키겠다는 그의 결정에 반대했다. 뿐만 아니라 경제는 파국으로 치닫고 있었다. 소비에트 경제의 썩어가는 잔재가 시장 개혁에 노출되자 심한 인플레이션이 발생했다. 국가 소유 자산은 '올리가르히'(러시아의 신흥 재벌을 가리키는 말—옮긴이주)라고 불리는 새로운 계급에게 헐값으로 넘어갔다. 올리가르히와 비교하면 19세기 말 미국의 악덕 자본가들은 청교도 목사처럼 보일 정도였다. 조직범죄 집단들은 소비에트 국가가 무너지고 난 공백에 침투하여 세계 전체로 촉수를 뻗었다. 옐친은 구체제를 파괴했지만, 아직 신체제를 건설하지 못했다. 게다가 그는 러시아 국회인 두마와 좋은 관계를 형성하지도 못했다. 그가 천성적으로 타협을 싫어하기 때문이기도 했고, 두마는 구질서 또는 초국가주의에 뿌리박은, 과거와 다를 바 없이 억압적인 신질서를 갈망하는 사람들로 가득했기 때문이다.

나는 악어들 사이에 푹 빠져 있는 옐친을 돕고 싶었다. 밥 스트라우스도 그렇게 하라고 권했다. 스트라우스는 열렬한 민주당원이자 민주당전국위원회 위원장까지 지낸 사람이었음에도, 부시 대통령이 모스크바에 대사로 파견할 정도로 이 분야에 능력을 인정받은 사람이었다. 스트라우스는 내가 옐친과 함께 일을 할 수 있고, 좋은 정치적 조언도 해줄 수 있을 것이라고 말했다. 그는 나에게 두 가지 다 해보라고 권했다.

나는 옐친의 초대를 받아들이고 싶었다. 그러나 토니 레이크는 모스크바가 나의 첫 해외 방문지가 되어서는 안 된다고 말했다. 다른 사람들도 그렇게 하면 국민이 우리의 국내 의제에서 다른 데로 시선을 돌릴 것이라고 강하게 주장했다. 러시아의 성공은 미국에도 중요한 일이었고, 미국은 공산주의자나 초국가주의자 같은 강경파가 러시아를 통제하기를 바라지 않았다. 러시아에 가는 문제를 고민하고 있는데 마침 옐친이 제3국에서 만나자고 제안하여 일을 편하게 해주었다.

이 무렵 나는 옥스퍼드에서 같은 집에 살았던 오랜 친구로 「타임」에서 일하고 있던 스트로브 탤벗에게 국무부에 들어와 구소련 지역에 대한 정책을 도와달라고 설득했다. 그때까지 탤벗과 나는 거의 25년 동안 러시아 역사와 정치에 대해 토론해왔다. 흐루시초프의 회고록을 번역하고 편집하기도 했던 탤벗은 내가 아는 사람들 가운데 러시아와 러시아 사람들을 가장 잘 알았고 관심도 가장 많았다. 그는 훌륭한 분석적 정신을 갖추었을 뿐 아니라, 예의바른 교수 같은 겉모습 뒤에 비옥한 상상력을 감추고 있었다. 나는 그의 판단을 믿었고, 기꺼이 나에게 숨김없는 진실을 말해줄 것이라고 생각했다.

그런데 국무부의 위계 속에는 내가 탤벗에게 맡기고 싶은 일을 담당하는 직책이 없었다. 그래서 그는 워런 크리스토퍼의 승인을 받고, 딕 홀브루크의 도움을 받아 그런 직책을 만들기 시작했다. 홀브루크는 투자은행가이자 노련한 외교정책 연구자로, 선거운동 때부터 나에게 조언을 해주었으며 결국 나의 행정부에서 가장 중요한 인물 가운데 하나가 된다. 마침내 탤벗의 새로운 일자리에 이름이 붙게 되었다. 순회대사 겸 구소련 신생독립국 담당 국무장관 특별보좌관이었다. 나중에는 국무부 부장관으로 바뀌었는데 탤벗의 직함을 정확히 외울 줄 아는 사람은 다섯 명도 되지 않았다. 하지만 모두 그가 무슨 일을 하는지 알았다. 그는 러시아 문제만 나오면 우리가 찾아가는 사람이 되었다. 8년 동안 그는 내가 옐친 대통령이나 블라디미르 푸틴 대통령을 만날 때 늘 옆에 있었으며, 열여덟 차례나 옐친을 단독으로 만났다. 탤벗은 러시아어를 유창하게 구사했고 엄청난 메모를 했기 때문에, 그가 나의 회담 자리에 참석하거나 직접 러시아인들을 만나면 우리 일의 정확성은 보장되는 것이나 다름없었다. 이것은 아주 귀중한 의미를 지니게 된다. 탤벗은 그의 책『러시아 전문가*The Russia Hand*』에서 우리의 8년간의 오디세이를 연대기적으로 서술해놓았는데, 이것은 그의 통찰을 보여줄 뿐 아니라 나와 옐친이 나눈 다채로운 대화를 있는 그대로 실어놓았다는 점에서도 주목할 만하다. 이런 장르에 속하는 대부분의 책들과는 달리, 여기에 나오는 인용문들은 재구성이 아니다. 좋든 나쁘든, 실제로 했던 이야기들이다. 탤벗의 책의 핵심은 내가 내 나름으로 '러시아 전문가'가 되었다는 것이다. 왜냐하면 나는 실제로는 러시아 전문가가 아니면서도 '한 가지 중요한 것'은 분명하게 알고 있었기 때문이다. 즉 나는 국내에서 민주주의 대 독재와 해외에서 협조 대 경쟁이라는 두 가지 쟁점이 냉전의 개전 이유였다는 사실을 알고 있었다. 옐친과 나는 '원칙적으로 같은 편'이었다.

정권이양기에 나는 탤벗에게 러시아의 악화되는 상황과 재난을 피할 필요성에 관해 많은 이야기를 했다. 르네상스 위켄드에서 스트로브 탤벗과 그의 부인 브루크는 나와 함께 힐튼 헤드 해변에서 조깅을 했다. 브루크는 힐러리와 함께 상근으로 선거운동을 했으며, 백악관 명예직원 프로그램을 책임질 예정이었다. 조깅을 하면서 러시아에 대한 이야기를 하고 싶었지만, 우리 그룹의 리더인 위대한 올림픽 허들 선수 에드윈 모지스가 워낙 속도를 내는 바람에 그를 따라가느라 제대로 이야기를 할 수가 없었다. 그러나 아침 산책을 하던 힐러리를 만난 것을 핑계로 우리 셋은 속도를 늦출 수 있었다.

모스크바에서 부시 대통령은 옐친과 START II 협정에 서명했다. 그것은 좋은 소식이었다. 그러나 옐친이 하는 모든 진보적인 일이 그렇듯이, 두마의 강한 반대에 부딪혔다. 나는 탤벗에게 러시아의 상황이 많이 변하고 있으므로, 방어적인 전략으로만 대응할 수는 없다고 말했다. 특히 러시아 경제를 개선할 수 있는 긍정적 변화들을 강화하고 가속화하는 일을 도와야 했다.

2월의 어느 날 밤 나는 탤벗 가족을 만날 겸 러시아 이야기도 할 겸 그의 집으로 갔다. 탤벗은 그 무렵 리처드 닉슨을 만났는데, 닉슨은 옐친을 확실하게 지원하도록 촉구하더라고 했다. 부시 대통령이 그전 봄에 발표했던 240억 달러 원조안은 소용이 없게 되었다. 국제금융기관들이 러시아가 경제를 재건하기 전에는 그 돈을 풀려고 하지 않았기 때문이다. 우리는 당장 무슨 일인가를 해야 했다.

3월 초, 옐친과 나는 4월 3일과 4일에 캐나다 밴쿠버에서 만나기로 했다. 3월 8일 리처드 닉슨이 백악관을 방문하여 나에게 개인적으로 옐친을 지지하라고 촉구했다. 닉슨은 힐러리와 첼시를 잠깐 만나, 자신이 퀘이커교도로 성장했으며, 그의 딸들도 첼시처럼 시드웰 프렌즈 학교에 다녔다고 이야기한 뒤, 바로 본론으로 들어갔다. 그는 나의 경제정책보다도 러시아와 한 일이 역사책에 더 중요하게 기록될 것이라고 말했다. 그날 밤 나는 탤벗에게 전화를 걸어 닉슨과 나눈 대화를 전하고, 밴쿠버에서 러시아에 도움이 될 만한 일을 하고, 7월 도쿄에서 열리는 연례 G-7 정상회담에서 강력한 후속 조치를 취하는 것이 중요하다고 다시 한 번 강조했다. 그리고 3월 내내 외교정책팀, 그리고 재무부의 래리 서머스와 그의 보좌관 데이비드 립튼으로부터 새로운 상황을 보고받으면서, 그들에게 더 크게 생각하고 더 많은 일을 하라고 밀어붙였다.

한편 모스크바에서는 두마가 옐친의 권력을 줄이고, 러시아 중앙은행의 무익한 인플레이션 정책을 승인하고 있었다. 3월 20일 옐친은 자신과 두마 가운데 누가 나라를 운영하는지 결정하는 국민투표를 4월 25일에 실시하겠다고 반격했다. 나는 오벌 오피스 옆의 내 개인 식당에 설치된 두 대의 텔레비전 가운데 하나로 그 연설을 지켜보았다. 또 하나의 텔레비전에서는 아칸소 레이저백스와 세인트 존스 대학 사이의 전미대학체육협회NCAA 농구 경기를 중계하고 있었다. 나에게는 양쪽 시합 모두 응원하는 팀이 있었다.

나는 옐친의 연설에 어떻게 대응할지를 놓고 외교정책팀 전체와 열띤 토론을 벌였다. 그들은 모두 자제를 경고했다. 옐친은 그의 헌법적 권한을 한계까지 밀어붙이고 있었는데, 이 싸움에서 그가 질 수도 있었기 때문이다. 그러나 나는 반대했다. 옐친은 과거 공산주의자들과 다른 반동 세력을 상대로 목숨을 건 싸움을 하고 있다. 그는 국민투표로 국민에게 다가가려 하고 있다. 나는 그가 질 위험에 대해서는 신경쓰지 않겠다고 결심했으며, 우리 팀에게 나 자신도 수없이 진 경험이 있다는 사실을 상기시켰다. 나는 이것저것 계산하고 모호한 태도를 취하는 데는 관심이 없어, 토니 레이크에게 강력한 지지 성명 초안을 잡으라고 지시했다. 그가 초안을 제출하자, 그것을 훨씬 더 강하게 고쳐서 언론에 발표했다. 이 경우 나는 내 직감에 따라 행동했으며, 러시아가 옐친을 버리지 않고 역사의 옳은 방향에 머물 것이라는 데 내기를 건 셈이었다. 아칸소가 농구 시합에서 역전승을 거둔 것도 나의 낙관적 태도에 힘을 보태주었다.

마침내 3월에 내가 지지할 수 있는 지원 프로그램을 얻어냈다. 러시아가 경제를 안정시키는 데 도움이 되는 16억 달러의 직접 원조였다. 그 돈은 제대한 장교들을 위한 주택, 현재 실업 상태에 있거나 보수가 제대로 지급되지 않는 핵 과학자들을 위한 일거리, 그 무렵 발효된 넌–루거 프로그램에 따른 핵무기 철거 추가 지원, 식량과 의약품, 소기업, 독립적인 매체, 비정부기구, 정당, 노동조합에 대한 지원, 수만 명의 학생과 젊은 전문가들을 미국으로 데려오는 교환 프로그램 등에 들어갈 예정이었다. 이 원조액은 이전 행정부가 할당한 액수의 네 배였으며, 내가 원래 권고했던 액수의 세 배였다.

여론조사에 따르면 미국 국민의 75퍼센트가 러시아에 돈을 더 주는 것에 반대했고, 우리는 이미 경제계획을 위한 힘든 싸움에 들어서 있었지만, 나는 밀고 나가는 것밖에 다른 선택이 없다고 느꼈다. 미국은 냉전에서 승리하기 위해 국방비에 3조 달러를 썼다. 이제 20억 달러도 안 되는 돈과 나쁜 여론조사 결과 때문에 상황이 역전될 위험을 무릅쓸 수는 없었다. 공화당 의원들을 포함한 의회 지도자들이 나와 같은 생각이라는 것을 알고 비서진은 놀랐다. 러시아 원조 계획을 밀어붙이기 위해 연 회의에서 외교위원회 위원장 조 비든 상원의원은 우리의 계획을 강력하게 지지했다. 밥 돌은 입장을 바꾸어 우리는 제1차 세계대전의 승자들처럼 냉전 이후 시대를 망칠 수 없다고 주장했다. 제1차 세계대전 승자들의 근시안적 태도가 제2차 세계대전의 중요한 원인이 되었으며, 돌은 그 전쟁에서 영웅적으로 복무한 경험이 있었다. 뉴트 깅리치는 러시아 원조를 열렬히 지지하면서, 지금이 미국으로서는 '결정적인 순간'이며 우리는 옳은 일을 해야 한다고 말했다. 내가 탤벗에게 말한 대로 깅리치는 러시아 문제에서 나를 앞서가려고 노력하고 있었다. 나야 그렇게 해주는 것이 기쁠 따름이었다.

4월 3일에 옐친과 만났을 때 회담은 약간 어색하게 시작되었다. 옐친은 자신이 러시아가 민주주의로 가는 과도기에 미국의 지원을 받는 것과 미국의 지배를 받는 것 사이에서 아슬아슬한 줄타기를 하고 있다고 설명했다. 원조 계획의 세부사항으로 들어갔을 때, 옐친은 전체적으로 마음에 들지만 발트해 연안 국가들에서 데려오는 군인을 위한 주택에 더 많은 지원을 해주었으면 좋겠다고 말했다. 그들 가운데 다수는 텐트에서 살고 있다는 것이었다. 그 문제를 해결하고 나자 옐친은 갑자기 공세로 돌아서서, 나에게 잭슨-바닉 수정 조항을 철회하라고 요구했다. 잭슨-바닉 수정 조항은 미국 무역과 러시아로부터의 자유로운 이민을 연계해놓은 1974년 법이었다. 그는 또 이제 자유 국가가 되었으니, 폴란드와 헝가리 같은 나라들에 대한 소련의 지배를 부각시키던 '위성국가 주간'도 없애라고 요구했다. 이 두 가지는 상징적인 것일 뿐 우리의 관계에 현실적 영향을 주는 것은 아니었다. 게다가 나에게는 그 법들을 바꾸면서 동시에 러시아에 경제적 지원까지 할 수 있는 정치적 자본이 없었다.

1차 회담이 끝난 뒤 보좌관들은 1961년의 유명한 빈 회의에서 흐루시초프가 케네디에게 허세를 부렸던 것처럼 옐친이 내 앞에서 으름장을 놓은 것이 아니냐고 걱정했다. 그러면서 그들은 내가 약해 보이지 않기를 바랐다. 하지만 나는 그 점은 걱정하지 않았다. 그런 역사적 유추에는 문제가 있었기 때문이다. 옐친은 흐루시초프가 케네디에게 그랬던 것처럼 내가 멍청해 보이도록 만들려는 것은 아니었다. 그는 러시아에서 그를 무너뜨리려는 적들의 눈에 멋있게 보이려고 노력하고 있었다. 우리의 정상회담 전주에 두마에서는 옐친을 탄핵하려 했다. 탄핵은 실패했지만, 이 동의안은 많은 표를 얻었다. 나는 러시아가 올바른 길에서 벗어나지 않도록 도울 수 있다면 약간의 허세는 그냥 넘어가줄 수 있었다.

오후에 우리는 우리의 협력을 제도화하는 방법에 합의를 보고, 부통령 고어와 러시아 총리 빅토르 체르노미르딘을 위원장으로 하는 위원회를 두기로 했다. 이 아이디어는 탤벗과 러시아 외무차관 게오르기 마메도프가 낸 것으로, 이 위원회는 우리가 상상했던 것보다 훨씬 많은 일을 했다. 물론 그것은 대부분 앨 고어와 그의 러시아 쪽 파트너가 오랜 세월에 걸쳐 일관되고 집중된 노력으로 까다롭고 논쟁적인 수많은 난제들을 헤쳐나간 덕분이었다.

4월 4일 일요일, 우리는 좀더 공식적인 자리에서 만나 안보 문제를 논의했다. 옐친 측은 우리를 마주보며 탁자 건너편에 앉았다. 옐친은 전과 마찬가지로 공격적으로 나오기 시작했다. 그는 미국의 무기 통제에 대한 입장을 바꿀 것을 요구했다. 즉 미국의 적국인 이란이나 이라크에 러시아의 군사 기술 판매를 금지하는 수출 통제를 철회하고, 위성 로켓 발사기 같은 러시아 제품에 미국 시장을 개방할 것을 요구한 것이다. 나는 우리의 고집스러운 전문가 린 데이비스의 도움을 얻어, 수출 통제 문제는 완강하게 버티고 무기 통제에 대한 요구는 우리 실무진에게 연구해보라고 넘기는 식으로 받아들였다.

경제로 넘어가자 분위기가 밝아졌다. 나는 경제 원조를 '지원'이 아니라 '협조'라고 말하면서, 로이드 벤슨에게 도쿄 G-7에서 우리가 제안할 내용을 설명하라고 요청했다. 옐친은 우리가 4월 25일 국민투표 전에 그에게 돈을 줄 수 없다는 것을 깨닫고 깜짝 놀랐다. 나는 옐친에게 그가 원하는 5억 달러짜리 수표를 끊어줄 수는 없었지만, 마지막 회담이 끝나고 난 뒤 열린 기자회견에서 미국은 러시아의 민주주의, 개혁, 지도자를 지지하기 때문에 많은 돈이 갈 것이라는 사실을 분명하게 밝혔다.

나는 밴쿠버를 떠나면서 옐친을 더 신뢰할 수 있었고, 난제의 규모와 그것을 극복하겠다는 그의 단단한 결의를 깊이 이해할 수 있었다. 나는 그가 마음에 들었다. 그는 큰 곰 같은 사람으로 겉으로 보기에는 모순이 가득했다. 그가 자란 원시적인 조건과 비교해보면 나는 어렸을 때 록펠러의 집에서 자란 것이나 다름없었다. 그는 언뜻 엉성해 보였지만, 사실은 미묘한 상황을 파악하는 섬세한 정신의 소유자로, 공격을 하다가도 다음 순간에는 포옹할 수 있는 사람이었다. 그는 차갑고 계산적인 태도에서 진실한 감정을 드러내는 태도로 돌아서기도 하고, 편협해 보였다가 관대한 태도로 돌아서기도 하고, 세상을 향해 화를 냈다가 갑자기 아주 우스꽝스러운 모습을 보여주기도 했다. 한번은 우리가 호텔 안을 함께 걷는데, 한 러시아 저널리스트가 그에게 회담이 즐거운지 물었다. 그는 얼른 대답했다. "즐겁냐고? 옆에 아름다운 여자가 없으면 즐거울 수가 없지. 하지만 만족스럽기는 하오."

모두가 알다시피 옐친은 보드카를 좋아했다. 그러나 우리의 회담에서 옐친은 방심하지 않았고, 준비를 잘했고, 효과적으로 자신의 나라를 대변했다. 러시아가 가질 수 있는 현실적인 대안들을 볼 때, 옐친이 키를 잡고 있다는 것이 그 나라로서는 다행이었다. 그는 조국을 사랑했고, 공산주의를 혐오했고, 러시아가 위대하고 좋은 나라가 되기를 바랐다. 누가 옐친의 음주 습관을 조롱할 때마다 나는 워싱턴의 속물들이 남북전쟁에서 가장 많은 무공을 세운 그랜트 장군을 비판할 때 링컨이 했다는 말이 떠올랐다. "그가 무슨 술을 마시는지 확인해서, 그것을 다른 장군들에게도 나누어주시오."

나는 워싱턴으로 돌아와 원조 계획을 다시 확대했다. 구소련 국가들에 25억 달러를 지원하되, 그 가운데 3분의 2를 러시아에 주기로 했다. 4월 25일, 러시아인 대다수가 옐친과 그의 정책, 새로운 두마에 대한 그의 희망을 지지했다. 우리는 백악관에 들어온 지 100일이 조금 지나서 옐친과 러시아 민주주의를 강화하는 일에 큰 성공을 거두었다. 그러나 안타깝게도 보스니아에서 벌어진 학살과 인종청소를 끝내려는 노력에 대해서는 같은 말을 할 수가 없다.

1989년 소비에트 연방이 무너지고 유럽에서 공산주의의 붕괴 속도가 빨라지면서, 나라마다 그것을 대신할 정치 철학 문제에 대해 다른 답변을 내놓기 시작했다. 구 소비에트 제국에서 서쪽으로 가장 멀리 떨어진 지역에서는 민주주의를 선호했다. 이것은 폴란드, 헝가리, 체코슬로바키아, 발트해 연안 국가들에서 미국으로 이민 온 사람들이 수십 년간 옹호해온 대의이기도 했다. 러시아에서는 옐친을 비롯한 민주주의자들이 공산주의자나 초국가주의자들의 반동적 행태와 싸우고 있었다. 유고슬라비아는 여러 인종과 종교 집단의 경쟁적인 요구 사이에서 타협을 이끌어내려고 애쓰다가 결국 세르비아 민족주의가 민주주의를 눌렀다. 여기에는 이 나라의 중요한 정치적 인물인 슬로보단 밀로셰비치의 역할이 컸다.

1991년이 되자 유고슬라비아의 서단 지방에 자리 잡은, 가톨릭이 지배적인 슬로베니아와 크로아티아가 유고슬라비아로부터 독립을 선언했다. 이어 세르비아와 크로아티아 사이에 싸움이 벌어졌고, 이 싸움은 보스니아까지 번졌다. 보스니아는 예전의 유고슬라비아 가운데서 다양한 인종이 사는 지방으로, 이슬람교도가 주민의 약 45퍼센트, 세르비아인은 30퍼센트, 크로아티아인은 17퍼센트 정도였다. 이른바 보스니아의 인종 문제는 사실 정치적이고 종교적인 문제였다. 보스니아는 제국주의적인 세력이 팽창하면서 만나던 지점이었다. 서쪽에서는 가톨릭인 신성로마제국이 밀고 들어왔고, 동쪽에서는 정통 기독교 운동이 밀고 들어왔으며, 남쪽에서는 이슬람인 오트만 제국이 밀고 올라왔다. 1991년 보스니아는 이슬람 정치가인 알리야 이제트베고비치가 이끄는 '국가통일'이라는 연립정부가 통치하고 있었다. 이 연립정부에는 호전적인 세르비아인이자 민족주의 지도자이며 사라예보의 정신과 의사인 라도반 카라지치도 들어가 있었다.

이제트베고비치는 처음에 보스니아를 유고슬라비아의 다민족, 다종교 자치 지역으로 만들고자 했다. 그러나 슬로베니아와 크로아티아가 국제 사회로부터 독립 국가로 인정을 받자, 보스니아가 세르비아인의 지배로부터 벗어나는 유일한 길은 독립을 하는 것밖에 없다고 판단했다. 그러나 밀로셰비치와 밀접한 관련을 맺고 있던 카라지치와 그의 동맹자들은 생각이 완전히 달랐다. 그들은 유고슬라비아의 가능한 한 많은 지역을 '위대한 세르비아Greater Serbia'에 통합하고자 하는 밀로셰비치의 계획을 지지했다. 1992년 3월 1일, 보스니아를 모든 국민과 집단을 평등하게 대접하는 독립 국가로 만들 것이냐를 놓고 국민투표가 시행되었다. 그 결과 국민은 거의 만장일치로 독립을 지지했다. 그러나 유권자의 3분의 2만이 투표에 참여했다. 카라지치가 세르비아인은 투표에 참여하지 말라고 명령했고, 세르비아인 대부분이 실제로 그 말을 따랐기 때문이다. 그 무렵 세르비아의 준군사조직은 비무장 이슬람교도를 죽이면서, 그들을 세르비아인이 지배하는 지역으로부터 쫓아내기 시작했다. 그들은 무력을 이용하여 보스니아를 인종적 고립 지역으로 만들려고 했다. 이런 잔인한 정책은 묘하게도 인종청소라는 이름으로 알려지게 되었다.

유럽공동체의 사절인 로드 캐링턴은 당사자들을 불러모아 보스니아를 평화롭게 여러 인종 지역으로 나누려고 노력했지만 실패했다. 한 집단이 통제하는 땅에 다른 집단 사람들을 많이 남겨놓지 않을 수가 없었기 때문이며, 또 많은 보스니아인들이 그들의 나라를 나누지 않고 500년 동안 그랬듯이 함께 평화롭게 살고 싶어 했기 때문이다.

1992년 4월 유럽공동체는 15세기 이후 처음으로 보스니아를 독립 국가로 인정했다. 한편 세르비아 준군사조직들은 이슬람 공동체를 계속 위협하고 민간인을 죽였으며, 매체를 이용하여 이 지역의 세르비아인에게 이슬람교도가 공격하기 때문에 스스로 방어해야 한다고 선전했다. 4월 27일, 밀로셰비치는 세르비아와 몬테네그로로 이루어진 새로운 유고슬라비아의 창건을 발표했다. 그는 보스니아로부터 군대를 철수하는 척하면서, 무기, 물자, 보스니아 내의 세르비아인 병사들을 그가 직접 뽑은 사령관 라트코 플라디치에게 맡겼다. 1992년 내내 전투와 살인이 기승을 부렸으며, 유럽공동체 지도자들은 분규를 진정시키기 위해 노력했다. 부시 행정부는 어떻게 해야 좋을지 확신이 서지 않았고, 선거가 있는 해에 또 하나의 문제를 떠안고 싶지도 않았기 때문에, 이 문제를 그냥 유럽의 손에 맡겨두었다.

부시 행정부가 세르비아에 경제 제재를 가하라고 유엔에 촉구한 것은 잘한 일이었다. 사무총장 부트로스 부트로스-갈리, 프랑스, 영국은 처음에는 제재에 반대했다. 밀로셰비치에게 그가 유발한 폭력을 스스로 중단할 기회를 주고 싶었기 때문이다. 마침내 5월 말에 제재는 이루어졌지만, 거의 효과가 없었다. 세르비아인의 우방들이 계속 물자를 공급했기 때문이다. 게다가 유엔은 원래 1991년 말 유고슬라비아 전체에 대해 실시하던 무기수출금지조치를 보스니아 정부에 대해 계속 유지하고 있었다. 문제는 세르비아인이 몇 년 동안 싸울 수 있는 무기와 탄약을 확보하고 있다는 것이었다. 따라서 수출금지조치를 유지하게 되자 보스니아인만 자신을 방어할 수단을 얻지 못하는 상황에 이르고 말았다. 그런 상황인데도 불구하고 보스니아인은 세르비아인으로부터 노획한 무기나 나토의 크로아티아 해안 봉쇄를 뚫고 들여온 소량의 무기를 가지고 1992년 한 해 동안 버텨냈다.

1992년 여름, 마침내 보스니아 북부에서 세르비아인이 운영하는 수용소의 참상이 텔레비전과 신문을 통해 유럽인과 미국인에게 알려졌을 때, 나는 미국의 개입과 더불어 나토의 공습을 지지했다. 나중에 세르비아인이 보스니아의 이슬람교도를 체계적으로 학살하려 한다는 것, 특히 지역의 지도자들을 다 없애려 한다는 사실이 분명해지자, 무기 수출금지조치를 철회할 것을 제안했다. 그러나 유럽인들은 폭력을 끝내는 일에 초점을 맞추었다. 영국 총리 존 메이저는 세르비아인이 보스니아 도시들에 대한 포위 공격을 중단하고, 유엔이 중화기重火器를 통제하게 하려고 노력했다. 동시에 인도적인 목적을 가진 수많은 사설 단체와 정부 사절단이 보스니아에 식량과 의약품을 공급했다. 유엔은 원조 사절단을 보호하기 위해 8,000명의 부대를 파견했다.

선거 직전인 10월 말, 유럽의 새 협상대표 로드 데이비드 오원과 미국 국무장관 출신인 유엔측 협상대표 사이러스 밴스는 보스니아를 다수의 자치주로 만들자는 제안을 내놓았다. 이 주들은 국방과 외교를 제외한 모든 정부 기능을 수행하고, 국방과 외교는 큰 힘을 갖지 않은 중앙 정부가 처리하게 한다는 것이었다. 이 주들은 인종 집단들을 지리적으로 나누어놓을 수 있을 만큼 많이 만들 계획이었다. 밴스와 오원은 그렇게 하면 세르비아가 통제하는 지역들이 밀로셰비치의 유고슬라비아와 합쳐져 '위대한 세르비아'가 만들어지는 것을 막을 수 있을 것이라고 생각했다. 그러나 이들의 계획에는 몇 가지 문제가 있었다. 가장 큰 두 가지 문제 가운데 하나는 주정부의 포괄적인 권력 때문에 이슬람교도가 세르비아인이 통제하는 지역에 있는 고향으로 돌아갈 수 없다는 것이었다. 또 하나는 주 경계가 모호하여 세르비아인이 자신의 영역을 계속 확대하려고 시도할 뿐 아니라, 강도는 약해지지만 크로아티아인과 이슬람교도 사이의 갈등도 계속될 것이라는 점이었다.

내가 대통령이 되었을 때는 무기 수출금지와 유럽의 밴스-오원 계획 지지 때문에 이슬람교도의 세르비아인에 대한 저항이 많이 약해져 있었다. 그러나 이슬람교도 학살과 수용소에서 이루어지는 인권 유린의 증거가 계속 흘러나오고 있었다. 2월 초, 나는 밴스-오원 계획을 지지하지 않기로 결정했다. 2월 5일에 캐나다 총리 브라이언 멀로니를 만났는데, 그도 그 계획이 마음에 들지 않는다고 말해서 반가웠다. 며칠 뒤 우리는 보스니아 정책에 대한 재검토를 마쳤고, 워런 크리스토퍼는 미국이 새로운 협정을 위해 협상하기를 원하며, 그 협정을 이행하도록 도울 용의도 있다고 발표했다.

2월 23일 유엔 사무총장 부트로스 부트로스-갈리는 인도적인 차원에서 보스니아에 물자를 공중 투하하는 비상계획에 동의했다. 다음 날 존 메이저를 처음 만났을 때, 그도 공중 투하에 찬성했다. 그러나 물자의 공중 투하는 많은 사람들이 목숨을 유지하는 데 도움을 주겠지만, 위기의 원인 해소와는 아무런 관련이 없는 일이었다.

3월이 되자 약간 진전이 있는 듯했다. 경제 제재가 강화되면서 세르비아인은 괴로움을 겪는 듯했다. 그들은 또 나토의 군사 행동 가능성에 대해서도 걱정하고 있었다. 그러나 우리는 통일된 정책을 세우지 못하고 있었다. 3월 9일에 프랑스 대통령 프랑수아 미테랑을 만났을 때, 그는 5,000명으로 이루어진 프랑스 부대를 인도주의적 목적을 가진 유엔 부대의 일원으로 보스니아에 보내 원조 물자를 보급하고 폭력을 억제하는 역할을 맡겼다고 했다. 하지만 자신은 세르비아인에게 더 공감하는 편이며, 따라서 나와는 달리 이슬람교도가 이끄는 통일 보스니아를 별로 바라지 않는다는 점을 분명히 했다. 3월 26일에는 헬무트 콜을 만났는데, 그는 보스니아의 상황에 개탄하면서, 나와 마찬가지로 무기수출금지조치를 철회하는 쪽을 지지했다. 그러나 우리는 영국과 프랑스를 설득할 수가 없었다. 그들은 무기수출 금지 철회가 전쟁을 더 연장시키고, 유엔 지상군을 위험에 빠뜨리게 될 것이라고 생각했다. 유엔 지상군에 그들의 병력은 포함되어 있었지만, 미국 병력은 포함되어 있지 않았다. 이제트베고비치는 같은 날 백악관을 방문하여 앨 고어를 만났다. 앨 고어의 국가안보 보좌관 리언 푸어스는 수출금지를 좀더 효과적으로 이행할 수 있게 만든 장본인이었다. 콜과 나는 이제트 베고비치에게 유럽인들이 그를 좀더 강력하게 지지하도록 최선을 다해 노력하고 있다고 말했다. 닷새 뒤, 우리는 유엔이 비행금지구역을 보스니아 전역으로 확대하도록 설득하는 데 성공했다. 이제 세르비아인이 공군력 독점으로 볼 수 있는 이익을 박탈한 셈이었다. 잘된 일이었지만, 이것으로 살육이 줄어들지는 않았다.

4월에 미국의 군사, 외교, 인도적 원조 전문가들로 이루어진 팀이 보스니아에서 돌아와 그곳 사람들의 고통을 중단시키려면 군사 개입을 해야 한다고 주장했다. 4월 16일, 유엔은 세르비아인의 살육과 인종청소가 특히 심하게 벌어졌던 보스니아 동부의 도시 스레브레니카 주위를 '안전지대'로 선포하자는 우리의 제안을 받아들였다. 4월 22일에 미국 홀로코스트 추모관 헌당식에서 홀로코스트 생존자 엘리 위젤은 나에게 폭력을 중단시키기 위해 더 많은 일을 할 것을 공개적으로 호소했다. 그달 말, 우리 외교정책팀은 세르비아인으로부터 휴전 약속을 얻어내지 못하면, 이슬람교도에 대한 무기수출금지를 철회하고 세르비아의 군사 요충지를 공습할 것을 권고했다. 워런 크리스토퍼가 이 정책에 대한 지지를 얻기 위해 유럽으로 떠나자, 보스니아의 세르비아인 지도자 라도발 카라지치는 공습을 피하기 위해 마침내 그의 국회가 불과 6일 전에 거부했던 유엔 평화계획에 서명했다. 그러나 나는 그 서명이 그의 장기적인 목적에 변화를 가져올 것이라고 전혀 믿지 않았다.

취임 첫 100일이 끝날 때까지 우리는 보스니아 위기에 대한 만족스러운 해법을 찾지 못하고 있었다. 영국과 프랑스는 워런 크리스토퍼의 제안을 거부했고, 자신들이 이 상황을 처리하는 데 주도권을 쥘 권리가 있다는 사실을 재확인했다. 물론 그들의 입장에는 문제가 있었다. 세르비아인이 강한 제재로 인해 경제적 타격을 받는다 해도, 군사적 응징에 대한 두려움 없이 호전적인 인종청소를 계속할 수 있었기 때문이다. 보스니아 비극은 그 뒤로도 2년 이상 계속되어, 25만 명 이상이 죽고 250만 명이 고향에서 쫓겨났다. 그러다가 나토의 공습과 세르비아 지상군의 약화로 인해 미국이 외교적 주도권을 쥐고 전쟁을 끝내게 된다.

어쨌든 나는 딕 홀브루크가 '1930년대 이래 서구 최대의 집단 안보 실패'라고 부른 사태에 발을 들여놓게 된 셈이었다. 홀브루크는 그의 책『전쟁을 끝내기 위해 To End a War』에서 실패의 요인 다섯 가지를 꼽았다. 첫째, 발칸의 역사를 오독한 결과 인종 갈등이 너무 오래되고 뿌리 깊어 외부인들이 막을 수 없다고 생각한 점. 둘째, 냉전이 끝난 뒤 유고슬라비아가 전략적 중요성을 상실한 것처럼 보였던 점. 셋째, 공산주의 유고슬라비아 이후 민족주의가 지배적인 이데올로기로 등장하여 민주주의를 압도한 점. 넷째, 부시 행정부가 1991년 이라크전쟁 직후의 상황에서 다시 군사 행동에 나서기를 꺼렸던 점. 다섯째, 유엔이 이 문제를 나토가 아니라 유럽에 넘겼고, 유럽이 혼란스럽고 수동적인 반응을 보인 점 등이 그것이었다.

나는 홀브루크의 목록에 한 가지를 추가하고 싶다. 유럽 지도자들이 발칸의 심장부에 이슬람 국가가 서는 것을 보고 싶어 하지 않았던 점. 그들은 이슬람 국가가 극단주의를 수출하는 기지가 될지도 모른다고 걱정했는데, 그들의 태만으로 인해 그 가능성이 줄어들기는커녕 더 늘어나게 되었다.

나의 선택은 내가 대통령에 취임했을 때 이미 굳어버린 입장들 때문에 제한을 받게 되었다. 예를 들어 나는 미국이 일방적으로 무기수출금지조치를 철회하자는 돌 상원의원의 의견에 동조하기를 망설였다. 유엔을 약화시킬 것이라는 걱정 때문이었다(결국 나중에 우리는 그 수출금지조치를 이행하기를 거부함으로써 실질적으로 그 조치를 철회하게 된다). 또 일방적으로 세르비아의 군사 기지들을 폭격함으로써 나토 동맹국들을 분열시키고 싶지 않았다. 더군다나 유엔 파견군에 유럽 지상군은 있지만 미국 지상군은 없는 상황이었기 때문이다. 나는 미국 군대를, 내가 보기에 실패할 수밖에 없는 유엔 위임통치 하의 그곳에 파견하여 피해를 입게 하고 싶지 않았다. 1993년 5월에도 우리는 아직 해결책으로부터 멀리 떨어져 있었다.

대통령직을 맡은 지 첫 100일이 지날 때면 언론은 늘 새 행정부가 공약을 얼마나 잘 지켰는지, 다른 어려운 문제를 얼마나 잘 해결했는지 평가한다. 나의 초기 업무 수행에 대한 언론의 평가는 칭찬과 책망이 엇갈렸다. 긍정적인 평가를 받은 것으로는 우선 백악관에 국가경제회의를 창설하고, 12년간의 통화침투설에 따른 경제학을 뒤집을 야심만만한 경제계획을 제출하고, 그것이 의회에서 어느 정도 호응을 얻고 있다는 것이다. 또 나는 가족휴가법에 서명했고, 유권자 등록을 쉽게 해주는 '자동차 유권자 법'에 서명했다. 또 태아 조직 연구를 허용하면서 재갈 규정을 포함한 레이건-부시의 낙태 정책을 뒤집었다. 또 업무량은 증가했음에도(예를 들어 우리는 첫 3개월 반 동안 1992년 한 해에 백악관에 왔던 편지보다 더 많은 편지를 받았다) 백악관 직원 규모를 줄였다. 또한 연방 직원을 총 10만 명 줄이라고 명령했고, 고어 부통령에게 '정부 혁신' 프로그램을 맡겨 절약을 하는 동시에 국민에게 봉사할 수 있는 더 나은 방법을 찾도록 했는데, 그 상당한 성과는 연방정부에 대한 회의주의자들의 생각이 틀렸음을 보여주었다는 점이다.

나는 국가 봉사 프로그램을 만드는 법안, 소득세공제를 두 배로 늘리고 가난한 공동체에 권한위임 구역을 만드는 법안, 대학 학자금 융자 비용을 크게 줄여 학생과 납세자의 돈 수십 억 달러를 절약하는 법안을 국회에 보냈다. 의료제도 개혁을 신속하게 처리하게 하였으며, 러시아의 민주주의와 개혁을 강화할 수 있는 강력한 조치를 취했다. 그 일들을 하면서 유능하고 열심히 일하는 비서진과 내각의 도움을 받을 수 있었다. 비록 정보 누설 현상이 있기는 했지만, 그들은 이전의 많은 행정부들과는 달리 내분 없이 함께 일을 잘해나갔다. 출발이 늦기는 했지만, 첫 100일 동안 레이건 대통령이나 부시 대통령보다 대통령이 임명해야 할 사람들을 더 많이 임명했다. 일정을 잡는 전체적인 과정이 매우 거추장스러워지고 노골적인 간섭이 심해졌음을 고려할 때 그렇게 나쁜 성적은 아니다. 와이오밍 출신의 재치 있는 공화당 상원 원내총무 앨런 심슨 의원은 그 절차가 너무 까다로워져 "연방 상원에서 인준이 될 수 있는 사람과는 저녁도 같이 먹고 싶지 않다"고 나에게 농담을 했을 정도였다.

부정적인 면을 보자면, 적자 증가에 직면하여 중산층 감세를 일시적으로 포기했으며, 공화당의 의사진행방해 때문에 경기부양책이 의회에서 통과되지 못했다. 또 결과적으로 보면 다른 방식으로 더 많은 아이티 사람들을 받아들이기는 했지만, 아이티 난민을 강제 송환한다는 부시의 정책을 유지했다. 그리고 동성애자 군복무 싸움에서 졌고, 100일 안에 의료제도안을 제출한다는 목표 달성에 실패했다. 웨이코 공격에서는 적어도 홍보 부분을 잘못 처리했다. 유럽이 미국과 함께 보스니아에서 더 강한 입장을 취하도록 설득하는 것도 성공하지 못했다. 그래도 우리는 인도적 지원을 늘리고, 세르비아에 대한 제재를 강화하고, 강제적인 비행금지구역을 만들었다.

내 성적표가 중간 정도였던 한 가지 이유는 공화당의 완강한 반대, 그리고 연방정부가 얼마나 많은 일을 할 수 있는가 또는 해야 하는가에 대한 국민의 복합적인 감정들에 맞서며 아주 많은 일을 하려 했다는 것이다. 사실 국민은 12년 동안 연방정부가 모든 문제의 근원이고, 정부는 워낙 무능하여 차 두 대로도 퍼레이드를 하지 못한다는 말을 끊임없이 해왔다. 물론 내가 할 수 있는 일의 규모를 서둘러 과대평가한 것은 인정한다. 미국은 10년 이상 한 방향으로 가면서 분열의 정치를 경험했고, 그러면서도 우리가 얼마나 위대한지 보여주는 브로마이드를 보고 안심했고, 일단 오늘은 더 많이 소비하고 세금을 덜 내는 대신 내일의 결과는 무시해버리는 덧없으면서도 환상적인 위로를 받았다. 그 방향을 트는 데는 100일 이상이 걸릴 터였다.

나는 변화의 속도만이 아니라 내가 달성할 수 있는 변화의 크기도 과대평가한 것인지 모른다. 국민이 소화할 수 있는 변화의 양을 과대평가한 것이다. 밴더빌트 대학의 정치학 교수 어윈 하그로브는 나의 100일 분석에서 이렇게 말했다. "대통령이 자신을 너무 넓게 확장하여 지나치게 얇아진 것이 아닌지 궁금하다." 그의 말이 맞을 것이다. 그러나 실제로 할 일이 아주 많았다. 그리고 1994년 중간 선거에서 유권자들이 각목으로 내 미간을 치는 듯한 충격을 주기 전까지는 계속 모든 일을 동시에 하려 했다. 다급한 마음 때문에 나의 또 한 가지 정치 법칙을 까맣게 잊고 있었던 것이다. 사람들은 일반적인 변화는 지지하지만, 구체적인 변화는 반대한다는 사실이 바로 그것이었다. 왜? 자기 자신이 변해야 하기 때문에.

첫 100일간의 공적인 투쟁이 진공상태에서 이루어진 것은 아니었다. 나의 가족은 생활 방식의 급격한 변화에 적응해야 했고, 장인의 죽음으로 인한 상실감을 달래고 있었다. 나는 대통령 일을 좋아했고, 힐러리는 의료제도 개혁 일에 헌신했다. 첼시는 새 학교를 마음에 들어 했고, 새 친구들을 사귀었다. 우리는 백악관에 살면서 사교 행사를 열고, 친구들을 초대하여 함께 지내는 것을 즐겼다.

백악관 직원들도 아침부터 늦은 시간까지 오랫동안 움직이는 대통령 가족에게 적응하고 있었다. 그들에게 의존하고 또 그들이 해주는 일에 감사했지만, 내가 백악관에서 얻을 수 있는 모든 도움에 익숙해지는 데는 시간이 걸렸다. 주지사 시절에도 훌륭한 직원들이 보살펴주는 저택에 살았으며, 주 경찰 보안대가 나를 어디든지 태워다주었다. 그러나 주말이면 힐러리와 나는 스스로 식사를 준비했고, 일요일이면 내가 직접 차를 몰고 교회에 갔다. 이제 나에게는 매일 아침 옷을 갖다주고, 여행 짐을 싸주고, 함께 여행을 다니며 짐을 풀고 주름을 펴주는 시종들이 있었다. 늦게까지 잠을 자지 않고, 아침 일찍 출근하고, 주말에도 일하고, 음식을 차려주고, 다이어트 음료와 커피를 갖다주는 집사들도 있었다. 오벌 오피스에 있거나 출장을 갈 때 같은 일을 해주는 해군 사무장들도 있었다. 주말에도 우리를 위해 먹을 것을 준비해주는 주방 직원들이 있었다. 엘리베이터를 타고 오르내리는 것을 도와주고, 언제라도 서명할 서류와 읽을 메모를 갖다주는 안내원들도 있었다. 24시간 보살펴주는 의료진도 있었다. 운전은커녕 자동차 앞자리에도 앉지 못하게 하는 비밀검찰부(재무부 소속으로 대통령 경호를 담당한다—옮긴이주)가 있었다.

내가 백악관에 살면서 가장 좋아했던 것 한 가지는 숙소와 사무실을 가득 채운 싱싱한 꽃들이었다. 백악관에는 늘 꽃들이 아름답게 배치되어 있었는데, 백악관을 떠난 뒤 가장 아쉬운 것 하나가 그것이다.

백악관에 들어갔을 때 힐러리는 작은 부엌을 수리하여, 밤에 우리 셋만 있을 때는 그곳에서 저녁을 먹을 수 있게 했다. 위층의 식당은 아름다웠지만, 우리 취향에는 너무 크고 또 왠지 격식을 갖추어야 할 것 같아 손님이 없을 때는 가지 않았다. 힐러리는 또 발코니와 백악관 지붕으로 통하는 3층의 일광욕실도 수리했다. 우리는 그 방을 가족실로 바꾸었다. 친척이나 친구가 백악관에 머물 때면, 우리는 늘 일광욕실에 모여 이야기를 하고, 텔레비전을 보고, 카드나 말판 놀이를 했다. 나는 매스터 보글과 업워즈라는 게임에 중독되었다. 업워즈는 3차원 스크래블 게임이라고 할 수 있는데, 여기에서는 단어를 이루지 못하고 따로 노는 철자가 적을수록, 또 빈 공간이 적을수록 점수를 땄다. 나는 가족이나 친구들과 업워즈 게임을 했고, 평균 승률이 높은 편이었다. 처남 휴는 나와 함께 수없이 게임을 했으며, 로저도 이게임을 좋아했다. 그러나 힐러리, 토니, 첼시는 우리가 예전부터 즐기던 피노클을 더 좋아했다. 비서진과는 하트 게임을 자주 했으며, 우리 모두 스티븐 스필버그와 케이트 캡쇼가 백악관에 왔다가 가르쳐준 새 카드 게임에도 중독되었다. 오 헬Oh Hell('지옥'이라는 뜻으로 욕설로 쓰임-옮긴이주)이라는 이카드 게임의 이름은 워싱턴의 정치 생활에 딱 어울렸다.

비밀검찰부는 예비선거 때부터 나와 함께 있었지만, 백악관에 들어온 뒤 그들은 나의 아침 조깅 때문에 골머리를 앓았다. 나한테는 몇 가지 조깅 코스가 있었다. 때로는 차를 타고 헤인즈 포인트까지 나갔는데, 여기에서는 퍼블릭 골프 코스 주위로 5킬로미터 정도를 달릴 수 있었다. 길은 평평했지만, 겨울에 포토맥 강에서 불어오는 바람이 강할 때는 만만치 않았다. 나는 이따금씩 포트 맥네어에서도 달렸다. 여기에는 국방대학 부지 주위에 타원형의 코스가 있었다. 그러나 내가 가장 좋아하던 조깅은 백악관 남서쪽 문을 나가 몰mall을 통해 링컨 기념관까지 갔다가, 의사당으로 내려와 집으로 돌아오는 것이었다. 이 길에서 흥미 있는 사람들을 많이 만났으며, 미국 역사를 통과하여 달리는 이 길에서는 지루함을 느껴본 적이 없다. 마침내 비밀검찰부가 보안상의 이유로 조깅 중단을 요청하는 바람에 결국 그만두기는 했지만 몹시 아쉬웠다. 나에게는 이런 달리기가 백악관 너머의 세계와 접촉을 유지하는 한 가지 방법이었기 때문이다. 비밀검찰부는 존 힝클리의 레이건 대통령 암살 기도를 결코 잊지 못했으며, 증오에 찬 우편물에 대해서도 나에게 일일이 보고하지는 않았지만 많이 알고 있던 모양이었다. 따라서 내가 바깥 세계와 접촉하는 것이 그들에게는 위험한 모험으로 보였을 것이다.

앨 고어는 초기에 나를 많이 도와주었다. 그는 내가 계속 어려운 결정을 내리고 앞으로 나아가도록 밀어주었으며, 워싱턴 사정에 대해서도 계속 벼락치기 공부를 시켜주었다. 우리는 일주일에 한 번씩 나의 전용 식당에서 단둘이 점심을 먹었다. 식사를 할 때마다 우리는 번갈아 기도를 한 뒤, 가족, 스포츠, 책, 영화로부터 그나 나의 의제 가운데 최신 항목에 이르기까지 모든 것에 대해 이야기를 나누었다. 우리는 8년 동안 둘 가운데 하나가 며칠씩 백악관을 비울 때가 아니면 이 점심식사를 거의 거르지 않았다. 우리는 공통점도 많았지만 차이점도 많았다. 이 점심식사가 아니었다면 워싱턴이라는 압력밥솥 속에서 앨과 내가 그만큼 가까워지지 못했을 것이다. 또 처음 몇 달 동안 이 점심식사는 내가 새로운 생활에 적응하는 데도 많은 도움이 되었다.

전체적으로 첫 100일에 대하여 개인적으로나 정치적으로나 아주 기분이 좋았다. 그러나 나는 스트레스를 많이 받고 있었다. 힐러리도 마찬가지였다. 흥분 상태에서 열심히 달려들기는 했지만, 선거 후에 제대로 쉬지도 못하고 바로 일에 뛰어드는 바람에 지친 것도 사실이었다. 게다가 우리에게는 새 대통령에게 전통적으로 주어지던 밀월기간도 없었다. 동성애자 군복무 문제가 일찍 불거졌기 때문이기도 하지만, 웨스트 윙에 접근을 제한함으로써 기자들이 화가 났기 때문인지도 모르겠다. 거기에다 힐러리는 아버지의 죽음 때문에 고통을 겪었다. 나도 장인이 그리웠다. 그래서 한동안은 우리 둘 다 최상의 상태에서 일을 해나가기가 더 어려웠다. 물론 우리는 우리 일을 썩 즐겼지만, 첫 100일간 치러야 했던 육체적·감정적 대가는 상당한 것이었다.

33

적자 축소가 나의 경제 전략의 핵심이었
지만, 지속적이고 광범위한 회복만으로는 충분하지 않았다. 초기 몇 달 동
안 우리는 교역을 확대하고, 교육과 훈련에 대한 투자를 늘리고, 특정한 문
제점이나 기회 목표를 겨냥한 수많은 미시경제학적 쟁점들을 고려하는 정
책들로 기본 의제의 내용을 채웠다. 예를 들어 냉전 이후 국방비 지출의 감
소 결과 일자리를 잃은 군인이나 민간 인력을 도울 수 있는 계획을 세웠다.
뉴멕시코의 로스알라모스와 샌디어, 캘리포니아의 리버모에 있는 주요한
연방 연구소에 냉전 승리에 기여했던 엄청난 과학적·기술적 자원을 이용
하여 상업적으로 응용 가능한 새로운 기술을 개발할 것을 촉구했다. 생활보
호대상자지만 거기서 벗어나고 싶은 사람들을 포함하여, 좋은 구상이 있지
만 전통적인 대출신용등급을 맞출 수 없었던 새로운 사업가들을 지원하기
위하여 소액 대출 프로그램을 발표했다. 중소기업청 대출금을 증액하여, 특
히 여성이나 소수민족 출신에 대한 지원도 확대했다. 그리고 '강하고 경쟁
력 있는 항공산업 육성을 위한 국가위원회'를 구성하여 버지니아 주지사 출
신의 제리 밸릴스를 위원장으로 임명했다. 항공기 제조업체와 운수업체들
은 경제불황, 군용기 주문 감소, 유럽의 에어버스 제조업체와의 심한 경쟁
때문에 곤경에 처한 상태였다.

또 국방 부문이 축소되면서 폐쇄 예정인 군사 시설을 공동체들이 상업
적으로 이용하도록 돕는 계획도 제시했다. 나는 주지사 시절에 공군기지 폐
쇄 문제를 처리한 적이 있었다. 이제 비슷한 문제에 직면한 사람들을 더 지

원하기로 결심했다. 캘리포니아는 주 자체만으로도 세계에서 여섯 번째로 큰 경제 규모를 자랑했는데, 방위산업 축소를 비롯한 여러 가지 문제로 특히 큰 타격을 받았기 때문에 우리는 이 주의 경제회복을 촉진할 특별 계획을 마련했다. 존 에머슨이 이 기획을 비롯하여 자신의 출신 주의 여러 문제를 책임졌다. 에머슨은 이 일을 꾸준하게 추진하여 백악관에서 '캘리포니아 장관' 이라는 별명을 얻게 되었다.

우리가 거둔 가장 큰 성과들 가운데 한 가지는 1977년 공동체 재투자법에 따라 이루어졌던 금융기관에 대한 규제 개혁이었다. 이 법은 연방의 보험에 들어 있는 대출기관들이 저소득층 대출에 특별한 노력을 기울일 것을 요구했으나, 1993년 이전에는 큰 영향을 주지 못했다. 그러나 개혁의 결과 1993년에서 2000년 사이에 은행들은 법이 정한 범위의 대출자들에게 주택저당, 소기업, 공동체 개발 대출금으로 8,000억 달러 이상을 제공하게 되었다. 이것은 공동체 재투자법이 시행된 23년 동안 이루어진 전체 대출의 90퍼센트를 넘는 엄청난 숫자였다.

5월은 흥미로운 달이었으며, 나의 계속되는 정치 교육에도 귀중한 달이었다. 5일에 나는 옛 스승 풀브라이트 상원의원의 88번째 생일을 맞이하여, 취임 후 처음으로 대통령 자유 훈장을 수여했다. 앨 고어의 아버지도 시상식에 참석하였는데, 그가 풀브라이트에게 자신은 이제 겨우 85세라고 말하자 풀브라이트는 이렇게 대답했다. "앨버트, 자네도 얌전하게 굴면 내 나이까지 살 수 있을 걸세." 그들이 미국을 위해 한 일에 대해 두 사람을 존경하며, 나도 그들만큼 오래 살 수 있을지, 그렇게 산다면 그들처럼 멋있게 늙을 수 있을지 궁금했다.

5월 셋째 주에 나는 캘리포니아로 가서 샌디에이고에서 열린 시민대표자회의, 남미계 미국인들이 많이 다니는 밴누이스 지역 초급대학, 1년 전 폭동이 일어났던 로스앤젤레스 중앙 남부의 한 스포츠용품점에 들러 경제계획에서 교육과 도심 개발에 대한 투자를 강조했다. 특히 스포츠용품점에 들렀을 때가 재미있었다. 이 용품점 이름은 플레이그라운드로, 뒤편에는 젊은 이들이 많이 모이는 농구 코트가 있었다. 론 브라운이 나와 함께 있었는데,

우리는 아이들과 섞여 서로를 상대로 농구 시합을 했다. 농구 시합 뒤 미국 전역의 가난한 공동체에 플레이그라운드 같은 성공적인 사업체를 만들기 위한 능력부여지구의 효과에 대해 이야기했다. 대통령이 도심의 아이들과 그들의 뒤뜰에서 농구를 한 것은 처음이었을 것이다. 나는 이 시합의 사진들이 미국인들에게 새로운 행정부의 우선순위에 대한 메시지를 전하고, 특히 젊은 사람들에게 내가 그들과 그들의 미래에 관심을 가진다는 메시지를 전하기를 바랐다.

그러나 안타깝게도 미국인들 가운데 이 농구 시합 소식을 들은 사람은 거의 없었다. 내가 이발을 한 사건 때문이다. 나는 그때까지 워싱턴에서 마땅한 이발사를 구하지 못했다. 그렇다고 3주마다 짐 마일스를 만나러 아칸소로 갈 수도 없었기 때문에 머리가 너무 길었다. 힐러리는 로스앤젤레스에 있는 크리스토프 섀터먼이라는 사람한테 내 머리를 손보게 했다. 그는 토머슨 부부의 친구였는데, 나도 그 사람이 아주 마음에 들었다. 나는 크리스토프에게 머리를 빨리 다듬어줄 수 있느냐고 물었다. 크리스토프는 가능하다고 했고, 공군 1호기의 내 전용구역에서 만났다. 이발을 하기 전에 나는 비밀검찰부에게 한 번도 아니고 두 번씩, 내가 출발을 조금 늦추어도 다른 비행기들의 이착륙이 지연되지 않는다는 점을 확인했다. 그들은 공항 당국에 물어보았고, 공항에서는 아무런 문제가 없다고 대답했다. 그래서 나는 크리스토프에게 가능한 한 빨리 남들 보기 흉하지 않게 머리를 만져달라고 했다. 이발에 소요된 시간은 10분 내지 15분 정도였고, 그 뒤에 우리는 이륙했다.

곧 내가 성姓이 확인되지 않은 고급 이발사에게 200달러를 주고 이발을 하는 동안 두 개의 활주로를 한 시간 동안 차지하고 있어 수천 명에게 불편을 주었다는 소문이 나돌았다. 도심의 아이들과 농구 시합을 한 것은 잊혀졌다. 내가 아칸소의 뿌리와 풀뿌리 민주주의적 정치를 다 버리고 값비싼 방종에 빠져들었다는 것은 입맛을 당기는 뉴스거리였다. 사실 아주 멋진 이야깃거리였지만 진실과는 거리가 멀었다. 무엇보다도 나는 10분 동안 머리를 다듬게 하고 200달러를 주지 않았다. 둘째로 사람들의 이착륙을 지연시키지 않았다. 이것은 몇 주 뒤에 나온 연방항공청 기록이 확인해준다. 나는 무엇보다 사람들이 내가 그런 짓을 할 수도 있다고 생각한다는 사실에 경악했다. 만일 그런 일이 있었다면, 나는 대통령이었지만 200달러짜리 이발은 고사하고, 머리를 깎는다고 많은 사람들을 기다리게 했다는 것만으로도 어머니한테 회초리를 맞았을 것이다.

이발 이야기는 말도 안 되는 것이었다. 그러나 나는 그 일을 잘 처리하지 못했다. 화가 났기 때문인데, 화를 내는 것은 언제나 잘못이다. 어쨌든 이 이야기가 사람들의 구미에 맞았던 것은 크리스토프가 할리우드의 이발사였기 때문이다. 워싱턴 정계나 언론의 많은 사람들은 할리우드와 애증 관계를 가지고 있었다. 그들은 영화나 텔레비전 스타들과 어울리고 싶어 하지만, 연예계의 정치적 이해관계나 태도를 왠지 자신들의 경우보다 진실성이 떨어지는 것으로 보는 경향이 있다. 사실 두 집단 사이에는 공통점이 많으며, 그들 대부분은 선량한 시민들이다. 누군가가 말했듯이 정치는 못생긴 사람들을 위한 쇼 비즈니스인 것이다.

몇 주 뒤, 롱아일랜드의 신문 「뉴스데이Newsday」가 이착륙 지연이 없었다는 것을 증명하는 연방항공청 기록을 입수하고 나서 「유에스에이 투데이 USA Today」와 다른 몇 개 신문들이 정정 보도를 실었다.

대체로 부정확했던 이발 기사가 계속 수그러들지 않았던 이유 가운데 하나는 이발 자체와는 관계가 없었다. 5월 19일에 맥 맥라티는 백악관의 행정 일을 담당하던 데이비드 왓킨스의 조언과 백악관 법률고문실의 동의로 백악관 출장국 직원 7명을 해고했다. 이 부서에서는 기자들이 대통령과 함께 여행할 때 그 준비를 해주고 언론사로 비용을 청구하는 업무를 맡고 있는데, 힐러리와 나는 맥라티에게 출장국의 사업을 검토해볼 것을 요청한 적이 있었다. 힐러리는 이 부서가 전세 비행에서 경쟁 입찰을 허용하지 않는다는 이야기를 들었고, 나는 한 백악관 기자에게서 형편없는 식사와 비싼 비용에 대한 불평을 들었기 때문이다. KPMG 피트 마윅 회계법인의 감사 결과, 용도가 설명되지 않은 돈 1만 8,000달러가 기록된 장부가 나오는 등 여러 가지 문제가 있다는 사실이 드러난 뒤 직원들이 해고된 것이다.

나는 맥라티에게 기자의 불평을 전한 뒤 해고 발표가 나올 때까지 출장국 일은 까맣게 잊고 있었다. 그런데 해고에 대한 기자단의 반응은 대단히 부정적이었다. 그들은 이제까지 특히 해외 출장에서 출장국이 자신들을 보살펴주던 방식을 좋아했다. 그리고 기자단은 출장국 사람들을 오랫동안 알고 있었기 때문에, 그들이 뭔가 잘못된 일을 할 것이라고는 상상하지 못했다. 많은 기자들은 출장국 직원들이 백악관이 아니라 자신들을 위해서 일하는 것이나 다름없다고 여겼으며, 출장국 직원들에 대한 조사가 이루어지는 과정에서 자신들의 자문까지는 아니더라도 적어도 통보는 해주었어야 한다고 생각했다. 그러나 기자단의 비판에도 불구하고 새로 구성된 출장국에서는 더 적은 수의 직원이 더 낮은 비용으로 기자들에게 똑같은 서비스를 제공하게 되었다.

출장국 일은 새로운 백악관과 기존 정치 기자들 사이의 문화 충돌을 보여주는 두드러진 사례였다. 출장국장은 나중에 그의 개인 계좌에서 발견된 출장국 공금을 증거로 횡령 혐의로 기소되었으며, 언론 보도에 따르면 그는 더 가벼운 혐의에 대해 유죄를 인정하고 몇 달 징역을 살겠다고 제안했다. 검사는 중죄 혐의로 재판에 회부하겠다고 고집했지만, 유명한 저널리스트 몇 명이 그를 위해 성격 증인(피고의 평판, 행동, 품성을 증언해주는 사람—옮긴이 주)이 되어준 뒤에 그는 무죄 방면되었다. 나중에 백악관, 회계감사원, 연방수사국, 독립변호사실이 출장국 문제를 조사했지만, 백악관의 누구에게서도 비행, 이해충돌, 범죄 행위의 증거는 발견되지 않았다. 또한 누구도 피트마윅 회계법인의 감사에서 발견된 출장국의 재정 문제나 관리 부실을 반박할 증거를 제시하지 않았다.

나는 미국 국민이 일차적으로 이발, 출장국, 군대 내의 동성애자라는 프리즘을 통해 나를 본다는 것이 믿어지지 않았다. 나는 미국을 더 나은 방향으로 바꾸려고 싸우는 대통령이 아니라, 화려한 도시 때문에 남부 고향 마을을 저버린 사람, 절제의 가면이 벗겨진 조건반사적인 자유주의자로 비치고 있었다. 그 무렵 클리블랜드에서 텔레비전 인터뷰를 했는데, 어떤 사람이 이제는 나를 지지하지 않는다고 하면서, 내가 동성애자 입대와 보스니아에만 시간을 쓰는 것이 그 이유라고 했다. 나는 마침 첫 100일 동안 내가 시간을 어떻게 썼는지 분석했는데, 그 결과 55퍼센트는 경제와 의료제도 개혁, 25퍼센트는 외교정책, 20퍼센트는 다른 국내 문제에 할애했다는 결과가 나왔다고 대답했다. 그가 나에게 동성애자 입대 문제에 시간을 얼마나 소비했느냐고 묻기에 다 합쳐서 겨우 몇 시간이라고 대답하자 그는 간단하게 대꾸했다. "그 말을 믿지 못하겠습니다." 그는 자신이 읽고 본 것밖에 모르고 있었다.

클리블랜드 해프닝, 이발, 출장국 등의 소동은 바깥사람들이 워싱턴에서 이루어지는 일에 대해 얼마나 모르는지 보여주는 사건이었다. 서로 이해가 되지 않을 경우, 미국에 진정으로 중요한 일을 개선하려는 우리의 노력을 국민에게 알리는 일이 얼마나 어려운지 보여주는 실물 교육이었다. 몇 년 뒤 나의 가장 재치 있는 비서로 손꼽히는 더그 소스닉은 우리가 처한 괴로운 지경을 적절하게 표현하는 말을 만들어냈다. 우리가 중동 평화협상을 지원하기 위해 오슬로로 떠나려 할 때, 나를 위해 사진을 찍어주는 활달한 아프리카계 미국인 샤런 파머는 추운 노르웨이 출장이 별로 마음에 들지 않는다고 말했다. 그러자 더그가 대꾸했다. "조금만 참으면 되잖아요, 샤런. 오슬로 출장은 당신의 '홈 게임'이 아니니까. '어웨이 게임'을 좋아하는 사람은 아무도 없지." 1993년 중반에 나는 내 전체 임기가 한 차례의 긴 '어웨이 게임'이 아니기를 바라고 있었다.

나는 내가 빠진 곤경에 대해 진지하게 생각해보았다. 내가 보기에 문제의 근원은 이런 것들이었다. 백악관 비서진이 워싱턴의 기존 권력 중심 내에서 활동한 경험이 부족하고 또 그들과 연줄도 거의 없다는 것. 우리가 너무 많은 일을 동시에 처리하려고 하는 바람에 어수선하다는 인상을 주고, 국민이 우리가 실제로 이룩한 일을 듣지 못하게 된다는 것. 분명한 메시지가 전달되지 않는 바람에 사소한 문제로 끝나고 말 상황인데도 내가 약속과는 달리 역동적인 중도파가 아니라 문화적이고 정치적인 좌파로서 통치한다는 인상을 주는 것. 내 예산안이 커다란 증세 계획에 불과하다는 공화당의 단선적인 공격 때문에 그런 인상이 강화되고 있다는 것. 내가 정치적 장애물들을 제대로 보지 못했다는 것. 나는 43퍼센트의 득표로 당선되었다. 하지만 12년 동안 전혀 다른 방향으로 가던 워싱턴의 방향을 트는 것이 얼마나 어려운 일인지, 워싱턴에서 뛰는 주요한 선수들에게 그런 변화들이 정치적으로, 심지어 심리적으로 얼마나 거슬리는 일인지 과소평가했다. 공화당 의원들 다수는 나의 대통령직의 정통성을 처음부터 인정한 적이 없으며, 실제로 그런 생각에 따라 행동하고 있었다. 독자적인 행동 방식이 있는 민주당 다수파와 내가 너무 자유주의적이고 통치할 능력도 없다는 것을 증명하겠다는 결심을 굳힌 공화당 소수파로 이루어진 국회는 내가 원하는 법안들을 모두 통과시켜줄 생각이 없었고, 또 내가 원하는 만큼 빨리 통과시켜줄 생각도 없었다.

나는 내가 변해야 한다는 것을 알았다. 그러나 다른 모든 사람과 마찬가지로, '변화'라는 것이 남에게 권하기는 쉽지만 내가 직접 하기는 어려운 일이라는 것을 알았다. 그럼에도 나는 두 가지는 바꿀 수 있었는데, 이 변화는 특히 도움이 되었다. 우선 르네상스 위켄드에서 만난 친구이자 공화당 행정부를 세 번 경험한 베테랑 데이비드 거건에게 대통령 자문으로 백악관에 들어와 조직과의 의사소통을 도와달라고 부탁했다. 거건은 그전부터 「유에스 뉴스 앤드 월드 리포트U.S. News & World Report」의 칼럼을 통해 사려 깊은 조언을 해주었는데, 그중 일부는 매우 비판적이었지만 나는 대체로 그의 이야기에 동의했다. 거건은 맥 맥라티를 좋아하고 존경했다. 그는 워싱턴 지도층의 진실한 구성원으로, 그들 방식대로 생각하며 점수를 땄다. 또 나라를 위하여 우리가 성공하기를 바랐다. 거건은 이후 몇 달 동안 백악관을 차분하게 진정시켰으며, 자리에 앉자마자 기자들에게 공보국과 직접 접촉할 수 있게 다시 허용함으로써 언론과의 관계를 개선해나가기 시작했다. 이것은 우리가 오래전에 했어야 할 일이었다.

거건의 임명과 더불어 비서진 몇 사람도 교체했다. 유능하고 인기 있는 비서실 차장 마크 기어런이 조지 스테파노풀로스를 대신해 공보국을 책임지기로 하고, 디디 마이어스는 계속 대변인 일을 하면서 일일 브리핑을 맡기로 했다. 스테파노풀로스는 새로운 선임 보좌관 자리로 옮겨 나의 정책, 전략, 일정을 돕기로 했다. 처음에 스테파노풀로스는 매일 언론 브리핑을 하지 않게 되어 실망하는 것 같았지만, 곧 선거운동 때 하던 일과 아주 비슷한 일에 숙달되었으며, 그 일을 아주 잘해내 백악관에서 그의 영향력과 힘은 커졌다.

또 하나의 긍정적인 변화는 어수선한 나의 하루를 정리하여, 가능하면 매일 중간에 두 시간씩 책을 읽고, 생각하고, 쉬고, 전화할 시간을 갖게 된 것이었다. 이 덕분에 차차 많은 것이 달라졌다.

그달 말 하원이 나의 예산을 219 대 213으로 통과시키자 상황은 밝아 보였다. 그러나 예산을 받아든 상원은 즉시 BTU세금을 없애고, 휘발유세를 갤런당 4.3센트 인상하고, 지출은 더 줄였다. 나쁜 소식은 휘발유세가 BTU 세금보다 에너지 보존에 도움이 안 된다는 것이었다. 좋은 소식은 중산층이 내야 하는 비용이 1년에 불과 33달러 정도로 줄어들게 되었다는 것이다.

5월 31일, 대통령이 되고 나서 처음 맞은 현충일The Memorial Day에 나는 알링턴 국립묘지에서 전통적인 추모식을 거행한 뒤, 베트남 참전용사 기념관에 새로 건립된 시설물에서 열린 추모식에 참석했다. 길고 검은 대리석 벽에 베트남전쟁에서 죽거나 실종된 모든 미군의 이름을 새겨놓은 곳이었다. 그날 아침 일찍 나는 백악관에서 그 벽까지 조깅을 하여 핫스프링스 출신의 내 친구들 이름을 찾아보았다. 버트 제프리스의 이름이 보였다. 나는 무릎을 꿇고 그 이름을 어루만지며 기도했다.

나는 이것이 힘든 행사가 될 것임을 알고 있었다. 그곳에는 베트남전쟁이 인생을 바꾸어놓은 사람들, 나 같은 사람이 총사령관으로 앉아 있는 것을 혐오스럽게 생각하는 사람들이 많이 참석할 것이기 때문이다. 그러나 나는 참석하기로, 나의 베트남에 대한 입장 때문에 나를 반대하는 사람들과 대면하기로, 베트남 참전용사들에게 내가 그들과 전장에서 쓰러진 그들의 전우들의 행동을 명예롭게 생각하며 여전히 끝나지 않은 전쟁포로 문제와 작전 중 실종으로 기록된 병사들의 문제를 해결하기 위해 노력할 것이라고 말하기로 결심했다.

콜린 파월은 확신과 품위를 가지고 나를 소개했다. 그는 내가 총사령관으로서 받아 마땅하다고 생각하는 존경심을 분명하게 보여주고 있었다. 그럼에도 내가 연설을 하기 위해 일어나자, 항의하는 사람들이 큰 소리로 나를 삼키려 했다. 나는 그들을 향해 직접 말했다.

큰 소리로 외치는 모든 분께 말씀드립니다. 나는 여러분의 소리를 들었습니다. 이제 여러분이 내 말을 들어보시기 바랍니다…… 어떤 사람들은 내가 오늘 이 자리에 여러분과 함께 있는 것이 잘못이라고 주장했습니다. 25년 전에 내가 젊은 사람들을 베트남 전장에 보내는 결정에 반대했기 때문입니다. 그래서 더 잘된 일이라고 봅니다…… 전쟁이 자유의 대가이듯이, 반대는 자유의 특권이기 때문이며, 그래서 우리는 오늘 여기서 그것을 기념하고 있는 것입니다…… 이 기념관의 메시지는 아주 간단합니다. 이 사람들은 자유를 위해 싸웠고, 그들의 공동체에 명예를 안겨주었고, 그들의 조국을 사랑했고, 조국을 위해 죽었다는 것입니다…… 오늘 여기 모인 사람들 모두 이 벽에서 아는 사람의 이름을 보았을 것입니다. 내 고등학교 친구 네 명도 여기에 있습니다…… 필요하다면 계속 전쟁을 반대합시다. 하지만 그것 때문에 한 나라의 국민인 우리가 더 이상 분열되는 일은 이제 막읍시다.

이 행사는 거칠게 시작되었지만 잘 끝났다. 나의 당선으로 베트남전쟁이 끝났다는 로버트 맥너매러의 예언은 아주 정확한 것은 아니었지만, 어쨌든 우리는 그 방향으로 나아가고 있었다.

6월은 개인적인 동시에 정치적인 실망과 함께 시작되었다. 나는 몇 달전, 법대 동창 래니 기니어를 민권부를 이끌 첫 전문 민권 변호사로 지명했으나 그것을 철회하고 말았다. 펜실베이니아 대학 교수인 기니어는 미국흑인지위향상협회 산하 법률변호기금의 변호사로 오랜 기간 활동했는데, 4월에 내가 기니어를 지명하자 보수주의자들은 그녀를 '할당 여왕'이라고 사납게 공격하며, 그녀가 '1인 1표'라는 헌법적 원칙을 포기했다고 비난했다.

그녀가 누적 투표 체계를 지지했기 때문이다. 이 체계에서는 각각의 유권자들이 입법부의 자리 수만큼 표를 던질 수 있으며, 그 표들을 모두 한 후보에게 던질 수도 있다. 이론적으로 보자면 누적 투표는 소수파 후보가 선출될 확률을 매우 높여준다.

처음에 나는 우파의 폭언에 별 신경을 쓰지 않았다. 그들이 정말로 싫어하는 것은 기니어가 민권 투쟁에서 오랫동안 큰 성과를 거두었다는 것이며, 그녀가 상원을 한 바퀴 돌고 나면 쉽게 인준을 받을 것으로 생각했다. 그러나 내 생각은 틀렸다. 내 친구인 데이비드 프라이어 상원의원이 찾아와 기니어와 상원의원들의 면담이 아주 안 좋게 진행되고 있다면서 그녀의 지명을 철회하라고 권했다. 그는 경제 계획을 통과시켜야 하는 상황에서 한 표라도 놓쳐서는 안 된다고 강조했다. 상원에 오기 전에 연방판사로 일했던 다수당 의장 조지 미첼도 프라이어의 생각을 강력히 지지했다. 그는 기니어가 인준을 받을 수 없으며, 따라서 가능한 한 빨리 상황을 끝내야 한다고 말했다. 테드 케네디와 상원의 유일한 아프리카계 미국인 캐럴 모슬리 브라운도 같은 생각이라는 이야기를 들었다.

나는 기니어의 글들을 읽어보는 것이 좋겠다고 결정을 내렸다. 그녀의 글들은 그 나름으로 설득력이 있었지만, 차별 수정 프로그램을 지지하고 할당(입학, 입대 등에서 특정 약자 집단에게 인원을 할당한다는 의미—옮긴이주)에는 반대하는 나의 입장과 갈등을 일으키는 것 같았으며, 1인 1표를 포기하고 1인 다수표를 지지하는 것처럼 보였다. 이런 발상은 다른 측면으로도 얼마든지 확장 가능할 것 같았다.

나는 기니어에게 만나서 이야기를 해보자고 했다. 우리는 오벌 오피스에서 대화를 나누었는데, 기니어는 자신이 받은 공격에 몹시 불쾌해했고, 자신의 글에서 학문적으로 생각해본 일이 인준에 심각한 장애가 된다는 데 놀랐다. 그리고 자신의 지명으로 인해 자신이 필요로 하는 표를 쥔 상원의원들이 어려움을 겪게 되었다는 것, 예를 들어 몇 번의 의사진행방해가 일어날 수도 있다는 것을 대수롭지 않게 생각했다. 그녀를 이해할 수 있었다. 내 비서진이 그녀에게 인준에 필요한 표를 확보하지 못했다고 말했으나 그녀는 물러서지 않으려 했다. 자신이 표결을 받아볼 권리가 있다고 생각하는 것 같았다. 결국 내가 나서서, 그녀의 "지명을 철회할 수밖에 없다, 나도 그렇게 하고 싶지는 않지만 이대로 가다가는 질 수밖에 없다, 위로가 될지는 모르겠지만 지명이 철회되면 기니어는 시민권 공동체에서 영웅이 될 것"이라는 이야기를 했다.

그 후유증으로 정치적 압력에 굴복하여 친구를 버렸다는 가혹한 비판을 받았다. 대부분 뒤에서 어떤 일이 있었는지 잘 모르는 사람들이 하는 말이었다. 결국 역시 아프리카계 미국인 변호사로 민권 분야에서 활발한 활동을 해온 데벌 패트릭에게 민권부를 맡겼고, 그는 그 일을 잘해냈다. 나는 지금도 래니 기니어를 존경하며, 그녀의 우정을 잃은 것을 아쉽게 생각한다.

6월의 첫 2주에는 대법원 판사를 고르느라 많은 시간을 보냈다. 그 몇 주 전 바이런 '휘저' 화이트가 31년간의 최고재판소 판사 생활을 마치고 은퇴하겠다고 발표했다. 나는 처음에는 마리오 쿠오모 주지사를 임명하고 싶었다. 그러나 그는 관심을 보이지 않았다. 그래서 40명 이상의 후보들을 검토한 뒤 우선 세 명을 골랐다. 내무장관 브루스 배빗, 그는 주지사가 되기 전 애리조나 주법무장관을 지냈다. 보스턴 제1순회재판소의 재판장 스티븐 브레이어 판사, 그는 판사로서 인상적인 경력을 쌓았다. 컬럼비아특구 순회재판소 연방항소법원 판사 루스 베이더 긴즈버그, 그녀는 흥미진진한 삶의 역정을 보여주는 지적인 인물로, 그녀의 이력은 흥미롭고, 독립적이고, 진보적이었다. 나는 배빗과 브레이어를 만나보고, 그들이 둘 다 좋은 판사가 될 것임을 확신했다. 그러나 배빗이 내무장관 자리를 떠나는 것은 싫었다. 많은 환경운동가들도 백악관에 전화를 하여 배빗을 그대로 두라고 했다. 브레이어는 사소한 '유모' 문제가 있었지만, 그를 열심히 밀고 있던 케네디 상원의원은 인준을 자신했다.

초기 몇 달 동안 백악관에서 벌어진 다른 모든 일과 마찬가지로, 내가 두 사람을 면담했다는 사실도 새나갔다. 그래서 긴즈버그는 일요일 밤에 백악관 관저의 내 개인 사무실에서 만나기로 했다. 나는 그녀에게서 아주 좋은 인상을 받았다. 나는 그녀가 훌륭한 판사가 될 잠재력이 있으며, 렌키스트가 대법원장으로 있는 대법원(온건파와 보수파가 아슬아슬하게 균형을 이루고 있었다)에서 새로운 판사가 해주어야 할 세 가지 일을 할 수 있을 것 같았다. 그 세 가지란 이데올로기나 당파성이 아니라 시시비비를 따져 판결하는 것, 가능하다면 보수적인 공화당 쪽 판사들과 협력하여 합의에 이르는 것, 그리고 필요할 때는 그들과 맞서는 것이었다. 긴즈버그는 그녀의 글에서 이렇게 말한 적이 있다. "미국 사법부의 가장 위대한 인물들은 열린 마음, 그러나 텅 비지는 않은 마음으로 독립적인 생각을 하는 개인들이었다. 그들은 자유주의적이건 보수주의적이건 자신의 전제들을 다른 사람들의 전제와 마찬가지로 철저하게 재검토하려 했다."

우리는 그녀의 지명을 발표했다. 이 사실은 미리 새지 않았다. 언론은 자기가 무슨 말을 하는지도 모르는 사람이 흘려준 말을 근거로 내가 브레이어를 임명하려 한다고 썼다. 긴즈버그 판사가 짧지만 감동적인 성명을 발표한 뒤, 기자 한 사람은 내가 브레이어가 아니라 그녀를 지명하기로 결정한 것은 백악관 의사결정 과정의 '지그재그적 특성'을 반영한다고 말했다. 그러더니 그 기자는 내가 그런 인상을 주었다는 지적에 대해 반박할 수 있느냐고 물었다. 웃어야 할지 울어야 할지 알 수가 없었다. 나는 이렇게 대답했다. "나는 여러분 가운데서 내가 내린 모든 독립적인 결정을 정치적 과정이 아닌 다른 의미로 받아들이려는 사람들에게 그 태도가 얼마나 어리석은 것인지 깨우쳐주겠다는 생각을 포기한 지 오래되었습니다." 아마도 임명에 대한 것이 문제가 되면, 게임의 이름이 '지도자를 따르라'가 아니라 '누설자를 찾아라'가 되는 것 같았다. 나는 긴즈버그를 임명하면서 그녀를 선택했다는 사실도 기뻤지만, 그녀를 선택함으로써 언론을 놀라게 했다는 사실도 기뻐했다는 것을 고백하지 않을 수 없다.

6월 마지막 주, 상원은 마침내 내 예산을 50 대 49로 가까스로 통과시켰다. 민주당 의원과 공화당 의원이 한 사람씩 투표를 하지 않아 동률을 이루었기 때문에 앨 고어가 승부를 결정지었다. 공화당에서는 한 명도 찬성투표를 하지 않았으며, 민주당에서는 보수적인 의원 여섯 명이 반대표를 던졌다. 오클라호마의 데이비드 보런 상원의원은 1974년에 그가 처음 주지사에 출마하고 나는 국회의원에 출마할 때부터 서로 잘 알고 지낸 사이였다. 그는 내가 패배를 면할 수 있도록 표를 주었지만, 지출을 더 줄이고 세금을 더 낮추지 않으면 최종안에는 반대를 하겠다는 의사 표시를 했다.

이제 상원과 하원이 예산안을 승인했기 때문에, 양원은 그들의 차이를 놓고 협상을 해야 했으며, 그런 다음에 우리는 다시 처음부터 양원을 통과하기 위해 싸워야 했다. 우리는 양원에서 모두 아슬아슬한 승리를 거두었기 때문에, 양원 가운데 어느 한쪽에서 다른 쪽에 양보를 하면 표 한두 개가 날아갈 수 있었다. 그러면 모든 것이 물거품이 되는 상황이었다. 재무부의 로저 앨트먼이 비서실장 존 스타이너와 함께 최종 통과를 지휘하기 위한 '상황실'을 차렸다. 우리는 표가 다 어디에 있는지 알아야 했으며, 어떤 주장이나 제안을 해야만 흔들리는 의원의 표를 얻어 다수를 차지할 수 있는지 알아야 했다. 사소한 쟁점들을 놓고 우리가 흘린 피를 생각할 때, 그래도 이것은 해볼 만한 싸움이었다. 나의 대통령직의 미래만이 아니라 나라 경제의 미래가 다음 6주 반 동안의 이 예산안 싸움에 달려 있었다.

상원에서 예산안이 통과된 다음 날, 나는 처음으로 군사작전 명령을 내렸다. 이라크 정보부에 토마호크 미사일 23발을 쏜 것이다. 이것은 조지 H. W. 부시 대통령이 쿠웨이트를 방문했을 때 그를 암살하려고 음모를 꾸민 것에 대한 보복이었다. 그해 4월 13일에 음모에 가담했던 여남은 명이 체포되었다. 부시 대통령이 쿠웨이트에 도착하기 하루 전날이었다. 그들이 가지고 있던 자료를 추적한 결과 이라크 정보부가 배후로 드러났다. 그뿐만 아니라 5월 19일에는 체포된 이라크인 한 사람이 연방수사국의 조사에서 배후에 이라크 정보부가 있다는 사실을 확인해주었다. 나는 국방부에 행동 방향을 제안해보라고 요청했고, 파월 장군은 균형 잡힌 대응이자 효과적인 억제책으로 정보부에 대한 미사일 공격을 제시했다. 나는 우리가 이라크를 더 강하게 공격해도 지지를 받을 것이라고 생각했으나, 파월은 그 정도 공격만으로도 이라크의 테러 행위를 억제할 수 있다. 또 대통령궁을 포함한 더 많은 목표물에 폭탄을 떨어뜨리면 사담 후세인은 죽이지 못하고 무고한 사람들만 죽게 될 것이라고 설득력 있게 이야기했다. 토마호크 미사일은 대부분 목표를 맞추었으나, 네 발은 더 멀리 나갔다. 그 가운데 세 발은 바그다드의 부자 동네에 떨어져 민간인 8명을 죽였다. 아무리 신중하게 계획하고 아무리 무기가 정확해도, 그런 화력을 풀어놓으면 의도하지 않은 결과가 나오기 마련임을 보여주는 분명한 예였다.

7월 6일에는 나의 첫 국제회의인 16차 연례 G-7 정상회의에 참석하기 위해 도쿄에 갔다. 역사적으로 이 회의는 간담회의 성격이 강하여, 의미 있는 정책 약속이 나온다거나 후속 조치가 이루어지는 경우는 거의 없었다. 그러나 우리는 아무런 성과 없는 회의를 한 번 더 열 수 있는 한가한 상황이 아니었다. 세계 경제는 불황의 늪에 빠져 있었다. 유럽은 10여 년 만에 처음으로 느린 성장세를 보이고 있었고, 일본의 경우는 거의 20년 만에 가장 느린 속도였다. 반면 미국은 경제 부문에서 어느 정도 진전을 보이고 있었다. 5개월간 95만 명이 넘는 미국인들이 일자리를 구했다. 이것은 그전 3년 동안 만들어진 일자리와 맞먹는 숫자였다.

나는 몇 가지 과제를 들고 일본으로 갔다. 우선 유럽과 일본의 지도자들을 설득하여, 자국의 경제정책을 미국의 정책과 조율함으로써 세계 전체의 성장 수준을 높이겠다는 합의를 이끌어낼 생각이었다. 또 유럽과 일본을 설득하여 공산품 관세를 내림으로써 모든 나라에 일자리를 만들고, 나아가 7년을 끌어온 우루과이 라운드 세계 무역 회담을 마감일인 12월 15일까지 끝낼 수 있게 할 생각이었다. 마지막으로 옐친과 러시아 민주주의를 경제적·정치적으로 지원하겠다는 분명하고 통일된 목소리를 이끌어낼 생각이었다.

세 가지 모두는커녕 이 가운데 어느 한 과제에서라도 성공을 거둘 수 있는 확률은 높지 않았다. 참석하는 지도자 가운데 누구도 자국에서 큰 힘을 발휘하지 못하고 있었기 때문이다. 경제 계획에 들어 있는 입에 쓴 약, 그리고 진짜이건 지어낸 것이건 여러 문제를 둘러싼 언론의 비판 때문에 나의 지지도는 취임 이후 가파르게 떨어졌다. 존 메이저는 영국에서 잘 버티고

있는 셈이었지만, 그의 전임자인 마거릿 대처와 늘 안 좋은 쪽으로 비교가
되는 바람에 상처를 입었다. 그럼에도 '철의 여인'은 그런 비교를 막아줄 생
각을 하지 않았다. 프랑수아 미테랑은 매혹적이고 똑똑한 인물이자 이제 두
번째 7년 임기를 맞이한 사회주의자였지만, 경제정책을 통제하는 총리가
자신과 대립하는 정당 출신이었기 때문에 그가 할 수 있는 일은 제한되어
있었다. 이탈리아 총리 카를로 치암피는 이탈리아 중앙은행장 출신으로 자
전거를 타고 출근한다고 알려진 소박한 사람이었다. 그는 지성과 매력을 갖
고 있음에도 불구하고, 본래 균열이 심하고 불안정한 이탈리아의 정치 환경
때문에 곤경에 처해 있었다. 캐나다 최초의 여성 총리인 킴 캠벨은 당당하
고 헌신적인 사람이지만, 브라이언 멀로니의 사임으로 막 총리직을 맡은 참
이었다. 그녀는 기본적으로 멀로니가 키를 잡고 이끌어온 긴 항해를 마무리
하는 입장이었고, 야당 지도자 장 크레티앵의 지지도가 상승하고 있었다.
주최국인 일본의 미야자와 기이치는 자민당의 오랜 독주가 끝나면서 일본
정계에서는 레임덕으로 간주되고 있었다. 그러나 미야자와는 레임덕일지는
몰라도, 세계에 대한 이해력이 뛰어난 인상적인 레임덕이었다. 그는 영어
회화를 거의 나만큼이나 잘했다. 그는 또 G-7 회의가 자국에 좋은 영향을
주기를 바라는 애국자이기도 했다.

　　오랫동안 독일 총리로 재직해온 헬무트 콜 역시 곤경에 처해 있다는 것
이 일반적인 관측이었다. 여론조사 결과 지지도가 내려갔고, 그의 기민당이
그 즈음의 지방 선거에서 크게 패배를 겪었기 때문이다. 그러나 나는 콜이
여전히 건재하다고 생각했다. 콜은 거대한 남자였다. 키는 나와 비슷했고,
몸무게는 130킬로그램이 넘었다. 그는 직접적이고 종종 퉁명스러운 말투로
확신에 차서 이야기를 했다. 게다가 뛰어난 유머감각을 갖춘 세계 수준의
이야기꾼이었다. 또한 몸집에서만이 아니라 정치력에서도 유럽 대륙에 수
십 년 만에 나타난 큰 인물이었다. 그는 독일을 통일했고, 엄청난 액수의 돈
을 서독에서 동독으로 밀어넣어, 공산주의 하에서 훨씬 어렵게 살던 사람들
의 소득을 높여주었다. 콜의 독일은 러시아 민주주의의 가장 큰 경제적 지
원자가 되었다. 그는 또 새로 등장한 유럽연합 배후의 지도력이었으며, 폴

란드, 헝가리, 체코공화국을 유럽연합과 나토 동맹 양쪽으로 끌어들이는 데 적극적이었다. 마지막으로 콜은 보스니아에서 유럽의 수동적 태도 때문에 괴로워했으며, 나와 마찬가지로 보스니아 이슬람교도에게 불공평하게 작용하고 있는 무기수출금지조치를 유엔이 철회해야 한다고 생각했다. 그는 유럽이 직면한 모든 큰 문제에서 우익에 서 있었으며, 자신의 관점을 기운차게 밀어붙였다. 그는 자신이 큰일들을 올바르게 처리하면, 여론도 따라올 것이라고 믿었다. 나는 헬무트 콜을 무척 좋아했다. 이후 몇 년 동안 여러 번의 식사, 방문, 전화를 통해 우리는 정치적이고 개인적인 유대를 강화했으며, 이것은 유럽인과 미국인 모두에게 큰 도움이 되었다.

나는 G-7의 전망에 대해 낙관적이었다. 내가 이 회의에 중요한 과제를 가지고 갔고, 다른 모든 지도자들도 도쿄에서 뭔가 의미 있는 일을 해야 자국의 곤경에서 벗어날 수 있다는 것을 잘 알고 있었기 때문이다. 회의가 시작되자마자 무역관계 장관들이 10개 제조업 부문에 대한 관세를 없애고, 수천억 달러 상당의 교역에 시장을 개방한다는 데 합의함으로써 문지방을 하나 넘었다. 이것은 미키 캔터가 무역대사로 거둔 첫 번째 승리였다. 그는 강인하고 능란한 협상자였으며, 그의 솜씨 덕분에 결국 200개 이상의 협정이 체결되고 무역이 확대되어, 미국 경제는 이후 8년간 거의 30퍼센트에 이르는 성장을 이루었다.

우리는 러시아에 대한 관대한 원조 계획에 합의함으로써, 부자 나라들이 모두 러시아를 돕는다는 점에 의심의 여지를 남기지 않았다. 우리의 경제정책 조율 문제는 그 결과가 모호했다. 나는 적자를 줄이기 위해 노력하고 있었고, 독일의 중앙은행은 막 이자율을 내렸지만, 일본이 외국 무역과 경쟁에 좀더 문호를 개방함으로써 자국 경제를 자극할 용의가 있는지는 확실치 않았다. 그것은 내가 우리와 일본의 양자 회담을 통해 이루어내야 할 과제였는데, 이 회담은 G-7 회담 직후에 시작되었다.

1993년 일본은 경제 정체와 정치 불안에 빠져 있었기 때문에, 나는 그들의 무역 정책에서 변화를 이끌어내는 것이 힘들다는 것을 알고 있었다. 그래도 노력해야 했다. 미국이 큰 무역 적자를 보는 이유에는 일본의 보호주의도 분명히 한몫을 하고 있었기 때문이다. 예를 들어 그들은 우리의 스키를 사지 않으면서, 폭이 맞지 않아서라고 이유를 댔다. 나는 우리의 중요한 안보 동반 관계를 해치지 않으면서 일본 시장을 열 방법을 찾아야 했다. 그것이 아시아를 위한 안정된 미래를 구축하는 데 필수적이었기 때문이다. 내가 와세다 대학의 일본 학생들에게 연설을 하면서 이런 점들을 이야기하는 동안, 힐러리는 그녀 나름으로 매력 공세를 펼쳐, 특히 높은 수준의 교육을 받은 젊은 여자들로부터 커다란 환대를 받았다.

미야자와 총리는 나의 제안에 원칙적으로 동의했기 때문에, 우리는 무역 관계를 개선하기 위한 구체적이고 측정 가능한 조치들을 취한다는 기본 합의에 이를 수 있었다. 총리의 후임 장관이자 일본의 새로운 왕세자비의 아버지인 외무장관도 합의를 보아야 한다고 결심을 굳히고 있었다. 큰 장애는 일본 국제통상산업성MITI이었다. 그 지도자들은 자신들의 정책이 일본을 강국으로 만들었기 때문에 그것을 바꿀 이유가 없다고 생각했다.

어느 날 밤늦게 우리의 회담이 끝났을 때, 외무성과 국제통상산업성의 대표들은 오쿠라 호텔 로비에서 서로 소리를 지르며 말다툼을 벌였다. 우리 실무진도 있는 힘을 다해 합의를 밀어붙였다. 미키 캔터의 부대사 샬린 바셰프스키는 일본인들에게 강한 태도를 보였기 때문에 일본인들로부터 '돌벽'이라는 별명을 얻었다. 이윽고 미야자와와 나는 오쿠라 호텔에서 전통 일본식 식사를 하면서 남아 있는 차이들을 해소할 수 있는지 살펴보았고, 결국 우리는 합의에 이르렀다. 나중에 이 회담에 '스시 정상회담'이라는 이름이 붙었는데, 미야자와는 늘 우리의 최종 합의에는 스시보다 우리가 마신 사케가 더 큰 기여를 했다고 농담을 하곤 했다.

기본 협정의 내용으로, 일본은 미국에 예산 적자를 줄일 것을 요구했으며, 미국은 일본에 다음 해에 자동차와 부품, 컴퓨터, 원거리통신, 위성, 의료 장비, 금융 서비스, 보험 시장을 열 것을 요구했다. 우리는 구체적인 시간표와 성공을 측정하기 위한 객관적인 기준을 마련하기로 했다. 나는 이 협정이 미국과 일본에 모두 경제적 이익을 주고, 일본 개혁가들이 이 놀라운 나라를 다음의 위대한 시대로 이끌고 나가는 데 도움을 줄 것이라고 확신했다. 이런 협정이 대부분 그렇듯이, 양쪽 나라가 원하는 것을 모두 갖지는 못했지만, 그래도 양국에 아주 좋은 것을 준 셈이었다.

일본을 떠나 한국으로 향할 때, 미국 언론들은 나의 첫 G-7 회담에서 내가 다른 지도자들과의 개인적 외교에서 승리를 거두었으며, 일본 국민과의 관계에서도 성과를 거두었다고 보도했다. 언론에서 긍정적으로 다루어주니 기분이 좋았지만, G-7이나 일본과의 협상에서 미리 설정했던 목표를 달성한 것이 훨씬 더 기분이 좋았다. 나는 다른 지도자들을 사귀고 함께 일하는 것이 즐거웠다. G-7 회담을 마친 뒤 세계에서 미국의 이익을 증진시키는 나의 능력에 더 자신감을 갖게 되었으며, 왜 많은 대통령들이 자국에서 겪는 좌절보다 외교정책을 더 좋아하는지 이해할 수 있었다.

한국에서는 한국전쟁을 끝낸 휴전 협정이 체결된 이래 북한과 남한을 가르고 있는 비무장지대의 미군 부대를 방문했다. 나는 돌아오지 않는 다리까지 걸어가 두 나라를 가르고 있는 하얀색 선으로부터 열 걸음 정도 떨어진 곳에서 발걸음을 멈추고, 냉전의 마지막 외로운 전초기지에서 자기편을 지키고 있는 젊은 북한 병사를 바라보았다. 그리고 서울에 도착한 힐러리와 나는 김영삼 대통령의 손님으로 영빈관에 묵었다. 그곳에는 실내 수영장이 있었는데, 내가 김영삼 대통령과 조깅을 마치고 수영을 하러 들어가자 갑자기 음악이 울려 퍼졌다(클린턴이 묵은 곳은 미국대사관저 내 영빈관이었고, 수영을 한 곳은 청와대 녹지원 수영장이었다—옮긴이주). 엘비스에서 재즈에 이르기까지 내가 좋아하는 노래들에 맞추어 수영을 할 수 있었다. 한국의 유명한 환대를 보여주는 멋진 예였다. 김영삼 대통령과 정상회담을 하고 국회에서 연설을 한 뒤 한국을 떠나면서 우리의 오랜 동맹 관계에 감사했고, 앞으로도 그러한 관계를 유지해나가겠다는 결심을 굳혔다.

34

나는 워싱턴의 혹독한 환경으로 돌아왔
다. 7월 셋째 주에는 재닛 리노의 권고에 따라 연방수사국장 윌리엄 세션스
를 해임했다. 부서 내의 수많은 문제에도 불구하고 세션스가 사임을 거부한
뒤에 나온 조치였다. 우리는 세션스를 대신할 사람을 찾아야 했다. 버니 너
스봄은 루이스 프리를 추천했다. 프리는 연방수사국 요원 출신으로, 연방검
사로서 화려한 경력을 쌓은 뒤 부시 대통령에 의해 뉴욕의 연방판사로 임명
된 사람이었다. 나는 프리를 만나, 연방수사국이 웨이코 작전 때 한곳에 많
은 자원을 오래 묶어두는 것은 잘못된 일이므로 공격을 해야 한다고 주장했
는데, 그 점에 대해 어떻게 생각하느냐고 물었다. 그는 내 생각을 모르는 상
태에서 자신은 생각이 다르다고 솔직하게 말했다. "그들은 기다리라고 월급
을 받는 겁니다." 나는 그 말에 좋은 인상을 받았다.

프리는 공화당원이지만, 너스봄은 그가 전문가이며 정정당당한 사람이
기 때문에 연방수사국을 정치적 목적에 이용하는 일은 하지 않을 것이라고
자신했다. 우리는 20일에 발표를 하기로 결정했다. 그러나 하루 전날 지명
소식이 흘러나갔으며, 연방수사국 요원 출신인 내 친구가 오벌 오피스를 관
리하는 낸시 헌리시에게 전화하여 나의 지명을 말려야 한다고 말했다. 그는
프리가 너무 정치적이고 자기 잇속만 차리는 사람이라 현재의 분위기에서
는 적당치 않다고 말했다. 나는 잠깐 멈칫했지만, 이미 늦었다는 말을 전하
라고 했다. 이미 제안을 했고, 상대는 수락을 했다. 나로서는 버니 너스봄의
판단을 믿을 수밖에 없었다.

아침에 로즈가든에서 프리의 지명 사실을 발표하는 행사를 열었을 때, 빈스 포스터가 뒤쪽에 서 있는 것이 보였다. 앤드루 잭슨이 심은 거대한 목련 옆이었다. 포스터는 웃음을 짓고 있었다. 그가 일하는 백악관 법률고문실이 출장국 문제에 대한 끝도 없는 질문에 대답을 하는 대신 대법원 판사나 연방수사국장 지명 같은 일을 하게 되어 마음이 편한가 보다 하는 생각이 들었다. 이 행사 전체가 완벽하게 느껴졌다. 너무 잘 진행되어 오히려 불길하게 느껴질 정도였다. 사실 여러 가지 면에서 그랬다.

그날 밤 나는 백악관 1층 서재에서 래리 킹의 쇼에 출연했다. 예산안을 둘러싼 싸움을 비롯하여 킹이나 시청자가 물어보는 여러 가지 문제에 대해 답변을 하기 위해서였다. 다른 사람들과 마찬가지로 나도 래리 킹을 좋아했다. 그는 유머감각이 뛰어나고 인간적인 매력이 있었다. 그가 까다로운 질문을 던질 때도 마찬가지였다. 45분쯤 지났을 때, 프로그램이 잘 진행된 것에 고무된 킹은 30분 더 시청자들의 질문을 받지 않겠느냐고 물었다. 나도 기대감을 가지고 즉시 동의했다. 그러나 다음 휴식시간에 맥 맥라티가 나타나더니 한 시간만 채우고 인터뷰를 끝내야 한다고 말했다. 처음에는 짜증이 났다. 내가 오래 하면 실수할지 모른다고 걱정하는 것이라고 생각했기 때문이다. 그러나 맥라티의 눈치를 보니 다른 일이 있다는 것을 알 수 있었다.

나는 인터뷰를 마무리하고 방송 실무자들과 악수를 했다. 그러자 맥라티가 나를 위층 관저로 데려갔다. 그는 눈물을 삼키며 빈스 포스터가 죽었다고 말했다. 루이스 프리 지명 행사 뒤에 로즈가든을 떠나 차를 몰고 포트마시 공원으로 가서, 집안에 전해져오던 오래된 리볼버로 자살했다는 것이다. 포스터는 나의 평생 친구였다. 내가 호프의 조부모 집에 살 때 포스터가 살던 옆집과 뒤뜰이 붙어 있었다. 맥라티와 내가 유치원에 다니기 전부터 우리는 함께 놀았다. 나는 포스터가 출장국 논란 때문에 속이 상했고, 법률고문실로 쏟아지는 비판에 자신이 책임을 져야 한다고 생각한다는 것을 잘 알고 있었다. 그는 또 「월스트리트 저널」이 몇 편의 사설을 통해 그의 능력과 성실성에 문제를 제기한 것에도 상처를 받았다.

바로 전날 밤, 나는 포스터에게 전화를 하여 함께 영화를 보자고 초대했다. 그를 격려하고 싶었기 때문이다. 그러나 그는 이미 퇴근을 했으며, 부인 리서와 함께 시간을 좀 보내고 싶다고 말했다. 나는 그에게 「월스트리트 저널」 사설 문제는 마음에서 털어버리라고 열심히 설득했다. 「월스트리트 저널」은 좋은 신문이지만, 그 사설을 읽는 사람들은 많지 않다. 그리고 읽는 사람들 대부분은 논설위원들과 마찬가지로 보수적인 공화당 지지자들이며, 어차피 그 사람들은 우리 편이 아니다. 그런 내 말에 포스터는 귀를 기울이는 듯했지만, 나는 내 말이 잘 먹히지 않는다는 것을 느낄 수 있었다. 그는 한 번도 공개적으로 비판받아본 적이 없었으며, 처음으로 언론에서 두드려 맞았을 때 많은 사람들이 그러는 것처럼 모든 사람이 자신에 대한 부정적인 글을 읽고 그것을 믿는다고 생각하는 것 같았다.

맥이 나에게 포스터 일을 이야기할 때, 힐러리가 리틀록에서 전화를 했다. 힐러리는 벌써 소식을 알고 울고 있었다. 포스터는 로즈 법률회사에서 그녀의 가장 가까운 친구였다. 힐러리는 '왜 이런 일이 벌어졌는가'라는, 결코 완전한 답을 알 수 없는 질문에 매달려 있었다. 나는 힐러리가 할 수 있는 일은 없었다고 다독거리면서, 다른 한편으로 나는 어떻게 했어야 했는지 자문하고 있었다. 이어 맥라티와 함께 유족을 만나러 포스터의 집으로 갔다. 웹과 수지 허블 부부가 그곳에 있었다. 아칸소와 백악관의 포스터 친구들도 몇 사람 모여 있었다. 나는 사람들을 위로하려 했지만, 사실 나 자신의 상처도 컸다. 프랭크 앨러가 자살했을 때와 마찬가지로 포스터가 그런 짓을 했다는 데 화가 났다. 그런 일이 다가오는 것을 보지 못한, 그래서 그 일을 막지 못한 나 자신에게도 화가 났다. 나는 또 아칸소 출신의 내 친구들 때문에 슬펐다. 그들은 오로지 봉사하고, 좋은 일을 해보려고 워싱턴에 왔는데, 그들의 모든 행동이 비판의 대상이 되고 있었다. 그리고 이제 키가 크고, 잘생기고, 강하고, 우리 모두가 우리 가운데 가장 안정감이 있다고 생각하던 자신감 넘치는 친구 포스터가 갔다.

어떤 이유에서건 포스터는 심한 곤경에 처해 있었다. 버니 너스봄은 그의 서류 가방에서 잘게 찢어진 메모를 발견했다. 맞추어보니 이런 내용이었다. "나는 워싱턴에서 주목을 받으며 공적인 생활을 할 사람이 아니다. 여기에서는 사람을 망치는 일을 스포츠라고 생각한다…… 사람들은 클린턴 부부와 그들의 충성스러운 참모진의 결백을 결코 믿지 않을 것이다." 포스터는 짓눌렸고, 지쳤고, 자신처럼 규칙에 따라 게임을 하지 않는 사람들의 공격에 괴로워했다. 그는 명예와 존중이라는 가치에 뿌리를 둔 사람이었다. 그러나 권력과 인신공격을 더 중요하게 보는 사람들에게 그 뿌리가 뽑혀버렸다. 게다가 제대로 치료받지 못한 우울증도 그에게서 삶을 유지할 수 있는 방어력을 빼앗아가 버렸다.

다음 날 나는 비서진에게 인생에는 우리가 통제할 수 없는 것들이 있고, 이해할 수 없는 수수께끼들이 있다고 말했다. 또한 자신과 친구와 가족을 더 보살피고, '너무 열심히 일을 하다가 우리 감수성들마저 죽이는' 일은 없어야 한다고 말했다. 마지막 충고는 남에게 하기는 쉬워도 내가 직접 지키기는 어려운 것이었다.

우리는 모두 리틀록으로 가서, 세인트앤드루 가톨릭 성당에서 열린 포스터의 장례식에 참석한 뒤 고향 호프로 갔다. 내 증조부와 친아버지가 묻힌 묘지에 포스터를 묻으러 간 것이다. 유치원과 초등학교를 함께 다닌 많은 사람들이 그 자리에 참석했다. 이제 나도 포스터의 우울과 자살을 이해해보려는 노력을 포기하고, 그냥 그것을 받아들이고 그의 삶에 감사하는 쪽으로 마음을 정리하고 있었다. 나는 장례식에서 조사를 하면서 포스터의 모든 훌륭한 점, 그가 우리에게 가졌던 의미, 백악관에서 해준 훌륭한 일들, 명예를 존중하는 태도에 대해 이야기해보려고 노력했다. 나는 감동적인 리언 러셀의 '그대를 위한 노래A Song for You'를 인용했다. "나는 공간이나 시간이 없는 곳에서 그대를 사랑합니다. 나는 내 목숨이 다하도록 그대를 사랑합니다. 그대는 나의 친구입니다."

여름이었다. 수박 수확이 시작되었다. 나는 호프를 떠나기 전에 카터 러셀의 농장에 들러 빨간 수박과 노란 수박을 골랐다. 이어 함께 온 기자들에게 호프의 주산물인 수박의 훌륭한 점에 대해 이야기하기 시작했다. 기자들은 내가 고통에서 잠시 벗어날 필요가 있다는 것을 알았기 때문에, 그날따라 유난히 친절한 태도를 보여주었다. 나는 워싱턴으로 날아가는 비행기에서 포스터는 고향에 있다고, 자신이 있을 곳에 있다고 생각했다. 그리고 많은 사람들이 그에게 관심을 가져준 것에 대해 하나님께 감사했다.

다음 날인 7월 24일, 백악관에서 재향군인회, 미국소년단, 상원의원들을 맞이했다. 내가 로즈가든에서 케네디 대통령을 만난 지 30주년이 되는 날이었다. 나와 함께 그날 대표로 참석했던 사람들도 많이 초대했다. 앨 고어는 경제계획을 위해 열심히 로비를 하고 있었지만, 잠깐 시간을 내어 아이들에게 말했다. "내가 한 가지만 충고하마. 어떻게 해서든 클린턴 대통령과 악수하는 사진을 찍을 수만 있다면, 그게 나중에 큰 도움이 될지도 몰라." 나는 그들 모두와 악수를 하고 사진을 찍었다. 이후 백악관에서 지낸 8년 가운데 6년간 나는 미국소년단과 미국소녀단을 위해 똑같은 행사를 열었다. 언젠가 대통령 선거운동 광고에 그 사진들 몇 장이 등장했으면 좋겠다.

나는 7월과 8월 초 며칠 동안 경제계획을 들고 하원의원과 상원의원들에게 로비를 했다. 로저 앨트먼의 상황실이 홍보 쪽 일을 담당하여, 나에게 아직 결심을 하지 못한 국회의원이 있는 주와 전화 기자회견을 하게 했다. 앨 고어와 내각은 그야말로 수백 번 전화를 하고 방문을 했다. 결과는 불확실했지만, 상황은 점점 우리에게 불리해지고 있었다. 이유는 두 가지였다. 첫째는 데이비드 보런의 제안이었다. 그는 에너지 세금을 모두 폐기하려 했다. 고소득층의 세금을 다는 아니지만 대부분은 그대로 놓아두고, 그로 인해 모자라는 부분은 소득세 공제의 많은 부분을 없애 메우려 했다. 그리고 사회보장과 군대나 민간 연금의 생계비 보조를 줄이려 했으며, 메디케어와 메디케이드 지출을 새로운 수령자와 비용 증대를 염두에 두고 계획한 수준 밑으로 낮추려 했다. 보런은 위원회에서 그의 제안을 통과시키지 못했지만, 보수적인 주 출신의 민주당 의원들에게 피할 곳을 주었다. 이 제안은 루이지애나의 민주당 상원의원 베닛 존슨, 미주리의 공화당 상원의원 존 댄포스, 메인의 공화당 상원의원 빌 코언의 지지를 받았다.

처음에 예산안이 앨 고어의 캐스팅보트 때문에 50 대 49로 통과되었을 때, 베닛 존슨은 샘 넌, 애리조나의 데니스 드콘치니, 앨라배마의 리처드 셸비, 네바다의 리처드 브라이언, 뉴저지의 프랭크 라우텐버그와 함께 반대표를 던졌다. 셀비는 점차 공화당 색깔로 변하는 주 출신이라 이미 공화당 쪽으로 많이 기울고 있었다. 샘 넌은 완강한 반대자였다. 드콘치니, 브라이언, 라우텐버그는 그들 주의 징세 반대 분위기 때문에 걱정하고 있었다. 앞서도 말했듯이 나는 처음에 그들 없이도 승리를 거두었다. 공화당과 민주당의 상원의원이 한 사람씩 투표를 하지 않았기 때문이다. 그러나 이번에는 그들도 나타날 예정이었다. 공화당 의원들이 모두 반대하는 상황에서 보런이 반대를 하고 다른 의원들의 표가 바뀌지 않는다면, 나는 51 대 49로 지게 될 것이다. 그들 여섯 명 외에 밥 케리 상원의원도 우리 계획에 반대할지 모른다고 말하고 있었다. 대통령 선거운동 과정에서 우리 관계는 서먹서먹해졌으며, 네브래스카는 공화당 색깔이 강한 주였다. 그래도 나는 케리에 대해서는 낙관적이었다. 그는 적자 축소를 정말로 지지했으며, 상원 재정위원회 위원장으로 나의 제안을 강력히 지지하고 있는 팻 모이니헌과 아주 가까웠기 때문이다.

하원에서는 상황이 달랐다. 모든 민주당 의원들은 이번이 최대의 힘을 발휘할 기회라는 것을 알고 있었으며, 많은 의원들이 계획의 세부사항을 놓고 나와 거래하거나 구체적인 쟁점에 대해 나를 도와주려 했다. 징세를 반대하는 지역구 출신의 의원들은 국회가 휘발유세를 올린 지 3년밖에 안 지났는데, 그것을 다시 올리는 문제를 걱정하고 있었다. 하원의장단 외에 나의 가장 강력한 지지자는 하원 세입위원회의 막강한 위원장인 일리노이 하원의원 댄 로스텐코프스키였다. 로스텐코프스키는 고귀한 정신을 가진, 시카고 거리 흥정에 뛰어난 입법가였지만 공금을 정치적으로 사용한 혐의로 조사를 받고 있었으며, 일반적으로 이 조사 때문에 다른 의원들에 대한 영향력이 약화되었을 것으로 간주되었다. 내가 국회의원들을 만날 때마다 언론은 나에게 로스텐코프스키에 대해 물었다. 로스텐코프스키는 역시 그답게 정면 돌파를 시도하여, 동료들에게 올바른 일을 해야 한다고 말하며 표를 모았다. 그는 여전히 힘이 있었으며, 힘이 있을 수밖에 없었다. 우리는 약간만 발을 잘못 디뎌도 한두 표를 잃고, 그것으로 면도날 같은 능선에서 패배의 나락으로 곤두박질칠 수 있었다.

8월 초에 예산 드라마가 절정을 향해 올라가고 있을 때, 워런 크리스토 퍼는 마침내 영국과 프랑스로부터 나토의 보스니아 공습 약속을 받아냈다. 그러나 나토와 유엔이 모두 승인할 때만 공격이 이루어질 수 있었다. 이른바 이중 열쇠 방식이었다. 나는 우리가 두 열쇠를 모두 돌릴 기회를 잡지 못할까봐 걱정이 되었다. 안전보장이사회에서 거부권을 가지고 있는 러시아가 세르비아와 아주 가까웠기 때문이다. 이중 열쇠 방식은 보스니아를 보호하는 데는 짜증나는 방해물이었지만, 그럼에도 유럽과 유엔을 좀더 적극적으로 움직이게 만드는 길고 고통스러운 과정에서 또 한 발을 내디딘 것이라고 할 수 있었다.

8월 3일 우리는 2,550억 달러의 예산을 줄이고 2,410억 달러의 세금을 늘려 최종적인 예산안을 확정했다. 일부 민주당 의원들은 여전히 휘발유세를 올리면 그렇지 않아도 감세가 없어 화가 난 중산층 유권자들이 우리를 죽이려 할 것이라고 걱정했다. 보수적인 민주당 의원들은 메디케어, 메디케이드, 사회보장 부문의 지출 감소를 통한 적자 축소 노력이 부족하다고 말했다. 그러나 우리가 절약한 것 가운데 20퍼센트 이상이 메디케어 비용으로 의사와 병원에 지불할 돈을 줄이는 데서 나왔다. 또 부유한 퇴직자의 사회보장 소득에 대해 더 많은 세금을 부과하는 것에서 또 큰 덩어리를 절약했다. 그것이 하원에서 얻는 표보다 잃는 표가 더 많아지는 것을 막으면서 내가 할 수 있는 최선이었다.

그날 밤 나는 텔레비전을 통해 중계된 오벌 오피스 연설에서 마지막으로 예산안에 대한 국민의 지지를 호소하면서, 이것이면 이후 4년 동안 800만 개의 일자리를 만들 수 있다고 말했다. 그리고 새로운 세금과 지출 감소로 생기는 모든 돈은 적자 축소 목적에만 사용할 수 있도록 적자 축소 신탁기금을 설립하는 행정명령을 다음 날 내리겠다고 발표했다. 이 신탁기금은 애리조나의 데니스 드콘치니 상원의원에게 특히 중요했기 때문에, 텔레비전 연설에서 이것이 그의 구상임을 밝혔다. 처음에 이 계획에 반대했던 여섯 명의 상원의원 가운데 드콘치니가 나의 유일한 희망이었다. 나는 다른 다섯 명과 저녁을 먹고, 찾아가 만나고, 행정부에 있는 그들의 가까운 친구들을 보내 로비도 했으나 아무런 소용이 없었다. 만일 드콘치니가 바뀌지 않으면 우리는 질 수밖에 없었다.

다음 날 드콘치니는 생각을 바꾸었다. 신탁기금 때문에 찬성표를 던지겠다고 말한 것이다. 이제 밥 케리만 우리 편이 되어준다면, 우리는 상원에서 50표를 얻을 수 있었다. 그러면 앨 고어가 다시 캐스팅보트를 행사할 수 있었다. 그러나 거기에 이르려면 우선 예산안이 하원을 통과해야 했다. 우리는 218표라는 다수표를 확보해야 하는 날을 하루 남겨놓고 있었지만, 아직 그 목표에는 이르지 못했다. 30명 이상의 민주당 의원들이 흔들리고 있었는데, 그들이 걱정하는 이유는 징세 때문이었다. 의원들에게 그들 각각의 지역구에서 소득세 공제로 세금감면을 받는 사람들의 수가 소득세 인상으로 손해를 보는 사람들의 수보다 얼마나 많은지 보여주는 인쇄물까지 나누어주어도 소용없었다. 많은 경우 그 비율은 10 대 1이나 그 이상이었다. 열두 곳 정도에서만 유권자들이 워낙 부유하여 세금이 늘어나는 사람이 줄어드는 사람보다 더 많았다. 또 의원들은 모두 휘발유세 걱정을 하고 있었다. 만일 휘발유세를 없애고 소득세 공제를 포기하는 것으로 그 손실을 상쇄했다면, 쉽게 예산안을 통과시킬 수 있었을 것이다. 그것이 정치적 피해가 훨씬 적은 길이었을 것이다. 그러나 가난한 노동자들은 워싱턴에 로비스트를 두지 못했다. 그들은 어떤 흥정이 이루어졌는지 전혀 모를 수도 있었다. 그러나 나는 알았다. 또 공사채 시장은 우리가 부자들에게 물벼락을 맞게 할 경우, 중산층에게도 고통의 물을 약간은 뿌리기를 바랐다.

그날 오후, 리언 파네타와 예산안을 위해 지칠 줄 모르고 뛰고 있던 하원 다수당 의장 딕 게파트는 더 많은 지출 감소를 바라는 보수적인 민주당 의원 그룹의 지도자인 미네소타 주 팀 페니와 가을의 세출안 처리과정에서 예산 삭감을 원하는 의원들에게 지출을 더 줄일 수 있는 투표를 할 기회를 주겠다고 약속하여 협상의 타결을 보았다. 페니는 만족했고, 그의 지지 덕분에 우리는 7, 8표를 더 얻을 수 있었다.

우리는 이전의 찬성표 가운데 두 표를 잃었다. 나중에 결국 공화당원이 된 루이지애나의 빌리 토진과 유권자 대부분이 공화당원인 텍사스 지역구 출신의 찰리 스텐홀름이 반대표를 던지겠다고 말했기 때문이다. 그들은 휘발유세를 싫어했으며, 공화당의 일치된 예산안 반대 때문에 유권자들이 이 예산안을 증세로만 본다고 말했다.

나는 투표를 한 시간도 남겨놓지 않은 상황에서 텍사스 주 아마릴로 출신의 빌 사팰리어스 하원의원과 이야기를 했다. 그는 5월에 예산안에 반대표를 던졌다. 그날 나와 네 번째 통화를 했을 때, 사팰리어스는 찬성표를 던지기로 결심했다고 말했다. 그의 유권자들 가운데는 세금이 많아지는 사람보다 적어지는 사람이 더 많을 것이고, 자원부 장관 헤이즐 오리어리가 그의 지역구에 있는 팬텍스 공장에 정부 일을 더 많이 주기로 약속했기 때문이다. 우리는 그런 약속을 많이 했다. 누군가 사람들이 제조 과정을 절대 보면 안 되는 것이 두 가지 있는데, 하나는 소시지이고 또 하나는 법이라고 말한 적이 있다. 실제로 그 과정은 추하고 불확실했다.

투표가 시작되었을 때도 나는 이길지 질지 알지 못했다. 미네소타의 시골 지역구 출신인 데이비드 민지가 반대표를 던지겠다고 말하고 나자, 결국 세 명의 표가 문제가 되었다. 몬태나의 팻 윌리엄스, 아칸소의 레이 손튼, 펜실베이니아의 마저리 마골리스-메츠빈스키였다. 나는 정말이지 마골리스-메츠빈스키가 우리에게 찬성표를 던지지 않기를 바랐다. 그녀는 세금이 줄어드는 유권자보다 늘어나는 유권자가 많은 지역구를 가진 극소수 민주당 의원 가운데 하나였다. 그리고 그녀는 선거운동 과정에서 증세에는 찬성표를 던지지 않겠다고 공약했다. 팻 윌리엄스에게도 어려운 투표였다. 그의 유권자의 경우에는 세금이 늘어나는 사람보다 줄어드는 사람이 훨씬 더 많았지만, 몬태나는 인구 밀도가 낮은 거대한 주로, 이곳 사람들은 장거리 운전을 자주 하기 때문에 휘발유세에 다른 주 사람들보다 훨씬 더 민감했다. 팻 윌리엄스는 통화침투설 경제학이 자신의 유권자들에게 끼친 해악을 개탄하는 훌륭한 정치가였으며 강인한 풀뿌리 민주주의자였다. 그는 그래도 찬성표를 던지고 살아남을 가능성이 있었다.

윌리엄스와 마골리스-메츠빈스키에 비하면 손튼은 편한 편이었다. 그는 아칸소 중부를 대표했는데, 그곳에는 세금이 줄어드는 사람들이 훨씬 더 많았다. 그는 인기도 좋았기 때문에, 손에 쥔 다이나마이트가 터져 의석에서 날아가버리는 일은 없을 터였다. 그는 나의 하원의원이었고, 이것은 나의 대통령직이 그의 손에 걸려 있다는 얘기였다. 게다가 그에게는 보호막도 많았다. 아칸소의 상원의원인 데이비드 프라이어와 데일 범퍼스는 모두 예산안의 강력한 지지자들이었다. 그러나 결국 손튼은 반대표를 던졌다. 그는 전에 한 번도 휘발유세에 찬성표를 던지지 않았기 때문에, 이제 와서 새삼 찬성표를 던질 생각이 없었다. 적자를 줄이기 위해서라도, 경제를 살리기 위해서라도, 나의 대통령직이나 마저리 마골리스-메츠빈스키의 의원직을 구하기 위해서라도 찬성표를 던질 생각이 없었던 것이다.

마침내 팻 윌리엄스와 마골리스-메츠빈스키는 통로를 따라 내려와 찬성표를 던졌다. 민주당 의원들은 그들의 용기에 환호했고, 공화당 의원들은 야유를 보냈다. 공화당은 특히 마골리스-메츠빈스키에게 잔인했다. 손을 저으며 '잘 가요, 마지'(마지는 마저리의 애칭—옮긴이주)를 노래하기도 했다. 그러나 그녀는 꼭 던지지 않아도 되었던 표를 던짐으로써 역사에서 명예로운 자리를 얻었다. 댄 로스텐코프스키는 너무 기뻐 눈물을 글썽거렸다. 백악관에 있던 나는 기뻐서 소리를 질렀다. 그리고 안도했다.

다음 날 드라마는 상원으로 옮겨갔다. 조지 미첼이 이끄는 지도부와 우리의 로비 덕분에, 우리는 지난 투표에서의 찬성표 가운데 데이비드 보런을 제외한 전원을 다시 얻었다. 데니스 드콘치니는 용감하게 자신의 약속을 지켰으나 결과는 미지수였다. 밥 케리가 아직 입장을 밝히지 않았기 때문이다. 케리는 금요일에 90분 동안 나를 만났고, 투표 한 시간 반쯤 전에 상원에서 발언권을 얻어 직접 나를 향해 말했다. "나는 대통령직을 흔들 수 있는 표를 던질 수도 없고 던져서도 안 됩니다." 그는 찬성표를 던지면서 내가 사회보장적 성격의 지출을 더 통제해야 한다고 말했다. 나는 그와 이 문제를 협의하겠다고 약속했다. 그는 그 말에 만족했고, 또 삭감을 위한 투표를 10월에 한 번 더 하자는 팀 페니의 제안을 내가 받아들인 것에도 만족했다.

케리의 찬성표로 50 대 50이 되었다. 그러자 6월 25일의 1차 투표 때와

마찬가지로 앨 고어가 상원 의장으로서 캐스팅보트를 던졌다. 투표 후 성명
에서 나는 '변화를 찬성하는 표'를 던진 조지 미첼을 비롯한 모든 상원의원
에게 감사했고, '승리를 위해 흔들림 없이 노력한' 앨 고어에게 감사했다.
그 뒤로 고어는 자신이 표를 던지면 늘 이긴다고 농담처럼 말했다.

나는 8월 10일 예산안에 서명했다. 이것으로 낮은 세금과 높은 수준의
지출로 성장이 이루어지고 그에 따라 예산 균형도 이루어질 것이라는 거의
종교적인 믿음과 지나치게 낙관적인 세입 추정치가 낳은 적자 때문에 국가
부채가 네 배로 늘어난 12년을 뒤집는 과정이 시작되었다. 기념식에서 나는
처음부터 끝까지 흔들리지 않고 지지해준, 그래서 언론에는 한 번도 언급되
지 않은 상원의원과 하원의원들에게 특별히 감사했다. 국회의 양원에서 찬
성표를 던진 의원들은 모두 자신의 소신에 따라 찬성을 한 것이지만, 그 표
를 던진 사람들이 없었다면 우리는 오늘 이 자리에 없을 것이다. 나는 그렇
게 이야기했다.

우리는 지난해 12월 리틀록의 식탁에서 처음으로 열띤 토론을 한 이후
먼 길을 왔다. 민주당원들은 스스로의 힘으로 깊이 뿌리박힌 비뚤어진 경제
이론을 합리적인 이론으로 교체했다. 우리의 새로운 경제 구상이 현실이 된
것이다.

안타깝게도 애초에 문제의 원인이 된 정책을 펼쳤던 공화당 의원들은
우리의 계획을 오로지 증세로 몰아붙이는 데 훌륭한 능력을 발휘했다. 대부
분의 지출 삭감이 증세보다 늦게 시작되는 것은 사실이지만, 그것은 돌 상
원의원이 제시한 대안적인 예산안에서도 마찬가지였다. 사실 돌의 예산안
에서는 5년 예산의 마지막 두 해에 나보다 훨씬 더 높은 비율의 삭감을 제시
하고 있었다. 국방비와 의료 지출을 줄이는 데는 시간이 걸린다. 그것은 단
번에 깎아버릴 수 없다. 게다가 교육, 훈련, 연구, 기술, 환경에 대한 우리의
'미래' 투자는 1980년대에 감세, 국방비, 의료비용이 크게 늘면서 제자리걸
음을 하여 이미 터무니없이 낮은 수준이었다. 나의 예산안은 그러한 경향을
역전시키기 시작했다.

예측할 수 있는 일이었지만, 공화당 의원들은 나의 경제계획으로 인해

하늘이 무너질 것이라고 말했다. 내 계획을 '일자리 살인범', '불황으로 가는 차표'라고 불렀다. 그들은 틀렸다. 미국의 공사채 시장을 염두에 둔 우리의 계획은 우리가 꿈꾸었던 것 이상으로 먹혀들어, 이자율은 낮아지고 주가는 솟구치고 경제는 호황을 구가했다. 로이드 벤슨이 예측한 대로, 가장 부유한 미국인들은 투자 소득으로 세금을 돌려받았을 뿐 아니라 그 이상을 벌게 되었다. 중산층도 주택저당 이자율이 낮아지고, 또 자동차 할부금, 학자금 대출, 신용카드 구매 대금의 이자 비용도 낮아지면서 휘발유세로 낸 돈의 몇 배 이상을 돌려받게 되었다. 소득이 낮은 노동자 가족은 바로 소득세 공제로 혜택을 보았다.

나중에 나는 나의 경제팀과 내가 경제정책을 만들 때 어떤 새롭고 멋진 구상을 했느냐는 질문을 자주 받았다. 나는 공사채 시장이나 적자 축소 전략을 복잡하게 설명하는 대신 늘 간단하게 한 마디로 대답을 했다. '산수.' 미국 국민은 10년 이상 연방정부가 그들이 애써 번 돈을 세금으로 집어삼키고 아무 일도 해주지 않는 탐욕스러운 괴물이라는 이야기를 들어왔다. 그런 말을 하면서 그 악한 짐승을 굶겨 죽이기 위해 세금을 삭감하려고 노력한다던 바로 그 정치가들은 선거만 다가오면 바로 방향을 틀어 딴 이야기를 한다. 유권자들은 돈을 내지 않아도 혜택을 볼 수 있고, 대규모 적자가 생기는 유일한 이유는 외국 원조, 복지제도, 가난한 사람들을 위한 지출(실제로는 예산의 아주 작은 부분이다)로 돈을 낭비하기 때문이라고 말하는 것이다. '저들'에 지출하는 것은 나쁘다. 그러나 '우리'를 위한 지출과 감세는 좋다. 그런 식이다. 재정 문제에서 보수적인 내 친구 데일 범퍼스 상원의원은 이렇게 말하곤 했다. "여러분이 나한테 1년에 2,000억 달러짜리 수표를 쓰게 해달라. 그러면 나도 여러분이 즐거운 시간을 보낼 수 있게 해주겠다."

우리는 예산에 다시 산수를 도입했고, 미국의 나쁜 습관 하나를 버렸다. 그 효과는 즉시 발생하기 시작했지만, 안타깝게도 국민은 시간이 좀 흘러야 그것을 느끼게 된다. 그동안 나의 동료인 민주당 의원들과 나는 국민의 금단 증상으로 인한 불평을 감당해야 했다. 사실 감사 인사를 기대할 수는 없는 노릇이었다. 원래 이가 썩어도 치과에는 가고 싶지 않은 것이 사람 마음이니까.

35

예산안이 통과된 뒤 국회는 8월 휴회에 들어갔다. 나는 어서 가족과 함께 마사스 비니어드로 가서 2주간의 휴가를 보내고 싶은 마음이 간절했다. 버넌과 앤 조던 부부도 우리와 함께 오이스터 폰드 가장자리에 있는 로버트 맥너매러 소유의 오두막에서 함께 지내기로 했다.

그러나 떠나기 전에 바쁜 일주일을 보내야 했다. 8월 11일에는 콜린 파월 후임으로 합동참모본부장에 육군 장군 존 샬리카슈빌리를 지명했다. 콜린의 임기가 9월 말에 끝나기 때문이었다. 모두 샬리라는 애칭으로 부르는 샬리카슈빌리는 징병으로 육군에 입대하여 나토와 유럽 주둔 미군 사령관의 지위에 오른 인물이었다. 그의 집안은 구소련에 속했던 그루지야 출신으로, 샬리카슈빌리 자신은 폴란드에서 태어났다. 러시아혁명 이전에 그의 할아버지는 차르 군대의 장군이었으며, 그의 아버지도 장교였다. 샬리카슈빌리가 16세 때 그의 가족은 일리노이 주 피오리어로 이주했으며, 그는 그곳에서 존 웨인 영화를 보면서 영어를 배웠다. 나는 샬리카슈빌리가 냉전 이후의 세계에서 우리 군대를 이끌기에 적당한 사람이라고 생각했다. 특히 보스니아 문제를 생각하자 그가 적임이라는 생각이 강해졌다.

그달 중순 힐러리와 나는 세인트루이스로 가서 미시시피 강 홍수 구제 법안에 서명했다. 엄청난 홍수로 미시시피 강 상류의 물이 넘쳐 미네소타와 남북 다코타에서 미주리까지 물에 잠기는 사태가 벌어졌기 때문이다. 이 법안에 서명했을 때 나는 홍수 지역을 이미 세 번째 방문하는 중이었다. 농장과 사업체가 파괴되었고, 100년에 걸쳐 형성된 범람원 안에 있던 작은 타운 몇 개는 완전히 쓸려나갔다. 나는 그곳에 갈 때마다 그들을 돕기 위해 미국 전역으로부터 모여든 자원봉사자들의 수에 놀라곤 했다.

우리는 그곳에서 덴버로 가서, 미국을 방문한 교황 요한 바오로 2세를 영접했다. 나는 교황과 생산적인 회담을 했다. 그는 미국의 소말리아 작전을 지지하고, 보스니아에서 더 많은 일을 하고 싶다는 나의 희망에도 동의했다. 회담이 끝난 뒤 교황은 자비롭게도 백악관 참모진과 비밀검찰부 파견대 소속의 가톨릭 신자들을 만나주었다. 다음 날 나는 콜로라도 야생지 법에 서명을 했다. 이것은 나의 첫 주요한 환경 법안으로, 국립 야생지 보존 시스템을 이용하여 7억 평 이상의 국유림과 공유지를 보호하는 것이 목적이었다.

이어 나는 오클라호마 주 털사로 가서 미국주지사협회 회의에 참석하여 옛 동료들에게 의료제도 개혁에 대해 연설했다. 예산안의 잉크가 아직 마르지도 않았지만, 나는 의료제도 일을 시작하고 싶었고, 주지사들이 그 일에 도움이 될지도 모른다고 생각했다. 메디케이드, 주정부 직원들의 의료제도, 무보험자 의료비용이 늘어나면서 주 예산에 큰 부담을 주었기 때문이다.

나의 47번째 생일인 8월 19일에는 시카고의 빌 데일리를 북미자유무역협정을 위한 대책위원회 위원장에 임명한다고 발표했다. 6일 전 우리는 캐나다, 멕시코와 함께 북미자유무역협정의 노동과 환경 권리들에 대한 부속협정 협상을 완료했다. 더불어 수입품 '홍수'로부터 우리 시장을 보호하는 협상도 마무리지었다. 이제 협상들이 정리되었기 때문에 북미자유무역협정을 국회에서 통과시키는 일만 남았다. 나는 빌 데일리가 그 일을 지휘하는 데 꼭 맞는 사람이라고 생각했다. 그는 시카고에서 가장 유명한 정치가 집안 출신의 민주당원 변호사였다. 그의 형은 시카고의 시장이었으며, 그전에는 그의 아버지가 시장이었다. 게다가 데일리는 노동계의 많은 지도자들과 관계가 좋았다. 북미자유무역협정은 예산안과는 매우 다른 싸움이 될 것 같았다. 민주당 의원들 다수는 북미자유무역협정을 지지했다. 따라서 우리는 미국노동총연맹산업별회의의 반대를 함께 넘어갈 민주당 의원들을 가능한 한 많이 찾아내야 했다.

데일리 임명을 발표한 뒤 나는 마침내 마사스 비니어드로 갔다. 그날 밤 조던 부부는 오랜 친구들과 새 친구들 몇 명을 불러 내 생일 파티를 열어주었다. 재키 케네디 오나시스가 모리스 템플스먼과 함께 와주었다. 빌과 로즈 스타이런도 왔고, 「워싱턴 포스트」 발행인이자 내가 가장 존경하는 사람 가운데 하나인 캐서린 그레이엄도 왔다. 다음 날 우리는 재키와 모리스, 앤과 버넌, 테드와 비키 케네디, 에드와 캐럴린 케네디 슐로스버그와 함께 배를 타고 수영을 했다. 캐럴린과 첼시는 요트 높은 곳에 올라가 물로 뛰어내렸다. 그들은 힐러리에게도 한번 해보라고 했고, 테드와 나도 부추겼다. 오직 재키만 힐러리에게 위험한 일을 하지 말라고 말렸다. 힐러리는 평소대로 올바른 판단을 했다. 재키의 말을 들은 것이다.

나는 오이스터 폰드 근처에서 열흘을 보냈다. 힐러리, 첼시와 함께 게를 잡기도 하고, 호숫가와 대서양을 바라보며 해변을 걷기도 하고, 1년 내내 그 지역에 사는 사람들 몇몇과 사귀기도 하고, 책을 읽기도 했다.

시간이 너무 빨리 갔다. 우리는 워싱턴으로 돌아와 우선 첼시의 고등학교 입학을 준비했다. 힐러리는 의료제도 개혁 작업에 다시 몰두했다. 앨 고어는 전국수행평가를 통하여 처음으로 절약 권고안을 냈다. 우리는 새로 단장한 오벌 오피스도 구경했다. 기분 좋은 일터였다. 남쪽과 동쪽으로 높은 창문과 유리문이 있어 흐린 날에도 밝게 트인 느낌이었다. 밤이면 간접 조명이 둥근 천장에서 반사되어 전보다 더 밝은 느낌이면서도 편안했다. 이 사무실은 우아하면서도 매혹적이었다. 나는 혼자든 여럿이든 그곳에 있으면 늘 편했다. 아칸소 출신의 장식가 친구 카키 호커스미스가 새롭고 더 밝은 분위기를 내기 위해 노력했다는 것이 느껴졌다. 파란 테두리 장식이 달린 황금 커튼, 등받이가 높은 황금색 의자, 금색 바탕에 빨간 줄무늬가 있는 긴 의자, 아름다운 짙푸른색 카펫 등이 그런 느낌을 주기 위한 소품들이었다. 카펫 중앙에는 대통령 문장이 있었는데, 이것은 천장에 있는 문장과 똑같았다. 그렇게 꾸며놓자 사무실이 훨씬 더 마음에 들었다.

9월은 또 내 대통령 임기 가운데 가장 중요한 외교의 달이기도 했다. 9월 8일 보스니아의 이제트베고비치 대통령이 백악관에 왔다. 나토의 공습 위협으로 세르비아인은 무력 사용을 자제하게 되었고, 평화 회담이 다시 진행되고 있었다. 이제트베고비치는 보스니아 이슬람교도에게 공정하기만 하다면 평화적 해결에 찬성한다고 말했다. 그는 평화조약이 체결되면, 조약 이행을 확인하기 위해 미군을 포함한 나토 군대를 보스니아에 파견하겠다고 약속해주기를 바랐다. 나는 그렇게 하겠다는 의사를 재확인했다.

9월 9일, 이츠하크 라빈이 전화를 하여 이스라엘과 팔레스타인해방기구가 평화 합의에 이르렀다고 말했다. 이 합의는 오슬로에서 열린 비밀 회담을 통해 이루어졌는데, 나는 대통령직을 맡기 직전 그 회담에 대한 이야기를 들었다. 오슬로 회담은 두어 번 궤도에서 벗어날 위험이 있었지만, 그때마다 워런 크리스토퍼가 힘을 써서 탈선을 막을 수 있었다. 이 회담은 계속 비밀리에 열렸다. 그래서 협상자들은 매우 민감한 문제들도 솔직하게 이야기를 하여, 양쪽이 다 받아들일 수 있는 몇 가지 원칙에 합의할 수 있었다. 사실 우리가 할 일은 이제부터라고 할 수 있었다. 까다로운 쟁점들을 해결하는 매우 어려운 작업을 지원하고, 이행 조건들을 다듬고, 협정에 드는 비용을 충당할 돈을 모으는 일 등이었다. 이제 이스라엘의 안보를 강화하는 데 들던 돈이 경제 발전, 난민 재배치, 팔레스타인 사람들에 대한 배상에 들어가야 했다. 이미 여러 나라가 자금 지원에 대한 고무적인 신호를 보내왔다. 사우디아라비아의 파드 왕은 야세르 아라파트가 걸프전쟁에서 이라크를 지지한 것 때문에 화가 풀리지 않았지만, 그래도 평화과정을 지원하겠다고 했다.

우리는 여전히 포괄적인 해결로부터는 멀리 떨어져 있었지만, 그래도 원칙 선언은 대단한 발전이었다. 9월 10일, 나는 이스라엘과 팔레스타인의 지도자들이 13일 월요일에 백악관 사우스론에서 협정에 서명할 것이며, 팔레스타인해방기구가 폭력을 포기하고 이스라엘의 존재 권리를 인정했기 때문에, 미국은 그들과 대화를 계속할 것이라고 발표했다. 조인 이틀 전, 언론은 나에게 아라파트가 백악관에 올 것이냐고 물었다. 나는 조인식에 누가 대표로 올지는 직접 관련된 당사자들이 결정할 문제라고 대답했다. 사실 나는 라빈과 아라파트가 참석하기를 바랐으며, 실제로 그들에게 그렇게 권하기도 했다. 그렇게 하지 않는다면 그 지역의 누구도 그들이 그 원칙을 이행할 것이라고 믿지 않을 것이다. 반대로 만일 그렇게 한다면 전 세계 10억의 사람들이 텔레비전으로 그들을 지켜볼 것이고, 그들 역시 백악관을 떠날 때는 평화에 대한 의지가 더 강해져 있을 것이다. 그런 내용으로 그들을 설득했다. 아라파트가 오겠다고 하자, 나는 다시 라빈에게 와달라고 요청했다. 라빈은 받아들였지만, 여전히 이 문제로 신경이 날카로운 것 같았다.

지금은 두 지도자가 백악관에 오겠다고 결정을 내리는 것이 그렇게 어렵지 않은 일로 보일지도 모른다. 그러나 당시에 그것은 라빈과 아라파트 모두에게 도박이었다. 자국민이 어떤 반응을 보일지 알 수가 없었기 때문이다. 설사 그들의 유권자 다수가 그들을 지지한다 해도, 양쪽의 극단주의자들은 '원칙 선언'이 근본적인 문제에서 타협한 것이라고 격분할 수 있었다. 라빈과 아라파트가 백악관에 와서 연설을 하겠다고 합의한 것은 그들의 비전과 배짱을 보여주는 결정이었다. 협정서에는 오슬로 협상에 깊이 관여했던 양국 외무장관 시몬 페레스와 마무드 압바스(아부 마젠이라고 더 잘 알려져 있었다)가 서명을 하기로 했다. 크리스토퍼 장관과 러시아의 외무장관 안드레이 코지레프도 증인으로 조인식에 참가하기로 했다.

13일 아침, 백악관은 긴장과 흥분으로 공기가 팽팽해진 느낌이었다. 우리는 이 행사에 2,500명 이상을 초대했는데, 그것 때문에 조지 스테파노풀로스와 람 에마누엘이 고생을 좀 했다. 나는 람이 이 일을 하는 것에 특히 기분이 좋았다. 그는 이스라엘군에서 복무한 경험이 있었기 때문이다. 조인식에는 이집트와 이스라엘 사이의 캠프 데이비드 협정을 이끌어냈던 카터 전 대통령도 참석할 예정이었다. 1991년 마드리드에서 이스라엘, 팔레스타인, 기타 아랍 국가들이 참석하는 회의를 고르바초프와 함께 주최했던 부시 전 대통령도 참석할 예정이었다. 포드 전 대통령도 초대했지만, 저녁의 기념 만찬에만 참석할 수 있다고 했다. 지난 20년간 평화를 위해 일해온 모든 국무장관과 국가안보보좌관들도 초대했다. 첼시는 고어의 자녀들과 함께 오전 수업은 빠지기로 했다. 그 아이들도 놓치고 싶지 않은 행사였기 때문이다.

전날 밤 나는 10시에 잠자리에 들어(나로서는 이른 시간이었다) 새벽 3시에 잠을 깼다. 다시 잠이 오지 않아 『성경』을 들고 「여호수아」를 다 읽었다. 나는 거기에서 영감을 받아 연설문을 약간 수정하고, 여호수아가 여리고 성을 무너뜨릴 때 사용했던 나팔을 연상시키는 황금 나팔 문양이 있는 파란색 타이를 매기로 했다. 이번에는 이 나팔이 여리고를 팔레스타인 사람들에게 돌려주는 나팔, 평화의 도래를 알리는 나팔이 될 터였다.

아침에는 작은 소동이 두 번 일어났다. 나는 아라파트가 그의 트레이드마크가 된 복장, 즉 카피에(아랍인이 머리에 쓰는 두건―옮긴이주)와 황록색 군복 차림으로 나타날 생각이며, 거기에 그가 종종 허리에 차는 리볼버까지 차고 싶어 한다는 이야기를 듣고 깜짝 놀랐다. 나는 총은 가지고 올 수 없다는 말을 전했다. 당신은 평화를 이루기 위해 이곳에 오는 것이다, 총은 그릇된 메시지를 전할 수도 있으며, 총이 없어도 당신은 안전할 것이라는 내용이었다. 결국 그는 무장하지 않고 오기로 동의했다. 팔레스타인 사람들은 협정문에 자신들이 팔레스타인해방기구가 아니라 '팔레스타인 대표'라고 표현된 것을 보고 깜짝 놀랐다. 이 문제에서는 결국 이스라엘이 팔레스타인해방기구라는 이름을 사용하는 데 동의했다.

다음은 라빈과 아라파트가 악수를 하는 문제였다. 나는 아라파트가 그렇게 하고 싶어 한다는 것을 알았다. 워싱턴에 도착하기 전 라빈은 '꼭 필요하다면' 악수를 하겠지만, 하고 싶지는 않다고 말했다. 그가 백악관에 도착했을 때 나는 그 문제를 이야기했다. 라빈은 확언을 피하면서, 자신이 아라파트 때문에 얼마나 많은 이스라엘 젊은이들을 땅에 묻었는지 모른다고 말했다. 나는 라빈에게 진정으로 화해를 원한다면 그것을 증명하기 위해 아라파트와 악수를 해야 한다고 말했다. "전 세계가 보고 있습니다. 그들은 두 사람이 악수하는 것을 보고 싶어 할 겁니다." 라빈은 한숨을 쉬더니, 염세적인 낮은 목소리로 말했다. "어차피 화해는 적하고 하는 것이니까." "그럼 하시는 겁니까?" 내가 물었다. 그는 거의 소리를 지르다시피 했다. "좋소. 좋소. 하지만 입맞춤은 없소." 전통적인 아랍 인사는 뺨에 입을 맞추는 것이었는데, 라빈은 그것만은 절대 못하겠다고 했다.

나는 아라파트가 뛰어난 흥행사이기 때문에, 악수 뒤에 라빈에게 입을 맞추려 할지도 모른다고 생각했다. 우리는 내가 먼저 두 사람과 악수를 한 다음, 내가 뒤로 빠지면서 두 사람이 서로 다가서서 악수를 하게 하기로 결정했다. 나는 아라파트가 나에게 입을 맞추지 않으면, 라빈에게도 입을 맞추려 하지 않을 것이라고 확신하고 오벌 오피스에 서서 힐러리, 조지 스테파노풀로스, 토니 레이크, 마틴 인딕과 의논을 했다. 레이크는 아라파트와 악수를 하면서 입맞춤을 피할 방법이 있다고 말했다. 그는 그 방법을 직접 묘사했고, 우리는 연습을 해보았다. 내가 아라파트 역을 맡고 레이크가 내 역을 맡아 나에게 방법을 알려주었다. 나는 그의 손을 잡고 입을 맞추기 위해 몸을 앞으로 움직였다. 그러자 그가 왼손으로 내 오른쪽 팔오금 근처를 잡더니 꽉 눌렀다. 나는 그 자리에 멈추어 서고 말았다. 이어 우리는 역할을 바꾸어, 이번에는 내가 레이크한테 그렇게 해보았다. 몇 번 더 연습을 해보자, 이만하면 라빈의 뺨이 안전하겠다는 확신이 들었다. 우리는 모두 웃음을 터뜨렸지만, 나는 입맞춤을 피하는 것이 라빈에게는 몹시 중요한 일이라는 것을 알고 있었다.

기념식 직전 3국 대표단 모두가 커다란 오벌 블루 룸에 모였다. 이스라엘과 팔레스타인은 여전히 공개적인 자리에서는 서로 말을 하지 않았기 때문에, 미국인들이 방 가장자리를 돌며 두 집단 사이를 오갔다. 천천히 움직이는 회전목마를 타고 어색해하는 아이들 같았다.

다행히도 오래지 않아 우리는 아래층으로 내려가 조인식을 시작하게 되었다. 신호에 따라 모두 방을 나가고, 잠시 아라파트, 라빈, 나만 남게 되었다. 아라파트는 라빈에게 인사를 하며 손을 내밀었다. 라빈은 단단히 뒷짐을 지고 무뚝뚝하게 말했다. "밖에서." 아라파트는 그냥 웃으며, 이해했다는 뜻으로 고개를 끄덕였다. 그러자 라빈이 말했다. "알겠지만, 이 일을 성사시키려면 우리는 아주 열심히 노력해야 합니다." 아라파트가 대답했다. "압니다. 나는 내 역할을 할 준비가 되어 있습니다."

우리는 늦여름의 환한 햇빛 속으로 나갔다. 기념식이 시작되자 내가 먼저 간단하게 환영 인사를 하고, '용감한 자들의 평화'를 이루려는 양측 지도자들의 노력에 대하여 감사, 지지, 격려의 말을 했다. 그 다음에 페레스와 압바스가 간단한 연설을 한 다음, 협정에 서명하기 위해 자리에 앉았다. 워런 크리스토퍼와 안드레이 코지레프가 증인으로 참석했고, 라빈, 아라파트 그리고 나는 오른쪽 뒤에 서 있었다. 서명이 끝나자 모든 사람의 시선이 지도자들에게로 쏠렸다. 아라파트는 내 왼쪽에, 라빈은 오른쪽에 서 있었다. 나는 아라파트와 악수를 한 다음 연습한 대로 블로킹 작전을 펼쳤다. 이어 몸을 돌려 라빈과 악수를 했다. 그리고 뒤로 물러나며 두 팔을 벌려 두 사람이 다가서도록 유도했다. 아라파트는 여전히 머뭇거리는 라빈을 향해 손을 들어올렸다. 라빈이 손을 내밀자 사람들은 숨이 막히는 듯한 소리를 내더니 곧이어 우렁차게 환호했다. 결국 두 사람은 입맞춤 없이 악수를 했다. 전 세계가 환호했다. 폭력을 선동하는 중동의 반대자들, 우리가 이스라엘의 안보를 위험에 빠뜨린다고 주장하는 백악관 앞의 시위자들만이 예외였다.

악수 뒤에 크리스토퍼와 코지레프가 짧은 연설을 했다. 이어 라빈이 마이크 앞으로 움직였다. 그는 구약의 예언자 같은 태도로 팔레스타인 사람들을 겨냥하여 영어로 말했다. "우리는 같은 땅, 같은 흙 위에서 함께 살 운명입니다. 우리는, 피가 묻은 채 전장에서 돌아온 병사들은…… 오늘 여러분에게 크고 분명한 목소리로 말합니다. 피와 눈물은 그만. 그만!…… 우리도 여러분과 마찬가지로 사람들입니다. 집을 짓고 싶어 하고, 나무를 심고 싶어 하고, 사랑하고 싶어 하고, 인간으로서 자유로운 사람으로서 위엄 있게 또 화목하게 여러분과 더불어 살고 싶어 하는 사람들입니다." 이어 기독교인들은 '전도서'라고 부르는 '코헬레트'의 한 구절을 인용하며 말했다. "천하의 범사가 기한이 있고 모든 목적이 이룰 때가 있나니, 날 때가 있고 죽을 때가 있으며…… 죽일 때가 있고 치료해줄 때가 있으며…… 전쟁할 때가 있고 평화할 때가 있느니라. 이제 평화할 때가 왔습니다." 웅장한 연설이었다. 그는 적에게 손을 뻗기 위해 그 구절을 인용한 것이다.

아라파트는 자기 차례가 오자 라빈과는 다른 방법을 사용했다. 그는 이미 웃음을 짓고, 우호적인 몸짓을 보이고, 열심히 악수를 하여 이스라엘인에게 손을 내밀고 있었다. 이제 그는 노래하듯 박자에 맞추어 자신의 국민에게 아랍어로 이야기를 했다. 그는 평화과정에 대한 그들의 희망을 다시 이야기하고, 그들의 요구의 정당성을 다시 강조했다. 그는 라빈과 마찬가지로 평화를 촉구했지만 거기에는 날이 서 있었다. "우리 민족은 자결의 권리를 행사하는 것이 이웃의 권리를 침해하거나 그들의 안전을 침해한다고 생각하지 않습니다. 오히려 부당한 대우를 받았다는 느낌, 역사적인 불의의 피해자라는 느낌에 종지부를 찍는 것이 우리 두 민족과 미래 세대들에게 공존과 개방을 보장하는 가장 강력한 수단입니다."

아라파트는 이스라엘 사람들에게 말을 할 때는 관대한 몸짓을 보여주고, 고국에서 의심하는 사람들을 안심시킬 때는 강한 말을 선택했다. 라빈은 거꾸로 했다. 그는 팔레스타인 사람들에게 말을 할 때는 진심에서 우러나오는 정성 어린 태도를 보였고, 이스라엘에서 의심하는 사람들을 안심시킬 때는 제스처를 사용했다. 아라파트는 연설을 하는 동안 불안하고 회의적으로 보였다. 너무 불안해 보여서 자기변명을 하고 싶어 안달인 사람 같다는 인상을 주었다. 그들의 서로 다른 전술을 한꺼번에 보게 되자 둘 사이에 매혹적인 대조가 이루어지면서 많은 것을 미루어 짐작할 수 있었다. 나는 앞으로 협상할 일을 염두에 두고 그들의 특징을 머리에 새겨두었다. 그러나 걱정할 필요가 없었다. 오래지 않아 라빈과 아라파트는 놀라운 협력 관계를 이룩했다. 이것은 아라파트가 라빈을 존중했다는 증거이며, 라빈이 아라파트의 정신이 움직이는 방식을 이해하는 초인적인 능력을 가졌다는 증거다.

나는 기념식을 마치면서 아브라함의 두 아들 이삭과 이스마엘의 후손들에게 "샬롬, 살람, 평화"(앞의 두 말은 유대어와 아랍어로 평화라는 뜻—옮긴이주)라고 인사하면서, 그들이 '평화를 중재하는 자'로 나서 달라고 촉구했다. 나는 행사 뒤에 아라파트와 잠깐 회담을 하고, 라빈과 비공개로 점심식사를 했다. 라빈은 오랜 비행과 행사로 인한 흥분 때문에 지쳐 있었다. 이 행사는 그의 다사다난했던 삶의 중요한 전환점이었다. 그는 거의 평생을 군복을 입고 지냈으며, 아라파트를 포함한 이스라엘의 적들과 싸웠다. 나는 그에게 무슨 계기로 오슬로 회담과 그 합의를 지지하기로 결정했느냐고 물었다. 그는 이스라엘이 1967년 이후 점령한 땅이 이제는 안보에 불필요할 뿐 아니라, 오히려 불안의 원인이 된다는 사실을 깨닫게 되었다고 설명했다. 그의 설명은 이랬다.

몇 년 전에 발발한 인티파다(팔레스타인 사람들의 봉기—옮긴이주)는 성난 사람들로 가득한 점령 지역이 이스라엘을 더 안전한 나라로 만들어주는 것이 아니라, 내부의 공격에 더 취약한 나라로 만든다는 것을 보여주었다. 그후 걸프전쟁에서 이라크가 이스라엘에 스커드 미사일을 쏘았을 때, 그 땅이 외부의 현대 무기 공격을 막을 수 있는 안보의 완충지대가 아니라는 것도 깨달았다. 마지막으로, 만일 이스라엘이 서안지구를 영원히 확보하려면, 1967년 이전에 국경 내에 살았던 사람들에게 그랬던 것처럼 그곳의 아랍인들에게도 이스라엘 선거에서 투표할 권리를 줄 것인지 결정해야 한다. 만일 팔레스타인 사람들에게 투표권을 준다면, 그들의 출생률이 더 높은 점을 감안할 때, 몇 십 년 뒤면 이스라엘은 유대인의 나라라고 할 수 없는 상태에 이르게 된다. 그렇다고 투표권을 거부하면, 이스라엘은 민주주의 국가가 아니라 아파르트헤이트 국가가 된다. 따라서 이스라엘은 그 영토를 포기해야 한다고 결론을 내렸다. 그러나 그 과정에서 진정한 평화를 이룩하고, 시리아를 포함한 이웃들과 정상적인 관계를 수립해야 한다.

이어 라빈은 팔레스타인과의 관계가 회복되면 시리아의 대통령 하페즈 알-아사드와 협상을 할 수 있을 것이라고 말했다. 나 역시 아사드와 나눈 대화에 비추어볼 때 그것이 가능하다고 생각했다.

시간이 지나면서 이스라엘에게 있어서 서안지구의 의미에 대한 라빈의 분석은 평화를 지지하는 이스라엘인들 사이에 널리 받아들여지게 되었다. 그러나 1993년 당시에 그것은 새롭고, 통찰과 용기가 담긴 분석이었다. 나는 1992년에 라빈을 만나기 전부터 그를 존경했지만, 그날 그가 기념식에서 말하는 모습을 보고 평화에 대한 그의 주장을 들으면서, 그의 지도력과 위대한 정신을 다시 확인했다. 나는 그와 같은 사람을 만난 적이 없었다. 나는 그가 평화의 꿈을 이루는 것을 돕기로 결심했다.

점심식사 후 라빈과 이스라엘 대표단은 유대인의 가장 거룩한 축일을 지키고, 이스라엘 의회인 크네세트에 협정을 설명하기 위해 고국으로 돌아갔다. 라빈은 가는 길에 모로코에 들러 오래전부터 이스라엘에 온건한 태도를 취해온 하산 왕에게 협정 내용을 전해주었다.

그날 밤 힐러리와 나는 25쌍 정도를 초대하여 기념 만찬을 열었다. 이 자리에는 카터 대통령 부부, 포드 대통령 부부, 부시 대통령, 살아 있는 국무장관 9명 가운데 6명, 민주당과 공화당의 의회 지도자들이 참석했다. 전직 대통령들은 중동 평화의 돌파구가 열린 것을 축하하는 동시에, 다음 날로 예정된 북미자유무역협정을 위한 캠페인의 공식 출범을 거들기 위해 와주었다. 나는 저녁에 전직 대통령들을 모두 관저의 내 사무실로 안내했다. 그곳에서 우리는 네 명의 대통령이 백악관에서 저녁을 함께 먹는, 미국 역사상 드문 일을 기념하기 위해 사진을 찍었다. 저녁식사 후 카터 부부와 부시는 자고 가라는 우리 초대를 받아들였다. 포드 부부는 사양했는데, 거기에는 그럴 만한 이유가 있었다. 그들은 워싱턴 호텔에 방을 예약해놓았는데, 그곳은 그들이 결혼해서 첫날밤을 보낸 곳이었다.

다음 날에도 우리는 평화의 분위기를 계속 몰고 나갔다. 이스라엘과 요르단의 외교관들은 최종적인 평화에 더 가까이 다가서는 협정에 서명을 했다. 유대계와 아랍계 미국인 사업가 수백 명은 국무부에 모여, 안정된 경제 발전이 이루어질 만큼 평화로운 환경이 조성되면 팔레스타인 투자를 위해 함께 노력하겠다고 다짐했다.

한편 전직 대통령들은 나와 함께 백악관 이스트 룸에서 열린 북미자유무역협정의 부속협정 조인식에 참석했다. 나는 북미자유무역협정이 미국, 캐나다, 멕시코 경제에 도움이 될 것이며, 거의 4억 명에 이르는 거대한 시장을 창출할 것이라고 말했다. 또 이 협정이 통과되지 않으면 멕시코의 저임금 노동력과의 경쟁으로 인한 일자리 손실이 줄어드는 것이 아니라 더 늘어날 것이라고 말했다. 마지막으로, 멕시코의 관세가 우리보다 두 배 반 높기는 하지만, 멕시코는 캐나다 다음으로 미국 생산품을 많이 구매하는 나라라고 말했다. 따라서 관세의 단계적 제거는 우리에게 이익이 된다는 뜻이었다.

이어 포드, 카터, 부시 등 전 대통령들이 북미자유무역협정을 지지하는 연설을 했다. 모두 훌륭한 연설이었지만, 내가 듣기에 부시의 연설이 가장 강력하고, 너그럽고, 재치가 넘쳤던 것 같다. 그는 나의 연설을 칭찬하면서 이렇게 말했다. "이제 왜 클린턴 대통령이 안에서 밖을 보고, 나는 밖에서 안을 보게 되었는지 이해하겠습니다." 전직 대통령들은 북미자유무역협정 캠페인에 초당파적인 진지함을 보여주었다. 사실 우리는 얻을 수 있는 모든 도움을 얻어야 했다. 자유주의적인 민주당 의원들과 보수적인 공화당 의원들이 유례 없이 힘을 모아 북미자유무역협정을 반대했기 때문이다. 그들은 멕시코와 좀더 개방적인 관계를 맺을 경우 미국만 좋은 일자리들을 잃을 뿐 일반 멕시코인에게는 도움이 안 될 것이라고 걱정했다. 그들은 멕시코의 고용주들이 미국과의 무역에서 아무리 돈을 많이 번다 하더라도, 보통 멕시코인은 계속 저임금에 시달리며 과로하게 될 것이라고 생각했다. 나도 멕시코와 관련된 지적에 대해서는 그들의 말이 맞을지도 모른다고 생각했다. 그러나 북미자유무역협정은 멕시코나 남미 관계만이 아니라, 좀더 통합되고 협력적인 세계를 건설하기 위한 노력에 필수적이었다.

의료제도 개혁에 대한 투표는 다음 해에야 이루어질 것이 분명했지만, 그래도 우리는 국회에 법안을 제출해놓아야 했다. 그래야 입법 절차가 시작될 수 있었기 때문이다. 처음에 우리는 제안의 개요를 해당 위원회에 보내 그들이 법안을 작성하게 할 생각이었다. 그러나 딕 게파트를 비롯한 의원들은 우리가 구체적인 법안을 쓰면 성공 가능성이 더 높아질 것이라고 주장했다. 나는 캐비닛 룸에서 의회 지도자들을 만난 뒤, 밥 돌에게 함께 법안을 작성하자고 제안했다. 내가 그렇게 한 것은 돌과 그의 간호사 출신의 인상적인 비서실장 실러 버크가 진정으로 의료제도에 관심을 가지고 있었기 때문이다. 게다가 그의 마음에 들지 않는 법안을 제출할 경우, 그는 의사진행 방해를 통해 그것을 끝까지 막을 수 있었다. 그러나 돌은 공동 제안문 작성을 거부하면서, 내가 법안을 내고 나중에 타협을 보면 된다고 말했다. 그는 진심으로 그렇게 말했겠지만, 결국 일은 그렇게 풀리지 않았다.

나는 9월 22일 양원 합동회의 때 의료제도 계획을 제출할 생각이었으며 낙관하고 있었다. 그날 아침에는 국가봉사 프로그램인 아메리코AmeriCorps(미국봉사단—옮긴이주)를 만드는 법안에 서명했다. 그것은 내가 개인적으로 가장 중요하게 생각하는 일 가운데 하나였다. 나는 그 법안이 국회를 통과하도록 이끈 엘리 시걸을 아메리코의 첫 단장으로 임명했다. 백악관 뒤쪽 잔디밭에서 열린 서명식에는 그해 여름에 공동체 봉사를 해달라는 나의 요청에 호응한 젊은 사람들도 참석했다. 미국의 풍경에 뚜렷한 자취를 남긴, 프랭클린 루스벨트의 시민자원보존단에 참여했던 두 노인과, 평화봉사단의 첫 단장 사전트 슈리버도 참석했다. 슈리버는 사려 깊게도 32년 전 케네디 대통령이 평화봉사단 법안에 서명할 때 사용했던 펜들 가운데 하나를 빌려주었고, 나는 그 펜을 이용해 아메리코를 탄생시켰다. 이후 5년 동안 20만명에 가까운 젊은 미국인들이 아메리코에 가입했다. 40년 역사를 가진 평화봉사단에서 봉사했던 젊은이들보다 더 많은 수였다.

9월 22일 저녁, 나는 하원의 통로를 걸어가며 자신감을 느꼈다. 올려다보니 힐러리가 미국에서 가장 유명한 의사 두 사람과 함께 방청석에 앉아 있었다. 한 사람은 소아과 의사이자 그녀의 오랜 친구인 T. 베리 브래즐턴이었고, 또 한 사람은 레이건 대통령 시절에 공중위생국 국장으로 일했던 C. 에버릿 쿠프였다. 닥터 쿠프는 그 자리에 있을 때 에이즈와 그 확산을 막는 일의 중요성을 강조하고 국민을 교육했다. 브래즐턴과 쿠프는 둘 다 의료제도 개혁의 옹호자로, 우리 노력의 신뢰도를 높이기 위해 그 자리에 앉아 있었다.

그러나 연설을 시작하기 위해 텔레비전용 프롬프터 기계를 보는 순간 자신감이 사라졌다. 그곳에는 내 연설문이 없었다. 대신 2월에 경제계획과 관련하여 국회에서 했던 연설문의 서두가 보였다. 그 예산이 통과된 지는 이미 한 달이 넘었다. 국회가 그 연설을 다시 들을 필요는 없었다. 나는 관례대로 내 뒤에 앉아 있던 앨 고어를 돌아보고, 그런 문제가 있으니 조지 스테파노풀로스에게 이야기해달라고 부탁했다. 그리고 연설을 시작했다. 나한테도 연설문 사본이 한 부 있었지만, 그것과 관계없이 내가 하고 싶은 말을 알고 있었기 때문에 별로 걱정은 하지 않았다. 물론 현안과 아무런 관계 없는 말들이 프롬프터에 지나가는 것 때문에 약간 정신이 산만해지기는 했다. 7분 표시가 나오면서 마침내 제대로 된 연설문이 나타났다. 당시에 사람들은 눈치를 못 챘겠지만, 나로서는 목발을 돌려받은 셈이었기 때문에 다소 안심이 되었다.

나는 가능한 한 간결하고 직접적으로, 현재의 체계는 비용이 너무 많이 들어가는 반면 보장해주는 사람의 수는 너무 적다고 문제를 설명하고, 우리 계획의 기본 원칙들을 소개했다. 그것은 안정, 단순, 절약, 선택, 품질, 책임 이었다.

모든 국민이 병이 들거나 직업을 바꿔도 개인 보험회사를 통하여 아무런 문제없이 항시적으로 보장을 받게 된다. 동일한 최저급부안을 사용하기 때문에 서류작업이 훨씬 줄어든다. 현재 다른 부유한 국가들의 경우보다 상당히 높은 행정 경비를 낮추어 많은 절약을 할 수 있으며, 사기나 악용을 단속할 수 있다. 닥터 쿠프에 따르면 그럴 경우 100억 달러는 절약할 수 있었다. 또 우리 계획에 따르면 미국인들은 자신의 의료제도를 선택하고 자신의 주치의를 가질 수 있다. (현재 많은 미국인들이 이런 선택을 하지 못하고 있다. 그들의 보험은 건강관리기관들이 담당했는데, 그들은 환자의 선택권을 제한하며, 값비싼 치료를 승인하기 전에는 광범위하게 검토하여 비용을 줄이려 한다.) 또한 의료제도 계획들에 대한 보고서를 소비자들에게 발급함으로써 품질을 보장하며, 의사에게도 더 많은 정보를 제공한다. 근거 없이 보험금 지급을 거부하는 의료보험회사, 청구서를 부풀리는 공급자, 과도한 요금을 청구하는 약품회사, 가짜 소송을 제기하는 변호사, 무책임한 선택으로 자신의 건강을 악화시키고 다른 사람들의 비용을 늘리는 시민에 대해서는 전부 책임을 묻게 될 것이다.

나는 모든 고용주들이 건강보험을 제공할 것을 제안했다. 75퍼센트는 이미 시행하고 있었다. 달리 보험을 제공할 수 없는 소규모 업체에는 할인을 해주자고 했다. 나는 담배세의 증액으로 지원금을 충당할 예정이었다. 자영업자들은 세금 부과 소득에서 건강보험료 비용을 공제해줄 생각이었다.

내가 제안한 시스템이 채택되었다면, 의료비용의 팽창을 줄이고, 건강보험료 부담을 더 공정하게 분담할 수 있었을 것이다. 건강보험이 없는 수백만의 미국인들에게 보험을 제공할 수 있었을 것이며, 또 내가 개인적으로 접했던 끔찍한 불의의 사례들도 사라지게 되었을 것이다. 어떤 여자는 연봉 5만 달러의 일자리를 포기해야 했다. 그녀는 자녀 여섯을 길렀는데, 막내가 너무 아파 건강보험을 유지할 수가 없었다. 그 아이의 건강을 돌보는 유일한 방법은 생활보호대상자가 되어 메디케이드를 받는 것뿐이었다. 어떤 젊은 부부는 아이가 아픈데, 건강보험은 부모 가운데 한 사람의 고용주로부터 나왔다. 이 고용주는 20명의 직원을 거느린 작은 비영리 법인을 운영했다. 이 아이의 치료에 너무 많은 돈이 들어가는 바람에, 고용주는 보험회사로부터 병든 자식을 둔 직원을 해고하든지 아니면 다른 모든 직원의 보험료를 200달러 올리든지 하라는 통고를 받았다. 그러한 사례들을 들으면서 나는 미국이 이보다는 잘할 수 있다고 생각했다.

힐러리, 아이라 매거지너, 주디 페더와 그들을 도운 많은 사람들은 적자를 줄이면서도 현실적으로 실행 가능한 계획을 짰다. 나중에 이야기된 것과는 달리, 의료 전문가들은 일반적으로 이 계획이 온건하고 현실성이 있다고 찬사를 보냈다. 우리는 물론 비판자들이 공격하는 것처럼 정부에 의료체계를 전부 떠안길 생각은 없었다. 그러나 이것은 한참 뒤의 이야기다. 9월 22일 밤에 나는 그저 프롬프터가 제대로 작동하는 것이 기뻤을 따름이다.

9월 말에 러시아가 다시 머리기사로 등장했다. 강경파 의원들이 옐친을 해임하려 했기 때문이다. 옐친은 이에 대응하여 의회를 해산하고, 12월 12일에 선거를 하기로 했다. 우리는 이런 위기를 맞아 러시아 원조 계획에 대한 지지를 더 확보했다. 이 원조안은 9월 29일에 하원을 321 대 108, 9월 30일에 상원을 87 대 11로 통과했다.

10월 3일 일요일, 옐친과 두마에 있는 그의 반동적인 정적들 사이의 갈등이 모스크바 거리의 전투로 폭발했다. 망치와 낫이 그려진 깃발과 스탈린 초상을 든 무장 집단은 러시아 텔레비전 방송국들이 입주한 건물에 로켓 추진식 소화탄을 발사했다. 바츨라프 하벨을 포함한 구공산주의 국가들의 개혁적 지도자들은 옐친을 지지하는 성명을 냈다. 나도 마찬가지였다. 나는 기자들에게 옐친의 정적들이 폭력을 사용하기 시작한 것이 분명하고 옐친은 과도한 폭력을 사용하는 것을 피하기 위해 '뒤로 허리를 굽혔으며', 미국은 옐친을 지지하고 자유롭고 공정한 국회의원 선거를 치르고자 하는 그의 계획도 지지할 것이라고 말했다. 다음 날 러시아 군대는 국회 건물을 포격하고 안으로 공격해 들어가겠다고 위협했다. 결국 반란 지도부는 항복했다. 나는 공군1호기를 타고 캘리포니아로 가다가 옐친에게 지지 메시지를 보냈다.

모스크바 거리의 싸움은 그날 밤 세계의 톱뉴스가 되었다. 그러나 미국의 톱뉴스는 '블랙호크 추락'이라는 말을 유명하게 만든 다른 사건이었다. 이 시기는 나의 대통령 임기에서 가장 어두웠던 날들 가운데 하나로 꼽을 수 있다.

소말리아의 잔혹한 내전에서 35만 명 이상이 사망하고 기근과 질병까지 창궐한 뒤인 1992년 12월 부시 대통령은 유엔을 지원하기 위해 소말리아에 미군을 파병했고, 나도 그것을 지지했다. 당시 부시의 국가안보보좌관 브렌트 스코크러프트 장군은 샌디 버거에게 내 취임식 이전에는 철군할 것이라고 말했다. 그러나 일은 그의 말대로 풀리지 않았다. 소말리아에는 제대로 기능을 하는 정부가 없었으며, 따라서 미군이 철군하면 무장 괴한들은 유엔이 제공하는 물자를 훔치고, 그 결과 다시 기아가 닥칠 것이 뻔했기 때문이다. 그 후 몇 달 동안 유엔은 약 2만 명의 군대를 파병했으며, 우리는 미군 숫자를 2만 5,000명에서 4,000명 정도로 줄였다. 7개월이 지나자 농작물이 자라기 시작했고 기아는 끝이 났다. 난민은 돌아오기 시작했다. 학교와 병원은 다시 문을 열었고, 경찰이 만들어졌다. 많은 소말리아인이 화해에 참여했고, 민주주의를 향해 나아가기 시작했다.

그러나 6월에 소말리아 군벌 모하마드 아이디드의 씨족이 파키스탄 평화유지군 24명을 살해했다. 아이디드의 무장 폭력배는 수도인 모가디슈의 상당 부분을 통제하고 있었는데, 화해 과정을 못마땅해 했고 소말리아 전체를 통제하고 싶어 했다. 아이디드는 그렇게 하려면 유엔을 쫓아내야 한다고 생각했다. 파키스탄 평화유지군이 살해당한 뒤 유엔 사무총장 부트로스 부트로스-갈리와 소말리아에 나가 있던 그의 대리인인 퇴역 미군 제독 조나단 하우는 아이디드를 체포하기로 결심했다. 그를 재판에 회부하지 않는 한 유엔의 임무는 성공할 수 없다고 생각했기 때문이다. 아이디드는 중무장한 부대의 보호를 받고 있었기 때문에 유엔은 그를 체포할 수 없어 미국에 지원을 요청했다. 부시의 백악관에서 브렌트 스코크러프트 밑에서 부보좌관을 지냈던 하우 제독은 특히 파키스탄 평화유지군이 죽임을 당한 뒤부터는 아이디드를 체포하고 그를 재판에 회부하는 것이 소말리아를 폭력과 좌절과 혼돈의 수렁에 빠뜨린 씨족 간 갈등을 끝낼 수 있는 유일한 길이라고 확신했다.

콜린 파월은 합동참모본부장에서 물러나기 며칠 전에 미군이 아이디드 체포에 협력하도록 허가하라고 나에게 조언했다. 그는 아이디드를 잡을 확률이 50퍼센트밖에 안 되고, 그를 생포할 확률은 25퍼센트밖에 안 된다면서도, 아이디드가 우리와 함께 일하던 유엔 병사들을 살해한 사실을 나 몰라라 할 수는 없는 일이라고 주장했다. 그동안 유엔의 아이디드 생포가 거듭 실패하면서 아이디드의 위상만 높아지고 유엔의 인도주의적 성격은 훼손되었다는 것이다. 나도 그의 말에 동의했다.

소말리아 특별기습부대의 미국인 사령관은 윌리엄 개리슨 소장이었다. 뉴욕 주 포트드럼에 본부를 둔 육군 제10산악사단 역시 부대를 파견하여 소말리아 전체의 미군을 통제하는 사령관 토머스 몽고메리 장군의 지휘를 받고 있었다. 그들 둘 다 플로리다 주 탬퍼의 맥딜 공군기지 미군 중앙사령부 사령관인 해병대 장군 조셉 호의 지휘를 받았다. 나는 호를 알았고, 그의 판단과 능력을 신뢰했다.

10월 3일, 아이디드의 고위 보좌관 두 명이 아이디드가 통제하는 모가디슈의 '흑해' 인근에 있다는 정보를 얻은 개리슨 소장은 육군 특별기습부대에 그들이 있는 건물을 공격하라고 명령했다. 그들은 환한 대낮에 블랙호크 헬리콥터를 타고 모가디슈로 날아갔다. 주간 작전은 야간 작전보다 훨씬 위험했다. 야간에는 헬리콥터와 병력을 상대방에게 노출시키지 않은 상태에서 어둠 속에서도 시야를 확보할 수 있는 장치들을 이용하여 낮만큼 수월하게 작전을 펼칠 수 있었기 때문이다. 그러나 개리슨은 자신의 부대가 이전에도 세 번이나 주간 작전을 성공적으로 수행했기 때문에 모험을 하기로 결정했다.

특별기습부대는 목표 건물을 공격하여 아이디드의 부관과 그 부하들 몇 명을 잡았다. 그러나 일이 뒤틀리기 시작했다. 아이디드 부대가 반격을 하여, 블랙호크 두 대가 추락한 것이다. 첫 번째 헬리콥터의 조종사는 부서진 헬리콥터에서 빠져나오지 못했다. 특별기습부대는 그를 버릴 생각이 없었다. 그들은 죽었건 살았건 절대 전우를 전장에 버려두지 않았기 때문이다. 특별기습부대가 다시 적진에 들어가자 진짜 전투가 벌어졌다. 오래지 않아 미군 병사 90명이 헬리콥터를 둘러싸고, 소말리아군 수백 명과 총격전을 벌이게 되었다. 결국 몽고메리 장군의 신속배치군이 개입하였지만, 소말리아군의 저항이 완강하여 밤새도록 구출 작전은 성공하지 못했다. 전투가 끝났을 때 미군 19명이 전사하고 수십 명이 부상을 당했으며, 블랙호크 조종사 마이크 듀런트는 포로가 되었다. 소말리아군은 500명 이상 전사하고 1,000명 이상 부상을 당했다. 격분한 소말리아군은 전사한 블랙호크 승무원장의 주검을 끌고 모가디슈 거리를 돌아다녔다.

미국인들은 격분하고 경악했다. 미군의 인도주의적 임무가 어떻게 아이디드를 잡겠다는 강박감으로 변질되었는가? 왜 미군이 부트로스 부트로스-갈리와 하우 제독의 명령을 따라 움직였는가? 로버트 버드 상원의원은 이 '경찰의 강도 체포식 작전'을 끝낼 것을 요청했고, 존 맥케인 상원의원은 '클린턴은 그들을 집으로 데려와야 한다'고 말했다. 그러나 하우 제독과 개리슨 장군은 아이디드를 끝까지 추적하기를 원했다. 모가디슈에 있는 그들의 정보원에 따르면, 그의 씨족 동맹자들 다수가 도시에서 빠져나갔기 때문에 일을 끝내는 데 별로 시간이 걸리지 않을 것이라고 했다.

10월 6일에 국가안보팀이 백악관에 모였다. 토니 레이크는 12월부터 3월까지 모가디슈의 미국 최고위직 민간인이었던 로버트 오클리를 데려왔다. 오클리는 그의 오랜 친구인 하우 제독을 포함한 유엔 사람들이 정치적

과정에서 아이디드를 고립시키고, 그를 추적하는 일에 강박감을 가지는 실수를 저질렀다고 말했다. 그 연장선상에서 그는 유엔을 위해 아이디드를 체포하려는 우리의 결정에도 반대했다.

나는 돌아가서 일을 마무리짓고 싶어 하는 개리슨 장군과 그의 부하들에게 공감했다. 나 역시 우리 부대의 피해에 마음이 아팠으며, 아이디드에게 대가를 치르게 하고 싶었다. 그를 잡는 것이 19명의 전사자와 84명의 부상자를 무릅쓸 가치가 있는 일이었다면, 그 일을 마무리질 만한 가치도 있는 것이 아닐까? 이런 추론의 문제는 만일 우리가 다시 들어가 생사를 불문하고 아이디드를 잡을 경우, 유엔이 아니라 우리가 소말리아를 책임지게 된다는 것이었다. 그러나 소말리아를 정치적으로 통합하는 일을 우리가 유엔보다 더 잘할 것이라는 보장이 없었다. 그 이후의 사건들은 이런 관점이 옳다는 것을 증명했다. 1996년 아이디드가 자연사한 뒤에도 소말리아는 여전히 분열을 극복하지 못했다. 또 내가 백악관에서 국회의원을 여러 명 만나 확인해보았지만, 소말리아에서 더 큰 군사적 역할을 하는 것을 의회에서 지지해줄 가능성은 없었다. 대부분의 의원들은 우리 군대의 즉각 철수를 요구했다. 나는 그런 요구에 강력하게 반발했고, 결국 우리는 6개월의 과도기를 두기로 했다. 국회와 맞서는 것은 상관없었지만, 그 결과 훨씬 큰 이해관계가 걸린 보스니아나 아이티에 미군을 파병하는 문제에서 의회의 지원을 받는 것이 훨씬 더 힘들어진다면 생각해볼 일이었다.

결국 나는 오클리에게 포로가 된 조종사 마이크 듀런트를 석방하도록 아이디드를 설득하는 임무를 맡기는 데 동의했다. 오클리가 전달할 메시지는 분명했다. 아이디드가 듀런트를 즉시, 무조건 석방할 경우 미국은 보복을 하지 않겠다는 것이었다. 우리는 포로가 된 아이디드의 부하들을 놓고 거래할 생각이 없었다. 오클리는 그 메시지를 전했고, 듀런트는 풀려났다. 나는 미군을 강화하고 그들의 철수 날짜를 확정했으며, 유엔이 확실하게 소말리아를 통제하거나 효율적인 소말리아 정권을 세울 여유를 여섯 달 더 주었다. 듀런트의 석방 후에 오클리는 아이디드와 계속 협상을 하여, 결국 휴전 상태가 어느 정도 유지될 수 있었다.

모가디슈 전투는 나를 계속 따라다녔다. 케네디 대통령이 피그만灣 사건 뒤에 어떤 기분이었는지 알 것 같았다. 나는 내가 승인한 작전에 대하여 전체적인 책임을 지지만 구체적인 부분에 대한 책임은 지지 않았다. 피그만 사건과 달리 이것은 엄격하게 군사적인 관점에서 실패는 아니었다. 특별기습부대는 환한 대낮에 모가디슈의 한가운데로 들어가 아이디드의 부관들을 체포했으며, 그 복잡하고 어려운 임무를 수행하고, 예기치 않은 손실을 용기와 기술로 견디어냈다. 그러나 그 손실은 미국에 충격을 주었다. 그리고 그런 손실을 낸 전투는 우리의 더 큰 인도적 임무나 유엔의 임무와 배치되는 것이었다.

내가 가장 괴로웠던 것은 미군의 아이디드 체포를 승인했을 때, 환한 대낮에 적대적인 사람들이 우글거리는 동네에 들어가는 일 같은 것은 상상하지 못했다는 점이다. 나는 아이디드가 이동 중일 때, 즉 무장한 그의 부하들이 자신들을 가려주는 다수의 민간인들로부터 멀어졌을 때 그를 체포할 줄 알았다. 나는 유엔 부대보다 훨씬 더 나은 능력, 장비, 훈련을 갖춘 미군 부대의 치안 작전을 승인하는 것 정도로 생각했다. 아마 나의 승인을 요청했을 때 콜린 파월도 같은 생각을 했을 것이다. 내가 백악관을 떠난 뒤 국무장관이 된 파월에게 이 문제를 거론하자, 파월은 그 작전이 밤에 이루어지는 것이 아니라면 승인하지 않았을 것이라고 말했다. 그러나 우리는 그때 그런 이야기를 하지 않았다. 다른 누구도 개리슨 장군의 선택 범위에 한계를 설정하지 않았던 것으로 보인다. 콜린 파월은 공격 사흘 전에 퇴직했고, 존 샬리카슈빌리는 아직 인준을 받지 못한 상태였다. 그 작전은 중앙사령부의 호장군이나 국방부의 승인을 받지 않았다. 그 결과 나는 적극적인 치안 작전을 승인하는 대신 적대적 지역에서 벌어지는 군사적 공격을 승인하게 된 것이다.

개리슨 장군은 전투 다음 날 나에게 직접 쓴 편지를 보내, 공격 결정이 전적으로 자신의 책임임을 인정한 뒤 그렇게 결정한 이유를 설명했다. '정보가 확실했다. 부대는 경험이 풍부했다. 적의 능력을 알고 있었다. 전술이 적절했다. 우발 사건에 대비한 계획이 세워져 있었다. 기갑부대가 대응했다면 도움이 되었겠지만, 미군 사상자 수가 줄지는 않았을 것이다. 특별기습부대는 전우를 버려두고 오지 않기 때문이다. 추락한 헬리콥터에서 빠져나오지 못한 조종사도 그런 전우 가운데 한 사람이었다.' 개리슨은 이런 말로 편지를 마무리지었다. "임무는 성공이었습니다. 목표로 삼았던 사람들을 체포했으며, 목표물로부터 끌어냈습니다…… 클린턴 대통령과 애스핀 장관은 견책선상에서 벗어나야 합니다."

나는 개리슨을 존경했고, 그의 편지 내용에 동의했다. 다만 마지막 대목에 대해서는 생각이 달랐다. 나는 '견책선상'에서 벗어날 수도 없었고, 벗어나서도 안 되었다. 왜냐하면 그 공격이 잘못이었다고 생각하기 때문이다. 대낮에 공격을 하는 것은 아이디드 군대의 힘과 결의를 과소평가하는 것이었고, 헬리콥터 한두 대를 잃을 가능성을 과소평가하는 것이었기 때문이다. 물론 전시였다면 위험을 무릅쓸 수도 있었다. 그러나 평화유지 임무에서는 그렇게 하면 안 된다. 임무 달성을 위해 상당한 사상자를 낼 위험을 무릅쓸 필요가 없었기 때문이다. 또 그런 행동을 할 경우 소말리아인이나 미국인의 눈에 우리 임무의 본질이 변한 것처럼 보일 수도 있었기 때문이다. 유엔군이 할 수 없다는 이유로 아이디드와 그의 고위 측근을 체포하는 것은 미국 작전의 주요 목적이 아니라 부차적인 일이었다. 적당한 상황에서라면 할 만한 일이었을 것이다. 그러나 파월 장군의 권고에 동의하기 전에, 나 역시 이런 규모의 작전에 대해서는 국방부와 백악관의 사전 승인을 요구했어야 했다. 물론 나는 개리슨 장군을 탓하지 않는다. 그는 훌륭한 군인이며, 부당한 피해를 보았다. 그가 받은 지침을 고려할 때, 그의 결정은 옹호할 수 있는 것이었다. 다만, 그런 작전이 가지는 더 큰 의미가 더 높은 수준에서 결정되었어야 한다는 것이다.

그 뒤 몇 주 동안 나는 월터 리드 육군 병원에 가서 부상당한 병사 몇 명을 위문했으며, 목숨을 잃은 병사들의 유족과 감동적인 모임을 가졌다. 한 모임에서는 아들을 잃은 두 아버지 래리 조이스와 짐 스미스로부터 까다로운 질문을 받기도 했다. 짐 스미스 역시 특별기습부대 출신으로, 베트남전쟁에서 한쪽 다리를 잃었다. 그들은 자신의 아들이 무엇 때문에 죽었고, 왜 우리가 방향을 틀었는지 알고 싶어 했다. 내가 델타 부대 저격병인 개리 고든과 랜디 슈가트에게 조종사 마이크 듀런트와 헬리콥터 승무원들을 구하는 과정에서 영웅적인 행동을 한 공로로 명예 훈장을 추서했을 때, 그들의 유족은 여전히 큰 고통을 겪고 있었다. 슈가트의 아버지는 나에게 격분했으며, 화가 난 목소리로 나에게 군통수권자 자격이 없다고 말했다. 그가 치른 대가를 생각할 때, 그는 나에 대해서 무슨 말이라도 할 수 있었을 것이다.

그러나 그가 그런 식으로 생각한 것이 내가 베트남에서 싸우지 않았기 때문인지, 내가 그런 공격을 낳은 정책을 승인했기 때문인지, 내가 10월 3일 이후 아이디드를 다시 체포하려는 시도를 하지 않았기 때문인지, 그것은 모르겠다. 그럼에도 나는 아이디드를 체포하거나 죽임으로써 생기는 감정적·정치적 이익이 양쪽의 더 이상의 인명 손실을 정당화해줄 것이라고 생각하지는 않았다. 또 소말리아의 미래가 유엔에서 미국으로 넘어오는 것을 정당화해줄 것이라고도 생각하지 않았다.

블랙호크 추락사건 이후 나는 군대의 배치를 승인할 때마다, 거기에 내포된 위험에 대해 더 많이 알아보게 되었으며, 워싱턴에서 반드시 승인해야 할 작전들의 범주를 훨씬 더 분명하게 제시했다. 이후 보스니아, 코소보, 아프가니스탄 등 냉전 이후 세계의 분쟁 지역에서 미국은 무시무시한 폭력 중단을 위해 개입해달라는 요청을 자주 받았고, 나아가 우리나 죄 없는 구경꾼이나 적의 인명 손실 없이 그런 일을 해달라는 요청을 자주 받았다. 그때마다 미군의 행동 방침을 결정하는 군 기획자들은 소말리아의 교훈을 잊지 않았다. 소말리아, 아이티, 보스니아의 복잡한 문제들을 처리하면서 토니 레이크는 유명한 말을 남겼다. "가끔은 냉전이 정말 그립다."

36

나는 10월 나머지 기간의 대부분을 소말
리아 사건의 후유증을 처리하고, 아이티와 보스니아에 미군을 파병하는 나
의 권한을 제한하려는 의회의 노력을 막아내며 보냈다.

10월 26일에 마침내 가벼운 기분으로 축하할 일이 생겼다. 백악관에 들
어와 처음 맞는 힐러리의 생일이었기 때문이다. 기습적인 가장 파티였다.
힐러리의 비서진은 우리가 제임스와 돌리 매디슨 부부(미국 4대 대통령 부부─
옮긴이주)처럼 분장을 하도록 준비했다. 의료제도 개혁 일로 힘든 하루를 보
내고 돌아온 힐러리는 깜깜한 백악관에서 위층으로 안내되어 그녀의 의상
을 보게 되었다. 이윽고 힐러리가 아래층으로 내려왔다. 버팀테를 넣은 치
마에 가발을 쓴 모습이 멋졌다. 나도 하얀 가발을 쓰고, 식민지 시대의 타이
즈를 입고 그녀를 기다리고 있었다. 힐러리의 비서진 몇 사람은 분장으로
힐러리의 여러 가지 모습을 보여주었다. 머리 모양까지 바꾸어가며, 의료제
도 개혁 일을 하는 모습에서부터 차와 쿠키를 만드는 모습까지 다양했다.
내가 타이즈를 입은 모습은 우스꽝스러웠다. 머리야 어차피 세고 있었으니
까 가발은 그런대로 괜찮아 보였지만.

다음 날 힐러리와 나는 평상복 차림으로 의료제도 개혁 법안을 직접 국
회에 가져다주었다. 힐러리는 몇 주 동안 양당의 국회의원들에게 설명을 해
왔는데 상당한 호평을 받고 있었다. 하원의원들 다수가 우리의 노력에 찬사
를 보냈고, 상원의 공화당 의원들을 대표하는 로드아일랜드의 존 채피 상원
의원은 우리 계획 가운데 일부에는 반대를 하지만, 함께 협력하여 좋은 타

협안을 만들어낼 수 있을 거라고 말했다. 나는 이제야 솔직한 토론을 거쳐 전 국민 보험에 근접하는 무언가를 만들어내게 되나 보다 하는 희망을 품게 되었다.

우리의 비판자들은 1,342페이지에 이르는 법안 길이를 놓고 소동을 벌였다. 매년 국회는 이보다 덜 중요하고 덜 복잡한 문제를 놓고도 1,000페이지 이상의 법안을 통과시킨다. 더욱이 우리 법안이 통과된다면 새로 추가된 것보다 훨씬 더 많은 분량의 법이나 규제를 없애게 될 터였다. 워싱턴의 모든 사람이 그것을 알고 있었다. 그러나 미국 국민은 모르고 있었다. 법안의 길이는 건강보험회사들이 이 계획에 반대하여 이미 내보내고 있던 효과적인 광고를 더 믿을 만한 것으로 보이게 만들었다. 그 광고에는 해리와 루이스라는 정상적으로 보이는 남녀 한 쌍이 등장한다. 그들은 "정부가 우리에게 정부 관료들이 고안한 몇 개의 건강보험 계획들 가운데 하나를 고르라고 강요할 것"이라고 지친 목소리로 말한다. 이 광고는 완전히 틀린 것이었지만, 교묘했고 많은 사람들 눈에 띄었다. 사실 보험 회사들이 부과하는 관료제에 드는 비용이야말로 미국 국민이 건강보험에 더 많은 돈을 내면서도 다른 번영하는 나라 국민이 당연하게 여기는 전 국민 보험을 아직도 갖지 못하는 중요한 이유였다. 보험 회사들은 비능률적이고 불공정한 시스템에서 생기는 이익을 유지하고 싶어했다. 그 이익을 유지하려면 모든 중요한 연방 정부 활동에 대한 미국인 특유의 회의적 태도를 이용하는 것이 최선의 방법이었다.

11월 초 「콩그레셔널 쿼털리Congressional Quarterly」는 내가 1953년 아이젠하워 대통령 이래 대통령 1차년도에 대국회 관계에서 가장 높은 성공률을 기록했다고 보도했다. 우리는 경제계획을 통과시켰고, 적자를 줄였고, 소득세 공제 확대, 권한위임 지구 설정, 소기업의 자본이득세 감면, 아동 이민 정책 수립, 학자금 대출 개혁 등 많은 선거 공약을 이행했다. 국회는 또 국가 봉사, 러시아 원조 계획, 자동차 유권자 법안, 가족휴가법을 승인했다. 국회 양원은 나의 범죄 법안들을 통과시켰는데, 이로써 내가 선거운동 기간에 약속했던 10만 명의 공동체 경찰관을 위한 자금 지원이 시작되었다. 경제는 이미 민간 부문에서 그전 4년을 합한 것보다 많은 일자리를 만들어냈다. 이자율은 여전히 낮았고, 투자는 상승했다.

앨 고어의 선거운동 구호가 현실이 되기 시작했다. 이제 올라갈 것은 모두 올라가고, 내려갈 것은 모두 내려갔다. 한 가지 중요한 예외가 있었다. 이런 성공에도 불구하고 나의 지지율은 여전히 낮았기 때문이다. 11월 7일, '언론과의 만남' 40주년 특별 프로그램에서 나는 팀 러서트, 톰 브로코와 인터뷰를 했다. 러서트는 왜 내 지지율이 낮은지 물었다. 나는 잘 모르겠지만, 몇 가지 짐작가는 것은 있다고 대답했다.

그 며칠 전 나는 아칸소에서 백악관을 방문한 사람들에게 우리의 업적을 나열한 목록을 읽어주었다. 그것을 다 듣고 나서 동향 사람이 물었다. "그렇다면 그것을 비밀로 묶어두려는 음모가 있나 봅니다. 우리는 그런 이야기는 처음 듣거든요." 나도 잘못이 있었다. 나는 한 가지 일을 끝내자마자 홍보 활동 없이 바로 다음 과제로 옮겨갔다. 정치에서는 스스로 나팔을 불지 않으면 아무도 불어주지 않는다. 아이티, 소말리아 같은 위기가 계속되었다는 것도 한 가지 이유였다. 언론의 보도 성향 때문이기도 했다. 나는 이발, 출장국, 백악관 실무진과 우리의 결정 과정에 대한 기사들이 그릇되게 또는 지나치게 보도되었다고 생각했다.

그 몇 달 전 전국적인 조사에서 내가 부정적인 언론 보도의 대상이 되는 일이 아주 많다는 결과가 나왔다. 그것은 내가 초기에 언론 관계를 잘못 다룬 탓이기도 하다. 어쩌면 흔히 자유주의적이라고 불리는 언론이 사실은 나보다 더 보수적이었기 때문인지도 모른다. 적어도 워싱턴의 관행을 바꾸는 문제에서는 그랬던 것 같다. 물론 그들은 무엇이 중요한지에 대해 나와 생각이 달랐다. 또 나와 함께 일하는 사람들은 대부분 젊었으며, 24시간 취재가 이루어지는 시스템 속에 처음 발을 들여놓은 경우도 많았다. 이곳에서는 모든 기사에 정치적인 날이 서 있어야 한다고 생각했으며, 긍정적인 기사를 실으면 동료들이 칭찬해주지 않았다. 이것은 신문과 전국 방송 뉴스가 케이블 채널과 점점 더 치열한 경쟁을 해야 하는 상황, 전통적인 언론, 타블로이드판 신문, 당파적인 출간물, 텔레비전과 라디오의 정치적인 토크쇼 사이의 경계가 희미해지는 상황에서는 거의 불가피한 일이었다.

　나의 여론조사 지지율이 업무 수행성과에 비해 너무 낮았던 데는 공화당의 공도 크다. 그들은 의료제도 개혁과 경제계획을 쉴 새 없이 공격했고, 그것을 부정적으로 표현하는 데 뛰어난 능력을 발휘했다. 그리고 그들은 늘 나의 실수를 최대한 이용했다. 내가 당선된 후, 공화당은 텍사스와 조지아의 상원의원 특별선거, 버지니아와 뉴저지의 주지사 선거, 뉴욕과 로스앤젤레스의 시장 선거에서 승리를 거두었다. 선거마다 결과는 지역적인 요인들이 좌우했으나, 내가 별로 긍정적인 영향을 주지 못한 것은 분명하다. 사람들은 아직 경제가 나아지고 있다고 느끼지 못했으며, 징세와 연방정부에 반대하는 해묵은 수사학이 여전히 위세를 떨치고 있었다. 마지막으로 우리가 수백만의 미국인들을 돕기 위해 하고 있는 일 가운데 몇 가지는 좋은 정책임에도 불구하고 소득세 공제처럼 너무 복잡해서 국민이 쉽게 소화할 수 없거나, 너무 큰 논란을 일으켜 정치적인 피해를 면할 수가 없었다.

　11월에는 건전하지만 정치적으로는 불리한 결과를 낳은 정책의 두 가지 예가 나타났다. 수많은 시청자가 지켜본 텔레비전 토론에서 앨 고어가 로스 페로를 압도한 뒤, 북미자유무역협정이 하원을 234 대 200으로 통과했다. 사흘 뒤 상원에서도 61 대 38로 통과되었다. 마크 기어런은 기자들에게 고어와 내가 200명의 국회의원과 통화를 하거나 만났으며, 내각이 또 900통의 전화를 했다고 밝혔다. 카터 전 대통령도 일주일 동안 하루 종일 국회의원들에게 전화를 걸어주었다. 우리는 또 광범위한 쟁점을 놓고 협상을 해야 했다. 북미자유무역협정을 위한 로비는 예산 싸움보다도 소시지 만들기에 더 가까워 보였다. 빌 데일리와 우리 팀 전체는 미국을 위하여 커다란 경제적·정치적 승리를 거두었다. 그러나 예산안과 마찬가지로 많은 대가를 치러, 국회에서 우리 당이 분열되었고 노동운동계에서 우리의 가장 강력한 지지자들 다수가 격분했다.

　브래디 법안 역시 상원의 공화당 의원들이 미국총기협회의 영향을 받아 시작했던 의사진행방해를 철회한 뒤 11월에 통과되었다. 나는 짐과 새러 브래디가 참석한 가운데 법안에 서명했다. 존 힝클리 2세가 레이건 대통령을 암살하려다 짐 브래디를 쏜 뒤, 브래디 부부는 합리적인 총기규제법을 만드는 운동에 나섰다. 그들이 7년 동안 노력한 덕분에, 모든 총기 구입자는 범죄나 정신건강 문제를 확인하는 동안 대기를 해야 한다는 법안이 통과된 것이다. 부시 대통령은 이전의 브래디 법안에 거부권을 행사했다. 무기를 소지할 헌법적 권리를 침해한다는 미국총기협회의 강한 반대 때문이었다. 미국총기협회는 짧은 대기 기간이 정당한 총기 구매자에게는 받아들일 수 없는 부담이며, 불법적으로 총기를 구매하는 사람에 대한 벌을 강화함으로써 똑같은 효과를 얻을 수 있다고 주장했다. 국민의 대부분이 브래디 법안에 찬성했다. 그러나 일단 법이 통과되자 그것은 이제 그들의 표에 영향을 주는 쟁점이 아니었다. 반대로 미국총기협회는 브래디 법안에 찬성한 국회의원들을 떨어뜨리기로 결정했다. 내가 대통령직에서 물러날 때, 브래디 법안에 따른 신원조회 결과 60만 명 이상의 강력범, 도망자, 스토커들이 총기를 구입하지 못했다. 수많은 목숨을 구한 셈이다. 그러나 예산안과 마찬가지로, 이 법안에 찬성한 용기 있는 사람들은 거센 공격을 받았으며, 그 결과 몇 명은 의원직을 잃기까지 했다.

내가 했던 긍정적인 일이 모두 논란을 일으킨 것은 아니었다. 16일에 나는 종교자유회복법에 서명했다. 이것은 학교나 직장 같은 공적인 장소에서 적당한 범위의 종교적 표현을 보호하는 법으로, 그런 장소에서 종교적 표현을 규제하는 주정부의 권한을 더 강화한 1990년 대법원 판결을 뒤집었다. 미국에서는 많은 사람들이 아주 다양한 신앙에 깊이 헌신하고 있다. 나는 그 법안이 그들의 권리를 보호하는 일과 공공질서를 유지하는 일 사이에서 적절한 균형을 잡아준다고 생각했다. 이 법안은 상원에서 테드 케네디와 유타의 공화당 의원 오린 해치가 발의했으며 97 대 3으로 통과되었다. 하원은 발성 투표로 이 법안을 채택했다. 나중에 대법원이 이 법을 무효로 만들기는 했지만, 나는 여전히 이것이 반드시 필요한 좋은 법이라고 믿고 있다.

나는 늘 종교의 자유를 보호하고 백악관을 모든 종교에 개방하는 것이 중요하다고 생각하며, 백악관의 대외관계 담당 비서에게 종교계와 연결하는 일을 맡겼다. 나는 매년 국회가 일을 시작할 때 여는 전국 조찬기도회에 빠짐없이 참석하여, 연설도 하고 행사시간 내내 머물면서 신의 안내를 구하러 온 다양한 신앙과 다양한 정당에 속한 사람들을 만나기도 했다. 그리고 매년 국회가 8월 휴회 뒤에 다시 문을 열 때, 스테이트다이닝룸에서 여러 종교의 지도자들을 불러 조찬을 함께 하면서 그들의 관심사를 듣고 내 관심사를 이야기했다. 나는 설사 나와 생각이 다른 사람이라 해도, 그들과 의사소통을 할 수 있는 통로를 열어두고 가능할 때마다 국내의 사회적 문제와 세계의 인도적 문제를 놓고 협력하고자 했다.

나는 교회와 국가의 분리를 신봉하는 사람이지만, 둘 다 이 나라의 힘에 분명한 기여를 하며, 이따금씩 헌법을 침해하지 않고 공동의 선을 위해 협력할 수 있다고 믿는다. 정부는 본래 불완전하고, 실험적이며, 늘 미완의 상태에 있고, 신앙은 내적인 삶, 진리의 탐구, 깊은 변화와 성장을 이루는 영적 능력에 관여한다. 정부의 프로그램들은 가족, 일, 상호 존중을 우습게 여기는 문화에서는 제대로 시행되지 않는다. 또 가난하고 짓밟힌 자를 돌보라는, '이웃을 네 몸과 같이 사랑하라'는 영적인 권고에 따라 행동하지 않으면서 신앙을 지키며 살기도 어렵다.

11월 중순, 메이슨 템플 교회에서 열린 그리스도 안의 하나님 교회 교파 총회에서 연설을 하기 위해 멤피스에 갔을 때 국민 생활에서 차지하는 신앙의 역할에 대해 생각하게 되었다. 아프리카계 미국인 동네에서 아동에 대한 폭력이 급증한다는 보도가 자주 등장했다. 나는 목사, 평신도들과 함께 대처방법을 토론하고 싶었다. 도심의 일자리 감소, 가족 해체, 학교 문제, 복지제도에 대한 의존 심화, 사생아 출산, 폭력 등에는 분명한 경제적·사회적 원인이 있었다. 그러나 어려움들이 겹치면서 폭력과 실직과 해체된 가정을 오히려 정상으로 여기는 문화가 형성되었으며, 나는 정부의 힘만으로는 이런 문화를 바꿀 수 없다고 확신했다. 많은 흑인 교회가 이런 문제들을 다루기 시작했으며, 나는 더 열심히 하라고 그들을 격려하고 싶었다.

멤피스에 가자 나는 친구들에게 둘러싸였다. 그리스도 안의 하나님 교회는 가장 빠르게 성장하는 아프리카계 미국인 교파였다. 그 창립자인 찰스 해리슨 메이슨은 리틀록에서 영감을 얻어 교회의 이름을 지었는데 나는 그 2년 전에 그 자리에 기념 명판을 박는 것을 거들기도 했다. 그의 미망인도 이날 교회에 왔다. 모임을 주재하던 감독인 시카고의 루이스 포드는 대통령 선거운동에서 주도적인 역할을 하기도 했다.

메이슨 템플 교회는 민권 운동의 성지다. 마틴 루터 킹은 암살당하기 전날 밤 그곳에서 마지막 설교를 했다. 나는 자신의 목숨이 오래 갈 것 같지 않다는 킹의 섬뜩한 예언을 상기시키면서, 그의 정신에 의지하여 친구들에게 '오늘 미국을 사로잡고 있는 커다란 영적 위기'를 솔직하게 살펴봐달라고 부탁했다. 이어 나는 메모를 옆으로 밀어놓고 많은 논평자들이 나중에 나의 8년 임기 가운데 최고의 연설이라고 평가한 연설을 하기 시작했다. 그것은 우리가 공동으로 물려받은 언어를 사용하여 그냥 친구들에게 내 마음을 솔직하게 드러낸 연설이었다.

마틴 루터 킹이 오늘 내 앞에 다시 나타나 우리에게 지난 25년의 성적표를 준다면, 거기에 뭐라고 적혀 있을까요? 킹 목사는 이렇게 말할 겁니다. 잘했구나, 전에는 피부색 때문에 뽑힐 수 없던 사람들이 투표로 뽑히지 않느냐…… 킹 목사는 이렇게 말할 겁니다. 잘했구나, 이 위대한 나라에서 사람들은 자기 능력에 따라 살고 싶은 곳에 살고, 가고 싶은 곳에 가지 않느냐…… 킹 목사는 이렇게 말할 겁니다. 잘했구나, 기회를 확대하여…… 흑인 중산층을 만들었지 않느냐.

그러나 킹 목사는 또 이렇게 말할 겁니다. 나는 미국 가족이 붕괴되는 모습을 보려고 살고 죽지 않았다. 열세 살 난 아이들이 자동화기를 구해 그저 재미삼아 아홉 살 난 아이들에게 총을 쏘는 꼴을 보려고 살고 죽지 않았다. 젊은 사람들이 마약으로 자기 삶과 다른 사람들의 삶을 망치면서 큰돈을 버는 꼴을 보려고 살고 죽지 않았다. 그것은 내가 하려고 했던 일이 아니다. 킹 목사는 이렇게 말할 겁니다. 나는 자유를 위해 싸웠지만, 사람들이 무모한 방종 상태에서 서로를 죽이는 자유를 위해 싸우지는 않았다. 아이가 아이를 낳고, 아이의 아버지가 아무렇지도 않게 자식을 버리는 자유를 위해 싸우지 않았다. 나는 사람들이 일을 할 권리를 찾게 하려고 싸웠지, 공동체와 사람들이 버림을 받게 하려고 싸우지 않았다. 나는 그런 것 때문에 살고 죽지 않았다.

나는 흑인들이 무모한 방종 상태에서 다른 흑인들을 죽일 권리를 위해 싸우지 않았다⋯⋯

밖에서부터 안으로 들어가 만들어낼 수 있는 변화들이 있습니다. 그것은 대통령과 국회와 주지사와 시장과 사회사업 기관들이 할 일입니다. 그러나 안에서 밖으로 만들어내야 할 변화들도 있습니다. 이것이 없으면 다른 변화는 중요하지 않습니다⋯⋯ 때로는 밖에서 안으로 들어갈 때는 답이 나오지 않습니다. 때로는 안에서부터 밖에 있는 우리에게 전해지는 가치와 감동과 목소리로부터 모든 답이 나와야 합니다⋯⋯

가족이 없는 곳에서, 질서가 없는 곳에서, 희망이 없는 곳에서⋯⋯ 누가 이 아이들에게 구조와 규율과 사랑을 주겠습니까? 여러분이 해야 합니다. 그리고 우리가 여러분을 도와야 합니다.

따라서 오늘 이 연단에서 나는 여러분 모두가 마음으로부터 말할 것을 요구합니다. 우리는 마틴 루터 킹의 삶과 일을 존중하겠다고⋯⋯ 우리는 하나님의 은총으로 어떻게 해서든 현 상황을 뒤집을 것입니다. 우리는 이 아이들에게 미래를 줄 것입니다. 우리는 아이들의 총을 빼앗고 대신 책을 줄 것입니다. 우리는 아이들의 절망을 빼앗고 대신 희망을 줄 것입니다. 우리는 가족과 동네와 공동체를 재건할 것입니다. 우리는 여기서 이루어지는 모든 일이 소수에게만 이익이 되게 하지 않을 것입니다. 우리는 하나님의 은총으로 이 일을 함께 할 것입니다.

멤피스 연설은 나 개인의 종교적 가치에 뿌리를 둔 공공 철학에 대한 찬가였다. 너무나 많은 것들이 부서지고 있었다. 그리고 나는 그것들을 다시 결합하려고 노력하고 있었다.

11월 19일과 20일, 나는 다시 결합하는 일로 돌아갔다. 아시아태평양경제협력체APEC 최초의 지도자 회의를 위해 시애틀에 간 것이다. 1993년 이전에 아시아태평양경제협력체는 경제장관들이 모여서 경제 문제를 논의하는 토론의 장이었다. 그러나 나는 매년 지도자들이 직접 만나 우리의 공동의 이해관계를 토론하자고 제안했으며, 시애틀 근처의 블레이크 섬에서 열린 첫 회의에서 북남미와 아시아태평양 국가들을 포괄하는 자유무역 지대의 창설, 정치와 안보 문제에 대한 비공개 토론, 21세기에 더욱 중요해질 것이 분명한 협력 관행의 구축 등 세 가지 목적을 달성하고 싶었다. 아시아태평양 국가들은 세계 생산의 반을 담당했으며, 아주 까다로운 정치와 안보 문제를 안고 있었다. 과거에는 미국이 유럽을 대할 때와 달리 이 지역에 대해서는 이렇게 포괄적인 접근방식을 택한 적이 없었다. 이제 그렇게 할 때가 왔다고 생각했다.

나는 일본의 새 총리 호소가와 모리히로를 만나 즐거운 시간을 보냈다. 그는 자민당의 권력 독점을 부수고, 계속 일본 경제를 개방하고 있는 개혁가였다. 그리고 중국의 총서기 장쩌민과 격식에 크게 얽매이지 않은 분위기에서 길게 이야기할 기회가 생겨 반가웠다. 우리는 인권, 티베트, 경제에 대해 여전히 의견 차이가 있었지만, 중국을 고립이 아니라 지구공동체에 통합시키는 관계를 형성하는 데 공통의 관심을 가지고 있었다. 장쩌민과 호소가와는 모두 북한과 관련된 위기 조짐에 우려를 표명했다. 북한은 핵보유국이 되기로 결심한 것 같았는데, 나는 그 일을 막기로 결심했고, 그 목적을 달성하기 위해서는 두 사람의 도움이 필요하다고 생각했다.

워싱턴으로 돌아와 힐러리와 나는 한국의 김영삼 대통령을 위해 처음으로 국빈 공식 만찬을 주최했다. 나는 늘 국가원수의 공식 방문을 반겼다. 국빈 방문은 백악관에서 가장 격식을 갖춘 행사로, 공식 환영식에서부터 시작한다. 힐러리와 나는 백악관의 사우스포티코에 서서 차를 타고 들어오는 국빈을 맞이한다. 그들과 인사를 나눈 뒤, 함께 사우스론으로 가서 우리를 맞이하는 사람들이 늘어선 짧은 줄을 통과한다. 이어 국빈과 나는 단상에 올라 미군의 제복을 입고 당당하게 도열한 군인들을 마주한다. 군악대는 양국 국가를 연주하고, 나는 국빈을 안내하며 부대를 사열한다. 그런 다음 단상으로 돌아가 짧은 연설을 하는데, 가는 길에 발을 멈추고 미국에 살고 있는 국빈의 나라의 학생들이나 국민, 그리고 반대로 그 나라에 뿌리를 두고 있는 미국인들에게 손을 흔든다.

국빈과 공식 만찬을 하기 전에 힐러리와 나는 관저의 옐로우 오벌 룸에서 국빈을 위한 작은 연회를 연다. 앨과 티퍼 고어, 국무장관, 국방장관을 비롯한 몇 사람이 우리와 함께 외빈을 만난다. 연회가 끝나면 각 군을 대표하는 의장병들의 안내에 따라 나의 전임자들의 초상화가 걸린 층계를 내려가 손님을 맞이하기 위해 도열한 사람들에게 이른다. 보통 스테이트다이닝 룸에서 열리는 만찬(사람이 많으면 이스트 룸이나 바깥의 텐트에서 열리기도 한다)에서는 미국 해병대 현악단이나 공군 현악단이 연주를 한다. 나는 이 악단이 방에 들어올 때면 늘 전율을 느꼈다.

식사 후에는 보통 국빈의 취향에 맞는 음악회를 연다. 예를 들어 바츨라프 하벨은 루 리드의 노래를 듣고 싶어 했다. 하벨의 세력은 체코슬로바키아에서 벨벳 혁명을 할 때 그의 강렬한 음악에서 많은 영감을 얻었다. 나는 기회가 있을 때마다 다양한 장르의 음악가들을 백악관으로 불렀다. 어스 윈드 앤드 파이어, 요요마, 플라시도 도밍고, 제시 노먼을 비롯한 수많은 고전음악, 재즈, 블루스, 뮤지컬, 가스펠 음악가들과 무용수들이 백악관을 찾았다. 연주회는 보통 만찬보다 많은 손님들이 들어올 수 있는 공간에서 열린다. 그 뒤에도 더 머물고 싶어 하는 사람은 누구나 백악관 현관의 홀로 가서 무도회에 참석하면 된다. 보통 국빈들은 피곤해서 금방 우리의 영빈관인 블레어 하우스로 떠났다. 힐러리와 나는 한두 곡 춤을 추다가 위층으로 갔고, 다른 사람들은 보통 한 시간 정도 더 머물다 갔다.

11월 말, 나는 추수감사절 칠면조를 사면하는 전통적인 연례 의식에 참여했다. 이것은 쿨리지 대통령까지 거슬러 올라가는 전통이었다. 그 뒤에 힐러리, 첼시와 함께 캠프 데이비드로 추수감사절 주말 휴가를 떠났다. 사실 감사할 것이 많았다. 나에 대한 지지율은 다시 오르고 있었다. 그리고 아메리칸 에어라인스는 5일간의 파업 끝에 합의를 보았다고 발표했다. 이 파업은 경제에 큰 피해를 줄 수도 있었다. 그러나 브루스 린지가 강력하게 개입하여 노련한 솜씨로 합의를 이끌어낸 것이다. 미국 국민이 휴가를 맞아 편안하게 비행기를 타고 집으로 돌아갈 수 있게 되었다고 생각하니 마음이 홀가분했다.

캠프 데이비드에서 맞이하는 추수감사절은 우리 가족과 친구 몇 명에게 연례적 전통이 되었다. 우리는 늘 캠프 데이비드에서 가장 큰 오두막인 로럴에서 추수감사절 식사를 했다. 그곳에는 커다란 식당 겸 회의실이 있고, 벽난로와 텔레비전을 갖춘 널찍한 공간과 나의 개인 사무실도 있었다. 우리는 식당으로 가면서 캠프를 운영하는 해군과 해병대 장병들, 그리고 그들의 가족에게 인사를 했다. 밤에는 영화를 보고 볼링을 쳤으며, 주말에는 적어도 한 번은, 아무리 춥고 비가 많이 와도 힐러리의 남동생들, 로저, 그리고 우리와 함께 골프장으로 갈 만큼 용기 있는 사람들과 골프를 쳤다. 놀랍게도 딕 켈리는 1993년에 거의 여든이 다 된 나이에도 함께 골프를 쳤다.

캠프 데이비드에서 보낸 추수감사절 휴가는 모두 즐거웠으나, 무엇보다도 첫해의 휴가가 특별했다. 어머니와 마지막으로 함께 간 휴가였기 때문이다. 11월 말에는 암세포가 어머니의 핏속까지 퍼졌다. 어머니는 매일 수혈을 해야만 생명을 유지할 수 있었다. 어머니가 얼마나 더 버틸 수 있을지는 알 수 없었지만, 수혈 덕분인지 어머니는 깜빡 속을 정도로 건강해 보였다. 어머니 자신도 하루 하루를 한껏 누리겠다고 마음먹고 있었다. 어머니는 텔레비전의 풋볼 시합 중계, 식사, 그리고 캠프 데이비드 바에서 젊은 군인들을 만나는 것을 가장 즐겼다. 어머니가 가장 이야기하고 싶어 하지 않는 주제는 죽음이었다. 어머니는 너무 활기가 넘쳐 죽음은 생각조차 하지 않았을 것이다.

12월 4일에 나는 다시 캘리포니아로 가서 그곳의 계속되는 어려움을 놓고 경제 정상회담을 열었다. 그런 뒤에 크리에이티브 아티스츠 에이전시의 본부에서 수많은 연예계 인사들에게 매체에 나오는 엄청난 양의 폭력을 줄이고, 가족과 일에 대한 공격을 자제하는 일에 나와 함께 해줄 것을 당부했다. 이후 2주 동안 나는 예산안 싸움에서 내가 했던 두 가지 약속을 지켰다.

우선 마저리 마골리스-메츠빈스키의 지역구로 가서 사회보장 문제에 대한 회의를 열고, 밥 케리를 미주리의 존 댄포스 상원의원과 더불어 사회보장을 비롯한 자동 지출 예산을 연구하는 위원회의 공동 위원장으로 임명했다.

12월 15일에는 영국 총리 존 메이저와 아일랜드 총리 앨버트 레이놀즈의 공동선언문을 환영한다는 뜻을 밝혔다. 이 선언문은 북아일랜드 사태를 평화적으로 해결하기 위한 기본적인 틀을 제시했다. 그것은 멋진 크리스마스 선물이었다. 나는 옥스퍼드 학생 시절 처음 관심을 갖게 된 사태를 해결하는 데 어떤 역할을 할 수 있는 기회를 바라고 있었다. 같은 날, 맥거번 시절의 오랜 친구 존 홀럼을 군비 제한 및 축소국 국장으로 임명했고, 그 기회를 이용해 나의 핵확산을 반대하는 의제를 강조했다. 그 내용은 화학무기 통제협약 비준, 포괄적인 핵실험금지조약 조인, 1995년으로 만료되는 핵확산방지조약NPT의 무기한 연장, 러시아 핵무기와 핵물질의 방호 및 파괴를 규정한 넌-루가 프로그램(구소련의 핵탄두 폐기 프로그램—옮긴이 주)에 대한 완전한 재정 지원 등이었다.

12월 20일에는 힐러리와 나에게 특별히 중요한 법안에 서명을 했다. 전국 아동보호법은 육아 서비스를 제공하는 사람에게 이 일에 지원하는 사람의 신원 조회를 할 수 있는 전국적 데이터베이스를 제공했다. 이것은 탁아소의 아이들이 끔찍한 학대를 당한다는 보도를 들은 작가 앤드루 배치스의 아이디어였다. 대부분의 부모는 일을 해야 했기 때문에 취학 이전 아동을 탁아 시설에 맡길 수밖에 없었다. 그들은 자신의 자식이 안전하고 제대로 보살핌을 받는지 알 권리가 있었다.

크리스마스에 힐러리와 나는 첼시의 공연을 두 번 볼 기회가 있었다. 하나는 워싱턴 발레단과 함께 하는 '호두까기 인형'이었다. 첼시는 방과 후에 매일 연습을 하러 갔다. 또 하나는 우리가 다니는 교회에서 열리는 크리스마스 연극이었다. 이 교회는 백악관에서 멀지 않은 16번 스트리트에 있는 펀드리 연합감리교회였다. 우리는 펀드리의 목사 필 워거먼을 좋아했다. 그리고 이 교회가 다양한 인종, 문화, 경제, 정치적 성향의 사람들을 포용한다는 사실, 그리고 동성애자를 공개적으로 환영한다는 사실도 마음에 들었다.

크리스마스의 백악관은 특별하다. 매년 본관의 오벌 블루 룸에는 커다란 크리스마스트리를 들여놓는다. 이 방은 공적으로 사용되는 다른 모든 방과 마찬가지로 그해의 주제에 따라 장식을 한다. 힐러리는 우리의 첫 크리스마스 주제를 미국의 공예로 잡았다. 전국의 공예가들이 우리에게 유리, 나무, 금속으로 만든 크리스마스 장식물이나 작품을 보내주었다. 크리스마스마다 스테이트다이닝룸에는 거대한 생강빵으로 만든 백악관 모형을 설치하는데, 아이들은 특히 이것을 구경하는 것을 좋아한다. 1993년에는 백악관의 장식을 보러 약 15만 명이 찾아왔다.

우리는 또 관저의 옐로우 오벌 룸에도 커다란 트리를 갖다놓고, 거기에 우리가 함께 보낸 첫 크리스마스 때부터 모아온 장식물들을 갖다놓는다. 전통적으로, 첼시와 내가 장식을 거의 책임진다. 이것은 첼시가 어느 정도 크면서부터 시작된 전통이다. 추수감사절과 크리스마스 사이에 우리는 국회, 언론, 비밀검찰부, 관저 근무자, 백악관 비서진과 내각, 다른 행정부 공무원과 전국의 지지자들, 가족, 친구들을 위한 연회와 파티를 여러 차례 연다. 그때마다 힐러리와 나는 몇 시간 동안 줄을 서서 사람들을 맞이하고 사진을 찍는다. 전국에서 온 합창단과 다른 음악 단체가 집안을 가득 채우고 연주를 한다. 우리는 이렇게 우리의 일을 가능하게 해주고 우리의 생활을 풍요롭게 해주는 수많은 사람들에게 감사를 하는데, 피곤하기는 하지만 무척 즐겁기도 하다.

우리의 첫 크리스마스는 나에게 특히 중요했다. 나는 이것이 캠프 데이비드에서 보낸 첫 번째 추수감사절과 마찬가지로, 어머니와 함께 하는 마지막 크리스마스가 될 것임을 알았기 때문이다. 우리는 어머니와 딕을 설득하여 우리와 함께 일주일을 보내자고 했다. 어머니는 동의했지만 한 가지 조건을 붙였다. 어머니가 라스베이거스에서 열리는 바브라 스트라이샌드의 제야 콘서트를 보러 갈 준비를 할 수 있도록 늦지 않게 집까지 데려다주겠다고 약속을 하라는 것이었다. 바브라는 정말로 어머니가 오기를 원했고, 어머니도 가겠다고 마음먹고 있었다. 어머니는 바브라를 아주 좋아했다. 그리고 어머니의 마음속에서 라스베이거스는 지상낙원에 가장 근접한 곳이었다. 저 세상에 도박이나 멋진 공연이 없다면 어머니가 심심해서 어떻게 살아가실지 궁금했다.

우리가 크리스마스를 즐기는 동안 화이트워터가 다시 문제가 되었다. 그전 몇 주 동안 「워싱턴 포스트」와 「뉴욕 타임즈」는 짐 맥두걸이 다시 기소될지도 모른다는 소문을 추적했다. 1990년에 그는 매디슨 신용금고의 파산에서 발생한 문제로 재판을 받았으나 무죄 방면되었다. 정리신탁공사는 맥두걸이 나를 포함한 정치가들에게 불법 선거운동 자금을 제공했는지 조사하고 있는 것 같았다. 선거운동 기간에 우리는 화이트워터 투자에서 우리가 손해보았음을 증명하는 보고서를 받아놓기도 했다. 나의 선거운동 기부금은 공적인 기록으로 남아 있었으며, 힐러리와 나는 매디슨으로부터 돈을 빌린 적이 없었다. 나는 화이트워터 문제제기 전체가 나의 평판을 떨어뜨리고 나의 봉사 능력을 훼손하려는 적들의 시도일 뿐임을 잘 알고 있었다.

그럼에도 힐러리와 나는 변호사를 고용하기로 결정했다. 데이비드 켄달로 정했는데, 그는 우리와 함께 예일 법대를 다녔다. 그는 저축대부 사건의 의뢰인들을 대리한 경험이 있었으며, 복잡하고 겉으로 보기에는 연관이 없는 것 같은 자료들을 정리하고 종합하는 데 뛰어난 능력을 발휘했다. 데이비드의 수수한 퀘이커교도 같은 외모 뒤에는 강인한 정신이 자리 잡고 있었다. 게다가 불의에 저항하는 싸움을 마다하지 않는 성격이었다. 그는 1964년의 '자유의 여름'에는 미시시피에서 민권 활동으로 수감된 적이 있으며, 전미흑인지위향상협회 법률방어기금의 변호사로서 사형 사건에서 변론을 하기도 했다. 그러나 무엇보다도 데이비드 켄달은 훌륭한 인간으로, 강인함과 판단력과 놀라운 유머감각으로 우리를 이끌고 우리 앞에 놓인 가장 어두운 순간들을 헤치고 나아가게 된다.

12월 18일 켄달은 우익 월간지 「아메리칸 스펙테이터American Spectator」가 데이비드 브록의 글을 실으려 한다고 전해주었다. 그 글은 아칸소 주 경찰관 네 명이 주지사 시절 나를 위해 여자들을 서비스했다는 주장을 담고 있

있는데, 네 명의 주 경찰관 가운데 두 명만이 CNN의 인터뷰에 동의했다. 그 주장 가운데 몇 가지는 쉽게 논박할 수 있었다. 그뿐만 아니라, 경찰관 두 명은 나에 대한 주장과 관계없이 그들 자신의 신뢰도에 문제가 있었다. 그들은 1990년에 그들이 사고를 낸 주 소유 차량과 관련하여 보험사기 문제로 조사를 받은 적이 있었기 때문이다. 데이비드 브록은 나중에 이 기사에 대하여 힐러리와 나에게 사과했다. 이 문제에 대해 더 알고 싶다면 브록의 용감한 회고록 『우파 때문에 눈이 멀어 *Blinded by the Right*』를 보면 된다. 이 책에서 그는 뉴트 깅리치, 아칸소의 나의 정적 몇 사람과 연결된 부유한 우익 인사들이 나의 평판을 떨어뜨리기 위해 기울인 특별한 노력을 폭로하고 있다. 브록은 자신이 사실 여부를 가리지 않고 피해를 줄 수 있는 정보만 찾던 사람들의 비방 작전에 이용당했다는 점을 인정했다.

주 경찰관 이야기는 터무니없는 것이었지만, 그래도 피해를 주었다. 힐러리는 큰 충격을 받았다. 그런 일들은 선거운동으로 다 끝났다고 생각하고 있었기 때문이다. 이제 힐러리는 그것이 결코 끝나지 않을 수도 있다는 것을 알게 되었다. 당장은 그냥 버티면서 그 이야기가 잊혀지기를 기다리는 수밖에 없었다. 그 이야기와 관련된 소문이 기승을 부리던 어느 날 밤 우리는 헨델의 '메시아Messiah' 공연을 보러 케네디 센터에 갔다. 힐러리와 내가 발코니의 대통령석에 나타나자 많은 관중이 일어서서 환호했다. 우리는 그 자발적인 친절한 행동에 감동했다. 내 눈에 감사의 눈물이 고이고 나서야 나는 내가 그동안 얼마나 속이 상해 있었는지 깨달았다.

기억에 남을 만한 크리스마스 주간을 보낸 뒤, 나는 힐러리, 첼시와 함께 어머니와 딕을 아칸소 고향에 데려다주었다. 힐러리와 첼시는 리틀록의 도로시 집에 묵었고, 나는 어머니, 딕과 함께 핫스프링스로 차를 타고 갔다. 우리는 로키 피자에서 나의 고등학교 시절 친구 몇 명과 함께 저녁을 먹었다. 로키 피자는 경마장에서 길을 건너면 나오는 곳으로, 어머니가 자주 들르는 곳이었다. 저녁을 먹고 나자 어머니와 딕은 쉬고 싶어 했다. 나는 두 사람을 집에 데려다주고 친구들과 볼링을 치러 갔다. 그런 뒤에 해밀턴 호수의 작은 집으로 돌아와 새벽까지 카드 게임을 하고 이야기를 나누었다.

다음 날 어머니와 나는 단둘이 앉아 커피를 마셨다. 그것이 결국 내가 본 어머니의 마지막 모습이 되었다. 어머니는 평소처럼 명랑했으며, 나는 어머니에게 주 경찰 이야기가 터져나온 것은 그 전달에 나의 여론 지지도가 취임 이래 최고 수준으로 반등했기 때문일 뿐이라고 설명해주었다. 이어 어머니는 깔깔거리며, 그 두 경찰관이 '지평선의 가장 밝은 빛' 같은 존재가 아니라는 것은 잘 알지만, '그 녀석들이 먹고사는 다른 방법을 찾기를' 진심으로 바란다고 말했다.

나는 어머니에게 이제 남은 시간이 많지 않다는 사실을 일깨워주었다. 어머니는 아칸소 출신의 훌륭한 협력자 제임스 모건과 회고록 작업을 하고 있었다. 이야기를 모두 테이프에 담아두었지만, 아직 초고 상태인 원고가 몇 장 있었다. 만일 어머니가 그것을 마무리짓지 못할 경우에 어떻게 하면 좋겠느냐고 물었더니, 어머니는 웃음을 지으며 말했다. "물론 네가 마무리를 지어야지." 내가 말했다. "그럼 지침을 내려주셔야죠." 어머니는 사실들을 확인하고, 잘못된 사실을 다 바로잡고, 혼란스러운 것은 분명하게 바꾸라고 말했다. "하지만 이것은 내 입으로 하는 내 이야기였으면 좋겠어. 그러니까 살아 있는 사람한테 너무 가혹하게 말한 것이 아니라면 바꾸지 마." 어머니는 이어 정치와 라스베이거스 여행 이야기를 했다.

그날 늦게 나는 어머니에게 작별 입맞춤을 하고, 리틀록으로 가서 힐러리와 첼시를 만났다. 우리는 페이트빌로 가서 1위에 올라 있던 아칸소 레이저백스의 농구 시합을 본 다음, 친구 짐과 다이앤 블레어 부부와 함께 르네상스 위켄드로 갔다. 눈코 뜰 새 없던 다사다난한 1년을 보내고 나서 옛 친구들과 며칠을 보내니 기분이 좋았다. 나는 해변을 산책하고, 아이들과 터치풋볼을 하고, 친구들과 골프를 치고, 토론에 참석하고, 벗들과 즐겁게 어울렸다.

그러나 어머니 생각이 머리에서 떠나지 않았다. 어머니는 놀라운 사람이었다. 유방 절제를 하고, 화학 치료를 받는 바람에 머리가 다 빠져 가발을 써야 하고, 매일 수혈을 받아야 했으니 대부분의 사람이라면 침대에서 일어나지도 못했을 것이다. 그러나 어머니는 일흔의 나이에도 여전히 아름다웠다. 어머니는 살아온 대로 끝을 맺고 있었다. 온 힘을 다 쏟고, 자신이 받은 축복에 감사하고, 자신의 고통이나 병을 핑계로 자기 연민에 빠지지 않고, 자신에게 찾아오는 새날의 모험을 간절히 기다렸다. 어머니는 로저의 삶이 제자리를 찾아가는 것에 안심했고, 내가 곧 내 일에 숙달될 것이라고 확신했다. 어머니는 100세까지 살고 싶었을 테지만, 때가 되었다면 또 그런 대로 받아들이겠다는 태도였다. 어머니는 하나님에게서 평화를 찾았다. 하나님은 어머니를 이제 그만 집에 오라고 부를 수 있었겠지만, 쉬지 않고 달려가는 어머니를 붙잡는다는 것은 하나님으로서도 만만치 않은 일이었을 것이다.

37

1994년은 내 인생에서 가장 힘든 한 해였다. 외교와 국내 정책에서는 중요한 성공을 거두었지만, 그것도 의료제도 개혁이 실패하고 사람들이 허위 스캔들에 사로잡히면서 희미해져버렸다. 그해는 개인적인 상심에서 시작하여 정치적인 재난으로 끝이 났다.

1월 5일 밤, 어머니가 백악관으로 전화를 했다. 라스베이거스 여행에서 막 돌아왔다는 이야기였다. 나는 며칠 동안 여러 번 호텔방으로 전화를 했는데 한 번도 방에 안 계시더라고 말했다. 어머니는 웃음을 터뜨리며 밤낮없이 나가 있었다고, 가장 좋아하는 도시에서 인생 최고의 시간을 보냈다고, 전화벨이 울리기를 기다리며 앉아 있을 여유가 없었다고 말했다. 어머니는 바브라 스트라이샌드의 콘서트가 무척 만족스러웠다며 즐거워했다. 바브라가 어머니를 소개하고 어머니에게 노래를 바쳤기 때문에 특히 기분이 좋았다고 했다. 어머니는 아주 쾌활했고 힘도 넘치는 것 같았다. 어머니는 그냥 전화를 해서 사랑한다고 말해주고 싶었다고 했다. 오랜 기간 일요일 밤마다 나누던 그 수많은 통화와 별로 다를 것이 없었다.

새벽 2시에 다시 전화벨이 울리는 바람에 힐러리와 나는 잠이 깼다. 딕 켈리가 울고 있었다. "갔네, 빌." 어머니는 완벽하지만 몹시 피곤했던 한 주를 보낸 뒤 막 잠들었다가 그대로 세상을 뜬 것이다. 나도 이런 순간이 올 줄은 알았지만, 아직 어머니를 떠나보낼 준비가 되어 있지 않았다. 우리의 마지막 대화는 너무 일상적이었다. 한가한 잡담으로 가득했다. 우리는 서로 영원히 이야기를 나눌 수 있다고 생각하는 사람들처럼 이야기했다. 다시 어머니와 대화를 하고 싶었다. 그러나 내가 할 수 있는 일은 딕에게 그를 사랑한다고, 어머니의 말년을 행복하게 해주어서 고맙다고, 가능한 한 빨리 집으로 가겠다고 말하는 것뿐이었다. 힐러리는 내 말만 듣고도 무슨 일인지 알았다. 나는 힐러리를 끌어안고 울었다. 힐러리는 어머니가 삶을 사랑한 것에 대하여 뭔가 이야기를 했다. 순간 나는 어머니와 나누었던 통화가 어머니라면 마지막 대화로 선택했을 만한 것이었음을 깨달았다. 어머니는 언제나 죽음이 아니라 삶을 사랑했다.

　나는 동생에게 전화를 걸었다. 생각했던 대로 동생은 망연자실했다. 로저는 어머니를 숭배했다. 어머니가 결코 그를 포기하지 않았기 때문에 더욱 그랬다. 나는 로저에게 어머니를 위해서라도 버텨야 한다고, 스스로 인생을 계속 건설해나가야 한다고 말했다. 이어 나는 40년 이상 우리 삶의 일부였던 친구 패티 하우 크리너에게 전화를 했다. 나는 그녀에게 딕과 나를 도와 장례식 준비를 해달라고 말했다. 힐러리와 나는 첼시를 깨워 이야기를 해주었다. 첼시는 이미 외할아버지를 잃었다. 첼시와 어머니(첼시는 어머니를 진저라고 불렀다)는 부드럽고 친밀한 관계였다. 첼시의 공부방 벽에는 핫스프링스의 화가 게리 시먼스가 펜으로 그린 어머니의 초상화가 걸려 있었다. 제목은 '첼시의 진저Chelsea's Ginger'였다. 딸아이가 사랑하던 또 한 사람의 상실을 받아들이는 모습, 자신의 슬픔을 표현하면서도 평정을 유지하는 모습, 떠나보내면서도 계속 붙드는 모습은 감동적이었다. '첼시의 진저'는 지금도 차파쿠아의 첼시 방에 걸려 있다.

　아침에 우리는 어머니의 죽음을 알리는 보도자료를 내놓았다. 이 소식은 곧 언론에 보도되었다. 우연의 일치로 밥 돌과 뉴트 깅리치가 아침 뉴스 프로그램에 출연하고 있었다. 인터뷰를 하는 사람은 그 소식에도 별로 주춤거리지 않고 화이트워터에 대해 물었다. 돌은 독립변호사(특별검사와 거의 같은 의미로 쓰인다—옮긴이주)를 임명해야 할 필요가 있다고 대답했다. 나는 깜짝 놀랐다. 언론이나 정적들도 어머니가 세상을 뜬 날만큼은 휴전을 할 거라고 생각했기 때문이다. 그러나 돌은 몇 년 뒤에 나에게 사과를 해서 명예를 되찾았다. 그 무렵에는 나도 어느 정도 상황을 파악하고 있었다. 워싱턴의 최고 마약은 권력이었다. 권력은 감각을 둔하게 하고 판단을 흐리게 한다. 그렇다고 돌이 최악의 마약 복용자라는 말은 결코 아니다. 나는 그의 사과에 감동을 받았다.

그날 앨 고어는 나 대신 외교정책에 대해 연설을 하러 밀워키로 가고 나는 고향으로 갔다. 딕과 어머니의 집은 친구, 가족, 그리고 아칸소 사람들이 함께 슬픔을 달래기 위해 가져온 음식으로 가득했다. 우리는 모두 웃음을 터뜨리며 어머니 이야기를 했다. 다음 날 힐러리와 첼시가 도착했다. 바브라 스트라이샌드와 랠프 윌슨 등 아칸소 바깥에 사는 어머니의 친구들도 몇 명 왔다. 랠프 윌슨은 버펄로 빌스의 소유주로, 그 전해에 어머니가 빌스의 열렬한 팬이라는 것을 알고 슈퍼볼에 초대하기도 했다.

어머니의 친구들이 모두 들어갈 수 있을 만큼 큰 교회는 없었다. 그렇다고 어머니가 좋아하던 경마장에서 장례식을 열자니 너무 추웠다. 그래서 우리는 컨벤션센터를 이용하기로 했다. 프라이어 상원의원, 터커 주지사, 나의 대학 시절 룸메이트들을 포함하여 3,000명 정도의 조객이 와주었다. 대부분은 어머니가 오랜 세월에 걸쳐 만나고 사귀어온 소박한 노동자들이었다. 어머니의 '생일 클럽'의 여자들도 다 왔다. 각기 태어난 달이 다른 회원 12명이었다. 그들은 매달 점심을 먹으며 생일을 맞이한 사람을 축하해주곤 했다. 어머니가 세상을 뜨자, 그들은 어머니가 당부해놓은 대로 그 자리를 대신할 사람을 뽑았다. 그리고 모임 이름을 '버지니아 클린턴 켈리 생일 클럽'으로 바꾸었다.

존 마일스 목사가 장례식을 주관하며, 어머니를 '미국의 특산품'이라고 불렀다. "버지니아는 고무공 같은 사람이었습니다. 인생이 그녀를 짓누를수록 그녀는 더 높이 튀어올랐습니다." 존 목사는 문제가 생길 때마다 어머니의 입에서 바로 튀어나오던 답을 사람들에게 다시 한 번 일깨워주었다. "그건 제대로 달리는 말한테는 언덕이라고 할 수도 없어."

장례식에서는 어머니가 좋아하던 찬송가들을 불렀다. 우리 모두 '나 같은 죄인 살리신'과 '귀하신 주여, 내 손 잡으소서'를 불렀다. 한때 목소리를 완전히 잃었다가 '하나님으로부터' 목소리를 되찾은 어머니의 친구 맬비리 가일스가 한 옥타브 낮게 '주의 눈은 제비를 보네His Eye Is on the Sparrow'와 어머니가 제일 좋아하던 '나의 믿음 약하나A Closer Walk with Thee'를 불렀다. 오순절교회파 친구인 재니스 스요스트란드는 어머니가 나의 취임 예배 때 들었던 힘찬 찬송가 '거룩한 땅Holy Ground'을 불렀다. 내 뒤에 앉아 있던 바브라 스트라이샌드는 재니스의 노래를 듣다가 내 어깨를 치더니 놀랍다는 표정으로 고개를 설레설레 저었다. 예배가 끝난 뒤 그녀는 물었다. "저 여자가 누구고, 저 음악이 뭐지요? 정말 웅장했어요!" 바브라는 어머니의 장례식 음악에 영감을 받아 찬송가와 영가들을 모은 앨범을 만들었다. 이 앨범에는 어머니를 추모하여 만든 노래 '당신의 마음으로 이끄소서Leading with Your Heart'도 들어 있다.

장례식이 끝난 뒤, 우리는 어머니를 차에 모시고 고향 호프로 갔다. 가는 길 내내 사람들이 길가에 서서 경의를 표했다. 어머니는 외할아버지의 가게가 있던 곳 건너에 있는 공동묘지에 묻혔다. 어머니가 오래전에 정해놓은 곳으로, 조부모와 나의 친아버지 옆자리였다. 그날은 1월 8일, 어머니가 가족 외에 가장 좋아하던 남자 엘비스 프레슬리의 생일이었다.

우리는 시즐린 스테이크하우스에서 사람들을 대접한 후 차를 타고 공항으로 달려가 워싱턴으로 돌아왔다. 길게 애도할 여유가 없었다. 다시 통합을 위해 노력해야 했다. 나는 힐러리와 첼시를 내려주고 오래전부터 계획했던 유럽 순방에 나섰다. 러시아의 옐친에게 부담을 너무 많이 주지 않는 방식으로 중부 유럽 국가들에 나토의 문호를 개방하는 절차를 밟기 위해서였다. 나는 역사상 처음으로 단결되고, 자유롭고, 민주적이고, 안전한 유럽을 만들기 위해 할 수 있는 일을 모두 하기로 결심하고 있었다. 그러나 나토의 확대가 단순히 유럽의 새로운 분열을 동쪽으로 더 멀리 가져가는 결과를 낳지 않도록 조심해야 했다.

나는 브뤼셀의 시청에서 젊은 유럽인들에게 연설을 한 뒤 특별한 선물을 받았다. 벨기에는 색소폰의 발명가 아돌프 삭스(내가 가장 좋아하는 벨기에인이었다)의 사망 백주년을 기념하고 있었는데, 삭스의 고향 디낭트의 시장이 나에게 파리에서 만든 아름다운 셀머 테너 색소폰을 선물한 것이다.

다음 날 나토 지도자들은 우리가 나토의 확대를 이룩할 때까지 유럽의 새로운 민주 국가들과 미국의 안보협력 관계를 증진시키기 위한 나의 '평화를 위한 동반관계' 제안을 승인했다.

1월 11일, 나는 학생 때 처음 가본 뒤 꼭 24년 만에 프라하에 들러 바츨라프 하벨을 만났다. 작은 몸집에 부드럽게 이야기를 하는 하벨은 세계의 모든 자유 세력의 영웅으로, 눈이 춤을 추는 듯했고 신랄한 재치가 돋보였다. 그는 오랫동안 감옥 생활을 했는데, 그 시간을 이용하여 웅변적이고 도발적인 책들을 썼다. 그는 석방된 후 체코슬로바키아의 평화로운 벨벳 혁명을 이끌고, 한 나라에서 두 국가가 질서 있게 태어나는 과정을 지휘했다. 이제 그는 체코공화국의 대통령으로, 시장 경제를 성공시키고 나토 회원국으로서 안보를 보장받기 위해 노력하고 있었다. 하벨은 미국의 유엔 대사 매들린 올브라이트와 친한 친구 사이였다. 올브라이트 대사는 체코슬로바키아 출신으로, 하벨과 모국어로 이야기할 기회를 놓치지 않고 한껏 즐겼다.

하벨은 나를 그의 벨벳 혁명 지지자들의 본거지인 한 재즈 클럽으로 데려갔다. 악단이 두어 곡을 연주한 뒤 하벨이 나를 데리고 무대로 올라가 밴드를 만나게 해주고 색소폰을 선물했다. 이번에는 프라하에서 만든 것으로, 공산주의 시절 바르샤바조약기구에 소속된 모든 나라의 군악대에 색소폰을 공급하던 회사 제품이었다. 하벨은 나에게 밴드와 함께 연주해보라고 권했다. 우리는 '서머타임Summertime'과 '마이 퍼니 밸런타인My Funny Valentine'을 연주했다. 하벨도 탬버린을 들고 우리와 함께 즐겼다.

나는 모스크바로 가는 길에 키예프에 잠간 들러 우크라이나의 대통령 레오니드 크라프추크를 만났다. 그리고 다음 금요일이면 그와 옐친과 내가 서명하게 될 협정에 미리 감사했다. 그 협정은 우크라이나가 대륙간 탄도 미사일 176기와 미국을 겨냥하고 있는 1,500개 핵탄두를 폐기한다는 내용이었다. 우크라이나는 인구 6,000만 명의 큰 나라로 풍부한 잠재력을 가지고 있었다. 러시아와 마찬가지로 우크라이나 역시 어떤 종류의 미래를 원하는가 하는 문제를 놓고 씨름하고 있었다. 크라프추크는 핵무기를 없애는 문제로 의회에서 상당한 반대에 부딪혔기 때문에 나는 그를 지원하고 싶었다.

나는 모스크바에서 힐러리와 합류했다. 힐러리는 첼시도 데려왔다. 할머니가 세상을 뜬 직후라 첼시 혼자 놔두고 싶지 않았기 때문이다. 크렘린의 영빈관에 머물면서 한겨울의 모스크바를 보는 것도 어머니의 죽음으로부터 벗어날 수 있는 좋은 기회가 될 것 같았다. 옐친은 내가 얼마나 괴로운지 이해했다. 그 역시 얼마 전에 사랑하던 어머니를 잃었기 때문이다.

우리는 기회가 있을 때마다 거리에 나가 러시아 물건을 샀다. 작은 빵가게에서 빵을 사기도 했다. 나는 스탈린 시대에 파괴되었다가 완전히 복원된 카잔 성당에서 어머니를 위해 촛불을 켰다. 그리고 러시아정교회 총대주교에게 문병을 갔다. 1월 14일 크렘린의 상트게오르그 홀에서 인상적인 환영식을 가졌다. 상트게오르그 홀은 육중한 하얀 방으로, 높은 아치와 200년간의 러시아 전쟁 영웅들이 황금색으로 화려하게 새겨진 기둥을 자랑했다. 옐친과 나는 우크라이나 대통령 크라프추크와 함께 핵협정에 서명하고 경제와 안보 문제에 관해 대화를 나누었다.

그 뒤에 이어진 기자회견에서 옐친은 미국의 원조와 도쿄 G-7 회담에서 승인된 원조 계획, 다음 2년 동안 매년 10억 달러씩 더 지원한다는 계획, 미국이 러시아 생산품 5,000개에 대해 관세를 내리겠다는 결정에 감사했다. 그는 나토와 러시아 사이에 특별협력 협정을 만들어나가겠다는 나의 약속을 믿고 평화를 위한 동반관계를 조건부로 승인했다. 5월 30일에 양국의 핵미사일을 또 다른 나라에도 사용하지 않겠다고 합의한 것, 그리고 미국이 이후 20년에 걸쳐 러시아로부터 120억 달러 상당의 고농축 우라늄을 사들이기로 함으로써 그것이 무기로 만들어질 가능성이 사라진 것도 기쁜 일이었다.

나는 이런 조치들이 미국과 러시아 양쪽에 도움이 된다고 생각했으나, 이런 생각에 모두 동의한 것은 아니었다. 옐친은 새 국회와 약간의 문제가 있었다. 특히 전투적 민족주의자들로 이루어진 블라디미르 지리노프스키가 이끄는 상당한 규모의 세력과 관계가 좋지 않았다. 그들은 러시아를 영광의 제국 시절로 되돌리고 싶어 하고, 내가 러시아의 힘과 영향력을 약화시키려 한다고 믿었다. 나는 그들을 약간 밀어붙이기 위해, 러시아인은 과거가 아니라 미래와 관련하여 자신의 위대함을 규정해야 한다는, 내가 애용하던 구절을 되풀이했다.

기자회견 뒤 나는 오스탄키노 텔레비전 방송국에서 젊은이들과 함께 대표자 회의를 가졌다. 그들은 모든 쟁점들에 대해 질문을 던졌다. 미국 학생들이 러시아로부터 뭔가를 배울 수 있는지, 처음으로 대통령이 되겠다고 생각한 건 몇 살 때였는지, 내가 어떤 사람으로 기억되고 싶은지도 물었다. 나는 그 학생들을 보면서 러시아의 미래에 희망을 갖게 되었다. 그들은 똑똑하고, 이상주의적이고, 민주주의를 열렬히 지지했다.

유럽 순방은 성과를 거두었다. 더 안전하고, 더 자유로운 세계를 구축함으로써 미국은 큰 이익을 얻었다. 그러나 국내에서는 이런 것을 전혀 알지 못했다. 정치가들과 언론은 오직 화이트워터 이야기만 하고 싶어 했다. 심지어 출장 중에 나와 동행한 미국 기자들한테서도 그와 관련된 질문을 받았다. 출장을 떠나기 전에도 「워싱턴 포스트」와 「뉴욕 타임즈」는 공화당과 합세하여 재닛 리노에게 독립변호사를 임명하라고 요구했다. 그 몇 달 동안 새로 등장한 것이라곤 1993년 중소기업청 사취로 기소된 공화당원 데이비드 헤일의 발언으로, 그는 내가 자격도 없는 수잔 맥두걸에게 대출을 해주라고 압력을 넣었다고 주장했다. 하지만 나는 그런 적이 없었다.

만료된 구법에서나 국회가 고려하고 있는 신법에서나 독립변호사를 지명하는 기준은 비리에 대한 '믿을 만한 증거'였다. 「워싱턴 포스트」는 1월 5일자 사설에서 화이트워터에 독립변호사를 요구하면서도, "이 사건에서는 대통령이나 클린턴 부인이 비리를 저질렀다고 믿을 만한 증거가 드러나지 않았다"고 인정했다. 그럼에도 「워싱턴 포스트」는 공익이 독립변호사를 요구한다고 말했다. 맥두걸이 매디슨 신용금고(우리는 여기서 돈을 빌린 적이 없다)를 매입하기 전 화이트워터 부동산 거래(우리는 손해를 보았다)에서 나와 힐러리와 동업을 했기 때문이라는 것이었다. 우리가 금전 손실에 대하여 완전한 세금 공제를 받지 않은 것처럼 보였다는 점이 더 큰 문제가 되었다. 아마 손해본 돈 때문에, 빌리지도 않은 대출금 때문에, 받지도 않은 세금 공제 때문에 한 정치가에 대한 모욕의 불길이 이렇게 거세게 일어난 것은 역사상 처음 있는 일일 것이다. 「워싱턴 포스트」는 법무부 수뇌부가 대통령이 임명한 사람들이기 때문에 그들에게 나의 조사를 맡길 수도 없고, 나아가 다른 사람이 나를 조사하는 문제에 대한 결정을 맡길 수도 없다고 말했다.

독립변호사법은 닉슨 대통령이 워터게이트 특별검사 아치볼드 콕스를 해임하자 이에 대응하여 생겨났다. 콕스는 닉슨의 법무장관이 임명했으며, 따라서 해임이 가능한 행정부 직원이었다. 그러나 국회는 대통령과 그의 주요 임명자들의 비리 혐의에 대한 독립적인 수사의 필요성을 인식하면서도, 동시에 엄청난 자원을 가진 책임 없는 검사에게 무제한으로 권력을 부여하는 일의 위험 역시 인식했다. 그래서 이 법이 비리에 대한 믿을 만한 증거를 요구하게 된 것이다. 그런데 이제 언론은 그러한 증거가 없는데도 대통령과 관련되었던 사람이 조사받을 때마다 대통령이 독립변호사 임명에 동의해야 한다고 주장하고 있었다.

레이건-부시 시절에 독립변호사에 의해 중죄 판결을 받은 사람은 26명 이상이었다. 이란-콘트라 검사 로런스 월시는 7년간 조사를 하고, 레이건 대통령이 니카라과 반군에게 무기 불법 판매를 승인했다고 존 타워 상원의원의 위원회가 결론을 내린 뒤에 마침내 캐스퍼 웨인버거를 비롯한 6명을 기소했다. 그러나 부시 대통령은 그들을 사면했다. 대통령이 취임 전에 했던 활동에 대하여 독립변호사가 수사를 한 경우는 카터 대통령이 유일하다. 그는 카터 형제가 소유한 땅콩 창고에 대한 대출금이 논란의 대상으로 떠오르자 조사를 받았다. 대통령이 요청한 특별검사는 6개월 만에 수사를 끝내고 카터 형제의 혐의를 벗겨주었다.

내가 모스크바에 있는 동안 민주당 상원의원 몇 명과 카터 대통령은 비리에 대한 믿을 만한 증거에 준하는 이유를 대지도 못하면서 공화당과 언론에 합세하여 독립변호사를 요구했다. 사실 그 민주당 의원들 대부분은 화이트워터에 대해 아무것도 몰랐다. 그들은 그저 민주당 대통령이 조사를 받는 것에 자신이 반대하지 않는다는 것을 보여주고 싶어 안달할 뿐이었으며, 「워싱턴 포스트」나 「뉴욕 타임즈」와 다른 편에 서고 싶지 않았을 뿐이었다.

어쩌면 그들은 재닛 리노에게 문제를 신속하게 처리할 만한 전문적인 검사를 임명하는 일을 맡기는 것이 좋다고 생각했을지도 모른다. 어쨌든 분명한 건 우리 역시 어떻게든 대처를 해야 한다는 사실이었다. 로이드 벤슨의 말을 빌리자면 '종기를 째야' 했던 것이다.

나는 모스크바에 도착하여 참모진과 데이비드 켄달, 그리고 아직 워싱턴에 있던 힐러리와 전화로 대책을 논의했다. 데이비드 거건, 버니 너스봄, 켄달은 독립변호사를 요청하는 데 반대했다. 그럴 만한 근거가 없으며, 운이 나쁘면 부도덕한 검사가 끝도 없이 파행적인 수사를 진행할 수도 있다는 이유였다. 게다가 수사가 조금만 시간을 끌면 우리는 파산을 하고 말 것이 분명했다. 나는 현대 역사에서 재산이 가장 적은 대통령이었다. 국회 워터게이트 조사에서 힐러리와 함께 일했던 세계 수준의 법률가 너스봄은 특별검사에 완강하게 반대했다. 그는 그것이 '악한 제도'라고 말했다. 책임을 지지 않는 검사에게 무슨 일이든지 할 수 있는 능력을 부여한다는 것 때문이었다. 너스봄은 내가 가진 모든 것을 동원해 특별검사에 저항하는 것이 대통령의 의무이자 나 개인의 의무라고 말했다. 그는 또 「워싱턴 포스트」가 법무부 조사를 경멸한 것에 대해 아무런 근거가 없다고 지적했다. 내 기록을 검토하는 법무부의 전문적인 검사는 부시 대통령이 지명한 사람이었기 때문이다.

거건도 동의했다. 그러나 그는 우리의 모든 자료를 「워싱턴 포스트」에 넘겨야 한다고 강력하게 주장했다. 마크 기어런과 조지 스테파노폴로스도 마찬가지였다. 거건의 말에 따르면, 워터게이트로 이름을 떨쳤던 「워싱턴 포스트」의 편집국장 렌 다우니는 우리가 뭔가 감추고 있다는 의혹을 품고 있었다. 「뉴욕 타임즈」도 그렇게 생각하는 것 같았다. 거건은 독립변호사의 압력을 줄일 수 있는 유일한 방법은 자료를 제출하는 것이라고 생각했다.

그러나 너스봄, 켄달, 브루스 린지 등 변호사들은 모두 자료 제출에 반대했다. 우리는 자료가 나오는 대로 법무부에 제출하기로 약속하긴 했지만, 기록이 불완전했고 여러 곳에 흩어져 있어 지금도 정리를 하는 중이었다. 그들은 우리가 질문에 답을 못하거나 자료를 제출하지 못하면 그 즉시 독립변호사를 요구할 것이라고 말했다. 다른 한편에서는 빈정거림과 추측으로 가득 찬 나쁜 기사들이 잔뜩 쏟아져나올 것이 뻔하다는 것이었다.

조지 스테파노풀로스와 1월에 비서실 차장으로 일하게 된 해럴드 이케스를 비롯한 나머지 비서진은 민주당 의원들이 최소 저항의 길을 택했기 때문에 특별검사는 불가피하다고 보았다. 따라서 우리도 그냥 특별검사를 요청해야만 다시 국민의 일로 돌아갈 수 있다고 말했다. 나는 힐러리에게 의견을 물었다. 힐러리는 특별검사를 요청하는 것은 기본적으로 비리에 대해 믿을 만한 증거를 요구하는 기준을 무시하고 광분한 매체에 굴복해버리는 것으로 아주 나쁜 선례를 남기겠지만, 결국은 내가 결정할 문제라고 말했다. 힐러리가 내 참모진과 싸우는 데 지쳤다는 것을 알 수 있었다.

나는 전화 회의에 참가한 모든 사람에게 말했다. 나는 잘못한 것이 없기 때문에 수사는 걱정하지 않는다, 힐러리도 나도 자료를 제출하는 것에 반대하지 않는다고. 사실 우리는 선거운동 이래 무책임한 수많은 화이트워터 기사들을 견디어왔다. 나의 본능적 선택은 기록을 공개하고 검사와 싸우는 것이었으나, 그 반대로 하자고 합의를 보면 또 그것에 맞추어 살아갈 수도 있었다.

너스봄은 괴로워했다. 누가 독립변호사로 임명되든 아무것도 없으면 약이 오를 것이고, 그럴 경우 내가 아는 누군가가 잘못을 했다는 증거를 찾아낼 때까지 계속 수사를 확대할 게 뻔하다고 보았기 때문이다. 그는 만일 내가 이 문제에 어떤 식으로든 대처해야 한다고 느낀다면, 그냥 자료를 언론에 쏟아버리고, 심지어 상원 법사위원회에서 증언을 하겠다는 제안까지 하라고 했다. 스테파노풀로스는 그것이 언론의 집중 조명을 받을 것이라며 끔찍한 발상이라고 생각했다. 그는 리노가 언론을 만족시킬 독립변호사를 임명할 것이고, 그러면 몇 달이면 모든 일이 끝날 것이라고 말했다. 너스봄은 동의하지 않았다. 만일 국회가 새로운 독립변호사법을 통과시키고 내가 약속한 대로 거기에 서명을 하면, 워싱턴 항소법원의 판사들은 새로운 검사를 임명할 것이고, 모든 일이 처음부터 다시 되풀이될 것이라는 얘기였다. 너스봄의 말에 스테파노풀로스는 화가 나서 말했다. 너스봄은 과대망상증이 있으며 그런 일은 절대 일어나지 않을 것이라고. 너스봄은 렌키스트 대법원장이 재판부를 임명할 것이며, 이 재판부는 보수적인 공화당원들이 지배할 것임을 알고 있었다. 그는 스테파노풀로스가 격분하는 것을 보고 신경질적으로 웃음을 터뜨리며, 두 번째 특별검사가 나올 확률은 50 대 50일지도 모른다고 물러섰다.

조금 더 토론을 한 뒤, 나는 힐러리, 데이비드 켄달 두 사람하고만 이야기를 하겠다고 말했다. 나는 그들에게 특별검사를 받아들이자는 참모진의 합의에 따라 움직여야 할 것 같다고 말했다. 나에게는 숨길 것이 없는데도, 이 소동 때문에 국회와 나라의 관심이 더 큰 의제에서 벗어나고 있었다. 다음 날 백악관은 재닛 리노에게 특별검사 임명을 요청했다. 나는 그에 맞추어 살아갈 수도 있다고 말했지만, 하마터면 살아남지 못할 뻔했다.

그것은 내가 대통령으로서 내린 최악의 결정이었다. 사실에도 어긋났고, 법에도 어긋났고, 정치에도 어긋났고, 대통령직과 헌법에도 어긋났다. 어쩌면 완전히 지친데다 어머니를 잃은 슬픔까지 겹쳐 그런 결정을 내렸는지도 모르겠다. 어머니의 장례식이 끝나자마자 부랴부랴 달려와서 해야 했던 일만으로도 내가 가진 집중력은 다 소진되고 말았던 것이다. 나는 기록을 다 공개하고, 특별검사 요구에 저항하고, 설명을 원하는 모든 민주당 의원들에게 자세하게 얘기해주고, 그들의 지지를 요청했어야 했다. 물론 그렇게 해도 달라질 것은 없었는지도 모른다. 사실 당시에 나는 그 일을 걱정하지 않았다. 나 자신이 법을 어긴 적이 없다는 것을 알고 있었고, 언론이 원하는 것은 진실이라고 여전히 믿고 있었기 때문이다.

일주일이 안 되어 재닛 리노는 뉴욕의 공화당계 검사 출신 로버트 피스크를 특별검사로 임명했다. 가만히 일을 맡겨놓았다면 그는 적당한 때에 수사를 마무리지었을 것이다. 그러나 피스크는 수사를 마무리지을 수가 없었다. 어쨌든 당시에 특별검사에 동의한 것은 감기에 걸렸을 때 아스피린을 먹는 것과 같았다. 아스피린은 일시적으로 통증을 덜어준다. 그러나 정말 일시적일 뿐이다.

러시아에서 미국으로 돌아오는 길에, 나는 벨로루시에 잠깐 들렀다가 제네바로 날아갔다. 시리아의 아사드 대통령을 만나기 위해서였다. 그는 총명하지만 무자비한 사람으로, 적에게 본보기를 보인다고 마을 전체를 쓸어버린 일도 있었다. 그가 중동의 테러 그룹들을 지원하는 바람에 시리아와 미국의 관계는 소원해져 있었다. 아사드는 시리아를 떠나는 일이 거의 없었다. 밖으로 나오는 경우는 외국 지도자를 만나러 제네바에 올 때뿐이었다. 나는 아사드 대통령을 만났을 때 그의 지성에 강한 인상을 받았다. 그는 20년도 더 지난 사건들을 아주 자세히 기억하고 있었다. 아사드는 긴 회의로 유명했다. 그는 쉬지 않고 예닐곱 시간이라도 회의를 할 수 있는 사람이었다. 하지만 나는 피곤했고 졸지 않기 위해 계속해서 커피와 차, 물을 마셔야 했다.

다행히도 회의는 몇 시간 만에 끝났다. 나는 토론을 통해 내가 원하던 두 가지를 얻었다. 아사드는 처음으로 이스라엘과 평화를 이루고 정상적인 관계를 수립할 의사가 있다고 분명하게 밝혔다. 나아가 중동 전체에 평화가 오면 레바논에서 시리아군을 철수시키고 레바논의 독립을 존중하겠다고 약속했다. 회담의 성공은 단지 우리 두 사람이 친해졌기 때문만은 아니었다. 아사드는 구소련으로부터 경제적 지원을 많이 받았다. 그런데 이제 그것이 사라졌기 때문에 서방과 접촉할 필요가 있었다. 그렇게 하려면 그 지역에서 테러를 지원하는 일을 중단해야 했다. 만일 이스라엘로부터 1967년 전쟁에서 그가 잃었던 골란 고원을 돌려주겠다는 약속을 얻어낼 수 있다면, 그 일은 쉬워질 것 같았다.

나는 워싱턴으로 돌아왔다. 모든 일이 동시에 일어나는 전형적인 워싱턴의 나날이 시작되었다. 1월 17일에는 로스앤젤레스에서 미국 역사상 가장 피해가 큰 지진이 일어났다. 주택, 병원, 학교, 사업체는 수십억 달러의 피해를 보았다. 나는 19일에 연방재난관리청FEMA 책임자인 제임스 리 윗과 피해 상황을 살펴보러 갔다. 주간州間 간선도로가 완전히 끊어진 곳을 보기도 했다. 20일에 나는 버뱅크의 한 격납고에서 거의 모든 각료들과 함께 딕 리오던 시장을 비롯해 캘리포니아 주 및 지방자치단체 지도자들을 만나 비상사태에 대처할 계획을 짜기 시작했다. 놀라운 협조 덕분에 짧은 시간 내에 금방 복구될 수 있었다. 주요 고속도로는 석 달 만에 다시 건설되었다. 연방재난관리청은 60만 가구와 사업체에 자금을 지원했다. 수천 가구와 사업체가 중소기업청에서 대출을 받아 재건에 나섰다. 전체 사업에 들어간 직접 지원금만 해도 160억 달러 이상이었다. 나는 캘리포니아 사람들 때문에 마음이 편치 않았다. 그들은 불황과 방위산업 축소에 따른 충격을 견뎌야 했고, 엄청난 화재로 고통을 겪었으며, 이제는 지진까지 당했다. 지방 공무원은 이제 메뚜기떼가 몰려오기를 기다리는 중이라고 농담을 했다. 그의 유머감각에 나는 테레사 수녀가 했던 유명한 말이 떠올랐다. "하나님은 절대 내가 감당 못할 짐을 주시지 않는다. 하지만 가끔은 하나님이 내 힘을 과신하지 않기를 바란다." 나는 워싱턴으로 돌아와 래리 킹과 취임 1주년 기념 인터뷰를 했다. 나는 힘들 때에도 나의 일이 좋다고 말했다. 결국 나는 즐기자고 대통령을 하는 게 아니라 나라를 바꾸자고 대통령을 하는 것 아닌가.

며칠 뒤, 아사드 대통령이 자신의 후계자로 키우던 장남을 자동차 사고로 잃었다는 소식을 들었다. 조의를 표하려고 전화를 했을 때 아사드는 무척 상심해 있었다. 세상에서 가장 슬픈 일은 자식을 잃는 것이라는 말이 떠올랐다.

그 주에 나는 국방부 부장관 빌 페리를 레스 애스핀의 후임자로 임명했다. 애스핀은 블랙호크 추락 사건이 발생하고 얼마 지나지 않아 장관직을 사임했다. 그 뒤에 우리는 국방장관 후보를 샅샅이 찾아보았으나 쉽지 않았다. 최선의 후보는 바로 우리 눈앞에 있었던 셈이다. 페리는 국방 관련 조직들을 이끌었고, 수학 및 공학을 가르치는 교수였다. 국방부에서도 스텔스 기술을 지원하고, 정부 조달 과정을 개혁하며, 현실적 예산을 수립하는 등 뛰어난 업적을 남겼다. 그는 조용조용하게 말을 하는 겸손한 사람이었다. 그러나 그 뒤에는 놀라운 강인함이 감추어져 있었다. 그는 내가 임명한 최고의 장관 중 한 사람으로 손꼽히며, 조지 마셜 장군 이래 가장 훌륭한 국방 장관이라는 평가도 받게 된다.

1월 25일에 연두교서를 발표했다. 이것은 대통령이 한 시간 동안 여과 없이 미국 국민들에게 말할 수 있는, 1년에 한 번밖에 없는 기회였다. 이 기회를 최대한 활용하고 싶었다. 우선 어머니보다 하루 먼저 세상을 떠난 하원의장 팁 오닐에게 조의를 표한 다음, 1993년에 의회가 이룩한 일을 길게 나열하고 나서 몇 가지 이야기를 덧붙였다. 경제가 일자리를 만들어내고 있다, 주택 대출 이자율이 낮아져 수백만의 미국인들이 돈을 절약했다, 미국 국민 가운데 소득세가 늘어난 사람은 1.2퍼센트에 불과하다, 적자는 이전에 예측했던 것보다 40퍼센트 낮아질 것이다, 연방 직원은 내가 약속했던 10만 명이 아니라 25만 명 이상 줄이겠다고 말이다.

나머지 시간은 1994년의 의제들을 제시하는 데 할애했는데, 먼저 교육 문제부터 이야기했다. 나는 GOALS 2000 프로그램을 통과시켜줄 것을 요청했다. 이것은 학교 선택, 차터스쿨(자립형 학교―옮긴이주), 2000년까지 모든 학교를 인터넷에 연결시키는 등의 개혁을 통해, 공립학교들이 주지사들과 부시 행정부가 국가에 제시한 전국적인 교육 목표에 도달하도록 돕기 위한 것이었다. 또한 학교들이 목표를 향해 얼마나 나아갔는지를 옛날 방법으로, 그러니까 학생들이 알아야 할 것들을 배우고 있는지 확인함으로써 측정하기 위한 것이었다.

나는 일자리를 창출하는 신기술과 방위산업 전환 계획에 좀더 많이 투자해줄 것을 요청했다. 또 범죄 법안의 통과와 공격용 무기의 규제를 촉구했다. 그리고 안전하게 마시는 물 법, 다시 살려낸 맑은 물 법, 개혁된 슈퍼펀드 프로그램 등 환경법 세 가지를 홍보했다. 슈퍼펀드란 공공과 민간이 손을 잡고 오염된 곳들을 청소하는 제휴 사업이었다. 오염된 곳이 그대로 방치되면 환경이 더러워지고, 달리 이용할 수도 없으며, 건강에도 위험했다. 이것은 나와 앨 고어에게 중요했다. 우리는 물러날 때까지 레이건과 부시 행정부 시절에 청소한 것보다 세 배나 많은 슈퍼펀드 현장을 청소했다.

이어 나는 국회에 1994년에는 복지제도 개혁안과 의료제도 개혁안을 통과시켜달라고 요청했다. 자식을 위한 건강보험을 얻는 유일한 방법이기 때문에 복지제도에 의존하는 사람이 100만 명에 달했다. 이 사람들이 복지제도에서 벗어나 건강보험 혜택이 없는 저임금 일자리를 찾아갈 경우, 그들 자신은 건강보험의 혜택을 받지 못하면서도 복지제도에 의존하는 사람들에 게 건강보험을 제공하는 메디케이드 프로그램을 지원하기 위해 세금을 내 는 어처구니없는 상황에 처하게 된다. 매년 어느 시점에 가면 거의 6,000만 명의 미국인들이 건강보험의 혜택을 받지 못하는 상태에 놓인다. 8,000만 명이 넘는 미국인들이 보험 가입 이전의 '선재 조건'으로 분류되는 병을 앓 고 있다. 이 경우 보험혜택을 계속해서 받으려면 보험료를 더 내야 하며, 일 자리를 바꾸면 보험혜택을 받지 못하는 경우가 많다. 미국인 4명당 3명은 '평생 한계'가 있는 보험을 들고 있다. 즉 보험에서 처리해주는 의료비용 총 액이 한정되어 있다는 뜻인데, 이럴 경우 가장 필요할 때 보험의 혜택을 받 지 못하는 일이 생기기 십상이다. 현재의 의료제도는 소기업에도 피해를 준 다. 그들이 내는 보험료는 대기업이나 정부에 비해 35퍼센트나 높다. 점점 더 많은 미국인들이 의료비용을 지원받기 위해 사설 건강관리기관에 가입 하는데, 여기서는 환자가 의사를 마음대로 선택하지 못하고, 의사가 치료 방법을 마음대로 선택하지도 못하며, 의료 전문가들이 환자보다는 서류 작 업에 더 많은 시간을 들이도록 강요한다. 이 모든 문제는 한 가지 근본적인 사실에 뿌리를 두고 있다. 미국 건강보험의 보장 패턴이 누더기를 기워놓은 것 같고, 이것을 보험회사들이 좌지우지하기 때문이다.

나는 국회를 향해 이런 건강보험 체계를 바꾸는 것이 얼마나 어려운지 잘 알고 있다고 말했다. 루스벨트, 트루먼, 닉슨, 카터가 모두 시도를 했지 만 실패했다. 트루먼은 지지율이 30퍼센트 이하로 떨어졌고, 공화당이 국회 를 통제하게 되면서 대통령직을 잃을 뻔했다. 이런 일이 생긴 것은 많은 문 제들에도 불구하고 대부분의 미국인들이 어떤 식으로든 보험 혜택을 받고, 자신의 의사와 병원을 좋아하고, 우리에게 훌륭한 의료체계가 있다고 생각 하기 때문이다. 이런 상황은 지금도 변함이 없다. 현재와 같은 의료비용 부 담 방식에서 이익을 챙기는 사람들은, 의료제도의 잘못된 점을 고치려는 사 람들이 아무 문제 없이 운영되고 있는 것을 망가뜨리려 한다고 국회와 국민 을 향해 주장하는 데 엄청난 돈을 쓰고 있다.

나의 주장은 한 가지만 빼고는 효과가 있었던 것 같다. 나는 의료제도 개혁과 관련된 대목 말미에 가서 펜을 하나 집어들고, 모든 미국인들에게 건강보험을 보장하지 않는 법안에는 이 펜으로 거부권을 행사하겠다고 말했다. 내가 그렇게 한 것은 나의 자문 두어 명이 내가 타협하지 않겠다는 태도를 확실하게 보여주지 않으면 사람들이 신념의 강도를 느끼지 못할 것이라고 조언했기 때문이다. 그러나 그 행동은 국회에 있는 내 정적들을 불필요하게 자극했다. 정치의 요체는 타협이다. 사람들은 대통령이 그들을 위해 젠체하기를 바라는 것이 아니라 싸움에서 이기기를 바란다. 의료제도 개혁은 올라갈 산 중에서도 가장 힘든 산이었다. 타협 없이, 혼자서 그 일을 이루어낼 수는 없었다. 그러나 결과적으로 보면 이 실수가 그렇게 중요한 것은 아니었다. 밥 돌이 의료제도 개혁안은 어떤 것이든 다 죽이겠다고 결심했기 때문이다.

단기적으로 연두교서는 나의 의제에 대한 대중적 지지를 극적으로 높여주었다. 뉴트 깅리치가 나중에 나한테 한 말에 따르면, 그는 그 연설을 들은 뒤 하원의 공화당 의원들에게 이렇게 말했다고 한다. "만일 대통령이 국회의 민주당 의원들을 설득하여 그의 제안을 실행에 옮기면, 민주당은 장기간 다수당이 될 것이다." 깅리치는 물론 그런 사태를 원치 않았다. 따라서 밥 돌과 마찬가지로 중간 선거 전에 그런 일이 일어나는 것을 막으려고 노력한다.

1월 마지막 주에 우리는 아일랜드공화국군IRA의 정치 조직인 신페인당의 지도자 게리 애덤스에게 비자를 내주는 문제로 외교정책팀과 열띤 토론을 벌였다. 미국은 아일랜드 분쟁을 일으키고 있는 양편 모두에게 큰 의미가 있었다. 아일랜드공화국군의 열렬한 미국인 지지자들은 오랫동안 그들의 폭력 활동에 자금을 대주었다. 신페인당은 미국의 아일랜드계 가톨릭교도 사이에 많은 당원을 거느리고 있었다. 그들은 테러는 거부했지만, 그들과 같은 종교를 가진 사람들이 차별받지 않기를 바랐고, 북아일랜드에 가톨릭교도도 참여하는 정치적 자치가 이루어지기를 바랐다. 영국과 아일랜드 신교도 역시 미국 내에 지지자들을 거느리고 있었다. 그들은 신페인당이 아일랜드공화국군과 연결되어 있다는 이유로 우리가 그들과 접촉하는 것에 반대했다. 그들은 미국이 가장 강력한 동맹자인 영국 일에 간섭할 이유가 없다고 생각했다. 나의 전임자들에게는 그런 주장이 먹혀들었다. 북아일랜드 가톨릭교도의 정당한 불만에 공감하던 대통령들 역시 마찬가지였다. 그러나 이제 원칙선언이 나왔기 때문에 그런 태도를 바꾸어야 했다.

영국은 이 선언에서 처음으로 북아일랜드의 지위를 그 국민의 희망에 따라 결정하겠다고 약속했다. 아일랜드는 주민 다수가 그 지위를 바꾸는 데 찬성할 때까지는 북부의 6개 카운티에 대한 오랜 소유권 주장을 철회하겠다고 했다. 좀더 온건한 통일당원들과 아일랜드 민족주의 정파들은 조심스럽게 협정을 지지했다. 극단적인 민주통일당 지도자 이안 페이슬리 목사는 그 협정에 격분했다. 게리 애덤스와 신페인당은 이 원칙에 평화과정과 신페인당의 참여 방식에 대해 구체적인 이야기가 없기 때문에 실망했다고 말했다. 이런 모호한 반응에도 불구하고 평화를 위해 일하자는 영국과 아일랜드 정부의 요청에 모든 정파가 압박감을 느끼는 것만은 분명했다.

선언이 발표된 시점부터 미국 내 애덤스의 동맹자들은 나에게 그의 미국 방문 비자를 발급해달라고 요청했다. 그렇게 하면 애덤스가 높아진 위상과 능력으로 평화과정에 개입하고, 동시에 아일랜드공화국군에게도 폭력을 중단하라고 압력을 넣을 수 있다는 것이었다. 비폭력적인 활동을 유지해온 온건한 사회민주노동당 지도자 존 흄은 애덤스에게 비자를 내주는 문제에 대한 자신의 입장이 바뀌었다고 말했다. 이제 그것이 평화과정을 촉진할 수 있다고 생각한다는 뜻이었다. 아일랜드계 미국인 활동가들 다수도 동의했다. 1992년에 우리와 아일랜드계 미국인 공동체 사이의 연락을 맡아주었던 내 친구 브루스 모리슨, 아일랜드 대사 진 케네디 스미스도 같은 생각이었다. 국회에서는 그의 형제 테드 케네디를 비롯하여 크리스 도드, 팻 모이니헌, 존 케리 등의 상원의원, 피터 킹, 톰 맨턴 등의 하원의원도 그런 입장을 지지했다. 오래전부터 아일랜드 문제에 적극적이던 하원의장 톰 폴리는 비자 발급에 강력한 반대 입장을 고수했다.

1월 초, 아일랜드의 총리 앨버트 레이놀즈는 애덤스가 존 흄과 마찬가지로 평화를 위해 일하고 있기 때문에 자신도 이제 비자 발급에 찬성한다고 말했다. 그는 비자 발급을 통해 애덤스에게 힘이 생기면 아일랜드공화국군을 폭력으로부터 떼어내 평화과정으로 끌어들일 수 있으리라 생각했던 것이다. 하지만 영국 정부는 여전히 비자 발급에 강력하게 반대했다. 아일랜드공화국군의 오랜 테러의 역사 때문이기도 했고, 애덤스가 폭력을 포기하지도, 원칙선언을 문제 해결의 기초로 받아들이지도 않았기 때문이었다.

나는 앨버트 레이놀즈에게, 애덤스가 미국에서 연설을 해달라는 공식 초청을 받으면 비자를 고려해보겠다고 말했다. 그 직후 애덤스는 한 미국 외교정책 집단이 뉴욕에서 여는 평화 회의에 다른 북아일랜드 정당 지도자들과 함께 참석해달라는 초청을 받았다. 이로써 비자 문제가 전면에 등장하게 되었다. 이것은 나의 외교정책 자문들이 합의에 이르지 못했던 첫 번째 중요한 문제이기도 했다.

워런 크리스토퍼와 국무부는 영국 대사 레이 시츠와 더불어 비자 발급에 강력하게 반대했다. 비자를 발급하면 아직 애덤스가 폭력을 포기하지 않았기 때문에 우리가 테러에 유화적인 것처럼 보일 것이며, 세계에 자랑하는 영국과의 '특별 관계'에도 회복할 수 없는 상처를 주어 보스니아를 비롯한 중요한 문제에서 영국의 협력을 얻을 수 없을 것이라고 했다. 법무부, 연방 수사국, 중앙정보국도 국무부와 입장이 같았다. 그들의 일치된 의견은 큰 무게를 지닐 수밖에 없었다.

국가안보회의에서는 세 사람이 아일랜드 문제를 다루고 있었다. 토니 레이크, 국가안보회의 실무 책임자 낸시 서더버그, 유럽문제 전문가 제인 홀 육군 소령 등이었다. 그들은 내 지원을 받아 비자 문제를 독립적으로 바라보면서, 피터 타노프 차관과 협력하여 국무부와 의견을 통일하기 위해 노력했다. 국가안보회의팀은 애덤스가 아일랜드공화국군 폭력 중단, 신페인당의 평화과정 완전 참여, 북아일랜드의 민주적 미래를 지지한다고 확신하게 되었다. 그들의 분석은 설득력이 있었다.

아일랜드는 경제적으로 번영을 구가하기 시작했고, 유럽 전체가 더 큰 경제적·정치적 통합으로 나아가고 있었다. 또 아일랜드인의 테러에 대한 관용도 많이 사라졌다. 그러나 아일랜드공화국군은 깨뜨리기 힘든 단단한 호두 같았다. 거기에는 영국과 얼스터통일당에 대한 증오로 평생을 살아온 완강한 사람들이 가득했다. 그들에게 평화 공존이나 계속 영국의 일부로 남는다는 것은 저주와 다름없었다. 북부 카운티들의 경우 신교도가 구교도보다 10퍼센트 정도 더 많았는데, 원칙선언에 따르면 아일랜드와 영국이 다수의 지배에 기초한 민주주의적 미래를 약속하고 있었기 때문에, 북아일랜드는 당분간 영국의 일부로 남게 될 가능성이 많았다. 애덤스는 그 점을 이해했지만, 테러가 승리를 안겨주지 못한다는 것도 잘 알았다. 가톨릭교도에 대한 차별과 소외가 중단되고, 아일랜드공화국군도 폭력을 중단하길 바란다고 말했을 때 그는 진심을 드러낸 것 같았다.

국가안보회의는 이런 분석에 기초하여 비자를 발급하기로 결정했다. 그래야 신페인당과 아일랜드공화국군에서 애덤스의 영향력이 커지고, 그와 더불어 미국의 영향력도 커질 수 있기 때문이었다. 이 점은 중요했다. 아일랜드공화국군이 폭력을 중단하지 않고 신페인당이 평화 협상에 참여하지 않는다면, 아일랜드 문제도 해결될 수 없었기 때문이다.

회의가 며칠 앞으로 다가왔는데도 논쟁은 계속되었다. 영국 정부와 국회 내의 애덤스 동맹자들과 아일랜드계 미국인 공동체도 논쟁의 열기에 부채질을 했다. 나는 양쪽 이야기에 신중하게 귀를 기울였다. 비자를 내주지 말라는 워런 크리스토퍼의 감동적인 호소도 들었고, 아일랜드 사람들이 평화를 위해 모험을 하니 자신도 모험을 해야 한다는 애덤스의 메시지도 들었다. 낸시 서더버그는 애덤스가 평화과정에 진지한 태도를 보이고 있으며, 현재 그가 신페인당과 아일랜드공화국군 내부에서 자기 위치에 영향을 미칠까봐 전처럼 폭력으로부터 물러나고 싶은 욕구를 더 강력하게 말하지 못한다는 분석에 근거하여 비자 문제에 대해 찬성하는 쪽으로 입장을 바꾸었노라고 말했다. 낸시는 선거운동 때부터 나에게 외교정책에 관해 조언을 했으며, 나는 그 과정에서 그녀의 판단을 매우 존중하게 되었다. 토니 레이크가 그녀에게 동의한다는 것도 주목할 만한 점이었다. 그는 나의 국가안보보좌관으로서, 비자 문제로 악영향을 받을 수 있는 많은 쟁점들에 대해 영국인과 이야기를 해야 할 입장이었다. 그는 또 이 결정이 테러와 싸우는 우리의 전체적인 노력에서 갖는 의미도 이해하고 있었다. 고어 부통령 도 결정이 내려지는 더 큰 맥락을 분명하게 이해하고 비자 발급에 찬성했다. 나는 비자를 발급하기로 결정했다. 그러나 애덤스가 미국에 체류하는 3일 동안 모금을 하거나 뉴욕 밖으로 나가지는 못하게 제한했다.

영국은 격분했다. 그들은 애덤스를 입만 나불거리는 사기꾼이며 폭력 (마거릿 대처 암살 기도를 비롯하여, 이미 아이들, 공무원, 왕족, 그리고 영국의 인도 통치의 마지막 과정을 감독했던 로드 마운트배튼 등 수천 명의 영국 국민의 목숨을 앗아간 폭력)을 포기할 생각이 없는 사람으로 보았다. 통일당 쪽에서는 애덤스가 온다는 이유로 회의를 보이콧했다. 존 메이저는 며칠 동안 내 전화도 받지 않았다. 영국 언론에는 내가 양국의 특별한 관계를 해쳤다는 기사와 칼럼이 넘쳐났다. 기억에 남을 만한 머리기사도 있었다. '징그러운 뱀 애덤스가 양키에게 독을 내뿜다.'

일부 언론에서는 내가 비자를 내준 것이 아일랜드계 미국인의 표를 의식했기 때문이며, 메이저가 선거운동에서 부시 대통령을 도와주려 한 것에 대해 내가 아직 화가 풀리지 않았기 때문이라고 분석했다. 그것은 사실이 아니었다. 나는 영국인들이 생각하는 것처럼 메이저에게 화가 난 적이 없었으며, 오히려 원칙선언을 통해 정치생명을 내건 그를 존경했다. 그는 의회에서 아슬아슬하게 과반수를 유지하고 있었기 때문에 그것을 유지하려면 아일랜드 통일당의 표가 필요했던 상황임에도 모험을 한 것이다. 나아가 나는 미국 국민과 마찬가지로 테러리즘을 경멸했다. 정치적으로 보자면 그 결정에는 얻는 것보다 잃는 것이 훨씬 많았다. 내가 비자를 발급한 것은 그것이 폭력을 끝내기 위해 우리가 할 수 있는 최선의 행동이었기 때문이다. 나는 이츠하크 라빈의 격언을 기억하고 있었다. "화해는 적하고 하는 것이다."

게리 애덤스는 1월 31일에 미국에 와서 그의 대의에 공감하는 아일랜드계 미국인들로부터 환대를 받았다. 방문기간에 그는 신페인당이 구체적이고 적극적인 결론을 내리도록 밀어붙이겠다고 약속했다. 그 뒤에 영국은 속도를 높여 북아일랜드 정파들과 정치 회담을 해나갔고, 아일랜드 정부는 신페인당에 협력을 하라고 압력을 넣었다. 7개월 뒤 아일랜드공화국군은 휴전을 선언했다. 비자 결정이 효과를 본 것이다. 이것은 내가 북아일랜드에서 평화를 찾는, 길고 감정적이고 복잡한 과정에 발을 들여놓는 계기가 되었다.

2월 3일, 나는 세 번째 전국조찬기도회로 하루를 시작했다. 테레사 수녀가 초청 연사였다. 나는 테레사 수녀를 본받아 정치에 겸손과 화해의 정신을 실천해야 한다고 주장했다. 그날 오후 오랜 기간 계속되어온 베트남에 대한 통상금지조치를 철회함으로써 그런 화해의 정신에 약간이나마 기여했다. 이것은 베트남 정부가 전쟁포로와 실종자 문제를 해결하고, 미군 전사자 유해를 송환하는 문제에 적극적으로 협력했기 때문에 가능한 일이었다. 나의 결정은 국회 베트남 참전용사들에게 강력한 지지를 받았다. 특히 존 케리, 밥 케리, 존 맥케인 등의 상원의원들과 베트남에서 6년 이상 전쟁포로 생활을 한 플로리다의 피트 피터슨 하원의원이 적극 밀어주었다.

2월 둘째 주에 보스니아의 세르비아인이 사라예보의 시장을 폭격하여 무고한 사람들 수십 명이 죽었다. 그 후 나토는 드디어 표결을 통해, 만일 세르비아인들이 중화기를 그 도시에서 20킬로미터 밖으로 철수시키지 않으면 유엔 사무총장의 승인 하에 세르비아인들에게 폭격을 하겠다고 결정했다. 진작 내려졌어야 할 결정이었다. 그러나 캐나다인들에게는 위험이 따르는 결정이었다. 스레브레니카의 캐나다군은 세르비아인에게 둘러싸여 있었기 때문이다. 프랑스, 영국, 스페인, 네덜란드도 마찬가지였다. 그들 역시 비교적 소수의 취약한 지상군을 주둔시키고 있었다.

곧 중화기가 제거되거나 유엔의 통제 하에 들어갔다. 돌 상원의원은 여전히 무기수출금지조치의 일방적 철회를 주장했지만, 나는 당장은 철회할 생각이 없었다. 마침내 나토로부터 공습에 대한 승인을 얻어내기도 했고, 보스니아에서 수출금지조치를 일방적으로 철회할 경우, 이것을 핑계로 다른 나라에서 아이티, 리비아, 이라크 등에 대한 수출금지조치를 무시해버릴 염려가 있기 때문이기도 했다.

그달 중순 힐러리와 첼시는 미국을 대표하여 노르웨이 릴레함메르에서 열리는 동계 올림픽에 참석하러 떠났고, 나는 딕 켈리를 만나러 핫스프링스로 갔다. 어머니 장례식을 치른 지 다섯 주가 지났다. 나는 딕이 잘 있는지 확인하고 싶었다. 딕은 그들이 살던 작은 집에서 외롭게 생활하고 있었다. 방마다 어머니의 체취가 강하게 남아 있었다. 그러나 해군 출신인 이 노인은 새로운 환경에 잘 적응하여 앞으로 어떻게 살아나갈지 생각하고 있었다.

　다음 2주 동안에는 전국 각지에서 의료제도 개혁안과 범죄 법안에 대한 지지를 호소하는 한편 외교 문제도 처리했다. 사우디아라비아가 60억 달러 상당의 미국 비행기를 사겠다는 좋은 소식이 들려왔다. 론 브라운, 미키 캔터, 재무장관 페데리코 페냐가 열심히 노력한 결과였다.

　연방수사국이 31년 된 중앙정보부 고참 요원 올드리치 에임스 부부를 간첩 혐의로 체포하면서 미국 역사상 가장 엄청난 간첩 사건이 드러났을 때는 충격을 받았다. 에임스는 9년 동안 정보를 제공하여 러시아 내 우리의 정보 제공자 10명 이상을 죽음에 이르게 하고 미국의 정보기관에 심각한 피해를 입혔다. 그 대가로 그는 많은 돈을 받았다. 연방수사국은 간첩이 있다는 확신을 잡고 중앙정보국의 협조를 얻어 오랫동안 추적해오다가 마침내 에임스를 잡았던 것이다. 에임스 사건으로 미국 정보기관과 대러시아 정책의 취약성이 문제가 되었다. 그들이 미국에 간첩을 심어놓는다면 미국은 그들에 대한 원조를 취소하거나 중단해야 하는 것 아닐까? 초당파적인 국회 회의와 기자회견에서 나는 원조 중단에는 반대한다는 입장을 밝혔다. 러시아는 과거와 미래 사이의 내적 갈등에 빠져 있었다. 과거의 러시아는 미국에 간첩을 심지만, 미국의 원조는 민주주의와 경제 개혁을 강화하고, 핵무기를 방호 폐기함으로써 미래의 러시아를 지원하는 데 기여하고 있다. 게다가 러시아는 미국에 간첩을 심는 유일한 나라가 아니다.

　그달 말, 호전적인 이스라엘 정착민 한 사람이 서안지구를 팔레스타인 사람들에게 돌려준다는 계획에 격분하여 헤브론의 아브라함 이슬람사원에서 예배를 보던 사람들에게 총을 쏘아댔다. 이 살인자는 이슬람의 거룩한 달인 라마단 동안에 공격을 했으며, 공격한 장소는 아브라함과 그의 부인

사라가 묻혀 있다 하여 이슬람교도와 유대교도 모두에게 성지로 추앙되는 장소였다. 그의 의도는 폭력적 반응을 유발하여 평화 협상이 궤도에서 벗어나게 하려는 것임이 분명했다. 나는 그것을 막기 위해 워런 크리스토퍼에게 라빈, 아라파트와 연락하라고 지시했다. 협상자들을 되도록 빨리 워싱턴으로 보내 이곳에서 협정 이행의 구체적인 방안에 합의하게 하자는 것이었다.

2월 28일에는 나토 전투기들이 비행금지구역을 침범한 세르비아 비행기 4대를 격추했다. 나토 44년 역사상 최초의 군사 행동이었다. 나는 이 공격과 사라예보 해방을 계기로 동맹국들이 투즐라와 스레브레니카 주변에서 세르비아인의 공격에 좀더 강하게 대응하길 바랐다.

그 동맹자들 가운데 하나인 영국의 총리 존 메이저가 그날 보스니아와 북아일랜드에 대해 의논을 하러 미국에 와 있었다. 나는 그를 먼저 피츠버그로 데려갔다. 그곳에는 19세기에 그의 할아버지가 일하던 강철 공장이 있었는데, 메이저는 미국의 산업 심장부에서 자신의 뿌리를 발견하자 감개가 무량한 것 같았다. 그날 밤 메이저는 백악관에 묵었다. 나의 재임기간 중 백악관에 묵은 최초의 외국 지도자였다. 다음 날 우리는 기자회견을 했다. 기자회견에는 일반적인 메시지 외에 특별한 것은 없었다. 그 메시지는 애덤스의 비자 문제를 둘러싼 우리의 의견 불일치가 영미 관계를 해치거나 보스니아나 다른 문제들을 둘러싼 우리의 밀접한 협력을 방해하지 않을 것이라는 내용이었다. 메이저는 진지하고 영리했으며, 앞서도 말했듯이 의회의 아슬아슬한 상황을 더 위태롭게 하는 일이었음에도 아일랜드 문제를 해결하기 위해 진정으로 헌신하고 있었다. 나는 그가 언론에 종종 보도되는 것보다 훨씬 나은 지도자라고 생각했다. 우리는 이틀을 함께 보낸 뒤로 줄곧 우호적이고 생산적인 협력 관계를 유지하게 되었다.

38

내가 외교 문제를 놓고 열심히 일하는 동
안 국내에서는 화이트워터라는 새로운 세계가 형성되기 시작했다. 3월에
로버트 피스크는 힐러리 밑에서 일을 했고 빈스 포스터의 친구이기도 했던
매기 윌리엄스와 리서 카푸토를 포함한 백악관 비서진 몇 사람에게 소환장
을 보냄으로써 활기차게 일을 시작했다. 맥 맥라티는 해럴드 이케스를 팀장
으로 하는 화이트워터 대책팀을 구성했다. 이 팀은 피스크와 언론의 질문에
대한 대응을 조율하기로 했으며, 비서진에게 자기들끼리 또는 힐러리나 나
에게 화이트워터에 대한 이야기를 가급적 하지 말라고 당부했다. 나머지 비
서진과 나로 하여금 화이트워터 문제를 생각하지 않고 워싱턴에 온 본래의
목적인 공적인 일에 몰두하게 하려는 의도였다. 사실 젊은 비서들이 그런
이야기를 해보았자 선서 증언, 정치적 공격, 엄청난 법률 비용 청구서를 감
당할 일만 생길 터였다. 이미 많은 사람들이 뭔가 잘못된 것을 찾는 일에서
기득권을 얻고 있었다. 만일 우리가 오래전에 한 토지 거래에서 불법적인
것이 드러나지 않는다면, 누군가 그 일을 처리하는 과정에서 잘못을 했다고
우기고 나설 분위기였다.

어쨌든 이런 시스템은 나에게는 괜찮았다. 어차피 나는 어렸을 때부터
두 가지 생활을 병행하는 데 익숙한 사람이었다. 나는 보통 비난이나 빈정
거림에는 귀를 막고 내 할 일만 계속했다. 그러나 언제든지 자의적이고 파
괴적인 공격이 날아올 수 있다는 위기감 속에서 살아보지 않은 사람들은 나
보다 대처하기가 더 힘들 게 분명했다. 더군다나 어떤 혐의만 나오면 무조

건 죄가 있다고 가정하는 분위기였다. 물론 샘 대시처럼, 레이건이나 닉슨 행정부에 비하면 우리가 얼마나 협조적인지 모른다고 말해주는 법률전문가들도 있었다. 우리는 소환장에 저항하지 않았으며 모든 기록을 법무부와 피스크에게 넘겨주었기 때문이다. 그러나 골포스트가 옮겨졌다. 힐러리와 내가 정적이 제기하는 모든 혐의에 대하여 결백을 입증하지 못하면, 강한 의심이 섞인 질문을 하고 기사를 쓰는 판이었다. 밑에 깔린 저류는 우리가 뭔가 잘못했음이 틀림없다는 것이었다.

예를 들어 우리의 재정 기록이 언론에 흘러들면서 「뉴욕 타임즈」는 힐러리가 짐 블레어의 도움을 받아 1,000달러 투자에서 시작하여 1979년까지 상품시장에 10만 달러를 투자했다고 보도했다. 블레어는 나와 아주 절친한 친구였다. 그가 힐러리를 비롯한 여러 친구들의 상품 거래를 도와준 것은 사실이지만, 힐러리는 스스로 위험을 무릅쓰고 투자한 것이며 중개료로 1만 8,000달러 이상을 주었다. 또 자신의 본능에 따라 시장이 퇴조하기 전에 빠져나왔다. 공화당원으로 곡물 상품이 거래되는 시카고 상업거래소 소장을 역임한 리오 멜러미드는 힐러리의 거래 목록을 전부 검토한 뒤 아무런 문제가 없다고 말했다. 그러나 그것은 중요하지 않았다. 비판자들은 오랫동안 힐러리가 상품시장에서 얻은 이윤이 부패의 명백한 증거라고 제기해 왔다.

힐러리가 이 '달콤한 거래'에 자신의 돈을 집어넣은 것이 아니라는 「뉴스위크」의 기사도 비리를 전제로 하고 있다. 이 기사에는 컬럼비아 법대 마빈 철스틴 교수의 전문적인 견해에 기초한 분석이 실려 있었다. 철스틴 교수는 법인법과 계약의 권위자이며, 나를 예일에서 가르치기도 했고, 1978-79년, 즉 화이트워터 투자시기에 우리 변호사들이 세금 환급을 검토해달라고 부탁했던 사람이다. 철스틴은 「뉴스위크」 기사를 반박하면서 "나는 그런 이야기를 한 적이 없고 능욕과 수모를 당했다"고 말했다.

같은 시기에 「타임」지는 내가 화이트워터 때문에 초조한 표정으로 책상에 앉아 있는데 조지 스테파노풀로스가 내 어깨 너머로 책상을 보는 것처럼 느껴지는 표지 사진을 실었다. 사실 그 사진은 그전에 일정을 잡는 일상적인 회의를 하다가 찍은 것으로, 그 자리에는 우리 둘 외에도 몇 사람이 더 있었다. 원래의 사진에도 적어도 두 명은 더 있었다. 「타임」지는 그 두 사람을 잘라낸 것이다.

4월에 힐러리는 기자회견을 열고 상품 거래와 화이트워터에 대한 질문에 답변했다. 힐러리는 기자회견을 훌륭하게 해냈으며, 나는 힐러리가 자랑스러웠다. 힐러리는 심지어 자신의 '사생활 영역'에 대한 믿음 때문에 이전에는 과거의 개인적인 거래에 대하여 필요한 만큼도 응답을 하지 않으려 했지만, "한참 저항하고 나자 내 사생활의 영역이 재조정되어 있더라"고 인정함으로써 기자들을 웃게 만들기도 했다.

우리에 대한 유죄 추정은 다른 사람들에게까지 확대되었다. 예를 들어 로저 앨트먼과 버니 너스봄은 둘 다 정리신탁공사가 매디슨 신용금고에 대하여 제출한 범죄 혐의 보고서에 대해 논의했다는 이유로 심하게 비판을 받았다. 정리신탁공사는 재무부의 한 부분이고, 앨트먼이 재무부를 일시적으로 감독했다는 것이 그 이유였다. 비판자들은 너스봄이 정리신탁공사의 처리 절차에 영향을 주려고 했을 수 있다고 가정했다. 사실 이 논의는 매디슨 신용금고 조사에 대한 이야기가 새나가면서 언론의 질문에 답변할 필요가 생겨 이루어진 것이었으며, 재무부 윤리 담당 법률고문의 승인을 받은 것이기도 했다.

구식의 진보주의적 칼럼니스트 에드윈 요더는 '윤리 청소부'가 워싱턴을 덮치고 있다고 말했다. 그는 너스봄–앨트먼 회의에 대한 칼럼에서 이렇게 썼다.

> 왜 백악관 참모가 대통령에 관한 혐의나 소문들에 대해 다른 행정부 부서에게 정보를 요구하는 게 그렇게 나쁜 일인지, 먼저 그것부터 나에게 설명을 해주었으면 좋겠다⋯⋯

로버트 피스크는 백악관과 재무부의 접촉이 합법적이라고 결론을 내렸다. 하지만 그것으로 너스봄과 앨트먼에 대한 중상모략이 중단된 것은 아니다. 당시 내가 정치적으로 임명한 사람들에게는 하루에 세 번 미란다 경고문(용의자의 권리에 대하여 알려주는 경고문—옮긴이주)을 읽어주어야 했다. 버니 너스봄은 3월 초에 사직했다. 그는 특별검사를 요구한 나의 어리석은 결정을 잊지 못했으며, 자신이 더 이상 문제의 원인이 되기를 바라지 않았다. 앨트먼도 몇 달 뒤 정부를 떠났다. 그들은 둘 다 유능하고 솔직한 공복들이었다.

3월에 오래전부터 공화당 공작원으로 활동하다가 CNBC의 사장이 된 로저 에일스는 "행정부가 땅 사기, 불법 기부금, 권력 남용, 자살 은폐(살인 가능성) 등을 포함한 화이트워터와 관련된 은폐 행위를 한다"고 비난했다. '비리에 대한 믿을 만한 증거'는 그것으로 끝이었다.

닉슨과 애그뉴를 위해 연설문을 작성하였으며, 그의 모든 후임자가 그들만큼 나쁘다는 것을 입증하기 위해 안달하는 것처럼 보이던 「뉴욕 타임즈」의 칼럼니스트 윌리엄 사파이어는 포스터의 죽음이 힐러리와 나의 불법 행동과 관련이 있다는 근거 없는 주장을 밀어붙이는 데 특히 열심이었다. 물론 포스터의 유서는 정확히 그 반대, 다시 말해 우리가 아무런 잘못을 하지 않았음을 보여주고 있었다. 그럼에도 사파이어는 막무가내로 포스터가 그의 사무실에 우리에게 피해를 입히는 기록들을 부적절하게 보관했다고 추측했다.

우리는 이제 우리에게 큰 피해를 주었던 잘못된 기사들의 바탕이 된 정보 중에서 많은 부분을 데이비드 헤일, 그리고 그들 나름의 목적을 위해 그를 택했던 우익이 제공했다는 것을 알고 있다. 1993년 리틀록의 공화당계 지방법원 판사였던 헤일은 그의 회사 캐피털 매니지먼트 서비시즈를 통하여 소수민족 사업체에 대출금으로 사용되어야 했던 연방 자금 90만 달러를 중소기업청으로부터 사취한 혐의로 고발되었다(나중에 회계감사원 감사는 그가 중소기업청에서 340만 달러를 사취했다고 밝혔다). 그는 유령 회사들을 통해 그 돈을 착복했다. 헤일은, 1966년에 윈 록펠러에 대항하여 주지사 선거에 출마했고 1968년에는 풀브라이트 상원의원에 대항하여 출마했던 아칸소의 인종차별주의자 짐 존슨 판사와 함께 자신의 곤경에 대해 의논했다. 존슨은 헤일을 비호했으며, 8월에 그를 '단결한 시민들' 이라는 보수적 단체와 연결시켜주었다. 그 중심인물은 플로이드 브라운과 데이비드 보시였다. 브라운은 1988년 마이크 듀카키스를 비방하는 악명 높은 윌리 호턴 광고를 제작한 사람이다. 보시는 1992년 선거운동을 위하여 브라운이『교활한 윌리 : 왜 미국은 빌 클린턴을 신뢰할 수 없는가 *Slick Willie : Why America Cannot Trust Bill Clinton*』를 쓸 때 도와주었는데, 이 책에서 두 저자는 짐 존슨 판사에게 '특별한 감사' 의 뜻을 전하고 있다.

헤일은 내가 그에게 압력을 넣어, 캐피털 매니지먼트가 수잔 맥두걸이 소유한 회사에 30만 달러를 빌려주게 했다고 주장했다. 그리고 수잔 맥두걸은 그 돈을 아칸소의 민주당 지도자들에게 주었다는 것이다. 그 대가로 맥두걸은 헤일에게 매디슨 신용금고로부터 80만 달러 이상을 빌려주었으며, 이를 기반으로 헤일은 중소기업청에서 다시 100만 달러를 얻었다는 것이다. 이것은 터무니없는 허위였지만, 브라운과 보시는 이 소문을 열심히 퍼뜨렸다. 셰필드 넬슨은 그 이야기를 「뉴욕 타임즈」에 있는 자신의 연줄 제프거스에게 전달했던 것 같다.

1994년 3월, 언론은 로즈 법률회사가 분쇄한 서류들을 놓고 비통해했다. 그 가운데 한 서류 상자에는 빈스 포스터의 머리 문자가 적혀 있었다. 로즈 법률회사는 이것이 화이트워터와는 관계없는 자료의 분쇄였으며, 보관 시한이 지나 필요 없는 서류들을 파기하는 정상적 절차였다고 설명했다. 백악관에서는 로즈 법률회사가 화이트워터와 관계없는 불필요한 기록들을 일상적으로 파기한다는 것에 대해 아는 사람이 없었다. 게다가 우리는 은폐할 것이 없었다. 우리가 은폐한다는 것을 보여주는 증거도 전혀 없었다.

상황은 심각해져서 심지어 매우 존경받는 저널리스트 데이비드 브로더마저 버니 너스봄이 '지난 일주일 동안 다시 워싱턴 전체에 울려퍼진…… 너무 익숙한 말들, 조사, 소환장, 대배심, 사임' 을 낳은 오만과 권력 남용을 견디어낼 수밖에 없었다는 이유로 "불행하다"고 말했다. 브로더는 심지어 경제 계획과 북미자유무역협정을 위해 캠페인들을 관리했던 '상황실' 을 닉슨의 적들의 명단에 비유하기까지 했다.

너스봄이 불행했던 것은 사실이다. 내가 '분위기를 일신하기' 위해서 독립변호사 요구를 따랐다면 조사, 소환장, 대배심도 없었을 것이다. 너스봄이 정말 화가 났던 것은 내가 법의 규칙을 지키고 우선순위의 기준을 받아들이는 대신 화이트워터 매체의 계속 변하는 기준들을 받아들였다는 점 때문이었다. 이 기준들은 계속 매체들이 개탄한다고 말하는 바로 그러한 결과를 만들어내기 위해 고안된 것이었다. 너스봄의 후임자로 온 로이드 커틀러는 오랫동안 워싱턴에서 변호사 생활을 했으며, 당연한 일이지만 워싱턴 제도 내에서 좋은 평판을 얻고 있었다. 이후 몇 달 동안 그의 존재와 충고는 큰 도움이 되었지만, 그 역시 화이트워터의 물살을 돌릴 수는 없었다.

러시 림보는 그의 쇼에서 화이트워터 진흙탕에서 뒹굴며 마음껏 즐겼다. 그는 포스터가 힐러리 소유의 아파트에서 살해된 뒤 포트마시 공원으로 옮겨졌다고 주장했다. 나는 그 말에 포스터의 부인과 자식들이 어떤 충격을 받을지 상상조차 할 수 없었다. 나중에 림보는 "화이트워터 게이트를 파헤치는 일에 관여한 저널리스트를 비롯한 여러 사람이 리틀록에서 구타당하고 핍박당했다. 몇 명은 죽었다"고 허위 주장을 했다.

공화당 하원의원 출신인 빌 대너메이어는 림보에게 지고 싶지 않았는지, 나와 관련된 사람들 가운데 '자연사가 아닌 다른 이유로' 사망한 '엄청나게' 많은 사람들에 대한 의회 청문회를 요구했다. 대너메이어의 섬뜩한 명단에는 1992년 알래스카 여행 도중 비행기 사고로 비극적인 죽음을 맞이한, 나의 선거운동 공동 재정국장 빅 레이저와 그의 아들, 리틀록에서 선거운동을 하다가 심장마비로 죽은 민주당 정치국장 폴 털리도 포함되어 있었다. 나는 두 사람의 장례식에서 조사를 했으며, 나중에는 레이저의 미망인 몰리를 의전국장으로 임명하기도 했다.

제리 폴웰은 대너메이어보다 한 술 더 떴다. 그는 아칸소에서 '의문의 죽임을 당한 수많은 사람들'에 대한 비디오 '권력 집단Circle of Power'을 공개했다. 그 필름은 내가 그들의 죽음에 어떤 식으로든 책임이 있다고 암시하고 있었다. 이어 폴웰은 그 후속편 '클린턴 연대기The Clinton Chronicles'를 내놓고 이것을 그의 텔레비전 쇼인 '옛 복음의 시간The Old Time Gospel Hour'에서 홍보했다. 이 비디오에는 대너메이어와 짐 존슨 판사가 등장하여 내가 코카인 밀반입, 증인 살해, 사설탐정 및 주 경찰관의 부인 살해 사주 등과 관련이 있다고 비난했다. 여기 나오는 수많은 '증인'들은 증언의 대가로 돈을 받았으며, 폴웰은 이 비디오를 꽤 많이 팔았다.

화이트워터 사건이 전개되면서 나는 이 일을 길게 보려고 노력했다. 또 모두가 히스테리에 사로잡힌 것은 아니라는 사실을 기억하려 애썼다. 예를 들어 「유에스에이 투데이」는 화이트워터에 대한 공정한 기사를 실었다. 여기에 짐 맥두걸의 인터뷰 기사가 실렸는데, 그는 힐러리와 내가 잘못한 것이 없다고 말했다. 또 화이트워터 땅을 감독했던 아칸소 북부의 부동산업자 크리스 웨이드와의 인터뷰 기사도 실렸는데, 그 역시 우리가 그 땅에 제한적으로 개입한 것에 대하여 사실을 말하고 있다고 이야기했다.

나는 러시 림보, 빌 대너메이어, 제리 폴웰 같은 우익들, 그리고 「워싱턴 타임즈」 같은 신문들이 왜 그런 이야기를 하는지 이해할 수 있었다. 「워싱턴 타임즈」는 우익을 공공연하게 표명하는 신문으로, 문선명 목사가 자금을 대고 있었으며 웨스 프루던 2세가 편집을 맡고 있었다. 그의 아버지 웰즐리 프루던 목사는 아칸소의 백인시민협의회에서 일하던 목사였으며, 짐 존슨 판사와 함께 흑인을 위한 민권 운동에 대항했다가 패배한 적이 있었다. 그러나 「뉴욕 타임즈」, 「워싱턴 포스트」 등 내가 늘 존중하고 신뢰하던 매체들이 플로이드 브라운, 데이비드 보시, 데이비드 헤일, 짐 존슨 같은 사람들에게 놀아난다는 것은 믿기지 않는 일이었다.

이 무렵 나는 '흑인 역사의 달'을 맞아 백악관에서 만찬을 주최했다. 참석자들 가운데는 법대 은사인 버크 마셜과 그의 친구 니콜라스 카첸바흐도 있었다. 카첸바흐는 케네디 법무부에서 민권을 옹호하며 많은 일을 했는데, 내게 와서 자신도 「워싱턴 포스트」의 이사회에 있는 사람이지만 「워싱턴 포스트」의 화이트워터 보도, 그리고 별 가치도 없는 혐의를 가지고 나와 대통령직에 안겨준 '끔찍한 피해'를 부끄럽게 생각한다고 말했다. "이게 뭐 하자는 겁니까?" 그가 말했다. "이건 공익과는 아무런 관계가 없습니다."

그러나 뭐 하자는 것이었는지는 몰라도, 어쨌든 효과는 있었다. 3월의 여론조사에 따르면, 반수에 해당하는 사람들이 힐러리와 내가 화이트워터에 대해 거짓말을 한다고 생각했으며, 3분의 1이 우리가 불법적인 일을 했다고 생각했다. 솔직히 말해서 화이트워터, 특히 힐러리에 대한 공격으로 인해 나는 생각했던 것보다 큰 대가를 치러야 했다. 그 혐의는 근거 없고, 어떤 믿을 만한 증거로도 뒷받침되지 않았다. 뿐만 아니라 나에게는 다른 문제들도 있었다. 그러나 힐러리는 이따금 냉정한 태도를 보이는 것 외에는 나에게 아무런 비난도 하지 않았다. 힐러리가 계속 등장하는 허위 혐의로 상처를 받는 것을 보고 있자니 몹시 괴로웠다. 독립변호사가 분위기를 새롭게 해줄 것이라는 순진한 생각에 굴복했기 때문에 특히 더 괴로웠다. 나는 화를 억누르기 위해 안간힘을 써야 했지만, 늘 성공했던 것은 아니다. 내각과 참모진은 내가 이따금씩 격노하는 것을 이해하고 너그럽게 봐주었다. 앨 고어는 내가 마음을 진정시키도록 도와주었다. 나는 계속 열심히 일하고 여전히 내 일을 사랑했지만, 밝은 기질과 타고난 낙관주의는 계속되는 가혹한 시험을 견뎌야 했다.

그 일을 웃어넘기는 것도 도움이 되었다. 봄이면 그리디론 클럽, 백악관 출입기자단, 라디오와 텔레비전 기자단 등이 주최하는 언론인 만찬이 세 번 열린다. 기자들은 이 기회를 이용해 대통령이나 다른 정치가들을 놀리기도 하고, 또 대통령은 답변할 기회를 얻기도 한다. 나는 이 행사들을 고대했다. 이때는 모두가 약간은 긴장을 풀기 마련이고, 기자들이 돌덩어리가 아니라 대부분은 공정한 태도를 취하려고 애쓰는 선량한 사람들이라는 사실을 확인할 수 있기 때문이다. 또 '잠언'에서 말하는 대로 '마음의 즐거움은 양약이지만, 심령의 근심은 뼈를 마르게 하기' 때문이다.

4월 12일 라디오와 텔레비전 기자단 만찬 때는 기분이 아주 좋았다. 나는 몇 가지 괜찮은 말을 하기도 했다. "정말 여기 있게 되어 기쁘다. 믿을지 모르지만, 아칸소 북서부에 여러분에게 보여주고 싶은 땅을 좀 구했다." "어떤 사람들은 나의 언론 관계의 특징이 자기연민이라고 하더라. 하지만 나는 그것이 내가 나 자신에게 감정이입을 하는 것이라고 보고 싶다. 그렇게 감정이입을 하고 보니 내 고통에 공감이 가더라." "4월 15일(세금신고 마감시한—옮긴이주)이 이제 사흘 남았는데, 여기 있는 사람들 대부분은 자신의 세금보다도 내 세금에 더 많은 시간을 써야 할 것 같다.""나는 여전히 헬프(도움이라는 뜻—옮긴이주)라고 부르는 곳이 있다고 믿는다(대통령 후보 수락 연설에서 자신이 했던 말을 흉내낸 것으로, 그때는 헬프가 아니라 호프라고 했다—옮긴이주)!"

힐러리가 나중에 '엄청난 우익의 음모'라고 부르게 된 작업의 내용은 시드니 블루멘탈의 『클린턴의 전쟁들 The Clinton Wars』, 조 코너슨과 진 라이언의 『대통령 사냥 The Hunting of the President』에 연대기적으로 자세히 기록되어 있다. 내가 아는 한, 그 책에 나오는 사실이 논박당한 적은 없다. 그 책들이 나왔을 때 화이트워터에 열광했던, 주류 언론에 속한 사람들은 그들의 주장을 무시했으며, 저자들이 힐러리와 나에게 너무 동정적이라면서 거들떠보려고 하지도 않았다. 또는 우리가 화이트워터 문제를 다룬 방식과 우리의 불만에 대해 비난했다. 물론 나도 그것을 더 잘 다룰 수 있었다. 그러나 그것은 그들도 마찬가지였다.

화이트워터 초기에 내 친구 중 한 사람이 워싱턴에 오기 전의 잘못 때문에 정부 직책을 내놓아야 했다. 로즈 법률회사가 의뢰인들에게 과다한 수임료를 청구하고 비용을 부풀렸다는 이유로 웹 허블을 아칸소 변호사협회에 고발하였다. 웹은 법무부를 사임하였지만, 힐러리에게 그 혐의는 근거가 없다고 말했다. 부유하지만 성미 급한 웹의 장인 세스 워드가 재판에서 졌다는 이유로 특허 침해 사건 비용을 로즈 법률회사에 지불하지 않았기 때문에 그런 문제가 생겼다는 이야기였다. 그의 말은 그럴듯하기는 했으나 사실이 아니었다.

웹은 실제로 의뢰인들에게 과도한 수임료를 청구했으며, 그 과정에서 로즈 법률회사는 손해를 보고 힐러리를 포함한 모든 파트너의 소득도 줄어들게 되었다. 만일 그의 사건이 정상적으로 처리되었다면, 그는 의뢰인들에게 되돌려줄 돈을 회사에 내고 면허를 1, 2년 정지당하는 선에서 법률회사와 합의를 보았을 것이다. 변호사협회는 그를 주 법원에 넘길 수도 있었고 넘기지 않을 수도 있었다. 만일 넘겼다면 웹은 회사에 변상을 하여 감옥에 가는 것을 피할 수 있었을 것이다. 그러나 그는 독립변호사의 그물에 걸리고 말았다.

　그 사실이 처음 드러났을 때 나는 놀랐다. 웹과 나는 오래전부터 친구 사이였고 골프도 함께 쳤다. 나는 그를 잘 안다고 생각했다. 나는 지금도 그가 좋은 사람이며 큰 실수를 했을 뿐이라고 생각한다. 그리고 케네스 스타의 게임에서 인질이 되기를 거부했기 때문에 자신의 실수에 비해 너무 큰 대가를 치렀다고 생각한다.

　이런 일이 벌어지는 동안, 나는 내 평행선 같은 삶의 다른 쪽에 머물고 있었다. 내가 워싱턴에 와서 하고자 했던 일을 하고 있었던 것이다. 3월에는 대학 학위가 없는 노동자들에게 도움이 된다고 생각하는 법안 두 개를 밀어붙이는 데 상당한 시간을 들였다. 이제 평생 한 가지 일자리만 갖는 사람, 또는 한 고용주 밑에서만 일하는 사람은 거의 없다. 뒤섞이는 직업 시장은 그들을 예전과는 매우 다른 방식으로 대우하고 있었다. 실업률 6.5퍼센트라는 것만으로는 현실을 제대로 볼 수 없었다. 대학 졸업생은 3.5퍼센트, 전문 대학 졸업생은 5퍼센트 이상, 고등학교 졸업생은 7퍼센트 이상, 고등학교 중퇴자는 11퍼센트 이상이었다.

　나는 뉴햄프셔 주 내슈아와 키니에서 열린 행사에서 실업 수당 프로그램을 더 광범위하고 더 나은 훈련 프로그램을 갖춘 재고용 시스템으로 전환하고 싶다고 말했다. 또 국회가 4년제 대학 학위를 딸 생각이 없는 젊은이들에게 1, 2년간 높은 수준의 훈련을 제공하는 취업 훈련 프로그램을 승인해주기를 바랐다. 그달 말, 나는 GOALS 2000 법안에 서명할 수 있었다. 마침내 우리는 1989년부터 노력해왔던 전국적인 교육 목표들에 부응하고, 그 목표를 기준으로 학생들의 교육 향상 수준을 측정하고, 지방 학구學區들이 가장 유망한 개혁안을 채택하게 하겠다는 약속을 지킬 수 있게 된 것이다. 딕 라일리 장관에게는 기쁜 날이었다.

　3월 18일, 보스니아의 이제트베고비치 대통령과 크로아티아의 프라뇨 투지만 대통령이 백악관에서, 나의 특사 찰스 레드먼의 도움을 받아 협상을 벌여왔던 협정에 서명했다. 그 내용은 보스니아에서 양쪽 주민이 다수를 이루는 지역에 연방을 설립하고, 장차 크로아티아와 국가연합을 만드는 방향으로 나아가는 과정을 밟는다는 것이었다. 이슬람교도와 크로아티아인 사이의 전투는 양측이 보스니아의 세르비아인과 맞붙었을 때만큼 심각하지는 않았지만, 어쨌든 이 협정은 평화 정착을 위한 중요한 단계였다.

3월 말의 마지막 며칠 동안 북한과 관련된 심각한 위기가 시작되었다. 북한은 2월에 그들이 공표한 핵 시설을 국제원자력기구IAEA의 사찰단이 확인하도록 허용하겠다고 약속한 뒤, 3월 15일에는 핵 사찰단이 일을 마무리 짓는 것을 막았다. 그들이 연구하는 원자로는 연료봉을 사용했다. 이 연료봉이 원래의 목적을 위해 사용된 뒤에 남는 폐연료는 재처리 과정을 통해 핵무기의 원료가 되기에 충분한 양의 플루토늄을 만드는 데 사용할 수 있었다. 북한은 또 훨씬 더 많은 폐연료봉을 만들어낼 수 있는 더 큰 원자로들을 건설할 계획을 세우고 있었다. 이 연료봉들은 세계에서 가장 고립된 나라, 자국민을 제대로 먹이지도 못해 엉뚱한 구매자에게 플루토늄을 팔고 싶은 유혹을 느낄 수도 있는 가난한 나라의 손에 쥐어져 있을 경우에는 매우 위험한 자산이었다. 일주일이 안 되어 나는 남한에 패트리어트 미사일을 보내기로 결정하고, 북한에 대한 경제제재를 유엔에 요청했다. 빌 페리가 3월 30일에 편집자와 기자들에게 말한 대로, 나는 전쟁 위험을 무릅쓰고라도 북한의 핵무기 개발을 막기로 결심하고 있었다. 우리가 이 사태를 매우 심각하게 생각한다는 것을 북한에 확실하게 보여주기 위하여, 페리는 이후 사흘 동안 강경한 발언을 계속했다. 심지어 선제 군사공격을 배제하지 않는다는 말도 했다.

한편 워런 크리스토퍼는 우리의 메시지가 적절히 균형을 이루도록 신경 썼다. 국무부는 우리가 평화적인 해결책을 선호한다고 말했으며, 한국 대사 짐 레이니는 우리의 입장을 '경계, 결의, 인내'로 표현했다. 나는 만일 북한이 우리의 입장을 제대로 이해하고, 나아가 그 이웃들이나 미국과 협력하여 핵 계획을 포기할 경우에 얻을 수 있는 경제적·정치적 이익을 파악하게 되면, 우리가 이 문제를 풀 수 있다고 생각했다. 만일 이 문제를 풀지 못하면 화이트워터는 곧 지엽적인 문제(실제로도 그랬지만)가 되어버릴 터였다.

3월 26일, 나는 댈러스에서 동생 로저와 몰리 마틴의 결혼식에 들러리로 참석하여 행복한 주말을 보냈다. 몰리는 로저가 내슈빌에서 몇 년을 보내다가 다시 가수가 되어볼 생각으로 로스앤젤레스로 간 뒤에 만난 아름다운 여성이다. 나는 로저가 결혼하게 되어 정말 기뻤다.

결혼식 뒤에 우리는 모두 아칸소 레이저백스가 전미대학체육협회 농구대회 준준결승에서 미시간 대학을 이기는 것을 관람했다. 그 주에 「스포츠 일러스트레이티드Sports Illustrated」는 레이저백스의 운동복을 입은 내 모습을 표지에 실었다. 기사에는 내가 농구공을 쥔 사진을 실었다. 그동안 내가 언론에 등장하던 방식을 볼 때, 그 기사는 하늘에서 내려온 만나나 다름없었다. 일주일 뒤 나는 노스캐롤라이나 샬럿의 경기장을 찾아갔다. 이 시합에서 아칸소는 듀크를 76 대 72로 이기고 우승했다.

4월 6일 해리 블랙먼 판사가 대법원에서 물러나겠다고 발표했다. 힐러리와 나는 르네상스 위켄드를 통해 블랙먼 판사와 그의 부인 도티와 친구가되었다. 그는 훌륭한 사람이고 뛰어난 판사였으며, 렌키스트의 대법원에 절실하게 필요한 온건한 목소리였다. 나는 훌륭한 인물이 블랙먼 판사의 뒤를 잇게 하는 것이 국가에 대한 나의 의무라고 생각했다. 나의 첫 번째 선택은 한 달 전 상원에서 은퇴하겠다고 발표한 조지 미첼 상원의원이었다. 그는 훌륭한 다수당 의장이었으며, 나를 적극적으로 도와주었고 의리를 보여주었다. 11월 선거에서 그의 자리를 다른 민주당 의원이 차지할 수 있을지 전혀 확실한 상황이 아니었다.

나는 조지가 상원에서 떠나기를 바라지 않았으나, 그를 대법원에 임명한다는 생각에 마음이 들떴다. 그는 상원에 오기 전에는 연방판사였으며, 대법원에서 큰 인물, 다시 말해 표를 움직일 수 있고 반대의견을 통해서라도 자신의 목소리를 낼 수 있는 인물이었다. 미첼은 5주 만에 두 번째로 내 요구를 거절했다. 그는 이번에 자신이 상원을 떠난다면, 우리가 의료제도 개혁안을 통과시킬 수 있는 얼마 안 되는 가능성마저도 사라져버릴 것이고, 미국 국민과 재선에 나서는 민주당 의원들, 그리고 나의 대통령직에 피해를 줄 것이라고 말했다.

나는 얼른 다른 두 후보로 마음을 돌렸다. 이미 심사를 통과한 스티븐 브레이어 판사와, 세인트루이스에 자리잡고 있으며 아칸소도 그 관할권에 거느리고 있는 제8순회항소법원의 재판장 리처드 아널드 판사였다. 아널드는 저명한 아칸소 법률가 집안 출신으로, 데일 범퍼스의 보좌관 출신이었다. 예일과 하버드 대학을 수석으로 졸업한 그는 연방판사들 가운데 가장 총명한 사람으로 꼽히기도 했다. 대학에서는 라틴어와 그리스어를 배웠는데, 거기에는 『성경』 초기 텍스트를 읽겠다는 목적도 있었다. 만일 그가 암 치료를 받은 뒤 예후가 분명치 않다는 사실만 아니면 나는 그를 지명했을 것이다.

나의 공화당 전임자들은 오랫동안 대법원에 앉아 있을 수 있는 젊은 보수주의자들로 연방법원을 채웠다. 나는 그들에게 다시 자리를 내줄 위험을 무릅쓰고 싶지 않았다. 5월에 나는 브레이어 판사를 지명하기로 결정했다. 그 역시 아널드만큼 자격을 갖추고 있었으며, 예전에 화이트 판사가 사임한 뒤 면담을 했을 때 좋은 인상을 받기도 했다. 브레이어는 쉽게 인준을 받았다. 한 가지 즐거운 이야기를 덧붙이자면, 리처드 아널드는 여전히 건강하게 제8순회법원에서 일하고 있으며, 이따금씩 나와 골프도 친다.

4월 초, 나토는 다시 보스니아를 폭격했다. 이번에는 세르비아인의 고라제 포위 공격을 막으려는 것이었다. 같은 날 르완다에서 대규모 폭력 사태가 벌어졌다. 르완다 대통령과 부룬디 대통령이 비행기 사고로 죽자, 이를 계기로 다수 부족인 후투족 지도자들이 투치족에 대하여 무시무시한 살육을 자행했다. 투치족은 인구의 15퍼센트를 이루었지만 후투족보다 훨씬 큰 경제적·정치적 권력을 장악하고 있는 것으로 알려져 있었다. 나는 미국인을 모두 대피시키고 그들의 안전을 위해 군대 파병을 명령했다. 100일이 안 되어 인구가 불과 800만 명인 나라에서 80만 명 이상이 죽임을, 그것도 대부분 칼로 죽임을 당했다. 우리는 보스니아에 몰두해 있었고, 겨우 6개월밖에 안 지난 소말리아의 기억이 생생했고, 국회가 국익에 중요하지 않은 먼 지역에 군대를 배치하는 것에 반대했기 때문에, 나와 나의 외교정책팀 역시 그런 살육을 막기 위해 부대를 파병하는 일에 적절한 관심을 갖지 못했다. 수천 명의 병력과 우리 동맹국들의 지원만 있었다면, 병력 배치에 걸리는 시간을 감안하더라도 우리는 많은 사람의 목숨을 살릴 수 있었을 것이다. 르완다의 비극을 막으려고 노력하지 못한 것은 나의 대통령 재임 기간에 가장 안타까운 일 가운데 하나가 되었다.

두 번째 임기, 그리고 대통령직을 떠난 뒤 나는 르완다 사람들이 그들의 나라와 생활을 수습하는 것을 돕기 위해 최선을 다했다. 현재 나의 재단은 르완다 폴 카가메 대통령의 초대를 받아 그곳에서 에이즈의 물살을 저지하기 위해 노력하고 있다.

4월 22일에 리처드 닉슨이 서거했다. 그 무렵에 다녀온 러시아, 우크라이나, 독일, 영국에 대해 7페이지 분량의 멋진 편지를 나에게 보내고 나서 한 달 하루 만의 일이었다. 닉슨은 자신이 방문한 나라의 지도자들이 나를 존경하고 있다면서, 화이트워터를 비롯하여 다른 국내 문제 때문에 '미국의 주요한 외교적 급선무, 즉 러시아의 정치적·경제적 자유의 보존에서 한눈을 팔아서는' 안 된다고 말했다. 그는 옐친의 정치적 지위와 두마의 반미 정서를 걱정했으며, 나에게 옐친과 가까운 관계를 유지하면서 러시아의 다른 민주주의자들과도 접촉하고, 원조 계획의 구도와 이행 방법을 개선하며, 지도적인 사업가들이 러시아에 민간 투자를 늘리도록 일을 맡기라고 촉구했다. 닉슨은 초국가주의자 지리노프스키를 탄압하는 대신 그가 '사기꾼임'이 밝혀지도록 해야 하며, '지리노프스키, 루츠코이, 공산주의자들 같은 나쁜 사람들은 분열하도록 하고 체르노미르딘, 야블린스키, 샤라이, 트라프킨 등 좋은 사람들은 가능한 한 책임 있게 개혁을 하기 위해 연합전선에서 뭉치도록 노력해야' 한다고 말했다. 마지막으로 닉슨은 원조금을 구소련 전체에 퍼뜨리는 것이 아니라, 러시아와 우크라이나에 집중해야 한다고 말했다. 우크라이나는 '불가결하기' 때문이었다. 이 편지는 그의 80대의 최고의 모습을 보여주는 역작이었다.

닉슨의 대통령 도서관이자 생가 구내에서 열린 장례식에는 살아 있는 전직 대통령들이 모두 참석했다. 닉슨의 유족이 나에게 연설을 요청했을 때 나는 약간 놀랐다. 다른 연사들은 밥 돌, 헨리 키신저, 젊은 시절 닉슨 밑에서 일했던 캘리포니아 주지사 피트 윌슨이었다. 나는 그의 '특히 러시아와 관련된 지혜로운 조언'에 감사하며, 미국과 세계에 대한 정력적이고 명민한 관심에 대해 언급하고, 그가 죽기 한 달 전에 나에게 연락을 하고 편지를 보낸 일을 언급했다. 워터게이트는 화해에 대한 호소와 더불어 간접적으로만 언급했다. "오늘은 그의 유족, 그의 친구, 그의 나라가 닉슨 대통령의 삶 전체를 기억하는 날입니다…… 그의 삶과 경력 전체를 고려하지 않고 닉슨 대통령을 판단하는 일은 오늘로 끝나기를 바랍니다."

우리 당에서 닉슨을 싫어하던 사람들 가운데 몇 명은 내가 그런 말을 한 것을 좋아하지 않았다. 물론 닉슨은 워터게이트 외에도 내가 동의하지 않는 일을 많이 했다. 적들의 명단, 베트남전쟁의 연장과 폭격 확대, 캘리포니아 하원과 상원에서 정적들을 빨갱이로 몰아붙인 일 등. 그러나 그는 또 중국에 문호를 개방했고, 환경보호국, 법률구조공단, 노동안전위생국 신설 법안에 서명했으며, 차별수정프로그램을 지지했다. 1980년대와 1990년대의 공화당원에 비하면 닉슨 대통령은 과격한 자유주의자라고 할 수 있었다.

장례식 다음 날 나는 래리 킹 쇼와 전화 인터뷰를 했다. 그가 어머니의 책 『내 마음 가는 대로』를 놓고 딕 켈리와 제임스 모건을 인터뷰하고 있었기 때문이다. 나는 래리에게, 어머니 장례식 뒤에 외국에 출장 갔다 돌아와서 나도 모르게 부엌의 전화기로 다가가다 이제는 일요일 밤에 어머니에게 전화를 할 수 없다는 사실을 깨달았다고 말했다. 사실 전화를 걸고 싶은 충동은 몇 달이 지나고 나서야 사라졌다.

4월 29일, 각료 대부분이 참석한 가운데 나는 아메리카 인디언과 아메리카 토착 알래스카인 부족 지도자들을 사우스론에 초청했다. 1820년대 이후 그들을 백악관으로 부른 것은 이때가 처음이었던 것 같다. 그들 가운데 일부는 인디언 도박으로 큰돈을 벌어 자가용 비행기를 타고 워싱턴에 오기도 했다. 반면 고립된 보호구역에 살던 어떤 사람들은 비행기표 살 돈을 모으기 위해 부족민에게서 돈을 걷어야 했다. 나는 그들의 자결권, 부족 주권, 종교적 자유를 존중하고, 연방정부와 그들 사이의 관계를 개선하기 위해 노력하겠다고 약속했다. 그리고 그 약속이 지켜지도록 보장하는 행정명령에 서명했다. 마지막으로 나는 가난한 부족들의 교육, 보건, 경제 발전을 지원하기 위해 더 많은 일을 하겠다고 약속했다.

4월 말, 우리가 건강보험 홍보 전투에서 졌다는 사실이 분명해졌다. 4월 29일 「월스트리트 저널」 기사는 우리에게 대항하여 진행되고 있는, 그릇된 정보에 바탕을 둔 3억 달러짜리 캠페인을 이렇게 묘사했다.

아기의 비명은 괴로웠고, 어머니의 목소리는 필사적이었다. "제발." 어머니는 아픈 아이를 도와달라고 전화로 호소했다.

"미안합니다. 정부 건강센터는 지금 문을 닫았습니다." 전화 반대편에서 들려오는 녹음된 목소리가 말했다. "하지만 응급 상황이면 1-800-GOVERN-MENT로 전화하시기 바랍니다." 어머니는 그곳으로 전화를 하지만, 다시 녹음된 목소리가 전화를 받는다. "미안합니다. 건강보험 담당자들은 지금 모두 통화중입니다. 끊지 말고 전화가 연결될 때까지 기다리십시오……"

"왜 정부한테 이 일을 맡긴 거예요?" 어머니가 애처롭게 묻는다. "우리 가족 주치의를 돌려받았으면 좋겠어요."

이어서 이 기사는 워싱턴에 기반을 둔 '세금 개혁을 위한 미국인' 이라는 집단이 제작한 라디오 광고의 유일한 문제는 이것이 사실이 아니라는 점이라고 말한다.

'의료 개혁을 위한 미국인 회의' 라고 부르는 집단은 대량 광고 우편물을 보내, 클린턴의 계획에 따를 경우 사람들이 추가의 건강보험을 사게 되면 5년 징역을 살게 된다고 주장했다. 사실 우리의 계획에서는 원하는 의료서비스를 자유롭게 구입하라고 분명하게 밝히고 있었다.

이런 광고 캠페인은 거짓이었지만 효과가 있었다. '자신이 좋아하는 것이 사실은 클린턴의 계획임을 모르는 사람들이 많다'는 제목의 3월 10일자 「월스트리트 저널」과 NBC 뉴스 여론조사는 우리의 건강보험 계획에 대해 물어볼 경우 다수가 반대한다는 것을 보여주었다. 그러나 그들이 건강보험에서 구체적으로 원하는 것을 물으면, 실제로 우리 계획에 있는 주요 조항들을 모두 지지하는 사람들이 60퍼센트가 넘었다. 이 기사는 말했다. "한 집단에 클린턴 계획임을 밝히지 않고 그 계획과 국회의 다른 주요한 제안 네 가지를 모두 읽게 했을 때, 그 집단 모두가 클린턴 계획을 첫 번째로 선호했다."

여론조사 기획자들(한 사람은 공화당원이고 다른 한 사람은 민주당원이었다)은 이렇게 말했다. "백악관은 이것을 만족스러운 동시에 경각심을 일으키는 결과로 받아들여야 한다. 그들이 작성한 기본 구상이 많은 사람들의 눈에 올바르게 보이기 때문에 만족스럽다는 것이다. 그러나 분명히 홍보가 부족했고, 그런 점에서 다른 이익 집단들에 크게 밀렸다는 것에 경각심을 가져야 한다는 것이다."

그럼에도 국회는 전진하고 있었다. 이 법안은 하원 3개, 상원 2개 등 국회의 총 5개 위원회에 넘겨졌다. 하원 노동위원회는 4월에 우리 법안보다 사실상 더 포괄적인 건강보험 법안을 부결시켰다. 나머지 4개 위원회는 합의를 이끌어내려고 열심히 노력하고 있었다.

5월 첫째 주에 다시 모든 일이 동시에 터져나왔다. 나는 애틀랜타의 CNN 본부에서 열린, 카터 대통령이 발의한 지구 포럼에서 세계 기자들의 질문에 응답했으며, 취업훈련 법안에도 서명했다. 라빈과 아라파트가 가자와 여리고를 넘겨주는 문제에 합의를 본 것을 축하했다. 치명적인 공격무기 규제 법안을 통과시켜달라고 하원의원들에게 로비를 했고, 미국총기협회의 격렬한 반대에도 불구하고 이 법안이 두 표 차로 통과된 것에 환호했다. 남아프리카에서 처음으로 공정한 전체선거가 끝난 뒤 남아프리카 원조를 늘릴 것이며, 앨과 티퍼 고어, 힐러리, 론 브라운, 마이크 에스피가 대표단을 이끌고 만델라 대통령 취임식에 참석할 것이라고 발표했다.

그리고 건강보험이 없는 여자들의 특수한 문제를 부각시키기 위해 백악관 행사가 열렸다. 라울 세드라스 소장이 아리스티드 지지자들을 살해하거나 상해하는 사건이 계속 발생했기 때문에 아이티에 대한 제재를 강화했다. 니그로연합대학기금의 대표이며 하원 예산위원회 위원장을 역임한 빌 그레이를 아이티 문제 특별보좌관으로 임명했다. 또한 폴라 존스에게 고소를 당했다. 대통령 자리에서 맞이한, 여느 때와 다름없는 또 한 번의 일주일 풍경이었다.

폴라 존스는 그전 2월, 워싱턴의 보수정치행동위원회 집회에서 처음으로 사람들 앞에 나타났다. 이 자리에서 클리프 잭슨은 "그녀의 이름을 깨끗하게 해줄" 목적으로 그녀를 소개한다고 말했다. 아칸소 주 경찰관들의 주장에 근거했다고 하는 데이비드 브록의 「아메리칸 스펙테이터」 기사에는 이런 이야기가 나온다. 클린턴이 리틀록 호텔에서 한 여자를 만났다. 그녀는 나중에 자신을 그곳에 데려간 주 경찰관에게 클린턴의 '정식 여자친구'가 되고 싶다는 말을 했다. 기사에는 그녀의 이름이 폴라라고만 나와 있었는데, 존스는 자신의 가족과 친구들이 그 기사를 읽고 그것이 자기 이야기인 줄 알았다고 주장했다. 그녀는 자신의 명예를 되찾고 싶다면서 「아메리칸 스펙테이터」를 명예훼손으로 고발하는 것이 아니라 나를 성추행으로 고소했다. 그녀는 내가 자신이 원치 않는 유혹을 했으나 거부했으며, 그런 뒤에 주 직원에게 매년 정상적으로 이루어지는 보수 인상이 이루어지지 않았다고 말했다. 당시에 그녀는 아칸소 산업개발위원회의 사무직원이었다. 클리프 잭슨의 소개로 데뷔한 존스는 처음에는 별 관심을 끌지 못했다. 그러나 출소出訴기한법에 따른 시한이 다가오기 이틀 전인 5월 6일에 성추행을 주장하며 70만 달러를 요구하는 소송을 제기했다.

존스가 소송을 제기하기 전, 그녀의 첫 번째 변호사는 리틀록의 어떤 사람과 접촉을 했고, 그는 나의 사무실로 연락을 했다. 그가 전한 이야기에 따르면, 존스의 변호사는 그녀의 주장이 약하기 때문에 내가 5만 달러를 주고 그녀와 그녀의 남편 스티브(보수적인 클린턴 혐오자였다)가 할리우드에서 일자리를 얻도록 도와주면 소송을 제기하지 않겠다고 제안했다는 것이다. 나는 돈을 주지 않았다. 나는 그녀를 성추행한 적이 없고, 그녀의 주장과는 달리 그녀의 보수는 인상되었기 때문이다. 어쨌든 나는 나 자신을 방어하기 위해 또 한 사람의 변호사를 고용해야 했다. 나는 워싱턴의 변호사 밥 베넷을 고용했다.

나는 5월의 나머지 기간에 주로 전국을 돌며 의료제도와 범죄 법안 캠페인을 벌였다. 그러나 늘 다른 일이 동시에 벌어지고 있었다. 그 가운데 가장 좋은 일은 나의 첫 조카 타일러 캐시디 클린턴이 태어난 것이었다. 몰리는 5월 12일에 타일러를 낳았다.

18일에 나는 샬랄라 장관과 라일리 장관이 열심히 작업해서 만든 중요한 업적인 취학 전 아동교육 개혁법안에 서명했다. 이것은 취학 전 프로그램의 대상이 되는 가난한 아이들의 숫자를 늘리며, 프로그램의 질을 높이고, 처음으로 3세 이전의 아이들에게 새로운 조기 아동교육 프로그램을 통해 서비스를 제공하는 법안이었다.

다음 날에는 인도의 P. V. 나라시마 라오 총리를 백악관에서 영접했다. 냉전과 서툰 외교 때문에 인도와 미국은 너무 오랫동안 멀어져 있었다. 인구가 거의 10억에 이르는 인도는 세계에서 가장 큰 민주주의 국가였다. 인도는 지난 30년간 중국과의 관계가 긴장되면서 소련에 더 가까워졌고, 냉전으로 인해 미국은 인도의 이웃국가인 파키스탄과 더 가까워졌다. 이 두 나라는 독립 이후 이슬람이 지배적인 인도 북부 카슈미르를 놓고 끝이 안 보이는 심각한 분쟁에 빠져 있었다. 이제 냉전이 끝났기 때문에 나는 미국-인도 관계를 개선할 기회와 함께 의무도 생겼다고 생각했다.

가장 큰 장애는 핵무기 확산을 제한하려는 미국의 노력과 핵무기를 개발하려는 인도의 정책 사이에 빚어진 갈등이었다. 인도는 핵무기가 중국의 핵무기에 대한 필수적인 억제책이며, 인도가 강국이 되는 필요조건이라고 생각했다. 파키스탄 역시 핵 프로그램을 개발하여 인도 아대륙에 위험한 상황이 조성되고 있었다. 나는 그들의 핵무기가 인도와 파키스탄의 안보를 더 위협한다고 생각했으나, 인도는 그렇게 보지 않았다. 그들은 핵 프로그램을 진행시키는 것이 자신들의 정당한 권리라고 보았으며, 미국의 간섭은 받아들이지 않겠다고 마음먹고 있었다. 그럼에도 인도는 나만큼이나 관계 개선을 원했다. 우리는 의견 차이를 해소하지 못했지만, 라오 총리와 내가 그동안의 서먹한 관계를 해소함으로써 인도-미국 관계에 새로운 장이 시작되었고, 양국 관계는 나의 두 번의 임기 동안, 그리고 그 뒤에도 계속 우호적으로 변해갔다.

라오 총리를 만나던 날 암과 싸우던 재키 케네디 오나시스가 세상을 떴다. 겨우 64세였다. 재키는 미국의 위대한 공적 아이콘들 가운데 국민에게 가장 친밀한 인물이었으며, 대부분의 사람들에게 우아함, 기품, 애도의 이미지로 각인되어 있었다. 운좋게 그녀를 잘 알게 된 사람들에게 그녀는 예상하던 그대로의 인물인 동시에 추측을 훨씬 뛰어넘는 인물이었다. 그녀는 생기로 가득한 똑똑한 여자였고, 훌륭한 어머니였고, 좋은 친구였다. 나는 그녀의 자녀 존과 캐럴린, 그리고 그녀의 벗 모리스 템펠스먼이 그녀를 얼마나 그리워할지 잘 알았다. 힐러리도 그녀를 그리워할 터였다. 그녀는 늘 힐러리를 격려하면서 건실한 충고를 해주었고, 두 사람은 진정한 우정을 나누었기 때문이다.

5월 말, 나는 중국에 최혜국 대우를 연장하는 문제에 대해 결정을 내려야 했다. 최혜국 대우는 사실추가의 관세나 다른 장벽이 없는 정상적인 무역 관계를 가리키는 것으로, 용어 자체에 약간 오해의 소지가 있었다. 미국은 이미 중국에 대해 상당한 무역 적자를 기록하고 있었다. 미국이 매년 중국 수출품의 35퍼센트 내지 40퍼센트를 구매하면서 적자액수는 해마다 늘어났다. 천안문광장의 사태와 뒤이은 반대파 탄압 후에 미국인들은 정파를 막론하고 부시 행정부가 베이징과 정상적인 관계를 너무 빨리 회복했다고 생각했다. 나는 대통령 선거운동 때 부시 대통령의 정책에 대해 비판적이었으며, 1993년에는 이민에서 인권, 강제 교도 작업 등 광범위한 문제에서 진전이 있어야만 중국에 최혜국 대우를 연장해준다는 행정명령을 발표했다. 5월에 워런 크리스토퍼는 모든 이민 사건들이 해결되었고, 교도소 노역 문제를 처리하는 방법에 대한 양해 각서를 체결했고, 처음으로 중국이 세계인권선언을 지키겠다고 언급했다는 보고서를 제출했다. 그러나 크리스토퍼는 평화적인 정치적 반대자를 체포하거나 구금하는 인권 유린 사례가 발견되었고, 티베트의 종교적·문화적 전통에 대한 탄압이 자행되고 있다고 덧붙였다.

중국은 다른 나라가 자국의 정치 문제에 '간섭'하는 것에 극도로 민감했다. 또 경제근대화계획이 시행되고 이에 따라 내륙지방으로부터 번창하는 해안도시들로 거대한 인구 이동이 일어난 상황에서, 중국 지도자들은 이로 인해 생기는 모든 변화를 최대한 잘 관리하는 중이라고 생각했다. 우리의 촉구가 어느 정도 긍정적인 결과를 낳았기 때문에, 나는 외교정책과 경제 보좌관에게 만장일치로 지지를 받아 최혜국 대우를 연장하고, 인권 개선을 위한 노력과 무역의 연계를 풀기로 결정했다. 중국을 세계공동체로 끌어오는 것은 미국의 이해관계에 큰 도움이 되었다. 교역과 교류가 확대되면 중국은 더 큰 번영을 누릴 수 있었다. 중국과 외부 세계의 접촉도 늘어나게 될 것이 분명했다. 그렇게 되면 북한 문제 같은 데서 좀더 많은 협력을 기대할 수 있고, 국제법의 규칙 준수도 기대할 수 있고, 나아가 개인적 자유와 인권의 진전도 기대할 수 있었다.

6월 첫째 주에 힐러리와 나는 1944년 6월 6일의 D-데이, 즉 미국과 동맹국들이 영국 해협을 건너 노르망디 해변을 공격한 날의 50주년을 기념하기 위해 유럽으로 갔다. 그것은 역사상 가장 규모가 큰 해군 공격이었으며, 이로써 유럽의 제2차 세계대전이 끝나가기 시작했다.

출장은 로마에서 시작되었다. 나는 바티칸으로 가서 교황을 만나고, 이탈리아의 새로운 총리 실비오 베를루스코니를 만났다. 베를루스코니는 이탈리아에서 가장 큰 매체의 소유주로 정치에는 신인이었는데, 파시즘을 연상시키는 극우 정당을 포함해 흥미로운 연립 내각을 구성해놓았다. 교황 요한 바오로 2세는 부러진 다리가 다 낫지 않았음에도 중국에서 종교의 자유를 확보하는 문제부터 온건한 이슬람 국가와의 협력 가능성, 그리고 인구 폭발을 억제하는 최선책과 가난한 나라들의 지속 가능한 발전을 촉진하는 문제를 둘러싼 우리의 견해 차이에 이르기까지 세계의 다양한 문제에 대해 정력적으로 이야기했다.

베를루스코니는 어떤 면에서는 이탈리아 텔레비전 시대 최초의 정치가였다. 그는 의지가 강하고 카리스마가 넘치는 인물로, 이탈리아의 악명 높은 정치 불안정에 그 나름의 규율과 방향을 제시하겠다는 결의가 단단했다. 그의 비판자들은 그가 이탈리아에 새로운 파시즘적 질서를 강요하려 한다고 비난했지만, 그는 이런 혐의를 강력히 부인했다. 나는 베를루스코니로부터 민주주의와 인권을 존중하고, 이탈리아와 미국의 역사적 동반 관계를 유지하고, 보스니아에서 나토의 일원으로서 책임을 완수할 것이라는 확약을 받고 기뻤다.

6월 3일 나는 한때 전쟁으로 폐허가 되었지만 지금은 소나무와 삼나무가 울창하게 자란 네투노의 미국인 공동묘지에서 연설을 했다. 줄줄이 늘어선 대리석 묘비에는 그곳에 묻힌 7,682명의 이름이 새겨져 있었다. 주검이 발견되지 않은 또 다른 3,000명의 미국인 이름은 근처 성당에 새겨져 있었다. 그들 모두 이탈리아를 해방하는 과정에서 젊은 나이에 전사했다. 이곳은 또 나의 친아버지가 복무했던 전장이기도 했다.

다음 날 우리는 영국 케임브리지 근처 밀든홀 공군기지에 내려, 이번에도 미국인 묘지를 찾았다. 이 묘지에는 그곳에 주둔했던 3,812명의 공군, 육군, 해군이 묻혀 있었다. 그리고 5,000명 이상의 이름이 새겨진 '실종자의 벽'이 있었다. 그 이름들 가운데는 영국 해협 상공으로 날아가 돌아오지 않은 두 사람의 이름도 새겨져 있었다. 한 사람은 케네디가의 자녀들 가운데 장남이며, 훌륭한 정치가가 될 것이라는 기대를 한몸에 받았던 조 케네디 2세였다. 또 한 사람은 1940년대에 큰 인기를 끌었던 미국의 밴드 리더 글렌 밀러였다. 이 행사에서 공군 군악대는 밀러의 '달밤의 세레나데Moonlight Serenade'를 연주했다.

힐러리와 나는 15세기 영국 총리의 시골 별장인 체커스에서 존 메이저를 만난 뒤 포츠머스에서 대규모 만찬에 참석했다. 나는 여왕 옆에 앉았다. 나는 여왕의 우아하고 지적인 면모, 그리고 공적인 문제를 토론하는 능란한 방식에 반했다. 여왕은 나에게 정보와 통찰을 구하면서도 자신의 정치적 견해를 표명하는 일은 슬쩍 피해 갔다. 영국의 국가수반에게는 그것이 금기였기 때문이다. 출생 환경만 달랐다면 여왕은 정치가나 외교관으로 성공했을지도 모른다는 생각이 들었다.

저녁을 먹은 뒤 우리는 왕실로부터 요트 브리타니아호로 초대를 받았다. 우리는 그곳에서 모후母候를 만났다. 모후는 93세였음에도 여전히 활달하고 아름다웠으며, 그녀의 밝은 눈빛은 사람을 꿰뚫는 듯했다. 다음 날 아침, 우리는 D-데이를 하루 앞두고 전투에 참가한 군대들을 위한 전쟁 예배에 참석했다. 찰스 왕세자와 별거 중이지만 이혼은 하지 않았던 다이애너 왕세자비도 참석했다. 다이애너는 힐러리와 나에게 인사를 한 뒤 군중 속으로 들어가 악수를 나누었다. 군중은 다이애너를 보자 몹시 반가워했다. 비록 짧은 시간 동안 찰스와 다이애너를 만났지만, 나는 그들이 마음에 들었으며, 그들의 인생이 다르게 풀렸으면 좋겠다는 생각이 들었다.

예배가 끝나자 우리는 브리타니아호를 타고 점심을 먹으며 영국해협으로 나아가, 거대한 배들 사이를 가로지르기 시작했다. 잠깐 항해를 한 뒤 왕실 가족에게 작별 인사를 하고 미국 해군 실SEAL 부대가 탑승한 작은 배에 옮겨 탔다. 우리는 이 배를 타고 항공모함 조지워싱턴호로 가서 나머지 항해를 마쳤다. 힐러리와 나는 그 배에 탑승한 6,000명 해군, 해병대 장병들 가운데 몇 명과 함께 식사를 했다. 식사 후에는 연설문을 검토했다.

D-데이에는 푸앙트뒤옥, 유타 해변, 콜빌-쉬르-메르의 미국 묘지에서 연설을 했다. 가는 곳마다 제2차 세계대전 참전용사들이 많이 모여들었다. 나는 참전용사 세 명과 함께 유타 해변을 걷기도 했다. 그 가운데 한 사람은 50년 전 운명의 날에 보여준 영웅적인 행동으로 명예 훈장을 받았다. 그는 우리가 자신이 1944년에 상륙한 지점에 서 있다고 말했다. 이어 그는 해변 위쪽을 가리키며, 자신의 동생은 그쪽으로 몇 백 미터 떨어진 곳에 상륙했다고 말했다. 그가 말했다. "인생이란 웃기는 거죠. 나는 명예 훈장을 받고 내 동생은 죽었으니 말입니다." "지금도 동생이 그립겠네요?" 내가 물었다. 그때 그가 한 대답이 잊혀지지 않는다. "50년 동안 매일 그립습니다."

기념식에서 나를 소개한 사람은 텍사스 주 코퍼스크리스티의 조 도슨이었다. 그는 젊은 대위 시절에 비 오듯 쏟아지던 독일군의 포화를 뚫고 접근이 불가능하다던 노르망디의 절벽에 처음 도달한 장교로 유명했다. D-데이에는 거의 9,400명이 죽었는데, 그 가운데는 형제와 부자가 33쌍 있었다. 버지니아 주의 아주 작은 마을 베드퍼드 출신의 군인 11명은 몰살당했다. 나는 그 전장에서 살아남아 이제 승리의 현장으로 돌아온 사람들이 나이가 들어 "이곳을 걸을 때 무릎에 힘도 없고, 그들의 부대원들 숫자도 점점 줄어들고 있을 것"이라고 말했다. "하지만 잊지 맙시다. 그 사람들은 젊었을 때 세상을 구했습니다."

다음 날 나는 파리에 가서 자크 시라크 시장을 만나고, 부르봉 궁의 프랑스 국회에서 연설을 했으며, 엘리제 궁에서 프랑수아 미테랑 대통령이 주최한 만찬에 참석했다. 미테랑이 주최한 만찬은 자정 무렵에 끝이 났는데, 그 시간에 미테랑이 힐러리와 나에게 '새 루브르'를 구경할 생각이 있느냐고 묻는 바람에 깜짝 놀랐다. '새 루브르'는 중국계 미국인 건축가 I. M. 페이가 지은 웅장한 건축물이었다. 미테랑은 나이가 77세이고 건강도 좋지 않았지만, 프랑스의 최신 걸작을 자랑하고 싶은 마음이 간절했다. 내가 미테랑, 미국 대사 패멀라 해리먼, 힐러리와 함께 도착했을 때 우리를 맞이한 여행 안내자는 다름 아닌 페이였다. 우리는 웅장한 유리 피라미드, 복원되고 개조된 옛 건물들, 발굴된 로마 유적을 한 시간 반 이상 둘러보았다. 지칠 줄 모르는 미테랑은 우리가 하나도 놓치지 않도록 페이의 설명에 보충 설명을 하곤 했다.

출장 마지막 날에는 개인적인 여행을 했는데, 옥스퍼드로 가서 명예학위를 받기도 했다. 영국 특유의 완벽한 봄날이었다. 해는 빛나고, 산들바람은 불어오고, 등나무와 만개한 꽃들이 아름다움을 뽐내고 있었다. 나는 짧은 연설에서 D-데이 기념식을 언급하면서 이렇게 말했다. "역사가 우리에게 늘 위대한 십자군을 주는 것은 아니지만, 기회는 늘 줍니다." 국내에서나 국외에서나 우리에게는 기회가 많다. 경제를 다시 살리고, 민주주의를 확대하고, 환경 파괴를 막고, 유럽에 새로운 안보 체제를 구축하고, '핵무기와 테러리즘의 확산'을 막는 것. 힐러리와 나는 잊을 수 없는 일주일을 보냈지만, 이제 그런 '기회들'을 향해 돌아갈 때가 되었다.

내가 돌아온 다음 날 케네디 상원의원의 노동 및 인적자원 위원회는 의료제도 개혁 법안을 본회의에 넘겼다. 전 국민에게 건강보험을 제공하는 법안이 본회의에 회부된 것은 이번이 처음이었다. 공화당 의원 가운데 버몬트의 짐 제퍼즈는 이 법안에 찬성했다. 제퍼즈는 공화당 의원들의 협조를 구하기 위해 계속 노력하라고 나를 격려했다. 그는 또 법안의 취지를 훼손하지 않고도 두어 가지만 수정하면 몇 표는 더 얻을 수 있을 것이라고 말했다.

그러나 우리의 행복은 오래가지 않았다. 이틀 뒤, 밥 돌은 전에 나에게 타협안을 모색해보자고 말한 적이 있음에도 모든 건강보험 법안을 저지하겠으며, 나의 프로그램을 11월 국회 선거의 주요 쟁점으로 삼겠다고 발표했다. 며칠 뒤에는 뉴트 깅리치가 개선된 수정안을 만드는 것에 반대투표를 함으로써 건강보험 개혁안이 통과되지 못하게 만드는 게 공화당의 전략이라고 말한 것으로 보도되었다. 그는 자신의 말을 지켰다. 6월 30일 하원 세입위원회는 전 국민 건강보험 법안을 부결시켰다. 공화당 의원은 찬성에 단한 표도 보태지 않았다.

공화당 지도자들은 댄 퀘일 부통령의 비서실장이었던 윌리엄 크리스톨로부터 건강보험 개혁안을 죽일 것을 촉구하는 메모를 받았다. 크리스톨은 공화당으로서는 절대 그 법안을 통과시킬 수가 없다고 말했다. 건강보험의 성공은 '공화당에 심각한 정치적 위협'이 되고, 반대로 그 폐기는 '대통령에게 엄청난 좌절'을 안겨준다는 것이었다. 5월 말, 현충일 연수회에서 공화당 국회 지도자들은 크리스톨의 입장을 채택하기로 결정했다. 나는 깅리치가 크리스톨의 강경노선을 따르기로 했을 때 놀라지 않았다. 그의 목표는 하원을 얻어 나라를 우익으로 몰고 가는 것이었다. 그러나 돌은 건강보험에 진심으로 관심을 가지고 있었으며, 우리가 이 체계를 개혁해야 한다는 것을 알았다. 그러나 그는 대통령 자리를 바라보며 뛰고 있었다. 그는 41명의 동료 공화당원들을 붙들고 의사진행방해에 나설 수밖에 없었으며, 우리는 결국 침몰하고 말았다.

6월 21일, 나는 도너 샬랄라, 브루스 리드와 그들의 최고위 정책팀이 기획한 복지제도 개혁 법안을 국회에 전달했다. 이 법안의 핵심은 복지제도를 '생활방식이 아니라 두 번째 기회'로 만들자는 것으로, 주지사로부터 생활보호대상자들에 이르기까지 모든 관련자들의 의견을 몇 달 동안 수렴한 결과 나온 것이었다. 이 법안에 따르면, 신체가 건강한 사람들은 2년간 생활보호를 받은 뒤에 취직을 해야 했다. 대신 그 2년 동안 정부는 그들을 훈련시키고 교육시키기로 했다. 만일 민간 부문에서 취업을 할 수 없으면 정부 보조를 받는 일자리를 얻어야 했다.

다른 조항들은 생활보호대상자가 생활보호 급부금을 받을 때보다 노동을 할 때 경제 형편이 더 나빠지지 않도록 보장하기 위한 것들이었다. 거기에는 자녀 부양을 위한 추가의 보수를 제공하고, 전업기轉業期에 메디케이드를 통해 의료와 영양 섭취를 보장하고, 식량 카드 프로그램을 실시하는 것 등이 포함되었다. 이런 변화들은 1993년에 시행된, 저임금 노동자들을 위해 큰 액수의 소득세를 공제한 것과 더불어 생활보호 급부금보다는 저임금 취업이 훨씬 더 매력적으로 보이게 만들기에 충분했다. 물론 우리가 의료제도 개혁을 통과시켰다면, 저소득 노동자들은 일시적이 아니라 지속적으로 건강보험을 갖게 되고, 그러면 복지제도 개혁도 훨씬 더 성공적이었을 것이다.

나는 또 십대 미혼모들이 부모와 함께 살면서 학교에 다닐 때보다 집을 나올 경우에 더 많은 원조를 받게 되는 현행 제도의 왜곡된 인센티브도 없애자고 제안했다. 또 국회에 자녀부양강제법을 더 강화할 것도 촉구했다. 이것은 부재不在 부모들에게 법원의 명령에도 불구하고 여전히 지불하지 않은 자녀부양비(무려 340억 달러에 이르렀다)를 내도록 강제하는 내용이었다. 샬랄라 장관은 이미 몇 개 주에 기존 연방 규칙들의 강제를 포기함으로써 이런 개혁안 가운데 많은 부분을 추진하도록 허용했으며, 이제 그 결과들이 나타나고 있었다. 그런 주에서는 생활보호대상자들의 숫자가 급격히 감소하고 있었던 것이다.

6월에는 굵직굵직한 국제적인 사건들이 많이 일어났다. 나는 아이티에 대한 제재를 강화했다. 힐러리와 나는 일본 황제 부부를 위한 국빈 만찬을 열었다. 일본 황제 부부는 매우 지적이고 상냥한 사람들로 어디를 가나 자국을 위해 호의를 베풀었다. 나는 또 요르단의 후세인 왕, 헝가리, 슬로바키아, 칠레의 대통령들도 만났다. 그러나 이 시기의 외교정책에서 가장 큰 문제는 뭐니 뭐니 해도 북한이었다.

앞서도 말했듯이 북한은 폐연료봉이 핵무기 제조를 위한 플루토늄으로 재처리되지 않는다는 사실을 확인하기 위한 국제원자력기구의 사찰을 막았다. 3월에 사찰이 중단되었을 때, 나는 북한에 대한 유엔의 제재를 얻어내기 위해 노력하고, 군사 작전도 배제하지 않겠다고 천명했다. 그 뒤로 사태는 더 악화되었다. 5월에 북한은 원자로에서 연료를 빼냈는데, 사찰관들이 원자로의 작동을 제대로 살펴보고 폐연료를 어떻게 사용하는지 판단하는 것을 막았다.

카터 대통령은 6월 1일에 전화를 걸어, 자신이 북한에 가서 문제 해결을 위해 노력해보고 싶다고 말했다. 나는 이 문제를 담당하고 있던 밥 갈루치 대사를 조지아 주 플레인스로 보내 카터에게 북한의 위반사항의 심각성에 대해 설명하도록 했다. 카터는 그래도 가고 싶어 했다. 나는 앨 고어, 국가안보팀과 협의한 뒤 카터 방북이 추진해볼 만한 가치가 있다고 판단했다. 그로부터 3주 전쯤 나는 전쟁이 발발할 경우 양측이 입게 될 엄청난 손실에 대한 평가서를 받고 정신이 번쩍 든 적이 있었다. 나는 D-데이 때문에 유럽에 가 있었다. 그래서 앨 고어가 카터에게 전화해서 내가 그의 방북을 반대하지는 않지만, 북한이 사찰단의 직무 수행을 허용하고, 핵 프로그램을 동결하고, 비핵 시대를 열어나가는 문제에 대해 미국과 새로운 대화를 시작하겠다고 약속하지 않는 한 제재를 풀 의사가 없다는 사실을 김일성 주석이 이해해야 한다고 조건을 걸었다.

6월 16일 카터 대통령은 평양에서 전화를 걸었고, 이어 CNN과 생방송 인터뷰를 하여, 국제 사찰을 둘러싼 이견을 해소하기 위한 노력이 성실하게 이루어지는 한 김일성 주석이 사찰단을 핵 시설에서 추방하는 일은 없을 것이라고 말했다. 이어 카터는 이러한 '매우 긍정적인 사태 진전'을 고려하여,

미국 행정부는 제재 노력을 완화하고 북한과 고위급 협상을 시작해야 한다고 말했다. 나는 북한이 핵 프로그램을 동결할 준비가 되어 있다면 대화로 복귀할 것이지만, 내가 보기에는 북한이 그 점에 동의했는지 분명치가 않다고 말했다.

과거의 경험에 비추어볼 때 북한에 대한 나의 신뢰감은 줄어들고 있었으며, 북한의 정책 변화에 대한 공식 확인이 나올 때까지는 제재 의사를 철회할 생각이 없었다. 일주일이 안 되어 그런 확인이 이루어졌다. 김일성 주석은 서한을 통해 자신이 카터에게 한 말을 확인하고, 우리의 다른 조건들을 받아들였다. 나는 카터 대통령의 노력에 감사하고, 북한이 미국의 모든 조건에 동의했으며, 남북한은 정상회담 가능성을 논의하기로 합의했다고 발표했다. 나는 이런 사태 진전에 부응하여 미국이 다음 달 제네바에서 북한과 대화를 시작할 용의가 있으며, 대화가 진행되는 동안에는 제재 노력을 중단할 것이라고 말했다.

6월 말, 나는 우리의 중요한 법적 의제와 넉 달 앞으로 다가온 선거에 효율적으로 대처하기 위해 비서진 몇 사람을 바꾸었다. 몇 주 전에 맥 맥라티는 자신이 일자리를 바꿀 때가 되었다는 생각이 든다고 말했다. 그는 출장국 일로 상당한 타격을 받았으며, 우리의 결정 과정을 비판하는 수많은 기사를 견디어왔다. 맥은 나에게 리언 파네타를 비서실장으로 임명하라고 제안했다. 파네타는 국회와 언론을 잘 이해하고 있으며, 비서진도 완전히 장악할 수 있다는 이유에서였다. 맥라티의 사퇴 소식이 알려지자 다른 사람들도 리언을 추천했다. 맥라티는 국회의 온건한 공화당 의원과 보수적인 민주당 의원들 사이에 다리를 놓고, 12월에 마이애미에서 개최되는 미주정상회의 준비를 감독했으면 좋겠다는 의사를 밝혔다.

나는 맥라티가 흔히 생각하는 것보다 일을 잘했다고 생각한다. 그는 전보다 훨씬 작아진 백악관의 훨씬 많아진 업무량을 감당했으며, 경제계획과 북미자유무역협정에서 승리를 거두는 데 중추적인 역할을 했다. 밥 루빈이 자주 말했듯이, 맥라티는 백악관 안이나 내각과의 관계에서 대학 같은 분위기를 조성했으며, 이것은 이전의 여러 행정부가 이루지 못했던 일이다. 이런 분위기는 우리가 국회에서나 정부 부서와의 관계에서 많은 일을 이루는 데 도움을 주었다. 또한 이런 분위기 속에서 우리는 자유롭게 공개적으로 토론을 했는데, 이것이 우리의 결정 과정에 대한 비판을 낳기도 했다. 그러나 우리가 직면했던 새롭고 복잡한 문제들을 고려할 때, 그런 분위기는 더 나은 결정을 내리는 데 도움을 주었다.

나아가서 나는 부정적인 언론 보도를 피하기 위해 우리가 할 수 있는 일이 내부정보 누설을 줄이는 것 말고는 별로 없을 것이라고 생각했다. 선거에서 매체의 역할에 대한 권위자인 토머스 패터슨 교수는 그 무렵 『무질서 Out of Order』라는 중요한 책을 냈는데, 이 책을 읽고 나는 무슨 일이 벌어지는지 더 잘 이해하게 되었고, 그것을 전과는 달리 개인적인 일로 받아들이지 않게 되었다. 패터슨의 명제는 언론이 자신을 후보와 국민 사이의 '중재자'로 파악하여 유권자들에게 후보를 보는 방식과 그들의 잘못된 점을 말해주어야 할 책임이 있다고 느끼면서, 대통령 선거운동에 대한 언론 보도가 지난 20년간 꾸준히 부정적으로 변화해왔다는 것이다. 1992년에 부시, 페로, 나에 대해서도 긍정적인 보도보다는 부정적인 보도가 더 많았다.

패터슨은 1994년판 『무질서』의 후기에서 1992년 선거 뒤 언론은 처음으로 선거운동에서 나온 부정적 편견을 그대로 안은 채 행정부 취재를 하기 시작했다고 말했다. 패터슨에 따르면, 이제 대통령에 대한 취재는 '대통령의 실제 직무 수행보다는 매체의 냉소적 편견에 의존하고 있다. 언론은 거의 언제나 나쁜 것은 확대하고 좋은 것은 축소한다.' 예를 들어 초당파적인 '매체와 공보 센터'는 나의 국내 정책 처리에 대하여 언론 보도의 60퍼센트가 부정적이었으며, 그 대부분이 공약을 어긴 것에 초점을 맞추었다고 말했다. 그러나 패터슨의 말에 따르면, 나는 선거공약 '수십' 가지를 실현했으며, 따라서 '자신의 약속을 지켰다는 평가를 받아야 할' 대통령이었다. 그렇게 말할 수 있는 한 가지 이유는 내가 국회 표결 가운데 88퍼센트에서 승리를 거두었다는 점이다. 패터슨은 이것이 1953년의 아이젠하워, 1965년의 존슨에 이어 가장 높은 점수라고 말했다. 또한 부정적인 취재는 나의 지지율을 깎아내렸을 뿐 아니라, 의료제도 개혁 문제를 포함해 나의 정책에 대한 국민의 지지도 낮추었으며, 그 결과 "클린턴의 대통령직과 국가 이익은 큰 피해를 보게 되었다"라고도 말했다.

1994년 여름에 나는 토머스 패터슨의 책 덕분에, 언론의 보도 태도를 바꾸기 위해 내가 할 수 있는 일은 없을지도 모른다는 것을 깨닫게 되었다. 만일 그렇다면 그런 상황에 더 잘 대처해야 했다. 맥 맥라티는 한 번도 비서실장 자리를 얻으려 한 적이 없었던 반면, 리언 파네타는 그 도전을 받아들일 용의가 있었다. 그는 이미 관리예산국에서 남들이 능가하기 힘든 업적을 쌓았다. 우리의 첫 번째 두 예산안은 17년 만에 처음으로 국회가 시한 안에 통과시켜준 것이었으며, 이 예산들을 통해 트루먼 대통령 시절 이후 처음으로 3년 연속 적자 축소를 기록하게 되었다. 어쩌면 더 중요한 것은 이 예산으로 교육, 미취학 아동 교육, 취업 훈련, 신기술에 대한 지출을 늘리면서도 25년 만에 처음으로 국내 재량 지출이 감소되었다는 것일지도 모른다. 파네타는 비서실장으로서 우리가 한 일과 미국을 위해 하려고 하는 일을 좀더 분명하게 전달할 수 있을 것 같았다. 나는 파네타를 비서실장으로 지명하고, 맥라티를 대통령 자문으로 임명하여 그가 하고 싶다고 한 일을 맡겼다.

39

　　　　　　　　6월이 되자 로버트 피스크는 정식으로 활동을 시작했다. 그는 빈스 포스터의 죽음에 대하여 독립적인 조사를 하기로 결정했다. 언론과 국회의 공화당에서 많은 의문을 제기해왔기 때문이다. 나는 피스크가 그 사건을 조사해준다니 반가웠다. 추문 제조 기계는 무에서 피를 짜내려고 안달이었는데, 어쩌면 그의 조사를 통해 이 사건이 종결되고 포스터의 가족도 약간이나마 편안해질 수 있을 것 같았기 때문이다.

　　그 사건 자체가 비극이라는 사실을 생각하지 않는다면, 그것을 둘러싼 비난과 기괴한 짓들은 우스꽝스럽다고까지 할 수 있을 정도였다. '포스터가 살해당했다'고 주장하는 무리 가운데 가장 시끄럽고 가장 경건한 체하는 사람으로는 인디애나의 공화당 하원의원 댄 버튼을 꼽을 수 있었다. 버튼은 포스터가 자살했을 리 없다는 것을 입증하기 위해 뒤뜰로 나가 리볼버로 수박을 쏘아보기까지 했다. 미친 짓이었다. 도대체 버튼이 무엇을 증명하려 했는지 이해할 수가 없었다.

　　피스크는 힐러리와 나를 면담했다. 그는 솔직하고 전문적인 태도를 보여주었다. 면담 뒤에 나는 그가 철저한 사람이라는 것을 알 수 있었다. 그가 시간을 끌지 않고 조사를 끝마칠 것이라는 생각이 들었다. 6월 30일, 그는 포스터의 죽음, 그리고 한참 시끄러웠던 버니 너스봄과 로저 앨트먼 사이의 대화에 대해 잠정적인 조사결과를 발표했다. 피스크는 포스터의 죽음이 자살이며, 그것이 화이트워터와 관련되었다는 증거는 발견하지 못했다고 말했다. 그는 또 너스봄과 앨트먼의 행동에서 부적절한 점을 찾을 수 없었다고 결론을 내렸다.

그 이후 피스크는 보수주의적인 공화당 의원들과 언론에 있는 그들의 동맹자들에게 비웃음을 사게 되었다. 「월스트리트 저널」은 이미 힐러리와 나에 대해 비판적인 기사들을 실어 전보다 훨씬 더 공격적으로 나가고 있었다. 그런 기사들이 나중에 진실이 아닌 것으로 드러나도 상관없다는 투였다. 일부 보수적인 논평가와 국회의원들은 피스크의 사임을 요청하기 시작했다. 노스캐롤라이나의 로치 페어클로스 상원의원이 특히 목청을 높였는데, 그것은 그의 새로운 비서인 데이비드 보시의 자극 때문이었다. 보시는 이미 나에 대해 수많은 허위 소문을 퍼뜨린 우익단체 '단결한 시민들'에서 플로이드 브라운과 함께 일하던 사람이었다.

피스크가 보고서를 발표한 날, 나는 새로운 독립변호사법에 서명함으로써 나의 관에 또 하나의 못을 박았다. 이 법은 피스크가 재임명되는 것을 허용했지만, 워싱턴 순회항소법원의 '특수부'는 그를 해임하고 새로운 검사를 임명하여 처음부터 다시 조사를 시작할 수도 있었다. 이 법에 따르면 특수부의 판사들은 렌키스트 대법원장이 선정했는데, 그는 극히 보수적인 공화당 활동가로 일하다가 대법원 판사가 된 사람이었다.

나는 피스크를 새 법령의 적용 대상에서 제외하려 했으나, 입법부 쪽의 일을 새로 맡게 된 팻 그리핀은 그렇게 하면 보기가 좋지 않을 것이라고 걱정하는 민주당 의원들이 있다고 말했다. 로이드 커틀러는 그냥 놔두어도 걱정할 것이 없다고 했다. 피스크는 분명히 독립적이며, 그가 교체될 일은 없을 것이라는 이유에서였다. 그는 힐러리에게 만일 그런 일이 생기면 "모자를 먹겠다"(손에 장을 지진다는 말의 영어식 표현―옮긴이주)고 말했다.

7월 초, 나폴리에서 열리는 G-7 정상회의에 참석하기 위해 다시 유럽으로 갔다. 가는 길에 라트비아의 리가에 들러 발트해 연안 국가 지도자들을 만나, 리투아니아와 라트비아에서 러시아군이 철수한 것을 축하했다. 이것은 우리가 집으로 돌아가고 싶어 하는 러시아 장교들을 위해 주택을 대량 공급함으로써 촉진된 조치였다. 에스토니아에는 여전히 러시아군이 있었지만, 영화 제작자 출신의 대통령 렌나트 메리는 조국을 러시아가 지배하는 것에 반대했으며, 가능한 한 빨리 그들을 내보내기로 결심하고 있었다. 회담 뒤에 리가의 자유의 광장에서 감동적인 기념행사가 열렸다. 나는 그곳에서 4만 명 군중에게 환영을 받았다. 그들은 새로 찾은 자유를 미국이 확고하게 지지하는 것에 감사하는 뜻으로 깃발을 흔들었다.

다음 목적지는 바르샤바였다. 나는 그곳에서 레흐 바웬사 대통령을 만나 폴란드를 나토에 가입시키겠다는 나의 약속을 다시 한 번 강조했다. 바웬사는 10여 년 전 그다니스크 조선소 노동자들의 공산주의에 대항한 폭동을 지도함으로써 영웅이 되었으며, 자유 폴란드는 자연스럽게 그를 대통령으로 선택했다. 그는 러시아에 대한 의심이 강했으며, 폴란드가 나토에 가능한 한 빨리 가입할 수 있기를 바랐다. 그는 또 미국이 폴란드에 더 투자해주기를 바라면서, 폴란드의 미래에는 미국의 장군들이 더 많이 필요하니 "우선 제너럴 모터스와 제너럴 일렉트릭부터 보내달라"고 농담을 했다.

그날 밤 바웬사는 만찬을 열어 다양한 정치적 견해를 가진 지도자들을 초대했다. 나는 8명의 자녀를 둔 활달한 바웬사 부인이 감자 농사꾼인 의회 지도자와 열띤 논쟁을 벌이는 것에 관심 있게 귀를 기울였다. 바웬사 부인은 공산주의를 비난했으며, 의회 지도자는 농부들이 지금보다 공산주의 치하에서 더 잘 살았다고 주장했다. 그들은 멱살잡이라도 할 것 같았다. 나는 논쟁에 끼여들어, 의회 지도자에게 공산주의 치하에서도 폴란드의 농장은 개인 소유였다는 점을 지적했다. 폴란드 공산주의자들이 한 일이라고는 식량을 사서 우크라이나나 러시아에 판 것뿐이었다. 그도 그 점을 인정했지만, 그들에게는 늘 시장이 있었고, 수확물을 좋은 값에 팔 수 있었다고 말했다. 나는 그가 러시아 같은 완전히 공산주의적인 체제, 즉 농장 자체가 집산화된 체제 하에서는 살아본 적이 없지 않느냐고 말했다. 이어 나는 미국의 경제체제가 움직이는 방식을 설명하고, 성공적인 자유시장 체제 역시 시장 판매에서는 협동조합을 이용하고 가격 지원도 받는다고 말했다. 의회 지도자는 여전히 회의적인 표정이었으며, 바웬사 부인도 여전히 완강했다. 민주주의의 요체가 제약 없는 자유로운 논쟁이라면, 그것 하나는 분명히 폴란드에 뿌리를 내린 것 같았다.

　나는 나폴리에서 열린 정상회의의 첫날을 아시아에 바쳤다. 제네바에서 북한과 계속 대화하는 상황에서 김일성이 사망했기 때문에, 북한과의 협정의 미래가 불투명해지게 되었다. 이 문제에 커다란 관심을 보이는 또 다른 G-7 회원국은 일본이었다. 일본과 한국 사이에는 제2차 세계대전 이후로 수십 년 동안 긴장 관계가 형성되어 있었다. 만일 북한이 핵무기를 가지고 있다면 일본은 핵 억제력을 개발해야 한다는 압박감을 크게 느낄 수밖에 없었다. 이것은 일본인들 자신의 고통스러운 경험을 돌이켜볼 때 일본으로서는 택하고 싶지 않은 행동방식이었다. 자민당과 제휴하여 일본 최초의 사회주의자 총리가 된 일본의 무라야마 도미이치는 북한 문제를 둘러싼 미국과 일본의 유대에는 변함이 없을 것이라고 다짐했다. 제네바 회담은 김일성 사망에 대한 조의를 표하기 위해 한 달간 중단되었다.

　나폴리에서 내려진 가장 중요한 결정은 우크라이나에 원조를 제공하고, 이후 모든 정상회의의 정치적 논의에 러시아를 참가시키기로 한 것이다. 러시아가 이 신망 있는 모임에 참석하게 됨으로써 옐친을 비롯하여 서방과 더 밀접한 유대를 맺고자 하는 개혁가들은 큰 힘을 얻게 되었으며, 앞으로의 모임도 더 재미있어질 것이 분명했다. 옐친은 늘 사람들을 즐겁게 해주었기 때문이다.

　첼시, 힐러리, 나는 나폴리가 무척 마음에 들었다. 우리는 회의 후에 하루 시간을 내어 폼페이에 갔다. 이탈리아인들은 서기 79년에 화산재에 삼켜진 도시를 놀라운 솜씨로 복원해놓았다. 풍부한 질감이 그대로 남아 있는 채색 벽화들도 보았는데, 그 가운데는 1세기의 정치적 포스터라 할 만한 것도 있었다. 야외의 식탁은 오늘날의 패스트푸드 식당의 선구자라 할 만했다. 재 때문에 유해도 몇 구 그대로 보존되어 있었다. 그 가운데는 임신한 것으로 보이는 아내의 얼굴을 손으로 가린 채 누워 있는 남자도 있었다. 그의 옆에는 두 자녀가 있었다. 삶의 연약하고 덧없는 본질을 보여주는 유적이었다.

　유럽 순방은 독일에서 끝났다. 헬무트 콜은 우리를 그의 고향 루트비히

샤펜으로 안내했다. 이어 나는 람슈타인 항공 기지로 가서 우리 부대를 만났다. 그들 가운데 다수는 냉전 이후 군비 축소로 인해 곧 군대를 떠날 예정이었다. 람슈타인에서 만난 군인들은 나폴리에서 만났던 해군들과 마찬가지로 국내 문제는 한 가지만 이야기했다. 바로 건강보험이었다. 자녀가 있는 군인이 다수였는데, 그들은 군대에서 건강보험을 당연한 것으로 여기며 살았다. 그러다 이제 국방 규모 축소로 고향에 돌아가게 되었는데, 그곳에서는 자녀들을 위한 건강보험이 제공되지 않았다.

베를린은 경제가 호황이었다. 통독의 수도 역할을 다시 맡게 되면서 어디를 가나 크레인이 보였다. 힐러리와 나는 콜 부부와 함께 라이흐슈타크를 나와 베를린 장벽이 서 있던 곳을 따라 걷다가 웅장한 브란덴부르크 문을 통과했다. 케네디 대통령과 레이건 대통령은 브란덴부르크 문 바로 바깥, 옛 베를린 장벽의 서쪽에서 기억에 남을 만한 연설을 했다. 이제 나는 통일 베를린의 동쪽에 있는 연단에 서서, 5만 명의 열광적인 군중을 바라보고 있었다. 그들 가운데 다수는 부모가 살았던 세계와는 완전히 다른 세계에서 살아야 할 자신의 미래에 대해 궁금해하는 젊은이들이었다.

나는 독일인에게 더 큰 통일을 향해 유럽을 이끌고 나가라고 촉구했다. 만일 그들이 그렇게 한다면(나는 그들에게 독일어로 약속했다) "아메리카 슈테트 안 이러 자이테 예츠트 운트 퓌르임머Amerika stetht an Ihrer Seite jetzt und fürimmer(미국은 지금부터 영원히 여러분 편이다)." 브란덴부르크 문은 오랫동안 그 시대의 상징이었다. 때로는 압제의 기념물이자 정복의 탑이기도 했지만, 이제는 그 문을 세운 사람들이 바라던 대로 미래를 향한 관문이 되었다.

나는 귀국한 뒤에도 외교 일을 계속했다. 아이티의 탄압이 심해지면서 보트 피플이 새로 쏟아져 들어오고, 상용 항공기의 이동은 중단되었다. 그 달 말, 유엔 안전보장이사회는 독재 정권을 몰아내기 위해 아이티 공격을 승인했다. 이제는 아이티 공격을 불가피하게 여기는 사람들이 많았다.

7월 22일, 나는 르완다 난민에 대한 긴급 원조를 크게 늘리고, 르완다 국경 근처 난민 수용소에 있는 엄청난 숫자의 난민에게 구조 물자를 24시간

운송하기 위하여 우간다에 미군 기지를 만들겠다고 발표했다. 나는 또 안전한 물 공급원을 확보하여 콜레라를 비롯한 다른 질병에 걸릴 위험이 있는 사람들에게 가능한 한 깨끗한 물을 공급하라고 군에 명령하고, 콜레라 발발을 막기 위해 구강 재수화 치료제 2,000만 개를 이틀에 걸쳐 공급하겠다고 발표했다. 일주일이 안 되어 미국은 식량과 의약품을 비롯해서 물자를 1,300톤 이상 공급했으며, 하루에 10만 갤런 이상의 안전한 물을 생산하여 배급했다. 4,000명 이상의 병력과 5억 달러에 이르는 돈이 들어갔지만, 이 사업을 통해 처참한 살육이 저질러진 뒤이기는 해도 많은 생명을 구할 수 있었다.

7월 25일, 후세인 왕과 라빈 총리가 요르단과 이스라엘 사이의 교전 상태를 공식적으로 끝내고 완전한 평화협정 타결을 약속하는 워싱턴 선언에 서명하기 위해 미국을 찾아왔다. 그들은 오랫동안 비밀 회담을 진행했으며, 워런 크리스토퍼는 합의를 끌어내기 위해 열심히 노력했다. 다음 날 두 지도자는 양원 합동회의에서 연설했고 우리 셋은 중동 분쟁의 모든 당사자가 참여하는 포괄적인 평화를 위해 노력하겠다고 다시 약속했다.

이스라엘-요르단 협정은 그 무렵에 벌어진 부에노스아이레스 유대인 센터에 대한 테러리스트의 공격, 그리고 파나마와 런던에서 일어난 비슷한 공격과 대조를 이루는 사건이었다. 그 테러 공격들은 모두 헤즈볼라의 소행으로 여겨지고 있었다. 헤즈볼라는 이란의 무기와 시리아의 원조를 받아 레바논 남부에서 이스라엘을 공격하는 작전을 펼쳤다. 이스라엘과 시리아 사이의 협정 없이는 평화과정이 완성될 수 없었기 때문에 헤즈볼라의 활동은 심각한 장애가 될 가능성이 컸다. 나는 아사드 대통령에게 전화를 걸어 이스라엘-요르단 발표에 대해 설명하고 그의 지지를 요청하면서, 이스라엘과 미국은 여전히 시리아와 성공적인 협상을 하기 위해 노력하고 있다고 말했다. 라빈은 시리아가 헤즈볼라의 활동을 중단시킬 수는 없지만 제한할 수는 있다고 말함으로써 시리아와 대화의 문을 열어두었다. 후세인은 시리아만이 아니라 아랍 세계 전체가 요르단의 예를 따라 이스라엘과 화해해야 한다고 응답했다.

나는 후세인과 라빈이 "전 세계에 평화의 훈풍이 불게 해야 한다"고 말하는 것으로 기자회견을 마무리지었다. 그 직전에 보리스 옐친이 8월 31일까지 에스토니아에서 러시아 군대를 모두 철수하기로 메리 대통령과 합의했다고 알려왔다.

8월이 되면 워싱턴은 더워지고, 국회의원들은 워싱턴을 떠나기 시작한다. 그러나 1994년에 국회는 거의 한 달 내내 회의를 열어 범죄와 의료 문제를 다루었다. 상원과 하원은 다양한 범죄방지 법안들을 통과시켰는데, 이를 통해 공동체 경찰을 10만 명 증원하고, 상습 범죄자들을 더 강도 높게 처벌하고, 교도소를 건설하고, 젊은 사람들이 범죄에 빠지는 것을 막는 예방 프로그램에 더 많은 자금을 지원하게 되었다.

상원과 하원의 범죄방지 법안 사이의 차이를 해소하기 위해 협의위원회가 열렸을 때, 민주당 의원들은 공격 무기 규제를 타협 법안에 집어넣었다. 이 규제 법안은 미국총기협회의 격렬한 반대에도 불구하고 하원에 별도의 안건으로 올라가 겨우 3표 차이로 통과되었다. 미국총기협회는 이미 브래디 법안을 무너뜨리려는 싸움에서 졌기 때문에, 오직 빠른 시간 안에 많은 사람을 죽인다는 목적으로 고안된 대형 탄창을 갖춘 속사 무기들을 '보관하고 들고 다닐' 권리를 유지하기 위해 이 법안에서는 이기겠다고 결심하고 있었다. 사실 이 무기들은 무시무시했다. 이 무기에 맞은 범죄 피해자들은 보통 권총에 맞는 경우보다 죽을 확률이 3배나 높았다.

협의회는 총기 규제 법안을 범죄방지 법안과 합치기로 결정했다. 총기 규제 법안에 대해서는 상원에서 명백한 다수를 확보했지만, 미국총기협회 지지자들의 의사진행방해를 부수는 데 필요한 60표는 확보하지 못했기 때문이다. 협의회의 민주당 의원들은 단독으로 상정된 공격용 무기 규제 법안보다는 전체적인 범죄방지 법안에 대한 의사진행방해가 훨씬 더 어렵다는 것을 알고 있었다. 그러나 이 전략에는 하원에서 총기를 지지하는 시골 지역구 출신의 민주당 의원들이 공격용 무기 규제에 대해 다시 투표를 해야 한다는 문제가 있었다. 그럴 경우 법안 전체가 통과에 실패하거나, 아니면 법안에 찬성한 민주당 의원들이 의석을 잃을 위험을 무릅써야 했다.

8월 11일 하원은 새로운 범죄방지 법안을 표결에 넘기자는 동의안을 225 대 210으로 부결시켰다. 민주당 의원 58명이 반대표를 던졌고, 공화당 의원들 가운데는 불과 11명만이 찬성표를 던졌다. 반대표를 던진 민주당 의원들 가운데 소수는 이 법안에 들어 있는 사형 확대에 반대하는 자유주의자들이었지만, 반대표 가운데 다수는 미국총기협회의 편을 든 것이었다. 공화당 의원들 가운데 상당수는 공격용 무기 규제를 포함해서 이 법안을 지지하겠다고 말했지만, 전체적으로, 특히 예방 프로그램에 돈이 너무 많이 들어간다고 생각했다. 이로써 나의 선거운동 공약 가운데 가장 중요한 법안이 난관에 부딪힌 셈이었으며, 나는 상황을 반전시키기 위해 뭔가를 해야만 했다.

다음 날, 뉴욕 시장 루디 줄리아니와 필라델피아 시장 에드 렌들이 참석한 미니애폴리스의 미국경찰관협회 모임에서 나는 경찰과 국민을 한쪽에 놓고 미국총기협회를 다른 쪽에 놓은 다음 둘 가운데 하나를 선택하라는 식으로 문제를 제기했다. 국회의 의석을 지키려고 미국 국민과 경찰관들을 더 큰 위험에 빠뜨릴 수는 없지 않은가.

사흘 뒤 로즈가든에서 열린 행사에서 스티브 스포사토는 이 문제를 좀 더 분명하게 드러냈다. 공화당원 사업가인 스포사토는 정신착란을 일으킨 남자가 공격용 무기를 들고 샌프란시스코의 한 사무용 건물에서 총을 난사했을 때 그곳에서 일하던 부인을 잃었다. 그는 공격용 무기 금지에 대해 강력하게 호소했다.

그달 늦게 범죄방지 법안이 다시 투표에 부쳐졌다. 우리는 의료제도 개혁 문제와는 달리 범죄방지 법안에 대해서는 성실하게 초당적인 협상을 벌여왔다. 이번에는 우리가 235 대 195로 승리를 거두었다. 법안에서 지출을 상당히 줄이는 협상을 통하여 거의 20표의 공화당 표를 끌어온 것이다. 일부 자유주의적인 민주당 의원들도 이 법안의 예방 프로그램이 갖고 있는 장점에 대해 이야기를 듣고 입장을 바꾸었으며, 총기지지 지역구 출신인 민주당 의원 몇 명도 자리를 잃을 위험을 무릅쓰고 찬성투표를 했다. 나흘 뒤 조 바이든 상원의원의 주도로 범죄방지 법안은 61 대 38로 상원을 통과했다. 공화당 의원 6명이 의사진행방해를 막는 데 필요한 표를 준 것이다. 범죄방지법은 매우 긍정적인 영향을 주고, 범죄율의 지속적인 감소를 가져오게 된다.

하원 표결 직전 하원의장 톰 폴리와 다수당 의장 딕 게파트는 법안에서 공격용 무기 규제를 빼달라고 마지막 호소를 했다. 아슬아슬하게 자리를 유지하는 민주당 의원들이 이미 경제계획에 아주 어려운 찬성표를 던졌고, 브래디 법안에도 표를 던져 이미 미국총기협회에 도전했다. 이제 다시 공격용 무기 규제로 그들에게 목숨을 걸라고 하면 법안 전체가 통과되지 못할지도 모르며, 통과된다 해도 이 법안에 찬성한 많은 민주당 의원들이 11월 선거에서 살아남지 못할지도 모른다는 이야기였다. 하원 법사위원회 위원장인 텍사스의 잭 브룩스도 똑같은 이야기를 했다. 브룩스는 하원에 40년 이상 있었으며, 내가 제일 좋아하는 하원의원 가운데 한 사람이었다. 그는 미국총기협회 회원들로 가득한 지역구 출신이었으며, 공격용 무기 규제 법안이 처음 표결에 부쳐졌을 때는 그것을 부결시키기 위해 앞장섰다. 브룩스는 만일 우리가 공격용 무기 규제를 빼지 않으면, 미국총기협회가 총기 소유자들에게 겁을 주어 수많은 민주당 의원들이 낙선할 것이라고 확신했다.

나는 폴리, 게파트, 브룩스가 한 말 때문에 괴로웠다. 그러나 우리 의원들이 자신의 지역구에서 이 문제를 놓고 미국총기협회와 토론을 벌이면 이길 수 있다고 확신했다. 데일 범퍼스와 데이비드 프라이어는 아칸소에서 자신의 표에 대해 설명하는 방법을 알고 있었다. 나와 거의 20년 동안 알고 지낸 앨라배마의 하월 헤플린 상원의원은 자신이 범죄방지 법안을 지지하는 이유에 대하여 독창적으로 설명하는 방법을 생각해냈는데, 그 논지는 이러했다. "나는 총기 규제에 한 번도 찬성표를 던진 적이 없지만, 범죄방지 법안은 오직 19가지의 공격용 무기만을 금지하며, 내가 아는 사람들 가운데 그런 무기를 소유한 사람은 하나도 없다. 그리고 이 법안은 '내가 잘 아는 모든 무기'를 포함해서 다른 무기 수백 종을 소유하는 것에 대한 제한을 분명히 금지하고 있다."

이것은 설득력 있는 주장이었지만, 모두가 하월 헤플린처럼 말할 수 있는 것은 아니었다. 폴리, 게파트, 브룩스가 옳았고, 내가 틀렸다. 결국 더 안전한 미국을 만들기 위해 그 법안을 옹호한 사람들 다수가 의석을 잃고 말 았다.

어쩌면 내가 국회, 국가, 행정부를 너무 심하게 밀어붙이는 것인지도 몰 랐다. 8월 19일 기자회견에서 한 기자가 나에게 아주 통찰력 있는 질문을 했다. "이런 점을 생각해보셨는지 모르겠습니다만, 대통령께서는 43퍼센트 의 표로 당선된 대통령치고는 자신에게 위임된 것 이상으로 너무 많은 일을 너무 빨리 하려고 하시는 건지도 모릅니다." 즉 공화당의 지지가 거의 없는 가운데 너무 많은 법안을 밀어붙이려 한다는 뜻이었다. 우리가 비록 많은 일을 이룩하기는 했지만, 나 역시 그 점을 생각하고 있었다. 그러나 오래 생 각할 필요도 없이 그 결과가 나타나기 시작했다.

우리는 범죄방지 법안에서는 승리를 거두었지만, 의료제도 개혁에서는 계속 지고 있었다. 8월 초, 조지 미첼은 타협 법안을 도입했다. 고용주의 부 담 없이 보험 혜택을 받는 주민의 수를 95퍼센트로 늘리고, 만일 법안에서 권유하는 자발적 절차가 성공하지 못할 경우 나중에 고용주의 부담을 강제 하여 100퍼센트로 끌어올릴 가능성을 열어두자는 것이었다. 나는 다음 날 미첼의 법안에 대한 지지 의사를 표명했다. 우리는 그 법안을 온건한 공화 당 의원들에게 선전했으나 소용이 없었다. 돌은 의미 있는 모든 의료 개혁 을 부결시키기로 결심하고 있었다. 그것은 정치라는 면에서는 효과가 있었 다. 범죄방지 법안이 통과되던 날, 상원은 의료제도 개혁을 더 건드리지 않 고 2주간 휴회했다. 돌은 범죄방지 법안을 죽이는 데는 실패했지만, 건강보 험을 탈선시키는 데는 성공했다.

8월의 또 하나의 큰 뉴스는 화이트워터라는 평행하는 세계에서 나왔다. 내가 독립변호사법에 서명한 뒤, 렌키스트 대법원장은 데이비드 센텔 판사 를 특수부장으로 임명했다. 특수부는 새로운 법에 따라 독립변호사를 임명 할 책임을 졌다. 제시 헬름스 상원의원의 후원을 받고 있으며 초보수적인 센텔은 미국을 '집단주의적이고, 평등주의적이고, 물질주의적이고, 인종 문 제에 민감하고, 지나치게 세속적이고, 사회적으로 관대한 나라'로 만들고 싶어 하는 '좌익 이단자들'의 영향을 공공연히 비방한 적이 있었다. 세 명으로 이루어진 재판부에는 보수적인 판사가 한 명 더 있었으므로, 센텔은 특수부를 마음대로 움직일 수 있었다.

8월 5일 센텔의 특수부는 로버트 피스크를 해임하고 후임에 케네스 스타를 임명했다. 그는 부시 행정부에서 항소법원 판사와 법무차관으로 일했던 사람이다. 피스크와는 달리 스타는 검찰 경험이 없었지만, 그에게는 훨씬 더 중요한 것이 있었다. 그는 피스크보다 훨씬 더 보수적이고 당파적이었던 것이다. 센텔 판사는 간략한 성명에서 '독립의 외관'을 보장하기 위해 피스크를 스타로 교체하며, 피스크는 '현 행정부와 관계가 있기' 때문에 그 기준에 부응하지 못했다고 말했다. 이것은 말도 안 되는 주장이었다. 피스크는 공화당원이었으며, 그와 행정부의 유일한 관계는 재닛 리노가 그에게 원치도 않는 일을 맡겼다는 것뿐이었다. 게다가 특수부가 피스크를 재임명했다면, 그런 관계마저 없어질 수 있었다.

센텔의 특수부는 피스크 대신 외관상이 아니라 현실적인 이해충돌(공직에 있는 사람의 개인적 이익과 공적인 의무 사이의 충돌을 가리키는 말—옮긴이주)이 눈에 빤히 보이는 사람을 임명했다. 스타는 폴라 존스 소송의 노골적인 옹호자였으며, 그 문제로 텔레비전에도 나왔고, 심지어 그녀 대신 유력한 후원자로서 변론 취지서를 써주겠다고 제안하기도 했다. 미국변호사협회의 전직 회장 5명은 명백하게 정치적 편견이 개입되었다는 이유로 스타가 임명된 것을 비판했다. 센텔 판사가 스타가 임명되기 불과 2주 전에 피스크의 가장 큰 비판자인 로치 페어클로스 상원의원, 제시 헬름스 상원의원과 점심을 함께 먹었다는 사실이 드러난 후 「뉴욕 타임즈」도 비판을 했다. 세 사람은 그 자리에서 전립선 문제에 대해 이야기했다고 둘러댔다.

물론 스타는 비켜설 생각이 없었다. 나에 대한 그의 편견이야말로 그가 선택된 이유이기도 하고, 그가 그 자리를 맡은 이유이기도 했기 때문이다. 미국은 이제 '독립' 변호사에 대한 괴상한 정의를 가지게 되었다. 그는 나한테서는 독립적이어야 하지만, 나의 정치적 또는 법적인 적들과 밀접한 관련을 갖는 것은 아무런 상관이 없었다.

스타 임명은 전례 없는 일이었다. 과거에는 특별검사의 독립을 보장할 뿐 아니라, 대통령직이라는 제도를 공정하게 대하고 존중하려는 노력이 있었다. 워터게이트의 특별검사였던 리언 자워스키는 보수적인 공화당원이었으며, 1972년 닉슨 재선 때 그를 지지했다. 이란-콘트라 검사였던 로런스 월시는 레이건 대통령을 지지했던 오클라호마의 공화당원이었다. 나는 화이트워터 조사를 '홈 게임'(더그 소스닉의 표현이다)으로 만들고 싶은 마음은 전혀 없었지만, 그래도 제3의 경기장을 이용할 자격은 있다고 생각했다. 그러나 그렇게 되지 않았다. 화이트워터에는 아무것도 없었기 때문에 그 조사를 나에게 불리하도록 이용할 수 있는 유일한 방법은 그것을 긴 '어웨이 게임'으로 만드는 것이었다. 로버트 피스크는 그 일을 하기에는 너무 공정하고 너무 신속했다. 그는 없어져야 했다.

로이드 커틀러는 모자를 먹지는 않았지만, 스타 임명 후 일주일이 안 되어 법률고문실에서 잠깐만 일하겠다던 약속대로 그 자리를 떠났다. 나는 그의 후임에 애브너 미크바를 임명했다. 그는 일리노이 하원의원과 항소법원 판사를 지낸 사람으로, 흠 없는 평판을 유지해왔고, 우리와 맞선 세력들의 힘을 분명하게 인식하고 있었다. 로이드는 오랫동안 화려한 경력을 쌓은 뒤에, 안타깝게도 자신이 안다고 생각했고 믿을 수 있다고 생각했던 사람들이 자신과는 완전히 다른 규칙에 따라 게임을 한다는 것을 깨닫게 되었다.

국회가 휴회하자 우리는 다시 마사스 비니어드로 떠났다. 힐러리와 나에게는 휴식이 필요했다. 앨 고어도 마찬가지였다. 그 며칠 전 고어는 농구를 하다 아킬레스건이 끊어졌다. 아주 고통스러운 부상이었으며, 회복에도 오랜 시간이 걸렸다. 고어는 꼼짝도 못하게 되자 역기로 운동을 하여 전보다 더 강한 몸으로 돌아왔다. 그는 목발을 짚고도 40개 주와 이집트 등 4개국을 돌아다녔다. 이집트에서는 지속 가능한 발전을 위한 카이로 회의에 참석하여 인구 제한이라는 민감한 문제에 대해 타협안을 이끌어냈다. 그는 또 계속 정부 혁신 사업도 감독했다. 그 결과 9월 중순에 우리는 이미 470억 달러를 절약했다. 범죄방지 법안 비용 전체를 충당할 수 있는 돈이었다. '깨끗한 차'를 개발하기 위하여 자동차 제조업체들과 경쟁력을 갖춘 사업을 시작했다. 중소기업청 대출 지원 양식을 100페이지에서 1페이지로 줄였다. 연방재난관리청을 개혁하여 가장 인기 없는 연방 부서에서 가장 신망받는 연방 부서로 바꾸어놓았다. 총무처는 불필요한 건축 사업을 취소하여 10억 달러 이상을 절약했다. 앨 고어는 다리 하나로도 많은 일을 하고 있었다.

마사스 비니어드에서 보낸 일주일은 몇 가지 이유에서 아주 재미있었다. 버넌 조던은 미국에서 가장 큰 부자들인 워런 버핏, 빌 게이츠와 골프 게임을 주선했다. 나는 그들 둘 다 마음에 들었으며, 버핏이 시민권, 공정한 징세, 여성의 권리를 신봉하는 골수 민주당원이라는 점에 특히 감명을 받았다.

나에게 가장 기억에 남는 밤은 빌과 로즈 스타이런의 집에서 열린 만찬이었다. 이날 주빈은 멕시코의 뛰어난 작가 카를로스 푸엔테스와 나의 문학적 우상 가브리엘 가르시아 마르케스였다. 마르케스는 피델 카스트로와 친구 사이였는데, 카스트로는 쿠바인들의 미국 대이동에 대한 제한을 풀어 그의 문제들 가운데 일부를 우리에게 이전하고 있었다. 그것은 1980년에 나에게 많은 문제를 안겨주었던 마리엘 보트 탈출 사건을 연상시키는 일이었다. 수천 명의 쿠바인이 작은 보트와 뗏목을 타고 플로리다까지 목숨을 건 150킬로미터 항해에 나서고 있었다.

마르케스는 미국의 쿠바에 대한 통상 금지조치에 반대하여, 그것을 철회하라고 설득했다. 나는 그에게 통상 금지조치를 철회하지는 않겠지만, 쿠바 민주주의법은 지지한다고 말했다. 이것은 쿠바의 자유와 민주주의를 향한 진전을 대가로 쿠바와의 관계를 개선하는 권한을 대통령에게 부여한 법이었다. 나는 또 만일 쿠바의 난민 유입이 계속되면 1980년 카터 대통령의 대응과는 매우 다른 대응에 부딪히게 될 것이라는 메시지를 카스트로에게 전해달라고 부탁했다. "나는 카스트로 때문에 이미 한 번의 선거에서 졌습니다. 하지만 두 번은 안 되지요"라고 말했다. 나는 카스트로와 협력 관계를 맺고 있는 멕시코의 살리나스 대통령을 통해서도 똑같은 메시지를 전했다. 오래지 않아 미국과 쿠바는 협정을 맺어, 카스트로는 주민 이동을 막기로 약속하고, 미국은 매년 정상적인 절차를 밟아 2만 명 이상의 쿠바인을 받아들이겠다고 약속하게 된다. 카스트로는 내 임기 나머지 기간 동안 그 약속을 충실하게 지켰다. 나중에 마르케스는 피델 카스트로와 빌 클린턴을 둘 다 친구로 두었던 사람은 세상에 자기밖에 없다고 농담을 하곤 했다.

쿠바 문제를 이야기한 뒤 마르케스는 주로 첼시에게 관심을 보였다. 첼시는 마르케스의 책을 두 권 읽었다고 말했다. 나중에 그는 나에게 열네 살짜리 소녀가 자신의 작품을 이해한다는 것이 믿기지 않아, 『백 년 동안의 고독』에 대하여 길게 토론을 했다고 말했다. 마르케스는 매우 감명을 받아 나중에 첼시한테 그의 소설을 모두 보내주었다.

휴가 때 내가 했던 유일한 업무는 아일랜드와 관련된 것이었다. 나는 나이가 70세인 아일랜드공화국군의 영웅 조 카힐에게 비자를 내주었다. 1973년 카힐은 아일랜드에서 총기 밀수입으로 유죄 판결을 받았으며, 그 뒤에도 오랫동안 폭력을 선동했다. 내가 그에게 비자를 내준 것은 이제 그가 아일랜드공화국군의 미국인 지지자들에게 평화를 이야기하고 싶어 했기 때문이다. 이것은 아일랜드공화국군이 마침내 휴전을 한다는 내용이 담긴 양해각서의 한 부분을 이행한 것이기도 했다. 카힐은 8월 30일에 미국에 왔으며, 다음 날 아일랜드공화국군은 폭력의 완전 중단을 발표함으로써 신페인당이 평화 회담에 참여할 길을 열어주었다. 이것은 게리 애덤스와 아일랜드 정부의 승리였다.

휴가에서 돌아온 뒤 우리는 블레어 하우스에서 3주를 보냈다. 백악관의 공기 조절 시스템을 수리해야 했기 때문이다. 거의 200년 된 백악관의 외관을 돌 하나하나까지 복구하는 엄청난 작업이 레이건 행정부 때 시작되어 계속 진행되고 있었다. 내 첫 임기 내내 백악관의 어느 한 부분은 늘 비계에 덮여 있었다.

우리 가족은 블레어 하우스에서 지내는 것을 언제나 좋아했다. 이번의 장기 체류도 예외가 아니었다. 그러나 이번에는 길 건너에서 벌어졌던 극적인 순간을 놓치게 되었다. 9월 12일에 인생을 비관한 한 술취한 남자가 작은 비행기를 훔쳐서 워싱턴 시내와 백악관을 향해 이륙했다. 그는 건물에 부딪혀 자살하려 했거나, 아니면 백악관 사우스론에 착륙하려 했던 것 같다. 실제로 몇 년 전 독일의 한 젊은 조종사가 모스크바의 붉은광장에서 그런 착륙 솜씨를 보여주기도 했다. 그러나 안타깝게도 그의 작은 세스나기가 너무 늦게 땅에 닿는 바람에 제대로 착륙하지 못하고 산울타리를 넘어가 입구 서쪽에 있는 거대한 목련 나무 밑으로 굴러가다가 백악관의 커다란 돌 기초에 부딪히는 바람에 그는 즉사하고 말았다. 몇 년 뒤에는 또 다른 사람이 권총을 들고 백악관 담을 넘으려다가 부상을 입고 비밀검찰부 요원들에게 체포되었다. 백악관은 야망을 가진 정치가들만 선망하는 장소가 아니었다.

아이티 위기는 9월에 절정에 달했다. 세드라스 장군 일파는 공포정치를 강화하여 고아가 된 아이들을 처형하고, 어린 소녀들을 강간하고, 사제들을 죽이고, 사지를 절단한 신체를 공공장소에 두어 사람들에게 겁을 주고, 자식들이 지켜보는 가운데 어머니의 얼굴을 칼로 난자했다. 그때까지 나는 평화적인 해결책을 찾아 2년 동안 노력했으나, 이제 질리고 말았다. 1년쯤 전에 세드라스는 권력을 내놓겠다는 협정서에 서명했지만, 시한이 다가오자 안 나가겠다고 버티고 있었다.

그를 쫓아낼 때가 되었지만, 여론과 국회의 분위기는 강력하게 반대하는 쪽이었다. 국회의 흑인 시민운동가 그룹에 속하는 톰 하킨 상원의원과 크리스 도드 상원의원은 나를 지지했지만, 공화당 의원들은 반대했다. 조지 미첼을 포함한 대부분의 민주당 의원들도 내가 다시 여론의 지지나 국회의 승인 없이 그들을 절벽으로 내몬다고 생각했다. 행정부 내에서도 의견이 엇갈렸다. 앨 고어, 워런 크리스토퍼, 빌 그레이, 토니 레이크, 샌디 버거는 찬성이었다. 빌 페리와 국방부는 찬성하지 않았지만, 내가 공격 명령을 내릴 경우에 대비하여 공격 계획을 짜고 있었다.

나는 미국이 아이티에 들어가야 한다고 생각했다. 미국의 뒷마당에서 무고한 사람들이 살육당하고 있었으며, 미국은 아이티 난민을 돌보느라 이미 상당한 돈을 썼다. 유엔도 세드라스의 축출을 만장일치로 지지했다.

9월 16일, 나는 공격을 피하려는 마지막 시도로 카터 대통령, 콜린 파월, 샘 넌을 아이티로 보내 세드라스 장군과 군부나 의회에서 그를 지지하는 자들에게 평화적인 아리스티드 복귀와 세드라스 출국을 받아들이라고 설득했다. 사실 그 세 사람은 각기 다른 이유에서 무력을 이용해 아리스티드를 복귀시키겠다는 나의 결심에 반대하고 있었다. 카터 센터는 아리스티드가 압도적인 승리를 거둔 선거를 감시했지만, 카터 대통령은 세드라스와 어느 정도 친분이 있었고 아리스티드의 민주주의에 대한 약속도 잘 믿지 않았다. 넌은 아이티 국회의원 선거 전에 아리스티드가 복귀하는 것에 반대했다. 국회에 대항 세력이 없을 경우 아리스티드가 소수의 권리를 보호해주지 않을 것이라고 보았기 때문이다. 파월은 군부와 경찰만이 아이티를 관리할 수 있는데, 그들은 아리스티드와 절대 협력하지 않을 것이라고 생각했다.

이후의 사태가 보여주듯이, 그들의 주장에는 다 일리가 있었다. 아이티는 경제적·정치적으로 심각하게 분열되어 있었으며, 민주주의 경험도 없었고, 이렇다 할 중산층도 없었으며, 현대 국가를 운영하는 데 필요한 제도적 장치도 거의 없었다. 아리스티드가 순조롭게 돌아온다 해도 민주주의가 성공을 거두지 못할 수도 있었다. 그럼에도 그는 선거에서 압도적인 승리를 거둔 인물이었으며, 세드라스 일파는 무고한 사람들을 죽이고 있었다. 적어도 그 일은 막아야 했다.

세 유명한 사절은 개개인의 그런 유보적인 태도에도 불구하고 나의 정책을 충실하게 전달하겠다고 약속했다. 그들은 미국의 폭력적인 아이티 진입을 피하고 싶어 했다. 그렇게 되면 사태가 더 심각해질 수 있었기 때문이다. 넌은 아이티 국회의원들과 이야기를 했으며, 파월은 아이티 군부 지도자들에게 미국이 공격할 경우 무슨 일이 생길지 생생하게 설명했다. 카터는 세드라스와 이야기했다.

다음 날 나는 샬리카슈빌리 장군을 비롯한 참모들과 공격 계획을 검토하기 위해 국방부로 갔다. 화상회의를 이용해, 전체 작전을 지휘할 사령관 폴 데이비드 밀러 제독과 상륙부대를 지휘할 제18공수부대 사령관 휴 셸턴 소장도 회의에 참여했다. 공격 계획에는 군대의 모든 부문이 관여하는 통합작전이 필요했다. 우선 항공모함 두 대가 아이티 연안으로 다가가는데, 한

대에는 특수작전 부대가 타고, 다른 한 대에는 제10산악사단이 탈 예정이었다. 공군기들은 필요한 공중 지원을 해줄 계획이었다. 해병대는 아이티에서 두 번째로 큰 도시 카프아이시앵을 점령하는 임무를 맡았다. 제82공수사단의 낙하산 부대를 싣고 갈 비행기는 노스캐롤라이나에서 날아가 공격 개시 때 그들을 섬에 내려줄 예정이었다. 해군 실 부대는 먼저 들어가 목표 지역들을 살펴볼 예정이었다. 그들은 이미 그날 아침 예행연습을 마쳤는데, 아무런 사고 없이 물에서 나와 육지까지 올라갔다. 대부분의 부대와 장비는 '타고 내린다roll on, roll off'는 뜻의 '로로RoRo'라는 이름이 붙은 작전으로 아이티에 들어갈 예정이었다. 부대와 차량은 상륙정을 타고 아이티 해안에서 내릴 계획이었고, 임무를 마치면 그 과정을 거꾸로 되풀이할 예정이었다. 우리는 미군 외에 유엔군에 참가한 다른 25개국의 지원도 받고 있었다.

공격 시한이 다가오자 카터 대통령은 전화를 하여 세드라스를 설득할 시간을 더 달라고 요청했다. 카터는 무력 공격을 피하려고 안간힘을 썼다. 나도 마찬가지였다. 아이티는 군사적 능력이 없었다. 따라서 미국의 공격은 통 속에 든 물고기를 쏘는 것이나 다름없었다. 나는 3시간을 더 주기로 동의했지만, 세드라스에게 정권 이양 시한을 연장해주는 약속은 해줄 수 없다는 점을 분명히 밝혔다. 세드라스에게 아이들을 살해하고, 어린 소녀를 강간하고, 여자의 얼굴을 난자할 시간을 더 줄 수는 없었기 때문이다. 우리는 이미 고국을 떠난 아이티 사람들을 돌보는 데 2억 달러를 썼다. 나는 그들이 고향으로 돌아가기를 바랐다.

3시간마저 바닥이 날 무렵 포르토프랭스에서는 성난 군중이 미국인들이 들어가 있는 건물 밖에 모였다. 내가 카터와 이야기할 때마다 세드라스는 다른 거래 조건을 제시했다. 모두가 조금 더 시간을 벌고 아리스티드의 복귀를 미루려는 속셈에서 나온 것이었다. 나는 그 모두를 거부했다. 밖의 군중과 공격 시한 때문에 위험한 상황이었음에도, 카터, 파월, 넌은 계속 세드라스를 설득하려 했다. 그러나 소용이 없었다. 카터는 시간을 더 달라고 요청했다. 나는 다시 오후 5시까지 시간을 주기로 했다. 낙하산 부대를 태운 비행기들은 어두워진 직후인 6시쯤에 도착할 예정이었는데, 그때까지 세 사람이 안에서 협상을 하고 있으면, 밖의 군중 때문에 위험이 훨씬 더 커질 수밖에 없었다.

　오후 5시 30분에도 그들은 그곳에 있었으며, 상황은 심각해졌다. 작전이 시작되었다는 사실을 세드라스가 알고 있었기 때문이다. 그는 노스캐롤라이나의 활주로를 지켜보던 첩자로부터 낙하산 부대를 태운 미군 비행기 61대가 이륙했다는 보고를 받았다. 나는 카터 대통령에게 전화를 하여, 그와 파월, 넌 모두 즉시 건물에서 나오라고 말했다. 그들 셋은 아이티의 명목상의 국가수반인 81세의 에밀 조나생 대통령에게 마지막 호소를 했다. 그는 마침내 전쟁 대신 평화를 선택하겠다고 대답했다. 각료들마저 한 사람을 제외하고 모두 그의 말에 동의하자, 세드라스도 마침내 누그러졌다. 그렇지 않았다면 한 시간 뒤에 포르토프랭스 상공은 낙하산으로 뒤덮였을 것이다. 나는 비행기들에 귀환 명령을 내렸다.

　다음 날 셸턴 장군은 1만 5,000명의 다국적군을 이끌고 총 한 방 쏘지 않고 아이티로 들어갔다. 셸턴은 당당한 인물이었다. 키는 190센티미터가 넘었으며, 매끄럽게 깎은 듯한 이목구비에, 말은 남부식으로 느릿느릿했다. 그는 나보다 두 살 많았지만, 여전히 부대원들과 함께 낙하산 점프를 했다. 그는 혼자서도 세드라스를 권좌에서 물러나게 할 수 있는 사람이라는 생각이 들었다. 나는 작전 얼마 전 포프 공군기지 근처에서 비행기 사고로 군인 몇 명이 사망하는 사건이 발생한 뒤 포트브래그로 셸턴 장군을 찾아간 적이 있었다. 셸턴의 집무실 벽에는 남북전쟁 당시 남부연방의 위대한 두 장군 로버트 E. 리와 스톤월 잭슨의 사진이 걸려 있었다. 나는 텔레비전에서 셸턴 장군이 해안에 상륙하는 장면을 보며, 비서진 한 사람에게 스톤월 잭슨을 존경하는 사람이 아이티의 해방자가 되었으니 미국도 많이 좋아졌다고 농담을 했다.

　세드라스는 셸턴 장군과 협력하고, 10월 15일 이전에 유엔 협정이 요구하는 대사면법이 통과되는 즉시 권력을 이양하겠다고 약속했다. 하마터면 카터, 파월, 넌을 강제로 아이티에서 데려올 뻔했지만, 어쨌든 그들은 어렵고 위험한 상황에서 용기 있게 일을 처리했다. 미국은 끈질긴 외교와 무력 위협을 함께 구사하여 유혈사태를 피할 수 있었다. 이제 "폭력과 보복은 사라지고 화해만 남았다"는 약속을 지키는 일은 아리스티드의 몫이 되었다. 그러나 그런 약속이 흔히 그렇듯이, 결국 말보다는 실천이 훨씬 더 어렵다는 것을 확인하게 된다.

아이티의 민주 회복이 무사히 이루어졌기 때문에 이 일은 민주당 의원들이 걱정했던 부정적인 영향은 주지 않았다. 우리는 좋은 조건에서 선거를 맞이할 수도 있었다. 경제성장으로 한 달에 2만 5,000개의 일자리가 만들어졌고, 실업률은 7퍼센트 이상에서 6퍼센트 이하로 떨어졌다. 적자도 줄어들었다. 우리는 법, 교육, 국가봉사, 교역, 가족휴가 등과 관련된 중요한 법들을 통과시켰다. 러시아, 유럽, 중국, 일본, 중동, 북아일랜드, 보스니아, 아이티 등과의 외교정책 의제들에서는 많은 성과를 거두었다. 그러나 이런 기록과 결과들에도 불구하고, 우리는 여러 가지 이유 때문에 선거를 앞둔 마지막 6주 동안 어려움을 겪었다. 아직 경제 개선의 효과를 느끼는 사람은 많지 않았다. 아무도 적자가 줄고 있다고 믿지 않았다. 대부분의 사람들이 법안의 통과를 모르고 있었으며, 외교의 진전에 대해서도 모르거나 관심이 없었다. 공화당 의원들과 그들의 매체, 그들과 연결된 이익집단들은 계속 나를 세금을 뜯어내 국민을 가난뱅이로 만들려 하고, 의사와 총까지 빼앗으려 하는 무모한 자유주의자라고 효과적으로 공격했다. 전체적인 언론 보도는 대단히 부정적이었다.

매체와 공보 센터는 내가 대통령직에 부임하고 첫 16개월 동안 저녁 네트워크 뉴스 프로그램에서 하룻밤에 평균 거의 5회의 부정적인 논평이 나왔다고 발표했다. 나의 전임자 부시 대통령이 첫 2년간 받았던 것보다 훨씬 많았다. 이 센터의 책임자 로버트 리치터는 내가 "사냥개식 저널리즘과 타블로이드판 뉴스가 결합되는 시대의 초기에 대통령이 된 불운을 겪었다"고 말했다. 물론 예외도 있었다. 제이커브 웨이스버그는 이렇게 말했다. "빌 클린턴은 최근 역사상 다른 어떤 행정수반보다 자신의 약속을 많이 지켰지만…… 유권자들은 클린턴을 불신했다. 매체가 계속 그를 믿지 말라고 말한 것도 한 가지 이유가 되었다." 조나단 앨터는 「뉴스위크」에 이렇게 썼다. "빌 클린턴은 2년도 안 되어 국내 정책에서 존 F. 케네디, 제럴드 포드, 지미 카터, 조지 부시를 합친 것보다 더 큰 일을 이루어냈다. 리처드 닉슨과 로널드 레이건은 국회를 마음대로 움직였지만, 「콩그레셔널 쿼털리」에 따르면 린든 존슨 이후 최고의 법안 성공률을 기록한 대통령은 클린턴이다. 국내 정책의 성과를 측정하는 기준은 과정의 일관성이 아니라 국민의 실생활이 어떻게 변했느냐 하는 것이 되어야 한다. 그 기준에서 보자면 그는 잘하고 있다."

앨터의 말이 옳을지도 모르지만, 그렇다 해도 그것은 앨터만 아는 비밀이었던 것 같다.

40

9월 말이 되면서 상황은 악화되었다. 버드 셀리그 커미셔너 대리는 선수들의 파업이 해결되지 않아 시즌 나머지 경기를 비롯해, 1904년 이후 처음으로 월드시리즈도 취소한다고 발표했다. 항공사 파업을 해결하는 데 도움을 주었던 브루스 린지가 교착 상태를 풀려고 나섰고, 심지어 나도 선수 대표와 구단주들을 백악관으로 초대했으나 해결을 보지 못했다. 미국의 국민적 오락이 취소된다면, 어떤 일도 올바른 방향으로 갈 수가 없었다.

9월 26일, 조지 미첼은 의료제도 개혁 문제를 놓고 공식적으로 항복을 했다. 채피 상원의원이 그와 함께 계속 일을 해왔지만, 돌 상원의원의 의사진행방해를 부술 만큼 공화당 의원들을 모을 수가 없었던 것이다. 건강보험회사와 다른 로비스트들이 의료제도 개혁을 저지하기 위해 쏟아 부은 30억 달러는 투자 효과를 본 셈이었다. 나는 내년에 다시 시도하겠다는 짧은 성명을 발표했다.

몇 달 전부터 우리가 졌다고 느끼기는 했지만, 막상 당하고 보니 실망이 컸다. 게다가 힐러리와 아이러 매거지너가 비난받을 것을 생각하니 마음이 불편했다. 의료제도 개혁이 좌절된 것은 세 가지 이유에서 부당한 일이었다. 첫째, 우리 제안은 건강보험회사들이 광고 캠페인을 통해 주장하는 것과는 달리 정부가 펼치는 커다란 악몽이 아니었다. 둘째, 이 계획은 내가 준 부담을 고려할 때 힐러리와 매거지너로서 내놓을 수 있는 최선이었다. 그들은 증세 없는 전 국민 보험을 내놓았다. 마지막으로 의료제도 개혁안을 탈선시킨 것은 그들이 아니었다. 의미 있는 타협안을 모두 죽이겠다는 돌 상원의원의 결정이 그렇게 만든 것이다. 나는 힐러리를 위로하려고, 인생을 살다 보면 건강보험 없는 4,000만 미국인에게 그것을 제공하려고 노력하다가 '현행범으로 잡히는 것'보다 더 큰 잘못을 많이 저지른다고 농담하기도 했다.

우리의 패배에도 불구하고, 힐러리, 아이러 매거지너 등 우리 팀이 한 일은 헛되지 않았다. 그 후 몇 년 동안 우리 제안 가운데 많은 부분이 법이나 관행으로 자리 잡게 되었기 때문이다. 케네디 상원의원과 캔자스의 공화당 상원의원 낸시 캐시봄은 노동자가 일자리를 바꾸어도 보험을 잃지 않도록 보장해주는 법안을 통과시키게 된다. 그리고 1997년에는 아동건강보험 프로그램CHIP을 통과시켜, 수백만의 아동에게 건강보험을 제공하게 된다. 이것은 1965년 메디케이드가 시행된 이후 가장 많은 규모의 건강보험 확대였다. 이 프로그램 덕분에 미국인들 가운데 건강보험이 없는 사람들의 숫자는 12년 만에 처음으로 감소하게 된다.

그 외에도 의료제도 개혁 부문에서 다른 승리들을 많이 거두게 된다. 우리는 여자들이 출산 후 24시간 이상 병원에 머물게 함으로써 건강관리기관에서 요구하는 '차 타고 들러서 애 낳고 오기'를 없애는 법안을 통과시켰다. 유방 엑스레이 사진과 전립선 검사에도 보험 적용을 확대했다. 미국당뇨병협회는 당뇨병 자기관리 프로그램을 인슐린 이후 최대의 발전이라고 불렀다. 생물의학 연구와 국내외 에이즈 관리 및 치료에도 많은 지원이 이루어져 아동 면역 비율이 처음으로 90퍼센트를 넘었다. 연방에서 지원하는 프로그램의 보호를 받는 8,500만 미국인들에게 의사의 선택과 신속하고 적절한 치료를 보장하는 환자의 '권리장전'을 행정명령으로 시행하게 되었다.

그러나 이것은 모두 미래의 일이었다. 1994년에 우리는 완전하게 무너졌다. 그리고 사람들은 이런 이미지를 가지고 투표장에 가게 된다.

그달 말쯤 뉴트 깅리치는 공화당 현직 의원과 후보 300명 이상을 모아 의사당 계단에서 '미국과의 계약'에 서명하는 집회를 열었다. 계약의 내용은 얼마 전부터 흘러나왔다. 깅리치는 공화당 의원들이 단순한 거부자들이 아님을 보여주기 위해, 그들에게도 긍정적인 의제가 있다는 것을 보여주기 위해 그들을 불러모은 것이다. 이러한 계약 발표는 미국 정치에서 새로운 것이었다. 전통적으로 중간선거는 지역 내의 싸움이었다. 전국적 상황이나 대통령의 인기가 도움이 되거나 손해가 될 수도 있었지만, 지역적 요인들이 더 중요하다는 것이 통념이었다. 깅리치는 이런 통념이 틀렸다고 확신했다. 그는 대담하게 미국 국민을 향하여 공화당에 다수를 달라고 요구하면서 이렇게 외쳤다. "우리가 이 계약을 어기면 우리를 내쫓아라. 진심이다."

이 계약은 다음과 같은 의제들을 제시했다. 헌법의 균형예산 수정조항과 항목별 거부권, 이렇게 되면 대통령은 세출 예산안 전체를 거부할 필요 없이 구체적인 항목들을 제거할 수 있었다. 범죄자들을 더 엄격하게 처벌할 것과 우리의 범죄방지 법안에서 예방 프로그램의 폐지. 신체 건강한 생활보호대상자에게 급부금을 최대 2년간만 지급하는 방식으로 복지제도 개혁. 자녀 세액공제 500달러, 부모나 조부모 부양 세액공제 500달러, 자녀부양의무 강화. 1993년 예산안에 들어갔던 고소득 사회보장 수혜자에 대한 징세 철회. 자본이득세의 50퍼센트 삭감. 주와 지방 정부에 대한 연방의 자금 지원 없는 위임 중단. 국방비 지출의 대폭 증대. 징벌적 손해배상의 한계를 정하는 방식으로 불법행위 처벌 방식 개혁. 상원의원과 하원의원의 임기 제한. 국회도 고용주로서 다른 고용주들에게 부과하는 모든 법을 따를 의무 부과. 국회 위원회 실무 직원 3분의 1 축소. 향후 증세 승인에 국회 양원의 60퍼센트 찬성 의무화.

나도 이 계약의 많은 부분에 동의했다. 나는 이미 복지제도 개혁과 자녀 부양 의무 강화를 추진하고 있었으며, 오래전부터 항목별 거부권과 자금 지원 없는 위임 중단을 지지해왔다. 부양가족 세금 공제도 마음에 들었다. 이렇게 구체적인 사항 몇 가지가 매력적이기는 했지만, 이 계약은 그 핵심을 볼 때 지나치게 단순화된 위선적인 문서였다. 공화당 의원들은 소수의 민주당 의원들의 지원을 받아 내가 대통령이 되기 전 12년 동안 세금을 줄이고 지출을 늘려 국가 채무를 네 배로 불려놓았다. 이제 민주당 의원들이 적자를 줄이자 헌법적으로 균형예산을 요구하도록 만들고 싶어 했다. 그러면서 세금의 대폭 감면과 국방 지출의 대규모 증액을 권고했는데, 다른 어떤 지출을 줄여 그 비용을 댈지는 말하지 않았다. 공화당 의원들은 1980년대에 그렇게 했고 2000년대에도 다시 그렇게 하게 되듯이, 간단한 산수를 무시하려 하고 있었다. 요기 베라가 말하듯이, 이미 다 본 것인데 포장만 바꾸어놓았을 뿐이었다.

깅리치는 공화당 의원들에게 1994년 선거운동을 위해 국가적 정강을 제공했을 뿐 아니라, 민주당 상대 후보들을 규정하는 데 이용할 수 있는 언어들의 목록도 제공했다. 그의 정치행동위원회 고팩GOPAC은 「언어 : 통제의 핵심 메커니즘Language : A Key Mechanism of Control」이라는 팜플렛을 만들었다. 깅리치가 민주당 의원들을 규정하는 '대조를 보여주는 단어들'에는 배반하다, 속이다, 붕괴하다, 부패, 위기, 쇠퇴, 파괴, 실패, 위선, 무능, 불안, 자유주의, 거짓말, 애처롭다, 관용적이다, 천박하다, 역겹다, 배신자 등이 포함되었다. 깅리치는 이런 식의 명명을 제도화할 수 있다면, 민주당을 오랜 기간 소수당으로 제한할 수 있다고 확신했다.

민주당은 공화당이 계약을 발표한 것이 심각한 잘못이라고 생각했으며, 감세, 국방비 증가, 균형예산에 필요한 자금을 대려면 교육, 의료, 환경 보호에서 대폭 삭감이 이루어져야 한다는 것을 보여줌으로써 공격에 나섰다. 그들은 심지어 깅리치의 계획을 '미국을 파는 계약'이라고 바꾸어 부르기도 했다. 그들의 말이 옳기는 했으나 효과는 없었다. 선거 이후의 여론조사 결과 국민은 계약에 대해서 딱 두 가지만 알고 있었다는 것이 드러났다. 공화당이 뭔가 계획을 가지고 있으며, 예산의 균형을 잡는 것이 그 계획의 일부라는 것이었다.

민주당은 선거에서 공화당을 공격하는 것 외에는 구식의 방법으로, 주의 문제, 지역구 문제의 테두리 안에서 싸우려 했다. 나는 이미 그들을 위해 여러 번 기금을 조달하기 위한 모임을 가졌지만, 우리가 이룩한 것이 무엇인지, 또는 공화당과의 계약에 대비하여 우리의 미래 의제가 무엇인지 알리는 전국적 캠페인을 벌이기 위해 필요한 기금을 마련하기 위한 모임은 한 번도 갖지 못했다.

우리는 총 13개의 세출예산안을 제시간에 통과시킴으로써 회계연도의 마지막 날인 9월 30일에 또 한 번의 생산적인 입법의 해를 마무리했다. 이 것은 1948년 이후 처음 있는 일이었다. 세출예산안은 20년 만에 처음으로 연달아 2년간 적자축소를 보여주었다. 연방 직원을 27만 2,000명 줄이고, 교육을 비롯한 중요 분야에는 투자를 늘렸다. 인상적인 업적이었지만, 공화 당의 균형예산 수정조항만큼 눈길을 끌지는 못했다.

나는 40퍼센트 정도의 지지도를 가지고 절뚝거리며 10월로 들어갔다. 그러나 그달에 나의 지지도를 올리고 또 민주당 의원들의 선거 전망도 좋게 바꾸어줄 것으로 기대되는 좋은 일들이 일어나게 된다. 유일하게 안타까운 일이 있었다면, 그것은 농무장관 마이크 에스피의 사임이었다. 재닛 리노는 법정에서 임명한 독립변호사에게 에스피의 비리 혐의를 조사해달라고 요청 했다. 스포츠 입장권이나 여행경비 등과 같은 선물을 받았다는 내용이었다. 센텔 판사의 특수부는 역시 공화당 활동가 출신의 도널드 스몰츠를 임명하 여 에스피를 조사하게 했다. 나는 그 일 때문에 비탄에 잠겼다. 마이크 에스 피는 1992년에 온갖 고난을 무릅쓰고 나를 지지해준 사람이었다. 그는 국회 의원으로서 미시시피의 백인 유권자들로부터도 지지를 받을 만큼 인기를 누렸지만, 그 자리를 떠나 첫 흑인 농무장관이 되었으며, 식품안전기준을 높이는 등 일을 잘해왔다.

10월의 소식들은 대부분 긍정적이었다. 10월 4일 넬슨 만델라가 백악관 을 국빈 방문했다. 그의 미소는 아무리 어두운 날이라도 환하게 빛내주었 다. 나는 무척 반가웠다. 우리는 상호 협력을 촉진하기 위해 합동위원회를 설치하기로 결정했으며, 고어 부통령과 만델라의 후계자가 될 가능성이 높 은 부통령 타보 음베키가 공동 위원장을 맡기로 했다. 합동위원회는 러시아 와 시도해본 결과 효과가 좋아 다른 중요한 나라에도 시도해보고 싶었는데, 남아프리카야말로 적격이었다. 만일 만델라의 화해 정부가 성공을 거두면, 아프리카 전체의 분위기가 좋아지고 전 세계 분쟁지역에서도 비슷한 시도 가 이루어질 수 있었다. 나는 또 남아프리카의 가난하고, 인구밀도가 높은 도시의 주택, 전기, 의료를 지원하고, 농촌 경제 프로그램을 제시하고, 론 브라운의 주도 하에 투자기금도 설립하겠다고 발표했다.

만델라를 만나는 동안, 상원도 하원에 이어 광범위한 초당적 지지로 나의 선거운동 기간 교육 의제의 마지막 부분인 초등 및 중등 교육법을 통과시켰다. 이 법안은 가난한 아동에게 무조건 낮은 수준의 커리큘럼을 제공하는 관행에 종지부를 찍었다. 불리한 가정환경 출신의 아동은 정상적인 교육 능력이 없어서가 아니라, 학교에서 돌보지 않고 가정에서 지원을 하지 못해 특수교육반에 들어가는 경우가 많았다. 딕 라일리와 나는 학급의 인원을 줄이고 교사들이 특별히 관심을 가지면 그런 아이들도 따라올 수 있다고 확신했다. 이 법안은 또 부모의 참여를 확대하기 위한 인센티브도 제공했다. 학생과 학부모가 배정받은 학교와는 다른 공립학교를 선택하는 것을 허용하도록 연방에서 지원하기로 한 것이다. 또 창조성을 억누를 수도 있는 학구의 요구조건에서 벗어나 자유롭게 움직이며 혁신을 장려하는 공립 차터스쿨의 자금을 지원하기로 했다.

불과 취임 2년 만에 초등 및 중등 교육법과 더불어, 국회의 초당적 지지를 받으며 미취학 아동 교육개혁이 이루어졌고, 미국교육협회의 목표들이 법제화되었고, 학자금 대출 프로그램에 개혁이 이루어졌고, 국가봉사 프로그램이 만들어졌고, 대학에 진학하지 않는 고등학교 졸업생을 위한 연수 제도를 시행하는 취업 프로그램이 통과되었고, 성인 교육과 평생 학습을 위한 노력이 크게 늘어났다. 이런 교육 프로그램들은 내가 대통령직에 부임하고 맞이하는 첫 2년 동안의 가장 중요한 성취 가운데 하나였다. 이것은 수백만의 미국인들에게 학습의 질을 높이고 경제적 기회를 늘리는 결과를 낳게 했지만, 이것을 아는 사람은 거의 없었다. 교육 개혁들은 양당의 광범위한 지지를 받았기 때문에, 그것을 통과시키려는 노력은 상대적으로 논란이 적었고, 따라서 특별히 뉴스로서 가치가 있다고 여겨지지 않았기 때문이다.

우리는 10월 첫 주를 기분 좋게 끝마쳤다. 실업률이 1990년 이후 최저인 5.9퍼센트로 떨어지고(취임 때는 7퍼센트 이상이었다), 460만 개의 새로운 일자리가 생겼기 때문이다. 10월 하순에 경제성장은 3.4퍼센트로 자리를 잡았고, 인플레이션은 1.6퍼센트였다. 북미자유무역협정이 성장에 기여하고 있었다. 멕시코 총 수출은 1년 안에 19퍼센트 늘었으며, 자동차와 트럭 수출은 600퍼센트가 늘었다.

10월 7일에 이라크가 쿠웨이트 국경에서 불과 6킬로미터 떨어진 곳에 대규모 부대를 배치하는 바람에 걸프전의 악몽이 되살아나기 시작했다. 나는 국제사회의 강력한 지원을 얻어 신속하게 3만 6,000명의 병력을 쿠웨이트에 배치하고, 항공모함 전투단과 전투기들로 그들을 지원했다. 나는 또 토마호크 미사일 목표물 목록을 새로 작성하라고 명령했다. 영국도 자국군을 강화하겠다고 발표했다. 9일에 쿠웨이트는 그들 육군의 대다수인 1만 8,000명을 국경으로 이동시켰다. 다음 날 이라크는 우리의 강력하고 신속한 대응에 놀라 군대를 뒤로 물리겠다고 발표했다. 한 달이 채 지나지 않아 이라크 의회는 쿠웨이트의 주권, 국경, 영토 보전을 인정했다. 이라크 위기가 지나가고 나서 이틀 뒤 북아일랜드 신교도 의회 그룹들은 아일랜드공화국군의 예를 따라 완전 휴전을 준수하겠다고 발표했다.

10월 셋째 주에는 좋은 소식이 넘쳐났다. 15일에 아리스티드 대통령이 아이티에 복귀했다. 사흘 뒤에 나는 16개월간의 강도 높은 협상 끝에 북한과 한반도에서 핵확산 위협을 종식시킨다는 합의에 이르렀다고 발표했다. 10월 21일에 제네바에서 미국의 협상대표 밥 갈루치와 북한 대표가 서명한 기본합의문에 따르면 북한은 기존 핵원자로의 모든 활동을 동결하고 그 감시를 허용하기로 했다. 8,000개의 폐연료봉을 국외로 내보내기로 했으며 기존 핵시설은 폐기하기로 했다. 궁극적으로 과거에 생산된 폐연료를 책임지기로 했다. 그 대가로 미국은 사용 가능한 양의 무기급 핵물질을 생산하지 않는 경수로 건설을 위한 국제 컨소시엄을 조직하기로 했다. 또 매년 50만 톤의 중유 공급을 보장하기로 했고, 교역, 투자, 외교 장벽을 낮추기로 했다. 북한에 대하여 핵무기 사용이나 사용 위협을 하지 않는다는 것을 공식 보장하기로 했다.

미국의 3개 행정부가 연속해서 북한의 핵 프로그램을 통제하려고 노력해왔다. 이 협정은 워런 크리스토퍼와 밥 갈루치 대사의 고된 노력의 성과이며, 북한이 핵보유국이 되는 것, 또는 핵무기나 핵 물질을 판매하는 나라가 되는 것을 허용하지 않겠다는 미국의 분명한 결의의 결과였다.

내가 대통령직을 떠난 뒤 미국은 1998년 북한이 실험실에서 고농축 우라늄을 생산함으로써(원자폭탄 한두 개를 만들 만한 양으로 보인다) 이 합의의 구체적 조항은 아니라 해도 그 정신을 어기기 시작했다는 사실을 알게 되었다. 어떤 사람들은 이런 사태를 보고 1994년 합의의 효력에 의문을 제기했다. 그러나 우리가 종결시킨 플루토늄 프로그램은 이후의 실험실의 작업보다 규모가 훨씬 컸다. 북한의 핵원자로 프로그램이 그대로 진행되었다면, 1년에 몇 개의 핵무기를 만들어낼 만한 양의 무기급 플루토늄을 생산하게 되었을 것이다.

10월 17일, 이스라엘과 요르단이 평화 합의에 이르렀다고 발표했다. 이츠하크 라빈과 후세인 왕은 10월 26일 커다란 리프트 골짜기를 가로지르는 와디 아라바 국경에서 조인식을 갖기로 하고 나를 증인으로 초청했다. 나는 이 출장으로 다른 중동 문제들도 진전이 있도록 압박할 수 있겠다고 생각하여 초청을 받아들였다. 나는 먼저 카이로에 들러, 그곳에서 무바라크 대통령과 함께 야세르 아라파트를 만났다. 우리는 아라파트에게 테러리즘, 특히 하마스의 테러리즘을 중단시키기 위해 더 노력해줄 것을 당부하고, 약속한 땅을 팔레스타인 사람들에게 넘기는 일의 지연과 관련하여 그와 이스라엘의 의견 차이를 해소하는 일을 돕겠다고 약속했다.

다음 날 나는 조인식에 증인으로 참석하여, 이스라엘과 요르단이 평화로 가는 길에 용기 있게 앞장선 것에 감사했다. 무덥고 맑은 날이었다. 뒤로 펼쳐진 리프트 골짜기의 웅장한 풍경은 이 행사의 배경으로 완벽했다. 그러나 사막에 반사되는 햇빛이 너무 강해 앞이 잘 안 보였고 나는 거의 정신을 잃을 뻔했다. 빈틈없는 보좌관 앤드루 프렌들리가 선글라스를 들고 와서 나를 구해주지 않았다면 나는 정신을 잃어 행사를 망쳐버렸을지도 모른다.

조인식을 마친 뒤 나와 힐러리는 후세인 왕 부부와 함께 차를 타고 짧은 거리를 달려 아카바에 있는 그들의 별장으로 갔다. 그날은 힐러리의 생일이었기 때문에 그들은 힐러리에게 불어도 꺼지지 않는 요술 촛불을 꽂은 케이크를 주었다. 나는 힐러리가 나이가 들어 폐활량이 줄어들었나 보다고 농담을 했다. 후세인과 왕비 누르는 지적이고, 우아하고, 통찰력이 있었다. 프린스턴을 졸업한 누르는 유명한 아랍계 미국인 아버지와 스웨덴인 어머니의 딸로 태어났다. 후세인은 키가 작았지만, 당당한 체격이었으며, 매력적인 미소, 기품 있는 태도, 지혜로운 눈이 인상적이었다. 후세인은 긴 통치 기간 동안 몇 차례의 암살 위기를 넘겼기 때문에, "평화를 위해 위험을 무릅쓴다"는 말이 단순한 수사가 아니라는 것을 잘 알고 있었다. 후세인과 누르는 우리의 진정한 친구가 되었다. 우리는 함께 여러 번 웃음을 터뜨렸으며, 기회가 있을 때마다 우리의 의무를 잊고 삶, 자식, 말과 오토바이 등 공통 관심사에 대해 이야기를 나누었다. 나중에 누르는 우리와 함께 휴가를 가 와이오밍에서 노래부르기 모임에 참석하기도 했으며, 나는 후세인의 생일 파티 때 메릴랜드에 있는 그들의 집에 가기도 했다. 힐러리와 누르는 자주 이야기를 나누었다. 그들은 우리 삶의 축복이었다.

그날 늦게 나는 암만의 요르단 국회에서 미국 대통령으로는 처음으로 연설을 했다. 그날 연설에서 가장 환영을 받은 대목은 아랍 세계 전체를 향해 한 말이었다. "미국은 우리의 문명이 충돌한다는 생각을 받아들이지 않습니다. 우리는 이슬람을 존중합니다…… 이슬람의 전통적 가치, 신앙과 선한 사업, 가족과 사회에 대한 헌신은 미국 최고의 이상과 조화를 이룹니다. 따라서 우리는 사람들, 신앙들, 문화들이 서로 조화를 이루어 함께 살 수 있다는 것을 압니다."

다음 날 아침 나는 사람이 계속 산 도시로는 세계에서 가장 오래된 다마스쿠스로 가서 아사드 대통령을 만났다. 미국 대통령은 20년 동안 다마스쿠스에 간 적이 없었다. 시리아가 테러리즘을 지지하고 레바논을 지배했기 때문이다. 나는 아사드에게 내가 유엔 결의안 242호와 338호에 기초한 시리아-이스라엘 평화를 지지하며, 양국이 합의에 이를 경우 미국과 시리아의 관계 개선을 위해 노력할 것임을 알리려고 했다. 그런데 나는 시리아에 간 것 때문에 약간 비판을 받기도 했다. 시리아가 헤즈볼라를 비롯한 다른 폭력적인 반이스라엘 그룹들을 지원하기 때문이었다. 그러나 나는 시리아와 이스라엘이 화해하지 않는 한 이 지역에 안보와 안정은 결코 이루어질 수 없다고 생각했다.

아사드와 만나서 커다란 돌파구를 찾아내지는 못했지만, 그는 우리가 함께 전진할 수 있는 방식에 대하여 몇 가지 고무적인 암시를 주었다. 그가 평화를 바란다는 것은 분명했다. 그러나 내가 그에게 이스라엘에 가서, 이스라엘 국민들을 향해 손을 내밀고, 안와르 사다트가 했던 것처럼 크네세트에서 자신의 입장을 밝히라고 제안했을 때 나는 헛수고를 한다는 것을 알수 있었다. 아사드는 총명했지만, 사무적이었고 매우 조심스러웠다. 그는 안전하고 아름다운 그의 대리석 궁을 좋아했으며, 다마스쿠스의 일상생활에서 편안함을 느꼈다. 텔아비브로 날아가는 정치적 모험은 상상하지 못했다. 우리의 회담과 의무적인 기자회견이 끝난 뒤 나는 이스라엘로 가서 라빈에게 내가 알게 된 것들을 이야기해주었다.

나는 이스라엘 국회인 크네세트 연설에서 라빈에게 감사하고 그를 치하한 뒤, 크네세트의 의원들에게 이스라엘이 평화를 향해 발을 내디뎠으며, 미국은 그 안전과 경제 발전을 위해 더 노력할 것이라고 말했다. 그것은 시의 적절한 메시지였다. 이스라엘은 그 무렵 또 한 번의 살벌한 테러 공격을 당했기 때문이다. 많은 이스라엘인들이 반대했던 팔레스타인 협정과는 달리, 요르단 평화조약은 야당인 리쿠드당의 지도자 베냐민 '비비' 네타냐후를 포함한 크네세트의 거의 모든 의원들의 지지를 받았다. 이스라엘 사람들은 후세인 국왕을 존경하고 신뢰했다. 그러나 아라파트에 대해서는 확실한 믿음을 갖지 못했다.

힐러리와 나는 숙연한 마음으로 이스라엘의 웅장한 홀로코스트 기념관인 야드 바셈을 방문한 뒤 28일에 이츠하크와 레아 라빈 총리 부부에게 작별 인사를 했다. 나는 쿠웨이트로 가서 에미르를 만나고, 미군 부대를 방문하여 신속한 이동으로 이라크군을 쿠웨이트로부터 몰아낸 데 감사했다. 그 다음에는 쿠웨이트를 떠나 사우디아라비아로 가서 파드 왕을 몇 시간 동안 만났다. 나는 1993년 초에 보스니아 이슬람교도의 인종청소를 중단시켜달라는 파드의 전화를 받고 감명을 받은 적이 있었다. 파드는 나를 따뜻하게 맞아주었고, 이라크로 인한 위기를 해소하기 위해 미국이 신속하게 움직인 것에 감사의 마음을 전했다. 성공적이고 고무적인 방문이었으나, 이제 힘겨운 선거가 기다리고 있는 고국으로 돌아가야 했다.

41

10월이 되자 여론조사 결과는 그렇게 나빠 보이지 않았다. 그러나 선거운동을 다니는 길에서 느껴지는 분위기는 여전히 좋지 않았다. 중동으로 떠나기 전, 힐러리는 오랫동안 우리를 위해 일해준 여론조사 전문가 딕 모리스를 불러 평가를 의뢰했다. 모리스가 조사를 해보니 결과는 실망스러웠다. 그는 대부분의 사람들이 경제가 나아진다거나 적자가 줄고 있다고 생각하지 않으며, 민주당이나 내가 한 좋은 일들에 대해서 전혀 모르고, 깅리치의 '계약'에 대한 공격도 먹혀들지 않는다고 말했다.

나에 대한 지지도는 오랜만에 50퍼센트를 넘었으며, 유권자들은 가족휴가법, 범죄방지 법안에 따른 10만 명의 새로운 경찰, 교육 기준과 학교 개혁 등 우리의 여러 업적에 대해서는 긍정적으로 응답했다. 모리스는 민주당이 경제, 적자, 계약에 대해 말하지 않고, 대신 인기 있는 입법 업적에 집중하면 손실을 줄일 수 있다고 말했다. 그리고 나에게 워싱턴에 돌아가면 선거운동에 나서지 말고, '대통령 자리'를 지키면서 나의 높아진 지지율을 더욱 강화할 만한 말과 행동만 하라고 했다. 모리스는 그렇게 하는 것이 내가 정치적 소동에 다시 뛰어드는 것보다 민주당에 더 도움이 될 것이라고 생각했다. 그러나 결국 두 가지 권고 모두 따를 수 없게 되었다.

민주당에는 선거가 치러지는 주나 하원 지역구로 새로운 메시지를 신속하게 내려보내 상황 변화를 도모할 기제가 없었다. 나는 개인 후보와 상하원 선거운동위원회를 위해 많은 기금을 모금했지만, 그들은 전통적인 방식으로 돈을 쓰고 싶어 했다.

나는 중동여행 중에 백악관에 전화하여, 돌아가면 선거운동에 나서지 않고 내 일을 하면서 뉴스가 될 만한 일을 만들겠다고 말했다. 그러나 돌아와보니 놀랍게도 펜실베이니아, 미시간, 오하이오, 로드아일랜드, 뉴욕, 아이오와, 미네소타, 캘리포니아, 워싱턴, 델라웨어 출장으로 일정이 꽉 차 있었다. 아마 내 여론조사 지지도가 올라가기 시작하는 것을 보고 전국의 민주당원들이 나에게 지원 유세를 부탁했던 것 같다. 그들은 전에 나를 위해 뛰어준 사람들이었다. 이제 내가 그들을 위해 뛰어줄 수밖에 없었다.

나는 선거운동을 하면서 우리의 공통의 업적을 계속 강조하려 했다. 750만 에이커의 막대한 땅을 자연과 국립공원 시스템으로 묶어서 보호하는 캘리포니아 사막 보호법에 서명을 하고, 미시간 대학에서는 새로운 학자금 직접 대출 프로그램이 안겨주는 커다란 경제적 혜택을 부각시키고, 우리 성과에 대하여 알릴 수 있도록 가능한 한 많은 라디오 인터뷰에 응했다. 그리고 나는 또 활기찬 군중이 모인 대규모 집회에도 참석하여, 최대한 큰 소리로 말을 해야 했다. 그런데 내가 선거운동에서 되풀이하여 하던 말은 충실한 당원들에게는 효과적이었지만, 텔레비전을 보는 시청자들에게는 효과적이지 않았다. 텔레비전에서 나의 강렬한 선거용 연설을 들은 시청자들은 대통령이 국내외의 정책을 다루는 초당적 정치가에서 다시 유권자들의 의심을 받는 정당 정치가로 돌아왔다는 느낌을 받았다. 내가 선거 유세에 다시 뛰어든 것은 이해할 수 있는 일이고 피할 수 없는 일이었는지는 몰라도, 어쨌든 실수였다.

11월 8일, 우리는 완패했다. 상원에서 8석, 하원에서 54석을 잃었다. 트루먼 대통령이 전 국민 건강보험을 실시하려 한 뒤 참패했던 1946년 이후 민주당 최대의 패배였다. 공화당은 2년 동안 계속 나를 공격하고 '계약'에서 단결하여 보답을 얻었다. 민주당은 좋은 정부는 너무 많고 좋은 정치는 너무 적었기 때문에 벌을 받았다. 나는 취임 첫 몇 주에 군대의 동성애자 문제가 가장 큰 쟁점으로 부각되도록 방치하고, 너무 늦게 선거운동에 뛰어들고, 나의 승리는 작아 보이고 나의 패배는 커 보이는 새로운 환경, 즉 내가 대통령직을 쟁취한 새로운 민주당원이 아니라 그저 징세와 큰 정부를 지지하는 또 한 사람의 자유주의자라는 인상이 굳어진 환경에서 너무 빨리 너무 많은 일을 하려고 함으로써 참패에 일조했다. 더욱이 국민의 분위기는 여전히 안정되지 않았다. 그들은 자신의 생활이 나아진다고 느끼지 않았으며, 워싱턴의 모든 싸움에 거부감을 느꼈다. 아마 국민은 정부와 국회를 나누어 놓으면 우리가 어쩔 수 없이 협력할 것이라고 생각했는지도 모른다.

알궂게도 나의 승리와 나의 패배가 모두 민주당에 피해를 주었다. 의료제도 개혁이 실패하고 북미자유무역협정이 통과되었기 때문에 우리의 고정 지지자들 다수의 사기가 저하되고, 우리의 투표자수는 적어졌다. 고소득층에 대한 증세가 포함된 경제계획, 브래디 법안, 공격용 무기 규제에서 거둔 승리는 공화당의 고정 지지자들을 자극하여 그들의 투표자수는 많아졌다. 투표자수의 차이만으로도 패배의 반이 설명되었다. 이것은 공화당이 11명의 주지사를 얻는 데도 기여했다. 마리오 쿠오모는 비참할 정도로 낮은 민주당 투표자수 때문에 뉴욕에서 패배했다. 남부에서 공화당은 대체로 기독교연합의 특별한 노력 덕분에 선거 전 여론조사에서 얻었던 지지율보다 보통 5, 6포인트 높은 득표율을 기록하면서 승리했다. 텍사스에서는 조지 W. 부시가 60퍼센트의 직무수행 지지도를 보이던 앤 리처즈 주지사를 물리쳤다.

미국총기협회는 환희의 밤을 맞이했다. 그들은 국회의 가장 유능한 두 의원 톰 폴리 하원의장과 잭 브룩스를 떨어뜨렸는데, 두 의원은 이미 이런 일이 일어날 것이라고 경고해왔다. 폴리는 100여 년 만에 처음으로 선거에서 패배한 하원의장이 되었다. 잭 브룩스는 미국총기협회를 오랫동안 지지해왔고 하원에서 공격용 무기 규제에 반대하는 싸움을 주도했지만, 법사위원회 위원장으로서 공격용 무기 규제가 포함된 전체 범죄방지 법안에 찬성투표를 했다. 미국총기협회는 절대 용서하지 않는 주인이었다. 스트라이크 한 번이면 바로 아웃이었다. 총기 로비스트들은 그들의 살생부에 들어 있던 의원 24명 가운데 19명을 떨어뜨렸다고 주장했다. 그들은 실제로 그 정도의 피해를 주었으며, 자신들이 깅리치를 하원의장으로 만들었다고 당당히 주장할 만했다. 오클라호마에서는 민주당지도자협의회의 지도자인 데이브 매커디 하원의원이 상원의원에 출마했다가, 그의 표현을 빌리면 '하나님, 동성애자, 총기 때문에 떨어졌다.'

10월 29일에는 프랜시스코 듀런이라는 이름의 남자가 콜로라도에서 차를 몰고 와, 공격용 무기로 백악관에 총을 쏴대면서 범죄방지 법안에 항의했다. 그는 20발 내지 30발을 쏜 뒤에 체포당했다. 다행히도 다친 사람은 없었다. 듀런은 정신이상자였을지 모르지만, 어쨌든 이 사건은 브래디 법안과 공격무기 규제법 때문에 편집증적인 총기 소유자들이 나에게 얼마나 병적인 증오심을 가지게 되었는지 보여주는 사건이었다. 선거 뒤에 나는 법집행관들이나 총기규제 법안 지지자들이 미국인 다수를 대변하면서도 선거에서는 국회에 있는 그들의 친구들을 미국총기협회로부터 보호해주지 못한다는 사실에 직면했다. 총기 로비스트들은 돈, 조직, 싸움, 선동에서 그들을 앞섰다.

그러나 이번 선거에도 기분 좋은 점이 몇 가지 있었다. 우선 테드 케네디와 다이앤 페인스타인이 힘겨운 싸움에서 승리를 거두었다. 내 친구인 버지니아의 척 로브도 마찬가지였다. 그는 이란-콘트라 사건으로 이름을 얻은 보수적인 토크쇼 사회자 올리버 노스를 물리쳤다. 이 승리에는 로브를 좋아하고, 상원에 노스가 들어오는 것을 도저히 견딜 수 없어 하던 공화당의 존 워너 상원의원의 지지가 큰 도움이 되었다.

미시간의 북부 반도에서는 경찰관 출신의 바트 스튜팩 하원의원이 그의 경제계획 찬성투표가 그의 지역구에 피해를 주었다는 비난에 맞서 공격적으로 자신을 방어한 끝에 보수적인 지역구에서 벌어진 어려운 싸움에서 살아남았다. 스튜팩은 세금이 줄어드는 사람과 늘어나는 사람의 숫자를 정확하게 비교하는 광고를 내보냈다. 그 비율은 10 대 1이었다.

켄트 콘라드 상원의원과 얼 포머로이 하원의원은 보수적인 공화당 지지자들이 많은 주인 노스다코타에서 재선되었다. 그들 역시 스튜팩과 마찬가지로 적극적으로 자신의 경제계획 찬성 투표를 옹호하고, 유권자들에게 그 투표를 통해 얻어진 좋은 것들을 알렸다. 어쩌면 작은 주나 시골 지역구였기 때문에 부정적인 텔레비전 광고의 눈보라에 맞서는 것이 상대적으로 쉬웠는지도 모른다. 그렇지만 민주당 의원들이 스튜팩, 콘라드, 포머로이가 했던 일을 시도했다면, 우리는 분명히 더 많은 의석을 건질 수 있었을 것이다.

하원 예산 싸움의 두 영웅은 다른 운명을 맞이했다. 마저리 마골리스-메츠빈스키는 펜실베이니아의 부유한 교외 지역구에서 패배했고, 팻 윌리엄스는 몬태나 시골에서 살아남았다.

나는 선거 결과 때문에 몹시 괴로웠다. 사실 사람들 앞에서 드러낸 것보다 상처가 훨씬 더 깊었다. 만일 경제계획에서 휘발유세와 고소득 사회보장 수혜자들에 대한 세금을 포함시키지 않았다면, 또 공격용 무기 규제법에서 톰 폴리, 잭 브룩스, 딕 게파트의 말을 들었다면 하원이나 상원 둘 중의 하나는 잃지 않았을 것이다. 물론 그렇게 했다면, 저소득 노동자 가족들을 위한 소득세공제를 낮추거나, 아니면 공사채 시장으로부터 호의적이지 않은 반응을 얻을 각오로 적자 축소 규모를 줄여야 했을 것이다. 또 더 많은 경찰관과 아이들이 공격용 무기의 피해자가 되었을 것이다. 그런 어려운 결정들이 미국에 유익하다는 확신에는 변함이 없었다. 그러나 그 결과로 너무 많은 민주당 의원들이 큰 대가를 치러야 했다. 반면 그들을 낙선시킨 유권자들은 그들의 용기 덕분에 나중에 더 안전한 거리에 살면서 더 많은 혜택을 누리게 되었다.

돌 상원의원이 의미 있는 의료제도 개혁에 대해서는 무조건 의사진행방해를 할 것이라는 사실이 분명해졌을 때, 양당 합의에 이를 때까지 의료 개혁은 지연시킨다고 발표하고 대신 사회보장제도 개혁을 통과시켰다면 양원을 다 잃지는 않았을지도 모른다. 그렇게 했더라면 떼를 지어 공화당에 투표했던 소외된 중산층에게 인기를 얻었을 것이고, 경제계획이나 공격용 무기 규제에 대해 다른 결정을 내려야 하는 경우와는 달리, 국민에게 상처를 주지 않으면서 민주당에도 도움을 주었을 것이다.

깅리치는 이 선거를 통해 나보다 나은 정치가임을 입증했다. 그는 '계약'으로, 민주당에 대한 줄기찬 공격으로, 워싱턴의 모든 갈등과 살벌한 당파주의(실제로는 공화당이 일으킨 것이지만)는 모두 양원의 다수당이며 백악관까지 차지한 민주당의 잘못이라는 주장으로, 중간선거를 전국적인 문제로 만드는 데 성공했다. 나는 대통령으로서의 업무에 전념하고 있었기 때문에, 민주당이 효과적이며 전국적인 반격 메시지를 보내도록 조직과 자금과 힘을 보태지 못했다. 중간선거에 대한 전국적 의미 부여는 현대 선거운동에서 뉴트 깅리치의 가장 큰 기여였다. 1994년 이후, 한 당이 그렇게 하는데 다른 당이 그렇게 하지 못하면, 전국적 메시지가 없는 당은 패배를 감수해야 했다. 이런 일은 1998년과 2002년에도 되풀이되었다.

소득세 증가보다 감세를 받은 미국인이 훨씬 더 많았고, 정부 규모를 레이건이나 부시 시절보다 훨씬 더 작게 줄였음에도, 공화당은 감세와 작은 정부라는 전과 똑같은 낡은 약속으로 승리를 얻었다. 그들은 심지어 그들이 만들어낸 문제에 대해서도 오히려 보답을 받았다. 그들은 의료제도 개혁, 선거자금 개혁, 로비 개혁을 상원 의사진행방해로 죽여버렸다. 그런 점에서 돌 역시 공화당의 압승에 큰 공을 세운 셈이었다. 대부분의 사람들은 상원의원 41명이라는 소수가 예산 외에 다른 법안을 무효로 만들 수 있다는 것을 믿지 못했다. 유권자들이 아는 것은 아직 자신이 더 부유해지지 않았고, 더 안전해지지 않았다는 것뿐이었다. 게다가 워싱턴에서 벌어졌던 더 많은 싸움이 전부 민주당의 책임이며, 민주당이 큰 정부를 지지한다고 알고 있었다.

1980년 주지사 재선에서 패배했을 때와 거의 똑같은 느낌이었다. 나는 많은 일을 했지만, 아무도 그것을 몰라주었다. 유권자들은 실제로는 진보적일지 몰랐지만, 관념적으로는 온건 보수였으며, 연방정부에 대해 깊은 의심을 품고 있었다. 나에 대해 이제 좀더 균형 잡힌 보도가 이루어졌지만, 유권자들은 아마 혼란스럽게 벌어지는 활동 속에서 내가 성취한 업적을 정리하기가 어려웠을 것이다. 어떻게 된 일인지 나는 1980년 패배의 쓰라린 교훈을 잊어버렸다. 좋은 정치 없이 좋은 정책을 펼칠 수는 있지만, 그 둘 다가 없으면 국민에게 좋은 정부란 있을 수 없다. 다시는 잊지 않을 생각이었지만, 미국을 레이거노믹스의 적자 구덩이에서 파내고, 우리의 거리를 더 안전하게 만들고, 모든 미국인에게 건강보험을 제공하려는 과정에서 나를 돕다가 의석을 잃은 그 모든 좋은 사람들 역시 결코 잊을 수가 없었다.

선거가 끝나고 얼마 후, 나는 나쁜 상황을 헤쳐나가기 위해 최선을 다해서 공화당과 협력하겠다고 약속하고, 그들에게 "다음 세대의 미국의 발전을 위한 최선의 구상을 끌어내기 위해 공개 토론의 장에서 나와 만나자"고 요청했다. 또한 내가 지지하는 복지제도 개혁과 항목별 거부권 문제를 놓고 협력하자고 제안했다. 당분간은 내가 더 할 수 있는 일이 없었다.

많은 논평가들이 벌써부터 1996년에 내가 퇴임할 것이라고 예측하고 있었다. 그러나 나는 그렇게 비관적이지 않았다. 공화당의 선전 때문에 많은 미국인들은 민주당과 내가 너무 자유주의적이고 큰 정부에서 벗어나지 못한다고 믿고 있었다. 하지만 세 가지 이유에서 시간은 나의 편이었다. 첫째, 경제계획 때문에 적자는 줄어들고 경제는 계속 나아질 터였다. 둘째, 새로운 국회, 특히 하원은 미국 국민 전체로 볼 때 너무 우익으로 치우쳐 있었다. 셋째, 공화당은 그들의 선거 공약에도 불구하고 감세와 국방비 증액 비용을 대기 위해 곧 교육, 의료, 환경 지원에 들어가는 돈을 줄이자고 할 터였다. 그렇게 될 수밖에 없었다. 그것이 극단적 보수주의자들이 하고 싶어하는 일이었기 때문이다. 그리고 나는 그들을 산수의 법칙에 묶어두기로 결심했다.

42

선거가 끝난 지 일주일이 안 되어 나는 다시 열심히 일을 하기 시작했다. 공화당도 마찬가지였다. 11월 10일, 나는 패스티 플레밍을 미국 에이즈 정책 책임자로 임명했다. 그녀가 전체 에이즈 기금을 30퍼센트 늘리는 등 에이즈 정책을 개발하는 데 뛰어난 능력을 발휘했기 때문이다. 나는 그녀를 임명하면서, 에이즈와 싸우기 위한 일련의 새로운 정책을 제시했다. 그리고 이 발표문을 에이즈와의 싸움을 안내하는 빛이 된 일리저버스 글레이저에게 바쳤다. 그녀는 이때에도 에이즈로 심하게 고생하고 있었는데, 결국 3주 후에 세상을 뜨고 만다.

같은 날 나는 보스니아에 대한 무기수출금지를 중단하겠다고 발표했다. 세르비아인이 비하치 시를 공격함으로써 공격을 재개했기 때문에 불가피한 선택이었다. 이 조치는 국회에서 강력한 지지를 받았다. 11월 말, 나토는 세르비아 미사일 기지들을 폭격했다. 11월 12일에, 나는 연례 아시아태평양경제협력체 지도자 회의에 참석하러 인도네시아로 갔다. 이 회의에서 아시아태평양 18개국은 2020년까지 아시아 자유시장을 만들기로 약속했으며, 그 가운데 부유한 나라들은 일정을 앞당겨 2010년까지 만들기로 했다.

국내에서 뉴트 깅리치는 승리의 잔광을 쬐며, 선거운동에서 효과적으로 써먹었던 가혹한 인신공격을 계속해댔다. 그는 선거 직전, 헐뜯는 말로 가득한 팸플릿에서 나를 "정상적인 미국인들의 적"이라고 불렀는데, 선거 다음 날에는 힐러리와 나를 "반문화적 맥거번주의자들"이라고 불렀다. 그로서는 최대의 비난인 셈이었다.

깅리치가 우리를 묘사한 말은 어떤 면에서는 정확했다. 우리는 맥거번 (닉슨과 대항했던 민주당 대통령 후보로, 베트남전쟁에 반대했고, 공화당으로부터 급진 주의자라는 비난을 받았다—옮긴이주)을 지지했고, 우리가 속하는 문화는 깅리 치가 원하는 문화와는 전혀 달랐다. 즉, 우리는 백인 남부 보수주의의 어두 운 면을 반영한, 독선적이고, 남을 매도하고, 자신만의 절대 진리를 주장하 는 문화에는 속하지 않았다. 나는 침례를 받은 백인 남부 침례교도로서, 나 의 뿌리를 자랑스러워하지만 그 어두운 면을 너무 잘 알고 있었다. 나는 어 렸을 때부터 사람들이 자신의 경건함과 도덕적 우월성을 내세우고, 그것을 근거로 자신만이 정치적 권력을 차지할 자격이 있다고 주장하고, 민권 문제 를 놓고 그들과 입장이 다른 사람들을 악마로 만드는 것을 자주 보아왔다. 그러나 미국의 본질은 더 튼튼한 단결을 이루고, 자유와 기회의 범위를 확 대하고, 분열을 넘어 공동체의 유대를 강화하는 데 있다고 생각했다.

나는 깅리치에게 흥미를 느끼고 그의 정치적 기술에 감탄했지만, 자신 의 정치가 미국 최고의 가치를 대표한다는 그의 주장은 받아들이지 않았다. 나는 자라면서 누구를 경멸하라고 배우지 않았고, 나 자신의 문제나 약점을 가지고 남을 탓하라고도 배우지 않았다. 그러나 '새로운 우익'의 메시지는 바로 그런 행동을 요구했다. 그럼에도 이 메시지가 엄청난 정치적 매력을 지닌 것은 심리적인 확신과 책임 회피를 제공하기 때문이었다. '그들'은 늘 옳았고, '우리'는 늘 틀렸다. '그들'이 지난 26년 가운데 6년을 제외한 모든 기간에 대통령을 차지했음에도, 모든 문제에 대한 책임은 '우리'에게 있었 다. 사람들은 대개 자신의 책임을 면제해주는 주장 앞에서는 약해진다. 1994년 선거에서 미국의 근면한 중산층은 경제 불안을 느끼고, 범죄, 마약, 가족 붕괴의 만연에 당황하고 있었기 때문에, 깅리치의 메시지에 귀를 기울 였다. 게다가 우리가 그것에 대항할 만한 메시지를 만들어내지 못했기 때문 에 그의 메시지는 더욱 큰 힘을 발휘했다.

깅리치와 공화당 우익은 우리를 비난하기 위해 1960년대를 들먹였다. 깅리치는 미국이 1960년대까지는 위대한 나라였는데, 민주당이 미국을 장 악하면서 옳고 그름에 대한 절대적 관념을 상대주의적 가치들로 바꾸어버렸다고 주장했다. 그는 '미국 문명을 갱신' 하기 위해 1950년대의 도덕성으로 복귀하겠다고 약속했다.

물론 1960년대에는 정치적으로, 개인적으로 지나친 일들이 있었다. 그러나 그 10년 동안 생겨난 운동을 통해 민권, 여권, 깨끗한 환경, 작업장의 안전, 가난한 사람들을 위한 기회 등의 분야에서 큰 진전이 이루어졌다. 민주당은 그런 가치를 믿고 또 그것을 위해 일했다. 내가 1970년대와 1980년대에 함께 일했던 주지사들을 포함한 전통적인 공화당원 다수도 마찬가지였다. 그러나 1960년대의 지나쳤던 일에만 초점을 맞추는 신우익을 보면서 나는 남부의 백인들이 남북전쟁 이후 100년 동안 재편입(남북전쟁 후 남부 각 주가 미합중국에 재통합된 것을 가리킨다―옮긴이주)에 반대하면서 늘어놓았던 불평들이 생각났다. 어렸을 때 우리는 재편입 시기에 북쪽 세력들이 우리에게 매우 비열하게 굴었으며, 남부는 비록 패배했지만 품위를 지켰다고 배웠다. 물론 그 말에도 일리는 있었다. 그러나 시끄럽게 불평을 늘어놓는 사람들은 늘 링컨과 당시 공화당이 노예제를 폐지하고 합중국을 유지하는 과정에서 잘했던 일은 무시해버렸다. 노예제와 합중국이라는 큰 쟁점에서 볼 때 당시 남부의 태도는 분명히 옳지 않았다.

그런 일이 다시 일어나고 있었다. 우익은 60년대의 지나쳤던 점들을 들어 민권과 다른 영역에서 이루어진 선善을 깔아뭉개려 하고 있었다. 그들의 아전인수격 비난을 들으면서, 나는 데이비드 프라이어 상원의원이 종종 입에 올리던 이야기가 떠올랐다. 프라이어 상원의원은 언젠가 85세 노인과 대화를 나눈 적이 있었다. 노인은 두 차례의 세계대전, 공황, 베트남전쟁, 민권 운동 등 20세기의 모든 큰 사건들을 겪어온 사람이었다. 프라이어가 말했다. "정말 많은 변화를 보셨겠군요." 그러자 노인은 말했다. "그럼, 나는 그 변화에 모두 반대했지!"

그렇지만 나는 깅리치 일파가 우리에게 했던 것처럼 그들을 악마로 만드는 일에 뛰어들고 싶지는 않았다. 가능한 한 그가 가지고 있는 몇 가지 흥미 있는 구상에 관심을 가지고자 했다. 특히 과학, 테크놀로지, 기업가정신 분야가 주목할 만했다. 그는 또한 외교정책에서 헌신적인 국제주의자였다.

나는 또 오래전부터 민주당이 정치에 접근하는 방법을 현대화하고, 산업시대의 업적에 안주하기보다는 정보시대의 도전들에 대응하고, 중산층의 가치와 관심에 대한 우리의 입장을 명료하게 밝혀야 한다고 생각해왔다. 그래서 경제와 사회 문제들에 대한 우리의 '새로운 민주당원' 구상들을 깅리치의 '미국과의 계약'에 구체화된 구상들과 비교할 수 있는 기회가 온 것을 환영했다. 최선의 정치란 구상과 정책의 경쟁이기 때문이다.

그러나 깅리치는 거기서 멈추지 않았다. 그의 주장의 핵심은 자신의 구상이 우리의 구상보다 낫다는 것이 아니었다. 그는 자신의 가치가 우리의 가치보다 낫다고 말했다. 민주당은 가족, 일, 복지, 범죄, 방위 문제에 허약하고, 그것은 방종했던 1960년대에 정신적 불구가 되어 옳고 그름의 차이를 분명하게 구분하지 못하기 때문이라는 것이다.

깅리치의 이론의 정치적 힘은 그것이 1968년 이래 공화당이 국민의 의식 속에 주입하려고 노력해온 민주당에 대한 부정적인 고정관념을 강력하게, 또 분명하게 확인해준다는 것이었다. 민주당에 대한 부정적 고정관념을 주입시키려고 한 것은 닉슨과 레이건도 마찬가지였다. 조지 부시도 1988년 대통령 선거를 윌리 호턴과 더불어 '충성의 맹세'에 대한 국민투표로 변질시킴으로써 같은 일을 했다. 이제 깅리치는 그런 '역 성형수술'의 기술을 완전히 새로운 수준에서, 가혹하면서도 세련되게 펼쳐 보이고 있었다.

문제는 그의 이론이 사실과 맞지 않는다는 것이었다. 민주당원들은 대부분 범죄에 엄격했고, 복지제도 개혁과 강력한 국방을 지지했다. 또한 신우익 공화당보다 국가재정 관리 책임을 더 중시했다. 또한 민주당원 대부분은 근면하고 법을 잘 지키는 국민으로, 조국을 사랑하고, 공동체에서 일을 하고, 아이들을 잘 기르려고 노력했다. 그러나 사실 여부는 관계가 없었다. 깅리치는 자신이 하고 싶은 이야기의 줄거리를 이미 꿰고 있었으며, 기회가 있을 때마다 그것을 적용했다.

곧 깅리치는 아무런 증거도 없이 나의 백악관 보좌관들 가운데 35퍼센트가 최근에 마약을 사용한 경험이 있다고 비난했다. 이어 그는 민주당의 가치 때문에 십대 미혼모의 사생아 출산율이 증가했다고 비난하면서, 그 아이들을 어머니에게서 빼앗아 고아원에 보내야 한다고 말했다. 힐러리가 어머니에게서 떼어낸 아이가 과연 더 잘 살 수 있겠느냐고 의문을 제기하자, 그는 1938년의 영화 '소년들의 도시Boys Town'를 보라고 말했다. 그 영화를 보면 무시무시한 1960년대가 우리 모두를 파멸시키기 전에는 가난한 아이들이 가톨릭 고아원에서 잘 자랐다는 것을 알 수 있다는 이야기였다.

1994년 10월 사우스캐롤라이나의 수잔 스미스가 자신의 어린 두 아들을 물에 빠뜨려 죽인 일이 있었다. 깅리치는 민주당의 '관대한' 가치 때문에 이런 사건이 일어날 수 있는 도덕적 분위기가 형성된 것이라고 주장했다. 기독교 연합의 지부 이사회에서 일했던 극단적 보수주의자인 계부로부터 어린 시절에 당했던 성적 학대 때문에 스미스가 심리적으로 불안정한 상태가 되었을 가능성이 있다는 사실이 밝혀졌지만, 깅리치는 물러설 기미를 보이지 않았다. 보수주의자들이 저지른 범죄 역시 민주당이 1960년대 이래 미국에 강제해온 도덕적 상대주의 때문에 일어난 것이라는 이야기였다.

나는 민주당의 도덕적 파산이 닉슨과 레이건 행정부를 어떻게 부패시켰고, 어떻게 하다가 워터게이트와 이란-콘트라 범죄를 낳았는지 깅리치가 설명해주기를 기다렸다. 그는 틀림없이 그것을 설명할 방법을 찾아낼 수 있었을 것이다. 뉴트 깅리치는 한번 발동이 걸리면 멈추기가 힘들었기 때문이다.

12월이 되어 하원과 상원이 당파를 초월한 다수로 '관세 및 무역에 관한 일반 협정GATT'을 통과시키면서 정치도 어느 정도 제정신을 차린 듯했다. 이 협정을 통해 전 세계적으로 무려 7,400억 달러의 관세가 줄어들었으며, 이전에 미국 제품과 용역에 대해 닫혀 있던 시장들이 개방되었고, 가난한 나라들은 국경 너머의 소비자들에게 생산품을 팔 기회가 생겼으며, 균일한 무역 규칙을 만들고 분쟁을 조정하기 위한 세계무역기구를 설립할 수 있는 기틀이 마련되었다. 그런데 랠프 네이더와 로스 페로는 이 협정에 반대하는 운동을 적극적으로 펼쳤다. 그들은 이것이 미국의 주권 상실에서부터 가혹한 아동 노동 증가에 이르기까지 끔찍한 결과들을 낳을 것이라고 주장했다. 그러나 그들의 목청을 높인 반대는 거의 효과가 없었다. 노동운동 쪽도 북미자유무역협정 때보다는 반대의 강도가 약했으며, 미키 캔터는 국회에서 관세 및 무역에 관한 일반 협정을 옹호하는 주장을 효과적으로 펼쳤다.

1994년의 퇴직보호법은 관세 및 무역에 관한 일반 협정을 포함하는 포괄적인 법안 속에 들어 있었기 때문에 거의 주목을 받지 못했다. 나는 선거운동 기간에 리치먼드 토론회에 나온 한 시민 때문에 연금기금 부족 문제에 처음으로 관심을 가지게 되었다. 이 법안은 자금이 부족한 대형 연금 계획을 가진 기업들에 부담금을 올릴 것을 요구했으며, 안정적인 연금보험 체계를 만들어 4,000만 미국인이 보호를 받을 수 있는 장치를 마련했다. 퇴직보호법과 관세 및 무역에 관한 일반 협정은 나의 첫 두 해의 주요한 입법적 성과들의 마지막에 해당하는 것으로, 선거 결과를 고려할 때 뒷맛이 씁쓸한 성과라고 할 수 있었다.

12월 초 로이드 벤슨이 재무장관직을 사임하여, 그 후임에 밥 루빈을 임명했다. 벤슨은 뛰어난 업무 능력을 보여주었으며, 나는 그를 보내고 싶지 않았다. 그러나 벤슨과 그의 부인 B.A는 조용한 생활로 돌아가고 싶어했다. 후임자 선택은 어렵지 않았다. 밥 루빈은 국가경제회의를 백악관 의사 결정 체계에서 수십 년 만에 처음 등장한 중요한 혁신적 제도로 자리매김하게 했으며, 월스트리트에서 존경을 받았고, 경제가 모든 미국인들에게 도움이 되는 방향으로 발전하기를 바라는 사람이었다. 나는 로러 타이슨에게 루빈의 뒤를 이어 국가경제회의의 책임을 맡겼다.

나는 우크라이나의 새 대통령 레오니트 쿠치마를 위한 국빈 만찬을 주최한 뒤, 헝가리의 부다페스트에서 8시간 동안 열린 유럽 안보협력회의에 참석했다. 그 회의에서 옐친 대통령, 메이저 총리, 그리고 우크라이나, 카자흐스탄, 벨로루시의 대통령과 일련의 비핵화 협정을 맺었다. 수천 개의 핵탄두를 줄이고 핵무기가 다른 나라로 확산되는 것을 예방하겠다는 공동 결의는 언론에서 중요하게 다루어져야 마땅했다. 그러나 사람들의 관심을 끈 것은 옐친의 연설이었다. 옐친은 내가 나토를 급속히 확대하여 중부 유럽 국가들을 포괄함으로써 냉전을 '차가운 평화'로 바꾸려 한다고 비판했다.

하지만 사실 나는 그와 반대되는 행동을 했다. 훨씬 더 많은 나라들을 끌어들이기 위한 과도적 단계로 '평화를 위한 동반관계'를 설정했고, 새로운 나토 회원국을 추가하기 위한 협의 과정을 마련했으며, 나토와 러시아의 동반관계를 확립하기 위해 열심히 노력했다.

나는 옐친의 연설에 대해 미리 언질을 받지 못했으며, 게다가 그는 내 뒤에 연설을 했다. 나는 놀랐고 화가 났다. 옐친이 왜 그런 식으로 나오는지 알 수 없었고, 나에게는 대응할 기회가 없었다. 아마 옐친의 보좌관들이 그에게 나토가 1996년에 폴란드, 헝가리, 체코공화국을 받아들일 것이라고 이야기했던 것 같다. 1996년에 옐친은 재선을 놓고 극단적 국수주의자들과 싸워야 했는데, 이들은 나토의 확대를 싫어했다. 반면 나는 재선을 놓고 공화당과 싸워야 했는데, 공화당은 나토의 확대를 지지했다.

부다페스트 회담은 양쪽 모두 공을 놓치는 보기 드물게 당혹스러운 순간이었다. 그러나 나는 시간이 해결해줄 것이라고 생각했다. 며칠 뒤 앨 고어는 경제, 과학기술 협력을 위한 고어-체르노미르딘 위원회 4차 회의를 위해 모스크바에 갔다가 옐친을 만났다. 옐친은 내가 여전히 자신의 동반자라고 말했으며, 고어는 나토의 정책은 변하지 않았다고 확인해주었다. 나는 옐친 때문에 나토의 문을 무한정 닫아놓을 생각도 없었지만, 그렇다고 국내의 정치적 이유로 옐친을 밀어붙일 생각도 없었다.

12월 9일에는 마이애미에서 미주정상회의가 열렸다. 1967년 이후 미주의 지도자들이 함께 모인 첫 회의였다. 캐나다, 중남미, 카리브 해 지역에서 민주적으로 선출된 지도자 33명이 모였는데, 41세의 아리스티드 아이티 대통령과 더불어 그의 이웃인 도미니카공화국의 88세 된 호아킨 발라게르 대통령도 참석했다. 발라게르 대통령은 늙고, 눈이 멀고, 몸이 쇠약했지만, 정신만은 아주 예리했다.

내가 정상회의를 연 목적은 북극에서 티에라델푸에고까지 미주 모든 지역에 자유무역을 확대하고, 이 지역 전체에 민주주의와 효율적인 정부를 강화하고, 미국이 좋은 이웃이 될 것임을 보여주기 위해서였다. 우리는 2005년까지 미주자유무역지대를 만들 것을 약속했으며, 회의를 끝내면서 함께 미래로 나아갈 수 있다는 자신감을 얻을 수 있었다. 우리의 앞에 놓인 미래에는, 칠레의 위대한 시인 파블로 네루다의 말에 따르면, "외로운 투쟁 같은 것도 없고, 외로운 희망 같은 것도 없다."

12월 15일에는 예산안 가운데 중산층 감세 제안을 설명하는 텔레비전 연설을 했다. 행정부 일각에서는 이 제안에 반대했고, 일부 언론은 이것이 공화당의 정책을 복사하려는 시도라고 비판하거나, 공약 파기로 유권자들에게 벌을 받고 나자 1993년 선거운동 공약으로 다시 돌아가려는 뒤늦은 시도라고 비판했다. 새로운 국회가 열리기 전에 공화당과 함께 감세를 시도해보려고 한 데는 정책적 이유와 정치적 이유가 함께 있었다. 공화당의 계약에는 미국의 고소득층에게 매우 유리한 세금 제안들이 담겨 있었는데, 내가 보기에 이것은 미국의 경제적 능력은 고려하지도 않고 제시된 것이었다. 사실 미국은 여전히 20년 동안 중산층의 소득 정체로 고통을 겪고 있었다. 국민이 경제 개선을 느끼지 못하는 주된 이유는 바로 그것이었다. 우리는 이미 소득세공제를 두 배로 늘림으로써 이 문제에서 어느 정도 진척을 보았다. 이제 제대로 된 세금감면이 이루어지면, 적자 축소나 미래에 대한 투자를 궤도에서 이탈시키지 않으면서 중산층의 소득을 올릴 수 있고, 나의 1992년 선거운동 공약도 이행할 수 있을 것 같았다.

연설에서 나는 '중산층 권리장전'을 제시했다. 여기에는 자녀를 둔 소득 7만 5,000달러 이하의 가구에 대한 500달러 세액 공제, 대학 학비에 대한 세금 공제, 개인퇴직적립금IRA의 확대, 정부가 수십 개 직업훈련 프로그램에 지출하는 자금을 현금상환권으로 바꾸어 노동자가 직접 훈련 프로그램을 고를 수 있게 하는 조치 등이 포함되어 있었다. 나는 앨 고어의 정부 혁신 프로그램을 통해 추가로 절감되는 비용에서 이 세금 정책의 재원을 조달할 수 있으며, 적자 축소도 계속해나갈 수 있다고 밝혔다.

크리스마스 직전, 앨 고어와 나는 처음으로 몇 개 도시와 시골 공동체들을 '능력부여지구'로 지정하고, 1993년의 경제계획에 따라 일자리 창출을 격려하기 위한 세금 인센티브와 연방 지원금을 받을 자격을 부여했다.

12월 22일은 디디 마이어스가 대변인으로 일한 마지막 날이었다. 그녀는 어려운 상황에서도 일을 잘해주었다. 마이어스는 뉴햄프셔의 눈발 속에서도 나와 함께 있었다. 그 이후 우리는 많은 폭풍을 헤치며 수많은 어려운 시합들을 함께 뛰어왔다. 나는 그녀가 내 곁을 떠나서도 잘할 것임을 알았으며, 실제로도 그렇게 되었다.

힐러리와 나는 새해를 맞아 매년 하던 대로 르네상스 위켄드에 다녀왔고, 시간을 며칠 더 내서 장모와 딕 켈리를 보러 고향에도 다녀왔다. 나는 아칸소 동부의 친구들과 함께 오리 사냥을 하기도 했다. 매년 오리들이 겨울을 나기 위해 캐나다에서 동쪽으로 날아올 때, 주요한 두 항로 가운데 하나가 미시시피 강이었다. 오리들 가운데 다수는 아칸소 델타의 논과 웅덩이에 착륙했다. 그래서 얼마 전부터 몇몇 농부가 자신도 즐기고 부수입도 얻으려고 자신의 땅에 오리 사냥 캠프를 만들었던 것이다.

아침 햇빛을 받으며 오리들이 날아가는 모습은 아름다웠다. 높은 곳에서 완벽하게 V자를 그리며 날아가는 기러기떼를 보기도 했다. 그 흐린 아침에는 오리 두 마리만이 사격 범위에 들어왔으며, 함께 있던 사람들이 나에게 두 마리 모두 쏠 기회를 주었다. 그들은 내가 떠난 뒤에도 며칠 더 사냥을 할 계획이었기 때문이다. 나는 함께 간 기자들에게 우리 총들은 모두 범죄방지법안으로 보호를 받는 것이며, 오리(운이 좋아 70미터 정도 거리에서 맞힌 오리를 포함해서)를 잡는 데 공격용 무기가 필요한 것은 아니라고 농담을 했다.

다음 날 힐러리와 나는 리틀록 북부의 셔루드에 있는 윌리엄 제퍼슨 클린턴 매그닛 스쿨의 개교식에 참석했다. 아름다운 시설이었으며, 어머니 이름을 딴 다용도실도 있고, 힐러리의 이름을 딴 도서관도 있었다. 솔직히 새로운 학교에 내 이름이 붙으니 기분이 좋았다. 사실, 세상에 나만큼 교사들한테 큰 도움을 받은 사람도 없을 것이다.

나에게는 그 고향 여행이 꼭 필요했다. 나는 2년 동안 그야말로 '개처럼' 열심히 일했다. 사실 많은 일을 했지만, '나무 때문에 숲을 보지 못하는' 경우도 많았다. 새해에는 새로운 도전들이 나타날 터였다. 그 도전들에 대응하기 위해서는 배터리를 재충전하고 내 뿌리에 물을 줄 기회가 필요했다.

나는 워싱턴으로 돌아오면서, 공화당이 선거공약을 지키려고 노력하는 모습을 보게 될 것이며, 우리가 지난 2년간 법으로 만든 모든 법안을 공화당의 공격으로부터 지키고 또 온전하게 집행하기 위한 싸움이 벌어질 것으로 예상했다. 국회가 새로운 법을 통과시키면 그때부터 행정부서의 일이 시작된다. 예를 들어 범죄방지법안은 미국 여러 공동체에 10만 명의 새로운 경찰관들을 풀어놓을 자금을 제공한다. 우리는 법무부에 부서를 만들어 그 자금을 분배하고, 자격 기준을 설정하고, 지원 과정을 만들어 추진하고, 돈이 지출되는 방식을 감독해야 한다. 그래야 국회와 미국 국민에게 진척 과정을 보고할 수 있다.

1월 5일, 나는 국회의 새로운 지도자들과 처음 만났다. 밥 돌과 뉴트 깅리치 외에, 공화당 팀에는 미시시피의 트렌트 로트 상원의원과 하원 다수당 의장인 딕 아미 하원의원과 하원 다수당 원내총무 톰 딜레이 하원의원이 포함되어 있었다. 두 하원의원은 모두 텍사스 사람들이었다. 새로운 민주당 지도부는 사우스다코타의 톰 대슐 상원의원, 딕 게파트 하원의원, 상원 원내총무인 켄터키의 웬들 포드, 하원 원내총무인 미시간의 데이비드 보니어 하원의원 등이었다.

국회 지도자들과의 만남은 우호적인 분위기에서 이루어졌으며, 공화당의 계약에도 우리가 함께 노력할 수 있는 정책이 몇 가지 있었다. 그러나 우리가 분명하게 차이를 보이는 중요한 문제들에 대해서는 몇 번의 열띤 다툼을 피할 수 없을 것이 분명했다. 우리 팀 모두 행동이나 의사소통 전략에서 집중과 규율을 견지해야 했다. 우리의 관계가 '타협이냐 전투냐'는 어떤 기자의 질문을 받았을 때, 나는 이렇게 대답했다. "그 질문에 대한 나의 대답은 이렇다. 깅리치는 당신의 오른쪽 귀에 속삭이고, 나는 당신의 왼쪽 귀에 속삭일 것이다."

국회의원들이 떠났을 때, 나는 기자실로 들어가 마이크 매커리를 새 대변인으로 임명했다고 발표했다. 그때까지 매커리는 국무부에서 워런 크리스토퍼의 대변인 일을 했다. 그는 대통령 선거 때 밥 케리 상원의원의 대변인으로 나를 상당히 심하게 공격하기도 했다. 그러나 나는 그 일에 괘념치 않았다. 예비선거 기간에는 나를 공격해야 할 입장이었으니 그렇게 한 것이고, 국무부에 가서는 우리 외교정책을 설명하고 방어하는 일을 잘해냈기 때문이다.

우리 팀에는 새로운 피가 좀더 수혈되었다. 어스킨 보울스는 중소기업 청에 있다가 백악관 비서실 차장으로 자리를 옮겼다. 필 레이더와 자리를 맞바꾼 셈이었다. 새로운 국회와 백악관의 관계의 특징은 신중한 타협과 게 릴라 전쟁의 배합이라고 요약할 수 있었는데, 보울스는 그런 상황에 특히 잘 어울리는 인물이었다. 그는 재능 있는 사업가이자 세계 일급의 협상 추진자로서, 언제 버티고 언제 수그릴지 아는 사람이었다. 그는 파네타를 잘 보좌할 것 같았고, 역시 비서실 차장으로 강한 추진력을 갖춘 해럴드 이케 스를 보완하는 역할을 맡아줄 수 있을 것 같았다.

다른 달과 마찬가지로 1월에도 좋은 소식과 나쁜 소식이 한꺼번에 잔뜩 밀려왔다. 새로운 일자리가 560만 개 만들어지면서 실업률이 5.4퍼센트로 내려갔다. 케네스 스타는 믿을 수 없게도 빈스 포스터의 죽음을 재조사하겠 다고 말함으로써 자신의 '독립성'을 과시했다. 두 테러리스트의 폭탄으로 이스라엘 사람 19명이 사망하여 이츠하크 라빈의 평화 노력에 대한 지지가 약화되고 그의 정부도 흔들리게 되었다. 그리고 나는 새로운 국회의 첫 번 째 법안에 서명했다. 이것은 나도 강력하게 지지하는 것으로, 미국의 의원 들에게 그들이 다른 고용주들에게 부과하는 의무사항들을 모두 지키도록 요구하는 내용이었다.

1월 24일, 나는 40년 만에 공화당이 지배하게 된 국회에서 연두교서를 발표했다. 미묘한 순간이었다. 약해 보이지 않으면서도 타협의 자세를 보여 야 했으며, 적대적으로 보이지 않으면서도 강해 보여야 했다. 나는 국회에 '당파성, 편협성, 자만심'을 버릴 것을 요구하고, 가난한 사람들을 벌하는 것이 아니라 그들에게 생활 능력을 주기 위해 협력하여 복지제도를 개혁하 자고 제안하는 것으로 말문을 열었다. 이어 나는 미국의 생활보호대상자의 잠재력을 보여주는 가장 좋은 예라고 할 수 있는 린 울시를 소개했다. 그녀는 생활보호대상자에서 출발하여 캘리포니아에서 하원의원까지 된 사람이었다.

이어 나는 여러 분야에서 공화당에 문제를 제기했다. 당신들이 균형예산 수정조항을 통과시킬 생각이라면, 어떻게 예산의 균형을 잡자는 것인지, 사회보장을 축소하자는 것인지 아닌지 이야기해야 한다. 당신들은 아메리코를 폐지하겠다고 위협했지만, 그것은 폐지하지 말기를 바란다. 만일 당신들이 범죄방지 법안을 강화하겠다면 나는 당신들과 협력하겠지만, 이미 효과가 입증된 예방 프로그램들, 경찰 병력 10만 명 증원 계획, 공격용 무기규제 법안 등을 철회하는 데는 반대하겠다. 나는 합법적인 총기 소유를 침해하는 일은 절대 하지 않겠다. "경찰관과 아이들이 공격용 무기로 인해 목숨을 잃는 일을 막기 위해 노력하다가 많은 사람들이 국회에서 의석을 잃었다. 나는 그렇게 해서 얻은 성과를 포기할 생각이 없다."

나는 공화당을 향해 손을 내미는 말로 연설을 마무리했다. 중산층 감세를 추진하겠지만 이 문제를 놓고 공화당과 충분히 협력하겠으며, 의료제도 개혁 문제에서 '우리가 씹을 수도 없을 만큼 무리하게 많이 입에 넣었다는 것'은 인정했지만, 나와 함께 단계적으로 일을 해나가자고 요청했다. 우선 직업을 바꾸거나 가족이 아플 때 건강보험을 잃는 일은 없도록 하자고 제안했다. 그리고 마지막으로 외교 의제들에 대한 초당적 지지를 당부했다.

연두교서는 대통령이 매년 미국 국민에게 여과 없이 한 시간 동안 이야기할 수 있는 기회다. 그뿐만 아니라 미국 정치의 가장 중요한 의식 가운데 하나이기도 하다. 환호, 특히 기립박수 때문에 대통령의 연설이 몇 번이나 중단되었느냐, 민주당 의원이나 공화당 의원이 무엇 때문에 박수를 쳤으며 그들이 무엇에 합의했느냐, 중요한 상하원 의원들의 반응은 어떠했느냐, 영부인석 주위에는 누가 앉았느냐 등이 모두 언론의 관심의 대상이 되며, 미국 국민도 텔레비전을 통해 그것을 확인한다. 나는 이해 연두교서를 위해 50분 분량의 연설을 준비했다. 박수 시간을 10분 정도 고려한 것이다. 그러나 이 연설에는 여러 타협적 측면과 더불어 흥미 있는 대결적 요소도 약간 섞어놓았기 때문에 박수가 90번 이상 터져, 연설은 81분이나 걸렸다.

연두교서를 발표할 무렵, 나의 첫 번째 임기 최대의 위기 상황이 2주째 진행되는 중이었다. 1월 10일 저녁, 밥 루빈은 백악관에서 재무장관 취임식을 치른 뒤, 래리 서머스와 함께 백악관에 남아 나의 보좌관 몇 명과 멕시코 재정 위기에 대해 이야기했다. 페소화 가치가 급전직하로 떨어지면서, 멕시코는 돈을 꾸거나 기존의 빚을 갚을 능력을 상실했다. 멕시코는 상황이 악화되자 돈을 모으기 위해 테소보노라고 부르는 단기채무증서를 발행했는데, 이 채무는 달러로 상환해야 했다. 페소화 가치가 계속 하락하면서, 이 단기부채를 달러로 상환하기 위해서는 더욱더 많은 페소화가 필요했다. 당시 멕시코에는 외환이 60억 달러밖에 없었지만, 1995년에만 300억 달러를 갚아야 했다. 그것도 첫 석 달에만 100억 달러를 갚아야 했다.

만일 멕시코가 채무 상환의무를 게을리하게 되면, 밥 루빈의 표현대로 경제적 '노심 용융 현상(냉각장치의 고장으로 원자로 내부온도가 이상 상승하여 우라늄이나 노爐의 바닥이 녹는 현상—옮긴이주)'이 가속화되어, 대량 실업과 물가 폭등이 일어나고, 가파르고 장기적인 불황이 찾아올 가능성이 높았다. 국제 금융 기관, 다른 나라 정부, 개인 투자자들이 멕시코에 투자하는 모험을 하지 않으려고 할 것이기 때문이다.

루빈과 서머스는 멕시코의 경제 붕괴가 미국에 심각한 영향을 줄 수 있다고 설명했다. 첫째로, 멕시코는 미국의 세 번째로 큰 교역 상대였다. 멕시코가 미국 제품을 사지 못하면, 미국의 기업과 노동자들도 피해를 볼 수 있었다. 둘째로, 멕시코의 경제 혼란으로 인해 불법 이민이 30퍼센트 증가할 수 있었다. 매년 50만 명이 더 들어온다는 뜻이었다. 셋째로, 멕시코가 궁핍해지면 불법 마약 카르텔들이 기승을 부리게 될 터였다. 이미 이런 카르텔들은 국경 너머 미국으로 대량의 마약을 보내고 있었다. 넷째로, 멕시코의 채무 불이행은 남아메리카의 나머지 지역, 중부유럽, 러시아, 남아프리카 등 근대화와 번영을 향해 나아가고 있는 나라들의 시장에 대한 투자자들의 신뢰까지 흔들어, 다른 나라에도 피해를 줄 수 있었다. 이렇게 되면 미국 수출품의 40퍼센트 정도가 개발도상국들로 가고 있는 상황에서, 미국 경제 역시 큰 피해를 볼 수 있었다.

루빈과 서머스는 멕시코가 기한 내에 채무를 상환하여 채권자와 투자자의 신용을 유지할 수 있도록 국회에 250억 달러의 대출 승인을 요청하자고 제안했다. 그 대가로 멕시코로부터 이런 사태의 재발을 방지하기 위해 재정 개혁을 하고 재정 상황에 대하여 그때그때 정확하게 보고하겠다는 약속을 받아내자는 것이었다. 그러면서도 그들은 이런 제안에 위험이 따른다고 경고했다. 미국의 지원에도 불구하고 멕시코가 무너지면, 우리가 빌려준 돈을 다 잃을 수도 있다는 것이었다. 이 정책이 성공한다 해도, 경제학자들이 '도덕적 위험'이라고 부르는 문제가 생길 수 있었다. 멕시코가 붕괴 위기에 직면한 것은 정부 정책의 결함과 허약한 제도 때문만이 아니라, 투자자들이 신중하지 못하게 멕시코에 계속 투자했기 때문이기도 하다. 그런 상황에서 멕시코가 미국에서 빌린 돈으로 지혜롭지 못한 결정을 내린 투자자들의 돈을 갚아준다면, 앞으로도 그 투자자들은 그런 결정에 위험이 따르지 않는다고 생각할 수 있다는 이야기였다.

루빈과 서머스가 제시한 제안의 위험성은 멕시코의 채무 불이행이 미국 경제에 미치는 영향을 미국인들 대부분이 이해하지 못한다는 사실 때문에 더욱 증폭되고 있었다. 민주당 국회의원들 대부분은 이런 사태가 북미자유무역협정이 애초부터 잘못된 것임을 보여주는 결과라고 생각할 터였다. 새로 선출된 공화당 의원들, 특히 하원의원들은 국제적인 사태에 대한 깅리치 하원의장의 관심과 열의를 배우려 하지 않았다. 그들 가운데는 아예 여권조차 없는 사람들이 많았다. 그들은 멕시코로부터 들어오는 이민을 제한하려 했지, 그곳으로 수십억 달러를 보내려 하지는 않았다.

나는 그들의 설명을 들은 뒤 두어 가지 질문을 한 다음, 멕시코에 대출을 해줄 수밖에 없다고 말했다. 나는 이 결정이 명쾌하다고 생각했으나, 보좌관들 일부는 반대했다. 중간선거의 참패 뒤에 나의 정치적 회복을 촉진하길 원했던 사람들은 내가 미쳤다고 생각했다. 아칸소 사람들 말로 하자면, '있어야 할 벽돌 세 개가 빠진 사람'이라고 생각한 것이다. 조지 스테파노풀로스는 재무부의 250억 달러 차관 이야기를 듣자, 루빈과 서머스가 2,500만 달러를 잘못 말한 것이라고 생각했다. 그는 내가 총으로 내 발을 쏘는 것이라고 생각했다. 파네타는 차관에 찬성했지만, 만일 멕시코가 그 돈을 갚지 못하면 내가 그 대가로 1996년 선거를 내놓아야 할 것이라고 경고했다.

위험은 상당히 컸다. 그러나 나는 멕시코의 새 대통령 에르네스토 세디요를 신뢰했다. 그는 예일 대학에서 박사학위를 받은 경제학자로, 그의 당 대통령 후보 루이스 콜로시오가 암살당하자 대신 나서서 대통령이 된 인물이었다. 멕시코를 되살릴 사람은 세디요밖에 없었다.

게다가 미국은 멕시코가 무너지는 꼴을 팔짱 끼고 구경만 할 수는 없었다. 그렇게 되면 단지 경제적인 문제만 떠안는 것이 아니라, 남미 전역에 우리가 이기적이고 근시안적이라는 좋지 않은 인상을 줄 수 있었다. 남미는 오래전부터 미국이 오만하고 그들의 이해관계나 문제에 무심하다고 불평하고 있었다. 반대로 미국이 진정한 우호 관계를 맺으려 했던 시도들(프랭클린 루스벨트의 '좋은 이웃 정책', 존 F. 케네디의 '진보를 위한 동맹', 지미 카터의 파나마 운하 반환)은 보람 있는 결실을 맺었다. 그러나 냉전 시기에 민주적으로 선출된 정부의 전복을 지지하고, 독재자들을 후원하고, 인권 침해를 묵인했을 때, 미국은 그들로부터 받아 마땅한 반응을 얻었다.

나는 국회 지도자들을 백악관으로 불러 상황을 설명하고 지원을 요청했다. 밥 돌, 뉴트 깅리치를 포함한 모두가 지지를 약속했다. 깅리치는 멕시코 문제를 '21세기 최초의 위기'라고 적절하게 묘사했다. 루빈과 서머스가 의사당을 돌자, 메릴랜드의 폴 사바니스 상원의원, 크리스 도드 상원의원, 유타의 공화당 상원의원 밥 베닛 등이 지지를 하고 나섰다. 베닛 상원의원은 매우 지적인 구식 보수주의자로, 미국이 이 문제에 태만했을 경우의 결과를 즉시 파악하고 위기 내내 우리를 지지해주었다. 멕시코에 큰 이해관계를 갖고 있는 매사추세츠의 빌 웰드 주지사, 멕시코 경제가 무너질 경우 캘리포니아와 더불어 가장 강한 타격을 입게 되는 텍사스의 조지 W. 부시 등 몇몇 주지사들도 지지를 보냈다.

이 주장이 가진 설득력과 앨런 그린스펀의 지지에도 불구하고, 1월 말이 되자 국회통과가 쉽지 않다는 것이 분명해졌다. 북미자유무역협정에 반대했던 민주당 의원들은 이 원조안이 지나치다고 생각했으며, 공화당의 초선 의원들은 공개적으로 지도부에 반기를 들었다.

1월 말에 루빈과 서머스는 독자적인 행동 방안을 고려하기 시작했다. 외환안정기금에서 멕시코에 돈을 제공하겠다는 것이었다. 이 기금은 1934년 금본위제에서 벗어날 때 조성되어 환율 변동을 최소화하기 위해 이용하던 것이었다. 이 기금은 350억 달러 정도 규모로, 대통령의 승인을 받아 재무장관이 사용할 수 있었다. 1월 28일, 멕시코 재무장관이 루빈에게 전화를 하여, 다음 주에 10억 달러어치의 테소보노가 돌아오기 때문에 채무불이행이 임박했다고 말했다.

사태는 1월 30일 월요일 밤에 절정에 이르렀다. 멕시코의 외환 보유고는 20억 달러로 떨어졌으며, 페소화 가치는 하루 동안에 10퍼센트가 더 떨어졌다. 그날 저녁 루빈과 서머스는 백악관으로 와서, 국가안보회의에서 그 문제를 다루고 있던 리언 파네타와 샌디 버거를 만났다. 루빈이 무뚝뚝하게 내뱉었다. "멕시코의 목숨은 48시간 정도 남았습니다." 깅리치는 전화를 하여 원조를 통과시킨다 해도 2주 안에는 불가능하다고 이야기했다. 돌도 이미 같은 이야기를 했다. 톰 대슐과 딕 게파트는 통과를 위해 노력했지만 반대가 너무 강했다.

나는 기금 모금 모임에 참석한 후 오후 11시쯤 백악관으로 돌아와, 파네타의 사무실에 들렀다가 그 음울한 소식을 들었다. 루빈과 서머스는 멕시코의 채무불이행의 결과를 다시 간단히 설명한 뒤, 차관 보증으로 250억 달러가 아니라 200억 달러만 있으면 된다고 말했다. 국제통화기금 총재인 미셸 캉드쉬가 원조금으로 거의 180억 달러를 모았고, 미국이 행동에 나서면 그것을 제공할 생각이었기 때문이다. 여기에 다른 나라와 세계은행이 보유하고 있는 더 작은 규모의 돈들을 합치면, 총 원조금은 400억 달러에 약간 못미치는 액수가 된다는 이야기였다.

그들은 그 방식으로 가는 데 찬성했지만, 샌디 버거와 밥 루빈은 다시 위험을 지적했다. 새로 발표된 「로스앤젤레스 타임즈」의 여론조사에 따르면, 미국인들은 멕시코 원조를 79 대 18로 반대했다. 내가 말했다. "지금으로부터 1년 뒤, 불법 이민자가 100만 명 더 늘어나고, 멕시코에서 들어온 마약이 넘쳐나고, 리오그란데 강 양쪽의 많은 사람들이 실업자가 되면, 사람들은 나한테 물을 거요. '왜 그때 아무런 조치도 취하지 않았소?' 그럼 내가 무슨 말을 하겠소? 여론조사를 해보니 미국인 80퍼센트가 반대를 했다고 말할까? 이건 우리가 해야만 할 일이오." 회의는 10분 정도 걸렸다.

다음 날 1월 31일에, 우리는 외환안정기금에 있는 돈으로 멕시코를 원조하겠다고 발표했다. 차관 약정서는 2주 뒤 재무부 건물에서 조인되었다. 국회는 으르렁거렸고, G-7 동맹국들은 투덜거렸다. 그들은 국제통화기금 총재가 자신들의 사전 승인 없이 멕시코에, 그리고 미국에 180억 달러 지원을 약속한 것에 화를 냈다. 첫 돈은 3월에 풀렸다. 그 뒤로 멕시코 형편이 몇 달 동안 별로 나아지지 않았음에도 우리는 정기적으로 돈을 지급했다. 결국 그해 말이 되자 투자자들은 다시 멕시코 시장에 들어갔으며, 외환보유고가 올라가기 시작했다. 에르네스토 세디요는 자신이 약속했던 개혁을 제도화했다.

처음에는 힘들었지만, 이 원조는 결국 효과를 보았다. 1982년에 멕시코 경제가 무너지고 나서 성장이 회복되는 데는 거의 10년이 걸렸다. 그러나 이번에는 1년의 혹독한 불황 뒤에 멕시코 경제가 다시 성장하기 시작했다. 1982년에는 멕시코가 다시 자본 시장에 들어가기까지 7년이 걸렸지만, 1995년에는 불과 7개월밖에 안 걸렸다. 1997년 1월, 멕시코는 예정보다 3년이나 앞당겨, 차관에 이자까지 다 상환했다. 멕시코는 우리가 줄 수 있었던 200억 달러 가운데 105억 달러를 빌렸으며, 이자로만 14억 달러를 지불했다. 그 돈을 다른 외환안정기금처럼 미국 재무부 채권에 투자했을 경우보다 거의 6억 달러를 더 번 셈이었다. 그 차관은 훌륭한 정책이었을 뿐 아니라, 훌륭한 투자이기도 했던 것이다.

「뉴욕 타임즈」의 칼럼니스트 톰 프리드먼은 멕시코 대출 보증을 "클린턴 대통령 재임 기간에 이루어진 가장 인기 없고, 가장 이해받지 못했던, 그러나 가장 중요한 외교정책 결정"이라고 말했다. 그의 말이 옳을지도 모른다. 국민의 반대로 치자면, 러시아 원조안에도 국민의 75퍼센트가 반대를 했다. 아이티에서 아리스티드를 복권시킨다는 결정도 인기가 없었다. 이후에 보스니아와 코소보에 대한 나의 조치도 처음에는 국민의 저항에 부딪혔다. 대통령은 여론조사를 통해 미국인들이 무슨 생각을 하는지, 특정한 시점에서 무엇이 가장 설득력 있는 주장인지 알 수 있다. 그러나 여론조사가 도로 먼 곳까지 내다보고 모퉁이까지 살펴야 하는 결정을 좌우할 수는 없었다. 국민은 장기적으로 나라에 옳은 일을 하라고 대통령을 고용한 것이다. 멕시코를 돕는 것은 미국에 옳은 일이었다. 그것이 유일하게 분별력 있는 경제적 경로였으며, 우리는 그 길을 따름으로써 미국이 좋은 이웃임을 다시 한 번 입증했다.

2월 9일, 헬무트 콜이 나를 찾아왔다. 콜은 막 재선에 성공했다. 그는 나도 성공할 것이라고 자신 있게 말했다. 콜은 우리가 격동의 시대에 살고 있지만, 내가 결국 이 시대를 훌륭하게 헤치고 나갈 것이라고 말했다. 회담이 끝난 뒤 기자회견에서 콜은 전날 밤 자정 직후 89세의 나이로 세상을 떠난 풀브라이트 상원의원을 추모하며 감동적인 이야기를 했다. 콜은 자신이 '풀브라이트 장학금을 받는 것을 가장 원하던' 세대에 속하는 사람이었으며, 전 세계에서 풀브라이트의 이름은 '개방성, 우애, 함께 노력하는 사람들'을 상징한다고 말했다. 풀브라이트가 세상을 떴을 때 그의 이름을 딴 장학금의 수혜자는 미국인이 9만 명을 넘었고, 외국 학생이 12만 명을 넘었다.

나는 풀브라이트 상원의원이 세상을 뜨기 얼마 전 집으로 그를 찾아간 적이 있다. 그는 뇌졸중 때문에 말이 약간 어색했다. 그러나 그의 눈은 빛났으며, 정신에는 아무런 문제가 없었다. 우리는 마지막으로 즐거운 시간을 보냈다. 풀브라이트는 내가 추모 예배에서 말했듯이 '늘 교사이면서 동시에 늘 학생이었던 사람'으로 미국 역사에서 큰 자리를 차지할 것이다.

2월 13일, 로러 타이슨과 경제자문회의의 다른 구성원인 조셉 스티글리츠, 마틴 베일리가 나에게 「대통령 경제보고서」 최신판을 한 부 주었다. 이 책자는 1993년 이래 우리의 발전을 요약했을 뿐 아니라, 소득 정체와 불평등이라는 문제가 계속되고 있다는 사실도 보여주었다. 나는 이 기회를 이용해 중산층 권리장전과 2년간 최저임금을 시급 4달러 25센트에서 5달러 15 센트로 90퍼센트 인상하는 계획을 밀어붙이기로 했다. 이렇게 인상을 하면 1,000만 명의 노동자들이 혜택을 보게 되며, 1년 소득으로는 1,800달러가 늘어나게 될 터였다. 사실 이 인상액 가운데 반은 인플레이션 이전 시기, 즉 마지막으로 최저임금이 인상되었던 1991년의 수준으로 돌아가는 데 필요한 액수였다.

최저임금 인상은 대부분의 민주당원이 옹호하는 대의였지만, 공화당원 들은 대부분 반대했다. 사업비용이 늘어나 일자리가 줄어든다는 이유였다. 그러나 그들의 입장을 뒷받침하는 증거는 찾아보기 힘들었다. 실제로 젊은 노동경제학자 몇 명이 그 즈음 연구한 결과를 보면, 최저임금의 적당한 인상은 고용을 줄이는 것이 아니라 오히려 어느 정도 늘릴 수도 있었다. 나는 그 무렵 버지니아 남서부의 한 공장에서 일하는 최저임금 노동자가 텔레비전 인터뷰를 한 것을 보았다. 그 여자 노동자는 최저임금이 인상되면 고용주가 노동자들을 감원하고 기계를 더 도입할 것이라는 소문에 대해 묻자, 웃음을 지으며 기자에게 말했다. "그래도 그쪽에 운을 한번 걸어보겠어요."

2월 넷째 주에 힐러리와 나는 이틀 동안 캐나다를 국빈 방문했다. 우리는 미국 대사관저에 묵으며 짐과 재닛 블랜처드 대사 부부와 함께 지냈다. 블랜처드와 나는 1980년대에 그가 미시간 주지사를 할 때 친구가 된 사이였다. 캐나다는 미국의 가장 큰 교역 상대이자 가장 가까운 동맹자였다. 우리의 국경은 방어 병력이 없는 국경으로는 세계에서 가장 길었다. 캐나다와 미국은 1995년에 아이티, 멕시코 원조, 나토, 북미자유무역협정, 미주정상회의, 아시아태평양경제협력체 등의 일을 놓고 협력을 해왔다. 가끔 밀이나 목재 교역 문제, 연어 포획권 문제로 다투기도 했지만, 우리의 우호 관계는 넓고 깊었다.

우리는 장과 알린 크레티앵 총리 부부와 많은 시간을 보냈다. 크레티앵은 세계 지도자들 가운데서도 나와 특별히 가까운 친구이자, 강력한 동맹자이자, 속을 털어놓는 조언자이자, 자주 어울리는 골프 파트너가 된다.

나는 캐나다 국회에서도 연설을 하여, 우리가 경제와 안보에서 동반관계를 유지해온 것, 그리고 캐나다 사람들이 미국 문화에 풍부하게 기여한 것에 감사했다. 그리고 그런 인물들의 예로 내가 가장 좋아하는 재즈 피아니스트 오스카 피터슨, '첼시 모닝'을 쓴 가수 조니 미첼, 위대한 사진작가 유수프 카르시를 들었다. 카르시는 으르렁거리는 표정의 처칠 사진으로 유명해졌는데, 그것은 그가 처칠이 늘 가지고 다니는 시가를 잡아챈 뒤에 나온 표정이었다. 그는 힐러리와 내 사진도 찍어주었는데, 우리는 그래도 처칠보다는 부드럽게 나왔다.

3월은 적어도 나에게는 출발이 순조로웠다. 상원이 딱 한 표 차이로 3분의 2를 얻지 못해 균형예산 수정조항을 통과시키는 데 실패했기 때문이다. 이 수정조항은 인기가 있었지만, 거의 모든 경제학자들이 불황이나 국가 긴급사태 같은 타당한 조건에서 정부가 적자운영을 할 수 있는 재량을 제한하기 때문에 좋지 않은 발상이라고 생각했다. 1981년 이전에 미국은 적자 문제가 심각하지 않았다. 통화침투설 경제학이 지배한 12년 동안 국채가 네 배로 불어난 뒤에야 정치가들은 헌법 수정조항의 강제가 있어야만 책임 있는 경제적 결정을 내릴 수 있다고 주장하기 시작했다.

논쟁이 진행되는 동안 나는 새로 다수를 차지하여 수정조항을 밀어붙이고 있는 공화당에 정확히 어떤 방법으로 예산 균형을 이루려 하느냐고 물었다. 나는 임기가 시작되고 나서 한 달도 되기 전에 예산안을 만들었다. 그러나 공화당은 국회를 장악한 지 거의 두 달이 되어가는데도 여전히 예산안을 내놓지 못했다. 그들은 선거운동에서 내세웠던 공약들을 구체적인 제안으로 바꾸는 데 어려움을 겪고 있었던 것이다.

곧 공화당은 예산 폐기라고 불리는 삭감안을 제시함으로써 그들이 내놓을 예산안의 맛을 보여주었다. 그들이 선택한 삭감은 그들의 '계약'에 대한 민주당의 비판이 정곡을 찔렀음을 보여주었다. 공화당의 예산 폐기는 우선 아메리코의 직책 1만 5,000개, 젊은이들에게 주는 여름 일자리 120만 개, 교육 예산 17억 달러를 없애자는 것이었다. 또 교육 예산 삭감으로 인해 젊은 사람들의 마약 사용이 점점 늘어나는 때였음에도 마약 예방 기금도 거의 반이나 잘려나갈 판이었다. 최악의 문제는 학교 급식 프로그램과 윅WIC 프로그램, 즉 여성, 유아, 5세 이하 아동을 위한 영양 프로그램도 삭감하려 한다는 것으로, 이 두 가지 프로그램은 그때까지 공화당과 민주당 양쪽으로부터 확실한 지지를 받던 것이다. 백악관과 민주당은 공화당의 삭감안에 반대하여 열심히 싸웠다.

교육부를 없애자는 공화당의 제안 역시 강한 저항에 부딪혔다. 교육부는 학교 급식 프로그램과 마찬가지로 늘 양당의 확실한 지지를 받아온 것이었다. 돌 상원의원이 교육부가 이익보다는 해를 주었다고 말했을 때, 나는 교육부가 생겼을 때부터 거의 언제나 공화당 쪽에서 장관을 맡아왔으므로 그의 말이 맞을지도 모른다고 농담을 했다. 그러나 우리의 교육부 장관 딕 라일리는 해보다는 이익을 많이 준 사람이었다.

나는 공화당의 제안에 저항하면서, 국회의 승인을 요구하지 않아도 되는 방식으로 우리의 의제를 추진하였으며, 동시에 내가 지난 선거에서 나온 국민의 이야기를 귀담아들었다는 사실을 보여주었다. 3월 중순 나는 앨 고어의 정부혁신 프로젝트에서 개발한 규제 개혁안을 발표했다. 이 개혁안은 세세한 규제를 강제하는 것보다는 사적 부문에 시장 인센티브를 제공하는 방식으로 환경보호 노력을 강화하는 것을 목표로 했다. 또한 서류작업을 25퍼센트 줄이면 1년에 2,000만 노동 시간이 절약되었다.

정부혁신 사업은 효과를 발휘하고 있었다. 우리는 이미 연방 직원을 10만 명 이상 줄였고 연방의 인사 편람을 1만 페이지 없앴다. 처음으로 방송 주파수역을 여러 개로 쪼개 경매에 부칠 계획이었는데, 이것을 통해 거의 80억 달러의 수입을 올리게 될 것 같았다. 결국 우리는 공익에 피해를 주지 않고 1만 6,000페이지에 달하는 연방 규제를 없애게 된다. 정부 혁신은 간단한 지침에 따라 이루어지고 있었다. '관료제가 아니라 국민을 보호하라. 규칙이 아니라 결과를 장려하라. 말이 아니라 행동을 하라.' 앨 고어가 정부 혁신 사업에서 큰 성공을 거두게 되자 정적들은 혼란에 빠졌고, 우리의 동맹자들은 환희에 젖었다. 그러나 국민 대다수는 이 업적을 잘 알지 못했다. 큰 화제가 되지도 않고, 논란을 일으키지도 않았기 때문이다.

대통령으로서 세 번째 맞이한 성 패트릭 축일은 이제 단순한 기념일이 아니라 미국이 북아일랜드 평화과정을 촉진할 수 있는 기회가 되었다. 이 해에 나는 전임자의 평화 정책을 이어가는 아일랜드의 새로운 총리 존 버튼에게 '세드 밀 파일트(10만 번의 환영)'라는 전통적인 아일랜드식 인사를 했다. 정오에는 뉴트 깅리치가 처음으로 의사당에서 성 패트릭 축일 하원의장 오찬을 주최했는데, 깅리치는 이 자리에서 게리 애덤스를 처음 만났다. 신페인당이 영국 정부와 아일랜드공화국군의 무력사용 중지 문제를 논의하겠다고 합의한 뒤 나는 애덤스에게 두 번째로 비자를 내주었으며, 애덤스를 그날 밤 백악관에서 열린 성 패트릭 축일 리셉션에 초대했다. 물론 존 흄과 북아일랜드의 다른 주요한 정당 대표들(통일당과 공화당)도 초대했다. 애덤스가 오찬 자리에 나타나자 존 흄은 나에게 악수를 하라고 권했고, 나는 그렇게 했다. 그날 밤 백악관 연회에 모인 사람들은 뛰어난 아일랜드 테너 프랭크 패터슨의 노래를 들었다. 애덤스는 기분이 아주 좋았던지, 흄과 함께 듀엣곡을 부르기도 했다.

지금은 이런 일이 대단치 않게 보이겠지만, 당시만 해도 이것은 미국 정책의 엄청난 변화를 의미했다. 영국 정부와 미국 국무부 내의 많은 사람들이 여전히 이런 변화에 반대하고 있었다. 이제 나는 평화적 변화의 옹호자인 존 흄만이 아니라, 영국인들이 여전히 테러리스트라고 생각하는 게리 애덤스와도 사귀게 되었다. 겉모습만 보아도 애덤스와 흄은 대조를 이루었다. 흄은 부드럽고, 약간 헝클어진 모습에 교수 같은 느낌을 주는 반면, 애덤스는 턱수염을 길렀고, 키도 더 컸고, 나이도 더 젊었고, 몸도 더 늘씬했다. 또 오랜 세월 위험 속에서 살아서 그런지 단단해 보였다. 그러나 애덤스와 흄은 중요한 자질 몇 가지를 공유하고 있었다. 그들의 안경 너머 눈에서는 지성과 신념이 드러났고, 여러 번 좌절하면서도 결코 포기한 적이 없는 희망에서 빚어진, 아일랜드인 특유의 슬픔과 유머가 교차하고 있었다. 그들은 모든 난관을 극복하고 그들의 민족을 과거의 족쇄에서 해방시키기 위해 노력하고 있었다. 오래지 않아 가장 큰 통일당을 이끌고 있던 데이비드 트림블도 성 패트릭 축일에 백악관에서 그들과 자리를 함께 하며 평화를 위해 노력하게 된다.

3월 25일, 힐러리는 처음으로 나 없이 혼자서 장기간의 해외 출장에 나섰다. 힐러리는 12일간 파키스탄, 인도, 네팔, 방글라데시, 스리랑카를 방문할 예정이었다. 첼시도 함께 갔다. 이것은 미국에 중요한 일이기도 했지만, 두 사람에게는 개인적으로 큰 모험이기도 했다. 힐러리와 첼시가 멀리 가 있는 동안 나는 가까운 아이티로 출장을 갔다. 그곳에서 미군을 방문하고 아리스티드 대통령을 만난 뒤, 아이티 사람들에게 평화롭고 민주적인 미래를 위해 노력하고 다국적군에서 유엔으로 권한을 이양하는 데 협조하라고 권고했다. 그때까지 6개월 동안 30개 국가의 병력으로 이루어진 다국적군은 미국의 지도 하에 거리에서 3만 점 이상의 무기와 폭탄을 제거하고 상설 경찰 병력을 훈련하는 일을 함께 했다. 다국적군은 아이티에서 억압적인 폭력을 끝내고 이 지역의 민주주의를 지켰다. 아이티 사람들은 이제 고향에서 나오는 것이 아니라 고향으로 돌아가고 있었다. 이제 6,000명 이상의 병력, 900명의 경찰관, 수십 명의 경제·정치·법률 고문들로 이루어진 유엔 파견단이 권한을 위임받아 새로운 대통령의 선출과 취임 때까지 11개월 동안 활동할 예정이었다. 미국도 한몫을 하겠지만, 미국 외에 32개국이 적극적으로 참여하기 때문에 병력이나 비용 부담은 줄어들 터였다.

2004년 새로운 폭력과 갈등의 와중에 아리스티드 대통령이 사임하고 망명한 뒤, 나는 미군 사령관 휴 셸턴이 했던 말을 다시 생각했다. "아이티 사람들은 훌륭하며, 기회를 얻을 자격이 있다." 아리스티드는 물론 잘못을 했고, 그의 가장 큰 적은 자기 자신인 경우가 많았다. 그러나 사실 반대 세력도 그에게 지나치게 비협조적이었다. 그리고 1995년에 공화당이 국회를 장악한 뒤 아이티에 대한 경제 원조를 꺼렸는데, 경제 원조만 이루어졌어도 상황이 달라졌을지 모른다.

아이티는 미국의 더 큰 지원 없이는 안정된 민주주의로 발전해나가지 못할 것이다. 그럼에도 미국의 개입으로 아이티의 많은 사람들이 목숨을 구했고, 투표로 선택한 민주주의를 처음 맛보았다. 만일 아리스티드의 심각한 문제 때문에 계속 세드라스가 살인적인 통치를 했다면, 아이티 사람들은 더 심한 꼴을 당했을 것이다. 나는 미국이 아이티에 기회를 준 것을 지금도 기쁘게 생각한다.

아이티 개입은 또 세계의 분쟁지역에 여러 나라가 함께 대응하는 것이 현명하다는 것을 보여주는 강력한 증거였다. 여러 나라들이 이런 식으로 함께, 또 유엔을 통하여 일하게 되면 그런 작업에 필요한 책임과 비용을 분담할 수 있고, 미국에 대한 반감을 줄일 수 있으며, 귀중한 협력의 관행을 쌓아나갈 수 있는 것이다. 점점 서로 의존하게 되는 세계에서, 우리는 가능할 때마다 이런 식으로 일을 해야 한다.

43

4월의 첫 2주 반은 세계 지도자들을 만나며 보냈다. 존 메이저 총리와 호스니 무바라크 대통령이 찾아왔고, 파키스탄의 베나지르 부토 총리와 터키의 탄수 실레르 총리 등 이슬람 국가의 지적이고 아주 현대적인 여성 지도자들도 찾아왔다.

뉴트 깅리치는 하원의장으로서 보낸 첫 100일에 대한 연설을 했다. 그가 말하는 이야기를 듣고 있자니, 공화당이 하룻밤 사이 미국에 혁명적 변화를 일으켜 미국의 정부 형태를 내각책임제로 바꾸어버렸으며, 그가 총리로서 국내 정책의 흐름을 잡아나갔고, 나는 대통령으로서 외교만 다룬 것처럼 느껴졌다.

공화당은 그들이 국회를 통제한다는 새로운 상황과 그들이 커다란 변화를 일으키고 있다는 주장에 힘입어 일시적으로 뉴스를 장악하고 있었다. 사실 그들은 그들이 내세운 계약 가운데 상대적으로 덜 중요한 세 가지(나도 모두 지지하는 것이었다)만 실행에 옮겼기 때문에, 그들에게는 여전히 어려운 결정들이 남아 있었다.

나는 '미국신문편집자협회' 연설에서 공화당이 내세운 계약 가운데 내가 동의하는 부분을 이야기했고, 그 부분에 대해서는 타협을 하겠다고 말했다. 또 내가 반대할, 따라서 거부권을 행사할 부분에 대해서도 말했다. 돌 상원의원이 대통령 출마 발표를 하고 나서 나흘 뒤인 4월 14일, 나는 조용히 재선을 위한 후보 등록을 했다. 4월 18일에는 기자회견을 열고, 국내외의 다양한 주제에 대하여 20가지가 넘는 질문을 받았다. 그러나 다음 날 그 이야기는 모두 잊혀지고, 모든 미국인의 입에 한 마디만 오르내리게 된다. 오클라호마시티.

나는 아침 늦게 오클라호마시티의 알프레드 머라 연방청사 바깥에서 트럭에 실린 폭탄이 터졌다는 것을 알았다. 건물은 박살났고, 사망자수는 확인되지 않았다. 즉시 비상사태를 선포하고, 조사팀을 현장에 보냈다. 복구에 엄청난 노력이 필요하다는 것이 분명해지자, 전국에서 소방수와 다른 일꾼들이 몰려와 생존자를 한 명이라도 더 찾아내려고 잡석더미를 파헤쳤다.

미국인들은 몹시 애통해하면서 이 비극에 시선을 고정하고 있었다. 사망자는 168명이었다. 여기에는 폭탄이 터질 때 건물 안의 탁아소에 있던 어린이 19명도 포함되어 있었다. 사망자 대부분은 머라 빌딩에 사무실을 두고 있는 여러 기관에서 근무하던 연방 직원들이었다. 많은 사람들이 이슬람 과격파의 소행이라고 생각했으나, 나는 범인의 정체에 대해 섣불리 결론을 내리지 말라고 주의를 주었다.

폭탄 테러 직후 오클라호마 법집행관들은 곧 소외감에 사로잡힌 퇴역 군인 티머시 맥베이를 체포했다. 그는 연방정부를 증오하는 인물이었다. 4월 21일까지 맥베이는 연방수사국에 구금되어 심문을 받았다. 그가 4월 19일을 고른 것은 그날이 웨이코에서 연방수사국이 다윗파를 검거하기 위해 공격을 시도한 날이었기 때문이다. 다윗파 공격은 우익 극단주의자들이 보기에는, 자의적이고 부패한 정부 권력이 자행한 극한적 행동이었다. 다윗파들이 미국인들이 오래전부터 가지고 있던 연방정부에 대한 회의적 태도를 부추겨 노골적인 증오의 수준으로 끌어올리면서, 미국에는 반연방정부 편집증이 계속 확산되어왔다. 이런 적의 때문에 연방정부의 정통성을 거부하고 스스로 법이 될 권리가 있다고 주장하는 무장 민병대까지 생겼다.

이런 적대감은 우익 라디오 토크쇼 사회자들에 의해 강화되었다. 그들의 독설은 매일 전파를 타고 퍼져나갔으며, 어떤 웹사이트에서는 정부에 대항하여 일어나라고 권유하고, 폭탄을 만드는 손쉬운 방법을 알려주는 등 실제적인 지원을 해주기도 했다.

나는 오클라호마시티 사건 뒤에 사랑하는 사람을 잃은 유족과 나라 전체를 위로하고 격려하는 동시에, 미국을 테러리즘으로부터 보호하는 노력을 강화하기 위해 힘을 기울였다. 세계무역센터 폭파 사건 후 2년 동안 나는 연방수사국과 중앙정보국의 테러방지 활동을 위한 자원을 늘려왔으며, 두 부서가 좀더 긴밀하게 협력하도록 지시했다. 미국의 법집행 부서들의 노력 덕분에 외국으로 달아났던 테러리스트 몇 명이 미국으로 송환되어 재판에 회부되었다. 또 유엔, 뉴욕시티의 홀랜드 터널과 링컨 터널, 필리핀에서 미국 서해안으로 날아오는 비행기에 대한 테러 공격을 예방할 수 있었다.

오클라호마시티 사건 두 달 전에 나는 국회에 테러방지 법안을 제출했다. 그 내용 가운데 중요한 것은 테러리즘과 싸울 법집행관 1,000명 증원, 연방수사국 산하에 테러 방지 노력을 조율할 테러방지센터 신설, 보통 국내 법집행 문제에는 관여할 수 없도록 되어 있는 군사전문가들이 생화학무기, 핵무기와 관련된 국내 테러 위협이나 테러 사건 수사에는 지원 할 수 있도록 허용하는 것 등이었다.

오클라호마시티 사건 뒤에 나는 국회 지도자들에게 이 법안의 신속한 토의를 요청했으며, 5월 3일에는 법안을 강화하기 위해 수정 제안을 하였다. 그 내용은 법집행부서의 재정기록 추적 권한 강화, 테러 용의자들이 장소를 옮길 경우 법원의 감청 장치 설치 명령을 새로 얻지 않고 바로 전자 감시를 실시할 수 있는 권한 부여, 전현직 연방 직원이나 그 가족에 대한 테러 행위에 사용될 것임을 알면서 총기나 폭약을 제공하는 자에 대한 처벌 강화, 모든 폭발물을 추적할 수 있도록 하기 위한 표지(태건트라고 부른다) 부착 등이었다. 이 가운데 몇 가지 조치는 논란을 불러일으킬 수밖에 없었지만, 내가 5월 4일 한 기자에게 말한 대로, 테러는 "미국의 안보에 중대한 위협"이었다. 내 말이 틀렸다면 오히려 마음이 편할 것이다.

일요일에 힐러리와 나는 오클라호마 주립 박람회장에서 열린 추모예배에 참석하기 위해 오클라호마시티로 갔다. 예배는 프랭크 키팅 주지사의 부인 캐시 키팅이 준비했다. 프랭크 키팅은 30여 년 전 조지타운 대학에 다닐 때 만난 친구였다. 키팅 부부는 심한 정신적 고통에서 빠져나오지 못한 상태였으나, 오클라호마시티 시장 론 노릭과 함께 수색 및 복구 작업을 진행했으며, 이번에는 오클라호마 사람들이 함께 애도할 자리를 마련하기 위해 예배를 열었다. 예배에서 빌리 그레이엄 목사가 "이 도시와 이 나라의 정신은 무너지지 않을 것"이라고 말하자 모두 기립했다. 주지사는 감동적인 연설에서 미국인들이 사랑, 배려, 용기를 잃었다고 생각하는 사람이 있다면 오클라호마에 와보라고 말했다.

나는 국민을 대신하여 오클라호마 사람들에게 말했다. "여러분은 너무 많은 것을 잃었지만, 모든 것을 잃지는 않았습니다. 미국을 잃지 않은 것만은 분명합니다. 내일이든 모레든 그 언제까지든, 우리는 여러분이 필요로 하는 만큼 여러분 곁에 있을 것입니다." 이어 나는 1988년 스코틀랜드 로커비 상공에서 팬암 103기가 테러를 당해 추락하는 바람에 남편을 잃은, 세 자녀의 젊은 어머니가 보낸 편지를 읽어주었다. 그녀는 사랑하는 사람을 잃은 오클라호마 사람들에게 상처를 증오로 바꾸지 말고, 사랑하는 사람들이 '하지 못하고 간 일'을 하여 "그들의 죽음이 헛되지 않게 하라"고 당부했다. 나는 힐러리와 함께 피해자 유족 가운데 몇 사람을 만난 뒤, 그 편지에 쓰인 지혜로운 말을 다시 마음에 새겼다. 오클라호마시티 폭탄 테러로 사망한 비밀검찰부 요원 앨 휘처는 오클라호마에 가기 전에 나를 경호하는 일을 했던 사람이었다. 그의 부인과 세 자녀도 그 자리에 모인 유족들 사이에 있었다.

흔히 '연방 관료'라고 낮추어 불리는 연방 직원들은 고령자와 장애인을 돕고, 농부와 퇴역군인을 지원하고, 법을 집행하는 등의 봉사를 한다는 이유로 살해당했다. 그들은 소중한 가족이었고, 친구였고, 이웃이었고, 사친회 회원이었고, 공동체의 일꾼들이었다. 그러나 어찌 된 일인지 그들을 무자비하게 세금을 빨아먹는 기생충이자 권력 남용자라고 규정하는 사람들이 있었다. 티머시 맥베이와 그의 동조자들의 색안경을 낀 눈에만 그렇게 보인 것이 아니라, 그들이 권력과 이윤을 추구한다고 욕하는 다른 많은 사람들 중에도 그렇게 보는 사람들이 있었다. 나는 다시는 '연방 관료'라는 경솔한 표현을 사용하지 않겠다고 다짐했으며, 이런 광기를 낳은 적대와 독선의 분위기를 바꾸기 위해 최선을 다하겠다고 다짐했다.

오클라호마시티 사태에도 불구하고 화이트워터 세계는 멈추지 않았다. 힐러리와 내가 추모예배에 참석하러 떠나기 전날 케네스 스타와 세 명의 보좌관이 백악관으로 와서 우리를 심문했다. 나는 백악관 법률고문실의 애브 미크바와 제인 셔번, 나의 개인 변호사인 데이비드 켄달, 그의 파트너 니콜 셀리그먼과 함께 트리티룸에서 심문을 받았다. 심문은 무사히 끝났다. 심문이 끝나고 나서 나는 제인 셔번에게 부탁하여, 스타와 그의 부하들을 링컨 침실로 안내하게 했다. 그 방에는 메리 토드 링컨이 백악관에 가지고 온 가구와 링컨이 참전용사의 원조 기금 마련을 위해 경매에 내놓으려고 연설 뒤에 직접 다시 쓴 게티스버그 연설 사본이 있었다. 힐러리는 내가 그들에게 너무 잘해준다고 생각했으나, 나는 어릴 때 배운 대로 예의바르게 행동하고 있었을 뿐이다. 그리고 이 조사가 결국은 정당한 경로를 따라가게 될 것이라는 환상을 아직 완전히 버리지 못하고 있었다.

그 주에 나의 오랜 친구인 데이비드 프라이어 상원의원이 1996년 선거에 출마하지 않겠다고 발표했다. 우리는 거의 30년 동안 알고 지낸 사이였다. 데이비드 프라이어와 데일 범퍼스는 나에게 출신 주를 대표하는 상원의원 이상의 존재였다. 우리는 연속해서 주지사의 바통을 이어갔으며, 남부 주 대부분이 공화당의 울타리 안으로 들어갈 때에도 아칸소를 진보적인 민주당원의 주로 유지하기 위해 노력했다. 프라이어와 범퍼스는 나의 일과 나의 마음의 평화에 있어 매우 귀중한 존재였다. 까다로운 쟁점들이 등장했을 때 나를 지지해주었기 때문만이 아니라, 나의 친구이기도 했고, 나를 오랫동안 잘 아는 사람들이기도 했기 때문이다. 나는 그들의 말에 귀를 기울이고 웃음을 터뜨렸으며, 그들은 동료들에게 내가 신문에서 묘사하는 그런 사람이 아님을 일깨워주었다. 프라이어가 은퇴한 후에는 그가 상원에 있을 때처럼 자주 보지는 못했지만, 나는 가끔 그를 골프 코스로 불러내 그의 조언과 관점으로부터 도움을 얻곤 했다.

4월 29일, 백악관 출입기자 만찬에서 행한 나의 연설은 짧았으며, 한두 번을 제외하면 웃음을 유도하려고 하지도 않았다. 대신 나는 오클라호마시티의 비극과 대규모 복구 사업에 대한 강력하고 예리한 보도에 감사했으며,

"우리는 이 일을 끝까지 완수할 것이고, 그러고 나면 우리는 훨씬 더 강해질 것"이라고 단언했다. 그리고 W. H. 오든의 말로 연설을 마무리했다.

　　마음의 사막에서
　　치유의 샘이 흐르게 하라.

　　5월 5일에는 미시간 주립대학 졸업식에서, 졸업생들만이 아니라 무장한 민병대 집단들을 염두에 두고 연설을 했다. 그들 가운데 다수는 미시간 시골 지역에서 활동하고 있었다. 나는 대부분의 민병대들은 주말에 군 작업복을 입고 군사 훈련을 할 때 법을 어기지 않는다는 사실을 잘 안다고 말한 뒤, 폭탄 테러를 비난한 사람들에게 감사한다고 말했다. 이어 나는 단지 입으로 험한 말을 하는 것을 넘어 법집행관과 다른 연방정부 직원들에 대한 폭력을 옹호하는 사람들을 공격했다. "당신들은 자신들을 식민지 민병대와 비교하지만, 식민지 민병대는 민주주의를 위해 싸웠고, 당신들은 민주주의를 매도하고 있다."

　　다음 몇 주 동안, 나는 폭력에 관대하게 구는 사람들을 공격하는 한편, 라디오 토크쇼 사회자들을 포함한 모든 미국인들에게 말을 좀더 신중하게 하고, 불안정한 상태에 있는 사람들에게 폭력을 부추기지 않도록 조심하라고 당부했다.

　　오클라호마시티 사태를 계기로 수많은 미국인들이 연방정부 또는 자신과 생각이 다른 사람들에 대해 말이나 행동을 할 때 좀더 신중한 태도를 취하게 되었다. 그러자 우리의 정치 생활에 만연했던 무조건적 비난이 느리지만 분명하게 줄어들기 시작했다. 증오를 선동하는 자들이나 극단주의자들이 완전히 사라진 것은 아니지만, 분명히 수세에 몰리게 되었다. 나의 임기 나머지 기간 동안, 그들은 연방정부를 악마로 여기던 티머시 맥베이의 비인간적 행동 이전에 누렸던 지위를 다시 되찾지 못했다.

　　5월 둘째 주에 나는 공군1호기를 타고 모스크바로 날아가, 유럽의 제2차 세계대전 종전 50주년을 기념했다. 헬무트 콜, 프랑수아 미테랑, 존 메이저, 장쩌민 등 여러 지도자들이 오기로 했지만, 내가 그 자리에 참석하는 것은 논란을 불러일으켰다. 러시아가 이슬람이 지배적인 체첸공화국의 분리주의자들과 전투를 벌여 민간인 사망자가 급증했기 때문에, 대부분의 외부 논평가들은 러시아가 외교력을 충분히 발휘하지 않고 무력을 과도하게 사용한다고 생각했다.

내가 러시아에 가기로 한 것은 소비에트 국민 8명 가운데 1명의 목숨을 앗아간 제2차 세계대전에서 우리 두 나라가 동맹관계였기 때문이다. 이 전쟁에서는 소비에트 국민 2,700만 명이 전사하거나, 질병, 기아, 추위로 죽었다. 이제 우리는 다시 동맹자가 되었으며, 우리의 동반자 관계는 러시아의 경제와 정치를 발전시키고, 핵무기를 확보하여 파괴하는 작업에서 협력하고, 나토와 평화를 위한 동반관계를 질서 있게 확대하고, 테러나 조직범죄와 싸우는 데 있어 중요했다. 그뿐만 아니라 옐친과 나는 두 가지 껄끄러운 쟁점을 해결해야 했다. 하나는 러시아가 이란의 핵 프로그램에 협력하는 문제였고, 또 하나는 평화를 위한 동반관계에 러시아를 끌어들이고, 나토를 확대하되 옐친이 1996년 선거에서 지지 않는 방향으로 하는 문제였다.

5월 9일, 나는 장쩌민을 비롯한 다른 지도자들과 함께 붉은 광장에 서서 나이든 참전용사들이 어깨를 맞대고 행군하는 모습을 지켜보았다. 그들은 손을 잡기도 하고 서로 기대어 부축하기도 하면서 어머니 러시아를 위한 마지막 행군을 했다. 다음 날 기념식 뒤 나는 크렘린의 상트카테리나 홀에서 옐친과 만났다. 나는 우선 이란 이야기를 꺼냈다. 우리는 지금까지 우크라이나, 벨로루시, 카자흐스탄에서 핵무기를 모두 철거하려고 노력해왔다. 그런 상황에서 이란처럼 우리 둘 다에게 해가 될 수 있는 나라가 핵을 보유하는 것을 허용할 수 없었다. 옐친은 이 문제에 대비하고 있었다. 그는 즉시 원심분리기는 팔지 않을 것이며, 원자로(이란은 평화적인 용도라고 주장했다) 문제는 고어-체르노미르딘 위원회에 넘기자고 제안했다. 나는 이란에 군사적 목적으로 이용할 수 있는 핵기술을 제공하지 않겠다는 약속만 하면 동의하겠다고 말했다. 옐친은 좋다고 했으며, 그것으로 그 문제는 정리되었다. 우리는 또 생화학무기 확산 위협을 줄이기 위한 좀더 광범위한 노력의 일환으로, 8월에 러시아의 생물학무기 공장 시찰을 개시하기로 합의했다.

나토 확대 문제에 대해서는, 내가 옐친에게 1996년 선거 전까지는 그 문제를 밀어붙이지 않겠다고 간접적으로 이야기하자, 옐친도 마침내 평화를 위한 동반관계에 들어오겠다고 약속했다. 그는 너무 많이 양보하는 것처럼 보일까봐 걱정하여 그 결정을 공표하는 데는 동의하지 않았지만, 5월 25일에 문서에 서명하겠다고 약속했다. 나는 그것으로 만족했다. 출장은 성공적이었다.

돌아오는 길에는 우크라이나에 들렀다. 나는 이곳에서도 제2차 세계대전 종전 기념식에 참석하여 대학생들에게 연설하고, 바비 야르를 방문했다. 54년 전 나치는 숲으로 둘러싸인 이 아름다운 골짜기에서 유대인 10만 명과 우크라이나 민족주의자, 소비에트 전쟁포로, 집시 수천 명을 살육했다. 그 전날 유엔은 표결을 통해 핵확산금지조약을 무기한 연장하기로 결정했다. 핵확산금지조약은 우리가 25년 넘게 노력을 기울여온 핵무기 확산 제한 정책의 기반이었다. 여러 나라들이 핵을 얻으려고 노력하고 있었기 때문에, 핵확산금지조약의 연장은 핵확산 방지를 위해 달성하고자 했던 목표 가운데 가장 중요한 것이었다. 바비 야르와 오클라호마시티는 인간의 악과 파괴 능력이 어디까지인지 보여주는 증거였으며, 핵확산금지조약과 러시아가 이란에 핵을 판매하는 것을 제한하는 합의의 중요성을 부각시킨 사건들이었다.

워싱턴으로 돌아오자 공화당은 그들의 제안을 제출하기 시작했다. 그 달 나머지 기간에는 예산폐기안, 맑은 물 프로그램을 약화시키려는 시도, 교육이나 의료나 외국 원조의 대폭 삭감 등에 거부권을 행사하겠다고 위협하여 그 제안들을 물리치느라 바빴다.

5월 셋째 주에 나는 공화국 건국 이래 처음으로 백악관 앞 펜실베이니아 애비뉴 두 블록의 차량 통행을 막겠다고 발표했다. 비밀검찰부, 재무부, 과거 공화당과 민주당 행정부에서 일했던 사람들로 이루어진 전문위원단이 백악관을 폭탄 테러로부터 보호하려면 반드시 필요한 일이라고 권했기 때문에 나는 마지못해 동의했다. 오클라호마시티 사건과 일본 지하철 테러 때문에 그 권고를 따르기는 했지만, 마음에 들지는 않았다.

5월 말, 보스니아가 다시 뉴스에 등장했다. 세르비아인은 사라예보 봉쇄를 강화했고, 저격수들은 다시 무고한 아이들을 쏘기 시작했다. 5월 25일, 나토는 팔레의 세르비아 요새에 공습을 시작했고, 세르비아인은 그 보복으로 유엔 평화유지군을 붙잡아 팔레의 탄약 집적장에 사슬로 묶어놓고 인간방패로 이용했다. 그들은 또 유엔군 초소를 점령하면서 유엔군 소속 프랑스 군인 둘을 살해했다.

미국 공군은 역사상 가장 오래 지속된 인도적 임무를 수행하기 위해 보스니아에서 광범위한 활동을 해왔다. 공군은 세르비아의 보스니아 이슬람교도 폭격을 막기 위해 비행금지구역을 설정하고, 사라예보와 그 주변의 인구가 많은 지역에 사격금지구역을 설정했다. 유엔 평화유지군, 통상금지조치와 더불어, 미군 조종사들도 보스니아의 평화를 위한 노력에 크게 기여했다. 사상자는 1992년의 13만 명에서 1994년의 3,000명으로 줄었다. 그럼에도 전쟁은 여전히 치열하게 전개되었으며, 평화를 위해서는 그 뒤에도 많은 일을 더 해야 했다.

6월에 장 크레티앵이 노바스코샤의 핼리팩스에서 주최한 G-7 정상회담을 둘러싸고 외교 분야에서 또 다른 중요한 상황이 전개되었다. 막 프랑스 대통령으로 선출된 자크 시라크는 캐나다로 가는 길에 나를 만나려고 워싱턴에 들렀다. 미국에 대해 우호적인 감정을 가지고 있던 시라크는 젊은 시절에 미국에서 지내면서, 보스턴에 있는 하워드 존슨 식당에서 잠깐 일하기도 했다. 시라크는 다양한 문제에 대하여 그칠 줄 모르는 호기심을 지닌 사람이었다. 나는 그에게 큰 호감을 느꼈으며, 또 그의 부인이 정계에서 그녀 나름의 활동을 한다는 사실에도 호감이 갔다.

서로에 대한 좋은 느낌에도 불구하고, 사실 우리는 그때까지 약간 긴장된 관계를 유지해왔다. 내가 포괄적인 핵실험금지조약에 대해 전 세계로부터 지지를 얻어내려는 상황에서 시라크가 핵무기 실험을 계속하기로 결정했기 때문이다. 포괄적인 핵실험 금지는 아이젠하워 대통령 이래 모든 미국 대통령의 목표였다. 시라크가 핵실험이 완료된 뒤 조약을 지지하겠다고 약속하고 나서 우리는 보스니아 문제로 넘어갔다. 그는 세르비아인에 대해 미테랑보다 강경한 입장을 취하는 편이었다. 시라크와 존 메이저는 유엔 평화유지군에 대한 공격에 대응하여 신속대응군의 창설을 지지했다. 나는 정규 평화유지군과 다른 부대들이 철수를 해야 하는 상황이 오면, 신속대응군과 다른 유엔 부대들의 보스니아 출입을 미군이 지원하겠다고 약속했다. 그러나 신속대응군이 효과가 없어 유엔 군대가 보스니아에서 나와야 한다면, 무기수출금지를 해제할 수밖에 없다고 말했다.

G-7 정상회담에서 나는 세 가지 목표를 설정했다. 첫째는 테러리즘, 조직범죄, 마약 밀매에 대항하여 동맹국들이 더 강한 협력 체제를 구축하는 것. 둘째는 제때에 정확한 정보를 수집하여 주요한 경제위기를 더 빨리 파악하고 더 원활하게 처리하는 것과 장기적으로 개발도상국가에 투자하여 빈곤을 완화하고 환경을 파괴하지 않는 성장을 장려하는 것. 셋째는 일본과의 심각한 무역 분쟁을 해소하는 것.

첫 두 가지에 대한 합의는 쉽게 이루어졌다. 세 번째가 진짜 문제였다. 2년 반 동안 미국은 일본과의 협상에서 진전을 보았으며, 15개의 무역 협정을 맺었다. 그러나 일본이 미국 자동차와 부품(대일 무역 적자의 반 이상이 발생하는 부분)에 시장을 개방하겠다고 약속하고 나서 2년이 지났는데도 아무런 진전이 없었다. 미국 자동차 판매점의 80퍼센트가 일제 자동차를 팔았다. 하지만 일본 자동차 판매점의 경우에는 7퍼센트만이 외제 자동차를 팔았으며, 일본 정부의 엄격한 규제 때문에 일본 자동차 수리 시장에 미국 부품이 들어가지 못했다. 미키 캔터는 인내심이 한계에 이르러, 일본 고급 자동차에 100퍼센트 관세를 물리자고 제안하기도 했다.

나는 무라야마 총리와 만난 자리에서 안보 관계와 일본 경제 불황 때문에 계속 협상은 하겠지만, 곧 어떤 조치를 취할 수밖에 없을 것이라고 말했다. 그달 말 우리는 시장 개방을 얻어냈다. 일본은 200개 자동차 판매소에서 즉시 미국 차들을 판매할 것이며, 5년 내에 1,000개로 늘릴 것이고 미국 부품 수출에 장애가 되는 규제도 바꾸겠다고 약속했다. 또한 일본 자동차 제조업체들은 미국 현지 생산을 늘리고 미국제 부품을 더 많이 사용하겠다고 약속했다.

6월 한 달 내내 나는 예산을 둘러싸고 공화당과 긴 전투를 벌여야 했다. 6월 1일에는 몬태나 주 빌링스의 한 농장에 가서 농업에 대한 나의 접근방법과 공화당 의원들의 접근방법에 있어 다른 점을 부각시켰다. 농업지원 프로그램은 1995년에 다시 승인을 받아야 했기 때문에 예산 논쟁의 한 부분을 차지하게 되었다. 가족들이 힘을 합쳐 소규모 농장을 경영하는 농부들에게 전체적인 농업 지출을 어느 정도 축소하는 것에는 나도 찬성하지만, 공화당의 농업 지원 축소는 너무 급격하여 농부들에 대한 혜택이 거의 사라지게 된다고 말했다. 몇 년 동안 공화당은 문화적으로 보수적인 농촌에서 민주당보다 나은 성적을 거두었다. 그러나 일이 다급해지자 광화당은 농부들보다는 농업 관련 대형 산업체를 더 보호하려 했다.

나는 그곳에서 말을 타기도 했다. 무엇보다도 말을 타는 것을 좋아했고, 몬태나의 아름다운 풍경을 사랑했기 때문이다. 그러나 내가 농촌에 사는 미국인들이 지지할 수 없는 문화적 이방인이 아니라는 것을 보여주려는 의도도 있었다. 농장 행사 뒤에 나의 선발요원(선거 후보자의 강연회 등에서 후보자보다 먼저 와서 회장 준비를 하거나 청중을 모으는 일을 하는 사람—옮긴이주) 모트 엥글버그는 농장주 한 사람에게 나를 어떻게 생각하느냐고 물었다. 농부가 말했다. "괜찮군. 저쪽 사람들이 보여주려는 그런 사람은 아니야." 1995년에 그런 이야기를 많이 들었는데, 나는 유권자의 인식을 현실에 맞게 교정하는 것이 한 번에 한 명꼴로만 이루어지는 것이 아니기를 바랄 뿐이었다.

그때 나를 경호하던 비밀검찰부 요원 한 명이 말에서 떨어지는 바람에 흥미로운 일이 생겼다. 요원은 다치지 않았지만 말이 탁 트인 벌판으로 로켓처럼 달려나갔다. 그러자 비서실 차장 해럴드 이케스가 엄청나게 빠른 속도로 말을 쫓아가더니, 말을 붙들어 주인에게 돌려주었다. 기자와 몬태나 사람들 모두가 놀랐다. 해럴드가 해낸 일은 신경질적이고, 도회적이고, 자유주의적인 활동가의 이미지와는 완전히 상반되는 것이었다. 사실 그는 젊은 시절 서부의 목장에서 일한 적이 있는데, 그때 배웠던 승마 솜씨를 잊지 않고 있었던 것이다.

6월 5일, 헨리 시스네로스와 나는 '국가 주택소유 전략'을 공개했다. 여기에는 자기 주택 소유율을 3분의 2까지 높이는 100가지 방법이 담겨 있었다. 적자가 크게 축소되었기 때문에 경제가 성장해도 주택저당 이자율은 낮은 수준을 유지하고 있었다. 결국 2년 뒤에 우리는 미국 역사상 처음으로 시스네로스가 세운 목표에 이르게 된다.

6월 첫째 주가 끝나면서 나는 처음으로 공화당의 160억 달러 예산폐기 안에 거부권을 행사했다. 그렇게 하면 교육, 국가 봉사, 환경에서 너무 많은 지출 삭감이 이루어지기 때문이었다. 그러면서도 공화당은 불필요한 전시용 프로젝트, 법원을 비롯한 연방건물 건설 등 공화당이 아끼는 프로젝트에는 손대지 않았다. 그들은 연방정부 전체를 싫어했는지 모르지만, 대부분의 현직 의원들과 마찬가지로 재선을 위한 지출은 하고 싶어 했던 것이다. 나는 공화당과 협력하여 지출을 더 삭감할 수도 있지만, 특정 의원을 이롭게 하는 프로젝트를 비롯한 기타 중요하지 않은 지출을 삭감해야지 어린이와 미래에 대한 투자는 삭감할 수 없다고 말했다. 이틀 뒤 나에게는 그러한 투자를 지키기 위해 싸워야 할 또 하나의 이유가 생겼다. 힐러리의 남동생 토니와 그의 부인 니콜 덕분에 우리에게 새로운 조카 재커리 박서 로댐이 생긴 것이다.

대결과 타협 사이에서 적당한 균형을 찾기 위한 노력의 일환으로, 나는 뉴햄프셔 클레어먼트에서 깅리치 하원의장과 시 대표자회의를 하기로 했다. 나는 깅리치에게 내가 1992년에 했던 것처럼 뉴햄프셔 사람들에게 이야기를 하는 것이 좋을 것 같다고 권했으며, 그는 그 제안을 받아들였다. 우리는 둘 다 저녁 뉴스거리가 될 만한 욕설보다는 정직한 토론과 협력이 필요하다는 긍정적인 모두연설을 했다. 깅리치는 심지어 회의장에 오는 길에 던킨 도넛 가게에 들러 나의 선거운동 흉내를 내보기도 했다고 농담까지 했다.

시민들의 질문에 답을 하는 과정에서 우리는 선거자금 개혁을 위해 협력하기로 하고 악수도 했다. 또 우리의 견해가 일치하는 다른 영역들에 대해서도 이야기했다. 의료제도 개혁에 대해서는 흥미로운 의견 불일치를 보이기도 했으나, 예의에서 벗어나지는 않았다. 유엔의 실용성과 국회가 아메리코에 재정 지원을 할 필요성에 대해서도 의견이 엇갈렸다.

당파적 싸움에 지친 국민은 우리 두 사람의 토론을 긍정적으로 받아들였다. 정치에 대해서는 거의 이야기하지 않는 나의 비밀검찰부 요원 두 사람도 우리 둘이 긍정적인 토론을 하는 것을 보니 무척 기분이 좋았다고 말했다. 다음 날 중소기업 문제에 대한 백악관 회의에서 공화당 의원 몇 명도 같은 이야기를 했다. 만일 그런 식으로 계속 이야기를 해나갈 수 있었다면, 깅리치와 나는 미국에 도움이 되는 방법으로 의견 차이 대부분을 해소할 수 있었을 것이다. 뉴트 깅리치는 가장 좋은 모습을 보여줄 때는 창조적이고, 유연했으며, 새로운 구상들을 쉴 새 없이 쏟아놓았다. 그러나 깅리치는 그런 점 때문에 하원의장이 된 것이 아니었다. 민주당에 대한 강력한 공격 때문에 그 자리에 오른 것이었다. 권력의 원천을 제어하는 것은 어려운 일이다. 깅리치도 다음 날 러시 림보와 보수적인 「맨체스터 유니언 리더Manchester Union Leader」로부터 나한테 너무 잘해주었다는 이유로 비판을 받으면서 그 점을 새삼 느끼게 되었다. 그는 그 뒤로 이런 비판을 당하는 실수를 자주 반복하지 않았다. 적어도 공개적으로는.

회의 뒤에는 존 케리 상원의원을 위해 후원금 모금을 하러 보스턴으로 갔다. 그는 다음 선거에 나서기로 했으며, 빌 웰드 주지사가 그의 강력한 상대가 될 것 같았다. 나는 공화당 주지사 가운데 가장 진보적이라고 할 수 있는 웰드와 사이가 좋았다. 하지만 나는 케리가 상원의원 의석을 잃는 것을 원치 않았다. 그는 상원에서 환경과 하이테크의 최고 권위자였다. 그는 또 검사 시절부터 관심을 가졌던 청소년 폭력 문제에도 많은 시간을 쏟았다. 현재에는 표가 되지 않지만 미래에 큰 영향을 줄 문제에 관심을 가지는 것은 정치가의 아주 좋은 자질이라고 할 수 있다.

6월 13일, 나는 전국에 텔레비전으로 중계된 오벌 오피스 연설을 통해,

10년 안에 예산 균형을 이룰 계획을 발표했다. 공화당은 교육, 의료, 환경에서 지출을 대폭 삭감하고 세금도 많이 감면하면서, 그 일을 7년 안에 이루겠다고 이야기했다. 반면 나의 계획은 교육, 노년층을 위한 의료 서비스, 복지제도 개혁안이 효력을 발휘하는 데 필요한 가족 부양, 필수적인 환경 보호 부문에서는 삭감을 하지 않는다는 것이었다. 나의 계획에서는 세금감면을 중산층 사람들에게만 한정했다. 대학교육에 들어가는 비용이 급속히 늘어난 상황을 고려했기 때문이다. 또한 균형예산을 이루는 데 7년이 아니라 10년을 잡았기 때문에, 긴축으로 인한 충격도 완화하고 경제성장을 늦출 위험도 줄일 수 있었다.

국회의 민주당 의원들, 그리고 나의 각료와 참모진 일부는 연설의 시점과 내용에 반대했다. 공화당과 너무 일찍 예산 논쟁에 뛰어드는 것은 좋지 않다고 보았기 때문이다. 공화당이 무조건 반대를 하는 대신 자기들 나름대로 정책 결정을 내리기 시작하면서, 그들의 지지율은 떨어지고 있었다. 따라서 꼭 필요한 상황이 되기 전에 나의 계획을 제출하는 것은 어리석은 일이라고 생각하는 민주당원들이 많았다. 내가 임기 첫 2년 동안 두드려맞은 것을 생각할 때, 공화당도 최소한 1년은 매를 맞아야 하는 것 아니냐는 이야기였다.

설득력 있는 주장이었다. 그러나 나는 대통령이었다. 나는 지도할 입장이었다. 게다가 우리는 공화당의 지원 없이도 적자를 이미 3분의 1이나 줄였다. 만일 나중에 공화당 예산안에 거부권을 행사하게 된다 해도, 명예로운 타협을 이루기 위해 노력할 만큼 했다는 것을 보여주고 싶었다. 게다가 뉴햄프셔에서 깅리치 하원의장과 협력을 위해 노력하기로 합의했다. 적어도 나는 그 약속을 지키고 싶었다.

리언 파네타, 어스킨 보울스 등 경제팀 대부분, 국회의 민주당 내 적자문제 관련 매파, 1994년 선거 이후 나에게 조언을 해주던 딕 모리스 등은 나의 예산에 관한 결정을 지지했다. 나의 비서진은 대부분 모리스를 좋아하지 않았다. 그는 상대하기 까다로운 사람인데다가, 기존의 백악관 절차를 무시했고, 공화당을 위해 일한 전력도 있었기 때문이다. 게다가 이따금씩 엉뚱한 구상들을 내놓기도 했고, 외교를 너무 정치적으로 파악했다. 그러나 나는 모리스와 오랫동안 일을 해보았기 때문에 언제 그의 조언을 받아들이고 언제 거부할지 알고 있었다.

모리스의 조언의 핵심은 내게 '삼각형'의 정치를 하라는 것이었다. 즉 공화당과 민주당의 분열을 넘어서서 두 정당의 최고 구상들을 받아들이라는 것이었다. 많은 자유주의자들, 그리고 언론계의 일부 사람들에게 이런 삼각형 정치는 신념 없는 타협으로, 재선에서 당선되기 위한 흥정으로 보였다. 그러나 사실 이것은 내가 주지사 시절 민주당지도자협의회와 더불어 주장했고, 또 1992년 선거운동에서 옹호했던 내용을 다른 식으로 표현한 것에 불과했다. 나는 늘 새로운 구상과 전통적 가치를 종합하려 했고, 조건이 변하면 정부 정책도 바뀌어야 한다고 생각했다. 나는 자유주의자와 보수주의자의 차이를 소소하게 따지지 않았다. 대신 새로운 합의를 구축하려고 노력했다. 그리고 얼마 후 예산을 둘러싼 공화당과의 대결이 보여주듯, 나의 접근방법은 신념 결핍과 달랐다.

결국 모리스의 역할이 사람들에게 알려지게 되었고, 그는 주마다 열리는 우리의 전략 회의에 정기적으로 참석하게 되었다. 이 회의는 보통 매주 수요일 밤에 열렸다. 모리스는 마크 펜과 그의 협력자인 더그 쇼언도 데려오곤 했다. 그들은 우리를 위해 여론조사 일을 해주었다. 펜과 쇼언은 나의 새로운 민주당원 철학을 공유하는 좋은 팀이었으며, 나의 대통령 임기가 끝날 때까지 함께 일을 하게 된다. 곧 노련한 미디어 컨설턴트 밥 스콰이어와 그의 협력자 빌 냅도 가세하게 된다. 그들은 홍보만이 아니라 정책 자체에 대한 이해와 관심도 깊었다.

6월 29일, 공화당이 교육, 아메리코, 안전한 마시는 물 프로그램에서 7억 달러 이상을 되살려주었기 때문에 나는 마침내 공화당과 합의에 이르렀다. 상원 세출위원회 위원장 마크 하트필드와 구식의 진보적인 공화당 의원 한 사람이 백악관과 밀접하게 협력하며 타협의 길을 열어주었다.

나는 다음 날 시카고에서 부상당한 경찰관, 시민들과 함께 공격용 무기 규제 법안을 옹호하면서, 경찰관 살해 총알을 금지하는 법의 허점을 보완하기 위한 폴 사이먼 상원의원의 법안을 지지해달라고 국회에 요청했다. 나를 단상에 소개한 경찰관은 베트남의 심한 전투에서도 말짱하게 살아왔는데, 그의 몸에 벌집을 낼 수 있는 총알을 사용하는 공격용 무기를 든 범죄자에게 죽임을 당할 뻔했다고 말했다. 당시의 법은 이미 경찰관들이 입는 방탄조끼를 뚫을 수 있는 총알을 금하고 있었지만, 금지되는 총알의 종류는 보호 장구를 뚫는 능력이 아니라 총알의 소재에 의해 규정되었다. 그러자 기발한 사업가들은 법에 언급되지 않은 다른 재료를 발견하여 방탄조끼를 뚫고 경찰관을 죽일 수 있는 총알을 만들었다.

미국총기협회는 이 법안과 싸우려 할 것이 틀림없었지만, 최고조에 이르렀던 1994년에 비하면 기세가 한결 꺾인 상태였다. 이 협회의 임원이 연방 법집행관을 '긴 장화를 신은 깡패'라고 부르고 난 뒤에 부시 전 대통령은 항의의 표시로 이 단체에서 탈퇴하기도 했다. 그 몇 달 전 캘리포니아에서 열린 한 행사에서 코미디언 로빈 윌리엄스는 경찰관을 죽일 수 있는 총알 금지에 반대하는 미국총기협회를 멋진 말로 조롱했다. "물론 우리는 그런 총알을 금지하면 안 된다. 사냥꾼들에겐 그런 총알이 필요하다. 숲 속 어딘가에 케블러 방탄조끼를 입은 사슴이 있기 때문이다!" 1995년 하반기로 가면서, 나는 로빈 윌리엄스의 농담과 부시 대통령의 항의가 총기 문제에서 상식이 자리 잡는 전조가 되기를 바랐다.

7월에는 당파적인 싸움이 약간 줄어들었다. 12일에 나는 미국 국민 통합의 노력을 계속하기 위해 버지니아 주 비엔나의 제임스 메디슨 고등학교를 찾아갔다. 이번 주제는 종교적 자유였다.

공립학교에서 종교적 표현의 자유를 얼마나 허용할 것인가를 놓고 많은 논란이 있었다. 일부 교직원과 교사들은 헌법이 종교적 표현을 완전히 금지하고 있다고 생각했다. 그러나 그것은 부정확한 표현이었다. 학생들은 개인적으로든 함께든 자유롭게 기도할 수 있었다. 종교 클럽들은 다른 과외 조직들과 똑같이 대접받을 자격이 있었다. 자유시간에는 마음대로 종교 서적을 읽을 수 있었다. 과제와 관련이 있기만 하다면 숙제에서 종교적 견해를 표현할 수 있었다. 다른 대의를 홍보하는 티셔츠를 입을 수 있다면, 자신의 종교를 홍보하는 티셔츠도 입을 수 있었다.

나는 라일리 교육장관과 리노 법무장관에게 학교에서 허용되는 종교적 표현의 범위를 자세하게 설명하는 책자를 준비하여, 다음 학년이 시작되기 전에 미국의 모든 학구에 배포해달라고 요청했다. 이 소책자가 배포되자 갈등과 소송이 상당히 줄었으며, 그 과정에서 여러 종교·정치 단체의 지지도 얻게 되었다.

사실 나는 이 문제를 놓고 오래전부터 작업을 해왔다. 백악관에 종교 공동체들과 접촉하는 연락관을 두기도 했고, 종교자유회복법에 서명하기도 했다. 내 두 번째 임기가 끝날 때쯤 수정헌법 제1조(언론, 신문, 종교의 자유를 보장한 조항—옮긴이주)의 전문가인 로드니 스미스 교수는 나의 행정부가 제임스 매디슨의 행정부 이후 종교 자유를 보호하고 장려하기 위해 가장 많은 일을 했다고 말했다. 그 말이 사실인지 아닌지는 모르지만, 어쨌든 나는 힘닿는 대로 노력했다.

종교 자유 행사 일주일 뒤, 나는 좀더 통일된 미국 공동체를 건설하기 위해서는 반드시 해결하고 넘어가야 할 큰 문제와 마주치게 되었다. 바로 차별수정계획이었다. 이것은 정부가 고용, 제품과 서비스의 계약, 중소기업 대출, 대학 입학 등에서 인종적 소수파나 여성에게 주는 특혜를 가리키는 말이다. 차별수정계획의 목적은 인종이나 성별 때문에 사회구성원에게 균등하게 돌아가야 할 기회를 장기간 체계적으로 박탈당해온 사람들에게 혜택을 주자는 것이었다. 이 정책은 케네디와 존슨 행정부 때부터 시작되었으며, 닉슨 행정부 밑에서 확대되어 강력한 초당적 지지를 받아왔다. 이런 계획의 바탕에는 당장 차별을 불법화하는 것만으로 과거의 차별의 영향을 극복할 수는 없다는 인식이 깔려 있었으며, 엄격한 할당제(교육이나 고용에서 일정 수나 비율의 흑인이나 여성을 수용하는 제도—옮긴이주)에 대한 요구를 피해 가려는 의도도 결합되어 있었다. 엄격한 할당제는 자격이 없는 사람에게 혜택을 주고, 백인 남성에 대한 역차별을 낳을 수도 있었기 때문이다.

그러나 1990년대 초부터 차별수정계획에 대한 반대가 생겨나기 시작했다. 보수주의자들은 인종을 기준으로 한 모든 특혜는 역차별이며, 따라서 위헌이라고 말했다. 백인들은 흑인이나 다른 소수민족 때문에 계약이나 대학 입학의 기회를 잃게 되자 반대의 목소리를 냈다. 어떤 사람들은 차별수정계획이 의도는 좋지만 남용되는 사례가 많다고 말하기도 했고, 이미 그 목적을 달성하여 효용성을 잃었다고 말하기도 했다. 인종을 기준으로 한 특혜를 불편해하는 진보주의자들은 경제적·사회적 여건을 기준으로 특혜 대우가 재규정되어야 한다고 말했다.

1994년에 공화당이 국회를 통제하게 되면서 이 논란은 뜨거워졌다. 공화당 다수는 차별수정계획을 폐지하겠다고 약속했다. 중산층 소득이 20년 동안 정체된 상황이었기 때문에 그들의 주장은 노동계급 백인들과 작은 사업체를 운영하는 사람들에게 먹혀들었다. 또 원하는 대학에 들어가지 못해서 실망한 백인 학생이나 학부모에게도 먹혀들었다.

1995년 '아다란드 건설 대 페냐' 사건의 대법원 판결로 논란은 절정에 이르렀다. 이것은 백인 하청업자가 차별수정계획에 따라 소수파 입찰자에게 주어진 계약을 무효로 만들기 위해 교통부 장관을 상대로 제기한 소송 사건이었다. 대법원은 정부가 계속해서 '쉽게 사라지지 않는 인종차별의 결과들'과 싸울 수 있지만, 이제부터 인종을 기준으로 한 계획들은 '엄격한 정밀조사'라고 부르는 높은 수준의 검토기준을 따라야 한다고 판결했다. 이 기준에 따르면 정부는 먼저 큰 관심을 가지고 해결하려는 문제가 있다는 것을 보여주고, 그 다음에 인종을 기준으로 하지 않는 좁은 범위의 해결책으로는 이 문제를 효과적으로 처리할 수 없다는 것을 보여주어야 차별수정계획을 시행할 수 있었다. 대법원의 판결에 따라 우리는 연방의 차별수정계획을 다시 검토해야 했다. 민권 지도자들은 이 계획을 포괄적인 형태로 그대로 유지하기를 바랐으며, 공화당 의원들 다수는 이 계획을 완전히 철폐하라고 촉구하고 있었다.

7월 19일, 이 정책의 옹호자와 비판자 양쪽과 집중적으로 협의를 한 끝에, 나는 국립문서보관소 연설에서 아다란드 판결에 대한, 그리고 차별수정계획을 완전히 철폐하기를 바라는 사람들에 대한 나의 답변을 제시했다. 나는 그전에 우리의 차별수정계획에 대한 포괄적인 검토를 명령했는데, 그 결과 우리는 여성과 소수민족에 대한 차별수정계획으로는 세상에서 가장 훌륭하고 가장 단결된 군대를 가질 수 있었으며, 지난 2년 반 동안 26만 명의 여성이 새로운 일자리를 얻을 수 있었다. 중소기업청은 백인 남성에 대한 대출을 축소하지 않고 무자격 지원자에 대한 대출을 차단하면서, 여성과 소수민족에 대한 대출을 대폭 늘렸다. 대기업의 차별수정계획 결과 노동력 구성이 다양해짐으로써 세계 시장에서 생산성과 경쟁력을 높일 수 있었다. 정부 조달 정책에서 이 계획을 적용한 결과 여성과 소수민족 소유 회사의 설립을 도울 수 있었지만, 이따금씩 오용되거나 남용되는 경우도 있었다. 전체적으로 볼 때 고용, 수입, 사업체 소유에서 인종과 성별에 따른 불균형이 계속되고 있었기 때문에 차별수정계획은 계속 유지될 필요가 있었다.

이런 검토 결과에 따라 나는 조달 업무에서 사기와 남용을 없애고, 이 계획에 따라 설립된 업체가 경쟁력을 갖추는 시점부터 특혜 대상에서 제외하기로 했다. 대법원 판결에 규정되어 있는 것처럼, 문제 해결의 필요성과 차별수정계획 시행의 필요성을 입증할 수 있는 영역에서는 소수민족을 위한 예산 할당 계획을 주로 이용함으로써 아다란드 판결에 따르기로 했다. 그리고 인종이나 성별에 관계없이 곤경에 처한 공동체나 불리한 여건에 있는 사람들을 돕기 위해 더 많은 일을 하기로 했다. 차별수정계획의 원칙은 유지하지만 그 실행 방법을 개혁하여 할당제를 없애고, 무자격 개인이나 회사에 대한 특혜를 없애고, 백인에 대한 역차별을 없애고, 균등한 기회를 제공한다는 목적이 달성된 뒤에는 특혜를 중단하기로 했다. 한마디로 나의 정책은 '고쳐라, 그러나 없애지는 말라'였다.

나의 연설은 민권, 재계, 군대 쪽에서 환영을 받았다. 그러나 모두를 설득하지는 못했다. 8일 뒤 돌 상원의원과 플로리다의 찰스 캔디 하원의원은 모든 연방 차별수정계획법들을 철폐하는 법안을 제출했다. 뉴트 깅리치는 좀더 긍정적인 반응을 보여, '도움의 손길'을 내밀 수 있는 대안을 제시하기 전에는 차별수정계획을 폐지하고 싶지 않다고 말했다.

내가 의견의 합일점을 찾는 동안, 공화당은 7월에 많은 시간을 들여 예산 제안들을 국회에서 통과시켰다. 그들은 교육과 훈련 지출의 대폭 삭감을 제안했다. 메디케어와 메디케이드 삭감은 워낙 커서 노년층의 현금 지불 비용이 상당히 늘어났고, 의료비용 상승으로 인해 그들의 소득 가운데 의료비로 지출하는 돈의 비율은 두 보험이 만들어진 1960년 이전보다 더 높았다. 환경보호국 예산 삭감폭이 너무 심해 맑은 공기와 맑은 물 법의 시행은 불가능해진 것이나 다름없었다. 그들은 표결로 아메리코를 없앴으며, 노숙자에 대한 지원을 반으로 줄였다. 원치 않는 임신과 낙태를 예방하는 방법으로 양당의 지지를 받던 가족계획 프로그램도 거의 폐지하다시피 했다. 그들은 이미 연방 예산 전체의 1.3퍼센트로 줄어든 외국 원조 예산도 줄이고 싶어 했다. 이렇게 되면 테러리즘이나 핵무기 확산에 맞서 싸우고, 미국 수출품을 위한 새로운 시장을 열고, 세계 전역에서 평화, 민주주의, 인권을 지원하는 미국의 능력은 약화될 수밖에 없었다.

믿을 수 없는 일이지만, 양당이 다수로 통과시킨 장애인법에 부시 대통령이 서명한 지 불과 5년밖에 안 지났음에도, 공화당은 심지어 그 법이 규정하는, 장애인의 권리 행사에 필요한 서비스와 지원도 삭감하자고 했다.

장애인법 삭감 제안이 공개된 뒤, 어느 날 밤 조지타운에서 4년 동안 나의 룸메이트였던 톰 캠벨로부터 전화를 받았다. 캠벨은 비행기 조종사로 안락하게 살았지만, 결코 부자는 아니었다. 캠벨은 흥분한 목소리로 장애인에 대한 예산 삭감안 때문에 걱정이 된다고 말했다. 그의 딸 시애라가 뇌성마비였기 때문이다. 시애라의 가장 친한 친구도 마찬가지였다. 시애라의 친구는 최저임금을 받으며 일하는 어머니가 혼자 키우고 있었다. 이 어머니는 한 시간 걸리는 직장까지 매일 버스로 출근했다. 캠벨은 예산 삭감에 대해 몇 가지 질문을 했고 나는 거기에 대답을 했다. 그러자 캠벨이 말했다. "그러니까 똑바로 얘기해보자구. 그 사람들은 나에게 세금감면을 해준다고 하면서, 시애라의 친구와 그 어머니에게 꼭 필요한 돈, 그러니까 아이의 휠체어, 아이가 매년 신어야 하는 값비싼 특수신발 네다섯 켤레, 아이 어머니가 최저임금을 받는 일자리까지 출퇴근하는 데 들어가는 교통비에 대한 지원금을 삭감하겠다는 거야?" "그런 셈이지." 내가 대답했다. 그러자 캠벨이 말했다. "빌, 그건 부도덕한 짓이야. 자네가 막아야 하네."

해병대 출신인 톰 캠벨은 독실한 가톨릭 신자로 공화당 지지자 집안에서 성장했다. 만일 신우익 공화당이 캠벨과 같은 미국인의 눈에도 지나치게 보인다면, 나는 그들을 물리칠 수 있다고 생각했다. 7월의 마지막 날, 앨리스 리블린은 경제가 나아져서 우리 예상보다 적자가 낮아졌으며, 이제 공화당식의 가혹한 삭감 없이도 9년이면 균형예산을 이룰 수 있다고 발표했다. 나는 서서히 그들을 포위해가고 있었다.

44

7월에는 외교 분야에서 세 가지 긍정적인 변화가 있었다. 우선 국회의 베트남 참전용사 대부분(존 맥케인, 밥 케리, 존 케리, 척 로브, 피트 피터슨)의 강력한 지지를 얻어 미국과 베트남의 관계를 정상화했다. 사담 후세인은 빌 리처드슨 하원의원의 강력한 청원을 받아들여, 3월부터 억류되어 있던 미국인 두 명을 석방했다. 한국전쟁 참전 기념공원 준공식을 위해 워싱턴에 온 한국의 김영삼 대통령은 우리가 북한의 핵 프로그램을 폐기하기 위해 맺은 협정을 지지했다. 제시 헬름스를 비롯한 몇 사람이 그 협정에 비판적이었기 때문에 김 대통령의 지지는 도움이 되었다. 그가 한국이 아직 권위주의 국가였던 시절에 정치적 탄압을 받았던(원문에는 정치범political prisoner이라고 되어 있지만, 김영삼 전 대통령이 좁은 의미의 정치범으로서 수형 생활을 한 적은 없기 때문에 약간 다르게 표현했다—옮긴이주) 민주주의의 옹호자였기 때문에 더욱 큰 도움이 되었다.

그러나 이런 좋은 소식들은 보스니아에서 벌어지는 일 때문에 아주 작게 보였다. 1994년에 보스니아는 비교적 잠잠한 상태를 유지하다가, 11월 말에 세르비아의 전투기가 보스니아 서부 크로아티아의 이슬람교도를 공격하면서 상황이 악화되기 시작했다. 그 공격은 비행금지구역의 침범이었다. 나토는 보복으로 세르비아 비행장을 폭격했으나, 비행장이나 비행기들을 완전히 파괴하지는 않았다.

1995년 3월에 카터 전 대통령이 발표한 휴전 시한이 다가오자, 독일 대사직을 떠나 국무부의 유럽 캐나다 담당 차관보로 가 있던 딕 홀브루크는 미국 특사 밥 프레이저를 구유고슬라비아 지역으로 보냈다. 밀로셰비치를 만나 보스니아 내 세르비아인의 폭력 중단을 요구하고, 세르비아에 대한 유엔의 제재를 철회하는 대가로 보스니아에 대한 제한적 인정이라도 받아내려는 의도였으나 성공을 거두지는 못했다.

7월이 되자 전투는 다시 본격적으로 재개되어, 보스니아 정부군은 국토 중앙에서 어느 정도 전과를 거두었다. 그러자 보스니아 내 세르비아 지도자 믈라디치 장군은 잃어버린 영토를 다시 찾으려 하지 않고, 보스니아 동부의 고립된 이슬람 도시 스레브레니차, 제파, 고라주데를 공격했다. 이 도시들에는 근처 지역에서 몰려온 이슬람교도 피난민이 가득했으나, 유엔이 안전지대로 선포한 곳임에도 이곳을 지키는 유엔군은 소수였다. 믈라디치는 이세 도시를 점령함으로써 보스니아 동부 전체를 세르비아인이 장악할 수 있다고 생각했으며, 유엔 평화유지군을 인질로 잡아두는 한 유엔은 나토의 보복 폭격을 허용할 수 없을 것이라고 확신했다. 그의 생각은 옳았고, 그 결과는 참담했다.

7월 10일, 세르비아인은 스레브레니차를 점령했다. 그달 말, 그들은 제파도 점령했다. 스레브레니차를 탈출한 피난민들은 그곳에서 믈라디치의 군대가 저지르는 무시무시한 이슬람교도 살육을 세상에 알리기 시작했다. 어른 아이 가릴 것 없이 남자들을 축구장으로 모아 수천 명을 집단 학살했다. 수천 명은 숲이 우거진 산악지대를 통하여 탈출을 시도했다.

스레브레니차 점령 소식이 전해지자 나는 유엔에 몇 주 전 캐나다 G-7 회의에서 논의했던 신속대응군을 승인하라고 압력을 넣었다. 한편 밥 돌은 무기수출금지조치를 철회하라고 압력을 넣고 있었다. 나는 그에게 표결을 연기하도록 요청했고, 그도 동의했다. 나는 여전히 유엔과 나토의 힘을 회복하는 방식으로 보스니아를 구할 방법을 찾고 있었다. 그러나 7월 셋째 주가 되자 보스니아의 세르비아인은 유엔을 조롱했고, 그 연장선상에서 나토와 유엔의 노력을 조롱했다. 안전지대는 전혀 안전하지 않았으며, 나토의 행동은 이슬람교도는커녕 자신도 방어할 수 없는 유럽 부대의 취약성 때문에 매우 제한되어 있었다. 유엔 관련자를 인질로 삼는 보스니아 세르비아인의 버릇 때문에 유엔 전략의 근본적인 결함이 드러났다. 보스니아 정부는 무기수출금지조치 때문에 세르비아와 군사적 균형을 이룰 수가 없었다. 평화유지군은 세르비아인이 나토의 응징을 두려워하는 경우에만 보스니아의 이슬람교도와 크로아티아인을 보호할 수 있었다. 이제 인질억류로 인해 나토의 응징에 대한 공포가 사라지자 세르비아인은 보스니아 동부에서 마음껏 활개를 쳤다. 보스니아 중부와 서부에서는 상황이 약간 나았다. 유엔의 수출금지조치에도 불구하고, 그곳에서는 크로아티아인과 이슬람교도가 무기를 약간 얻을 수 있었기 때문이다.

나토의 외무, 국방 장관들은 다시 런던에서 만나, 주도권을 쥐기 위해 필사적인 노력을 기울였다. 워런 크리스토퍼, 빌 페리, 샬리카슈빌리 장군은 전기를 마련하기 위해 보스니아에서 유엔군을 철수시키고, 대신 세르비아에 맞서는 나토의 노력을 강화하고 권위를 높이기로 결심했다. 스레브레니차와 제파를 잃은 후, 미국 국회에서 무기수출금지조치를 철회하려는 움직임이 생기자, 미국 대표들은 그에 힘입어 더 적극적인 행동에 나설 수 있었다. 회의에서 장관들은 결국 워런 크리스토퍼 팀이 마련한 제안을 받아들였다. 그것은 고라주데 주위의 '사막에 금을 그어' 출입금지구역을 설정하고, 유엔에 나토의 행동에 대한 거부권을 주었던 '이중 열쇠' 결정을 철회하는 것이었다. 런던 회의가 전환점이 되어, 그 이후로 나토는 훨씬 더 강력하게 자기주장을 펼치게 된다. 오래지 않아 나토 사령관 조지 줄완 장군과 미국의 나토 대사 로버트 헌터는 고라주데 원칙을 사라예보 안전지대까지 확장하는 데 성공한다.

8월에 상황은 급반전했다. 크로아티아는 크라지나를 되찾기 위한 공격에 나섰다. 이곳은 원래 크로아티아 땅이지만 지역 세르비아인이 자신의 영토라고 주장하는 곳이었다. 유럽과 미국의 일부 군사, 정보 담당자들은 크로아티아의 행동에 반대했다. 밀로셰비치가 크라지나의 세르비아인을 구하기 위해 개입할 것이라고 생각했기 때문이다. 그러나 나는 크로아티아를 응원했다. 헬무트 콜도 마찬가지였다. 그는 나와 마찬가지로 세르비아가 지상에서 심각한 타격을 입지 않으면 외교적인 노력이 성공을 거둘 수 없다는 것을 알고 있었다.

미국은 보스니아의 생존 문제가 달려 있다는 판단에서, 무기수출금지조치를 엄격하게 시행하지 않았다. 그 결과 크로아티아와 보스니아는 무기를 약간 얻을 수 있었고, 그것이 그들의 생존에 도움을 주었다. 우리는 또 개인 회사가 퇴역 미군 인력을 이용하여 크로아티아 군대를 훈련하고 능력을 향상시키는 것을 허락했다.

결국 밀로셰비치는 크라지나의 세르비아인을 도우러 오지 않았으며, 크로아티아군은 거의 저항을 받지 않고 크라지나를 차지할 수 있었다. 세르비아인이 4년 만에 경험한 패배였고, 이것이 지상의 세력균형과 모든 관련자들의 심리를 바꾸어놓았다. 크로아티아의 한 서구 외교관은 이렇게 말한 것으로 전해졌다. "워싱턴으로부터 지원 신호가 온 것 같았다. 미국은 세르비아인을 공격할 기회만 기다리다가, 크로아티아를 대리인으로 이용하여 그 일을 하게 했다." 8월 4일, 국립보건원에서 암수술을 받은 ABC 뉴스 기자 샘 도널드슨을 찾아간 자리에서, 나는 크로아티아의 공격이 갈등을 해소하는 데 도움이 될 수도 있다는 점을 인정했다. 도널드슨은 역시 기자답게 병원 침대에 누운 채 내 말을 취재하여 보도했다.

나는 세력 변화를 최대한 이용하기 위해, 토니 레이크와 국무부의 피터 타노프 차관을 유럽(러시아를 포함하여)으로 보내 레이크가 짠 평화의 기본틀을 설명하게 했다. 또 딕 홀브루크에게 한 팀을 맡겨 보스니아인과 밀로셰비치에게 보내 갈등을 해결할 수 있는 마지막 협상 노력을 하게 했다. 밀로셰비치는 자신이 보스니아 세르비아인을 통제하지 않는다고 주장했지만, 그의 지원 없이는 보스니아 세르비아인이 버틸 수 없다는 것을 모두 알고 있었다. 우리가 외교 사절단을 보내기 직전, 하원에 이어 상원도 무기수출금지조치를 철회하는 투표를 했다. 나는 마지막 노력이 성공을 거둘 기회를 주기 위해 일단 거부권을 행사했다. 레이크와 타노프는 우리의 계획을 설명하기 위해 즉시 떠났다. 그들은 8월 14일에 홀브루크를 만나 동맹국들과 러시아가 우리의 계획을 지지하고 있다고 전했고, 홀브루크는 즉시 자신의 일을 시작하러 떠났다.

8월 15일, 토니 레이크로부터 보스니아 문제에 대해 브리핑을 받은 후, 나는 힐러리, 첼시와 함께 와이오밍 주의 잭슨 홀로 휴가를 떠났다. 제이와 샤런 록펠러 상원의원 부부가 우리를 그들의 집으로 초대했다. 우리 모두 휴식이 필요했다. 나는 그랜드테턴스에서 하이킹과 승마를 하고 싶었고, 스네이크 강에서 래프팅을 하고 싶었고, 옐로스톤 국립공원을 찾아가 올드페이스풀을 구경하고 싶었고, 물소와 큰사슴, 그리고 우리가 야생으로 돌려보낸 이리를 보고 싶었고, 공이 더 멀리 날아가는 높은 고도에서 골프를 치고 싶었다. 힐러리는 가족과 아이들에 대한 책을 준비하고 있었기 때문에, 록펠러 부부의 널찍하고 환한 랜치하우스에서 그 일을 본격적으로 할 수 있는 시간을 고대하고 있었다. 우리는 원하던 일을 다 하고 그 외에 다른 일도 더 했지만, 이 휴가에서 가장 오래 남은 것은 보스니아와 관련된 가슴 아픈 사건에 대한 기억이었다.

우리 가족이 와이오밍으로 떠난 날, 딕 홀브루크는 밥 프레이저, 조 크루젤, 넬슨 드루 공군대령, 합동참모본부 전략정책국장 웰슬리 클라크 중장(나는 이 아칸소 사람을 1965년 조지타운 대학에서 처음 만났다) 등 쟁쟁한 인물들로 이루어진 팀을 이끌고 보스니아로 떠났다.

홀브루크의 팀은 크로아티아의 해변도시 스플리트에 착륙했으며, 그곳에서 보스니아의 외무장관 무하마드 사치르비에게 우리의 계획을 설명했다. 사치르비는 미국 텔레비전을 통해 웅변적인 말투로 보스니아를 대변하는 인물로 잘 알려져 있었다. 그는 건장한 몸집에 얼굴이 잘생겼으며, 툴레인 대학 시절에 풋볼 주전 선수였다. 그는 오래전부터 포위 공격을 당해온 자신의 나라에 미국이 더 개입해주기를 바랐으며, 마침내 그때가 왔다고 반겼다.

미국 사절단은 크로아티아의 수도 자그레브로 가서 투지만 대통령을 만난 뒤 베오그라드로 가서 슬로보단 밀로셰비치를 만났다. 밀로셰비치와의 회담에서는 아무런 결론도 내리지 못했다. 밀로셰비치는 베오그라드에서 다음 목적지인 사라예보 공항으로 날아갈 예정인 미국 사절단의 비행기를 세르비아 포대로부터 보호해주겠다는 약속을 하지 않았다. 미국 사절단은 스플리트로 다시 날아가, 그곳에서 헬리콥터를 타고 착륙 가능한 지점까지 가고, 차량을 이용해 이그만 산길을 넘어 사라예보까지 가야 했다. 이 산길은 좁은 비포장도로인데다 가파른 비탈로 떨어지는 것을 막아줄 가드레일도 없었으며, 유엔군 차량을 향해 자주 총을 쏘는 근처 세르비아 기관총 사수들의 공격을 받을 수 있는 길이었다. 몇 주 전에는 유럽연합의 협상 대표인 칼 빌트가 그 도로를 이용하다 총에 맞은 적도 있었다. 스플리트와 사라예보 사이의 좁은 골짜기에는 도로에서 미끄러진 것들을 포함해서 부서진 차량이 많았다.

나의 49번째 생일인 8월 19일에 나는 버넌 조던, 어스킨 보울스, 세계은행 총재 짐 울펜손과 골프를 치면서 하루를 시작했다. 완벽한 아침이었지만, 곧 이그만 산길에서 벌어진 사건 소식이 들려왔다. 우리는 뉴스를 통해 그 소식을 처음 들었다. 이어 딕 홀브루크와 웨스 클라크가 흥분한 목소리로 전화를 하여 상황을 보고했다. 홀브루크와 클라크는 미 육군 험비에 탔고, 프레이저, 크루젤, 드루는 유엔을 상징하는 흰색을 칠한 프랑스제 인력 수송용 장갑차를 타고 그 뒤를 따랐다. 한 시간쯤 달려 가파른 비탈 꼭대기에 이르렀을 때, 도로가 장갑차의 무게를 이기지 못하고 무너졌다. 장갑차는 공중제비를 넘으며 산 아래로 굴러 떨어지더니 폭발해버렸다. 안에 싣고 가던 탄약이 폭발하면서 장갑차에 불이 붙었던 것이다. 장갑차에는 우리 팀 세 명 외에도 다른 미국인 두 명과 프랑스 군인 네 명이 타고 있었다. 웨스 클라크는 용감하게도 나무줄기에 밧줄을 묶고 산 아래로 내려가 불타는 장갑차 안에 갇힌 사람들을 구하려 했지만, 장갑차는 심하게 손상되었고 몹시 뜨거웠다.

게다가 이미 늦었다. 밥 프레이저와 넬슨 드루는 산에서 추락하는 도중에 사망했다. 다른 사람들은 모두 밖으로 나왔지만, 조 크루젤은 부상 때문에 곧 죽었고, 프랑스 군인 하나도 죽었다. 프레이저는 53세, 크루젤은 50세, 드루는 47세였다. 모두 애국적인 공무원이었고 가정적인 착한 사람들이었는데, 고향에서 멀리 떨어진 무고한 사람들의 생명을 구하려다가 너무 젊은 나이에 아깝게 세상을 떠났다.

다음 주, 보스니아의 세르비아인들이 사라예보 중심가에 박격포를 발사하여 38명을 살해한 사건이 있은 뒤, 나토는 세르비아인들의 거점에 공습을 했다. 9월 1일, 홀브루크는 모든 관련자들이 제네바에 모여 회담을 열 것이라고 발표했다. 보스니아의 세르비아인들은 나토의 조건들을 모두 따른다는 약속을 하지 않았고, 공습은 재개되었다. 이윽고 9월 14일에 홀브루크는 사라예보 포위를 포기하겠다는 카라지치와 믈라디치의 서명이 들어간 합의서를 받아냈으며, 최종적인 평화회담은 오하이오 주 데이턴에서 시작한다고 발표했다. 결국 그들은 데이턴에서 수많은 사람들의 목숨을 앗아간 보스니아 전쟁을 끝내게 된다. 자신의 노고의 열매를 보지 못하고 죽어간 세 명의 두드러지지 않은 영웅들의 공로도 컸다.

8월의 뉴스에는 보스니아 문제가 압도적으로 많았지만, 나는 계속해서 예산을 놓고 공화당과 논쟁을 했고, 의료제도 개혁 실패 이후 1년 동안 100만 명의 미국인들이 건강보험을 잃었다는 사실을 강조했으며, 십대에게 담배의 광고, 판매촉진, 배포, 매매를 제한하는 행정명령을 내렸다. 식품의약국은 14개월간의 연구를 마무리하면서, 담배가 해로우며 중독성이 있고, 십대들에게 적극적으로 판매되고 있으며, 십대의 흡연율이 올라가고 있다는 결론을 내렸다.

십대 흡연 문제는 해결하기가 만만치 않았다. 담배는 미국의 합법적인 중독성 약품이다. 담배는 사람들을 죽이며, 이로 인해 의료비용이 수십억 달러나 늘어난다. 그러나 담배 회사들은 정치적인 영향력을 가지고 있었으며, 담배를 재배하는 농부들은 켄터키, 노스캐롤라이나의 경제적·정치적·문화적 생활의 중심부를 이루고 있다. 농부들의 인정 있는 얼굴 이면에는 담배라는 갈고리에 점점 더 어린 사람들을 끌어들여 이윤을 늘리려는 담배 회사들의 사업이 자리 잡고 있었다. 나는 그들을 저지하기 위해 뭔가 해야 한다고 생각했다. 사랑하는 누이 낸시를 폐암으로 잃은 앨 고어도 같은 생각이었다.

8월 8일, 사담 후세인의 두 딸과 사위들이 요르단의 후세인 왕에게 달아나 망명함으로써 이라크의 대량살상무기 프로그램을 완전히 제거하려는 우리의 노력에 돌파구가 열렸다. 사위들 가운데 하나로 사담의 대량살상무기를 개발하는 비밀 사업을 이끌었던 후세인 카멜 하산 알마지드는 이라크에 남아 있는 대량살상무기 재고에 대한 귀중한 정보를 제공했다. 그 규모와 중요성은 유엔 사찰단이 이라크 관리들에게서 들은 내용과 전혀 달랐다. 증거를 들이대자 이라크는 하산이 제공한 정보가 사실이라고 순순히 인정하고, 사찰단을 하산이 지적한 현장으로 데려갔다. 사담 후세인이 딸과 사위들을 설득하여 그들은 망명 여섯 달 뒤에 이라크로 돌아갔다. 그러나 이틀이 안 되어 사위들은 둘 다 살해당했다. 자유를 향한 짧은 여행기간에 유엔 사찰단에 아주 많은 정보를 제공한 그들 덕분에, 사찰 과정에서 걸프전쟁 때보다 많은 생화학 무기와 연구 시설이 파괴되었다.

8월은 화이트워터 세계에서도 큰일이 많았던 달이다. 케네스 스타는 짐과 수잔 맥두걸 부부, 짐 가이 터커를 화이트워터와 관련이 없는 혐의로 기소했으며, 상원과 하원의 공화당은 한 달 내내 청문회를 열었다. 상원의 앨 다마토는 여전히 빈스 포스터의 죽음에 우울증으로 인한 자살 외에 다른 것이 있음을 증명하기 위해 노력하고 있었다. 그는 힐러리의 비서진과 친구들을 위원회에 불러 위협적인 심문을 하고 인신공격을 했다. 다마토는 특히 매기 윌리엄스와 뉴욕에 사는 그녀의 친구 수잔 토머시즈에게 불쾌한 질문을 던졌다. 로치 페어클로스 상원의원은 윌리엄스와 토머시즈가 단지 슬픔을 나누기 위해 여러 번 전화로 빈스 포스터 이야기를 할 수도 있다는 생각 자체를 경멸하기까지 했다. 당시에 나는 만일 페어클로스가 정말로 그들의 감정을 이해하지 못한다면, 감정의 황무지에서 살아온 사람이 틀림없다고 생각했다. 매기 윌리엄스가 빈스의 죽음 이후 자신의 행동에 대한 진술로 두 번이나 거짓말 탐지기를 통과했다는 사실도 다마토와 페어클로스의 비난 섞인 심문을 누그러뜨리지는 못했다.

하원 금융위원회에서 짐 리치 위원장도 다마토와 흡사한 행동을 했다. 그는 처음부터 힐러리와 나에 대한 거짓 혐의들이 모조리 사실인 양 이야기했다. 그는 우리가 화이트워터에서 돈을 잃은 것이 아니라 벌었고, 매디슨 신용금고 기금을 개인적·정치적으로 유용했으며, 데이비드 헤일의 중소기업청 사기를 조종했다고 주장했다. 그는 계속 '대박'이 될 폭로를 하겠다고 약속했으나, 그 약속은 결국 지켜지지 않았다.

8월에 리치는 1992년 선거 직전 범죄혐의보고서에서 힐러리와 나를 증인으로 지명했던 정리신탁공사 조사관 L. 진 루이스를 불러 청문회를 열었다. 부시의 법무부가 루이스의 보고서를 조사했을 때 아칸소의 공화당 연방검사 찰스 뱅크스는 우리에게 범죄 혐의가 없고, 그 보고서가 선거에 영향을 주려는 시도였으며, 당시에 수사를 시작했다면 '검사 직권 남용'이 되었을 것이라고 말했다.

리치는 루이스를 '영웅적'인 공무원이라고 언급하면서, 나의 당선 뒤에 그의 조사활동이 방해를 받았다고 말했다. 그러나 청문회가 시작되기 전에 우리의 입장을 뒷받침하는 문건들이 공개되었다. 증거 부족으로 루이스의 주장을 따르지 않겠다는 은행의 편지, 힐러리와 내가 '소송에 영향을 미치는 중요한 증인으로 지목된 것을 뒷받침할 만한 사실들이 발견되지 않았다'는 취지의 연방수사국 내부 전문과 법무부 평가서 등이었다. 루이스의 보고서를 반박하는 문건들에 대한 언론 보도는 거의 없었다. 청문회는 흐지부지 끝나고 말았다.

8월 청문회와 스타의 기소 건으로 시끄러웠을 때, 나는 화이트워터에 대한 기자들의 질문에는 가능한 한 공개적 논평을 하지 않는 것을 원칙으로 삼고 있었다. 나는 군대 내 동성애자 문제에 대한 언론 보도를 겪으면서, 만일 내가 언론이 민감하게 여기는 소재와 관련된 질문에 내용이 좀 들어 있는 답을 하면 그것이 곧바로 저녁 뉴스에 등장한다는 것을 알았다. 그러면 내가 그날 했던 일 가운데 국민의 관심을 받을 만한 것은 묻혀버리고, 국민은 내가 그들을 위하여 일하는 대신 나 자신을 방어하는 데만 시간을 쓰고 있다고 생각하게 된다. 그러나 사실 화이트워터는 내 시간 가운데 극히 적은 부분만을 차지했을 뿐이다. 1부터 10까지 눈금이 있다고 한다면, 경제에 대한 7짜리 답변이 화이트워터에 대한 10짜리 답변보다 나았다. 참모진은 나에게 늘 그 점을 일깨워주었고, 나는 그 문제에 대해서는 대부분 입을 꾹

다물고 있었다. 그러나 그것은 어려운 일이었다. 나는 권력 남용을 싫어했다. 거짓 혐의가 판을 치고, 우리의 결백에 대한 증거가 무시당하고, 스타는 또 죄 없는 사람들을 쫓아다니고 있었다. 나는 속이 부글부글 끓었고, 그 정도로 화가 나면 자기 자신을 해치는 법이다. 그러나 그것을 깨닫는 데 너무 오랜 시간이 걸렸다.

9월은 제2차 세계대전 종전 50주년을 기념하기 위한, 기억에 남을 만한 하와이 출장으로 시작되었다. 뒤이어 힐러리는 베이징에서 열리는 유엔 제4차 세계여성회의에 참석해서 연설을 했다. 8년간의 재임기간 가운데 우리 행정부에서 이루어졌던 연설 중에서 손에 꼽힐 만큼 중요한 연설이었다. 힐러리는 '인권은 곧 여권'인데, 여자를 팔아 매춘부로 만들거나, 지참금이 적다고 불태워 죽이거나, 전쟁 중에 강간하거나, 집 안에서 때리거나, 생식기 절단이나 낙태나 불임을 강요하는 행동들은 인권을 침해하는 것이라고 비난했다. 그녀의 연설은 기립박수를 받았으며, 전 세계 여성으로부터 공감을 얻었다. 이제 여성들은 미국이 그들을 지원한다는 것을 의심하지 않게 되었다. 힐러리는 화이트워터 문제로 시달림을 당하는 와중에도 자신이 깊이 신봉하는 대의를 위해, 그리고 조국을 위해 다시 한 번 힘을 낸 것이다. 나는 힐러리가 무척 자랑스러웠다. 부당하게 심한 공격을 당하면서도 오래전에 내가 매혹당했던 그 이상주의는 전혀 무디어지지 않았던 것이다.

9월 중순에 딕 홀브루크는 보스니아, 크로아티아, 유고슬라비아의 외무 장관들을 설득하여 보스니아의 갈등을 해결할 기본 틀이 될 수 있는 일군의 기본 원칙들에 대한 합의를 이끌어냈다. 한편 보스니아 세르비아인에 대한 나토의 공습과 크루즈 미사일 공격은 계속되고 있었다. 거기에 보스니아와 크로아티아의 군사 작전이 보태지면서, 세르비아인이 통제하는 보스니아 지역은 70퍼센트에서 50퍼센트로 줄었다. 이 정도면 합의서에서 요구하게 될 수준과 비슷했다.

9월 28일, 외교 방면에서 순조로웠던 한 달을 마무리하듯, 이츠하크 라빈과 야세르 아라파트가 백악관을 찾아와 평화 협상에서 큰 진전을 보였다.

이스라엘이 상당한 땅을 팔레스타인에 넘기는 서안지구 협정에 서명한 것이다.

이 조인식에서 가장 의미 있는 사건은 사실 카메라로부터 멀리 떨어진 곳에서 일어났다. 조인식은 정오에 열릴 예정이었다. 그러나 라빈과 아라파트는 협정서의 부속서류에 가조인假調印을 하기 위해 먼저 캐비닛 룸에서 만났다. 세 부의 부속서류에는 도로, 다리, 정착지, 성지 등과 관련하여 협상당사자들이 타결한, 말 그대로 수천 가지 결론들을 반영하는 26개의 지도가 포함되어 있었다. 나도 공식 증인으로서 서류에 가조인을 하라는 요청을 받았다. 가조인식 도중에 내가 전화를 받으러 밖으로 나오자 라빈이 따라나와서 말했다. "문제가 생겼소." 아라파트가 어떤 지도에 있는 도로 한 구간을 지적한 것이다. 그곳은 이스라엘 관할 구역으로 표시되어 있지만, 아라파트는 팔레스타인에 넘어오기로 합의된 곳이라고 믿고 있다는 이야기였다. 라빈과 아라파트는 내가 그 문제 해결에 도움을 주기를 바랐다. 나는 두 사람을 내 전용 식당으로 불러 이야기를 시작했다. 라빈은 좋은 이웃이 되고 싶다고 말했다. 그러자 아라파트는 똑같은 아브라함의 후손들로서 그들은 사실 사촌간이나 다름없다고 응대했다. 오랜 원수들 사이의 대화는 흥미로웠다. 나는 아무 말 없이 방에서 나왔다. 처음으로 그들 둘만을 남겨둔 것이다. 조만간 두 사람은 직접적인 관계를 맺을 수밖에 없었는데, 그때가 그런 만남을 시작하기에 적절한 순간으로 여겨졌다.

20분이 안 되어 문제의 다리는 팔레스타인 쪽에 가기로 합의가 되었다. 세계가 기다리고 있는 조인식에 이미 늦었기 때문에, 지도를 수정할 시간은 없었다. 대신 라빈과 아라파트는 악수로 수정에 합의하고, 그들 앞에 놓인 지도에 서명을 했다. 문제가 된 도로의 잘못된 표기에도 불구하고 법적인 약속이 이루어진 것이다.

얼마 전이라면 생각도 할 수 없는 신뢰의 행동이었다. 게다가 라빈으로서는 위험한 일이었다. 며칠 뒤, 서안지구 협정을 둘러싼 이스라엘의 여론이 반반으로 나뉘면서, 라빈은 크네세트의 불신임 표결에서 한 표 차이로 간신히 살아남았다. 우리는 여전히 외줄타기를 하고 있었지만, 그래도 나는 낙관적이었다. 나는 영토 이양이 두 사람이 나누었던 악수에 따라 진행될 것임을 알았고, 또 실제로 그렇게 되었다. 라빈과 아라파트가 평화를 이루는 작업을 마무리할 방법을 찾아낼 것이라고 내가 확신했던 것은 공식 조인식보다도 그 악수 때문이었다.

회계연도는 9월 30일에 끝났다. 그런데 우리에게는 여전히 예산이 없었다. 9월에 보스니아와 중동 문제에 매달려 있지 않을 때, 나는 늘 전국을 돌아다니며 메디케어와 메디케이드, 식량 카드, 학생 직접대출 프로그램, 아메리코, 환경보호 정책, 10만 명의 새로운 경찰관을 거리에 풀어놓는 정책 등에 대한 공화당의 삭감안에 반대하는 캠페인을 벌였다. 공화당은 심지어 소득세공제도 원래대로 돌려, 최고소득층의 세금은 깎아주면서 저소득 노동자 가족의 세금은 올리려 했다. 나는 발 닿는 곳마다, 문제는 균형예산을 짜고 불필요한 정부의 부담을 줄일 것이냐 말 것이냐가 아니라, 그것을 어떤 방법으로 할 것이냐라고 강조했다. 이 큰 논쟁은 연방정부가 공동의 선을 위해서 어떤 책임을 떠맡을 것이냐 하는 문제로 이어졌다.

뉴트 깅리치는 나의 공격에 대한 대응으로, 만일 내가 그들의 예산안에 거부권을 행사하면 부채 상한선을 올리는 것을 거부하여 미국을 채무불이행 상태로 몰아넣겠다고 위협했다. 사실 부채 상한선을 올리는 것은 불가피한 일을 인정하는 요식 행위일 뿐이었다. 미국이 적자 운영을 계속하는 한 연간 부채는 증가하기 마련이고, 정부는 그 재원을 조달하기 위해 국채를 더 내다팔 수밖에 없었다. 부채 상한선을 올리는 것은 재무부에 그렇게 할 수 있는 권한을 부여하는 것에 지나지 않았다. 민주당이 다수당이었을 때 공화당은 부채 상한선을 올리는 것에 상징적으로 반대표를 던짐으로써 자신들은 그 불가피한 일과 아무런 관계가 없는 척했다. 그러나 하원의 공화당 의원들 다수는 부채 상한선을 올리는 데 찬성표를 던진 적이 없었으며, 이제 와서 그렇게 하고 싶어 하지도 않았다. 따라서 나는 깅리치의 위협을 심각하게 받아들일 수밖에 없었다.

미국이 채무불이행 상태로 접어들면, 그 결과는 심각할 수 있었다. 미국은 2백여 년 동안 부채 상환을 하지 못한 적이 없었다. 따라서 채무불이행은 투자자의 신뢰를 흔들어놓는 일이 될 수밖에 없었다. 일이 파국으로 치달으면서, 나는 깅리치에게 중요한 협상용 카드가 있다는 것을 인정했지만, 그래도 협박에 굴복할 생각은 없었다. 그 위협을 실행에 옮기면 그 자신도 다칠 터였다. 채무불이행은 이자율의 급등을 가져올 터인데, 이자율이 조금만 올라도 주택저당 할부금은 수천억 달러가 늘어났다. 연방 이자율에 연동되는 가변 이자율을 가진 주택저당에 묶여 있는 미국인이 1천만 명이었다. 만일 국회가 부채 상한선을 올리지 않으면 국민은 저당 할부금에 앨 고어의 표현대로 '깅리치 추가요금'을 보태서 내야 할 판이었다. 따라서 공화당도 미국을 채무불이행 사태로 몰아가기 전에 다시 생각할 수밖에 없었다.

10월 첫째 주에 교황이 미국을 다시 방문했다. 힐러리와 나는 교황을 만나러 뉴어크의 웅장한 고딕 성당으로 갔다. 덴버, 바티칸에서와 마찬가지로 나는 교황과 단둘이 만났고, 주로 보스니아 이야기를 했다. 교황은 우리의 평화를 위한 노력을 격려하면서 오래 남을 만한 이야기를 했다. "20세기는 사라예보의 전쟁으로 시작되었으나, 20세기를 사라예보의 전쟁으로 끝내서는 안 된다."

회담이 끝나고 나서 나는 교황에게서 정치적인 가르침을 하나 얻었다. 우선 교황은 성당을 나가서 3킬로미터 정도 떨어진 곳까지 갔다가 투명한 방탄유리로 지붕을 만든 교황용 차를 타고 다시 왔다. 교황은 거리에 모인 사람들에게 손을 흔들었다. 교황이 교회에 도착하자 회중은 자리에 앉았다. 힐러리와 나는 주와 지방자치단체 공무원, 뉴저지 가톨릭계의 저명인사들과 함께 앞줄에 앉았다. 육중한 떡갈나무 문이 열리면서 눈부시게 하얀 성의와 망토 차림의 교황이 나타났고, 회중은 일어서서 박수를 치기 시작했다. 교황이 통로 양쪽에 있는 사람들의 손을 잡아주기 위해 두 팔을 펼치고 통로를 따라 내려오자, 박수는 우렁찬 환호로 바뀌었다. 수녀들 몇 사람은 록 콘서트에 온 십대들처럼 자리에서 일어나 비명을 지르고 있었다. 내가 옆에 있는 사람에게 어떻게 된 일이냐고 묻자, 그는 그들이 카르멜파 수녀들이라고 대답했다. 사회로부터 완전히 격리된 채 고립되어 살아가는 교단의 수녀들이라는 이야기였다. 교황이 성당에 오도록 허락해주었기 때문에 그 수녀들은 수녀원 바깥으로 나올 수 있었던 것이다. 교황은 군중이 어떻게 구성되어야 하는지 알고 있는 것이 틀림없었다. 나는 고개를 설레설레 저으며 말했다. "선거에서 저런 사람과 싸워야 한다면 괴로울 거야."

교황을 만난 다음 날 보스니아 협상에 진전이 생겨, 나는 당사자들이 모두 휴전에 동의했다고 발표했다. 일주일 뒤 빌 페리는 나토가 평화협정 이행을 위해 보스니아에 파병할 것이며, 미국은 나토의 임무에 참여할 분명한 책임이 있기 때문에 국회의 사전 승인을 구할 필요는 없다고 덧붙였다. 돌과 깅리치는 보스니아 파병에 대한 투표를 할 필요가 없어 안도했을 것이다. 그들은 둘 다 우리가 세계에서 해야 할 일을 아는 국제주의자들이었지만, 양원에는 파병에 강력하게 반대하는 공화당 의원들이 많았기 때문이다.

10월 15일, 나는 친구인 크리스 도드 상원의원과 함께 그의 아버지 톰 도드의 이름을 딴 연구센터 개관식에 참석하기 위해 코네티컷 대학에 갔다. 그곳에서 나는 보스니아 전쟁을 끝내고, 전범자들에게 책임을 묻겠다는 결심을 단단히 굳혔다. 톰 도드는 상원에 들어가기 전 뉘른베르크 전범재판소에서 선임 법정 변호사로 활동했다. 나는 구유고슬라비아와 르완다의 전범들을 재판할 전범재판소를 강력하게 지지하는 발언을 했다. 우리는 그 재판소에 돈과 인력을 투입하고 있었다. 나는 또 전쟁 범죄를 비롯하여 인권을 침해하는 다른 잔학행위를 다룰 상설재판소의 설립을 제안했다. 결국 이런 구상은 국제형사재판소에 뿌리를 내리게 된다.

내가 국내에서 보스니아 문제를 처리하는 동안, 힐러리는 남미로 출장을 갔다. 미국이 군사, 경제, 정치에서 유일한 초강대국으로 자리 잡은 냉전 이후 세계에서는, 모든 나라가 미국의 관심을 원했고 그런 관심을 보이는 것은 대부분 미국에도 도움이 되었다. 하지만 나는 모든 곳을 다 찾아다닐 수가 없었다. 게다가 국내에서는 국회와 예산 다툼이 벌어지고 있었다. 결국 앨 고어와 힐러리가 중요한 해외 출장에 많이 나서게 되었다. 그들은 방문국의 사람들에게 미합중국, 그리고 나를 대신해서 이야기한다는 확신을 주었으며, 가는 곳마다 어김없이 미국의 입지를 강화했다.

10월 22일, 나는 뉴욕으로 가서 유엔 창설 50주년 기념식에 참석하고, 그 기회에 테러, 대량살상무기 확산, 조직범죄, 마약밀매에 대항한 싸움에서 더 긴밀한 국제적 협조를 요구했다. 10월 초에 셰이크 오마르 압델 라만을 비롯한 10명이 1차 세계무역센터 폭탄 테러 사건으로 유죄판결을 받았다. 또 그 얼마 전에 콜롬비아는 악명 높은 칼리 마약 카르텔의 지도자 몇 명을 체포했다. 나는 연설에서 그런 사례들에 기초하여, 전 세계의 돈세탁 방지 관행 유지, (콜롬비아 카르텔의 경우에 그랬던 것처럼) 테러리스트와 마약밀매자의 자산 동결, 테러나 조직범죄 집단의 구성원들에게 피난처를 제공하지 않겠다는 약속, 테러리스트와 마약밀매자들에게 무기나 허위 신분증을 제공하는 회색시장의 폐쇄, 마약작물을 파괴하고 마약에 대한 수요를 감소시키기 위한 노력 강화, 경찰관을 훈련시키고 최신 기술을 제공하는 국제적 네트워크 형성, 화학무기협약 비준, 생물무기협약 강화 등의 의제를 제시했다.

다음 날 나는 하이드파크로 가서 보리스 옐친을 아홉 번째로 만났다. 옐친은 몸이 안 좋았고, 국내에서 극단적 국수주의자들에게 시달리고 있었다. 나토의 확대, 미국의 보스니아 사태 적극 개입 등이 주요 쟁점이었다. 옐친은 전날 유엔에서 강력한 연설을 했는데, 그것은 주로 러시아용이었다. 나는 그의 스트레스가 최고조에 달했다는 것을 알 수 있었다.

나는 옐친을 편안하게 해주기 위해, 함께 헬리콥터를 타고 하이드파크로 날아갔다. 가을치고는 유난히 따뜻했던 그날, 나는 허드슨 강을 따라 공중을 날아가며 아름다운 단풍을 구경할 수 있었다. 우리는 도착한 뒤에 오래된 집의 앞마당으로 나갔다. 그곳에서는 강이 한눈에 내다보였다. 우리는 제2차 세계대전 시기에 그곳을 찾은 처칠이 루스벨트와 함께 앉았던 의자에 앉아 잠시 이야기를 나누었다. 이어 나는 옐친을 데리고 집 안으로 들어가 러시아 조각가가 새겨놓은 루스벨트 흉상, 그 조각가의 형제가 그린 루스벨트의 강인한 어머니의 초상, D-데이가 확정된 소식을 스탈린에게 알리는 루스벨트의 친필 편지 등을 보여주었다.

옐친과 나는 그의 위태로운 정치적 상황에 대해 이야기하며 아침을 보냈다. 나는 그를 지원하기 위해 내가 할 수 있는 일을 다했다는 점을 강조했다. 나토 확대 문제를 놓고 의견이 엇갈렸지만, 나는 그가 곤경을 헤쳐나가도록 도울 생각이었다.

점심식사 뒤에는 백악관으로 돌아와 보스니아 문제를 이야기했다. 곧 관련자들이 미국에 와서 협상할 예정이었는데, 우리는 거기에서 최종 합의가 나오기를 바라고 있었다. 협상의 성공은 나토가 이끄는 다국적군과 러시아군의 참여에 달려 있었다. 그래야 보스니아의 세르비아인이 자신들도 공정한 대접을 받을 것이라고 안심할 터였다. 결국 옐친은 파병을 하겠다고 약속했지만, 나토 사령관들의 지휘를 받을 수는 없다고 말했다. 그러나 '미국 장군'의 명령은 기꺼이 따르겠다고 말했다. 나는 그의 군대가 나토의 지휘와 통제에 간섭하지 않는 한 그의 제안에 동의할 수 있다고 말했다.

나는 옐친이 국내에서 큰 곤경에 처한 것이 무척 안타까웠다. 옐친도 그 나름대로 실수를 했지만, 엄청난 역경에도 불구하고 러시아를 올바른 방향으로 이끌고 있었다. 나는 그가 선거에서 1위를 차지할 것이라고 생각했다.

회의 뒤의 기자회견에서 나는 보스니아 문제에 진전이 있었고, 옐친과 함께 START Ⅱ의 비준을 밀어붙일 것이며, 1996년에는 포괄적인 핵실험금지조약을 마무리하기 위해 협력할 것이라고 말했다. 훌륭한 발표였다. 그러나 옐친이 더 각광을 받게 되었다. 그는 회담장으로 올 때보다 더 낙관적인 태도로 돌아갈 수 있게 되었다고 언론에 말했다. 그는 이렇게 말했다. "모든 언론 보도에서 우리의 정상회담이 실패작이 될 것이라고 예측했는데, 이제 처음으로, 나는 당신들이야말로 실패작이라고 말할 수 있게 되었기 때문이다." 나는 웃다가 넘어질 뻔했다. 기자들도 웃음을 터뜨렸다. 내가 기자들에게 할 수 있는 말이라고는 "방금 한 말이 누가 한 말인지 헷갈리지 않도록 하라"는 것뿐이었다. 옐친은 언론에 대해 가장 심한 말을 하고도 무사히 빠져나갈 수 있었다. 만일 그가 화이트워터와 관련하여 질문을 받는 입장이었다면 어떻게 답했을지 궁금하다.

10월에 국내는 비교적 조용했지만, 예산의 솥단지는 천천히 비등점을 향해 끓어오르고 있었다. 10월 초, 뉴트 깅리치는 로비개혁 법안을 표결에 부치지 않기로 결정했으며, 나는 입법부 세출안에 거부권을 행사했다. 로비개혁 법안은 로비스트들의 활동을 공개하도록 요구했으며, 의원들에게 한도를 넘는 선물, 여행비, 식사를 제공하는 것을 금지했다. 공화당은 다양한 이익단체들에 면세, 지원금, 환경규제 면제를 제공하는 법안을 써 주고 로비스트들로부터 돈을 많이 모았다. 깅리치는 이런 유익한 상황을 흔들어놓을 이유가 없다고 생각했을 것이다. 내가 입법부 세출안을 거부한 것은, 그것이 군용 건축을 위한 세출을 제외하면 새로운 회계연도가 시작되면서 국회가 통과시킨 유일한 법안이었으며, 국회가 자기 자신부터 돌보는 것은 옳지 않다고 생각했기 때문이다. 나는 그 세출안에 거부권을 행사하고 싶지 않았기 때문에 공화당 지도자들에게 다른 예산안 몇 가지가 마무리될 때까지 기다려달라고 요청했지만, 그들은 나의 요청을 무시하고 세출안을 보내왔다.

예산 싸움이 계속되는 동안, 자원부 장관 헤이절 오리어리와 나는 인간 방사능실험 자문위원회로부터 냉전기간에 대학, 병원, 군사기지에서 인간을 대상으로 수천 건의 실험이 이루어졌다는 내용의 보고를 받았다. 대부분은 윤리적인 실험이었지만, 몇 건은 그렇지 않았다. 한 실험에서 과학자들은 환자 18명에게 사전 통보 없이 플루토늄을 주사했다. 또 다른 경우에는 전혀 도움이 되지 않는다는 것을 알면서도 가난한 암 환자들에게 과도한 방사선을 쬐게 했다. 나는 현재의 모든 실험 절차를 재검토하라고 명령하고, 보상을 해야 하는 경우라면 모두 보상하겠다고 약속했다. 이전에 비밀로 분류되었던 이런 정보의 공개는 내가 재임기간 내내 추구했던 폭넓은 공개 정책의 일환이었다. 우리는 그전에 이미 제2차 세계대전, 냉전, 케네디 대통령 암살과 관련된 문서 수천 건의 비밀을 해제했다.

10월 첫 주가 끝났을 때, 나는 힐러리와 함께 마사스 비니어드로 가서 우리의 친한 친구 메리 스틴버건과 테드 댄슨의 결혼식에 참석했다. 우리는 1980년부터 친구로 지냈다. 우리 아이들은 어렸을 때부터 함께 놀았으며,

스틴버건은 1992년 선거운동 때 나를 위해 전국을 열심히 돌아다녔다. 나는 두 사람이 사랑에 빠졌다는 것을 알고 내 일처럼 기뻐했다. 게다가 그들의 결혼식은 보스니아, 화이트워터, 예산 싸움의 긴장으로부터 잠시나마 벗어날 수 있는 즐거운 행사였다.

그달 말, 힐러리와 나는 결혼 20주년 기념식을 가졌다. 나는 힐러리에게 우리의 삶의 이정표를 기념할 수 있는 예쁜 다이아몬드 반지를 선물했다. 나는 그 반지로 힐러리가 결혼 승낙을 했을 때 돈이 없어 약혼반지조차 사주지 못했던 일을 보상하고 싶었다. 힐러리는 가는 고리에 작은 다이아몬드들이 박힌 그 반지를 아주 좋아했으며, 삶의 기복에도 불구하고 우리는 여전히 서로에게 묶여 있다는 표시로 그 반지를 끼고 다녔다.

45

11월 4일 토요일은 희망적인 느낌으로 시작되었다. 사흘 전에 오하이오 주 데이턴의 라이트-패터슨 공군기지에서 보스니아 평화회담이 시작되었으며, 환경보호청 예산에 대한 반환경적인 추가조항 17개를 국회 표결로 물리친 뒤였다. 환경보호청 예산에 여전히 남아 있는 지출 삭감을 공격하는 내용의 토요일 아침 라디오 연설은 미리 녹음해두었기 때문에 오랜만에 편안한 하루를 보낼 수 있었다. 오후 3시 25분, 토니 레이크가 관저로 전화를 했다. 이츠하크 라빈이 텔아비브에서 열린 대규모 평화 집회에 참석했다가 떠나는 길에 총격을 당했다는 이야기였다. 그를 공격한 사람은 팔레스타인 테러리스트가 아니라 젊은 이스라엘 법대생 이갈 아미르였다. 그는 이스라엘 정착지들이 있는 땅을 포함한 서안지구를 팔레스타인 사람들에게 넘겨주는 데 강력하게 반대하는 사람이었다.

라빈은 급히 병원으로 옮겨졌으며, 우리는 한동안 그의 상태가 어떠한지 알지 못했다. 나는 위층에서 책을 쓰고 있던 힐러리에게 전화를 하여 소식을 전했다. 힐러리는 아래층으로 내려와 나를 끌어안았다. 우리는 열흘 전 라빈과 내가 함께 있었던 일을 기억했다. 라빈은 유대인 호소 연합의 이사야 상을 수여하기 위해 미국에 왔다. 행복한 밤이었다. 옷을 차려입기 싫어하던 라빈은 나비넥타이를 매는 공식 행사에 보통 넥타이에 검은 양복을 입고 나타났다. 라빈은 내 보좌관 스티브 구딘에게 나비넥타이를 빌렸고, 나는 사람들이 있는 곳으로 나가기 직전 그의 넥타이를 바로잡아주었다. 라빈은 나에게 상을 주면서 수상자로서 자신의 오른편에 서라고 했다. 원래

의전에 따르면 외국 지도자가 대통령의 오른편에 서야 했다. "오늘밤 우리는 서는 순서를 바꾸기로 했소." 라빈은 그렇게 말했다. 나는 유대인 호소연합 앞에서는 그렇게 하는 것이 옳을지도 모르겠다고 말했다. "사실 그들은 나를 지지하는 사람들이라기보다는 라빈을 지지하는 사람들이니까." 나는 그의 피격 소식을 듣고, 그렇게 함께 웃을 수 있는 날이 다시 오기를 간절히 바랐다.

레이크는 첫 전화를 하고 나서 25분쯤 뒤에 다시 전화해서 라빈의 상태가 위중하지만, 그 이상은 모른다고 말했다. 나는 전화를 끊고 힐러리에게 오벌 오피스에 가봐야겠다고 말했다. 한 5분 정도 비서진과 이야기를 하고 방 안을 어슬렁거리고 나자, 혼자 있고 싶어졌다. 나는 퍼터와 골프공 두 개를 들고 사우스론의 퍼팅 그린으로 갔다. 그곳에서 나는 하나님에게 라빈의 목숨을 살려달라고 기도하면서 무의식적으로 공을 치며 소식이 오기를 기다렸다.

10분인가 15분인가 지났을 때, 오벌 오피스의 문이 열리는 것이 보였다. 토니 레이크가 돌이 깔린 좁은 길을 따라 나에게 걸어오고 있었다. 나는 그의 표정을 보고 라빈이 죽었다는 것을 알았다. 나는 토니의 입으로 그 소식을 확인한 뒤, 돌아가서 성명을 준비하라고 말했다.

함께 일한 2년 반 동안 라빈과 나는 매우 친밀한 관계를 맺었다. 솔직함, 신뢰, 그리고 상대의 정치적 위치나 사고 과정에 대한 특별한 이해가 바탕이 되는 관계였다. 우리는 선하고 위대한 공동의 대의를 위해 함께 투쟁할 때 쌓게 되는 그런 독특한 우정을 쌓았다. 나는 만날 때마다 라빈이 더 존경스러웠고, 더 좋아졌다. 그가 암살당했을 때, 나는 그때까지 다른 어떤 남자를 그렇게 사랑한 적이 드물다고 할 만큼 그를 사랑하고 있었다. 나는 마음 한구석에서 늘 그가 목숨을 내걸고 있음을 알고 있었던 것 같다. 하지만 그가 가버린다는 것은 상상할 수 없었고, 라빈 없이 중동에서 무엇을 해야 할지, 무엇을 할 수 있을지 알 수 없었다. 나는 비통한 심정에 사로잡혀 위층으로 다시 올라가 두어 시간 힐러리와 함께 있었다.

다음 날 힐러리, 첼시와 나는 리틀록에서 온 손님들인 빅과 수잔 플레맹 부부, 그들의 딸이자 고향에서 첼시의 가장 가까운 친구였던 일리저버스와 함께 펀드리 감리교회에 갔다. 그날은 '모든 성인의 날'이었으며, 예배에서는 라빈을 기억나게 하는 이야기들을 자주 들을 수 있었다. 첼시와 다른 어린 소녀는 「출애굽기」에서 모세가 타는 덤불에서 하나님과 대면하는 대목을 읽었다. 필 워그먼 목사는 텔아비브에서 라빈이 "목숨을 내놓은 장소는 성지가 되었다"고 말했다.

힐러리와 나는 영성체를 받은 뒤, 라비노비치 이스라엘 대사 부부를 만나고 조문객 방명록에 서명하기 위해 교회를 나와 이스라엘 대사관으로 갔다. 방명록은 대사관의 예루살렘홀 탁자에 놓여 있었고, 그 옆에는 라빈의 커다란 사진이 있었다. 우리가 도착했을 때 토니 레이크와 중동특사 데니스 로스는 이미 그곳에 조용히 앉아 있었다. 힐러리와 나는 서명을 하고 돌아가 장례식에 참석할 준비를 했다.

카터 전 대통령과 부시 전 대통령, 국회 지도부, 40명 정도의 상원의원과 하원의원, 샬리카슈빌리 장군, 전 국무장관 조지 슐츠, 몇몇 유명한 재계 지도자도 장례식에 동행했다. 비행기가 착륙하자마자 힐러리와 나는 라빈의 집으로 가서 라빈의 부인 레아를 만났다. 레아는 몹시 상심했지만, 가족과 나라를 위해 용감한 모습을 보여주려고 노력하고 있었다.

장례식에는 후세인 왕과 누르 왕비, 무바라크 대통령 등 다른 세계 지도자들도 참석했다. 아라파트도 오고 싶어 했지만, 위험하기도 했고, 또 그가 이스라엘에 나타날 경우 이스라엘 국민을 분열시킬 수도 있다고 만류하는 사람들이 있어 오지 못했다. 얼마 전에 암살을 모면한 무바라크에게도 장례식 참석은 모험이었지만, 그는 모험을 택했다. 후세인과 누르는 라빈의 죽음에 참담한 표정이었다. 그들은 라빈을 정말 좋아했으며, 그가 평화과정에 필수적인 인물이라고 생각했다. 아랍의 지도자들에게 라빈의 암살은 그들 역시 평화를 위해 노력하다 비슷한 일을 당할 수 있다는 사실을 고통스럽게 일깨워주었다.

후세인은 장엄한 조사를 했다. 당시 이스라엘 군대에서 근무하던 라빈의 손녀 노아 벤 아르치-펠로소프는 조사를 통해 할아버지에게 다음과 같은 말을 하여 청중을 감동시켰다. "할아버지, 할아버지는 장막 앞의 불기둥이었어요. 이제 우리는 어둠 속에 홀로 남은 장막일 뿐이에요. 우리는 너무 추워요." 나는 연설에서 이스라엘 국민이 쓰러진 지도자를 계속 따라야 한다고 말했다. 바로 그 주에 전 세계 유대인들은 「토라」 가운데 하나님이 아브라함에게 사랑하는 아들 이삭, 즉 이츠하크를 제물로 바치라고 명령하는 대목을 공부하고 있었다. 아브라함이 순종할 뜻을 비치자 하나님은 이삭을 살려준다. "지금 하나님은 우리의 믿음을 더 가혹하게 시험하고 있습니다. 이츠하크를 진짜로 데려가셨기 때문입니다. 그러나 이스라엘과 하나님의 약속, 자유의 약속, 관용의 약속, 안전의 약속, 평화의 약속, 그 약속은 지켜질 것입니다. 그 약속은 라빈 총리의 평생의 일이었습니다. 이제 우리는 그 것을 라빈의 영원한 유산으로 만들어야 합니다." 나는 "샬롬, 차베르(안녕, 친구여)"라는 말로 연설을 끝맺었다.

'샬롬, 차베르'라는 그 두 마디가 라빈에 대한 이스라엘 사람들의 감정을 제대로 포착한 것 같았다. 나의 참모진 가운데는 히브리어를 할 줄 알고, 라빈에 대한 내 감정도 잘 아는 유대인들이 많았다. '샬롬, 차베르'라는 말을 알려준 그들에게 나는 지금도 감사한다. 나중에 시몬 페레스는 '차베르'라는 말이 단순한 우정을 나누는 친구 이상의 의미라고 말했다. 공동의 대의를 추구하며 동지애를 나누는 영혼의 친구라는 의미도 들어 있다는 것이었다. 곧 이스라엘 전역의 간판과 범퍼 스티커에 '샬롬, 차베르'라는 말이 나붙기 시작했다.

나는 장례식 후에 구시가의 웅장한 모습이 내다보이는 킹 데이비드 호텔에서 다른 지도자들과 만나고 나서 워싱턴으로 돌아왔다. 앤드루스 공군 기지에 내리니 새벽 4시 30분쯤이었다. 지친 여행자들은 비행기에서 비틀거리며 내려가 각자 쉴 곳을 찾아갔다. 이제 예산 싸움은 막바지로 접어들고 있었다.

10월 1일에 새로운 회계연도가 시작되었음에도, 정부는 새로운 예산이 집행될 때까지 여러 부서에 자금 집행을 허용하는 잠정예산으로 운영되고 있었다. 국회가 세출안 한두 건을 통과시키지 못한 상태에서 새로운 회계연도가 시작되는 일은 그렇게 드문 것이 아니었다. 그러나 지금은 정부 전체가 잠정예산으로 운영되고 있었고, 그 끝도 보이지 않았다. 이와는 대조적으로, 내 임기 첫 두 해에 민주당 국회는 제시간에 예산을 승인해주었다.

나는 10년, 이어 9년 뒤인 2004년까지 균형예산을 편성하겠다고 제안했지만, 공화당과 나는 우리 예산을 놓고 심하게 대립하고 있었다. 우리 쪽 전문가들은 모두 공화당이 메디케어와 메디케이드, 교육, 환경, 소득세공제에서 삭감하는 액수가 그들의 세금감면 재원을 조달하고 균형예산에 이르는 데(설사 7년 뒤로 잡는다 해도) 필요한 액수를 넘어선다고 생각했다. 또 우리는 경제성장, 의료비 인플레이션, 예상되는 세입의 추정치를 놓고도 차이를 보였다. 공화당은 백악관을 장악했던 시절에 늘 세입은 과대평가하고 지출은 과소평가했다. 나는 그런 잘못은 하지 않겠다고 결심했으며, 우리의 적자 축소 목표를 달성할 수 있도록 늘 보수적인 추정치를 이용해왔다.

이제 공화당은 국회를 장악하게 되자 반대 방향으로 지나치게 나아가서, 경제성장과 세입은 과소평가하고, 의료비 인플레이션은 과대평가(건강관리기관이 의료비 인플레이션을 낮추는 확실한 방법이라고 홍보하면서도)했다. 그들의 전략은 윌리엄 크리스톨이 밥 돌에게 보낸 메모에 담긴 조언, 즉 의료제도 개혁과 관련된 모든 행동을 차단하라는 조언의 논리적 연장선상에 있는 것처럼 보였다. 공화당이 메디케어, 메디케이드, 교육, 환경에 들어가는 자금을 삭감하면, 중산층이 그들의 세금으로부터 얻는 혜택이 줄어들어 세금을 내는 것을 더 억울하게 생각할 것이고, 그러면 공화당의 감세 호소와 낙태, 동성애자 권리, 총기 같은 사회적·문화적으로 분열적인 쟁점들에 대해 캠페인을 벌이는 전략이 더 잘 먹혀들 터였다.

레이건 대통령의 예산 책임자 데이비드 스톡먼은 국내용 예산을 '굶기기' 위해 의도적으로 엄청난 적자를 유지했다고 인정한 적이 있다. 그들은 부분적으로 성공을 거두어, 우리 공동의 미래에 대한 투자를 완전히 없애지는 않았지만 상당히 줄여놓았다. 이제 깅리치의 공화당은 그 일을 마무리하기 위해 비합리적인 세입과 지출 가정에 입각한 균형예산을 이용하려 했고,

나는 그 시도를 저지하기로 결심했다. 미국의 미래의 향방이 그 균형에 달려 있었기 때문이다.

잠정예산의 만료일을 사흘 앞둔 11월 10일, 국회는 도전적인 새로운 잠정예산을 보내왔다. 정부를 계속 운영하려면 그 대가로 메디케어 보험료를 25퍼센트 인상하고, 교육과 환경에 대한 투자를 줄이고, 환경법을 약화시킨 새로운 잠정예산에 서명을 하라는 것이었다.

라빈이 암살당한 날로부터 꼭 일주일 뒤인 다음 날, 나는 잠정예산의 뒷문을 통해 자신의 예산안을 통과시키려는 공화당의 시도에 대하여 라디오 연설을 했다. 그날은 재향군인의 날이었다. 그래서 나는 메디케어 보험료를 더 많이 내야 하는 노년층 800만이 재향군인들이라는 점을 지적했다. 공화당이 요구하는 가혹한 삭감은 필요 없다. 실업과 인플레이션을 합산한 비율은 25년 만에 최저치이다. 전체 노동력 가운데 연방 직원의 비율은 1933년 이후 가장 낮다. 적자는 줄고 있다. 나는 지금도 균형예산을 원한다. 그러나 '우리의 근본적인 가치들과 일치하는' 방식으로, '협박 없이, 당파적인 적대감 없이' 균형예산을 달성하기를 원한다.

월요일 밤 국회는 마침내 조건부로 부채 상한선을 올려주었다. 그러나 이것은 잠정예산보다 더 나쁜 것으로, 뒷문으로 예산 삭감을 통과시키고 환경법을 약화시키려는 또 다른 시도였다. 이 법안은 레이건 시절부터 재무장관이 특별한 조건에서 채무불이행을 피하기 위하여 행사했던 자금 관리 재량권을 빼앗아버렸다. 더 심각한 것은, 부채 상한선을 30일 뒤에 다시 내림으로써 채무불이행이 거의 확실해졌다는 점이었다.

깅리치는 4월 이후 그의 예산안을 받아들이지 않으면 정부의 문을 닫고 미국을 채무불이행으로 몰아가겠다고 협박해왔다. 나는 그가 정말로 그렇게 하고 싶어 하는 것인지, 아니면 나를 아주 약하고, 언제든지 약속을 저버리고, 언제나 타협을 하려 드는 인물로 그려온(그렇지 않다는 증거가 아주 많음에도 불구하고) 내 임기 첫 2년간의 언론보도를 그냥 믿어버린 것인지 알 수가 없었다. 만일 후자라면, 그는 당연히 증거에 좀더 관심을 가졌어야 했다.

11월 13일, 기존의 잠정예산 시효가 자정이면 만료되는 시점에서, 협상자들이 한 번 더 만나 정부 폐쇄 전에 의견차를 해소해보려고 했다. 돌, 깅리치, 아미, 대슐, 게파트가 참석했고, 앨 고어, 리언 파네타, 밥 루빈, 로러 타이슨 등 우리 팀 사람들도 그 자리에 있었다. 깅리치가 우리의 텔레비전 광고에 대해 불평을 하는 바람에 회의가 시작되자마자 분위기가 험악해졌다. 우리는 6월에 몇 개 주에 범죄방지법안을 비롯하여 행정부의 업적을 부각시키는 광고를 내보내기 시작했다. 노동절 이후 예산 논쟁이 가열되자, 우리는 공화당의 삭감안, 특히 메디케어와 메디케이드 삭감안을 강조하는 광고를 새로 내보냈다. 깅리치가 한참 이야기를 한 뒤, 리언 파네타는 무뚝뚝한 어조로 깅리치가 1994년 선거 전에 나에 대해 했던 그 무시무시한 말들을 상기시켰다. "하원의장님, 의장님은 결백한 사람입니까?"

돌은 분위기를 진정시키려 했다. 그는 정부의 문을 닫고 싶지 않다고 말했다. 그러자 딕 아미가 끼어들어, 돌은 하원의 공화당 의원들을 대표해서 이야기하는 것이 아니라고 말했다. 아미는 카우보이 장화를 신고 다니는 몸집이 커다란 사람으로, 늘 흥분상태에 있는 것처럼 보였다. 그는 하원의 공화당 의원들은 원칙에 충실하기로 결심했다는 둥, 메디케어 삭감에 대한 나의 텔레비전 광고 때문에 나이든 장모가 놀라서 얼마나 화가 났는지 모른다는 둥 장광설을 늘어놓았다. 나는 그의 장모에 대해서는 잘 모르지만, 만일 공화당의 예산 삭감안이 법이 되면, 나이든 사람들 다수가 양로원에서 쫓겨나거나 가정 진료를 받지 못하게 될 것이라고 대꾸했다.

46

        1월 2일에 우리는 다시 예산 협상에 들어
갔다. 밥 돌은 정부의 문을 다시 열기 위한 협상을 원했으며, 이틀 정도 지
나자 뉴트 깅리치도 같은 태도를 보였다. 언제인가 예산 회의를 하면서 깅
리치 하원의장은 정부를 폐쇄하겠다고 협박하면 내가 공화당 예산에 거부
권을 행사하지 못할 것이라고 생각했다는 사실을 인정했다. 깅리치는 돌,
아미, 대슐, 게파트, 파네타, 고어 앞에서 솔직하게 말했다. "우리가 실수를
했소. 우리는 대통령이 굴복할 줄 알았소." 심한 눈보라가 워싱턴을 덮었던
1월 6일, 마침내 돌파구가 열렸다. 국회는 정부의 모든 일을 원상회복시키
지는 않았지만, 모든 연방 직원을 다시 일터로 부르는 잠정예산을 두 개 더
보냈다. 나는 잠정예산들에 서명을 하고, 7년 만에 예산 균형을 맞추기 위한
계획을 국회에 보냈다.

    다음 주에 나는 공화당의 복지제도 개혁안에 거부권을 행사했다. 복지
제도에서 벗어나 일터로 나가도록 자극하는 효과는 거의 없으면서, 가난한
사람들과 그들의 자녀에게 피해만 주는 안이었기 때문이다. 처음에 공화당
의 복지제도 개혁안을 거부했을 때, 그 안은 그들의 예산안에 포함되어 있
었다. 이번에는 여러 건의 예산 삭감안이 그냥 '복지제도 개혁'이라는 표가
붙은 법안에 담겨 있었다. 도너 샬랄라와 나는 우리 나름의 복지제도 개혁
을 추진해온 지 오래였다. 우리는 각 주에서 일과 가족의 가치를 중시하는
복지 정책을 추진할 수 있도록 기존 연방 요건 규정의 이행을 요구하지 않
는 권리포기각서 50개를 37개 주에 보냈다. 이런 개혁들의 적용 범위는 미

국의 생활보호대상자 전체의 73퍼센트에 이르렀으며, 개혁의 시행 결과 생활보호대상자의 수는 줄어들고 있었다.

1월 23일의 연두교서 발표가 다가오면서 예산안 합의에 어느 정도 진전이 있는 것 같았다. 그래서 나는 이 연설 기회를 이용하여 공화당에 협력을 제안하고, 민주당을 격려하고, 미국 국민에게 예산안 논쟁에 대한 나의 입장을 설명하고, 이 논쟁을 세계화된 정보시대에 정부의 적절한 역할이 무엇인가 하는 좀더 큰 문제 속에서 바라볼 것을 요구하기로 했다. 연설의 기본 주제는 이런 것이었다. '큰 정부 시대는 끝났다. 그렇다고 국민이 스스로를 돌보아야 하는 시대로 돌아갈 수는 없다.' 이러한 정식화는 과거의 관료적 정부를 없애고, 창의적이고 미래 지향적인 '권한위임형 정부'를 만들자는 나의 철학을 반영하고 있었다. 이것은 또 우리의 경제 및 사회 정책과 앨 고어의 '정부혁신' 프로그램을 정확하게 포착한 말이었다. 이 무렵 나의 주장은 경제 정책의 성공으로 힘을 받고 있었다. 나의 취임 이후 거의 800만 개의 새로운 일자리가 만들어졌으며, 새로 창업되는 기업의 수는 3년 연속 신기록을 경신했다. 미국의 자동차 제조업체는 1970년대 이후 처음으로 미국에서 일본 업체보다 차를 많이 팔고 있었다.

나는 7년 안에 예산 균형을 맞추고 복지제도 개혁을 통과시키기 위해 국회와 협력하겠다고 다시 제안한 뒤, 가족과 아동, 교육과 의료, 범죄와 마약과 관련된 입법 의제를 요약하고, 미국의 기본 가치와 국민에게로의 권한위임이라는 구상을 반영한 실행 가능한 프로그램들, 즉 텔레비전 시청자 차단 장치, 차터 스쿨, 공립학교 선택, 교복 등을 강조했다. 나는 또 미국의 새로운 마약 차르에 배리 매커프리 장군을 지명했다. 당시 매커프리는 남부사령부의 총사령관으로 콜롬비아 등지에서 코카인이 미국으로 넘어오는 것을 막기 위해 노력하고 있었다.

그날 저녁 가장 기억에 남을 만한 순간은 연설 말미에 찾아왔다. 평소처럼 나는 영부인 박스에 힐러리와 함께 앉아 있는 사람들을 소개했다. 첫 번째 소개한 사람은 사회보장청에서 22년간 일해온 49세의 베트남 참전용사 리처드 딘이었다. 나는 딘이 오클라호마시티의 연방청사에 폭탄이 터졌을 때 그 자리에 있었으며, 목숨을 걸고 네 번이나 다시 건물 안으로 들어가 여자 세 명의 목숨을 구했다고 소개했다. 그러자 국회 전체가 기립박수를 보냈다. 공화당이 환호를 주도했다. 그 다음에 반전이 일어났다. 환호가 가라앉은 뒤에 내가 말했다. "하지만 리처드 딘의 이야기는 거기서 끝나지 않습니다. 지난 11월에 정부가 폐쇄되었을 때 그는 어쩔 수 없이 사무실에서 나와야 했습니다. 두 번째로 정부가 문을 닫았을 때, 그는 정부폐쇄와 관계없이 사회보장 연금 수령자들을 돕는 일을 계속했습니다. 물론 보수 없이 일을 했습니다. 리처드 딘을 대신하여…… 여기 의사당에 계신 여러분 모두에게 요구합니다. 다시는, 다시는 연방정부를 폐쇄하지 맙시다."

이번에는 민주당이 매우 기뻐하며 환호를 주도했다. 덫에 걸린 것을 안 공화당 의원들은 뚱한 표정이었다. 나는 세 번째 정부폐쇄는 걱정할 필요가 없겠다고 생각했다. 정부폐쇄의 결과가 이제 영웅적인 인간의 얼굴로 나타났기 때문이다.

그런 결정적인 순간은 우연히 일어나지 않는다. 매년 우리는 연두교서를 내각과 참모진이 새로운 정책 구상들을 정리할 기회로 활용했다. 그리고 그런 구상들을 가장 잘 제시할 방법을 찾아 열심히 노력했다. 연설 당일에는 관저와 이스트윙 사이에 있는 영화관에서 몇 번 예행연습을 했다. 나의 공적인 성명을 모두 기록하는 백악관 공보국은 텔레비전용 프롬프터와 연단을 설치한 다음, 여러 실무자들이 하루 종일 들락거리며 격식을 차리지 않고 일을 진행시켜나갔다. 이 과정은 공보국장 돈 베이어가 감독했다. 우리는 문장을 하나하나 들어보고, 국회와 국민이 어떻게 받아들일지 상상해보고, 연설문 내용을 고치는 등 모두 함께 일을 했다.

우리는 정부폐쇄 논쟁에서 승리함으로써 공화당의 '미국과의 계약' 뒤에 깔린 철학에 대해서도 승리를 거두었다. 이제 연두교서는 연방정부에 대한 대안적인 철학을 제시했으며, 리처드 딘을 통해 연방 직원들이 귀중한 봉사를 해주는 좋은 사람들이라는 것을 보여주었다. 그것은 내가 그동안 늘 하던 이야기와 크게 다를 것이 없었으나, 정부폐쇄의 충격을 겪은 뒤였기 때문에 수많은 미국인이 처음으로 그 이야기에 귀를 기울이고 내용을 이해하게 되었다.

외교 분야에서는 워런 크리스토퍼가 메릴랜드의 와이리버 플랜테이션에서 이스라엘과 시리아간 대화의 자리를 마련함으로써 새로운 해가 시작되었다. 1월 12일 밤에 나는 이탈리아 아비아노의 미국 공군기지로 날아갔다. 아비아노는 나토의 보스니아 공군 작전의 중심이었다. 그곳에서 나는 미국의 새로운 C-17 수송기를 타고 헝가리의 타자르 공군기지로 갔는데, 미군은 바로 그곳에서 보스니아로 들어갔다. 나는 1993년에 C-17기가 국방 규모 축소 과정에서 사라지지 않도록 지키기 위해 싸운 적이 있었다. C-17기는 뛰어난 화물 적재 능력에 어려운 조건에서도 작전을 수행할 능력까지 갖춘 놀라운 비행기였다. 보스니아 임무에는 C-17기가 12대 참여했으며, 나는 그 가운데 한 대를 타고 투즐라로 들어갔다. 공군1호기로 사용하는 보잉 747기는 너무 컸기 때문이다.

헝가리의 아르파드 곤츠 대통령을 만나고 타자르의 미군을 방문한 뒤, 미군이 책임지고 있는 지역인 보스니아 북동부의 투즐라로 갔다. 기후도 나빴고 기간도 한 달이 채 지나지 않았음에도, 미군 병력 7,000명과 장갑차 2,000대 이상이 이미 물이 불어난 사바 강을 건너 주둔지에 자리를 잡고 있었다. 그들은 불도 안 들어오고 항공용 장비도 없는 비행장을 24시간 운영되는 비행장으로 바꾸어놓았다. 나는 부대에 감사했고, 한 대령에게 개인적으로 생일 선물을 전달해주었다. 아비아노에 들렀을 때 대령의 부인이 나에게 전달해달라고 부탁한 것이었다. 나는 이제트베고비치 대통령을 만난 뒤 크로아티아의 자그레브로 가서 투즈만 대통령을 만났다. 두 대통령 모두 당시의 평화협정의 이행 상황에 만족했으며, 미군이 그 한 부분을 담당하게 된 것을 몹시 기뻐했다.

바로 워싱턴으로 돌아오니 몹시 피곤했다. 하지만 꼭 다녀왔어야 할 중요한 출장이었다. 미군이 나토의 회원국 국경 너머에 파병을 한 것은 이번이 처음이었다. 파병된 군인들은 냉전 시대에는 적이었던 러시아, 폴란드, 체코공화국, 헝가리, 발트해 국가의 병사들과 협력하고 있었다. 그들의 임무는 통일 유럽을 만드는 데 핵심적인 것이었지만, 미국의 국회와 커피숍에서 비판을 받고 있었다. 따라서 이 부대들에 그들이 왜 보스니아에 와 있는지는 알려주어야 했으며, 내가 그들을 얼마나 강력하게 지원하는지도 알려주어야 했다.

2주 뒤 상원이 START Ⅱ 조약을 비준함으로써 냉전은 역사 속으로 더욱 멀리 사라졌다. 이 조약은 부시 전 대통령이 협상을 하여 3년 전, 퇴임 직전에 상원에 제출한 것이었다. 1994년 12월에 발효된 START Ⅰ 조약과 더불어 START Ⅱ를 통해 미국과 구소련은 냉전 절정기에 유지했던 핵무기의 3분의 2를 없애게 된다. 여기에는 가장 위력적인 핵무기인 다탄두 대륙간 탄도 미사일도 포함된다.

우리는 START Ⅰ, Ⅱ 조약을 체결했을 뿐만 아니라 북한의 핵 프로그램을 동결하는 협정에 서명했고, 핵무기확산방지조약을 영구화하려는 노력을 주도했으며, 넌-루가 프로그램에 따라 핵무기와 핵물질의 안전을 확보하고 궁극적으로 그것들을 폐기하기 위해 노력했다. 나는 상원에 START Ⅱ를 통과시킨 것을 축하하면서, 화학무기협약과 나의 테러방지법안도 통과시켜 미국을 더 안전하게 만들어달라고 요청했다.

1월 30일에 러시아의 빅토르 체르노미르딘 총리가 백악관을 찾아와 앨 고어와 여섯 번째 회담을 가졌다. 체르노미르딘은 위원회 일을 마친 뒤 나를 찾아와 러시아의 상황과 옐친의 재선 가능성에 대해 설명했다. 체르노미르딘을 만나기 직전 나는 터키의 슐레이만 데미렐 대통령, 탄수 칠레르 총리와 이야기를 했다. 그들은 터키와 그리스가 일촉즉발의 위기를 맞이했으니, 미국이 개입하여 위기를 해소해달라고 호소했다. 그들은 그리스에서는 이미아라고 부르고 터키에서는 카르다크라고 부르는 에게해의 아주 작은 섬 두 개를 놓고 전쟁을 벌이려 했다.

두 나라 모두 그 섬들이 자신의 영토라고 주장했지만, 공식적으로는 그리스가 1947년에 이탈리아와 조약을 맺고 그 섬들을 얻은 것으로 되어 있었다. 터키는 그리스 측 주장의 타당성을 부인했다. 두 섬 다 무인도였으나, 터키인들은 둘 가운데 큰 섬으로 가끔 소풍을 가곤 했다. 그러다가 섬에 갔던 터키의 저널리스트 몇 명이 그리스 국기를 찢고 터키 국기를 건 사건 때문에 위기가 찾아온 것이다.

키프로스를 놓고 심각한 분쟁을 일으킨 커다란 두 나라가 양들만 수십 마리 사는 10에이커의 바위섬들을 놓고 전쟁을 벌인다는 것은 생각하기 힘든 일이었다. 그러나 칠레르는 정말로 그런 일이 벌어질까봐 걱정하고 있었다. 나는 체르노미르딘과의 면담을 중단하고 상황 설명을 들은 다음 잇달아 전화를 했다. 우선 그리스의 콘스탄티노스 시미티스 총리와 이야기하고, 그런 다음 다시 데미렐과 칠레르와 이야기를 했다. 한참 전화가 오간 뒤에 결국 양 진영은 총을 쏘지 않기로 합의했다. 이미 키프로스 문제로 바쁘게 뛰고 있던 딕 홀브루크는 밤을 새워가며 당사자들이 외교적인 방법으로 문제를 해결하도록 유도했다. 내가 중동, 보스니아, 북아일랜드에서 평화를 이루는 데 성공했는지 못했는지는 모르겠지만, 어쨌든 에게해의 양 몇 마리는 확실히 구했다는 생각에 저절로 웃음이 터지지 않을 수 없었다.

나는 화이트워터 세계의 일이 더 괴상해질 수는 없다고 생각했는데, 현실에서는 그렇게 되어갔다. 1월 4일, 캐럴린 후버는 1985년과 1986년 로즈 법률회사가 매디슨 신용금고를 위해 한 일과 관련된 힐러리의 기록 사본들을 발견했다. 후버는 주지사 관저에서 우리 일을 거들었으며, 개인적인 서류와 편지를 정리하는 일을 돕기 위해 백악관에 들어왔다. 그녀는 이미 데이비드 켄달을 도와 독립변호사실에 5만 페이지의 자료를 제출하기도 했다. 그러나 어찌 된 일인지 이 수임료 청구 기록 사본은 그 자료에 들어 있지 않았다. 후버는 그 전해 8월 관저 3층의 창고에서 그녀의 사무실로 옮겨 놓았던 상자에서 그 기록을 발견했다. 이 사본은 1992년 선거운동 때 만들어진 것으로 보였으며, 빈스 포스터의 메모가 적혀 있었다. 당시에는 포스터가 로즈 법률회사에 대한 언론의 질문을 처리하고 있었기 때문이다.

표면적으로는 수상쩍어 보였을 것이다. 왜 이제야 그런 기록이 나타났는가? 그러나 우리가 아칸소에서 가져온 정리되지 않은 수많은 서류들을 보았다면, 그렇게 이상하게 여기지는 않았을 것이다. 우리가 그런대로 시간에 맞추어 수많은 자료를 찾아내서 제출했던 것이 오히려 놀라울 정도다. 어쨌든 힐러리는 그 기록들이 발견된 것을 기뻐했다. 자신이 매디슨 신용금고를 위해 일한 시간이 별로 많지 않았다는 주장을 뒷받침하는 증거였기 때문이다. 몇 주 뒤, 정리신탁공사는 바로 그런 내용이 담긴 보고서를 제출하게 된다.

그러나 독립변호사, 국회의 공화당 의원들, 화이트워터 기자들은 이 일을 그런 식으로 받아들이지 않았다. 윌리엄 사파이어는 「뉴욕 타임즈」 칼럼에서 힐러리를 '타고난 거짓말쟁이'라고 불렀다. 캐럴린 후버는 1월 18일에 앨 다마토 위원회에서 증언을 했고, 1월 26일에 케네스 스타는 힐러리를 대배심 앞으로 끌어내 4시간 동안 심문했다.

스타의 소환장들은 홍보 효과를 노린 얄팍한 싸구려 묘기였다. 우리는 그 기록을 발견하는 즉시 자발적으로 제출했으며, 그 기록은 힐러리의 말이 사실임을 입증해주었다. 만일 스타가 물어볼 것이 있으면, 영부인을 대배심에 출두시키는 대신 전에도 세 번이나 그랬듯이 백악관으로 찾아와 물어볼 수도 있었을 것이다. 1992년 부시 대통령의 백악관 법률고문 보이든 그레이는 이란-콘트라 검사의 소환장을 정면으로 무시하면서 선거가 끝날 때까지 부시의 일기를 1년 이상 제출하지 않고 버텼다. 그래도 아무도 그레이나 부시를 대배심 앞에 세우지 않았다. 언론의 소동도 이때와는 비교할 수가 없었다.

힐러리에 대한 공격은 나에 대한 공격보다 더 괴로웠다. 무력하게도 그것을 막아줄 수가 없었기 때문이다. 내가 해줄 수 있는 것이라고는 힐러리 옆에 서서 언론을 향해 "만일 이 나라의 모든 사람이 나의 아내와 같은 인격을 갖추고 있다면 미국은 훨씬 더 좋은 나라가 될 것"이라고 말하는 것뿐이었다. 힐러리와 나는 첼시에게 상황 설명을 했다. 첼시는 못마땅해 하는 것 같았지만, 대범하게 받아들이는 눈치였다. 어머니를 공격하는 사람들보다 어머니를 훨씬 더 잘 알고 있었기 때문이다.

그럼에도 우리 모두 안달이 날 수밖에 없었다. 나는 몇 달 동안 예산 싸움, 보스니아, 북아일랜드, 라빈의 죽음 등 여러 가지 일을 처리하면서, 분노 때문에 내 일이 방해받지 않도록 안간힘을 썼다. 그러나 매우 어려운 일이었다. 이제 나는 힐러리와 첼시 때문에 불안했다. 또 국회 청문회와 스타의 그물에 끌려드는 다른 모든 사람들도 걱정이 되었다. 그들은 감정적으로, 경제적으로 큰 피해를 보고 있었다.

청구서 기록이 제출되고 나서 5일 뒤에 힐러리는 자신의 새 책『한 마을이 필요하다It Takes a Village』에 대한 이야기를 하기 위해 바바라 월터스와 인터뷰를 하기로 일정이 잡혀 있었다. 그러나 이 인터뷰는 청구서 기록에 대한 토론으로 변해버렸다. 어쨌거나『한 마을이 필요하다』는 베스트셀러가 되었으며, 힐러리는 용감하게 워싱턴에서부터 전국을 돌며 책 홍보 행사를 가졌다. 가는 곳마다 미국인들이 운집하여 다정한 태도로 그녀를 지지해주었다. 그들은 케네스 스타, 앨 다마토, 윌리엄 사파이어 등이 힐러리에 대해 하는 이야기보다, 힐러리가 아동의 복지 향상에 대해 하고 싶은 말에 더 관심을 가지고 있었다.

힐러리를 공격하는 사람들은 그녀를 두들겨서 큰 재미를 본 것이 분명했다. 나의 유일한 위안은, 25년 동안 가까이서 관찰한 것으로 볼 때 힐러리가 그들은 따라올 수 없을 정도로 강인하다는 것뿐이었다. 어떤 남자들은 여자의 그런 점을 좋아하지 않지만, 나에게는 그것이 그녀를 사랑한 이유 가운데 하나였다.

2월 초, 대통령 선거운동이 본격적으로 시작되면서, 나의 정책들의 긍정적인 결과를 부각시킬 겸 대통령에 취임하더라도 잊지 않겠다는 약속도 지킬 겸 뉴햄프셔를 다시 찾았다. 나에게는 예비선거 경쟁자가 없었지만, 그래도 11월에 뉴햄프셔에서 이기고 싶었다. 그러려면 장애가 될 수도 있는 한 가지 쟁점을 처리해야 했다. 총기 문제였다.

어느 토요일 아침, 미국총기협회 회원인 사슴 사냥꾼들이 잔뜩 모여 있는 맨체스터의 한 식당에 갔다. 나는 즉흥 연설에서, 그들이 1994년에 브래디 법안과 공격용 총기 규제 법안에 찬성했다는 이유로 민주당 상원의원 딕 스웨트를 낙선시켰다는 사실을 잘 알고 있다고 말했다. 그들 가운데 몇 사람이 동의의 뜻으로 고개를 끄덕였다. 그 사냥꾼들은 선량한 사람들로, 미국총기협회 때문에 겁을 집어먹고 그렇게 투표를 한 것뿐이었다. 내가 그들이 이해할 수 있는 언어로 미국총기협회 주장의 이면을 보여주지 않으면, 1996년에도 똑같은 투표를 하게 될 것이라고 생각했다. 그래서 나는 최선을 다해 이렇게 이야기를 했다. "미국총기협회가 여러분에게 스웨트 하원의원을 떨어뜨리라고 말한 것을 알고 있습니다. 만일 여러분이 브래디 법안이나 공격용 무기 규제 법안 때문에 사슴이 나오는 숲에서 하루, 아니 단 한 시간이라도 손해를 보았다면, 나에게도 표를 던지지 마십시오. 스웨트 하원의원에게 그 법안들에 찬성해달라고 부탁한 사람이 바로 나이기 때문입니다. 하지만 여러분이 손해본 것이 없다면, 미국총기협회가 거짓말을 한 것이고, 따라서 이번에는 여러분이 빚진 것을 갚아주셔야 합니다."

며칠 뒤 국회도서관에서 나는 원거리통신법에 서명했다. 이 법은 이미 미국 경제의 6분의 1을 차지하고 있는 산업에 영향을 주는 법들을 전면 개편한 것이었다. 새 법은 경쟁, 혁신을 장려하고, 앨 고어가 말하는 '정보고속도로'에 쉽게 접근할 수 있도록 도와주었다. 이 법과 관련하여 복잡한 경제적 쟁점들을 둘러싸고 몇 달 전부터 논쟁이 벌어졌다. 공화당은 매체와 원거리통신 시장에서 소유의 집중을 지지했고, 백악관과 민주당은 특히 지역과 장거리 전화서비스에서의 경쟁을 지지했다. 앨 고어가 백악관을 위해 앞장섰고, 깅리치 하원의장은 긍정적인 기업가 같은 면모를 보여주었다.

결국 우리는 내가 보기에는 괜찮은 타협에 이르렀고, 법안은 거의 만장일치로 통과되었다. 이 법안에는 새로운 텔레비전에 시청자 차단장치(부모가 자녀의 프로그램 접근을 통제할 수 있는 장치) 장착을 의무화하는 내용도 들어 있었는데, 이 장치는 그전에 내가 고어의 연례 가족회의에 참석했을 때부터 지지하던 것이었다. 그달 말에는 대부분의 텔레비전 네트워크의 임원들이 1997년까지 프로그램에 등급 시스템을 갖추기로 합의했다. 그러나 이 법에서 시청자 차단장치보다 훨씬 중요한 것은 학교, 도서관, 병원의 인터넷 사용 요금 할인을 의무화한 것이었다. 이른바 E-요금 덕분에 공익기관은 매년 20억 달러 정도를 절약하게 된다.

다음 날 아일랜드의 장미에서 꽃이 떨어지고 말았다. 게리 애덤스가 전화하여 아일랜드공화국군이 휴전을 철회한다고 말한 것이다. 존 메이저와 통일당이 고의로 시간을 끄는 것이 이유라고 했다. 또 그들이 북아일랜드에서 신페인당의 정치활동 허용을 대가로 아일랜드공화국군의 무기 반납을 고집하는 것도 중요한 이유였다. 그날 늦게 런던의 캐너리 부두에서 폭탄이 터졌다.

아일랜드공화국군은 1년 이상 테러를 계속하여, 스스로 큰 대가를 치렀다. 그들은 군인 두 명과 민간인 두 명을 죽이고 여러 사람에게 부상을 입힌 반면, 아일랜드공화국군 공작원 두 사람이 죽고, 영국에 자리 잡고 있던 폭탄 테러 팀이 와해되고, 북아일랜드의 아일랜드공화국군 공작원들 다수가 체포되는 피해를 입었다. 그달 말, 일반 시민의 평화에 대한 지지를 보여주기 위해 북아일랜드 전역에서 평화를 위한 철야기도회가 열렸다. 존 메이저와 존 브루턴은 아일랜드공화국군이 무력 사용을 중단하면 신페인당과 대화를 계속하겠다고 말했다. 백악관은 존 흄의 지원을 받아 애덤스와 접촉을 유지하며, 평화를 향한 행진이 다시 시작될 날을 기다리기로 했다.

2월 말에 중동의 평화 과정 역시 위험에 처했다. 두 차례에 걸친 하마스의 폭탄 테러가 26명을 죽였기 때문이다. 이스라엘에 선거가 다가오자, 하마스는 민심을 자극하여 페레스 총리를 물러나게 하고 팔레스타인해방기구와의 평화 협상을 거부하는 강성정부가 들어서도록 상황을 조성하기로 결심한 것 같았다. 우리는 테러 행위를 예방하기 위해 노력하라고 아라파트에게 압력을 넣었다. 1993년 처음 협정을 맺을 때 내가 그에게 말했듯이, 아라파트는 가장 전투적인 팔레스타인 사람으로 돌아갈 수 없는 처지였다. 만일 한 발은 평화 진영에 딛고 다른 발은 테러리스트 진영에 디디려 한다면 그는 결국 파멸할 수밖에 없었다.

미국 근처에서도 문제가 생겼다. 카스트로에 반대하는 단체인 '구출에 나선 형제들'이 띄운 민간 비행기 두 대를 쿠바가 격추하는 바람에 네 사람이 사망한 것이다. 카스트로는 이 단체, 그리고 과거에 이 단체가 하바나 상공에 떨어뜨린 체제 비판 전단들을 몹시 못마땅해 하고 있었다. 쿠바는 이

비행기들이 자국 영공에서 격추된 것이라고 주장했다. 사실은 그렇지 않았지만, 설사 그렇다 해도 국제법 위반이었다.

나는 쿠바 전세기 운항을 중단시키고, 쿠바 관리들의 미국 여행을 제한하고, 쿠바로 친민주주의 메시지를 전하는 라디오 마르티의 전달 영역을 확대하고, 미국에 묶여 있는 쿠바 자산으로 유족에 대한 보상금을 지불하도록 허가해달라고 국회에 요청했다. 매들린 올브라이트는 유엔에 쿠바 제재를 요청한 뒤, 마이애미로 가서 쿠바계 미국인 공동체 앞에서 격렬한 연설을 했다. 올브라이트는 비행기 격추는 '코호네스' (원래 고환을 뜻하는 스페인어로 비유적으로 용기라는 뜻으로도 사용된다—옮긴이주)가 아니라 겁의 표현이라고 말했다. 그녀는 이 씩씩한 발언으로 플로리다 남부의 쿠바인들 사이에서 영웅이 되었다.

나는 또 개정된 헬름스-버튼 법안에 서명하겠다고 약속했다. 이 법안은 쿠바에 대한 통상금지를 강화하고, 대통령이 국회의 승인 없이 이 조치를 철회하는 것을 제한하는 내용이었다. 이 법안을 지지하는 것은 선거의 해를 맞이하여 플로리다에서는 좋은 정치라고 할 수 있었지만, 내가 두 번째 임기를 얻을 경우 쿠바 내에서 이루어지는 긍정적인 변화에 대한 보답으로 통상금지를 철회할 권한을 스스로 제한해버리는 것이기도 했다. 카스트로는 오히려 자신의 체제의 경제적 실패에 대한 핑계를 찾기 위해 통상금지가 유지되기를 원하는 것 같기도 했다. 만일 그것이 목적이 아니라면, 쿠바는 엄청난 실수를 한 셈이었다. 나는 나중에 카스트로에게서(물론 간접적으로) 비행기 격추가 실수였다는 이야기를 들었다. 아마 카스트로는 쿠바 영공을 침범하는 모든 비행기를 격추하라는 명령을 내려놓은 것 같은데, '구출에 나선 형제들'의 비행기가 왔을 때 미처 그 명령을 취소하지 못한 모양이었다.

2월 마지막 주, 홍수로 큰 피해를 본 워싱턴, 오리건, 아이다호, 펜실베이니아를 방문한 뒤, 캘리포니아 주 산타모니카에서 일본의 새로운 총리를 만났다. 하시모토 류타로는 일본정부 수반 자리에 오르기 전에 미키 캔터의 협상 상대역이었다. 일본 검도의 고수인 하시모토는 강인하고 똑똑한 사람으로, 모든 종류의 전투를 즐겼다. 뿐만 아니라 함께 협력할 수 있는 지도자이기도 했다. 하시모토와 캔터는 20개의 무역 협정을 마무리지었으며, 그 결과 미국의 대일 수출은 80퍼센트 증가했고 대일 무역 적자는 3년째 줄고 있었다.

2월은 힐러리와 내가 첼시의 16번째 생일을 맞이하여 함께 국립극장에서 '레미제라블Les Misérables'을 관람하고, 캠프 데이비드에서 버스 한가득 몰려온 첼시의 친구들을 맞이하는 것으로 기분 좋게 끝을 맺었다. 우리는 첼시의 친구들을 좋아했다. 아이들은 숲 속에서 페인트 총으로 총싸움을 하고, 볼링 등의 놀이를 하고, 고등학교 시절을 마감하면서 마지막으로 어리광을 부려보기도 했다. 우리는 아이들이 노는 것을 재미있게 지켜보았다. 그 주말 최고의 행사는 첼시에게 캠프 데이비드 주위에서 운전을 가르쳐준 것이었다. 나는 대통령이 된 이후 운전을 하지 못해 아쉬웠으며, 첼시가 운전을 즐기기를, 물론 안전하게 잘하면서 즐기기를 바랐다.

3월 초 며칠에 걸쳐 발생한 예루살렘과 텔아비브의 하마스 폭탄 테러로 인해 30명 이상이 죽고 그 이상이 부상을 당하는 바람에 중동의 평화과정은 다시 흔들렸다. 죽은 사람들 가운데는 아이들도 있었고, 유대인 친구들 사이에 살면서 일하던 팔레스타인 간호사도 있었고, 젊은 미국 여자도 두 명 있었다. 나는 뉴저지에서 유족을 만났다. 그들은 장래에 다른 아이들이 죽임을 당하는 것을 막는 유일한 길은 평화라는 흔들리지 않는 신념을 보여주었으며, 나는 큰 감동을 받았다. 나는 이스라엘 민족에게 보내는 텔레비전 연설에서 당연한 이야기를 다시 한 번 강조했다. 즉 테러리스트들의 행동이 '단지 무고한 사람들을 죽이는 것이 아니라, 중동에서 점점 커지는 평화에 대한 희망을 죽이는 것까지 목표로 삼고 있다'는 것이었다.

3월 12일, 요르단의 후세인 왕은 나와 함께 공군1호기를 타고 무바라크 대통령이 샤름 엘-셰이크에서 주최한 '평화 중재자들의 정상회의'에 참석했다. 샤름 엘-셰이크는 홍해의 아름다운 휴양지로 스쿠버다이빙에 열광하는 유럽인이 즐겨 찾는 곳이었다. 후세인은 며칠 전 백악관으로 나를 찾아와 하마스 폭탄 테러를 비난하면서, 평화라는 대의를 향해 아랍 세계를 이끌고 나가겠다는 결의를 보여주었다. 나는 그와 함께 오랫동안 비행기를 타고 가면서 정말 즐거웠다. 우리는 그전부터 잘 지냈지만, 라빈의 암살 뒤에는 더 가까운 친구이자 동맹자가 되었다.

샤름 엘-셰이크에서는 보리스 옐친, 유엔 사무총장 부트로스 부트로스-갈리 등 아랍세계, 유럽, 아시아, 북미의 29개국 지도자가 페레스, 아라파트와 자리를 함께 했다. 지도자들과 실무진은 테러와 싸우고 평화과정을 유지한다는 분명하고 구체적인 약속을 끌어내기 위해 밤낮을 가리지 않고 노력했다.

아랍세계는 처음으로 이스라엘과 함께 테러를 비난하고, 테러에 대항하기 위해 노력하겠다고 목소리를 모았다. 평화과정을 유지하고 가자를 다시 개방하려는(그래야 그곳에 살면서 이스라엘에서 일하는 수천 명의 팔레스타인 사람들이 일터로 돌아갈 수 있었다) 페레스의 노력을 지원하는 데는 이러한 연합전선이 필수적이었다. 연합전선은 또 테러리스트들에 대항하는 아라파트의 전면적인 노력을 뒷받침하는 데도 필수적이었다. 아라파트의 노력이 없다면 평화에 대한 이스라엘의 지지도 무너질 것이 분명했다.

3월 13일, 나는 텔아비브로 가서 이스라엘의 군대와 경찰을 돕기 위해 미국이 취할 수 있는 구체적 조치에 대해 논의했다. 페레스 총리와 내각을 만난 자리에서 지원금으로 1억 달러를 약속했으며, 워런 크리스토퍼와 중앙정보국장 존 도이치에게 이스라엘에 계속 머물며 우리의 공동 노력이 더 빨리 결실을 맺을 수 있도록 지원해달라고 당부했다. 회의 뒤에 페레스와 함께 연 공동 기자회견에서 '종말론적인 이슬람과 정치에 빠져들어' 무고한 아이들을 죽이기 위해 '자신의 몸에 폭탄을 묶는 젊은 사람들'을 완전히 막는 것은 어렵다는 점을 인정했다. 하지만 그런 사태를 예방하고 그런 일을 가능하게 만드는 자금과 국가적 지원의 네트워크를 분쇄할 능력은 키워나갈 수 있다고 말했다. 나는 또 그 기회를 이용해 1년 이상 미루어지고 있는 테러방지법안에 대한 국회의 논의를 촉구했다.

기자회견을 하고 텔아비브에서 젊은 이스라엘 학생들과 질의응답 시간을 가진 뒤, 나는 리쿠드 지도자 베냐민 네타냐후를 만났다. 하마스의 폭탄 테러로 인해 리쿠드가 선거에서 승리를 거둘 가능성은 더 높아졌다. 나는 네타냐후에게 그가 승리를 거둘 경우 테러에 대한 싸움에서 동반자가 될 것을 약속하고, 그 역시 평화과정을 고수해주기를 바란다는 뜻을 전했다.

헤르즐 산에 있는 라빈의 무덤을 찾지 않고 집으로 돌아갈 수는 없었다. 나는 무릎을 꿇고 기도를 한 뒤, 유대인 관습에 따라 이츠하크의 이름이 적힌 대리석 표지에 작은 돌을 올려놓았다. 나는 무덤 옆의 땅에서 작은 돌을 주워 집으로 가져왔다. 나의 친구인 그가 나에게 남긴 일을 잊지 말고 기억하자는 증표였다.

내가 중동 문제에 골몰해 있는 동안 중국은 타이완 근처에 미사일 3기를 '시험' 발사하였고, 이로써 타이완 해협의 물은 소용돌이치기 시작했다. 카터 전 대통령이 중국 본토와의 관계를 정상화한 뒤, 미국은 타이완과 우호적 관계를 유지하면서도 '하나의 중국'을 인정하는 정책을 일관되게 유지했으며, 양측이 그들의 차이를 평화적으로 해소해야 한다고 이야기해왔다. 만일 타이완이 공격을 당했을 때 우리가 타이완을 방어할 가능성에 대해서는 한 번도 가타부타 언급한 적이 없었다.

중동과 타이완은 외교 문제의 양극단을 대표하는 것처럼 보였다. 중동에서는 정치 지도자들이 아무런 일을 하지 않으면 상황이 악화된다. 반면 중국과 타이완의 경우에는 정치가들이 어리석은 짓만 하지 않으면, 문제는 시간이 가면서 저절로 풀려버린다. 타이완은 독재에서 민주주의로 옮겨가고 있는 경제 발전소였으며, 본토의 관료적인 공산주의를 전혀 원하지 않았다. 타이완의 재계 인사들은 중국에 많은 투자를 하고 있었으며, 본토를 마음대로 왕래했다. 중국은 타이완의 투자를 좋아했지만, 타이완 섬에 대한 주권 요구를 포기하라는 데 동의할 생각은 없었다. 경제적 실용주의와 호전적인 국가주의 사이에서 적당한 균형을 찾는 것이 중국 지도자들에게는 늘 난제였다. 특히 타이완의 선거철이면 이 문제가 불거졌다. 나는 중국이 미사일 실험을 한 것은 지나치다고 생각했다. 그래서 신속하게, 그러나 조용하게 미 해군 태평양 함대의 항공모함을 타이완 해협으로 이동시켰다. 곧 위기는 지나갔다.

밥 돌은 2월에는 불안하게 출발했지만, 3월이 되자 공화당 예비선거에서 모두 승리를 거두었다. 그리고 3월 말에 캘리포니아에서 승리를 거두면서 확실하게 공화당의 대통령 후보가 되었다. 돌보다 더 우경화된 입장에서 출마한 필 그램 상원의원은 돌이 물리치기 어려운 상대는 아니었겠지만, 어쨌든 나는 돌을 지지하는 쪽이었다. 결과가 뻔한 선거란 없는 법이다. 따라서 내가 질 경우, 그램보다는 좀더 견실하고 좀더 온건한 돌이 정권을 잡는 것이 낫다고 생각했다.

돌이 후보 지명을 향해 다가가는 동안, 나는 몇 개 주에서 선거운동을 했다. 메릴랜드에서는 매카프리 장군과 제시 잭슨을 불러 십대의 마약 사용을 막기 위한 우리의 노력을 부각시켰고, 캘리포니아 노스리지의 고급 스피커 제조업체인 하만 인터내셔널에 들렀을 때는 불과 취임 3년 만에 일자리가 840만 개 만들어졌다고 발표했다. 내가 원래 약속했던 것은 4년 안에 800만 개를 만들겠다는 것이었다. 중산층 소득도 올라가기 시작했다. 그전 2년 동안 새로 만들어진 일자리 가운데 3분의 2가 최저임금 이상을 지불하는 산업에서 나왔다.

3월에도 미해결 세출안에 대한 합의에 이르지 못했기 때문에, 나는 잠정예산 3건에 서명했고, 다음 회계연도에 대한 나의 예산안을 의사당에 보냈다. 한편 하원은 미국총기협회의 입장에 따라 표결을 통해 공격용 무기 규제법을 폐지하고, 테러방지법안에서 총기 로비스트들이 반대하는 대목을 삭제했다.

3월 말, 나는 식품의약국에 항암 의약품 승인 과정의 속도를 높일 것을 촉구했다. 앨 고어, 도너 샬랄라, 식품의약국 국장 데이비드 케슬러는 신약의 평균 승인 속도를 1987년의 33개월에서 1994년의 1년으로 단축시키기 위해 노력했다. 최신 에이즈 약의 승인은 불과 42일 만에 이루어졌다. 의약품이 신체에 어떤 영향을 주는지 판단을 하고 난 뒤에 승인하는 것이 필수적이었지만, 그 과정은 안전이 허용하는 범위에서 최대한 빨리 이루어져야 했다. 여러 사람의 목숨이 달린 일이었기 때문이다.

밥 루빈과 내가 처음 요청을 하고 나서 8개월 뒤인 3월 29일, 마침내 부채 상한을 올리는 법안에 서명을 했다. 이제 우리의 예산안 협상 위에 걸려 있던 채무불이행이라는 다모클레스의 검(디오니소스 왕이 왕위에 따르는 위험을 보여주기 위해 머리 위에 머리카락 하나로 매달아두었던 검—옮긴이주)은 사라졌다.

워싱턴에 봄이 한창이던 4월 3일, 나는 오벌 오피스에서 일을 하다가 론 브라운과 미국 무역 투자 대표단(브라운이 발칸 국가들에 평화의 경제적 혜택을 제공하기 위해 조직했다)을 태운 공군 제트기가 악천후로 항로에서 이탈하여 크로아티아 두브로브니크 근처 세인트존 산에 추락했다는 소식을 들었다. 탑승자 전원이 사망했다. 일주일 전 힐러리와 첼시도 유럽에 갈 때 그 비행기를 탔으며, 승무원 구성도 일부는 똑같았다.

참담한 심정이었다. 브라운은 내 친구였으며, 내각에서 나의 가장 중요한 정치적 조언자였다. 그는 민주당전국위원회 위원장으로서 민주당을 1988년 패배의 충격에서 끌어올렸으며, 1992년 선거에서 민주당원들을 단결시키는 데 핵심적인 역할을 했다. 1994년 국회의원선거 패배 이후에도 브라운은 명랑한 기분을 잃지 않고, 우리가 경제에서 옳은 일을 하고 있으므로 1996년 선거에서는 승리할 것이라는 자신 있는 예측으로 사람들의 기운을 북돋워주었다. 그는 관료제를 현대화하여 상무부에 활기를 불어넣었으며, 그 성과를 기반으로 발칸 제국과 북아일랜드에서 미국의 경제적 이익은 물론 더 큰 이해관계까지 고려하며 적극적으로 활동했다. 그가 죽은 뒤 나는 브라운과 함께 일했던 한 기업 임원으로부터 편지를 받았다. 그는 브라운이 '미국 역대 최고의 상무장관'이라고 말했다.

힐러리와 나는 브라운의 집으로 차를 타고 가서 그의 부인 앨머, 두 자녀 트레이시와 마이클을 만났다. 며느리 태미도 와 있었다. 그들은 우리의 가족이나 다름없었다. 나는 그들이 이미 사랑하는 친구들에게 둘러싸여 있는 것을 보고 안심했다. 그들은 론 브라운의 이야기를 하면서 상실감을 달래고 있었다. 그는 할렘의 옛 호텔 테레사에서 어린 시절을 보낸 뒤 미국 정계와 공직의 정상까지 오르는 긴 여행을 한 인물이었기 때문에 이야깃거리도 많았다.

우리는 앨머의 집을 떠나 시내의 상무부로 가서 직원들과 이야기를 나누었는데, 직원들은 지도자와 친구들을 잃고 상심에 잠겨 있었다. 사망자 가운데는 힐러리와 내가 잘 아는 젊은이 애덤 달링도 있었다. 달링은 감리교 목사의 아들로 씩씩하고 이상주의적인 젊은이였으며, 1992년에 클린턴-고어를 지지하기 위해 자전거를 타고 미국을 횡단해 화제가 되면서 우리와 만나게 되었다.

며칠 뒤, 오클라호마시티 폭탄 테러 1주년을 딱 2주 앞두고, 힐러리와 나는 크로아티아에서 죽은 브라운과 다른 미국인들을 추모하며 백악관 뒤뜰에 말채나무를 심었다. 이어 우리는 오클라호마시티로 날아가 폭탄 테러로 사라진 탁아소를 대신할 새로운 탁아소 개관식에 참석하고, 그곳에 나와 있던 유가족들을 만났다. 이어 에드먼드 근처의 센트럴 오클라호마 대학으로 자리를 옮겨 학생들에게, 지난 3년간 역사상 어느 때보다 많은 테러리스트들을 체포했지만, 우리는 테러에 대항하여 더 많은 일을 해야 한다고 말했다. 나는 냉전 기간에 성장한 우리에게는 핵전쟁이 큰 위협이었듯이, 그들 세대에는 테러가 큰 위협이라고 말했다.

다음 날 오후 우리는 델라웨어의 도버 공군기지로 슬픈 여행을 했다. 국가를 위해 봉사하다 죽은 사람들의 유해가 고국으로 돌아오고 있었다. 관들을 비행기에서 내린 후 나는 론 브라운을 비롯하여 죽어간 사람들의 이름을 부르고 나서 참석한 사람들에게 다음 날이 부활절임을 상기시켰다. 부활절은 기독교인에게는 상실과 절망에서 희망과 구속으로 넘어가는 날이었다. 성경에서는 이렇게 말한다. "우리가 밤새도록 울지만, 아침에는 기쁨이 찾아오리라." 나는 이 구절을 4월 10일 내셔널 성당에서 브라운에 대한 조사의 주제로 사용했다. 그를 아는 우리 모두에게 브라운은 늘 아침의 기쁨이었기 때문이다. 나는 그의 관을 보며 말했다. "나는 내 친구에게 마지막으로 다시 한 번 말합니다. 고맙습니다. 당신이 아니라면, 나는 이 자리에 있을 수 없었을 겁니다." 우리는 브라운을 알링턴 국립묘지에 쉬도록 해주었다. 국립묘지에서 나는 그 끔찍한 시련으로 인한 슬픔과 피로 때문에 서 있기도 힘들었다. 선글라스 뒤에서 눈물을 감추고 있던 첼시가 팔로 내 허리를 둘렀고, 나는 첼시의 어깨에 머리를 뉘었다.

비행기 추락과 장례식 사이의 끔찍한 일주일 동안에도 나는 최선을 다해 내 의무를 이행했다. 우선 나는 새로운 농장법안에 서명했다. 바로 2주전, 농장 신용체계를 개선하는 법안, 즉 농부들에게 더 낮은 이자율로 더 많은 대출을 해주는 법안에 서명했다. 새로운 농장법안이 일반 농부들을 위한 적절한 안전망을 제공하지 못한다고 생각했지만, 새로운 법 없이 현행법의 시효가 만료되면 농부들은 1948년에 제정된, 시대에 전혀 맞지 않는 지원 프로그램의 보호 하에 다음 농작물을 심어야 할 판이었다. 게다가 새로운 법안에는 내가 지원하는 조항들도 많이 있었다. 우선 농부들 스스로 심을 작물을 선택해도 지원을 잃지 않도록 유연성을 늘렸다. 또 시골 공동체의 경제 발전을 위한 자금이 제공되었으며, 토양 부식, 공기와 물 오염, 습지 손실을 막기 위한 자금 지원이 가능했다. 그리고 나의 환경 정책 가운데 가장 높은 우선순위를 차지하는 플로리다의 에버글레이즈(광범위한 개발과 사탕수수 재배로 훼손되었다) 복원 사업에 2억 달러를 투여하게 되었다.

4월 9일, 나는 대통령에게 항목별 거부권을 부여하는 법안에 서명했다. 주지사들은 대부분 이 권한을 가지고 있었으며, 1869년 율리시즈 그랜트 이후 모든 대통령이 이 권한을 원했다. 이 조항은 공화당의 '미국과의 계약'의 한 부분이었고, 나는 1992년 대통령 선거 때도 이 법안을 지지했다. 이 법안이 마침내 통과된 것은 기쁜 일이었다. 나는 이 법의 주요 용도가 미래의 대통령에게 처음부터 비경제적인 항목이 예산에 들어오지 못하게 막는 권한을 준다는 데 있다고 보았다.

그러나 이 법안 서명에는 한 가지 중대한 문제가 있었다. 국회에서 헌법의 최고 권위자로 존경받는 로버트 버드 상원의원이 이것을 행정부가 입법부를 침해하는 위헌적인 법안이라고 생각한다는 것이었다. 버드는 항목별 거부권을 매우 혐오하여, 마치 개인적으로 상처를 받은 것 같은 태도를 보여주었다. 아마 그는 이 법안에 서명한 것 때문에 나를 결코 용서하지 않았을 것이다.

론 브라운의 장례식 날에는 발의자들이 '부분 출산' 낙태라고 부르는 시술을 금지하는 법안에 거부권을 행사했다. 낙태 반대자들이 옹호하는 이 법안은 큰 지지를 받고 있었다. 이 법안은 임신 후기 낙태의 한 유형을 금지하는 것인데, 너무 무자비하고 잔인해 보여서 낙태에 찬성하는 많은 국민들도 금지되어야 한다고 생각했다. 그러나 그렇게 간단한 문제는 아니었다. 내가 아는 한 이 시술은 실제로 자주 이루어지지 않았다. 주로 의사가 산모의 생명이나 건강을 보호하기 위해 필요하다고 생각하는 경우에만 시술이 이루어졌다. 예컨대 뇌수종에 걸려 출생 전이나 도중이나 직후에 죽을 것이 틀림없는 태아를 임신한 경우였다. 문제는 죽을 운명의 태아를 계속 임신하고 있을 경우 산모의 건강에 얼마나 나쁜 영향을 주는가, 그렇게 할 경우 다른 아이를 임신할 수 없는가 하는 것이었다. 만약에 나쁜 영향을 주고 다른 아이의 임신도 불가능하다면, 이런 시술을 금지하는 것이 과연 '생명 지지' (낙태 반대자들의 입장을 흔히 이렇게 부른다—옮긴이주)인지 분명치가 않았다.

나는 산모와 의사가 결정을 해야 한다고 생각했다. 나는 부분 출산 낙태를 경험한 5명의 여성과 함께 서서 법안에 거부권을 행사했다. 그들 가운데 셋은 가톨릭 신자였고, 하나는 복음주의적인 기독교인이었고, 나머지 하나는 정통 유대교도였다. 그리고 모두가 낙태 반대자였다. 그들 가운데 하나는 자신의 목숨을 가져가고 아이의 목숨은 살려달라고 기도했다고 말했다. 그들 모두 오로지 아기가 살 수 없었기 때문에, 그리고 다른 아이를 갖고 싶었기 때문에 임신 후기 중절에 동의했다고 말했다.

내가 왜 그 법안에 거부권을 행사했는지 이렇게 오래 설명하는 것에서도 짐작하겠지만, 이 거부권 행사는 정치적 인기라는 면에서 보자면 아주 나쁜 결정이었다. 내가 그 법안에 거부권을 행사한 것은 그 시술이 필요했다는 여성들의 말이 사실이 아니라는 증거를 보여준 사람이 없었고, 산모를 보호하고 생식 기능을 유지할 수 있는 다른 방법이 있다는 증거를 보여준 사람도 없었기 때문이다. 나는 산모의 생명이나 건강이 위험에 처한 경우가 아니라면 모든 임신 후기 낙태를 금지하는 법안에 서명하겠다고 제안했다. 몇 개 주에서는 여전히 임신 후기 낙태를 허용하고 있었기 때문에, 그런 법안이 나왔다면 부분출산금지 법안보다 낙태를 훨씬 더 많이 막을 수 있었을 것이다. 그러나 국회의 낙태 반대 세력은 그 법안을 죽였다. 그들은 로 대 웨이드 판결을 무력하게 만들 방법을 찾고 있었다. 게다가 낙태에 강력하게 찬성하는 상원의원이나 하원의원도 이 법안에서는 지지할 만한 정치적 이점을 찾을 수가 없었다.

4월 12일, 나는 미키 캔터를 상무장관에 임명했고, 캔터를 유능하게 보필했던 샬린 바셰프스키를 미국 무역대표로 임명했다. 연방국립주택저당협회 회장인 페니 메이 밑에서 부회장을 하던 프랭크 레인스를 관리예산실장으로 임명했다. 레인스는 지성과 예산에 대한 지식, 관리예산실에서 성공할 수 있는 정치적 기술을 모두 갖추었는데, 그는 그 자리를 맡은 최초의 아프리카계 미국인이기도 했다.

4월 14일, 힐러리와 나는 공군1호기를 타고 한국, 일본, 러시아를 순방하는 바쁜 출장길에 올랐다. 한국의 아름다운 섬 제주에서 김영삼 대통령과 나는 46년 전 한국 전쟁을 끝낸 정전 협정의 나머지 조인국가들인 북한, 중국이 참여하는 4자 회담을 열자고 제안했다. 남북한이 대화를 하고, 나아가 최종적인 평화 체제에 합의할 수 있는 기본 틀을 만들고자 하는 의도였다. 북한은 평화를 원한다고 이야기했지만, 나는 그들의 말이 진심인지 확인해 보아야 한다고 생각했다.

나는 한국에서 도쿄로 가서, 하시모토 총리와 함께 우리의 안보 관계를 재확인하고 현대화하기 위한 선언문을 발표했다. 이 선언문에는 테러리즘에 대항하기 위해 더 협력해야 한다는 내용도 들어 있었는데, 일본은 사린가스를 이용한 지하철 테러 이후 그 필요성을 절실하게 느끼고 있었다. 미국은 또 일본, 한국을 포함한 동아시아 지역에 10만 명 정도의 미군 병력을 유지하되, 일본 오키나와 섬의 미군은 축소하기로 했다. 그곳에서는 미군과 관련된 범죄 사건으로 미군 주둔에 대한 반대가 심해졌기 때문이다. 아시아의 평화와 안정을 유지하는 것은 미국의 경제적 이해관계에도 중대한 의미가 있었다. 아시아는 미국 수출품의 반을 구매했으며, 그런 구매가 미국 내

300만 개의 일자리를 유지해주었기 때문이다.

일본을 떠나기 전에 인디펜던스 호 선상에서 제7함대 소속의 미군을 방문하고, 황궁에서 일본 황제 부부가 주최한 우아한 국빈 만찬에 참석하고, 총리가 주최한 오찬에도 참석했다. 이 오찬에서는 미국 태생의 스모 선수와 뛰어난 일본인 재즈 색소폰 연주자가 분위기를 흥겹게 해주었다.

나는 미일 유대를 강화하기 위해, 부통령 출신의 월터 먼데일을 주일 미국 대사로 임명했다. 그의 명성과 까다로운 문제를 처리하는 솜씨는 일본인들에게 그들이 미국에 매우 중요하다는 메시지를 분명하게 전달해주었을 것이다.

우리는 러시아의 상트페테르부르크로 갔다. 오클라호마시티 폭탄 테러 1주년을 맞이한 4월 19일에 앨 고어는 오클라호마로 가서 행정부를 대신하여 연설했으며, 나는 러시아 군대 묘지를 방문했을 때 오클라호마시티 사건을 언급했다. 그런 다음 보리스 옐친, G-7 지도자들과 함께 이야기를 나누게 될 핵 안전 정상회의를 준비했다. 옐친은 정상회의를 통해 포괄적 핵실험 금지조약, START I, START II에 대한 우리의 약속과 핵무기, 핵물질을 확보하고 파괴하기 위한 공동 노력을 강조하자고 제안했다. 우리는 또 핵발전소의 안전을 개선하고, 핵물질을 바다에 투기하는 일을 중단하고, 우크라이나 대통령 레오니드 쿠치마가 4년 안에 체르노빌 발전소를 폐쇄하도록 돕기로 합의했다. 체르노빌 발전소는 그 비극적 사건이 일어나고 나서 10년이 지났음에도 여전히 운영되고 있었다.

4월 24일에 귀국을 했지만, 외교에서 완전히 벗어난 것은 아니었다. 중동의 긴장이 고조된 상황에서 레바논의 엘리아스 히라위 대통령이 백악관을 방문했다. 헤즈볼라가 레바논 남부에서 이스라엘을 향해 발사한 카투사 로켓 일제 공격에 대응하여 시몬 페레스는 보복 공격을 명령했고, 이 과정에서 많은 민간인 사망자가 발생했다. 나는 레바논에 공감했다. 레바논은 이스라엘과 시리아 갈등의 틈바구니에 끼여 있었으며, 테러리스트 공작원들이 아주 많은 곳이었다. 나는 레바논의 진정한 독립을 요구하는 유엔 안전보장이사회 425호 결의안에 대한 미국의 변함없는 지지를 재확인했다.

중동에서 들려오는 소식이 다 나쁜 것은 아니었다. 내가 레바논 대통령을 만나는 동안, 야세르 아라파트는 팔레스타인해방기구 집행위원회를 설득하여 이스라엘의 존재 권리를 인정하도록 헌장을 고쳤다. 이스라엘에는 매우 의미 있는 정책 변화였다. 이틀 뒤 워런 크리스토퍼와 미국의 중동 특사 데니스 로스는 레바논의 위기를 끝내고 다시 평화 사업으로 돌아간다는 이스라엘, 레바논, 시리아의 합의서를 받아냈다.

4월 말에 시몬 페레스는 나를 찾아와 테러리즘에 대항하는 협력 합의서에 서명했다. 여기에는 그 무렵 엄청난 파괴와 큰 슬픔을 낳은 자살 폭탄 테러와 관련된 이스라엘의 취약점을 개선하기 위한 공동 노력에 5,000만 달러를 투입한다는 내용도 담겨 있었다.

일주일 전, 나는 오클라호마시티 사건 1년 만에 국회가 통과시킨 테러방지법안에 서명했다. 이 법안은 무연無煙 흑색 화약에 추적 가능한 표지를 넣자는 조항과 연방 당국에 이동성 감청장치(조직범죄자들에 대해서는 이미 사용하고 있었다)를 테러리스트 용의자에 대해 사용할 권한을 부여하는 조항을 삭제한 뒤 초당적인 강력한 지지를 얻었다. 이 법안 덕분에 테러 공격을 예방하고, 테러 조직을 분쇄하고, 화학과 생물학 무기에 대한 통제를 확대하는 수단과 자원을 더 확보할 수 있었다. 국회는 또 플라스틱 폭탄에 화학적 표지를 첨가하고, 법에서 분명히 금지하지 않은 다른 유형의 폭약에도 그러한 표지를 넣을 수 있는 가능성을 열어두는 데 동의했다.

4월은 화이트워터 세계에서도 흥미 있는 한 달이었다. 4월 2일, 케네스 스타는 4개의 대형 담배회사를 대리하여 뉴올리언스 제5순회항소법원에 등장했다. 담배회사들은 십대를 상대로 한 담배 판매와 식품의약국의 담배 회사 통제 권한을 둘러싸고 나의 행정부와 열띤 논쟁을 벌이고 있었다. 스타는 나의 적들에게 큰 보수를 받는 변호사 일을 하면서도 아무런 이해충돌이 없다고 생각하는 모양이었다. 「유에스에이 투데이」는 이미 스타가 위스콘신의 학비 납부 가능 인증서(내가 반대하는 것이었다)를 변호하기 위해 법정에 나갔을 때 주 정부가 아니라 초보수적인 브래들리 재단으로부터 돈을 받았다고 폭로한 바 있었다.

스타는 정리신탁공사가 우리를 비난하고 나선 L. 진 루이스의 행위를 조사한 것을 수사하고 있었다. 한편 정리신탁공사는 스타의 법률회사에 대해 제기한 소송(파산한 덴버 저축대출기관의 대리를 태만히 처리한 문제를 놓고 소송을 제기했다)에서 합의를 보려고 협상을 하고 있었다. 물론 스타는 폴라 존스의 소송을 변호하기 위해 텔레비전에 나가겠다고 제안한 적도 있었다. 로버트 피스크는 재닛 리노가 그를 지명한 것이 이해충돌로 보인다는 근거 박약한 주장으로 인해 화이트워터 독립변호사직에서 물러난 적이 있었다. 그런데 이제 우리는 진짜 이해충돌을 보여주는 독립변호사를 가지게 된 것이다.

앞서도 말했듯이, 스타를 비롯하여 국회나 연방법원 내의 그의 동맹자들은 '이해충돌'이라는 말을 새로 정의한 것 같았다. 힐러리와 나에 대해 조금이라도 우호적이거나 피스크의 경우처럼 공정하기만 해도, 그것은 그들의 정의에 따르면 이해충돌이었다. 반대로 케네스 스타는 명백한 정치적 · 경제적 이해충돌과 나에 대한 극단적 편견을 가지고 있었지만, 스타의 동맹자들은 그가 우리를 비롯하여 다른 많은 무고한 사람들의 뒤를 쫓을 수 있는 무제한의 권한, 누구에게도 책임지지 않는 권한을 가지는 것이 아무런 문제가 되지 않는다고 생각하는 것 같았다.

무엇이 이해충돌을 구성하느냐 하는 문제에 대한 스타와 그의 동맹자들의 묘한 견해는 헨리 우즈 판사를 대할 때 가장 분명하게 나타났다. 연방수사국 요원 출신의 우즈 판사는 많은 존경을 받는 고참 판사로, 스타가 화이트워터와는 아무런 관계가 없는 연방 관할 혐의로 기소한 짐 가이 터커 주지사를 비롯한 몇 사람의 심리를 주재했다. 케이블 텔레비전 방송국 매입과 관련된 사건이었다. 처음에는 스타도 터커도 우즈 판사가 심리를 주재하는 데 반대하지 않았다. 그는 민주당원이기는 했지만, 주지사와 가까운 관계였던 적이 없기 때문이다. 우즈 판사는 터커의 혐의가 화이트워터와 아무런 관계가 없으므로 스타가 독립변호사법에서 부여하는 권한을 남용했다고 결정하여 기소를 기각했다.

스타는 우즈의 판결에 불복하여 제8순회법원에 항소했고, 편견이 있다는 이유로 우즈 판사가 이 사건에서 손을 떼게 해달라고 요청했다. 이 사건을 맡은 항소재판부는 레이건과 부시가 임명한 보수적인 공화당원들이었다. 재판장인 파스코 보먼은 우익 정치에서 데이비드 센텔과 쌍벽을 이루는 사람이었다. 항소법원은 우즈 판사에게 자신을 변호할 기회도 주지 않은 채 그의 판결을 파기하고 기소를 원래대로 돌려놓았을 뿐 아니라, 법정 기록이 아니라 그를 비판하는 신문과 잡지기사를 인용하여 그를 이 사건에서 밀어내버렸다. 허위 비난으로 가득한 그 글들 가운데는 짐 존슨 판사가 쓴 우익 「워싱턴 타임즈」의 기사도 있었다. 항소법원의 판결 뒤에 우즈는 자신이 미국 역사상 신문기사의 편견에 근거하여 사건에서 배제된 유일한 판사라고 말했다.

그 뒤에 다른 모험적인 변호사가 심리 판사를 바꾸어달라고 제8순회법원에 항소하면서 우즈 사건을 선례로 들자, 우즈 때와는 달리 이데올로기적 경향이 강하지 않았던 다른 재판부는 그 요청을 기각하면서 우즈 판결이 전례도 없고 정당화될 수도 없는 판결이라고 비판했다. 당연히 전례도 없고 정당화될 수도 없는 일이었다. 그러나 화이트워터 세계에서는 다른 규칙이 적용되었다.

4월 17일, 심지어 「뉴욕 타임즈」도 더 참지 못했다. 「뉴욕 타임즈」는 스타가 '그 자신의 정치적이고 경제적인 짐을 던져버리는 것을' 거부한 것을 근거로 "독립변호사로서의 격식 문제를 도전적으로 무시했고 미국 국민에 대한 특수한 의무에도 무관심하다"고 비판하면서, 그가 물러나야 한다고 말했다. 이 오래된 역사를 가진 위대한 신문은 그래도 양심이 있다는 생각이 들었다. 이 신문은 린치를 가하려는 폭도에게 힐러리와 나를 넘겨주고 싶지 않았던 것이다. 그러나 나머지 화이트워터 매체는 이 문제에 대해 입을 다물었다.

4월 28일, 나는 또 다른 화이트워터 심리에서 4시간 반짜리 비디오 녹화 증언을 했다. 이 심리에서 스타는 짐과 수잔 맥두걸 부부와 짐 가이 터커를 매디슨 신용금고와 중소기업청 자금 횡령 혐의로 기소했다. 대출금을 갚지 못한 것은 사실이지만, 피고들이 상환할 의도가 있었다는 것은 검사들도 논박하지 못했다. 대신 피고들은 빌린 돈이 대출신청서에 적힌 것과는 다른 목적을 위해 사용되었다는 사실 때문에 범죄 혐의로 기소당한 것이다.

이 심리는 화이트워터, 힐러리, 나와는 아무런 상관이 없었다. 내가 그 이야기를 여기에서 하게 된 것은 데이비드 헤일이 나를 이 사건에 끌어들였기 때문이다. 헤일은 중소기업청을 속여 수백만 달러를 사취했으며, 감형을 얻어내기 위해 스타에게 협조했다. 헤일은 증언에서 나로부터 맥두걸 부부에게 30만 달러를 대출해주라는 압력을 받았다는 주장을 되풀이했다.

나는 헤일의 이야기는 거짓이며, 나에게 걸린 혐의의 출발점이 된 두 당사자 사이의 거래에 대해 아무것도 모른다고 말했다. 피고측 변호사들은 헤일이 맥두걸 부부, 터커와 거래하는 과정에서 나의 역할에 대해 거짓말을 했다는 것을 배심이 알게 되면, 증언의 신뢰성 전체가 훼손되어 검사들의 주장은 무너질 것이며, 따라서 피고들이 직접 증언할 필요도 없을 것이라고 생각했다. 그러나 이 전략에는 두 가지 어려움이 있었다. 첫째는 많은 사람들의 충고에도 불구하고, 짐 맥두걸은 자신을 변호하기 위해 직접 증언에 나서겠다고 고집을 부렸다. 그는 1990년 매디슨 신용금고 파산으로 인한 이전의 재판에서도 그렇게 했으며, 결국 무죄 방면되었다. 그러나 그 이후 조울병이 심해져서, 많은 관찰자들의 말에 따르면, 그의 산만하고 변덕스러운 증언은 그 자신만이 아니라 수잔 맥두걸과 짐 가이 터커에게도 피해를 주었다. 수잔 맥두걸과 짐 가이 터커는 짐이 자기도 모르는 사이에 그들을 위험에 빠뜨린 뒤에도 자신을 변호하기 위한 증언에 나서지 않았다.

또 하나의 문제는 배심이 데이비드 헤일과 나의 정적들 사이의 관계에 대한 정보들을 모두 갖고 있지 않다는 것이었다. 그런 정보들 가운데 일부는 아직 알려지지 않았으며, 어떤 정보들은 판사에 의해 받아들일 수 없는 것으로 기각되었다. 배심은 헤일이 '아칸소 프로젝트'라고 알려진 비밀 계획에 따라 돈과 지원을 얻고 있다는 사실도 알지 못했다.

아칸소 프로젝트는 피츠버그의 초보수주의자인 억만장자 리처드 멜런 스케이프가 자금을 대는 것이었다. 스케이프는 「아메리칸 스펙테이터」에 힐러리와 나에 대한 부정적인 기사를 쓰라고 돈을 댄 적도 있었다. 이 프로젝트는 전직 주 경찰관 한 사람에게 1만 달러를 주어 내가 마약 밀반입을 했다는 터무니없는 이야기를 지어내게 한 적도 있었다. 스케이프 쪽 사람들은 또 뉴트 깅리치의 동맹자들과 긴밀하게 협력하고 있었다. 데이비드 브룩은 아칸소 주 경찰관들이 나에게 여자를 조달했다는 주장을 「아메리칸 스펙테이터」에 기사로 쓰고 나서, 이 잡지사만이 아니라 시카고의 사업가인 피터 스미스로부터도 은밀히 보수를 받았다. 스미스는 깅리치의 정치행동위원회 재정위원장이었다.

아칸소 프로젝트의 사업은 대부분 데이비드 헤일에게 집중되어 있었다. 이 프로젝트는 짐 존슨 판사의 보좌관 출신인 파커 도지어를 끌어들여, 핫스프링스 외곽에 있는 도지어의 미끼 가게에 헤일을 위한 피난처를 만들어주었다. 이곳에서 도지어는 헤일이 스타와 협력하는 동안 그에게 돈을 주고, 차와 낚시용 오두막을 쓰게 해주었다. 이 무렵 헤일은 스타의 친구이자 아칸소 프로젝트와 「아메리칸 스펙테이터」의 변호사이기도 한 테드 올슨에게 무료로 법률 조언을 얻었다. 올슨은 나중에 조지 W. 부시 대통령의 법무부에서 법무차관이 되었는데, 인준을 위한 상원 청문회에서 아칸소 프로젝트와 관련된 그의 일에 대해서는 솔직하게 말하지 않았다.

어떤 이유에서인지 배심은 피고인 짐과 수잔 맥두걸, 그리고 짐 가이 터커 모두에게 몇 가지 혐의에 대해 유죄평결을 내렸다. 독립검사실의 수석검사는 재판을 마무리지으면서, 내가 '재판을 받은 것'은 아니며, 나에 대한 '비행 주장은 없었다'고 말했다. 그러나 스타는 이제 그가 정말로 원하는 것을 얻었다. 이 세 사람에게 압력을 가하면 그들은 징역형을 피하기 위해 나에게 피해를 줄 수 있는 뭔가를 내놓을 거라고 생각했기 때문이다. 그래 봐야 나올 것이 없었기 때문에 나는 걱정하지 않았다. 다만 스타의 광범위한 조사 작업으로 인해 납세자들의 부담이 엄청나게 늘어나고, 내가 대통령이 되기 전에 힐러리와 나를 알았다는 죄밖에 없는 아칸소 사람들이 다치는 것이 안타까웠을 뿐이다.

나는 배심의 평결에 대해 심각한 의심을 품고 있었다. 짐 맥두걸은 정신병이 많이 진전되어, 증언은커녕 심리를 받을 능력도 없는 상태로 보였기 때문이다. 또 수잔 맥두걸과 짐 가이 터커가 유죄판결을 받은 것은 짐 맥두걸의 혼미한 정신에서 나온 증언과 데이비드 헤일이 자신을 구하고자 필사적으로 노력한 결과일 뿐이라고 생각했다.

5월은 입법부 쪽에서는 비교적 조용한 달이었다. 덕분에 나는 몇 개 주에서 선거운동을 하고, 대통령으로서 해야 할 공식적인 행사도 치렀다. 예를 들어 빌리 그레이엄에게 국회 금메달을 수여하고, 사우스론에서 연례행사인 WETA-TV '공연 중' 콘서트(에어런 네빌과 린다 론스타트가 출연했다)도 개최하고, 그리스 대통령 콘스탄티노스 스테파노풀로스의 국빈 방문도 받았다. 사실 중대한 외교나 국내 문제가 걸려 있을 때는 그런 일들을 마음껏 즐길 만큼 긴장을 풀 수 없는 경우도 많았다.

5월 15일, 나는 공동체 경찰 법안 가운데 그 무렵 승인이 난 부분을 발표했고, 우리는 내가 약속했던 10만 명 가운데 4만 3,000명의 새로운 경찰관을 거리에 풀어놓을 수 있게 되었다. 같은 날 밤 돌은 대통령 선거운동에 전념하기 위해 상원의원직을 내놓겠다고 말했다. 그는 나에게 전화를 하여 자신의 결정을 알렸으며, 나는 그에게 행운을 빌어주었다. 그것이 돌이 택할 수 있는 유일하게 합리적인 길이기도 했다. 그는 나에 대항하여 선거운동을 하면서 다수당 의장 일까지 할 여유는 없었다. 게다가 상원과 하원의 공화당이 예산안을 비롯한 여러 문제에서 택하는 입장들이 대통령 선거에서 그에게 피해를 주고 있었다.

다음 날 나는 지구상에서 대인지뢰를 모두 금지할 것을 요구했다. 유럽, 아시아, 아프리카, 남미의 지표 바로 밑에는 약 1억 개의 지뢰가 묻혀 있었는데, 그 대부분이 과거 전쟁의 유물이었다. 그 가운데 다수는 묻힌 지 수십 년이 지났지만 여전히 치명적인 위험을 가지고 있었다. 이로 인해 매년 2만 5,000명이 죽거나 불구자가 되었다. 특히 앙골라나 캄보디아 같은 곳에서 아이들이 당하는 피해는 끔찍했다. 보스니아에서도 피해가 많았다. 보스니아에서 미군 사상자는 딱 한 사람이었는데, 이 육군 하사는 지뢰를 제거하려다 죽고 말았다. 나는 미국이 1999년까지 자연적으로 파괴되지 않는, 이른바 멍청이 지뢰 400만 개를 제거하고, 다른 나라들의 지뢰 제거 작업도 돕겠다고 약속했다. 곧 미국은 전 세계 지뢰 제거 비용의 반 이상을 대게 되었다.

안타깝게도 이것은 생명을 긍정하는 행사가 되어야 했지만, 또 하나의 비극과 뒤섞여버렸다. 나는 해군참모총장 마이크 부어다가 그날 오후 스스로 총을 쏘아 자살했다는 소식을 발표해야 했다. 부어다는 징병으로 군대에 들어와 해군 최고위직에 오른 최초의 인물이었다. 자살의 이유는 그가 자신과 관계없는 베트남 전투 훈장 두 개를 달고 다녔다고 주장하는 보도 때문이었다. 그 보도의 진위에는 논란이 있었으나, 어쨌든 그것이 오랜 기간의 헌신과 뛰어난 봉사와 분명한 용기를 통해 얻어낸 그의 위치까지 훼손할 수는 없었다. 빈스 포스터와 마찬가지로 그의 명예와 성실성에는 의문이 제기된 적이 없었다. 당신은 일을 잘 못한다는 이야기를 듣는 것과 당신은 아무짝에도 쓸모없다는 이야기를 듣는 것 사이에는 큰 차이가 있는 법이다.

5월 중순, 나는 에이즈 환자들을 치료하고 돌보는 자금을 지원하는 라이언 화이트 케어 법의 시한을 연장하는 문서에 서명했다. 에이즈는 25세에서 44세 사이의 미국인 사망의 제1원인이 되었다. 우리는 1993년 이래 에이즈에 사용되는 돈을 두 배로 늘렸으며, 에이즈 환자 90만 명 가운데 3분의 1이 이 법으로 혜택을 받고 있었다.

같은 주에 나는 또 미건 법이라고 알려진 법안에도 서명했다. 성 범죄자에게 살해당한 소녀의 이름을 따서 만들어진 이 법은 폭력적인 성 범죄자가 있다는 사실을 해당 공동체에 알릴 권한을 주정부에 부여하는 법안이다. 몇 가지 연구를 보면 그런 범죄자들은 과거에서 벗어나는 경우가 드물었다.

행사 뒤에 나는 미주리로 날아가 딕 게파트와 함께 선거운동을 했다. 나는 게파트를 진정으로 존경했다. 그는 근면하고, 똑똑하고, 친절한 남자로, 실제 나이보다 20년은 젊어 보였다. 그는 하원의 민주당 의장이었지만 주말이면 집으로 가서 동네를 돌아다니며 유권자들과 이야기를 나누었다. 게파트는 종종 내가 자기 지역구에 해주기를 바라는 일의 목록을 건네주곤 했다. 많은 하원의원들이 이따금씩 요청을 해오곤 했지만, 정기적으로 '할 일'

목록을 타자로 쳐서 전해주었던 사람은 게파트 외에 테드 케네디뿐이었다.

5월 말, 나는 보훈부가 베트남 참전용사들에게 암, 간 질환, 호킨스 병 등 에이전트 오렌지(고엽제—옮긴이주)와 관련된 질병들을 포함한 몇 가지 심각한 질병에 대하여 보상해줄 것이라고 발표했다. 이것은 베트남 참전용사인 존 케리 상원의원, 존 맥케인 상원의원, 고故 버드 줌월트 제독이 오래전부터 주장해오던 것이었다.

5월 29일에는 자정 너머까지 잠을 안 자고 이스라엘 선거 결과를 지켜보았다. 정말 아슬아슬했지만, 결국 비비 네타냐후가 1퍼센트도 안 되는 득표율 차이로 시몬 페레스를 물리쳤다. 페레스는 아랍 표의 다수를 얻었지만, 네타냐후는 유권자의 90퍼센트 이상을 차지하는 유대인 표로 페레스를 눌러 승리를 거두었다. 네타냐후는 선거 중에 테러리즘에 더 강경하게 대응하고 평화과정의 속도는 늦추겠다고 약속했으며, 미국 스타일의 텔레비전 광고를 이용하기도 했다. 페레스를 공격하는 몇 개의 광고를 만들 때는 뉴욕의 공화당 미디어 컨설턴트들의 도움을 얻기도 했다.

페레스는 네타냐후의 광고에 대응해야 한다는 지지자들의 호소에 저항하다가 선거운동 막판에 대응에 나섰지만, 그때는 이미 늦었다. 페레스는 총리로서 훌륭하게 일을 했고, 이스라엘에 한평생을 바쳤지만, 1996년에는 아슬아슬한 차이로 네타냐후가 더 나은 정치가라는 것이 입증되었다. 나는 네타냐후와 함께 평화과정을 유지해나갈 수 있을지, 가능하다면 어떤 식으로 해야 할지 궁리하기 시작했다.

6월이 되자 나는 대통령 선거운동을 배경으로 전국으로 빠르게 번져가고 있는 당혹스러운 흑인 교회 연쇄방화와 교육이라는 두 가지 문제에 초점을 맞추었다. 프린스턴 대학 졸업식에서는 모든 미국인에게 대학 문을 열고, 적어도 대학 2년은 고등학교처럼 모든 사람이 등록할 수 있게 하겠다는 계획을 발표했는데, 그 개요는 다음과 같았다. 조지아 주의 호프 장학금 1,500달러(지역 초급대학의 평균 학비였다)를 본떠 2년간 대학교육에 대하여 1,500달러의 세액공제를 한다. 첫 두 해 이후의 모든 대학교육에 대해서는

1만 달러에 대해 세금공제를 한다, 모든 고등학교 졸업생 가운데 상위 5퍼센트의 학생에게는 1,000달러의 장학금을 지급한다, 대학의 근로장학생 자리를 70만에서 100만으로 늘린다, 저소득층 학생들을 위한 펠 보조금을 매년 늘린다 등.

6월 중순에 나는 뉴멕시코 주 앨버커키 그로버 클리블랜드 중학교에 가서 공동체 통행금지 프로그램을 지지했다. 전국에서 행해지고 있는 이와 비슷한 프로그램들은 청소년들이 평일에는 일정한 시간까지 귀가해야 한다고 정해놓았다. 그러자 범죄가 줄고 학습 효과가 개선되었다. 나는 또 초등학교와 중등학교 학생들에게 교복을 입히는 정책도 지지했다. 교복을 의무화한 학구마다 거의 예외 없이 출석률이 높아지고, 폭력이 줄어들고, 학습이 개선되었다. 가난한 집 학생과 부잣집 학생 사이의 차이도 줄어들었다.

나의 비판자들 몇 명은 통행금지, 교복, 인성교육 프로그램, 시청자 차단 프로그램 등과 같은 이른바 '소구경小口徑' 쟁점들에 대한 나의 강조를 비웃으면서, 그것이 모두 정치적 행동이며, 공화당 국회에서 큰 프로그램들을 통과시킬 수 없기 때문에 어쩔 수 없이 내놓는 대안이라고 주장했다. 그것은 정확한 이야기가 아니었다. 당시 우리는 나의 첫 2년 동안 통과시킨 교육 및 범죄와 관련된 큰 프로그램들을 시행하고 있었으며, 국회에 또 하나의 중요한 교육 정책을 제출해놓았다. 그러나 나는 연방의 돈과 법은 국민에게 삶을 개선할 수 있는 수단 외에는 줄 수 없다는 것을 알고 있었다. 진정한 변화는 풀뿌리 수준에서 국민들에 의해 이루어져야 했다. 우리의 교복 장려 정책의 결과, 더욱더 많은 학구에서 이 정책을 채택하여 긍정적인 결과를 얻게 되었다.

6월 12일에 나는 사우스캐롤라이나 그릴리빌에 가서 시온산 아프리카 감리교회 헌당식에 참석했다. 전의 교회가 불에 탄 뒤 새로 지은 교회였다. 일주일 전에 노스캐롤라이나 주 샬롯에 있는 한 흑인 교회가 불에 탔다. 18개월 동안 벌써 30번째로 일어난 일이었고, 미국의 흑인 공동체 전체가 깜짝 놀라 내가 뭔가 해주기를 기대하고 있었다. 나는 연방 검사가 예배당 방화범을 더 쉽게 처벌할 수 있게 해주는 초당적인 법안에 서명했고, 재건을 위한 저리의 대출금 지원이 가능하도록 연방 대출 보증을 약속했다. 교회 방화는 1992년의 유대인 회당 훼손 사건처럼 상승작용을 일으키는 것 같았다. 이 사건들은 음모로 연결되어 있지는 않았지만, 마음의 전염으로 연결되고 있었다. 자기와는 다른 사람에 대한 증오심의 전염이었다.

6월 초, 3년 전인 1993년에 나의 백악관 인사보안국이 부시와 레이건의 백악관에 들어가기 위해 신원조회를 마친 사람들에 대한 연방수사국 정보철 수백 건을 입수했다는 보도가 나왔다. 이 서류는 인사보안국이 당시의 백악관 직원들에 대한 보안 파일들을 교체하려던 과정에서 얻은 것이었다. 이임하는 부시 행정부가 관련 서류를 부시 도서관에 보관하기 위해 가져갔기 때문이다. 백악관은 공화당원에 대한 연방수사국 비밀 보고서를 소유할 생각이 전혀 없었다. 나는 그 이야기를 듣고 격분했다.

6월 9일, 리언 파네타와 나는 그 사건에 대해 사과했다. 일주일이 안 되어 루이스 프리 연방수사국장은 연방수사국이 408건의 정보철을 백악관에 넘겨주는 잘못을 저질렀다고 발표했다. 며칠 뒤 재닛 리노는 케네스 스타에게 정보철 사건을 수사해달라고 요청했다. 2000년에 독립변호사실은 이 사건이 단순한 실수였다고 결론을 내렸다. 백악관은 어떠한 종류의 정치적 첩보 활동도 하지 않았다. 비밀검찰부는 인사보안국에 낡은 백악관 직원 명부를 주었는데, 여기에 공화당원들의 이름이 포함되어 있었던 것이다. 이것이 백악관에 보내진 문제의 명단이며, 조사 결과 밝혀진 내용이었다.

6월 말, 내슈빌에서 열린 연례 고어 가족회의에서 나는 자녀 학교의 사친회에 참석하는 경우, 또는 자녀나 배우자나 부모의 건강 검진을 위해 병원에 가는 경우, 1년에 24시간, 또는 근무일 3일을 휴가로 더 쓸 수 있도록 가족휴가법을 확대하겠다고 제안했다.

일과 가족 사이의 균형을 잡는 문제는 백악관에도 영향을 주어, 나에게 무거운 부담이 되고 있었다. 국내정책회의에 참여하는 빌 갤스턴은 민주당 지도자협의회를 통해 처음 만난 뛰어난 사람으로 끊임없이 좋은 구상들을 내놓았는데, 그 무렵 10살 난 아들과 더 많은 시간을 보내고 싶다며 사직했다. "아들이 계속 내가 어디 있느냐고 묻습니다. 지금 내가 하는 일은 다른 사람이 와서도 할 수 있습니다. 하지만 아이와 함께 있는 일은 다른 사람이 할 수 없지요. 나는 가정을 택하겠습니다."

뛰어난 관리자로, 재계와 가장 말이 잘 통한다고 알려진 비서실 차장 어스킨 보울스는 나와 가까운 친구가 되어 골프도 함께 즐기는 사이였다. 그런데 보울스도 퇴직하겠다고 이야기했다. 힐러리의 웰즐리 동창이기도 한 그의 부인 크랜돌은 커다란 섬유회사를 운영하면서 출장을 많이 다녔다. 그들의 자녀 가운데 둘은 대학에 다녔다. 막내는 이제 고등학교 3학년에 올라갈 예정이었다. 보울스는 자신이 하는 일을 좋아한다고 하면서도 이렇게 말했다. "하지만 아들이 고등학교 마지막 학년인데 혼자 집에 있게 할 수는 없는 것 아닙니까. 그 아이가 자신이 부모에게 세상에서 가장 중요한 존재였는지 의문을 품게 되는 것을 바라지 않습니다. 나는 가정을 택하겠습니다."

나는 갤스턴과 보울스의 결정을 존중하고 또 거기에 동의했다. 그리고 힐러리와 내가 백악관에 살면서 일을 하는 것에 감사했다. 그 덕분에 우리는 오랜 시간 출퇴근을 할 필요가 없었고, 적어도 우리 둘 중의 하나는 거의 언제나 첼시와 함께 저녁을 먹을 수 있었고, 첼시가 아침에 일어날 때는 함께 있어줄 수 있었기 때문이다. 그러나 내 비서진의 퇴직 경험을 통해, 나는 아주 다양한 일에 종사하면서 다양한 수준의 소득을 올리는 많은 미국인들이 매일 일을 하면서 자신이 일 때문에 아이들을 방치하는 것은 아닌지 몹시 걱정한다는 것을 깨닫게 되었다. 미국은 부유한 나라들 가운데 일과 가족의 균형을 잡는 일에 지원을 가장 하지 못하는 축에 들었으며, 나는 그것을 바꾸고 싶었다.

안타깝게도 국회의 공화당 다수파는 고용주들에게 새로운 부담을 주는데 반대했다. 그 무렵 한 청년이 나에게 다가오더니 재미있는 이야기를 해주겠다고 했다. 청년의 말대로, '대통령이 되고 나서는 사람들 앞에서 해줄 농담을 찾기가 힘들었기' 때문에, 나는 반갑게 청년의 이야기에 귀를 기울였다. 그 청년의 농담은 이런 것이었다. "이 국회와 함께 대통령 일을 하는 것은 공동묘지 한가운데 서 있는 것과 같다. 밑에 많은 사람들이 있지만, 아무도 이야기를 들어주지 않는다." 아주 똑똑한 청년이었다.

6월 말, G-7 연례회의(이번 회의에서는 주로 테러리즘에 대해 이야기할 예정이었다)에 참석하기 위해 프랑스 리용으로 떠날 준비를 하고 있는데, 사우디아라비아 다란의 군용 주택단지 코바르 타워스 바로 외곽의 보안 장벽에 강력한 폭탄을 실은 트럭이 돌진하여, 공군 병사 17명이 전사하고 거의 300명의 미국인과 다른 많은 사람들이 부상을 당하는 사건이 벌어졌다. 미군 순찰병이 트럭에 다가가자, 트럭에 타고 있던 사람 둘이 달아났고, 그 즉시 폭탄이 터졌다. 나는 수사관과 법의학 전문가들 40여 명으로 이루어진 연방수사국 팀을 보내 사우디아라비아 당국과 협조하게 했다. 파드 왕은 나에게 전화를 하여 조의를 표하고 유대를 확인했으며, 사우디아라비아 정부가 미국인들을 죽인 범인들을 체포하여 처벌하겠다고 약속했다. 결국 사우디아라비아는 테러에 책임이 있는 것으로 결론이 난 사람들을 처형하게 된다.

사우디아라비아는 미군을 페르시아 만에 '미리 주둔시켜두면' 사담 후세인의 재공격을 억제하고, 설사 공격을 당한다 해도 미군이 재빨리 대응할 수 있을 것이라는 희망에서, 걸프 전쟁 뒤에 미군이 기지를 세우는 것을 허용했다. 미군이 주둔하면서 그런 목적을 달성했으나, 미군 부대는 그 지역 테러리스트의 공격에 더 취약해졌다. 코바르의 보안 시설은 정말 허술했다. 미군과 사우디아라비아 당국이 테러리스트가 그렇게 강력한 폭탄을 만들 수 없을 것이라고 방심했기 때문에 폭탄을 실은 트럭이 기지에 바짝 다가갈 수 있었다. 나는 해외 주둔 미군의 안전을 강화할 수 있는 방법들을 연구할 위원회를 만들고, 위원장으로 미국 특수작전사령부 총사령관 출신의 웨인 다우닝 장군을 임명했다.

나는 G-7 정상회의를 준비하면서 참모진에게 국제 사회가 세계 테러리즘에 대항하여 좀더 효과적으로 협력할 수 있는 방법들을 보고해달라고 요청했다. 리용에서 만난 세계 지도자들은 테러리스트의 인도와 기소 속도를 높이고, 테러 자금의 출처를 차단하고, 내부 방어체계를 개선하고, 테러리스트들이 하이테크 통신 장비에 접근하는 것을 최대한 제한하는 40여 개 항목의 권고안에 동의했다.

1996년까지 나의 행정부는 심각한 테러 사건들을 예방하고, 국제적인 협조를 통해 테러리스트들을 체포하여 처벌하고, 테러리스트 조직으로 가는 돈과 통신의 흐름을 차단하고, 테러리스트가 대량살상무기에 접근하는 것을 막고, 테러를 지지하는 나라에 제재를 가하고 고립시키는 데 초점을 맞추는 테러방지전략을 확정했다. 레이건 대통령의 1986년 리비아 공격과 내가 1993년에 명령한 이라크 정보부 공격이 보여주듯이, 미국은 미국에 대한 테러 행위에 직접 관여하는 나라들을 억제할 수 있었다. 두 나라 모두 다시 테러를 시도하지 않았다. 그러나 비국가 테러 조직을 공격하는 것은 간단치 않았다. 나라에 대해서는 효과를 볼 수 있는 군사적·경제적 압력이 그런 조직들에는 쉽게 적용될 수 없었기 때문이다.

우리의 전략은 많은 성공을 거두었다. 우리는 뉴욕의 홀랜드 터널과 링컨 터널을 폭파하려던 계획, 필리핀에서 미국으로 날아가는 비행기들을 폭파하려던 계획 등 테러리스트의 공격 계획을 몇 차례 예방했다. 또 전 세계의 테러리스트들을 미국으로 이송하여 재판을 받게 했다. 그러나 테러는 단순히 국제적인 조직범죄가 아니다. 테러 단체들은 정치적 목표를 제시하기 때문에 국가의 지원이나 대중의 지지를 받는 경우도 많다. 나아가 테러 조직의 배후를 캐다 보면 까다롭고 위험한 질문들과 마주칠 수도 있었다. 예를 들어 코바르 타워스 수사에서는 이란이 테러리스트들을 지원했을 가능성이 제기되기도 했다. 우리가 공격에 대항하는 훌륭한 방어 체제를 갖추고 있다 해도, 법집행이 테러리스트들에 대한 충분한 공격 전략이 될 수 있을까? 아니면 군사적 대안에 의존하는 것이 더 좋은 방법일까? 1996년 중반에는 국내나 해외에서 이루어지는 미국인에 대한 공격에 어떻게 대처해야 할까? 이런 문제에 대해 우리가 답을 얻지 못했다는 것은 분명했다. 또 그 문제가 앞으로 상당 기간 해결되지 않을 것이라는 점도 분명했다.

여름은 국내외의 좋은 소식으로 시작되었다. 보리스 옐친은 7월 3일 극단적 국수주의자 게나디 쥬가노프와 결선투표에서 맞붙게 되었다. 1차 선거는 박빙이었지만, 옐친은 시간대가 11개나 지나가는 나라 전체를 돌며 정력적인 선거운동을 하고 미국식 선거 행사와 텔레비전 광고도 하면서, 수월

하게 결선행 차표를 얻을 수 있었다. 이 선거는 민주주의를 지키고, 경제를 현대화하고, 서방과 손을 잡으려는 옐친의 지도력에 대한 비준의 성격이 강했다. 러시아에는 문제가 많았지만, 나는 그래도 러시아가 올바른 방향으로 간다고 믿었다.

미국도 올바른 방향으로 움직이고 있었다. 1,000만 개의 새로운 일자리가 생기면서 실업률이 5.3퍼센트로 떨어지고, 1·4분기의 경제 성장이 4.2퍼센트에 이르고, 적자는 내가 취임할 때에 비해 반 이하로 떨어졌다. 임금 역시 올라가고 있었다. 그러나 다음 날에는 주가가 115포인트나 떨어졌다. 나는 월스트리트가 보통 미국인이 잘되는 꼴을 얼마나 보기 싫어하는지 알 수 있지 않느냐고 밥 루빈을 놀렸다. 하지만 사실 그렇게 간단한 문제는 아니었다. 주식 시장은 미래와 관련된 것이다. 상황이 정말 좋으면 투자자들은 이제부터 나빠질 것이라고 생각하는 경향이 있다. 어쨌든 투자자들은 곧 생각을 바꾸었고, 주식시장은 다시 상승했다.

7월 17일, 롱아일랜드 연안에서 TWA 800 항공기가 폭발하여 약 230명이 사망했다. 당시에는 모두 그것이 테러리스트의 소행이라고 생각했다. 나중에는 아니라는 것이 밝혀졌지만. 심지어 롱아일랜드 해협의 보트에서 로켓탄을 쏜 것이라는 추측도 나돌았다. 나는 섣부른 결론을 내리지 말라고 주의를 주었지만, 항공 안전을 강화하기 위해 더 노력해야 한다는 것은 분명했다.

힐러리와 나는 뉴욕 주 자메이카로 가서 피해자 유족들을 만났다. 나는 그 자리에서 항공 여행 안전을 강화할 새로운 조치를 발표했다. 우리는 1993년부터 이 문제를 해결하기 위해 노력해왔다. 그 결과, 항공 교통 통제 시스템을 현대화하고, 안전 검사원을 450명 이상 증원하고, 균일한 안전 기준을 마련하고, 새로운 하이테크 폭발물 탐지 기계를 시험하겠다는 안을 내놓을 수 있었다. 나는 거기에 덧붙여 국내외 항공의 수하물 직접 검사를 늘리고, 더 많은 짐을 검사하고, 비행 전에 모든 비행기의 화물칸과 객실에 대한 사전 점검을 의무화하겠다고 말했다. 또 앨 고어에게 항공 안전과 보안,

항공 교통 통제 시스템을 조사할 위원회를 지휘하여 45일 안에 보고서를 제출해달라고 요청했다.

추락사고 10일 뒤에 이번에는 논란의 여지가 없는 테러 사건이 발생했다. 애틀랜타 올림픽 경기장에서 파이프 폭탄이 터져 두 명이 사망한 것이다. 힐러리와 나는 무하마드 알리가 올림픽 성화에 점화를 한 개막식에 참석하기도 했다. 힐러리와 첼시는 올림픽을 좋아하여 여러 행사에 참석했고, 나는 미국 팀을 비롯해 여러 나라의 운동선수들을 방문했다. 아일랜드, 크로아티아, 팔레스타인의 운동선수들은 미국이 그들의 조국에 평화를 가져다주기 위해 노력한 것에 감사했고, 남북한 올림픽 선수들은 식당에서 나란히 놓인 탁자에 함께 앉아 이야기를 나누었다. 올림픽은 세계 최선의 상태를 상징하며, 과거의 분열들을 넘어 사람들을 한군데로 모았다. 그러나 아직도 체포되지 않은 자생 테러리스트가 심어놓은 파이프 폭탄은 개방과 협력의 힘들이, 통합된 세계 공동체를 건설하는 데 필요한 가치와 규칙을 거부하는 사람들 앞에서 얼마나 취약한지 보여주었다.

8월 5일에 나는 조지 워싱턴 대학에서 테러리즘이 우리의 미래에 어떤 영향을 미치는지 광범위한 분석을 하면서, 그것이 "평등한 기회를 파괴하고, 경계를 존중하지 않는다"고 말했다. 나는 '우리 세대의 적'과 싸우기 위해 취하고 있는 조치들을 요약하면서, 우리가 세계의 "평화와 자유를 이루는 데 불가결한 힘으로서 자신감과 지도력을 유지하면 결국 승리할 것"이라고 말했다.

8월의 나머지 기간에는 법안에 서명을 하고, 당 대회들에 참석했다. 화이트워터 세계에도 긍정적인 진전이 있었다. 선거가 다가오고 예산 싸움이 적어도 일시적으로는 중단되면서, 양당 국회의원들은 국민에게 초당적인 협력과 전진의 증거를 보여주고 싶어 했다. 그 결과 그들은 백악관이 얻으려고 싸워오던 진보적 법안들을 만들어냈다. 나는 채소, 과일, 곡식을 해로운 농약으로부터 좀더 안전하게 지키기 위한 식품품질보호법에 서명했다. 크립토스포리디움에 의한 오염으로 사망자와 환자가 생겼기 때문에 물의 오염을 줄이기 위한 안전한 물 법에도 서명을 했다. 이 법에 따라 지방자치단체의 급수체계를 개선하기 위해 100억 달러를 대출해줄 수 있게 되었다.

최저임금을 시간당 90센트 올리고, 장비와 직원 신규 채용에 새로운 투자를 하는 소기업에 세금을 감면하고, 소기업들이 새로운 401(k) 계획에 따라 직원에게 연금을 지급하는 것을 쉽게 해주고, 입양에 대해 5,000달러의 세액 공제를 해주고, 특별한 보호가 필요한 아동에 대해 6,000달러의 인센티브를 제공하는(힐러리에게 아주 중요한 일이었다) 법안에도 서명했다.

8월 마지막 주에 나는 케네디-카세봄 법안에 서명했다. 이것은 일자리를 옮길 때도 건강보험을 가져가게 해주고, 기존의 건강 문제를 핑계로 보험회사가 보험 가입을 거부하는 것을 금지하는 법으로, 이를 통해 수많은 사람들이 도움을 받았다. 나는 또 젊은 사람들을 담배의 위험으로부터 보호하기 위한 식품의약국의 최종 규칙을 발표했다. 이 규칙에 따르면 젊은 사람들은 담배를 살 때 신분증을 제시하여 나이를 증명해야 하며, 담배 회사의 광고와 자동판매기 설치는 제약을 받았다. 이로써 담배산업계에 적들이 생겼지만, 그래도 나는 이러한 노력으로 몇 사람의 목숨은 구하게 될 것이라고 생각했다.

8월 22일, 나는 획기적인 복지제도 개혁 법안에 서명했다. 이 법안은 양원에서 70퍼센트 이상의 지지를 얻어 초당적 다수표로 통과되었다. 새로운 법안은 이전에 내가 거부권을 행사했던 두 법안과는 달리 의료와 식량 원조에 대한 연방의 보장 조항을 유지했고, 연방의 육아 지원을 40퍼센트 늘려 지원금은 총 140억 달러가 되었으며, 내가 원하던 자녀 양육 의무 강화를 포함하고 있었고, 복지 수당을 임금 지원금으로 전환하여 고용주들이 생활보호대상자들의 고용을 늘리는 인센티브로 활용할 수 있는 권한을 주에 부여했다.

가난한 사람들과 합법적 이민자들을 옹호하는 대부분의 사람들, 그리고 내각의 몇몇 사람들조차 이 법안에 반대하여 내가 거부권을 행사하기를 바랐다. 이 법안으로 인해 생활보호대상자들이 받는 고정 수당에 대한 연방의 보장이 끝나고, 생활보호 지원금에 5년 유효 한도가 생기고, 식량 카드 프로그램에 대한 전체적인 지출이 삭감되고, 저소득 합법 이민자들에 대한 식량 카드와 의료 서비스가 사라지기 때문이었다. 나는 마지막 두 가지 이의제기에는 동의했다. 합법적 이민자들이 받는 타격은 특히 컸으며, 나는 그것이 정당화될 수 없는 일이라고 생각했다. 내가 그 법안에 서명을 한 직후, 보건복지부의 고위 관리인 메리 조 베인과 피터 에들먼이 항의의 표시로 사임했다. 그들이 떠날 때, 나는 그들의 봉사와 소신에 따른 행동을 치하했다.

내가 그 법안에 서명을 하기로 결정한 것은 그것이 복지제도의 인센티브를 의존에서 일을 통한 생활능력 확보로 바꿀 수 있는 보기 드문 좋은 기회라고 생각했기 때문이다. 나는 이 개혁안의 성공 가능성을 최대로 높이기 위해, 아메리코 설립에서 뛰어난 솜씨를 보여주었던 엘리 시걸에게 '복지에서 일로 동반관계'를 조직하는 일을 맡겼다. 이것은 생활보호대상자를 고용하겠다고 약속하는 고용주들의 협력을 얻기 위해 만든 조직이었다. 결국 이 동반관계에 참여한 2만 개 기업의 고용을 통해 100만 명 이상이 생활보호대상자 위치에서 벗어나게 된다.

서명식에는 생활보호대상자였던 사람들이 몇 명 나와서 법안을 지지하는 연설을 했다. 그들 가운데 한 사람인 릴리 하딘은 아칸소 여자로, 10년 전 생활보호대상자에서 벗어나 일을 할 때 가장 좋은 점은 "아이가 학교에 가서 친구들이 너희 엄마는 뭐 하느냐고 물었을 때 대답할 말이 있다는 것"이라고 이야기함으로써 내 동료 주지사들에게 감동을 주었다. 이후 4년 동안 복지제도 개혁의 결과는 릴리 하딘이 옳다는 것을 증명해주게 된다. 내가 퇴임할 때 생활보호대상자의 수는 1,410만 명에서 580만 명으로 60퍼센트 줄어들었다. 아동 빈곤은 25퍼센트 내려가 1979년 이래 최저점을 기록했다.

복지제도 개혁안에 서명한 것은 나의 대통령 재임 기간에 가장 중요한 일 가운데 하나였다. 나는 정계에 발을 디딘 후 대부분의 기간 동안 사람들을 복지제도에서 벗어나 일터로 가게 하려고 노력했으며, 1992년 선거운동의 중심 공약은 '현재 우리가 알고 있는' 복지제도를 끝내겠다는 것이었다. 우리는 대부분의 주에 복지제도에 대한 연방의 기존 요건 규정을 강제하지 않겠다는 권리포기각서를 보내는 방식으로 복지제도 개혁을 추구해 왔지만, 미국에는 가난한 사람들에 대한 지원의 강조점을 생활보호 급부금에 대한 의존으로부터 일을 통한 독립으로 바꾸어놓는 법안이 필요했다.

공화당은 8월 중순 샌디에이고에서 전당대회를 열어 밥 돌을 대통령 후보로 지명했고, 밥 돌은 러닝메이트로 잭 켐프를 선택했다. 켐프는 뉴욕 하원의원 출신으로 주택도시개발 장관을 지냈고, 버펄로 빌스의 뛰어난 쿼터백 출신이기도 했다. 흥미로운 인물인 켐프는 자유시장을 옹호하는 보수주의자로, 가난한 사람들에게 경제적 기회를 주고 모든 곳으로부터 새로운 구상들을 받아들이는 일에 진정으로 열심인 사람이었다. 나는 그가 돌의 선거운동에 중요한 자산이 될 것이라고 생각했다.

공화당은 1992년 전당대회 때와는 달리 과격한 우익적 수사修辭로 대회를 시작하는 실수를 저지르지 않았다. 그들은 콜린 파월, 케이 베일리 허치슨 상원의원, 수잔 몰리나리 하원의원, 존 맥케인 상원의원 등을 등장시킴으로써, 미국 국민에게 좀더 온건하고, 긍정적이고, 전향적인 이미지를 보여주었다. 엘리자베스 돌은 남편을 위해 인상적이고 효과적인 지명 연설을 했는데, 연단을 떠나 대의원들 사이를 걸어다니며 대화하듯이 연설을 했다. 돌 역시 훌륭한 연설을 했다. 그는 자신의 평생에 걸친 의무 이행, 세금감면, 전통적인 미국적 가치의 옹호에 초점을 맞추었다. 그는 내가 베이비붐 세대 '엘리트'의 한 사람으로, "한 번도 어른이 되어본 적이 없고, 한 번도 현실적인 일을 한 적이 없고, 한 번도 희생하지 않았고, 한 번도 고통을 겪지 않았고, 한 번도 제대로 배우지 않았다"고 조롱했다. 돌은 '고요, 신앙, 행동에 대한 신뢰'가 지배하던 더 나은 과거로 돌아가는 다리를 건설하겠다고 약속했다. 돌은 또 아이를 기르는 데는 『한 마을이 필요하다』는 힐러리 책의 주제를 놓고 힐러리를 맹렬히 공격하여, 공화당은 부모가 자식을 기른다고 생각하는 반면, 민주당은 정부가 그 일을 해준다고 생각한다고 말했다. 돌의 공격은 별로 모질게 느껴지지 않았다. 그리고 두 주 뒤에 힐러리와 나는 그에게 답변할 기회를 얻게 된다.

공화당이 샌디에이고에 있는 동안 우리 가족은 두 번째로 와이오밍 주 잭슨 홀에 갔다. 이번에는 내가 『희망과 역사 사이에서 *Between Hope and History*』라는 짧은 책을 마무리하고 있었다. 이 책은 나의 첫 임기의 정책들로부터 긍정적인 영향을 받은 사람들의 이야기를 통해 그 정책들의 효과를 부각시키고, 다음 4년 동안 미국을 어디로 이끌고 싶은지 이야기하는 내용이었다.

8월 12일, 우리는 옐로스톤 국립공원에 갔다. 우리의 휴가 기간에 유일하게 공적 업무를 처리한 날이었다. 나는 그곳에서 공원에 붙은 땅의 금광 시굴 계획을 중단시키는 합의서에 서명했다. 이 합의서는 탄광회사, 시민단체, 국회의원, 케이티 맥긴티가 이끄는 백악관 환경 팀의 협력이 이루어낸 반가운 결과였다.

8월 18일에 힐러리, 첼시, 나는 라디오시티 뮤직홀에서 열린 내 50세 생일을 기념하는 큰 파티에 참석하기 위해 뉴욕시티로 갔다. 파티 뒤에, 우리가 머물던 와이오밍으로부터 장비를 싣고 워싱턴으로 돌아가던 비행기가 추락하여 탑승했던 9명 전원이 사망했다는 이야기를 듣고 마음이 몹시 아팠다. 다음 날 우리는 테네시에서 앨과 티퍼 고어 부부를 만나, 그 무렵 교회 연쇄 방화사건으로 타버린 시골 교회 두 동(하나는 흑인교회이고 하나는 백인교회였다)을 재건하는 일을 돕는 것으로 티퍼 고어와 나의 생일(같은 날이었다)을 축하했다.

8월 마지막 주에, 나라의 관심은 시카고에서 열린 민주당 전당대회에 쏠렸다. 그 무렵 피터 나이트가 이끌던 우리의 선거운동은 강한 조직력을 과시하고 있었다. 선거운동 본부는 더그 소스닉과 해럴드 이케스를 통하여 백악관과 긴밀히 협조했고, 소스닉과 이케스는 전당대회 조직을 감독해왔다. 시카고에 가게 되자 마음이 들떴다. 시카고는 힐러리의 고향이었고, 1992년 나의 승리에서 중심적인 역할을 했으며, 교육, 경제발전, 범죄 방지 등과 관련된 나의 중요한 정책들을 잘 활용한 곳이었기 때문이다.

8월 25일, 웨스트버지니아 헌팅턴에서 첼시와 나는 시카고까지 4일간의 기차 여행을 시작했다. 힐러리는 우리보다 앞서 전당대회 개막에 맞추어 시카고에 가 있었다. 우리는 멋진 옛날 기차를 세내어 '21세기 특급'이라는 별명을 붙였다. 기차는 켄터키, 오하이오, 미시간, 인디애나를 거쳐 시카고로 갔다. 우리는 가는 길에 15군데에서 멈추었으며, 작은 타운들을 통과할 때는 철로변에 모인 사람들에게 손을 흔들기 위해 속도를 늦추었다. 나는 모인 사람들의 열기를 보고, 이 기차가 1992년 버스 유세처럼 미국 국민과 우리를 연결시켜준다는 느낌을 받았다. 또 사람들의 표정을 보고, 그들이 나라의 상황과 그들 자신의 생활에 대해 전보다 훨씬 낫게 느낀다는 것도 알 수 있었다. 교육 행사를 위해 미시간 주 와이안도트에 들렀을 때는 두 아이가 『할 수 있었던 꼬마 기차 *The Little Engine That Could*』를 읽는 것으로 내 소개를 대신했다. 그 책과 아이들이 그것을 열심히 읽는 모습이 미국의 타고난 낙관주의와 자신감의 회복을 보여주는 것 같았다.

우리는 기차가 멈출 때마다 다음 멈추는 곳까지 함께 가고 싶어 하는 친구, 지지자, 지방 공무원을 태웠다. 나는 무엇보다도 첼시와 함께 여유 있게 여행을 할 수 있다는 것이 좋았다. 우리는 승무원 차에 서서 군중을 향해 손을 흔들기도 하고, 해 아래 모든 것에 대해 이야기를 나누기도 했다. 우리의 관계는 전과 다름없이 친밀했으나, 첼시는 변하고 있었다. 자기 나름의 주견과 관심을 가진 성숙한 젊은 여자로 성장하고 있었던 것이다. 첼시가 세상을 보는 방식에 나도 모르게 깜짝 깜짝 놀라는 경우가 많았다.

전당대회는 8월 26일에 열렸다. 대회에는 짐과 새러 브래디가 나와 민주당이 브래디 법안을 지지한 것에 감사했다. 낙마한 뒤 몸에 마비가 온 배우 크리스토퍼 리브도 회복을 위한 용기 있는 투쟁과 척수 부상에 대한 더 많은 연구를 호소하여 전국을 감동시켰다.

나의 연설이 예정된 날, 딕 모리스가 워싱턴에서 나를 위해 일할 때 그의 호텔 방에 매춘부가 자주 들락거렸다는 보도가 등장하여 찬물을 끼얹었다. 모리스는 선거운동에서 물러났으며, 나는 모리스가 나의 친구이자 뛰어난 정치 전략가로서, 지난 2년간 '귀중한 일'을 해주었다는 성명을 발표했다. 그가 떠나는 것은 아쉬웠지만, 그는 엄청난 스트레스를 받고 있는 것이 분명해 보였으며, 자신의 문제를 정리할 시간이 필요한 것 같았다. 나는 모리스가 탄력이 풍부한 사람이라는 것을 잘 알았기 때문에, 오래지 않아 정치 무대로 돌아올 것이라고 확신했다.

그간의 성적 때문에 수락 연설을 하기도 쉬웠다. 실업과 인플레이션을 합산한 비율은 28년 만에 최저였다. 새로운 일자리가 1,000만 개 생겼고 1,000만 명의 최저임금이 인상되었다. 2,500만 명의 미국인이 케네디-카세봄 법안의 혜택을 받았으며, 1,500만 명의 미국 노동자가 세금감면을 받았다. 또 1,200만 명이 가족휴가법을 이용했으며, 1,000만 명의 학생이 학생 직접대출 프로그램으로 돈을 절약했다. 그리고 4,000만 명의 노동자가 더 안정된 연금을 받게 되었다.

나는 우리가 올바른 방향으로 가고 있다고 말하면서, 밥 돌이 샌디에이고에서 한 말을 받아 이렇게 덧붙였다. "모든 면에서 우리는 과거와 연결되는 다리를 건설할 필요가 없습니다. 우리는 미래와 연결되는 다리를 건설해야 합니다…… 21세기로 넘어가는 다리를 건설하기로 결의합시다." '21세기로 넘어가는 다리'는 선거운동과 이후 4년 임기의 주제가 되었다.

그간의 성적이 좋기는 했지만, 나는 모든 선거의 핵심은 미래라는 것을 잘 알고 있었기 때문에 나의 의제를 다음과 같이 제시했다. 학교 수준을 향상시키고 모든 국민에게 대학의 문호를 개방하겠다. 의료, 교육, 환경을 보호하는 균형예산을 짜겠다. 주택 소유, 장기간의 원호, 대학 교육, 자녀 양육을 지원하기 위하여 특별한 목적에 맞춘 세금감면을 하겠다. 생활보호대상자에게 더 많은 일자리를 제공하고, 도시 빈곤지역과 농촌지역에 더 많은 투자를 하겠다. 범죄와 마약과 싸우고, 환경을 깨끗하게 할 새로운 정책을 입안하겠다.

나는 만일 미국인들이 이 선거를 과거로 가는 다리와 미래로 가는 다리 사이의 선택으로 본다면, 우리가 승리할 것임을 알았다. 밥 돌은 자기도 모르는 사이에 나에게 1996년 선거운동을 위한 중심 메시지를 제공한 것이다. 전당대회 다음 날 앨, 티퍼, 힐러리와 함께 버스를 타고 마지막 선거운동에 나섰다. 우리는 1992년 초부터 나를 지지해주었던 멜 카나한 주지사와 함께 미주리 주 케이프지라도에서 출발했다. 일리노이 남부와 켄터키 서부를 거쳐 테네시에 여러 번 멈춘 뒤 멤피스에 이르렀다. 테네시에서는 전직 주지사 네드 레이 맥휘터와 함께 돌아다녔다. 커다란 곰 같은 느낌을 주는 맥휘터는 고어 부통령을 '앨버트'(앨은 앨버트의 애칭—옮긴이주)라고 부르는 유일한 사람이었다. 맥휘터는 아주 많은 표를 쥐고 있는 사람이었기 때문에, 그가 고어를 뭐라고 부르든, 또 나를 뭐라고 부르든 아무런 상관이 없었다.

8월에 케네스 스타는 그의 첫 사건에서 패배했다. 그 일은 그가 나한테 뭔가를 걸려고 얼마나 안달이었는지 보여줄 뿐이었다. 얼마 전에 스타는 페리 카운티 은행의 두 소유자인 변호사 허비 브랜스컴 2세와 회계사 로브 힐을 나의 1990년 주지사 선거운동과 관련된 혐의로 기소했다.

기소의 이유는 브랜스컴과 힐이 정치 기부금을 메우려는 목적으로 그들이 제공하지도 않은 법률과 회계 서비스 비용으로 자신들의 은행에서 1만 3,000달러 정도를 꺼내갔으며, 그들 대신 은행을 경영하는 사람에게 나의 선거운동 계좌로부터 1만 달러 이상의 금액이 현금으로 두 번 인출된 사실을 국세청에 신고하지 말라고(연방법 규정에 어긋나는 일이었다) 지침을 내렸다는 것이다.

이 기소문은 또한 나의 선거운동 재정국장을 맡았던 브루스 린지를 '기소되지 않은 공모자'로 지목하면서, 린지가 선거일에 '표를 끌어내기' 위한 활동에 들어가는 돈을 인출하면서 필수적인 신고를 하지 말아달라는 부탁을 했다고 주장했다. 스타 쪽 사람들은 린지에게 기소하겠다고 위협했으나, 그는 위협에 굴복하지 않았다. 우리가 기부금을 받고 지출한 방식에는 아무런 잘못이 없었다. 린지는 필수적인 신고를 하지 말아달라고 은행에 부탁할 필요가 없었다. 어차피 3주 뒤면 아칸소 주 선거법이 요구하는 대로 모든 정보를 공개해야 할 터였기 때문이다. 기부금을 받고 지출하는 것이 합법적이었고 우리의 공개 보고서가 정확했기 때문에, 스타 쪽 사람들은 린지가 범죄를 저지르지 않았다는 것을 알았으며, 그래서 그를 기소되지 않은 공모자로 몰고 가기로 결정한 것이다.

브랜스컴과 힐에 대한 혐의는 터무니없었다. 우선 그들은 그 은행을 완전히 소유하고 있었다. 그들은 은행의 유동성을 해치지만 않으면, 은행에서 돈을 얼마든지 꺼내올 수 있었다. 그 돈에 대한 소득세만 내면 되는데, 이 경우에 그들이 그것을 내지 않았다는 주장은 없었다. 두 번째 혐의에 대해서 살펴보자면, 일단 은행이 1만 달러 이상의 예치나 인출을 신고하도록 규정한 법은 좋은 것이다. 그렇게 하면 정부는 돈세탁이나 마약 거래 같은 범죄 사업에서 나오는 거액의 '더러운 돈'을 추적할 수 있기 때문이다. 이 신고서는 국세청이 3개월 내지 6개월마다 한 번씩 확인을 하지만, 외부에 공개되지는 않는다. 1996년 당시 이 법이 요구하는 신고를 하지 않아서 기소가 된 사건은 200건이었지만, 그 가운데 20건만이 인출을 신고하지 않아서 기소된 경우였다. 그리고 이 모든 사건이 불법 사업에 의한 더러운 돈과 관련이 있었다. 스타가 기소를 하기 전까지 정당한 돈의 예치나 인출에 대한 신고 태만으로 기소된 적은 없었다.

우리의 선거 자금은 논란의 여지없이 깨끗한 돈으로, 선거 당일에 유권자들에게 투표를 호소하거나 투표소까지 가는 차편을 제공하는 데 쓸 돈을 마련하려고 선거운동본부 쪽에서 인출한 것이었다. 우리는 선거일 3주 내에 요구되는 공개보고서를 제출하여, 우리가 쓴 돈의 액수와 내역을 자세하게 밝혔다. 브랜스컴, 힐, 린지는 한 달도 안 되어 공개될 합법적 현금 인출을 정부에 감출 아무런 이유가 없었다.

그래도 아칸소에서 스타를 대리하던 힉 유잉은 멈추지 않았다. 그는 우리를 공격하는 데 스타만큼이나 강박감을 가지고 있었지만, 그것을 위장하는 데는 스타만큼 유능하지 못했다. 유잉은 브랜스컴과 힐을 대리하여 은행을 경영하고 신고서 제출 책임도 있었던 닐 에인리에게 만일 브랜스컴, 힐, 린지가 신고를 하지 말라고 명령했다는 증언을 하지 않으면 감옥에 보내겠다고 협박했다. 물론 에인리는 그런 협박을 받기 전에는 그들이 아무런 잘못도 하지 않았다고 주장했다. 그러나 이 가엾은 사람은 강력한 그물에 걸린 작은 물고기였기 때문에 말을 바꾸었다. 에인리는 처음에는 5건의 중죄 혐의를 받았지만, 이제는 2건의 경범죄 혐의에 대한 유죄만 인정하면 그냥 넘어가는 것으로 거래가 성사되었다.

이전의 맥두걸 부부와 터커의 재판에서와 마찬가지로, 나는 피고들의 요청에 따라 비디오 녹화 증언을 했다. 나는 돈의 인출에 관여하지 않았으며, 브랜스컴과 힐을 아칸소 주의 두 위원회에서 봉사하도록 임명한 것은 그들이 나의 선거운동에 기부금을 낸 대가가 아니라고 증언했다.

브랜스컴과 힐은 강력한 변호 끝에 신고 혐의에 대해서는 무죄 선고를 받았다. 배심은 그들이 자신의 은행에서 돈을 꺼낸 목적을 허위로 보고했느냐 하는 문제에 대해서는 결론을 내지 못했다. 나는 브랜스컴, 힐, 린지가 혐의를 벗은 것에는 안도했지만, 검사의 권한 남용, 내 친구들이 내야 했던 엄청난 법률 비용, 피고들이 자신의 은행에서 1만 3,000달러를 꺼낸 것과 합법적으로 인출하고 나중에 공개 보고서까지 제출한 선거 자금에 대하여 연방 신고 의무를 이행하지 않았다고 기소해 납세자들의 돈을 엄청나게 사용한 일은 몹시 불쾌했다.

비경제적인 피해도 있었다. 스타 밑에서 일하는 연방수사국 요원들은 로브 힐의 십대 아들이 다니던 학교에 가서, 수업을 듣던 아이를 끌어내 심문을 했다. 방과 후나 점심시간이나 주말에 이야기를 할 수도 있었다. 그러나 그들은 그렇게 아이에게 모욕을 주면, 그의 아버지가 진실이든 아니든 나에게 피해를 줄 만한 이야기를 할 것이라고 생각한 것이다.

심리가 끝난 뒤 몇몇 배심원은 독립변호사실을 혹독하게 비판했다. "이 것은 돈 낭비다…… 나는 정부가 화이트워터에 돈을 더 낭비하는 것을 보고 싶지 않다." "그들이 내 세금을 쓰려면, 더 확실한 증거가 있어야 한다." "무소불위의 권력을 가진 데가 있다면, 그것은 바로 독립변호사실이다." 한 배심원은 자신을 '클린턴에 반대하는' 사람이라고 말하면서 이렇게 덧붙였다. "나는 그들이 조금 더 많은 증거를 제시하기를 무척 바랐으나, 그들은 그렇게 하지 않았다." 심지어 화이트워터 세계에 대립되는 현실 세계에서 살아가는 보수적인 공화당원들조차 독립변호사가 지나쳤다는 것을 알았던 것이다.

스타가 브랜스컴과 힐을 심하게 다루기는 했지만, 그것은 그가 수잔 맥두걸을 다룬 것에 비하면 차 대접이라 할 만했다. 8월 20일, 수잔은 2년 징역형을 받았다. 스타 쪽 사람들은 힐러리나 내가 불법 활동을 했다고 엮어

넣을 수 있는 정보만 제공하면 징역형을 면하게 해주겠다고 제안했다. 수잔 맥두걸은 선고를 받던 날, 처음에 하던 이야기를 다시 되풀이했다. 우리 둘 다 잘못한 것이 없다는 이야기였다. 그러자 대배심에 출두하라는 소환장이 발부되었다. 그녀는 출두하였으나, 검사의 질문에 답변하기를 거부했다. 그녀가 거짓말을 하지 않고, 그들이 듣고 싶어 하는 이야기를 하지 않는다는 이유로 위증죄를 덮어씌울까봐 걱정이 되었던 것이다. 수잔 웨버 라이트 판사는 이것을 법정모욕으로 간주했고, 그녀를 특별검사에게 협조할 때까지 무기한 수감한다고 선고했다. 수잔 맥두걸은 비참한 조건에서 18개월을 갇혀 있어야 했다.

9월이 시작되면서 선거운동도 본격화되었다. 민주당 전당대회는 성공을 거두었다. 돌은 깅리치나 정부 폐쇄와 연결되면서 평판이 떨어졌다. 더 중요한 것으로 나라가 건실하게 발전하고 있었으며, 유권자들은 이제 범죄, 복지, 재정 책임, 외교 정책, 국방을 공화당의 독점적 영역으로 보지 않게 되었다. 여론조사에 따르면 나의 업무수행과 개인에 대한 지지도는 60퍼센트 정도 되었으며, 비슷한 비율의 사람들이 내가 백악관에 있는 것을 편안하게 느낀다고 응답했다.

그러나 나는 총기, 동성애자, 낙태 같은 문화적 쟁점들에 대한 입장 때문에 미국의 일부 지역에서는 지지율이 약할 것으로 예상했고, 담배 때문에 적어도 노스캐롤라이나와 켄터키에서는 약세를 보일 것으로 예상했다. 또 로스 페로는 1992년보다 훨씬 적은 표를 얻을 것이 분명해 보였는데, 그렇게 되면 그가 나보다 부시 대통령으로부터 더 많은 표를 가져갔던 두어 개 주를 내가 가져오는 것이 어려워졌다. 그럼에도 이 무렵 나는 전체적으로 훨씬 좋은 상태를 유지하고 있었다. 9월 내내 선거운동은 열광적인 대규모 군중을 끌어들였다. 10월에도 위스콘신 주의 그린 베이 근처 드페르의 노동절 피크닉에 거의 3만 명의 군중이 모이는 것을 시작으로 '10월의 군중'(내가 그렇게 불렀다)이 모여들기 시작했다.

대통령 선거는 선거인 투표로 결정되기 때문에, 나는 우리의 힘을 이용하여 새로운 주 두어 곳을 우리 쪽으로 끌어와 돌 상원의원이 자기 지역으로 당연하게 여기던 주에서 시간과 돈을 쓰게 하고 싶었다. 돌도 캘리포니아를 놓고 같은 일을 하려 했다. 나는 대학 입학에서 차별수정계획을 끝내기 위한 투표 실시(캘리포니아에서 인기를 얻고 있던 제안이었다)에 반대하고 있었다. 반면 돌은 샌디에이고에서 공화당 전당대회를 열어 캘리포니아에서 힘을 쓸 발판을 마련했다.

나의 주요 목표는 플로리다였다. 그곳에서 승리를 거두고 92년에 얻었던 주들을 대부분 놓치지 않으면, 선거는 끝난 것이나 다름없었다. 나는 4년 동안 플로리다에서 열심히 일해왔다. 허리케인 앤드루의 피해 복구를 돕고, 미주정상회의를 개최하고, 미국 남부 사령부를 파나마에서 마이애미로 재배치하겠다고 발표하고, 에버글레이즈 복원을 위해 노력하고, 심지어 피그만 사건 이후 대통령 선거에서 80퍼센트 이상의 표를 공화당에 몰아주던 쿠바계 미국인 공동체까지 파고들었다.

플로리다의 훌륭한 조직과 로턴 차일스 주지사의 강력한 지원도 큰 힘이 되었다. 차일스 주지사는 플로리다 중부와 북부의 좀더 보수적인 지역 유권자들과 관계가 좋았다. 그 사람들이 차일스를 좋아하는 이유 가운데 하나는 그가 공격을 당할 때 반격을 할 줄 알기 때문이었다. 그의 표현을 빌리자면, "남부의 백인 노동자들은 물지 않는 개를 원하지 않는다." 9월 초, 차일스는 나와 함께 플로리다 북부로 가서 선거운동을 하고, 피트 피터슨 의원의 은퇴를 축하했다. 피터슨 의원은 베트남 전쟁포로로 6년 반을 산 경험이 있었다. 나는 피터슨 의원을 베트남전 후 최초의 미국 대사로 지명했다.

10월의 나머지 기간은 1992년에 승리했던 주들에서 보냈다. 서부 유세를 할 때는 애리조나에서도 선거운동을 했다. 1948년 이후 민주당 대통령 후보를 지지한 적이 없던 주였지만, 남미계 주민의 숫자가 늘어났고, 또 애리조나의 온건하고 전통적인 보수주의적 유권자들이 공화당 국회의 극단적인 정치를 불편해 했기 때문에 이번에는 승산이 있다고 보았다.

10월 16일에 나는 경찰공제조합의 지지를 받았다. 경찰공제조합은 보통 공화당 대통령을 지지했지만, 백악관은 거리에 경찰관들을 더 풀어놓고,

범죄자의 손에서 총을 빼앗고, 경찰관 살인 총알을 금지하는 등 그들과 4년 동안 협력해왔다. 그들은 4년 더 그런 협력을 할 수 있기를 바랐다.

이틀 뒤에는 나의 재임 8년간 환경 분야에서 가장 큰 성취 가운데 하나를 발표했다. 유타 주 남부의 조용하고 아름다운 붉은 바위 지역에 있는 170만 에이커 크기의 그랜드 스테어케이스-에스칼란테를 천연기념물로 지정한 것이다. 여기에는 공룡 화석과 고대 아나사지 인디언 유적이 포함되어 있었다. 나는 1906년의 유물법에 근거하여 그런 조치를 취했는데, 이 법에 따르면 대통령은 특별한 문화적 · 역사적 · 과학적 가치가 있는 연방의 땅을 보호할 수 있었다. 나는 앨 고어와 함께 그랜드캐니언 가장자리에서 천연기념물 지정 발표를 했다. 시어도 루스벨트 대통령이 유물법으로 처음 보호한 곳이 그랜드캐니언이었기 때문이다. 그 지역의 특성을 근본적으로 바꾸어 놓을 대규모 탄광 건립을 막기 위해 나의 조치는 불가피했다. 유타의 공무원 대부분과 채굴 사업으로 인한 경제 활황을 바라던 많은 사람들은 나의 조치에 반대했지만, 그 땅은 값으로 따질 수 없을 만큼 귀중한 곳이었으며, 시간이 지나면 이곳을 천연기념물로 지정함으로써 얻는 관광 소득이 탄광을 놓친 손실을 상쇄할 것이 틀림없었다.

9월에는 군중의 규모와 열광을 떠나서도 일이 우리 뜻대로 풀린다는 것을 보여주는 일화와 증거들이 나타났다. 텍사스 주 롱뷰 유세 뒤에 군중과 악수를 하다가 아이 둘을 기르며 혼자 사는 어머니를 만났다. 그녀는 생활 보호대상자에서 벗어나 아메리코에서 일하고 있었고, 거기서 나오는 장학금으로 킬고 2년제 대학을 다니고 있었다. 또 다른 여자는 남편이 암에 걸렸을 때 가족휴가법을 이용했다. 한 베트남 참전용사는 전쟁 중에 고엽제에 노출되는 바람에 아이들이 척추파열 상태로 태어났는데, 건강과 장애 급부금을 받게 되어 고마워했다. 그는 열두 살 난 딸을 데리고 나왔다. 척추파열 상태인 아이는 그 어린 나이에 수술을 벌써 12번이나 받았다.

우리가 선거운동을 한다고 해서 나머지 세계가 멈추는 것은 아니었다. 9월 첫째 주에 사담 후세인이 다시 문제를 일으켜, 이라크 북부 쿠르드족 거주지역의 아르빌을 공격하여 점령했다. 이것은 걸프 전쟁이 끝나면서 그가 약속했던 사항들을 위반하는 행위였다. 두 쿠르드족 분파가 이 지역의 통제를 둘러싸고 싸우고 있었는데, 그 가운데 한 분파가 후세인을 지지하기로 결정하자 후세인은 다른 분파를 공격한 것이다. 내가 이라크 군대에 대한 폭탄과 미사일 공격을 명령하자, 그들은 바로 철수했다.

9월 24일, 나는 유엔 개회식에 참석하기 위해 뉴욕에 갔다. 그곳에서 나는 케네디 대통령이 33년 전 제한적 핵실험 금지조약에 서명했던 펜을 사용해, 세계 여러 지도자들 가운데 제일 먼저 포괄적 핵실험 금지 조약에 서명했다. 나는 연설에서 대량살상무기의 위협을 줄이기 위한 좀더 광범위한 의제를 설명하면서, 유엔 회원국들에 화학무기협약을 발효하고, 생물무기협약의 수락 조항을 강화하고, 핵무기에 사용되는 핵분열성 물질의 동결, 대인지뢰의 사용 · 생산 · 비축 · 이동의 금지 등을 촉구했다.

유엔이 핵확산 금지를 논의하는 동안 중동은 다시 폭발했다. 이스라엘은 예루살렘 구시가의 성전 산 밑으로 뚫린 굴을 개방했다. 솔로몬과 헤롯의 성전 유적이 이 산 밑에 있었으며, 그 위에 바위 돔과 알-아크사 이슬람 사원이 서 있었다. 이 둘은 이슬람교도에게 가장 거룩한 두 곳이었다. 이스라엘이 1967년 전쟁에서 동 예루살렘을 차지한 이래, 아랍인들이 하람 알-샤리프라고 부르는 성전 산은 이슬람 관리들이 통제해왔다. 그러다가 굴이 개방되자 팔레스타인 사람들은 그것을 자신들의 종교적 · 정치적 이해관계에 대한 위협으로 보았고, 그 결과 유혈사태가 발생한 것이다. 사흘 동안 60명 이상이 사망하고, 훨씬 더 많은 숫자가 부상을 당했다. 나는 양편에 폭력을 끝내고 평화협정으로 복귀하라고 촉구했다. 워런 크리스토퍼는 유혈사태를 끝내기 위해 네타냐후 총리, 아라파트 의장과 전화통에 불이 나도록 통화를 했다. 나는 크리스토퍼의 조언에 따라 네타냐후와 아라파트를 백악관으로 초대했다.

9월 말에는 건강보험 세출안에 서명했다. 이로써 산모와 갓난아기에게 최소 48시간의 보험을 보장함으로써 출산만 하고 바로 집으로 돌아가던 관행을 끝냈다. 앞서도 말했듯이 척추파열로 태어나는 베트남 참전용사 자녀들에게도 의료 지원을 했다. 그리고 건강보험 증권에서 정신적 질병과 신체적 질병에 대해 1년 및 평생 보장 한계를 똑같이 설정할 것을 의무화했다. 이것은 정신 의료에서 돌파구를 연 것으로, 정신건강 옹호 단체들의 공로일 뿐 아니라, 뉴멕시코 주의 피트 도메니치 상원의원, 미네소타 주의 폴 웰스 톤 상원의원, 정신건강 정책에 대한 나의 공식 자문으로 일했던 티퍼 고어 의 공로이기도 했다.

나는 10월의 첫 이틀을 네타냐후, 아라파트, 후세인 왕과 함께 보냈다. 그들은 평화과정을 다시 궤도에 올리기 위하여 우리와 자리를 함께 했다. 회담이 끝났을 때 아라파트와 네타냐후는 나에게 기자들의 질문에 모두 대 답을 해달라고 요청했다. 나는 우리가 아직 굴 문제를 해결하지 못했지만, 양측이 폭력을 끝내고 평화과정으로 돌아갈 목적으로 즉시 회담을 시작하 는 데 합의했다고 말했다. 회의에서 네타냐후는 헤브론에서의 이스라엘군 철군 등을 포함하여 대통령 자리에 오르기 전에 했던 약속을 이행하겠다고 다시 약속했다. 오래지 않아, 협상이 타결되기 전에는 예루살렘의 현 상태 를 그대로 유지한다는 양쪽의 약속에 따라 굴은 다시 봉쇄되었다.

10월 3일, 다시 선거운동에 나서 10월 6일 코네티컷 주 하트포드에서 열릴 예정인 밥 돌과의 첫 토론을 준비하기 위해 차우타쿠아로 갔는데, 가 는 길에 나에게 언제나 잘해주었던 도시 뉴욕 주의 버펄로에서 유세를 했 다. 나의 미디어 컨설턴트인 마이클 시헌을 포함하여 우리 팀 전체가 차우 타쿠아에 모였다. 조지 미첼이 모의 토론에서 밥 돌 역을 맡았다. 그는 처음 에는 나를 이겼지만, 연습을 하면서 나도 조금씩 나아졌다. 연습 중간 중간 에 나는 어스킨 보울스와 골프를 쳤는데, 내 골프 실력도 조금씩 나아지고 있었다. 6월이 되자 마침내 나는 처음으로 80타 이하를 치게 되었지만, 그 래도 보울스의 컨디션이 괜찮을 때는 그를 이길 수가 없었다.

토론회는 결국 점잖게 끝났다. 연방정부를 비롯한 여러 가지 문제에 대 한 우리의 입장 차이에 관심을 가지는 사람들에게는 교육적인 토론회였다. 그러나 몇 번 불꽃이 튀기도 했다. 돌은 내가 거부권을 행사한 공화당의 예 산안 가운데 메디케어 삭감을 비판하는 나의 광고로 노년층에 겁을 주었다 고 나를 공격했다. 그는 또 전당대회 연설에서 했던 주장을 되풀이하여, 내가 젊은 엘리트주의자들로 행정부를 채웠는데, 그들은 "한 번도 어른이 되어본 적이 없고, 한 번도 현실적인 일을 한 적이 없고, 한 번도 희생하지 않았고, 한 번도 고통을 겪지 않았고, 한 번도 제대로 배우지 않았으며", "당신이 벌어들인 것으로 수상쩍고 이기적인 계획"의 자금을 대려 한다고 말했다.

나는 백악관에서 나를 위해 일하는 젊은 '엘리트주의자' 가운데 하나는 간이이동주택에서 성장했다고 쏘아붙였으며, 내가 지나치게 자유주의적이라는 비난에 대해서는 이렇게 받아쳤다. "그것은 저 당이 만만치 않은 선거에서 늘 끌어내는 이야기입니다. 그들의 황금 같은 옛 시절의 노래 가운데 하나지요…… 하지만 나는 이제 그 개로는 사냥을 할 수 없다고 생각합니다."

두 번째 토론회는 열흘 뒤에 샌디에이고에서 열렸다. 그 중간에 힐러리, 앨, 티퍼와 함께 워싱턴의 몰mall을 덮고 있는 거대한 '에이즈 누비이불'을 찾아가 보았다. 이 누비이불은 죽은 사람들을 기리는 조각들로 만들어졌다. 그 가운데 둘은 힐러리와 나의 친구였다. 나는 에이즈로 인한 사망률이 낮아진다는 사실에 만족했으며, 생명을 구하는 의약품 개발 연구를 더 늘리도록 계속 밀어붙이겠다고 결심했다.

미키 캔터는 샌디에이고 토론회를 시 대표자회의 형식으로 하기로 합의를 보았다. 10월 16일에 샌디에이고 대학에 모인 시민들은 좋은 질문들을 던졌으며, 돌과 나는 끝까지 서로를 공격하지 않고 그 질문들에 대답했다. 돌은 토론회 끝에 자신의 기반에 호소하면서, 내가 임기 제한에 반대할 뿐 아니라, 예산의 균형을 잡고, 성조기를 보호하고, 자발적인 학교 기도에 대한 제한을 금지하려는 헌법 수정에도 반대한다는 점을 지적했다. 나는 이후 4년에 대한 나의 제안을 요약하는 것으로 토론회를 끝마쳤다. 이제 사람들은 적어도 자신이 선택할 내용이 무엇인지는 알게 되었다.

선거를 2주일 남겨 놓은 상황에서, 여론조사는 내가 22포인트 앞선다는 것을 보여주었다. 표의 55퍼센트였다. 그 결과가 발표되지 않으면 좋았을 것이다. 지지자들이 선거는 끝난 것이나 다름없다고 생각하여 선거운동의 활력이 많이 떨어졌기 때문이다. 나는 계속 열심히 일하면서, 특별 목표로 선정한 애리조나와 플로리다에 집중하면서, 전에 승리를 거두었던 지역도 태만히 하지 않았다. 그 가운데는 내가 가장 걱정하던 네바다, 콜로라도, 조지아도 있었다. 10월 25일, 우리는 애틀랜타에서 큰 집회를 열었다. 애틀랜타에서는 나의 오랜 친구 맥스 클렐런드가 상원의원 선거에서 아슬아슬한 경합을 벌이고 있었다. 샘 넌은 나의 재선을 지지하는 매우 효과적인 주장을 펼쳤고, 나는 애틀랜타를 떠나면서 가능성이 있을지도 모르겠다는 생각을 했다.

11월 1일, 샌터바버라 시립대학에서 아침 집회를 열면서 선거운동은 마지막 단계로 접어들었다. 화창하고 따뜻한 날을 맞이하여 태평양을 바라보는 캠퍼스 산비탈에는 많은 사람들이 모여 있었다. 샌터바버라는 한때 견고한 공화당의 아성이었다가 우리 쪽으로 서서히 넘어오기 시작한 곳으로, 캘리포니아 선거운동을 끝내기에 적당한 곳이었다.

나는 샌터바버라에서 뉴멕시코 주 라스크루세스로 갔다가, 거기서 다시 엘파소로 갔다. 엘파소에는 그해 선거운동에서 최대의 인파가 모였다. 4만 명 이상이 공항에 나와 지지를 보냈다. 마지막으로 우리는 샌안토니오로 가 앨라모 요새에서 전통적인 집회를 열었다. 텍사스에서는 이길 수 없다는 것을 알았지만, 그래도 텍사스 주의 민주당원들, 특히 나를 굳세게 지지해주는 남미계 주민의 의리에 보답하고 싶었다.

선거운동을 마지막 사흘 남겨놓은 상황에서 나는 선택을 해야 했다. 비교적 작은 주 몇 군데서 상원의원 후보들이 나에게 선거운동을 지원해달라고 요청하고 있었다. 마크 펜은 만일 내가 큰 주들에 가는 대신 그런 주에서 마지막 며칠을 보내면 몇 가지 이유에서 과반수를 얻지 못할 수도 있다고 말했다.

첫째로, 민주당전국위원회가 아시아인(내가 주지사 시절 알았던 사람들도 포함되어 있었다)들로부터 불법 선거운동 자금 수십만 달러를 받았다는 주장 때문에 우리 선거운동은 2주 전부터 힘을 잃고 있었다. 나는 그 소식을 들었을 때 화를 냈다. 나의 재정 담당인 테리 매컬리프가 우리 선거운동에 대한 기부금을 철저하게 조사하고, 민주당전국위원회 역시 수상쩍은 기부금을 거부하기 위해 심사 작업을 하는 것으로 알고 있었기 때문이다. 민주당전국위원회의 심사 절차에 문제가 있는 것이 분명했다. 내가 할 수 있는 말은 불법 기부금은 바로 돌려주어야 한다는 것뿐이었다. 그럼에도 이 문제를 둘러싼 논란은 선거일에 우리에게 피해를 줄 것이 확실해 보였다. 둘째로, 랠프 네이더가 녹색당 후보로 뛰면서 좌익 쪽에서 나의 표를 어느 정도 가져갈 것 같았다. 셋째로, 10월에 선거운동에 뛰어든 로스 페로는 너무 늦게 들어와 토론에도 참여하지 못했고 1992년만큼 잘하지도 못했지만, 이전 선거운동과 마찬가지로 막바지에 이르면서 나를 맹렬하게 공격했다. 그는 내가 "앞으로 2년간 감옥에 가지 않기 위해서 온 힘을 쏟을 것"이라고 하면서, "윤리적 잘못, 부패한 방식의 선거운동 자금 모금, 마약 사용에 느슨한 태도" 등의 오점을 가진 '병역기피자'라고 불렀다. 마지막으로, 투표자수가 1992년보다 많이 줄어들 것 같았다. 몇 주 전부터 선거는 이미 끝난 것이나 다름없다는 이야기가 나왔기 때문이다.

마크 펜은 만일 과반수표를 얻고 싶으면, 큰 주의 커다란 매체 시장으로 뛰어들어 사람들에게 투표를 호소하라고 조언했다. 그렇지 않으면 결과가 뻔한 상황에서 저소득 민주당 지지자들의 투표율이, 부유하고 이데올로기적 성향이 강한 공화당 지지자들의 투표율보다 훨씬 낮을 가능성이 높다는 이야기였다. 나는 플로리다와 뉴저지에 갈 예정이었는데, 펜의 조언에 따라 클리블랜드에도 들르기로 했다. 그 외에도 루이지애나, 매사추세츠, 메인, 뉴햄프셔, 켄터키, 아이오와, 사우스다코타 등 상원 의석을 놓고 선거가 벌어지는 주에도 들르기로 했다. 대통령 선거의 경우에는 이 가운데 켄터키만 의심스러웠다. 사우스다코타를 제외한 다른 모든 주에서는 내가 많이 앞서고 있었다. 사우스다코타에서는 결국 공화당 지지자들이 돌의 이야기에 귀를 기울일 것이라고 생각했다. 내가 그 주들을 찾아가기로 한 것은 내 득표율이 2, 3포인트 떨어지더라도 민주당원들을 상원에 보내는 것이 더 중요하다고 생각했기 때문이고, 또 이 7개 주 가운데 6개 주 후보들이 92년 선거운동이나 국회에서 나를 도와주었기 때문이다.

11월 3일 일요일에는 탬퍼의 세인트폴 AME 교회에서 예배를 본 뒤 민주당 상원의원 후보 딕 스웨트를 지원하기 위해 뉴햄프셔로 갔다. 이어 클리블랜드에 갔을 때는 마이크 화이트 시장과 존 글렌 상원의원이 나를 응원해 주었다. 이어 켄터키 주 렉싱턴으로 날아가 웬들 포드 상원의원, 폴 패턴 주지사, 민주당 상원의원 후보 스티브 베시어와 함께 주립대학에서 열린 집회에 참석했다. 나는 담배 문제 때문에 켄터키를 지키기가 어렵다는 것을 알았다. 그래도 무대에 켄터키 대학 농구감독 릭 피티노가 나와주어서 마음이 든든했다. 켄터키 주의 모든 사람이 이 농구팀을 무척 좋아했고, 반 이상이 나를 싫어했다. 그런 상황에서 피티노가 나의 집회에 참석한 것은 나에게 큰 도움이 되었다. 게다가 그것은 그의 입장에서는 매우 용기 있는 행동이었다.

아이오와 주 세다 래피즈에 도착했을 때는 오후 8시였다. 나는 치열한 경합을 벌이고 있던 톰 하킨 때문에 그곳에는 꼭 가고 싶었다. 하킨이 상원에서 나를 강력하게 지지했기 때문이기도 했지만, 1992년 예비선거 후부터 하킨과 행정부에서 일하는 변호사인 그의 부인 루스가 나와 절친한 사이가 되었기 때문이기도 했다.

그날 밤에 마지막으로 들른 곳은 사우스다코타의 수폴스였다. 그곳에서는 민주당 하원의원 팀 존슨이 현직 공화당 의원 래리 프레슬러의 자리를 빼앗을 가능성이 있었다. 존슨과 그의 주요한 지원자 톰 대슐 상원의원은 나에게 무척 잘해주었다. 상원 소수당 의장 대슐은 예산안 싸움과 정부폐쇄 동안에 백악관에 아주 귀중한 존재였다. 그가 나에게 사우스다코타로 와달라고 요청을 했을 때, 나는 도저히 못 간다고 말할 수가 없었다.

나는 거의 자정에 수폴스 어리너 컨벤션센터에 도착하여 '내 평생 마지막 선거운동의 마지막 유세에서' 연설을 했다. 마지막 연설이었기 때문에 그간의 성적, 예산 싸움, 내가 다음 4년간 하고 싶은 일을 남김없이 이야기했다. 나는 아칸소와 같은 시골 주에 와 있었기 때문에 그들에게 농담을 했다. 공화당의 예산안을 보니 어떤 정치가 이야기가 생각난다. 이 정치가는 한 농부를 찾아가 자기한테 표를 달라고 하려 했지만, 짖고 있는 개가 무서

위 마당 안으로 들어가지를 못했다. 정치가는 농부에게 물었다. "당신 개가 사람을 뭅니까?" "아니오." 농부가 대답했다. 정치가가 마당을 가로질러 농부에게 다가갔을 때 개가 정치가를 물었다. "당신 개는 물지 않는다고 했잖소!" 정치가가 소리쳤다. 농부가 말했다. "이보쇼, 저건 내 개가 아니오." 예산안은 그들의 개였다.

선거는 마크 펜의 예측대로 흘러갔다. 기록적으로 낮은 투표율이 나왔고, 나는 49 대 41로 승리했다. 선거인 투표는 1992년보다 9표를 더 얻은 379 대 159였으며, 1992년에 이겼던 몬태나, 콜로라도, 조지아 등 3개 주를 잃었고, 애리조나와 플로리다 등 두 주를 새로 얻었다.

합계로 나온 숫자에는 잘 드러나지 않지만, 1996년에 각 주에서 얻은 득표수를 1992년에 얻은 득표수와 비교해보면, 어떤 주에서는 문화적 요소들이 선거에 영향을 미쳤고, 또 어떤 주에서는 좀더 전통적인 경제사회 문제가 지배적인 쟁점이 되었다는 것을 알 수 있었다. 모든 선거는 그런 변화에 의해 결정된다. 1996년에 나타난 변화는 미국의 여러 그룹들이 무엇을 중요하게 여기는지 가르쳐주었다. 예를 들어 미국총기협회 회원들과 낙태 반대자들이 많은 펜실베이니아에서 내가 얻은 득표율은 1992년과 똑같았다. 이것은 필라델피아에서 큰 차이로 이기고, 피츠버그에서도 상당한 표를 끌어들인 덕분이었다. 반면 총기와 부분 출산 낙태 법안에 대한 거부 때문에 펜실베이니아 다른 지역에서는 득표율이 내려갔다. 미주리 주에서는 같은 요인들 때문에 표 차가 10퍼센트에서 6퍼센트로 전보다 거의 반이나 줄어들었다. 나는 여전히 아칸소에서 과반수를 얻었지만, 표 차는 1992년보다 약간 줄어들었다. 테네시에서는 표 차이가 4.5퍼센트에서 2.5퍼센트로 줄었다.

켄터키에서는 담배와 총 때문에 표 차이가 3퍼센트에서 1퍼센트로 줄어들었다. 노스캐롤라이나에서 줄곧 선두를 유지했지만, 같은 이유로 표 차는 3퍼센트가 줄었다. 콜로라도의 경우 1992년에는 4퍼센트 차이로 승리를 거두었지만 1996년에는 1.5퍼센트 차이로 졌다. 1992년에 페로에게 갔던 서부의 표 가운데 많은 부분이 1996년에는 공화당으로 갔기 때문이기도 하고, 많은 기독교 권리 조직들이 콜로라도에 본부를 두게 되면서 1992년 이후 공화당 등록 투표자 수가 민주당에 비해 10만 명이나 더 늘었기 때문이기도 하다. 몬태나에서 지게 된 것은 콜로라도의 경우와 마찬가지로 전에 페로에게 갔던 표가 나보다는 돌 상원의원에게 더 많이 갔기 때문이다.

조지아에서 마지막 여론 조사는 내가 4퍼센트 앞선 것으로 나왔으나, 뚜껑을 열어보니 내가 1퍼센트 차이로 졌다. 이렇게 된 데에는 기독교 연합이 큰 역할을 했다. 1992년에도 그들은 선거 전 일요일에 보수적 교회에 '투표 안내'를 대량 배포함으로써 표 차를 6퍼센트에서 1퍼센트 이하로 줄이기도 했다. 민주당원들도 오랫동안 흑인 교회에서 그 같은 활동을 해왔으나, 기독교 연합은 적어도 조지아에서는 큰 힘을 발휘해, 1992년과 1996년에 투표 결과를 5퍼센트나 바꾸어놓았다. 나는 조지아 패배에 실망했으나, 맥스 클렐런드가 나보다 백인 표를 조금 더 얻어 살아남은 것에서 위안을 얻었다. 남부는 문화적 쟁점 때문에 어려웠다. 1996년에 나에게 상당한 차이로 승리를 안겨준 남부의 주는 루이지애나 한 곳뿐이었는데, 이곳에서는 표 차가 4.5퍼센트에서 12퍼센트로 올라갔다.

이와는 대조적으로 문화적으로 덜 보수적인 또는 경제 문제에 더 민감한 주에서는 나의 득표율이 올라갔다. 코네티컷, 하와이, 메인, 매사추세츠, 뉴저지, 뉴욕, 로드아일랜드에서는 표 차가 1992년에 비해 10퍼센트 이상 올라갔다. 일리노이, 미네소타, 메릴랜드, 캘리포니아에서는 1992년의 큰 표 차를 유지했으며, 미시간과 오하이오에서는 표 차를 상당히 늘렸다. 총기 문제에도 불구하고 뉴햄프셔에서 1992년보다 표 차를 10퍼센트 늘렸다. 그리고 네바다에서는 1퍼센트 차이의 승리를 유지했는데, 안전하다는 과학적 증거가 없을 경우에 미국의 핵폐기물을 그곳에 버리는 데 반대한다는 입장을 밝힌 것이 큰 힘이 되었다. 또 내 친구이자 조지타운 동창으로 「라스베이거스 선Las Vegas Sun」지의 대표 겸 편집인을 맡고 있는 브라이언 그린스펀이 이 문제에 큰 관심을 가지고 내 입장을 계속 부각시킨 것도 큰 도움이 되었다.

전체적으로 나는 결과에 만족했다. 나는 1992년보다 선거인의 표를 더 얻었으며, 내가 선거운동을 해주었던 상원의원 후보 7명 가운데 4명, 즉 톰 하킨, 팀 존슨, 존 케리, 그리고 루이지애나의 메리 랄드리오가 승리를 거두었다. 그러나 내가 얻은 투표율이 나의 업무수행에 대한 지지도, 개인에 대한 지지도, 내가 대통령직을 맡고 있어 편안하다고 말하는 사람들의 비율보다 상당히 낮다는 것은 총기, 동성애자, 낙태 같은 문화적 쟁점들이 남부, 서부 산간지대, 중서부 시골 지방의 백인 기혼 부부들, 그리고 전국의 백인 남자들 사이에서 큰 힘을 발휘한다는 것을 냉정하게 보여주고 있었다. 내가 할 수 있는 일은 계속 견해의 일치점을 찾고, 워싱턴의 신랄한 당파성을 누그러뜨리려고 노력하고, 대통령으로서 최선을 다하는 것뿐이었다.

리틀록의 올드스테이트하우스에서 열린 승리 집회의 분위기는 지난번과 상당히 달랐다. 인파는 여전히 많이 모여들었지만, 함성을 외치며 환호한다기보다는 미국이 전보다 튼튼해졌다는 것, 미국 국민이 내가 하고 있는 일을 지지한다는 것에서 진정한 행복감을 느끼는 분위기였다.

선거 몇 주 전부터 선거 결과가 확정된 것처럼 이야기가 되었기 때문에, 나의 재선의 의미를 높이 평가하지 않는 분위기도 있었다. 그러나 1994년 중간선거 뒤에 나는 적당치 않은 인물로 조롱을 당했고, 1996년에는 반드시 패배한다는 이야기를 들었다. 예산안 싸움 초기만 해도 정부의 폐쇄가 눈앞에 닥친 상황에서 내가 이긴다거나, 미국 국민이 공화당과 대결하는 나의 입장을 지지할 것이라는 예측은 불가능했다. 그럼에도 나는 1936년 프랭클린 루스벨트 이후 재선에 성공한 첫 민주당 대통령이 되었던 것이다.

47

　　　　　　　선거 다음 날, 나는 백악관으로 돌아가 사우스론에서 참모진, 내각, 공직자, 선거운동원, 민주당 당직자들과 기념식을 가졌다. 나는 연설에서, 전날 밤 선거 결과를 기다리면서 주법무장관과 주지사 시절 아칸소에서 나를 위해 일했던 사람들과 재회했다는 이야기를 한 다음 이렇게 말했다. "그 사람들한테 했던 이야기를 여러분에게도 하고 싶습니다. 나는 늘 매우 열심히 일을 하고, 또 상당히 몰아붙이는 사람이었습니다. 나는 늘 눈앞의 일에 집중합니다. 때로는 '고맙다'는 말도 제대로 못합니다. 그리고 늘 나 자신에게 상당히 엄격한 편입니다. 그리고 가끔은 태만한 탓으로, 여기서 일하는 사람들에게도 너무 엄격한 것 같습니다."

　　우리 팀은 지난 4년간 극단적인 압박감 속에서 많은 일을 해내야 했다. 그런 극단적인 압박감은 나의 초기의 잘못들, 첫 2년간의 매우 부정적인 언론 보도, 1994년 국회의원 선거 패배, 화이트워터에 들어가는 경제적이고 감정적인 비용, 너무 많은 개인적 비극, 나라의 방향을 돌리려는 노력에 내재된 항용적인 요구들 때문이었다. 그런 속에서도 나는 나의 사기와 다른 모든 사람의 사기를 높이려고 최선을 다했다. 우리 모두가 비극, 쓰레기, 불운에 너무 정신을 빼앗기지 않게 하려고 최선을 다했다. 이제 미국 국민이 한 번 더 임기를 주었으니, 앞으로 4년은 첫 번째 임기와 같은 소란이나 갈등 없이 공적인 일을 더 자유롭게 하게 되기를 바랐다.

　　나는 10월 말에 시카고의 대주교인 조셉 카디널 버나딘의 말에 큰 감명을 받았다. 그는 지칠 줄 모르는 사회 정의의 옹호자로, 힐러리와 나도 잘 알고 또 무척 존경하는 사람이었다. 버나딘은 몸이 몹시 안 좋아 살날이 얼마 남지 않았는데, 이렇게 말했다. "죽어가는 사람은 주변적인 것이나 우연적인 것을 생각할 여유가 없다…… 우리에게 주어진 시간이라는 귀중한 선물을 잔인한 공격이나 분열에 낭비하는 것은 잘못된 일이다."

선거 다음 일주일 동안, 리언 파네타와 워런 크리스토퍼 등 행정부의 중심을 이루는 몇 사람이 연말에 떠나겠다는 의사를 밝혔다. 크리스토퍼는 4년 동안 비행기 안에서 산 것이나 다름없었다. 파네타는 예산 투쟁을 감독해왔을 뿐 아니라, 선거일에는 나와 하트 게임을 하느라 늦게까지 잠을 못 자기도 했다. 둘 다 캘리포니아의 집으로 돌아가 좀더 정상적인 생활을 하고 싶어 했다. 그들은 나와 나라에 훌륭하게 봉사했으며, 나는 그들을 보내는 것이 아쉬웠다.

11월 8일에 어스킨 보울스가 새 비서실장이 될 것이라고 발표했다. 막내가 대학에 들어갔기 때문에, 보울스는 다시 마음껏 일을 할 수 있었다. 그러나 다시 이익이 많이 남는 사업을 떠나 내 옆에서 봉사를 하게 되면서, 팔하나와 다리 하나를 대가로 내놓게 된다.

다행히도 낸시 헌리시와 베티 커리는 그대로 남기로 했다. 이 무렵 커리는 전국의 내 친구들을 대부분 알게 되어 전화를 많이 처리해주었고, 사무실에서도 나에게 큰 도움을 주었다. 헌리시는 우리 사무실의 역동성을 잘 이해하고 있었으며, 일상적인 일 가운데 내가 관여할 것과 거리를 둘 것을 잘 알아서 처리했다. 그녀는 내가 편하게 일을 할 수 있도록 돕기 위해 최선을 다했으며, 오벌 오피스의 업무를 잘 정리했다. 당시 나의 보좌관이었던 스티븐 구딘은 떠나기로 했으나, 다행히도 그를 대신할 좋은 사람이 있었다. 크리스 엥스코프는 처음부터 백악관에 있었는데, 나는 그를 1974년 첫 선거운동 때 아칸소 북부에서 만났다. 대통령 보좌관은 오벌 오피스 바로 바깥에 책상이 있고, 거의 언제나 나와 함께 다녔다. 오랫동안 알고 지낸 사람, 또 그 일을 하는 것을 좋아하는 사람이 보좌관을 맡게 된 것은 아주 잘된 일이었다. 오벌 오피스 팀이 없었다면 내가 무슨 일을 할 수 있었을지 모르겠다.

일주일 뒤 보스니아의 미군 주둔을 18개월 연장하겠다고 발표하고 나서, 힐러리와 나는 오스트레일리아, 필리핀, 태국을 향해 떠났다. 우리에게 필요하던 휴가와 일을 겸한 여행이었다. 우리는 일단 하와이로 가서 사흘 동안 편하게 쉰 뒤, 오스트레일리아 시드니로 갔다. 존 하워드 총리를 만나고, 캔버라의 오스트레일리아 국회에서 연설을 하고, 시드니에서 하루를 보내면서, 우리 시대 최고의 골프 선수로 손꼽히는 그레그 노먼과 잊을 수 없는 게임을 하였다.

그러고 난 후 우리는 북쪽 대산호초 근처 산호해에 있는 해변 휴양지 포트더글러스로 갔다. 우리는 그곳에서 원주민 안내자와 함께 데인트리 열대 우림을 걷기도 하고, 야생생물 보호구역을 답사하다 첼시라고 이름을 붙인 코알라를 껴안기도 하고, 웅장한 산호 근처에서 스노클링을 하기도 했다. 전 세계 다른 지역의 산호초들과 마찬가지로 이곳도 해양 오염, 지구 온난화, 물리적 오용으로 파괴 위험에 처해 있었다. 나는 그곳으로 가기 직전, 미국이 국제 산호초 프로그램을 지원하겠다고 발표했는데, 이것은 전 세계의 산호초 파괴를 방지하기 위해 마련된 것이었다.

우리는 피델 라모스 대통령이 주최하는 제4차 아시아태평양지도자회의에 참석하기 위해 오스트레일리아에서 필리핀으로 갔다. 이 회의의 중요한 결과는 2000년까지 컴퓨터, 반도체, 원거리통신 기술에 대한 모든 관세를 철폐하는 협정을 체결한 것이었다. 이것은 그동안 내가 추진해오던 것으로, 이로 인해 미국의 수출은 더 늘어나고, 고임금 일자리는 더 늘어나게 되었다.

우리는 태국을 방문하여, 동남아시아에서 미국의 가장 오래된 동맹국으로 꼽히는 이 나라 왕의 즉위 50주년을 축하했다. 미국은 1833년에 시암 왕과 수호통상조약을 체결했다. 부미볼 아둘야데지 왕은 뛰어난 피아노 연주자인 동시에 재즈 팬이었다. 나는 왕에게 즉위 50주년 기념으로 재즈 팬이면 누구나 고마워할 선물을 주었다. 뛰어난 재즈 사진작가 허먼 레너드의 서명이 들어 있는 재즈 음악인들의 커다란 사진첩이었다.

우리는 캠프 데이비드에서 열리는 전통적인 추수감사절 잔치에 맞추어 귀국했다. 이번 해에는 귀여운 조카들인 로저의 아들 타일러와 토니의 아들 재치가 참석했다. 그 아이들이 함께 노는 것을 보자 추수감사절 기분이 나는 듯했다.

12월에는 행정부의 많은 부분을 재구성했다. 빌 페리, 존 도이치, 미키 캔터, 밥 라이히, 헤이절 오리어리, 로러 타이슨, 헨리 시스네로스가 모두 사임했다. 백악관에서도 귀중한 사람들을 잃게 되었다. 해럴드 이케스는 변호와 자문 일로 돌아갔다. 비서실 차장 에블린 리버먼은 국무부로 가서 '미국의 소리'를 담당하기로 했다.

그달 초 나는 새로운 국가안보팀을 발표했다. 국무장관에 매들린 올브라이트, 국방장관에 메인의 전직 공화당 상원의원 빌 코헨, 중앙정보국장에 토니 레이크, 유엔 대사에 빌 리처드슨, 국가안보보좌관에 샌디 버거를 임명했다.

올브라이트는 유엔 일에서 뛰어난 능력을 보여주었으며, 특히 발칸 지역과 중동에서 우리가 직면한 난제들을 잘 이해했다. 나는 그녀가 스스로의 노력을 통해 첫 여성 국무장관이 될 기회를 얻었다고 생각했다. 빌 리처드슨은 북한과 이라크에서 보여준 능력으로 뛰어난 외교관임을 입증했기 때문에, 나는 그가 유엔 대사 자리를 맡아주어 기분이 좋았다. 그는 미국 최초의 남미계 유엔 대사가 되었다.

빌 코헨은 청년 같은 느낌을 주는 논리정연한 정치가로, 오래전부터 국방 문제에 대한 혁신적인 구상을 내놓았다. 그는 START I 조약을 입안하는 데 기여했으며, 1980년대 군사령부 구조를 재조직하고 강화하는 법안에서도 핵심적인 역할을 했다. 나는 코헨을 좋아하고 존경했으며, 그가 빌 페리가 떠난 아주 큰 빈자리를 메울 수 있을 것이라고 생각했다. 또 나는 내각에 공화당원을 넣고 싶었는데, 내가 국방 결정을 절대 정치적으로 다루지 않겠다고 약속을 하자 그는 그 일을 받아들였다.

나는 중앙정보국장 존 도이치를 놓치게 되어 몹시 아쉬웠다. 그는 국방부 부장관으로서 훌륭하게 일을 하다가, 짧은 기간 재직한 짐 울시의 뒤를 이어 어려운 중앙정보국 일을 맡아 잘 처리해주었다. 토니 레이크는 국가안보회의에서 일하면서 미국 정보활동의 강점과 약점을 뛰어나게 이해하게 되었다. 미국의 정보활동은 테러리즘이 기승을 부리면서 특히 중요한 의미를 띠게 되었다.

국가안보보좌관 자리에는 샌디 버거 외에 다른 사람을 생각한 적이 없었다. 우리는 20년 지기였다. 그는 나에게 나쁜 소식을 전하거나 회의에서 나와 다른 의견을 내놓을 때에도 불편해하지 않았다. 그리고 첫 임기 동안 다양한 문제를 뛰어나게 처리해주었다. 샌디의 분석 능력은 대단했다. 그는 문제를 끝까지 생각할 줄 알았고, 다른 사람들은 놓치는 잠재적인 함정을 파악할 수 있었고, 그런 것들 때문에 정신이 마비되는 일이 없었다. 그는 나의 장점과 약점을 이해했을 뿐 아니라, 장점을 최대화하고 약점을 최소화하는 방법을 알았다. 게다가 그는 절대 자신의 자존심을 내세워 의사결정을 망치는 법이 없었다.

조지 스테파노풀로스도 떠났다. 그는 선거 얼마 전에 자신의 연료가 다 타버렸기 때문에 떠나야겠다고 말했다. 그의 회고록을 읽기 전에는 압박감에 시달리던 세월이 그에게 얼마나 어려웠는지, 그가 자신에게나 나에게나 얼마나 엄격했는지 잘 몰랐다. 스테파노풀로스는 가르치는 일과 텔레비전 일을 할 계획이었다. 나는 그가 그런 분야에서 더 행복해지기를 기원했다.

그로부터 2주 안에 내각의 남은 빈자리를 다 메웠다. 안타깝게도 사생활로 돌아가고 싶다고 말한 미키 캔터 상무장관 후임에는 시카고의 빌 데일리를 임명했다. 데일리는 북미자유무역협정을 위한 우리의 캠페인을 주도한 재능 있는 인물이었다. 샬린 바셰프스키는 미키 캔터가 상무부로 간 후 8개월 동안 무역대표 일을 맡아왔다. 그녀는 뛰어나게 일을 처리해왔기 때문에, 이제 그녀의 직함에서 '대리'를 떼어줄 때가 되었다고 판단했다.

노동부 장관 밥 라이히 후임에는 알렉시스 허먼을 임명했다. 밥 라이히는 노동부에서 또 경제팀의 일원으로 일을 잘해주었지만, 곤란한 처지에 놓이기도 했다. 그는 나의 경제와 예산 정책에 동의하지 않았다. 내가 적자 축소를 너무 강조하고, 교육, 훈련, 신기술에 너무 적게 투자한다고 생각한 것이다. 라이히는 부인 클레어와 아들들이 있는 고향 매사추세츠로 돌아가고 싶어 했다.

주택도시개발부 장관 헨리 시스네로스 후임에는 같은 부서 차관보 앤드루 쿠오모를 임명했고, 자원부의 헤이절 오리어리 후임에는 페데리코 페냐를 임명했다. 연방도로국장인 로드니 샬랄라는 페냐에 이어 교통부 장관 자리를 맡게 되었다. 아이다 알바레스는 중소기업청을 맡았다. 진 스펄링은 로러 타이슨의 뒤를 이어 국가경제회의를 맡았다. 하버드에서 래리 서머스를 가르쳤던 재닛 옐런 박사는 경제보좌관회의 의장을 맡았다. 브루스 리드는 '책 읽는 미국' 프로그램을 운영하러 교육부로 가는 캐럴 래스코를 대신하여 나의 국내정책보좌관이 되었다. 밥 루빈을 보좌하던 뛰어난 젊은 여자 실비어 매슈스는 해럴드 이케스의 뒤를 이어 비서실 차장이 되었다.

나는 헨리 시스네로스가 떠나게 되어 마음이 아팠다. 우리는 내가 대통령에 출마하기 전부터 친구 사이였으며, 그는 주택도시개발부 일을 잘 처리해주었다. 시스네로스는 그 일을 맡을 때 연방수사국의 심사 면접에서 자신의 지출에 대해 부정확한 진술을 했다는 이유로 1년 이상 독립변호사의 수사를 받아왔다. 법에서는 지명자가 인준 과정에 영향을 미칠 수 있는 '중대한' 허위 진술을 하는 것을 범죄로 간주했다. 시스네로스의 비준을 추천하는 위원회를 담당했던 앨 다마토 상원의원은 시스네로스의 지출에 대한 허위진술이 자신의 투표나 위원회의 다른 상원의원들에게 영향을 주지 않았을 것으로 본다는 내용의 서한을 보내왔다. 법무부의 공직자 윤리실도 특별검사에 반대하여 목소리를 높였다.

그러나 안타깝게도 재닛 리노는 시스네로스 사건을 센텔 판사의 특수부에 넘겼다. 아나나 다를까, 그들은 공화당 특별검사 데이비드 배릿을 임명했다. 배릿은 당파성이 강한 사람으로, 비행으로 고발을 당한 적은 없지만, 레이건 행정부 시절 주택도시개발부 추문으로 유죄판결을 받았던 공무원들과 밀접한 관련이 있다고 알려져 있었다. 아무도 시스네로스가 그의 일에서 잘못을 했다고 비난한 적이 없었지만, 그럼에도 그는 화이트워터 세계로 던져졌다. 시스네로스는 법률 비용 때문에 많은 빚을 지게 되었으며, 그에게는 대학에 다니는 자식이 둘 있었다. 그는 가족을 부양하고 변호사 비용을 대기 위해 더 많은 돈을 벌어야 했다. 그런데도 그가 4년을 꼬박 있어준 것만으로도 고마울 따름이었다.

　사람들은 많이 바뀌었지만, 나는 우리가 첫 임기 때의 동지적 분위기와 팀워크를 유지할 수 있다고 생각했다. 새로운 임명자들 대부분이 행정부의 다른 자리에서 옮겨왔으며, 각료 가운데 다수가 자리를 지키고 있었기 때문이다.

　12월에는 외교 쪽에서 몇 가지 흥미 있는 상황 진전이 있었다. 12월 13일에 유엔 안전보장이사회가 미국의 강력한 지원을 받아 가나의 코피 아난을 새 사무총장으로 뽑았다. 아난은 사하라 이남 아프리카 출신으로 이 자리를 맡은 최초의 인물이었다. 아난은 이전 4년 동안 유엔 평화유지 담당 사무차장으로 보스니아와 아이티에서 우리의 노력을 지지했다. 매들린 올브라이트는 아난이 탁월한 지도자라고 생각하여 나에게 그를 지지할 것을 권유했다. 워런 크리스토퍼, 토니 레이크, 딕 홀브루크도 마찬가지였다.

　아난은 똑똑하고 인상적인 사람으로, 조용하지만 당당해 보였다. 그는 거의 평생을 유엔에서 일해왔지만, 그 약점을 모르지도 않았고, 그 나쁜 습관에 물들지도 않았다. 대신 그는 유엔의 활동을 좀더 효율적으로, 좀더 책임감 있게 진행하기 위해 노력했다. 이 일은 그 자체로도 중요했지만, 내가 국회의 공화당 의원들에게 유엔 회비를 내자고 설득할 때도 중요했다. 미국은 15억 달러를 체불하고 있었으며, 공화당이 국회를 장악한 1995년부터 국회는 유엔이 자기 혁신을 하기 전에는 회비를 내지 않겠다고 했다. 나는 밀린 회비를 내지 않는 것은 무책임한 행동이며, 유엔과 미국 양쪽에 피해를 주는 일이라고 생각했다. 그러나 유엔의 개혁이 절박하다는 데는 동의했다.

　중동에서는 네타냐후 총리와 아라파트 의장이 이견을 해소하려고 노력하고 있었다. 네타냐후는 크리스마스이브에 가자로 가서 세 시간 동안 회담을 했다. 연말에 미국의 특사 데니스 로스는 양쪽을 오가면서 헤브론을 팔레스타인 사람들에게 넘겨주는 협상을 마무리지으려고 노력했다. 협상이 끝나지는 않았지만, 1997년에는 그전 몇 달보다 평화과정에 대한 큰 희망을 품어볼 수 있었다.

새해 첫 며칠을 미국 대통령들이 좀처럼 찾지 않던 미국령 버진 제도의 세인트토머스에서 보낸 뒤, 우리 가족은 취임식을 치르고 대통령으로서의 5년째 해를 맞이하기 위해 집으로 돌아왔다. 여러 면에서 1997년은 내가 대통령으로서 맞이한 해 가운데 가장 정상적인 해가 될 것 같았다. 거의 1년 동안 화이트워터 세계는 이따금씩 선거자금 수사로 불꽃이 튀기는 했지만 열기는 낮은 편이어서, 나는 비교적 자유롭게 일을 할 수 있었다.

취임식을 준비하면서 우리는 나라가 올바른 방향으로 가고 있다는 것을 강조하기 위한 일련의 행사를 개최했다. 지난 4년간 1,120만 개의 새로운 일자리가 생기고, 25년 만에 범죄율이 가장 크게 하락하고, 학자금 대출 채무불이행 비율이 40퍼센트 떨어졌다.

나는 제2차 세계대전에 참전했던 7명의 아프리카계 미국인에게 명예훈장을 수여함으로써 과거의 불의를 바로잡았다. 그때까지 놀랍게도 제2차 세계대전에 참전한 흑인 가운데는 명예훈장을 받은 사람이 한 사람도 없었다. 이 7명은 전투 기록을 꼼꼼하게 검토한 뒤에 선정되었다. 6개 훈장은 추서되었지만, 나머지 한 사람인 버넌 베이커는 77세의 나이로 백악관에서 열린 훈장수여식에 참석했다. 그는 조용한 위엄과 명석한 두뇌가 돋보이는 당당한 인물이었다. 그는 50여 년 전 이탈리아에서 젊은 소위로 싸웠는데, 혼자서 적의 기관총 세 대, 관측소, 참호 하나를 쓸어버렸다. 조국을 위해 그렇게 많은 일을 한 뒤에 받은 차별과 편견을 어떻게 감당했느냐는 질문을 받자 베이커는 단순한 신조를 가지고 평생을 살아왔다고 말했다. "존경을 받기 전에 존경을 하고, 대접을 받고 싶은 대로 대접을 하고, 사명을 기억하고, 모범을 보이고, 계속 열심히 살자." 아주 좋은 말로 들렸다.

명예훈장 수여식 다음 날, 네타냐후 총리와 아라파트 의장이 전화를 하여, 마침내 헤브론에서의 이스라엘 철군에 대한 합의에 이르렀다고 말했다. 9월에 시작된 회담이 성공적인 결말에 이른 것이다. 헤브론 협상은 평화과정의 비교적 작은 부분이었는지 모르지만, 네타냐후와 아라파트가 함께 뭔가를 이룩한 것은 이번이 처음이었다. 만일 이 일을 이루지 못했다면 평화 과정 전체가 심각한 위험에 빠질 수도 있었다. 데니스 로스는 2주 동안 거의 24시간 그들과 함께 일했으며, 후세인 왕과 워런 크리스토퍼는 협상 마지막 며칠 동안 합의를 보라고 양쪽에 압력을 넣었다. 무바라크 대통령도 힘을 보태주었다. 나는 그에게 라마단이 끝나던 날 카이로 시간으로 새벽 1시에 전화를 하여 도움을 청하기도 했다. 중동은 그런 식이었다. 일을 하려면 모두가 거들어야 하는 경우가 많았다.

취임식 사흘 전 나는 제2차 세계대전 때 공을 세운 일을 기려 밥 돌에게 자유훈장을 수여했다. 돌은 제2차 세계대전 때 쓰러진 전우를 돕다가 심한 부상을 입었다. 돌은 정치에 뛰어들어 기복을 겪는 가운데도 '역경을 기회로 만들고, 고통을 공적 봉사로 전환하고, 그가 사랑하는 주州의 모토를 구현하면서 계속 훌륭하게 봉사했다. 아드 아스트라 페르 아스페라(역경을 뚫고 별을 향해).' 우리는 정적 관계였고 여러 가지 문제에서 의견이 달랐지만, 나는 돌에게 호감을 가지고 있었다. 그는 싸움에서는 심술궂고 강인한 모습을 보여주기도 했지만, 그에게는 워싱턴의 공화당을 지배하고 있던 우익 강경 공화당원들 다수의 특징인 광신과 개인 파괴에 대한 굶주림이 없었다.

돌은 그 한 달 전쯤 나를 찾아와 함께 즐거운 시간을 보냈다. 돌은 우리 고양이 삭스를 위한 작은 장난감을 가져왔는데, 그의 개가 보낸 선물이라고 농담을 했다. 우리는 선거, 외교, 예산 협상 이야기를 했다. 언론에서는 여전히 대선 자금 문제에 대해 시끄럽게 떠들고 있었는데, 민주당전국위원회 외에, 공화당전국위원회와 돌 선거운동본부도 몇 가지 잘못을 저질렀다. 나는 지지자들을 백악관으로 초대하여 묵게 하고, 행정부 구성원, 지지자, 기부자, 기타 우리와 정치적 유대가 없는 사람들에게 아침 커피를 접대한 것으로 비판을 받았다.

나는 오랜 경험을 쌓은 돌에게 워싱턴의 정치와 정치가들이 30년 전보다 더 정직한지 아니면 덜 정직한지 물었다. "아, 비교도 안 되지요." 돌은 말했다. "지금이 훨씬 더 정직합니다." 그래서 내가 물었다. "하지만 사람들은 덜 정직하다고 생각하지 않나요?" "물론입니다. 하지만 사람들이 잘못 생각하는 거지요."

나는 존 맥케인 상원의원과 러스 페인골드 상원의원이 발의한 새로운 선거운동 자금 개혁법안을 강력하게 지지했지만, 그것이 통과된다고 해서 정치가들의 성실성에 대한 국민의 믿음이 강해질지는 의문이었다. 근본적으로, 언론은 돈이 선거운동에 영향을 주는 것에 반대했지만, 사실 대부분의 돈은 미디어 광고에 사용되었다. 무료 또는 낮은 비용의 방송시간 할당을 법제화하거나 선거운동에 대한 공적 자금 지원을 채택하는 것이 상황을 개선하는 방법일 수 있었다. 그러나 전자는 미디어 전체가 반대했고, 후자는 국민이나 국회의 지지를 얻기 힘들었다. 그렇다면 미디어는 여전히 선거운동 자금의 최대 소비자가 되고, 그러면서도 정치가들이 미디어에 낼 돈을 모은다고 비판을 하는 일이 반복될 수밖에 없었다.

나는 취임연설에서 21세기 미국의 모습을 최대한 생생하게 그려 보이면서, 미국 국민이 "대통령의 정당과 국회 다수당의 정당을 다르게 선택한 것은…… 국민이 분명하게 비판하고 있는 편협한 말다툼과 극단적인 당파정치를 하라는 것이 아니라, '미국의 사명'을 놓고 함께 일하라는 뜻"이라고 말했다.

취임식은 11월의 당선 기념 행사와 마찬가지로 전보다 조용했고, 심지어 긴장이 풀린 느낌마저 들었다. 그러나 교회의 아침 예배는 제시 잭슨 목사와 토니 캄폴로의 격정적인 설교로 활기가 넘쳤다. 캄폴로는 필라델피아 출신의 이탈리아계 복음주의자로, 미국에서 잭슨 목사와 맞먹을 수 있는 유일한 백인 설교자라 할 만했다. 이어진 국회 오찬 분위기는 우호적이었다. 나는 상원의 새로운 다수당 지도자인 미시시피의 트렌트 로트와 내가 토머스 제퍼슨에게 큰 빚을 지고 있다고 말했다. 제퍼슨이 프랑스로부터 광대한 루이지애나 준주準州를 사겠다고 결정하지 않았다면 우리 둘 다 그 자리에 없었을 것이기 때문이다.

94세의 스트롬 서먼드 상원의원은 첼시 옆에 앉아 있다가 딸아이에게 말했다. "내가 일흔 살만 젊었어도 너한테 구애를 할 텐데!" 그가 그렇게 장수한 데도 다 이유가 있었던 것이다. 힐러리와 나는 모두 14회의 취임 무도회에 참석했다. 한번은 이제 고등학교 3학년인 내 아름다운 딸과 춤을 추기도 했다. 이제 첼시는 곧 집을 떠날 것이었기 때문에, 나는 그 순간을 최대한 즐겼다.

취임식 다음 날, 몇 년 전까지 거슬러 올라가는 조사를 한 결과, 하원은 표결을 통해 하원 윤리 규칙을 몇 가지 위반한 혐의로 깅리치 하원의장을 징계하고, 30만 달러의 벌금을 물리기로 결정했다. 지지자들이 자선 조직들에 준 것으로 되어 세금이 면제된 돈을 정치적 목적으로 이용하고, 국회 조사관들의 질문에 몇 가지 허위 답변을 했다는 이유였다. 하원 윤리위원회의 법률고문은 깅리치와 그의 정치적 지지자들이 세법을 위반했으며, 하원의장이 그 문제에 대하여 위원회를 의도적으로 오도한 증거가 있다고 말했다.

1980년대 말, 깅리치는 짐 라이트 하원의장의 지지자들이 라이트가 자비 출판한 그 연설문집을 대량으로 사들였다는 이유로 라이트를 공격해 자리에서 물러나게 하는 일에 앞장섰다. 그때 깅리치는 그것이 의원에게 연설 비용을 받지 못하게 하는 하원 규칙을 피해가기 위한 시도라고 주장했다. 라이트의 혐의에 비하면 깅리치의 혐의는 훨씬 더 심각했지만, 공화당 원내총무 톤 딜레이는 벌금과 징계가 그의 잘못에 비해 너무 무거우며, 이것은 윤리 심사의 남용이라고 불평했다. 나는 이 일에 대해 질문을 받았을 때, 법무부나 연방검사에게 세금 회피와 국회에 대한 허위진술 혐의를 수사하라고 촉구할 수도 있었다. 그러나 나는 하원이 그 일을 처리해야 하며, "그런 다음 우리는 국민의 일로 돌아가야 한다"고 말했다. 그러나 2년 뒤에 형세가 역전되었을 때, 깅리치와 딜레이는 그렇게 자비로운 태도를 보여주지 않았다.

취임식 직전, 2차 임기와 연두교서를 준비하면서, 나는 백악관 참모진과 내각의 80명 정도를 블레어 하우스에 불러모아 하루 종일 회의를 했다. 그 주제는 우리가 지난 4년간 해온 일의 의미와 앞으로 4년간 해야 할 일 두 가지였다.

나는 첫 임기에서 여섯 가지 중요한 업적을 이루었다고 생각했다. 첫째, 공급측 경제학을 좀더 짜임새 있는 '투자와 성장' 정책으로 바꾸어 경제 성장을 회복한 것. 둘째, 연방정부가 적도 아니고 해결책도 아니며, 국민에게 그들의 삶을 최대한 향유할 수 있는 수단과 조건을 제공하는 도구라는 것을 보여줌으로써 국민 생활에서 연방정부의 역할을 둘러싼 논쟁을 해결한 것. 셋째, 공동체가 미국의 실제 정치 모델로서 가장 중요하다는 점을 재확인하고, 인종, 종교, 성별, 성적 지향, 정치철학에 따른 분열을 거부한 것. 넷째, 사회 정책에서 수사를 현실로 바꾸고, 강한 말과 화려한 수사가 아니라 상식과 창의적 사고만 있으면 정부의 행동으로 복지나 범죄 같은 영역에서 개선을 가져올 수 있다는 사실을 실제로 입증한 것. 다섯째, 가족을 사회의 기본 단위로 재확정하고, 가족휴가법, 소득세공제, 최저임금 인상, 시청자 차단 장치, 십대 흡연 금지 프로그램, 입양을 늘리려는 노력, 보건과 교육의 새로운 개혁으로 정부가 가족을 강화할 수 있다는 사실을 보여준 것. 여섯째, 냉전 이후 세계에서 민주주의, 공영共榮, 평화를 지지하는 세력으로서, 그리고 테러, 대량살상무기, 조직범죄, 마약 밀매, 인종 및 종교 갈등에 반대하는 세력으로서 미국의 지도력을 다시 세운 것.

이런 업적들을 통해 우리는 미국이 새로운 세기로 들어갈 수 있는 기초를 확립했다. 공화당이 국회를 통제하고 있었기 때문에, 그리고 시대가 좋을 때는 큰 개혁들을 실행하는 것이 오히려 더 어렵기 때문에, 두 번째 임기에서 우리가 얼마나 많은 일을 이루어낼지는 알 수 없었지만, 그래도 계속 노력하겠다고 결심했다.

2월 4일 연두교서에서 나는 먼저 국회에 아직 마무리되지 않은 일을 끝내달라고 요청했다. 균형예산을 확립하는 것, 선거운동 자금 개혁안을 통과시키는 것, 생활보호대상자를 고용할 수 있도록 고용주와 주정부에 좀더 많은 인센티브를 제공하고, 사람들이 일하러 다닐 수 있도록 훈련, 교통, 보육을 좀더 지원하여 복지제도 개혁 과정을 완성하는 것 등이 그런 일들이었다. 또 1996년에 공화당이 그들의 세금감면을 추진할 재원 마련을 위해 예산에서 삭감한, 합법적인 이민자들을 위한 건강과 장애 급부금을 되살려달라고 요청했다.

그리고 미래를 바라보면서 나와 함께 교육을 제1우선순위에 올려놓자고 국회에 요청했다. '모든 여덟 살짜리는 읽을 수 있어야 하며, 모든 열두 살짜리는 인터넷을 사용할 수 있어야 하며, 모든 열여덟 살짜리는 대학에 갈 수 있어야 하며, 모든 성인은 평생 학습을 계속할 수 있어야 하기' 때문이었다. 나는 이런 목표를 달성하기 위한 다음과 같은 10가지 항목의 계획을 제시했다.

목표를 향한 진전 정도를 측정하기 위한 전국적 기준과 시험을 개발한다. 전문적 교습 기준을 위한 국가위원회에 의해 '최고의 교사' 인증을 받은 교사를 1995년의 불과 500명에서 10만 명으로 증원한다. 이미 60개 대학 총장들이 지원하기로 합의한, 여덟 살짜리를 위한 '책 읽는 미국' 교육 프로그램을 실시한다. 더 많은 아동에게 취학 전 교육 혜택을 제공한다. 모든 주에 공립학교 선택의 자유를 준다. 모든 학교에서 인성 교육을 한다. 제2차 세계대전 이래 최초로 수십억 달러를 투입하는 학교 건설 및 보수 프로그램을 실시하여 낡은 시설을 보수하고, 인구가 과밀하여 트레일러에서 수업을 하는 학구에 새로운 학교 건설을 지원한다. 대학 첫 2년간 1,500달러의 호프 장학금 세액공제를 해주고, 고등학교 이후 모든 대학 교육을 위한 학비 1만 달러에 대하여 세금공제를 해준다. 미국 노동자용 '제대군인 원호법'(원래는 제대군인의 교육 등을 지원하는 법으로, 여기서는 이 법을 노동자에게 원용한다는 뜻—옮긴이주)을 시행하여 추가의 훈련을 필요로 하는 성인에게 기술 보조금을 지원한다. 2000년까지 모든 학급과 도서관에 인터넷을 설치한다.

나는 국회와 미국 국민에게 냉전시대에 미국의 가장 큰 힘의 하나는 초당적인 외교정책이었다고 말했다. 이제 21세기에 미국의 안보에서는 교육이 핵심적이기 때문에, 교육에도 똑같이 접근할 것을 요구했다. "정치는 교문 앞에서 발을 멈추어야 한다."

또 국회에 내가 선거운동을 하면서 미국 국민에게 약속한 다른 공약들도 지지해줄 것을 요청했다. 여기에는 가족휴가법의 확대, 백신을 개발하기 위한 에이즈 연구의 대폭 확대, 경제적 여유가 없는 저소득 노동자 자녀들에 대한 건강보험 확대, 청소년 범죄, 폭력, 마약, 폭력조직에 대한 포괄적인 공격적 대응, 능력부여지구와 독성 폐기물 처리장의 두 배 확대, 공동체 봉사 프로그램의 계속 확장 등이 포함되었다.

외교정책에서는 나토의 확대, 북한 핵 협정, 보스니아 파병 부대 주둔 연장, 중국과의 교류 확대, 무역 협상에서 국회에 교역 협정을 수정 없이 가결 또는 부결시켜줄 것을 요구하는 '신속처리' 권한, 새로운 안보 도전들에 대응하기 위한 국방부의 무기 현대화 프로그램, 미국을 테러리스트의 독가스 공격으로부터 보호하는 데 효과가 있다고 판단되는 화학무기협약의 비준 등에 대한 지지를 요청했다.

나는 연두교서에서 민주당 의원들만이 아니라 공화당 의원들을 향해서도 손을 뻗으려고 노력했다. 나는 그들에게 올바른 종류의 균형예산에 대해서라면 어느 의원의 표라도 귀하게 여기겠다고 말하면서, 『성경』의 「이사야」 58장 12절을 인용했다. "너를 일컬어 무너진 데를 보수하는 자라 할 것이며 길을 수축하여 거할 곳이 되게 하는 자라 하리라." 사실 이것이 어떤 식으로든 내가 평생에 걸쳐 해보려고 노력하던 일이었다.

내 연설이 마지막 부분에 이르면서, 미디어가 추문 폭로에 비해 국가 정책에 대해서는 얼마나 관심이 없는지 보여주는 사례가 우스꽝스럽게 드러났다. 내 딴에는 멋진 결말을 맺기 위해 나는 이렇게 말했다. "오늘밤에 태어나는 아기는 20세기에 대한 기억이 거의 없을 것이다. 그 아이의 기억은 우리가 지금 새로운 세기를 건설하기 위해 하는 일에서부터 시작될 것이다." 나는 내 연설을 듣는 모든 사람들에게 새로운 세기까지 딱 1,000일 정도가 남았다고 상기시켰다. "새로운 약속의 땅으로 갈 다리를 건설해야 할 1,000일이다."

그렇게 내가 연설에 마지막 힘을 쏟는 동안, 방송사들은 텔레비전 화면을 쪼개, 한쪽에서는 배심이 O. J. 심슨의 부인 살인 혐의에 대한 민사소송 (형사사건의 배심이 심슨에게 유죄평결을 내리지 않자 제기된 소송)에서 평결을 내리는 장면을 보여주었다. 텔레비전 시청자들은 민사소송 배심이 심슨에게 불리한 평결을 내리는 소리와 미래에 대한 나의 권고를 동시에 들었던 것이다. 나는 내 연설이 완전히 잘려나가지 않은 것이, 그리고 연설에 대한 국민의 반응이 긍정적으로 나타난 것이 그나마 다행이라고 생각했다.

이틀 뒤 나는 국회에 예산안을 제출했다. 이 예산안은 5년 안에 균형을 잡는 것을 목표로 했다. 우선 제대군인 원호법 이후 50년 만에 대학 원조를 최대로 늘리는 등 교육에 대한 투자를 20퍼센트 늘리고, 다른 수백 개 프로그램에 대한 지출을 삭감했다. 자녀 한 명당 500달러의 세액공제 등을 포함하여 특별한 목적에 맞추어 중산층의 세금 부담을 덜어주었다. 파산 지경에 이른 메디케어 신탁기금을 10년 동안 안정적으로 유지해주기로 했다. 보험이 없는 500만 명의 어린이들에게 건강보험을 제공하고, 알츠하이머병으로 고생하는, 사랑하는 사람을 돌보는 가족이 잠시 쉴 수 있도록 대신 돌보아주는 제도를 마련하고, 처음으로 메디케어를 받는 나이든 여자들에게 유방암 검사를 실시하기로 했다. 평화와 자유를 장려하고, 테러리즘이나 핵무기 확산이나 마약 밀매에 대항하여 싸우기 위해 계속 하강 추세에 있던 국제사업 분야 지출을 늘리기로 했다.

내 예산안을 제출하기 전에 공화당의 가혹한 예산안을 국민에게 제시할 것을 강요하던 2년 전과는 달리 이번에는 내가 먼저 제출했다. 그것이 옳은 일이고, 또 좋은 정치라고 생각했기 때문이다. 이제 공화당이 고소득층을 위한 세금감면을 늘리는 예산안을 제출하려면, 그 비용을 대기 위해 나의 예산안에서 교육과 의료에 들어가는 돈을 줄여야 했다. 지금은 1994년이 아니었다. 이제 국민은 상황을 파악하고 있었으며, 공화당 의원들도 재선을 바라는 사람들이었다. 나는 몇 달 안에 국회가 나의 예산안에 매우 가까운 균형예산안을 통과시킬 것이라고 확신했다.

2주 뒤, 헌법 균형예산 수정조항을 통과시키려는 또 한 번의 시도가 뉴저지의 밥 토리첼리 상원의원의 반대표 때문에 실패했다. 그것은 용기 있는 행동이었다. 뉴저지는 징세에 반대하는 주였으며, 토리첼리는 하원의원 시절 수정조항에 찬성하는 표를 던진 전력이 있었다. 나는 그의 용기를 계기로 우리가 허세를 넘어, 진짜로 예산의 균형을 잡는 일에 다가갈 수 있기를 바랐다.

2월 중순, 우리는 미국이 주도하던 제네바 협상에서 원거리통신 서비스 분야의 세계무역을 자유화하는 협정을 이끌어냈다. 이로써 시장의 90퍼센트가 미국 회사들에 문을 열게 되어, 미국은 다시 한 번 경제 활성화의 계기를 얻었다. 이 협상은 앨 고어가 시작하고, 샬린 바셰프스키가 진행한 것이었다. 그들의 노력 덕분에 미국인들은 새로운 일자리들을 얻고 낮은 가격의 서비스를 이용할 수 있게 되었으며, 세계 전체가 신기술의 혜택을 보게 되었다.

이 무렵 나는 보스턴에서 톰 메니노 시장을 만났다. 범죄, 폭력, 마약 사용이 전체적으로는 줄어들고 있었지만, 18세 이하의 청소년 사이에서는 늘어나는 추세였다. 그러나 보스턴은 달랐다. 이곳에서는 18개월 동안 총기 폭력으로 죽은 미성년자가 한 사람도 없었다. 대도시로서는 주목할 만한 업적이었다. 나는 이 자리에서 몇 가지 제안을 했다. 아이들의 오발을 방지하기 위해 총에 방아쇠 자물쇠를 달자. 대규모의 마약 반대 광고를 하자. 운전면허를 따려는 젊은이들에게 마약 검사를 하자. 그러면서 보스턴이 성공적으로 이행하고 있는 보호관찰과 방과후 봉사를 활용하는 것을 포함하여, 청소년 사법체계를 개혁하자.

2월에 화이트워터 세계에서는 흥미 있는 사태 진전이 있었다. 2월 17일에 케네스 스타는 돌아오는 8월 1일에 독립변호사직에서 물러나 캘리포니아 남부의 페퍼딘 대학 법대 학장을 맡게 될 것이라고 발표했다. 스타는 화이트워터가 파봤자 아무것도 나오지 않는 구멍이기 때문에 그것이 우아하게 물러나는 방법이라고 판단한 것이 분명했다. 그러나 그는 이 결정 때문에 심한 비판을 받았다. 언론은 페퍼딘 대학에 돈을 대는 사람이 리처드 멜런 스케이프라는 점에서 모양이 좋지 않다고 말했다. 스케이프가 아칸소 프로젝트에 돈을 댄다는 사실은 아직 널리 알려지지 않았지만, 그래도 그가 나에게 적의를 가진 극우주의자라는 사실은 널리 알려져 있었다. 하지만 나는 그러한 언론의 문제제기는 설득력이 없다고 생각했다. 스타는 독립변호사 일을 하는 동시에 나의 행정부의 정적들을 대리하면서 이미 큰돈을 벌고 있었기 때문에, 오히려 페퍼딘으로 감으로써 그의 이해 충돌을 줄일 수가 있었다.

스타를 진짜로 흔들어놓은 것은 우리가 뭔가 잘못했다는 증거를 찾는 것, 아니면 적어도 우리를 계속 괴롭히는 것으로 기득권을 유지하려는 공화당 우익과 기자 서너 명이 퍼부은 맹비난이었다. 스타는 이미 그들을 위해 많은 일을 했다. 많은 사람들에게 엄청난 법률 서비스 비용 청구서와 더불어 훼손된 평판을 안겨주었고, 정리신탁공사가 힐러리나 나한테 민사나 형사상의 행동을 취할 아무런 근거가 없다는 보고서를 낸 뒤에도 납세자들의 돈을 써가면서 3년이나 수사를 끌어왔다. 그러나 우익과 화이트워터 언론은 만일 스타가 그만두게 되면, '거기에는 아무것도 없었다'는 사실을 암묵적으로 인정하는 것이나 다름없다는 것을 알고 있었기 때문에 스타를 가만두지 않았다. 스타는 나흘간 맹공을 당한 뒤에 결국 계속 일을 하겠다고 발표했다. 나는 웃어야 할지 울어야 할지 알 수 없었다.

언론은 1996년 선거운동의 기금 모금에 대해서도 계속 기사를 쓰고 있었다. 무엇보다도 내가 1992년 나의 선거운동에 기여한 사람들을 백악관으로 초대하여 하룻밤 묵고 가게 했다는 사실에 흥분했다. 물론 백악관에 오는 모든 손님에게 그러는 것처럼 식사나 다른 다과 비용은 다 내가 냈다. 기자들이 암시하는 것은 내가 민주당전국위원회를 위하여 돈을 모으려고 백악관 하루 숙박권을 판 것이 아니냐 하는 것이었다. 그것은 터무니없는 말이었다. 현직 대통령인 나는 처음부터 끝까지 여론조사에서 선두를 유지했다. 돈을 모으는 데는 아무런 문제도 없었다. 설사 문제가 되었다 해도, 백악관을 절대 그런 식으로 이용하지는 않았을 것이다.

2월 말, 나는 첫 번째 임기 중에 백악관에서 자고 간 모든 손님들의 명단을 공개했다. 그 숫자는 수백 명이었는데, 그 가운데 약 85퍼센트는 친척, 첼시의 친구, 외국 손님을 비롯한 저명인사, 힐러리와 내가 대통령에 출마하기 전부터 알고 지내던 사람들이었다. 1992년에 나를 지지해준 내 친구들에 대해서는, 가능하면 많은 친구들을 불러 백악관에서 자고 가는 영광을 누리게 해주고 싶었다. 또한 나는 오랜 시간 일했기 때문에, 늦은 밤 외에는 사람들을 편하게 만날 수 있는 여유가 별로 없다는 것도 한 가지 이유였다.

사람들의 숙박을 구실로 돈을 모은 적은 단 한 번도 없었다. 비판자들은 다른 사람들은 몰라도 친구들이나 지지자들만은 절대 자고 가면 안 된다고 말하는 것 같았다. 내가 명단을 공개하자, 그 명단에 들어 있던 많은 사람들이 기자들로부터 질문을 받았다. 한 기자는 토니 캄폴로에게 전화를 하여, 나에게 기부금을 냈느냐고 물었다. 그랬다고 하자, 기자가 얼마냐고 물었다. "25달러인 것 같소." 캄폴로가 대답했다. "아냐, 50달러인지도 모르겠는데." 그러자 기자는 "아, 댁하고는 얘기하고 싶지 않소"라고 대꾸하더니 전화를 끊어버렸다.

2월은 기분 좋게 끝이 났다. 힐러리와 내가 워싱턴에 있는 뭄바이 클럽 식당에서 첼시의 친구 11명과 함께 첼시의 17번째 생일을 기념하는 저녁식사를 했기 때문이다. 그 뒤에는 뉴욕으로 가서 연극을 보았으며, 힐러리는 『한 마을이 필요하다』의 오디오북으로 그래미상을 탔다. 힐러리는 목소리가 아주 훌륭했으며, 그 책에는 힐러리가 해주고 싶어 하는 이야기가 가득했다. 그래미상을 받고 보니 워싱턴 순환도로만 넘어가면 우리와 똑같은 관심을 가진 사람들이 많다는 것을 새삼 느낄 수 있었다.

2월 중순, 네타냐후 총리가 나를 찾아와 평화과정의 현재 상황에 대해 이야기를 했으며, 야세르 아라파트도 3월 초에 나를 찾아왔다. 네타냐후는 헤브론 협상 뒤에는 정치적으로 손이 묶여 다른 일을 하지 못했다. 이스라엘은 막 총리 직선제를 도입했기 때문에 네타냐후의 임기는 4년이었다. 그러나 그는 크네세트에서 다수파 연립정부를 꾸려나가야 했다. 우익 때문에 연립정부가 깨지면 페레스의 노동당과 함께 거국일치 내각을 만들 수도 있었으나 그렇게 하고 싶어 하지는 않았다. 그의 연립내각의 강경파는 이것을 알고, 그가 평화를 향해 계속 나아가게 하는 것을 어렵게 만들고 있었다. 그래서 가자 공항을 개방하거나 가자 출신의 팔레스타인 사람들이 모두 이스라엘의 일터로 돌아오는 것을 허용하는 일이 잘 안 풀리고 있었다. 심리적으로 볼 때 네타냐후는 라빈과 똑같은 도전에 직면해 있었다. 이스라엘은 손에 잘 잡히지 않는 것, 즉 팔레스타인해방기구가 테러리스트의 공격을 예방하기 위해 최선의 노력을 기울인다는 약속을 대가로 구체적인 것, 땅, 출입 권리, 일자리, 공항을 내놓아야 했다.

나는 네타냐후가 평화를 위해 더 많은 일을 하고 싶어 한다고 확신했지만, 만일 그렇게 하지 못할 경우 아라파트로서는 폭력의 뚜껑을 닫고 있기가 더 어려워질 것이기 때문에 걱정스러웠다. 일이 더 복잡하게 꼬였던 것은, 평화과정이 느려지거나 이스라엘이 테러리스트의 공격에 보복을 하거나 서안 정착지에서 건설 작업이 진행될 때마다, 이스라엘이 유엔 결의안을 계속 위반하는 것을 비난하는, 그것도 협상으로 합의할 내용을 제시하는 방식으로 비난하는 안전보장이사회 결의안이 나올 가능성이 높다는 것이었다.

이스라엘은 미국이 그런 조치에 거부권을 행사할 것이라고 기대했고, 실제로 미국은 그렇게 했다. 그렇게 함으로써 미국은 이스라엘에 대한 영향력을 유지할 수 있었지만, 동시에 팔레스타인 사람들 앞에서 우리가 정직한 중재자라는 주장은 설득력이 약해질 수밖에 없었다. 나는 계속 아라파트에게 내가 평화과정에 헌신하고 있음을 강조했고, 오직 미국만이 평화과정 이행을 도울 수 있다고 강조했다. 이스라엘은 유럽연합이나 러시아가 아니라 미국이 자신의 안전을 보호해줄 것이라고 믿고 있었기 때문이다.

아라파트가 나를 만나러 왔을 때, 나는 다음 단계의 작업을 하려고 노력했다. 당연한 일이지만, 아라파트는 네타냐후와는 다르게 상황을 파악했다. 그는 자신이 모든 폭력을 예방하고 난 뒤에 네타냐후의 정치적 입장이 편해져서 이스라엘이 평화협정의 약속을 준수할 수 있을 때까지 기다려야 하는 것이냐고 반문했다. 나는 그 무렵에 양쪽 지도자와 편안하게 일을 할 수 있는 관계를 형성해놓았기 때문에, 유일한 현실적 대안은 계속 접촉을 유지하고, 탈선하면 다시 잡아당겨 궤도에 올려놓고, 아기가 걸음마를 하는 듯한 속도로 나아가더라도 계속 전진하도록 보살펴줌으로써 평화과정이 무너지지 않도록 유지해나가는 것밖에 없다고 결론을 내렸다.

3월 13일 밤, 나는 노스캐롤라이나와 플로리다 남부에 들렀다가 호브

해협에 있는 그레그 노먼의 집을 찾아갔다. 아주 유쾌한 저녁이었다. 우리는 시간 가는 줄 몰랐다. 어느새 새벽 1시가 넘었다. 몇 시간 뒤에 골프 시합을 할 예정이었기 때문에 나는 자리에서 일어나 계단을 내려갔는데, 마지막 단을 보지 못했다. 오른발이 계단 가장자리에서 미끄러지며 몸이 균형을 잃었다. 앞으로 넘어졌다면 손바닥이나 긁히고 말았을 것이다. 그러나 몸이 뒤로 젖혀지면서 크게 뻑 하는 소리가 들리더니 뒤로 쓰러지고 말았다. 그 소리가 어찌나 컸던지 나보다 몇 걸음 앞서 가던 노먼이 그 소리를 듣고 몸을 돌려 나를 붙들었다. 그가 잡지 않았다면, 더 크게 다쳤을 것이다.

나는 앰뷸런스에 실려 40분 떨어진 세인트메리 병원까지 갔다. 백악관 의료진은 그 병원의 응급실이 우수하다는 이유로 나에게 이 가톨릭 병원을 권했다. 나는 심한 고통을 느끼며 그곳에서 밤을 보냈다. 자기공명단층촬영 MRI으로 오른쪽 대퇴 사두근四頭筋의 90퍼센트가 찢어졌다는 결과가 나왔고, 나는 비행기에 실려 워싱턴으로 돌아왔다. 힐러리가 앤드루스 공군기지에 나와, 휠체어에 실린 채 공군1호기에서 내려오는 나를 지켜보았다. 힐러리는 아프리카로 떠날 예정이었지만, 출장을 미루고 내가 베데스다 해군병원에서 필요한 수술을 받을 수 있도록 보살폈다.

부상을 당하고 나서 13시간쯤 뒤, 닥터 데이비드 애드키슨이 이끄는 훌륭한 의료진은 마취를 하고, 지미 버핏과 라일 러블릿의 음악을 틀더니, 수술 내내 이야기를 건넸다. 나는 수술대 위의 거울로 그들이 하는 일을 볼 수 있었다. 의사는 내 슬개골에 구멍을 몇 개 뚫고, 구멍을 통해 끊어진 근육을 잡아당겨 근육의 단단한 부분에 봉합했다. 수술이 끝나자 하루 동안 고통이 극심했는데, 힐러리와 첼시가 옆에서 지켜주었다. 그 뒤부터는 조금씩 나아지기 시작했다.

내가 가장 두려워한 것은 6개월간의 재활기간이었다. 조깅도 골프도 할 수 없었다. 두 달간은 목발을 짚어야 했고, 그 뒤에는 부드러운 다리 버팀대를 착용해야 했다. 게다가 한동안은 다시 넘어져 부상을 당할 위험이 컸다. 백악관 직원들은 내가 균형을 잃지 않도록 샤워룸에 안전 레일을 설치했다. 곧 나는 작은 지팡이의 도움을 받아 옷 입는 방법을 배우게 되었고 양말을 신는 것 외에 모든 일을 혼자 할 수 있었다. 닥터 코니 마리아노가 이끄는 백악관 의료진은 24시간 대기했다. 해군은 뛰어난 물리치료사인 닥터 밥 켈로그와 내니트 파코를 보내주었다. 그들은 매일 내가 움직이도록 도와주었다. 움직이지 못하는 동안 몸무게가 늘 것이라는 말을 들었지만, 이 물리치료사들이 나를 도와주고 나서 7킬로그램이나 빠졌다.

퇴원을 하고 나자, 일주일 뒤에 헬싱키로 보리스 옐친을 만나러 가야 했다. 그리고 그전에 큰일을 하나 처리해야 했다. 3월 17일에 토니 레이크가 나를 찾아와, 자신의 중앙정보국장 지명을 철회해달라고 요청했다. 정보위원회 위원장인 리처드 셸비 상원의원은 백악관이 위원회에 1994년 보스니아에 대한 무기수출금지조치 철회 결정을 통보하지 않았다는 이유 때문에 레이크의 인준 청문회를 미루고 있었다. 그 결정의 위원회 통보는 법적 의무가 아니었으며, 나는 정보가 새나갈 위험을 막기 위해 그렇게 하지 않는 것이 좋겠다고 판단했다. 나는 상원 양당의 대다수가 무기수출금지조치 철회를 찬성한다는 것을 알고 있었다. 실제로 그들은 오래지 않아 그 조치의 중단을 요구하는 결의안을 통과시키기도 했다.

나는 셸비와 잘 지내는 사이이기는 했지만, 레이크의 인준을 미룸으로로써 불필요하게 중앙정보국 활동을 방해하는 것은 매우 잘못된 일이라고 생각했다. 레이크에게는 공화당 내에 루가 상원의원을 포함한 강력한 지지자들이 있었다. 따라서 셸비만 아니라면 위원회를 통과하여 인준이 되었을 것이다. 그러나 레이크는 4년 동안 일주일에 70~80시간을 일하면서 많이 지쳐 있었다. 그리고 인준을 더 지연하여 중앙정보국에 피해를 주고 싶어하지도 않았다. 만일 내 마음대로 할 수 있는 문제라면, 인준에 1년이 걸리더라도 1년 동안 싸움을 계속했을 것이다. 그러나 레이크는 그만하면 되었다고 생각하는 것 같았다.

이틀 뒤에 조지 테닛을 중앙정보국장 대리로 지명했다. 테닛은 존 도이치 밑에서 부국장으로 일했으며, 그전에는 국가안보회의에서 나의 정보 담당 선임보좌관으로 일했고, 상원정보위원회의 실무간사를 맡기도 했다. 테닛은 쉽게 인준을 받았지만, 미국의 안보 능력을 높이기 위해 30년 동안 일해왔고, 내 첫 임기 때 외교의 성공을 위해 주요한 역할을 해온 레이크가 그런 푸대접을 받았다는 것이 못내 마음에 걸린다.

의사들은 내가 헬싱키에 가지 않기를 바랐지만, 그냥 집에 있을 수는 없었다. 옐친은 재선되었으며, 나토는 폴란드, 헝가리, 체코공화국을 받아들이는 투표를 하려 했다. 따라서 진행 방법에 대해 합의해야 했다.

오래 비행기를 타고 가자니 불편하기는 했지만, 옐친이 나토 확대를 편하게 받아들이고, 러시아가 G-7과 세계무역기구에 들어가도록 하기 위해 우리가 할 수 있는 일을 스트로브 탤벗의 팀과 의논하다 보니 시간은 금방 갔다. 핀란드의 마르티 아티사리 대통령이 주최한 만찬에서 옐친을 만나니 반가웠다. 옐친은 기분도 좋아 보였고, 개심수술도 성공적인 것 같았다. 몸무게가 많이 빠지고 얼굴은 여전히 창백했지만, 전처럼 쾌활하고 적극적인 모습을 보여주고 있었다.

다음 날 아침 우리는 일을 시작했다. 내가 옐친에게 나토를 확대하고 러시아하고도 협정을 맺고 싶다고 하자, 옐친은 나토의 확대를 바르샤바조약기구 국가들까지만 제한하고, 발트 제국이나 우크라이나 같은 구소련 국가들은 건드리지 않겠다고 비밀리에(옐친의 표현대로 하자면 '방 안에서') 약속해 주기를 바랐다. 나는 그렇게 할 수 없다고 말했다. 우선 비밀이 유지될 수가 없었다. 또 그렇게 하는 것은 평화를 위한 동반관계의 신뢰성을 훼손하는 일이었다. 그것은 미국의 이익에도 러시아의 이익에도 도움이 되지 않았다. 나토의 주된 임무는 이제 러시아에 대항하는 것이 아니라, 유럽의 평화와 안정에 대한 새로운 위협에 대항하는 것이었다. 나는 나토의 확대를 바르샤바조약기구 국가들에서 중단하겠다고 선언하는 것은 축소된 러시아 제국과 유럽 사이에 새로운 분단선을 긋겠다고 말하는 것이나 다름없다고 지적했다. 그렇게 하면 러시아는 더 강해 보이는 것이 아니라 더 약해 보일 것이지만, 반대로 나토-러시아 협정은 러시아의 지위를 격상시켜줄 터였다. 나는 또 옐친에게 러시아가 미래에 나토에 가입할 가능성을 미리 배제하지 말라고 권했다.

옐친은 여전히 나토 확대에 대한 국내의 반응을 걱정하고 있었다. 한번은 우리 둘만 남게 되었을 때 내가 물었다. "정말로 나토가 폴란드 기지에서 러시아를 공격하는 것을 내가 허락할 것이라고 생각하는 겁니까?" 그가 대답했다. "아니오, 그렇게 생각하지 않습니다. 하지만 쥬가노프의 말에 귀를 기울이는 러시아 서부의 나이든 사람들은 그렇게 생각하는 경우가 많습니다." 옐친은 러시아는 미국과 달리 나폴레옹과 히틀러에 의해 두 번 침공을 당했으며, 그 상처가 여전히 러시아의 집단 심리를 좌우하고 정치에 영향을 준다고 말했다. 나는 만일 그가 나토 확대와 나토-러시아 동반관계에 동의를 한다면, 새로운 회원국에 조급하게 부대나 미사일을 주둔시키지 않겠으며, 새로운 G-8, 국제무역기구를 비롯한 다른 국제기구에 러시아의 회원 가입을 지지할 것이라고 약속했다. 그렇게 협상은 끝이 났다.

헬싱키에서 옐친과 나는 또 군비 통제 문제 두 가지 때문에 의견을 조정해야 했다. 우선 러시아 두마는 양국 핵무기를 냉전시대 최고치에서 3분의 2씩 줄이는 전략무기감축회담 2차 조약을 비준하지 않으려 했다. 또 러시아에서는 미국의 미사일방어체계 구축에 대한 반대의 목소리가 커지고 있었다. 러시아의 경제가 붕괴하고 군용 예산이 크게 줄자, 전략무기감축회담 2차 조약은 그들의 눈에 나쁜 거래로 변질되고 말았다. 이 조약은 양국에 다탄두 미사일MIRV을 폐기하고, 단탄두 미사일의 숫자는 동등하게 맞출 것을 요구했다. 러시아는 미국보다 다탄두 미사일에 더 많이 의존하고 있었기 때문에, 균형을 맞추기 위해서는 단탄두 미사일을 상당량 제조해야 했는데, 이제는 그럴 경제적 여유가 없었다.

나는 옐친에게 미국은 전략무기감축회담 2차 조약을 통해 전략적 우위를 차지하고 싶은 생각이 없다고 말하고, 미사일 숫자를 냉전시대 최고치에서 80퍼센트 감소된 2,000에서 2,500탄두 사이로 줄이는 것을 목표로 삼는 전략무기감축회담 3차 조약을 포함한 해법을 마련하겠다고 제안했다. 이것은 러시아가 우리와 균형을 맞추기 위해 새로운 미사일을 제조하지 않아도 될 만큼 작은 수였다. 국방부에서는 이렇게 낮추는 것을 약간 달갑게 여기지 않는 분위기도 있었다. 그러나 샬리카슈빌리 장군은 그렇게 해도 안전하다고 믿었으며, 빌 코헨 국방장관도 그를 지지했다. 곧 우리는 러시아가 전략적으로 불리한 위치에 서지 않도록, 전략무기감축회담 2차 조약의 마감 시한을 2002년에서 2007년으로 연장하고, 그 시한이 끝나는 대로 전략무기감축회담 3차 조약을 적용하는 데 동의했다.

두 번째 쟁점에 대해서 잠깐 살펴보자. 미국은 1980년대 이후 미사일 방어체계를 연구해왔다. 그 출발점은 레이건 대통령의 스타워즈 구상이었는데, 이것은 모든 적국 미사일을 공중에서 격추함으로써 세계를 핵전쟁의 유령으로부터 해방시킨다는 목표를 가지고 있었다. 그러나 이 구상에는 두 가지 문제가 있었다. 아직 기술적으로 실현 가능성이 없다는 점과 국가미사일방어체계NMD가 미사일감축협정을 위반한다는 점이었다. 한 나라에 미사일 방어체계가 있고 다른 나라에 그것이 없을 경우, 미사일 방어체계가 없는 나라의 핵무기가 그것이 있는 나라의 핵 공격에 대한 억제력이 되지 못할 수도 있었기 때문이다.

내 행정부의 첫 국방장관 레스 애스핀은 러시아의 장거리 미사일을 격추할 수 있는 방어체계를 개발하는 구상에서 이란, 이라크, 리비아, 북한이 개발하는 단거리 미사일로부터 미국 군대와 국민을 보호할 수 있는 전역미사일방어체계TMD의 자금을 마련하는 일로 초점을 옮겼다. 사실 그런 단거리 미사일들이 위험했다. 걸프전쟁에서도 이라크의 스커드 미사일 때문에 미군 28명이 전사했다.

나는 전역미사일방어체계를 강력하게 지지했는데, 이것은 미사일감축협정에서도 허용되는 체계였으며, 내가 엘친에게 말했듯이 언젠가는 발칸 제국이든 어디든 공동의 전장에서 미국과 러시아를 둘 다 방어하는 데 사용될 수도 있었기 때문이다. 이런 미국의 입장에 대해 러시아에서 제기하는 문제는 전역사일방어체계와 미사일감축협정에서 금지하는 더 큰 방어체계 사이의 구분선이 명확하지 않다는 것이었다. 전역미사일방어체계를 위해 개발되는 새로운 기술은 나중에 미사일감축협정을 위반하는 체계를 개발하는 용도로 응용될 수도 있었다. 결국 양측은 미국이 전역미사일방어체계를 진행시키는 데 허용 가능한 프로그램과 금지된 프로그램 사이의 구분선에 대한 기술적 정의에 의견의 일치를 보았다.

헬싱키 정상회담은 예기치 않은 성공이었으며, 그것은 옐친이 영토 지배와는 다른 맥락에서 러시아의 위대함을 확인할 수 있는 새로운 미래를 상상할 수 없었다면 불가능한 일이었을 것이다. 옐친은 이 미래를 위해 두마의 지배적인 견해, 또 때로는 자신의 정부 내의 지배적인 견해와도 대립할 각오가 되어 있었다. 우리 회담의 성과는 두마가 전략무기감축회담 2차 조약을 비준하지 않는 바람에 그 완전한 잠재력을 드러내지 못했지만, 통일 유럽을 향해 더 전진하기 위해 7월에 마드리드에서 열기로 한 나토 정상회담의 성공을 위한 발판은 마련된 셈이었다.

귀국했을 때 여론의 반응은 전체적으로 호의적이었다. 그러나 헨리 키신저를 비롯하여 몇몇 공화당원들은 러시아와 더 가까운 새로운 나토 회원국에 핵무기와 외국 군대를 배치하지 않겠다고 약속한 것을 비판했다. 옐친 역시 옛 공산주의자들로부터 신랄한 비판을 받았다. 그들은 옐친이 중요한 문제에서 나에게 굴복했다고 말했다. 쥬가노프는 옐친이 "친구 빌에게 엉덩이를 걷어차였다"고 말했다. 그러나 옐친은 얼마 전의 선거에서 러시아의 어제가 아니라 미래를 제시하고 싸워서 이김으로써 이미 쥬가노프의 엉덩이를 걷어차주었다. 나는 옐친이 이 폭풍도 뚫고 나갈 것이라고 생각했다.

힐러리와 첼시는 아프리카에서 돌아와 모험 이야기로 나를 즐겁게 해주었다. 아프리카는 미국에 중요했다. 힐러리의 출장은 이전의 남아시아 출장과 마찬가지로, 평화, 번영, 자유를 추구하고 에이즈의 물결을 막으려는 지도자와 국민의 노력을 지지하겠다는 미국의 약속을 강조하기 위한 것이었다.

3월 말, 나는 미국 유럽사령부 총사령관 겸 유럽 나토군 최고사령관에 조지 줄완 장군의 후임으로 웨스 클라크를 임명했다. 나는 두 사람 모두 존경했다. 줄완은 보스니아에서 나토의 적극적인 태도를 강력하게 지지했으며, 클라크는 딕 홀브루크 협상팀의 핵심이었다. 나는 클라크가 발칸 제국의 평화를 위한 미국의 노력을 흔들림 없이 유지해나가는 데 적임자라고 생각했다.

4월에는 평화과정이 무너지는 것을 막기 위해 후세인 왕과 네타냐후 총리를 만났다. 이스라엘이 동예루살렘 외곽의 이스라엘 정착지인 하르호마에 새로운 주택단지를 건설한다는 결정이 내려진 뒤 다시 폭력 사태가 발발했기 때문이다. 네타냐후가 헤브론 협정처럼 평화를 향한 한 걸음을 내디디려 할 때마다, 그의 연립내각은 그에게 이스라엘과 팔레스타인 사이에 쐐기를 박는 어떤 일을 하도록 강요했다. 그 무렵 요르단의 한 병사가 난동을 부려 이스라엘 초등학생 7명을 죽였다. 후세인 왕은 즉시 이스라엘에 가서 사과했다. 이것으로 이스라엘과 요르단 사이의 긴장은 해소되었다. 한편 아라파트는 미국과 이스라엘로부터 하르호마 프로젝트를 받아들이고 테러는 억누르라는 요구를 계속 받고 있었다. 아라파트는 하르호마 프로젝트가 협상에서 결정난 땅은 현상 그대로 유지한다는 약속을 위반한 것이라고 생각했다.

후세인 왕은 나를 만나러 와서, 라빈의 지도 아래 한 걸음씩 나아가던 평화과정은 네타냐후의 정치적 한계 때문에 성공할 수 없을 것 같다고 걱정했다. 네타냐후 역시 그 점을 걱정했다. 그래서 다루기 까다로운 최종적인 지위 문제들로 얼른 옮겨감으로써 평화과정을 촉진하는 방식에 상당한 관심을 가지게 되었다. 후세인은 그렇게 할 수 있다면 시도해볼 필요가 있다고 생각했다. 네타냐후가 며칠 뒤에 백악관에 왔을 때 나는 그런 방법을 지지하기는 하지만, 아라파트의 동의를 얻어내려면 팔레스타인 사람들에게 이미 약속한 잠정적 조치들을 추진해나갈 방법을 찾아야 할 것이라고 말했다. 그런 조치들에는 가자 공항의 개방, 서안지구에서 가자와 팔레스타인 지역 사이의 안전한 통행, 경제 지원 등이 포함되어 있었다.

나는 4월 나머지 기간에는 상원을 설득하여 화학무기협약 비준을 얻어내려고 열심히 노력했다. 국회의원들에게 전화를 하거나 만나고, 제시 헬름스에게 그가 반대해오던 화학무기협약에 찬성표를 던지는 대가로 군축국과 미국정보국을 국무부로 옮기겠다고 약속했다. 헬름스, 캐스퍼 웨인버거, 도널드 럼스펠드 같은 보수적 공화당원들의 반대에 맞서기 위해 콜린 파월과 제임스 베이커 등 이 조약에 찬성하는 공화당 및 군부의 지지자들을 모아 사우스론에서 행사를 열기도 했다.

　나는 보수파의 반대에 놀랐다. 미국의 군부 지도자들은 모두 화학무기 협약을 지지했기 때문이다. 그것은 국제적 협력 전체에 대한 우익의 깊은 의심, 그리고 미국이 세계 유일의 초강대국이 된 상황에서 최대한의 행동의 자유를 누리고 싶은 욕구를 반영하는 것이었다. 4월 말에 나는 협약을 강화하기 위하여 몇 가지 표현을 추가하기로 로트 상원의원과 합의했다. 로트의 지지 덕분에 화학무기협약은 마침내 74 대 26으로 비준되었다. 흥미로웠던 것은 내가 일본 총리 하시모토 류타로와 함께 텔레비전으로 상원 표결을 지켜보았다는 것이다. 하시모토는 다음 날 나를 만날 예정으로 워싱턴에 와 있었는데, 나는 일본이 사린가스 공격으로 고통을 겪은 경험이 있기 때문에 이 협약의 비준을 보고 싶어 할 것 같아 하시모토 총리를 일부러 초대한 것이다.

　국내 문제에서 나는 에이즈 퇴치를 위해 선두에 서서 노력해오던 애틀랜타의 샌디 서먼을 국립에이즈정책실장에 임명했다. 1993년 이래 에이즈를 퇴치하기 위한 전체 투자는 60퍼센트 증가했고, 8개의 에이즈 신약과 에이즈 관련 질병에 대한 19개의 신약이 승인을 받았다. 미국에서는 사망률이 내려가고 있었다. 그럼에도 백신이나 치료책은 아직 찾아내지 못했다. 우리가 제대로 손을 쓰지 못하는 아프리카에서는 문제가 심각했다. 서먼은 똑똑하고, 정력적이고, 밀어붙이는 힘이 있었다. 나는 그녀가 미국인들의 에이즈 문제에 대한 경각심을 높여줄 것이라고 생각했다.

　4월 마지막 날, 힐러리와 나는 첼시가 가을에 스탠퍼드에 입학하기로 했다고 발표했다. 첼시는 꼼꼼한 아이답게 하버드, 예일, 프린스턴, 브라운, 웰즐리에도 가보았으며, 그 가운데 몇 학교는 두 번씩 가서 공부와 생활의 분위기를 느껴보았다. 첼시는 성적과 시험 점수가 뛰어났기 때문에 그 학교들 모두가 입학 허가를 내주었다. 그러나 힐러리는 첼시가 집에서 가까운 학교에 다니기를 바랐다. 그러나 나는 첼시가 워싱턴에서 멀리 떨어진 곳으로 가고 싶어 할 거라고 짐작하고 있었고, 거리에 관계없이 그저 첼시가 많은 것을 배우고, 좋은 친구들을 사귀고, 즐겁게 생활할 수 있는 학교에 가기만 바랐다. 어쨌거나 힐러리와 나는 첼시를 몹시 그리워할 것이 분명했다. 백악관의 첫 4년 동안에는 첼시가 집에 있었기 때문에 우리는 그 아이 학교나 발레 행사에도 가고, 아이 친구나 친구 부모들도 사귀면서 즐겁게 지냈다. 그 과정에서 우리는 밖에서 무슨 일이 벌어지건 우리 딸이 우리에게 얼마나 큰 축복인지 거듭 깨달을 수 있었다.

1997년 1·4분기 경제성장은 5.6퍼센트로 발표되었다. 이로 인해 적자 추정치는 750억 달러로 내려갔다. 내가 처음 취임했을 때의 4분의 1로 줄어든 것이다. 5월 2일, 나는 마침내 깅리치 하원의장, 로트 상원의원, 양당의 협상대표들과 균형예산에 합의했다고 발표했다. 톰 대슐 상원의원도 합의에 대한 지지를 표명했다. 딕 게파트는 지지 표명을 하지 않았으나, 나는 그도 검토해보면 생각이 달라질 것이라고 기대하고 있었다. 이번에는 협상이 훨씬 쉬웠다. 경제 성장으로 인해 실업이 1973년 이래 처음으로 5퍼센트 이하로 떨어지고, 임금, 이윤, 세입이 모두 늘었기 때문이다.

우선 이 합의로 메디케어의 수명이 10년 연장되었다. 그리고 내가 바라던 연 1회 유방암 검사와 당뇨병 검사를 실시할 수 있게 되었다. 또 500만의 아동에게 건강보험을 확대할 수 있었는데, 이것은 1960년대에 메디케이드가 통과된 이래 최대의 확대였다. 교육 지출은 30년 만에 최대로 늘어났다. 생활보호대상자를 고용하는 사업체에 더 많은 인센티브를 제공하고, 장애를 겪는 합법이민자에게 건강 급부금을 다시 지급하기로 했다. 유독성 폐기물 처리장을 500군데 더 청소할 재원을 마련했다. 그리고 내가 권고한 액수에 가까운 세금 경감이 이루어졌다.

나는 메디케어 삭감 액수에 대하여 공화당과 타협을 했으며, 이제 훌륭한 정책 전환을 통해 노년층에게 피해를 주지 않고 그것을 이루어낼 수 있을 것이라고 생각했다. 공화당은 세금감면 축소, 아동 건강보험 프로그램, 대폭적인 교육 지출 증액을 받아들였다. 우리는 연두교서에서 권고했던 새로운 투자 가운데 95퍼센트 정도를 얻어냈으며, 공화당은 그들이 원래 제안했던 세금감면액 가운데 3분의 2쯤을 얻어냈다. 이제 세금감면은 1981년

레이건의 감세보다 훨씬 적어지게 되었다. 나는 1995년 정부 폐쇄 위협 때부터 시작된 헤아릴 수 없이 많은 시간의 회의 결과 1969년 이래 첫 균형예산이 만들어졌다는 것, 그것도 좋은 예산안이 만들어졌다는 것에 마음이 들떴다. 로트 상원의원과 깅리치 하원의장은 우리와 성실하게 협력했으며, 어스킨 보울스는 협상 능력과 상식으로 위기의 순간마다 그들과 주요한 국회 협상자들이 협력의 틀을 벗어나지 않도록 애썼다.

나중에 예산 합의가 결의안으로 표결에 들어갔을 때, 하원 민주당 의원의 64퍼센트가 하원 공화당 의원 88퍼센트와 함께 찬성표를 던졌다. 톰 대슐이 합의를 지지한 상원에서는 민주당이 공화당보다 훨씬 더 강력하게 지지하여, 82 대 74퍼센트의 비율을 보였다.

나는 세금감면에 반대하거나 또는 우리가 합의한다는 사실 자체에 반대하는 민주당 의원들로부터 약간의 비판을 받았다. 그들은 1993년 경제계획(민주당만 찬성했다)이 있으니 가만히 있어도 어차피 내년이나 후년에는 예산 균형이 이루어질 것이라고 주장했다. 그런데 이렇게 타협을 해버리면 공화당도 공㓛을 나누어 갖게 되는 것 아니냐는 이야기였다. 그것은 사실이었다. 그러나 우리는 이 타협을 통해 단지 균형예산만이 아니라, 50년 만에 대학교육 지원금 최대 증액, 500만 아동에 대한 건강보험, 내가 지지했던 중산층 감세도 손에 쥐게 되었다.

5월 5일은 멕시코 독립기념일이었다. 나는 멕시코, 중미, 카리브해 지역으로 출장을 떠났다. 10년 전만 해도 미국의 이웃들은 내전, 쿠데타, 독재, 폐쇄 경제, 절망적인 가난에 시달렸다. 이제 그 지역에서 한 나라를 제외하고는 모두 민주주의국가가 되었다. 그리고 이 지역 전체가 우리의 최대 교역 상대가 되었다. 우리의 미주 수출액은 유럽에 비해서는 두 배, 아시아에 비해서는 거의 50퍼센트 이상 많았다. 그럼에도 이 지역의 가난은 혹심했고 마약과 불법 이민 문제도 심각했다.

나는 많은 각료, 국회의 양당 대표들과 함께 멕시코에 가서, 불법 이민과 리오그란데 강을 넘어오는 마약 유입을 줄이기 위한 새 협정을 발표했다. 세디요 대통령은 유능하고 정직한 사람으로, 강력한 지원팀을 거느리고 있었다. 나는 그가 그런 문제들을 해결하기 위해 최선을 다할 것이라고 확신했다. 나는 상황이 개선될 것임을 잘 알았지만, 그럼에도 불법 이민과 마약 유입 문제에 대한 완벽하게 만족스러운 해법이 있을 것이라고 생각하지는 않았다. 수많은 요인들을 고려할 수밖에 없었던 것이다. 멕시코는 미국보다 가난했고 국경은 길었다. 멕시코인 수백만 명이 미국에 친척이 있었다. 미국에 오는 수많은 불법이민자들은 대부분의 미국인들이 하기 싫어하는 저임금의 힘든 일자리를 얻었다.

마약 문제에서는 미국의 수요가 자석 역할을 했다. 마약 카르텔은 돈이 많았기 때문에 멕시코 관리들에게 뇌물을 주었고, 협조하지 않는 사람들을 협박하거나 죽이기 위한 총기를 다량 구입했다. 일부 멕시코 국경 경찰관들은 마약이 지나가는 것을 딱 한 번 눈감아주면 그들 연봉의 다섯 배를 주겠다는 제안을 받기도 했다. 멕시코 북부의 한 정직한 검사는 자기 집 앞에서 총알을 100발 이상 맞았다. 이것은 만만치 않은 문제였다. 그러나 나는 우리의 협정 이행이 도움이 될 것이라고 생각했다.

상설 군사 조직이 없고, 세계에서 가장 수준 높은 환경 정책을 펼친다는 평가를 받기도 하는 아름다운 나라 코스타리카의 호세 마리아 피게레스 대통령은 교역과 환경을 주제로 한 중미지도자회의를 주최했다. 북미자유무역협정으로 인해 중미와 카리브해 연안국들은 미국과 교역을 할 때 멕시코보다 불리한 위치에서 경쟁할 수밖에 없게 되었다. 우리의 의도와 관계없이 피해를 보게 된 셈이었다. 이런 불균형을 시정하기 위해 내가 할 수 있는 일을 하고 싶었다. 다음 날 바베이도스의 오언 아서 총리가 미국 대통령과 그 지역 지도자들을 브리지타운으로 불러 회의를 열었다. 카리브해 국가들의 영토 내에서 이런 회의가 열린 것은 최초였다. 나는 이 회의에서도 불균형을 시정하겠다는 의사를 밝혔다.

두 회의에서는 이민 역시 큰 문제로 떠올랐다. 중미와 카리브해 지역 출신의 많은 사람들이 미국에서 일하면서 고향의 가족에게 송금을 했는데, 이것이 작은 나라에서는 주요한 소득원이 되었다. 이 지역 지도자들은 공화당의 반이민 정책을 걱정하면서, 대규모 추방은 없을 것이라는 나의 다짐을 받고 싶어 했다. 나는 그런 약속을 했지만, 동시에 미국의 이민법은 그대로 시행할 수밖에 없다고 말했다.

5월 말, 나는 나토-러시아 기본협정에 서명하기 위해 파리로 날아갔다. 옐친은 헬싱키에서 한 약속을 지켰다. 나토의 냉전시대의 적이 이제 동반자가 된 것이다.

나는 마셜 플랜 50주년 기념식에 참석하러 네덜란드에 들렀다가 런던으로 날아갔다. 영국의 새로운 총리 토니 블레어와의 첫 공식적 만남이었다. 얼마 전에 치러진 선거에서 블레어의 노동당은 그의 지도력, 좀더 현대적인 메시지, 오랜 세월 권력을 잡았던 보수당에 대한 지지 약화 등에 힘입어 토리당에 큰 승리를 거두었다. 블레어는 젊고, 논리정연하고, 추진력이 강했다. 게다가 우리의 정치적 견해에는 공통점이 많았다. 나는 그가 영국과 유럽 전체의 중요한 지도자가 될 잠재력을 가지고 있다고 생각했으며, 그와 함께 일을 하게 되었다는 생각에 흥분을 느꼈다.

힐러리와 나는 템스 강의 복구된 창고 지구에 있는 한 식당에서 토니와 셰리 블레어 부부와 저녁을 먹었다. 처음부터 오랜 친구 사이 같은 느낌이었다. 영국 언론은 우리의 철학과 정치의 유사성에 큰 관심을 보였다. 그들이 던진 질문은 나와 함께 여행하던 미국 기자단에게도 영향을 준 것 같았다. 처음으로 그들은 나의 '새로운 민주당원' 접근방식에 단순한 수사 이상의 뭔가가 있다고 생각하는 것 같았다.

어머니의 생일인 6월 6일에 나는 첼시의 시드웰 프렌즈 학교 졸업식에서 졸업 연설을 했다. 테디 루스벨트는 거의 100년 전에 시드웰 학생들에게 연설을 했지만, 나는 그와는 다른 역할로 그 자리에 서 있었다. 대통령이 아니라 아버지로 서 있었던 것이다. 첼시한테 내가 무슨 말을 했으면 좋겠느냐고 물었더니, 첼시는 이렇게 대답했다. "아버지, 짧고 지혜로운 이야기였으면 좋겠어요." 그러더니 또 이렇게 덧붙였다. "여학생들은 아버지가 지혜로운 이야기를 해주기를 바라요. 그런데 남학생들은 그냥 재미있으면 좋겠대요." 나는 내 연설이 첼시에게 주는 선물이 되기를 바랐다. 그래서 졸업식 전날 밤 새벽 3시까지 연설문을 계속 고쳐 썼다.

나는 첼시와 그 아이의 친구들에게 이날 "부모들은 곧 닥쳐올 이별 때문에 자랑스러움과 기쁨을 마음껏 누리지 못한다"고 말했다. "우리는 여러분이 이 학교에 온 첫날을 기억하고 있습니다. 그리고 그때와 지금 사이에 여러분이 경험한 모든 승리와 고생을 기억하고 있습니다. 우리는 이 작별의 순간을 위해 여러분을 길렀고 또 여러분이 매우 자랑스럽습니다만, 우리 마음 한구석에는 여러분이 간신히 걸음마를 할 때처럼 여러분을 한 번 더 안아주고 싶은 마음이 있고, 한 번 더 『안녕 달님 Goodnight Moon』이나 『호기심 많은 조지 Curious George』나 『할 수 있었던 꼬마 기차 The Little Engine That Could』를 읽어주고 싶은 마음이 있습니다." 나는 흥미진진한 세계가 그들을 향해 손짓을 하며, 그들에게는 거의 무한의 선택이 있다고 말하면서, 자신이 허락하지 않는 한 누구도 자신에게 열등감을 느끼게 만들 수 없다는 엘리너 루스벨트의 격언을 들려주었다. "절대 그것만은 허락하지 마십시오."

첼시가 졸업장을 받으러 걸어갈 때, 나는 아이를 안으며 사랑한다고 말해주었다. 졸업식이 끝난 뒤 몇몇 부모가 다가와 자신이 생각하고 느끼던 것을 말해주어 고맙다고 말했다. 우리는 졸업 파티를 위해 백악관으로 돌아왔다. 첼시는 관저 직원 전부가 그녀를 축하하기 위해 모인 것을 보고 감동을 받았다. 첼시는 4년 반 전에 우리가 백악관에 데려왔을 때는 치열 교정기를 낀 어린 소녀였으나, 이제는 많이 성장했다. 그래도 이제 시작일 뿐이었다.

첼시의 졸업식 직후 나는 미국생명윤리자문위원회로부터 인간 복제는 '도덕적으로 받아들일 수 없으며', 따라서 국회가 그것을 금지할 것을 제안한다는 권고안을 받았다. 이것은 스코틀랜드에서 양 돌리를 복제한 뒤부터 쟁점이 되어왔다. 복제 기술은 농업 증산을 위해 이용되기도 했고, 암, 당뇨병, 기타 질병을 치료하기 위한 생물의학에 이용되기도 했다. 또 화상이나 사고 피해자를 위한 대체 피부, 연골, 뼈 조직을 만들거나, 척수 부상을 치료하기 위한 신경조직을 만들 수도 있다는 점에서 장래성이 큰 분야였다.

나는 이 모든 일에 간섭하고 싶지는 않았지만, 인간 복제에는 선을 그어야 한다고 생각했다. 그로부터 꼭 한 달 전에는 앨라배마 주 터스키지에서 연방정부가 수십 년 전 수백 명의 흑인에게 시행했던 비양심적이고 인종차별적인 매독 실험에 대해 사과하기도 했다.

6월 중순, 나는 캘리포니아 샌디에이고 대학에 가서 인종차별을 없애고 점차 확대되는 인종 구성의 다양성을 최대한 활용하기 위한 미국의 계속되는 노력에 대해 이야기했다. 미국은 여전히 차별, 편협한 태도, 증오 범죄, 심한 소득 불균형, 교육 문제, 의료제도 문제 등으로 고통을 겪고 있었다. 나는 인종 관계와 관련하여 미국을 교육하고 21세기에 '하나의 미국'을 건설하는 데 도움이 될 권고안을 작성할 7인 위원회를 구성하고, 저명한 학자 존 호프 프랭클린을 위원장으로 임명했다. 나는 벤 존슨이 책임질 새로운 백악관 부서를 통하여 그러한 노력들을 조율해나갈 계획이었다.

6월 말에 덴버에서 연례 G-7 회의가 열렸다. 나는 옐친에게 러시아를 정식 회원국으로 받아들이겠다고 이미 약속했으나, 재무장관들은 러시아의 경제적 허약성 때문에 반대했다. 그들은 러시아가 국제 사회의 재정 지원에 의존하고 있기 때문에 G-7의 경제적 결정 과정에는 참여할 수 없다고 생각했다. 나도 재무장관들이 러시아를 빼고 만나서 결정을 내려야 하는 이유를 이해할 수 있었지만, G-7은 정치적 조직이기도 했다. 러시아가 거기에 참여하는 것은 러시아의 중요성이 인정을 받는 것이므로, 러시아에서 옐친의 지위 강화에 도움이 될 터였다. 우리는 이미 이 회의를 '8국 정상회의'라고 불렀다. 결국 우리는 표결을 통해 러시아를 새로운 G-8의 정식 회원국으로 받아들였지만, 사안에 따라 나머지 7국 재무장관들이 따로 만나 회의를 하는 것을 허용했다. 이제 옐친과 나는 둘 다 헬싱키 약속을 지킨 셈이었다.

이 무렵 1993년에 중앙정보국 본부에서 정보국 직원 둘을 살해하고 세 명에게 부상을 입힌 혐의를 받고 있던 미르 아이말 칸시가 파키스탄으로부터 미국으로 이송되어 재판을 받게 되었다. 연방수사국, 중앙정보국, 국무부, 법무부, 국방부가 그의 인도를 위해 열심히 노력한 결과였다. 이것은 테러리스트들을 추적하여 그들에게 정의의 심판을 하겠다는 우리의 결의를 보여주는 강력한 증거였다.

　일주일 뒤 열띤 논란 끝에 하원은 중국과 정상적인 교역 관계를 계속하기로 결정했다. 이 동의안은 86표 차이로 가결되었지만, 중국의 인권과 무역 정책을 못마땅해하는 보수주의자와 자유주의자들이 강력하게 반대했다. 나 역시 중국에 정치적 자유가 확대되어야 한다는 입장을 지지했으며, 그 무렵 달라이 라마와 홍콩의 인권운동가 마틴 리를 백악관에 초대하기도 했다. 이것은 티베트의 문화적·종교적 독자성을 인정하고, 영국이 홍콩을 중국에 반환한 뒤에도 홍콩의 민주주의가 유지되어야 한다는 입장을 지지함을 보여주기 위한 행동이었다. 나는 우리의 교역 관계가 중국의 세계무역기구 가입 협상을 통해서만 개선될 수 있다고 생각했다. 하지만 그전에도 우리는 중국을 고립시키지 않고, 계속 교류를 해나가야 했다. 흥미롭게도 마틴 리 역시 미중 교역 관계의 지속에 동의하고 그것을 지지했다.

　그 직후 나는 고향 호프로 날아가 내가 버디라고 부르던, 92세의 외종조부 오런 그리섬의 장례식에 참석했다. 버디 할아버지는 내 인생에서 아주 큰 역할을 했다. 장례식장에 가자마자 그의 가족과 나는 버디 할아버지에 대한 즐거운 추억을 이야기하기 시작했다. 내 친척 한 사람이 말했듯이, 그는 지구의 소금이고 삶의 양념이었다. 워즈워스에 따르면 선한 사람의 삶에서 가장 중요한 부분은 기억되지도 않는 작은 친절과 사랑의 행위들이다. 버디는 아버지 없는 어린 나에게 그런 행위들을 아낌없이 베풀어주었다.

　12월에 힐러리는 아름다운 초콜릿색 래브라도 리트리버를 선물로 주었다. 첼시 대신 벗 삼으라고 준 것이다. 착하고, 활기차고, 똑똑한 개였는데, 나는 이 개에게 버디라는 이름을 지어주었다.

　7월 초 힐러리, 첼시, 나는 마요르카 섬에서 후안 카를로스 왕과 소피아 왕비 부부와 편안하게 이틀을 보낸 뒤, 나토 회의에 참석하기 위해 마드리드로 갔다. 나는 나토의 지휘체계에 스페인을 완전히 편입시키기로 결정한 스페인의 호세 마리아 아스나르 대통령과 뜻 깊은 토론을 했다. 이어 나토는 폴란드, 헝가리, 체코공화국을 받아들이기로 표결했으며, 평화를 위한 동반관계에 참여하고 있는 20여개국에도 나토의 문이 새로운 회원들에게 열려 있다는 사실을 분명히 밝혔다. 나는 대통령 취임 초기부터 나토의 확대를 위해 노력했으며, 이런 역사적인 조치가 유럽을 통일하고 대서양을 사이에 둔 국가들간의 동맹을 유지하는 데 도움이 될 것이라고 믿었다.

다음 날 우크라이나와 동반관계 협정에 서명을 했으며, 나는 나토 확대의 의미를 강조하기 위해 폴란드, 루마니아, 덴마크를 순방했다. 바르샤바, 부쿠레슈티, 코펜하겐에는 열광적인 군중이 많이 모였다. 폴란드의 군중은 나토 가입을 축하하고 있었다. 부쿠레슈티에서는 민주주의에 대한 지지와 나토에 가능한 한 빨리 가입하고 싶다는 의사를 표현하기 위해 약 10만 명의 군중이 "유에스에이, 유에스에이!"를 외쳤다. 코펜하겐에서는 맑고 화창한 날을 맞아 모여든 많은 수의 열광적인 군중을 보면서, 그들이 우리의 동맹관계를 지지하며, 내가 미국 현직 대통령으로는 처음으로 덴마크를 방문했다는 사실에 감사한다는 느낌을 받았다.

7월 중순, 나는 백악관에서 다시 일을 시작하여, 유전자 심사에 기초한 차별을 금지하는 법안을 제안했다. 과학자들은 인간 게놈의 수수께끼를 빠르게 풀어가고 있었으며, 그들의 발견은 수많은 사람의 생명을 구하고 의학을 혁명적으로 바꾸어놓을 것이 분명했다. 그러나 유전자 검사를 하게 되면 피검사자가 유방암이나 파킨슨병 같은 여러 가지 병을 일으킬 가능성이 있다는 사실도 드러났다. 우리는 유전자 검사가 건강보험을 거부하거나 취업을 차단하는 기준이 되는 것을 허용할 수 없었으며, 그 결과가 자신의 수명을 연장하는 것이 아니라 자신에게 불리하게 이용될 것이라는 두려움 때문에 사람들이 검사를 기피하는 일이 생기기를 바라지 않았다.

그 무렵 아일랜드공화국군은 1996년 2월에 철회했던 휴전으로 다시 돌아갔다. 나는 휴전을 위해 열심히 노력했으며, 이번에는 이 평화가 계속 유지되어 마침내 아일랜드 사람들이 그동안 쌓인 상처와 의심의 덤불을 헤치고 공동의 미래를 향해 나아가는 길을 찾을 수 있을 것 같다는 느낌이 들었다.

7월이 끝나갔지만, 우리는 아직도 이전에 공화당과 합의를 보았던 일반적 원칙을 적용한 구체적 예산안에 합의하지 못하고 있었다. 세금감면의 규모와 형태, 새로운 자금의 할당을 둘러싸고 여전히 의견이 일치되지 않았기 때문이다. 우리 팀이 국회와 협상을 계속하는 동안, 나는 내 할 일을 해나갔다. 나는 국회의 지배적인 견해와는 달리, 지구온난화는 현실이기 때문에 온실가스 배출을 줄여야 한다고 주장하기도 하고, 앨 고어와 함께 연방과 주의 공무원들을 모아 네바다 주 인클라인빌리지에서 타호 호수의 상태를 점검하는 포럼을 열기도 했다.

　타호는 세계에서 가장 깊고, 가장 순수하고, 가장 맑은 호수 가운데 하나였지만, 개발과 차량으로 인한 공기 오염, 기능이 떨어지는 모터보트와 제트스키 엔진에서 물로 직접 방출된 연료로 인한 오염 등으로 수질이 나빠지고 있었다. 캘리포니아와 네바다에서는 이 호수를 복원하기 위한 사업이 양당의 광범위한 지지를 받고 있었으며, 고어와 나는 그들을 돕기 위해 가능한 한 모든 일을 하기로 결심했다.

　7월 말, 라스베이거스에서 열린 미국주지사협회에서 연설을 한 뒤, 밥 밀러 주지사는 나와 주지사 몇 사람을 데리고 마이클 조던과 함께 골프를 쳤다. 나는 불과 2주 전에 골프를 다시 시작했으며, 여전히 부드러운 다리 보호대를 차고 있었다. 나는 이제 보호대가 필요한 것 같지 않아, 그것을 벗고 골프 시합에 나섰다.

　조던은 훌륭한 골퍼로, 가끔 기복이 있기는 했지만 장타에 능했으며, 단거리에도 뛰어난 능력을 보여주었다. 나는 짧은 파파이브 홀 게임을 하면서 그가 왜 미국농구협회NBA 경기에서 여러 번 우승을 차지했는지 알 것 같았다. 우리 다섯 모두 버디를 잡을 좋은 기회를 맞이했다. 조던은 14미터짜리 내리막 브레이킹 퍼트를 보더니 말했다. "이기려면 이것을 성공시켜야겠군." 나는 그의 눈을 보고 그가 정말로 그 어려운 퍼트를 시도할 생각임을 알 수 있었다. 조던은 퍼트를 했고, 결국 그 홀에서 승리를 거두었다.

　조던은 나에게 다리 보호대를 다시 차면 더 잘 칠 수 있을 거라고 말했다. "몸은 필요로 하지 않지만, 마음은 아직 그것을 모르는 것 같거든요." 전화로 계속 예산 협상 소식을 보고받고 있었다는 것도 내가 더 잘 치지 못했던 한 가지 이유였다. 우리는 예산안을 마무리하기 위해 최종적인 타협을 하고 있었다.

경기가 반 이상 진행되었을 때 람 에마누엘이 전화를 하더니 마무리가 되었다고 말했다. 이어 보울스가 전화를 하여 그 소식을 확인해주더니, 아주 좋은 결과가 나왔다고 덧붙였다. 우리는 교육과 의료에 들어가는 돈을 다 확보했으며, 세금감면은 1981년 레이건 감면의 10퍼센트 정도로 그리 많지 않았고, 메디케어 축소는 견딜 만했으며, 중산층 감세는 그대로 남아 있었고, 자본이득세는 28퍼센트에서 20퍼센트로 줄었다. 모두 2002년에는 예산의 균형을 잡기로 동의했으며 경제가 계속 성장하면 그전에 이룰 수 있을지도 몰랐다. 보울스와 우리 팀 전체, 특히 나의 법률보좌관 존 힐리가 일을 잘해주었다. 나는 너무 기뻐서 다음 세 홀에서는 파를 기록했다. 물론 다리 보호대를 다시 차고 거둔 기록이었다.

다음 날 우리는 예산안에 참여했던 국회와 행정부의 모든 사람을 불러 사우스론에서 큰 기념식을 열었다. 행복한 분위기였다. 사람들의 연설은 따뜻하고, 관대하고, 초당적이었다. 그러나 나는 민주당원들에게 특별히 감사했다. 특히 테드 케네디, 제이 록펠러, 그리고 아동 건강보험 계획을 짜준 힐러리에게 감사했다. 적자가 1993년의 최고치 2,900억 달러에서 이미 80퍼센트 이상 줄었기 때문에, 합의안은 기본적으로 진보적인 예산이 될 수 있었다. 예산안에는 내가 지지하던 중산층 감세가 들어 있었고, 공화당의 자본이득 감세가 들어 있었다. 건강, 교육, 세금감면 조항들 외에 이 예산안은 아동 건강보험, 합법 이민자들에 대한 장애와 건강 급부금 120억 달러 복구, 능력부여지구 두 배 확대, 환경 청소를 계속할 자금 확보를 위한 담배 한 갑당 세금 15센트 인상 등의 내용을 담고 있었다.

백악관 기념식의 그 달콤하고 환한 분위기를 보니, 우리가 2년 이상 서로의 목을 노렸다는 것이 잘 믿기지 않았다. 이런 좋은 분위기가 얼마나 오래 지속될지는 몰랐지만, 어쨌든 나는 스트레스가 많은 협상과정에서도 좀 더 정중한 분위기가 유지되도록 열심히 애를 썼다. 몇 주 전, 사소한 입법 전투에서 백악관에 진 것에 대해 불끈하던 트렌트 로트는 어떤 일요일 아침 토크쇼에 나가 나를 '버릇없는 자식'이라고 불렀다. 나는 로트가 그런 말을 하고 나서 며칠 뒤에 전화를 걸어, 어쩌다 그렇게 되었는지 잘 알며, 그 문제는 그냥 넘어가기로 했다고 말했다. 나는 이런 식으로 말했다. 당신은 힘든 일주일을 보내고 일요일 아침에 언짢은 기분으로 잠을 깼다. 텔레비전 인터뷰를 하기로 약속한 것이 후회되었다. 피곤하고 짜증이 났다. 그런 상황에서 인터뷰어가 나를 들먹이며 자극하자 미끼를 물고 만 것이다. 로트는 웃음을 터뜨리며 말했다. "바로 그렇게 된 거올시다." 그것으로 그 문제는 정리되었다.

많은 압박을 받으며 열심히 일하는 사람들은 누구나 나중에 후회할 말을 하곤 한다. 나도 예외가 아니었다. 보통 나는 공화당원들이 나에 대해 한 말은 읽지도 않았다. 설사 심한 말이 눈에 띄더라도 무시하려 했다. 국민은 자신들을 위해 일하라고 대통령을 고용했다. 개인적인 모욕 때문에 흥분하면 그 일이 방해받게 된다. 나는 트렌트 로트에게 그런 전화를 한 것을 지금도 다행이라고 여기며, 비슷한 상황이 벌어졌을 때 그런 전화를 더 많이 했으면 좋았을 것이라는 생각도 해본다.

그러나 계속해서 사람들을 강압하여 힐러리와 나에 대해 거짓 혐의를 만들어내려 하고, 그를 위해 거짓말을 하지 않는 사람들은 기소를 해버리는 케네스 스타에 대해서는 그런 초연한 태도를 취할 수가 없었다. 4월에 스타, 그리고 아칸소에서 그를 대리하는 힉 유잉의 요구에 맞게 이야기를 바꾼 짐 맥두걸은 감옥으로 갔고, 스타는 당국에 감형을 해주라고 권고했다. 스타는 데이비드 헤일도 똑같이 처리했다.

스타는 맥두걸과 헤일을 이렇게 감쌌지만, 수잔 맥두걸에 대해서는 완전히 다른 태도를 보였다. 수잔 맥두걸은 대배심에서 스타의 질문에 대답을 하지 않았기 때문에 법정모욕죄로 감옥에 있었다. 수잔 맥두걸은 수갑과 족쇄를 차고, 허리에는 사슬까지 달고 아칸소의 카운티 교도소에 들어갔다가, 곧 연방 교도소로 옮겼다. 그녀는 그곳에서 다른 죄수들과 떨어져 병동에서 몇 달을 보냈다. 수잔 맥두걸은 그곳에서 로스앤젤레스 교도소로 이감되어,

전 고용주에게서 돈을 횡령했다는 혐의에 대해 조사를 받았다. 그러나 새로 발견된 문서 증거로 인해 검사의 주장이 박살나면서, 그녀는 무죄 방면되었다. 그전까지 그녀는 보통 유죄판결을 받은 살인자들을 수감하는 창문 없는 감방에서 하루 23시간을 보내야 했다. 또 보통 살인자나 아동학대자만 입는 빨간 수의를 입고 있어야 했다. 그렇게 몇 달을 보낸 뒤 그녀는 감방들 한가운데 있는 플렉시 유리 감방에 들어가 있었다. 그녀는 다른 재소자와 이야기를 하지도 못했고, 텔레비전을 보지도 못했고, 심지어 바깥에서 나는 소리도 듣지 못했다. 법정에 출두하러 가는 교도소 버스에서도 그녀는 보통 위험한 범죄자들을 수감하는 별도의 수용 시설에 들어가 있어야 했다. 이렇게 해니벌 렉터(소설 『양들의 침묵』의 등장인물―옮긴이주)를 가둔 것 같은 감금 상태는 미국민권연합이, 교도소측에서 스타의 요청에 따라 수잔 맥두걸에게 증언을 강요하기 위해 그녀를 '야만적으로' 구금하고 있다는 탄원을 제기한 뒤인 7월 30일에야 끝이 났다.

나는 몇 년 뒤 맥두걸의 책 『증언을 거부한 여자*The Woman Who Wouldn't Talk*』를 읽고 등골이 오싹했다. 수잔 맥두걸은 스타와 힉 유잉이 원하는 거짓말만 해주면 언제라도 고통에서 벗어날 수 있었을 뿐 아니라 돈까지 벌 수 있었다. 어떻게 그녀가 끝까지 버틸 수 있었는지 나는 모르지만, 그녀가 사슬에 묶인 모습은 마침내 화이트워터 기자들이 스타 진영 주위에 세워놓은 방패를 뚫기 시작했다.

늦봄에 대법원은 만장일치로 내가 백악관에 있는 동안 폴라 존스 소송을 진행하라고 판결했다. 내 임기가 끝난 뒤에 제기할 수도 있으므로, 이 소송으로 대통령 업무를 방해해서는 안 된다는 내 변호사들의 주장을 기각한 것이다. 대법원의 이전 판결들을 보면 현직 대통령은 대통령으로 있는 동안 그의 공적 행동과 관련된 민사 소송의 대상이 될 수 없다는 것을 알 수 있다. 변호를 하는 일이 대통령의 정신과 시간을 많이 소모하기 때문이다. 그런데 대법원은 대통령의 비공식적 행동과 관련하여 소송 연기의 원칙을 채택하는 것이 소송의 다른 당사자에게 피해를 줄 수 있다면서, 존스의 소송이 연기되어서는 안 된다고 말했다. 게다가 대법원은 소송에서 자신을 변호하는 것이 나에게 지나치게 부담스러운 일도 아니고 많은 시간을 빼앗는 일도 아니라고 말했다. 이것은 대법원이 내린 정치적으로 가장 순진한 결정 가운데 하나로 꼽힐 수 있을 것이다.

6월 25일에 「워싱턴 포스트」는 케네스 스타가 존스를 포함하여 12명에서 15명의 여자가 나와 관련되어 있다는 소문을 조사하고 있다고 보도했다. 스타는 나의 성생활에는 관심이 없다고 말했다. 단지 내가 화이트워터에 대해서 대화를 나누었을지도 모르는 모든 사람에게 질문을 하고 싶을 뿐이라고 했다. 그러나 스타는 자신이 관심 없다고 한 주제를 조사하기 위하여 수십 명의 연방수사국 요원들만이 아니라, 납세자의 돈으로 산 사립탐정들까지 풀어놓게 된다.

7월 말이 되자, 나는 연방수사국을 걱정하게 되었다. 케네스 스타를 위한 섹스 조사보다 훨씬 더 중요한 이유들 때문이었다. 루이스 프리가 국장 일을 맡고 나서 일련의 실수들이 발생했다. 연방수사국의 법의학연구소에서 서툰 보고서를 제출하는 바람에 미결 범죄사건 몇 개의 기소가 힘들게되었다. 또 전국범죄정보센터의 역량을 높이고 전국 경찰관에게 빠른 지문 확인을 제공하려고 도입한 두 개의 컴퓨터 시스템에 과다한 비용이 지출되었으며, 공화당계 공무원들에 대한 정보철이 백악관에 유출되었다. 올림픽 폭탄 테러 사건의 용의자로 리처드 주얼을 지목하고 함정 수사까지 시도했다는 이야기가 있었는데, 결국 주얼은 무죄 방면되었다. 그리고 부국장인 래리 포츠가 1992년의 루비 리지 사건(연방수사국이 무고한 사람들을 범인으로 몰아 죽인 사건—옮긴이주)과 관련된 행동으로 범죄 혐의 조사를 받고 있었다. 연방수사국은 루비 리지 사건으로 심한 비판을 받았으며, 포츠는 프리가 임명하기 전에 이미 징계를 받은 적이 있었다.

프리는 언론으로부터, 그리고 국회에서 공화당 의원들로부터 비판을 받았다. 공화당은 연방수사국의 실수를 이유로 나의 테러방지 법안 가운데 테러리스트 용의자가 이동할 때 추적을 하기 위한 감청장치 부착 권한을 연방수사국에 부여한다는 조항의 통과를 거부했다.

프리에게는 국회의 공화당 비위를 맞추고, 언론의 비판에서 벗어날 수 있는 한 가지 확실한 방법이 있었다. 백악관에 적대적 입장을 취하는 것이었다. 신념 때문인지 필요 때문인지, 프리는 바로 그 일을 하기 시작했다. 정보철 사건이 알려지자, 그는 즉시 백악관에 책임을 돌리고 연방수사국은 어떠한 책임도 지지 않으려 했다. 선거자금 기사가 나왔을 때 그가 재닛 리노에게 쓴 메모가 언론에 새어나갔는데, 그 메모의 내용은 리노에게 독립변호사 임명을 촉구하는 것이었다.

중국 정부가 1996년에 국회의원들에게 불법 기부금을 제공하려 했다는 추측 보도가 나오자, 하급 요원들이 국가안보회의의 명령 계통에서 한참 아래 있는 사람들에게 그 문제에 대해 브리핑을 하면서 상급자에게는 알리지 말라고 당부했다. 매들린 올브라이트가 중국 방문 준비를 할 때, 연방검사와 법무부 공무원을 지내면서 신망을 얻은 뒤 백악관 법률고문을 맡고 있던 척 로브는 선거 자금을 통해 미국 정부에 영향력을 행사하려는 중국의 계획에 대한 정보를 연방수사국에 요청했다. 이것은 분명히 국무장관이 중국을 방문하기 전에 알아두어야 할 사항이었다. 그러나 프리는 법무부가 승인을 했고 그의 고위 보좌관 두 사람도 승인을 했음에도, 준비된 답변을 보내지 말라고 직접 명령을 내렸다.

나는 민주당이 중국 정부의 불법 기부금인 줄 알고 돈을 받았다고 믿을 만큼 프리가 어리석지는 않다고 믿었다. 외교정책 추진에 피해가 온다 하더라도, 그저 자신이 언론과 공화당으로부터 비판을 받는 것을 피하려는 의도였을 것이다. 프리를 지명하기 전날 아칸소의 전직 연방수사국 요원에게서 받은 전화가 생각났다. 그는 프리를 지명하지 말라고 하면서, 프리가 자신에게 이익이 된다고 생각하는 순간 나를 배반할 사람이라고 경고했다.

프리의 동기가 무엇이든 간에, 백악관에 대한 연방수사국의 행동은 워싱턴이 얼마나 제정신이 아닌지 보여주는 또 하나의 사례였다. 나라는 점점 틀이 잡혀가고 있었고, 우리는 세계 전역에서 평화와 번영을 촉진하고 있었다. 그럼에도 워싱턴에서는 분별 없는 추문 탐색이 계속되고 있었다. 그 몇 달 전 「보스턴 글로브Boston Globe」의 사려 깊고 독립적인 칼럼니스트 톰 올리펀트는 풍자적인 말투로 상황을 이렇게 잘 요약한 적이 있다.

위대한 미국의 추문 제조기를 돌리고 있는 허영심 강한 거대한 세력은 사람들 눈에 상황이 어떻게 보이느냐에 초점을 맞춘다. 이 기계의 생혈生血은 겉모습이다. 이 겉모습이 질문을 만들어내고, 더 많은 겉모습을 만들어내고, 이 모든 것이 다시 독선적 광기를 만들어낸다. 이런 광기는 무슨 일이 있어도 독립적이어야만 하는 엄청나게 양심적인 심문관들에게 강도 높은 조사를 하라고 요구한다. 이 광기에 저항하는 사람은 무조건 공범이고 죄인이다.

8월이 시작되면서 좋은 소식과 나쁜 소식이 동시에 들어왔다. 실업은 4.8퍼센트로 떨어져 1973년 이래 최저였다. 초당적인 균형예산안 합의 뒤에 미래에 대한 자신감이 넘치고 있었다. 그러나 이런 협력은 지명 인준 과정에까지 확대되지는 않았다. 제시 헬름스는 매사추세츠의 공화당계 주지사 빌 웰드를 멕시코 대사에 지명한 나의 결정에 반대하고 있었다. 웰드가 자신을 모욕했다고 느꼈기 때문이다. 재닛 리노는 미국변호사협회에 연방판사직이 101자리 비어 있다고 보고했다. 상원이 1997년에 내가 지명한 판사 가운데 오직 9명만 인준했기 때문이다. 항소법원 판사는 한 명도 인준하지 않았다.

우리 가족은 2년을 건너뛴 뒤 마침내 다시 마사스 비니어드로 8월 휴가를 떠날 수 있었다. 우리는 오이스터 폰드 근처에 있는 친구 딕 프리드먼 집에 묵었다. 나는 첼시와 함께 조깅을 하는 것으로 내 생일을 기념했다. 그리고 힐러리를 설득하여 그녀와 함께 밍크메도즈 퍼블릭코스에서 골프를 쳤다. 힐러리는 골프를 전혀 좋아하지 않았다. 그러나 1년에 한 번은 내 비위를 맞추어주기 위해 몇 홀을 어슬렁거려주었다. 나는 멋지고 오래된 팜넥 코스에서 버넌 조던과 골프를 많이 쳤다. 힐러리와는 달리 조던은 골프를 좋아하는 편이었다.

8월은 시작할 때와 마찬가지로 좋은 소식과 나쁜 소식으로 끝났다. 8월 29일에 토니 블레어는 신페인당에 아일랜드 평화회담에 참가하라고 제안함으로써, 처음으로 신페인당의 지위를 공식적으로 인정했다. 8월 31일에는 다이애너 왕세자비가 파리에서 자동차 사고로 세상을 떴다. 그 뒤에 일주일도 지나지 않아 테레사 수녀가 세상을 떴다. 힐러리는 두 사람의 죽음을 몹시 슬퍼했다. 두 사람을 잘 알고 또 무척 좋아했기 때문이다. 그녀는 미국을 대표하여 두 장례식에 참석하기로 하고, 먼저 런던으로 갔다가 며칠 뒤에 캘커타로 갔다.

8월에 나는 또 매우 실망스러운 일을 발표하게 되었다. 미국이 지뢰 금지 국제조약에 서명할 수 없게 된 것이다. 어처구니없다고 할 수밖에 없는 사태의 진전 끝에 그런 결론에 이르게 된 것이다. 미국은 1993년에 전 세계의 지뢰를 폐기하는 데 1억 5,300만 달러를 썼다. 아프리카 남서부에 지뢰제거팀을 배치하고 오던 비행기가 9명을 태운 채 실종되는 아픔을 겪기도 했다. 미국은 세계의 지뢰제거 전문가 가운데 25퍼센트 이상을 훈련시켰으며, 미국의 지뢰 150만 개를 폐기했고, 1999년까지 150만 개를 더 폐기할 예정이었다. 미국만큼 위험한 지뢰를 없애기 위해 많은 일을 한 나라는 없었다.

조약 협상이 끝날 무렵, 나는 두 가지 수정을 요구했다. 하나는 유엔이 인정한 한반도 비무장지대의 지뢰 대량 매설 지역은 예외로 하자는 것이었다. 이것은 한국인들과 그곳에 있는 미군을 보호해주는 것이었기 때문이다. 또 하나는 유럽에서 제조된 대전차 미사일은 인정하고 미제 미사일은 인정하지 않는 조항의 표현을 바꾸자는 것이었다. 미제 미사일도 유럽제와 마찬가지로 안전하며, 미군을 보호하는 데 더 큰 효과가 있었다. 그러나 이 두 가지 수정 요구는 거부되었다. 그 이유는 한편으로는 지뢰회의가 지뢰를 없애는 운동의 가장 유명한 옹호자인 다이애너 왕세자비의 죽음 이후 가능한 한 가장 엄격한 조약을 통과시키겠다고 결심했기 때문이며, 또 한편으로는 회의에 참가한 몇 사람이 그저 미국이 난처한 입장에 빠지거나, 아니면 압력에 못 이겨 있는 그대로 서명을 하는 것을 원했기 때문이기도 하다. 나도 이 국제 조약에 빠지고 싶지는 않았다. 그때까지 지뢰의 제조와 이용(어떤 것은 불과 3달러만 주면 살 수 있었다)을 막으려고 노력해온 일이 결실을 맺기를 바랐기 때문이다. 그러나 나는 미군이나 한국 국민의 안전을 걸고 모험을 할 수 없었다.

9월 18일, 힐러리와 나는 첼시를 데리고 스탠퍼드에 갔다. 우리는 아이의 새로운 생활이 가능한 한 정상적으로 이루어지기를 바랐으며, 비밀검찰부와 이야기하여 일상복 차림에 남의 눈에 잘 띄지 않는 젊은 경호요원들을 배치하기로 했다. 스탠퍼드는 캠퍼스 내에서 언론매체가 첼시에게 접근하는 것을 허용하지 않겠다고 약속했다. 우리는 환영식에 참석하고 다른 부모들을 만난 뒤, 첼시를 기숙사 방에 데려다주고 이사를 도왔다.

첼시는 행복해 보였고 흥분해 있었다. 힐러리와 나는 약간 슬프고 불안했다. 그러나 힐러리는 짐 정리를 도와준다고 바쁘게 돌아다니면서 내색을 하지 않으려 했다. 심지어 서랍 안에 콘택 종이를 깔아주기까지 했다. 나는 첼시의 짐을 들고 계단을 올라가 아이의 방으로 갔으며, 2단 침대를 조립해주었다. 그런 뒤에 창밖을 물끄러미 바라보았다. 힐러리가 정리를 한다고 계속 돌아다니자 첼시는 적잖이 신경이 쓰이는 눈치였다.

입학식에서 학생 대표 블레이크 해리스가 부모들에게 우리 아이들이 "한 달 정도 후에 15분쯤 우리를 그리워할 것"이라고 말하는 바람에 모두 웃음을 터뜨리기도 했다. 나는 실제로 그렇게 될 만큼 첼시가 잘 적응하기를 바랐지만, 우리는 첼시를 몹시 그리워할 것이 분명했다. 떠날 시간이 되자 힐러리는 마음을 정리한 것 같았다. 그러나 나는 그렇지 않았다. 나는 그대로 남아 저녁까지 함께 먹고 싶었다.

9월 마지막 날, 나는 존 샬리카슈빌리 장군 퇴임식에 참석하여 그에게 대통령 자유훈장을 수여했다. 그는 뛰어난 합동참모본부장으로서 나토 확대, 평화를 위한 동반관계 창설을 지원했으며, 보스니아, 아이티, 이라크, 르완다, 타이완 해협을 포함한 40개 이상의 작전에 미군을 파병하는 일을 훌륭하게 처리했다. 나는 그와 함께 일을 하는 것이 진정으로 흡족했다. 그는 똑똑하고, 솔직했으며, 군인 복지를 위해 헌신했다. 나는 샬리카슈빌리 장군의 후임으로 아이티 작전에서 강한 인상을 심어준 휴 셸턴 장군을 임명했다.

초가을에는 주로 외교 일에 몰두하여, 처음으로 남미를 방문했다. 나는 베네수엘라, 브라질, 아르헨티나를 순방하며, 미국의 미래에 남미가 중요하다는 점을 강조하고, 미주 전체를 포괄하는 자유무역지대 구상을 강조했다. 베네수엘라는 최대의 석유 공급국이었으며, 제2차 세계대전에서 걸프전쟁에 이르기까지 미국의 요구가 있을 때는 석유를 더 많이 생산해왔다. 베네수엘라 방문은 짧고 간단했다. 그 절정은 시몬 볼리바르의 무덤에서 카라카스 사람들에게 한 연설이었다.

브라질은 이야기가 달랐다. 양국간에는 오래전부터 긴장이 있었다. 많은 브라질 사람들이 오랫동안 미국에 반감을 가지고 있었다. 브라질은 아르헨티나, 파라과이, 우루과이를 포함하는 메르코수르 무역 블록을 이끌었는데, 이 블록은 미국보다 유럽과 교역을 더 많이 했다. 그러나 현대적이고 능률적인 브라질 대통령 엔리케 카르도소는 미국과 우호적 관계를 원하고 있었으며, 미국과 더 강력한 동반관계를 맺는 것이 그의 나라의 경제를 현대화하고 만성적 빈곤을 줄이고, 세계에서 영향력을 확대하는 데 도움이 된다는 사실을 이해하고 있었다.

나는 1960년대에 위대한 재즈 색소폰 연주자 스탠 게츠가 브라질 음악을 미국에서 대중화했을 때부터 브라질에 매력을 느꼈으며, 그 이후로 그 도시들과 아름다운 풍광을 보고 싶어 했다. 나는 또 카르도소 대통령을 존경하고 좋아했다. 그는 이미 워싱턴을 국빈 방문한 적이 있으며, 나는 그를 내가 만나본 가장 인상적인 지도자 가운데 한 사람으로 꼽고 있었다. 나는 좀더 긴밀한 경제 협력에 대한 우리의 약속을 확인하고, 그의 정책, 특히 남벌로 심하게 훼손되고 있는 브라질의 광대한 열대우림을 유지하고 교육을 개선하는 정책들을 지지하고 싶었다. 카르도소는 가난한 사람들의 자녀가 학교에 85퍼센트 이상 등교를 하면 매달 현금을 지급하는 '볼사 에스콜라'라는 흥미로운 정책을 시행하고 있었다.

우리 기자회견에서는 재미있는 순간이 있었다. 미국과 브라질 관계에 대한 몇 가지 질문이 나온 뒤에 갑자기 분위기가 바뀌어 미국 기자 네 명이 미국에서 벌어지고 있는 1996년 대선 자금 논란에 대하여 질문을 했다. 그리고 한 기자가 나에게 해외 출장에서 그런 질문을 받는 것이 나나 미국에 난처한 일이 아니냐고 물었다. 나는 이렇게 대답했다. "그것은 여러분이 결정할 문제입니다. 무슨 질문을 할 것인지는 여러분이 결정해야 합니다. 여러분이 자기 일을 하는 방식 때문에 내가 난처할 것은 없습니다."

힐러리와 나는 브라질 축구의 전설 펠레와 함께 리우데자네이루의 빈민가에 있는 학교를 방문한 뒤, 브라질리아로 가 대통령궁에서 열린 국빈 만찬에 참석했다. 그 자리에서 엔리케와 루스 카르도소 대통령 부부는 나에게 30년 이상 사랑해왔던 브라질 음악을 잠시 들려주었다. 여자들이 등장하여 몸에 달린 여러 크기의 금속판을 격렬하게 두드리는 타악기 합주를 하기도 했고, 바이아 출신의 유명한 가수 비르기니아 로드리게스가 노래를 부르기도 했다.

아르헨티나의 대통령 카를로스 메넴은 미국의 강력한 동맹자로, 걸프 전쟁과 아이티 사태 때 미국을 지지했으며, 강력한 자유시장 경제정책을 채택했다. 그는 부에노스아이레스의 농촌 센터에서 바비큐 파티를 열어주었는데, 이 자리에서 힐러리와 나는 탱고 교습을 받기도 했다. 또 아르헨티나 사람의 말 다루는 솜씨를 구경하기도 했는데, 한 남자는 어깨가 넓은 종마 두 마리의 등에 한 발씩 딛고 서서 로데오 경기장을 도는 묘기를 보여주었다.

메넴 대통령은 또 파타고니아의 아름다운 휴양도시 바릴로체로 우리를 데려가 지구온난화와 그에 대한 공동 대응 방안을 토론했다. 12월에는 기후 변화에 대한 국제회의가 일본 교토에서 열릴 예정이었다. 나는 선진국과 개발도상국을 막론하고 온실가스 배출을 줄이기 위한 도전적인 목표들을 제시하는 것에 강력하게 찬성했지만, 규제와 세금이 아니라 에너지 보존과 청정에너지 기술을 장려하는 시장 인센티브를 통하여 그런 목표들을 달성하기를 원했다. 바릴로체는 환경의 중요성을 강조하기에 아주 좋은 곳이었다. 우리가 묵었던 야오야오 호텔에서 차갑고 맑은 호수를 건너면 매혹적인 아라야네스 숲이 있었다. 힐러리와 나는 껍질 없는 도금양나무들이 가득한 숲을 산책했다. 이 나무들은 타닌산 때문에 오렌지 색깔이었으며, 손을 대면 서늘했다. 이 나무들은 완벽한 토양, 맑은 물, 맑은 공기, 온화한 기후가 있어야 살 수 있었다. 기후 변화를 막는 적절한 행동이 없으면, 이 연약하고 독특한 나무들이 보존될 수도 없고, 나아가 지구의 많은 지역의 안정성이 유지될 수도 없었다.

10월 26일, 워싱턴에서는 캐프리시어 마셜, 켈리 크레이그헤드를 비롯한 힐러리의 비서진이 사우스론의 천막에서 힐러리의 성대한 50세 생일파티를 마련했다. 첼시도 기습 방문을 하여 엄마를 즐겁게 해주었다. 천막에는 힐러리의 삶의 각 10년을 대표하는 음식과 음악이 탁자마다 마련되었다. 그리고 그 시기에 힐러리를 알았던 사람들이 탁자 옆에 섰다. 50년대에는 일리노이 사람들, 60년대에는 웰즐리 동창들, 70년대에는 예일 동창들, 80년대에는 아칸소 사람들이었다.

다음 날 장쩌민이 워싱턴에 왔다. 나는 그날 밤 그를 관저로 초대하여 비공식 대화를 나누었다. 거의 5년간 그와 함께 일을 하면서 나는 장쩌민의 정치 기술, 중국을 세계 공동체에 통합시키려는 욕망, 그와 주룽지 총리의 지도 하에 속도를 높이고 있는 경제 성장에 강한 인상을 받았다. 그러나 중국에서 계속되고 있는 기본적 자유의 탄압, 정치적 반대파 수감에 대해서는 여전히 우려하고 있었다. 나는 장쩌민에게 수감된 정치범 일부를 석방할 것을 요청했으며, 미국과 중국이 장기적인 동반관계로 나아가기 위해서는 양국 관계에 정당하고 정직한 의견차를 수용할 수 있는 여유가 필요하다고 말했다.

장쩌민은 동의한다고 말했고, 우리는 중국이 내부 혼란의 위험 없이 어느 정도의 변화와 자유를 수용할 수 있는지 이야기하기 시작했다. 우리는 견해 차이를 해소하지는 못했지만, 서로에 대한 이해는 깊어졌다. 장쩌민이 블레어하우스로 돌아간 뒤, 나는 잠자리에 들면서 중국은 현대 사회로 나아가는 과정에서 불가피하게 더 개방적이 될 수밖에 없으며, 새로운 세기에는 양국이 적보다는 동반자가 될 가능성이 더 높다고 생각했다.

다음 날 기자회견에서 장쩌민과 나는 몇 가지 합의 사항을 발표했다. 대량살상무기의 확산을 멈추기 위한 협력을 강화한다. 핵에너지를 평화적으로 이용하고, 조직범죄, 마약 밀매, 밀입국과 싸우기 위하여 협력한다. 판사와 법률가들의 훈련을 지원하여, 중국에서 법치를 강화하기 위한 미국의 노력을 확대한다. 환경을 보호하기 위해 협조한다 등.

나는 또 중국을 세계무역기구에 가입시키기 위해 최선을 다하겠다고 약속했다. 장쩌민은 내가 한 말을 되풀이한 다음, 정상회담을 정례화하고, 직접 의사소통을 하기 위해 '핫라인'을 가설하기로 합의했다고 발표했다.

기자들의 질문을 받자, 인권, 천안문 광장 사건, 티베트 등 피할 수 없는 문제들이 쏟아져나왔다. 장쩌민은 약간 허를 찔린 듯한 표정이었지만, 불쾌한 기색 없이 전날 밤에 그 문제에 대해 내게 했던 말의 핵심을 되풀이한 뒤, 자신이 지금 사람들이 자유롭게 다양한 생각을 말할 수 있는 민주국가를 방문하고 있다는 사실을 잘 알고 있다고 덧붙였다. 나는 중국이 아주 많은 문제에서 역사의 옳은 편에 서 있지만, 인권 문제에서는 "중국 정부의 정책이 역사의 잘못된 편에 서 있다고 생각한다"고 대답했다.

이틀 뒤 하버드 대학 연설에서 장쩌민 주석은 천안문 광장의 시위자들을 처리하는 데 실수가 있었다는 점을 인정했다. 중국은 서구인들이 보기에는 애가 탈 정도로 느린 속도로 움직일 때가 많이 있지만, 그렇다고 변화에 둔감한 것은 아니었다.

10월은 법 분야에서 두 가지 상황 전개가 있었다. 수잔 웨버 라이트 판사가 폴라 존스 소송의 네 가지 사안 가운데 두 가지에 대하여 '권리 침해를 하면서 기각한다'(그 사안을 다시 제기할 수 없다는 뜻)고 결정한 뒤에 나는 합의를 보겠다고 제안했다. 내가 합의를 바란 것은 아니다. 합의를 하게 되면 힐러리와 내가 20여 년 동안 모은 돈의 반 정도가 들어가게 되기 때문이다. 또 내 법률팀이 조사 작업을 한 것을 볼 때 재판으로 가더라도 우리가 승리할 것임을 알고 있었기 때문이다. 그러나 나에게 남은 임기 3년 가운데 단 며칠도 그 일로 낭비하고 싶지가 않았다.

존스는 내가 그녀를 성추행한 것에 사과하지 않는 한 합의를 받아들일 수 없다고 했다. 그것은 사실이 아니었기 때문에 그렇게 할 수는 없었다. 오래지 않아 존스의 변호사들은 그들의 의무를 해지해달라고 법원에 청원했다. 곧 나의 정적들이 자금을 대는 우익 법률재단인 러더퍼드 연구소와 밀접한 관련을 맺고 있고 그들로부터 자금 지원도 받는 댈러스의 한 법률회사가 그들을 대신하게 되었다. 이제는 폴라 존스가 자신의 이름을 달고 있는 소송의 진짜 원고라는 허울조차 사라지게 되었다.

그달 초, 백악관은 큰 논란이 되었던 백악관 커피 접대와 관련된 44시간짜리 비디오테이프를 법무부와 국회에 넘겼다. 이 비디오테이프들은 내가 그동안 이야기했듯이 커피 접대가 기금 모금이 아니라, 나의 지지자 또는 지지자가 아닌 사람들과 만나 광범위한 문제로 종종 재미있게 토론을 하는 자리였다는 것을 보여주었다. 대부분의 비판자들이 할 수 있는 말은 그 비디오테이프들을 더 일찍 제출하지 않은 것에 대한 불만뿐이었다.

그 직후 뉴트 깅리치는 하원에서 교역 관련 신속처리 법안 통과를 위한 표를 모으지 못했다고 발표했다. 나는 몇 달 동안 이 법안의 통과를 위해 열심히 노력했다. 민주당으로부터 더 많은 표를 얻기 위해 교역 협정에서 노동과 환경 조항에 대한 협상을 하겠다고 약속했고, 그런 요구조건을 당시 우리가 진행하고 있던 쌍무협정에 집어넣겠다는 칠레 측의 합의도 받아냈다고 말했다.

그러나 안타깝게도 나는 많은 민주당 의원들을 설득할 수 없었다. 북미자유무역협정 표결에서 패배한 것 때문에 아직 화가 안 풀린 노동총연맹-산별회의가 신속처리 법안 투표를 민주당이 노동자들을 지지하는지 확인하기 위한 시험으로 만들어버렸기 때문이다. 나의 법안의 장점에 동의하는 민주당 의원들조차 미국노동총연맹산업별회의의 재정 및 조직 지원 없이 선거운동을 하는 상황은 원치 않았다. 보수적인 공화당 의원 몇 명은 내가 국제가족계획에 대한 미국의 정책에 추가의 제한을 가하는지 보고 투표하겠다고 조건을 걸었다. 제한을 가하지 않으면 표를 주지 않겠다는 뜻이었다. 하원의장은 법안 통과를 위해 노력했지만, 결국 최선을 다해도 여전히 6표가 모자랐다. 이제 나는 계속 개별적인 무역 협정들을 만들어나가고, 국회가 그것을 수정안으로 죽이지 않기만 바랄 수밖에 없었다.

10월 중순, 사담 후세인이 유엔 무기사찰팀의 미국인 6명을 추방함으로써 이라크에 새로운 위기가 발생했다. 나는 조지워싱턴 항공모함을 그 지역으로 급파했고, 며칠 뒤 사찰관들은 이라크로 돌아갔다.

교토 지구온난화 회의는 12월 1일에 열렸다. 회의가 끝나기 전 앨 고어는 일본으로 날아가 미국 협상단 대표 스투 에이젠스타트 국무부 차관을 도와 우리가 서명할 수 있는 합의서를 얻어냈다. 이 합의의 목표는 확고했지만, 그것을 달성하는 방법에는 지나친 제약을 가하지 않았다. 또 이 합의서에는 중국과 인도 같은 개발도상국도 참여하라는 요청이 담겨 있었다. 30년 후면 그런 나라들이 온실가스 방출에서 미국을 앞설 것으로 보였기 때문이다(지금은 미국이 세계에서 가장 많이 방출하고 있다).

그런 수정들이 이루어지지 않으면, 나는 이 조약을 국회에 제출할 수가 없었다. 이것은 가장 좋은 조건에서도 통과시키기가 어려운 조약이었다. 결국 교토 회의를 성공적으로 끝내고 싶어 하는 하시모토 총리와 아르헨티나를 포함한 다른 우방들의 지원을 얻어 내가 기꺼이 지지할 수 있는 합의문이 나왔다. 국회가 환경보존 기술과 청정에너지 제품의 더 많은 생산과 구입을 장려하는 데 필요한 세금 인센티브를 법제화하기만 한다면, 합의문에 제시된 목표들을 달성할 수 있을 것 같았다.

크리스마스를 앞두고 나는 사라예보 사람들이 평화의 길을 계속 따르도록 격려하고, 투즐라에 있는 미군을 만나기 위해 힐러리, 첼시와 함께 보스니아에 갔다. 밥과 엘리자베스 돌 부부도 군부 지도자 몇 명, 양당의 국회의원 여남은 명과 함께 대표단에 합류했다. 엘리자베스 돌은 미국 적십자사 총재였으며, 출발 전에 밥 돌은 구유고슬라비아의 실종자 문제 해결을 위한 국제 위원회를 이끌어달라는 나의 요청을 수락했다.

크리스마스 하루 전, 미국은 비틀거리는 한국 경제를 지원하기 위해 17억 달러를 제공하기로 합의했다. 그 다음 해에 아시아 경제위기는 점점 심각해졌는데, 한국 지원은 이 위기를 해결하기 위한 미국의 노력의 출발점이되었다. 한국에서는 막 김대중이 새로운 대통령으로 선출되었는데, 그는 오랜 기간 민주주의를 위해 활동했으며, 1970년대에는 사형선고를 받았지만 카터 전 대통령의 개입으로 목숨을 구하기도 했다. 나는 1992년 5월 로스앤젤레스 시청 계단에서 김 대통령을 처음 만났는데, 그때 그는 자신이 내가 대표하는 것과 똑같은 새로운 정치 방식을 대표하고 있다고 당당하게 말했다. 그는 용감한 동시에 통찰력이 있었으며, 나는 그를 지원하고 싶었다.

르네상스 위켄드로 새해를 맞이하러 가면서, 나는 만족스럽게 1997년을 되돌아보았다. 균형예산안, 50년 만에 최대의 대학 지원, 1965년 이후 최대의 아동 건강보험 확장, 나토 확대, 화학무기협약, 교토 의정서, 입양법의 전면적 개혁, 생명을 구하는 약과 의료장치의 신속한 도입을 위한 식품의약국 개혁, 인종 관계의 현재 상태를 놓고 수백만 명이 대화에 참여하게 만든 하나의 미국 프로그램 등 그간의 성과를 통해 최악의 당파 싸움은 극복한 것이기를 바라는 마음이었다. 그 정도면 상당한 성과들이었지만, 결국 이것으로도 이데올로기적인 분열을 넘어서기에는 충분치 않았다.

48

1998년이 시작되었을 때, 나는 이해가 내 대통령 임기 가운데 가장 이상한 해가 되리라는 것을 까맣게 몰랐다. 이해에는 개인적인 수모와 불명예, 국내에서의 정책 갈등과 해외에서의 승리, 그리고 모든 곤란에도 불구하고 미국 국민이 보여준 상식과 근본적인 품위가 뒤엉켜 있었다. 모든 것이 동시에 일어났기 때문에, 나는 전과 다른 강도로 평행을 이루는 두 삶을 살 수밖에 없었다. 다만 이번에는 나의 내적 삶의 가장 어두운 면이 완전히 드러났다는 것이 차이였다.

1월은 세 가지 주요한 정책을 제시하면서 긍정적인 신호로 시작되었다. 첫째, 공산주의 붕괴 이후 등장한 새로운 민주국가들을 지원하는 것을 일차적 목표로 한, 평화봉사단 수의 50퍼센트 증가. 둘째, 보육 지원금을 받는 노동자 가족의 자녀 수를 두 배로 늘리고, 고용주들이 피고용자들에게 육아 편의를 제공하도록 장려하기 위해 세액공제를 해주고, 50만 아동을 위한 학과 전후 프로그램을 확대하는 것 등을 내용으로 하는 220억 달러의 보육 정책. 셋째, 일자리를 잃은 경우에는 55세부터 64세 사이의 국민에게도 65세 이상 노년층에게 제공되는 메디케어를 '매입'하는 것을 허용하자는 제안. 이 프로그램은 개인이 약간의 보험료와 다른 지불금을 통하여 건강보험을 마련하게 해주기 위해 고안되었다. 규모 축소, 해고, 또는 자신의 선택에 의해 일터를 일찍 떠나지만 고용주가 부담하는 보험을 잃은 뒤에 다른 곳에서 낮은 가격으로 보험을 살 수 없는 미국인들이 많았기 때문에 이 프로그램은 필요했다.

1월 둘째 주에, 내가 미국에서 가장 좋아하는 곳 가운데 하나인 텍사스 남부로 가서 남미계가 주류를 이루는 미션 고등학교 학생들에게 1997년에 국회에서 승인한 대학 지원금 증액을 최대한 활용하여 남미계 젊은이들의 대학진학률과 다른 학생들의 진학률 사이의 차이를 줄일 것을 촉구했다. 나는 그곳에서 인도네시아 경제가 붕괴했다는 이야기를 들었다. 우리 경제팀은 아시아 경제위기의 또 다른 희생자를 돌보는 작업에 들어갔다. 재무부 부장관 래리 서머스는 국제통화기금 지원금을 받는 데 필요한 개혁을 이행하겠다는 정부의 합의서를 받아내러 인도네시아로 갔다.

1월 13일, 사담 후세인의 정부가 미국인이 이끄는 사찰단의 작업을 막는 바람에 이라크에서 다시 문제가 생겼다. 무기 사찰을 계속하게 해주는 것을 대가로 유엔이 제재를 취소하도록 강요하려는 사담 후세인의 끈질긴 노력이 시작된 것이다. 같은 날, 가자 공항 개방이나 가자지구와 서안지구 사이의 안전한 통행 등의 약속이 아직 이행되지 않은 상태에서, 네타냐후 정부가 표결을 통해 서안지구를 무기한 통제하겠다는 결정을 내리면서 평화과정 전체가 위태로워졌고, 중동은 위기를 향해 치달았다.

1월에 일어난 일 중 세계에서 유일하게 긍정적인 사건은 백악관이 나토와 발트 제국의 동반관계 협정에 서명을 했다는 것이었다. 이것은 우리의 안보관계를 공식화하고, 미국을 포함한 나토의 궁극적 목표가 에스토니아, 리투아니아, 라트비아를 나토를 비롯한 다른 다국적 기구들에 완전하게 가입시키는 데 있다는 메시지를 전하는 것이었다.

1월 14일, 나는 백악관 이스트 룸에서 앨 고어와 함께 환자 권리장전을 추진하겠다고 발표했다. 건강관리기관과 보험 계약을 맺은 미국인들의 경우 기본적인 치료조차 받지 못하는 일이 빈번하게 발생했으므로, 이들에게 기본적인 치료 보장을 해주려는 것이었다. 이때 힐러리는 케네스 스타에게 다섯 번째로 심문을 받고 있었다. 이번의 심문 주제는 공화당원에 대한 연방수사국 정보철이 어떻게 백악관으로 넘어갔느냐 하는 것으로, 힐러리는 전혀 모르는 사항이었다.

존스 사건에 대한 나의 선서증언은 사흘 뒤에 이루어졌다. 나는 변호사들과 함께 가능한 일련의 질문들을 검토해보았고 그만하면 준비가 잘되었다고 생각했다. 하지만 몸상태도 좋지 않았고, 물론 러더퍼드연구소 변호사들과 만나고 싶지도 않았다. 재판장 수잔 웨버 라이트는 존스의 변호사들에게 나의 사생활을 파헤칠 수 있는 폭넓은 재량을 주었다. 주지사 시절에 주 직원 또는 대통령 시절에 연방 직원, 또는 그런 일자리를 구한 여자들을 되풀이해 성추행한 패턴이 있는지 확인한다는 이유였다. 조사 기간은 존스가 성추행을 당했다고 주장하는 시점인 5년 전부터 현재까지였다. 판사는 또 존스의 변호사들에게 선서증언 내용이나 그들 조사의 다른 사항들을 누설하지 말라고 엄격하게 지침을 내렸다.

그들이 원하는 목적을 달성하기 위해, 내가 정부에서 일하는 여자들과 단둘이 있었는지에 대해 '네' 또는 '아니오'로 대답하게 하고, 그런 다음 그 여자들에게 내가 성추행을 했는지 물어보면 나의 사생활을 그렇게 파헤치지 않고도 충분히 이룰 수 있었을 것이다. 그러나 그렇게 하면 그들 입장에서는 나의 선서증언의 이용 가치가 사라질 터였다. 이 무렵에는 이 사건과 관련된 모든 사람이 성추행의 증거가 없었다는 사실을 알고 있었다. 나는 이 변호사들이 나에게 하나 또는 그 이상의 여자와 어떤 식으로든 관련이 있었다는 사실을 인정하도록 강요한 다음, 그것을 판사의 비밀 엄수 명령을 어기고 언론에 흘리고 싶어 한다고 확신했다. 그러나 사실 나는 그들의 의도를 반밖에 모르고 있었다.

내가 선서를 하고 나자, 러더퍼드연구소 변호사들은 그들이 법률문서에서 찾아냈다고 하는 '성관계'의 정의를 판사에게 받아들여달라는 요청부터 했다. 기본적으로 그 정의는 질문을 받는 사람, 즉 나의 만족이나 흥분을 위한, 입맞춤 이상의 모든 친밀한 접촉을 포괄했다. 그것은 나의 어떤 구체적인 행동과 어떤 마음상태 양쪽을 모두 전제하는 것 같았고, 다른 사람의 행동은 전혀 포함하지 않는 것 같았다. 변호사들은 나에게 창피를 줄 수 있는 질문들을 생략하려 하는 것이라고 말했다.

나는 그 자리에 몇 시간을 앉아 있었는데, 폴라 존스와 관련된 시간은 겨우 10분 내지 15분뿐이었다. 나머지 시간은 모니카 르윈스키에 대한 아주 많은 질문을 포함하여 존스와 관련이 없는 다양한 주제에 할애되었다. 르윈스키는 1995년 여름에 인턴직원으로 백악관에서 일을 하다가, 12월부터 4월초까지 정직원으로 일했으며, 그 뒤에는 국방부로 옮겨갔다. 변호사들은 특히 내가 그녀를 얼마나 잘 아는지, 우리가 선물을 주고받았는지, 우리가 전화로 이야기를 했는지, 내가 그녀와 '성관계'를 가졌는지 물었다. 나는 우리 대화에 대해 이야기했고, 그녀에게 선물을 주었다고 인정했고, '성관계' 질문에는 아니라고 대답했다.

러더퍼드연구소 변호사들은 똑같은 질문을 약간만 바꾸어서 계속 물어왔다. 휴식시간이 되었을 때 내 법률팀은 당황했다. 르윈스키의 이름이 원고의 증인 후보 명단에 나온 것은 12월 초였으며, 그녀는 2주 후에 증인으로 출두하라는 소환장을 발부받았기 때문이다. 나는 법률팀에 그녀와의 관계에 대해 말하지 않았지만, 성관계에 대한 묘한 정의가 무슨 뜻인지 잘 모르겠다는 말은 했다. 그들도 마찬가지로 잘 모르겠다고 했다.

선서증언이 시작되었을 때, 내 변호사 밥 베닛은 러더퍼드연구소 변호사들에게 내가 여자들과 접촉한 것에 대하여 구체적이고 분명한 질문을 하라고 권했다. 르윈스키에 대한 이야기가 끝날 때, 나는 나에게 질문을 하던 기자에게 더 구체적으로 물어볼 것이 없느냐고 물었다. 그는 다시 묻지는 않겠다고 했다. 대신 그는 이렇게 말했다. "이것은 곧 드러나게 될 것이고, 그러면 아실 수 있을 겁니다."

나는 안심했지만, 변호사가 나한테 구체적인 질문을 하고 싶어 하는 것 같지 않았고, 또 나의 대답도 원하는 것 같지 않아 약간 걱정이 되었다. 만일 그가 그런 질문을 했더라면 사실대로 대답을 했을 것이다. 물론 전혀 내키지는 않았을 것이다. 1995년 말에 정부가 폐쇄되었을 때, 백악관에는 극소수의 사람만이 일을 하러 올 수 있었고, 일하러 온 사람들은 늦게까지 일을 했다. 그때 나는 모니카 르윈스키와 부적절하게 만났고, 11월부터 그녀가 백악관에서 국방부로 옮겨가던 4월 사이에 다시 그런 식으로 만났다. 그 다음 열 달 동안, 우리는 가끔 전화로 이야기를 했지만 나는 그녀를 보지는 못했다.

1997년 2월, 나의 주간 라디오 연설 저녁 녹화 때 르윈스키도 손님들 사이에 있었다. 나는 연설 뒤에 15분 정도 그녀를 단둘이 만났다. 나는 그렇게 하는 나 자신이 역겨웠다. 봄에 르윈스키를 다시 보았을 때, 나는 그녀에게 그것은 나에게도 잘못된 일이고, 나의 가족에게도 잘못된 일이고, 그녀에게도 잘못된 일이며, 더는 계속할 수 없다고 말했다. 나는 또 그녀는 똑똑하고 관심을 끄는 사람으로 앞으로 좋은 인생을 살 수 있을 것이며, 원한다면 내가 친구가 되어 도와주도록 노력하겠다고 말했다.

르윈스키는 계속 백악관을 찾아왔고, 나는 그녀를 몇 번 보았지만 부적절한 일은 없었다. 10월에 르윈스키는 뉴욕에서 일자리를 얻도록 도와달라고 했으며, 나는 그렇게 했다. 그녀는 두 군데서 제안을 받고 그 가운데 하나를 받아들였다. 12월 말, 그녀는 작별인사를 하러 백악관에 왔다. 그 무렵 그녀는 이미 존스 사건으로 소환장을 받은 상태였다. 그녀는 선서증언을 하고 싶지 않다고 했으며, 나는 그녀에게 어떤 여자들은 내가 자신을 성추행하지 않았다고 기록한 선서진술서를 제출하여 질문을 피했다고 말해주었다.

내가 모니카 르윈스키와 한 일은 부도덕하고 어리석은 일이었다. 나는 그 일을 매우 부끄럽게 여겼으며, 그 일이 드러나기를 바라지 않았다. 선서증언에서 나는 나의 이기적이고 어리석은 행동으로부터 나의 가족과 나 자신을 보호하려고 했다. 나는 '성관계'에 대한 뒤틀린 정의 때문에 내가 그렇게 피해갈 수 있다고 믿었다. 그러면서도 걱정이 되었기 때문에 변호사로 하여금 나에게 구체적인 질문을 던지라고 권했던 것이다. 오래지 않아 변호사가 왜 구체적인 질문을 하지 않았는지 알게 되었다.

1월 21일, 「워싱턴 포스트」는 내가 모니카 르윈스키와 불륜을 저질렀으며, 케네스 스타는 내가 그녀에게 선서증언 때 거짓말을 하도록 부추겼다는 혐의를 조사 중이라고 보도했다. 이 이야기는 일찍이 1월 18일에 한 인터넷 사이트에 공개되었다. 나의 선서증언은 함정이었던 것이다. 스타는 폴라 존스를 도와주겠다고 처음 제안하고 나서 거의 4년 뒤에 마침내 그녀의 사건을 손에 쥐게 되었다.

1996년 여름, 모니카 르윈스키는 함께 일하던 린더 트립에게 나와의 관계에 대해 이야기하기 시작했다. 1년 뒤 트립은 그들의 전화 대화를 녹음하기 시작했다. 1997년 10월, 트립은 「뉴스위크」의 한 기자에게 그 테이프를 들어주겠다고 제안했고, 실제로 보수적인 공화당계 정치평론가인 루시안 골드버그에게 들어주었다. 트립은 나의 변호사들에게 제공된 증인 명단에는 들어 있지 않았지만, 존스 사건에 증인으로 소환되었다.

1998년 1월 12일 월요일 늦게 트립은 스타의 사무실로 전화하여, 자신이 르윈스키와의 대화를 몰래 녹음하고 있다고 말하고, 테이프를 넘겨주는 문제를 상의했다. 그녀는 자신이 범죄자가 될 가능성에 대해 걱정했다. 메릴랜드 법에 따르면 그녀와 같은 방식의 녹음 행위는 중죄였기 때문이다. 그러나 스타 쪽 사람들은 그녀를 보호해주겠다고 약속했다. 다음 날 스타는 연방수사국 요원들을 시켜 트립에게 도청장치를 달아주었다. 국방부의 시티 리츠-칼튼에서 르윈스키와 점심을 먹을 때 대화를 몰래 녹음하려는 것이었다. 이틀 뒤 스타는 법무부에 르윈스키 수사를 포함하도록 자신의 권한을 확대해달라고 요구했는데, 그의 요청의 근거에 대해서는 사실을 말하지 않은 것으로 보인다.

1월 16일, 그러니까 나의 선서증언 전날, 트립은 다시 호텔에서 르윈스키를 만나기로 했다. 그러나 이번에는 연방수사국 요원들과 변호사들이 르윈스키를 맞이하여 호텔 방으로 데려간 뒤 몇 시간 동안 질문을 하였으며, 변호사를 부르지 말라고 말렸다. 스타의 변호사들 가운데 하나는 그녀가 감옥에 가지 않으려면 협력을 해야 한다고 말했고, 면책 거래를 제안하면서 자정까지 결정하지 않으면 효과가 없다고 말했다. 르윈스키는 또 이른바 은폐에 관련된 사람들과의 대화를 몰래 녹음하도록 도청장치를 달라는 압력을 받았다. 마침내 르윈스키는 그녀의 어머니에게 전화를 할 수 있었고, 어머니는 오래전에 이혼한 아버지에게 연락을 했다. 르윈스키의 아버지가 변호사 윌리엄 긴즈버그에게 연락을 하자, 긴즈버그는 상황을 더 알아볼 때까지 면책 거래를 받아들이지 말라고 조언하고, 자신의 의뢰인을 '변호사 없이 8, 9시간 동안' 잡아두고, 다른 사람들을 함정에 빠뜨릴 도청장치를 부착하라고 압력을 넣었다는 이유로 스타를 맹비난했다.

이 기사가 나온 뒤, 나는 데이비드 켄달에게 연락하여 내가 위증을 하거나, 사법절차를 방해하지 않았다고 말했다. 우리 둘이 보기에는 스타가 나를 대통령직에서 몰아낼 불바람을 일으키려고 하는 것이 분명했다. 스타는 좋은 출발을 보였지만, 나는 2주 동안 여론의 매를 맞고 살아남을 수 있으면 연기가 걷히기 시작할 것이고, 언론과 국민이 스타의 전술에 관심의 초점을 맞출 것이며, 결국 이 사건에 대한 좀더 균형 잡힌 관점이 등장할 것이라고 생각했다. 나는 끔찍한 잘못을 저질렀다는 것을 알았지만, 스타가 나를 대통령에서 몰아내는 것을 허용함으로써 그 잘못을 더 키우지 않겠다고 결심했다. 그러나 당장은 병적인 흥분이 압도적이었다.

나는 계속 내 할 일을 했다. 나는 완강한 자세로 힐러리, 첼시, 비서진과 내각, 국회의 친구들, 기자들, 미국 국민 등 모두에게 있었던 일을 부인했다. 르윈스키와의 행동 외에 내가 가장 후회하는 것은 이들 모두를 속였다는 것이다. 1991년 이래 나는 해 아래 모든 것에 대해 거짓말을 하는 사람으로 일컬어져왔지만, 사실 모든 조사들이 다 보여주듯이 그때까지는 공적 생활에서나 재정 문제에서 정직했다. 그러나 이제 나는 나의 개인적 약점에 대해 모두를 속이고 있었다. 나는 창피했고, 아내와 딸에게 그것을 감추고 싶었다. 나는 케네스 스타가 나의 개인 생활을 범죄로 만드는 것을 돕고 싶지 않았다. 그리고 미국 국민에게 내가 그들을 실망시켰다는 것을 알리고 싶지 않았다. 악몽 속에서 사는 기분이었다. 나는 다시 맹렬하게 평행선 생활로 돌아갔다.

그 기사가 터진 날, 나는 PBS의 '뉴스아워NewsHour'에서 짐 레러와 전부터 예정된 인터뷰를 하고 있었다. 나는 그의 질문에 누구에게도 거짓말을 해달라고 부탁한 적이 없다는 말로 대답을 했다. 그것은 사실이었다. 그런 다음에 "부적절한 관계는 없다"고 현재형으로 말했다. 물론 부적절한 관계는 레러가 그 질문을 하기 오래전에 끝났지만, 그 대답은 속이는 것이었다. 나는 레러에게 그렇게 말을 한 것이 부끄러웠다. 그때부터 나는 할 수 있을 때마다, 그냥 누구에게도 사실을 말하지 말라고 부탁한 적은 없다는 말만 했다.

　이런 일이 벌어지고 있는 동안에도 나는 계속 내 할 일을 했다. 1월 20일에는 백악관에서 네타냐후 총리를 만나 서안지구로부터 단계적으로 철수하는 문제에 대한 그의 계획을 놓고 토론했다. 네타냐후는 '안보가 있는 평화'를 얻을 수 있다면 평화과정을 계속 진행하기로 결심하고 있었다. 그의 연립정부가 흔들리고 있는 상황이었기 때문에 그것은 용감한 행동이었다. 그는 자신이 행동하지 않으면 곧 통제 불가능한 상황이 다가온다는 것을 알고 있었다.

　다음 날에는 아라파트가 백악관에 왔다. 나는 그에게 네타냐후에게 들은 기운 나는 소식을 전해주고, 평화과정을 추진하는 이스라엘의 의무를 이행하도록 네타냐후에게 압력을 가하고 있다고 말했으며, 네타냐후의 정치적 문제들을 다시 이야기했다. 그리고 늘 말하던 대로, 이스라엘의 전진을 원한다면 아라파트가 테러와 계속 싸워야 한다고 이야기했다. 다음 날 미르 아이말 칸시가 1993년 1월에 중앙정보국 요원 둘을 살해한 죄(내 재임기간에 일어난 첫 번째 테러 행동이었다)로 사형선고를 받았다.

　연두교서 발표일인 1월 27일까지 미국 국민은 일주일간 스타의 조사에 대한 보도의 홍수에 빠져 있었다. 나 역시 그것에 대처하느라 일주일을 보냈다. 스타는 이미 수많은 백악관 직원들에게 소환장을 보내고 우리의 기록들을 요청했다. 나는 해럴드 이케스와 미키 캔터에게 이 논란을 처리하는 것을 도와달라고 부탁해놓았다. 연설 전날, 내가 공개적인 논평을 너무 주저한다고 생각한 이케스와 해리 토머슨의 권유에 따라 내키지는 않았지만 기자들 앞에 다시 나서서 르윈스키와 "성관계를 가지지 않았다"고 이야기했다.

　연설 당일 아침, 힐러리는 NBC의 '투데이Today' 쇼에 나가 나에 대한 혐의를 믿지 않으며, 1992년 선거운동 이후 우리를 파괴하려는 '우익의 거대한 음모'가 진행되어 왔다고 말했다. 스타는 분개하여 힐러리가 자신의 동기에 의문을 제기했다고 비난하는 성명을 발표했다. 스타와 우리의 대립의 성격을 규정한 힐러리의 말은 맞았다. 그러나 힐러리가 나를 방어하는 것을 보면서 나는 내가 한 일을 훨씬 더 부끄러워하게 되었다.

힐러리의 힘든 인터뷰와 그것에 대한 나의 양면적인 반응은 내가 처한 곤경을 예시하는 듯했다. 나는 남편으로서 사과를 하고 속죄해야 할 필요가 있는 잘못된 행동을 했다. 그러나 대통령으로서는 나를 대통령 자리에서 몰아내고 국민에게 봉사하는 나의 능력을 훼손하려고 하는 세력, 그리고 그 과정에서 형법과 민법을 악용하고 무고한 사람들에게 심한 피해를 주는 세력과 법적이고 정치적인 투쟁을 해야 했다.

오랫동안 아무리 파도 아무것도 나오지 않았으나, 이제 마침내 나는 그들이 주무를 수 있는 뭔가를 주었다. 나는 나의 부적절한 행동으로 대통령직과 국민에게 피해를 주었다. 그것은 나 외에 누구의 잘못도 아니었다. 그러나 반동적인 세력이 승리를 거두는 것을 허용함으로써 내 잘못을 더 크게 만들고 싶지 않았다.

오후 9시, 자리를 꽉 채운 하원 회의장으로 들어가자 회의장만이 아니라 미국 전역의 거실을 채우고 있을, 팽팽하게 긴장된 분위기가 느껴지는 듯했다. 내 첫 연두교서 이후 가장 많은 국민이 나의 연설을 지켜보고 있었다. 가장 큰 문제는 내가 그 논란에 대해 언급을 하느냐 하는 것이었다. 나는 이론의 여지가 없는 것에서부터 시작했다. 나라는 건강한 상태다. 1,400만 개의 새로운 일자리가 생겼고, 소득은 올라갔고, 주택 소유율은 사상 최고이고, 생활보호대상자 수는 27년 만에 최저이고, 연방정부는 35년 만에 가장 작다. 1993년 경제계획으로 적자가 축소되어, 1998년에는 90퍼센트 줄어든 3,570억 달러가 될 것으로 추정되며, 지난해의 균형예산 계획으로 적자는 완전히 사라질 것이다.

이어 나는 미래의 계획을 이야기했다. 첫째, 곧 생길 흑자를 새로운 계획들이나 세금감면에 지출하기 전에, 베이비붐 세대의 퇴직에 대비한 사회보장으로 저축해둘 것을 제안한다. 교육에서는 재원을 마련하여 10만 명의 새로운 교사를 고용하고, 학급 크기를 처음 3학년까지는 18명으로 줄여야 한다. 공동체들이 5,000개의 학교를 현대화하거나 건설하도록 지원해야 한다. 방과 후 추가 학습이나 여름학교 프로그램을 위한 자금을 제공하여 무조건 다음 학년으로 진급하는 관행을 끝내도록 지원해야 한다. 나는 환자권리장전, 55세에서 65세 사이의 국민에게 메디케어 개방, 가족휴가법 확대, 100만 명의 아동을 추가로 지원하기 위한 연방의 보육 원조 대폭 확대 등에 대한 나의 지지를 다시 이야기했다.

안보 분야에서 나는 '테러리스트, 국제 범죄자들, 마약 밀매자들로 인한 새로운 위협들의 부정不淨한 축軸'과 싸우기 위한 국회의 지지"를 요청했다. 상원에는 나토의 확대를 승인해줄 것을 요청했다. 보스니아의 미군에 대해 계속 자금을 지원하고, 화학무기와 생물학무기의 위협과 그것을 손에 넣으려 하는 무법자 국가, 테러리스트, 조직범죄자들과 맞서는 노력에도 자금을 계속 지원해줄 것을 요청했다.

연설의 마지막 대목에서는 미국의 통합을 호소하고, 미래를 바라보자고 강조했다. 가난한 공동체의 능력부여지구 수를 세 배로 늘리겠다. 강, 호수, 연안에 대하여 새로운 맑은 물 사업을 시작하겠다. 연비를 높인 자동차, 청정에너지를 사용하는 가정, 재활용 가능한 에너지를 위한 세금감면과 연구자금의 재원으로 60억 달러를 마련하겠다. 정보 전송 속도를 1,000배로 높인 '차세대' 인터넷에 자금을 지원하겠다. 국회의 적대적 태도 때문에 자원이 없어 작업장 내의 차별 사건 6만 건을 처리하지 못하고 있는 고용기회균등위원회에 자금을 지원하겠다. 또 '우리 세대에서 마침내 암과의 전쟁에서 승리를 거두고, 모든 치명적 질병에 대항한 싸움에서 혁명적 발전을 이루어나갈 수 있도록' 국립건강연구소, 국립암연구소, 국립과학재단 지원을 사상 최대로 늘리겠다고 제안했다.

나는 미국의 문화유산을 보존하기 위한 밀레니엄 캠페인을 주도하고 있는 힐러리에게 감사하며 연설을 끝냈다. 이 문화유산에는 1812년 전쟁에서 프랜시스 스콧 키가 미국 국가를 쓸 때 영감의 원천이 되었던, 이제는 누더기가 된 성조기도 포함되어 있었다.

연설에는 추문에 대한 이야기는 한마디도 없었다. 가장 큰 새로운 구상은 '먼저 사회보장을 확보하자'였다. 나는 국회가 앞으로 생길 흑자를 놓고 일종의 입찰 전쟁을 벌여, 베이비붐 세대의 노후 문제를 처리하기도 전에 그것을 세금감면이나 다른 지출에 낭비해버릴까봐 걱정하고 있었다. 민주당 의원들은 대부분 내 생각에 동의했고, 공화당 의원들은 대부분 동의하지 않았다. 그러나 그 후 몇 년 동안 우리는 전국 각지에서 일련의 양당 포럼 자리를 마련하여, 다른 모든 상황과 관계없이 퇴직 후 생활보장을 할 것이냐 말 것이냐가 아니라 어떻게 보장할 것이냐를 놓고 논쟁을 벌이면서 견해가 일치되는 지점을 모색해나가게 된다.

연설 이틀 뒤 라이트 판사는 모니카 르윈스키와 관련된 모든 증거는 존스 사건에서 배제하라고 명령을 내렸다. 그것이 '핵심 쟁점들에 필수적이지 않다'는 이유에서였다. 이로써 스타가 나의 선서증언을 조사하는 일은 더욱 수상쩍어 보이게 되었다. 위증의 조건은 '재판에 중대한 영향을 미치는' 사안에 대한 허위 진술이었기 때문이다. 1월 마지막 날, 그러니까 불바람이 불기 시작하고 나서 열흘째 되는 날, 「시카고 트리뷴」은 내 업무지지도가 72퍼센트로 올라갔다는 여론조사 결과를 발표했다. 나는 미국 국민에게 내가 일을 하고 있으며, 그 결과를 내놓고 있다는 것을 보여주겠다고 결심하고 있었다.

2월 5일과 6일, 토니와 셰리 블레어가 이틀 예정으로 미국을 국빈 방문했다. 그들은 힐러리와 나에게 정말 반가운 손님이었다. 그들 덕분에 우리는 웃음을 터뜨릴 수 있었다. 블레어는 공개석상에서 나를 강력하게 지원하면서, 경제와 사회 문제, 나아가서 외교정책에 대한 우리의 공통의 접근방법을 강조했다. 우리는 블레어 부부를 캠프 데이비드로 데려가 앨 고어 부부와 함께 저녁식사를 했고, 백악관에서 엘튼 존과 스티비 원더의 공연을 곁들인 국빈만찬을 주최했다. 힐러리는 토니 블레어, 뉴트 깅리치와 같은 식탁에 앉아 있었는데, 행사가 끝난 뒤 깅리치가 블레어에게 했던 말을 나에게 전해주었다. 깅리치는 나에 대한 혐의가 설사 사실이라 해도 "우스꽝스럽고", "무의미하며", 결국 "아무런 도움이 되지 않을 것"이라고 말했다는 것이다.

기자회견장에서 블레어는 내가 그의 동료일 뿐 아니라 친구이기도 하다고 말했다. 그러자 「월스트리트 저널」의 기자 마이크 프리스비가 나에게 기다리던 질문을 했다. 그는 나의 개인생활로 인한 고통 등 모든 문제를 고려할 때, "어느 순간에 이럴 만한 가치가 없다고 생각하여 대통령직 사임을 고려한 적이 있느냐"고 물었다. "한 번도 없다." 나는 그렇게 대답했다. 나는 정치에서 개인적 원한은 배제하려고 노력해왔지만, 내가 더 열심히 노력할수록, "다른 사람들은 더 열심히 반대 방향으로 끌어당긴다"고 말했다. 그럼에도 "나는 이 나라 국민, 그리고 그들이 나를 신임하고 맡긴 일을 절대 떠나지 않을 것"이며, 따라서 "계속 내 할 일을 해나갈 것"이라고 말했다.

2월 중순, 이라크가 유엔 사찰단을 추방한 사건에 대한 대응으로 이라크를 공습하기로 결정하고 토니 블레어와 함께 세계 여러 나라의 지지를 얻어내려고 노력하던 중, 코피 아난은 마지막 순간에 사담 후세인으로부터 사찰을 계속 받겠다는 약속을 얻어냈다. 사담 후세인은 강압에 의하지 않고는 절대 움직이지 않는 사람이라는 느낌이 들었다.

나는 새로운 사업안들을 계속 홍보하는 한편, 맥케인-페인골드의 선거자금 개혁법안을 성사시키기 위해 노력했는데, 2월 말에 상원의 공화당은 이 법안을 죽여버렸다. 나는 또 질병관리센터 소장인 닥터 데이비드 스태처를 공중위생국 장관으로 임명하고, 플로리다 중부의 토네이도 피해 지역을 돌아보고, 공동체들이 여성에 대한 폭력을 예방하는 노력을 강화하도록 처음으로 보조금을 지급하기로 결정하고, 다가올 선거에서 민주당원들을 돕기 위해 기금을 모금하는 등 바쁘게 돌아다녔다.

1월 말과 2월 초에, 백악관 직원 몇 사람이 대배심에 출두했다. 나는 그들이 이런 일에 얽혀든 것 때문에 끔찍한 기분이었다. 특히 모니카 르윈스키에게 잘해주려고 했다가 이제 그 일로 인해 고초를 겪고 있는 베티 커리가 안쓰러웠다. 버넌 조던이 이 소용돌이에 말려든 것도 몹시 안타까웠다. 우리는 오랜 세월 절친한 친구였고, 나는 그가 어려운 처지에 놓인 사람들을 돕는 모습을 자주 보았다. 그런데 이제 조던은 나 때문에 표적이 되어 있었다. 나는 그가 아무런 잘못도 하지 않았다는 것을 잘 알았으며, 나 때문에 그런 지저분한 일에 말려든 것에 대해 언젠가 나를 용서할 수 있기를 바랐다.

스타는 시드니 블루멘탈에게도 소환장을 보냈다. 기자 출신의 블루멘탈은 힐러리와 나의 오랜 친구로, 1997년 7월부터 백악관에 와서 일을 했다. 「워싱턴포스트」에 따르면, 스타는 블루멘탈이 그를 비판한 것이 사법절차 방해에 해당하는지 조사하는 중이었다. 이것은 스타가 매우 성마른 사람이라는 것, 그리고 자신을 비판하는 사람이면 누구에게나 거리낌 없이 자신의 직권을 이용하는 사람이라는 것을 보여주는 소름끼치는 사례였다. 스타는 사립탐정 두 사람에게도 소환장을 발부했다. 그들은 「내셔널 인콰이어러」에 고용되어 스타가 리틀록의 어떤 여자와 불륜관계에 있다는 소문을 추적하고 있었다. 이 소문은 사실이 아니었는데, 아마 사람을 잘못 봐서 생긴 문제였던 것 같다. 그러나 여기에도 역시 이중 기준이 적용되고 있었다. 그는 연방수사국 요원들과 사립탐정들을 이용해 내 생활을 조사하고 있었다. 그러다 타블로이드 신문이 그의 생활을 들여다보려 하자, 바로 반격에 나선 것이다.

스타의 전술은 언론의 관심을 끌기 시작했다. 「뉴스위크」는 '음모냐 우연의 일치냐' 하는 제목 하에 두 면에 걸쳐 표를 그려놓았다. 이 기사는 또 스타의 '추문' 조사를 장려하고 돈을 대는 20명 이상의 보수적인 활동가와 조직들의 연관관계를 추적하고 있었다. 「워싱턴 포스트」는 많은 전직 연방 판사들이 스타가 나의 개인행동에 초점을 맞추는 것만이 아니라, '대통령에 대한 사건을 만들어내기 위해 사용하는 무기들에도' 언짢아한다고 보도했다.

스타는 모니카 르윈스키의 어머니에게 그녀의 의지에 반한 증언을 강요하여 특히 많은 비판을 받았다. 스타가 준수해야 하는 연방 가이드라인에 따르면, 가족은 범죄 행위의 일부를 이루지 않는 한, 또는 '검사의 우선적 관심사'가 되지 않는 한, 보통 증언을 강요받지 않았다. 2월 초 NBC 뉴스의 여론조사에 따르면, 미국 국민 가운데 26퍼센트만이 스타가 공정한 조사를 한다고 생각했다.

이 기나긴 이야기는 3월에도 계속되었다. 존스 사건에서 내가 한 선서 증언 내용도 새나갔다. 존스 측의 누군가가 한 일이 분명했다. 판사는 러더퍼드 연구소의 변호사들에게 비밀을 엄수하라고 되풀이하여 주의를 주었음에도, 막상 이야기가 새나갔을 때는 아무도 제재를 받지 않았다. 3월 8일, 짐 맥두걸이 텍사스의 연방 형무소에서 사망했다. 기나긴 하강을 계속하다가 슬프고 얄궂은 종말을 맞이한 것이다. 수잔 맥두걸에 따르면, 짐은 감옥에서 죽는 것만은 피하려 했기 때문에 스타와 힉 유잉의 입맛에 맞게 이야기를 바꾸었다고 한다.

3월 중순, '60분' 은 캐슬린 윌리라는 여자와 인터뷰한 내용을 내보냈다. 윌리는 자신이 백악관에서 일하고 있을 때 내가 그녀에게 원치 않는 접근을 했다고 주장했다. 그것은 사실이 아니었다. 우리에게는 그녀 이야기의 신빙성에 의문을 제기할 수 있는 증거들이 있었다. 그녀의 친구 줄리 하이아트 스틸의 선서진술도 그 한 예였다. 윌리는 스틸에게 부탁하기를 누가 물어보면, 내가 접근하고 나면 윌리 자신이 곧바로 스틸에게 그 일을 이야기했다는 식으로 거짓말을 해달라고 했다는 것이다.

그런 일이 있기 전에 윌리의 남편은 그녀에게 20만 달러의 미해결 부채를 남기고 자살했다. '60분' 에서 윌리의 인터뷰를 내보내고 나서 일주일이 안 되어, 내가 그녀에게 남편 일로 조문 전화를 한 뒤, 윌리가 사람들에게 내가 남편 장례식에 올 것이라는 말을 했다는 보도가 나왔다. 이 역시 그녀가 주장하는 사건이 있고 난 다음의 일이라는 것이었다. 결국 우리는 윌리가 나에게 보낸 편지 여남은 통을 공개했다. 역시 그녀가 주장하는 사건이 생기고 나서 보냈다고 하는 이 편지들은 그녀가 나의 '제1의 팬' 이며, '어떤 식으로든 나를 돕고 싶다' 는 등의 내용이었다. 윌리가 타블로이드판 신문이나 책에 자신의 이야기를 팔겠다고 하면서 30만 달러를 요구했다는 보도가 나온 뒤, 그녀의 이야기는 사그라졌다.

내가 윌리의 안타까운 이야기를 여기에서 하는 것은 스타가 그녀의 이야기를 다룬 방식 때문이다. 스타는 우선 매우 독특한 방식으로 접근하여, 그녀가 '진실' 을 말해준다면 '계약적 소추 면책' (형사상의 모든 기소로부터 완전히 보호해주는 것)을 해주겠다고 제안했다. 윌리가 다른 남자와 관련된 약간 창피스러운 대목들에 대하여 거짓말을 하다가 들통이 났을 때도, 스타는 다시 소추 면책을 해주었다. 이와는 대조적으로, 정식 공화당원인 줄리 하이아트 스틸은 스타의 입맛에 맞게 말을 바꾸어 거짓말을 하지 않겠다고 하자 기소를 해버렸다. 그녀는 유죄판결을 받지는 않았지만, 재판 비용 때문에 파산지경에 이르렀다. 독립변호사실은 심지어 그녀가 루마니아에서 아기를 입양한 일의 합법성에도 문제를 제기했다.

성 패트릭 축일에 나는 정치과정에 참여하고 있는 북아일랜드의 모든 정당 지도자들을 만났다. 게리 애덤스와 데이비드 트림블의 체류기간은 그 전에 연장해주었다. 토니 블레어와 버티 아헌은 합의를 바라고 있었다. 내 역할은 기본적으로 모든 정당을 다독거려, 조지 미첼이 짜고 있는 기본협정의 틀 속으로 들어가게 하는 것이었다. 아직 힘겨운 협상이 남아 있었지만, 나는 목표에 이를 수 있을 것이라고 생각했다.

며칠 뒤 힐러리와 나는 국내의 소란을 뒤로 하고 멀리 아프리카로 갔다. 아프리카는 미국이 너무 자주 무시해온 대륙이었으며, 21세기에 좋은 쪽으로든 나쁜 쪽으로든 큰 역할을 할 것으로 여겨지는 대륙이었다. 힐러리가 함께 가주어서 무척 기뻤다. 힐러리는 그 전해에 첼시와 함께 갔던 아프리카 출장에서 무척 좋은 인상을 받아, 아프리카를 다시 찾고 싶어 했다. 그것이 아니라도 우리는 한동안 함께 시간을 보낼 필요가 있었다.

출장은 가나에서 시작되었다. 제리 롤링스와 나나 코나두 아계망 대통령 부부는 독립 광장에서 열린 기념행사로 시작부터 우리를 들뜨게 해주었다. 이 행사에는 50만 이상의 인파가 모였다. 연단의 우리 옆에는 밝은 색의 켄테 천으로 만든 전통적인 옷을 입은 부족의 왕들이 있었다. 가나 사람들은 내가 그때까지 본 가장 큰 북을 두드려 아프리카 리듬으로 우리를 맞이했다.

나는 롤링스에게서 좋은 인상을 받았다. 그는 군사 쿠데타로 정권을 잡았지만, 선거를 통해 대통령으로 두 번 당선되었고, 2000년에는 퇴임을 약속했다는 사실도 중요한 의미가 있었다. 게다가 우리 두 가족 사이에는 간접적인 관련이 있었다. 힐러리가 첼시를 낳을 때 담당의사는 가나에서 아칸소로 온 뛰어난 조산사의 도움을 받았다. 힐러리와 나는 하가르 삼이라는 이름의 그 조산사가 무척 마음에 들었는데, 알고 보니 하가르 삼은 롤링스 부인의 출산을 네 번이나 도운 사람이었다.

3월 24일, 우리는 우간다로 가서 요웨리와 재닛 무세베니 대통령 부부를 만났다. 우간다는 이디 아민의 숨막히는 독재 이후 계속 상황이 개선되었다. 몇 년 전만 해도 이 나라는 아프리카에서 에이즈 발생률이 가장 높았다. 그러나 '큰 소리'라고 부르는 캠페인을 벌여 절제, 교육, 결혼, 콘돔에 대한 교육을 강화함으로써 사망률을 반으로 낮추었다.

롤링스 대통령 부부와 우리는 미국이 재정지원하는 소액 신용대출과 교육의 중요성을 강조하기 위해 무코노와 와냥게라는 작은 마을 두 곳을 찾아갔다. 우간다는 그 전 5년 동안 교육 재원을 세 배로 늘렸으며, 남학생들만이 아니라 여학생들도 교육을 시키기 위해 열심히 노력하고 있었다. 우리가 찾아갔던 무코노 마을의 학생들은 예쁜 분홍색 교복을 입고 있었다. 그들은 똑똑하고 다방면에 관심이 많았으나, 학습 자료는 형편없었다. 교실에 걸린 지도는 너무 오래되어서 이미 사라진 소련이 표시되어 있을 정도였다. 미국의 원조로 자금을 조달하는 소액 신용대출 덕분에 와냥게 마을의 요리사는 사업을 확대했고, 어떤 여자는 양계사업을 다각화해 토끼까지 기르고 있었다. 우리는 나은 지 이틀밖에 안 된 아기를 안은 산모를 만났다. 여자는 나에게 아기를 안겨주었다. 백악관 사진사는 우리 둘의 사진을 찍어주었는데, 그 아이의 이름 역시 빌 클린턴이었다.

비밀검찰부는 보안상의 문제 때문에 내가 르완다에 가지 않기를 바랐다. 그러나 나는 반드시 들러야 한다고 생각했다. 다만 보안 문제 때문에 양보를 하여, 키갈리 공항에서 르완다 지도자들과 대학살의 생존자들을 만났다. 후투족 출신의 파스퇴르 비지뭉구 대통령과 투치족 출신의 폴 카가메 부통령은 나라를 다시 통합하기 위해 노력하고 있었다. 카가메는 르완다에서 가장 영향력이 큰 정치 지도자였다. 그럼에도 다수인 후투족 대통령과 협력하는 것이 화해과정을 진전시키는 방법이라고 판단하여 부통령을 맡고 있었다. 나는 유엔과 국제사회가 신속하게 행동하지 못했기 때문에 대학살을 막지도 못했고 난민수용소가 살인자들의 피신처가 되는 것을 예방하지도 못했다고 인정하고 나서, 르완다 재건을 돕고 대학살에 책임이 있는 범죄자들을 응징할 전범재판소 설치를 지지하겠다고 말했다.

생존자들은 나에게 그들이 겪은 이야기를 들려주었다. 마지막에 말을 한 사람은 매우 위엄이 있어 보이는 여자였다. 그녀는 투치족 출신으로 오랫동안 후투족과 함께 살았다. 자식들끼리도 함께 어울려 노는 허물없는 사이였다. 그러나 어느 날 이웃들이 미쳐 날뛰는 살인자들에게 그녀의 가족이 투치족이라고 일러바쳤다. 그녀는 큰 칼에 맞아 심한 부상을 당했다. 살인자들은 그녀가 죽은 것으로 여기고 떠나버렸다. 그녀가 자신의 피 웅덩이에서 깨어나보니, 남편과 여섯 자녀는 옆에 주검으로 누워 있었다. 그녀는 절망에 사로잡혀 왜 자신을 살렸느냐고 신에게 외쳤으나, 결국 자신이 '목숨을 잃지 않은 데는 이유가 있다'는 것을 깨닫게 되었다. "그것은 복수 같은 천박한 이유가 아니었어요. 나는 우리 나라가 다시 출발하는 것을 돕기 위해 내가 할 수 있는 일을 하겠습니다." 나는 그녀의 이야기에 압도당했다. 그 당당한 여자의 이야기를 듣다 보니, 내 문제들은 형편없이 작게 느껴졌다. 그녀의 이야기 때문에 르완다를 돕기 위해 할 수 있는 모든 일을 하겠다는 나의 결심은 더욱 굳어졌다.

나는 미국 대통령으로는 처음으로 남아프리카의 케이프타운을 찾아가 의회 연설을 통해 내가 온 데에는 "미국 국민이 새로운 눈으로 새로운 아프리카를 보도록 도와주자는 목적도 있다"고 말했다. 아파르트헤이트의 지지자와 피해자들이 함께 일하는 광경은 아주 보기 좋았다. 그들은 과거를 부정하지도 않았고, 현재의 의견 불일치를 감추지도 않았다. 그러나 공동의 미래를 구축할 수 있다는 자신감을 갖고 있는 것 같았다. 그것은 만델라로부터 뿜어져나오는 화해의 정신 덕이었다.

다음 날 만델라는 우리를 로벤 섬으로 데려갔다. 그가 수감 생활의 첫 18년을 보낸 곳이었다. 나는 그가 일하던 채석장과 일하지 않을 때 갇혀 있던 비좁은 감방을 보았다. 나는 요하네스버그에서 부통령 타보 음베키를 방문했다. 만델라의 후계자가 될 것이 거의 확실한 음베키는 1년에 두 번 앨고어와 공동의 의제를 놓고 회담을 하고 있었다. 나는 남아프리카를 사랑했던 론 브라운의 이름을 딴 한 상업용 시설 개관식에 참석하고, 한 초등학교를 방문하기도 했다. 그 뒤에 힐러리와 나는 수많은 반아파르트헤이트 활동가들을 낳았던 흑인거주구 소웨토의 교회에서 제시 잭슨 목사와 함께 예배를 드렸다.

이 무렵 나는 만델라에게 진정한 우정을 느끼고 있었다. 그는 27년간의 수감 생활을 하면서 놀랍게도 증오를 버리고 화해를 선택한 사람이었다. 그는 강인한 정신을 갖춘 정치가이면서, 남을 보살필 줄 아는 인간으로서도 뛰어난 면모를 보여주었다. 만델라는 오랜 수감 생활에도 불구하고, 삶의 개인적 측면이나 사랑, 우정, 친절을 베푸는 능력에 대한 관심을 잃지 않았다.

우리는 특별히 의미 있는 대화를 나누기도 했다. 내가 만델라에게 말했다. "마디바(대화에서 사용하는 만델라의 부족명으로, 그는 나에게 이 이름으로 불러달라고 했다), 취임식에 대통령을 가두었던 교도관들을 초대한 것은 훌륭한 일이라고 생각합니다. 하지만 정말로 마디바를 가둔 사람들을 미워하지 않습니까?" 만델라가 대답했다. "물론 미워했지요. 아주 오랫동안 미워했습니다. 그 사람들은 내 삶에서 가장 좋은 시절을 빼앗아갔습니다. 나를 육체적, 정신적으로 학대하기도 했지요. 나는 아이들이 크는 것도 보지 못했습니다. 나는 그들을 증오했지요. 그러다 어느 날 채석장에서 바위에 망치질을 하다가, 그들이 나의 정신과 마음 말고는 이미 모든 것을 가져갔다는 것을 깨달았습니다. 내 허락 없이는 가져갈 수 없는 것만 남겨둔 것이지요. 나는 그것만은 내주지 않기로 결심했습니다." 만델라는 나를 보고 웃음을 지으며 덧붙였다. "대통령도 그러셔야 합니다."

나는 잠시 움찔한 뒤에 다른 질문을 했다. "마지막으로 감옥에서 나올 때, 안에서 다시 증오가 솟아오르지 않았나요?" "그랬지요. 잠시 그랬습니다. 그러다가 이렇게 생각했습니다. '이 사람들은 나를 27년간 가두었다. 만일 내가 그들을 증오한다면, 나는 계속 갇혀 있는 것이나 다름없다.' 나는 자유롭고 싶었습니다. 그래서 털어버렸지요." 그는 다시 웃음을 지었다. 이 번에는 그가 "당신도 그래야 합니다"라고 말할 필요가 없었다.

우리는 보츠와나에 가서 하루를 휴가로 보냈다. 보츠와나는 사하라 남 부의 아프리카에서 일인당 소득이 가장 높은 곳이면서, 동시에 세계에서 에 이즈 발병률이 가장 높은 곳이었다. 우리는 초베 국립공원으로 사파리를 나 가, 사자, 코끼리, 임팔라, 하마, 악어를 구경했고, 새들도 20종 이상이나 보 았다. 우리는 코끼리 모자母子에게 가까이 다가가보기도 했다. 우리가 너무 가까이 다가갔는지, 어미 코끼리는 코를 치켜들고 우리에게 물을 뿌렸다. 공화당 지지자들이 그들 당의 마스코트가 나에게 물을 뿌리는 모습을 보았 다면 얼마나 좋아했을까 하는 생각이 들자 웃음이 터져나왔다. 오후 늦게 우리는 초베 강에서 보트를 탔다. 힐러리와 나는 손을 잡고 지는 해를 보며 우리가 받은 축복들을 꼽아보았다.

마지막 들른 곳은 세네갈이었다. 우리는 이곳에서 고레 섬의 '돌아오지 않는 문'을 찾아갔다. 북미에 노예로 팔려가던 아프리카인들이 배를 타던 곳이었다. 나는 우간다에 갔을 때와 마찬가지로, 노예제에 대하여, 그리고 아프리카계 미국인들이 자유를 얻기 위해 오래고 힘든 투쟁을 할 수밖에 없 었던 것에 대하여 미국의 책임을 이야기하며 유감을 표시했다. 나는 '아프 리카가 미국에 준 큰 선물인 3,000만 이상의 아프리카계 미국인들을 대표하 는' 대규모 대표단을 소개하고, 세네갈 사람들을 비롯한 모든 아프리카인들 과 더 나은 미래를 위하여 일하겠다고 약속했다.

나는 세네갈 국민의 대부분을 차지하는 이슬람교도에게 경의를 표하기 위하여 압두 디우프 대통령과 함께 이슬람 사원을 찾아갔다. 이어 미국의 원조로 사막의 일부를 원상태로 복원한 마을을 찾아가기도 했고, 나의 행정 부에서 발의한 아프리카 위기 대응 사업의 일환으로 미국 군사 요원들로부 터 훈련을 받고 있는 세네갈 부대를 찾아가기도 했다. 아프리카 위기 대응 사업은 아프리카에서 전쟁을 끝내고, 르완다 같은 사태가 재발하는 것을 막 기 위한 지원 사업이었다.

나의 아프리카 순방은 미국 대통령의 아프리카 출장으로는 가장 길고, 범위도 가장 넓은 출장이었다. 나와 동행한 양당 국회 대표단과 유명 인사들, 그리고 아프리카 성장 기회법을 포함하여 내가 지지하는 여러 프로그램들은 아프리카 사람들에게 우리가 공동 역사의 새 장을 열고 있다는 것을 보여주었다. 아프리카는 여러 가지 문제에도 불구하고 희망이 있는 곳이었다. 나는 도시 군중의 얼굴에서, 숲 속이나 사막 가장자리의 학생이나 마을 사람들의 얼굴에서 그것을 보았다. 게다가 아프리카는 우리에게 큰 선물을 주었다. 르완다의 당당한 여인과 넬슨 만델라의 지혜 덕분에 나는 앞에 놓인 일에 맞서는 데 필요한 마음의 평화를 많이 회복할 수 있었다.

4월 1일, 내가 세네갈에 있는 동안, 라이트 판사는 존스 사건에 대한 내 변호사들의 약식 재판 신청을 받아들여, 사건을 정식 재판에 넘기지 않고 기각했다. 존스가 자신의 주장을 뒷받침할 만한 믿을 만한 증거를 제출하지 못했다는 이유였다. 이 기각은 스타의 조사가 가진 정치적 본질을 그대로 드러내주었다. 이제 그는 내가 선서증언에서 허위 진술(판사가 관련이 없다고 한 문제에 대한 허위진술)을 했으며, 애초에 거론할 사안도 없었던 사건에서 사법 절차를 방해했다는 혐의를 놓고 나를 조사하고 있었다. 이제 아무도 화이트워터 이야기는 하지 않았다. 4월 2일에 스타는 존스 사건 기각과 관계없이 계속 밀고 나가겠다고 말했고, 아무도 놀라지 않았다.

며칠 뒤 밥 루빈과 나는 160만 정의 공격용 총기 수입을 차단하겠다고 발표했다. 1994년에 범죄방지법안을 통해 19가지 종류의 공격용 무기 제조를 금지했지만, 영리한 외국 총기 제조사들은 총기를 약간 고쳐 법을 피하려 하고 있었다. 그러나 그런 총기의 유일한 목적이 사람을 죽이는 것이라는 데에는 아무런 변화가 없었다.

4월 10일, 성금요일은 내 대통령 임기 중에 가장 행복했던 날 가운데 하루로 꼽을 수 있다. 마감시한을 17시간 넘기기는 했지만, 북아일랜드의 모든 당사자들이 분파적 폭력으로 얼룩진 30년의 역사에 종지부를 찍는 계획에 합의했다. 나는 전날 밤 거의 잠을 자지 못하고, 협상 타결을 위해 애쓰는 조지 미첼을 지원했다. 나는 미첼 외에 버티 아헌, 토니 블레어, 데이비드 트림블, 게리 애덤스와 전화 통화를 하고(애덤스하고는 두 번이나 통화를 했다) 오전 2시 30분에 잠자리에 들었다. 그러나 5시에 미첼이 다시 전화를 하여, 협상을 마무리지으려 하니 애덤스와 다시 통화를 해달라고 했다.

합의문은 훌륭한 작품이었다. 합의문은 다수의 통치와 소수의 권리를 보장했다. 정치적 결정에 모두 참여하고, 경제적 혜택은 함께 나누기로 했다. 영국과 유대를 이어가되, 아일랜드하고도 새로 유대를 맺기로 했다. 이런 합의에 이르게 된 과정은 존 메이저와 앨버트 레이놀즈의 평화 결의에서 시작되었다. 존 브루튼이 레이놀즈의 뒤를 이었을 때도 평화의 흐름은 계속되었고, 마침내 버티 아헌, 토니 블레어, 존 흄, 게리 애덤스에 의해 완성되었다. 내가 애덤스에게 비자를 내주고, 이후에 백악관이 적극적으로 개입한 것도 중요한 기여를 했다. 그리고 조지 미첼이 협상을 뛰어나게 조율했다.

물론 가장 큰 공은 북아일랜드 지도자들, 블레어, 아헌 등 어려운 결정을 내려야 했던 사람들, 그리고 험난한 과거를 잊고 평화의 약속을 선택한 북아일랜드 사람들에게 돌아가야 했다. 아일랜드인 특유의 정서를 담아 성금요일 의정서로 알려지게 된 이 합의문은 5월 22일에 북아일랜드와 아일랜드공화국 유권자들의 국민투표로 비준을 받아야 했다.

이 무렵 나는 휴스턴의 존슨 우주센터로 날아가, 우주가 인체에 미치는 영향(뇌의 적응 방식, 내이內耳와 인간의 평형 시스템에서 발생하는 일 등)에 대한 26회의 실험을 수행할 최신 우주왕복선 계획 토론에 참여했다. 방청석에 앉아 있던 77세의 상원의원 존 글렌도 승무원으로 탑승할 예정이었다. 글렌은 제2차 세계대전과 한국전쟁 때 전투 임무를 띠고 149회 출격한 경험을 바탕으로, 30여 년 전 미국 최초의 우주비행사 가운데 한 사람이 되었다. 글렌은 상원에서 은퇴한 뒤, 다시 한 번 우주에 가고 싶은 마음이 간절했다. 미국우주항공국NASA의 국장 댄 골딘과 나는 글렌의 참여를 강력하게 지지했다. 우주항공국이 우주여행이 노화에 미치는 영향도 연구하기를 원했기 때문이다. 나는 국제우주정거장과 화성 탐사를 포함한 우주계획을 적극적으로 지지해왔는데, 존 글렌의 노익장 과시는 우리에게 우주 탐사의 실질적 이득을 보여줄 기회이기도 했다.

　이어 나는 칠레를 국빈 방문하여, 제2차 미주정상회의에 참석했다. 장기간의 가혹한 아우구스토 피노체트 장군의 독재가 끝난 뒤 칠레는 에두아르도 프레이 대통령(그의 아버지도 1960년대에 칠레 대통령을 지냈다)의 지도 하에 민주주의를 향해 흔들림 없이 나아가고 있었다. 정상회의 직후 맥 맥라티가 미주 특사직을 사임했다. 나의 오랜 친구 맥라티는 이 일을 맡은 뒤 4년 동안 이 지역에 40회 이상 출장을 다니면서, 미국이 그들의 좋은 이웃이될 것이라는 확실한 메시지를 전했다.

　4월은 두 가지 기분 좋은 사건으로 끝이 났다. 나는 1993년 예산에 찬성표를 던진 국회의원들(그 바람에 의석을 잃은 전직 의원들까지 포함하여)을 위해 리셉션을 열고, 1969년 이래 최초로 적자가 완전히 사라졌다고 발표했다. 이것은 내가 취임할 때만 해도 상상도 하지 못했던 성과였으며, 1993년 경제계획에 대하여 고뇌 끝에 찬성표를 던진 의원들이 없었다면 이루지 못했을 일이었다. 4월 마지막 날 상원은 나의 주요한 과제 가운데 하나였던 폴란드, 헝가리, 체코공화국의 나토 가입을 80 대 19로 승인했다.

　5월 중순 인도가 5회의 지하 핵실험을 함으로써 핵실험을 금지하려는 우리의 노력이 타격을 받았다. 2주 뒤, 파키스탄 역시 6회의 핵실험으로 대응했다. 인도는 자국의 핵무기가 중국에 대한 억제책으로 필요하다고 주장했고, 파키스탄은 인도에 대응하는 것이라고 말했다. 양국의 여론은 핵무기 소유를 강력하게 지지했지만, 그것은 위험한 생각이었다. 우선 미국의 국가안보 관계자들은 냉전 시대의 미국과 소련과는 달리, 인도와 파키스탄은 상대방의 핵 능력이나 핵 사용 정책에 대해 거의 아는 것이 없다고 확신하고 있었다. 인도의 핵실험 뒤에 나는 파키스탄의 나와즈 샤리프 총리에게 인도의 예를 따르지 말라고 권고했으나, 샤리프 총리는 국내의 정치적 압력에 저항하지 못했다.

　나는 인도의 결정에 깊은 우려를 표명했다. 그것이 매우 위험하기 때문만이 아니라, 인도-미국 관계를 개선하려는 나의 정책을 방해하고, 포괄적핵실험금지조약의 상원 비준을 더 어렵게 만들었기 때문이기도 했다. 프랑스와 영국은 이미 비준을 했지만, 미국 국회에서는 고립주의와 일방주의의 분위기가 확산되고 있었다. 신속처리 법안의 실패, 유엔 회비나 국제통화기금의 분담금 지불 거부 등이 그런 예였다. 국제통화기금 분담금은 특히 중요했다. 아시아 금융위기가 세계 다른 지역의 경제가 허약한 나라들로까지 확산되려는 상황에서 국제통화기금은 풍부한 자금을 바탕으로 적극적으로 대응할 능력이 있어야 했다. 미국 국회는 세계화된 경제의 안정성을 흔들고 있었다.

핵실험 논란이 벌어지는 동안, 나는 영국 버밍엄에서 열리는 연례 G-8 정상회의 참가를 위해 다시 출장에 나서야 했다. 나는 가는 길에 프리드리히 대제가 살던 상수시 궁에서 헬무트 콜을 만났다. 베를린 공수(1948년 소련의 베를린 봉쇄에 대응하여 서방국가들이 공중으로 물자를 보급한 사건─옮긴이주) 50주년을 기념하고, 또 콜과 함께 구동독 아이제나흐의 제너럴모터스 오펠 공장을 둘러보려는 목적이었다.

콜은 재선을 위해 힘겨운 싸움을 하고 있었기 때문에, 내가 베를린 공수 기념식 이후까지 남아 콜과 함께 공장 시찰에 나선 것은 몇 가지 의문을 불러일으켰다. 콜과 맞선 사회민주당의 게르하르트 슈뢰더가 토니 블레어나 내가 옹호하는 것과 매우 비슷한 정강을 제시하고 있었기 때문이다. 콜은 이미 비스마르크를 제외한 어떤 독일 총리보다 오래 봉사를 했고, 여론조사에서 슈뢰더에 뒤지고 있었다. 그러나 그는 미국의 친구이고 내 친구였으며, 선거 결과가 어떻게 나오든 콜의 유산, 즉 통일 독일, 강한 유럽연합, 민주 러시아와의 동반관계, 보스니아 전쟁 종식을 위한 노력은 지켜져야 했다. 나는 독일을 떠나기 전 슈뢰더와도 기분 좋은 대화를 나누었다. 슈뢰더는 낮은 자리에서 출발하여 독일 정치의 정상에 오른 사람이었다. 나는 슈뢰더가 강인하고, 똑똑하고, 자신이 원하는 것을 명확하게 파악하고 있다는 느낌을 받았다. 나는 그에게 선전을 당부하고, 그가 승리를 거두면 그의 총리직 수행을 돕기 위해 최선을 다하겠다고 말했다.

버밍엄에 도착하자, 이 도시가 놀라운 부흥을 겪었다는 것, 그리고 내가 거의 30년 전 처음 찾았을 때보다 훨씬 더 아름다워졌다는 것을 알 수 있었다. 회의에는 국제적인 경제 개혁, 마약 밀매나 돈세탁이나 부녀자 밀매에 대항한 더 긴밀한 협력, 테러에 대항한 미국과 유럽연합의 구체적 협조 등 유용한 의제들이 제출되어 있었다. 그러나 이런 중요한 의제들도 인도 핵실험, 인도네시아의 정치와 경제의 붕괴, 중동의 주춤거리는 평화과정, 코소보의 전쟁 위험, 성금요일 의정서에 대한 국민투표 등 굵직굵직한 세계적 사건들 앞에서 빛을 잃었다.

우리는 인도의 핵실험을 비난하고, 핵확산방지조약과 포괄적 핵실험금지조약에 대한 지지를 재확인하고, 핵무기를 위한 핵분열성 물질의 생산을 막는 세계 조약을 추진하겠다고 말했다. 인도네시아에 대해서는 경제와 정치의 개혁을 촉구했지만, 실현 가능성은 높아 보이지 않았다. 인도네시아의 재정이 워낙 형편없는 상태라, 필요한 개혁을 시행할 경우 단기적으로 인도네시아 서민들의 생활이 훨씬 더 힘들어질 터였기 때문이다. 이틀이 안 되어 수하르토 대통령이 사임했지만, 인도네시아의 문제들은 그와 함께 사라지지 않았다. 나는 곧 이 문제들을 해결하는 데 더 많은 시간을 쏟게 되며, 중동에서는 이스라엘의 정치 상황이 정리될 때까지 아무런 일도 할 수 없었다.

세르비아의 최남단 주인 코소보의 주민 다수는 알바니아계 이슬람교도로, 밀로셰비치의 통치 하에서 고통을 겪고 있었다. 1998년 초에 세르비아가 코소보 사람들을 공격한 뒤, 유엔은 구유고슬라비아(세르비아와 몬테네그로)에 대하여 무기수출금지조치를 내리고, 몇 개 국가는 세르비아에 경제 제재를 가했다. 미국, 러시아와 유럽의 몇 개 나라로 구성된 '접촉 그룹'은 위기를 해소하기 위해 노력하고 있었다. G-8은 접촉 그룹의 노력을 지지했지만, 곧 그 정도로는 부족한 상황이 닥치게 된다.

역시 북아일랜드에서만 좋은 소식이 들려왔다. 신페인당의 90퍼센트 이상이 성금요일 의정서를 지지했다. 존 흄과 게리 애덤스가 이 의정서 채택을 위해 노력하고 있었기 때문에, 대다수의 구교도가 이 합의를 지지할 것은 분명했다. 신교도의 의견은 비등하게 나뉘어져 있었다. 나는 당사자들과 협의한 뒤, 버밍엄에서 벨파스트로 가서 합의안을 지지하는 발언을 하지 않기로 결정했다. 이안 페이슬리가 북아일랜드 문제를 놓고 외부인이 이래라 저래라 한다고 나를 공격할 구실을 주고 싶지 않았기 때문이다. 대신 나는 토니 블레어와 함께 기자들을 만나기도 하고, BBC, CNN과 국민투표를 지지하는 긴 인터뷰를 두 번 했다.

투표 이틀 전인 5월 20일, 나는 북아일랜드 주민을 향한 간략한 라디오 연설에서, 만일 그들이 '자신과 자녀들을 위한 지속적 평화'에 찬성하는 투표를 한다면 미국도 그들을 지지하겠다고 약속했다. 그들은 실제로 평화를 지지하는 투표를 했다. 성금요일 의정서는 북아일랜드에서 71퍼센트의 지지를 얻어 승인되었으며, 신교도도 과반수가 찬성을 했다. 아일랜드공화국에서는 90퍼센트 이상의 주민이 찬성투표를 했다. 내 몸에 흐르는 아일랜드인의 피가 그렇게 자랑스러웠던 적이 없었다.

나는 제네바에 들러 세계무역기구를 향해 좀더 개방적인 의사결정 과정을 채택하고, 무역 협상에서 노동과 환경 조건을 좀더 고려하고, 세계화된 경제에서 소외당했다고 느끼는 보통 시민들을 대변하는 목소리에 귀를 기울일 것을 촉구한 뒤 미국으로 갔다. 그렇다고 세계의 문제들로부터 벗어난 것은 아니었다.

그 주에 열린 해군사관학교 졸업식에서 나는 점점 정교해지는 세계 테러리스트 네트워크에 대처하기 위한 적극적인 대응책을 설명했다. 그 내용에는 전력 시스템, 수자원, 경찰, 소방과 의료 서비스, 공항 관제소, 금융 서비스, 전화 시스템, 컴퓨터 네트워크 등에 대한 공격을 탐지하고 억제하고 방어할 수 있는 계획과 생물무기의 확산 및 사용을 예방하고, 그런 무기로부터 미국 국민을 보호하기 위한 종합적 노력 등이 포함되어 있었다. 또 나는 생물무기협약의 사찰 시스템을 강화하고, 탄저균을 포함한 생물학적 위협에 대항하기 위해 군대에 백신을 공급하고, 주와 지방자치단체의 공무원이나 주방위군 요원들이 생물학적 공격에 대응할 수 있도록 훈련하고, 탐지와 경고 체계를 개선하고, 가장 가능성이 높은 생물학적 공격에 대비하여 의약품과 백신을 비축하고, 차세대 백신, 약품, 진단 도구를 만들어내기 위한 연구개발을 강화할 것을 제안했다.

그전 몇 달 동안 나는 특히 생물학적 공격의 가능성을 우려하고 있었다. 유전공학을 이용하여 기존의 백신이나 약품에 대한 저항력이 강한 무기를 개발할 가능성이 있다고 보았기 때문이다. 그 전해 12월, 르네상스 위켄드에서 힐러리와 나는 크레이그 벤터와 저녁을 함께 먹은 적이 있었다. 분자 생물학자인 벤터의 회사에서는 인간의 게놈 지도를 완성하려는 연구를 하고 있었다. 나는 벤터에게 테러리스트들이 유전자 지도를 이용하여 합성 유전자를 개발하고, 기존의 바이러스를 개조하고, 천연두 바이러스와 다른 치명적인 바이러스를 결합하여 훨씬 더 해로운 바이러스를 만들 가능성에 대해 물어보았다.

벤터는 그런 일이 가능하다고 하면서 리처드 프레스턴의 새 소설 『코브라 사건The Cobra Event』을 읽어보라고 권했다. 이 책은 한 미친 과학자가 천연두 바이러스와 신경을 파괴하는 곤충 바이러스를 결합한 '브레인팍스'를 뉴욕시티에 뿌려 세계 인구를 줄이려 한다는 내용의 스릴러였다. 나는 그 책을 읽고 나서, 프레스턴이 책을 쓰는 데 도움을 준 사람들 가운데 100명이 넘는 과학자, 군사 및 정보 전문가, 내 행정부의 공무원들이 포함되어 있다는 것을 알았다. 나는 각료들과 깅리치 하원의장에게 그 책을 읽어보라고 권했다.

우리는 1993년부터 생물학 전쟁 문제를 놓고 대책을 논의하기 시작했다. 세계무역센터 폭탄 테러로 국내에서도 테러 공격이 이루어질 수 있다는 것이 분명해졌기 때문이다. 또 러시아의 망명자가 러시아에 탄저균, 천연두 바이러스, 에볼라 바이러스를 비롯한 여러 병원균들이 엄청나게 비축되어 있으며, 소련이 사라진 뒤에도 러시아가 이런 병원균들을 계속 생산해왔다고 알려준 것에 자극을 받기도 했다. 이에 대한 대응으로 핵무기만이 아니라 생물학 무기에 대해서도 러시아와 협력하는 내용을 포함하도록 넌-루가 프로그램의 적용 범위를 확대하기로 했다.

1995년에 도쿄 지하철에서 사린가스 테러 사건이 벌어진 후, 국가안보회의의 실무자인 리처드 클라크가 책임을 맡고 있는 테러방지안보그룹CSG은 화학과 생물학 공격에 대항한 방어체계를 수립하는 일에 좀더 노력을 기울이기 시작했다. 1995년 6월, 나는 그러한 공격에 대한 예방 및 대처 책임과 해외에서 테러리스트를 체포하는 비밀 작전이나 적극적 노력을 통하여 테러리스트들의 역량을 약화시키는 책임을 정부의 여러 부처에 할당하는 대통령 결정 명령 PDD 39호에 서명했다. 국방부에서는 해병대 사령관 찰스 크룰락, 해군 차관 리처드 단치그 등 소수의 군 및 민간 지도자들이 이 문제에 관심을 가졌다. 1996년 말 합동참모본부는 탄저균에 대응하여 전 군에 백신을 공급하는 권고안을 승인했다. 국회는 한 광신자가 허위 신분증을 이용하여 약 300달러를 주고 한 연구소로부터 페스트 바이러스 세 병을 사려다 잡힌 뒤에, 미국 연구소의 생물학 작용제에 대한 통제를 강화하는 일에 나섰다.

1997년 말, 러시아가 우리 생각보다 훨씬 더 많은 양의 세균전 병원체를 비축해두었다는 것이 분명해진 뒤, 미국이 소비에트 시대에 생물학 무기들이 대량으로 제조되던 연구소에서 일하던 과학자들과 협력하는 것을 허가했다. 그곳에서 정확히 어떤 일이 벌어지는지 알고 싶었고, 그들이 전문 기술이나 생물학 작용제를 이란이나 다른 나라에 돈을 받고 파는 것을 예방하기 위해서였다.

1998년 3월, 딕 클라크는 행정부의 약 40명 정도를 블레어 하우스에 모아놓고, 테러리스트들의 천연두 바이러스, 화학 작용제, 핵무기 공격에 대처하는 도상 훈련을 했다. 그 결과는 곤혹스러웠다. 천연두 바이러스의 경우, 전염병을 통제하는 데 시간이 너무 많이 걸렸고 인명 손실도 엄청났다. 항생제와 백신의 비축은 불충분했고, 검역법은 낡았고, 공중위생 체계는 엉망이었고, 국가 긴급사태 대처 계획은 제대로 준비되어 있지 않았다.

몇 주 뒤 나의 요청에 따라 클라크는 7명의 과학자와 긴급사태 대처 전문가들을 불러모았다. 이 자리에는 크레이그 벤터, 노벨상을 수상한 생물학자로서 수십 년간 생물학 무기 반대 운동을 해온 조슈어 리더버그, 뉴욕시티 긴급사태관리국장 제리 하우어 등이 모였다. 나는 빌 코헨, 재닛 리노, 도너 샬랄라, 조지 테닛, 샌디 버거와 함께 이들을 만나 몇 시간 동안 우리에게 닥친 위협과 대처 방안을 논의했다. 나는 전날 밤 아일랜드 평화협정

마무리를 돕느라 거의 잠을 자지 못했음에도, 그들의 설명을 주의 깊게 듣고 많은 질문을 했다. 내가 들은 이야기들은 우리가 생물학적 공격에 대비가 되어 있지 않으며, 유전자 배열을 확인하고 재구성하는 능력이 국가안보와 깊은 관련이 있다는 점을 확인해주었다. 회의가 끝날 때 리더버그 박사는 나에게 생물학 테러의 위협을 다룬 「미국의학협회 저널Journal of the American Medical Association」 최신호를 한 권 주었다. 그것을 읽은 뒤에 걱정은 더 깊어졌다.

한 달도 지나지 않아, 이 그룹은 향후 4년간 거의 20억 달러에 이르는 돈을 들여 공중위생 체계를 개선하고, 국가적으로 항생제와 백신(특히 천연두에 대비하여)을 비축하고, 유전공학을 이용한 더 나은 약품과 백신을 개발하기 위한 연구를 지원하라고 권고했다.

애너폴리스의 해군사관학교에서 연설을 하던 날, 나는 테러에 대한 대통령 명령 두 가지에 더 서명을 했다. 대통령 명령 62호는 10개항의 테러방지 프로그램을 담고 있었다. 여기에는 테러리스트의 체포, 송환, 기소 및 테러 조직 분쇄에 필요한 구체적인 역할을 다양한 정부 부처에 할당하고, 테러리스트가 대량살상무기를 손에 넣는 것을 막고 공격의 결과에 대처하며, 중요한 기간 시설과 사이버시스템들을 보호하고 국내외의 미국인들을 보호하는 것과 관련된 내용들이 포함되어 있었다.

대통령 명령 62호는 또 테러방지와 기간시설 보호를 위한 전국 조정관의 지위를 규정했다. 나는 처음부터 테러방지 분야에서 우리의 첨병 역할을 해온 딕 클라크를 조정관에 임명했다. 그는 레이건 대통령과 부시 대통령 밑에서 일해온 전문가로서, 테러에 대항하기 위한 정부 역량을 조직하는 일에 매우 적극적이었다. 대통령 명령 63호는 처음으로 교통, 원거리통신, 상수도 같은 중요한 기간 시설을 보호하기 위한 포괄적 계획을 마련할 국가기간시설 보호 센터를 설립한다는 내용이었다.

그달 말, 스타는 수잔 맥두걸을 대배심 앞에서 증언하도록 강요하려다 다시 실패했고, 여섯 번째로 힐러리를 거의 5시간 동안 심문했고, 웹 허블을 다시 세금 문제로 기소했다. 전직 검사 몇 사람은 스타의 매우 특이한 행동의 적절성에 의문을 제기했다. 허블은 세금 포탈 혐의가 걸렸지만, 기본적으로는 의뢰인에게 비용을 과다 청구한 혐의로 다시 기소가 된 셈이었기 때문이다. 엎친 데 덮친 격으로 스타는 공동 소득세 신고서에 서명을 했다는 이유로 허블의 부인 수지도 기소했고, 허블이 어려움에 처했을 때 무료로 재정 문제에 대한 조언을 해주었다는 이유로 허블의 친구들인 회계사 마이크 샤우펠과 변호사 찰스 오언도 기소했다. 허블은 무뚝뚝하게 대꾸했다. "내 아내와 친구들을 기소하면 내가 대통령과 영부인에 대해 거짓말을 할 것이라고 생각하는 모양이다. 그러나 그렇게 하지 않겠다…… 나는 대통령에 대해 거짓말을 하지 않겠다. 영부인에 대해서도 거짓말을 하지 않겠다. 다른 누구에 대해서도 거짓말을 하지 않겠다."

5월 초, 스타는 대배심 앞에서 계속 말을 하지 않는다는 이유로 수잔 맥두걸을 형사적 법정모욕과 사법절차 방해 혐의를 걸어 기소함으로써 그의 위협 전략을 이어나갔다. 그녀는 같은 행동에 대하여 이미 민사적 법정모욕으로 18개월을 복역했다. 정말 유례가 없는 행동이었다. 스타와 힉 유잉은 수잔 맥두걸을 협박해도 그들을 위해 거짓말을 하지 않자 미칠 지경이 된 것이다. 수잔이 그것을 증명하는 데는 다시 거의 1년이 걸렸지만, 그녀는 그들보다 더 강인했으며, 결국 그녀의 정당함이 확인된다.

6월에 스타는 마침내 약간 곤경에 처하게 된다. 스티븐 브릴은 『브릴의 요지 Brill's Content』에서 스타의 작전에 대해 이야기하면서 독립변호사실의 불법적인 정보 누설 전략을 강조했고, 90분간의 인터뷰에서 스타도 정보 누설을 인정했다고 덧붙였다. 그러자 노먼 할러웨이 존슨 판사는 스타의 독립변호사실이 언론매체에 '심각하고 반복적인' 정보 누설을 했다고 믿을 만한 '상당한 근거'가 있으며, 데이비드 켄달이 누설의 출처를 확인하기 위해 스타와 그의 밑에서 일하는 변호사들을 소환할 수 있다고 판결했다. 판사의 결정은 대배심 절차와 관련된 것이었기 때문에 공개되지는 않았다. 묘하게도, 이 결정만큼은 언론에 누설되지 않았다.

5월 29일, 배리 골드워터가 89세의 나이로 세상을 떠났다. 나는 슬픔에 잠겼다. 우리는 당도 달랐고 철학도 달랐지만, 골드워터는 힐러리와 나에게 특별히 잘해주었다. 나는 그가 진정한 애국자라는 점, 또 정부는 시민의 사생활을 건드리지 말아야 하고, 정치적 전투는 인신공격이 아니라 구상에 초점을 맞추어야 한다고 믿었던 구식의 자유론자라는 점에서 그를 존경했다.

나는 나의 입법 프로그램을 위한 로비를 하고 눈앞에 닥친 일들을 처리하면서 봄의 나머지 기간을 보냈다. 연방 민간 부처에서 동성애자 차별을 금지하는 행정명령을 내렸고, 보리스 옐친의 새로운 경제개혁 프로그램을 지지했고, 백악관에서 바레인의 에미르 대통령을 맞이했고, 세계의 마약 밀매 문제에 대하여 유엔 총회에서 연설을 했다. 그리고 한국 김대중 대통령의 국빈 방문을 환영했고, 캘리포니아 주 몬터레이에서 전국해양회의를 열어 캘리포니아 연안의 석유 시추 금지조치를 14년간 연장했고, 방탄조끼가 없는 법집행관의 25퍼센트에게 조끼를 구입해줄 자금을 제공하는 법안에 서명했고, 3개 대학 졸업식에서 연설을 했고, 6개 주에서 민주당원들을 위해 선거운동을 했다.

바빴지만 매우 정상적인 달이었다. 다만 오리건 주 스프링필드 출장은 예외였다. 그곳에서는 15세의 정신이 불안정한 소년이 반자동 무기로 급우들을 쏘아 여러 명이 죽거나 부상당한 사건이 벌어졌다. 아칸소 주 존스버러, 미시시피 주 펄, 켄터키 주 패듀카, 펜실베이니아 주 에딘버러에서 벌어진 일련의 학교 총격 사건의 연장선상에 있는 사건이었다.

이 살인은 비극적이었지만, 또 어떤 면에서는 당혹스러운 사건이었다. 전체적인 청소년 범죄율은 이제 막 내려가고 있었기 때문이다. 내가 보기에는 우리 문화에서 폭력을 지나치게 미화한다는 점, 아이들이 치명적인 무기를 쉽게 이용할 수 있다는 점도 이런 폭력 사태가 일어나는 원인의 한 부분을 이루는 것 같았다. 사망자가 발생하지 않은 몇 개 사건을 포함하여 모든 학교 총격 사건에서 어린 범죄자들은 분노에 사로잡혀 있거나, 소외되어 있거나, 어떤 어두운 생각에 사로잡혀 삶을 바라본다는 느낌이 들었다. 나는 재닛 리노와 딕 라일리에게 정신이 불안정한 젊은이들이 종종 드러내는 초기의 위험 신호와 그것에 대처하는 방법을 교사, 부모, 학생에게 알려주라고 지시했다.

나는 스프링필드의 고등학교로 가서 피해자 유족을 만나고, 일어난 일에 대해 이야기를 듣고, 학생과 교사와 시민과 이야기를 나누었다. 그들은 상처를 받았고, 그들의 공동체에서 어떻게 이런 일이 일어날 수 있는지 의아해하고 있었다. 이럴 때면 나는 내가 할 수 있는 일이라는 것이 사람들의 슬픔을 함께 나누고, 그들이 나빠서 그런 일이 생긴 것이 아니라고 이야기해주고, 상황을 수습하고 앞으로 나아가라고 격려하는 것밖에 없다는 느낌이 들곤 했다.

봄이 여름으로 바뀌면서 오래전부터 계획했던 중국 방문을 할 때가 왔다. 미국과 중국은 여전히 인권, 종교와 정치 자유를 비롯한 여러 문제에서 상당한 의견 차이가 있었지만, 나는 이 출장을 고대하고 있었다. 나는 장쩌민이 1997년 미국 방문을 성공적으로 마쳤기 때문에 이제 나의 답방을 간절히 바라고 있을 것이라고 생각했다.

이 출장에 대해서는 양국에서 논란이 없지 않았다. 나는 1989년 중국이 천안문 광장에서 민주 세력을 탄압한 사건 이후 중국을 방문하는 첫 미국 대통령이었다. 중국이 1996년 선거에 영향을 주려 했다는 혐의는 아직 풀리지 않은 상태였다. 또 일부 공화당 의원들은 미국 회사들이 중국제 미사일에 상업용 위성을 실어 우주에 쏘아 보내는 것을 허용했다는 이유로 나를 공격했다. 그러나 중국인들은 위성 기술에 접근할 수 없었다. 그리고 이 사업은 미국 회사들의 비용 절감을 위하여 레이건 행정부 때부터 추진되어, 부시 행정부 시절에도 계속 추진되어온 것이었다. 마지막으로, 미국에는 중국의 무역정책과 미국의 책, 영화, 음악의 불법 복제 판매를 묵인하는 태도 때문에 미국의 일자리가 줄어든다고 걱정하는 사람들이 많았다.

중국 측에서 보자면, 많은 관리들이 미국의 중국 인권 정책에 대한 비판을 내정간섭으로 간주하여 분개하고 있었으며, 어떤 사람들은 나의 긍정적인 발언에도 불구하고 미국의 정책이 21세기에 중국과 협력하는 것이 아니라 중국을 견제하는 것이라고 믿고 있었다.

세계 인구의 4분의 1을 거느리고 빠른 경제성장을 보여주는 중국은 미국과 세계에 심대한 경제적 · 정치적 영향을 줄 수밖에 없었다. 가능하다면 우리는 긍정적인 관계를 발전시켜야 했다. 중국에 가지 않는 것은 어리석은 일이었다.

나는 떠나기 전 자원부 장관 페데리코 페냐의 후임으로 유엔 대사 빌 리처드슨을 지명했고, 유엔 대사에는 딕 홀브루크를 임명했다. 자원부의 중요한 두 연구소가 자리를 잡고 있는 뉴멕시코 하원의원 출신인 리처드슨은 그 일의 적임자였다. 홀브루크는 미국의 유엔 회비 문제를 해결할 수완에다, 우리 외교정책팀에 큰 기여를 할 수 있는 경험과 지성까지 겸비하고 있었다. 게다가 발칸 제국에서 다시 문제가 생기기 시작했기 때문에 우리에게는 홀브루크가 필요했다.

나는 힐러리, 첼시, 장모와 함께 6월 25일 밤에 중국에 도착했다. 나와 함께 간 대표단은 올브라이트 장관, 루빈 장관, 데일리 장관, 그리고 하원 최장수 의원인 미시간의 존 딩걸을 포함한 국회의원 6명으로 구성되어 있었다. 딩걸이 대표단에 참여한 것은 중요한 의미가 있었다. 미시간 주는 자동차 산업이 큰 비중을 차지하면서, 자연스럽게 보호무역 정서의 중심지로 자리를 잡고 있었기 때문이다. 나는 딩걸이 중국을 직접 보고 나서 중국의 세계무역기구 가입 문제에 대해 나름대로 판단을 내리고 싶어 한다는 것이 반가웠다.

우리는 고도古都 시안에 먼저 들렀는데, 중국은 정교하면서도 아름다운 환영식으로 우리를 맞이했다. 다음 날 우리는 유명한 병마용을 둘러볼 기회를 가졌으며, 샤허라는 작은 마을에서 중국 시민들과 원탁 토론을 하기도 했다.

우리는 이틀 뒤부터 본격적인 일에 착수했다. 나는 장쩌민 주석과 회담을 갖고 기자회견을 열었는데 이 회견은 중국 전역에 텔레비전으로 중계되었다. 우리는 전략적 동반관계를 구축하기로 약속했을 뿐 아니라, 우리의 차이에 대해서도 솔직하게 의견을 나누었다. 중국 국민은 그들의 지도자가 인권이나 종교 자유와 같은 문제를 놓고 외국 수반과 토론하는 것을 처음 보았을 것이다. 장쩌민은 공개석상에서 그런 쟁점을 거론하는 데 많은 자신감을 갖게 되었으며, 내가 다른 의견을 말하더라도 정중한 방식으로 할 것이라고 신뢰하고 있었다. 또한 내가 다른 의견을 이야기할 뿐 아니라, 아시아의 금융위기를 끝내고, 핵확산을 방지하고, 한반도의 화해를 촉진하는 데 공동의 이해관계가 걸려 있다는 사실도 강조할 것이라고 믿고 있었다.

내가 중국에서 자유와 인권이 신장되어야 한다고 말하자, 장쩌민은 미국은 높은 발전 수준에 이르러 있지만, 중국은 여전히 1년 일인당 평균소득이 700달러에 불과하다고 대응했다. 그는 양국의 역사, 문화, 이데올로기, 사회체제의 차이를 강조했다. 내가 달라이 라마를 만나라고 권유하자, 장쩌민은 달라이 라마가 우선 티베트와 타이완이 중국의 일부임을 인정한다면 문은 언제든지 열려 있다고 말했다. 그러면서 이미 티베트 불교의 지도자인 달라이 라마와 '의사소통 채널을 여러 개' 확보하고 있다고 덧붙였다. 내가 장쩌민과 달라이 라마가 만나면 두 사람은 서로를 매우 좋아하게 될 것이라고 말하자, 중국 청중은 웃음을 터뜨렸다. 나는 또 인권 신장을 위한 몇 가지 실질적인 제안도 했다. 예를 들어 중국에는 여전히 법에도 나와 있지 않은 죄로 수감되어 있는 사람들이 있다고 지적하고, 그들을 석방할 것을 제안했다.

기자회견의 핵심은 이러한 토론 그 자체였다. 나는 미국이 인권(미국인들은 물론 이것이 보편적 가치라고 여기고 있었다)을 지지하는 모습을 중국 국민이 보기를 바랐으며, 더 많이 개방을 하더라도 사회 해체는 일어나지 않는다는 것을 중국 관리들이 이해하기를 바랐다. 물론 중국의 역사를 볼 때 그들이 두려움을 갖는 것은 이해할 만했다.

장쩌민과 부인 왕예핑이 주최한 국빈만찬 뒤에 장쩌민과 나는 인민해방군 군악대를 번갈아 지휘했다. 일요일인 다음 날 우리 가족은 베이징에서 가장 오래된 신교도 교회인 충원먼 교회에서 예배를 드렸다. 이곳은 중국 정부가 제재를 가하지 않은 몇 개 안 되는 교회 가운데 하나였다. 기독교인들은 보통 집에서 몰래 모이고 있었다. 종교의 자유는 나에게 중요한 문제였기 때문에, 종교자유 문제를 더 논의하기 위해 랍비, 가톨릭 대주교, 복음주의 목사 등을 포함한 미국 종교 지도자 대표단을 보내겠다는 제안을 장쩌민이 받아들였을 때 굉장히 기뻤다.

자금성과 만리장성을 둘러본 뒤에 나는 베이징 대학에서 학생들과 질의응답 시간을 가졌다. 우리는 중국의 인권문제를 이야기했지만, 학생들은 미국의 인권 문제를 묻기도 했고, 미국인의 중국에 대한 이해를 높이기 위해 어떤 일을 할 수 있느냐고 묻기도 했다. 조국이 변하기를 바라면서도 조국에 대해 자부심을 가지고 있는 젊은이들로서는 당연히 물어볼 만한 질문들이었다.

주룽지 총리는 대표단을 위한 오찬을 주최했으며, 이 자리에서 우리는 중국이 당면한 경제적 · 사회적 도전들에 대해 이야기했고, 중국이 세계무역기구에 가입하기 위해 해결해야 할 남은 문제들에 대해 토론하기도 했다. 나는 중국의 세계무역기구 가입을 강력히 지지했다. 그래야 중국이 계속해서 세계화된 경제에 통합될 수 있고, 또 국제적인 규칙들을 더 수용하고, 여러 가지 문제에서 미국을 비롯한 다른 나라들과 더 긴밀하게 협력할 수 있었기 때문이다.

그날 밤 장쩌민 주석 부부는 그들의 관저로 우리를 초대하여 함께 식사를 했다. 주석궁은 중국의 가장 중요한 지도자들이 살고 있는 단지 내부의 잔잔한 호숫가에 자리 잡고 있었다. 장쩌민을 자주 만날수록 나는 그에게 호감을 가지게 되었다. 그는 재미있고 사람을 웃길 줄 알았고, 매우 자부심이 강했지만, 늘 다른 관점에 귀를 기울일 자세가 되어 있었다. 내가 그의 의견에 늘 동의했던 것은 아니지만, 나는 그가 그로서는 최대한의 속도로, 또 올바른 방향으로 중국을 바꾸고 있다고 생각한다는 것을 분명히 알게 되었다.

우리는 베이징에서 상하이로 갔다. 상하이에는 세계 다른 어떤 도시보다 건축용 크레인이 많은 것 같았다. 힐러리와 나는 교수, 사업가, 소비자운동가, 소설가 등을 포함한 젊은 중국인들 그룹과 중국의 문제와 잠재력에 대해 흥미 있는 토론을 했다. 중국 출장에서 가장 큰 깨달음을 주었던 경험은 상하이 시장과 함께 출연했던 라디오 청취자 전화 참여 프로그램이었다. 경제와 안보 문제에 대해 훌륭한, 그러나 예측 가능한 질문들이 몇 가지 있었지만, 사실 질문은 시장이 나보다 더 많이 받았다. 전화를 건 사람들은 더 나은 교육과 더 많은 컴퓨터에 관심을 가졌으며, 상하이가 번창하고 확대되면서 생겨난 교통 혼잡을 걱정했다. 나는 시민이 시장에게 교통체증에 대해 불평을 할 수 있다면, 중국 정치는 올바른 방향으로 발전하고 있는 것이라는 생각이 들었다.

우리는 귀국 전에 구이린으로 날아가 숲의 파괴와 독특한 야생생물의 소멸에 대해 걱정하는 환경운동가들을 만난 뒤, 리 강에서 잠시 뱃놀이를 즐겼다. 리 강은 완만한 농촌 풍경을 뚫고 우뚝 솟아오른 커다란 석회암 봉우리들 사이로 흘러갔다. 우리는 구이린을 떠나 홍콩으로 가서, 영국이 떠난 뒤 중국이 선택한 퉁치화 행정장관을 만났다. 퉁치화는 미국에서 몇 년산 경험도 있는 지적이고 세련된 인물로, 활기찬 홍콩의 정치 문화와 훨씬 더 체제순응적인 중국 중앙정부 사이에서 균형을 잡으려고 노력하고 있었다. 나는 민주주의의 옹호자 마틴 리도 다시 만났다. 중국은 홍콩이 본토보다 훨씬 더 민주적인 정치체제를 유지하게 해주겠다고 약속했지만, 통합의 세세한 내용들은 아직 미해결 상태이며, 양쪽 모두 현재 상황에 완전히 만족하지 않는다는 분명한 인상을 받았다.

7월 중순, 앨 고어와 나는 새천년이 시작되자마자 컴퓨터가 제대로 작동 하지 못하는 사태를 피하기 위한 행정부의 노력을 강조하기 위해 국립과학원에서 행사를 열었다. 많은 컴퓨터 시스템들이 2000년에 적응하지 못할 것이고, 이로 인해 경제에 재난이 일어나고 수많은 미국인들의 업무가 혼란에 빠질 것이라는 우려가 널리 퍼져 있었다. 우리는 존 코스키넌을 중심으로 모든 정부 시스템이 새천년을 맞을 준비를 갖추고, 사적 부문의 시스템들도 2000년에 적응하도록 돕기 위한 광범위한 노력을 기울였다. 그러나 그날이 될 때까지는 우리의 노력이 성공할 것인지 알 수 없었다.

7월 16일에 나는 나의 또 하나의 우선순위 과제인 자녀부양 수행 및 인센티브 법을 법제화하는 법안에 서명했다. 우리의 노력으로 이미 1992년 이후 자녀 부양비 징수 실적은 68퍼센트 올라갔으며, 이제 140만 가족이 추가로 자녀 부양비를 받고 있었다. 이 법안은 자녀 부양 서류철을 자동화하지 않는 주에 벌을 주고, 수행 목표를 이루는 데 성공한 주에는 재정적 보답을 해주기 위한 것이었다.

이 무렵 나는 식량부족을 겪는 가난한 나라들에 나누어주기 위해 80억 부셸(약 36리터─옮긴이주)의 밀을 매입하겠다고 발표했다. 곡물 가격이 하락했기 때문에, 밀 구입은 인도적 요구에 부응할 뿐 아니라, 밀 가격을 부셸당 13센트 올려 곤경에 처한 농부들에게도 도움을 줄 수 있었다. 미국의 몇 지역에서 이상고온으로 농작물이 제대로 자라지 못했기 때문에, 나는 국회에 긴급 농가지원안을 통과시켜달라고 요청하기도 했다.

7월 말, 마이크 매커리는 가을에 백악관 공보국장 자리에서 물러나겠다고 발표했다. 나는 나의 재선 선거운동 때 공보를 담당했던 부국장 조 록하트를 국장으로 임명했다. 매커리는 어려운 질문에 답변하고 행정부의 정책들을 명료하고 재치 있게 설명하고, 24시간 대기 상태에서 장시간 일을 하는 등 어려운 자리에서 일을 잘해주었지만, 이제 자식들이 크는 것을 보고 싶어 했다. 나는 조 록하트를 무척 좋아했었으며, 언론도 그를 좋아하는 것 같았다. 게다가 록하트는 나와 카드놀이를 하는 것도 좋아했다. 덕분에 록하트는 별 어려움 없이 자리를 잡았다.

7월에 내가 계속 국내에서 나의 의제를 밀고 나가는 동안, 딕 홀브루크는 코소보 위기를 해소하기 위해 밀로셰비치를 만나러 베오그라드로 날아갔다. 일본에서는 하시모토 총리가 선거 패배 후 사임을 했고, 넬슨 만델라는 그라사 마첼과 결혼을 했다. 마첼은 모잠비크의 전직 대통령과 사별한 아름다운 과부로, 아프리카에서 전쟁에 아동을 이용하는 일을 중단시키기 위해 앞장서 노력하는 인물이기도 했다. 그리고 케네스 스타는 계속 나를 기소할 준비를 해나갔다.

스타는 경호실장 래리 코켈을 포함하여 비밀검찰부 요원 몇 명의 증언을 듣겠다고 고집을 부렸다. 비밀검찰부는 이 요구에 저항해왔으며, 부시 전 대통령도 이 증언에 반대하는 서한을 두 통이나 보냈다. 비밀검찰부 요원은 대통령이 백악관의 숙소에 있을 때가 아니면, 늘 대통령과 함께 있거나 대통령이 있는 방 바로 바깥에 있다. 대통령은 비밀검찰부가 자신을 보호해줄 것이라고 믿고, 또 자신의 비밀도 보호해줄 것이라고 믿는다. 비밀검찰부 요원들은 위치상 국가안보, 국내정책, 정치적 대립, 개인적 갈등과 관련된 모든 대화를 듣게 되기 때문이다. 그동안 그들은 헌신적이고, 전문가적이고, 신중한 태도로 양당의 대통령들을 보필하고 국가에 봉사해왔다.

그런데 이제 스타는 그것을 모두 흔들어놓으려 하고 있었다. 그것도 간첩행위나 워터게이트 같은 연방수사국의 악용, 이란-콘트라 같은 법에 대한 고의적인 도전을 수사하는 것이 아니라, 애초에 시비를 따질 사안이 아니라는 이유로 법원이 내친 사건에서 의도를 감추고 물어본 질문에 대하여 내가 거짓 답변을 했는지, 모니카 르윈스키에게 거짓 답변을 하라고 권했는지 수사하기 위해서였다.

7월 말, 스타는 모니카 르윈스키에게 대배심 증언을 대가로 소추 면책을 약속했으며, 나도 증언을 위해 소환할 계획이었다. 7월 29일, 나는 자발적으로 증언하기로 합의하여, 소환장이 발부되지는 않았다. 물론 증언은 전혀 반갑지 않은 일이었다.

8월 초, 나는 워싱턴에서 인디언 부족 지도자 10명을 만나, 아메리카 인디언들에게 교육, 보건, 경제의 기회를 더 많이 제공하기 위한 포괄적인 노력을 하겠다고 발표했다. 정부간 문제에서 나를 돕는 미키 이바라와 나와 인디언 부족들 사이의 연락을 담당하는 린 커틀러는 이 사업을 위해 열심히 노력해왔으며, 이는 실제로 매우 시급한 일이기도 했다. 미국은 28년 만에 가장 낮은 실업률, 25년 만에 가장 낮은 범죄율, 29년 만에 가장 낮은 생활보호대상자 비율을 기록하고 있었지만, 도박 사업으로 돈을 벌지 못한 아메리카 인디언 공동체들은 여전히 형편이 좋지 않았다. 인디언의 대학 진학률은 10퍼센트 미만이었으며, 백인보다 당뇨병에 걸리는 사람이 세 배나 많았고, 미국 인종집단 가운데 1인당 소득이 여전히 최저였다. 어떤 부족 공동체들은 실업률이 50퍼센트가 넘었다. 부족 지도자들은 우리가 제시하는 새로운 정책들에 고무되었으며, 회의 뒤에 나는 우리가 그들을 도울 수 있을지 모른다는 약간의 희망을 가지게 되었다.

다음 날, 5분 간격으로 탄자니아 미국 대사관과 케냐의 미국 대사관이 폭탄 테러를 당해, 미국인 12명을 포함한 257명이 죽고, 5,000명이 다쳤다. 증거들은 알 카에다라고 알려진 오사마 빈 라덴의 테러조직이 공격했음을 보여주었다. 2월 말, 빈 라덴은 세계 모든 곳의 미국 군사 및 민간 목표물을 공격하라는 파트와(종교상의 문제에 대해 이슬람의 법관이 내리는 결정─옮긴이주) 명령을 내렸다. 5월에 그는 자신의 지지자들이 페르시아만의 미국 목표물들을 공격할 것이라고 말했으며, "미국이 전쟁을 절실하게 느끼게 해주겠다"는 이야기도 했다. 6월에 빈 라덴은 한 미국 기자와 회견을 할 때, 대공미사일로 미국 군용기를 격추하겠다고 위협하기도 했다.

그때까지 우리는 오랫동안 빈 라덴을 추적하고 있었다. 내 1차 임기 초에 토니 레이크와 딕 클라크는 중앙정보국에 이 부유한 사우디아라비아인에 대한 정보를 더 수집할 것을 강력하게 요구했다. 빈 라덴은 1991년에 사우디아라비아로부터 추방당했고, 1994년에는 시민권을 상실했으며, 추방당한 뒤에는 수단에 자리를 잡았다.

처음에 빈 라덴은 테러 작전의 자금을 대는 사람 정도로 여겨졌다. 그러나 시간이 흐르면서 우리는 그가 매우 정교한 테러 조직의 우두머리임을 알게 되었다. 그는 자신의 재산 외에 큰 액수의 돈을 주무르고 있었고, 체첸, 보스니아, 필리핀을 포함한 여러 나라에 공작원을 두고 있었다. 1995년 보스니아 전쟁 뒤에 우리는 보스니아를 장악하려는 무자헤딘(이슬람 반군─옮긴이주)의 기도를 저지했고, 필리핀에서 미국 서해안으로 날아가는 비행기 10여 대를 폭파하려는 음모를 사전에 분쇄했다. 그러나 빈 라덴의 조직망은 계속 커졌다.

1996년 1월, 중앙정보국은 테러방지센터 내에 빈 라덴과 그의 조직망을 전담하는 부서를 설립했으며, 그 직후 우리는 수단에 빈 라덴을 추방할 것을 촉구했다. 당시 수단은 테러리스트들에게 안전한 피난처나 다름없었다. 그곳에는 안와르 사다트를 암살하고 1995년 6월에는 무바라크 대통령까지

취임식과 취임 축하 무도회(1993년 1월 20일).

내각과 함께 한 앨 고어와 나. (서 있는 사람들, 왼쪽부터) 매들린 올브라이트, 맥 맥라티, 미키 캔터, 로러 타이슨, 리온 퍼네터, 캐럴 브라우너, 리 브라운. (앉아 있는 사람들, 아래 왼쪽부터) 로이드 벤트슨, 재닛 리노, 마이크 에스피, 로버트 리시, 헨리 시스네로스, 헤이즐 오리어리, 리처드 라일리, 제시 브라운, 페데리코 페냐, 도너 샬랄라, 론 브라운, 브루스 배빗, 레스 애스핀, 워런 크리스토퍼.

매주 점심을 먹으며 기도하던 고어와 나.

핫스프링스에서 어머니, 딕 켈리, 챔프와 함께.

맥 맥라티와 내가 칠레 산티아고에서 열린
남북아메리카 정상회의에 참석하고 있다.

북미자유무역협정을 위한 캠페인 발표 전날 관저 개인 서재에서
조지 부시, 지미 카터, 제너럴 포드 등의 전임 대통령들과 함께.

백악관 관저 집사와
직원들과 함께.

이오밍에서 힐러리와 함께.　어머니, 로저와 함께 한 마지막 크리스마스.

〈호두까기 인형〉의 첼시.

론 브라운과 내가
로스앤젤레스 중남부에서
즉흥적으로 농구 시합을
하고 있다.

정부 혁신 정책의 일환으로
사우스 론에서
정부 규제들의 철폐를
발표하는 고어와 나.

이착 라빈 총리의 타이를 바로잡아주고 있다.
우리의 마지막 만남이 된다.

오른쪽 토니 레이크가 라빈의 죽음을 알리고 있다.

브루스 린지,
어스킨 보울스와 함께
해병대 1호기로 도착.

아래 백악관 상황실에서 열린
보스니아 브리핑.

위 왼쪽 아칸소 토네이도 현장에 모인
아메리코 자원봉사단.

위 오른쪽 첼시의 시드웰 프렌즈 졸업식.

오벌 오피스 식당에서 나에게
브리핑을 하는 람 에마누엘과
리온 퍼네터.

아래 왼쪽 몬태나에서
해럴드 이케스와 말을 타며.

힐러리와 함께.

그랜드 캐니언 가장자리에서
그랜드 스테어케이스-에스컬랜티
천연기념물 지정 문서에 서명하는 고어와 나.

골프 코스에서 프랭크 레인스, 어스킨 보울스,
버넌 조던, 맥스 채프먼과 함께.

옐로우 오벌 룸에서
열린 전략 회의.

캐비닛 룸에서 공화당 지도자들인
뉴트 깅리치 하원의원, 밥 돌 상원의원과 함께.

오벌 오피스에서 민주당 지도자들인
리처드 게파트 하원의원, 톰 대슐 상원의원과 함께.

욕 하이드 파크에서 러시아 대통령 보리스 옐친과 나.

바르부르크 성에서
헬무트 콜 독일 총리와 함께.

힐러리, 첼시와 함께
이스트룸에서 아이들에게
"크리스마스 전날 밤"을
읽어주며.

론 브라운의 장례식에서
첼시와 나.

트루먼 발코니에서 자리를 함께 한
누르 왕비와 후세인 왕.

위 애리조나 주립대학에서 21세기를 향한 미국의 다리에 대해
연설하고 있다.

오른쪽 캘리포니아에서 열린 행사에서 교육을 장려하고 있다.

공군1호기에서 1996년 승리를 축하하며.

아메리카 원주민 부족 정부의 대표들과 함께 행정명령에
서명하고 있다.

쿠웨이트의 부대를
방문하여.

매들린 올브라이트,
데니스 로스,
마틴 인딕, 로브 몰리,
브루스 레이들,
샌디 버거 등
중동팀과 함께
웨스트버지니아의
셰퍼즈타운에서
브리핑을 하고 있다.
비서실 차장
머리어 에차베스트는
맨 오른쪽에 있다.

아래 오벌 오피스에서
경제팀과 함께.

브루스 린지, 더그 소스닉, 조 로카트와 함께
해병대 1호기에서 카드를 하고 있다.

법률팀. 셰릴 밀스, 브루스 린지,
데이비드 켄돌, 척 러프, 니콜 셀리그먼.

백악관 시종 프레드 산체스와 리토 바우티스타,
의사 코니 마리아노, 시종 조 파마,
오벌 오피스 사무장 바야니 넬비스와 함께.

오벌 오피스 사무장 글렌 메이스가 고어와 나에게
내 생일을 위해 만든 케이크를 보여주고 있다.

왼쪽 사우스 론에서 버디,
내 조카들인 자차리,
타일러와 함께 놀고 있다.

아래 삭스가 언론에
브리핑을 하고 있다.

남아프리카 대통령
넬슨 만델라와 내가 로벤 섬의
감방에 들어가 있다.
만델라가 수감 생활 27년 가운데
첫 18년을 보낸 곳이다.

:쿄에서 일본의 오부치 게이조 총리와 함께

오벌 오피스에서 중국의 장쩌민 주석과 함께.

레나토 아이들이 카르타게나에서
연하고 있다. 옆에 첼시와 콜롬비아의
드레스 파스트라나 대통령이 있다.

덴버에서 열린 G-8 정상회의.
왼쪽에서 오른쪽으로 자크 델로르,
토니 블레어, 하시모토 류타로,
헬무트 콜, 보리스 옐친, 나,
자크 시라크, 장 크레티앙,
로마노 프로디, 윔 코크.

내각과 함께. (첫줄) 브루스 배빗, 윌리엄 코언, 매들린 올브라이트, 나, 래리 서머스, 재닛 리노.
(둘째줄) 조지 테닛, 토고 웨스트, 빌 리처드슨, 앤드루 쿠오모, 알렉시스 허먼, 댄 글리크먼, 존 포데스터,
윌리엄 데일리, 도너 샬랄라, 로드니 슬레이터, 리처드 라일리, 캐럴 브라우너. (뒷줄) 서굿 마셜 2세,
브루스 리드, 제임스 리 윗, 샬린 바셰프스키, 마틴 베일리, 잭 루, 배리 매카프리, 아이다 알바레스,
진 스펄링, 샌디 버거.

위 왼쪽 체커스에서 토니 블레어와 함께.

위 오른쪽 마케도니아의 코소보 난민
　　　수용소를 찾은 힐러리와 나.

왼쪽 우간다 와냐게에서 빌 클린턴이라는
　　　이름의 갓난아기와 함께 한
　　　힐러리와 나.

아래 가나 독립광장에서 5만 명 이상의
　　　군중에게 연설을 하고 있다.

앨라배마 주 셀머에서 열린 투표권 35주년 기념 행진에서
제시 잭슨, 코레터 스콧 킹, 존 루이스 등
마틴 루터 킹 2세와 함께 팔짱을 끼고 행진했던 시민권
운동 원로들과 함께 에드먼드 피터스 다리를 건너고 있다.

에버트 가족과 함께 베트남의 미군 실종자
발굴 현장을 찾은 힐러리, 첼시, 나.

캠프 데이비드 중동 평화 정상 회담. 에후드 바락 총리,
야세르 아라파트 의장, 나의 아랍어 통역관이자 중동 자문
게말 헬랄과 함께.

인도 나일라의 전통 의식에서
장미 꽃잎 소나기를 맞으며.

2000년 성 패트릭 축일에 제리 애덤스,
존 흄, 데이비드 트림블과 함께.

딕 라일리와 함께 미국의 교실에 인터넷을
도입하고 있다.

북아일래드 던도크의 시장 광장에 모인 군중에게
연설을 하고 있다.

위 대통령 보좌관 더그 밴드, 크리스 엥스코프,
  스티븐 구딘, 앤드루 프렌들리와 함께.

미국 비밀검찰부 대통령 경호실의
당직 특수요원들, 오벌 오피스 운영국장
낸시 헌리시, 내 비서 베티 커리와 함께.

아래 전국에 방송된 내 마지막 연설 뒤에 비서진과 함께
  기념촬영을 했다.

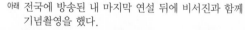

2000년 2월 7일. 힐러리가 상원의원 출마를 발표했다.

뉴욕 주 차파쿠아에서 힐러리가 후보로 처음 투표하는 동안 첼시와 함께 기다리며.

전통에 따라 레졸루트 책상에 후임자를 위한 편지를 올려놓은 뒤 오벌 오피스에서 마지막 시간을 보내고 있다.

암살하려 했던 이집트인들도 머물고 있었다. 수단의 지도자 하산 알 투라비는 빈 라덴과 똑같은 과격한 입장을 가진 사람으로, 두 사람은 합법적 사업에서부터 무기 제조와 테러리스트 지원에 이르기까지 온갖 일을 함께 했다.

우리는 투라비에게 빈 라덴을 추방하라고 압력을 넣으면서, 사우디아라비아에 빈 라덴을 데려가달라고 요청했다. 사우디아라비아는 그가 돌아오는 것을 원치 않았지만, 빈 라덴은 마침내 1996년 중반에 수단을 떠났다. 그렇다고 투라비와 사이가 나빠진 것 같지는 않았다. 그는 아프가니스탄으로 갔으며, 그곳에서 아프가니스탄에 급진적인 이슬람 신정체제를 수립하려는 수니파의 전투적 분파인 탈레반의 지도자 물라 오마르의 환영을 받았다.

1996년 9월, 탈레반은 카불을 점령하고, 아프가니스탄의 다른 지역들도 장악하기 시작했다. 1996년 말까지 중앙정보국의 빈 라덴 담당 부서는 그와 그의 하부조직에 대한 상당한 정보를 확보했다. 거의 1년 뒤 케냐 당국은 케냐 미국 대사관을 목표로 테러 음모를 꾸민 것으로 여겨지는 한 남자를 체포했다.

폭탄 테러가 일어났던 주에 나는 정해진 일정대로 움직였다. 켄터키, 일리노이, 캘리포니아를 돌아다니면서 환자의 권리장전과 맑은 물 프로그램을 홍보하고, 민주당 후보들의 선거운동을 지원했다. 그러나 이런 공적 행사들에 참여하는 것 외에 나는 대부분의 시간을 국가안보팀과 아프리카의 테러공격 대응 방안을 논의하며 보냈다.

8월 13일, 앤드루 공군기지에서 미국인 희생자 12명 가운데 10명을 위한 추모예배가 열렸다. 빈 라덴이 단지 미국인이라는 이유로 죽어 마땅하다고 믿었던 희생자들 가운데는 내가 두 번 만났던 직업외교관과 그의 아들도 있었다. 휴가를 내서 나이든 부모를 돌보고 온 여자도 있었다. 자신이 선택한 나라를 위하여 일하려고 세계를 돌아다닌 인도 태생의 외무 직원도 있었다. 아프리카 아이들을 질병과 죽음으로부터 구하려고 노력하던 전염병학자도 있었다. 어린 세 자녀를 둔 어머니도 있었고 막 할머니가 된 것을 자랑스러워하던 여자도 있었다. 낮에는 외무 직원으로 일하던 뛰어난 재즈 음악가도 있었으며 케냐 사람과 결혼한 대사관 직원도 있었다. 육군, 공군, 해병대 소속의 하사관들도 있었다.

어느 모로 보나, 빈 라덴은 자신이 절대적 진리를 소유하고 있으며, 따라서 신 노릇을 하며 마음대로 무고한 사람들을 죽여도 된다는 확신으로 오염된 사람이었다. 우리는 몇 년 동안 그의 조직을 추적했기 때문에, 얼마 전부터 나는 그가 만만치 않은 적임을 알고 있었다. 아프리카 폭탄 테러 이후 나는 빈 라덴을 생포하거나 죽이고, 그와 더불어 알 카에다를 파괴하는 일에 집중하게 되었다.

대사관 폭탄 테러가 발생하고 나서 일주일 뒤, 우리보다 훨씬 더 큰 피해를 본 케냐와 탄자니아 사람들에게 전하는 연설을 녹화하고 나서 나는 국가안보 고위 담당자들과 만났다. 중앙정보국과 연방수사국은 모두 폭탄 테러가 알 카에다의 소행이며, 이미 범인 몇 명이 잡혔다고 보고했다.

나는 또 알 카에다가 알바니아의 티라나에 있는 미국 대사관도 공격할 계획이며, 적들은 미국이 나의 개인적 행동에 대한 논란으로 한눈을 팔고 있기 때문에 매우 취약한 상태라고 생각한다는 정보보고서도 받았다. 우리는 알바니아 대사관을 폐쇄하고, 대사관을 지키기 위해 중무장 해병대를 투입했으며, 알바니아 당국과 협력하여 그곳의 알 카에다 세포를 분쇄하는 작업을 시작했다. 그러나 알 카에다가 활동하는 다른 여러 나라에도 미국 대사관이 있었다.

중앙정보국은 또 빈 라덴과 그의 고위 참모진이 그들의 공격의 효과를 평가하고 다음 작전을 계획하기 위해 8월 20일 아프가니스탄에 있는 그의 캠프 한 곳에서 모인다는 정보를 입수했다. 이 회의는 우리에게는 보복을 할 기회, 나아가 알 카에다 지도부의 상당수를 없앨 수도 있는 기회였다. 나는 샌디 버거에게 군사적 대응 절차를 감독해달라고 요청했다. 우리는 목표물을 정한 다음, 필요한 군사적 자원을 이동시키고 파키스탄의 협조를 얻을 방법을 궁리해야 했다. 공습을 하려면 비행기들이 파키스탄 영공을 지나가야 하기 때문이었다.

우리는 인도 아대륙의 긴장을 해소하기 위해 파키스탄과 협력하려고 노력했고 냉전 시대에는 두 나라가 동맹관계를 이루기도 했지만, 파키스탄은 탈레반을 지지했고, 그 연장선상에서 알 카에다도 지지했다. 빈 라덴과 알 카에다가 탈레반과 카슈미르 반란군을 훈련시키던 캠프 몇 군데를 파키스탄 정보부가 이용할 정도였다. 만일 파키스탄이 우리의 공격 계획을 미리 알게 되면, 파키스탄 정보부는 탈레반, 나아가서 알 카에다에도 미리 정보를 알려줄 가능성이 높았다. 그러나 인도 아대륙에서 군사적 갈등의 가능성을 최소화하려고 노력하고 있던 국무부 부장관 스트로브 탤벗은 만일 우리가 파키스탄에 미리 통보하지 않으면, 그들은 우리 미사일들을 인도가 파키스탄에 쏜 것으로 오해하여 최악의 경우 핵무기로 보복을 할지도 모른다고 우려했다.

결국 우리는 공격 예정 시간에 즈음하여 합동참모본부 차장 조 랠스턴 장군이 파키스탄 군 최고사령관을 만나 식사를 하다가, 미국 미사일이 파키스탄 영공을 침범하기 몇 분 전에 파키스탄 사령관에게 상황을 설명해주기로 했다. 파키스탄이 탈레반이나 알 카에다에 정보를 알려줄 시간 여유를 주지 말자는 것이었다. 반대로 파키스탄이 미사일을 격추하거나 인도에 반격을 하는 것은 충분히 막을 수 있었다.

우리 팀은 한 가지를 더 걱정했다. 사흘 뒤인 8월 17일에 대배심 앞에서 내가 증언을 한다는 사실이었다. 그들은 내가 그 일 때문에 공격을 망설일지도 모른다고 걱정했다. 또 공격을 명령한다 해도, 국민의 관심을 내 문제에서 다른 곳으로 돌리기 위해 그렇게 하는 것이라는 비난을 받을지도 모른다고 걱정했다. 특히 빈 라덴을 잡지 못할 경우에 그런 비난이 일어날 가능성이 크다고 보았다. 나는 그들에게 그들의 일은 국가안보에 대하여 내게 조언을 하는 것이라고 분명하게 말했다. 20일에 공격을 하는 것이 좋겠다는 결론이 나왔다면, 그렇게 하자. 내 개인적인 문제는 내가 알아서 하겠다. 나는 그렇게 결론을 내렸다. 사실, 내 문제를 처리할 시간 역시 눈앞에 다가와 있었다.

49

연방대배심 증언이 예정되어 있던 1998년 8월 15일 토요일 아침, 고통 속에 뜬눈으로 밤을 새운 나는 힐러리를 깨워서 모니카 르윈스키와 나 사이에 있었던 일을 솔직하게 털어놓았다. 힐러리는 복부를 강타당한 듯한 얼굴로 나를 쳐다보더니 지난 1월에 왜 거짓말을 했느냐며 화를 냈다. 미안하다고, 그 이야기는 누구에게도, 그녀에게도 할 수 없다고 생각했다는 말 말고는 아무런 이야기도 할 수 없었다. 나는 그녀를 사랑하며, 그녀와 첼시에게 상처를 주고 싶지 않다고 말했다. 내가 한 일에 대해서 부끄럽게 생각하고 있으며, 가족에게 상처를 주고 대통령 직위를 손상시키는 일을 피하기 위해서 모든 것을 나만의 비밀로 해왔다고 말했다. 취임 초부터 갖은 거짓말과 인신공격에 시달리면서도 지켜온 대통령직이었다. 1월의 선서증언 이후 쏟아져 들어온 거센 물살에 휩쓸려 대통령 자리에서 밀려나고 싶지 않았다. 나는 내 자신이 왜 그렇게 어리석고 옳지 않은 일을 했는지 여전히 이해하지 못하고 있었다. 그러나 그 후 몇 달 동안 우리 관계를 풀어보려고 노력하면서 조금씩 이해해나가게 되었다.

첼시에게도 이야기를 해야 했다. 그것은 힐러리에게 털어놓는 것보다 훨씬 더 어려운 일이었다. 자식들도 언젠가는 자신의 부모가 완벽한 존재가 아니라는 사실을 알게 된다. 하지만 나의 경우는 일반적인 경우를 넘어서고 있었다. 나는 늘 좋은 아버지라고 자신하고 있었다. 첼시의 고등학교 시절과 대학 1학년까지 4년은 부모에 대한 강도 높은 인신공격으로 늘 그늘져 있었다. 이제 첼시는 자신의 아버지가 아주 몹쓸 짓을 했고, 자신과 어머니에게 거짓말을 했다는 사실을 알게 되었다. 나는 우리의 결혼 생활을, 그리고 딸의 사랑과 존경을 잃게 될까봐 두려웠다.

그날 오후에는 또 다른 테러 행위가 발생했다. 북아일랜드에 있는 오마에서 성금요일 의정서(북아일랜드평화협정)에 반대하여 아일랜드공화국군에서 떨어져 나온 한 분파조직이 혼잡한 상가지역에서 차량 폭탄 테러를 가해 28명이 사망했다. 신페인당을 포함해서 평화협상을 진행 중인 모든 정파들은 범행을 부인했다. 나는 즉각 성명을 내어 살육을 자행하는 테러를 비난하고 희생자들의 가족들에게 애도의 뜻을 표하는 한편, 평화협상에 참여하는 정파들이 한층 더 노력을 기울일 것을 촉구했다. 범행을 자인한 정파는 200여 명의 회원과 지지자를 거느리고 있는 자칭 '진정한 아일랜드공화국군'이라는 단체로, 심각한 문제를 일으킬 만한 규모였지만 평화협상을 깨뜨릴 수준은 아니었다. 오마 폭탄테러는 옛날 방식으로 돌아가는 비이성적인 행동이었다.

8월 17일 월요일, 마음의 준비를 하고 네 시간 동안의 증언을 하기 위해 '맵 룸'으로 내려갔다. 케네스 스타는 내가 법정에 출두하지 않아도 좋다고 동의했다. 힐러리를 법정에 출두시켰다가 심한 반발을 샀던 경험 때문인 것 같았다. 하지만 그는 24명의 대배심원들이 그 자리에 참석할 수 없으므로 내 증언을 녹화하겠다고 주장했다. 데이비드 켄달은 스타가 나의 '비밀' 증언을 녹화하지 않는다면 대배심이 백악관에 오는 것을 반대하지 않겠다고 말했다. 스타는 이 제안을 거절했다. 나는 그가 그 비디오테이프를 의회에 보내려고 하는 것 아닌가 하는 생각이 들었다. 그렇게 되면 그가 손 하나 까딱하지 않아도 비디오테이프가 공개될 터였다.

대배심은 법원에서 폐쇄회로 텔레비전으로 심문과정을 지켜보고 있었다. 스타를 비롯한 심문관들은 그 비디오테이프를 음란영화로 만들기 위해서 정신없이 날뛰었다. 그들이 던지는 질문들은 나를 욕보일 목적으로, 그리고 의회와 미국 국민들이 넌더리를 내며 나의 사직을 요구하게 만들 목적으로, 그리고 후일 나를 기소할 때 써먹을 목적으로 고안된 것들이었다. 사무엘 존슨은 자신의 파멸을 예견할 때만큼 정신이 집중되는 경우는 없다고 말했다. 하지만 나는 개인의 파멸 이상의 문제들이 걸려 있다는 생각을 하고 있었다.

예심이 끝난 후, 나는 짧은 진술을 하겠다고 말했다. 나는 '1996년에 몇 번, 그리고 1997년에 한 번' 모니카 르윈스키와 부적당한 관계가 포함된 그릇된 행동을 했다는 사실을 시인했다. 그리고 그 행동은 도덕적으로는 잘못된 것이지만, 라이트 판사가 폴라 존스의 변호사들의 요청을 받아들여 인정했던 용어 정의로 이해했을 때의 '성관계'는 아니었다고 말했다. 또한 나의 행동에 대해 책임을 느끼고 있고, 나의 행동의 적법성과 관련된 독립변호사실의 질문들에 대해서는 최선을 다해서 답변하겠지만, 사건의 구체적인 내용에 대해서는 더 이상 말하지 않겠다고 말했다.

독립변호사실의 대표 심문자는 나에게 라이트 판사가 표현했던 '성관계'의 정의와 관련이 있는 여러 가지 질문들을 쉬지 않고 퍼부었다. 나는 폴라 존스의 변호사들이 독립변호사실과 마찬가지로 불법적인 정보 누설을 되풀이하고 있었기 때문에, 폴라 존스의 변호사들에게 도움이 될 만한 일을 하지 않으려고 애를 썼다는 사실을 인정했다. 나는 또 그들이 아무런 성과를 거두지 못했기 때문에, 선서증언을 통하여 나한테 피해를 줄 만한 새로운 정보를 유도해내고 그것을 누설하려 한다는 생각을 했다는 사실도 인정했다. 물론 증언을 하던 당시까지는 스타의 변호사실이 이미 깊이 개입하고 있다는 사실을 알지 못했다고 말했다.

스타의 검사들은 이 기회를 이용하여 공개적인 자리에서는 어느 누구도 입에 담지 못할 만큼 자세하게 여러 가지 사항들을 논하는 비디오테이프에 나를 집어넣으려고 시도했다.

독립변호사실은 성과 관련된 질문에 대한 선서증언 시의 답변 내용에 대해서 계속 불평을 늘어놓았다. 나는 그 당시 변호사와 내가 존스의 담당 검사들에게 구체적인 추가질문을 하라고 했지만, 그들이 그것을 거부했다는 사실을 지적했다. 그리고 이제 그때 그들이 추가질문을 하지 않은 이유가 분명해졌다고 말했다. 그들의 목표는 언론에 누설해 나에게 피해를 줄 만한 자백을 얻어내는 것 정도가 아니었다. 그들은 스타를 위해서 일하고 있었다. 그들의 목표는 선서증언을 사직 강요나 탄핵, 심지어는 기소를 위한 근거로 사용하는 것이었다. 그들이 추가질문을 하지 않은 것은 "내가 그들에게 정직한 답변을 할까봐 겁이 났기 때문이다…… 그들은 나를 함정에 빠뜨리고 나를 속였다. 그런데도 지금 당신들은 그들이 일을 제대로 못했다고 불평하는 것 같다." 나는 러더퍼드 연구소 변호사들이 존스의 이름을 내세우고 했던 일들(죄 없는 사람들을 괴롭히고, 불법적인 정보 누설을 하고, 헛소문을 만들고, 정치적인 동기에서 소송을 한 것)에 대해서 '개탄하는' 심정이었음을 인정했다. "그러나 나는 법을 위반하지 않고 이 선서증언이라는 지뢰밭을 걸어가기로 결심했고, 실제로도 그렇게 했다고 생각한다."

나는 르윈스키 이야기가 나온 후 그 이야기에 대해서 질문했던 모든 사람들이 잘못 판단하도록 만들었다는 사실을 인정했다. 그러나 나는 되풀이해서, 누구에게도 거짓말을 하라고 말한 적이 없다고 강조했다. 미리 약속했던 네 시간 동안, 그들은 여러 가지 질문을 여섯, 혹은 일곱 번씩 되풀이했다. 그들은 이 심문에서 자백을 이끌어내어 나를 욕보이고 죄를 뒤집어씌우려고 했으며, 그들이 4년 동안 4,000만 달러의 조사비용을 들여 도달한 결론은 바로 '섹스의 정의를 문법적으로 분석'하는 것이었다.

나는 6시 30분쯤 증언을 마쳤다. 대국민연설 예정시간까지는 세 시간 반이 남아 있었다. 나는 일광욕실에 갔다가 친구들과 참모들이 이 증언에 대해서 이야기를 나누고 있는 것을 보고 몹시 당황했다. 백악관 법률고문 척 로브, 데이비드 켄달, 미키 캔터, 람 에마누엘, 제임스 카빌, 폴 베걸러, 그리고 해리와 린더 토머슨이 있었다. 그리고 첼시도 그곳에 있었다. 고맙게도 8시쯤 되자 힐러리도 왔다.

우리는 내가 대국민연설에서 무슨 말을 할 것인가를 놓고 토론했다. 내가 심각한 실수를 했고, 그것을 숨기려고 했던 것을 시인해야 한다는 것이 모든 사람들의 생각이었다. 문제는 내가 스타의 조사를 공격하고 그것을 끝낼 때가 되었다고 말해야 하느냐 하는 것이었다. 사람들은 하나같이 그래서는 안 된다고 말했다. 국민 대부분이 스타가 제멋대로 행동한다는 것을 알고 있다. 이제 그들은 내가 잘못된 행동을 했다고 시인하는 것을 들어야 하고, 양심의 가책을 받고 있는 모습을 보아야 한다. 몇몇 사람들이 전략적인 충고라면서 자기 생각을 말해주었고, 어떤 사람들은 내가 한 행동에 소스라치게 놀란 표정이었다. 힐러리는 자기 의견을 말하는 대신, 내가 혼자 연설문을 쓰도록 놔두는 게 좋겠다고 말했다.

10시 정각에 시작된 대국민연설에서 나는 연방대배심 증언에 대해 이야기했다. 나는 개인적인 잘못에 대한 책임이 있으며, 모든 사람들, '심지어 아내까지' 잘못된 판단을 하게 만들었던 것이 사실이라고 말했다. 나는 정치적인 의도가 숨어 있었던 소송, 결국 판사가 기각해버린 소송에서 나의 사생활을 침해하는 질문들로부터 나 자신과 가족을 보호하려고 노력했다고 말했다. 또한 스타의 조사가 지나치게 오래 걸리고, 지나치게 많은 비용이 들며, 지나치게 많은 사람들을 다치게 하고 있다고 말했다. 그리고 2년 전에 다른 조사, 진정으로 독립적인 조사를 통해 화이트워터 문제에서 힐러리나 내가 잘못이 없다는 것을 이미 확인해주었다고 이야기했다. 나는 가정생활을 추스르기 위해서 최선을 다하고 있으며, 우리 모두 인신공격과 사생활 캐기, 그리고 물고늘어지기를 중단함으로써 나라의 삶을 추스를 수 있기를 바란다고 말했다. 내가 했던 말들은 모두 나의 확신에서 비롯된 것이었다. 하지만 나의 분노는 아직 완전히 가라앉지 않았다. 그 분노 때문에 마땅히 깊이 뉘우쳐야 하는데도 그렇게 하지 못했다.

다음 날 우리는 휴가를 보내려 마사스 비니어드로 떠났다. 그전까지 나는 가족끼리 오붓한 시간을 보낼 수 있는 날이 오기를 손꼽아 기다리는 사람이었다. 그러나 이해에는 그런 시간이 꼭 필요하다는 것은 알고 있었지만, 그냥 24시간 일만 하고 싶었다. 헬리콥터를 타기 위해서 사우스론을 향해 걸어갈 때, 나와 힐러리 사이에는 첼시가 있었고 우리 개 버디는 내 옆에 있었다. 그때 사진기자들이 들이닥쳐 나로 인해서 빚어진 가족의 고통을 드러내는 사진을 찍었다. 사진기자들이 접근할 수 없는 곳에 오자, 아내와 딸은 나에게 한마디도 하지 않았다.

나는 처음 이틀 동안 국민들에게 용서를 구하는 일과 알 카에다를 공격할 계획을 짜는 일로 분주했다. 밤에 힐러리는 침대에서 자고, 나는 소파에서 잤다.

내 생일에 백악관 국가안보 담당 보좌관 샌디 버거 밑에서 실무자로 일하는 돈 케릭 장군이 마사스 비니어드로 찾아와서 중앙정보국과 합동참모본부가 추천한 공격 목표를 함께 검토했다. 아프가니스탄에 있는 알 카에다의 근거지들과 더불어 수단의 두 곳이 공격 목표였다. 하나는 빈 라덴이 경제적인 이익을 챙기는 가죽공장이었고, 또 하나는 VX 신경가스 생산에 사용할 화학물질을 생산하거나 저장하고 있다고 미 중앙정보국이 판단하고 있는 화학공장이었다. 나는 가죽공장은 빼자고 말했다. 알 카에다에도 군사적인 가치가 없는 곳인데다가 민간인 사상자를 최소화하고 싶었기 때문이다. 알 카에다 공격시기는 빈 라덴과 주요 참모들이 참석하는 회의 때로 맞추기로 했다.

8월 20일 새벽 3시, 나는 샌디 버거에게 작전 개시 명령을 내렸다. 아라비아해 북쪽에 있던 해군 구축함은 아프가니스탄의 공격목표에 크루즈 미사일을 발사했고, 홍해에 있는 군함에서는 수단의 화학 공장에 미사일을 발사했다. 대부분의 미사일은 목표에 명중했다. 그러나 빈 라덴은 미사일이 떨어졌을 때, 예상했던 캠프에 없었다. 두 시간 전에 그 캠프를 빠져나갔다는 보도가 있었지만, 확실한 것은 아니었다. 알 카에다와 관련된 몇몇 사람들이 사망했고, 카슈미르 테러리스트들을 훈련하기 위해서 파견되었다는 파키스탄 장교들도 사망했다. 수단의 화학공장은 파괴되었다.

마사스 비니어드에서 공격개시 선언을 하고 나서, 나는 워싱턴으로 돌아와 미국 국민들에게 나흘 만에 다시 연설을 했다. 알 카에다가 미국대사관 폭파에 책임이 있기 때문에 공격을 명령했으며, 빈 라덴은 "오늘날 국제적인 테러의 뛰어난 조직자이자 재정적인 후원자"라고 말했다. 그는 군인과 민간인을 구별하지 않고 미국에 대해서 테러전쟁을 벌이겠다고 맹세한 적이 있었다. 나는 우리의 공격이 이슬람을 공격하는 것이 아니라, "광신자들과 살인자들을 공격하는 것"이라고 말했다. 또한 우리는 앞서 몇 년 동안 그들과 싸워왔고, 앞으로도 싸울 것이며, "이것은 오랫동안 계속될 투쟁"이라고 덧붙였다.

오래 계속될 투쟁에 대해서 이야기했던 즈음에, 나는 사용 가능한 모든 무기를 사용해서 투쟁에 임할 준비를 하라는 문서에 서명을 했다. 행정명령 13099는 빈 라덴과 알 카에다에 대한 경제적인 제재를 실행에 옮겼다. 후일 그 경제제재는 탈레반에까지 확장되었다. 그때까지 우리는 테러리스트에게 자금을 제공하는 네트워크를 효과적으로 파괴하지 못했고, 행정명령은 대외경제비상조치법IEEPA을 발동시켰다. 우리는 예전에 이 법을 이용하여 콜롬비아의 칼리 마약 카르텔을 제재하는 데 성공한 적이 있었다.

나는 또 중앙정보국에 빈 라덴을 체포하기 위해 치명적 무력을 사용할 권한을 부여하는 몇 가지 통지문에 서명했다. 중앙정보국은 대사관 폭파 사건이 벌어지기 몇 달 전인 지난 봄에 빈 라덴에 대한 독자적인 '납치작전'을 수행할 권한을 부여받았지만, 그 일을 수행할 만한 준군사적 능력이 없었다. 그래서 중앙정보국은 빈 라덴을 잡기 위해 아프간 지역 부족들과 접촉했다. 현장 요원들이나 아프간 부족민들은 치명적인 무력을 사용하기 전에 먼저 빈 라덴을 생포하려고 노력해야 하는지 궁금해하는 것 같았다. 나는 그럴 필요가 없다고 분명히 밝혔다. 몇 달 지나지 않아 나는 치명적 무력의 사용 범위를 확대했다. 즉 공격 대상으로 삼을 빈 라덴 관련자들의 수와 공격 허용 조건의 폭을 넓힌 것이다.

미사일 공격에 대한 양당 국회 지도자들의 반응은 대체로 긍정적이었다. 그들에게 미리 자세하게 설명을 하고, 또 공화당원인 코헨 장관이 공화당 의원들에게 공격과 시기가 적절하다고 자신 있게 말한 덕분이었다. 깅리치 하원의장은 이렇게 말했다. "오늘 미국은 옳은 일을 했다." 로트 상원의원도 그 공격이 "적절하고 정당하다"고 말했다. 톰 대슐, 딕 게파트를 비롯한 민주당 의원들도 모두 지지했다. 나는 곧 들려온, 케냐 대사관 폭탄 테러 용의자인 알 카에다 공작원 모하마드 라셰드의 체포 소식에 한껏 고무되었다.

화학공장을 공격한 것 때문에 나를 비난하는 사람들이 있었다. 수단 정부는 그 공장이 위험한 화학무기의 생산이나 저장과는 전혀 관계가 없는 곳이라고 주장했다. 그러나 당시 우리가 옳은 일을 했다는 생각에는 아직도 변함이 없다. 중앙정보국은 그 공장 터에서 VX 생산에 사용되는 화학물질이 든 토양 샘플을 가져왔다. 뉴욕시티에서 테러리스트에 대한 재판이 계속되고 있을 때, 한 증인은 빈 라덴이 하르툼에서 화학무기를 사용했다고 증언했다. 증거가 명확한데도, 언론계의 일부 사람들은 그 작전이 영화 '왝 더 독Wag the Dog'이 현실로 나타난 것일지도 모른다는 가능성을 제기했다. 그 영화는 개인적인 문제로 비난을 받고 있는 어느 대통령이 국민들의 관심을 돌리기 위해서 컴퓨터 그래픽으로 만들어진 전쟁 장면을 텔레비전을 통해 방송하면서 가상의 전쟁을 시작한다는 내용이었다.

미국 국민들은 미사일 공격 뉴스와 나의 연방대배심 증언 뉴스를 동시에 들었다. 「뉴스위크」는 나의 증언과 텔레비전 연설에 대한 국민들의 반응이 '냉정하고 신중했다'고 보도했다. 나의 직무수행에 대해 긍정적인 반응을 보인 사람은 62퍼센트였고, 미사일 공격을 지지하는 사람은 73퍼센트였다. 대부분의 사람들이 내가 사생활에 있어서는 정직하지 못하지만, 공적인 문제에 관해서는 믿을 만하다고 생각하고 있었다. 이에 반해 「뉴스위크」는 '비평가들의 첫 반응은 거의 경악에 가까웠다'라고 보도했다. 그들은 나를 심하게 공격해댔다. 나는 매를 맞아 마땅했다. 하지만 나는 그것을 집에서 맞고 있었다. 사실 내가 매를 맞아야 할 곳은 바로 그곳이었다.

나는 민주당원들이 나의 사직을 요청하라고 몰아치는 언론의 공격에 떠밀리지 않기만을, 그리고 가족과 참모진, 정부각료들, 그리고 몇 년 동안 계속되는 공격 속에서도 나를 믿어주었던 사람들과 나 사이에 벌어진 틈을 메울 수 있기만을 바랐다.

연설이 끝난 후에, 나는 마사스 비니어드로 돌아가서 열흘 동안 머물렀다. 가족의 반응은 여전히 냉담했다. 나는 대배심 증언이 끝난 후 매사추세츠 주 우스터를 방문하여 처음으로 사람들 앞에 모습을 드러냈다. 하원의원 짐 맥거번이 유망한 경찰 공무원들에게 대학 장학금을 제공하는 경찰단을 격려해달라고 초청한 행사였다. 우스터는 역사 깊은 블루칼라 도시였다. 나는 그곳 사람들의 반응이 자못 걱정되었다. 행사에는 시장과 양당 상원의원들과 네 명의 하원의원이 참석했다. 청중이 내게 열광적인 반응을 보내는 것을 보고 나는 기운이 났다. 많은 사람들이 대통령직을 꼭 지키라고 격려의 말을 해주었고, 몇몇 사람들은 자신들도 과거에 여러 가지 실수를 했는데, 나의 경우에는 공공연하게 알려지고 있으니 참으로 안타깝다고 말하기도 했다.

8월 28일은 마틴 루터 킹 목사의 '나에게는 꿈이 있습니다' 연설 35주년 기념일이었다. 나는 오크블러프에 있는 유니언 교회의 기념예배에 참석했다. 오크블러프는 아프리카계 미국인들이 100년 넘게 즐겨 찾는 휴양지였다. 나는 존 루이스 하원의원과 함께 무대에 앉아 있었다. 그는 킹 목사와 함께 활동했던 경력이 있었으며, 미국 정치계에서 손꼽히는 강력한 도덕주의자였다. 그와 나는 1992년 이전부터 친구로 지내왔다. 그는 내가 공직 선거에 발을 들여놓을 때부터 지지해주었으므로, 나를 비난할 만한 자격이 있었다. 그러나 그는 이렇게 연설했다. "클린턴은 나의 친구이며 형제다. 나는 클린턴이 올라갈 때는 곁에 서 있을 것이고, 그가 떨어질 때도 그를 떠나지 않을 것이다. 클린턴은 훌륭한 대통령이었다. 내가 보기에 클린턴은 앞으로도 계속 훌륭한 대통령이 될 것이다." 존 루이스는 그날 그가 했던 연설이 내게 얼마나 큰 힘이 되었는지 상상도 못 할 것이다.

8월 말에 다시 커다란 문제가 터져서 우리는 워싱턴으로 돌아와야 했다. 아시아의 경제위기가 확산되면서 세계경제 전체를 위협하고 있었다. 1997년에 태국에서 시작된 경제적 위기는 인도네시아와 한국으로 퍼져나갔고, 이제는 러시아까지 확산되고 있었다. 8월 중순, 러시아는 채무불이행 선언을 했고, 이 영향으로 8월 말에는 전 세계 주식시장의 주가가 폭락했다. 8월 31일에, 다우존스 공업평균지수는 512포인트나 떨어졌다. 나흘 전에 비해 357포인트 하락한 수치였다. 1998년에 얻은 이득이 물거품이 된 것이다.

태국 위기가 시작된 이후로 재무장관 밥 루빈을 비롯한 국제경제 관리팀이 금융위기 문제를 다루고 있었다. 경제위기에 처한 나라들의 문제는 저마다 조금씩 달랐지만 공통되는 특징이 있었는데, 그것은 은행체계의 결함, 불량대출, 연고자본주의, 그리고 신뢰의 상실이었다. 지난 5년간 일본의 경제성장이 정체되었던 것이 더욱 상황을 악화시키고 있었다. 일본은 인플레이션이 없고 저축률이 20퍼센트에 달했기 때문에 경제위기를 견뎌나갈 수 있었다. 하지만 아시아 최대의 경제가 성장하지 않았기 때문에, 어느 한 곳의 부정적인 정책이 미치는 악영향이 점점 확대되고 있었던 것이다. 일본인들도 점점 불안해하고 있었다. 경제침체는 선거패배를 불러왔고, 하시모토 류타로는 총리직에서 물러났다. 아시아에서 가장 빠른 경제성장을 이루고 있는 중국은 통화를 평가절하하라는 압력을 거부함으로써 위기가 악화되는 것을 막고 있었다.

1990년대 경제위기 복구의 일반적인 공식은 위기를 맞은 국가들이 필수적인 개혁을 하는 것을 전제로 국제통화기금과 부유한 나라들이 대규모 대출을 해주는 것이었다. 그런데 개혁이란 정치적으로는 항상 어려운 문제였다. 개혁은 언제나 고착된 이해관계의 변화를 강요하고, 종종 재정 긴축을 요구하기도 하는데, 이것은 장기적으로는 경제회복을 촉진하고 경제의 안정성을 높일 수 있지만, 단기적으로는 일반국민의 생활을 더 힘들게 만들기 때문이었다.

미국은 태국과 인도네시아, 그리고 한국에 대한 국제통화기금의 지원을 지지하고, 직접 인도네시아와 한국에 차관을 제공했다. 재무부가 태국에 차관을 제공하지 않은 것은 이미 제공한 170억 달러만으로도 충분했고, 의회가 멕시코를 돕기 위해서 사용했던 적이 있는 외환안정기금에 새로운 제한 (임시적인 것이기는 하지만)을 부과했기 때문이다. 그 후 다른 나라들에 대한 지원이 필요할 때쯤 그 제한은 시효가 만료되었다. 하지만 나는 태국에 작은 규모나마 지원하지 않았던 것을 후회했다. 태국은 남동부 아시아 지역 가운데 가장 오래된 동맹국이었기 때문에, 내무부와 국방부, 그리고 국가안전보장회의는 한결같이 태국 지원을 원했다. 나 역시 태국 지원을 원했지만, 우리는 재무부에 최종 결정을 맡겼다. 물론 태국 지원을 포기한 것은 경제학이나 국내 정치의 면에서 보면 옳은 결정이었다. 하지만 태국을 비롯한 아시아의 여러 나라들은 우리의 의도를 다르게 읽었다. 루빈 재무장관과 나는 정책적인 실수를 그다지 많이 하지 않았지만, 이것이 그중의 하나였다고 생각한다.

러시아는 태국과 같은 문제가 없었다. 미국은 내가 취임하던 첫해부터 러시아 경제를 지원해왔다. 7월에는 230억 달러 규모의 국제통화기금의 3분의 1을 러시아에 지원했다. 안타깝게도, 처음 지원했던 50억 달러의 지원금이 하룻밤 사이에 사라져버린 뒤였다. 러시아가 루블화를 평가절하하고, 러시아인들이 상당량의 돈을 국외로 빼돌리기 시작하면서, 러시아의 경제는 점점 악화되었다. 러시아의 중앙은행은 무책임하게 통화팽창 정책을 폈으며, 두마는 효율적인 세수 확보 체계를 만드는 방안을 부결시켰다. 세금 비율은 높았지만(아니 지나치게 높았다), 대부분의 납세자들이 세금을 납부하지 않았다.

마사스 비니어드에서 돌아온 직후에, 힐러리와 나는 러시아와 북아일랜드로 단기 순방을 떠났다. 매들린 올브라이트 국무장관과 딕 데일리, 빌 리처드슨, 그리고 양당 대표단도 동행했다. 짐 콜린슨 러시아 대사는 두마의 지도자들을 관저인 '스파소 하우스' 로 초청했다. 나는 그들에게 이렇게 연설을 했다. 세계화 경제의 규칙에서 벗어날 수 있는 나라는 없다. 차관과 외국의 투자를 원한다면, 세금을 징수하라. 지출을 충당하고 부실한 은행을 구제할 목적으로 통화를 남발하지 말라. 연고자본주의를 경계하라. 외채를 갚아라. 그러나 나의 설득에 넘어간 사람들은 많지 않았던 것 같다.

보리스 옐친 대통령과의 15차 회담은 상당히 성공적이었다. 하지만 그의 앞에는 여러 가지 문제들이 산적해 있었다. 두마에서는 공산주의자들과 극단적인 국수주의자들이 옐친의 개혁안을 거부하고 있었다. 그는 집행력을 갖춘 효율적인 세금징수체계를 확립하려고 했지만, 중앙은행이 통화를 남발하는 것을 막지 못했다. 통화를 남발하게 되면, 더 많은 자본이 루블화에서 빠져나가 안정적인 통화를 찾아가게 되고, 그것은 외국의 차관과 투자를 막을 뿐이었다. 내가 할 수 있는 일은 그를 격려하는 것뿐이었다. 나는 러시아가 눈에 띄는 개혁을 실시하면 남아 있는 국제통화기금의 자금을 제공하겠다고 말했다. 당장 기금을 방출하면, 일차분이 지급되자마자 공중으로 사라지고 말 터였다.

옐친과 나는 한 가지 긍정적인 공동선언을 했다. 상호간의 핵무기 개발 프로그램에서 수천 개의 폭탄을 만들 수 있는 약 50톤의 플루토늄을 제거하고, 무기 제조에 사용될 수 없는 물질로 대체하기로 했다. 핵분열성 물질들을 손에 넣으려고 호시탐탐 노리고 있는 적성국가들과 테러 단체들이 있었기 때문에, 이 선언은 무수한 목숨을 살릴 수 있는 하나의 중요한 전진이었다.

나는 벨파스트로 가서 새로운 북아일랜드 국회에서 성금요일 의정서를 계속 이행하라고 연설했다. 연설이 끝난 후 힐러리와 나는 토니 블레어 총리 부부, 조지 미첼 상원의원, 그리고 북아일랜드의 국무장관인 모 몰란과 함께 오마로 가서 폭탄 테러 희생자들을 만났다. 토니 블레어 총리와 나는 최선을 다해 연설을 했으며, 희생자 가족들을 만나 그들의 이야기를 듣고 부상당한 아이들을 살펴보았다. 우리는 평화의 길에서 벗어나서는 안 된다는 희생자들의 굳은 결의를 확인하고 감동을 받았다. 과거 아일랜드 사태 때 누군가 벨파스트의 벽에 '죽음 전에 삶이 있는가?' 하는 도발적인 질문을 적어놓았다. 오마의 잔인한 대학살을 겪었음에도 아일랜드인들은 여전히 이 질문에 대해서 긍정적인 대답을 하고 있었다.

더블린을 떠나기 전에, 우리는 블레어 총리 부부와 함께 오마에서 열린 평화집회에 참석했다. 그곳은 성 패트릭이 아일랜드에 기독교를 소개한 근거지이자, 북아일랜드 신교와 구교 양 진영의 영적인 중심이었다. 나는 귀여운 열일곱 살 소녀 샤론 휴이를 만났다. 그 아이는 열네 살 때 내게 보내는 편지에서 '양쪽이 모두 다치고 있어요. 양편이 모두 용서를 해야 합니다'라는 간단한 해결책을 제시하면서 북아일랜드 지역의 싸움이 끝날 수 있도록 도와달라고 했던 소녀였다.

더블린에서 버티 아헌 아일랜드 총리와 나는 회담이 끝난 후 기자들과 이야기를 나누었다. 한 아일랜드 기자가 물었다. "클린턴 대통령이 방문을 해주어야만 평화과정이 힘을 얻는 것 같군요. 앞으로도 대통령이 다시 방문을 해야 한다고 봅니까?" 나는 그들을 생각하면 그럴 일이 없었으면 좋겠지만, 나를 생각하면 그렇게 되었으면 좋겠다고 대답했다. 아헌은 내가 오마

사태에 대해 신속한 반응을 보여주었기 때문에 "몇 주 또는 몇 달을 끌었을 수도 있는 문제에 대해 양당이 빠른 결정을 내릴 수 있다"고 말했다. 이틀 전에 신페인당의 협상책임자인 마틴 맥기네스는 신페인당 측의 무장해제과 정을 감독하겠다고 발표했다. 맥기네스는 게리 애덤스 신페인당 의장의 최측근 참모이자 막강한 권력자였다. 그의 발표는 의장 데이비드 트림블을 비롯한 얼스터통일당 당원들에게 신페인당과 아일랜드공화국군의 폭력은 애덤스가 말한 것처럼, '과거의 것이며, 지나갔고, 끝났고, 사라져 버렸다'는 신호를 보내는 것이었다. 비공개 회담 자리에서, 버티 아헌은 내게, 오마 사태 이후 아일랜드공화국군은 '진정한 아일랜드공화국군'에 다시 한 번 그런 일을 하게 되면 영국 경찰은 둘째치고 자신들이 가만두지 않겠다고 경고했다는 이야기를 해주었다.

내가 미국인 기자에게 받은 첫 번째 질문은 바로 전날 오랜 친구인 조 리버먼이 상원 회의장에서 던진 나에 대한 날카로운 비난에 대한 대답을 해달라는 것이었다. 나는 대답했다. "나는 그가 말한 것에 동의합니다…… 나는 큰 실수를 저질렀습니다. 무어라 변명할 말이 없는 행동이었지요. 나는 지금도 죄송스럽게 생각하고 있습니다."

리버먼이 해외 순방 중인 나를 공격했을 때 나의 참모들은 상당히 당황했다. 하지만 나는 당황하지 않았다. 나는 그가 대단히 독실한 신앙인이기 때문에 내 행동에 대해서 화가 났다는 것, 그러면서도 나를 탄핵해야 한다는 말을 조심스럽게 피해 갔다는 것을 알고 있었다.

아일랜드에서 마지막으로 들른 곳은 리머릭이었다. 5,000명의 평화 지지자들이 거리를 메우고 있었다. 그중에는 우리 대표단 일원인 뉴욕 주 하원의원 피터 킹의 친척들도 섞여 있었다. 킹은 이 행사를 위해서 어머니와 함께 왔다. 나는 군중들에게 친구인 프랭크 맥코트가 '안젤라의 재Angela's Ashes'에서 옛날의 리머릭을 기념한 적이 있는데, 나는 새로운 리머릭이 더 좋다고 말했다.

9월 9일, 케네스 스타가 국회에 11가지 탄핵사유가 들어 있는 445페이지짜리 보고서를 보냈다. 워터게이트의 여러 가지 범죄를 다루었던 특별검사 레온 자워스키도 하지 않았던 일이었다. 독립변호사는 탄핵을 뒷받침할 수 있는 '실질적이고 신뢰할 수 있는' 증거를 찾은 경우에만 조사 내용을 국회에 보낼 수 있었다. 국회는 탄핵의 근거가 있는지 결정을 내릴 예정이었다. 스타의 보고서는 11일에 공개되었다. 자워스키의 보고서는 일반에 공개된 적이 없었다. 스타의 보고서에는 '섹스'라는 말이 500번도 넘게 등장했고, 화이트워터에 관한 대목도 두 개나 있었다. 스타와 그의 동맹자들은 나의 더러운 빨래를 가지고 지난 4년간의 자신들의 죄를 모두 씻어낼 수 있다고 생각하고 있었다.

9월 10일, 나는 백악관으로 정부각료들을 소집해서 사과를 했다. 많은 사람들이 무슨 말을 해야 할지 몰라 입을 다물고 있었다. 그들은 우리가 진행하고 있는 정책들에 대해 확신을 가지고 있었고, 내가 자신들에게 나라를 위해서 일할 수 있는 기회를 준 것을 고마워하고 있었다. 하지만 대부분의 사람들이 내가 이기적이고 어리석으며 8개월 동안 자신들을 방치했다고 생각했다. 매들린 올브라이트가 먼저 입을 열었다. 내가 그릇된 행동을 해서 실망했지만, 우리가 할 수 있는 유일한 선택은 다시 일로 복귀하는 것이라고 말했다. 도너 샬랄라는 더 강경하게, 지도자는 좋은 정책만이 아니라 좋은 인격을 갖추는 것도 중요하다고 말했다. 오랜 친구인 제임스 리 위트와 로드니 슬레이터는 성경말씀을 빌려 용서의 힘에 대해서 말했고, 천주교도인 브루스 배빗은 고해의 힘에 대해서 말했다. 캐럴 브라우너는 전에는 아들과 이야기해보려고 생각해본 적도 없는 주제를 가지고 아들과 이야기를 나눌 수밖에 없었다고 말했다.

정부각료들의 의견을 들으면서, 나는 처음으로 문제의 심각성을 깨달았다. 나의 잘못된 행동과 나의 부정직함이 미국 국민의 마음속에 들어 있는 판도라의 상자를 열어버렸구나 싶었다. 내가 지난 6년 동안 많은 일들을 겪었으며, 스타의 조사는 험악했고, 존스의 소송은 아무 근거도 없는 정치적인 동기를 가진 것이었다고 말하기는 쉬운 일이었다. 심지어 대통령의 개인적인 생활은 사생활로서 보호해주어야 한다고 말하는 것도 쉬운 일이었다.

하지만 나의 행동이 추한 모습으로 드러나자, 사람들은 개인적인 경험에 근거하여 나의 행동을 평가했다. 그 평가에서는 그들의 신념뿐 아니라 그들의 두려움, 실망, 비통함도 드러나고 있었다.

각료들의 솔직하고 다양한 반응을 보며 나는 미국 전역에서 어떤 대화들이 진행되고 있는지 생생하게 느낄 수 있었다. 탄핵 청문회가 가까워지면서, 나는 친구들과 낯선 사람들에게서 많은 편지를 받았다. 어떤 사람은 감동적인 격려와 지지의 말을 해주었고, 어떤 사람은 자신이 겪었던 좌절과 회복의 경험을 말해주었고, 어떤 사람은 스타의 행동에 대한 분노를 표현했다. 당연히 내 행동에 대한 비난과 실망감으로 가득 찬 편지도 있었고, 이런 여러 가지 생각들이 뒤섞여 있는 편지들도 많았다. 여러 사람들이 보낸 편지를 읽으면서 나는 마음을 가다듬을 수 있었고, 만일 용서를 받고 싶으면 내가 먼저 용서를 해야 한다는 사실을 깨닫게 되었다.

옐로 오벌 룸의 분위기는 계속 어색했고 팽팽한 긴장감이 감돌았다. 재무장관 밥 루빈이 입을 열었다. 루빈은 모여 있는 사람들 중에서 지난 4년간 나의 생활이 어떠했는지 가장 잘 이해하고 있었다. 루빈 자신도 골드만삭스의 가혹한 조사를 받은 끝에 그의 동료 한 명이 수갑을 차고 나서야 혐의를 벗을 수 있었다. 몇 사람의 발언이 있고 난 뒤에 루빈은 그 특유의 무뚝뚝한 말투로 말했다. "각하가 궁색한 처지라는 데는 이견이 없습니다. 하지만 우리는 누구나 실수를 합니다. 때로는 큰 실수도 하지요. 제 생각에 보다 중요한 문제는 언론 매체의 불공정함과 비판자들의 위선입니다." 그 후 분위기는 점점 좋아졌다. 사직을 하겠다고 나서는 사람이 없으니 다행이다 싶었다. 우리는 모두 일로 복귀했다.

9월 15일, 나는 예일 법대 시절부터 힐러리와 나의 친구였던 훌륭한 변호사 그레그 크레이그를 나의 변호사로 고용하고 척 로브, 데이비드 켄달, 브루스 린지, 셰릴 밀스, 레니 브로어, 그리고 니콜 셸리그만과 함께 일하도록 했다. 8월 18일, 내가 이미 예상하고 있었던 것처럼, 하원 법사위원회에서는 대배심 증언 비디오테이프를 국민들에게 공개한다는 공화당의 방침에 따른 표결이 이루어졌다.

며칠 후, 힐러리와 나는 백악관에서 종교 지도자들과 연례 조찬기도회를 가졌다. 여느 때 같으면 정치적인 관심사를 나누는 자리였겠지만, 나는 개인적인 곤경을 겪고 있는 나를 위해서 기도해달라고 당부했다.

나는 지난 2주 동안 이 모든 문제의 끝, 제가 있는 곳과 우리가 있는 곳의 맨 밑바닥 진실까지 내려가는 여정을 밟았습니다. 사람들은 내가 증언 후 첫 연설에서 깊이 회개하는 모습이 보이지 않았다고 말하는데, 나는 그 생각이 옳다고 인정합니다. 내가 죄를 지었다는 사실을 예쁘장하게 포장해서 말할 방법은 없는 것 같습니다.

이어 나는 이렇게 말했다. 마음에 상처를 입은 모든 사람들, 가족, 친구들, 참모들, 각료들, 그리고 모니카 르윈스키와 그의 가족에게 미안하다. 그리고 그들의 용서를 구한다. 성직자들을 비롯한 많은 사람들에게 자문을 구해서, 하나님의 도움을 얻어, '관용을 베푸는 마음, 판단을 그르치게 하고 변명과 비교, 비난과 불평으로 이끄는 교만과 분노를 이기는 마음'을 찾고자 한다. 또한 나는 공격에 단호하게 대응할 것이다. 나는 '영靈에 상처를 입었지만 여전히 강한 마음으로 더 큰 선을 위해 쓰이기를 바라면서' 직무에 더욱 충실히 임하겠다.

나는 세 명의 성직자에게 한 달에 한 번씩 나의 상담역이 되어달라고 부탁했다. 펀드리 침례교회의 목사인 필 워거먼, 그리고 절친한 토니 캄폴로, 그리고 내 신앙에 큰 주춧돌이 된 책들을 썼던 저술가 겸 목사인 고든 맥도널드, 이렇게 세 사람이었다. 그들은 함께 혹은 개별적으로 백악관을 찾아와서 내가 부탁한 역할을 감당해주었다. 우리는 기도하고, 『성경』을 읽고, 예전에는 말해본 적이 없는 문제를 가지고 토론을 했다. 시카고 출신의 빌 히벨스 목사 역시 정기적으로 백악관을 찾아와 나의 '정신적인 건강'을 점검하기 위해서 마련해온 질문들을 던지곤 했다. 그 질문들 중에는 상당히 까다로운 것들도 있었지만, 목사들은 정치를 넘어 영적인 탐구와 자비로우신 하나님의 권능으로 나를 이끌었다.

힐러리와 나는 약 1년간 일주일에 한 번씩 진지한 상담 프로그램에 참여하기 시작했다. 나는 난생 처음으로 여러 가지 감정들과 경험들, 인생과 사랑, 그리고 여러 가지 관계의 본질에 대해서 솔직하게 이야기를 했다. 내 자신과 나의 과거에 대해서 알게 된 것들 중에는 마음에 들지 않는 것도 많았다. 나의 어린 시절과 어른이 된 이후에 살았던 삶 때문에, 다른 사람들은 더 자연스럽게 받아들일 수 있는 일을 어렵게 겪을 수밖에 없었다는 사실을 인정한다는 것은 고통이었다.

나는 지쳤을 때나 화가 났을 때, 그리고 나 혼자 남겨졌다고 생각할 때, 나중에 부끄러워하게 될 이기적이고 자멸적인 실수들을 쉽게 범한다는 사실을 깨닫게 되었다. 현재 논란이 되고 있는 그 일은 평행의 삶을 살려고 하는 노력, 분노와 고통을 차단하면서 내가 사랑하고 또 잘 영위하고 있는 외적인 삶을 계속 이어나가려는 내 평생에 걸친 노력이 만들어낸 또 하나의 사고였다. 1995년의 연방정부 폐쇄기간에 나는 두 개의 전투를 해야 했다. 하나는 미국의 미래를 놓고 의회와 벌이는 공적인 싸움이었고, 다른 하나는 과거의 악마들이 고개를 들지 못하게 하는 개인적인 싸움이었다. 나는 공적인 싸움에서는 이겼으나, 개인적인 싸움에서는 졌다.

그 과정에서 나는 가족과 행정부에 큰 상처를 입혔고, 대통령 직위와 미국 국민들에게 해를 끼쳤다. 정신적인 압박이 아무리 크더라도, 나는 더욱 강하게, 더욱 신중하게 행동을 했어야만 했다.

변명할 여지는 없지만, 내가 왜 그런 행동을 했는지 밝혀내려고 하는 과정을 통해서, 나는 내면적인 삶과 외면적인 삶을 통합시킬 수 있는 기회를 얻을 수 있었다.

기나긴 상담과정과 상담 후에 나누었던 대화를 통해서, 힐러리와 나는 함께 하는 일이나 생각, 그리고 사랑하는 자식 문제를 넘어서서 서로를 다시 이해하게 되었다. 나는 늘 힐러리를 사랑하고 있었지만, 제대로 사랑하지는 못했다. 그녀가 상담에 참여해준 것이 너무나 고마웠다. 우리는 아직도 최고의 친구였고, 나는 결혼을 파탄에 빠뜨리고 싶지 않았다.

한동안 나는 침실 옆에 붙은 작은 방 안에 있는 소파에서 잠을 잤다. 두 달이 좀 넘었던 것 같다. 나는 읽을 거리, 생각할 거리, 일할 거리가 많았다. 그리고 소파는 아주 편안했다. 하지만 나는 영원히 그곳을 침대로 삼고 싶지는 않았다.

공화당이 나에 대한 공격의 강도를 높여감에 따라, 나의 지지자들이 나서기 시작했다. 9월 11일, 브라이언 오드와이어가 아일랜드 평화과정에서 활약한 나의 공로를 치하하기 위해서 돌아가신 자신의 아버지의 이름을 딴 폴 오드와이어 평화정의상을 수여했다. 800명의 아일랜드계 미국인들이 사우스론에 모여 수여식을 지켜보았다. 브라이언의 감사의 말과 군중의 반응은 그들이 그곳에 있는 이유가 무엇인지 분명하게 보여주는 것이었다.

며칠 후, 체코 대통령 바츨라프 하벨은 워싱턴을 방문하여 기자들이 모인 자리에서 내가 자신의 '친한 친구'라고 말했다. 기자들이 탄핵과 사직, 내가 지도자로서의 도덕적 권위를 잃은 것은 아닌지에 대한 질문들을 퍼붓자, 하벨은 이렇게 대꾸했다. "미국은 여러 가지 얼굴을 가지고 있습니다. 나는 미국이 가진 여러 가지 얼굴을 대부분 좋아합니다. 하지만 내가 이해할 수 없는 것이 몇 가지 있습니다. 나는 이해하지 못하는 것에 대해서는 말하고 싶지 않습니다."

그로부터 닷새 뒤, 나는 뉴욕으로 가서 유엔 총회에 참석했다. 그곳에서 나는 다음과 같은 내용으로 연설을 했다. "세계는 테러리스트들과의 싸움에 동참해야 할 의무가 있다. 그들에게 일체의 지원이나 은신처, 재정적 원조를 제공하지 말고, 테러를 자행하는 국가들에 압력을 가하며, 범인을 본국으로 송환하여 기소해야 한다. 세계적인 테러방지협약에 서명하고 생물학적·화학적 무기로부터 우리 자신을 보호할 수 있는 방법을 강구하고 강화해야 한다. 폭탄의 제조와 수출을 통제하고, 공항 보안 검색의 국제적인 기준을 강화하고, 테러가 자라나도록 유도하는 조건들과 맞서 싸워야 한다." 당시로서는 대단히 중요한 연설이었다.

하지만 총회가 열리는 커다란 강당에 모여 앉은 참석자들은 워싱턴에서 일어난 사건들에 대해서도 관심을 기울이고 있었다. 내가 연설을 하려고 일어서자, 참석자들은 한참 동안 열광적인 기립박수를 보냈다. 늘 점잖게만 굴던 유엔에서는 처음 있는 일이라서 나는 큰 감동을 받았다. 전례가 없는 그 행동이 나를 지지하는 것인지, 아니면 현재 의회에서 진행되고 있는 일에 반대를 하는 것인지 확실하게 알 수 없었다. 내가 유엔에서 테러에 대해 이야기하고 있는 동안, 텔레비전에서는 연방대배심 증언 장면이 방송되고 있었다.

다음 날, 백악관에서 나는 아프리카계 미국인 종교 지도자들과 함께 넬슨 만델라를 맞았다. 이 회견은 만델라가 제안한 것이었다. 의회는 그에게 의회 금메달을 수여하기로 결정해서, 그 다음 날로 수여식이 예정되어 있었다. 만델라는 전화를 걸어서 훈장수여식 날짜를 그렇게 잡은 것이 우연으로 보이지 않는다고 말했다. "남아프리카공화국의 대통령으로서, 나는 이 상을 거절할 수 없습니다. 하지만 나는 하루 일찍 미국에 가서 미국 국민들에게 지금 의회가 당신 문제로 진행하고 있는 일들에 대한 나의 생각을 밝히고 싶습니다." 그는 그의 생각대로 했다. 그는 유엔에서 나처럼 환대를 받은 사람을 본 적이 없으며, 세계는 나를 필요로 하고, 나의 적들은 내가 고립되기를 원한다고 말했다. 목사들은 만델라의 말에 찬성하는 뜻에서 힘찬 박수를 보냈다.

만델라의 연설도 훌륭했지만, 마틴 루터 킹 목사의 딸인 버니스 킹 목사의 연설은 한술 더 떴다. 그녀의 연설 요지는 다음과 같았다. "위대한 지도자들도 가끔씩 극악한 죄를 저지를 때가 있다. 다윗 왕은 자신의 충실한 병사인 밧세바의 남편을 죽게 하고 밧세바와 결혼을 했으니 클린턴의 경우보다 훨씬 나쁜 짓을 한 것이다. 다윗은 그 죄 때문에 벌을 받았다." 무슨 말을 하려는 건지 몰라 모두들 조마조마하고 있는데, 드디어 그녀가 결론으로 접어들었다. "그렇습니다. 다윗은 끔찍한 죄를 지었고, 하나님은 그를 벌하셨습니다. 하지만 다윗은 계속 왕으로 남아 있었습니다."

한편, 나는 직무를 계속했다. 메릴랜드, 플로리다, 일리노이에 학교 현대화를 위한 건축자금을 제공하자는 제안을 내놓았고, 미국농민연맹의 회의에 참석하여 농업 문제에 관해서 토론하고, 외교위원회에서 세계 금융 시스템을 현대화하자는 내용의 중요한 연설을 했다. 합동참모본부와 회의를 하여 군의 준비상태를 점검했고, 국제전기노동자조직 회합에 참석하여 최저임금을 다시 한 번 인상하겠다고 발표했다. 존 호프 프랭클린이 제출한 인종 문제에 관한 대통령자문회의의 최종보고서를 검토하고, 토니 블레어, 이탈리아 총리 로마노 프로디, 불가리아 대통령 피터 스토야노프를 만나서 블레어와 내가 공유하는 '제3의 길' 철학을 다른 나라들에 적용할 수 있는가를 놓고 대화를 나누었다. 일본의 신임 총리인 오부치 게이조와 첫 면담을 가지고, 평화협상을 진전시키기 위해 백악관으로 네타냐후와 아라파트를 초청했으며, 여섯 개 주와 워싱턴 D.C에서 민주당 후보들을 위한 선거운동 행사에 12회 이상 참석했다.

회계연도의 마지막 날인 9월 30일, 나는 약 700억 달러의 예산이 남았으며, 이것은 29년 만에 처음 있는 일이라고 밝혔다. 언론은 스타 보고서 이외에는 다른 데 거의 관심을 가지지 않았지만, 늘 그렇듯이 다른 많은 일이 벌어지고 있었고, 나는 그 일들을 처리해야 했다. 나는 공적인 일이 중단되는 일은 결코 용납하지 않겠다고 결심했다. 뉴스에서는 날마다 별의별 일이 다 벌어지고 있었지만, 백악관의 참모들과 정부 각료들은 계속 맡은 바 임무를 성실하게 수행하고 있었다. 그들의 생각이 나와 똑같다는 것이 참으로 다행이다 싶었다.

10월에 법사위원회의 헨리 하이드와 그의 동료들이 이끄는 공화당 하원의원들은 나의 탄핵을 강력하게 추진했다. 미시간 주의 존 코나이어가 이끄는 법사위원회 소속 민주당 의원들은 그들과 격렬한 싸움을 벌였다. 그들은 나에 대한 최악의 비난이 사실이라고 하더라도, 그것은 헌법이 탄핵사유로 규정하고 있는 '중대한 범죄와 비리'에 해당하지 않는다고 주장했다. 민주당 의원들의 법률적 판단은 옳은 것이었지만, 공화당 의원들은 투표를 강행했다. 10월 8일에 하원은 탄핵 심리를 진행할 것인가를 놓고 투표를 했다. 나는 놀라지 않았다. 중간선거가 한 달밖에 남아 있지 않은 때였고, 공화당은 선거운동에서 한 가지 주장, 즉 클린턴을 쫓아내야 한다는 주장만 내세우고 있었다. 나는 선거가 끝나면 온건한 공화당 의원들이 사실과 법을 정확하게 보고 탄핵이 아니라 징계나 견책 결의안을 택할 것이라고 생각했다. 예전에 뉴트 깅리치도 잘못된 발언과 명백한 세법 위반으로 견책을 받은 사례가 있었다.

다수의 평론가들은 민주당에 재난이 닥칠 것이라고 예상했다. 민주당은 하원에서 25~35석을 잃고 상원에서는 4~6석을 잃는다는 것이 워싱턴 정계의 일반적인 견해였다. 공화당은 민주당보다 선거자금이 1억 달러 이상 많았고, 상원에서 선거에 출마해야 하는 의원 수는 공화당보다 민주당이 훨씬 많았다. 선거가 벌어지는 지역에서 민주당은 인디애나의 1석을 확보할 것이 확실시되었다. 그곳의 후보는 에반 베이 주지사였다. 반면 오하이오의 공화당원 주지사 조지 보이노비치는 존 글렌이 내놓은 의석을 차지할 것으로 예상되었다. 나머지 7석은 결과가 불투명했는데, 선거 전에 그 가운데 5석은 민주당, 2석이 공화당 의석이었다.

나는 몇 가지 이유에서 일반적인 견해에 동의하지 않았다. 첫째, 대다수의 미국인들은 스타의 행동 방식에 찬성하지 않았으며, 공화당 국회가 국민을 돕는 것보다 나를 공격하는 데 더 관심을 보인다는 사실에 분개하고 있었다. 약 80퍼센트의 국민들이 나의 연방대배심 증언 비디오테이프를 공개하는 것에 반대하고 있었으며, 국회에 대한 전체적인 지지도는 43퍼센트로 떨어진 상태였다. 둘째, 깅리치가 1994년에 '미국과의 계약'을 내세웠을 때처럼, 국민들이 한쪽 정당이 긍정적인 의제를 내놓고, 다른 정당은 그렇지 못하다고 생각하는 경우에는 긍정적인 의제를 가진 정당이 승리를 얻게 된다.

민주당은 처음으로 중간선거에서 의견을 통일하고 있었다. 민주당이 내세운 계획은 예산 잉여분을 새로운 프로그램이나 세금감면에 사용하기 전에 우선적으로 사회보장제도를 살리는 것, 10만 명의 신규 교사를 투입하는 것, 낡은 학교 시설을 현대화하고 새로운 학교를 건축하는 것, 최저임금을 인상하는 것, '환자 권리장전'을 통과시키는 것이었다. 마지막으로 가장 중요한 것은 대다수의 미국 국민들이 탄핵에 반대하고 있다는 사실이었다. 나는 민주당이 탄핵에 반대하고 자신들이 세운 계획대로 싸운다면 하원에서 승리를 거둘 수 있을 것이라고 생각했다.

　나는 10월 초와 그달 말에 워싱턴 근처에서 민주당 후보들이 쟁점들을 강조하기 위해서 마련한 몇 가지 정치행사에 참석한 것 외에는 대부분의 시간을 직무에 할애했다. 할 일이 산더미 같았는데, 가장 중요한 것은 중동 평화과정과 관련된 활동이었다. 매들린 올브라이트와 데니스 로스는 평화과정을 궤도에 올려놓기 위해서 몇 달 동안 갖은 노력을 기울인 끝에, 유엔총회 참석차 뉴욕에 온 아라파트와 네타냐후를 맞대면시키는 데 성공했다. 팔레스타인자치정부 수반인 아라파트와 이스라엘 총리 네타냐후 두 사람은 다음 단계로 나아가거나 유권자들에게 지나치게 많이 타협했다는 인식을 주는 것을 꺼리고 있었다. 하지만 그들은 이슬람 과격단체 하마스가 새로운 테러공격을 개시해서 상황이 걷잡을 수 없이 악화되는 것을 우려하고 있었다.

　다음 날, 두 사람은 워싱턴으로 와서 나를 만났다. 나는 한 달 이내에 미국으로 돌아와서 합의를 보자고 제안했다. 우선 올브라이트가 그들을 만나러 갔다. 그들은 이스라엘과 가자 접경 지역에서 만났고, 아라파트가 그들을 오찬에 초청함으로써 강경파 네타냐후가 이스라엘 총리로는 최초로 팔레스타인 가자지구로 들어가게 했다.

　몇 달간 작업 끝에 정상회담의 길이 열렸다. 양쪽 정상은 미국이 어려운 결정을 하는 과정에서 함께 움직여주기를 원했고, 극적인 회담 진행이 그들의 결정을 본국에 제안하는 데 큰 도움을 줄 거라고 믿고 있었다. 물론 양자가 어떤 사항에도 쉽게 동의하지 않을 위험은 있었다. 나의 안보팀은 이 계획이 실패로 돌아가게 될 경우의 결과에 대해서 크게 걱정하고 있었다. 아라파트와 네타냐후는 사람들 앞에서는 강경한 입장을 드러내고 있었다. 네타냐후는 리쿠드당 지도자들 중에서 가장 강경한 입장을 보이는 아리엘 샤론을 외무장관에 지명함으로써 자신의 태도를 뒷받침했다. 샤론은 1993년의 평화과정을 이스라엘의 '국가적 자살행위'라고 주장하던 사람이었다.

네타냐후는 정상회담이 실패로 돌아갈 경우에는 책임을 돌리고, 정상회담
이 성공할 경우에는 우익으로부터 자신을 보호하기 위해 샤론에게 장관직
을 주었는지도 모를 일이었다.

나는 정상회담만이 유일한 방법이라고 생각했고, 그것을 꼭 성공시키고
싶었다. 우리가 잃을 것은 많지 않았다. 또한 나는 실패할까봐 무서워서 가
만히 있는 것보다 열심히 노력하다가 실패를 하는 게 낫다고 생각하는 사람
이었다.

10월 15일에 백악관에서 회담 개시를 알리고, 대표단은 메릴랜드에 있
는 와이리버 회담장으로 이동했다. 그곳은 정상회담을 치르기에 알맞은 설
비를 갖추고 있었다. 공공회의실 및 식사장소는 편안했고, 숙소는 대표단이
독립적으로 움직이면서 상대편과는 상당한 거리를 유지할 수 있는 구조로
배치되어 있었다.

애초에 우리가 잡았던 정상회담 기간은 나흘로, 이스라엘의 의회 크네
세트의 개회일 이틀 전에 마칠 예정이었다. 우리는 어느 쪽도 완전한 동의
에 이를 때까지는 특정한 안건에 대한 잠정적인 동의안에 구속되지 않으며,
미국은 마지막 합의문의 초안을 잡는다는 일반적인 원칙에 합의했다. 나는
최대한 시간을 내어 참석하겠지만, 밤에는 백악관으로 돌아가겠다고 말했
다. 아침에는 집무실에 나가 법안에 서명을 하고 예산안에 대한 의회 협상
을 계속해야 했다. 새로운 회계연도를 맞이했지만, 당시 의회에서 통과되어
법으로 확정된 예산안은 13분의 3에 불과했다. 대통령 전용 헬리콥터인
HMX1을 책임지는 해병대는 8년 동안 나를 위해서 봉사했는데, 그 정상회
담 기간 중에는 특별히 더 큰 역할을 담당했다. 조종사들은 24시간 대기하
고 있다가 회의가 끝난 새벽 3시쯤에 나를 백악관으로 데려다주었다.

첫 번째 만찬에서 나는 양 정상에게 각자 상대방이 자국 내의 반발에 대
처할 수 있도록 도와주는 방안을 생각해보라고 당부했다. 양 정상은 나흘
동안 여러 가지 생각을 하고 이야기를 나누다가 지레 지쳐버렸고, 합의에
다다를 기미는 보이지 않았다. 네타냐후는 모든 현안에 관한 합의에 도달할
수는 없으니 부분적인 합의를 하자고 제안했다. 그가 제안한 내용은 이스라

엘은 요르단 강 서안지역의 13퍼센트에서 철수하고, 팔레스타인 측은 미 중앙정보국장으로 양쪽에서 신임을 얻고 있는 조지 테넷이 구상한 계획에 따라 안보 문제에 최대한 협조한다는 내용이었다.

그날 밤늦게 나는 아리엘 샤론과 처음으로 독대했다. 이 일흔 살의 전직 장군은 이스라엘의 건국과 이후의 모든 전쟁에 참여해온 인물이었다. 그는 평화와 땅을 바꾸는 데 반발하고 있고, 1982년 이스라엘의 레바논 침공에서 중요한 역할을 담당했던 사람이라서, 아랍 사람들 사이에서 평판이 좋지 않았다. 1982년 레바논 침공 사태는 이스라엘과 동맹을 맺은 레바논 민병대가 엄청난 수의 비무장 팔레스타인 피난민을 살해한 사건이었다.

두 시간이 넘는 회담 동안, 나는 질문을 하면서 그의 이야기에 귀를 기울였다. 샤론도 팔레스타인 사람들의 곤경을 전혀 이해하지 못하는 것은 아니었다. 그는 팔레스타인에 대한 경제적인 지원에는 동의하지만, 서안지역을 양도하는 것은 이스라엘의 안보이익에 적합하지 않다고 생각했고, 아라파트가 테러와 싸울 것이라는 확신을 가지고 있지 않았다. 그는 이스라엘 대표단 중에서 유일하게 아라파트와 악수하는 것을 꺼렸던 사람이다. 샤론은 자신의 인생과 가치관에 대해서 이야기했고, 나는 그의 이야기를 열심히 들었다. 새벽 3시가 가까워서 이야기를 마칠 무렵, 나는 그의 사고방식에 대해서 훨씬 많은 것을 이해하게 되었다.

샤론은 전직 해군첩보 분석가인 조나단 폴라드를 사면하라고, 내가 놀랄 정도로 강력하게 주장했다. 폴라드는 1986년에 이스라엘을 위해서 스파이 활동을 한 죄로 기소되었던 사람이었다. 이스라엘 전 총리 라빈과 네타냐후도 폴라드의 석방을 요구한 적이 있었다. 당시 이것은 이스라엘 국내 정치에서 큰 현안이었다. 이스라엘 국민들은 미국이 폴라드에게 지나친 처벌을 내렸다고 생각했다. 이스라엘의 일반적인 인식은 그가 민감한 정보를 판 것이 사실이라고 해도, 그 상대가 동맹국이었으니 감안을 해주어야 한다는 것이었다. 이 문제는 정상회담이 끝나기 전에 다시 거론될 것이 분명했다.

한편, 나는 양쪽의 지도자들을 만나고 각 대표단 성원들과 계속 이야기를 나누었다. 이스라엘 국무장관 이츠하크 모르데차이도 만나고, 아라파트의 선임 측근으로 후일 팔레스타인의 총리가 된 아부 알라와 아부 메이즌, 아라파트의 협상 책임자 삽 에레카트, 37세의 가자지역 보안책임자 모하마드 달란까지 만나보았다. 이스라엘 대표단과 팔레스타인 대표단은 모두 다양하고 깊은 인상을 주는 사람들이었다. 나는 한 사람도 빠짐없이 이야기를 나누어보려고 노력했다. 누가 평화를 위한 결정적인 계기를 만들어낼 사람이 될지 알 수 없는 일이었기 때문이다.

일요일 밤까지 합의에 도달하지 못했기 때문에, 양측은 회담 참가자의 범위를 확대하기로 했다. 뛰어난 설득력을 가진 앨 고어가 합세했다. 우리 팀은 백악관 안보 담당인 샌디 버거, 롭 맬리, 브루스 라이델과 내무부의 올브라이트 장관, 데니스 로스, 마틴 아인디크, 에어런 밀러, 웬디 셔먼, 그리고 토니 버스탠디그였다. 이들은 날마다 교대로 이스라엘과 팔레스타인 대표들을 만나 다양한 현안에 관해서 이야기를 나누었고, 먹구름을 헤칠 수 있는 가느다란 빛줄기를 찾아 헤맸다.

내무부 통역관인 게멀 헬라이 역시 이번 협상을 비롯한 여러 차례의 협상에서 남다른 기여를 했다. 양 대표단은 대부분 영어를 썼지만 아라파트만은 늘 아랍어를 사용했다. 게멀은 아라파트와 내가 단둘이 만날 때 동석하는 유일한 사람이었다. 그는 중동의 상황을 잘 이해하고 있었고, 팔레스타인 대표단 성원들이 각각 내부 논의 과정에서 어떤 역할을 담당하고 있는지도 잘 알고 있었다. 아라파트도 그를 좋아했다. 그는 후일 우리 팀의 고문이 되었고, 뛰어난 통찰력과 아라파트와의 개인적인 친분 덕분에 귀중한 기여를 했다.

월요일에 다시 일이 진척을 보이기 시작했다. 나는 네타냐후를 만나 아라파트에게 평화의 대가를 제시해야 한다고 설득했다. 땅과 공항, 가자지역과 서안지역 간의 안전한 통행로, 그리고 가자의 항구를 내어주면, 아라파트는 테러를 막기 위해서 적극적으로 뛰어들 터였다. 나는 아라파트에게는 테러방지 노력을 배가하고, 팔레스타인 민족평의회를 소집하여 이스라엘의 타도를 주장하는 문구가 들어 있는 팔레스타인 헌장을 개정하라고 촉구했다. 팔레스타인해방기구 집행위원회는 이미 그 조항을 포기하고 있었다. 네타냐후는 선거로 구성된 팔레스타인 의회가 투표를 통해 헌장에서 그 불쾌한 문구를 삭제하지 않으면 이스라엘 국민들은 평화 협상을 인정하지 않을 거라고 생각했다. 아라파트는 어떤 결론이 나올지도 모르는 상황에서 민족평의회를 소집하는 것을 원치 않았다. 전 세계에 흩어진 팔레스타인 사람들에게는 평의회 의원을 선출할 투표권이 있는데, 외부의 팔레스타인 사람들은 가자와 서안지역에 살고 있는 사람들만큼 평화과정에 수반되는 타협과 아라파트의 지도력을 인정하지 않고 있었다.

10월 20일에 요르단의 후세인 국왕과 누르 왕비가 합세했다. 후세인은 암 치료를 받기 위해서 미국 메이요 병원에 입원해 있었다. 나는 그에게 진전된 부분과 어려운 문제점들을 요약 설명했다. 그는 병과 화학요법으로 허약해져 있었지만, 내가 원한다면 와이리버로 오겠다고 말했다. 나는 누르를 통해서 그가 진심으로 오고 싶어 하며 일반 객실에 묵어도 된다는 사실을 확인한 다음, 후세인에게 우리는 누구의 도움이든 모두 필요하다고 말했다. 후세인의 존재가 회담에 미친 영향은 말로 표현하기가 어렵다. 그는 많이 여위어 있었고, 화학치료 때문에 머리카락은 물론 눈썹까지 모두 빠져 있었지만, 지성과 감성만은 여전히 번뜩였다. 그는 정상회담에 큰 도움을 주었다. 그는 양측이 동의할 수 있는 이야기를 했고, 양측 대표단은 그의 모습을 보자 팽팽한 협상에서 흔히 볼 수 있는 허세나 편협한 태도를 누그러뜨렸다.

10월 21일, 우리는 안보 문제에 관해서만 합의에 도달했다. 네타냐후는 실패한 회담을 중단하는 것으로 자신의 49번째 생일을 기념하기라도 할 것처럼 보였다. 다음 날 나는 다시 돌아와서 회담 시간 내내 머물렀다. 양측은 두 시간 동안 양자회담을 하고는, 팔레스타인 민족평의회가 헌장 수정에 찬성하게 할 기가 막힌 방법을 생각해냈다. 내가 가자로 가서 평의회에서 연설을 하면, 아라파트는 사람들에게 지지의 표시로 손을 들거나 박수를 치거나 발을 구르라고 요구하겠다는 작전이었다. 샌디 버거는 좋은 방법이기는 하지만, 나의 안전이 위태롭다고 경고했다. 사실이었다. 하지만 우리의 요구는 이스라엘과 팔레스타인 사람들에게 훨씬 더 큰 위험부담을 지우는 셈이었다. 나는 그 계획을 실행에 옮기겠다고 동의했다.

그날 밤, 아라파트가 이스라엘 감옥에 갇혀 있는 1,000명의 팔레스타인 수감자들을 석방하라는 요구를 하면서 회담은 교착상태에 빠졌다. 네타냐후는 하마스 단원들이나 '손에 피를 묻힌' 사람들을 석방할 수는 없으며, 석방 가능한 수는 500명에 지나지 않는다고 버텼다. 나는 극적인 타개책이 있어야겠다고 생각하고 후세인 국왕에게 도움을 청했다. 나는 후세인에게 대표단이 식사를 하고 있는 방으로 와서 이야기를 해달라고 부탁했다. 그는 국왕다운 분위기와 총명한 눈빛을 빛내며 간단하고도 설득력 있는 이야기를 시작했는데, 시들어가고 있는 육체 때문에 이런 것들이 오히려 더 돋보이는 것만 같았다. 그는 깊고 낭랑한 목소리로, 다음과 같은 요지의 연설을 했다. "역사는 우리를 심판할 것이다. 양측간에 남아 있는 차이들은 평화라는 목적에 비추어보면 하잘것없는 것이다. 자식들을 생각해서라도 이 일을 꼭 성사시켜야 한다." 그는 입밖에 내지는 않았지만, 다음과 같은 분명한 메시지를 보내고 있었다. '나는 살날이 얼마 남지 않았소. 평화를 죽이느냐 마느냐는 당신들 손에 달렸소.'

후세인이 방에서 나간 뒤, 우리는 회담을 계속했다. 모두들 식당을 떠나지 않고 탁자마다 모여 여러 가지 문제에 대해서 의논했다. 나는 나의 참모들에게 시간이 얼마 남지 않았으니 자러 가지 않겠다고 말했다. 이제 성공을 위하여 쓸 수 있는 방법은 기다리는 것뿐이었다. 네타냐후와 아라파트 역시 이번 기회를 놓치면, 다시는 기회가 없다는 것을 알고 있었다. 양측 대표단과 우리 안보팀은 밤늦도록 그 자리를 떠나지 않았다.

드디어 새벽 3시, 나는 양측 정상과 수감자 문제를 처리하고, 남은 문제를 마무리하기 시작했다. 오전 7시가 가까운 시간에, 한 가지 장애물이 나타났다. 네타냐후가 폴라드를 석방하지 않으면 모든 것을 없던 일로 하겠다고 협박을 하고 나온 것이다. 그는 내가 전날 밤에 폴라드를 석방하겠다고 말했기 때문에 다른 문제에 대해서 동의를 한 것이라고 말했다. 내가 평화를 위해서 꼭 필요하다면 그럴 생각도 있지만, 우선 참모들과 의논해봐야 한다고 말했던 것은 사실이었다.

폴라드는 이스라엘에서 대단한 동정을 사고 있었지만, 미국에서는 쉽게 처리할 수 없는 경우였다. 그는 신념이 아니라 돈 때문에 미국의 기밀을 팔았고, 유죄판결은 나지 않았지만, 몇 년 동안 아무런 반성의 기미도 보이지 않는 것 같았다. 샌디 버거와 조지 테닛에게 이 이야기를 하자, 그들은 단호하게 폴라드의 석방을 반대했고, 매들린 올브라이트도 마찬가지였다. 중앙정보국장 조지 테닛은 올드리치 에임스 사건으로 중앙정보국이 심각한 타격을 입고 있는 형편인데, 만일 폴라드를 감형하겠다면 자신은 사임할 수밖에 없다고 말했다. 나 역시 원하는 바가 아니었기 때문에, 테닛의 이야기로 그 문제는 정리가 되었다.

양국은 테러에 대항하여 함께 협력한다는 약속과 안보상의 문제에 관해서 합의한 뒤, 테닛의 지원으로 세부적인 사항까지 확정하고 중앙정보국은 그 실행을 후원하겠다는 약속까지 해둔 터였다. 테닛이 떠나게 되면, 아라파트는 아무런 협상도 하지 않겠다고 버틸 가능성이 높았다. 테닛은 알 카에다와 테러리즘과의 싸움에서 꼭 필요한 인물이었다. 나는 네타냐후에게 그 사건을 신중하게 재검토하고 테닛이나 국가안보팀과 함께 그 일을 처리하기 위해서 노력하겠지만, 네타냐후의 입장에서 보면 폴라드를 석방시켜서 얻을 수 있는 것보다 안보 합의안에 동의해서 얻을 수 있는 것이 훨씬 많을 거라고 못박았다.

마지막으로 세부적인 조정을 하는 중에, 네타냐후가 합의안을 내는 것에는 동의하지만, 딱 한 가지 단서가 있다고 말했다. 석방되는 일반 범죄자 수는 늘리되, 안보상의 범죄를 지은 범죄자 수는 줄이자는 주장이었다. 자유의 투사라고 여기는 사람들의 석방을 기대했던 아라파트로서는 곤혹스러운 문제였다. 데니스 로스와 매들린 올브라이트는 아라파트의 방으로 찾아가서 내가 할 수 있는 최선의 방법을 다 쓴 거라고 설득했다. 그 후에 나는 그를 찾아가서 고맙다고 말했다. 그의 마지막 몇 분 사이의 용단이 회담을 살린 셈이었다.

합의안에 따르면 팔레스타인은 서안지역의 땅 일부와 공항 하나와 항구하나의 확보, 수감자 석방, 가자와 서안지역 간의 안전한 통로 확보, 그리고 경제 지원 등을 얻게 되었다. 이스라엘은 폭력과 테러에 대항하는 싸움에서 팔레스타인으로부터 전례 없는 협조를 얻고, 계속되는 폭력과 살인의 원인으로 지목받는 특정한 팔레스타인 사람들을 수감하며, 팔레스타인 헌장의 수정을 받아내고, 최종적인 지위 협정을 조속히 실시하기로 했다. 또한 미국은 이스라엘의 철군비용을 감당하고, 팔레스타인의 경제발전을 지원하며, 양측이 받아들이기로 동의했던 전례 없는 안보 협조활동을 강화하는 데 중심적인 역할을 담당하기로 했다.

우리는 합의안을 작성하고 악수를 나누고 나서, 바로 백악관으로 돌아와 이 사실을 공표했다. 대부분 약 40시간 동안의 강행군을 한 뒤라서, 잠이라도 한숨 자고 샤워라도 했으면 좋았을 텐데, 마침 금요일 저녁이라서 유대교의 안식일이 시작되는 일몰 전에 평화회담 내용을 발표해야 했다. 오후 4시에 이스트 룸에서 매들린 올브라이트와 앨 고어가 평화회담 성공과 합의내용을 발표했고, 나는 합의안의 세부사항들에 대한 개요를 설명하고 합의안을 작성한 양측에 감사를 표시했다. 양국 정상은 너그럽고 낙관적인 어조로 연설을 했다. 네타냐후는 국가 통치자로서의 면모를 보여주었고, 아라파트는 전례 없이 강경한 어조로 일체의 폭력행위를 근절하겠다고 약속했다. 후세인 왕은 평화의 적들은 폭력으로 합의안을 무효화하려 들 것이라고 경고하면서, 양측의 국민들에게 지도자들의 결정을 지지하고, 파괴와 살상 대신 아브라함의 자녀들이 '태양 아래서 누려 마땅한' 공동의 미래를 찾아 나갈 것을 권유했다.

후세인 왕은 나에 대한 우정의 표시로, 국회에서 공화당이 하고 있는 일들을 염두에 두고, 자신이 만나서 우정을 나눈 대통령은 아홉이지만, "평화라는 주제와 관련해서는…… 당신과 같이 헌신적이고 냉철하며 집중력 있고 결단력 있는 사람을 만나본 적이 없다…… 그리고 우리는 당신과 함께 더 큰 성공을 거두게 되기를, 당신과 함께 우리의 형제들이 보다 나은 내일을 향해 전진하게 되기를 바란다"고 말했다.

해가 지고 안식일이 시작되기 직전에 양국 정상은 합의안에 서명을 했다. 중동의 평화는 여전히 살아 있었다.

와이리버에서 회담이 진행되는 동안, 비서실장 어스킨 보울스는 예산 문제를 놓고 국회를 상대로 강도 높은 협상을 진행하고 있었다. 선거가 끝나면 사직을 할 예정이었던 그는 최고의 성과를 얻어내기 위하여 최선을 다하고 있었다. 공화당이 다시 연방정부 폐쇄를 시도할 수는 없는 일이라서, 판세는 우리에게 유리했다. 게다가 그들은 지난 몇 달 동안 본연의 직무를 수행하기보다는 시시한 내부논쟁을 하고 나를 공격하느라 많은 시간을 낭비했다.

보울스를 비롯한 비서진은 우선적으로 진행하려는 대규모 정책들의 자금을 확보하기 위해 여기저기서 양보를 하면서 예산안의 세부적인 내용들을 기민하게 처리했다. 10월 15일에 예산안이 합의되자, 다음 날 아침에 톰 대슐, 딕 게파트, 전체 경제팀과 함께 로즈가든에서 축하하는 자리를 가졌다. 마지막 협상을 통해서 우리는 재정잉여금을 사회보장개혁에 투입한다는 합의를 이끌어내고, 10만의 신규교사 중 첫 임용자들의 고용, 방과후 학교와 여름 학교 프로그램의 대규모 증설, 그리고 기타 여러 가지 우선적인 교육정책에 필요한 예산을 따냈다. 또한 농장주들과 목장주들을 위한 상당한 구조자금을 확보하고, 오염이 심각해서 낚시와 수영을 할 수 없는 호수와 강의 40퍼센트를 복원할 수 있는 맑은 물 사업 자금과 지구온난화 문제에 대처하고 개발과 오염으로부터 귀중한 땅을 보호하기 위한 환경 분야의 예산에서 상당한 성과를 거두었다. 그리고 8개월 동안의 교착상태에서 벗어나 국제통화기금에 대한 지원 승인을 얻어냄으로써 세계 경제의 위기를 종식시키고 안정을 찾아가는 노력을 계속할 수 있게 되었다.

모든 의제들이 통과된 것이 아니었기 때문에, 선거를 앞둔 마지막 2주 동안 선거운동에서 제시할 수 있는 정책은 많이 남아 있었다. 공화당은 건강관리기관에 대한 환자 권리장전을 거부하고, 담배세 인상과 대규모 담배 회사를 상대로 십대 흡연 방지정책을 의무화하는 담배법안을 거부했다. 공화당 상원의원들은 하원에서 통과되어 상원 민주당 의원들이 만장일치로 지지한 선거자금 개혁안의 통과를 의사진행방해로 막고, 최저임금인상안을 거부했다. 기가 막히는 것은 5,000개의 학교 시설을 수리하거나 신축하자는 제안을 통과시키지 않은 것이었다. 그들은 또한 청정에너지와 에너지보존 장치의 생산 및 구매에 대한 세금감면안도 통과시키지 않았다. 나는 뉴트 깅리치에게 드디어 공화당이 반대하는 세금감면안을 찾았다고 농을 던지기도 했다.

그러나 의회의 정치적인 구성을 고려하면, 이 정도를 따낸 것만 해도 훌륭한 성과였다. 어스킨 보울스의 협상기술이 큰 기여를 한 셈이었다. 1997년 균형예산 협상을 끝낸 뒤로 다시 한 번 올린 성과였다. 내가 말했듯이, 그는 '마무리의 귀재'였다.

나흘 뒤, 와이리버로 돌아가기 직전에, 나는 보울스가 강력하게 추천한 존 포데스타를 보울스의 후임으로 임명했다. 포데스타는 1970년에 조 더피 상원의원 선거운동 이후로 나와 거의 30년 동안 알고 지낸 사이였다. 그는 이미 백악관 보좌관과 비서실 차장으로 활동한 경력이 있어서 의회를 잘 알고 있었고, 경제, 외교, 국방 정책 분야에서 많은 기여를 했으며, 열정적인 환경주의자였다. 그는 부통령 앨 고어를 제외한다면 백악관 내부에서 정보기술에 대해서 가장 아는 것이 많은 사람이었다. 그는 개인적인 품성도 훌륭해서 예리한 지성과 강력한 추진력, 천연덕스러운 재치를 지니고 있었으며, 하트 게임 실력은 어스킨 보울스보다 나았다. 그는 스티브 리체티, 머리어 이차베스트, 캐런 카라몬타노 등 비서실 차장들과 함께 매우 유능하게 비서진을 이끌고 나갔다.

여러 가지 시련과 성공, 골프 경기와 카드 게임을 거듭하며 보울스와 나는 절친한 친구 사이가 되었다. 나는 그가 곁에 없는 것이 아쉬웠다. 특히 골프 경기 때는 더욱더 아쉬웠다. 우리는 일이 고달플 때면 해군 골프장에서 간단한 경기를 가졌다. 백악관 법률고문실을 떠나기 전까지는 케빈 오키프도 자주 합세했다. 골프 경기 때면 늘 멜 쿡이 우리 곁을 지켰다. 그는 군대에서 전역한 이후 계속 그곳 골프장에서 근무해온 터라, 골프장 구석구석을 자기 손바닥처럼 훤히 꿰뚫고 있었다. 나는 4홀, 5홀을 지나도록 변변한 솜씨 한 번 발휘하지 못할 때도 있었지만, 아름다운 골프 코스와 골프의 매력 덕분에 피로가 말끔히 씻겨졌다. 나는 계속 해군 골프장을 찾았지만, 늘 보울스가 없는 것이 아쉬웠다. 하기야 그가 떠나면서 실력 있는 포데스타가 뒤를 이어준 것만 해도 다행이었다.

람 에마누엘 역시 내 곁을 떠났다. 그는 1991년에 선거운동 재정국장으로 함께 일하기 시작한 뒤로 결혼도 하고 가정도 꾸렸다. 람의 특기는 아이디어를 행동으로 옮기는 것이었다. 그는 다른 사람들이 놓치는 문제에서 가능성을 찾아내는 재주를 가지고 있었다. 그는 성공이냐 실패냐를 판가름하는 작은 부분들을 정확하게 찾아냈다. 1994년의 선거 패배 이후 그는 나의 이미지를 현실에 맞게 되돌려놓는 데서 막중한 역할을 했다. 몇 년 뒤에 람은 시카고에서 하원의원에 당선되어 워싱턴으로 다시 돌아온다. 나는 그의 후임으로 더그 소스닉을 임명했다. 그는 백악관의 정무국장으로 람만큼이나 적극적이며, 정치와 국회를 잘 파악하고 있었다. 그는 늘 내게 모든 상황의 불리한 측면을 말해주었지만, 그렇다고 그 측면 때문에 굴복하기를 바라지는 않았다. 크레이그 스미스는 정무국장 자리를 이어받았다. 그는 1992년 선거운동 때도 같은 일을 한 적이 있었다.

10월 22일 아침, 내가 밤을 꼬박 새워가며 마지막 타결을 하기 위해 와이리버로 떠나기 직전, 의회는 2000년까지 3,000개의 학교를 설립하겠다는 행정부의 법안을 내게 보내고 나서 휴회했다. 그달 마지막 주에 네타냐후 총리는 크네세트에서 실시된 와이리버 조약에 관한 공개투표에서 성공을 거두었다. 에콰도르와 페루의 대통령들은 미국의 지원을 받아 무력충돌로 번질 염려가 있었던 국경분쟁을 해결했다. 나는 콜롬비아의 신임 대통령 안드레스 파스트라나의 취임을 축하하면서, 게릴라 단체들과의 수십 년간 지속되어온 갈등을 종식시킨 그의 용기와 노력을 치하했다. 나는 또한 1998년 국제종교자유법령에 서명하고, 기독교 자선단체인 월드비전 미국지부의 전 대표인 로버트 세이플을 국제종교자유를 위한 특별대표단 단장으로 임명했다.

선거운동이 마무리 단계에 접어들면서 나는 캘리포니아, 뉴욕, 플로리다, 메릴랜드를 방문했다. 그리고 힐러리와 함께 플로리다의 우주선 발사기지 케이프 커내버럴을 찾아가서 우주비행사 존 글렌이 탄 디스커버리호가 발사되는 광경을 지켜보았다. 공화당전국회의는 나를 공격하는 텔레비전 연속 광고물을 내보내기 시작했다. 노마 할러웨이 존슨 판사는 스타 검사가 대배심 정보 누설을 금지하는 법을 24차례 위반했다고 믿을 만한 상당한 근거가 있다는 판결을 내렸다. DNA 검사 결과, 토머스 제퍼슨이 자신의 노예인 샐리 헤밍스에게서 여러 명의 자식을 낳았다는 보도가 나왔다.

11월 3일, 공화당의 엄청난 선거자금 우위와 나에 대한 공격, 그리고 정치분석가들의 민주당 대패 예상에도 불구하고, 선거 결과는 민주당의 승리였다. 4석에서 6석을 잃을 거라고 예상되던 상원의 의석수는 변동이 없었다. 존 브로는 1994년 이후 내가 행정부에서 '새로운 민주당원'의 이미지를 되찾을 수 있도록 도와준 친구로, 이번에도 탄핵에 반대하여 격렬하게 싸웠는데, 루이지애나에서 압도적인 차이로 재선에 성공했다. 하원에서는 다섯석을 되찾았다. 대통령 임기 6년째에 집권당의 의석이 늘어난 것은 1822년 이후 처음 있는 일이었다.

선거에서 제시된 선택은 간단했다. 민주당의 공약은 사회보장정책을 우선적으로 추진하고, 10만 명의 교사를 채용하고, 학교시설을 현대화하고, 최저임금을 인상하고, 환자 권리장전을 통과시키는 것이었다. 공화당은 이 모든 것에 반대했다. 그들은 대부분 선거운동 내내 대통령 탄핵이라는 한 가지 문제에만 매달렸다. 동성애에 반대하는 광고를 내보낸 주도 있었는데, 이런 광고 전략은 민주당이 의회에서 다수를 차지하면 모든 주에 동성애자 간 결혼을 인정하도록 강요할 것이라는 내용을 담고 있었다. 워싱턴과 아칸소 같은 주에서는 이런 주장을 강조하기 위해서 동성애자 두 사람이 키스하는 모습이나 교회 제단에 서 있는 모습이 담긴 사진들을 내걸었다.

선거 직전에 매슈 셰퍼드라는 젊은 동성애자가 와이오밍에서 동성애자라는 이유로 매를 맞고 사망하는 일이 발생했다. 이 사건으로 전 미국이 동요하기 시작했는데, 셰퍼드의 부모가 이 사실을 공개적으로 이야기하면서 국민들의 감정은 더욱 크게 동요했다. 나는 극우파들이 셰퍼드의 사망 후에는 동성애 반대 광고를 내보내지 않을 것이라고 생각했지만 그렇지 않았다.

그들은 늘 적을 필요로 하는 세력들이었다. 공화당은 10월의 예산안 동의 과정에서 심각한 분열을 보이면서 세력이 약해졌다. 가장 보수적인 공화당원들은 민주당만 좋은 일을 시켜주고 자신들은 아무런 이득을 보지 못했다고 생각하고 있었다.

선거를 한 달 앞두고, 나는 '집권 6년차 징크스'가 지나치게 과장되고 있다고 생각했다. 그 내용은 집권 6년째인 해가 되면, 국민은 대통령의 영향력이 줄어들고, 열정과 새로운 아이디어가 바닥났을 테니 다른 정당에 기회를 주는 것이 낫겠다고 생각해서 집권당에 표를 주지 않는다는 것이었다. 그러나 1998년 선거 직전에 국민은 내가 동아시아를 비롯한 외교 관계나 국내 현안을 놓고 활동하는 모습을 보았으며, 우리가 다음 2년간 실시하려고 하는 의제에 대해서 소상히 알고 있었다. 탄핵운동은 민주당 지지자들을 자극해서 1994년보다 훨씬 많은 수의 유권자들이 투표에 나서게 만들었고, 동요하는 유권자들이 공화당이 던지는 다른 메시지에 귀를 기울이는 것을 차단했다. 오히려 공화당의 현직 주지사들은 재정 관리 책임, 복지제도 개혁, 상식적인 범죄방지 정책, 교육에 대한 강력한 지지 등 나의 강령을 발판으로 유권자들의 관심을 끌어 모으고 있었다. 텍사스의 주지사 조지 W. 부시는 나의 오랜 친구인 개리 모로를 거뜬하게 따돌렸으며, 1992년 선거운동때 내가 내세웠던 슬로건 세 개 중 두 개에 해당하는 '기회, 책임'이라고 쓰인 현수막 앞에서 당선 연설을 했다.

노스캐롤라이나에서는 수많은 아프리카계 흑인 유권자들의 투표 덕분에 젊은 변호사 존 에드워즈가 상원의원 로치 페어클로스를 누르고 당선되었다. 로치 페어클로스는 센텔 판사의 친구로서 나를 심하게 공격하던 사람이었다. 사우스캐롤라이나에서는 흑인 유권자들이 상원의원 프리츠 홀링스에게 역전승을 안겨주었다. 뉴욕에서는 하원의원 척 슈머가 상원의원 앨 다마토를 거뜬하게 따돌렸다. 척 슈머는 범죄 분야에서 공로가 큰 사람으로 탄핵의 부당성을 공개적으로 주장했고, 앨 다마토는 지난 몇 년간 자신의 위원회를 통해 힐러리와 그녀의 실무진을 공격하는 데 주력해왔다. 캘리포니아에서는 바바라 박서 상원의원이 재선에 승리했고, 그레이 데이비스는 여론조사 때보다 훨씬 많은 표 차를 기록하면서 주지사로 당선되었다. 민주당은 탄핵반대운동의 여세와 남미계, 아프리카계 유권자들의 지지 덕분에 하원에서 두 개의 의석을 추가했다.

하원 선거에서는, 1994년에 낙선했던 마저리 마골리스-메츠빈스키가 당선되었고, 1996년에 낙선했던 조 호펠이 다시 도전하여 탄핵에 반대하면서 당선되었다. 워싱턴 주에서는 1994년에 낙선했던 제이 인슬리가 당선되었다. 뉴저지에서는 러시 홀트라는 물리학 교수가 출마했는데, 선거 열흘 전만 해도 지지율이 20퍼센트나 뒤져 있었다. 그는 탄핵에 반대한다는 텔레비전 광고를 내보낸 뒤 당선되었는데, 그 주에서 민주당 하원의원이 당선된 것은 100년 만에 처음 있는 일이었다.

우리는 후원금 모금의 격차를 없애기 위해 갖은 노력을 다했다. 나는 남미계와 아프리카계 유권자 그리고 민주당을 지지할 것으로 추정되는 유권자들의 집에 전화로 제공할 음성 메시지를 녹음했다. 앨 고어는 전국을 뛰어다니며 열심히 유세를 펼쳤다. 가장 열심히 뛴 사람은 아마 힐러리였을 것이다. 힐러리는 뉴욕에서 선거운동을 하던 중에 한쪽 발이 퉁퉁 부어올랐는데, 오른쪽 무릎에서 혈전이 발견되어 혈액희석제를 맞아야 했다. 닥터 마리아노는 일주일 동안 누워 있으라고 말했지만, 힐러리는 고집을 꺾지 않고 활동을 계속함으로써 후보들에게 자신감을 심어주었다. 나는 힐러리가 매우 걱정되었지만, 그녀는 계속 강행군을 고집했다. 그녀는 물론 나에게도 화가 나 있었지만, 스타와 공화당이 벌이는 일들을 보고 있으니 더욱 화가 나는 모양이었다.

당시 실시되었던 제임스 카빌과 스탠 그린버그의 여론조사와 민주당 여론조사원 마크 멜먼의 여론조사에 의하면, 내가 국회에서 견책을 받고 계속 공적인 일에 전념해야 한다고 말하는 민주당 후보에 대한 지지율이 탄핵에 찬성하는 공화당 후보에 대한 지지율보다 약 20퍼센트를 앞서고 있었다. 조사 결과가 나온 뒤, 카빌을 비롯한 관계자들은 모든 후보들에게 이 전략을 사용하라고 간청했다. 그 효과는 엄청났다. 공화당 후보가 엄청난 차이로 이기리라고 생각했던 곳에서도 민주당 후보가 지기는 했지만, 그 표 차이는 근소했다. 예를 들어 뉴멕시코에서 민주당 후보 필 말루프는 6월의 임시선거에서 6포인트로 뒤져 있었고, 11월 선거 일주일 전에는 10포인트로 격차가 벌어졌다. 그는 선거 직전 주말에 탄핵반대 광고를 시작했다. 그는 선거 당일 투표에서는 승리를 거두었지만, 선거 결과는 1퍼센트 차이의 패배였다. 유권자의 3분의 1이 그 광고를 보지 못하고 미리 투표를 했기 때문이었다. 우리 후보들이 민주당의 적극적인 프로그램을 지지하고 탄핵에 반대하는 유세를 펼쳤더라면 하원에서 더 많은 성과를 올렸을 것이다. 그러나 많은 후보들이 겁을 내고 이 방법을 택하지 않았다. 그들은 내게 쏟아지는 엄청난 부정적인 공세와 스타와 헨리 하이드가 벌이고 있는 일이 공화당 후보가 아니라 민주당 후보에게 나쁜 영향을 미칠 것이라는 비평가들의 견해에 혹하여 그 뻔한 사실을 믿지 않았다.

선거 다음 날, 나는 뉴트 깅리치에게 전화를 걸어 몇 가지 일에 관해서 이야기를 나누었다. 이야기가 선거로 넘어가자, 그는 아주 너그러운 태도로 역사학자로서, 그리고 '상대팀의 쿼터백'으로서 나에게 축하한다고 말했다. 그는 우리가 그렇게 선전을 하리라고는 생각하지 못했으며, 정말 역사적인 성과라고 말했다. 11월 말에 어스킨 보울스는 자신이 깅리치와 나누었던 이야기를 해주었다. 깅리치는 보울스에게 선거 결과, 그리고 많은 온건파 공화당 의원들이 탄핵을 지지하지 않으려 한다는 사실에도 불구하고 계속 탄핵을 밀고 나가겠다고 말했다. 견책이나 불신임 등 다른 방법을 쓰지 않고 탄핵을 강행하려고 하는 이유를 묻자, 깅리치는 "우리는 그렇게 할 수 있기 때문"이라고 대답했다.

하원을 장악하고 있던 우익 공화당 의원들은 탄핵으로 인한 대가를 치렀으니, 계속 밀고 나가서 새 국회가 구성되기 전에 탄핵을 처리해야 한다고 생각하고 있었다. 그들은 다음 선거에서는 유권자들이 또 다른 일에 관심을 가질 테니, 탄핵을 해도 손해볼 일은 없을 것이라고 생각했다. 깅리치와 톰 딜레이는 대다수의 온건파 의원들에게 압력을 가해서 탄핵전선으로 끌어모을 수 있다고 믿고 있었다. 그들이 압력을 가하는 방식은 해당 의원 지역구에서 우익 토크쇼나 열성 당원이 압력을 넣는 것, 선거운동 자금을 줄이거나 공화당 예비선거에서 다른 경쟁후보를 내거나 지도적인 직위를 박탈하겠다고 위협하는 것, 새로운 직위나 다른 혜택을 주겠다고 회유하는 것 등이었다.

하원 공화당 간부회의의 우익들은 공화당의 패배에 대해서 이를 갈고 있었다. 그중에는 마지막 두 번의 예산 협상에서 백악관의 요구를 지나치게 많이 들어주는 바람에 선거에서 패배한 것이라고 생각하는 사람들이 많았다. 사실, 그들이 공화당 주지사들처럼 1997년과 1998년의 균형예산과 아동건강보험, 그리고 10만 명의 교사 문제에 집중하여 선거전을 펼쳤더라면, 훨씬 좋은 성과를 냈을 것이다. 하지만 그들은 너무나 이념적이고 격분 상태에 있었기 때문에 그런 방법을 쓰지 않았다. 이제 그들은 탄핵을 통해서 공화당 의제에 대한 통제력을 되찾을 작정을 하고 있었다.

나는 이미 과격한 우파와 네 번 대결을 했다. 그들이 이겼던 1994년 선거와 그 뒤의 예산안 문제로 인한 정부폐쇄, 우리가 이겼던 1996년 선거와 1998년 선거. 나는 1996년과 1998년 사이에 국회와 우호적인 관계 속에서 미국을 전진시키기 위한 활동에 전념했다. 이제 탄핵에 반대하는 국민들의 여론이 압도적이라는 것이 확인되었고, 내가 탄핵을 당할 정도의 중대한 범죄를 범하지 않았다는 것이 확실하게 입증되었음에도, 그들은 또 다른 이념적인 싸움을 벌이기 위해 다가오고 있었다. 우리로서도 전열을 가다듬고 다시 전장에 나서는 것 외에는 다른 선택이 있을 수 없었다.

50

선거가 끝나고 일주일이 되기 전에 두 명
의 저명한 정치가가 재출마를 하지 않겠다고 선언했고, 사담 후세인은 새로
운 위기를 불러왔다. 또 뉴트 깅리치가 공화당 하원의장직은 물론 의원직에
서도 물러나겠다고 선언했다. 우리는 깜짝 놀랐다. 공화당 간부회의가 심한
분열을 일으키면서 선거 패배를 이유로 그의 지도력에 대해 심한 공격을 퍼
붓자, 그는 더 이상 싸울 의욕을 상실한 모양이었다. 몇몇 온건파 공화당원
들은 선거 결과에 기초하여 탄핵은 이미 물 건너간 사안임을 명확히 하고
있었던 터라, 나는 깅리치 하원의장의 사임 소식을 들으며 희비가 엇갈렸
다. 그는 대부분의 외교정책과 관련해서 나를 지지했으며, 단둘이 이야기하
는 자리에서는 공화당 간부회의의 현황에 대해서 솔직하게 이야기해주었
다. 그는 정부폐쇄 싸움이 끝난 뒤에는 백악관과의 협상과정에서 상당한 융
통성을 보였다.

깅리치는 양쪽에서 공격을 받아 최악의 궁지에 몰려 있었다. 한쪽에서
는 온건보수파 공화당 의원들이 1998년 선거에서 긍정적인 프로그램을 제
시하지 못하고, 1년 내내 나를 공격한 일 외에는 아무런 성과가 없다는 이유
로 그를 공격했다. 다른 한쪽에서는 깅리치를 지지하던 우익 이념주의자들
이 나에게 지나치게 협조적이고, 나를 악마로 만드는 일을 너무 소홀히 한
다는 이유로 그를 공격해댔다. 공화당 간부회의를 장악하고 있는 우익 파벌
이 득세를 하게 된 것은 1994년 선거에서 깅리치가 발휘했던 탁월한 전략과
조직력 덕분이었다. 그런데 그들이 배은망덕하게도 공격을 하기 시작하자,

그는 크게 상심한 것이었다.

언론에 더 많이 오르내린 것은 뉴트 깅리치의 사임 선언이었지만, 내 가족에게 큰 영향을 미친 것은 바로 뉴욕 상원의원 팻 모이니헌의 사임 선언이었다. 모이니헌이 재선에 출마할 뜻이 없음을 밝힌 날 밤, 힐러리는 우리의 친구이자 할렘의 하원의원인 찰리 레인젤에게서 전화를 받았다. 하원 세입위원회에서 활약하고 있던 그는 힐러리에게 뉴욕 상원의원에 출마하라고 권했다. 힐러리는 그런 말을 들으니 영광이긴 하지만, 상상할 수 없는 일이라고 사양했다.

힐러리가 출마가능성을 완전히 배제하고 있지는 않았기 때문에, 나는 마음이 들떴다. 나는 힐러리의 출마를 적극 환영하는 입장이었다. 임기가 끝나면 우리는 가족과 함께 뉴욕으로 이사를 갈 작정이었다(물론 나는 아칸소의 내 도서관에서도 상당한 시간을 보낼 예정이었지만). 뉴욕 사람들은 입장이 분명한 상원의원을 좋아하는 경향이 있었다. 모이니헌, 로버트 케네디, 제이커브 제이비츠, 로버트 와그너, 그밖의 많은 사람들이 뉴욕 주민의 대표자임과 동시에 나라의 대표자였다. 힐러리는 상원에서 대활약할 것이고, 분명히 그녀 자신도 그 생활을 즐길 것이었다. 하지만 그녀는 여러 달이 지난 뒤에야 출마 결정을 내렸다.

11월 8일, 나는 국가안보팀을 캠프 데이비드에 소집해서 이라크 문제를 토의했다. 일주일 전에 사담 후세인은 유엔 사찰단을 다시 추방했다. 우리는 군사적인 행동을 취하는 것이 유일한 해답이라는 결론을 내렸다. 유엔 안전보장이사회는 만장일치로 이라크가 유엔의 결의를 '파렴치하게 위반했다'고 비난했다. 빌 코헨 국방장관은 이라크 공습에 대한 지지를 확보하기 위해서 중동으로 갔고, 토니 블레어 영국 총리는 우리의 행동에 동참하겠다는 의사를 밝혔다.

며칠 뒤, 국제사회는 세계적인 경제상황을 안정시키자는 우리의 요청에 부응하여 또 한 번의 거대한 발걸음을 내디뎠다. 국제통화기금은 브라질에 420억 달러의 차관을 지원하되, 그중 50억 달러를 미국이 부담한다고 발표했다. 태국과 한국, 인도네시아, 러시아에 대한 차관과는 달리, 이번 차관 제공은 브라질이 채무불이행 상태에 도달하기 이전에 이루어진 것으로, 경제실패를 예방하고 그것이 다른 나라로 확산되는 것을 막자는 새로운 경제지원 방침에 따른 것이었다.

우리는 국제적인 투자자들에게 브라질이 개혁을 하려는 적극적인 의사가 있고 투기업자들을 물리칠 힘을 가지고 있다는 확신을 심어주기 위해서 전력을 기울였다. 이번에는 국제통화기금 대출조건의 엄격성이 완화되었기 때문에, 브라질은 가난한 사람들을 돕는 프로그램을 지속하고, 브라질 은행들도 대출을 계속할 수 있을 터였다. 이 정책이 어떤 성과를 거둘지는 알 수 없었지만, 나는 엔리케 카르도소 대통령을 신임하고 있었다. 또한 미국은 브라질의 주요한 무역상대국이었기 때문에 브라질의 경제회생 여부에 큰 이해관계가 걸려 있었다. 브라질에 대한 지원 역시 위험을 무릅쓸 만한 가치가 있는 일이었다.

11월 14일에 나는 앨 고어에게 말레이시아에서 열리는 연례 아시아태평양경제협력체에 미국 대표로 참석해달라고 부탁했다. 앨 고어는 말레이시아를 시작으로 아시아 여러 나라를 장기 순방할 예정이었다. 나는 아시아 순방에 나설 수 있는 처지가 아니었다. 사담 후세인이 유엔 사찰단의 재투입에 대해서 납득할 수 없는 조건을 내세우고 있었기 때문이다. 우리는 이에 대응하여 무기개발 프로그램과 관련되었다는 첩보가 있는 장소들과 군사 시설에 대한 공습 작전을 준비했다. 공격을 개시하기 직전, 비행기들이 이미 이륙한 상황에서, 우리의 이의제기에 대한 이라크 측의 답변 세 통 가운데 첫 번째 서한이 도착했다. 몇 시간 후 완전히 기세가 꺾인 사담 후세인은 사찰단이 제기한 모든 미해결의 문제들을 해결하겠다고 약속했다. 이라크는 사찰단에 아무런 간섭도 하지 않고, 모든 장소에 무제한으로 접근할 수 있는 권한을 주었고, 모든 관련 문서를 제출하고, 대량살상무기에 대한 유엔 결의안들을 받아들였다. 나는 사담 후세인을 믿을 수가 없었지만, 한 번 더 기회를 주기로 했다.

11월 18일, 나는 도쿄와 서울 방문길에 나섰다. 나는 일본에서 신임 총리인 오부치 게이조를 만나서 협력 관계를 맺고 싶었다. 일본은 5년 넘게 스태그플레이션이 계속되고 있었으며, 경제를 안정시키기 위해서는 강력한 개혁 정책이 필요했다. 나는 일본 방문을 통해 일본의 여론이 강력한 개혁 정책을 지지하도록 자극할 수 있기를 바랐다. 나는 오부치가 마음에 들었고, 혼란스러운 일본의 정치적 상황을 잘 정리하고 몇 년간 재임할 가능성이 있는 사람이라고 생각했다. 그는 미국식으로 직접 현장에서 뛰는 정치에 관심이 많았다. 그는 1960년대에 미국에 와서 혼자 힘으로 정치 영웅이었던 법무장관 로버트 케네디와 면담할 기회를 얻어낸 사람이었다.

오부치와 나는 정상회담을 끝낸 뒤, 도쿄 거리로 가서 일장기와 성조기를 손에 쥔 학생들과 악수를 나누었다. 텔레비전으로 중계되는 시민대표자 회의에도 참석했는데, 나는 과묵하기로 유명한 일본인들이 거침없이 자유롭게 질문을 던지는 것을 보고 깜짝 놀랐다. 그들의 질문 내용은 일본이 당면하고 있는 도전에 대한 것만이 아니었다. 그들은 나에게 히로시마나 나가사키의 원폭피해자들을 만나보았는지, 어떻게 하면 일본의 아버지들이 내가 첼시에게 하듯이 자녀들과 많은 시간을 함께 할 수 있겠는지, 내가 가족들과 함께 저녁을 먹는 횟수는 얼마나 되는지, 대통령으로서 겪게 되는 압박감에 어떻게 대처하는지, 그리고 심지어는 힐러리와 첼시에게는 어떻게 사과했는지까지 물었다.

서울에서 나는 김대중 대통령의 경제위기 극복을 위한 노력과 북한과의 적극적인 교류 추진에 지지의 뜻을 밝히면서, 한미 양국이 미사일과 핵무기를 비롯한 대량살상무기의 확산을 허용하지 않는다는 점을 분명히 밝혔다. 우리는 북한이 최근에 실시한 장거리 미사일 발사시험에 대한 우려를 표명했다. 나는 그전에 윌리엄(빌) 페리 국방장관에게 미국의 한반도 정책을 검토하는 소규모 그룹을 지휘해달라고 요청했다. 이 그룹은 북한이 무기와 미사일 프로그램을 포기하고 한국과 화해할 가능성을 최대화하고, 그 반대의 가능성은 최소화할 수 있는 로드맵을 제시하는 역할을 맡고 있었다.

11월 말, 매들린 올브라이트와 나는 국무부에서 야세르 아라파트, 세계은행의 짐 울펜손, 그리고 유럽연합, 중동, 아시아 대표단과 함께 팔레스타인의 경제발전을 지원하기 위한 회담을 개최했다. 이스라엘 내각과 의회는 와이리버 협정을 지지했으니, 이제 고된 시련을 겪고 있는 팔레스타인 사람들에게 평화의 혜택을 맛보게 하기 위해서 가자와 서안지구에 대한 약간의 투자를 개시할 때였다.

한편, 헨리 하이드와 그의 공화당 동료들은 계속해서 자신들의 입장을 밀어붙이고 있었다. 그들은 나에게 81개의 질문을 던지면서 '시인 또는 거부'로 대답해달라고 요구하는 한편, 22시간짜리 트립-르윈스키 테이프를 공개했다. 변호사가 트립에게 그런 녹음은 불법이므로 다시는 그렇게 해서는 안 된다고 분명히 말했음에도 불구하고, 그녀는 르윈스키의 동의를 구하지 않고 그녀와 나눈 대화를 녹음했다. 이 행위는 메릴랜드 형법상으로는 중죄에 해당했기 때문에, 트립은 기소되었다. 담당 판사는 검사가 그런 대화가 있었다는 것을 입증하는 증인으로 르윈스키를 소환하는 것을 허용하지 않았다. 판사의 결정 내용에 따르면, 트립이 르윈스키의 사생활을 불법적으로 침해한 것에 대한 증언을 듣기 위해 스타가 트립을 면책해주었기 때문에 르윈스키는 트립에게 불리한 증언을 할 수 없다는 것이었다. 이렇게해서 스타는 자신을 위해서 거짓말을 하지 않을 결백한 사람들은 기소하고, 대신 자신과 함께 공모했던 범법자들을 보호하는 일에서 다시 성공을 거두었다.

같은 시기에 스타는 웹 허블을 세 번째로 기소했다. 스타의 주장에 따르면, 허블은 자신과 로즈 법률회사가 다른 파산한 금융기관을 위해서 했던 활동에 대해서 연방 조사원들에게 거짓말을 했다는 것이었다. 그것은 허블을 협박해서 힐러리나 나에게 불리한 진술을 받아 내려는 스타의 마지막 몸부림이었다.

11월 19일, 케네스 스타는 하원 법사위원회에 나타났다. 그는 보고서를 작성할 때와 마찬가지로, 의회에 자신이 발견한 사실들을 보고하는 책무를 벗어나는 진술을 했다. 스타 보고서는 나에게 도움이 되는 중요한 증거, 즉 내가 위증을 강요한 적이 없다는 모니카 르윈스키의 확실한 주장을 언급하지 않았기 때문에 심한 비판을 받고 있었다.

스타의 증언에서는 세 가지 놀라운 사항이 튀어나왔다. 첫째, 그는 출장국과 중앙정보국 정보철 조사에서 힐러리나 나의 범죄사실을 발견하지 못했다고 말했다. 매사추세츠의 하원의원 바니 프랭크는 스타에게 언제 그런 결론을 내렸느냐고 물었다. "몇 달 전입니다." 그가 대답했다. 프랭크는 그에게 선거 전에 '대통령에 대한 부정적인 진술들이 많이 들어 있는' 보고서를 제출했을 때 그 혐의에 대한 나의 무죄를 인정했어야 마땅한데, 그 일을 선거가 끝날 때까지 미룬 이유를 캐물었다. 스타는 횡설수설하며 별 내용 없이 간단하게 답변했다.

두 번째로, 스타는 대배심 규칙을 위반하여, 언론과 몰래 이야기했다는 사실을 인정했다. 마지막으로 그는 선서 상태에서, 독립변호사실이 모니카 르윈스키에게 버넌 조던이나 나, 그밖의 다른 사람들과의 대화를 녹음하기 위한 도청장치를 착용하게 하려 했던 적은 결코 없다고 말했다. 도청장치를 이용하려 했다는 것을 입증하는 중앙정보국 자료를 들이대자, 그는 다시 한 번 발뺌을 했다. 「워싱턴 포스트」는 '스타의 부인은…… 그 자신이 작성했던 중앙정보국 보고서의 내용에 의해서 박살이 나고 말았다'고 보도했다.

스타가 연방대배심의 기밀 누설을 금지하는 법률을 위반했다고 시인했고, 서약을 한 뒤에 허위 증언을 했다는 사실이 밝혀졌지만, 하원 법사위원회의 공화당 의원들이나 스타 측의 기세는 꺾이지 않았다. 그들은 자기편에 대해서는 평소와는 다른 규칙을 적용하는 게 마땅하다고 생각하는 모양이었다.

다음 날, 샘 대시가 스타의 윤리 자문직에서 물러나면서, 스타가 의회의 청문회에서 진술을 통해 '불법적으로' 탄핵과정에 개입했다고 진술했다. 나의 어머니가 자주 말했듯이, 대시가 나선 것은 '하루 늦고 1달러 모자란' 일이었다. 스타가 자신의 행동이 적법한지에 대해서 전혀 신경을 쓰지 않고 행동했던 것은 하루이틀이 아니었으니까.

추수감사절 직전, 공화당 하원의원들이 세출위원회 위원장인 루이지애나의 밥 리빙스턴을 하원의장으로 선출했다. 그는 의회의 새로운 회기가 시작되는 1월부터 직무를 시작할 예정이었다. 당시 대부분의 사람들은 탄핵 움직임이 중단되었다고 생각했다. 온건파 공화당원들 중에서도 탄핵에 반대한다는 뜻을 밝히면서, 미국 국민들은 선거를 통해서 의회가 나를 견책이나 불신임하는 것으로 탄핵 소동을 마감하고 공무에 전념하기를 바란다는 뚜렷한 메시지를 보낸 것이라고 말하는 사람들이 있었다.

11월 중순에, 나는 상당한 금액을 지불하되, 사과는 하지 않기로 하고 폴라 존스 소송을 매듭지었다. 정치적인 동기에서 비롯한 소송이었고, 법률이나 사실의 면에서 보면 내가 승리한 것이나 다름없는 사건이었기 때문에 그렇게 하는 것이 마음에 내키지 않았다. 존스의 변호사들은 제8순회항소법원에 항소를 했지만, 통상적인 판례를 보면 알 수 있듯이, 내가 승소할 것이 확실했다. 그런데 안타깝게도 그 사건을 맡은 삼인합의부의 주임판사는 극단적인 보수주의자 패스코 보먼이었다. 화이트워터와 관련된 소송을 담당하고 있던 헨리 우즈 판사가 스타에게 불리한 결정을 내리자, 보먼은 근거 없는 신문 기사를 구실로 헨리 우즈를 몰아낸 적이 있었다. 그는 워싱턴의 데이비드 센텔 판사와 마찬가지로, 화이트워터와 관련된 소송에서 일반적인 법규에 대한 예외조항들을 거리낌 없이 만들어냈던 인물이다.

마음 한편에서는 항소에서 지기를 바라는 마음도 없지 않았다. 그러면 내가 법정에 나가 모든 문건과 선서증언을 공개하고, 결국 국민에게 나의 적들이 하려고 하는 일을 보여줄 수 있을 것 같았기 때문이다. 게다가 나는 미국 국민들 앞에서 다음 2년 동안 국민들을 위한 직무에 전념하겠다고 약속한 바 있었다. 나는 존스 사건에 1분1초도 낭비할 마음이 없었다. 존스 사건을 취하하기 위해서, 나는 평생 동안 번 돈의 절반을 내놓아야 했다. 우리는 이미 소송비용으로 막대한 빚을 지고 있는 형편이었다. 하지만 나는 몸만 건강하다면 임기를 마친 후에도 가족들을 돌보고 빚을 갚을 수 있을 만큼의 돈을 벌 수 있다고 생각했다. 나는 이미 이긴 것이나 다름없는 소송에 합의를 보고 직무에 전념했다.

존스 소송에서 물러서면서 나는 다시 한 번 시련을 겪어야 했다. 1999년 4월, 라이트 판사는 자신의 증거 공표 명령을 위반했다는 이유로 나에 대한 처벌 결정을 내렸다. 판사는 내게 자신의 워싱턴 출장비용과 존스의 변호사들의 선서증언 비용을 지불할 것을 요구했다. 나는 라이트 판사의 의견에 불만이 많았지만, 많은 시간을 할애하여 사실관계와 관련된 문제들을 따지지 않고서는 판사의 의견을 가지고 다툴 도리가 없었다. 존스의 변호사들의 비용을 지불하라는 결정에 대해서는 정말 화가 났다. 그들은 소송 당시 스타와 공모하여 의도를 감춘 질문을 남발했고, 기밀을 누설하지 말라는 판사의 결정을 여러 번 어겼다. 그런데 판사는 이런 잘못을 범한 변호사들에 대해서는 아무런 조치도 취하지 않았다.

12월 2일, 마이크 에스피는 특별검사 도널드 스몰츠가 제기했던 모든 혐의로부터 벗어났다. 스몰츠는 에스피를 조사하는 과정에서 스타의 각본을 그대로 답습했다. 그는 170만 달러가 넘는 돈을 써가면서, 에스피에 대한 불리한 증언을 강요하기 위해서 수많은 사람들을 기소했다. 스몰츠와 스타는 배심으로부터 심한 질책을 받았으며, 둘만이 배심 재판에서 진 독립변호사들이라는 기록을 남기게 되었다.

며칠 후, 힐러리와 나는 내슈빌로 가서 앨 고어의 아버지인 앨버트 고어 1세 상원의원의 장례식에 참석했다. 앨버트는 테네시 주 카시지의 자택에서 아흔 살의 나이로 숨을 거두었다. 장례식이 열리는 전쟁기념관은 각계각층의 인사들로 가득 찼다. 그는 주 사이의 간선도로 체계를 확립하고, 1956년에는 인종차별적인 남부선언에 서명하는 것을 거부했으며, 베트남전쟁에 용감하게 반대한 사람이었다. 나는 젊었을 때부터 고어 상원의원을 존경했고, 앨이 자신의 아버지와 함께 할 수 있는 시간을 마련해줄 때면 대단히 기뻤다. 상원의원 부부는 1992년 선거 때 앨과 나를 적극적으로 후원했는데, 불과 유황으로 가득한 그의 구식 선거연설을 들으면 갑자기 힘이 솟는 듯했다.

장례식장에 흐르는 음악은 사람들의 가슴을 흔들었다. 1938년에 촉망받는 젊은 정치인이었던 고어 상원의원이 '컨스티튜션 홀'에서 했던 바이올린 연주 녹음이 흘러나올 때는 가슴이 더욱 찡했다. 앨은 송덕문을 낭독했다. 애정이 가득 담긴 그의 송덕문은 아버지이자 남성, 그리고 국가의 충복이었던 앨버트 상원의원에 대한 훌륭한 헌사였다. 나는 장례식이 끝난 후 힐러리에게 모든 미국인이 그 연설을 들었더라면 좋았겠다고 말했다.

그달 중순, 와이리버 협정에서 약속했던 사항을 준수하기 위해서 이스라엘과 가자로 떠나려 하는데, 하원 법사위원회는 당의 방침에 따라 일치된 표를 던진 공화당의 힘으로 탄핵에 찬성하는 표결을 했다. 탄핵 사유는 선서증언과 연방대배심 증언에서의 위증과 사법방해였다. 그들은 또한 내가 자신들의 질문에 대해 거짓말을 했다는 네 번째 조항을 추가했다. 참으로 기묘한 의사진행이었다. 의장인 하이드는 탄핵을 할 수 있는 범죄의 기준을 정하지도 않고, 문제가 되는 사항에 대한 직접적인 지식을 가지고 있는 증인들을 부르지도 않았다. 그는 이번 탄핵표결은 상원으로 스타 보고서를 보내는 것에 찬성한다는 의미이며, 그 보고서가 정확한 사실에 기초한 것인지, 직위 박탈이 정당한지는 상원에서 결정될 것이라고 입장을 밝혔다.

어떤 초당적 검사 단체는 위원회의 결정에 대해서 정상적인 검사라면 이런 경우 나를 위증죄로 처벌하지는 않을 것이라고 말했다. 뉴욕 시티대학의 아서 슐레징거, 예일 대학교의 C. 밴 우드워드, 프린스턴 대학교의 숀 윌렌츠 교수로 구성된 명망 있는 역사학자 위원단은 내가 했다고 추정되는 일은 헌법에 규정된 탄핵 기준, 즉 행정력을 이용해서 행한 '중대한 범죄 혹은 비행'에 해당하지 않는다고 말했다. 이것은 오래전부터 받아들여져왔던 인식이었고, 400명의 역사학자들이 서명해서 의회에 제출한 공개서한에는 그들의 해석에 대한 강력한 지지가 표명되어 있었다. 예를 들어 워터게이트 사건에서 하원 법사위원회는 소득세 탈루를 이유로 닉슨 대통령을 탄핵하는 것에 반대했다. 소득세 탈루는 그의 직무와 관련된 일이 아니라는 이유였다. 하지만 이런 모든 사실들은 내게 적대감을 가지고 있는 하이드 의장과 법률고문 데이비드 시퍼스, 그리고 하원을 장악하고 있는 우익 의원들에게는 아무런 의미가 없는 것들이었다.

선거가 끝난 후부터 공화당 하원의원인 톰 딜레이와 그의 참모들은 탄핵을 요구하는 우익 세력을 결집하기 시작했다. 라디오 토크쇼들 역시 탄핵을 졸라댔고, 온건파들은 자신의 지역구에서 들리는 반클린턴 행동주의자들의 외침에 귀를 기울이지 않을 수 없었다. 온건파 의원들이 클린턴을 미워하는 사람들에게 앙갚음 당할 것을 두려워하게 만들어서, 대중적인 탄핵 반대 의견에 등을 돌리게 만들려는 공화당 강경파의 작전이었다.

이런 전략의 맥락에서 볼 때, 하이드의 위원회의 견책 결의안 반대 투표는 탄핵 찬성 투표만큼이나 중요했다. 견책안은 75퍼센트의 미국 국민들이 지지하는 방법이었다. 만일 하원에서 견책안이 발의되면, 온건파 공화당원들이 견책안에 찬성할 것이고, 그렇게 되면 자연스럽게 탄핵이 폐기될 터였다. 하이드는 견책안의 발목을 잡기 위해서, 국회는 탄핵안 표결은 할 수 있지만 대통령을 견책할 권한은 없다고 주장했다. 그러나 실제로는 앤드루 잭슨 대통령과 제임스 포크가 의회에서 견책 결정을 받은 적이 있었다. 견책안은 당파적인 방침에 따라 실시된 위원회 표결에서 부결되었다. 대다수의 국민들이 원하는 것을 하원에서 부결시킨 셈이었다. 이제 그들에게 남은 문제는 온건파 공화당 의원들을 몇 명이나 '설득하느냐' 하는 것이었다.

위원회의 표결이 있은 후에, 힐러리와 나는 중동 순방길에 올랐다. 우리는 이스라엘 총리 네타냐후와 만찬 회동을 가지고, 하누카(매년 12월 15일부터 8일간 계속되는 유대교의 행사—옮긴이주)를 기념하는 촛대에 불을 밝힌 다음, 라빈 전 총리의 가족과 함께 그의 무덤을 방문했다. 다음 날 나는 매들린 올브라이트, 샌디 버거, 데니스 로스, 힐러리와 함께 헬리콥터를 이용해서 인구밀도가 높은 가자지구로 갔다. 우리는 신축 공항의 완공식 행사에 참석하고, 길고 아름다운 지중해 해안이 내려다보이는 호텔에서 점심식사를 했다.

나는 와이리버에서 약속했던 연설을 하기 위해 팔레스타인 민족평의회에 참석했다. 내가 연설을 하려고 일어나자, 대다수의 의원들이 손을 들어 자신들의 헌법에서 이스라엘 타도 조항을 삭제하는 것에 찬성한다는 뜻을 밝혔다. 우리의 중동 순방의 의미를 빛내는 중요한 순간이었다. 이스라엘에서도 안도의 한숨을 내쉬었을 것이다. 이렇게 해서 이스라엘과 팔레스타인은 땅과 미래를 공유하게 되었다. 나는 의원들에게 감사의 말을 하고, 팔레스타인 사람들이 평화를 통해서 구체적인 혜택을 누릴 수 있게 되기를 바라며, 부디 평화적인 관계에서 벗어나지 않기를 바란다고 말했다.

나의 기원은 평범한 인사치레가 아니었다. 와이리버 협정 이후 두 달이 지나지 않아 협상은 다시 난관에 부딪혔다. 네타냐후의 내각은 아슬아슬하게 합의안을 승인했지만, 그와 연립한 정파들은 사실 합의안이 마음에 들지 않았기 때문에, 네타냐후는 철군과 수감자 석방을 진행할 수 없었고, 팔레스타인을 국가로서 인정하고, 예루살렘 동부지역을 팔레스타인의 수도로 인정해주는 등의 훨씬 더 어려운 최종 지위 협정으로는 한 발자국도 나아갈 수가 없었다. 팔레스타인 헌장이 수정되자 이스라엘 국민의 여론은 우호적인 방향으로 움직이고 있었지만, 그의 연립정부는 그 정도로는 넘어가지 않는 어려운 상대였다. 보다 넓은 기반을 가지고 거국일치내각을 꾸리거나 선거를 요구하지 않으면 어떤 진전도 어려워 보이는 상황이었다.

나는 팔레스타인 민족평의회에서 연설한 다음 날 아침, 에레즈 국경에서 네타냐후, 아라파트와의 회담에 참석하여 와이리버 협정의 이행에 활력을 불어넣고 최종 지위 문제로 옮겨갈 방법을 모색했다. 그 후 아라파트는 힐러리와 나를 베들레헴으로 데려갔다. 그는 기독교인들이 신성하게 여기는 장소를 관리하고 있다는 데 대해 자부심을 가지고 있었고, 우리가 크리스마스를 앞두고 그곳을 방문하는 것이 얼마나 큰 의미를 가지는 것인지 알고 있었다.

아라파트와 헤어진 뒤, 우리는 네타냐후 총리와 함께 마사다를 방문했다. 1981년에 힐러리와 내가 처음 그곳을 방문했던 때와는 달리, 유대의 순교자들이 자신들의 신념을 지키기 위해 목숨을 걸고 싸웠던 요새의 유적이 말끔하게 복원되어 있었다. 네타냐후는 무슨 생각을 하는지 차분하게 가라앉아 있었다. 그는 와이리버 합의로 정치적 안전지대를 벗어난 처지였고, 그의 미래는 불확실했다. 그가 잡은 기회가 이스라엘의 지속적인 평화로 이어질 것인지, 그의 정부의 패퇴로 이어질 것인지 장담하기가 어려운 상황이었다.

우리는 네타냐후와 작별인사를 나눈 뒤, 또 하나의 갈등이 기다리고 있는 고국으로 돌아왔다. 6일 전, 이라크에서 유엔 사찰단이 활동을 재개한 지

이틀째 되는 날, 이라크 측은 유엔 사찰단이 사담 후세인의 바트당 본부에 들어가는 것을 막았다. 우리가 워싱턴으로 돌아온 날, 유엔 무기사찰단 단장인 리처드 버틀러가 코피 아난 유엔 사무총장에게 이라크가 협조하겠다는 약속을 이행하지 않고 사찰단의 활동을 다시 제약하고 있다고 보고했다.

다음 날, 미국과 영국은 이라크 내에 화학무기, 생물학무기, 핵무기 실험과 관련된 시설로 추정되는 장소와 이웃 국가들을 위협하는 군사시설에 대하여 공습을 개시했다. 나는 그날 저녁 대국민연설을 통해서 사담 후세인이 이미 이란 사람들과 이라크 북부의 쿠르드족에 대해 화학 무기를 사용하고 또 다른 여러 나라에 스커드 미사일을 발사했다는 사실을 밝혔다. 나는 4주 전에는 사담이 전면적인 접근 허용을 약속했기 때문에 공격을 연기한 적이 있었지만, 이라크가 다시 사찰단을 위협함으로써 "마지막 기회를 차버렸다"고 연설했다.

공격이 개시될 당시, 우리의 첩보망은 걸프전쟁이 끝났을 때 이라크에 있던 상당량의 생물학무기 및 화학무기 재료와 여러 기의 미사일 탄두의 행방이 묘연한 상태이며, 핵무기를 만들기 위한 기초적인 실험 작업이 진행되고 있다는 사실을 감지하고 있었다. 우리 측 군사전문가들은 사담 후세인이 보유한 재래식 군사력이 걸프전쟁 이전보다 훨씬 약해졌기 때문에 그는 비재래식 무기를 한층 더 중요시할 것이라고 생각하고 있었다.

국가안보팀은 이라크가 병력을 분산시키거나 보관하고 있는 생물학무기, 화학무기를 은닉할 시간을 주지 말아야 한다는 판단에서, 버틀러의 보고서가 나오자마자 사담 후세인을 공격하기로 결정했다. 토니 블레어와 그의 참모들도 이라크 공격에 찬성했다. 영미 합동공격이 나흘간 계속되었다. 650회의 공습과 400회의 크루즈 미사일 발사가 이루어졌다. 민간인의 희생을 최소화하기 위해 군사상의 목표시설과 국가안보상의 목표시설을 신중하게 골라 공격했다. 공격이 끝난 후에도 우리는 문제의 무기 재료들이 얼마나 파괴되었는지 알 도리가 없었다. 하지만 위험한 무기를 생산하고 배치할 수 있는 이라크의 능력은 상당히 감소되었다.

공화당원들 중에는 사담 후세인을 악마 같은 인물이라고 평하면서도 이라크 공격에 대해 불안을 느끼는 사람들이 있었다. 상원의원 로트, 하원의원 딕 아미를 포함한 몇몇 공화당 의원들이 공격시기를 트집 잡아서 내가 하원의 탄핵 투표를 지연시키기 위해 공격 명령을 내렸다고 비난했다. 다음날, 몇몇 공화당 상원의원들이 이라크 공습에 대한 지지를 표명한 후에, 로트는 자신의 발언을 철회했지만, 아미는 철회하지 않았다. 아미와 딜레이, 그리고 그의 부하들은 온건파 동료들을 열심히 추슬렀고, 생각을 고쳐먹는 사람들이 생길까봐 급히 탄핵 투표를 강행했다.

12월 19일, 하원이 탄핵투표를 시작하기 직전, 하원의장 예정자인 밥 리빙스턴이 자신의 개인적인 문제를 공개적으로 자백하면서 하원의원직을 내놓겠다고 발표했다. 나중에 알게 된 일이지만, 17명의 보수파 공화당 의원들이 그를 찾아가서 사임을 종용했다고 한다. 사임을 종용했던 이유는 그의 과거 행적 때문이 아니라, 그가 탄핵을 강행하는 데 방해물이 되었기 때문이다.

미국 국민들이 탄핵에 반대한다는 분명한 메시지를 보냈던 선거가 지나고 겨우 6주 만에, 하원은 하이드 법사위원회가 찬성한 탄핵 사유 중 두 가지를 통과시켰다. 내가 연방대배심에서 위증을 한 것이 탄핵 사유가 된다는 첫 번째 안건은 공화당원 5명이 반대표를 던져 228 대 206으로 통과되었다. 내가 위증을 교사하고 선물을 감추어 사법 절차를 방해한 것이 탄핵 사유가 된다는 두 번째 안건은 공화당원 12명이 반대표를 던져 221 대 212로 통과되었다. 그런데 두 가지 사유는 앞뒤가 맞지 않았다. 첫 번째 사유는 스타 보고서에 기록된, 모니카 르윈스키와 내가 만났던 때의 일을 세부적으로 묘사한 르윈스키의 자백과 나의 대배심 증언 사이에 차이가 있다는 점에 근거한 것이었다. 두 번째 사유는 그녀 역시 내가 자신에게 거짓말을 하라고 말한 적이 없다고 증언했으며, 이 사실은 다른 목격자들에 의해서 인정되고 있다는 것을 무시하고 있었다. 공화당 의원들은 그녀와 나의 이야기가 일치하지 않을 때만 그녀의 말을 믿는 것 같았다.

선거 직후에 톰 딜레이와 그의 동료들은 온건파 공화당 의원들을 포섭

하기 시작했다. 그들은 온건파가 견책안에 투표할 기회를 봉쇄하고 나서는, 어떤 방법으로든 나를 벌해야 한다며 그들을 재우쳤다. 그들은 상원에서는 공화당원들이 직무정지에 필요한 3분의 2의 찬성표를 얻지 못해서 내가 유죄판결을 받지도 않고 직무도 정지되지 않을 터이니 하원에서 탄핵안을 통과시키는 것에 부담을 가질 필요가 없다면서 온건파에 찬성표를 던질 것을 요구했다. 하원 탄핵안 표결이 있고 나서 며칠 뒤에, 네 명의 온건파 공화당 하원의원들(델라웨어의 마이크 캐슬, 펜실베이니아의 제임스 그린우드, 뉴욕의 벤 길먼과 셔우드 볼러트)은 「뉴욕 타임즈」에 자신들이 탄핵안에 찬성표를 던지기는 했지만 그것은 내가 직무정지가 되어야 한다는 의미는 아니었다는 내용의 글을 보냈다.

나는 온건파 공화당 의원들 한 사람 한 사람에 대해서 어떤 당근과 채찍이 사용되었는지 모두 다 파악하지는 못했다. 하지만 몇 가지 사례는 알게 되었다. 어느 공화당 위원회의 의장은 한 백악관 보좌관에게, 자신은 탄핵안에 찬성하고 싶지 않았지만 만일 자신이 반대표를 던졌다면 위원장직을 잃게 되었을 거라고 말하면서 상당히 괴로워했다. 아칸소의 공화당원인 제이 디키는 맥 맥라티에게, 만일 자신이 찬성표를 던지지 않았다면 세출위원회에서 쫓겨났을 것이라고 말했다. 뉴욕 출신의 공화당 의원인 잭 퀸은 백악관을 자주 드나들면서 나를 비롯한 여러 사람들에게 자신은 탄핵에 반대한다고 말했던 사람이었는데, 갑자기 태도를 바꾸어서 세 가지 탄핵 사유에 찬성표를 던질 거라고 말했다. 나는 잭 퀸이 마음을 바꾼 것을 알고 대단히 실망했다. 그의 지역구는 내가 1996년에 대다수 유권자들의 표를 얻었던 곳이었지만, 목소리 큰 소수의 사람들이 그에게 심한 압력을 가했던 것이 분명했다. 롱아일랜드의 공화당 의원인 마이크 포브스는 탄핵안 논쟁에서 나를 지지했던 사람이었는데, 리빙스턴의 새로운 지도부에 자리를 주겠다는 제안을 받고 마음을 바꾸었다. 그러나 리빙스턴이 사임하면서, 그 제안은 물거품이 되어 사라져버렸다.

탄핵안에 찬성표를 던진 민주당 의원은 다섯 명이었다. 그중에 넷은 보수적인 지역구 출신이었다. 마지막 한 사람은 자신은 원래 견책안에 표를 던지고 싶었지만 탄핵안도 차선책이 될 수 있다는 주장에 넘어가고 말았다고 밝혔다. 탄핵안에 반대표를 던진 공화당원들은 공화당 하원의원들 중에서 가장 진보적이고 독립적인 인물들인 뉴욕의 에이모 휴튼, 코네티컷의 크리스 샤이스, 1996년에 나를 압도적으로 지지했던 지역구 출신으로 역시 진보적인 메릴랜드의 코니 모렐라, 헌법적인 문제를 정당에 대한 충성도를 확인하는 자리로 변질시켜버린 당 지도부를 따라가고 싶지 않았던 인디애나의 마크 소더와 뉴욕의 피터 킹이었다.

피터 킹은 북아일랜드에서 나와 함께 활동했던 인물이었는데, 몇 주 동안 엄청난 압박에 시달려야 했다. 그는 만일 찬성표를 던지지 않으면 정치적으로 매장해버리겠다는 협박까지 받았다. 몇 차례의 텔레비전 인터뷰에서 킹은 동료 공화당원들에게 이런 주장을 펼쳤다. "클린턴 대통령이 공화당원이었다면, 공화당원들은 탄핵안에 반대했을 것이다. 내가 탄핵안에 반대했던 이유는 바로 그것이다." 같은 프로그램에 출연했던 탄핵지지 공화당의원들은 그의 주장에 제대로 대꾸하지 못했다. 우익 의원들은 사람은 누구나 돈에 약하거나 약점이 있다고 생각했고, 또 그 생각은 대개는 들어맞았다. 하지만 피터 킹은 아일랜드 기질을 가진 사람이었고, 예이츠의 시를 사랑하는 사람이었다. 그는 설사 패배한다 하더라도 대의를 위해서 싸우는 것을 두려워하지 않았으며, 결코 돈에 팔려갈 사람이 아니었다.

탄핵지지 세력은 딜레이의 사무실에서 기도회를 열고 하나님께 자신들의 신성한 싸움을 도와달라고 했다지만, 탄핵안 추진은 기본적으로 도덕성이나 적법성이 아니라 권력과 관련된 것이었다. 뉴트 깅리치가 한마디로 표현한 적이 있듯이, 그들이 그런 행동에 나선 것은 그것이 '그들이 할 수 있는 일'이었기 때문이다. 나의 탄핵은 변명의 여지가 없는 나의 개인적인 행동과 관련된 문제가 아니었다. 왜냐하면 그런 문제는 그들에게도 많이 있었으며, 거짓 소송과 그것을 맡을 특별검사가 없어도 그런 문제는 드러나기 시작하고 있었기 때문이다. 탄핵은 내가 사법적인 절차에서 거짓말을 했는지 여부와 관련된 문제가 아니었다. 뉴트 깅리치가 하원 윤리위원회의 조사 중에 몇 번 위증을 했던 사실이 드러났을 때, 나에 대한 탄핵을 지지했던 사람들은 그에게 징계와 벌금형을 부과했다. 스타가 듣고 싶어 하는 이야기를 해서 면책을 받았던 캐슬린 윌리가 위증을 했을 때, 스타는 다시 그녀를 면책했다. 스타는 자신을 위해서 거짓말을 하지 않은 수잔 맥두걸을 기소했고, 역시 자신을 위해서 거짓말을 하지 않은 허비 브랜스컴과 로브 힐을 기소했고, 역시 자신을 위해서 거짓말을 하지 않은 웹 허블을 두 번, 세 번 기소했으며, 그의 아내와 변호사, 회계사까지 기소했다가, 나중에 그중 세 명에 대해서는 기소를 취하했다.

데이비드 헤일이 처음에 나에 대해서 진술했던 내용이 근거가 없다는 것이 밝혀지자, 스타는 그에게 진술을 번복하도록 했고 결국 헤일은 논박할 수 없는 이야기를 꾸며냈다. 짐 맥두걸의 예전 동업자이자 나의 오랜 친구인 스티브 스미스는 스타의 부하들이 대배심에서 읽을 진술서를 준비해두고, 자신이 그것은 사실이 아니라고 되풀이해 강조했음에도, 자신에게 그것을 읽도록 압력을 행사했다고 주장했다. 그는 이러한 자신의 주장에 대해 거짓말탐지기를 사용해도 좋다고 말했다. 스타 자신은 선서를 하고 난 뒤에도 모니카 르윈스키에게 도청장치를 착용하게 했던 일에 대해서 거짓말을 했다.

하원의 표결은 하원의 탄핵소추위원들의 고발 내용이 역사적으로 이해할 만한, 탄핵에 해당하는 범죄에 해당하는지 판단하는 투표가 아니었다. 워터게이트 사건 때 논의되었던 탄핵의 기준을 나의 경우에 적용했다면, 탄핵이 이루어질 수 없는 일이었다.

그것은 권력을 놓고 벌이는 싸움이었다. 그것은 하원의 공화당 지도부가 그들의 힘으로 할 수 있는 일이라서, 그리고 내가 반대하고 막았던 의제들을 처리하고 싶어서 했던 일이었다. 전국에서 그들을 지지했던 사람들은 나를 대통령직에서 내쫓으려고 하는 동기가 도덕이나 법률에서 비롯한 것이라고 믿고 있었다. 그들은 내가 나쁜 짓을 한 것은 사실이고, 그 행동이 헌법적 정의에 맞는 탄핵사유냐 아니냐는 중요한 것이 아니라고 생각했을 것이 틀림없다. 하지만 그들의 행동은 모든 도덕과 모든 법률의 전제가 되는 첫 번째 원칙, 즉 누구에게나 똑같은 법률을 적용해야 한다는 원칙에 어굿나는 것이었다. 테디(시오도) 루스벨트가 했던 말을 빌리자면, "법 위에 사람 없고, 법 아래 사람 없다".

1960년대 이후로 격렬해진 당파 싸움에서, 민주당과 공화당 양당 모두 아무런 결점 하나 없이 완전하지는 않았다. 나는 민주당이 보크 판사의 영화에 대한 기호와 존 타워 상원의원의 술버릇을 조사하겠다고 나선 것은 잘못된 일이었다고 생각했다. 하지만 개인 파괴의 정치에서는 신우익 공화당원들은 가히 독보적 존재라 할 만했다. 민주당은 권력을 이해하지 못하는 것처럼 행동했던 때도 있었다. 하지만 나는 민주당원들은 단지 자신들이 할 수 있는 일이라는 이유만으로 모든 일을 하지는 않았다는 사실에 자부심을 느낀다.

하원 표결 직전에, 로버트 힐리는 「보스턴 글로브」지에 1986년 말 백악관에서 팀 오닐 하원의장과 레이건 대통령이 가졌던 회담에 대한 글을 썼다. 그 회담은 이란-콘트라 사건이 드러난 뒤에 열렸다. 백악관 보좌관들인 존 포데스타와 올리버 노스는 법을 어겼으며, 의회에서 거짓말을 했다. 오닐은 대통령에게 이들의 범법 사실을 아는지, 혹은 불법행위를 승인해주었는지 묻지 않았다(공화당 상원의원 존 타워가 이끄는 초당파 위원회는 후일 레이건이 그것을 알고 있었다는 사실을 밝혀냈다). 힐리의 주장에 따르면, 오닐은 그냥 대통령에게 자신이 탄핵 절차의 진행을 허용하지 않을 것이라고 말했다. 이어 그는 자신은 워터게이트를 겪은 사람이며, 다시 한 번 미국이 그런 시련을 겪게 하고 싶지 않다고 덧붙였다.

팀 오닐은 깅리치와 딜레이에 비해서 애국심이 더 깊었는지도 모른다. 하지만 깅리치와 딜레이를 포함한 당시의 공화당원들은 권력을 집중하고, 자신들의 적수를 공격하기 위해서 그 권력을 최대한 이용하는 데는 훨씬 탁월한 능력을 발휘했다. 그들은 근시안적 관점에 사로잡힌 채 힘이 정의를 만든다고 생각했고, 미국이 어떤 시련을 겪을지에 대해서는 아무런 관심이 없었다. 상원이 나의 직무를 정지하지 않을 것이라는 사실은 그들에게 있어서 아무런 의미도 없는 일이었다. 그들은 나를 만신창이로 만들어놓으면, 언론과 국민들은 내가 잘못했던 일뿐 아니라 자신들이 잘못했던 일까지 내

탓으로 돌릴 것이라고 믿었다. 그들은 나에게 탄핵이라는 딱지를 붙이고 싶어 했고, 나의 남은 인생 동안, 그리고 그 후에도 얼마간 나를 탄핵했다는 사실이 탄핵이 진행된 배경보다 훨씬 크게 부각될 것이라고 믿었다. 그들은 머지않아 사람들의 머릿속에서는 탄핵을 강행했던 일체의 과정이 위선으로 가득한 연극이었다는 사실, 그리고 이것이 케네스 스타를 비롯한 세력들이 오랫동안 계속해온 터무니없는 행동의 극치였다는 사실이 모두 까맣게 지워질 거라고 생각하고 있었다.

표결 직후에, 딕 게파트는 나를 옹호하는 하원 민주당 의원들을 백악관으로 소집했다. 나는 그 자리에서 그들에게 감사의 말을 했고, 우리는 앞으로 벌어질 싸움에 대비하여 단결력을 과시했다. 앨 고어는 대통령으로서의 나의 업적을 감동적으로 옹호했으며, 게파트는 공화당에 대하여 개인을 파멸시킬 수 있는 정치활동을 중단하고 국가가 필요로 하는 업무로 복귀할 것을 강력하게 호소했다. 힐러리는 나중에 나에게 그 행사는 흡사 개선행진과 같은 분위기였다고 말했다. 사실 그런 면이 없지 않았다. 민주당 의원들이 일어선 것은 나를 지키기 위함과 동시에, 그보다 훨씬 중요한 헌법을 지키기 위함이었다.

나는 탄핵당하고 싶지 않았다. 하지만 나는 1860년대 말에 앤드루 존슨도 '중대한 범죄나 비행'을 범한 사실 없이 탄핵되었던 적이 있다는 사실을 생각하며 자신을 위로했다. 당시의 상황과 나의 상황의 공통점은 자제를 할 줄 모르는 의회 다수당이 정치적인 동기에서 벌인 일이었다는 점이다.

힐러리는 하원에서 이루어진 탄핵안 결의의 정치적인 본질을 깨닫는 순간, 나보다 훨씬 괴로워했다. 그녀는 젊은 시절에 변호사로서, 워터게이트 사태 와중에 하원 법사위원회에서 활동하던 존 도어의 실무자로서 일한 적이 있었다. 워터게이트 사건 당시에는 대통령의 직무활동에서 '중대한 범죄와 비행'이란 무엇인지 정의하고 그 실체를 밝혀내야 한다는 헌법상의 요구를 충족시키기 위해, 양당은 진지하고, 균형 잡힌, 초당파적인 노력을 기울였다.

처음부터 나는, 극우파와의 최종대결에서 이길 수 있는 최선의 방법은 계속 직무에 충실하고 다른 사람들이 나를 방어하게 하는 것이라고 생각하고 있었다. 하원과 상원에서의 탄핵 절차가 진행되는 동안에도 나는 직무에서 손을 놓지 않았고, 많은 사람들이 나의 판단이 옳은 것이라고 말해주었다.

그 전략은 생각했던 것보다 훨씬 좋은 성과를 거두었다. 스타 보고서를 공개한 것과 공화당이 탄핵 절차를 진행하기로 결정한 것은 언론의 분위기에 큰 변화를 불러일으켰다. 앞서 말한 것처럼 언론은 하나의 커다란 돌덩어리가 아니었다. 예전에 스타 검사의 수족처럼 굴던 언론은, 우익 그룹이 음모에 관련되어 있다는 것, 독립변호사실이 직권 남용에 가까운 방법을 사용하고 있다는 것, 공화당원들이 전례를 찾아보기 힘든 행동을 하는 것 등을 지적하기 시작했다. 텔레비전 대담 프로그램도 균형을 찾아가기 시작했다. 해설자 중에서는 그레타 밴 서스트런과 수잔 에스트리치, 초청좌담자 중에서는 레니 데이비스 변호사, 앨런 더쇼위츠, 줄리안 엡스틴, 빈센트 부글리오시가 그 사건에 대한 양측의 입장이 공평하게 개진될 수 있도록 신경을 쓰기 시작했다.

의원들 역시 강력한 활동을 펼치기 시작했는데, 그중에서 상원의원 톰 하킨, 하원 법사위원회 소속의 샤일라 잭슨 리, 전직 검사였던 빌 델라헌트의 활약이 돋보였다. 시카고 대학교의 카스 선스타인 교수와 조지타운 대학교의 수잔 블로흐 교수는 400명의 법학자들이 서명한 탄핵처리의 위헌성에 관한 공개서한을 발표했다.

1999년으로 접어들면서, 실업률은 4.3퍼센트로 떨어졌고 주식시장 역시 침체에서 벗어나서 상승세를 타기 시작했다. 힐러리는 크리스마스 때 '올드 이그제큐티브' 빌딩의 직원들을 찾아갔다가 허리를 다쳤다. 그러나 딱딱한 대리석 바닥에서는 하이힐을 신지 말라는 의사의 지시를 따르면서 힐러리의 허리 상태는 점점 나아졌다. 첼시와 나는 트리에 장식을 하고 신나게 크리스마스 쇼핑을 했다.

내가 받은 최상의 크리스마스 선물은 일반 국민들에게서 쏟아지는 친절과 지지들이었다. 켄터키에 사는 열세 살짜리 소녀는 나에게 내가 잘못을 한 것은 사실이지만, 나의 적들은 '비열하니' 절대로 물러나서는 안 된다는 내용의 편지를 보냈다. 뉴브런즈윅에 사는 여든여섯 된 백인 노인은 가족들에게 애틀랜틱시티에 다녀오겠다고 말하고 나서 기차를 타고 워싱턴으로 와서, 다시 택시를 잡아타고 제시 잭슨 목사의 집을 찾아갔다. 잭슨 목사의 장모를 만난 노인은, 자기가 아는 사람 중에 대통령하고 이야기를 했던 사람은 오직 잭슨 목사뿐이라서 찾아왔다면서, 내게 한 가지 말을 전해달라고 했다. "대통령에게 물러나서는 안 된다고 말해주세요. 내가 어렸을 때도 공화당원들이 (1928년 민주당 대통령 후보 지명자였던) 앨 스미스를 가톨릭이라고 공격했지요. 클린턴은 그들에게 무릎을 꿇어서는 안 됩니다." 노인은 다시 택시를 타고 유니언 역으로 가서 다음 열차를 타고 집으로 돌아갔다. 나는 그 노인에게 전화를 걸어 감사의 뜻을 전했다. 그 후 나는 가족들과 함께 르네상스 위켄드에 갔다가 새해를 맞았다.

51

　　　　　　1월 7일, 상원에서 연방대법원장 윌리엄
렌키스트가 공식적으로 탄핵재판을 진행했다. 같은 날 케네스 스타는 공화
당원인 줄리 하이아트 스틸을 기소했다. 그녀는 거짓말을 해서 캐슬린 윌리
의 진술을 뒷받침할 수는 없다고 버텼던 여성이었다.

　일주일 뒤에, 하원의 탄핵소추위원들은 사흘간 탄핵소추의 이유를 제시
했다. 케네스 스타를 제외하고는 증인 한 명 부르지 않던 그들은 이제야 증
인을 부르겠다고 나섰다. 탄핵 소추위원 중에는 아칸소 출신의 에이서 허친
슨이라는 의원이 있었는데, 그는 1980년대에 내 동생 로저의 마약 사건을
기소했던 검사였다. 탄핵사유 중 사법방해 문제를 전담하고 있던 그는 하원
이 상원에 보낸 자료가 너무 빈약하기 때문에 자신이 검사라면 사법방해로
기소할 수 없을 거라면서, 상원은 반드시 증인 소환을 해야 한다고 말했다.
소추위원 한 명이 더 나서서 상원은 나의 범죄 혐의가 탄핵의 헌법적인 기
준을 충족하느냐를 판단할 권리가 없다고 주장했다. 하이드 법사위원회는
어떤 행동이 탄핵사유가 되는지 판단하기 위한 기준에 대해 명확한 진술을
하는 것을 거부했던 사실이 있었는데도, 그는 하원이 이미 그에 대한 판단
을 내렸으니 상원은 하원의 의견에 따라야 한다고 말했다.

　헨리 하이드는 상원에서 한 탄핵결의 연설에서 탄핵의 헌법적 의미를
자기 나름대로 해석했다. 그는 국가중대사에서 나라를 잘못 인도한 것보다
개인적인 비행을 저지르고도 눈 하나 깜짝하지 않는 것이야말로 탄핵을 당
해 마땅한 태도라고 말했다. 나의 어머니는 내가 어렸을 때 어떤 사람을 만

나도 좋은 점을 찾으라고 가르치셨다. 나는 격렬하게 비난을 퍼붓는 하이드의 모습을 보면서, 저 사람 속 어딘가에도 지킬 박사(좋은 면이라는 뜻—옮긴이 주)가 틀림없이 숨어 있을 것이라고 생각했다. 하지만 그 지킬 박사를 찾아내는 것은 쉬운 일이 아니었다.

19일에 나의 법률팀이 사흘간의 변론을 시작했다. 백악관 법률고문이자 전직 검사였던 척 로브가 제일 먼저 포문을 열었다. 그는 두 시간 반 동안 위증과 사법방해 혐의는 사실이 아니며, 만일 상원이 그 혐의가 사실이라고 생각한다 하더라도, 그런 범죄 사실만으로는 탄핵의 헌법적인 기준을 충족시키지 못한다고 주장했다. 로브는 한평생 휠체어 신세를 지고 살아온 점잖은 사람이었다. 나의 강력한 옹호자였던 그는 하원 소추위원들이 저지른 일들을 보고 크게 마음이 상해 있었다. 그는 공화당이 증거로 제시한 주장들을 박살낸 뒤, 이미 초당파적인 검사들 모임에서 책임감 있는 검사라면 그들 앞에 놓인 사실들만 가지고 위증 혐의를 씌울 수 없다는 주장이 나왔다는 사실을 상원의원들에게 일깨워주었다.

로브가 가장 멋지게 활약했던 부분은 에이서 허친슨이 명백하게 사실을 허위로 제시하는 현장을 잡은 것이었다. 허친슨은 상원에서, 모니카 르윈스키가 존스 소송에서 증인으로 나설 것임을 알게 되자, 버넌 조던이 모니카에게 일자리를 구해주려 했다고 진술한 바 있었다. 로브는 조던이 르윈스키에게 일자리를 제안한 것은 르윈스키가 존스 소송에 나서게 된다는 것을 알았던 시기, 혹은 알 가능성이 있는 시기로부터 6주 전에 있었던 일임을 밝혔다. 라이트 판사가 르윈스키에 대한 증인 신청을 받아들였을 때(라이트 판사는 후일 이 결정을 번복했다), 버넌은 유럽행 비행기를 타고 있었다. 나는 에이서가 상원에서 거짓말을 한 이유가 상원의원들이 알아내지 못할 것이라고 생각했기 때문인지, 아니면 하원 소추위원들처럼 자신의 이야기의 정확성 여부에 관심이 없을 거라고 생각했기 때문인지 알 수가 없었다.

다음 날 그레그 크레이그와 셰릴 밀스는 구체적인 탄핵사유를 하나하나 파헤쳤다. 그레그는 위증죄를 부과한 항목에는 위증의 사례가 단 한 건도 인용되지 않고, 대신 존스 소송에서 행한 나의 증언 문제(하원이 그 문제에 관한 탄핵사유 항목은 부결시켰는데도)가 언급되고 있다는 점을 꼬집었다. 크레이그는 또한 상원에 제출된 위증 주장의 일부는 하원 법사위원회나 하원회의장에서의 토론 중에 스타 검사나 하원의원들이 제기한 적이 없는 것임을 지적했다. 그들이 일을 추진하면서 자신들의 주장을 만들어가고 있다는 이야기였다.

스탠퍼드 법대를 졸업한 젊은 아프리카계 미국인 셰릴 밀스가 변론을 하던 날은 그녀가 백악관에 근무한 지 6주년 되는 날이었다. 그녀는 두 개의 사법방해 혐의를 훌륭하게 논박했다. 그녀는 하원 소추위원들이 상원에서 제시하지 않았던 사실들, 그리고 그들이 도저히 논박할 수 없는 사실들을 제시하면서, 사법방해 주장이 말이 안 된다는 것을 입증했다. 셰릴의 활약이 가장 돋보였던 부분은 마지막 결론이었다. 사우스캐롤라이나의 공화당 하원의원 린지 그레이엄을 비롯한 하원의원들은, 나를 처벌하지 않으면 국민에게 우리의 민권과 성추행과 관련된 법률들이 경시되고 있다는 메시지를 전할 것이라고 주장했던 적이 있는데, 그녀는 "나는 그들의 주장을 논박하지 않고 넘어갈 수 없다"고 말했다. 미국 전역의 흑인들은 나를 탄핵하려는 움직임이 민권을 위해서는 손가락 하나 까딱하지 않았던 남부 백인 우익 세력에 의해서 추진되고 있다는 것을 알고 있다는 것이었다.

셰릴은 폴라 존스가 법정에서 마음껏 자기주장을 펼쳤지만, 존스 사건을 맡은 여성 판사는 존스의 사건을 기각했다는 점을 지적했다. 그녀는 대부분의 사람들이 제퍼슨, 케네디, 그리고 킹과 같은 남자들을 존경하는데, 그들은 모두 불완전한 사람들이었지만 "인류에 도움을 주기 위해서 투쟁했던 사람들이었다"고 말하면서, 민권 및 여성의 권리와 관련한 나의 업적은 "탄핵할 수 없는 것"이라는 말을 덧붙였다. "내가 오늘 이 자리에 선 것은 내가 이 자리에 설 자격과 능력이 있다고 빌 클린턴 대통령이 생각했기 때문입니다…… 이것을 가지고 그에게 유죄를 선고하는 것은 옳지 않은 일입니다."

우리의 변론이 있던 셋째이자 마지막 날은 데이비드 켄달의 연설로 시작되었다. 그는 차분하고 논리적인 진술로 나의 사법 방해 혐의를 조리 있게 반박했다. 그는 모니카 르윈스키가 나한테서 거짓말을 해달라는 요구를 받은 적이 없다는 주장을 반복했다는 점을 지적했고, 하원 소추위원들이 잘못 말하거나 중요한 사실들을 놓친 사례들을 꼼꼼히 지적했다.

마지막으로 나를 변론한 사람은 데일 범퍼스였다. 내가 범퍼스에게 변론을 부탁한 이유는 그가 훌륭한 변호사이자 뛰어난 헌법 전문가이면서, 미국에서 손꼽히는 연설가였기 때문이다. 그는 오랫동안 나를 알고 있었고, 상원에서 24년간 봉직했던 경력을 가지고 있었다. 그는 예전 동료들이었던 상원의원들에게 몇 가지 농담을 던지면서 그들의 긴장을 풀게 한 후에, 자신은 24년 동안 나와 절친하게 지내왔고, 나와 같은 목적을 위해 활동했던 사람이라서 이 자리에 서는 것을 꺼렸다고 말했다. 상원이 친구의 말을 변론으로 받아들이지 않을 것임을 알고 있지만, 자신이 이 자리에 나선 것은 나를 변론하기 위한 것이 아니라 『성경』 다음으로 신성한 문서'인 헌법을 수호하기 위함이라고 말했다.

범퍼스는 스타의 보고서를 심하게 혹평하면서 변론을 시작했다. "스타의 행위에 대면, 『레미제라블』에서 장발장을 고소한 자베르 경감은 아무것도 아닙니다." 그는 말했다. "오랫동안 조사를 했지만…… 대통령이 범한 개인적인 또는 공무상의 오점은 발견되지 않았습니다…… 우리가 이 자리에 서게 된 것은 대통령이 도덕적으로 심각한 실수를 범했기 때문입니다."

그는 동정심이 없다면서 하원 소추위원들을 꾸짖고는 가장 극적인 이야기를 하기 시작했다. "여러분이 그의 입장이 되었다고 생각해보십시오…… 우리 중에 완벽한 사람은 아무도 없습니다…… 물론 그는 후회할 짓을 하지 말았어야지요. 정말 그렇습니다. 그리고 마찬가지로 아담과 이브도 후회할 짓을 하지 말았어야 했고요." 여기서 그는 상원의원들을 손가락으로 가리키며 말했다. "당신, 그리고 당신, 그리고 당신, 그리고 당신, 그리고 비슷한 상황에 처한 수많은 사람들 역시 후회할 짓을 하지 말았어야 합니다. 다시 말하지만 우리는 어느 누구도 완벽하지 않습니다."

범퍼스는 내가 그릇된 행동에 대해서 이미 심한 처벌을 받았다, 사람들은 나를 면직시키는 것을 원치 않는다, 상원은 하벨 체코 대통령, 만델라 남아프리카공화국 대통령, 그리고 후세인 국왕을 비롯해서 나를 지지하는 세계 지도자들의 목소리에 귀를 기울여야 한다고 말했다.

그는 탄핵 조항에 관해서 헌법제정의회(미국헌법을 제정하기 위해 1787년 5월 필라델피아에서 개최된 의회—옮긴이주)가 숙고를 거듭했던 역사에 대해 자세하게 설명하면서 변론을 마쳤다. 그는 우리의 헌법초안자들은 영국법에서 탄핵조항을 빌려왔는데, 영국법의 탄핵조항에는 국가에 해를 끼치는 '명백하게 정치적인' 범죄만이 언급되고 있다고 밝혔다. 그는 상원에게 헌법을 모독하지 말고, 대신에 미국 국민의 목소리를 들을 것을 촉구했다. "미국 국민은 여러분들이 정치적인 당파성을 뛰어넘어 신성한 본연의 의무를 다하도록 요구하고 있습니다."

범퍼스는 논리정연하게 조목조목 따지다가 감정적으로 호소하기도 하고, 순박하게 말하다가 갑자기 심오한 이야기로 빠지기도 하면서 멋진 연설을 했다. 그때 상원의 표결이 실시되었다면, 탄핵에 찬성하는 사람들은 많지 않았을 것이다. 하지만 탄핵재판 과정은 3주나 늘어졌다. 하원 소추위원들과 그들의 동맹자들은 공화당 상원의원들을 한 사람이라도 더 탄핵안 찬성으로 끌어들이려고 노력했다. 양측의 의견 제시가 끝나고 나자, 민주당 상원의원 전원과 몇몇 공화당 의원들이 탄핵안에 반대표를 던질 것이 거의 확실해졌다.

상원이 심리를 하는 동안, 나는 해마다 그맘때면 늘 했던 일들을 하고 있었다. 나는 연두교서를 준비하고, 전국을 돌며 연두교서에 들어갈 새로운 정책들을 홍보했다. 연두교서 발표 예정일은 상원 탄핵재판에서 변론이 시작되는 1월 19일이었다. 일부 공화당 상원의원들은 연두교서 발표를 연기해야 한다고 주장했다. 하지만 나는 그럴 생각이 없었다. 탄핵 문제로 인해서 미국 국민들이 낸 세금의 상당 부분이 날아간 상태였다. 탄핵문제는 의회로 하여금 절박한 일들을 제쳐놓게 만들었으며, 헌법의 권위를 약화시키고 있었다. 만일 연두교서 발표를 미룬다면, 미국 국민들은 자신들의 관심사가 뒤로 밀리고 있다고 생각하게 될 터였다.

연두교서 발표 당시의 분위기는 그 전해의 분위기에 비해서도 상당히 색달랐다. 늘 그랬듯이, 나는 의사당으로 들어가서 의장실로 안내되었다. 당시 의장직은 일리노이의 데니스 해스터트가 맡고 있었다. 그는 단단한 체구의 레슬링 코치 출신으로 대단히 보수적이기는 했지만, 깅리치, 아미, 그리고 딜레이에 비하면 무조건 갈등으로 몰아가려는 대결적인 태도가 덜한 사람이었다. 오래지 않아 상원과 하원의 양당 의원들로 구성된 대표단이 나를 하원 회의장으로 데려갔다. 우리는 악수를 하고 아무 일도 없는 사람들처럼 이야기를 나누었다. 연두교서 발표시간이 되어 내가 연단으로 이어지는 통로를 걸어가자, 민주당 의원들이 열렬하게 갈채를 보냈고, 공화당 의원들은 대부분 점잖게 박수를 쳤다. 통로를 사이에 두고 공화당과 민주당 의원들이 따로따로 앉아 있었기 때문에, 나는 민주당 의석 쪽에 앉은 사람들과 악수를 하면서 연단으로 걸어갈 작정이었다. 그런데 뜻밖에도 공화당 하원의원들 중에도 내게 손을 내미는 사람들이 있었다.

나는 먼저 신임 하원의장에게 인사를 했다. 그는 나에게 정중하고 초당파적인 태도로 민주당 의원들과 함께 일할 수 있기를 바란다고 말했다. 하원에서 탄핵가결이 이루어진 이후에 선출된 의장으로서 했던 발언이었기 때문에, 그의 발언은 느낌이 좋았고 진심인 것 같았다. 나는 그의 제안을 받아들였다.

1999년까지, 미국의 경제적인 팽창은 역사상 최고의 기록을 세우고 있었다. 내가 대통령에 취임한 후, 1,800만 명의 신규고용, 실질 임금 상승, 소득불균형의 점진적인 개선이 이루어져서 1957년 이후 평화시 최저 실업률을 기록하고 있었다. 미국의 상태는 어느 때보다도 힘이 넘쳤다. 나는 그 상태를 최대한 활용할 수 있는 프로그램을 제시했다.

우선 베이비붐 세대가 퇴직한 후의 연금정책에 대한 제안을 내놓았다. 즉 향후 15년간 쌓일 흑자의 60퍼센트를 2055년까지 사회보장신탁기금의 지불능력을 확충하는 데 투입하고, 그중의 일부는 개방형 투자신탁에 투자할 예정이다. 또한 사회보장연금 수혜자들이 연금에 손해를 보지 않고 벌 수 있는 소득 금액의 제한을 철폐하고, 같은 나이 빈곤층 남성들의 두 배에 달하는 빈곤층 여성 노인들에 대한 연금지급 조건을 대폭 완화할 예정이다.

흑자예산의 16퍼센트를 활용하여 메디케어신탁기금의 기한을 10년 더 연장하고, 노인과 신체장애인들을 장기간 돌보는 가정에 1,000달러의 세액공제를 실시하고, 55세에서 65세에 이르는 연령의 사람들에게 메디케어 매입 선택권을 부여하겠다. 흑자예산의 11퍼센트를 스스로 퇴직연금 계좌를 개설한 사람들의 세액공제와 저소득 노동자들의 저축액에 상응하는 세액공제에 사용하는 '미국 계좌'라는 새로운 연금정책을 도입하겠다. 미국 계좌 정책은 저소득 가정이 저축을 통해서 재산을 모을 수 있도록 돕는 프로그램 가운데 역사상 가장 규모가 큰 것이었다.

나는 또한 교육개혁에 관한 원대한 정책을 제안했다. 나는 150억 달러 이상의 연간 교육보조금 지원 방식을 '효과 있는 사업은 지원하고 효과 없는 사업은 지원하지 않는' 방식으로 변경할 것을 제안했다. 즉 모든 주들로 하여금 학력평가 없이 진급시키는 관행을 중단하고, 실적이 나쁜 학교를 폐쇄하거나 실적을 올리게 하고, 교사진의 자질을 향상시키고, 모든 학교에 대해서 평가기록을 발행하게 하고, 합리적인 학습 분위기 조성 정책을 채택하도록 요구할 예정이었다. 나는 또한 5,000개의 학교 시설을 현대화하거나 신축하고, 여건이 좋지 않은 지역에서 교사 생활을 하겠다고 약속하는 학생들에 대한 대학장학금 지급건수를 여섯 배 확대할 것을 제안했다.

가정에 대한 지원을 확대하기 위해 최저임금 인상과 가족휴가법의 확대, 보육 가정에 대한 세액공제, 그리고 아동들이 총기사고를 당하지 않도록 하기 위한 총기 안전장치의 의무화를 제안했다. 또 국회에 '임금과 노동의 평등 및 차별 금지법'을 통과시키고, 150억 달러의 기금으로 미국민간투자법인을 설립하여 가난한 지역에 새로운 사업체나 일자리를 창출하고, 아프리카 제품에 대한 문호를 확대하기 위해서 아프리카교역발전법을 제정하고, 천연기념물을 보존할 '국토유산' 정책에 10억 달러를 지원하고, 지구온난화를 예방하기 위한 연구자금 지원과 세금감면을 해주도록 요청했다.

국가안보 분야에서는 테러리스트들로부터 컴퓨터 네트워크를 방어하고 화학적·생물학적 무기에 의한 공격으로부터 공동체를 보호하고, 이러한 공격에 대비하여 백신과 치료법 개발을 위한 노력을 강화하고, 넌-루가 프로그램에 대한 지원을 3분의 2 늘리고, 이스라엘, 팔레스타인, 미국 3국간에 체결된 와이리버 의정서를 지원하고, 냉전 해소로 감소하고 있는 국방비 지출을 증대하기 위한 자금을 요청했다.

연설을 끝내기 전에 나는 밀레니엄 프로젝트와 세계 전역에 걸쳐서 미국을 대표하는 활동에 지도력을 발휘하고 있는 힐러리에게 경의를 표했다. 힐러리는 그때 미국 프로야구 시카고 컵스의 경기를 관전하면서, 도미니카공화국을 방문했을 때 동행했던 도미니카공화국 출신의 새미 소사가 홈런을 치는 모습을 지켜보고 있었다. 경기가 끝난 후, 힐러리는 새미 소사가 받은 것보다 훨씬 큰 박수갈채를 받았다. 나는 "매일 일어나는 복잡한 사건들과 시끄러운 논쟁들의 틈바구니에서는 우리가 사는 이 시대의 진정한 모습이 잘 안 보일지 모르지만, 이 시대는 사실 미국의 새로운 여명"이라는 말로 '20세기의 마지막 연두교서 연설'을 마쳤다.

연두교서를 발표하던 날, 나의 직무 수행에 대한 지지율은 최고로 상승했다. 나는 버펄로로 가서 힐러리, 앨과 티퍼 고어 부부와 함께 마린 미들랜드 경기장에 모인 2만 명이 넘는 관중들에게 연설을 했다. 탄핵재판으로 시국이 뒤숭숭한 때였지만, 새해에 추진할 정책들을 일목요연하게 제시했던 연두교서는 미국 국민들의 공감대를 자극했다.

나는 1월 말에 미국과학학술원의 한 연설에서 미국을 화학무기, 생물학무기를 이용한 테러 공격과 사이버테러에서 보호하기 위한 제안을 내놓았다. 그 후에는 토네이도에 기습을 당한 리틀록을 찾아가 예전에 이웃하고 살았던 주민들의 피해를 살펴보았는데, 리틀록 주지사 관저의 오래된 나무들 몇 그루가 뿌리 뽑혀 있었다. 나는 세인트루이스로 가서 미국을 방문한 요한 바오로 2세를 영접한 후, 사회보장정책과 메디케어의 미래에 관한 토론을 하기 위해서 이스트 룸에 모인 양당의 대규모 의회 대표단과 회의를 했다.

그리고 얼마 전에 갑자기 사망한 플로리다의 주지사이자 친구인 로튼 차일스의 추도 예배에 참석했다. 차일스는 '큰 개들과 함께 달릴 수 없다면,

집에 그냥 있는 게 최고'라는 신조를 털어놓으면서 내가 현재 겪고 있는 어려움을 이겨낼 수 있는 용기를 주던 사람이었다.

2월 7일, 후세인 국왕이 암 투병 끝에 무릎을 꿇고 말았다. 힐러리와 나는 포드, 카터, 부시 등 전직 대통령들과 함께 요르단으로 떠났다. 그들이 후세인 국왕의 사망 소식을 듣자마자 함께 일한 적이 있고 존경했던 사람이니 조의를 표하러 가야 한다고 나서는 것을 보고 고마운 마음이 들었다. 다음 날 우리는 장례식 행렬에 섞여 1.6킬로미터 가량을 걸어가서 장례식에 참석하고, 누르 왕비에게 애도의 뜻을 전했다. 누르 왕비는 크게 상심하고 있었다. 힐러리와 나 역시 마음이 아팠다. 우리는 그동안 요르단과 미국에서 후세인 국왕과 누르 왕비와 함께 여러 차례 좋은 시간을 보냈다. 국왕이 사망하기 전에 백악관의 트루먼 발코니에서 함께 식사를 했던 것이 나에게는 특별히 아름다운 추억으로 남아 있었다. 그가 세상을 뜨고 나니, 세상은 더욱 초라해 보였다.

새로운 국왕인 후세인의 아들 압둘라와 네타냐후 이스라엘 총리, 아사드 시리아 대통령, 무바라크 이집트 대통령, 토니 블레어 영국 총리, 자크 시라크 프랑스 대통령, 보리스 옐친 러시아 대통령, 슐레이만 데미렐 터키 대통령과 회담을 가진 후, 나는 나의 미래를 결정할 상원 표결이 임박해 있는 고국으로 돌아왔다.

표결 결과는 낙관적이었지만, 막후에서는 재미있는 일들이 진행되고 있었다. 일부 공화당 상원의원들이 자신들을 시험대에 올리려고 하는 공화당 하원의원들 때문에 상당한 시련을 겪고 있었다. 하지만 우익이 압력을 높이면, 대부분의 공화당원들은 뒤로 물러서서 계속 시간을 끌었다. 로버트 버드 상원의원이 시비를 다룰 사안이 되지 못하므로 혐의를 기각하자고 동의하자, 데이비드 켄달의 파트너인 니콜 셀리그먼은 대부분의 상원의원들이 논란의 여지가 없다고 생각하는 법과 사실에 대한 주장을 펼쳤다. 그럼에도 불구하고 버드의 동의는 부결되었다. 스트롬 서먼드 상원의원은 진작부터 공화당 동료들에게 나를 면직시키기 위한 표결은 있어서는 안 되며, 탄핵재판을 당장 중단해야 한다고 말했지만, 그의 제안은 공화당 간부회의에 의해서 폐기되고 말았다.

탄핵에 반대하던 공화당 상원의원 중 한 명은 공화당 동료들 사이에서 진행되고 있는 일들을 우리에게 알려주고 있었다. 표결이 있기 며칠 전에, 그는 공화당 상원의원 중에서 위증에 대한 표결에 찬성표를 던질 사람은 30명뿐이고, 사법방해에 대한 표결에 찬성표를 던질 사람은 40명에서 45명쯤 될 거라고 말했다. 탄핵 결정에 필요한 정족수로 헌법이 규정하고 있는 3분의 2에 한참 미달하는 수였다.

표결이 며칠 앞으로 다가온 어느 날, 그는 공화당 하원의원들이 동료 상원의원들에게 위증 항목과 사법방해 항목 모두에서 찬성표가 과반수에 미달하면 자신들은 얼굴을 들 수 없을 것이니, 다음 선거에서도 하원을 공화당이 장악하고 싶으면 자신들에게 치욕을 안겨줄 일을 하지 않는 것이 좋을 거라고 경고했다고 전했다. 그 상원의원은 그들이 반대표를 던질 공화당 상원의원의 수를 조금이라도 줄이려고 할 것이라고 덧붙였다.

2월 12일, 탄핵동의안은 부결되었다. 위증에 대한 표결은 45 대 55로, 의결정족수에서 22표가 미달되었고, 사법방해에 대한 표결은 50 대 50으로, 의결정족수에서 17표 미달했다. 민주당 상원의원 전원 외에 양쪽 표결에서 모두 반대표를 던진 공화당 의원들을 꼽아보면, 메인 주의 올림피아 스노와 수잔 콜린스, 버몬트 주의 짐 제퍼즈, 펜실베이니아의 알렌 스펙터, 로드아일랜드의 존 채피였다. 위증 표결에서만 반대표를 던진 공화당 의원들은 앨라배마 주의 리처드 셸비, 워싱턴 주의 슬레이드 고튼, 알래스카 주의 테드 스티븐스, 테네시 주의 프레드 톰슨, 그리고 버지니아 주의 존 워너였다.

나의 법률팀의 변론이 끝나고 3주 후에 이루어진 표결의 결과는 관심의 대상이 되지 못했다. 문제가 되었던 것은 탄핵안이 얼마만한 차이로 부결되는가 하는 것뿐이었다. 나는 가족과 나라에 큰 시련을 안겨주었던 과정이 끝났다는 사실이 만족스러웠다. 표결이 끝난 뒤, 나는 잘못된 행동으로 미국 국민들에게 커다란 부담을 안겨주었던 점에 대해서 깊이 사과하고, '미국의 화해와 부흥의 시대'를 이루기 위해서 다시 헌신할 것임을 밝혔다. 누군가가 내게 "당신은 진심으로 용서하고 잊을 수 있습니까?" 하고 물었다.

나는 대답했다. "용서를 구하는 사람은 용서를 하려는 마음의 준비를 갖추고 있어야 한다고 생각합니다."

모진 탄핵의 시련이 끝나고 나자, 사람들은 내게 어떻게 멀쩡한 정신으로 그 시련을 견디면서 직무를 계속할 수 있었느냐고 묻곤 했다. 백악관 보좌진들과 정부 각료들 중에는 나의 행동에 대해서 분노하고 실망한 사람들도 많았을 텐데, 만일 그들이 내 곁을 떠났다면 나는 그 시련을 견디고 직무에 전념할 수 없었을 것이다. 미국 국민이 내가 대통령 직무를 유지하고 분발해야 한다는 판단을 일찍 내려주지 않았다면 사정은 훨씬 더 어려워졌을 것이다. 사건이 터져나왔던 1월이나 대배심에서 증언이 있었던 8월에 더 많은 민주당 의원들이 내 곁을 떠났다면, 사정은 더 어려워졌을 것이다. 나를 떠나는 것이 안전해 보이던 때에도 그들은 용감하게 도전에 맞서주었다.

세계의 지도자들이 보내준 지지 역시 나의 사기를 북돋워주었다. 만델라 남아프리카공화국 대통령, 블레어 영국 총리, 후세인 요르단 국왕, 하벨 체코 대통령, 압둘라 요르단 왕세자, 김대중 한국 대통령, 시라크 프랑스 대통령, 카르도소 브라질 대통령, 세디요 멕시코 대통령을 비롯하여 내가 존경하는 많은 분들이 내게 성원을 보내주었다. 나에게는 적들만이 아니라 이런 좋은 친구들도 있다는 데 생각이 미치자, 비록 나 자신에 대한 역겨움을 다 씻어버리지는 못했지만 그래도 내가 그렇게 나쁜 사람만은 아니라는 생각이 들었다.

친구들과 낯선 사람들이 보내준 사랑과 지지는 내게 커다란 영향을 주었다. 편지를 보내거나 군중 속에 섞여 격려의 말을 해준 사람들은 본인들은 미처 생각하지 못했겠지만 나에게 아주 큰 힘이 되었다. 나의 상담역이 되어주었던 종교지도자들은 백악관 방문이나 전화통화를 통해 나와 함께 기도하면서, 내가 일각에서 아무리 비난을 받아도 하나님은 사랑이라는 것을 일깨워주었다.

하지만 내가 꿋꿋이 버티면서 직무활동에 전념할 수 있었던 가장 큰 요인은 개인적인 것이었다. 처남인 힐러리의 동생들과 내 동생 로저가 나를 크게 격려해주었다. 로저는 내가 곤경에 빠져 있을 때 늘 자신만 문제아였는데 이제 입장이 바뀌니 기분이 나쁘지 않다고 농담을 하기도 했다. 휴는 매주 마이애미에서 백악관으로 와서 단어 만들기 게임도 하고, 스포츠 이야기도 하면서 나를 웃게 해주었다. 토니도 와서 함께 카드 게임을 하기도 했다. 장모와 딕 켈리 역시 나에게 많은 격려를 해주었다.

무엇보다도 우리 딸 첼시는 나를 여전히 사랑했으며, 내가 꿋꿋하게 잘 버티기를 바라고 있었다. 그리고 가장 중요한 것은 힐러리의 사랑과 지원이었다. 그녀는 내가 시련을 겪는 동안 내 곁을 늘 지키면서 사랑을 베풀어주었다. 나는 처음 만났을 때부터, 그녀가 웃음을 터뜨리는 모습을 무척 사랑했다. 불합리한 일들이 벌어지는 가운데 우리는 다시 웃음을 되찾았고, 매주 함께 상담을 받고 우익의 공격에 맞서 싸워야 한다고 의기투합하면서 관계가 회복되었다. 나를 괴롭혔던 사람들한테 고마운 마음이 들 정도였다. 그들이 아니었다면 나는 힐러리 앞에서 다시는 멋있게 보일 수 없었을 테니까. 나는 심지어 소파도 떠날 수 있었다.

존스 소송에서 선서증언이 있던 때로부터 상원에서 탄핵부결이 있던 때까지, 참으로 길고 긴 한 해였다. 한 해 동안 나는 백악관에 있을 때는 거의 매일 밤 두세 시간씩 혼자 집무실에 남아, 『성경』과 신앙 및 용서에 관한 책들을 읽었다. 토머스 아 켐피스의 『그리스도를 본받아』, 마르쿠스 아우렐리우스의 『명상록』, 그리고 사려 깊은 편지들을 읽었다. 그중에는 뉴저지 주 잉글우드 출신의 메나쳄 게낙 랍비가 보내준 짤막한 연작 편지들도 있었다. 내가 가장 깊은 감명을 받은 책은 『일곱 번씩 일흔 번일지라도*Seventy Times Seven*』였다. 그 책은 기독교 공동체인 브루더호프의 장로인 요한 크리스토프 아널드가 쓴 용서에 관한 책이었다.

나는 사람들이 보내준 편지나 공적인 행사 때 건네준 시와 기도문들, 그리고 인용문들을 아직도 보관하고 있다. 나에게는 「요한복음」 8장 17절의 내용이 새겨진 돌 두 개가 있다. 많은 사람들이 예수가 자신의 비판자인 바리새인들과 마지막 만난 일의 기록이라고 믿는 그 대목의 내용은 이렇다. 바리새인들이 간음 현장에서 잡힌 여자를 예수에게 데려와서, 모세의 율법에는 이런 여자를 돌로 쳐서 죽이라고 했는데 "당신은 어떻게 말하겠느냐"

고 물었다. 예수는 대답을 하지 않고, 아무것도 듣지 못한 사람처럼 몸을 굽혀 손가락으로 땅에 글을 썼다. 바리새인들이 계속 대답을 재촉하자, 예수는 일어나서 "너희 중에 죄 없는 자가 먼저 돌로 치라"고 말했다. 이 말을 들은 사람들은 '양심에 가책을 받아 어른으로 시작하여 젊은이까지 하나씩 하나씩 나가고' 예수와 그 여자만 남았다. 예수가 그 여자에게 "너를 고소하던 그들이 어디에 있느냐? 너를 정죄한 자가 없느냐?" 하고 묻자, 그 여자는 "주여, 없나이다"라고 대답했다. 곧 이어 예수는 "나도 너를 정죄하지 아니하노라"라고 말했다.

나는 수많은 돌에 맞았다. 그리고 나는 스스로에게 입힌 상처를 드러낸 채 전 세계에 벌거벗겨졌다. 그것은 어떤 면에서 보면 해방이었다. 더 이상 감출 것이 없었으니까. 나는 나 자신이 왜 그런 실수를 했는지, 나의 적수들은 왜 그렇게 증오심에 불타서 자신들이 공언하는 도덕적 확신에 어긋나는 말들과 일들을 했는지 이해하려고 노력했다. 나는 늘 나를 정신분석하려 하는 사람들을 삐딱한 눈으로 바라보던 사람이었다. 그런 나도 이 정도 분석은 할 수 있을 것 같았다. 즉 정치 및 종교계의 극우파 집단 가운데 나를 가장 심하게 비판하는 많은 사람들, 그리고 언론계에서 남을 심판하려는 경향이 가장 강한 사람들은 자신이 심판은 할 수 있으나 심판을 받지는 않는 곳, 자신이 상처를 줄 수는 있으나 상처를 받지는 않는 곳에서 안전을 추구하는 사람들이라는 것이다.

나 자신의 도덕성과 인간적 약점에 대한 인식, 그리고 어린 시절에 내가 받았던 무조건적인 사랑 때문에 나에게는 다른 사람을 심판하고 비판하려 하는 강박감이 없었다. 나는 나의 결점이 아무리 심각하다고 해도, 그것은 나를 비판하는 사람들의 권력욕에 비하면 민주적인 정부에 그다지 큰 위협이 되지 않는다고 생각했다. 1월 말에, 나는 뉴욕의 사업가인 빌 지프로부터 감동적인 편지를 받았다. 그는 친구의 아버지이긴 하지만 한 번도 만나본 적이 없는 사람이었다. 그는 힐러리와 내가 고통을 겪고 있는 것이 안타깝기는 하지만, 그 고통 덕분에 좋은 성과를 거둘 수 있었다고 말했다. 그것은 바로 미국 국민들이 '우리들 곁에서 다른 사람을 악마로 만들려고 날뛰는 사람들의 의도'를 꿰뚫어보는 안목과 성숙함을 얻게 되었다는 점이었다. 그는 이렇게 쓰고 있었다. "당신이 의도했던 것은 아니겠지만, 그들이 숨겨왔던 의도를 드러나게 했다는 점에서 보면, 당신은 루스벨트를 포함해서 역사상 어떤 대통령보다도 많은 일을 한 셈입니다."

나를 공격한 사람들의 동기가 어떻든, 많은 밤들을 2층 사무실에서 외롭게 지내면서 나는 깨달은 것이 있었다. 그것은 내가 다른 사람에게 동정을 받고 싶으면, 나에게 동정으로 보답하지 않을 사람에게도 동정을 베풀어야 한다는 사실이었다. 사실 나에게 불평할 것이 뭐가 있었겠는가? 나는 절대 완벽한 사람이 될 수는 없겠지만, 힐러리는 다시 웃음을 되찾았고, 첼시는 스탠퍼드에서 잘 지내고 있었고, 나는 내가 사랑하는 일을 하고 있었고, 또 봄이 다가오고 있었는데.

52

상원 표결이 있고 나서 일주일 뒤인 2월 19일, 나는 미국 대통령으로서는 최초로 헨리 플리퍼를 사후 사면해주었다. 그는 웨스트포인트 육군사관학교 최초의 흑인 졸업생이었지만, 117년 전에 인종적인 이유 때문에 장교로서 부적합한 행동을 했다는 부당한 혐의로 유죄판결을 받았던 인물이다. 이것은 다른 중요한 현안들에 비하면 그다지 중요하지 않은 대통령의 직무라고 여길 수도 있겠지만, 내 생각에는 그런 역사적인 실수를 바로잡는 것은 부당한 대우를 받았던 사람들의 후손들뿐 아니라 우리 모두에게 있어 아주 중요한 일이다.

2월 마지막 주에, 폴 베걸러가 백악관을 떠나겠다고 발표했다. 나는 베걸러가 백악관을 지켜주던 때가 좋았다. 그는 뉴햄프셔 선거 이후로 늘 내 곁을 지켜주던, 똑똑하고, 재미있고, 싸움 잘하고, 일 잘하는 친구였다. 하지만 폴에게는 아버지와 함께 하는 시간이 더 필요한 어린아이들이 있었다. 나는 탄핵 싸움 내내 나를 지지해주었던 그를 보내줄 수밖에 없었다.

화이트워터 사건과 관련하여, 미국변호사협회가 독립변호사법의 폐지를 요구하는 결의안을 384 대 49의 압도적인 지지로 통과시켰다는 보도가 나왔다. 법무부가, 케네스 스타가 존스 사건에 개입하는 과정에서 그리고 르윈스키 문제를 자신의 관할업무로 추가하는 이유를 밝히는 과정에서 재닛 레노를 속인 사실이 있는지 조사를 시작했다는 기사도 있었다.

여러 달에 걸친 복잡한 협상 끝에, 3월에 들어서 행정부는 북부 캘리포니아의 헤드워터스 숲(보호받지 않는 삼나무 숲으로 세계 최대 규모였다)을 보존하기 위한 법률을 통과시켰다. 그 다음 주에 나는 나흘 일정으로 니카라과, 엘살바도르, 온두라스, 과테말라를 순방했다. 미국은 얼마 전까지만 해도 단지 반공국가라는 이유로 인권 문제가 심각했던 이 나라들의 억압적인 정권을 지원했다. 하지만 이들 국가는 이제 민주적인 화합의 새로운 시대를 열어가고 있었다. 나는 자연재해로 인한 파괴의 복구를 돕는 미군들의 활동을 시찰하고, 얼마 전까지만 해도 내전에서 서로 총칼을 겨누었던 사람들이 평화롭게 앉아 있는 엘살바도르 의회에서 연설을 했다. 과테말라에 가서는 미국이 과거에 했던 행동들을 사과했다. 나의 순방 목적은 민주발전의 새로운 시대를 지원하겠다는 것을 알리는 데 있었다.

내가 귀국했을 즈음에는, 코소보에서 또 한 번의 발칸전쟁이 벌어질 것 같은 상황이었다. 세르비아는 1년 전에 코소보의 알바니아 저항세력에 대한 공격을 개시해서 수많은 죄 없는 사람들을 살해했고, 심지어 여성과 아동들을 집 안에 가둔 채 불을 붙여 살해하기도 했다. 세르비아의 만행으로 다시 대규모 피난민이 발생했으며, 코소보 알바니아인들의 독립에 대한 열망은 고조되고 있었다. 코소보 학살은 과거의 보스니아 학살과 흡사했다. 보스니아 학살과 코소보 학살은 600년 동안 이어져온 유럽계 이슬람교도와 세르비아계 그리스정교 간의 갈등에서 기인한 것이었다.

1974년에 티토는 코소보에 자치권을 주어, 자치정부를 허용하고 독립적인 학교를 운영할 수 있도록 했다. 그런데 1989년에 권력을 장악한 밀로셰비치는 코소보에 대한 자치권 부여를 철회했다. 그 후 세르비아와 코소보 간의 긴장은 꾸준히 고조되었고, 보스니아가 독립한 1995년부터 충돌이 빚어지기 시작했다. 나는 코소보가 제2의 보스니아가 되는 것을 원치 않았다. 매들린 올브라이트도 같은 생각이었다.

1998년 4월, 유엔은 세르비아에 대한 무기수출금지 선언을 했고, 미국을 비롯한 동맹국들은 세르비아가 적대행위를 종식하고 코소보의 알바니아인들과 대화를 시작하지 않은 것을 이유로 경제제재를 가했다. 1998년 6월 중순경에, 나토는 폭력의 종식을 위한 광범위한 군사행동 계획을 세우기 시작했다. 여름이 되자 딕 홀브루크 특사가 교착상태 해소를 위한 외교적 해결책을 찾기 위해 그 지역으로 들어갔다.

7월 중순, 세르비아군은 무장 여부를 가리지 않고 코소보인들에 대한 공격을 재개했고, 30만 명이 넘는 코소보 알바니아인들은 코소보를 탈출하기 시작했다. 9월 말, 유엔 안전보장이사회는 적대행위 중단을 요구하는 두 번째 결의안을 통과시켰고, 우리는 밀로셰비치를 설득하기 위하여 베오그라드로 홀브루크를 파견했다.

10월 13일, 나토는 유엔 결의안을 준수하지 않으면 나흘 안에 세르비아를 공격하겠다고 위협했다. 공습유예기간 동안 유고슬라비아의 4,000여 특수경찰관들이 코소보에서 철수하면서 사태는 잠시 진정되는 듯했다. 그러나 1999년 1월, 세르비아가 코소보 민간인 학살을 재개함으로써, 나토의 공습은 불가피한 일이 되었다. 다시 한 번 외교적인 접촉을 시도하기로 했지만, 나는 갈등 세력 간의 반목이 너무 심하기 때문에 외교적인 접촉이 별 성과를 거두지 못할 것이라고 판단했다.

미국과 나토는 코소보에 대해 1974년부터 1989년까지 유고슬라비아 헌법 하에서 누렸던 것과 같은 정치적인 자치권을 부여하고, 민간인의 안전과 평화를 보장하기 위해 나토의 평화유지군을 파견하기로 했다. 코소보를 장악하려고 했던 밀로셰비치는 평화유지군 파견에 강력하게 반발했다. 게다가 독립을 원하는 코소보의 알바니아인들도 분열되어 있었다. 코소보의 그림자 정부 수장인 이브라힘 루고바는 목에 스카프를 즐겨 두르고 온건한 말투를 사용하는 사람이었다. 그와는 평화적인 협상이 성과를 거둘 수 있을 것 같았다. 하지만 젊은 하심 타치가 이끄는 다른 주요 분파인 코소보해방군은 세르비아군에 정면으로 맞붙어서 독립을 이룰 수 있다고 믿고 있었으므로, 평화적인 협상으로 끌어들일 수 있는 가능성이 많지 않았다.

2월 6일, 코소보와 관련된 각 정파들이 프랑스의 랑부예에서 평화회담을 가졌다. 이 평화회담에서 우리는 코소보의 자치권을 복구하고, 나토의 개입으로 코소보를 보호하고, 코소보해방군의 무장을 해제하고, 세르비아 군대가 국경 순찰을 계속하는 것을 허용하는 등의 세부안을 논의할 예정이었다. 매들린 올브라이트와 영국 측 담당자인 로빈 쿡은 이러한 제안을 강력하게 밀어붙였다. 협상은 크리스 힐 미국대사 및 유럽연합과 러시아 대표단의 중재로 일주일 동안 진행되었다. 매들린은 회담을 통해서 양 정파가 우리의 입장에 반대하고 있다는 것을 확인했다. 세르비아는 나토의 평화유지군 파견에 동의할 수 없다고 버텼으며, 코소보 측은 독립에 대한 국민투표 실시가 보장되지 않으면 자치를 받아들일 수 없다고 주장했다. 코소보해방군은 코소보의 안보를 나토군에게만 전적으로 맡겨둘 수 없다며 무장해제를 달가워하지 않았다. 우리 팀은 국민투표를 연기하되, 그 시기를 최대한 유예하는 방식으로 협상안을 수정했다.

2월 23일, 타치를 비롯한 코소보의 알바니아 세력은 협상안을 받아들이고 주민들을 설득하기 위해서 귀국했다. 그들은 3월 중순에 파리로 돌아와 최종합의문에 서명을 했다. 세르비아는 최종합의문 서명을 거부하고 4,000명의 세르비아군을 코소보 안팎에 배치했고, 밀로셰비치는 유고슬라비아 영토 내에 외국군 주둔을 허용할 수 없음을 재차 밝혔다. 딕 홀브루크가 설득하려고 나섰지만, 그는 생각을 바꾸지 않았다.

3월 23일, 홀브루크가 베오그라드를 떠난 후, 나토 사무총장 하비에르 솔라나는 웨스 클라크 장군에게 공습개시를 명령했다. 같은 날, 상원에서는 58 대 41로 양당 다수가 코소보 공습을 지지했다. 하원은 이미 3월 초에, 평화협상이 이루어질 경우에 한해 미군을 코소보에 파견한다는 안건을 219 대 191로 통과시켰다. 공화당 지도부 신임 하원의장인 데니스 해스터트와 헨리 하이드도 이 안에 찬성했고, 하이드는 미국이 밀로셰비치의 인종청소에 대항하여 싸워야 한다는 견해를 밝혔다. 나는 하이드 안에 지킬 박사가 숨어 있었는지도 모른다고 생각하며 속으로 웃었다.

의회와 나토 동맹국들은 공습에 찬성했지만, 러시아는 공습에 반대했다. 예프게니 프리마코프 러시아연방 총리는 앨 고어를 만나기 위해서 미국으로 오던 도중, 유고슬라비아 공습이 임박했다는 이야기를 전해 듣고는 곧바로 비행기를 돌려 모스크바로 돌아갔다.

3월 21일, 나는 대국민연설을 통해서 유고슬라비아를 공습하는 이유를 밝혔다. 밀로셰비치는 코소보의 자치권을 박탈하여, 고유의 언어를 쓰고 학교를 운영하고 자치 정부를 이끌어갈 수 있도록 보장된 코소보의 헌법상의 권리를 부인했다. 세르비아는 민간인을 학살하고 마을을 불태우고 사람들을 집에서 몰아내는 등의 만행을 자행하여, 5주 동안 5만 명, 전체적으로 보면 25만 명의 난민이 발생했다. 나는 현재의 사태는 밀로셰비치가 보스니아와 크로아티아에 대해 벌였던 전쟁과 같은 맥락이며, 밀로셰비치의 학살극은 유럽의 미래에 악영향을 미치게 될 것임을 밝히면서 연설을 마무리했다.

공습 작전의 목표는 크게 세 가지였다. 첫 번째는 밀로셰비치에게 인종청소 재개를 좌시하지 않겠다는 것을 보여주는 것이고, 두 번째는 코소보의 민간인들에 대한 공격이 더욱 잔악해지는 것을 막으려는 것이고, 세 번째는 밀로셰비치가 빨리 항복하지 않을 경우 세르비아군에게 심각한 타격을 입히기 위한 것이었다.

대국민연설이 있던 밤, 나토의 공습이 시작되었다. 밀로셰비치는 코소보 알바니아인들에 대한 학살을 계속했고, 난민의 수는 100만으로 늘어났다. 공습은 11주 동안 계속되었다. 공습은 세르비아의 군사시설과 경제적인 기간시설에 엄청난 손상을 입혔다. 폭탄이 예정된 목표물을 벗어나서 우리가 보호하려고 하는 사람들의 목숨을 빼앗는 안타까운 일도 있었다.

지상군을 파견했다면 공습으로 인한 민간인의 피해를 줄일 수 있었을 거라고 주장하는 사람들도 있었다. 그러나 그 주장에는 두 가지 문제가 있었다. 첫 번째는, 군대를 현지에 투입하려면 적절한 병력과 충분한 지원이 필요한데, 그 사이에 세르비아의 만행은 계속될 터였다. 두 번째는, 지상군 작전으로 인한 민간인 피해가 오폭에 의한 민간인 피해를 상회할 가능성이 있었다. 또한 승리에 대한 전망이 불투명한 상황에서 지상군을 투입하게 되면 미군의 희생이 커질 수 있었다. 우리의 전략에 대해서 비판을 하는 사람들이 적지 않았지만, 이미 의회에서 다수결로 승인된 사항이었다.

3월 말에, 내가 취임할 당시에는 3,500포인트를 기록하던 다우존스 지수가 100년 만에 처음으로 1만 포인트를 넘어섰다. 나는 그 즈음에 CBS 텔레비전 댄 래더와 대담을 했다. 래더는 코소보에 관한 이야기를 하고 나서,

나에게 미국 상원의원의 남편이 될 계획이 있느냐고 물었다. 당시 찰리 레인젤을 비롯해서 뉴욕의 많은 공직자들이 힐러리에게 출마를 권유하고 있었다. 나는 래더에게 힐러리가 어떤 결정을 내릴지 모르겠지만, 만일 출마를 해서 당선된다면, "굉장히 훌륭한 상원의원이 될 것"이라고 말했다.

4월에, 공습이 베오그라드 시내까지 확대되면서 코소보 사태는 더욱 심각해졌다. 공습으로 정부청사와 세르비아 국영 텔레비전 방송국, 밀로셰비치의 정당사무실과 자택이 파괴되었다. 우리는 엄청난 수의 난민들이 밀려들고 있는 코소보 인근의 알바니아와 마케도니아에 대한 재정적 지원과 파견 병력을 늘렸다. 3월 말이 되어도 밀로셰비치가 쉽게 항복을 하지 않자 코소보 공습에 반대하는 주장이 나오기 시작했다. 토니 블레어와 미국 국회의원들 일부가 지상군을 파견해야 할 때라고 주장했고, 하원의원들은 의회의 승인 없이는 지상군을 파견할 수 없다는 결의안을 통과시켰다.

나는 공습이 바람직한 방법이며, 우리가 평화유지군의 역할을 맡을 수 있는 상황이 되기 전에는 지상군 투입을 피해야 한다는 생각에 흔들림이 없었다. 4월 14일에 나는 보리스 옐친에게 전화를 해서 보스니아 위기 때처럼 평화유지군으로 활동할 지상군을 파견해줄 것을 요청했다. 러시아군이 투입되면 세르비아의 소수파를 보호할 수 있고, 밀로셰비치가 체면을 깎이지 않고 외국군 주둔 반대를 철회할 수 있을 터였다.

4월에는 여러 가지 사건이 일어났다. 리비아가 1988년에 스코틀랜드 로커비 상공에서 폭파된 미국 여객기 팬암 103기의 테러 용의자 두 명을 유엔에 인도했고, 우리는 그들을 헤이그 국제재판소로 보내 스코틀랜드 판사들이 주재하는 재판에 회부할 예정이었다. 백악관은 여러 해 동안 이 문제에 깊이 관여해왔다. 이미 리비아에 대해서 여러 차례 이들의 인도를 요청했고, 유족들에게 필요한 정보를 제공하고 알링턴 국립묘지에 피해자들을 위한 기념물을 세우는 것을 승인하는 조치를 취하기도 했다. 리비아가 용의자를 넘겨주면서, 미국과 리비아의 관계는 해빙기에 들어섰다.

4월 둘째 주에, 주룽지 중국 총리가 중국의 세계무역기구 가입을 가로막고 있는 장애물들을 제거할 목적으로 백악관을 방문했다. 회담을 통해서 양국간의 이견을 좁히는 중대한 진전을 이루었지만, 그래도 여러 가지 문제들이 남아 있었다. 우리는 중국 자동차 시장의 문호 개방 확대를 바랐다. 중국은 우리의 '급격한 시장 잠식' 방지 합의안에 5년 시한을 둘 것을 고집했다. 이 합의안은 정상적인 경제적 이유가 아닐 경우 미국은 중국 수입품의 갑작스런 증가를 제한할 수 있다는 내용이었다. 이미 러시아와 일본 등의 국가에서 철강을 수입하는 과정에서 급격한 시장 잠식을 경험한 바 있었기 때문에, 이 문제는 미국으로서는 중요한 것이었다.

샬린 바셰프스키는 중국과 상당 부분 의견이 접근했으므로, 주룽지가 자국으로 돌아가서 입장을 바꾸지 않도록 이번 정상회담에서 협상을 끝내야 한다고 주장했다. 매들린 올브라이트와 샌디 버거도 같은 입장이었다. 경제팀의 다른 사람들(루빈, 서머스, 스펄링, 데일리)과 존 포데스타, 그리고 입법보좌관인 래리 스타인은 입장이 달랐다. 협상 내용에 더 이상의 진전이 없으면, 의회가 협상안을 부결하여 중국의 세계무역기구 가입을 차단할 것이라는 것이 그들의 판단이었다.

주룽지가 방문한 첫날 저녁에 옐로 오벌 룸에서 주룽지와 회담을 가졌다. 나는 솔직하게 측근들의 의견이 나뉘고 있다고 털어놓고, 총리의 미국 체류 중에 협상을 마무리하는 것이 중요하다면 밤을 새워서 회의를 해도 좋다고 말했다. 주룽지는 협상시기가 좋지 않다면 다음으로 미룰 수도 있다고 말했다.

안타깝게도, 합의가 이루어졌다는 근거 없는 이야기가 돌아다니고 있었다. 사실 주룽지는 회담을 통해 양보한 몇 가지 사항들 때문에 공격을 받고 있었고, 나에게도 중국의 세계무역기구 가입에 반대하는 사람들의 압력 때문에 좋은 협상을 하지 못하고 있다는 비난이 쏟아졌다. 언론에서 중국에 대한 비우호적인 이야기들을 끊임없이 늘어놓고 있었기 때문에, 이런 억측은 더욱 기승을 부렸다. 중국 정부가 1996년 선거 때 선거자금을 제공했다는 억측도 가라앉지 않고 있었고, 뉴멕시코 로스앨러모스 국립에너지연구소의 중국계 미국인 직원 리원허가 핵심기술을 훔쳐 중국 측에 넘긴 혐의로 기소되어 있었다. 경제팀은 올해 안에 중국을 세계무역기구에 가입시킬 예정이었지만, 그 길은 점점 멀어지고 있었다.

4월 12일에, 케네스 스타가 기소했던 수잔 맥두걸에 대한 배심 판결이 내려졌다. 수잔 맥두걸은 대배심 증언을 계속 거부한 데 대해 사법절차방해 혐의와 법정모욕죄로 기소된 상태였다. 그녀는 사법절차방해죄에 대해서는 무죄 판결을 받았다. 언론보도에 따르면, 배심원단은 그녀의 법정모욕에 관한 무죄 여부에 관해서 의견이 막상막하로 엇갈리다가 7 대 5로 무죄판결을 내렸다. 뜻밖의 평결이었다. 맥두걸은 자신이 법원의 증언명령을 거부한 것은 사실이고, 그렇게 한 동기는 스타와 그의 부관인 힉 유잉을 신뢰하지 않았기 때문이며, 공개된 법정에서라면 독립변호사실이 비공개대배심 절차에서 물으려고 했던 질문들에 대해서 답변할 의사가 있다고 진술했다.

그녀는 스타와 그의 부하들이 면책을 해주겠다면서 힐러리나 나에게 죄를 씌우기 위한 거짓말을 강요했기 때문에 독립변호사실에 협조하기를 거부했으며, 만일 자신이 대배심에서 거짓이 아닌 사실을 증언했다면 스타는 자신의 뜻대로 거짓말을 하지 않았다는 이유로 자신을 기소했을 것이라고 주장했다. 그녀는 자신의 변론을 마무리하기 위해서 줄리 하이아트 스틸의 증언을 요청했고, 줄리 하이아트 스틸은 자신 역시 대배심에서 스타가 원하는 위증을 두 차례에 걸쳐서 거절한 후에 기소당했다는 사실을 정확하게 증언했다.

재판에는 이겼지만 수잔 맥두걸은 잃어버린 세월을 되돌릴 수 없었다. 그러나 그녀의 승리는 스타에게는 엄청난 타격을, 스타 때문에 생활과 돈을 잃은 다른 모든 사람들에게는 달콤한 승리를 안겨주었다.

4월 20일에, 미국은 또 한 번의 교내 총기난사 사건을 겪었다. 콜로라도 주 리틀턴의 콜럼바인 고등학교에서, 학생 두 명이 무기를 가지고 들어와 동료 학생들에게 사격을 해서 12명의 학생들이 사망하고 20여 명의 학생들이 부상을 입었다. 가해 학생들은 동료 학생들을 쏘던 총으로 자살했다. 더 많은 사상자가 났을 수도 있었지만, 불행 중 다행으로 교사 한 명이 많은 학생들을 대피시켰고, 당시 부상을 입었던 그 교사는 후일 사망했다. 의료진과 경찰은 부상자의 생명을 살리기 위해 안간힘을 썼다. 일주일 후에 나는 양당 국회의원들, 시장들과 의논한 끝에 총기가 흉악한 사람의 손에 들어가지 않도록 몇 가지 대책을 발표했다. 브래디 법이 정하고 있는 총기소지금지 규정을 폭력적인 청소년까지 확대적용하고, 총포상이 아니라 총기 전시회에서 총기를 구입하는 사람에 대해서도 반드시 신분조사를 하도록 규정하여 총기 전시회의 허점을 보완하고, 불법적인 총기매매를 금지하고, 청소년이 공격용 라이플을 소지하는 것을 금지했다. 나는 예전에 버지니아 주 알렉산드리아의 T. C. 윌리엄 고등학교에서 보았던 것과 같은 폭력예방 및 갈등해소 프로그램을 각 학교에서 운영할 수 있도록 기금을 조성하자고 제안했다.

상원의 공화당 의장인 트렌트 로트는 내가 제안한 정책에 대해 '전형적인 조건반사적 대응'이라고 비난했고, 톰 딜레이는 내가 콜럼바인 사건을 정치적인 목적으로 이용한다고 비난했다. 하지만 내가 제안한 법률의 주요한 발의자는 뉴욕 주의 여성 하원의원 캐럴린 매카시였고, 그녀는 정치에는 관심이 없었다. 통근열차 안에서 권총을 난사한 정신질환자 때문에 캐럴린의 남편은 목숨을 잃고 아들은 심한 부상을 입었다. 정신질환자의 권총 소지 금지 규정이 있었다면 그녀는 그런 시련을 겪지 않았을 터였다. 미국총기협회와 그 단체의 지지자들은 이 사건이 폭력적인 문화 때문에 빚어진 것이라고 주장했다. 나 역시 아이들이 지나친 폭력물에 노출되지 않도록 제한할 수 있는 시청자 차단 장치를 텔레비전 내부에 설치하게 하려는 앨 고어와 티퍼 고어의 노력을 지지하는 입장이었다. 문화가 폭력적이기 때문에, 아이들과 범죄자, 정신적으로 불안정한 사람들이 총기에 손을 댈 수 없도록 더 많은 정책이 실시되어야 했다.

4월 말, 힐러리와 나는 워싱턴에서 사상 최대 규모의 국가원수들의 모임을 주최하게 되었다. 나토 회원국과 '평화를 위한 동반관계' 회원국 지도자들은 나토 창립 50주년을 축하하는 자리에서 코소보 사태 해결의 강력한 의지를 재확인했다. 그 후에 민주당지도자협의회의 앨 프롬과 시드니 블루멘탈은 별도로 열린 '제3의 길' 협의회에 참석했다. 이 협의회는 토니 블레어와 내가 독일 총리인 게르하르트 슈뢰더, 네덜란드 총리인 윔 콕, 신임 이탈리아 총리인 마시모 달레마와 함께 의논했던 가치관과 정책구상, 전략들을 강조하기 위한 회의였다. 그 당시 나는 미국과 세계를 위해서 도움이 될 것이라고 생각해서 경제정책, 사회정책, 안보정책에 대한 세계적인 공감대를 형성하는 데 집중하고 있었고, 내 임기가 끝나도 이를 통해서 긍정적인 상호 협력관계를 강화하고 분열과 파괴를 약화시킬 수 있을 것이라고 내다보고 있었다. 제3의 길 운동과 나토 회원국의 확대 및 임무 수행을 통해서 참가국들은 옳은 방향으로 상당한 진전을 이룩하게 되었다. 수많은 최선의 정책들이 계획되었지만, 그것들은 여러 가지 사건들(특히 세계화에 대한 극심한 반발과 테러리즘의 고조) 때문에 중도에 좌절되거나 방향이 수정되곤 했다.

5월 초에, 제시 잭슨이 밀로셰비치를 설득하여 마케도니아 국경에서 체포한 미국 군인 세 명을 석방하게 했다. 그 일이 있은 직후, 훈련비행 중이던 아파치 헬리콥터가 추락하면서 미군 병사 두 명이 사망했다. 코소보 사태에서 미군 전사자는 그들뿐이었다. 보리스 옐친은 빅토르 체르노미르딘을 특사로 파견하여 전쟁 종식에 대한 러시아의 관심을 표명하고, 전쟁 종식 후에 평화유지군으로 활동하겠다는 뜻을 분명히 밝혔다. 한편, 우리는 웨스 클라크에게 비행기 176대를 추가 투입하여 압박을 강화하고 있었다.

5월 7일, 나토가 베오그라드의 중국대사관을 오폭하여 세 명의 중국인이 사망하는 사건이 일어났다. 우리는 코소보 공습과 관련해서 최악의 정치적 타격을 입게 되었다. 폭탄이 의도했던 목표물을 맞히기는 했지만, 우리가 중앙정보국의 낡은 지도를 근거로 그 목표물이 군사적 목적에 이용되는 세르비아 정부 건물이라고 오인했다는 사실을 나는 곧 알게 되었다. 우리가 정말 피하려고 노력하던 큰 실수였다. 미군은 대개 목표물을 선정할 때 항공사진을 이용하고 있었다. 나는 그전부터 빌 코헨, 휴 셸턴, 샌디 버거와 일주일에 서너 차례씩 만나서 민간인의 피해를 최소화하고 밀로셰비치 군사력에 대한 타격을 최대화할 수 있는 분명한 공격 목표를 검토하고 있었다. 나는 눈앞이 깜깜해졌다. 큰 실수를 했다는 생각에 정신이 아찔했다. 나는 사과의 말을 전하기 위해서 당장 장쩌민 주석에게 전화를 걸었다. 하지만 그는 전화를 받으려 하지 않았다. 그래서 나는 공개적으로 여러 차례에 걸쳐서 사과성명을 발표했다.

그 후 사흘 동안 중국 전역에서 항의의 목소리가 거세졌다. 베이징 주재 미국대사관 주변의 상황은 특히 심각해서 세이서 대사는 포위를 당한 상태나 다름없었다. 중국인들은 대사관 폭격이 의도적인 것이었다면서 나의 사과를 받아들이지 않았다. 5월 14일에 마침내 전화 통화가 되어, 나는 장쩌민 주석에게 다시 사과하고, 내가 의도적으로 중국대사관을 공격할 리가 없다는 것을 잘 알지 않느냐고 말했다. 그는 내가 고의로 한 일이라고는 생각하지 않지만, 국방부나 중앙정보국에는 내가 중국과 교류하는 것을 못마땅하게 여기는 사람들이 분명히 있으며, 그들이 우리를 이간질하기 위해서 의도적으로 지도를 조작했을 수도 있다는 생각은 든다고 말했다. 그는 미국과 같은 기술선진국이 그런 실수를 했다는 것을 믿기가 어려운 모양이었다.

나 역시 믿기가 어려웠다. 하지만 이미 벌어진 일이었다. 어렵게 그 고비를 넘겼지만, 한동안은 대단히 힘들었다. 나는 조 프루허 제독을 신임 중국 대사로 임명했다. 프루허 제독은 태평양에서 해군 총사령관으로 일하고 있었는데, 이제 군복을 벗고 대사 자리를 맡게 되었다. 그는 중국 군대로부터 상당히 존경받는 인물이었다. 나는 그가 미국과 중국의 관계를 복원시킬 수 있을 것이라고 믿었다.

5월 말, 나토는 갈등이 끝난 뒤 코소보에 4만 8,000명의 지상군을 평화유지군으로 파견하기로 결정했다. 그러나 우리는 사람들이 산속에 갇혀 지내는 겨울이 오기 전에 공습만으로는 확실한 효과를 거두기 어렵다는 것이 확실해질 경우, 지상군을 더 일찍 투입하는 방안에 대하여 조용히 논의하고 있었다. 샌디 버거는 여러 가지 대안이 담긴 메모를 준비했다. 나는 필요한 경우에는 지상군을 투입할 수도 있지만, 공습이 성공을 거둘 수 있을 것이라는 생각에는 변함이 없었다. 5월 28일, 밀로셰비치는 헤이그 국제사법재판소에서 전쟁범죄 혐의로 기소되었다.

5월에 세계에서는 여러 가지 일들이 벌어졌다. 그달 중순에 보리스 옐친은 러시아 두마에서 진행된 탄핵 투표를 뚫고 살아남았다. 5월 17일에는 네타냐후가 총리 재선에 실패하고, 노동당 의장인 에후드 바라크가 이스라엘 총리로 당선되었다. 그는 이스라엘 역사에서 가장 많은 공훈을 세운 장군 출신으로 다방면의 재능을 가진, 두뇌가 뛰어난 인물이었다. 그는 스탠퍼드에서 경제학 석사과정을 마쳤고, 연주회를 열 만한 수준의 클래식 피아니스트였으며, 시계수리가 취미인 사람이었다. 그는 정치계에 입문한 지 몇 년밖에 되지 않았고, 짧게 깎은 머리와 강렬한 눈빛, 무뚝뚝하고 딱딱 끊어지는 말투는 그가 이제부터 헤치고 나가야 하는 뿌연 정치의 웅덩이보다는 과거에 몸담았던 군대에 더 어울리는 것 같았다. 그가 총리에 당선되었다는 사실은 이스라엘인들이 이츠하크 라빈에게서 발견했던 평화와 안보의 공존 가능성을 그에게서 발견했음을 의미하는 것이다. 또 한 가지 중요한 사실은, 그가 압도적인 승리를 거두었다는 점이다. 따라서 바라크는 이스라엘 크네세트의 연립 정파들 가운데 지배적인 다수를 차지할 기회를 얻었으며, 그 지지를 바탕으로 평화를 향한 어려운 발걸음을 내디딜 수 있었다. 이 점이 네타냐후의 경우와 다른 점이기도 했다.

다음 날 압둘라 요르단 국왕이 나를 찾아왔다. 그는 아버지를 계승하여 평화를 유지하려는 희망을 품고 있었으며, 요르단 앞에 놓여 있거나 평화를 향한 길을 가로막고 있는 여러 가지 장애물들에 대해서 잘 알고 있었다. 그는 경제에 대한 인식이 놀랄 만큼 뛰어났고, 경제성장이 평화와 화해에 어떤 기여를 할 수 있는지 잘 알고 있었다. 회담이 끝나고 난 뒤에, 나는 압둘라, 그리고 역시 인상이 좋은 라니아 왕비가 앞으로 오랫동안 그 지역에서 긍정적인 역할을 담당할 것이라는 확신을 가지게 되었다.

5월 26일, 나는 빌 페리를 북한에 보내 지도자인 김정일에게 나의 서한을 전하게 했다. 그 서한의 내용은 핵무기와 장거리 미사일을 개발하려는 시도를 중단하는 것을 조건으로(이것은 양보할 수 없는 조건이었다) 미국이 북한에 대해서 광범위한 원조를 지원하겠다는 미래의 로드맵을 제시하는 것이었다. 1998년, 북한은 장거리 미사일의 시험 발사를 중단하는 건설적인 조치를 취했기 때문에, 나는 페리의 임무가 성공을 거둘 가능성이 많다고 생각했다.

이틀 후, 힐러리와 나는 플로리다 북부 화이트오크 플랜테이션에 자리 잡은 민주당지도자협의회 연수원에 가 있었다. 이곳은 야생 사냥감들을 보존한 곳으로는 미국 최대 규모였다. 나는 새벽 4시에 일어나서 텔레비전을 통해 장군 출신의 올루세군 오바산조 신임 나이지리아 대통령의 취임식 장면을 지켜보았다. 나이지리아는 독립한 이후 부패와 지역갈등, 종교갈등, 사회적인 조건의 악화 등 갖은 시련을 겪고 있었고, 엄청난 양의 석유를 생산하는 나라인데도 정전 및 연료부족 사태가 간헐적으로 일어났다.

오바산조는 1970년에 군사 쿠데타로 잠시 정권을 잡은 적이 있었는데, 선거가 실시되면 물러나겠다던 약속을 지켰다. 나중에 그는 정치적 견해 때문에 투옥되었다. 그는 수감 생활 중에 독실한 기독교인이 되었고 신앙에 관한 책을 여러 권 썼다. 아프리카 대륙에서 가장 인구가 많은 나이지리아가 더욱 번창하지 않는다면 사하라 사막 이남 지역의 밝은 미래를 기대하기는 힘든 일이었다. 나는 귀가 솔깃하게 하는 그의 취임연설을 들으면서, 다른 사람들이 실패한 지점에서 오바산조는 성공을 거두게 되기를 기원했다.

국내에서, 나는 중요한 문제인 맑은 공기에 관한 연설로 6월을 시작했다. 우리는 이미 화학공장에 의한 공기오염을 90퍼센트 줄였으며, 수백 만 건의 아동천식을 예방하기 위해서 스모그와 매연을 줄이기 위한 엄격한 기준을 세웠다. 산업단체, 환경단체, 소비자단체의 광범한 자문을 구한 끝에, 환경보호청장 캐럴 브라우너는 연료를 많이 소모하는 스포츠형 다목적 차량SUV를 비롯한 모든 승용차에 대해서 동일한 오염 기준을 준수하도록 규정하는 규칙을 공표하기로 했다. 5월 1일, 나는 대국민연설을 통해 이 사실을 알리고, 5년 이내에 가솔린에 함유된 황의 함유량을 90퍼센트 낮출 수 있을 거라고 말했다.

나는 새로운 범죄방지 정책을 공표했다. 거리 순찰에 10만 명의 경찰을 투입(이미 그중의 절반 이상이 근무 중이었다)하려는 목표를 달성하기 위해서 기금을 투입하고, 범죄발생률이 높은 지역에 투입할 5만 명의 경찰을 고용하기 위한 캅스 프로그램을 확대하고, 테러리스트의 무기로 둔갑할 수 있는 생물 작용제를 적법하고 평화로운 목적 외에 다른 목적으로 소지하는 것을 연방 범죄로 규정하였다.

6월 12일, 절대로 오지 않기를 바라던 날이 오고야 말았다. 밥 루빈이 공직 은퇴선언을 했다. 그는 미국에 공화국이 설립된 초기에 활약했던 알렉산더 해밀튼 재무장관 이후로 가장 유능하고 가장 중요한 재무장관이라는 것이 나의 생각이었다. 루빈은 국가경제회의를 처음 지휘한 사람이기도 했다. 이 두 가지 직위를 통해서 그는 경제성장을 가속화하고, 그 혜택을 보다 많은 미국인들에게 나누어주며, 다른 나라의 금융위기를 예방, 억제하고, 날마다 1조 이상의 달러가 국경을 넘나드는 세계화 경제에 적응하기 위해서 국제금융체계를 현대화하는 데 결정적인 역할을 담당했다. 그는 또한 탄핵의 시련이 몰아치는 동안 나를 든든하게 받쳐주던 버팀목이었다. 그는 내가 각료들 앞에서 사과하던 자리에서 나를 격려해주었고, 각료들과 참모들에게 지금 자신들이 하고 있는 일을 자랑스럽게 생각해야 한다는 것을 깨우쳐주었으며, 지나치게 사람을 심판하려 들지 말라고 주의를 주었다. 루빈은 우리와 함께 일하는 어떤 젊은 사람에게 이렇게 이야기를 했다고 한다. 당신도 오래 살다 보면 스스로 부끄럽게 여길 만한 일들을 하게 될 것이라고.

루빈이 처음 내 행정부에 왔을 당시, 그는 우리 각료들 중에서 재산이 가장 많은 사람이었다. 그가 고소득자에 대한 세금 인상이 포함된 1993년 경제계획 작성을 도와주었을 때, 나는 "밥 루빈은 내가 중산층을 구하는 것을 도우러 워싱턴에 왔는데, 워싱턴을 떠날 때는 그 자신이 중산층이 되고 말 겁니다"라고 농담을 하곤 했다. 루빈이 다시 개인적인 삶으로 돌아가겠다고 하니, 적어도 그 걱정 하나는 안 해도 되겠다는 생각이 들었다.

나는 재무부 부장관 래리 서머스를 장관에 임명했다. 서머스는 지난 6년 동안 주요한 경제 문제들을 헤치고 나왔으므로, 재무장관으로는 적임자였다. 재무부 부장관으로는 경제 문제 담당 국무차관 스투 아이젠스타트를 임명했다. 아이젠스타트는 여러 가지 중요한 사안들을 훌륭하게 처리했는데, 그중에서 가장 중요한 것은 이른바 '나치 골드' 문제였다. 에드가 브론프만 1세가 힐러리를 만나면서 우리는 이 문제에 관심을 가지게 되었다. 힐러리는 처음 만난 날부터 그 일에 적극적이었다. 우리는 수용소에 강제수용되면서 재산을 약탈당한 홀로코스트 생존자들과 그들의 가족이 재산을 보상받고 정당한 대우를 받도록 하기 위해 노력을 기울였다. 아이젠스타트는 이 일의 선봉에 서서 대활약을 펼쳤다.

얼마 후에, 힐러리와 나는 콜로라도로 가서 콜럼바인 고등학교의 학생과 그 가족들을 만났다. 그곳을 방문하기 며칠 전에, 상원에서는 공격용 무기 규제법을 빠져나가기 위해서 사용되는 대형 탄창의 수입을 금지하고, 청소년의 공격용 무기 소지를 금지하자는 나의 제안을 받아들였다. 미국총기협회의 강력한 로비에도 불구하고, 브래디법의 신분확인 규정을 확대하여 총기 전시회 판매에서도 신분확인을 의무화하자는 나의 제안은 상원에서 표결 결과 50 대 50이 나와, 앨 고어가 캐스팅보트로 통과시켰다.

콜럼바인의 주민들은 고통에서 아직 벗어나지 못했지만, 학생들은 다시 콜럼바인으로 돌아오고 있었고, 부모들은 제2의 콜럼바인 사건이 일어나지 않게 하기 위해서 무언가를 해야 한다는 결의를 불태우고 있었다. 그들은 콜럼바인 이전에도 총기사건이 일어난 학교들이 몇 군데 있었지만, 미국의 영혼에 큰 구멍을 낸 것은 바로 콜럼바인 사건이라는 것을 알고 있었다. 나는 그들에게 미국이 좀더 안전한 미래를 찾아나갈 수 있게 도와달라고 부탁했다. 결국 국회는 총기 전시회의 총기 판매 제한을 법으로 만들지는 못했지만, 원래 보수적이었던 콜로라도의 유권자들은 콜럼바인 사건을 겪은 뒤 2000년 선거에서 압도적인 지지로 자신들의 주에서 그러한 규제 조치를 통과시켰다.

5월까지도 화이트워터에는 아직 숨이 붙어 있었다. 수잔 맥두걸 사건에서 낭패를 본 케네스 스타는 줄리 하이아트 스틸에 대한 소송을 밀어붙였다. 그 사건에는 불일치배심 결정(의견이 나뉘어 합의된 평결이 나올 수 없는 경우—옮긴이주)이 내려졌다. 보수적인 버지니아 북부에서 이런 결정이 내려졌다는 것은 특별검사와 그가 사용한 전략이 다시 한 번 실패했음을 의미하는 것이었다. 스타는 존스 사건으로 여러 사람을 끌어들이려고 했지만, 결과적으로 기소된 사람은 스틸 한 사람뿐이었다. 그녀는 거짓말을 하라는 요구를 거절했을 뿐 아무 죄도 없는 사람이었다. 스타의 독립변호사실은 네 건의 소송을 진행해서 세 번째로 패소한 셈이었다.

6월에 세르비아를 응징하는 폭격으로 드디어 밀로셰비치는 무릎을 끓었다. 6월 2일, 러시아 총리 빅토르 체르노미르딘과 핀란드 대통령 마르티 아티사리가 밀로셰비치를 직접 만나 나토의 요구사항을 전달했다. 다음 날 밀로셰비치와 세르비아 의회는 그 요구에 동의했다. 그리고 며칠 동안 여러 가지 세부적인 문제에 관한 팽팽한 긴장과 언쟁이 이어졌다. 6월 9일, 나토와 세르비아군 장교들은 세르비아군을 코소보에서 철수시키고 나토의 지휘를 받는 국제적인 안전보장 병력을 배치하는 데 협조한다는 내용에 동의했다. 다음 날 나토 사무총장 하비에르 솔라나는 클라크 총사령관에게 나토 공습을 중단하라는 지시를 내렸다. 유엔 안전보장이사회는 전쟁의 종료를 환영하는 결의안을 발표했다. 나는 대국민연설에서 79일간의 폭격은 끝났으며, 세르비아군은 철수하고 있고, 100만 명에 달하는 코소보 난민들이 곧 고향으로 돌아갈 수 있게 되었다고 밝혔다. 오벌 오피스에서 대국민연설을 할 때는 탁월한 성과를 올렸던 미군과 인종청소에 반대하는 입장을 견지하고, 난민들에 대한 관대한 지원을 아끼지 않은 미국 국민에게 감사한다고 말했다.

총사령관 웨스 클라크는 탁월한 능력과 결단력으로 공습을 지휘했다. 그와 하비에르 솔라나는 긴밀히 협력하여, 형편이 좋을 때나 나쁠 때나 아무런 흔들림 없이 승리를 위해서 결연한 노력을 기울였다. 우리 국가안보팀도 마찬가지였다. 폭격이 일주일 안에 끝나지 않았기 때문에, 우리는 늘 비판에 시달려야 했다. 하지만 빌 코헨과 휴 셸턴은 두 달 동안 연합작전을 계속할 수 있다면 공습은 성공을 거둘 것이라는 확신을 가지고 있었다. 앨 고어, 매들린 올브라이트, 샌디 버거는 초조하고 불안하지만 그저 버틸 수밖에 없었던 공습기간 동안 온갖 비난을 받으면서도 침착하게 버텼다. 고어는 러시아와의 관계에서 말썽이 생기지 않도록 귀중한 역할을 해주었다. 그는 빅토르 체르노미르딘과 계속 연락을 취하면서 미국과 러시아는 같은 입장이라는 것을 확인했다. 그 결과 체르노미르딘과 아티사리는 세르비아로 들어가 밀로셰비치에게 무모한 저항을 단념하라고 설득했다.

6월 11일, 나는 국회 대표단과 함께 미주리 주 화이트맨 공군기지로 가서 B-2 스텔스 폭격기에 탑승했던 승무원들과 관련 부대원들에게 특별한 감사의 말을 전했다. B-2 폭격기는 중간기착 한 번 하지 않고 미주리에서 세르비아까지 왕복하면서 B-2에 특별히 유리한 야간공습작전을 수행했다. 코소보로 출격했던 횟수는 3만 건에 달했다. 그중에 두 대가 추락했지만, 탑승했던 승무원들은 무사히 귀환했다.

공습이 성공하자, 생존해 있는 최고의 전쟁사학자인 존 키건은 영국 신문에 코소보 공습에 대한 멋진 글을 올렸다. 그는 공습이 성공하지 못할 것이라고 생각했는데, 자신의 예상이 들어맞지 않았다는 사실을 솔직하게 시인했다. 그는 과거에 공습이 실패한 이유는 폭탄들이 대부분 공격 목표를 맞추지 못했던 데 있다고 말했다. 코소보에서 사용된 무비는 1차 걸프전쟁에 사용되었던 무비에 비해서 훨씬 정확한 것이었다. 코소보에서도 목표에서 빗나간 폭탄이 있기는 했지만, 이라크 공습 때보다 민간인 사상자 수는 훨씬 적었다. 코소보 공습으로 인한 민간인 희생자 수는 지상군을 투입했을 경우의 민간인 희생자 수보다 훨씬 적다는 나의 생각에는 아직도 변함이 없다. 하지만 밀로셰비치가 코소보를 유린하도록 방치했을 때 예상되는 엄청난 수의 민간인의 희생을 생각하면, 당시에 지상군 투입도 불사할 수 있었을 것 같다. 코소보 공습의 성공은 전쟁사의 새로운 장을 열었다.

코소보 사태가 완전히 해결되기 전에, 또 한 번 긴장의 순간이 닥쳤다. 공식적인 적대행위가 끝나고 나서 이틀째 되는 날, 나토와 사전 합의도 없이 200명의 러시아 병력을 실은 50대의 차량이 보스니아에서 코소보로 밀고 들어와 프리스티나 공항을 장악했다. 유엔의 승인을 받은 나토의 부대가 코소보로 들어서기 4시간 전의 일이었다. 러시아는 공항을 장악하기 위한 병력 이동이었다고 주장했다.

웨스 클라크 총사령관은 얼굴이 하얗게 질렸다. 나는 그에게 책임을 묻지 않았다. 나는 제3차 세계대전이 시작될 위기에 처한 것은 아니라고 생각했다. 옐친은 우리와 협력한 것 때문에 세르비아에 동정적인 러시아의 극단적인 국수주의자들로부터 심한 비판을 받고 있었다. 나는 옐친이 그들을 달래기 위해서 잠시 무마책을 쓰고 있는 것이라고 생각했다. 영국군 사령관 마이클 잭슨 육군 중장이 아무 사고 없이 상황을 수습했다. 6월 18일, 코헨 장관과 러시아 국방장관은 러시아군을 유엔의 승인을 받은 나토군으로 인정한다는 합의에 도달했다. 6월 20일, 유고슬라비아군은 코소보에서 완전 철수했다. 2주 후에, 유엔 난민 고등판무관은 76만 5,000명이 넘는 난민들이 코소보로 돌아왔다고 밝혔다.

보스니아 사태를 겪으면서 알게 되었듯이, 무력충돌이 끝난 뒤에도 코소보에는 해야 할 일이 많이 남아 있었다. 난민들의 안전한 귀환을 보장하고, 폐허를 정리하고, 주택을 재건하고, 식품과 의약품을 공급하고, 집이 없는 사람들에게 숙소를 제공하고, 코소보해방군의 무장을 해제하고, 코소보의 알바니아인들과 소수파 세르비아인들을 위해서 안전한 환경을 조성하고, 민간 정부를 조직하고, 경제 기능을 회복시키는 것 등이었다. 미국이 공습에서 가장 중요한 역할을 담당했지만, 앞으로 남은 일 역시 만만치 않은 것들이었다. 이 일들은 대부분 유럽의 회원국들이 진행하게 될 터였다.

여러 가지 도전이 남아 있기는 했지만, 나는 마음이 놓이고 썩 흐뭇했다. 슬로보단 밀로셰비치가 예전의 유고슬라비아에 대한 통치권을 장악하기 위해서 인종과 종교의 차이를 이유로 10년간 벌였던 유혈의 참극은 이렇게 끝이 났다. 마을을 불태우고 무고한 사람들을 학살했던 그의 행위는 이제 역사 속으로 사라져버렸다. 나는 밀로셰비치가 역사 속으로 사라지는 것도 시간문제라는 것을 알고 있었다.

미국과 러시아 간의 합의가 이루어진 날, 힐러리와 나는 G-8 정상회담에 참석하기 위해 독일 쾰른을 방문했다. 이 회담은 8년간의 대통령 임기 중에 가졌던 정상회담 중에서 손에 꼽을 만큼 중요한 의미를 가지는 것이었다. 우리는 코소보 사태를 성공적으로 종식시킨 것을 축하하면서, 국가적인 정책들과 국제적인 금융기구들을 현대화하는 방안으로 각국 재무부 장관들이 추천한 사항들을 승인했다. 그 목표는 세계화 경제로 인한 여러 가지 도전들에 대응한다는 것이었다. 우리는 가난한 나라들이 국내 저축 전액을 교육, 의료, 경제발전에 투자한다는 데 동의할 경우 큰 폭의 외채탕감 프로그램을 제공하겠다고 발표했다. 요한 바오로 2세와 나의 친구인 U2의 보노는 세계 각지에서 제기되는 외채탕감 요구를 주도하고 있었는데, 우리가 제시한 프로그램은 이러한 요구들에 대처하기 위한 것이었다.

정상회담 후, 우리는 슬로베니아로 가서 코소보 공습 때 나토를 후원하고 코소보 난민들을 도와준 데 대해 슬로베니아 국민들에게 감사의 뜻을 전했다. 다음에는 마케도니아를 방문해서, 경제적 어려움과 인종갈등에 시달리는 처지면서도 30만의 난민들을 수용하는 선의를 베푼 키로 글리고로프 대통령에게 감사 인사를 했다. 스코페의 난민 수용시설에서 나는 힐러리, 첼시와 함께 난민들을 만나 몸서리쳐지는 경험담을 듣고, 그곳에 주둔하고 있는 나토 연합군 병사들을 만났다. 그때 나는 처음으로 웨스 클라크를 직접 만나 감사의 말을 전할 수 있었다.

6월이 되면서 선거전이 달아오르기 시작했다. 6월 16일, 앨 고어가 대통령 출마를 선언했다. 그의 유력한 경쟁자는 조지 W. 부시 주지사였다. 그는 공화당 우익과 지도부 양쪽으로부터 지지를 받고 있는 후보였다. 부시는 이미 엄청난 규모의 후원금을 확보하고 있었다. 부시의 예비선거 경쟁자였던 전직 뉴저지 주 상원의원 빌 브래들리와 앨 고어 두 사람의 후원금을 합친 것보다 많은 금액이었다. 힐러리는 뉴욕 상원의원 선거에 출마하기로 결심하고 있었다. 대통령 임기가 끝나서 백악관을 떠나게 되는 시점까지 계산하면, 힐러리는 26년 이상 나의 공직 생활을 지원하고 있는 셈이었다. 나는 기쁜 마음으로 다음 26년 동안은 내가 힐러리를 지원해야겠다고 생각했다.

정계가 선거전에 돌입하자, 나는 의회활동과 행정부의 추진력을 유지하는 일에 각별히 신경을 썼다. 일반적으로 보면 대통령 선거전이 달아오르기 시작하는 시기에 현직 대통령이 재출마를 하지 않는 경우, 국회와 행정부의 활동은 추진력을 잃게 된다. 민주당 의원들 중에는 새로운 법안이 통과되지 않는 쪽이 더 유리하다고 생각하는 사람들도 있었다. 그래야 공화당 국회가 아무 일도 하지 않았다고 공격하기 쉬웠기 때문이다. 공화당 의원들의 경우, 더 이상은 나의 정책에 손을 들어주지 않겠다고 생각하는 사람들이 대부분이었다. 탄핵 싸움이 끝나고 네 달이 지났는데도 몇 사람이 나에 대해 강한 반감을 버리지 못한 것을 보면서 나는 깜짝 놀랐다. 내가 공적인 자리에서나 사적인 자리에서나 그들을 공격하지 않고 있었기 때문에 더욱 놀라웠다.

나는 날마다 편안한 마음으로 하루를 시작해서 화해하려고 애쓰는 마음으로 직무를 수행하려고 노력했다. 공화당 의원들은 1992년 이후로 떠들어대던 공격 주제로 돌아가, 나를 자질도 없고 신뢰할 수도 없는 사람으로 몰아세우고 있었다. 코소보 사태 중에 우리가 실패하기를 간절히 바랐던 공화당원들도 있었다. 어느 공화당 상원의원은 코소보에서 활약하고 있는 아군의 활동에 대한 자기 동료들의 지지가 미적지근한 이유는 내가 신임을 잃었기 때문이라고 말했다. 그들은 자신들이 인종청소에 반대하지 않는 이유를 내 탓으로 돌리고 있었다.

공화당원들은 나에 대해서 너 죽고 나 죽자는 식으로 나오는 것 같았다. 그들은 내가 침울해 있으면 기가 너무 꺾여서 제대로 국정을 운영할 수 없다고 말했고, 내가 웃고 있으면 나쁜 짓을 하고도 들키지 않은 사람처럼 득의만면한 표정을 짓고 있다고 말했다. 상원의 탄핵 재판이 끝나고 나서 엿새 후에, 나는 뉴햄프셔 예비선거 당선 7주년을 기념하기 위해서 뉴햄프셔에 갔다. 시시콜콜 나를 걸고넘어지는 의원들 중에는 나는 행복해하면 안 된다고 말하는 사람들이 있었다. 하지만 나는 행복했고, 행복감을 느낄 만한 충분한 이유가 있었다. 옛 친구들이 모두 나를 만나러 왔으며, 한 젊은이는 자기가 투표권을 얻자마자 표를 던진 사람이 나였는데 내가 공약했던 것들을 정확하게 실행에 옮겼다고 칭찬해주었고, 한 여성은 나의 복지개혁 정책 덕분에 생활보호대상자 신세에서 벗어나서 간호학교를 다니고 있다고 말했다. 그녀는 1999년에 뉴햄프셔 간호사협회의 정식회원이 되었다. 내가 정치에 뛰어든 것은 바로 이런 사람들을 위해서였다.

나는 처음에는 공화당원들과 평론가들이 왜 나를 보고 죗값을 치르지 않고 넘어갔다고 하는지 도저히 이해할 수가 없었다. 공개석상에서 겪었던 굴욕적인 일들, 가족들에게 준 고통, 소송비용과 이겨놓고도 화해해야 했던 존스 소송 합의금을 감당하느라 생긴 엄청난 채무, 힐러리가 몇 년 동안 겪어야 했던 언론 공세와 법적인 공세, 그리고 워싱턴과 아칸소의 힘없고 죄 없는 사람들이 고소를 당하고 재정적인 부담을 짊어지는 것을 볼 때마다 내가 느꼈던 절망감, 이런 모든 것들이 내가 치른 죗값이었다. 나는 사과를 했고, 공화당 의원들을 대할 때, 그리고 그들과 함께 일할 때 최대한 성실한 태도로 임하려고 노력했다.

하지만 그들에게는 그 어느 것도 충분하지 않았다. 그들이 그럴 수밖에 없는 이유는 간단했다. 나는 살아남았고, 내가 확신하고 있는 대로 계속 일하고 싸우고 있었기 때문이다. 신우익 공화당 의원들과 내가 맞붙었던 첫 번째 싸움에서도, 마지막 싸움에서도, 늘 그들과 내가 다투었던 것은 바로 권력이었다. 나는 권력은 유권자들에게서 나오고, 권력을 주고 거둬가는 것은 유권자들이 할 일이라고 생각하고 있었다. 그러나 공화당원들은 유권자들이 두 번이나 나를 뽑는 실수를 범했다고 생각했고, 내 개인적인 실수를 빌미로 삼아 자신들의 끊임없는 공격을 정당화하려고 했다.

나는 더욱 적극적으로 활동하는 것이 개인적으로 보나, 나의 공직활동으로 보나 옳은 방법이라고 믿고 있었다. 하지만 나는 그것이 정치적으로 볼 때 좋은 방법인지는 확신할 수 없었다. 공화당 의원들이 나를 강하게 몰아치면 몰아칠수록, 케네스 스타의 행위들이나 탄핵기간 동안 공화당 의원들이 취했던 행동들에 대한 기억은 점점 희미해지고 있었다. 언론은 본질적으로 과거의 일이 아니라 현재의 일에 집중하는 경향이 있고, 갈등거리를 찾아내서 뉴스를 만든다. 이런 언론의 태도는 현재 진행되고 있는 공격이 정당한지 아닌지를 떠나서, 공격을 가하는 사람들을 이롭게 하기 마련이다. 언론은 내가 그들의 근거 없는 공격을 용서할 수 있는지 묻는 대신에, 내가 직무를 수행할 도덕적 정당성을 가지고 있느냐는 문제를 놓고 다시 열띤 공방을 벌이고 있었다. 공화당 의원들은 힐러리까지 공격하고 있었다. 그들이 힐러리를 공격하는 이유는 그녀가 흠집투성이 남편 옆에 선 불쌍한 여성이 아니라, 정치계에서 자신의 길을 열어가려는 강한 여성이기 때문이었다. 하지만 나는 현재의 상황을 긍정적으로 보고 있었다. 미국은 올바른 방향으로 전진하고 있었고, 나의 직무에 대한 지지율은 높았으며, 우리에게는 아직도 할 일이 많았다.

항상 과거의 잘못에 대해 뉘우치며 살아가게 되겠지만, 나는 무덤으로 들어가는 순간까지 탄핵 싸움의 와중에서 내가 지키려고 싸웠던 것들, 내가 일생을 바쳐 싸워왔던 세력들과의 마지막 대접전에서 지키려고 싸웠던 것들을 자랑스럽게 여길 것이다. 나는 남부에 만연해 있는 인종차별의 낡은 질서를 방어하고 내가 자랐던 백인 노동계층의 불안함과 공포에 편승하려는 세력들과 맞서 싸웠다. 또 여성운동과 환경운동, 동성애자 권리 운동, 그리고 국가 공동체를 확장하려는 여러 가지 노력들을 자연 질서에 대한 공격으로 몰아대며 짓밟아대려는 세력들과 맞서 싸웠으며, 강력하게 방어되고 있는 기득권세력들에게 유리하도록 정부가 운영되어야 한다고 믿고 의료제도와 아동 교육 개선보다는 부를 가진 사람들을 위한 세금감면을 선호하는 세력들과 맞서 싸웠다.

나는 어렸을 때부터 그들의 반대편에 속해 있었다. 처음에 반동과 분열, 그리고 현상유지를 지지하는 세력들을 대변했던 사람들은 민권에 반대하는 민주당원들이었다. 그러나 트루먼, 케네디, 존슨의 지휘 하에 전국 민주당이 민권의 대의를 대변하기 시작하자, 남부의 보수주의자들은 1970년대 초부터 급부상한 우익 종교운동과 동맹관계를 이룬 공화당으로 몰려갔다.

신우익 공화당 의원들이 의회를 장악했던 1995년에, 나는 그들의 극단적인 계획들을 막아냈으며, 경제적·사회적·환경적 정의와 관련된 분야에서 엄청난 진전을 이루어냈다. 처음에 나는 정치, 경제, 사회에 대한 보수적인 관점을 하나님의 뜻이라고 여기는 사람들이 왜 나를 미워하는지 알지 못했다. 나는 미국을 혜택도 함께 나누고, 책임도 함께 나누고, 민주적인 공동체에 똑같이 참여하는 나라로 만들고 싶었다. 신우익 공화당 의원들은 미국을 부와 권력이 그것을 가져 '마땅한' 사람들의 손에 집중되는 나라로 만들기를 원했다. 그러나 소수파들은 권력 참여를 요구하면서 이들 기득권세력의 권력 장악을 위협하기 시작했다. 그러자 기득권세력은 소수파들이 어렵게 이루어낸 성공을 악마의 성공으로 둔갑시킴으로써 다수로부터의 지지를 유지했다. 그들이 나를 미워했던 것은, 내가 남부의 청교도 출신 백인이면서도, 자신들이 장악했던 세력에서 뛰쳐나와 자신들이 장악하고 있던 사람들의 마음을 돌려놓을 수 있는 변절자였기 때문이었다.

내 개인적인 잘못이 공공연하게 알려져 있으니, 그들은 내가 죽는 날까지 돌을 던져댈 거리를 잡게 된 셈이었다. 나는 그 문제에 대한 분노를 털어버리고 있는 중이기는 했지만, 역사의 우연으로, 신우익 공화당이라는 모습으로 나타난 반동과 분열 지향 세력과 맞서 싸워 좀더 완벽한 통합을 앞당기는 행운을 누릴 수 있었다는 점을 생각하면 감사한 마음이 들었다.

53

6월 초, 나는 정신건강 문제에 대한 인식을 제고하기 위해서 라디오 연설을 했다. 티퍼 고어가 정신건강 문제에 대한 공식 자문으로 그 문제를 연구하고 있었다. 티퍼는 용감하게도 최근에 자신이 우울증 치료를 받은 사실이 있음을 공개적으로 털어놓았다. 이틀 뒤, 힐러리와 나는 앨과 티퍼 고어와 함께 정신건강에 관한 백악관 간담회에 참석해서, 정신질환이 방치됨으로써 빚어지는 엄청난 개인적 · 경제적 · 사회적 손실에 관해 사람들과 의견을 나누었다.

6월 말까지, 나는 여러 가지 문제에 힘을 쏟았다. 총기안전정책을 제안하고, 에이즈 백신의 개발을 후원하고, 무역 계약에 환경권, 노동권 문제를 포함시키기 위한 방법을 모색했으며, 자원부 무기연구소에서 발표한 안보에 관한 대통령외교정보자문단의 보고서를 검토하고, 합법적인 이민자들에게 건강보험과 장애보험의 수급권을 재교부하는 프로그램을 준비하고, 취업으로 메디케이드 수급자격을 상실했지만 치료비를 부담할 수 없는 장애인에 대한 메디케이드 수급권을 인정하자고 제안하고, 임시 양부모의 보호를 받다가 나이가 들어 독립을 하게 된 아이들이 독립적인 생활을 할 수 있도록 지원하는 입법을 제출하고, 메디케어를 현대화하고 메디케어 신탁기금의 기한을 늘리는 계획을 내놓았다.

나는 적극적인 활동이 펼쳐질 거라고 예상하며 7월을 기대하고 있었다. 나는 멸종위기 동물의 목록에서 대머리독수리를 제외할 것이라고 발표하고, 앨 고어는 플로리다 에버글레이즈의 복원을 마무리할 계획을 내놓을 예정이었다. 힐러리는 뉴욕 주 북쪽의 핀다스코너스에 있는 모이니헌 상원의 원의 농장을 시작으로 '사람들에게 출마에 대한 의견을 묻는' 여행을 계속할 예정이었고, 나는 미처 경제회복의 손길이 닿지 않은 지역에 대한 투자 촉진을 겨냥한 '뉴 마켓' 프로젝트를 입안하기 위해서 미국 전역에 흩어져 있는 가난한 지역들을 둘러볼 예정이었다. 이 모든 일들이 예정대로 진행되었다. 하지만 예상하지 않았던 골치 아픈 일, 어쩌면 비극이라고도 할 수 있는 일들도 일어났다.

파키스탄 총리 나와즈 샤리프가 내게 전화를 걸어 7월 4일에 방문해도 되겠느냐고 물었다. 그의 전화를 받기 몇 주 전에, 파키스탄의 페르베즈 무샤라프 장군이 이끄는 군대가 1972년에 카슈미르와 파키스탄 사이에 설정된 군사분계선을 넘어갔고, 이로써 인도와 파키스탄 사이에는 위태로운 갈등이 시작되었다. 나와즈 샤리프는 이 문제에 대해서 의논하고 싶다고 말했다. 그는 군사분계선을 넘어간 군대가 자신의 통제를 벗어난 상태이기 때문에 걱정이라면서 내게 이 위기를 해소해주고, 나아가서 카슈미르 문제에 관해서 파키스탄과 인도 사이의 중재역을 맡아달라고 요청했다. 예전에도 샤리프는 중동과 북아일랜드 문제만큼이나 중요한 일이라면서 카슈미르 문제 해결을 도와달라고 부탁한 적이 있었다. 인도는 외부적인 개입을 강력히 반대하고 있었기 때문에, 나는 그에게 중동과 북아일랜드의 경우에는 양쪽에서 중재를 요청했기 때문에 협상과정에 개입한 것이라고 설명하고 그의 부탁을 거절할 수밖에 없었다.

지난 2월, 인도 총리 아탈 비하리 바지파이는 파키스탄의 라호르를 방문해서 카슈미르 문제를 비롯한 여러 가지 문제를 해결하기 위한 정상회담을 가진 적이 있었다. 파키스탄 군대가 군사분계선을 넘어간 것은 그때 협의한 내용을 위반한 것이었으므로 샤리프의 입장은 난처했다. 미국의 개입을 원해서 침공을 지시한 것인지, 아니면 파키스탄의 강력한 군부와 대립하는 것을 피하기 위해서 침공을 묵인한 것인지, 샤리프의 정확한 속셈을 알수가 없었다. 샤리프의 진의가 무엇이든 간에 스스로를 곤경에 몰아넣는 행동을 한 것만은 사실이었다.

나는 샤리프에게 워싱턴에 오는 것은 환영하지만, 미국 독립기념일인 7월 4일에 회담을 하기를 원한다면 다음 두 가지를 알고 오라고 말했다. 첫째, 그가 군사분계선을 넘어간 군대를 철수시킨다는 약속을 해야 한다는 것, 둘째, 내가 파키스탄의 불법적인 침공을 지지하는 것처럼 보일 위험이 있는 상황에서는 카슈미르 분쟁에 개입하고 싶지 않다는 것이었다.

샤리프는 아무튼 방문을 하겠다고 말했다. 7월 4일, 우리는 블레어 하우스에서 회담을 가졌다. 무더운 날이었지만, 파키스탄 방문단은 더위에 익숙해서 그런지 흰 바지와 긴 튜닉 차림의 전통의상을 입고도 우리 팀보다 훨씬 편안해 보였다. 샤리프는 다시 카슈미르 문제에 개입해줄 것을 요청했고, 나는 다시 인도의 동의가 없으면 미국의 개입이 역효과를 낳을 것이며, 파키스탄 군대가 철수하면 바지파이에게 양자회담을 재개할 것을 촉구하겠다고 말했다. 샤리프는 내 제안을 받아들였다. 그는 군사분계선을 준수하기 위한 조치를 취하고, 나는 무단 침공으로 중단된 양자회담이 재개되어 더 많은 성과를 거둘 수 있도록 지원과 격려를 아끼지 않겠다는 내용의 공동합의문을 발표했다.

회담이 끝나고 나서 보니, 샤리프가 회담을 요청한 이유가 미국의 압력을 넣어 파키스탄군에 대한 자신의 명령에 힘을 싣고 싶다는 데 있다는 생각이 들었다. 나는 파키스탄 내에서 그의 입지가 확고하지 않다는 것을 알고 있었다. 하지만 테러리즘에 대항한 싸움에서 그의 협조를 얻을 필요가 있었다. 나는 그가 불안한 상황을 버텨나가기를 바랐다.

파키스탄은 아프가니스탄의 탈레반 정권과 긴밀한 관계를 가지고 있는 몇 안 되는 나라 중 하나였다. 7월 4일 회담 전에, 나는 샤리프에게 오사마 빈 라덴 체포에 협조할 수 있는지 세 번이나 물었다. 한 번은 지난 12월 후세인 국왕의 장례식 참석차 요르단에 갔을 때였고, 또 한 번은 6월에 전화통화를 했을 때였고, 마지막 한 번은 통화내용을 확인하는 서한을 보냈을 때였다. 우리는 알 카에다가 미국은 물론이고 세계 전역의 미국 공직자들과 시설들을 상대로 테러 공격을 가할 계획을 꾸미고 있다는 정보를 가지고 있었다. 우리는 세포 조직을 깨고 알 카에다의 조직원 다수를 체포하는 데 성공했지만, 빈 라덴과 측근 장교들이 체포되거나 살해되지 않는 한, 테러의 위험은 늘 사라지지 않을 터였다. 7월 4일, 나는 샤리프에게 빈 라덴 체포를 도와주지 않으면, 파키스탄이 사실상 아프가니스탄의 테러리즘을 지원하고 있다는 발표를 할 수밖에 없다고 말했다.

나는 샤리프를 만나던 날, 탈레반에 대해 경제제재를 부과하라는 행정 명령에 서명을 했다. 그 내용은 탈레반의 자산을 동결하고 무역거래를 금지하는 것이었다. 결국 샤리프의 동의를 얻어내서 미군 장교들을 파키스탄으로 보내 60명의 파키스탄 군인들을 대상으로 빈 라덴 체포를 위해 아프가니스탄에 투입할 특공대 훈련을 시작했다. 나는 그 프로젝트에 대해서 그다지 기대를 걸지 않았다. 샤리프가 돕겠다고 나선 것이기는 했지만, 파키스탄군에는 탈레반과 알 카에다 동조자들이 많았다. 하지만 잃을 것이 없는 한 모든 대안을 검토해보지 않을 수 없다고 생각했다.

샤리프와의 회담을 한 다음 날, 나는 켄터키 주 하자드부터 시작해서 '뉴 마켓' 프로젝트를 위한 순방을 시작했다. 기업 임원들과 하원의원들, 각료들, 그리고 제시 잭슨 목사와 앨 프롬이 포함된 대규모 방문단이 꾸려졌다.

나는 잭슨이 동행해준 것이 고마웠다. 또 미국에서 가장 가난한 백인 지역인 애팔래치아 지역부터 시작하게 된 것도 마음에 들었다. 잭슨은 가난한 지역에 대한 민간 투자를 증대시키기 위해서 오랫동안 활동해온 사람이었다. 탄핵 소동이 진행되는 동안, 우리는 더욱 친해졌다. 그는 우리 가족에게 정신적인 버팀목이 되어주었으며, 첼시에게 각별히 신경을 써주었다. 우리는 켄터키에서 시작해서, 미시시피 주 클락스데일, 일리노이 주 이스트세인트루이스, 사우스다코타 주의 파인리지 레저베이션, 애리조나 주 피닉스의 남미계 마을, 로스앤젤레스의 와츠 마을을 순회했다.

미국은 2년 동안 4퍼센트가 약간 넘는 실업률을 기록하고 있었지만, 내가 찾아갔던 지역들과 그와 형편이 비슷한 지역들은 대부분 훨씬 높은 실업률과 전국 평균을 밑도는 소득으로 고통을 겪고 있었다. 파인리지의 실업률은 70퍼센트가 넘었다. 나는 가는 곳마다 똑똑하고 부지런한 사람들을 만났다. 이들은 국가 경제에 더 큰 기여를 할 수 있는 능력을 가진 사람들이었다.

나는 이들 지역에 투자를 유치하기 위해서 노력하는 것은 타당한 일일 뿐 아니라 경제적으로도 적절한 일이라고 생각했다. 우리는 생산성의 급상승에 힘입어 사상 최대의 경제적 팽창을 기록하고 있었다. 인플레이션을 겪지 않고 계속해서 성장을 가속하는 방안으로 내가 생각한 것은, 더 많은 상품과 서비스를 해외 시장에서 파는 것, 생활보호대상자와 같은 특별한 계층이 취업할 기회를 늘리는 것, 투자가 낮고 실업률이 높은 미국 내의 지역에 새로운 시장을 형성하는 것, 이렇게 세 가지였다.

우리는 처음 두 개 분야에서는 좋은 성과를 거두고 있었다. 250건의 무역 계약을 체결한 것과 복지제도 개혁을 적극적으로 실시한 것이 바로 그런 정책의 일환이었다. 세 번째 분야에서는 130개 이상의 능력부여지구 및 창업지원지구 지정, 지역개발은행 설립, 지역재투자법의 공격적인 시행 등 많은 시도들을 해왔다. 하지만 아직도 너무나 많은 지역들이 낙후된 상태로 남아 있었다. 나는 저소득층 주거지구와 농촌지구, 인디안 거주지구 등에 투자할 수 있는 자본을 150억 달러로 증액하는 법안을 제출했다. 이 법안은 자유로운 기업활동을 촉진하는 것이기 때문에 초당파적인 지지를 받게 되기를 기대하고 있었다. 또한 해스터트 의장이 이러한 노력에 특별히 관심이 많은 것처럼 보였기 때문에, 상당히 기대가 컸다.

7월 15일, 나는 이스라엘 총리 에후드 바라크 부부를 초청하여 힐러리와 함께 캠프 데이비드에서 저녁 시간을 보냈다. 유쾌한 저녁식사를 하고 나서, 바라크와 나는 새벽 3시까지 이야기를 계속했다. 그는 평화과정을 완료하기를 원했고, 선거에서 압도적인 승리를 거두었기 때문에, 주도적으로 그 일을 할 수 있는 권한을 부여받은 셈이라고 생각하고 있었다. 1978년에 카터 대통령의 중재로 안와르 사다트 이집트 대통령과 메나헴 베긴 이스라엘 총리 간에 평화조약 협상이 이루어졌던 건물을 보고 나서, 바라크는 캠프 데이비드에서 구체적인 일을 진행하는 것에 대해서 깊은 관심을 보였다.

나는 그 즈음에 북아일랜드평화회담을 재개하는 문제에도 신경을 쓰고 있었다. 신페인당과 통일당은 아일랜드공화국군의 무장해제를 새로운 정부가 들어서기 이전으로 할 것인가, 이후로 할 것인가를 놓고 의견이 나뉜 끝에 교착상태에 빠져 있었다. 나는 바라크에게 북아일랜드의 상황을 설명해주었다. 그는 아일랜드가 겪고 있는 문제와 이스라엘이 겪고 있는 문제 사이의 유사성과 차별성에 대해서 깊은 관심을 드러냈다.

다음 날, 존 케네디 2세와 그의 부인 캐럴린, 그의 누이 로런이 비행기 사고로 사망했다. 존 케네디가 조종하던 소형 비행기가 매사추세츠의 해안에서 추락하면서 일어난 사고였다. 나는 1980년대에 처음 만난 이후로 존 케네디에게 호감을 가지고 있었다. 그는 당시 법대생으로 로스앤젤레스 미키 캔터의 회사에서 인턴직원으로 일하고 있었다. 그 후 그는 1991년 뉴욕 선거유세 때 나를 찾아왔다. 그리곤 사고가 있기 얼마 전에 캐럴린과 존 케네디 부부에게 백악관 내의 거주공간을 소개하며 즐거운 시간을 보낸 적이 있었다. 테드 케네디는 가족의 장례식에서 다시 한 번 멋진 송덕문을 낭독했다. "아버지도 그랬지만, 존 역시 모든 재능을 타고난 사람이었습니다."

7월 23일, 모로코의 국왕 하산 2세가 70세의 나이로 사망했다. 그는 미국에 대해 우호적인 사람이었고, 중동평화회담의 강력한 지지자였다. 나는 그와 개인적으로 친밀한 관계를 유지하고 있었다. 부음을 접하자, 나는 부시 전 대통령과 힐러리, 첼시와 함께 모로코로 떠났다. 무바라크 이집트 대통령, 야세르 아라파트 팔레스타인해방기구 의장, 자크 시라크 프랑스 대통령을 비롯한 각국 지도자들과 함께 말이 끄는 왕의 관 뒤에 서서 바라트 시내를 지나 5킬로미터에 이르는 거리를 걸었다. 100만 명이 넘는 사람들의 행렬이 울부짖고 소리치면서 서거한 국왕에 대한 존경심을 표현했다. 슬픔에 사로잡혀 아우성치는 엄청난 규모의 장례행렬은 내가 참석했던 행사 중에서 몇 안 되는 충격적인 것이었다. 만일 하산 자신이 그 행렬을 보았어도 내 말에 동의했을 것이다.

나는 하산의 아들이자 후계자인 모하마드 6세와 회동한 후, 귀국해서 며칠간 일을 하다가 다시 사라예보로 떠났다. 이곳에서 나는 유럽 각국 지도자들과 함께 발칸 제국의 단기적 요구와 장기적 성장을 지원하기 위한 안정협약 문제를 논의했다. 협의된 내용은 발칸 반도 국가들의 상품에 대해 문호를 확대하고, 동남유럽 국가들이 세계무역기구에 가입할 수 있도록 노력하며, 민간투자를 장려하기 위해서 차관과 신용보증을 제공한다는 것이었다.

예산 문제와 공화당이 제안한 세금감면의 규모와 분배 문제를 놓고 공화당 의원들과 입씨름을 하는 사이에 여름은 훌쩍 지나가버렸다. 무려 14개월 동안 터무니없이 지연되어오던 유엔 대사 딕 홀부르크가 비준을 받았다. 그리고 힐러리는 상원 출마 선언을 준비하고 있었다.

8월에 우리는 새집을 찾기 위해서 뉴욕을 두 바퀴나 돌았다. 8월 28일, 우리는 맨해튼에서 65킬로미터 거리의 차파쿠아에 있는 19세기 후기 양식의 농가를 발견했는데, 1989년에 대규모 증축이 된 별채가 있는 집이었다. 오래된 본관은 아늑했고, 새로 지은 별관은 넓고 밝았다. 이층으로 올라가 침실로 들어선 순간, 나는 힐러리에게 이 집을 사자고 말했다. 그 침실은 1989년의 새로 증축된 곳으로, 침실 천장은 엄청나게 높았고 뒤뜰을 향해서 유리로 된 문들이 줄지어 나 있고 양쪽 벽에는 커다란 창문이 있었다. 힐러리는 뭐가 마음에 드는지 물었다. 나는 대답했다. "당신은 이제 곧 힘겨운 선거운동을 시작해야 되잖아. 그러다 보면 기분이 안 좋은 날도 있을 거야. 이 아름다운 침실은 빛이 가득하니까, 당신은 매일 아침 상쾌한 기분으로 일어날 수 있지 않겠어."

8월 말에, 나는 애틀랜타로 가서 카터 전 대통령 부부에게 백악관을 떠난 뒤에 민간인 자격으로 했던 특별한 활동들을 기리기 위해 자유메달을 수여했다. 그리고 며칠 후 백악관에서 특별한 미국인들 몇 사람에게 상을 주었다. 수상자 중에는 포드 전 대통령과 로이드 벤슨을 비롯해서 민권, 노동, 민주화, 환경 분야의 활동가들이 포함되어 있었다. 포드 전 대통령이나 벤슨만큼 이름이 알려지지 않은 사람들도 저마다 미국을 위해서 특별하고 고된 기여를 한 사람들이었다.

나는 선거운동에도 가끔 참여했다. 앨 고어와 함께 아칸소로 가서 토박이 농부들과 만나고, 남부 전역의 흑인 지도자들을 만나고, 예전에 나를 후원했던 사람들이 대부분인 대규모 후원위원회도 만났다. 나는 힐러리를 위해 마사스 비니어드에서 열린 행사에서 연설과 색소폰 연주를 하기도 하고, 뉴욕에서 열리는 행사에 함께 참석하기도 했다. 한번은 시러큐스에서 열린 주 농산물 경진회장에 들렀는데, 농부들을 다시 만나니 그렇게 편안할 수가 없었다. 나는 힐러리와 고어의 선거운동을 돕는 것이 좋았다. 평생 남의 도움만 받고 살던 내가 정치에 입문하던 때와 똑같은 방식으로, 내가 믿는 사람들의 선거운동을 도와주며 정치 인생을 마무리하는 처지가 된 셈이었다.

9월 초에, 헨리 시스네로스가 자신을 기소했던 독립변호사 데이비드 배릿과의 소송을 마감했다. 그는 1993년에 중앙정보국의 심문을 받는 동안 개인지출을 대폭 줄여서 진술한 것 때문에 18개의 중죄 항목으로 기소된 상태였다. 재판이 시작되기 전날, 배릿은 도저히 이길 수 없다는 생각을 하고 시스네로스에게 협상을 제안했다. 하나의 경범죄 혐의에 대한 유죄 인정, 1만 달러 벌금형, 그리고 징역 면제가 그 내용이었다. 시스네로스는 장기간의 소송에 들어갈 엄청난 비용을 걱정하여 그 제안을 받아들였다. 배릿은 4년 동안 이 선량한 사람을 괴롭히느라 900만 달러가 넘는 납세자의 돈을 탕진했다. 그 일이 있기 몇 주 전, 이 사건과 관련된 독립변호사법은 시효가 만료되었다.

9월에는 대부분의 시간을 외교 문제에 전념해야 했다. 9월 초에는 매들린 올브라이트와 데니스 로스가 가자지구로 가서 에후드 바라크와 야세르 아라파트의 회담을 지원했다. 양국 정상은 와이리버 협정을 이행하기 위한 다음 단계의 합의에 도달했다. 그 내용은 팔레스타인 사람들을 위한 항구와 서안지구와 가자지구를 연결하는 도로 건설을 허용하고, 서안지구의 11퍼센트를 이양하며, 350명의 죄수들의 석방하는 것이었다. 올브라이트와 로스는 다마스쿠스로 가서 아사드 시리아 대통령에게 빠른 시일 내에 평화회담을 열기 원하는 바라크의 희망을 전하고 응답을 해줄 것을 권했다.

9월 9일에, 나는 아시아태평양경제협력체 정상회의에 참석하기 위해 뉴질랜드를 방문했다. 뉴질랜드 여행은 처음이었다. 첼시가 동행했고, 힐러리는 선거운동을 위해 집에 머물렀다. 정상회담에서 가장 크게 대두된 문제는 인도네시아와 관련된 것이었다. 동티모르에서 진행 중인 독립운동을 인도네시아군이 폭력적으로 진압하고 있었다. 동티모르는 이슬람교도가 가장 많은 인도네시아 한가운데에 자리 잡은 로마 가톨릭교도 지역으로 오랫동안 분쟁의 불씨를 제공해온 곳이었다. 대부분의 아시아태평양경제협력체 지도자들은 동티모르에 국제평화유지군을 파견하는 데 찬성했고, 오스트레일리아 총리인 존 하워드가 그 선두에 섰다. 처음에 반대를 하고 나섰던 인도네시아도 대세에 따를 수밖에 없었다. 오스트레일리아의 지도 아래 국제적인 연합으로 이루어진 병력이 동티모르에 파견되었다. 나는 하워드 총리에게 200여 명의 미군을 파견하여 연합군이 필요로 하는 병참지원을 제공하겠다고 약속했다.

나는 장쩌민 주석을 만나 세계무역기구 가입 문제에 대해서 토의했고, 김대중 한국 대통령, 오부치 게이조 일본 총리와의 합동회담을 통해 북한에 대한 공통된 입장을 재확인했다. 나는 보리스 옐친의 신임 총리이자 대통령 예정자인 블라디미르 푸틴을 처음 만났다. 푸틴은 옐친과 완전히 대조적이었다. 옐친은 덩치가 크고 단단해 보이는 반면, 푸틴은 오랫동안 무술을 해왔기 때문에 옹골차고 아주 튼튼해 보였다. 옐친은 언변이 유창했는데, 전직 국가안보위원회KGB 요원인 푸틴은 신중하고 간단한 말투가 몸에 배어 있었다. 나는 푸틴을 처음 만나자마자, 옐친이 자신의 건강 문제를 감안해서 러시아의 험난한 정치적·경제적 문제를 자신보다 훌륭하게 헤쳐나갈 수 있는 유능한 사람을 후임으로 선택했다는 생각이 들었다. 푸틴은 러시아의 이익을 방어하고 옐친의 성과를 보호하는 데 대단히 단호한 태도를 보였다.

뉴질랜드를 떠나기 전, 나는 첼시와 비서진과 함께 잠시 틈을 내어 아름다운 뉴질랜드의 국토를 둘러보았다. 제니 시플리 총리와 그녀의 남편인 버튼이 퀸스타운으로 우리를 초대했고, 나는 그곳에서 버튼과 함께 골프를 치고, 첼시는 시플리의 아이들과 함께 동굴 탐험을 하고, 나의 비서들은 높은 다리 위에서 번지점프를 즐겼다. 진 스펄링이 나에게 한번 해보라고 번지점 프를 권했을 때, 나는 이렇게 말했다. "나는 할 수 있는 모든 종류의 자유낙 하(위신의 급격한 하락을 의미함—옮긴이주)를 다 해본 사람이야."

우리가 마지막으로 방문한 곳은 크라이스트처치에 있는 국제남극센터 였다. 그 기관은 미국이 남극에서 펼치는 여러 가지 활동의 근거지였다. 센 터에는 남극과 같은 혹한이 되풀이되는 대규모 훈련시설이 있었다. 나는 그 곳을 방문하면서 지구온난화 문제에 대한 우려가 깊어졌다. 남극은 대기의 온도를 식혀주는 거대한 냉방장치였다. 남극의 얼음에는 두께가 3킬로미터 에 달하는 부분도 있었다. 그러나 대기의 온도가 높아지는 바람에, 남극의 얼음에서 로드아일랜드만한 크기가 떨어져나갔다.

나는 남극의 변화를 연구하는 것을 돕기 위해서 위성에서 찍은 남극 대 륙의 모습을 시기별로 분류해놓은 위성사진의 비밀을 해제했다. 남극 방문 에서 가장 흥미진진했던 일은 에드먼드 힐러리 경을 만난 것이었다. 그는 1950년대에 남극을 탐험하고 에베레스트의 정상 등반에 최초로 성공한 사 람이었다. 하지만 무엇보다 중요한 것은 첼시의 엄마 이름이 그 사람의 이 름을 딴 것이라는 사실이었다.

나는 귀국하자마자 뉴욕으로 가서 20세기의 마지막 유엔총회를 개최했 다. 내가 대의원들에게 제시했던 세 가지 결의문의 내용은 다음과 같았다. 빈곤과 싸우고 세계화 경제에 인간적인 면모를 부여하기 위한 노력을 배가 할 것, 인종, 종교, 부족 간의 갈등으로 인한 무고한 사람들의 희생을 예방 하거나 중지시키기 위한 노력을 배가할 것, 핵무기, 생물학무기, 화학무기 를 무책임한 나라들이나 테러리스트 집단이 사용하지 못하도록 노력을 강 화할 것.

9월 말에, 나는 국내 문제로 관심을 돌렸다. 나는 공화당의 세금감면안 에 대해 거부권을 행사했다. 그들이 제시한 세금감면 규모가 '너무 크고, 너 무 부풀려져 있어서' 미국의 경제에 큰 부담을 지울 것이라는 판단 때문이 었다. 현재의 예산 하에서 그 법안이 통과되면, 교육, 건강보험, 환경보호와 관련된 막대한 예산감축을 해야 하고, 사회보장신탁기금과 메디케어신탁기금의 운영기한을 늘리고 시급한 처방의약품에 대한 혜택을 메디케어에 추가하려는 계획을 포기해야 할 판이었다.

우리는 1999년에 1,000억 달러의 재정흑자를 볼 것으로 예상하고 있었다. 하지만 공화당이 제시한 세금감면안을 따를 경우, 10년에 걸쳐 1조 달러의 예산이 들어갔다. 공화당은 그것이 잉여 추정치에 근거한 것이라고 합리화했다. 이 문제에 관해서는 그들보다 내가 훨씬 더 보수적이었다. 만일 추정을 잘못하면 적자가 돌아올 테고, 그렇게 되면 이자율이 상승하고 성장이 늦춰질 터였다. 지난 5년 동안, 의회예산실의 추정치는 매년 평균 13퍼센트씩 빗나갔고, 행정부의 추정치는 실제 수치에 근접했다. 따라서 그들의 추정치를 따르는 것은 무책임하게 모험을 하는 것이었다. 나는 공화당에게 1996년 초당적인 복지제도 개혁법안과 1997년 균형예산법을 만들어낼 때의 정신으로 백악관, 민주당과 협력해달라고 요청했다.

9월 24일, 힐러리와 나는 올드 이그제큐티브 오피스 빌딩에서 임시 양부모가 보호하는 아동들의 정식 입양을 증대시키려는 초당파적인 노력의 성공을 축하하는 행사를 개최했다. 법이 통과된 이후, 입양된 아이들의 수는 2년 동안 30퍼센트나 증가했다. 나는 20년이 넘도록 이 문제와 관련하여 활동을 해온 힐러리와 스스로 자녀를 입양하고 이 개혁에 대해서 열렬한 지지를 보냈던 톰 딜레이의 노고를 치하했다. 나는 공화당과 초당파적인 노력을 기울여 이룬 성과를 자축하는 자리를 더 많이 가지고 싶었다. 하지만 딜레이는 이것이 단 한 번의 예외일 뿐이며, 적과 호흡을 맞춰 행동한다는 것은 아무 의미가 없다고 생각했다.

10월 초에 다시 양당간의 갈등이 첨예해졌다. 상원의 공화당이 당 노선을 따라 로니 화이트 판사의 연방 지방판사 지명을 거부했다. 화이트는 미주리 주 대법원 최초의 아프리카계 미국인 판사로서 대단히 존경받는 사람이었다. 미주리의 주지사 멜 카나한과 상원의원 자리를 놓고 다투던 보수적인 상원의원 존 애시크로프트가 사형 문제에 관한 화이트의 기록을 왜곡하여, 그가 사형을 반대하는 판사라고 공격했다. 화이트의 지명이 거부된 것은 바로 이 일 때문이었다. 그런데 실제로 화이트는 자신에게 올라온 사형 선고 사건의 70퍼센트를 확정한 사람이었다. 화이트가 반대투표를 한 사건들 가운데 절반 이상은 만장일치로 이루어져야 하는 주 대법원의 규정에 따른 것이었다. 애시크로프트가 이런 중상모략을 공화당 동료들에게 들이댄 목적은 사형을 찬성하는 유권자들이, 화이트를 지지하는 카나한 주지사에게 등을 돌리도록 만들려는 것이었다.

대통령 임명직 비준 과정을 정치적으로 이용했던 사람은 애시크로프트 한 사람만이 아니었다. 제시 헬름스 상원의원은 아프리카계 미국인 판사가 한 명도 없었던 제4순회항소법원에 임명한 흑인 판사에 대해서 몇 해째 반대표를 행사하고 있었다. 공화당 의원들은 그러고도 아프리카계 미국인들이 왜 자신들에게 표를 주지 않는지 깨닫지 못하고 있었다.

양당의 의견차이는 핵실험금지조약에서도 빚어졌다. 이 조약은 아이젠하워 이후로 공화당 출신이냐 민주당 출신이냐를 가리지 않고 모든 대통령들이 지지해왔던 조약이다. 합동참모본부 역시 조약에 대해서 찬성하는 입장이었고, 핵 전문가들은 무기의 안전성을 점검하기 위한 실험이 필수적인 것은 아니라고 말했다. 하지만 이 조약은 비준에 필요한 상원의원 3분 의 2의 동의를 얻지 못했다. 트렌트 로트는 내게 재임 중에 다시는 그 조약 비준을 상정하지 않겠다는 약속을 하라고 주장했다. 공화당 상원의원들이 공화당의 전통적인 우익적 입장을 고수하느라 그러는 건지, 아니면 단순히 나에게 또 한 번 승리를 안겨주기 싫어서 그러는 건지 이해할 수 없었다. 하지만 핵실험방지조약에 대한 비준 거부는 다른 나라들에 대해서 핵무기 개발 및 실험을 금지해야 한다는 미국의 입장을 약화시키는 것이었다.

나는 앨 고어를 비롯한 민주당원들을 위한 정치적 행사에 쉬지 않고 참여했다. 고어와 나를 강력하게 지지했던 동성애자권리 활동가들과 함께 하는 행사에도 두 번 참여했다. 행정부 직원들 중에는 커밍아웃한 사람들이 꽤 많이 있었고, 당시 우리는 고용차별금지법과 증오범죄방지법안을 강력하게 밀어붙이고 있었다. 증오범죄방지법안은 인종, 신체장애, 성적 경향을 이유로 이루어지는 범죄를 연방법 위반으로 규정하는 법안이었다.

나는 시간이 날 때마다 뉴욕으로 가서 힐러리를 도왔다. 힐러리의 유력한 경쟁자는 뉴욕 시장인 루디 줄리아니였다. 그는 논쟁을 좋아하는 호전적인 인물이었지만 일반적인 공화당원들에 비해서는 덜 보수적인 편이었다. 그와 나는 캅스 프로그램과 총기안전정책에 대한 입장이 같았기 때문에 서로에 대해서 우호적인 편이었다.

조지 W. 부시는 공화당 후보 지명전 승리가 유력해 보였다. 다른 경쟁 후보들은 거의 떨어져나가고, 상원의원 존 맥케인이 유일한 경쟁자로 남아 있었다. 부시의 선거운동은 대단히 인상적이었다. 아이오와의 어느 농장에서 부시가 '온정적인 보수주의' 라는 슬로건으로 연설을 하는 것을 처음 보았을 때부터 그랬다. 나는 제법 그럴듯한 슬로건이라고 생각했다. 부동표를 지지율이 65퍼센트에 달하는 행정부에 반대하는 쪽으로 끌어오기 위해서 그가 사용할 수 있는 유일한 논리라고 할 만했다. 우리 행정부가 1,900만 개의 일자리를 창출했으며, 경제가 7년째 연속해서 성장하고 있고 범죄가 줄어들고 있다는 사실을 반박할 도리는 없었다. 그가 동요하는 유권자들에게 보내는 온정적인 보수주의의 메시지는 바로 이런 것이었다. "나는 더 작은 정부, 더 큰 세금감면을 실시하되, 당신에게는 현재와 똑같은 조건을 제공하겠습니다. 어때요, 마음에 들지 않습니까?"

부시는 대부분의 현안에서 보수적인 공화당 의원들과 같은 입장을 유지하고 있었다. 하지만 그는 의회에서 통과된 예산이 가난한 사람들에게 지나치게 가혹하다며 공화당 의원들을 비판했다. 그는 현재의 예산은 부유한 미국인들에 대한 세금은 줄이면서도 소득세공제 폭을 줄임으로써 저소득층 미국인들에게는 세금을 올리는 셈이 되었다고 주장했다.

부시가 만만찮은 적수이긴 했지만, 나는 앨 고어가 승리할 것이라고 생각했다. 하기야 부통령 임기를 끝내고 바로 대통령에 당선되었던 경우는 마틴 밴 뷰런과 조지 H. W. 부시뿐이었다. 하지만 나라의 형편이 좋고 행정부에 대한 국민들의 지지도가 높았기 때문에 낙관적인 전망을 하고 있었다. 대통령에 출마했던 부통령들은 모두 두 가지 문제를 안고 있었다. 대부분의 사람들이 부통령 시절의 업적을 모르고 있고, 행정부에서 쌓은 성과들을 인정해주지 않는다는 점과 항상 보좌역에나 어울릴 사람으로 생각하는 경향이 있다는 점이다. 나는 고어에게 이런 문제가 생기지 않게 하기 위해서 그에게 여러 가지 중요한 임무를 맡겼고, 우리의 성공에 귀중한 기여를 한 것에 대해서 대중적인 인정을 받을 수 있도록 배려하는 등 여러 가지 방법을 써왔다. 앨 고어가 역사상 가장 적극적이고 실력 있는 부통령이라는 것은 분명한 사실이었지만, 인식과 현실 사이에는 여전히 커다란 격차가 있었다.

고어가 부딪혔던 가장 큰 도전은 우리 행정부가 올린 성과의 혜택을 받으면서도 한편으로는 어떻게 독립성을 부각시키느냐 하는 것이었다. 그는 이미 나의 개인적인 실수에 대해서는 유감으로 생각하고 있지만, 미국 국민들을 위해서 이루어놓은 성과에 대해서는 자랑스럽게 생각한다고 말했다. 이제 그는 차기 대통령이 누가 되든 변화는 피할 수 없다는 것을 역설하고, 유권자들에 대해서 옳은 방향으로 변화해나갈 것인지, 아니면 다시 후퇴해서 과거와 같은 정책 실패로 돌아갈 것인지 판단하도록 요구해야 했다. 부시 주지사는 통화침투설 경제학으로 회귀할 것을 노골적으로 옹호하고 있었다. 미국 경제는 12년 동안 통화침투설에 따라 운영되었고, 그 후 7년 동안은 우리 방식으로 운영되어왔다. 물론 우리 방식이 훨씬 효율적이었고, 그것을 입증할 수 있는 증거도 있었다.

선거운동을 통해서 고어는 유권자들에게, 나는 대통령직을 떠나겠지만 탄핵을 주도하고 스타 검사를 지지했던 공화당 의원들은 남아 있을 거라는 사실을 상기시킬 수 있었다. 미국은 공화당원들이 다시 예전과 같은 식으로 의원직을 남용할 수 없도록 견제하고, 연방정부 폐쇄 사태부터 시작해서 예산안 싸움 과정에서 내가 저지했던 공화당의 가혹한 정책들을 계속 막아낼 수 있는 대통령이 필요했다. 유권자들이 선거를 미국의 미래를 선택하는 행위로 여기고 과거에 공화당이 했던 행동들을 기억하게 되면, 판세는 민주당에게 유리할 것이 분명했다. 불과 1년 전의 선거 결과가 그것을 보여주고 있었다.

언론을 통해서, 내가 고어의 선거전에 불리한 영향을 줄 것이라는 이론을 내세우는 사람들이 나타났다. 고어와 나는 전화로 이런 이론에 대해서 재미있는 대화를 나누었다. 나는 고어의 당선이 가장 중요한 일이라고 생각한다면서, 고어의 당선에 도움이 된다면 「워싱턴 포스트」 사옥 정문 앞에 서서 고어가 휘두르는 채찍을 맞는 것도 마다하지 않겠다고 말했다. 고어는 시치미를 뚝 떼고 말했다. "그거 여론조사를 해봐야겠는데요." 나는 웃으면서, "내가 셔츠를 입고 맞는 게 나을지, 벗고 맞는 게 나을지 두고 봅시다"라고 말했다.

10월 12일, 파키스탄 총리 나와즈 샤리프가 군사쿠데타로 총리직에서 물러났다. 쿠데타를 주도한 사람은 파키스탄 부대를 카슈미르의 군사분계선 너머로 투입했던 무샤라프 장군이었다. 나는 민주주의적 절차가 훼손된 것에 대해서 우려를 표하고, 최대한 빨리 민간 정부를 복구시킬 것을 촉구했다. 무샤라프의 집권으로 인해서 우리는 당장 한 가지 변화에 직면해야 했다. 오사마 빈 라덴을 체포 또는 살해하기 위한 파키스탄 특공대를 아프가니스탄에 투입하려 했던 프로그램이 취소되고 말았던 것이다.

10월 중순에, 케네스 스타가 독립변호사직 사퇴를 선언했다. 센텔 판사는 그의 후임으로 스타를 보좌했던 로버트 레이를 임명했다. 그는 예전에도 마이크 에스피를 기소했다가 패배한 도널드 스몰츠를 보좌했던 경력이 있었다. 레이는 임기가 끝나가는 내 몸에서 자기 몫의 살덩이를 잘라가고 싶어했다. 그는 내게 선서증언에서 위증을 했다는 것을 시인하는 진술서를 제출하고, 자신이 독립변호사의 조사를 중단하는 대가로 나의 변호사 자격을 잠정적으로 정지하는 데 동의할 것을 요구했다. 그는 나를 기소할 생각은 없는 것 같았다. 탄핵 절차 중에 초당파적으로 구성된 검사단이 책임감 있는 검사라면 나를 기소하지 않을 것이라고 밝혔던 사실을 생각해봐도 그것은 분명했다.

하지만 나는 의도적으로 위증을 한 일이 없다고 생각했기 때문에, 의도적인 위증 사실을 시인하라는 데는 도저히 동의할 수 없었다. 나는 증언했던 내용을 꼼꼼히 읽으면서 내가 정확하지 않은 대답을 했던 경우가 두어 가지 있다는 것을 발견했다. 나는 레이에게 법률이 정하는 대로 증언을 하려고 노력했지만, 몇 군데 대답에서 잘못된 곳이 있었음을 인정하는 내용의 진술서를 보냈다. 그는 그 진술을 받아들였다. 6년여의 세월과 7,000만 달러의 소송비용을 허비하고 나서야 화이트워터는 막을 내렸다.

모든 사람들이 내게서 살덩이를 떼어가려고 하는 것은 아니었다. 10월 중순, 나는 고등학교 동기들을 백악관으로 초청해서 35회 고등학교 동창회를 가졌다. 5년 전의 30회 동창회에 이어 백악관에서 가지는 두 번째 동창회였다. 몇몇 동기들이 내게 지난 7년 동안 생활형편이 많이 좋아졌다고 말했다. 아버지를 따라온 어느 젊은이가 내가 훌륭한 대통령이었다고 생각한다면서, "내가 당신이 가장 훌륭하다고 생각했을 때는 탄핵 음모에 맞서 싸울 때"였다고 말했다. 나는 실수를 범하거나 불행한 일을 당해서 절망감에 빠졌던 경험이 있는 사람들에게서 이런 말을 자주 들었다. 내가 그런 사람들과 계속 공감대를 유지해온 것은 사실이었다. 그들이 나와 공감대를 유지하려고 해왔으니 나도 그럴 수밖에.

10월 말에는 상원의 의사진행방해 때문에 선거운동자금개혁법이 다시 부결되었고, 15만 명의 미국인들이 활동하고 있는 자원봉사단 아메리코의 창립 5주년 기념식이 있었다. 힐러리와 나는 자선기부활동을 촉진하기 위해서 백악관자선협의회를 개최했다. 힐러리 생일에는 1992년에 브로드웨이의 인기인들이 나를 후원하기 위해서 열었던 행사를 본떠 '힐러리를 지지하는 브로드웨이'라는 이름의 기념행사를 가졌다.

11월 초에 나는 이스라엘과 팔레스타인 간의 협상이 진행되고 있는 오슬로를 방문했다. 암살당한 이츠하크 라빈의 4주기 추도식에 참석해서 그를 추도하고, 평화과정의 재개에 열의를 보이고 있는 두 정상과 자리를 함께 했다. 분데빅 노르웨이 총리는 오슬로회담을 통해 평화과정이 진전되기를 바라고 있었다. 미국대사인 데이비드 허블린은 다혈질의 노르웨이계 유대인으로, 바라크와 아라파트를 회담장에 끌어들이기 위해서 갖은 노력을 다했다. 이스라엘의 시몬 페레스와 레아 라빈도 회담에 참석했다. 회담은 바라던 성과를 올렸다. 나는 바라크와 아라파트가 이미 평화과정을 마무리할 결심을 굳히고 있다는 것을 알고 있었고, 평화과정은 2000년에 완결되었다.

그 즈음에 언론계의 몇 사람이 내게 국민들에게 어떤 대통령으로 기억되고 싶은지 물어오기 시작했다. 경제 번영을 가져온 인물로 알려지길 원하느냐, 평화중재자로 알려지길 원하느냐? 나는 구체적인 성과들은 물론이고 내가 원했던 미국의 모습과 가능성까지 포함하는 답변을 궁리해보았다. 그러나 사실 나는 그런 것을 생각할 겨를이 없었다. 나는 임기 마지막 날까지 열심히 일하고 싶었다. 내가 남긴 유산이 있다면, 내 입으로 말하지 않아도 어차피 드러날 것이다. 아마 내가 죽고 나서 오랜 세월이 흘러야 할지도 모르지만.

11월 4일, 나는 두 번째 '뉴 마켓' 순방을 시작했다. 방문예정지 중에는 뉴어크, 하트포드, 아칸소 주 허미티지 등이 있었다. 허미티지는 내가 1970년대 말에 토마토 농장의 이주노동자들을 위한 숙소를 마련하기 위해서 활동했던 작은 타운이었다. 마지막 방문지는 시카고였다. 시카고에는 제시 잭슨과 이 정책을 지지하기로 결심한 해스터트 하원의장도 동행했다. 제시 잭슨은 세로줄 무늬가 있는 고급 양복을 입은 근사한 차림이었다. 나는 그를 보고 하원의장답지 않게 '요즘 공화당원들처럼' 차려입었다고 농담을 했다. 나는 해스터트가 지지하고 나서는 것을 보고 기분이 좋았다. 다음 해에는 틀림없이 이 법안을 통과시킬 수 있을 것 같았다.

11월 둘째 주, 나는 앨 프롬과 함께 최초의 온라인 대통령 시민대표자회의에 참석했다. 내가 대통령에 취임한 뒤로, 웹사이트의 숫자는 50개에서 900만 개로 늘어났고, 새로운 페이지는 한 시간에 10만 개씩 늘어나고 있었다. 내 기록습관을 뒤바꿔놓은 음성인식 소프트웨어는 요즘에는 흔한 것이지만, 당시에는 새로운 것이었다. 시민대표자회의에서 두 사람이 내게 백악관을 떠나면 무엇을 할 것이냐는 질문을 던졌다. 나는 퇴임 후의 완벽한 인생계획은 세운 적이 없었다. 하지만 나의 집무기록을 보관할 대통령 도서관을 세울 계획은 가지고 있었다.

나는 대통령 도서관에 대해서, 그리고 재임기간에 있었던 일들을 도서관에 전시하는 문제에 대해서 많은 구상을 했다. 대통령은 자신의 자료관을 세우고 유지할 돈을 마련하기 위해서 후원금을 모아야 한다. 그러면 국립문서보관소는 자료를 정리할 직원을 제공한다. 나는 몇몇 건축가들이 지은 건물들을 살펴보고, 대통령 도서관 여러 곳을 방문했다. 대통령 도서관을 찾는 대부분의 사람들은 전시물을 보러 오는 것이지만, 건물은 기록물을 보존하기에 적합하도록 건축되어야 한다. 나는 전시실을 개방형으로 밝고 아름답게 만들고, 21세기를 향하여 전진해나가는 미국의 모습을 드러낼 수 있는 방식으로 자료들을 전시하고 싶었다.

나는 짐 폴셰크 건축회사를 선택했다. 나는 그가 지은 뉴욕의 '지구와 우주를 위한 로즈 센터'가 마음에 들었다. 그 건물은 강철과 유리로 된 구조물 안에 거대한 원형 구조물이 세워져 있었다. 그리고 나는 랠프 애플봄에게 자료 진열을 맡아달라고 부탁했다. 그가 진열을 맡은 워싱턴 홀로코스트 박물관이 제일 마음에 들었기 때문이다. 나는 벌써 이들 두 사람과 일을 시작한 상태였다. 도서관이 완공되기 전에, 폴셰크는 걸핏하면 나를 보고 자기가 만난 고객 중에 가장 골치 아픈 고객이라고 말하곤 했다. 6개월 만에 한 번 만나는데도, 설계에 조그만 변화라도 있으면 그것을 알아차리고 꼬치꼬치 캐물었으니 그럴 만도 했다.

나는 도서관을 리틀록에 세우고 싶었다. 그곳은 내가 고향으로 여기는 곳이었다. 또 대통령 도서관은 뉴욕이나 워싱턴으로 여행할 일이 없는 사람들도 쉽게 찾아갈 수 있는 미국의 심장부에 세워야 한다고 생각했다. 리틀록 시는 짐 데일리 시장과 시의원 딘 컴퍼리스의 주도로 내게 아칸소 강변의 부지 27에이커를 제공했다. 그곳은 구시가지에 속하는 곳이었지만 새로 개발되고 있었고, 아칸소 시절의 중요한 기억들이 깃들어 있는 구의사당에서 멀지 않은 곳이었다.

또한 나는 나의 인생과 대통령 직무에 관한 책을 쓰고 싶었다. 소송비용을 지불하고, 집을 한 채 사고, 힐러리가 상원의원에 당선될 경우에는 또 한 채를 사고, 힐러리와 첼시를 위해서 저축도 해두려면, 3, 4년 동안 열심히 일해야 했다. 그리고 남은 인생은 공적인 활동에 바치고 싶었다. 지미 카터는 대통령 임기가 끝난 후에도 정력적인 활동을 펼치고 있었는데, 나도 그렇게 하고 싶었다.

11월 중순, 열흘 일정으로 터키, 그리스, 이탈리아, 불가리아, 코소보를 순방하기 위해서 떠나는 날, 나는 키프로스 대통령 글라프코스 클레리데스와 터키계 키프로스 지도자 라우프 덴크타시가 12월 초에 뉴욕에서 '긴밀한 회담'을 가진다는 코피 아난 사무총장의 발표를 듣고 환호성을 질렀다.

　　키프로스는 1960년에 영국에서 독립한 나라로, 1974년에는 대통령직에 있던 마카리오스 대주교가 그리스 군사정권이 조종한 쿠데타로 실각하고 말았다. 이에 터키군이 터키계 키프로스인들을 보호하기 위해 병력을 투입함으로써, 키프로스는 분할되고 북키프로스 터키 공화국이 만들어졌다. 그러자 많은 그리스인들이 북키프로스를 떠나 남쪽으로 이주했다. 그 후 이 섬은 분할되었고, 터키와 그리스 간의 갈등은 깊어져갔다. 그리스는 키프로스에 주둔하는 터키군의 철수를 원하고 있었고, 그리스인들이 북쪽 지역으로 되돌아갈 수 있는 방안을 모색하고 있었다.

　　오랫동안 이 문제를 해결하기 위해서 노력해온 나는 코피 아난 사무총장의 노력이 성공을 거두게 되기를 간절히 바랐다. 하지만 이 회담은 성과를 거두지 못했다. 나는 임기를 마칠 때, 키프로스가 그리스와 터키가 화해하는 데 있어, 또한 터키가 유럽에서 환영받는 나라가 되는 데 있어 장애물로 남아 있는 것을 섭섭한 마음으로 지켜보아야 했다.

　　우리는 마침내 공화당 지도부와 주요 예산안 세 가지에 대해서 합의에 도달했다. 합의된 내용은 신규 교사 10만 명에 대한 자금을 지원하고, 방과 후 활동에 참여하는 학생 수를 두 배로 늘리고, 체납된 유엔 회비를 지불하는 것이었다. 매들린 올브라이트와 딕 홀부르크는 제시 헬름스를 비롯해서 유엔에 대해 회의적인 사람들과 유엔 회비 문제를 풀려고 오랫동안 노력해왔다. 홀부르크는 이 문제에 보스니아 평화 문제에 들인 시간보다 훨씬 더 많은 시간을 들여야 했다. 홀부르크가 아니었다면 어느 누구도 할 수 없는 일이었다.

　　나는 힐러리, 첼시와 함께 5일 일정으로 터키에 도착했다. 특별히 긴 일정이었다. 나는 두 차례의 대지진을 겪은 터키 사람들을 도와주고, 미국, 유럽과 함께 복구활동을 펴나가도록 격려해주고 싶었다. 터키는 나토 회원국이었고, 유럽연합 가입을 희망하고 있었다. 터키의 유럽연합 가입은 내가 오랫동안 후원해온 일이었다. 한 나라의 미래가 어떻게 되느냐 하는 것이 21세기의 세계 전체에 큰 영향을 미치게 되는 경우가 있다. 터키는 그런 나라들 중의 하나였다. 그리스와 키프로스 문제를 해결하고, 억압으로 인해서 난폭해져 있는 쿠르드족과 화해하고, 세속적 이슬람 민주국가로서 정체성을 유지한다면, 터키는 새로운 중동의 구조를 짜나가는 관문이 될 수 있을 것이다. 중동의 평화가 드세지는 이슬람 극단주의 때문에 희생되는 경우에도, 안정되고 민주적인 터키는 그 세력이 유럽으로 확산되는 것을 막는 방파제 역할을 담당할 수 있을 것이다.

나는 데미렐 대통령을 다시 만나게 된 것이 반가웠다. 그는 터키가 동양과 서양을 연결하는 가교 역할을 하게 되기를 희망하고 있는 도량이 넓은 사람이었다. 나는 뷜렌트 에체비트 총리와 터키 국회를 상대로 내가 생각하는 터키의 미래를 제시했다. 나는 그들에게 쿠르드족이나 그리스와 문제를 해결함으로써 고립주의와 국수주의를 거부하고, 유럽연합의 일원으로 자리매김할 것을 역설했다.

다음 날 나는 이스탄불로 가서 그곳에서 활동하는 미국과 터키의 재계 지도자들에게 같은 내용의 연설을 했다. 이즈미트 근교의 천막촌에 가서 지진피해자들도 만났다. 우리는 모든 것을 잃어버린 가족들을 만났고, 그리스를 비롯해서 지진피해자들을 돕고 있는 여러 나라들에 대해서 감사한다는 내용의 연설을 했다. 터키가 지진의 공격을 받고 나서 얼마 되지 않아 그리스 역시 지진의 공격을 당했을 때, 터키는 그리스가 과거에 베풀어준 호의에 보답했다. 지진이 두 나라를 가깝게 만들 수 있었으니, 땅이 요동을 멈추었을 때도 이 두 나라는 함께 협력할 수 있을 터였다.

나의 터키 출장에서 터키인들에게 가장 깊은 인상을 심어준 것은 지진피해자 방문이었다. 어느 날 한 어린아이를 품에 안았더니, 그 아이가 손을 뻗어 내 코를 쥐었다. 첼시도 어렸을 때 내 코를 쥐는 걸 좋아했다. 어느 사진기자가 그 장면을 찍었고 다음 날 터키 신문마다 그 사진이 실렸다. 어느 신문에는 '그는 터키 사람이다!'라는 제목과 함께 그 사진이 실려 있었다.

나는 가족과 함께 에페수스 유적지를 방문했다. 그곳에는 로마 제국에서 최대규모로 꼽히는 도서관과 성 바울이 설교를 했다는 노천 원형극장이 있었다. 나는 50개국이 참여하는 유럽안보협력기구 회의에 참석했다. 1973년에 설립된 이 기구의 목적은 민주주의와 인권, 법에 의한 통치를 진전시키는 데 있었다. 우리는 발칸반도 안정조약을 지지하고, 위기가 계속되고 있는 체첸 문제와 관련하여 러시아에 대한 테러행위와 비무장 체첸인들에 대한 과도한 무력사용을 중지하는 내용의 결의안을 지지했다. 나는 또한 카자흐스탄, 투르크메니스탄, 아제르바이잔, 그리고 그루지아의 지도자들과 이란을 통하지 않고 카스피해에서 서방으로 송유관을 건설하는 계획을 지지하는 협정서에 서명했다. 이란이 어떤 미래를 선택하느냐에 따라, 송유관 협정은 석유생산국과 석유소비국의 안정적인 미래에 엄청난 중요성을 가지게 될 수도 있었다.

나는 오트만 제국과 로마 제국 양국의 수도로서 무수한 역사적 유적을 가진 이스탄불에 크게 매혹되었다. 나는 화해를 도모하기 위해서, 정교회의 총대주교인 콘스탄티노플의 바르톨로메오스 1세를 방문했고, 터키 사람들에게 이스탄불의 정교회 수도원을 다시 열어달라고 부탁했다. 대주교는 내가 좋아하는 성경 구절인 「히브리서」 11장의 한 구절이 새겨진 아름다운 두루마리를 주었다. '믿음은 바라는 것들의 실상이요 보지 못하는 것들의 증거니'로 시작하는 구절이었다.

내가 터키에 있는 동안, 백악관과 의회는 예산안 합의에 도달했다. 합의된 내용 중에는 교육 정책 외에도 경찰증원기금, 국토유산 정책, 와이리버 협정 때 약속했던 지원금, 극빈국에 대한 채무감면정책이 포함되었다. 공화당원들은 세출예산안에 가장 파괴적인 반환경적 보완조항을 추가하지 않겠다고 약속했다.

북아일랜드에서도 좋은 소식이 있었다. 조지 미첼이 새로운 정부 구성과 무장 해제를 동시에 진행한다는 협상안을 이끌어낸 것이다. 토니 블레어 영국 총리와 버티 아헌 아일랜드 총리도 이것을 지지했다. 아헌은 나와 함께 터키에 있을 때 그 소식을 들었다.

아테네를 방문한 나는 이른 아침에 첼시와 함께 아크로폴리스를 둘러보고 나서, 1967년에 그리스를 장악한 반민주적 정권을 미국이 지지했던 것에 대해 공식적인 유감의 뜻을 전했다. 나는 터키의 유럽연합 가입을 조건으로 키프로스 문제 해결을 위해 노력하겠다는 약속을 재확인하고, 코소보 사태 때 협력해준 것에 대해 콘스탄티노스 시미티스 그리스 총리에게 감사의 말을 전했다. 그리스와 세르비아는 같은 정교회 신앙을 가지고 있었기 때문에, 코소보 문제에 개입하는 것 자체가 그로서는 대단히 어려운 일이었다. 총리는 키프로스 문제가 해결될 수 있다는 것을 전제로 터키와의 화해 문제와 터키의 유럽연합 가입 문제에 대해서 너그러운 태도를 보였다. 두 나라의 외무장관 조지 파판드레우와 이스마엘 셈은 미래를 내다보고 공동의 미래를 위해 협조하고 있었다. 하기야 그것이 유일한 합리적인 방법이었다.

나는 그리스에서 피렌체로 이동했다. 이탈리아 총리 달레마가 주최하는 '제3의 길' 회의에 참석하기 위해서였다. 이번 회의는 이탈리아 특유의 멋이 풍기는 회의였다. 만찬 때는 안드레아 보첼리가 노래를 불렀고, 아카데미상 수상 배우인 로베르토 베니니가 쉬지 않고 사람들을 웃겼다. 그와 달레마는 아주 잘 어울리는 한 쌍이었다. 두 사람 모두 마르고 열정적인데다, 언제 어디서나 웃음거리를 찾아내는 사람들이었다. 베니니는 나를 만나자마자 "사랑해요!" 하면서 내 품 안으로 뛰어들었다. 나는 이탈리아에서 공직 출마를 하는 게 어떨까 하는 생각이 들 정도로 이탈리아가 마음에 들었다.

그 회의는 그때까지 열렸던 '제3의 길' 회의 중에서 가장 알찬 회의였다. 토니 블레어, 유럽연합 집행위원 로마노 프로디, 독일 총리 게르하르트 슈뢰더, 브라질 대통령 엔리케 카르도소, 프랑스 총리 리오넬 조스팽이 함께 모여 여러 가지 진보적인 의견들을 교환했다. 21세기 국내정책과 외교정책과 관련된 내용도 있었고, 금융위기를 최소화하고 세계화의 혜택은 늘이되 폐단은 줄일 수 있도록 국제금융기구를 개혁하는 방안과 관련된 내용도 있었다.

11월 21일에, 첼시와 나는 불가리아로 갔다. 나는 불가리아를 방문한 최초의 미국 대통령으로 환영을 받았다. 나는 휘황하게 불이 밝혀진 알렉산

더 네브스키 성당의 그림자 속으로 모여든 3,000명이 넘는 군중에게, 미국은 불가리아가 어렵게 얻은 자유와 경제적인 열망과 나토와의 동반관계를 지지하겠다는 내용의 연설을 했다.

추수감사절에 맞추어 귀국하기 직전에 코소보에 들렀다. 매들린 올브라이트와 웨스 클라크, 그리고 나는 그곳에서 열렬한 환영을 받았다. 내가 연설을 시작했는데도 몇몇 사람들이 내 이름을 연호하는 바람에 연설을 계속하기가 어려웠다. 나는 사람들의 열정적인 분위기를 깨고 싶지는 않았지만, 반드시 내 당부를 들어야 한다는 생각 때문에 열심히 이야기를 했다. 나는 청중에게 과거의 만행에 대한 분노에 사로잡혀서 세르비아 소수파에 대해서 앙갚음을 하지 말라고 당부했고, 코소보 내 여러 정파의 지도자들에게도 개별적으로 같은 내용을 당부했다. 그날 오후에 나는 본드스틸 기지를 방문해서 미군의 노고를 치하하고, 그들과 함께 때 이른 추수감사절 만찬을 즐겼다. 군인들은 자신들이 해온 활동들에 대해서 자부심을 가지고 있었고, 젊은 병사들 사이에서는 나보다 첼시가 훨씬 인기가 높았다.

여행 중에, 나는 중국의 세계무역기구 가입 협상을 마무리하기 위해서 샬린 바셰프스키와 진 스펄링을 중국으로 보냈다. 협상이 좋은 성과를 거둬야 중국과 미국의 지속적인 무역관계를 정착시킬 수 있는 법률을 통과시킬 수 있을 터였다. 스펄링이 온 것을 보고 중국 측은 내가 협상을 후원하고 있다는 확신을 가지게 되었다. 하지만 협상은 어렵게 진행되었다. 결국 우리는 덤핑이나 수입 홍수를 막을 수 있는 보호조치들과 미시간 민주당 하원의원 샌디 레빈이 지지했던 자동차 시장 개방에 합의했다. 샌디 레빈의 지지는 지속적인 정상적 무역관계와 중국의 세계무역기구 가입에 대한 의원들의 지지를 보증하는 것이었다. 진과 샬린의 노고가 컸다.

추수감사절 직후, 데이비드 트림블의 얼스터통일당이 새로운 평화협정을 승인함으로써 새로운 북아일랜드 정부가 구성되었다. 데이비드 트림블이 초대 총리를, 존 흄의 사회민주노동당 출신 셰이머스 말론은 초대 부총리를, 신페인당의 마틴 맥기네스는 교육부 장관을 맡았다. 얼마 전에는 상상도 할 수 없던 일이 벌어지고 있었다.

12월, 시애틀에서 세계무역기구 회의가 열렸을 때, 세계화에 반대하는 세력들의 격렬한 항의가 중심가를 뒤흔들었다. 내가 회의 참석자들에게 말했듯이, 대부분의 시위자들은 온건했고 정당한 불만을 표출하고 있었다. 국가간 상호의존의 과정은 거꾸로 되돌릴 수는 없는 것이지만, 세계무역기구는 무역이나 환경과 관련된 문제에 대해서 보다 개방적이고, 보다 민감해져야 했고, 세계화로 인해서 혜택을 받는 부유한 나라들은 하루 2달러에도 못 미치는 소득에 의지해 살고 있는 가난한 나라들에 혜택을 주기 위해 더 많은 노력을 기울여야 했다. 시애틀 회의가 끝난 후, 국제 금융 회의들에 대한 시위자 수는 더욱 늘어났다. 뒤로 밀려났거나 완전히 배제되었다고 생각하는 사람들의 우려에 대해 아무도 답하는 사람이 없는 한, 이런 시위는 계속될 게 분명했다.

12월 초에, 나는 지난 7년 동안 우리 경제는 2,000만 개 이상의 일자리를 늘렸고, 그중에 80퍼센트가 평균 임금을 넘는 임금을 받는 직업군에 속하게 되었으며, 아프리카계와 남미계 미국인들의 실업률이 사상 최저를 기록했으며, 여성실업률이 1953년 이후 최저를 기록했다는 사실을 발표했다. 1953년은 경제활동에 종사하는 여성의 수가 훨씬 적었던 때였다.

12월 6일, 나는 특별한 손님을 맞았다. 세인트루이스에서 온 열한 살 된 프레드 생어라는 아이와 그의 부모가 '희망 찾아주기 재단'을 대표하여 방문한 것이다. 이 재단은 심각한 질병을 앓고 있는 아이들이 소망을 이룰 수 있도록 도와주는 기관이었다. 프레드는 심장병을 앓고 있어서 거의 하루 종일 집 안에서 지내야 했다. 그 아이는 텔레비전을 자주 봐서 나의 활동에 대해 상당히 많이 알고 있었다. 우리는 뜻깊은 대화를 나누었고, 그 후에도 한동안 연락을 주고받았다. 8년의 공직생활 동안, '희망 찾아주기 재단'은 내게 47명의 아이들을 보냈다. 이들은 나의 생활에 빛을 던져주었고, 내가 대통령이 되고자 했던 이유를 상기시켜주었다.

12월 둘째 주, 나는 아사드 시리아 대통령과 전화 통화를 나눈 뒤에, 일주일 이내에 이스라엘과 시리아가 워싱턴에서 협상을 재개할 것이며, 될 수 있으면 빠른 시간 내에 합의에 도달할 예정이라는 사실을 발표했다.

12월 9일, 나는 매사추세츠 워세스터를 방문해서 화재진압 도중 순직한 여섯 명의 소방관들의 장례식에 참석했다. 그곳은 내가 절망에 빠져 있던 1998년 8월에 나를 따뜻하게 맞아준 도시였다. 가슴 아픈 비극이 그 지역과 미국 전역의 소방관들의 마음을 뒤흔들고 있었다. 전국 각지에서 모여든 수백 명의 사람들과 해외에서 온 사람들이 집회장을 가득 메웠다. 소방관의 사망률이 경찰관의 사망률보다 훨씬 높은 것이 가슴 아픈 현실이었다.

일주일 뒤, 루스벨트 기념관에서, 나는 취업중인 장애인들에게 메디케어와 메디케이드 혜택을 확대하는 법률에 서명을 했다. 이것은 장애인들과 그 가족들에게 장애인법 다음으로 소중한 법률이었다. 이 법은 에이즈, 근위축증, 파킨슨병, 당뇨병, 또는 극심한 부상을 입은 사람들 가운데 다른 방법으로 보험혜택을 받을 수 없는 사람들에게 메디케어 프로그램을 매입하게 하는 법이었다. 이 법으로 인해 수많은 사람들이 취업으로 소득을 올리면서 생활의 질을 향상시킬 수 있게 되었다. 이 법이 제정된 것은 장애인 활동가들의 고된 노고 덕분이었다. 와이오밍의 공화당 지지자로서 휠체어에 의지해야 하는 나의 친구 저스틴 다트, 항상 카우보이 모자와 장화를 신고 다니는 그의 노고도 컸다.

크리스마스를 며칠 앞둔 때부터, 너 나 할 것 없이 새해와 새천년에 대한 희망에 부풀어 있었다. 몇 년 만에 처음으로 우리 가족은 르네상스 위켄드에 참여하지 않고, 새천년 경축식에 참석하기 위해서 워싱턴을 지켰다. 새천년 경축식은 개별적인 후원금으로 마련된 행사였다. 테리 매컬리프가 수백만 달러의 후원금을 모아 시민들을 위한 축제를 만들었다. 이틀 동안 스미스소니언 협회에서 가족 단위의 행사가 열렸고, 31일 오후에는 어린이들을 위한 행사가 열렸으며, 퀸시 존스와 조지 스티븐스가 연출한 콘서트와 대규모 불꽃놀이가 진행되었다. 백악관에서는 대규모 만찬이 열려 문학계, 예술계, 음악계, 학계, 군대, 시민단체 출신의 유명 인사들로 만원을 이루었다. 사람들은 신나는 불꽃놀이를 즐긴 후에 한참 동안 춤을 추었다.

멋진 밤이었다. 하지만 나는 내내 초조했다. 미국에 대한 몇 건의 테러가 자행될 거라는 무수히 많은 정보 때문에 안보팀은 몇 주 동안 초비상경

계 상태에 있었다. 1988년 대사관 폭파 사건이 발생한 후, 나는 특히 빈 라
덴과 알 카에다 지지자들을 주시하고 있었다. 우리는 알 카에다 세포조직
여러 개를 적발하고 테러공작원들을 체포해서 미국에 대한 테러계획을 무
산시켰고, 파키스탄과 사우디아라비아에 빈 라덴을 넘겨주도록 아프가니스
탄에 압력을 가할 것을 촉구했다. 그런데 이렇게 새로운 테러 정보가 들어
오자, 샌디 버거는 거의 한 달 내내 백악관에서 고위 국가안보 담당자들과
회의를 했다.

폭탄 재료를 들고 캐나다 국경을 넘어 워싱턴 주로 들어오던 남자가 체
포되었는데, 그는 로스앤젤레스 공항을 폭파할 계획이었다. 노스이스트에
서는 두 개의 테러 세포조직이, 캐나다에서는 한 개의 조직이 적발되어 일
망타진되었다. 요르단에서의 테러계획도 무산되었다. 엄청나게 많은 경축
행사가 벌어졌지만, 테러 한 건 없이 새천년을 맞을 수 있었던 것은 수천 명
의 노고 덕분이었다. 하기야 얼마간의 운도 따랐을 것이다. 근심걱정이 많
긴 했지만, 새로운 해, 새로운 세기, 새로운 천년이 시작되는 순간, 내 마음
은 기쁨과 감사로 충만했다. 미국은 훌륭한 모습으로 자리를 잡았고, 우리
는 좋은 조건 속에서 새로운 시대를 향해 전진하고 있었다.

54

힐러리와 나는 라디오와 텔레비전으로 중계되는 대국민 공동연설로 새로운 세기이자 임기 마지막 해의 첫날을 시작했다. 새벽 2시 30분까지 백악관에서 축제를 즐기는 사람들과 어울렸기 때문에 몸은 지쳐 있었지만, 역사적인 날을 기념할 수 있다는 사실이 기뻤다. 전날 밤 세계적인 규모의 경축행사가 있었다. 몇 십억의 인구가 텔레비전을 통해 아시아를 시작으로, 유럽, 아프리카, 남미, 북미 대륙으로 새해가 열리는 것을 지켜보았다. 미국은 경제적 성공과 사회적 통합, 국민적 자신감이 결합된 상태에서 개방성과 역동성, 그리고 민주적 가치를 전 세계에 전파하면서, 세계적인 상호의존의 새로운 세기로 접어들고 있었다. 힐러리와 나는 미국인들이 이 기회를 이용해서 미국을 발전시키고 21세기가 세계에 던져줄 혜택과 부담을 함께 나누어야 한다고 말했다. 나는 임기 마지막 해를 이런 일을 하는 데 바칠 작정이었다.

역사적으로 보면 임기 7년차에는 느슨해진다고 하지만, 나는 1999년 한 해 동안 탄핵 소동을 겪으면서도 중단 없이 공적인 사업에 주력하고, 연두교서에서 밝혔던 의제를 집행하는 과정에서 무수히 발생하는 문제들과 기회들을 적절히 관리함으로써 많은 성과를 거두었다. 대통령의 두 번째 임기의 마지막 2년 동안 일반적으로 발생한다는 기강 해이 현상은 일어나지 않았다. 나는 올해에도 역시 그것을 허용하지 않겠다고 다짐하고 있었다.

새해가 되면서 나는 오랜 동반자 한 사람을 잃었다. 보리스 옐친이 사임하고 블라디미르 푸틴이 러시아 대통령으로 취임한 것이다. 옐친은 심장 수술 후 건강과 기력을 완전히 회복하지 못했고, 푸틴이 대통령직에 수반되는 장시간의 업무를 감당하면서 자신이 해왔던 일을 이어갈 준비를 갖추었다고 생각했다. 옐친은 러시아 국민들이 푸틴의 직무수행을 지켜볼 기회를 주게 되면, 다음 선거에서 승리를 거둘 가능성도 높아진다는 것을 알고 있었다. 옐친으로서는 현명하고 기민한 대처였지만, 나로서는 옐친의 빈자리가 아쉬웠다. 신체적 질병이 있고 이따금 예상하지 못한 행동을 한다는 약점이 있기는 했지만, 그는 원대한 포부를 가진 용감한 지도자였다. 우리는 서로를 신임했고 함께 많은 성과를 거두었다. 그가 사임하는 날, 우리는 20분쯤 전화로 대화를 나누었다. 나는 그가 사임 결정에 흡족해하고 있다는 것을 알 수 있었다. 그는 자신만의 독특한 방식으로 생활하고 나라를 다스리다가 대통령직에서 물러났다.

1월 3일, 나는 웨스트버지니아의 셰퍼즈타운에서 시리아와 이스라엘의 양 정상과 함께 평화회담을 가졌다. 에후드 바라크는 연초에 평화회담을 시작하자고 강력하게 주장했다. 그는 아라파트와 진행하는 평화과정에 점차 불만을 느끼고 있었고, 예루살렘에 대한 의견차를 해소할 수 있다는 확신을 갖지 못했다. 그는 몇 달 전에 내게 이스라엘의 몇 가지 걱정거리가 해결된다는 것을 전제로 시리아에 골란 고원을 반환할 의사가 있다고 말했다. 그가 밝힌 조건은 골란 고원에 조기경보 기지를 유지하고 갈릴리해로 알려져 있는 티베리아 호수 용수 공급량의 3분의 1을 확보한다는 것이었다.

갈릴리해의 물은 특이했다. 하층은 땅속에서 솟아나는 짠물이고 상층은 민물이었다. 민물이 짠물보다 가볍기 때문에, 호수의 물이 지나치게 줄어들지 않도록 늘 신경을 써야 했다. 물이 줄어들면 민물층이 가벼워져서 짠물층을 하층에 가두지 못하게 되기 때문이다. 민물이 특정 수위 이하로 내려가면 짠물이 올라와 민물과 섞이기 때문에 이스라엘의 유일한 수자원이 고갈될 우려가 있었다.

이츠하크 라빈은 암살당하기 전에 나에게 이스라엘이 원하는 조건이 충족되면 골란 고원에서 1967년 6월 4일(영토 확보를 둘러싼 이스라엘과 시리아의 6일 전쟁이 시작되기 전—옮긴이주) 당시의 국경선까지 후퇴할 용의가 있다고 말한 적이 있었다. 그는 내게 시기가 무르익어 시리아에 이런 제안을 공식적으로 내놓을 수 있을 때까지는 이러한 사실을 '호주머니에' 넣어두고 있으라고 당부했다. 이츠하크의 사망 후에는 시몬 페레스가 이 약속을 재확인했으며, 우리가 1996년 와이리버에서 시리아와 이스라엘의 회담을 주선한 것도 이런 약속을 염두에 둔 것이었다. 페레스는 이스라엘이 골란을 내놓을 경우 내가 이스라엘과 안보조약에 서명해주기를 바랐다. 후일 네타냐후도 그런 제안을 했고, 나중에는 바라크도 그런 제안을 하게 된다. 나는 그들에게 그렇게 할 의사가 있음을 밝혔다.

당시 데니스 로스를 비롯한 우리 팀은 페레스의 구상을 놓고 양국 협상을 상당히 진척시켰지만, 테러 행위가 빈발하는 와중에 강경파 네타냐후가 선거에서 페레스를 누르고 당선되었다. 네타냐후가 당선되면서 시리아와의 협상은 주춤거리게 되었는데, 신임 총리로 당선된 바라크가 협상 재개를 요청하고 나선 것이었다. 하지만 그는 라빈이 비밀을 유지해달라던 '호주머니' 속 약속의 정확한 내용에 대해서는 적극적으로 재확인해주지 않았다.

바라크가 상대해야 하는 유권자들은 라빈이 지도하던 유권자들과는 상당히 달라졌다. 이민자들이 대거 늘어났는데, 특히 러시아인들은 골란 고원을 넘겨주는 것에 반대하고 있었다. 소련에 장기간 수감되면서 서구의 영웅이 된 나탄 샤란스키는 나에게 러시아 유대인들의 태도에 대해서 설명해주었다. 러시아계 유대인들은 가장 땅이 넓은 나라에서 땅이 아주 좁은 나라로 옮겨져왔으며, 서안지구나 골란을 이양하여 이스라엘의 영토를 더 줄여서는 안 된다고 생각한다고 말했다. 그들은 또한 시리아가 이스라엘에 위협이 되지 않는다고 생각했다. 그들은 평화상태에 있는 것은 아니지만 그렇다고 전쟁상태에 있는 것도 아니었다. 시리아가 이스라엘을 공격한다면, 이스라엘은 쉽게 이길 수 있었다. 그런데 왜 골란을 포기한단 말인가?

바라크는 이런 의견에 동조하지 않았지만, 이 의견에 맞서 싸워야 했다. 그는 시리아와 평화를 원했고, 갈등은 해결될 수 있다는 확신을 가지고 있었으며, 내가 가능한 한 빠른 시일 안에 협상 자리를 마련해주기를 바라고 있었다. 나는 1월 이전부터 3개월이 넘도록 시리아의 외무장관인 파루크 알

샤라와 협상 문제로 협의를 하고 있었고, 회담 장소를 정하기 위해서 아사드 대통령에게 전화를 하기도 했다. 아사드는 건강이 좋지 않았고, 자신이 죽기 전에 골란을 되찾게 되기를 바라고 있었다. 하지만 그는 신중해야 했다. 자신의 아들 바사르가 자신의 뒤를 잇기를 바라고 있었기 때문이다. 그는 1967년 6월 4일 이전의 영토를 고스란히 되찾아야 한다고 생각했지만, 합의를 하더라도 자신의 아들이 시리아 내부의 정파들로부터 공격당하지 않을 정도의 내용으로 합의안을 만들어야 했다.

아사드의 우유부단한 태도와 1999년 가을에 있었던 샤라 외무장관의 심장발작 때문에 바라크는 다급해 했다. 나는 바라크의 요청을 받아들여서 아사드에게 서한을 보냈다. 국경 문제와 용수 문제, 조기경보 기지 문제를 해결할 수 있다면 바라크가 협상을 할 용의가 있으며, 양국이 합의에 도달한다면 미국은 바라크도 권하고 있는, 시리아와의 쌍무 관계를 맺을 의사가 있다는 내용의 편지였다. 시리아가 과거 테러행위를 지원했다는 점을 감안할 때, 이것은 우리로서는 큰 진전이었다. 물론 아사드가 미국과 정상적인 관계를 맺으려면 테러리즘을 지원하는 행위를 중단해야 했다. 사실 아사드가 골란을 되찾을 경우, 레바논을 거점으로 삼고 이스라엘을 공격하고 있는 헤즈볼라 테러분자들을 지원해도 더 얻을 것이 없었다.

바라크는 레바논과도 평화적인 관계를 원하고 있었다. 그는 그해 말까지 레바논에 주둔하고 있는 이스라엘 병력을 철수시키겠다고 약속했다. 그는 레바논과 평화협정을 체결하면 국경 근처에서 빈발하고 있는 헤즈볼라의 공격으로부터 이스라엘 사람들을 보호할 수 있고, 이스라엘이 헤즈볼라의 공격 때문에 철수한 것으로 비치지도 않을 거라고 생각했다. 그러나 그가 잘 알고 있듯이, 시리아의 동의와 개입이 없이는 레바논과 평화관계를 수립할 수 없었다.

아사드는 한 달 뒤에 서한을 보내왔다. 예전의 입장에서 한발 뒤로 물러난 듯한 느낌이 드는 내용이었는데, 자신과 샤라의 건강 문제로 불안해하는 시리아의 여론 때문인 것 같았다. 몇 주 후에 매들린 올브라이트와 데니스 로스가 아사드와 샤라를 찾아갔을 때, 두 사람은 완전히 회복되어 있었다.

아사드는 협상을 재개하기를 원한다며, 바라크가 진지하게 나오는 것 같으니 협정을 맺을 용의가 있다고 말했다. 그는 바라크가 이스라엘 내부의 여론을 잘 통제할 수 있다는 전제 하에 샤라에게 협상을 맡기는 것에 동의했다. 그는 예전에는 결코 샤라에게 협상을 맡긴 적이 없었다.

바라크는 시리아의 조건을 흔쾌히 받아들이고 당장 회담을 시작하자고 재촉했다. 나는 크리스마스 휴가 기간이라 당장은 불가능하다고 설명하고, 12월 중순에 예비회담을 가진 뒤 새해 초에 3국 정상회담을 재개하고, 합의에 도달할 때까지 회의일정에 제한을 두지 말자고 제안했다. 바라크는 우리가 제시한 일정에 동의했다. 워싱턴 예비회담은 샤라의 공격적인 공개발언 때문에 무산될 위기를 넘기고 아슬아슬하게 개최되었다. 그럼에도 사적인 자리에서, 샤라가 1996년에 회담이 중단되었던 부분, 즉 이스라엘의 요구가 충족될 경우 이스라엘이 6월 4일 분계선으로 복귀한다는 부분부터 논의를 시작해야 한다고 주장했을 때, 바라크는 자신은 영토 문제에 관해서는 아무것도 약속한 바가 없지만, "우리는 역사를 지우지는 않는다"고 대꾸했다. 두 사람은 내가 국경, 안보, 용수, 평화 등의 쟁점에 대한 토론 순서를 정하는 것에 동의했다. 바라크는 협상이 중단 없이 계속되기를 원했다. 그럴 경우, 시리아 측은 1월 7일에 라마단이 끝날 때까지 본국으로 돌아가지 못하고 단식기간이 끝날 때 벌이는 전통적인 아이드 알 피트르 축제에도 참석할 수 없게 될 터였다. 그러나 샤라는 바라크의 제안에 동의했고, 양 정상은 회담 준비를 위해서 귀국했다.

바라크는 조기 협상을 강력하게 촉구하는 입장이었지만, 막상 협상이 다가오자 이스라엘 국민을 설득하지 않고 골란을 넘겨줄 경우에 어떤 정치적인 결과가 나올지 우려가 되는 모양이었다. 결국 그는 몇 가지 보완 장치를 원했다. 레바논과 시리아의 협상을 유도하여 이스라엘과 레바논 간 대화 통로를 회복하고, 이스라엘과의 관계를 진전시킨다는 아랍 국가 1개국 이상의 선언을 얻어내고, 골란 지역에 자유무역지대를 개설한다는 것 등이었다. 나는 이 요청을 지지하기로 합의하고, 일을 한 단계 더 전진시키기 위하여 12월 19일에 아사드에게 전화를 했다. 나는 그에게 평화회담 개시와 동시에 레바논과 협상을 재개할 것과 20년 전 레바논전쟁 중에 실종된 세 명의 이스라엘인의 유해를 반환할 것을 요청했다. 아사드는 두 번째 요청을 받아들였고, 우리는 시리아에 법의학팀을 파견했다. 하지만 안타깝게도 이스라엘 측이 생각했던 곳에는 그런 유해가 없었다. 아사드는 첫 번째 문제에 관해서는 명확한 답변을 회피했다. 그는 이스라엘과 시리아 간 협상에서 어느 정도 진전이 있어야 레바논과의 협상이 재개될 수 있다는 말만 했다.

회담 장소로 정해진 셰퍼즈타운은 워싱턴에서 차로 한 시간 거리에 있는 농촌 지역이었다. 바라크는 정보 누출을 최소화해야 한다며 한적한 지역을 고집했다. 시리아 측도 중요한 중동 평화회담이 여러 차례 열렸던 곳이라는 이유로 캠프 데이비드나 와이리버에 가는 것을 꺼렸다. 셰퍼즈타운은 나도 만족스러웠다. 회의장 시설도 편리하고 백악관에서 갈 경우 헬리콥터로 20분 거리였기 때문이다.

양측 정상의 현안에 대한 이견은 그리 크지 않았다. 시리아는 골란 지역을 완전 회복하되, 이스라엘에 호수의 경계를 따라 10미터 폭의 좁은 띠 같은 땅을 남겨두겠다고 했고, 이스라엘은 더 넓은 땅을 원했다. 시리아는 이스라엘이 18개월 이내에 철군하기를 원했고, 바라크는 3년을 요구했다. 이스라엘은 조기경보 기지를 유지하기를 바랐지만, 시리아는 유엔이나 미국에서 파견된 인력이 조기경보 기지를 운영하기를 원했다. 이스라엘은 골란에서 호수로 유입되는 물의 질과 양에 대한 보증을 원했다. 시리아는 터키에서 유입되는 물에 대해서 똑같은 보증을 해준다는 조건으로 이스라엘의 요구를 받아들였다. 이스라엘은 철수가 시작되는 즉시 완전한 외교 관계의 수립을 원했지만, 시리아는 철수가 완료되기 전에는 그 이하의 수준을 유지하기를 바랐다.

시리아 측은 셰퍼즈타운에 도착할 때부터 상당히 긍정적이고 유연한 태도를 보여주었다. 하지만 정작 회담을 하자고 졸라댔던 바라크는 여론조사의 수치를 의식한 것인지, 이스라엘 국민에게 강경한 태도로 협상에 임하고 있다는 인상을 심어주기 위해 처음 며칠 동안 속도를 내지 않았다. 그는 일부러 시간을 끄는 동안 말을 거의 하지 않았으며, 내가 샤라나 아사드와 맺어왔던 친분관계를 활용해서 시리아 측의 불만을 누그러뜨려주기를 원했다.

나는 좋게 말해서 상당히 실망했다. 바라크가 전에 시리아인들과 협상했던 경험이 있었다면, 혹은 그가 미리 우리에게 사정을 알려주었다면, 일을 추스르기가 쉬웠을 터였다. 그는 민주적으로 선출된 지도자라서 아사드보다 여론에 더 신경을 쓰는 모양이었다. 하지만 아사드에게도 정치적인 문제가 있었다. 그는 나에 대한 신임과 바라크의 확언에 대한 믿음 때문에, 시리아 내부에서 이스라엘에 지나치게 기울어져 있다는 비난을 감수하고 있었다.

바라크는 정계에 입문한 지 얼마 안 되는 사람이었다. 그래서 나는 그에게 조언을 하는 사람이 제대로 역할을 하지 못하는 것이라고 생각했다. 외교관계에서는 여론이 중요하지 않은 경우가 많다. 국민은 자신들을 위해서 싸워 이기라고 지도자를 뽑는다. 중요한 것은 이겼느냐 졌느냐이다. 나의 주요한 외교정책들은 대부분 처음에는 그다지 좋은 반응을 얻지 못했다. 바라크가 시리아와 진정한 평화를 이루어낸다면, 이스라엘과 세계에서 그의 입지는 더욱 탄탄해질 것이고, 팔레스타인과의 관계에서도 성공할 가능성이 높아질 것이다. 하지만 회담이 실패로 돌아가면, 잠시 반짝했던 인기는 물거품처럼 사라지고 말 것이다. 나는 설득해보려고 부단히 노력했지만, 바라크의 결심을 바꿀 수 없었다. 그는 자기가 기다리는 동안 내가 샤라를 붙들고 있기를 원했다. 일을 하는 것 말고 기분전환할 거리라곤 거의 없는데다 적막하기 짝이 없는 셰퍼즈타운에서 샤라를 붙들고 있으려니 답답할 노릇이었다.

매들린 올브라이트와 데니스 로스는 바라크가 최소한 라빈의 호주머니 약속에 대한 확인이라도 하게 할 수 있는 방안을 궁리했다. 그중에는 올브라이트가 시리아 대표단의 유일한 여성인 부세이나 샤반과 비공식적인 회담을 하는 자리를 이용하는 방법도 포함되어 있었다. 샤반은 우리가 아사드를 만날 때마다 통역으로 따라다니던, 논리정연하고 인상적인 여성이었다. 아사드 곁에 오래 있었던 그녀가 셰퍼즈타운에 왔다는 것은 진행되는 상황이 아사드에게 고스란히 보고된다는 것을 의미했다.

　1월 15일 금요일, 우리는 양측의 이견을 괄호에 넣은 평화협정 초안을 제시했다. 시리아 측은 토요일에 긍정적인 의견을 표시했다. 우리는 국경과 안보에 관한 회의를 시작했다. 시리아 측은 다시 두 가지 문제에 대해 유연한 태도를 보여주었다. 그들은 이스라엘이 6월 4일 분계선을 논의의 기초로 삼는다는 것을 전제로 갈릴리해에 인접한 땅의 넓이를 50평방미터로 조정하는 데 동의할 뜻을 비쳤다. 이것은 상당히 타당성이 있는 주장이었다. 1967년 이후로 호수의 규모가 꾸준히 줄어들었기 때문이다. 나는 힘이 솟았다. 하지만 바라크는 시리아 측의 제의와 관계없이, 6월 4일 분계선을 받아들일 권한을 협상팀 누구에게도 주지 않았다.

　일요일, 바라크 총리 내외가 매들린 올브라이트의 농장에서 점심식사를 하고 있을 때, 올브라이트와 로스가 바라크를 마지막으로 설득했다. 시리아는 자신의 요구가 받아들여진다는 것을 전제로 이스라엘의 요구에 대해서 유연한 태도를 보이고 있는데, 이스라엘은 아무런 대응을 하지 않고 있으니 대체 어떻게 할 작정이냐? 바라크는 먼저 레바논과의 협상을 재개하고 싶다고 말했다. 만약 협상이 여의치 않으면 며칠 뒤에 협상을 깨고 돌아오겠다는 것이었다.

　샤라는 이 이야기를 듣고 아무런 반응이 없었다. 그는 셰퍼즈타운 회담이 실패로 끝났고, 바라크는 믿을 만한 사람이 못 된다면서, 아사드 대통령에게 있는 그대로 보고하겠다고 말했다. 마지막 저녁식사 때, 나는 바라크에게 시리아로 돌아가는 샤라에게 무언가 긍정적인 언질을 주게 하려고 애를 썼다. 그는 내 제안을 거절했다. 대신 그는 개인적으로 내게 부탁을 했다. 그 내용은 자신들이 셰퍼즈타운을 떠나고 나면 아사드에게 전화를 걸어 레바논 협상이 재개되거나 혹은 시작이 임박하게 되면, 6월 4일 분계선을 받아들이겠다고 전해달라는 것이었다. 샤라는 무언가 결정적인 합의가 이루어질 것이라고 생각하고 나왔던 협상에서 빈손으로 돌아가게 되었다. 커다란 성과가 있으리라 기대하고 라마단과 아이드 알 피트르 축제까지 지키지 않고 머무르고 있었던 시리아 측으로선 황당한 일이었다.

일은 더 꼬여서, 합의되지 않은 조약서의 내용이 이스라엘 언론으로 새어나가 시리아가 아무런 대가 없이 양보를 제안한 것으로 알려지고 말았다. 샤라는 본국에서 심한 공격을 받게 될 판이었다. 권위주의 정권도 여론과 강력한 이익집단들로부터 자유로운 처지는 아니었기 때문에, 샤라나 아사드의 입장에서는 난처하기 짝이 없었다.

나는 아사드에게 전화를 걸어 레바논 협상이 시작되는 대로 라빈의 약속을 기초로 하여 국경 문제를 논의하겠다는 바라크의 제안을 전했다. 아사드는 아무런 말도 하지 않고 듣기만 했다. 며칠 후, 샤라가 매들린 올브라이트에게 전화를 걸어 바라크의 제안을 거절하고, 시리아는 국경 문제가 마무리되어야만 레바논에 대한 협상을 시작하겠다고 말했다. 그들은 적극적이고 유연한 태도로 나왔다가 상처를 입었으니, 다시는 똑같은 실수를 하고 싶지 않은 모양이었다.

한동안 우리는 난처한 입장에 빠져 있었다. 하지만 나는 계속 노력해야 한다고 생각했다. 바라크는 여전히 시리아와의 평화를 원하고 있었지만, 이스라엘 여론은 평화를 이루기 위해서 필요한 타협을 받아들일 준비가 되어 있지 않았다. 평화를 되찾는 것(그것도 빠른 시간 안에)은 시리아에도 이로운 일이었다. 아사드는 건강이 좋지 않았고 자기 아들이 따라 걸어올 길을 닦아주어야 했다. 한편 팔레스타인과의 협상 통로 쪽에도 처리해야 할 일이 산더미 같았다. 나는 샌디 버거, 매들린 올브라이트, 데니스 로스에게 우리가 다음에 취해야 할 방법에 대해서 연구해보라고 지시하고 다른 일로 관심을 돌려야 했다.

1월 10일, 백악관에서 라마단이 끝나는 것을 경축하는 이슬람교도 행사가 열렸다. 이 행사가 끝난 뒤, 힐러리와 나는 메릴랜드 아나폴리스의 해군사관학교 예배당에서 열린 버드 줌왈트의 장례식에 참석했다. 그는 르네상스 위켄드에서 만나 친구가 된 사이로, 내가 취임한 뒤로 베트남전에서 에이전트오렌지에 노출되어 병을 얻은 사람들의 가족들을 도와주는 일을 했다. 고엽제 후유증을 앓다가 죽은 아들이 있었던 그는 화학무기금지협약을 비준하도록 상원에 압력을 넣었다. 그는 하원의 탄핵결정 이후에는 우리 가족에게 죽는 날까지 잊혀지지 않을 따스한 친절과 지원을 베풀었다. 내가 장례식에 갈 차림을 하는데, 나의 집사 중에서 30년간 해군에서 근무했던 필리핀계 미국인 리토 바우티사가 나에게 말했다. "장례식에 참석하신다니 다행이에요. 그분은 우리에게 최고였어요. 진짜 우리 편이었죠."

장례식이 있었던 날 밤, 나는 그랜드캐니언으로 가서 엘토바 호텔에 투숙했다. 내가 묵은 방의 발코니는 계곡의 가장자리 위에 나 있었다. 거의 30년 전에, 나는 그랜드캐니언으로 넘어가는 저녁 해를 본 적이 있었다. 이번에는 해가 떠오르는 것을 보고 싶었다. 절벽 꼭대기 쪽부터 시작해서 아래쪽으로 빛이 퍼져가면서, 여러 가지 색깔의 바위들의 엇갈린 층이 차례로 빛을 발하는 아름다운 일출을 보고 싶었다. 다음 날 아침, 나는 기대했던 것처럼 아름다운 일출을 보았다.

그랜드캐니언에 다녀온 후, 내무장관 브루스 배빗과 나는 애리조나와 캘리포니아의 세 곳을 새로 천연기념물로 지정하여 천연기념물의 면적을 4분의 1 늘렸다. 이렇게 해서 그랜드캐니언 인근의 100만 에이커의 땅과 캘리포니아 연안의 수천 개의 작은 섬들과 드러난 암초들이 천연기념물에 포함되었다. 시어도어 루스벨트 대통령이 그랜드캐니언을 천연기념물로 지정한 날로부터 꼭 92년째 되는 날이었다. 브루스 배빗, 앨 고어, 그리고 나는 루스벨트의 보존 정신과 늘 '멀리 내다보라'는 그의 훈계를 받들기 위해서 최선의 노력을 기울여왔다.

1월 15일, 나는 토요일 아침 라디오 연설 시간에 마틴 루터 킹 2세의 탄생 경축 연설을 했다. 나는 지난 7년 동안 아프리카계 미국인과 남미계 미국인의 경제적·사회적 진출을 짚어보고, 우리가 앞으로 가야 할 곳이 얼마나 먼지 이야기했다. 소수민족의 실업률과 빈곤율은 대단히 낮은 수준으로 내려오기는 했지만, 전국 평균에 비하면 훨씬 높았다. 인종 또는 종교 때문에 일어나는 증오범죄가 폭발적으로 늘어나고 있었다. 흑인인 제임스 버드는 텍사스에서 백인 인종주의자들의 손에 의해 화물자동차 뒤에 매달린 채 끌려 다니다가 죽었다. 로스앤젤레스의 유대계 학교에서는 총격사건이 발생했고, 한국계 미국인 학생, 아프리카계 미국인 농구감독, 그리고 필리핀계

우체부가 인종이 다르다는 이유로 살해당했다.

한 달 전, 백악관에서 힐러리가 연 새천년 저녁 행사 가운데 어떤 자리에서 매사추세츠 공과대학의 게놈 연구기관인 화이트헤드연구소 소장 에릭 랜더 박사와 '인터넷의 아버지'로 알려진 첨단기술 전문가 빈튼 서프는 어떻게 디지털 칩 기술이 인간의 게놈 프로젝트를 성공으로 이끌어냈는가에 대해 토론했다. 그날 저녁 들었던 이야기 중에서 내 머릿속에 가장 뚜렷이 남아 있는 것은 모든 인간이 유전학상으로 99.9퍼센트 이상 닮았다는 랜더의 말이었다. 그 말을 들은 이후로, 나는 1퍼센트의 10분의 1도 안 되는 것들을 가지고 편가르기를 하려는 강박감에 사로잡힌 사람들 때문에 흘리는 피와 거기 허비되는 에너지가 얼마나 허망한가 하는 생각을 하게 되었다.

라디오 연설을 통해서, 나는 의회에 증오범죄 법안을 통과시킬 것을 다시 요구했다. 또 상원에 대해서 뛰어난 중국계 미국인 법률가인 빌 랜 리를 민권 담당 법무부 차관으로 비준해줄 것을 요청했다. 공화당 다수파는 계속 그를 물고늘어졌다. 그들은 내가 백인이 아닌 사람을 지명할 때마다 질색을 하고 달려들었다. 그날 아침 나의 중요한 손님은 샬롯 필모였다. 그해 100세의 그 여성은 전직 백악관 직원이었는데, 수십 년 전에 백악관을 출입할 때는 백인이 아니라는 이유로 뒷문으로 드나들어야 했다. 우리는 샬롯에게 정문을 통해서 오벌 오피스로 들어오게 했다.

연두교서 발표가 예정되어 있던 주에 나는 평소 습관대로 연설에서 제시할 주요한 정책들을 꼽아보고 있었다. 이번에는 힐러리와 앨 고어가 선거운동에서 주장하고 있는 두 가지 제안을 포함시켰다. 나는 아동건강보험프로그램CHIP 하에서 건강보험 수급 자격을 갖춘 자녀를 둔 부모들이 같은 프로그램 하에서 자신을 위한 보험에 가입하는 것을 허용하자고 제안했다. 이것은 앨 고어가 추진하고 있는 정책이었다. 또 대학수업료의 최초의 1만 달러에 대해서 세금공제를 하자는 제안을 지지했다. 이것은 상원의원 척 슈머가 의회에서 제안하고, 힐러리가 선거운동에서 주장하고 있는 정책이었다.

소득기준에 따라 자격을 갖춘 부모와 아이들(약 1,400만 명이었다)이 모두 아동건강보험프로그램에 가입하게 되면, 보험혜택을 받지 못하는 인구의 3

분의 1 가량이 혜택을 볼 수 있을 터였다. 내가 제안했던 것처럼 55세 이상의 사람들에 대한 메디케어 가입까지 허용하면, 보험혜택을 받지 못하는 인구는 절반으로 줄어들 터였다. 내가 이미 서명하여 법률로 확정된 대학원조 확대 프로그램에 수업료 세액공제가 추가되면, 모든 미국인들에게 대학의 문을 열어주었다고 주장할 수 있게 될 터였다. 대학입학률은 이미 67퍼센트로 증가해서, 내가 취임하던 당시에 비해 10퍼센트 가량 높아진 셈이었다.

나는 캘리포니아기술연구소에서 과학자들을 대상으로 연설을 했다. 그 연설에서 나는 연구개발비를 30억 달러 증액하는 정책을 발표했다. 에이즈 및 기타 생물의학 연구에 10억 달러, 나노기술 연구에 5억 달러, 기초과학, 우주과학, 청정에너지 분야에 상당한 금액을 증액할 예정이었다. 1월 24일, 나는 의회에서 알렉시스 허먼, 도너 샬랄라와 함께, 25퍼센트나 되는 남녀 임금격차를 없앨 수 있는 방안으로 공정임금법을 통과시키고, 엄청난 규모로 적체되어 있는 고용기회균등위원회의 고용차별 사건들을 해소할 수 있는 기금을 제공하고, 여성들이 소수를 차지하는 고임금직종에서 여성고용을 늘리기 위한 노동부의 노력을 지지해달라고 요청했다. 당시에는 대부분의 첨단기술직종에서 남녀간의 고용비율이 2대 1을 웃돌고 있는 형편이었다.

연두교서 발표가 있기 전날, 나는 PBS의 '뉴스아워'를 진행하고 있는 짐 레러와 인터뷰를 했다. 2년 전, 선서증언으로 인한 소동이 일어난 직후에 했던 인터뷰 이후 처음이었다. 우리는 먼저 지난 7년간의 행정부의 성과들을 훑어보았다. 이윽고 레러는 역사학자들이 나에 대해서 어떻게 기록할 것인지 걱정이 되지 않느냐고 물었다. 그 즈음에 「뉴욕 타임즈」에는 역사학자들이 내가 타고난 재능을 이용해서 중요한 업적들을 달성한 정치가이며, '한때는 손 안에 위대함을 쥐고 있다가 놓쳐버린' 사람이라고 이야기하기 시작했다는 사설이 게재되었다.

레러는 내게 '잘될 수도 있었는데' 하는 아쉬움이 남는 평가에 대해 어떻게 생각하느냐고 물었다. 나는 우리 시대는 지난 세기 전환기와 매우 비슷하다고 말했다. 경제적·사회적 변화의 새로운 세기를 향해 나아가고 있으며, 한 나라의 영역을 넘어 세계 속으로 끌려들어가고 있다고 대답했다.

나는 내가 이룬 업적을 평가하는 기준은 다음과 같은 것이 되어야 한다고 생각했다. "우리는 새로운 경제와 세계화 시대로 접어들고 있는 미국의 과도기를 제대로 관리했는가, 그렇지 않았는가? 우리는 여러 가지 문제들을 다루는 방식을 시대에 맞추어 변화시키고 사회적 진보를 이루어냈는가? 우리는 환경을 제대로 관리하는 훌륭한 청지기였는가? 우리가 대항하려 했던 세력은 무엇이었는가?" 나는 그에게 이런 질문들에 대해서는 만족스럽게 대답할 수 있다고 말했다.

나는 역사에 대한 저작들을 많이 읽은 덕분에 역사는 끊임없이 다시 씌어진다는 것을 잘 알고 있었다. 나의 임기 중에, 율리시스 그랜트(18대 미국 대통령, 1869-1877년 재임 - 옮긴이주)의 두 개의 전기가 출간되었는데, 이 책들을 통해서 그의 대통령 직무에 대한 일반적인 평가는 급상승했다. 역사란 언제나 그런 식으로 진행되어왔다. 그리고 레러에게도 말했지만, 나는 미래가 나를 어떻게 생각할 것인가보다는, 임기 마지막 해에 무엇을 성취할 수 있는가에 대해서 더 많은 관심을 기울이고 있었다.

나는 레러에게, 국내의 현안 문제를 넘어서서 생각하면 21세기의 가장 큰 안보 문제들에 대처할 수 있도록 미국을 준비시키고 싶다고 말했다. 국회 내 공화당원들의 첫 번째 관심사는 국가미사일방어체제를 구축하는 것이었다. 하지만 내 생각은 달랐다. "가장 큰 위협은 테러분자들과 마약밀매자들, 그리고 범죄조직이 서로 협조관계를 맺는 것이며, 이들이 점점 작아지고 점점 탐지하기 어려워지는 대량살상무기와 강력한 전통적 무기로 무장하는 것이다. 그래서 우리는 사이버 테러, 생물학적 테러, 화학적 테러에 대처할 수 있는 체제를 구축하기 위해서 노력해온 것이다…… 지금 이런 것들은 주된 관심의 대상이 아니다. 하지만…… 나는 서로 긴밀하게 연결되어 있는 지금과 같은 세계에서 국민국가의 적은 방금 말한 안보상의 위협이라고 생각한다."

나는 테러에 대해서 상당히 많은 고심을 하고 있었다. 새천년 경축식을 앞두고 두 달 동안 우리는 테러 위협 때문에 조바심에 떨어야 했다. 중앙정보국, 국가안보국, 연방수사국, 그리고 우리의 모든 테러방지 그룹이 미국과 중동에서 예정되었던 여러 건의 테러공격을 무산시키기 위해서 고된 활동을 했다. 중앙정보국이 빈 라덴의 소재를 파악하기만 하면 곧바로 미사일을 발사하기 위해 두 대의 잠수함이 아라비아해 북부에 배치되어 있었다. 딕 클라크가 이끄는 테러방지 그룹과 조지 테닛은 빈 라덴을 찾아내기 위해서 열심히 노력하고 있었다. 나는 우리가 상황을 장악하고 있다고 생각했다. 하지만 세계가 점점 개방화되면서 적들은 무고한 사람들을 공격할 기회를 쉽게 찾아냈고, 반대로 우리는 그들과 싸우는 데 필요한 공격과 방어 역량을 갖추지 못하고 있었다.

좌담이 끝날 무렵, 레러는 내게 예상했던 질문을 던졌다. 만일 2년 전에 내 행동에 대한 자신의 질문과 다른 질문들에 대해서 처음부터 솔직하게 대답을 했더라면, 전혀 다른 결과가 있었을 것이고 탄핵도 당하지 않았을 것이라는 생각은 해본 적이 없느냐는 것이었다. 나는 그것은 알 수 없지만, 그를 비롯한 미국 국민들이 잘못된 판단을 하게 만든 것에 대해서 깊이 뉘우치고 있다고 대답했다. 당시 워싱턴을 집어삼켰던 집단적 광기의 분위기를 생각하면, 나는 지금도 그가 던진 질문에 답변을 할 수 없다. 그에게 말했듯이, 나는 실수한 것에 대해서 사과를 하고 잘못을 바로잡으려고 노력했다. 내가 할 수 있는 것은 그것뿐이었다.

레러는 다시 질문을 던졌다. 만일 나를 대통령직에서 밀어내려는 음모가 있었다고 할 경우, 그것이 성공하지 못했다는 것을 알았을 때 만족했느냐는 질문이었다. 당시 언론인들은 모두 그런 음모가 있다는 것을 알고 있었으면서도 결코 그것을 입 밖으로 드러내 인정하지 않았다. 아마 그 질문이 언론인이 내가 있는 자리에서 그런 음모가 있었다는 것을 인정하는 수준에 가장 가까이 다가갔던 예였던 것 같다. 나는 어떤 사람이 분노에 사로잡히거나 누군가를 꺾었다고 지나치게 좋아하면, 또는 어떤 사람이 자신의 죄가 아무리 흉악해도 적의 죄는 훨씬 흉악하다고 생각하면, 인생은 언제나 그 사람의 오만함을 꺾고 만다는 것을 비싼 대가를 치러가며 배웠다고 대답했다. 나에게 남은 시간은 1년뿐이었다. 화를 내거나 고소해 하며 앉아 있을 시간이 없었다.

마지막 연두교서를 발표할 때 나는 행복했다. 2,000만 개의 일자리가 늘어났고, 30년 만에 최저의 실업률과 최소의 생활보호대상자 수, 25년 만에 최저의 범죄율, 20년 만에 최저의 빈곤율, 40년 만에 최소의 연방직원 수, 42년 만에 최초의 연속 재정흑자, 7년 연속 십대 임신율 하락, 입양 30퍼센트 증가, 아메리코에 봉사하는 청년회원 수 15만 명을 기록하고 있었다. 한 달 후에는 미국 역사상 최장기간의 경제 팽창을 달성하고, 그해 말이 되면 50년 만에 최초로 3년 연속 재정흑자를 기록하게 될 터였다.

나는 미국이 이러한 번영에 만족할까봐 우려하고 있었다. 그래서 나는 국민들에게 이런 번영을 당연한 것으로 생각하지 말고, 21세기에 세워갈 미국을 "멀리 내다보라"고 당부했다. 나는 야심찬 목적을 이루기 위해 60개 이상의 사업을 제시했다. 나의 야심은 이런 것이었다. 모든 아이들이 공부할 준비를 갖추고 입학을 하고, 성공할 준비를 갖추고 졸업을 한다. 모든 가정이 가정과 직장에서 만족스런 생활을 할 수 있다. 빈곤 속에서 자라나는 아이가 없다. 베이비붐 세대가 은퇴한 후의 대책이 보장된다. 모든 미국인이 능력에 맞는 건강보험에 가입해서 질 좋은 의료혜택을 받는다. 미국은 세계에서 가장 안전한 나라가 되고, 1835년 이후로 처음으로 외채 없는 나라가 된다. 모든 공동체가 번영을 이룬다. 이상적인 기후 변화가 사라진다. 미국은 번영과 안보의 공유를 향하여 나아가는 세계, 과학과 기술의 높은 수준의 발전을 향해 나아가는 세계를 주도한다. 우리는 다양성 속에서 통합된 하나의 나라가 된다.

나는 공화당 의원들과 민주당 의원들을 설득하기 위해서 최선을 다했다. 내가 의회에 제안한 내용은 다음과 같았다. 세금감면과 지출 프로그램을 위의 목적에 부합하는 방향으로 조합한다. 빈곤이나 마약과 맞서 싸우고 십대 미혼모를 도우려는 신념에 찬 노력을 강력하게 후원한다. 현재 세금공제에 대한 항목을 구분하지 않기 때문에 자선 기부금에 세금 우대를 신청할 수 없는 저소득이나 중간소득 시민에게 세금 우대를 적용한다. 맞벌이 부부에게 불리한 세금규정을 없애고, 소득세공제를 더 확대한다. 새로운 이민자들에게 영어와 시민 교육을 가르칠 경우 인센티브를 더 많이 제공한다. 증오범죄법안과 고용차별금지법을 통과시킨다. 그렇게 제안한 다음, 나는 '뉴마켓' 사업에 하원의장이 협조해준 데 대해 치하했다.

마지막으로 나는 힐러리 옆에 앉은 사람들, 우리가 달성하고자 하는 일들을 상징하는 사람들을 소개했다. 콜럼바인에서 살해당한 학생의 아버지, 그는 의회가 총기 전시회에서 신분증 확인 없이 총기 판매하는 것을 금지해주기를 바랐다. 남미계 아버지, 자랑스럽게 아이 보육비를 낸 그는 내가 제안했던 노동가정을 위한 세금감면 프로그램 덕분에 혜택을 입게 될 터였다. 코소보에 추락한 조종사를 구조한 공군 대위, 그는 발칸반도에서 우리가 맡은 역할을 마무리하는 일의 중요성을 입증하고 있었다. 나의 친구 행크 아론, 그는 야구계 활동을 마친 후 가난한 아이들을 돕는 일과 인종갈등을 중재하는 일에 오랜 세월 시간을 투자해온 사람이었다.

나는 연설을 마무리하면서 단합을 호소했다. 내가 공화당 의원이나 민주당 의원이나 유전학적으로 보면 99.9퍼센트 똑같다는 이야기를 했더니 사람들은 폭소를 터뜨렸다. 나는 말했다. "현대과학은 예전부터 우리가 가지고 있었던 믿음을 확증해줍니다. 그것은 바로 우리는 똑같은 인간이라는 점이며, 이것이 인생에서 가장 중요한 사실입니다."

몇몇 의원들이 나의 연설 내용에 대해 비판을 했다. 어느 하원의원은 내 연설이 미국을 부채 없는 나라로 만들고 싶어 한다는 점에서 꼭 캘빈 쿨리지의 연설 같다고 말했고, 몇몇 보수주의자들은 내가 교육과 건강보험, 그리고 환경에 너무 많은 돈을 쓴다고 말했다. 대부분의 국민들은 내가 임기 마지막 해에 열심히 일할 것이라고 안심하고, 국민들로 하여금 미래에 관심을 가지게 하려는 나의 노력을 지지하고, 내가 제안한 새로운 생각들에 관심을 보이는 것 같았다.

1960년대 초에도 미국은 평온한 바다를 항해하고 있는 것처럼 보였다. 경제는 급성장하고, 민권법은 보다 공정한 미래를 약속하고, 베트남전은 텔레비전 화면에서 조그맣게 울리는 잡음에 불과했다. 그러나 6년 만에 경제성장은 하락하기 시작했고, 인종폭동이 거리를 휩쓸고, 존 케네디와 로버트 케네디, 마틴 루터 킹 2세가 암살당하고, 베트남전은 미국의 정가를 탕진하고 존슨 대통령을 공직에서 몰아내고 미국 정치에 새로운 분열시대의 문을 열어주었다. 좋은 풍요로운 시대는 단단히 틀어쥐고 하나하나 쌓아나가는 것이지, 그냥 손에 쥐어지는 것이 아니다.

일리노이 주 퀸시에 잠깐 들른 후에, 나는 나의 의제의 중요 항목들을 현실화하기 위해서 스위스 다보스에서 열리는 세계경제포럼에 참석했다. 이 회의는 각국의 정치지도자들과 경제계 지도자들의 연례 회의로, 갈수록 중요성이 커지고 있었다. 나는 각료 다섯 명과 함께 참석했다. 우리는 지난 세계무역기구 총회 때 시애틀의 거리에서 목격했던 세계화 반대 시위에 대해서 의견을 나누었다. 다국적 기업들과 그 기업의 정치적 후원자들은 대부분 자신들이 필요한 대로 세계화 경제를 만들어가는 데만 관심이 있었고, 무역으로 경제가 성장하면 어느 곳이나 돈과 일자리가 넘칠 거라고 생각했다.

선진국의 경우, 무역의 발전은 수많은 사람들을 빈곤으로부터 구해냈다. 하지만 가난한 나라들에 사는 수많은 사람들은 무역의 혜택으로부터 소외되어왔다. 세계 인구의 절반이 하루 소득 2달러 미만이었고, 10억의 인구가 하루 소득 1달러 미만이었으며, 10억이 넘는 인구가 날마다 저녁을 먹지 못하고 잠자리에 들어야 했고, 깨끗한 물을 마실 수 없는 사람은 네 명 중 한 명 꼴에 불과했다. 1억 3,000만 명의 아이들이 학교에 가지고 못하고, 해마다 100만 명의 아이들이 예방할 수 있는 질병으로 죽어가고 있었다.

부유한 나라에서도, 경제의 끊임없는 교란으로 인해서 일자리를 잃는 사람들이 발생하고 있었다. 미국은 실업자들을 같은 임금 혹은 더 높은 임금의 일자리로 복귀시키는 일에서 만족할 만한 성과를 올리지 못하고 있었다. 세계적인 금융기구들은 노동계층에 대한 피해를 최소화하면서 개발도상국의 위기를 중단, 혹은 완화시킬 수 있는 방안을 찾아내지 못하고 있었다. 결국 세계무역기구는 부유한 국가들과 다국적 기업들의 입장으로 지나치게 치우쳐 있는 것으로 인식되고 있었다.

민주당이 의회 다수당이었던 취임 후 2년 동안, 나는 실직 노동자들의 훈련에 많은 자금을 투입했고, 환경기준과 노동기준에 관한 북미자유무역협정의 부속협정에 서명했다. 그 후 다수당이 된 공화당은 이러한 정책들에 대해 우호적이지 않았으며, 가난한 나라에서 빈곤을 줄이고 새로운 일자리를 창출할 목적으로 수립된 정책에 대해서는 특히 반발이 컸다. 나는 '뉴 마켓' 프로그램, 아프리카와 지중해 연안 국가들에 대한 무역법안, 그리고 '새천년세금감면' 프로그램, 이렇게 세 가지 사안은 초당파적인 지지를 얻을 수 있을 것이라고 생각했다.

가장 큰 의문은 세계적인 사회정책과 환경정책을 마련하지 않고도, 그리고 세계무역기구와 같은 경제정책 결정주체들의 태도가 개방적으로 변하지 않고도, 세계화 경제의 발전이 가능하냐는 것이었다. 나는 무역이 빈곤을 확대한다고 주장하는 반무역, 반세계화 세력들의 생각은 잘못된 것이라고 생각했다. 실제로 무역은 보다 많은 사람들을 빈곤에서 구해내고, 보다 많은 나라들을 고립에서 구해낸다. 반대로 하루 1조 달러가 넘는 자본의 흐름과 끊임없이 확대되는 무역이면 만사가 해결된다고 생각하는 사람들이 있었는데, 나는 이런 생각 역시 잘못된 것이라고 생각했다.

나는 세계화에는 그 수혜자들이 성과와 부담을 공유하고, 더 많은 사람들을 이 과정에 참여시키는 책임이 따른다고 말했다. 나는 원래 세계화에 대한 '제3의 길' 방식의 관점을 옹호하고 있었다. 이런 관점에서 보면, 세계화란 무역만을 의미하는 것이 아니라, 사람들과 국가들에게 그것을 최대한 이용할 수 있는 도구와 조건을 제공하려는 협조적인 노력을 포함하는 개념이었다. 마지막으로 나는 경제성장과 사회정의를 통해서 사람들에게 희망을 주는 것이야말로 21세기의 세계가 테러리즘의 공포와 대량살상무기, 그리고 인종, 종교, 부족 증오에 뿌리를 둔 오래된 갈등에서 벗어날 수 있는 중요한 방법이라고 주장했다.

연설이 끝났을 때, 그곳에 모인 1,000여 명의 경제계 지도자들이 내 의견에 동의하는지는 알 수 없었다. 하지만 나는 그들이 진심으로 귀를 기울이고 있으며 세계화 시대의 상호의존성 문제와 좀더 통합된 세계를 만들어야 하는 자신들의 책무에 대해 고민하고 있다는 것을 느낄 수 있었다. 세계를 흔들어 깨우고 앞으로 전진시키려는 사람들에게 필요한 것은 비전을 공유하는 것이었다. 열정을 가진 선량한 사람들이 공유된 비전에 입각하여 행동하게 되면, 대부분의 문제는 해결될 것이다.

나는 귀국해서 임기 중에 마지막 기회가 될 조찬기도회 날을 맞았다. 조 리버먼이 연설을 했는데, 유대교 출신으로 그곳에서 연설을 한 사람은 그가 처음이었을 것이다. 그는 모든 신앙의 공통된 가치에 대해서 훌륭한 연설을 했다. 나는 그의 주장 속에 담긴 실천적인 의미에 대해서 의견을 내놓았다. 낯선 사람들을 외면하지 말고, 자기가 대접받고 싶은 대로 남을 대접하고, 이웃을 자기 몸처럼 사랑하라는 계명이 있는데, '우리의 이웃은 누구이고, 이웃을 사랑하라는 것은 무엇을 의미하는가?' 를 생각해볼 필요가 있었다. 우리가 유전학적으로 거의 동일하다면, 그리고 우리의 세계가 긴밀하게 얽혀 있어서 아칸소에 사는 내 사촌이 일주일에 두 번씩 오스트레일리아에 사는 사람과 인터넷으로 체스를 둔다면, 우리는 이웃에 대한 개념과 사랑의 의미에 대한 시야를 넓혀가야 했다.

세계가 어떤 방향으로 움직일 것인가는 그해의 선거 결과에 의해 결정될 터였다. 앨 고어와 조지 W. 부시는 아이오와에서 거뜬하게 승리를 거두었다. 내가 예상하던 대로였다. 선거전은 뉴햄프셔로 옮아갔다. 이곳의 양당 예비선거 유권자들은 예상을 뒤집기를 좋아하는 사람들이었다. 고어의 선거운동은 위태롭게 시작되었다. 하지만 내슈빌로 선거운동본부를 옮기고 뉴햄프셔에서 여러 차례의 시민대표자회의를 열면서, 그는 유권자들과 친밀감을 형성하고 언론의 조명을 받으며 상원의원 브래들리를 앞지르기 시작했다. 그의 주요한 업적들을 거론했던 연두교서 발표 이후, 그의 지지율은 이른바 연설 효과 덕분에 몇 포인트 올라갔다. 예전에도 연두교서 발표가 있을 때마다 민주당의 지지율은 상승하는 경향이 있었다. 브래들리는 고어를 심하게 공격하기 시작했다. 고어가 대응을 하지 않자, 브래들리의 지지율이 약간 올라갔지만, 여전히 52 대 49로 고어가 앞서고 있었다. 그 후 나는 그가 안전하게 지명될 것이라고 예상했다. 남부와 캘리포니아에서 큰 지지를 받을 것이고, 미국노동총연맹산별회의의 지지를 받고 난 뒤로는 대규모 공업 단지가 있는 주들에서도 선전을 할 것이라고 생각했다.

공화당의 존 맥케인은 뉴햄프셔에서 조지 W. 부시를 49 대 31로 앞서고 있었다. 그곳은 맥케인의 표밭이었다. 그의 독립적인 성향과 선거운동자금개혁안에 대한 지지 입장은 유권자들을 사로잡았다. 다음 번 격전지는 사우스캐롤라이나였다. 맥케인은 군복무 경력과 하원의원 두 명의 지지선언 덕을 볼 수 있을 것 같았다. 하지만 부시는 당의 지도부와 우익 종교계의 후원을 받고 있었다.

2월 6일 일요일 오후, 나는 힐러리, 첼시, 도로시와 함께 차파쿠아를 출발해서 인근의 퍼처스에 있는 뉴욕 주립대학교 캠퍼스로 갔다. 힐러리는 이곳에서 상원의원 출마를 공식 선언할 예정이었다. 모이니헌 상원의원이 힐러리를 소개했다. 그는 자신이 엘리너 루스벨트를 잘 안다면서, 엘리너라면 "당신을 사랑할 겁니다"라고 말했다. 그것은 진심어린 칭찬이면서 재치 있는 말이었다. 그전에 힐러리가 엘리너 루스벨트와 상상 속의 대화를 나누었다고 해서 놀림을 받은 적이 있었기 때문이다.

힐러리의 연설은 훌륭했다. 정성껏 쓰고 공들여 연습한 연설이었다. 그녀가 뉴욕 주 여러 지역들의 여러 가지 문제점에 대해서 많이 연구했으며, 유권자들 앞에 어떤 선택이 놓여 있는지 잘 이해하고 있다는 사실을 드러내는 연설이었다. 힐러리는 자신이 출마한 이유를 밝혔다. 그녀는 뉴욕 사람들이 설사 마음에 드는 후보라 해도, 뉴욕에 살지 않다가 몇 달 전에 이사온 후보에게 표를 던질 때는 신중한 자세를 취하는 이유를 잘 이해하고 있었다. 이어 힐러리는 상원의원이 되어 하고자 하는 바를 밝혔다. 우리는 내가 연설을 해야 하는가 하는 문제를 가지고 의논을 했다. 뉴욕은 나에 대한 지지율이 높은 곳이었다. 당시 나의 직무에 대한 지지율은 70퍼센트였고, 나의 개인에 대한 지지율은 60퍼센트였다. 하지만 연설을 하지 않기로 결정했다. 그날은 힐러리의 날이었고, 유권자들이 듣기를 원하는 것은 그녀의 이야기였으니까.

2월 한 달 동안, 뉴스는 온통 선거 이야기였다. 나는 여러 가지 국내정책과 외교정책을 진행하고 있었다. 국내정책과 관련된 것부터 보자면, 메디케이드의 대상을 유방암과 자궁암 치료가 필요한 저소득층 여성들까지 확대하자는 법안을 양당의 지지를 얻어서 통과시켰다. 로트 상원의원과 연방선거위원회에 그가 원하는 사람(선거운동자금개혁의 열광적인 반대자)을 지명하는 대신, 내가 지명한 법관들 가운데 다섯 명에 대한 인준 표결을 하기로 합의했다. 또한 나는 환자 권리장전을 놓고 공화당과 싸워야 했다. 그들은 아무도 그 법안의 집행을 요구하는 소송을 제기할 수 없다는 것이 전제가 되어야만 법안을 통과시키겠다고 이야기했고, 나는 그렇게 하면 그 법안이 '있으나마나한 제안용' 법안이 되는 것이라고 맞섰다.

나는 레이건 대통령 시절의 용감한 백악관 대변인이었던 제임스 브래디에게 백악관 기자실을 맡겼다. 아메리칸 인디언의 교육과 건강보험을 위한 기금의 기록적인 확대를 선언하고, 직장에 나가는 생활보호대상자가 중고차를 소유해도 식량보조수급권을 잃지 않는 방향으로 식량 카드 규정을 바꾸는 방안을 지지했다. 나는 경제, 사회정책, 그리고 주요 공직에 남미계 미국인을 임명한 것에 대해서 남미계미국인연맹LULAC에서 상을 받았고, 미국주지사협회 모임을 마지막으로 주최했다.

외교관계에서는 골칫거리가 많았다. 2월 7일에는 야세르 아라파트가 이스라엘과의 평화회담을 중단했다. 그는 이스라엘이 시리아와의 평화협상을 추진할 목적으로 팔레스타인 문제를 미루고 있다고 믿고 있었다. 그의 주장에도 어느 정도 일리가 있었다. 게다가 당시 이스라엘 여론도 골란 고원까지 내주면서 팔레스타인과의 협상을 위태롭게 하는 것보다는, 여러 가지 어려움이 뒤따른다고 해도 팔레스타인과 협상을 하는 쪽으로 기울고 있었다. 우리는 이 일들을 다시 추스르느라고 남은 2월의 시간을 다 투자해야 했다.

2월 11일, 아일랜드공화국군이 마지막 순간에 무장해제를 감독하고 있는 캐나다 출신의 장군 장 드 샤스틀랭에게 무장해제를 확언했음에도 불구하고, 영국은 북아일랜드에 주었던 자치권을 박탈해버렸다. 나는 조지 미첼을 다시 북아일랜드에 파견해서 아일랜드 총리 버티 아헌과 영국 총리 토니 블레어가 이런 결정을 내리지 않도록 하기 위해서 갖은 노력을 기울여온 터였다.

신페인당의 게리 애덤스에 따르면, 근본적인 문제는 아일랜드공화국군이 무장해제를 하기로 한 것은 데이비드 트림블과 통일당이 그들을 정부에 계속 참여시켜주는 조건으로 무장해제를 요구했기 때문이 아니었다. 공화국군은 주민들이 투표를 통해 무장해제를 결정했기 때문에 그것을 받아들인 것이었다. 물론 무장해제가 이행되지 않으면, 얼스터통일당의 개신교도는 평화과정에 대한 믿음을 잃을 것이고 트림블은 자치정부 수석장관직에서 물러나게 될 터였다. 이것은 신페인당과 애덤스가 원하지 않는 일이었다. 트림블은 음침하고 염세적인 태도를 보이기도 했지만, 스코틀랜드계 아일랜드 사람인 그의 단호한 표정 뒤에는 평화를 위해 위험을 무릅쓰려는 용감한 이상주의가 감추어져 있었다. 어쨌든 일련의 사건들로 인해서 자치정부의 수립은 1년 이상 늦춰지고 있었고, 다시 상황은 무정부 상태로 돌아가고 있었다. 대단히 절망적이었다. 하지만 나는 다시 끔찍한 예전 상태로 돌아가고 싶어 하는 사람이 없으니 난국이 해결될 수 있을 거라고 생각했다.

3월 5일, 나는 앨라배마 주 셀마에서 투표권 쟁취 35주년 기념 행진대회에 참석했다. 행진에 참여한 사람들은, 모든 미국인이 투표권을 행사할 권리를 얻기 위하여 목숨을 걸었던 '피의 일요일' 당시 민권 시위자들이 건넜던 에드먼드 피터스 다리를 건너 행진했다. 당시 행진에 참여했거나 마틴 루터 킹 목사를 지지하며 민권 운동에 참여했던 많은 사람들이 다시 모여 팔짱을 끼고 행진했다. 대열 중에는 코레타 스코트 킹, 제시 잭슨, 존 루이스, 앤드루 영, 조 로워리, 줄리안 본드, 에셀 케네디, 그리고 해리스 워퍼드도 있었다.

1965년 당시의 셀마 행진은 전 국민의 양심을 흔들어 깨웠다. 5개월 후, 존슨 대통령은 투표권법령을 승인했다. 이 법령이 통과되기 전에는 공직자로 선출된 흑인이 300명뿐이었고, 하원의원 중에서 아프리카계 미국인은 세 명뿐이었다. 2000년에 그 수는 각각 9,000명, 39명으로 늘어났다.

나는 간단한 소견을 밝히는 자리에서, 미국의 흑인들은 "자유를 얻기 위한 투쟁에서 승리했으며, 그들을 억압했던 사람들도 처음으로 자유를 얻었다"고 했던 마틴 루터 킹 목사의 말이 옳았다고 말했다. 셀마 행진 이후 남부의 흑인과 백인들은 이 다리를 건너 새로운 남부로 들어갔다. 증오와 차별을 뒤로 하고 새로운 기회와 번영과 정치적 영향력을 향해 가는 행진이었다. 셀마 행진이 없었다면, 지미 카터와 빌 클린턴은 미국의 대통령이 될 수 없었을 것이다.

이제 이 다리를 건너 21세기로 들어간 미국에서 아프리카계 미국인들은 최저의 실업률과 최저의 빈곤율, 최고의 주택소유율, 최고의 점포소유율을 기록하고 있었다. 나는 청중들에게 앞으로 이루어야 할 것들을 명심하라고 당부했다. 소득, 교육, 건강, 폭력, 그리고 형사법체계의 공정성 등의 영역에서 인종간의 현저한 차이가 존재하는 한, 차별과 증오범죄가 사라지지 않는 한, '우리는 또 하나의 다리를 건너야 한다.'

나는 그날 셀마에서 무척 행복했다. 나는 세월을 거슬러, 인종차별 없는 미국에 대한 갈망과 신념으로 가득 찼던 소년 시절로 돌아갔다. 나는 그런 갈망과 신념을 키우는 데 소중한 역할을 담당했던 사람들에게 작별 인사를 하면서 나의 정치인생의 정신적 뿌리를 다시 한번 확인했다. "우리 미국인들이 서로 손을 맞잡을 마음이 있는 한은, 우리는 어떤 바람이 불어도 걸어갈 수 있고, 어떤 다리도 건널 수 있습니다. 나는 깊은 확신을 가지고 말씀드립니다. 우리는 기필코 이겨나갈 것입니다."

나는 2월 첫째, 둘째 주 동안에는 총기안전 조치를 홍보하는 일에 전념했다. 무면허 총기매매를 차단하고, 아동보호용 총기안전장치를 의무화하고, 총기 소유자들에게 사진이 첨부된 면허증 소지를 의무화했다. 이 면허증은 브래디법에 규정된 신분확인을 통과했고 총기안전교육을 수료했다는 것을 증명하는 것이었다. 미국은 이미 여러 차례의 총기사고를 겪었다. 아주 어린 아이가 자기 집에서 발견한 총기를 잘못 건드려 생긴 사고도 있었다. 미국 내에서 15세 미만 아동의 총기오발사망률은 다른 25개 경제선진국을 합친 경우의 사망률보다 아홉 배나 높았다.

　이처럼 총기관리의 필요성이 절실하고 대중적인 요구가 확산되고 있었지만, 미국총기협회는 의회에서 일체의 논의도 이루어지지 않게 막고 있었다. 대부분의 총기제조업자들은 자진해서 아동보호용 안전장치를 부착하기 시작했다. 브래디법에 반대하던 미국총기협회는 무기 전시회에서 즉석으로 이루어지는 신분조사에 대해서는 반대하지 않지만, 공공의 안전을 위해서 사흘간을 기다리는 불편을 감수하게 하는 것에는 반대한다고 주장했다. 이미 신분조사의 70퍼센트는 한 시간 안에 완료되고 있었고, 하루 안에 완료되는 경우는 90퍼센트에 달했다. 하루가 넘어 걸리는 경우는 얼마 되지 않았다.

　대기기간을 두지 않는다면, 적법한 경력을 가지지 못한 사람들이 금요일 오후 가게를 닫는 시간에 총기를 구매할 수도 있었다. 미국총기협회는 총기소유자에 대한 면허제도에 대해서, 무기를 소유할 권리를 박탈하는 방향으로 나가는 첫 단계라고 강력하게 반발했다. 일고의 가치도 없는 주장이었다. 우리는 오래전에 운전면허제도를 도입했지만 그것이 자동차 소유 금지와 관련되었다고 주장하는 사람은 아무도 없었다.

　나는 미국총기협회가 많은 사람들에게 겁을 주고 있다는 것을 알고 있었다. 나는 미국총기협회가 엄청난 영향력을 발휘하고 있는 사냥 문화 풍토에서 자랐고, 1994년 의회선거에서 미국총기협회가 얼마나 엄청난 영향력을 발휘하는지 목격했다. 하지만 대부분의 사냥꾼과 사냥애호가들이 선량한 시민들이며, 합리적인 주장에 귀 기울일 사람들이라는 것도 알고 있었다. 나는 이 문제를 반드시 해결해야 했다. 왜냐하면 이 일이 필요하다는 확신을 가지고 있었고, 총기소유면허제도에 지지를 표명했던 앨 고어가 미국총기협회의 사정거리 안에 들어 있다는 것을 잘 알고 있었기 때문이다.

　2월 12일, 미국총기협회의 부회장인 웨인 라피에르는 내가 정치적인 목적을 달성하기 위해서 "일정한 수준의 폭력과 일정한 수준의 살인을 방관하고 있고 부통령도 마찬가지"라고 주장했다. 라피에르의 주장은 우리가 총기범죄에 대한 처벌을 강화하고, 아이들이 총기에 손을 댈 수 있게 방치한 어른들을 처벌해야 한다는 것이었다. 다음 날, 클리블랜드에서 나는 그의 주장에 대한 답변을 했다. 나는 처벌을 강화하라는 그의 제안에는 찬성하지만, 일체의 예방조치가 불필요하다는 주장은 터무니없는 것이라고 반박했다. 미국총기협회는 경찰관을 죽이는 총알을 금지하는 것에 대해서도 반대하고 있었다. 일정한 수준의 폭력과 살인을 방관하고 있는 것은 정작 그들이었다. 그들의 목적은 회원수를 보유하고 자신들의 이데올로기를 지키는 데 있었다. 나는 콜럼바인이나 스프링필드, 오리건, 존스버러, 아칸소에서 총기난사로 자식을 잃은 부모들의 눈을 들여다보면서 라피에르가 그런 말을 할 수 있는지 보고 싶다고 말했다.

나는 하원에서는 미국총기협회를 꺾을 수 없다는 것을 알고 있었다. 하지만 노력하는 것 자체가 중요한 일이었다. 나는 사람들에게 미국총기협회의 '예방이 웬말, 처벌이 제일' 전략이 우리 생활의 모든 영역에 적용된다면 어떻게 되겠느냐고 물었다. 안전벨트도 없애고, 에어백도 없애고, 속도제한도 없애는 대신 사고로 사람을 죽인 운전자들에 대한 처벌에 5년형을 추가한다면, 또 공항금속탐지기를 없애는 대신 비행기를 폭파하는 사람에 대한 처벌에 10년형을 추가한다면 어떻게 될 것인가.

나는 예전에 클리블랜드에 갔을 때, 아메리코 자원활동가들이 어린아이들에게 읽기 지도를 하고 있는 초등학교를 찾아간 적이 있었다. 여섯 살짜리 꼬마가 나를 보고 물었다. "정말 대통령 맞아요?" 내가 그렇다고 하자, 아이가 대꾸했다. "그런데 아직 안 죽었네요!" 그가 아는 대통령은 조지 워싱턴과 에이브러험 링컨뿐이었다. 내게는 시간이 얼마 남지 않았지만, 내 앞에 이처럼 중요한 싸움이 남아 있는 상황에서 나는 그 아이의 말이 옳다는 것을 알고 있었다. 나는 아직 안 죽었다.

3월 17일, 나는 최대규모의 총기제조회사인 스미스-웨슨사와 연방정부, 주정부 간에 획기적인 협상이 이루어졌음을 발표했다. 스미스-웨슨사는 총기에 안전장치를 설치하는 것, 총기를 소유한 어른이 조작해야만 발사되는 '스마트 건'을 개발하는 것, 범죄에 사용된 총기를 유달리 많이 판매한 판매업자와 거래를 중단하는 것, 판매업자에게 신분조사를 하지 않는 장소에서는 총을 판매하지 말도록 요구하는 것, 대형 탄창을 사용할 수 없는 신형총기를 개발하는 것에 동의했다. 그 회사로서는 대단히 용감한 조치였다. 나는 스미스-웨슨사가 미국총기협회와 경쟁사의 엄청난 공격에 시달리게 될 것임을 알고 있었다.

대통령 지명전은 3월 둘째 주에 끝이 났다. 슈퍼 화요일에 있었던 16곳의 예비선거와 지방대회에서 앨 고어와 조지 W. 부시가 압승을 거두자, 존 맥케인과 빌 브래들리는 후보를 사퇴했다. 빌 브래들리는 진지하게 선거운동에 임했고, 일찍부터 고어를 압박하여 고어를 더 좋은 후보로 만들어주었다. 브래들리 덕분에 고어는 부통령 이미지를 등에 업는 전략을 버리고, 느긋하면서도 공격적인 도전자의 모습을 부각시킬 수 있는 풀뿌리 전략(일상 영역을 파고들어 대중의 마음을 사로잡는 방식―옮긴이주)을 채택했다. 부시는 뉴햄프셔에서 패배한 이후 사우스캐롤라이나에서 승리함으로써 안정을 찾았다. 보수적인 백인 가정마다 전화를 걸어 상원의원 맥케인에게는 '흑인 아기'가 있다고 홍보한 것이 주효했다. 맥케인에게는 방글라데시에서 입양한 아이가 있었는데, 사실 이것은 내가 그를 존경하는 여러 가지 이유 중의 하나였다.

예비선거가 끝나기 전, 부시를 후원하는 특별 참전용사 단체가 맥케인은 북베트남 전쟁포로였던 5년 6개월 동안 나라를 배신했다고 비난했다. 뉴욕에서는 부시의 운동원들이 유방암 연구에 반대했다며 맥케인을 공격했다. 사실 그가 유방암 연구비가 일부 포함된 방위 법안에 반대표를 던진 것은 그 법안에 포함된 포크배럴(특정 선거구 혹은 의원에만 유리한 정부보조금―옮긴이주) 지급에 반대하기 위한 것이었다. 그에게는 유방암을 앓는 누이가 있었고, 90퍼센트 이상이 암연구기금으로 지정되어 있는 세출안에 늘 찬성하는 입장이었다. 맥케인 상원의원이 자신을 흠잡는 부시의 운동원들과 극우파를 맞받아치기 시작했을 때는 이미 시기를 놓친 뒤였다.

3월에는 국제적인 전선에서 대체적으로 긍정적인 발전이 이루어졌다. 바라크와 아라파트는 회담 재개에 동의했다. 대통령으로 마지막으로 맞이하는 성 패트릭 축일에 아일랜드의 시인 셰이머스 히니가 시를 낭독했고, 우리는 모두 입을 모아 아일랜드의 자유와 독립을 상징하는 '대니 보이'를 불렀다. 북아일랜드 자치정부는 흔들리고 있었지만, 어느 누구도 평화과정을 무덤으로 보내려는 사람은 없었다. 나는 사우디아라비아의 파드 국왕과 함께, 석유수출국기구OPEC가 석유생산량을 늘릴 가능성에 대해서 이야기를 나누었다. 1년 전에 유가는 1배럴에 12달러까지 폭락했는데, 석유생산국의 기본적인 필요를 충족할 수 없을 만큼 낮은 가격이었다. 유가는 다시 1년 만에 31달러에서 34달러까지 급등했는데, 이번에는 너무 비싸서 석유소비국에 부정적인 영향을 주고 있었다. 나는 가격안정선을 20달러에서 22달러로 보고 있었기 때문에, 석유수출국기구가 생산량을 늘리기를 기대하고 있었다. 그렇지 않으면 미국은 여러 가지 중대한 경제 문제에 부딪히게 될 터였다.

3월 18일, 나는 일주일 일정으로 인도, 파키스탄, 방글라데시에 순방을 떠났다. 인도에 가서는 장기적으로 긍정적인 관계를 이룰 수 있는 초석을 다질 예정이었다. 냉전이 끝나면서 인도는 중국의 대항세력으로서 소련과 제휴하게 되었는데, 미국은 그 후로 너무나 많은 시간을 낭비했다. 방글라데시는 남아시아에서 가장 가난한 나라였지만, 혁신적인 경제정책이 진행되고 있었고, 미국에 대해서 우호적인 태도를 가지고 있었다. 파키스탄이나 인도와는 달리, 방글라데시는 포괄적인 핵실험금지조약을 비준한 비핵국가였다. 최근에 군사쿠데타가 일어난 파키스탄 방문에 대해서는 반대의견이 많았다. 하지만 내가 파키스탄을 방문한 목적은 민간정부의 조속한 복귀와 카슈미르의 긴장 완화를 독려하는 것, 무샤라프 장군이 축출한 총리 나와즈 샤리프를 처형하지 않도록 설득하는 것, 무샤라프에게 빈 라덴과 알 카에다를 소탕하는 데 협조하도록 압력을 가하는 것이었다.

비밀검찰부는 파키스탄과 방글라데시 방문에 강하게 반대하고 있었다. 중앙정보국이 입수한 첩보에 의하면, 이 두 곳 중 어느 한 곳의 영토에서, 혹은 비행기 이착륙 중에 알 카에다가 나를 공격할 준비를 하고 있다는 것이었다. 나는 인도만 방문하는 것은 미국의 국익에 부정적인 영향을 미칠 것이라는 생각과 테러분자들의 위협에 굴복하지 않겠다는 신념에서 3개국 순방을 강행했다. 우리는 각별히 주의를 하면서 준비를 진행했다. 비밀검찰부의 요청을 내가 거절한 것은 이때가 처음이자 마지막이었다.

인도 방문에는 장모와 첼시도 동행하기로 했다. 우리는 먼저 인도로 갔다. 나는 전직 오하이오 주지사인 친구 딕 셀레스트 인도대사 부부에게 두 사람을 맡겼다. 방글라데시로 가는 일행은 작은 비행기 두 대에 탑승할 인원으로 줄였다. 그곳에서는 총리인 셰이크 하시나를 만났다. 나중에 나는 경호 문제 때문에 또 한 번 양보를 해야 했다. 나는 친구인 무하마드 유누스와 함께 조이푸라 마을을 방문해서 그라민 은행의 소액대출 프로젝트를 시찰할 예정이었다. 비밀검찰부는 좁은 시골길이나 헬리콥터를 이용해서 마을로 들어가면 일행을 방어할 수가 없다고 완강하게 버텼다. 할 수 없이 우리는 어린 학생들을 포함한 마을 사람들을 다카에 있는 미국대사관으로 오게 해서, 대사관 마당에 교실을 꾸미고 마을 사람들이 준비한 행사를 구경했다.

내가 방글라데시에 머무는 동안, 카슈미르에서 35명의 시크교도가 살해되었다. 나의 방문에 맞추어 여론의 조명을 받으려는 의도 같았지만 범인은 밝혀지지 않았다. 델리로 돌아가서 바지파이 총리와 만날 때, 나는 테러분자가 나의 여행을 학살의 구실로 삼았다는 것에 대해 분노와 깊은 유감의 뜻을 표현했다. 바지파이하고는 이야기가 잘 통했다. 그가 임기를 마치기 전에 파키스탄과 다시 관계를 회복할 수 있으면 좋을 것 같았다. 우리는 핵실험금지조약에 대해서는 합의를 보지 못했다. 나는 스트로브 탤벗이 외무장관 자스완트 싱을 비롯한 여러 사람들을 만나서 핵확산금지 문제로 협상을 해왔다는 것을 알고 있었다. 하지만 바지파이는 앞으로 핵실험을 중지하겠다고 약속했으며, 우리는 양국 상호관계를 이끌어갈 몇 가지 긍정적인 원칙에 대해서 합의를 보았다.

나는 또한 야당인 국민의회당 의장 소냐 간디를 만났다. 그녀는 네루의 손자인 남편과 네루의 딸인 시어머니를 정치적 암살로 여읜 사람이었다. 이탈리아에서 태어난 소냐는 꿋꿋하게 공직 생활을 계속하고 있었다.

여행 나흘째 되는 날, 나는 인도 국회에서 연설을 했다. 의사당 건물은 커다란 원형구조물이었는데, 수백 명의 국회의원들이 줄줄이 놓인 좁은 탁자들 사이에 빽빽이 앉아 있었다. 나는 인도의 민주주의와 다양성, 그리고 놀랄 만한 경제 도약에 대한 존경을 표했다. 그리고 핵 문제에 대한 양국의 의견차에 대해서 솔직하게 이야기하고, 카슈미르 문제의 평화적인 해결책을 찾아달라고 당부했다. 나는 청중들이 테이블을 두드리며 환호하는 걸 보고 다소 놀랐다. 그들의 열렬한 반응은 나와 마찬가지로 양국간의 오랜 소원한 관계를 끝내고 싶다는 열망의 표현이었다.

나는 장모, 첼시와 함께 간디기념관을 방문해서, 간디 자서전을 비롯해서 책 몇 권을 받았다. 다음에는 아그라를 방문했다. 세계에서 가장 아름다운 구조물인 타지마할이 심각한 대기오염으로 훼손될 위기에 처해 있어, 인도 정부는 타지마할 인근을 공해금지구역으로 제정하기 위해 노력하고 있었다. 싱 외무장관과 매들린 올브라이트는 에너지와 환경에 관한 양국간 협조를 내용으로 하는 협정서에 서명했다. 그 내용은 인도의 청정에너지 개발을 위해서 미국국제개발처USAID에서 4,500만 달러, 수출입은행에서 2억 달러의 차관을 제공한다는 것이었다. 타지마할은 너무나 아름다워서 떠나기가 아쉬웠다.

3월 23일 나는 자이푸르 근처에 있는 작은 마을 나일라를 방문했다. 밝은 색의 전통의상 사리를 입은 마을 여성들이 나를 둘러싸고 인사를 하더니 꽃잎을 뿌려주었다. 나는 전통적으로 인도 사람들을 가르고 있는 신분과 성의 구분을 넘어서 일하고 있는 선출직 공무원들을 만났다. 그리고 목축 협동농장에서 일하는 여성들과 소규모 신용 대출의 중요성에 대해 논의했다.

다음 날 나는 샨드라바부 나이두 내무장관의 초청을 받아 번창일로에 있는 첨단기술도시 하이데라바드를 방문했다. 그는 논리정연하고 현대적인 정치지도자였다. 그곳에서 첨단기술센터를 방문했는데 엄청나게 많은 기업들이 불길처럼 성장하고 있는 모습을 확인할 수 있었다. 그리고 미국국제개발처 처장 브래디 앤더슨과 어느 병원을 방문해서, 에이즈와 결핵 치료 지원금으로 500만 달러를 제공할 것을 약속했다. 당시 인도에서는 에이즈에 관한 일반인들의 인식 수준이 낮았다. 나는 우리의 작은 도움이 인도에서 에이즈 문제가 아프리카처럼 만연하기 전에 대중적인 인식을 끌어올리는 데 도움이 되기를 바랐다. 마지막으로 들른 곳은 뭄바이(봄베이)였는데, 경제계 지도자들과 만나고 나서, 인근의 작은 식당에서 젊은 지도자들과 함께 흥미로운 대화를 나누었다. 인도를 떠날 때는 양국 관계가 견고해졌다는 생각이 들었다. 그리고 한 주만 더 머무르면서 인도의 아름다움과 신비를 살펴볼 수 있었으면 하는 마음이었다.

3월 25일, 나는 이슬라마바드로 갔다. 비밀검찰부가 가장 위험하다고 했던 곳이었다. 나는 일행 대부분을 남겨두고 몇 사람만 데리고 큰 비행기 편으로 오만에 있는 미국의 연료공급기지에 갔다. 샌디 버거는 자기가 나보다 나이가 조금 많다면서, 30년 동안 우정을 나누어온 사이니 파키스탄에도 같이 가겠다고 농담을 했다. 우리는 다시 작은 비행기 두 대에 나누어 탔다. 하나는 미공군 표지가 있는 비행기였지만, 내가 탄 비행기는 흰색 칠만 되어 있었다. 파키스탄 측은 활주로 주변 1.6킬로미터 지역을 점검하여 휴대용 단거리 미사일의 공격을 차단했다. 하지만 비행기가 착륙을 할 때는 조마조마해서 가슴이 죄어들었다.

우리가 탄 자동차행렬은 텅 빈 고속도로를 달려 대통령궁에 닿았다. 나는 이곳에서 무샤라프 장군과 그의 각료들을 만나고, 방송을 통해 파키스탄 국민에게 연설을 했다. 냉전을 겪는 동안 지속되어온 양국 간의 우정에 대해서 이야기하고, 테러와 핵무기를 거부하고 카슈미르 문제에 관해 인도와 대화를 개시할 것, 핵실험방지조약을 받아들일 것, 그리고 무장보다는 교육, 의료, 경제발전에 투자할 것을 촉구했다. 나는 파키스탄과 이슬람 세계의 친구로서, 보스니아와 코소보에서 이슬람교도 학살을 반대했으며, 가자지구에서 팔레스타인 의회에서 연설을 하고, 후세인 국왕과 하산 국왕의 장례식에 참석하여 다른 조문객들과 함께 슬퍼했으며, 백악관에서 미국의 이슬람교도들과 함께 라마단 기간이 끝난 것을 경축했던 사실을 이야기했다. 나는 우리 세계가 종교적 차이에 따라 나누어지는 것이 아니라, 과거의 고통을 안고 살아가는 쪽을 선택하는 사람과 미래의 약속을 선택하는 사람으로 나누어진다는 점을 강조했다.

　무샤라프와 회담을 하다 보니 파키스탄의 복잡하고 폭력적이기까지 한 문화에서 그가 두각을 나타내게 된 이유를 알 수 있었다. 그는 대단히 영리하고, 강인하고, 재치 있는 사람이었다. 그가 만일 평화와 진보의 길을 선택한다면, 성공할 가능성이 많을 것 같았다. 나는 그에게 만일 그가 테러리즘에 맞서 싸우지 않는다면 테러리즘은 파키스탄을 내부로부터 무너뜨릴 것이라고 말했다.

　무샤라프는 샤리프가 처형되지 않을 것이라고 생각한다면서, 다른 문제에 대해서는 확실한 언급을 하지 않았다. 나는 그가 자신의 입장을 확고히 하기 위해 노력하고 있으며, 곤란한 처지에 있다는 것을 알 수 있었다. 샤리프는 얼마 안 있어 사우디아라비아의 제다로 추방되었다. 2001년 9월 11일 테러 이후 테러에 대항한 전쟁에서 미국과 진지하게 협조하기 시작했을 때도 무샤라프의 입지는 대단히 위태로웠다. 2003년에는 며칠 사이에 두 번이나 암살당할 위기를 겪기도 했다.

　귀국하는 길에는 오만에 들러 술탄 카부스를 만나고, 대통령 전용기에 우리 방문단 전원을 태운 뒤, 제네바에 들러서 아사드 대통령을 만났다. 우리 팀은 바라크로부터 시리아 문제에 대한 구체적 제안을 얻어내려고 노력해왔으며, 아사드를 만났을 때 그것을 제시할 생각이었다. 물론 나는 그것이 최종 제안은 될 수 없다는 것을 알고 있었고, 시리아 사람들 역시 알고 있을 터였다. 하지만 나는 이스라엘이 시리아가 셰퍼즈타운에서 보여주었던 것과 같은 유연한 태도로 임한다면, 협상이 이루어질 가능성이 있다고 보았다. 그러나 그렇게 되지는 않았다.

　나는 아사드를 만나서 붉은색 사자 무늬가 들어있는 파란색 넥타이를 선물했다. 그의 이름이 사자라는 뜻이었기 때문이다. 그는 아주 우호적인 태도를 보였다. 우리는 소규모 회담을 가졌다. 샤라 외무장관과 부세이나 샤반, 매들린 올브라이트, 데니스 로스가 참석했고, 국가안보처의 롭 맬리가 서기를 맡았다. 잠시 가벼운 대화를 나눈 후에, 나는 데니스에게 회담을 위해서 신중하게 연구했던 지도들을 펼치게 했다. 바라크는 셰퍼즈타운에서 견지했던 입장에서 훨씬 물러나서 호수 주위의 땅 요구 면적도 줄이고(그래도 400미터였다), 조기경보 기지의 체류인원도 줄이고, 철군시기도 앞당기겠다고 했다.

아사드는 내가 이야기를 마치기 전에 말을 막더니, 아주 흥분해서 셰퍼즈타운에서 보였던 입장과는 전혀 딴판으로 이야기했다. 그는 자신은 호숫가에 앉아서 발을 물에 담그고 싶다면서, 한 뼘의 땅도 내줄 수 없다고 말했다. 우리는 두 시간 동안 밀고 당기고 했지만, 모두 헛수고였다. 셰퍼즈타운에서 이스라엘이 퇴짜를 놓았던 것과 이스라엘 언론으로 완료되지 않은 협상 문서가 유출되었던 것은 아사드로서는 대단히 황당한 경험이었고, 안 그래도 흔들리던 신뢰감이 완전히 깨어져버렸던 것이다. 그의 건강상태는 내가 생각했던 것보다 심각했다. 사실 바라크가 내놓은 제안은 그럴듯했다. 만일 셰퍼즈타운에서 그런 제안을 했다면, 당장 협정이 체결될 수 있었을 터였다. 하지만 지금 아사드의 주된 관심사는 아들의 권력 승계였다. 그는 아무리 좋은 제안이 나온다고 해도 새로 회담을 재개하는 것은 아들의 권력 승계를 위태롭게 할 수 있다고 생각했다. 4년이 채 못 되는 기간 동안, 나는 이스라엘과 시리아 사이에 피어올랐던 평화의 불씨가 꺼지는 것을 세 차례나 목격해야 했다. 1996년에는 이스라엘에서 발생한 테러와 페레스의 실각이 주된 원인이었고, 다음으로 셰퍼즈타운에서는 시리아의 대폭 양보를 이스라엘이 거부하고 나선 것이 주된 원인이었고, 이번에는 아사드가 자신이 곧 죽게 될 거라는 생각에 조급해하고 있는 것이 주된 원인이었다.

같은 날, 블라디미르 푸틴이 52.5퍼센트의 지지를 받아 러시아 대통령으로 당선되었다. 나는 전화를 걸어 그에게 축하인사를 했다. 전화를 끊고 나서, 그가 러시아를 틀어쥐고 갈 수 있을 만큼 강력한 인물이라고 생각했다. 나는 그가 체첸 문제를 해결할 수 있는 합리적인 방안을 찾아내는 지혜를 발휘하기를, 그리고 민주주의를 철저하게 고수하기를 기대했다. 러시아 두마가 START II와 포괄적 핵실험금지조약을 비준하면서, 그의 출발은 순조로웠다. 무기감축에 관해서는 미국 상원보다 러시아 의회가 훨씬 진보적이었다.

4월, 나는 전국을 돌아다니면서 연두교서에서 밝힌 교육, 총기안전, 첨단기술 문제와 관련된 정책들을 추진했고, 캘리포니아의 그랜드 세쾨이어를 천연기념물로 지정했다. 나는 미국의 저준위 핵폐기물을 네바다 주에 모으는 법안을 거부했다. 그와 관련된 정당한 질문들에 대한 답변이 충분히 이루어지지 않았다고 생각했기 때문이다. 나는 사회보장을 받고 있는 퇴직자들을 위한 소득제한 철폐 법안에 서명을 하고, 뉴멕시코 북부 십록에 사는 나바호족을 방문해서 외떨어진 지역에서 인터넷을 활용하여 교육, 의료, 경제 분야의 기회를 넓히기 위한 노력을 장려했다. 나는 오클라호마시티 폭탄 테러의 희생자들을 기리는 단순하지만, 강렬한 인상을 주는 추모기념 조형물 헌정식에 참가했다. 그것은 두 개의 커다란 출입구가 있고, 커다란 연못을 굽어보고 있는 작은 언덕 위에 168개의 빈 의자를 줄지어 세워둔 기념물이었다.

4월에는 어린 엘리안 곤잘레스의 긴 이야기가 마침내 마무리되었다. 몇 달 전에 그 아이의 어머니는 아이와 함께 낡은 보트를 타고 미국으로 향하다가 보트가 전복되면서, 어머니는 익사하고 구명조끼를 입은 엘리안만 살아남았다. 아이는 마이애미의 증조부에게 임시로 보내졌는데, 그는 엘리안을 계속 키우고 싶다고 했다. 쿠바에 있는 아이의 아버지는 아이가 쿠바로 돌아오기를 원했다. 미국의 쿠바계 사람들이 엘리안의 어머니가 아들을 자유의 땅으로 보내려다 목숨을 잃었는데, 아이를 카스트로의 독재 밑으로 돌려보내는 것은 옳지 않다고 나오는 바람에 엘리안 사건은 정치적인 문제가 되었다.

관련법에 의하면 사건의 처리방법은 명백했다. 미국 이민국은 아이의 아버지가 적법한 양육권이 있는지 판단해야 했다. 양육권이 있을 경우, 엘리안은 아버지에게 돌아가야 했다. 이민국은 쿠바로 가서 엘리안의 부모가 이혼한 상태였지만, 우호적인 관계를 유지했으며 자녀 양육의무를 공동부담했다는 사실을 알아냈다. 엘리안은 학교 근처에서 살고 있는 아버지의 집에서 하루 중 절반 이상의 시간을 보내던 아이였다. 이민국은 후안 미구엘 곤잘레스를 적법한 아버지로 인정했다.

미국에 있는 아이의 친척들을 편드는 사람들은 쿠바에서 진행된 청문회는 카스트로 정부측 사람들이 끼어 있어 올바르게 진행될 수 없었을 거라면서 이 사건을 법정으로 가져갔다. 어린이 양육권에 관한 일반적인 주의 법률적 기준, 즉 '무엇이 아이에게 가장 이로운가?' 하는 판단기준을 적용해야 한다고 주장하는 사람도 있었다. 국회는 엘리안이 미국에 남아 있게 하기 위해 여러 가지 법안을 제출하는 등 작전에 돌입했다. 쿠바계 미국인 지역사회는 뜨겁게 달아올랐다. 그들은 엘리안의 친척들의 집 앞에서 줄곧 시위를 하고 텔레비전 좌담회에 아이의 친척을 내보냈다.

법무장관 재닛 리노는 마이애미에서 검사로 활동하면서 쿠바계 미국인들 사이에서 명성을 얻은 사람이었다. 그러나 그녀는 연방법에 따라 이 사건을 처리해야 하며, 엘리안은 자기 아버지에게 돌아가야 한다고 말하여 쿠바계 미국인들을 격분케 했다. 리노는 곤란한 처지에 빠졌다. 그녀는 내게 전에 자기 비서로 일했던 사람 하나는 자기에게 말도 하지 않으려 한다고 말했다. 사연을 들어보니, 그녀는 카스트로 정부에 의해서 15년째 구금되어 있는 남편이 석방되어 재회할 날을 손꼽아 기다리고 있었다. 쿠바계 미국인들을 비롯한 수많은 이민자들은 엘리안이 미국에서 사는 것이 행복할 것이라고 생각했다.

나는 리노의 생각이 맞다고 생각했다. 엘리안의 아버지가 아이를 사랑하고 있고 또한 좋은 부모 노릇을 해왔다는 사실은 쿠바의 빈곤이나 폐쇄적이고 억압적인 정치현실보다 더 중요한 의미를 가지는 것이었다. 게다가 미국은 이곳에서 양육권을 박탈당한 부모가 아이를 해외로 데리고 나갔을 경우, 일반적으로 그런 아이에 대해서 미국송환조치를 취했다. 엘리안의 미국 체류를 방관한다면, 그런 아이들을 미국 부모에게 돌려보내야 한다는 우리의 주장을 약화시키는 꼴이 될 터였다.

결국 이 사건은 선거전의 현안으로 떠올랐다. 앨 고어의 생각은 우리와 달랐다. 그는 이민국의 조치에 문제가 있고, 엘리안의 아버지가 적법한 부모라고 하더라도 아이의 이익을 위해서는 미국에 남아야 한다고 주장했다. 선거에서 플로리다가 차지하는 중요성(플로리다 주 대통령 선거인단 규모는 25명으로 대통령 당선에 필요한 선거인단 과반수인 270명의 약 10퍼센트에 해당한다. 따라서 이들 쿠바계 미국인들의 입장을 반대하게 되면 대선 전략에 커다란 차질을 가져올 수 있다―옮긴이주)을 생각하면 이것은 이해할 만한 대응이었고, 또 그런 논리도 있을 수 있었다. 사실 나는 플로리다와 쿠바계 미국인들 사이에서 우리의 입지를 강화하기 위해 8년 동안 공을 들여왔다. 그러나 엘리안 사건에 대한 우리의 입장 때문에, 적어도 쿠바계 공동체에서는 우리가 그동안 쌓은 성과가 물거품이 되고 말았다. 힐러리는 아동권리 옹호자의 입장에서, 그리고 부모의 입장에서 이 사건을 보았다. 그녀는 아이와 아버지가 함께 살게 한다는 우리의 결정을 지지했다.

4월 초에 후안 미구엘 곤잘레스는 연방법원명령에 따라 아들에 대한 양육권을 행사하기 위해 미국을 방문했다. 재닛 리노는 며칠 동안 아이의 자발적인 인도를 보장하기 위해서 노력을 기울였다. 2주 후, 4명의 지도적 인사들(마이애미 대학 총장, 존경받는 변호사 한 사람, 존경받는 쿠바계 미국인 두 사람)이 다음과 같은 제안을 내놓았다. 아이가 충격을 받지 않도록 마이애미의 친척들, 엘리안의 아버지, 엘리안이 한적한 장소에서 며칠 동안 함께 지내면서 서서히 아이 아버지에게 아이를 인도하라는 제안이었다.

금요일 저녁, 나는 리노에게 전화를 걸었다. 그들은 아직도 협상 중이었고, 리노는 인내심의 한계에 이른 상태였다. 토요일 새벽 2시에 존 포데스타가 전화를 걸어 아직도 협상이 진행되고 있다고 말했다. 새벽 4시 45분, 포데스타는 다시 전화를 걸어 마이애미의 친척들이 아버지의 양육권도 인정하려 하지 않는다고 전했다. 30분 후인 5시 15분, 포데스타가 다시 전화를 걸어 이제 끝났다고 말했다. 리노는 연방 관리들이 엘리안의 외종조부 집을 새벽에 급습해도 좋다고 허가했다. 작전은 3분 만에 끝났고, 부상자도 없었으며, 엘리안은 아버지의 품으로 돌아갔다. 작은 꼬마 아이가 카스트로에 대항한 끝이 없는 투쟁에 볼모로 잡혀 있었던 셈이었다.

엘리안이 아버지 곁에서 행복한 표정을 짓고 있는 사진이 신문에 실리면서, 여론은 부자지간의 재결합 쪽으로 기울어졌다. 나는 우리가 택한 방법이 유일한 해결책이라고 확신하고 있었지만, 한편으로는 11월 선거에서 앨 고어에게 불리한 영향을 미칠 것 같아서 걱정스러웠다. 후안 미구엘과 엘리안 곤잘레스는 대법원이 하급심의 양육권 명령을 지지해줄 때까지 몇 주 더 미국에 머물러 있어야 했다. 엘리안의 아버지가 원했다면 미국에 체류할 수도 있었을 것이다. 하지만 그는 아들을 데리고 쿠바로 돌아갔다.

5월에는, 교육개혁 사업을 격려하기 위해 켄터키, 아이오와, 미네소타, 오하이오의 학교들을 순방하고, 남아프리카공화국 대통령으로 선출되어 미국을 공식 방문한 타보 음베키를 영접하고, 중국의 세계무역기구 가입에 필요한 중국무역법안을 홍보했다. 제임스 베이커와 헨리 키신저와 함께 포드 전 대통령과 카터 전 대통령도 백악관으로 찾아와서 중국무역법안을 지지했다. 이것은 대단히 어려운 입법투쟁이었다. 민주당 의원들은 노동조직의 지지에 의존하고 있었기 때문에 공개적인 지지를 표명하기가 어려운 처지였다. 중국을 세계화 경제에 통합시키는 것이 얼마나 중요한지 설명하기 위해서 열두어 명을 한 그룹으로 모아 몇 주 동안 집중적인 대책회의를 진행하게 했다.

5월 17일, 나는 코네티컷 뉴런턴의 미국해안경비대 사관학교를 찾아가 마지막으로 사관학교 졸업식 연설을 했다. 8년의 재임기간 동안 나는 각 사관학교를 찾아가 두 번씩 졸업식 연설을 했다. 나는 제복을 입은 장교로 미국에 봉사하려고 하는 건실한 젊은이들, 그리고 세계 각국에서 우리의 사관학교를 찾아와 공부하고 있는 젊은이들이 자랑스러웠다. 이번 졸업식에는 냉전 시대에 적국이었던 러시아와 불가리아 출신의 학생들도 섞여 있었다.

나는 새로 임명된 장교들에게 통합과 화합의 세력과 불화와 혼란의 세력 간에 벌어지게 될 숙명적인 싸움에 대해서 이야기했다. 이 싸움에서 세계화와 정보기술은 인류에 대한 창조적인 영향력과 파괴적인 영향력을 동시에 증폭시킬 터였다. 나는 오사마 빈 라덴과 알 카에다가 새천년을 맞이하면서 수많은 테러공격을 준비했지만, 국내기관과 국제기관 간의 긴밀한 협조와 노력에 의해서 좌절되었다는 사실을 이야기했다. 나는 이 분야의 활동조직을 확립하기 위해서 테러방지 예산에 3억 달러를 할당했는데, 이것은 의회에 제출한 90억 달러의 예산 중에서 가장 높은 비중을 차지한다고 말했다. 지난 3년 동안 40퍼센트 넘게 증가한 규모였다.

여러 가지 안보상의 문제들에 대해서 이야기한 후, 나는 현재의 세계정세 속에서는 어느 한 나라도 지리적으로 떨어져 있다거나 전통적인 개념의 군사력이 막강하다는 것만으로는 보호받을 수 없으며, 그렇기 때문에 다른 나라와 긴밀하게 협조를 해야 한다는 적극적인 외교정책의 원칙을 천명했다.

5월 말 포르투갈, 독일, 러시아, 우크라이나 순방을 떠나기 직전, 나는 메릴랜드 주 어세이티그 섬을 방문해서 산호초를 비롯한 소중한 해양 자원을 보호하기 위한 새로운 사업을 제안했다. 우리는 이미 해양보호구역기금을 네 배나 증액했다. 나는 행정명령을 발동해서 해안과 산호초, 수중식물군 등 여러 가지 중요한 자원들을 보호하기 위하여 전국을 연계하는 보호체계를 수립했다. 나는 북서 하와이 섬의 산호초에 대한 영구보존 정책을 실시하고 있다고 밝혔다. 이곳의 산호초는 미국 전체의 60퍼센트에 해당하는 양으로 1,900킬로미터 넘게 뻗어 있었다. 이것은 사람의 발길이 닿지 않는 4,300만 에이커의 국유림보호정책을 채택한 이후 가장 큰 규모의 제안이었다. 이 제안은 해양오염이 오스트레일리아의 그레이트배리어리프를 비롯한 세계 전역의 산호초를 위협하고 있기 때문에 더욱 절실하게 필요한 것이었다.

나는 미국과 유럽연합의 연례회의에 참석하기 위해서 포르투갈로 갔다. 포르투갈 총리인 안토니오 구테에레스가 유럽의회 의장을 맡고 있었다. 그는 똑똑하고 젊고 진보적인 인물로 유럽연합 집행위원장인 로마노 프로디와 마찬가지로 제3의 길의 지지자였다. 우리는 대부분의 문제들에 대해서 동일한 시각을 가지고 있었기 때문에, 나는 그 회의를 하는 동안 의욕이 솟았다. 포르투갈은 아름답고 따뜻했으며, 친절한 국민들과 매혹적인 역사 때문에 나는 처음 방문한 포르투갈 여행을 흡족하게 즐길 수 있었다.

6월 2일, 나는 샤를마뉴 대제상(1949년에 유럽 국가의 단합과 문화, 정치의식의 일치에 공헌한 정치지도자에게 수여하는 상—옮긴이주)을 받기 위해 게르하르트 슈뢰더와 함께 유서 깊은 도시 아헨으로 갔다. 나는 슈뢰더와 독일인에게 바츨라프 하벨과 후안 카를로스 국왕이 받았던 것과 같은 영예로운 상을 준 것에 대해 감사의 뜻을 전했다. 이 상이 미국인에게 수여되었던 경우는 거의 없었다. 나는 유럽이 통합, 민주화, 안보를 유지하도록 하기 위해서, 러시아와의 유대를 진척시키도록 하기 위해서, 발칸 반도에서의 인종청소를 종식시키기 위해서 최선을 다했다. 그 공로를 인정받게 되다니 감사할 따름이었다.

다음 날 게르하르트 슈뢰더는 베를린에서 제3의 길 회의를 열었다. 이번에는 게르하르트, 캐나다 총리 장 크레티앵, 그리고 나 외에 남미 3개국의 대통령, 즉 브라질의 엔리케 카르도소, 칠레의 리카르도 라고스, 아르헨티나의 페르난도 델라 루아 대통령이 참석했다. 우리는 선진국과 개발도상국이 이루어야 하는 지도자들 간의 진보적인 동반자적 관계에 대해서 토론했다. 토니 블레어는 참석하지 못했다. 그는 이번에 네 번째 아이를 출산했는데, 이름이 리오라고 했다.

나는 모스크바로 가서 블라디미르 푸틴을 만났다. 대통령으로 당선된 뒤로는 처음 만나는 셈이었다. 우리는 무기급 플루토늄을 각각 34톤씩 폐기하기로 합의했지만, 미국이 국가미사일방어체제를 수립할 수 있도록 탄도탄요격미사일 조약을 개정하는 것에 관해서는 합의를 보지 못했다. 나는 그 문제에 대해서는 그리 걱정을 하지 않고 있었다. 푸틴은 아마 미국 선거가 어떻게 될 것인지 지켜보고 싶었을 것이다. 공화당은 레이건 정부 이후로 미사일방어에 전념하고 있었고, 대부분의 사람들이 탄도탄요격미사일 조약을 폐지하는 것을 망설이지 않을 터였다. 앨 고어는 원칙적으로 나와 같은 입장이었다. 어쨌든 푸틴은 새로운 대통령과 이 문제를 다루고 싶어 하는 것 같았다.

당시 우리는 실제로 운용 할 만큼 신뢰할 만한 미사일방어체제를 갖추지 못한 상태였다. 휴 셸턴이 말했던 것처럼, 날아오는 미사일을 격추하는 것은 '총알로 총알을 맞추는 것'과 마찬가지였다. 나는 우리가 이런 목적을 달성할 수 있는 미사일을 개발해서 그 기술을 다른 나라에도 제공해야만 러시아에게 탄도탄요격미사일 조약을 개정하자고 설득할 수 있다고 생각했다. 나는 또한 그런 미사일을 개발한다고 해도, 엄청난 비용이 소요될 미사일방어체제를 구축하는 것이 최선의 방법인지에 대해서는 확신을 가지고 있지 않았다. 우리는 소형 핵, 화학, 생물학 무기를 가진 테러리스트들의 공격과 마주칠 가능성이 훨씬 더 높았다.

게다가 미사일방어체제를 수립하는 것은 세계를 더 큰 위험에 노출시키게 될 수도 있었다. 그 체제가 구축된다 하더라도, 가까운 장래에는 떨어뜨릴 수 있는 미사일이 몇 개 되지 않을 것이다. 그리고 미국과 러시아가 이런 시스템을 구축한다면, 중국은 아마 억제력을 유지하기 위해서 그것을 극복할 수 있을 만큼 많은 미사일을 만들어낼 것이다. 인도와 파키스탄도 중국의 예를 따를 것이다. 유럽 국가들은 이에 대해서 적극 반대하고 있었다. 하지만 우리는 제대로 기능하는 미사일방어체제를 구축하지 못했고, 이것이 가능하게 되기 전에는 이런 문제들을 고민할 필요가 없었다.

모스크바를 떠나기 전에, 푸틴은 크렘린에서 소규모 만찬을 열었다. 만찬에 이은 재즈 콘서트에서는 십대부터 팔십대에 이르는 연주가들이 출연했다. 콘서트의 마지막 곡은 무대의 조명이 꺼진 채 시작되었다. 생존한 테너 색소폰 연주자 중에서 내가 가장 좋아하는 이고르 부트만이 아름다운 연주를 했다. 나만큼이나 재즈를 좋아하는 존 포데스타와 나는 우리가 들어본 가장 멋진 연주라는 데 의견을 같이했다.

나는 우크라이나로 가서 레오니드 쿠츠마 대통령이 12월 15일까지 체르노빌원자력발전소의 마지막 원자로를 폐쇄하겠다는 결정을 발표한 데 대해서 재정적 지원으로 보답할 것이라고 응답했다. 원자로 폐쇄 결정이 내려지기까지는 아주 오랜 시간이 걸렸다. 나는 임기 중에 그 문제를 해결할 수 있게 된 것이 흡족했다. 마지막 방문지에서 나는 야외에 모인 엄청난 수의 우크라이나 군중에게, 자유와 경제개혁의 길을 꾸준히 걸어갈 것을 촉구하는 연설을 했다. 늦은 봄의 햇살을 받은 키예프는 매우 아름다웠다. 우크라이나 국민들 앞에는 아직도 넘어야 할 장애물이 많이 있었다. 나는 이곳의 국민들이 내가 연설을 하는 동안 군중 속에서 발견했던 정신력을 끈기 있게 발휘할 수 있기를 바랐다.

6월 8일, 나는 도쿄로 가서 며칠 전에 심장마비로 사망한 오부치 게이조 총리의 장례식에 참석해서 경의를 표했다. 장례식은 축구 스타디움의 실내 경기장에서 치러졌다. 가운데 난 복도를 사이에 두고 수천 명의 사람들이 앉아 있고, 수백 명의 넘는 사람들이 발코니까지 앉아 있었다. 무대는 앞쪽이 높이 들려 있고 양옆에는 작은 무대가 있는 구조였다. 무대 뒤에는 7미터에서 9미터쯤 되는 높이까지 꽃으로 덮인 벽이 세워져 있었다. 꽃벽은 파란 하늘에 일본의 상징인 솟아오르는 태양을 형상화한 아름다운 모습이었다. 꽃벽 맨 꼭대기에 우묵한 곳이 있었는데, 행사가 시작될 때 군 장교들이 오부치의 유골분이 든 상자를 그곳에 놓았다. 오부치의 동료들과 친구들이 조의를 표하고 난 뒤, 몇 명의 젊은 여성들이 하얀 꽃이 가득 든 쟁반들을 가지고 입장했다. 조문객들은 가운데 무대로 모여들더니, 오부치의 아내와 아이들부터 시작해서, 천황 가문의 사람들, 정부의 지도자들이 차례로 오부치의 유해 앞에 절을 하고 꽃으로 덮인 벽의 폭만큼 넓게 설치된 나무 선반 위에 꽃을 놓았다.

나는 오부치 앞에 조의를 표하고 꽃을 놓고 나서, 미국 대사관을 찾아가 전직 하원의장이었던 톰 폴리 대사를 만났는데 텔레비전에서는 아직도 장례식이 계속되고 있었다. 수천 명의 시민들이 떠오르는 태양의 벽 앞에 헌화한 흰 꽃무더기가 구름처럼 보였다. 참으로 감동적인 장면이었다. 나는 잠시 리셉션에 참가해서 오부치의 부인과 자식들에게 경의를 표했다. 오부치의 딸 중에는 정치계에서 활동하고 있는 사람도 있었다. 오부치의 부인은 조문을 해주어 고맙다며 나에게 오부치가 쓰던 아름다운 칠기 편지함을 선물했다. 오부치는 나의 친구이면서 동시의 미국의 친구였다. 미국과 일본 간의 동맹관계는 중요했고, 그는 젊은 시절부터 이것을 중시했다. 그렇게 일찍 가지 않고 오랫동안 공직 생활을 할 수 있었으면 좋았을 것을.

며칠 후, 미네소타 주 칼튼 대학 졸업식에 참석하고 있을 때, 한 부관이 다마스쿠스에서 하페즈 알 아사드 대통령이 사망했다는 소식을 전해주었다. 제네바에서 마지막 회담을 한 것이 10주 전의 일이었다. 의견이 엇갈릴 때가 많았지만, 그는 늘 나에게 솔직했다. 나는 그가 평화를 위한 전략적인 선택을 했다고 말할 때마다 그의 말을 믿었다. 평화는 상황 때문에, 오해 때문에, 심리적인 장벽 때문에 달성되지 못했다. 하지만 이스라엘과 시리아 양국이 모두 준비를 갖추게 되면 평화에 도달하는 데는 그리 많은 시간이 걸리지 않을 터였다.

봄에서 여름으로 넘어가면서, 나는 사우스론에 설치된 천막 밑에서 최대규모의 만찬을 주최했다. 400명이 넘는 사람들이 모여서 모로코 국왕 모하마드 6세를 영접했다. 모하마드 6세는 미국의 첫 13개 주가 연합했던 직후에 미국을 인정한 최초의 군주의 후손이었다.

다음 날 나는 오래된 불의를 바로잡았다. 제2차 세계대전 동안 가족들이 수용소에 억류된 후에도 유럽에서 자원봉사를 해온 22명의 일본계 미국인에게 의회의 명예훈장을 수여했다. 그중에는 내 친구이자 협조적인 상원의원인 하와이의 대니얼 이노우에도 있었다. 그는 전쟁 때 팔을 잃고, 목숨까지 잃을 뻔했던 사람이었다. 일주일 뒤에 나는 최초의 아시아계 미국인을 각료에 임명했다. 전직 캘리포니아 하원의원 놈 미네타가 내 남은 임기 동안 상무장관으로 일하겠다고 동의했다. 그 자리를 맡고 있던 빌 데일리는 앨 고어 선거운동본부의 의장으로 옮겨갔다.

6월 마지막 주, 나는 백악관의 이스트 룸에서 모임을 열었다. 이스트 룸은 200여 년 전인 1803년에 토머스 제퍼슨이 미시시피에서 태평양까지 메리웨더 루이스의 용감한 탐험을 통해 개척되었던 미국 서부의 새로운 개척 지도를 펼쳤던 곳이다. 이번에는 과학자들과 외교관들이 21세기의 새로운 지도를 경축하기 위해 모였다. 미국, 영국, 독일, 프랑스, 일본, 중국 출신의 수천 명 학자들이 인간의 게놈을 해독하여 유전자 암호의 30억 개 대부분을 밝혀냈다. 오랜 논란 끝에 정부 기금으로 운영되는 국제인간게놈프로젝트의 대표인 프랜시스 콜린스와 민간기업 셀레라의 회장인 크레이그 벤터가 그해 안에 유전자 정보 연구결과를 발표하는 데 동의했다. 벤터는 나의 오랜 친구였으며, 나는 두 사람의 의견을 통일시키기 위해서 최선을 다했다. 토니 블레어는 위성중계로 우리의 모임에 참석했다. 나는 그에게 어린 아들의 수명이 25년쯤 늘어났다고 농담을 했다.

6월이 끝날 무렵, 나는 재정흑자가 2,000억 달러를 돌파했으며, 앞으로 10년간 예상되는 흑자의 규모는 4조 달러를 넘을 것으로 예상된다고 발표했다. 나는 다시 한 번 약 2조 3,000억 달러의 사회보장용 흑자가 새어나가지 않게 챙겨두어야 하며, 의료보호제도에 5,500억 달러를 투자해야 한다고 주장했다. 드디어 베이비붐 세대의 퇴직 후 생활을 보장할 가능성이 엿보이는 것 같았다.

나는 또한 애리조나와 캘리포니아에서 민주당 후보들을 지원하기 위한 행사와 8월의 로스앤젤레스 전당대회 유치 자금을 모으고 있는 테리 매컬리프를 돕기 위한 행사에 참여했다. 나는 정무국장 미니언 무어를 통해서 테리 매컬리프와 앨 고어의 선거운동과 긴밀하게 협조했다.

여론조사는 대부분 고어가 부시를 바짝 뒤따르고 있는 것으로 나타났다. 6월 28일의 기자회견에서 나는 NBC 뉴스 기자에게 고어가 우리 행정부의 '여러 가지 스캔들'에 대한 책임이 있는 것 아니냐는 질문을 받았다. 나는 내 실수 때문에 그가 벌을 받고 있다는 증거는 전혀 없다고 말했다. 그에게 걸린 유일한 혐의는 선거운동자금 모집과 관련된 것이었는데, 그는 아무런 잘못이 없었다. 그리고 그밖의 스캔들은 사실무근이었다. '스캔들'이라는 말은 지난 7년 동안 쩽그랑거리는 주전자처럼 시끄럽게 굴러다니고 있었다.

나는 앨 고어에 대해서 세 가지를 알고 있다고 말했다. 그가 부통령으로서 미국에 대해 긍정적인 기여를 했으며, 그 기여의 정도는 과거의 어느 부통령보다 앞선다는 것. 그는 여러 가지 현안들에 대해서 올바른 관점을 견지하고 있고 번영을 지속시킬 수 있다는 것. 그는 미래를, 미래가 품고 있는 가능성과 위험을 잘 알고 있다는 것. 나는 모든 유권자들이 이 점을 이해한다면 고어가 승리할 것이라고 생각했다.

7월 첫째 주, 나는 나의 취임 이후 미국 경제가 2,200만 개의 일자리를 만들어냈다고 발표하고, 백악관에서 북쪽으로 몇 킬로미터 떨어진 곳에 있는 올드 솔저스 홈Old Soldiers Home을 방문했다. 나는 포토맥 강이 엄청난 모기계를 만들어내고 냉방장치도 없던 시절에 에이브러험 링컨과 그의 가족이 여름 휴양지로 사용했던 그 오래된 오두막을 보호할 것을 제안했다. 그곳은 링컨 외에도 여러 명의 대통령이 사용하던 곳이었다. 그것은 힐러리의 '미국문화유산 보존' 프로젝트 중의 하나였다. 우리는 그곳이 보존 관리될 것이라는 확신을 가지고 백악관을 떠나고 싶었다.

7월 11일, 나는 캠프 데이비드에서 에후드 바라크, 야세르 아라파트와의 정상회담을 시작했다. 정상회담의 목적은 평화로 가는 길목에 남아 있는 장애물들을 제거하고, 나의 임기가 끝나기 전에 평화회담을 끝낼 수 있도록 양측의 견해 차이를 좁혀나가는 데 있었다. 양 정상은 자신들도 그것을 원한다고 말했다.

그들은 상이한 태도를 가지고 정상회담에 임했다. 바라크는 1993년 합의문과 와이리버 의정서에 명시된 점진적인 접근법이 자신에게는 아무런 도움이 되지 않는다는 생각 때문에 정상회담을 강하게 밀어붙이고 있었다. 서안지구와 가자지구의 18만 이스라엘 정착민은 만만찮은 세력을 형성하고 있었으며, 테러 종식과 팔레스타인의 갈등 종결에 대한 공식 인정이 없는 이스라엘의 양보는 전혀 받아들여지지 않았다. 바라크는 크네세트의 불신임 투표에서 두 표 차이로 간신히 살아남았다. 그는 아라파트가 일방적으로 국가 선언을 하겠다고 위협하는 9월이 되기 전에 협상을 끝내야 한다는 절박감에 쫓기고 있었다. 바라크는 이스라엘의 기본적인 이익이 달성된다는 전제 하에서 포괄적인 평화계획을 제시하면, 이스라엘 국민들이 찬성표를 던질 거라고 믿고 있었다. 이스라엘 국민들은 안보를 확보하는 것, 성전 산에 있는 이스라엘의 종교적 문화적 유적지를 보호하는 것, 팔레스타인 측의 끝없는 이스라엘 귀환 권리(팔레스타인 난민들이 자신의 고향으로 돌아가 과거의 재산권을 되찾을 법적인 권리-옮긴이주) 요구를 중단하는 것, 팔레스타인이 갈등은 끝났다고 선언하는 것을 원하고 있었다.

한편, 아라파트는 캠프 데이비드 협상을 달갑지 않게 생각하고 있었다. 그는 이스라엘이 시리아와의 대화 통로에 기우는 것을 목격하고 배신감을 느꼈고, 바라크가 예루살렘 인근의 마을들을 포함해서 서안지구의 영토를 더 많이 이양하겠다는 과거의 약속을 지키지 않은 것을 괘씸하게 생각하고 있었다. 아라파트의 관점에서 보면, 바라크가 레바논에서 일방적으로 철수한 것도 그렇고, 골란에서 철수하겠다고 제안하는 것도 그렇고, 모두 자신을 약화시키는 것으로 보였다. 아라파트는 끈기 있게 평화회담을 추구했지만, 레바논과 시리아는 강경노선을 고수하면서 이득을 챙기고 있었다. 아라파트는 또 협상에 내놓을 제안 사항을 준비하려면 2주가 더 필요하다고 말했다. 그는 서안지역과 가자지구의 거의 전부를 원하고 있었다. 그는 유대인 정착촌을 제외한 성전 산과 동예루살렘 전역에 대한 완전한 주권을 원했다. 그리고 귀환 권리 원칙을 포기하지 않고 난민 문제를 해결할 수 있는 방안을 원하고 있었다.

늘 그렇지만, 지도자들이 잘 알고 있는 것은 상대방의 입장이 아니라 자신의 입장이었다. 성공을 거둘 가능성이 그리 크지 않았는데도 정상회담을 소집한 이유는 내가 개입하지 않으면 평화과정이 무너지는 것이 거의 확실했기 때문이었다.

정상회담 첫째 날, 나는 아라파트가 불만을 털어버리고 앞으로 진행될 일에 집중하게 하고, 바라크로 하여금 여러 가지 현안, 즉 영토, 정착촌, 난민, 안보, 그리고 예루살렘 문제 같은 논쟁적인 현안들을 다루는 방식에 동의하게 만들기 위해서 노력했다. 셰퍼즈타운에서 그랬던 것처럼, 바라크는 며칠 동안 시간 여유를 두고 천천히 협상을 진행하기를 원했다. 이번에는 시간이 그렇게 문제가 되지 않았다. 아라파트는 협상안을 완전히 갖추고 있는 상태가 아니었다. 그에게는 모든 것이 미개척지로 남아 있었다. 이전의 협상에서, 그는 영토, 공항, 연결통로, 수감자 석방 등의 현안에 대해서 이스라엘에서 얻을 수 있는 최고의 제안을 얻어내고 자신은 안보 문제에서 최선의 노력을 하겠다고 맹세하려 했다. 이번에 평화회담이 성공을 거두려면, 아라파트는 구체적인 문제들에 대해 어느 정도 타협안을 내놓아야 했다. 그는 서안지구 전체를 반환받을 수 없었고, 훨씬 크기가 작은 이스라엘에 무제한 귀환 권리를 요구할 수도 없었다. 그는 또한 요르단 강 동쪽의 잠재적인 적들에 대한 이스라엘의 걱정을 덜어주어야 했다.

나는 처음 2, 3일 동안은 아라파트와 바라크의 마음을 가라앉히는 데 집중했다. 그동안 매들린 올브라이트, 샌디 버거, 데니스 로스, 게말 헬랄, 존 포데스타를 비롯한 우리 팀은 이스라엘 대표단과 팔레스타인 대표단 양쪽과 논의를 시작했다. 나는 양측 대표단 구성원들이 대단히 훌륭한 사람들이라는 것을 알게 되었다. 그들은 모두 애국심이 투철했으며, 합리적이고, 부지런하고, 진심으로 협정체결을 원하고 있었다. 양측 대표단은 대부분 자기 대표단 내부의 구성원들은 물론, 상대편 대표단의 구성원들에 대해서 오래전부터 알고 있었다. 양측 대표단은 마음이 잘 맞았다.

우리는 양측 대표단을 위해서 편안하고 스스럼없는 분위기를 만들려고 애를 썼다. 우리는 중동 팀 외에도, 힐러리의 부관인 휴마 아베딘을 참여시켰다. 그녀는 사우디아라비아에서 자랐고, 아랍어를 할 줄 아는 이슬람계 여성이었다. 아베딘은 중동 사정을 잘 아는 인상적인 젊은 여성이었다. 그녀는 양측 대표단을 편안하게 해주는 데 특별한 재주를 발휘했다. 백악관의 사회담당 보좌관인 카프리샤 마셜은 백악관의 집사들과 요리사들, 급사들을 동원해서 양측 대표단에게 근사한 식사를 대접했다. 첼시도 늘 내 곁을 지키면서 손님들을 접대하고 오랜 시간 계속되는 긴장감을 해소할 수 있도록 도와주었다.

우리는 대부분 캠프 데이비드의 대형 연회장인 로럴에서 저녁식사를 했다. 로럴에는 식당과 커다란 강당, 회의실, 그리고 나의 개인 사무실이 있었다. 아침식사와 점심식사는 격식을 차리지 않은 분위기라서 양측 대표단은 두세 명 씩 무리지어 이야기를 나누곤 했다. 공적인 이야기뿐만 아니라 가족 이야기며, 농담이며, 부담 없는 이야기까지 오고갔다. 아부 알라와 아부 마젠은 아라파트를 가장 오랫동안 보좌해온 나이든 측근이었다. 아부 알라는 이스라엘 대표단과 미국 팀에게 가족 이야기로 놀림을 많이 받았다. 그의 아버지는 자식이 많아서, 예순여섯 살 된 그에게는 자신의 손자들보다 나이가 어린, 여덟 살짜리 동생이 있었다. 이스라엘 법무장관인 엘리 루빈스타인은 나보다 아는 농담이 많았고, 그 농담을 나보다 재미있게 할 줄 알았다.

양측 대표단의 분위기는 좋았지만, 바라크와 아라파트 사이는 사정이 좀 달랐다. 나는 두 사람이 묵는 오두막을 내 오두막 가까이에 배치하고, 날마다 두 사람을 찾아가 오랫동안 이야기를 나누었다. 하지만 그들은 서로를 찾아가는 일이 없었다. 아라파트는 계속 심기가 불편한 상태였다. 바라크는 혼자서 아라파트를 만나기를 꺼렸다. 바라크는 자기 혼자 떠들고 아라파트는 아무 대꾸도 하지 않는 예전과 같은 상황에 처하게 될까봐 걱정하고 있었다. 바라크는 거의 온종일 자기 방에 틀어박혀서, 국내 세력들을 추스르느라 전화통에 매달려 있었다.

이번에 나는 바라크에 대해서 더 잘 알게 되었다. 그는 영리하고, 용감한 사람이었고, 예루살렘 문제와 영토 문제에 대해서 상당한 양보를 할 태세를 갖추고 있었다. 하지만 그는 자기와 관점이 다른 사람의 이야기를 듣는 것을 참아내질 못했다. 그런 태도는 내가 상대했던 아랍 사람들이 미덕으로 여기는 관습과 정면으로 배치되는 것이었다. 바라크는 자기가 바로 이것이다 하고 결정을 내릴 때까지 다른 사람들이 기다려주기를 원했다. 그리고 자기가 최선의 제안을 하면, 상대방은 그것을 아무 이견 없이 받아들여주기를 원했다. 그런데 그의 협상 상대는 신뢰를 쌓아가는 공손한 자세와 많은 대화, 그리고 많은 거래를 원하는 사람이었다.

문화적인 갈등 때문에 우리 팀의 일은 더욱 어려워졌다. 우리 팀은 난국을 타개하기 위한 여러 가지 전략을 짜냈다. 대표단을 여러 그룹으로 나누어 특정 현안에 관해서 따로따로 이야기하게 했더니, 상당한 진척이 있었다. 하지만 어느 쪽도 특정한 지점을 넘어설 권한을 가지고 있지 않았다.

6일째 되는 날, 슐로모 벤-아미와 길레드 셰르가 바라크의 승인을 받아 과거에 제시되었던 이스라엘의 입장에서 벗어나는 발언을 했다. 그들은 협상 타결을 원하고 있는 아라파트의 젊은 측근 사에브 에레카트와 모하마드 달란에게서 어떤 대응이 있기를 기대하고 있었다. 하지만 팔레스타인 측은 예루살렘 문제와 영토 문제에 대한 바라크의 제안에 상응할 만한 제안을 전혀 내놓지 않았다. 나는 통역을 맡을 헤랄과 기록을 맡을 맬리를 데리고 아라파트를 찾아갔다. 곤혹스러운 자리였다. 나는 일어서면서 아라파트에게,

만일 바라크에게 갖다줄 것을 내놓지 않으면 회담을 끝내고 그가 협상을 거부했다는 발표를 하겠다고 말했다. 바라크는 벤-아미와 셰르가 대폭 양보를 했는데도 아무런 대가가 없다는 것을 알면 격분하게 될 터였다.

잠시 후 아라파트는 내게 서한을 보냈다. 자신이 예루살렘 문제를 받아들이면 이스라엘 측이 정착지로 얼마만큼의 땅을 유지하려 하는지, 그리고 공정한 영토 교환의 내용이 무엇인지 최종안을 알려줄 수 있느냐는 내용이었다. 나는 그 서한을 바라크에게 들고 가서 한참 동안 이야기를 나누었다. 그와 단독으로 이야기하기도 했고, 이스라엘 국가안전보장회의 이스라엘 담당 기록자인 브루스 라이델을 입회시키기도 했다. 결국 바라크는 아라파트의 서한이 상당한 의미가 있는 것이라는 데 동의했다.

회담 7일째인 7월 17일에, 하마터면 바라크는 목숨을 잃을 뻔했다. 그는 식사를 하면서 이야기를 하다가 땅콩이 목에 걸려 40초 동안 숨을 쉬지 못했다. 그의 팀에서 가장 젊은 기드 게른슈타인이 하임리히Heimich 요법(기도폐쇄시의 응급조치법―옮긴이주)을 시행한 덕분에 위기를 넘길 수 있었다. 바라크는 대단한 사람이었다. 그는 기도가 뚫리자 아무 일도 없었던 사람처럼 다시 일을 하기 시작했다. 그래서 나머지 사람들도 아무 일 없는 것처럼 행동해야 했다. 바라크는 자기 팀 전원을 데리고 밤낮을 가리지 않고 논의를 계속했다.

이런 과정 속에서는 초조하게 기다려야 하는 시기가 있기 마련이다. 어떤 사람들이 열심히 일하는 동안, 다른 사람은 아무 할 일이 없이 마냥 기다려야 할 때가 바로 그렇다. 이럴 때는 긴장을 풀 수 있는 조치를 취해야 한다. 나는 서너 시간 동안 조 로카트, 존 포데스타, 더그 밴드와 카드 게임을 했다. 밴드는 백악관 생활 5년차로 저녁 시간을 이용해서 대학원과 법대를 졸업하고, 지난 봄부터 나의 마지막 개인 보좌관으로 일하게 된 사람이었다. 그는 중동문제에 관심이 많아서 많은 도움을 주었다. 첼시도 카드 게임에서 한몫을 했다. 첼시는 우리가 캠프 데이비드에서 지냈던 2주 동안 '오헬!' 게임 점수가 제일 높았다.

자정이 지난 시간에 바라크가 갑자기 나를 찾아왔다. 그가 들고 온 제안은 벤-아미와 셰르가 제시한 것에서 훨씬 더 후퇴한 내용이었다. 바라크는 그 제안을 미국 측의 제안이라고 아라파트에게 제시해보라고 말했다. 그가 아라파트에 대해서 어떤 불만이 있는지는 이해가 갔지만, 그렇게 할 수는 없는 일이었다. 나는 그렇게 하다가는 큰일이 난다고 대답했다. 우리는 새벽 2시 30분까지 이야기를 나누었다. 잠시 후, 3시 15분에 그는 다시 돌아왔고, 우리는 단둘이서 한 시간 동안 이야기를 더 나누었다. 결국 그는 나한테 예루살렘 문제와 서안지구 문제를 놓고 한번 자신이 감당할 수 있는 타협을 이끌어내보라고 권한을 맡겼다. 물론 벤-아미와 셰르가 앞서 팔레스타인 측에 이야기했던 내용을 제시해도 좋다는 것이었다. 밤을 새고 기다린 보람이 있었다.

8일째 되는 날 아침, 나는 걱정스럽기도 하고 설레기도 했다. G-8 정상 회담이 열리는 오키나와로 갈 일정이 잡혀 있었는데, 참석 안 할 수 없는 형편이었기 때문에 걱정스러웠고, 바라크가 적절한 시기에 대담한 용기를 발휘한 것을 생각하니 마음이 설레기도 했다. 나는 오키나와로 출발하는 것을 하루 미루고 아라파트를 만났다. 나는 그에게 서안지역의 91퍼센트를 반환하고, 상징적인 의미에서 가자와 서안 인근의 땅을 교환하며, 동예루살렘을 수도로 하고, 구시가지와 동예루살렘 외곽의 이슬람 및 기독교 구역에 대한 주권을 인정하며, 예루살렘의 동부 지역에 대한 설계와 구획, 경찰권을 인정하고, 성전 산(아랍 사람들에게 하람 알 샤리프로 알려져 있다)에 대해서는 주권이 아니라 관리권을 인정한다는 내용을 제안했다.

아라파트는 성전 산을 포함해서 동예루살렘 전체에 대한 주권을 인정받지 못한다는 것을 놓고 망설이더니 그 제안을 거부했다. 나는 다시 한 번 생각해보라고 부탁했다. 두 사람이 신경전을 벌이고 있는 동안, 나는 아랍지도자들에게 전화를 걸어 도움을 청했지만, 대부분의 사람들이 아라파트의 협상력을 약화시킬까봐 걱정이 되어 말을 삼가는 기색이었다.

9일째 되는 날, 나는 다시 최선을 다해 아라파트를 설득했으나, 그는 다시 제안을 거절했다. 이스라엘은 아라파트보다 훨씬 많은 것을 양보한 상태였는데, 아라파트는 그들의 제안을 장래의 협상의 근거로 받아들이는 것조차 거절하려고 했다. 나는 다시 아랍 지도자들에게 전화를 걸어 도움을 청했다. 압둘라 요르단 국왕과 튀니지 대통령 벤 알리가 아라파트를 격려했다. 그들은 그와 통화를 끝낸 후 그가 타협을 겁내고 있다고 말했다. 회담은 결렬된 것처럼 보였다. 그것도 양측이 서로에게 매우 안 좋은 감정을 가진 채로. 양측은 분명히 협상을 원하고 있었다. 나는 내가 오키나와에 다녀올 때까지 머물면서 논의를 계속하라고 부탁했다. 그들은 내 제안을 받아들였다. 팔레스타인 측은 내가 떠나고 난 뒤에도, 내가 제시한 제안들을 근거로 협상하는 것을 거부했다. 이번에는 이스라엘 측이 망설이기 시작했다. 일이 이렇게 된 데는 내 책임도 있었다. 나는 좀더 머무는 조건에 대해서 분명히 말하지 않았던 것처럼, 아라파트에 대해서도 분명한 태도를 보이지 않았던 것 같다.

나는 매들린 올브라이트를 비롯해서 모든 팀 성원들을 혼란 속에 남겨두고 일본으로 떠났다. 올브라이트는 아라파트를 자신의 농장으로 데려가고, 바라크를 게티스버그 근처 남북전쟁의 유명한 격전지로 데려갔다. 잠시 바람을 쐰 두 사람은 기분이 나아지는 것 같았지만, 둘 사이에는 아무런 진전도 이루어지지 않았다. 슐로모 벤-아미와 전직 장군이었던 암논 샤하크는 모하마드 달란과 모하마드 라시드와 상당히 우호적인 논의를 계속했다. 하지만 그들은 양쪽에서 가장 전향적인 사람들이었다. 그들끼리 모든 것에 대해 의견을 일치시킨다 해도, 각자의 지도자들까지 서명을 하도록 설득하지는 못할 것 같았다.

나는 회담 13일째 되는 날에 캠프 데이비드로 돌아왔다. 우리는 밤을 새워 토론했다. 대부분 안보에 관련한 논의였다. 14일째 되는 날도 다시 논의를 계속했다. 오후 3시경까지는 순조롭게 진행되었다. 갑자기 아라파트는 성전 산과 동예루살렘에 관한 효과적인 통제를 위해서는 '주권'이란 말이 붙지 않으면 설득력이 없다고 주장했다. 나는 마지막 희망을 걸고, 바라크에게 동예루살렘 외곽 마을에 대한 전면적인 주권을 주되, 내부 지역에 대해서는 제한적인 주권을 주고, 하람에 대해서는 '관리적' 주권을 인정해주자고 설득했다. 예루살렘의 여러 가지 문제들을 실제로 어떻게 처리할 것인가에 대해서는 의견차이가 거의 없었다. 문제가 되는 것은 누가 주권을 보유하느냐 하는 것이었다.

나는 양측이 이번에는 역사적 · 종교적 · 정치적 · 정서적 갈등으로 인하여 합의에 도달할 수 없었다는 내용의 성명을 발표했다. 나는 바라크가 본국으로 돌아가서 낯을 세울 수 있게 하고 진전되었던 내용들을 알리기 위해서, 아라파트는 평화의 길로 계속 나아가고자 하는 확고한 결심을 가지고 있고, 바라크는 '지금 이 순간의 역사적 중요성에 대한 인식과 특별한 용기, 그리고 통찰력'을 보여주었다고 말했다.

나는 또, 양측 대표단이 서로에게 보여준 진심 어린 존경과 이해는 지난 8년간 세계 곳곳에서 평화를 이룩하려고 노력해온 내가 보기에도 특별한 것이었으며, 양측이 예전과는 달리 민감한 갈등 사항들에 대해서 솔직하게 논의했다고 말했다. 이제 우리는 서로 가장 핵심적으로 생각하는 사항들을 더 잘 알게 되었으며, 올해가 저물기 전에 합의를 이룰 수 있는 기회가 있으리라고 생각한다는 말을 덧붙였다.

아라파트는 협상을 계속하기를 원했다. 또한 그는 여러 차례에 걸쳐서 장래의 이스라엘 정부 혹은 장래의 미국 팀이 평화를 위해서 우리처럼 이렇게 열성적으로 노력할 것 같지 않다는 점을 인정하기도 했다. 그런데도 그가 왜 그렇게 움직이지 않았는지 알 수는 없는 일이었다. 그의 팀이 어려운 협상을 해본 경험이 없었기 때문인지도 모른다. 아니면 자신들의 손에 든 것은 보여주지 않고 이스라엘로부터 얼마나 양보를 받을 수 있는지 알아볼 수 있는 기회로 여겼던 것인지도 모른다. 무슨 이유에서였든, 아라파트는 바라크를 불안정한 정치상황 속에 던져놓은 채 돌아서버렸다. 바라크가 이스라엘의 역사에서 가장 칭송받는 군인이라는 말은 괜한 것이 아니었다. 퉁명스럽기도 하고 완고하기도 했지만, 바라크는 이스라엘에 좀더 안전한 미래를 선사하기 위해서 엄청난 위험을 무릅썼다. 나는 기자회견을 통해서 이스라엘 사람들에게 바라크가 이스라엘의 안보를 위태롭게 하는 일은 전혀 하지 않았다고 단언했고, 이스라엘 국민들은 바라크를 자랑스럽게 여겨야 한다고 말했다.

아라파트는 결정을 내리는 마지막 순간까지, 혹은 우리가 자주 입에 올렸던 말인 '자정 5분 전' 까지, 입을 열지 않고 기다리는 사람으로 유명했다. 나의 남은 임기는 6개월뿐이었다. 나는 아라파트의 시계가 잘 맞기를 바랄 뿐이었다.

55

캠프 데이비드 협상이 진행되는 동안, 좋은 일들이 줄지어 일어났다. 샬린 바셰프스키가 베트남과 광범위한 무역협정을 체결했다. 하원에서는 밀레니엄 외채탕감사업의 미국 분담금 가운데 첫 지불액을 지급한다는 내용의 수정안이 통과되었다. 나의 오랜 지지자인 맥신 월터스가 만들어낸 수정안이었다. 이 무렵 가난한 나라들의 외채탕감 요구는 엄청나게 많은 지지자들을 확보하고 있었다. 그 지지자들 중 선두에 선 사람이 바로 보노였다.

보노는 워싱턴 정치계의 붙박이가 되었다. 그는 일류 정치가로 변신하였는데, 그렇게 된 데는 그의 독특한 스타일이 많은 기여를 했다. 어느 날 래리 서머스가 오벌 오피스로 찾아와서 '청바지에 티셔츠 차림으로 커다란 선글라스를 쓰고 다니는 보노라는 사람'과 외채탕감에 대해서 회의를 하고 오는 길이라면서, "그가 외채탕감 문제로 나를 찾아왔는데, 그 분야에 대해서 아주 박식하더군요"라고 말했다.

오키나와에서 열린 G-8 정상회의는 좋은 성과를 거두었다. 2015년까지 전 세계 아동들이 초등학교에 다닐 수 있도록 하자는 결의안이 채택되었다. 나는 3억 달러를 들여 900만 취학아동들에게 하루 한 끼씩 균형 있는 식사를 제공하는 프로그램을 운영할 것을 제안했다. 이 프로그램은 로마에서 유엔 식량프로그램을 담당하고 있는 미국 대사 조지 맥거번과, 오래전에 맥거번과 식량 카드 정책을 선도했던 밥 돌, 매사추세츠 하원의원 짐 맥거번이 제안한 것이었다. 나는 오키나와의 미군기지를 방문해서 미군 주둔을 허락

해준 모리 요시로 총리에게 감사의 뜻을 전하고, 미군 주둔으로 인한 긴장감을 줄이도록 노력하겠다고 약속했다. 마지막으로 참가하게 되는 G-8 정상회의인데, 급히 캠프 데이비드로 돌아가야 하는 것이 참으로 아쉬웠다. 정상회의의 여러 지도자들은 지난 8년 동안 내가 제안한 사업들을 적극적으로 후원해주었고, 많은 성과를 올렸다.

오키나와 방문에는 첼시도 동행했다. 첼시가 스탠퍼드 대학교에서 졸업에 필요한 이상의 학점을 3년 만에 취득한 덕에 6개월 동안 우리와 함께 있을 여유가 생겼다. 첼시는 임기 마지막 6개월 동안 우리 곁에 있고 싶었던 모양이었다. 힐러리와 나는 첼시와 함께 있을 수 있다는 것이 무척 기뻤다. 첼시는 힐러리의 선거운동을 돕는 일과 나의 외국 순방에 동행하는 일에 시간을 쪼개 썼는데, 양쪽 일 모두에서 큰 도움이 되었다. 하기야 첼시가 옆에 있는 것만으로도 우리는 행복했다.

그달 말, 나는 세금감면 문제를 놓고 공화당원들과 다시 맞붙어야 했다. 공화당은 이후 10년간 예상되는 재정흑자를 세금감면에 충당하기를 원했다. 그들은 납세자들의 돈이니 납세자들에게 돌려주어야 한다는 논리를 폈다. 그럴듯한 주장이었지만, 그들이 한 가지 숨기고 있는 게 있었다. 재정흑자는 '예상'되는 것인데, 세금감면은 흑자의 발생 여부에 영향을 미칠 수 있는 것이었다. 나는 이들의 논리에 대해 다음과 같은 예를 들어 반박했다. 텔레비전 명사 에드 맥마혼에게서 '당신은 이미 1,000만 달러를 벌었을지도 모릅니다'로 시작되는 광고물 한 장을 받았다고 상상해보라. 이런 편지를 받았다고 1,000만 달러를 쓰는 사람이 있겠는가? 나는 공화당의 세금감면안을 지지하는 사람은 이런 사람밖에 없을 것이라고 말하면서, 이런 꼴을 당하지 않으려면 "우리를 끝까지 지지하고, 번영을 유지해나가야 한다"고 말했다.

8월은 바쁜 달이었다. 8월 초에는 필라델피아에서 열린 공화당 전당대회에서 조지 W. 부시와 딕 체니가 후보로 지명되었다. 힐러리와 나는 마사스 비니어드로 가서 힐러리 후원모임을 주최한 다음, 대규모의 위험한 산불과 싸우고 있는 아이다호의 소방관들을 찾아가 격려했다. 8월 9일, 나는 15

명의 미국인들에게 자유 훈장을 수여했다. 그중에는 고인이 된 존 채피 상원의원과 패트 모이니헌 상원의원, 아동보호기금 설립자인 마리언 에델먼, 에이즈 연구활동가인 닥터 매실드 크림, 제시 잭슨, 민권 판사 크루즈 레이노조, 그리고 웨스 클라크 장군도 포함되어 있었다. 클라크 장군은 밀로셰비치의 인종청소에 대항한 코소보 전투지휘를 끝으로 퇴역한 상태였다.

나는 여러 가지 정치 행사들로 분주한 가운데, 정치와 무관한 행사에 참석할 기회가 있었다. 나는 시카고 근처, 일리노이 주 사우스배링턴에 있는 윌로크리크 공동체교회를 찾아가 친구인 빌 히벨스를 만났다. 우리는 성직자 연수회에 모인 수백 명의 사람들 앞에서 여러 가지 대화를 나누었다. 내가 정치계에 입문하기로 결정한 시기는 언제인지, 나의 가족들이 다녔던 교회는 어디인지, 나에게 교회의 의미는 무엇인지, 내가 잘못에 대해 사과한 적이 없다고 생각하는 사람들이 많은 이유는 무엇인지, 나는 여론조사를 어떻게 활용하는지, 지도력의 가장 중요한 요소는 무엇인지, 내가 기억에 어떻게 남는 사람이 되기를 원하는지…… 정치와 직무에서 벗어난 가벼운 마음으로, 정치 때문에 뒷전에 밀려나 있는 내면의 삶에 대해서 생각할 수 있었던 소중한 시간이었다.

민주당 전당대회가 시작되는 8월 14일 밤, 전당대회장 연단에 오른 힐러리는 자신을 지지해준 데 대한 감동적인 인사를 한 다음, 이번 선거의 핵심 쟁점을 꼼꼼하게 짚어가며 연설을 했다. 그 후, 해리와 린다 토머슨이 나의 8년간의 성과를 정리하여 제작한 영화가 상영되었다. 나는 열정적인 갈채와 환호가 쏟아지는 가운데 연단에 섰다. 갈채와 환호가 잦아든 후, 나는 이번 선거의 쟁점을 "진보와 번영을 지속시킬 것인가 말 것인가?"로 요약했다.

나는 다음과 같은 요지로 연설했다. 어떤 당이 계속 집권해야 하는가 말아야 하는가에 대해서 우리는 1980년에 레이건 대통령이 말했던 '우리는 지금 8년 전보다 형편이 나아졌는가?' 하는 기준을 적용해야 한다. 그 질문에 대한 대답은 '그렇다' 이다. 그리고 그 대답은 "공화당원처럼 살고 싶으면, 민주당원을 찍어라"라는 해리 트루먼 대통령의 말이 옳다는 것을 입증해준다. 군중은 환호했다. 우리는 형편이 나아졌다. 경제적인 형편만 나아진 것이 아니었다. 일자리도 늘어났지만, 입양도 늘어났다. 빚도 줄었지만, 십대 임신도 줄었다. 우리 사회의 다양성은 심화되고, 통합성은 강화되고 있었다. 우리는 21세기로 향하는 다리를 세웠고, 또 그것을 건넜다. 그리고 "우리는 다시는 뒤로 돌아가지 않을 것이다".

나는 민주당 국회에 대해서 이야기했다. 우리는 경제 번영을 이용해서 무엇을 이루려 하는가? 이 문제에 대한 답은 우리가 과거의 역경에 어떻게 대처해왔는가를 보여주는 동시에, 미국의 인격과 가치관, 판단력도 보여준다. 우리에게 민주당 국회가 있었다면, 미국은 이미 환자 권리장전과 최저 임금인상, 여성에 대한 동일임금법의 강화, 중산층의 대학등록금과 장기요양에 대한 세금감면 등을 달성했을 터였다.

나는 힐러리를 칭찬했다. 그녀는 30년 동안 공적인 봉사에 헌신해왔으며, 특히 백악관에 들어온 뒤에는 아동 문제와 가족 문제에 집중했다. 힐러리는 우리 가족을 위해서 늘 그 자리를 떠나지 않았던 것처럼, 앞으로는 뉴욕의 가족, 미국의 가족들을 위해서 늘 자리를 떠나지 않을 것이다. 그리고 앨 고어에 대해서, 그의 강력한 확신과 탁월한 견해, 미래에 대한 안목, 그리고 근본적인 관대함을 칭찬했다. 나는 정신건강 사업을 지원해준 티퍼 고어에게 감사의 뜻을 전하고, 고어가 조 리버먼을 부통령 후보로 결정한 것은 탁월한 선택이었다고 칭찬했다. 나는 조 리버먼과 나의 30년간의 우정, 1960년대 남부 민권운동에서 리버먼이 보여준 활약에 대해서 이야기했다. 유대계 미국인이 거대정당의 부통령 후보로 지명된 것은 처음 있는 일이었다. 리버먼의 부통령 후보 지명은 '하나의 미국'을 건설하겠다는 앨 고어의 공약이 빈말이 아님을 입증하는 뚜렷한 증거였다.

나는 개인적인 감사의 말과 개인적인 당부의 말로 연설을 맺었다.

친구 여러분, 저는 50년 전 폭풍우 치는 어느 날 남부의 작은 마을에서 청상과부의 아들로 태어났습니다. 미국은 제게 꿈을 실현할 기회를 주었습니다. 그리고 저는 여러분이 꿈을 실현할 수 있도록 돕기 위해서 최선의 노력을 기울여왔습니다. 이제, 제 머리는 희어지고, 주름살은 깊어졌습니다. 하지만 저는 지금도 8년 전에 품었던 것과 똑같은 희망과 낙관주의를 마음속에 품고 있습니다. 저는 여러분에게 제 마음이 감사로 충만하다는 것을 알려드리고 싶습니다.

친애하는 국민 여러분, 미국의 미래는 이제 여러분의 손에 달려 있습니다. 여러분은 진지하게 생각하고, 깊이 느끼고, 현명하게 선택해야 합니다. 그리고 꼭 기억해두셔야 합니다. 늘 사람을 최우선으로 놓아야 한다는 것을. 늘 미래로 건너갈 다리를 준비해야 한다는 것을. 그리고 내일에 대한 생각을 멈추지 마십시오.

다음 날, 나는 힐러리와 첼시와 함께 미시간 주 먼로로 가서 앨 고어 부부와 함께 선거유세를 벌였다. 격전지인 미시간 주에 모인 수많은 군중 속에서 유세를 하고 난 뒤 고어는 로스앤젤레스로 떠났다. 전당대회로 돌아간 그는 지명수락 연설을 하고 민주당의 지도자가 될 터였다. 고어가 떠난 뒤, 나는 오랫동안 들러보지 못했던 작은 맥도널드 가게에 들렀다.

부시-체니 후보는 선거과정에서 두 가지 메시지를 전달했다. 그들이 내세우는 긍정적인 주장은 '온정적인 보수주의'였다. 즉 우리 행정부가 제공했던 것과 같은 좋은 조건을 제공하되, 정부의 활동규모를 줄이고 대폭적인 세금감면을 시행하겠다는 것이었다. 부정적인 주장은 워싱턴에 도덕적인 기풍과 당파성을 강화하겠다는 것이었다. 이 주장은 좋게 보아도 표리부동한 것이었다. 나는 워싱턴에 있는 동안 공화당원들과 대화하기 위해서 갖은 노력을 기울였다. 하지만 그들은 임기 첫날부터 나를 악마로 만들려고 달려들었다. 그러고 나서 이제 그들은 "우리에게 백악관을 돌려준다면, 나쁜 행실을 차단하겠다"고 말하고 있었다.

앨 고어는 강직한 리버먼을 부통령으로 지명했고, 유권자들이 후보들의 행실에 잘못이 없다고 생각한다면 도덕성과 관련된 주장은 아무런 반향도 일으키지 못할 터였다. 대통령 선거에 나선 것은 내가 아니었다. 만일 유권자들이 내 실수에 대한 불만 때문에 그들을 비난한다면, 그것은 부당할 뿐 아니라 스스로 파멸로 걸어 들어가는 셈이었다. 민주당 지지자들이 공화당의 주장의 허구성을 꿰뚫어본다면, 탄핵 투표가 실패로 돌아갔다는 것을 잊지 않는다면, 공화당이 백악관과 의회를 둘 다 장악할 경우 우익이 얼마나 많은 해악을 끼칠 것인지를 잊지 않는다면, 공화당의 전략은 먹혀들지 않는 다는 것이 내 생각이었다. 더구나 미국총기협회의 부회장은, 부시가 당선되 면 미국총기협회가 백악관에서 한자리를 차지할 거라고 큰소리를 치고 있 었다.

민주당 전당대회가 끝나자, 여론조사에서 앨 고어가 근소한 차이로 앞 서고 있었다. 나는 힐러리와 함께 뉴욕 주의 고적한 핑거레이크로 가서 며 칠 동안 선거운동을 벌였다. 힐러리는 선거전에 뛰어들 때와는 전혀 다른 상황에 처해 있었다. 줄리아니 시장은 사퇴를 하고, 롱아일랜드 하원의원인 릭 라치오가 새로운 경쟁자로 도전장을 던졌다. 그는 매력적이고 똑똑한 인 물로, 줄리아니에 비해서 당파성은 덜 하고 보수성은 더 심한 사람이었다.

나는 8월 말에 두 번의 짧은 외유를 했다. 워싱턴을 방문한 멕시코 대통 령 당선자 빈센테 폭스를 만난 뒤, 나이지리아로 가서 올루세군 오바산조 대통령을 만났다. 나의 방문목적은, 에이즈 문제가 남부 아프리카 국가들처 럼 심각해지기 전에 에이즈의 만연을 막으려는 오바산조의 노력을 후원하 고, 나이지리아의 어려운 경제에 도움이 될 수 있는 아프리카무역법안이 통 과되었다는 사실을 홍보하기 위한 것이었다.

나는 오바산조와 함께 에이즈 대책회의에 참석했다. 한 여성이 발언대 에 올라 자신은 학생들에게 에이즈에 대해서 가르치고 있다고 말했다. 존 이베크웨라는 남성의 이야기는 절절했다. 그는 에이즈 바이러스 양성판정 을 받은 여성과 결혼해서 자신 역시 감염이 되었으며, 에이즈 바이러스에 감염되지 않은 아이를 출산할 수 있는 방안을 찾으려고 필사적으로 노력한 끝에 바이러스에 감염되지 않은 딸을 얻었다. 오바산조 대통령은 그의 부인 을 연단으로 올라오라고 하더니 그녀를 품에 안아주었다. 감동적인 장면이 었다. 에이즈가 엄청나게 확산된 나라들의 경우, 에이즈 문제를 숨기고 방 치한 것이 커다란 정책적 실수였다. 하지만 오바산조는 에이즈 환자를 격려 하며 포옹했고, 그것은 나이지리아를 그런 함정에 빠져들지 않게 하겠다는 강력한 신호였다.

나는 나이지리아를 떠나, 탄자니아의 아루사에서 열리는 부룬디 평화회담에 참석했다. 회의에는 여러 아프리카 국가의 정상들이 참석했다. 회담의 의장은 넬슨 만델라였다. 그는 정파간 분열이 심각한 상황을 보이고 있는 부룬디의 각 정파 지도자들에게 제2의 르완다 사태를 예방할 수 있는 협정에 동의할 것을 촉구하고 있었다. 만델라는 나에게 "좋은 경찰, 나쁜 경찰(한 사람은 악역을 맡아 윽박지르고 위협하는 반면 다른 한 사람은 선한 역을 맡아 어르고 달래는 방법—옮긴이주) 작전을 쓰자"고 구체적인 요구를 했다. 나는 그들에게 옳은 선택을 하도록 촉구하는 긍정적인 내용의 연설을 하기로 했고, 만델라는 각 당파에 중재안을 제시하고 동의하라고 채근하기로 했다. 이 작전은 효과가 있었다. 두 명을 제외한 모든 참석자가 중재안에 동의했다. 어려운 일이었지만, 부룬디평화회담은 미국이 평화중재자라는 것을 아프리카와 세계에 알릴 수 있는 중요한 기회였다. 캠프 데이비드 회담을 시작할 때 내가 혼잣말로 했던 것처럼, "성공을 하거나, 성공하려고 노력하다가 쓰러지거나 둘 중의 하나다."

8월 30일, 나는 콜롬비아공화국 카르타헤나로 갔다. 데니스 해스터트 하원의장과 여섯 명의 하원의원, 상원의원 조 비든과 세 명의 다른 상원의원, 그리고 정부각료들 몇 명도 동행했다. 안드레스 파스트라나 대통령의 '플랜 콜롬비아'에 대한 미국의 강력한 지지를 표명하기 위한 방문이었다. 그는 당시 국토의 3분의 1을 장악하고 있던 마약상과 테러분자들의 손아귀에서 콜롬비아를 구해내기 위해서 노력하고 있었다. 그는 목숨을 걸고 혼자서 게릴라와 협상을 시도했다. 협상시도가 실패로 돌아가자, 그는 미국에 게릴라들을 소탕할 수 있도록 플랜 콜롬비아를 지원해줄 것을 요청했다. 해스터트는 이를 강력하게 후원했으며, 덕분에 나는 의회에서 콜롬비아에 대한 원조자금 10억 달러를 따낼 수 있었다.

카르타헤나는 성벽으로 둘러싸인 유서 깊고 아름다운 도시였다. 우리는 시내로 가서 마약상들과 싸우고 있는 경찰관들, 그리고 폭력의 피해를 입은 사람들을 만났다. 근무 중에 피살당한 경찰관의 부인도 만났다. 정의를 위해서 혹은 용감하게 싸우다가 피살당한 사람이 수백 명이 넘었다. 파스트라나의 배려로 첼시와 나는 '바예나토의 아이들'이라는 젊은 음악가 그룹을 만났다. 그들 역시 폭력의 희생양이 된 마을 출신 젊은이들이었다. 그들은 전통의상을 입고 평화를 위한 노래를 부르며 춤을 추었다. 나는 파스트라나와 첼시와 함께, 그 젊은이들과 어우러져 춤을 추었다.

9월 첫째 주가 끝날 무렵, 나는 부동산세를 폐지하는 법안에 대해 거부권을 행사하고, 미사일방어체제 구축 결정에 대한 유예를 선언하고, 뉴욕 주 박람회에서 힐러리와 함께 선거유세를 했다. 그 후 나는 유엔 밀레니엄 정상회의에 참석했다. 세계 최대 규모의 정상회의였다. 나는 마지막 유엔 연설을 했다. 나는 '사람은 누구나 중요하다. 사람은 누구나 맡은 역할이 있다. 서로 도우면 더 잘할 수 있다'는 간단한 원칙에 근거해서 움직이는 세계를 만들 것을 천명하고, 이를 위해서 안보와 평화, 번영을 공유하기 위한 국제적인 협력을 강력하게 요청했다.

연설을 끝낸 후, 나는 매들린 올브라이트, 딕 홀브루크와 함께 앉아 다음 연설자인 이란의 모하마드 하타미의 연설을 들었다. 이란은 최근 몇 년 사이에 대통령선거, 의회선거, 시장선거를 치렀다. 모든 선거에서 개혁론자들이 3분의 2가 넘는 표를 휩쓸었다. 그런데 문제는 이란 헌법의 규정에 의해서, 아야톨라 사예드 알리 하메네이가 이끄는 이슬람 근본주의자 그룹이 막강한 권력을 쥐고 있다는 점이었다. 그들은 특정한 법률을 무효화하고 후보들의 공직 출마를 금지할 수 있는 권한을 가지고 있었고, 이란의 해외첩보기관을 장악하고 테러리즘을 후원하고 있었다. 그동안 우리는 하타미와 접촉을 시도하고, 민간 교류를 장려해왔다. 또한 나는 예전에, 1950년대에 이란의 민선 정부 전복을 지원한 미국의 행동은 잘못이었음을 밝힌 적이 있었다. 이런 정중한 태도가 차기 정부와의 관계 진전에 도움이 될 거라고 판단했기 때문이었다.

코피 아난 사무총장과 나는 리셉션을 주최했다. 리셉션이 끝난 뒤, 나는 늘 하던 대로 테이블 옆에 서서 밖으로 나가는 지도자들과 악수를 나누었다. 나는 내 키를 훌쩍 넘어서는 엄청난 덩치의 나미비아 관리와 악수를 나누었다. 이제 마지막 사람이겠거니 생각하고 있는데, 그의 뒤에 가려져 있던 사람이 불쑥 손을 내밀었다. 쿠바의 국가평의회 의장 피델 카스트로였다. 나는 그와 악수를 했다. 미국 대통령이 그와 악수를 나눈 것은 40년 만에 처음 있는 일이었다. 그는 나에게 폐를 끼치고 싶지는 않지만, 임기를 마치기 전에 내게 경의를 표하고 싶었다고 말했다. 나는 언젠가는 미국과 쿠바 양국이 화해할 날이 오길 바란다고 대꾸했다.

유엔 회의가 끝난 후, 석유수출국기구가 석유생산량을 하루 80만 배럴로 늘린다고 발표했다. 인도의 바지파이 총리가 국빈 자격으로 워싱턴을 방문했다. 9월 19일에는 상원이 하원의 뒤를 이어 중국과의 정상적인 무역관계를 인정하는 내용의 법안을 승인함으로써, 중국이 세계무역기구에 가입할 수 있는 길이 열리게 되었다. 나는 중국과의 무역관계 구축이 나의 8년간의 외교정책 중에서 가장 중요한 성과 중 하나가 될 것이라고 생각하고 있었다.

9월에 힐러리의 행보는 순조로웠다. 그녀는 9월 12일 예비선거에서 승리를 거두고, 팀 러서트가 사회를 맡은 버펄로 토론회에서 라치오를 거뜬하게 꺾었다. 라치오에게는 세 가지 문제가 있었다. 그는 뉴욕 벽지의 경제가 여전히 침체상태인데도 이제 되살아나고 있다고 주장했다. 또한 그는 모이니헌 상원의원이 힐러리가 아니라 자신을 지지하고 있음을 암시하는 거짓 광고를 내보냈다(그는 이에 대한 해명을 해야 했다). 그는 힐러리에게 인신공격을 했고, 신뢰할 수 없는 선거운동자금 관련 선서에 서명을 하라고 을러댔다. 힐러리는 어떤 질문을 받아도 당황하지 않고 늘 침착하게 대답했는데, 이것은 힐러리의 특기였다. 일주일 후, 힐러리가 48 대 39로 라치오를 앞선다는 여론조사가 나왔다. 힐러리는 교외에 거주하는 여자들 사이에서 강력한 지지를 받고 있었다.

9월 16일, 나는 흑인의원간부회의 만찬에서 아프리카계 미국인들에게 고별연설을 했다. 나는 그동안의 성과를 돌아보고, 고어와 리버먼을 옹호하고, 자격은 충분한데 아직도 비준을 받지 못한 흑인 판사들에 대한 지지를 호소했다. 이어 나는 연설원고를 젖혀놓고 다음과 같은 말로 연설을 맺었다.

나는 여러분께 가슴 깊은 곳에서 우러나는 감사를 전합니다. 토니 모리슨은 예전에 제가 이 나라 최초의 흑인 대통령이라고 말했습니다. 나는 이런 평가를 받는 것이 노벨상을 탄 것보다 더 좋습니다. 그 까닭을 말하지요. 내 기억 깊은 곳 어딘가에는 여러분의 처지에 대한 깊은 인식의 뿌리가 뻗어 있습니다. 내 마음속 깊은 곳 어딘가에는, 무시당하고 잊혀지고 푸대접받고 때로는 짐승 취급을 당하는 사람들이 겪어야 하는 운명을 공유하고 싶다는 깊은 갈망이 깃들어 있습니다.

나는 이런 사실에 대해 누구에게 감사해야 할지 모르겠군요. 하지만 분명하게 알고 있는 것은 나에게는 칭찬받을 만한 자격이 없다는 겁니다. 나로서는 다른 것을 선택할 여지가 없었기 때문입니다.

며칠 후인 9월 20일에, 남미계의원간부회의 만찬과 그리스도 안의 하나님 교회 감독단 회의에서 같은 요지의 연설을 했다. 나는 앞으로 임기가 120일 남아있으며, '120일간의 힘든 날들' 을 의회 활동과 중동의 평화를 앞당기기 위한 노력에 바치겠다고 말했다. 나는 의회의 회기가 끝날 때까지 더 많은 성과를 올릴 자신이 있었다. 하지만 중동 문제에 대해서는 확신을 가질 수 없었다.

며칠 후, 나는 경제팀과 함께 작년 한 해 동안 평균소득이 1,000달러 이상 증가해서, 미국 역사상 처음으로 4만 달러를 넘어섰다는 사실을 발표했다. 또한 건강보험의 혜택을 받지 못하는 미국인의 수가 그 전해에 비해서 1,700만 명이나 감소했는데, 이것은 12년 만의 대폭 감소라는 사실을 발표했다.

9월 25일, 평화회담을 재개하기 위한 우리 팀의 몇 주간의 노력 끝에, 바라크는 아라파트를 자신의 관저로 초대하여 만찬을 함께 했다. 식사가 끝날 무렵, 나는 그곳으로 전화를 걸어 두 정상과 허심탄회한 대화를 나누었다. 다음 날, 양 정상은 캠프 데이비드 회담에서 중단된 대화를 재개하기 위해서 워싱턴으로 협상대표를 보냈다. 9월 28일, 아리엘 샤론 이스라엘 리쿠드당 의장이 성전 산을 방문했다. 1967년 이스라엘이 그곳을 장악한 후로 이스라엘 지도자가 그곳을 방문한 것은 처음 있는 일이었다. 이스라엘이 그곳을 장악하던 당시, 모세 다얀 장군은 이슬람 성전은 존중될 것이라고 말했고, 그 후 성전 산은 이슬람교도가 감독해왔기 때문이다.

아라파트는 바라크에게 샤론의 도발적인 행동을 막아달라고 미리 부탁한 적이 있었다. 샤론의 행동은 성전 산이 이스라엘의 영토임을 과시하는 한편, 자신보다 강경한 태도를 취하면서 리쿠드당 내에서 자신의 지위를 위협하고 있는 전직 총리 네타냐후의 도전에 강력 대응하려는 의도였다. 나 역시 바라크가 샤론의 도발적인 행동을 막아주기를 바랐지만, 바라크는 그렇게 할 수 없다고 말했다. 대신 샤론은 바위 돔과 알-아크사 사원에 들어가지 못했고, 성전 산에 갈 때는 엄청난 수의 중무장 경찰병력의 호위를 받아야 했다.

나를 비롯한 우리 팀은 아라파트에게 폭력 사태의 발생을 막아달라고 촉구했다. 나는 팔레스타인 어린이들이 성전 산을 방문한 샤론에게 꽃을 선물하고, 성전 산이 팔레스타인의 관리 하에 있지만 언제나 샤론의 방문을 환영한다는 식의 환영사를 했어야 한다고 생각했다. 하지만 아바 에반이 오래전에 말했던 것처럼, 팔레스타인은 '기회를 놓칠 기회를 놓치지 않았다.' 다음 날 엄청난 규모의 팔레스타인 시위대가 통곡의 벽 근처에 모였고, 이스라엘 경찰은 돌을 던지는 시위대를 향하여 고무탄을 발사했다. 이 시위에서 다섯 명이 사망하고 수백 명이 부상을 입었다. 폭력사태는 계속되었고, 폭력의 고통과 허망함을 보여주는 두 개의 생생한 영상자료가 텔레비전을 통해 방영되었다. 열두 살짜리 팔레스타인 소년이 총격을 받아 아버지의 품 안에서 죽었고, 건물에서 끌려나와 매를 맞아 죽은 두 명의 이스라엘 병사의 시신이 거리 이곳저곳으로 끌려다녔다. 폭행에 가담한 한 팔레스타인 사람은 피 묻은 손을 자랑스럽게 전 세계의 텔레비전 앞에 펼쳐 보였다.

중동이 폭력으로 들끓어오르는 동안, 발칸 반도의 상황은 점점 안정되고 있었다. 9월 마지막 주에 치러진 세르비아 대통령 선거에서는 슬로보단 밀로셰비치가 보이슬라브 코스투니차에게 졌다. 우리는 코스투니차에게 선거운동 기회를 보장하고 부정선거를 막기 위한 지원을 했다. 밀로셰비치는 부정선거를 시도했지만, 국민들의 대규모 시위 때문에 계획을 실행에 옮길 수 없었다. 10월 6일, 발칸 반도 학살의 주동자는 패배를 인정했다.

　10월 초, 나는 캐비닛 룸에서 가난한 나라들의 외채탕감 정책을 지지하는 사람들과 회의를 가졌다. 패트 로버트슨 목사도 참석했다. 그와 복음주의 기독교 공동체가 보여준 강력한 지지는 외채탕감에 대한 지지가 얼마나 광범하고 강렬한가를 보여주는 것이었다. 하원에서, 가장 자유주의적인 민주당 의원이라 할 수 있는 맥신 워터스와 보수적인 예산위원회 위원장 존 카시크가 외채탕감 의제를 지지하고 나섰다. 제시 헬름스도 역시 이 의제에 찬성하고 나섰는데, 보노의 개인적인 노력이 적지 않은 성과를 거둔 셈이었다. 이제까지 외채탕감으로 올린 성과는 고무적이었다. 볼리비아는 의료와 교육에 7,700만 달러를 지출했고, 우간다는 초등학교 입학생 수를 두 배로 끌어올렸으며, 온두라스는 의무교육기간을 6년에서 9년으로 연장했다. 나는 마지막 예산안 합의과정에서 남은 분담금도 지불하는 것을 목표로 삼고 있었다.

　10월 둘째 주, 힐러리는 릭 라치오와 가진 두 번째 토론회에서 선전했다. 이번 토론회는 1차 토론회에 비해서 훨씬 예의바르게 진행되었다. 나는 중국무역법안에 서명하고, 중국 측과 11시간의 협상 끝에 합의를 끌어낸 샬린 바셰프스키와 진 스펄링의 노고에 대해서 감사의 말을 전했다. 나는 국토유산사업법과 아메리칸 인디언 지역에 대한 새로운 투자에 서명했다.

　10월 11일에는 결혼 25주년을 맞아 힐러리와 함께 차파쿠아에서 지냈다. 젊은 시절, 신혼 시절이 엊그제같이 느껴지는데, 벌써 우리에게는 곧 대학을 졸업할 장성한 딸이 있었고, 백악관 시절도 얼마 남지 않았다. 나는 힐러리가 상원 선거에서 승리할 거라고 확신했으며, 우리 가족 앞에 펼쳐질 미래에 관해서도 낙관적으로 보고 있었다.

　그러나 다음 날 나의 느긋한 낙관주의는 산산조각이 나고 말았다. 예멘의 아덴 항에 정박해 있던 미 해군 구축함 콜호 옆에서 폭탄을 실은 배가 폭발했다. 테러 공격이 분명했고, 17명의 선원들이 사망했다. 우리는 빈 라덴과 알 카에다의 소행이라고 생각했다. 하지만 확증이 없었다. 중앙정보국은 조사에 착수했고, 나는 국방부와 국무부 직원, 그리고 연방조사국을 아덴에 급파했다. 알리 살레 대통령은 진상조사와 용의자 재판 과정에 최선을 다해 협조할 것을 약속했다.

한편, 나는 국방부와 국가안보팀에 빈 라덴을 잡을 방법을 찾으라고 재촉했다. 우리는 10월에 빈 라덴의 은신처에 미사일 공격을 할 예정이었다. 하지만 중앙정보국은 그가 은신해 있다는 증거가 불충분하다며 미사일 공격을 최대한 연기할 것을 주장했다. 국방부는 빈 라덴의 행방에 대해 신뢰할 만한 첩보가 들어오지 않을 경우, 아프가니스탄에 특공대를 투입하자고 했다. 하지만 그 방법은 군수물자 보급상의 어려움이 있었다. 또 다른 대안으로는 의심이 가는 근거지 전역에 대한 폭격이나 적당한 규모의 병력 투입 등 대규모 군사작전을 생각해볼 수도 있었다. 하지만 구축함 폭파에 알 카에다가 연루되었다는 증거를 찾지 못할 경우에는 그런 군사작전을 전개할 수 없었다. 나는 심한 좌절감을 느꼈다. 임기를 마치기 전에 빈 라덴의 소재를 파악하여 미사일 공격을 하고 싶었다.

콜로라도와 워싱턴에서 선거유세 지원을 몇 차례 한 뒤, 나는 이집트의 샤름-엘-셰이크에서 열린 중동평화회담에 참석했다. 회담에는 무바라크 이집트 대통령과 압둘라 요르단 국왕, 코피 아난 유엔 사무총장, 신임 유럽연합 사무총장인 하비에르 솔라나가 참석했다. 이들은 모두 폭력사태의 종식을 원했다. 사우디아라비아의 압둘라 왕세자도 마찬가지였지만, 참석하지 못했다. 바라크와 아라파트는 회담에 참석했지만, 마치 서로 지구의 정반대쪽에 떨어져 있는 사람들처럼 굴었다. 바라크는 폭력사태를 중단시키기를 원했다. 아라파트는 이스라엘 병력과 경찰력이 과도한 무력행사를 했는지 조사해야 한다고 나섰다. 조지 테넷은 양측과 안보계획을 입안했고, 나는 그 계획을 바라크와 아라파트에게 제시하면서 정상회담 합의사항으로 채택할 것을 촉구했다.

나는 아라파트에게 안보계획에 동의한다는 것을 전제로 평화회담의 미해결 현안들을 풀어나갈 방안을 제시할 용의가 있다고 말했다. 폭력사태가 종식되지 않고는 평화를 이룰 수 없는 일이었다. 아라파트는 안보계획에 동의했다. 우리 팀은 이른 새벽까지 일해서 양측의 입장을 고려한 합의문을 작성했다. 합의문의 내용은 폭력을 끝낸다고 약속할 것, 폭동과 무력진압을 유도한 사항에 대한 진상조사위원회를 구성하되 미국에 이스라엘과 팔레스타인 사람들 중에서 진상조사위원을 임명할 권한을 위임하고 코피 아난에게 자문역을 맡길 것, 평화회담 재개를 약속할 것 등이었다. 간단한 이야기처럼 보이지만, 당시로서는 간단한 것이 아니었다. 아라파트는 유엔이 참여하는 진상조사위원회와 평화회담의 즉각적인 재개를 원했고, 바라크는 미국이 참여하는 진상조사위원회와 폭력이 진정되는 시기까지 회담의 연기를 원했다. 무바라크와 나는 따로 아라파트를 만나 합의문을 받아들이라고 설득했다. 무바라크가 없었다면 나는 그를 설득할 수 없었을 것이다. 나는 무바라크가 평화회담에 깊이 개입하는 것을 꺼리는 사람으로 알고 있었는데, 그날 밤에 그는 강력하고, 분명하고, 설득력 있는 태도를 보였다.

나는 귀국한 후 힐러리, 첼시와 함께 버지니아 주 노포크로 가서 구축함 콜호 사건의 희생자들을 위한 추도식에 참석하고 유족들을 만났다. 코바르타워스 테러(1996년 사우디아라비아의 코바르타워스 미군기지에 폭탄 트럭이 돌진해 미군 19명이 숨진 사건—옮긴이주)와 마찬가지로, 콜호의 해군들은 훈련을 통해 습득한 것과는 전혀 다른 공격에 노출되어 사망하고 말았다. 적은 정체를 드러내지 않았고, 모든 사람들을 잠재적인 공격목표로 삼고 있었으며, 우리의 대규모 무기들은 아무런 억제력도 발휘하지 못했다. 그들은 현대 세계의 개방성과 정보기술을 이용해서 우리를 공격하고 있었다. 나는 언젠가는 빈라덴과의 싸움에서 승리를 거두게 될 것임을 알고 있었다. 하지만 우리가 그 방법을 찾을 때까지 얼마나 많은 무고한 사람들이 목숨을 잃게 될지는 알 수 없는 일이었다.

이틀 후, 힐러리와 나는 앨 고어 부부와 함께 미주리 주 제퍼슨으로 가서, 주지사 카나한의 추도식에 참석했다. 그는 소형 비행기를 타고 가다가 사고를 당해서 아들, 젊은 보좌관과 함께 사망했다. 그가 1992년 선거 때 나를 지지한 뒤부터 우리는 친하게 지내고 있었다. 그는 훌륭한 주지사이자 복지제도 개혁 분야의 지도적 인물이었다. 그는 사망할 당시, 상원의원 선거에서 현직 상원의원인 존 애시크로프트와 접전을 벌이고 있었다. 투표용지에 다른 후보의 이름을 올리기에는 너무 늦은 시기였다. 며칠 후, 그의 부인 진 카나한이 미주리의 유권자들에게 자신의 남편에게 표를 주면, 자신이 상원에서 봉사하겠다고 발표했다. 미주리 주민들은 카나한을 밀어주었고, 진 카나한은 상원의원으로서 뛰어난 활약을 펼쳤다.

선거전이 막바지에 들어선 10월 마지막 주, 나는 요르단 국왕 압둘라와 무역협정을 체결하고, 법안 승인 혹은 거부 업무를 진행했다. 인디아나, 켄터키, 매사추세츠를 오가며 선거운동을 돕고, 뉴욕에서는 힐러리를 위해서 여러 차례 유세를 했다. 가장 재미있던 일은 어느 생일 축하연에서 로버트 드 니로가 내게 토박이 뉴욕사람처럼 말하는 방법을 가르쳐준 것이었다.

전당대회 이후로 앨 고어는 '국민 대 권력집단'의 경쟁으로 선거전의 틀을 잡아갔다. 이것은 모든 보수적인 이익집단들(건강보험회사들, 담배회사들, 공해물질 방출이 많은 회사들, 미국총기협회를 비롯한 무수한 집단들)이 부시를 지지하고 있다는 것을 의미했다. 하지만 이 슬로건은 문제가 있었다. 이 슬로건에만 의지해서는 우리 정부의 경제적·사회적 진보를 이끌며 성과를 거두어온 고어의 경력을 부각시킬 수 없었고, 진보를 되돌리겠다는 부시의 노골적인 공약을 강력하게 비판할 수 없었다. 또한 그 말에 담긴 인민주의적 느낌('국민 대 권력집단'이라는 말에서 국민은 the people을 번역한 것으로, 인민이나 민중의 의미로도 사용된다—옮긴이주) 때문에 부동층 유권자들은 고어도 미국 경제의 방향을 돌려놓을지 모른다는 우려를 가질 수 있었다. 10월 말이 다가오자, 고어는 "번영을 위태롭게 하지 마라"고 이야기하기 시작했다. 11월 1일, 그의 지지도는 높아졌지만, 여전히 4포인트나 뒤져 있었다.

선거전 마지막 주에, 나는 주지사 그레이 데이비스의 요청에 따라 캘리포니아로 가서 이틀 동안 대선 후보들과 의원 후보들을 위해서 선거운동을 했다. 나는 할렘에서 힐러리를 위한 행사에 참여한 다음, 일요일에는 아칸소로 가서 1982년 주지사 선거 때 나의 운전기사 역할을 했고 지금은 공화당 하원의원 제이 디키와 맞붙고 있는 마이크 로스를 지원했다.

나는 선거 전날과 선거 당일에는 전국 60여 개의 라디오 대담에 나가 고어와 리버먼, 그리고 각 지역의 민주당 후보들에게 표를 달라고 호소했다. 이미 녹음한 라디오 광고와 전화 광고만도 120개에 달했다. 전화 광고는 열성적인 민주당원들과 소수민족 사람들의 집에 전화로 메시지를 전달하여 표를 호소하는 방식이었다.

선거 당일, 나는 힐러리와 첼시와 함께 차파쿠아의 투표소인 더글라스 그래핀 초등학교에서 투표를 했다. 낯설고도 신나는 경험이었다. 아칸소 밖에서는 처음 해보는 투표라서 낯설었고, 정치 생활 26년 만에 내 이름이 투표용지에 없다는 것도 낯설었다. 하지만 힐러리를 찍을 수 있다는 사실은 신이 났다. 첼시와 나는 먼저 투표를 하고 서로 껴안은 채, 힐러리가 커튼을 닫고 자신을 위해서 투표하는 모습을 지켜보았다.

선거일 밤에는 예측할 수 없을 정도로 상황이 급변했다. 힐러리는 55 대 43으로 당선되었다. 표 차이는 선거 전 여론조사 때 나왔던 차이보다 훨씬 더 컸다. 나는 힐러리가 자랑스러웠다. 1992년에 내가 그랬던 것처럼, 뉴욕은 힐러리로 하여금 쓰라린 경험을 겪게 했다. 그녀는 올라갔다, 내려갔다, 다시 올라갔다. 하지만 힐러리는 흔들리지 않고 계속 앞으로 전진했다.

우리가 뉴욕의 그랜드 하이야트 호텔에서 힐러리의 당선축하연을 열고 있을 때, 부시와 고어는 막상막하의 접전을 펼치고 있었다. 오래전부터, 모든 사람들이 선거 결과가 아슬아슬하다고 생각하고 있었다. 많은 평론가들이 고어가 일반 투표에서는 질지 모르지만, 선거인단 투표에서는 이길 것이라고 말했다. 선거 이틀 전에 나는 지도와 최신 여론조사를 살펴보면서, 스티브 리케티에게 정반대의 상황이 벌어질까봐 걱정이라고 말했다. 민주당의 핵심 지지자들은 뭉치고 있었고, 백악관을 되찾고 싶어 하는 공화당 지지자들만큼이나 열정적이었다. 고어는 대규모 주들에서 큰 표 차로 이길 것이고, 부시는 소규모의 농촌 주들에서 큰 표 차로 이길 것이다. 그러나 소규모의 농촌 주들은 선거인단 투표에서 다른 주들에 비해 유리했다. 모든 주들이 하원의원 한 사람 당 선거인단 표 한 표와 상원의원 한 사람 당 선거인단 표 두 표를 가지게 되기 때문이었다(미국의 선거제도는 소규모 농촌 주들의 발언권을 크게 하기 위해서 인구가 적은 주에 선거인단의 수를 상대적으로 많이 배정하고 있다―옮긴이주). 선거일이 다가오면서 그래도 고어가 이길 것이라고 생각했다. 그는 여세를 몰아가고 있었고, 또 여러 가지 현안에 대해서 올바른 입장을 견지하고 있었기 때문이다.

고어는 50만 표가 넘는 표 차로 이겼다. 하지만 선거인단 수는 의문이었다. 문제는 플로리다 주였다. 고어는 뉴멕시코에서 366표 차이로 아슬아슬하게 승리했다. 랠프 네이더가 출마하지 않았다면 뉴멕시코를 비롯한 몇 주에서 표 차가 늘었을 것이다. 나는 빌 리처드슨에게 그의 고향에서 마지막 주를 보내라고 부탁했는데, 그가 고어의 아슬아슬한 승리에 기여했는지도 모른다.

1996년에 내가 승리했던 주들 중에서 부시에게 승리를 안겨준 주는 네바다, 애리조나, 미주리, 아칸소, 테네시, 켄터키, 오하이오, 웨스트버지니아, 뉴햄프셔였다. 테네시는 공화당 지지자가 점점 늘어가고 있었다. 1992년, 1996년, 2000년에 테네시의 민주당 표는 계속 47-48퍼센트를 유지하고 있었다. 테네시를 비롯하여 아칸소와 같은 몇몇 주에서는 미국총기협회가 앨 고어의 표를 갉아먹었다. 예를 들어 1세기 전에 클린턴 가문이 정착했던 옐 카운티는 풀뿌리 민주주의자들의 입김이 센 곳이었고, 문화적으로는 보수적인 곳이라서, 민주당 후보들은 아슬아슬한 선거에서 아칸소를 차지하려면 이 카운티에서 반드시 이겨야 했다. 그런데 고어는 이곳에서 부시에게 47 대 50으로 패했다. 그 원인은 바로 미국총기협회였다. 내가 옐 카운티를 돌아볼 수도 있었지만, 그러려면 농촌지역을 며칠간 돌아다녀야 했다. 그리고 나는 선거가 코앞에 다가오기 전까지는 문제가 그렇게 심각하다고 생각하지 못했다.

총기 로비스트들은 미시간과 펜실베이니아에서도 고어를 쓰러뜨리려고 노력했다. 지역 노동조합들의 영웅적인 노력이 없었더라면 실제로 그렇게 되었을 것이다. 노동조합에도 미국총기협회 회원들이 많이 있었다. 노동단체들은 "고어는 당신의 총을 가져가지 않는다. 하지만 부시는 당신의 노조를 가져간다!"라고 말하면서 부시와 싸웠다. 안타깝게도, 아칸소와 테네시, 켄터키, 웨스트버지니아, 미주리, 오하이오의 농촌 지역에서는 전투에 나가 싸울 노동조합원이 충분치 않았다.

켄터키의 담배 농장 지역에서는 청소년들을 대상으로 매출을 올리려고 하는 대규모 담배회사들에 반대하는 우리의 입장 때문에 표를 많이 잃었다. 웨스트버지니아에서는 직원들이 소유한 회사 위어턴스틸 회사가 파산한 것 때문에 고어는 손해를 많이 보았다. 그 회사의 직원과 가족들은 회사의 파산이 아시아금융위기 때 러시아와 아시아에서 들어오는 값싼 수입 철강을 제한하지 못한 것 때문이라고 생각하고 있었다. 하지만 그 회사가 망한 이유는 분명히 다른 데 있었다. 하지만 위어턴의 노동자들은 그렇게 생각하지 않았고, 고어에게 그 책임을 물었다.

뉴햄프셔에서는 7,000표가 약간 넘는 차이로 부시가 이겼다. 네이더가 2만 2,198표를 가져갔다. 가장 문제가 되었던 것은 플로리다였다. 네이더는 이곳에서 9만이 넘는 표를 가져갔고, 부시는 아슬아슬하게 앞섰다. 이 아슬아슬한 표 차 때문에 공식적인 승패는 한 달이 넘어서야 가려질 수 있었다.

플로리다 선거 시비가 시작되었을 때, 민주당은 상원에서 4석, 하원에서 1석을 늘렸다. 세 명의 현직 공화당 하원의원이 낙선했다. 그중에는 아칸소에서 마이크 로스에게 패배한 제이 디키도 들어 있었다. 그리고 민주당은 캘리포니아에서 4석을 늘렸다. 선거가 치러진 의석 가운데 하나만 빼고 나머지를 모두 얻은 셈이었다. 플로리다 주의 재검표(플로리다주 법에 의하면 후보간의 표 차가 일정수 이하인 경우에는 자동적으로 재검표에 들어가도록 되어 있다─옮긴이주)는 고어에게 불리했다. 왜냐하면 선거총책임자인 주무장관 캐서린 해리스는 보수적인 공화당원으로 주지사 젭 부시(대통령 후보인 부시의 남동생─옮긴이주)와 친했고, 또한 당선자를 확정하는 플로리다 주의회 역시 보수적인 공화당원들이 지배하고 있었기 때문이었다. 하지만 마지막으로 검표 결과를 확정짓게 될 주의 대법원은 민주당 주지사가 임명한 판사들의 수가 많았기 때문에, 정파에 치우치는 경향이 덜한 것으로 평가되고 있었다.

이틀 후, 차기 대통령이 누구인지도 모르는 채, 나는 오벌 오피스에서 아라파트를 만났다. 폭력사태는 진정국면으로 들어간 상태였고, 나는 그가 평화협상에 대해서 진지하게 나올 것이라고 생각했다. 나는 그에게 합의안을 만들 수 있는 시간이 10주밖에 남지 않았다고 말했다. 둘만 있는 시간에, 나는 그의 팔을 잡고 눈을 똑바로 들여다보며 말했다. 북한과 장거리미사일 생산 중단 협정을 맺을 가능성이 있는데, 협정을 맺으려면 내가 북한에 가야 한다. 그럴 경우 한국과 일본, 중국도 함께 방문해야 하니, 일주일 이상 걸릴 것이다. 중동에서 평화를 이루게 된다면, 나는 그 협상을 마무리해야 할 입장이었다. 나는 아라파트에게, 이스라엘의 안보를 보호해주면서도 팔레스타인 사람들한테 서안지구와 가자지구에 나라를 만들어주기 위해 내가 할 수 있는 일은 모두 했다고 말했다. 공을 들인 것이 아깝기는 하지만, 진정으로 화해할 생각이 없다면 내게 사실대로 털어놓아야 한다. 그러면 나는 깨끗하게 중동을 포기하고 또 다른 심각한 안보상의 위협을 막기 위해서 북한으로 갈 수 있다. 그런 식으로 말하자, 아라파트는 내게 백악관에 그대로 있으라고 했다. 우리는 반드시 평화회담을 마무리해야 하는데, 내가 임기를 마치기 전에 협상을 완결하지 않으면 다시 이 정도 수준의 협상에 이르기까지 적어도 5년의 세월이 걸릴 것이라는 이야기였다.

그날 밤, 백악관 200주년 기념 만찬이 열렸다. 레이디 버드 존슨(존슨 대통령의 부인─옮긴이주), 포드 전 대통령 내외, 카터 전 대통령 내외, 부시 전 대통령 내외가 참석하여, 존 애덤스 대통령 이후로 모든 대통령이 살았던 백악관의 생일을 경축했다. 미국 역사에 기록될 만한 멋진 순간이었다. 하지만 아들의 당선이 확정되지 않아 조마조마한 부시 전 대통령 내외는 가시방석에 앉은 듯한 표정이었다. 나는 부시 전 대통령 내외가 참석해준 것이 너무나 고마웠다.

며칠 후, 첼시와 나는 연례 아시아태평양경제협력체 정상회담 참석차 브루나이로 갔다. 아름다운 신축 호텔과 회의장에서 술탄 하사날 볼키아가 회담을 주재했다. 우리는 아시아의 금융위기 재발을 막기 위해서 반드시 필요한 개혁들에 관해 논의했다. 싱가포르의 총리인 고촉통과 나는 상호자유무역협정에 관한 협상을 시작하자는 데 동의했다. 나는 고촉통과 함께 뜨거운 더위를 피해서 골프를 즐길 수 있게 해주는 야간 골프 코스에서 골프를 즐겼다. 내가 아시아태평양경제협력체 정상회의를 설립한 것은 1993년의 일이었다. 그 후 회의 참석의 규모도 커지고 하는 일도 확대된 것을 보면서 마음이 뿌듯했다. 나는 마지막으로 참석하는 아시아태평양경제협력체 회의에서 그간의 노력이 거둔 성과를 생각했다. 특별한 합의내용을 이끌어낸 것만이 아니라, 새로운 세기에 미국과 아시아를 함께 묶는 기구를 세웠다는 사실이 더 중요한 의미를 가지고 있었다.

브루나이를 떠난 후, 첼시와 나는 역사적인 베트남 방문을 했다. 하노이와 호치민 시(옛 사이공)도 방문하고, 베트남인과 미국인이 합동으로 베트남전쟁 당시 작전 중 실종된 것으로 기록된 미국인들의 유해를 발굴하는 현장도 방문했다. 레아 라빈의 장례식에 참석하기 위해 이스라엘에 갔던 힐러리도 베트남으로 왔다.

나는 공산당 지도자, 대통령, 총리, 호치민 시의 시장을 만났다. 직위가 높아질수록, 사람들이 말하는 것이 전형적인 공산주의자에 가까워지는 것 같았다. 공산당 지도자 레 카 피에우는 베트남전쟁에 반대했던 나의 경력을 이용해서 미국이 과거에 제국주의적인 행동을 했다고 비난하려 했다. 나는 화가 났다. 베트남전쟁 포로였던 피트 피터슨 대사 앞에서 그런 말을 한다는 사실이 더 화가 났다. 나는 공산당 지도자에게 분명하게 말했다. 내가 미국의 베트남정책에 반대했던 것은 사실이지만, 베트남정책을 찬성했던 미국인들은 제국주의자나 식민주의자가 아니라, 공산주의에 맞서 싸워야 한다고 생각했던 선량한 사람들이었다. 나는 피트 피터슨 대사를 가리키면서 그가 베트남을 식민화하려는 생각 때문에 '하노이 힐튼'으로 알려진 감옥에서 6년 반 동안 갇혀 있던 것은 아니지 않으냐고 말했다. 우리는 이미 정상적인 외교관계 및 무역협정, 그리고 미군실종자 수색과 관련한 상호협조로 새로운 시대를 열었다. 지금은 해묵은 상처를 헤집어서 긁어댈 때가 아니었다. 트란 둑 루옹 대통령도 독단적이라는 점에서는 비슷했다.

총리인 판 반 카이와 나는 아시아태평양경제협력체 회의에서 여러 차례 만나면서 좋은 관계를 쌓아온 사이였다. 1년 전에 그는 나에게 베트남전쟁에 반대했던 것에 대해서 고맙게 생각하고 있다고 말했다. 내가 전쟁에 찬성했던 미국인들도 베트남 사람들에게 자유를 주기를 원했던 선량한 사람들이라고 말하자, 그는 "압니다"라고 대답했다. 카이는 미래에 관심을 가지고 있었고, 미국이 에이전트 오렌지 피해자를 구제하고 경제를 발전시키는 일에서 베트남에 도움을 주기를 바라고 있었다. 호치민 시의 시장인 보 비엣 탄은 말하는 것이 내가 아는 미국의 유능하고 적극적인 시장들과 똑같았다. 그는 자기는 세출입 균형을 달성했고, 공무원 수를 감축했고, 외국 투자를 더 많이 끌어오기 위해 노력하고 있다고 자랑했다. 나는 인근 식당에서 간소한 점심을 먹고 나서 자연스럽게 인사를 하려고 모여드는 친절한 사람들과 악수를 했다. 그들은 미국과 베트남이 공동의 미래를 건설해나가기를 바라고 있었다.

미군실종자 수색지 방문은 도저히 잊을 수 없는 경험이었다. 나는 오래전에 베트남에서 죽은 고등학교 동기들과 1970년에 내가 모스크바에 있을 때 실종된 아들 소식을 알아보려고 도움을 청하던 노인이 생각났다. 베트남 병사들과 함께 일하던 미군 병사들은 인근 주민들의 이야기를 근거로 해서, 30년도 넘은 옛날에 추락한 미군 조종사 로렌스 에버트 중령을 찾고 있었다. 수색지 방문에는 에버트 중령의 장성한 자녀들도 동행했다. 미군 병사들은 베트남 병사들과 함께 무릎까지 빠지는 진흙탕 속에 서서, 진흙덩이를 한 조각 한 조각 잘라내 옆의 진흙더미에 쌓아올리고 있었다. 이미 비행기의 잔해와 군복의 일부가 발견된 상태였기 때문에, 곧 신원확인이 가능하게 될 터였다. 이 작업은 베트남전에 참전한 경력이 있는 미국인 고고학자가 감독하고 있었다. 그는 이것이 세계에서 가장 보람된 발굴작업이라고 말했다. 조심조심 움직이는 그들의 손놀림은 너무나 감동적이었다. 미군 병사들을 돕고 있는 베트남 병사들의 손놀림도 마찬가지였다. 얼마 안 있어 에버트 중령의 자녀들은 아버지를 만날 수 있었다.

베트남에서 귀국하는 길에, 나는 척 러프가 죽었다는 소식을 들었다. 그는 탄핵 과정 내내 백악관 고문으로 활동한 사람이었다. 나는 도착하자마자 그의 아내인 수를 만났다. 척은 상원에서 용기와 수완으로 우리의 국방팀을 이끌었던 뛰어난 인물이었다.

11월 말까지, 중동 문제와 플로리다 재검표 문제가 계속되었다. 재검표는 결국 세 군데 큰 카운티의 표 수천 장이 재검표되지 않은 채로 중단되고 말았다. 이것은 고어에게 불리한 결과였다. 부시가 아니라 고어에게 표를 던지려고 했던 수천 명 플로리다 유권자들의 표가 투표용지 혼동과 고장 난 펀치 카드 기계 때문에 무효표로 처리되었기 때문이었다. 고어는 법원에 선거 소송을 냈다. 같은 시기에 바라크와 아라파트는 중동에서 다시 만나기로 했다. 플로리다의 싸움에서 이기느냐 지느냐, 중동 평화를 위한 싸움에서 이기느냐 지느냐는 나로서도 알 수 없는 상황이었다.

12월 5일, 힐러리는 신참 상원의원으로 처음 의사당에 출근했다. 의사당에 출근하기 전날 밤, 나는 힐러리에게 '상원학교' 입학식에 가게 되었으니, 푹 자두고 좋은 옷을 입으라고 농담을 했다. 힐러리는 흥분해 있었고, 그런 힐러리를 보고 있으니 내 기분이 좋았다. 사흘 뒤, 나는 키어니에 있는 네브래스카 대학교에서 연설을 했다. 대통령이 된 뒤 네브래스카 방문은 처음이었다. 나는 국경을 넘나드는 미국의 지도력을 지속시킬 것을 촉구하는 연설을 했다. 그 연설은 미국의 심장부에서 한 마지막 연설이었다. 한편, 플로리다 주 대법원은 플로리다 주 법률에 따라 재검표를 마친 4만 5,000표와 팜비치 및 데이드 카운티에서 재검표된 표를 득표수에 포함시키라는 결정을 내렸다. 플로리다 법률에 의하면, 투표자의 의도가 명백하게 드러나기만 하면 유효표로 인정하도록 되어 있었다. 부시와의 표 차는 이제 154표로 줄어든 상태였다.

부시 주지사는 당장 연방대법원에 재검표를 중지할 것을 요청하는 청원서를 제출했다. 몇몇 법률가들의 의견에 의하면, 인종차별처럼 주민의 일부 집단에게 불리하게 이용되는 것이 아닌 이상 선거의 기술적인 부분은 주 법률에 의거하도록 되어 있었다. 그러므로 연방대법원은 그 사건을 받아들이지 않을 거라는 판단이었다. 선거 재검표나 소유주의 동의가 있는 건물의 철거와 같은 합법적인 행동에 대해서 법원으로부터 금지명령을 얻어내는 것은 어려운 일이었다. 금지명령을 얻어내려면, 당사자는 그 행동이 중지되지 않을 경우 만회할 수 없는 손해를 입게 된다는 것을 입증해야 했다. 그러나 5 대 4로 재검표 중지는 인정되었다. 스칼리아 판사는 놀랄 만큼 정직한 판결문을 썼다. 만회할 수 없는 손해란 무엇인가? 스칼리아 법관은, 투표 재검표는 "(부시가) 주장하는 당선의 정통성에 먹구름을 드리울 수 있다"고 말했다. 그것은 맞는 말이었다. 만일 플로리다에서 고어가 부시보다 많은 표를 가져가게 되면, 연방대법원이 부시에게 대통령직을 주는 것은 더 어렵게 될 테니까.

우리는 그날 밤 백악관에서 크리스마스 연회를 열었다. 나는 연회에 입장하는 법률가들을 한 사람씩 붙잡고 그런 결정을 들어본 적이 있느냐고 물었다. 모두들 아니라고 대답했다. 대법원은 재검표 자체가 합헌이냐 아니냐 하는 근본적인 문제에 대해서도 신속한 결정을 내려야 했다. 이제 그들이 5 대 4로 재검표를 죽일 것임은 뻔한 일이 되었다. 나는 힐러리에게 스칼리아는 두 번째 판결문을 쓰는 일을 맡지 못할 것이라고 말했다. 첫 번째 판결문에서 자신의 의도를 지나치게 노골적으로 드러냈기 때문이었다.

12월 11일, 나는 힐러리, 첼시와 함께 아일랜드를 방문했다. 그곳은 나의 선조들이 살던 곳이자 내가 평화를 이루어내려고 노력했던 현장이었다. 우리는 더블린에 가서 버티 아헌 총리를 만난 다음, 대중집회가 예정되어 있는 국경 근처의 도시 던도크를 방문했다. 그곳은 한때 아일랜드공화국군의 온상이었던 도시였다. 거리에는 크리스마스 장식등이 밝게 빛나고 있었고, 엄청난 군중이 환호하며 나에게 '대니 보이'를 불러주었다. 셰이머스 히니는 예이츠에 대해서, "그의 관심은 마음 속에서, 그리고 세계 속에서 기적이 들어설 한 공간을 비우는 데 있었다"고 말한 적이 있었다. 나는 평화의 기적으로 그 빈 공간을 채우고 있는 아일랜드 사람들에게 감사의 뜻을 전했다.

우리는 벨파스트로 가서 북아일랜드의 지도자들을 만났다. 그중에는 데이비드 트림블, 셰이머스 말론, 존 흄, 그리고 게리 애덤스도 있었다. 이어 나는 토니 블레어 총리 부부와 버티 아헌, 그리고 조지 미첼과 함께 오디세이 경기장에서 열리는 신구교 연합 모임에 참석했다. 신교도와 구교도는 벨파스트에서 함께 모이는 것이 아직도 껄끄러운 모양이었다. 새로운 경찰력의 구성과 무장해제의 일정과 방법에 대해서 날카로운 언쟁이 오고갔다. 나는 그들에게 문제 해결을 위해 노력하되 평화의 적들은 그들의 승인을 기다리지 않는다는 것을 명심하라고 말했다. "그들에게 필요한 것은 여러분들의 무관심입니다." 나는 청중들에게 '성금요일 의정서'가 전 세계의 평화중재자들에게 용기를 주었다는 사실을 기억하라고 말했다. 나는 미국이 중재하여 에리트레아와 이디오피아 간의 유혈 충돌을 종식시켰던 합의문을 인용했다. 나는 연설을 맺으면서 그들과 함께 평화를 위해 일하는 것을 대단히 기쁘게 생각한다고 말했다. "하지만 중요한 것은 내가 어떻게 느끼느냐 하는 것이 아닙니다. 중요한 것은 여러분의 아이들이 어떻게 살아갈 것이냐 하는 것입니다."

집회가 끝난 뒤, 나의 가족은 영국으로 가 블레어 총리의 관저에 묵으면서 패배를 인정하는 앨 고어의 연설을 들었다. 그 전날 밤 저녁 10시쯤, 연방대법원은 7 대 2의 결정으로 플로리다의 재검표가 위헌이라고 판결했다. 위헌판결 이유는 재검표를 할 때 투표자의 명백한 선택 의도를 파악하는 확정된 기준이 없으며, 따라서 수많은 재검표 종사자들이 동일한 투표용지를 다르게 해석하거나 다르게 헤아릴 수 있다는 것이었다. 결국 법원의 판결은, 투표자의 의도가 명백한지 여부와 관계없이 문제가 되는 투표용지를 유효표로 처리하는 것은 무효표로 처리되는 투표용지를 작성한 사람들에 대한 평등보호조항을 부인하는 것이라는 내용이었다. 나는 이 결정을 수긍할 수가 없었다. 하지만 수터와 브레이어 두 판사가 이 사건을 플로리다 대법원으로 되돌려, 서둘러 기준을 세워 재검표를 실시하기를 바라고 있다는 말에 나는 기운이 솟았다. 선거인단이 소집되는 날짜가 임박해 있었다. 다른 다섯 명의 대법관들은 다수결로 이 두 사람의 의견을 부결시켰다. 사흘 전에 개표를 중단시킨 바로 그 다섯 명의 대법관들은, 플로리다 법률에 의하면 재검표는 어차피 그날 자정까지 끝나야 하므로 부시의 당선을 인정해야 한다고 판정했다.

기가 막힌 결정이었다. 개별적인 주들의 권리를 맹목적으로 지지해왔던 편협한 보수적 법관들 다수가 플로리다의 주 기능에 속하는 재검표의 권리를 박탈해버린 것이었다. 그 다섯 명의 법관들은 어떤 기준에 의거해서든지 나머지 표가 검표되는 것을 원치 않았고, 결국 평등보호조항을 내세워 의도가 명백한 수천 명의 사람들에게서 그들이 던진 표를 인정받을 헌법적인 권리를 박탈했다. 그들은 재검표를 진행할 수 있었던 사흘 기간을 허송하고 재검표가 사실상 불가능한 저녁 10시까지 판결 공표를 늦추고 있다가, 이제 남은 두 시간 동안에는 개표가 완료될 수 없기 때문에 부시를 당선자로 확정해야 한다고 말했다. 다섯 명의 다수의견은 자신들의 의도를 숨길 생각도 하지 않았다. 그들의 결정문에는, 대법원의 판결이 이후 선거법 소송에서 전례로서 사용되어서는 안 되며, '선거과정에서의 평등보호의 문제는 일반적으로 여러 가지 문제를 일으키기 때문에' 대법원의 논거는 '현재와 같은 상황에 제한되는 것이다'라고 분명하게 기록되어 있었다. 만일 첫 개표 결과에서 고어가 부시보다 앞섰다면, 연방대법원은 9 대 0으로 검표를 지지하는 결정을 내렸을 터였다. 물론 나도 그 결정을 지지했을 것이다.

'부시 대 고어' 사건은 연방대법원의 판결 중에서 최악의 판결 중 하나로 역사에 길이 남을 것이다. 연방대법원의 최악의 판결 중에는 '드레드 스코트' 판결이 있다. 그 판결의 요지는 노예는 자유를 찾아 달아났다 하더라도 마땅히 주인의 소유로 돌아와야 할 소유물의 일부라는 것이었다(노예인 드레드 스코트는 주인을 따라 노예법이 적용되지 않았던 주에 가서 살다가 노예법이 적용되는 미주리 주로 돌아온 후 자유권에 대한 소송을 제기했지만, 1857년 당시 연방대법원은 '노예의 후손이거나 노예였던 사람들은 시민권을 취득할 수 없으므로 소송을 제기할 수 없고 계속 노예로 살아야 한다'는 판결을 내렸다—옮긴이주). 인종분리정책의 적법성을 인정해준 '플레시 대 퍼거슨' 판결 역시 최악의 판결이었다(1896년에 연방대법원은 '분리되어 있어도 평등하기만 하면 흑백 학생들 분리는 합헌'이라는 판결을 내렸다—옮긴이주). 고용주의 재산권을 침해한다는 이유로 최저임금과 최대노동일을 규정한 법률 등 노동자 보호법률을 무력화시켰던 1920년대와 1930년대의 숱한 판결들도 마찬가지였다. 또한 코레마추 판결에서 연방대법원은 진주만 공습 이후 일본계 미국인을 무조건 수용소에 억류한 조치를 승인했다(일본 스파이 역할을 할 수 있다는 의심을 받아 제2차 세계대전 중에 수용소에 갇혀 있었던 일본계 미국인이 제기한 소송에서 연방대법원은 전쟁시 정부가 안보를 위해서 인권을 침해할 권한이 있다고 판결했다─옮긴이주). 우리는 과거의 반동주의적인 판결들의 전제를 거부하고 극복하면서 살아왔다. 나는 미국에는 이 다섯 명의 공화파 법관들이 '그렇게 할 수 있다는 이유만으로' 수천 명의 미국인들에게서 표를 빼앗아갔던 암흑의 날도 넘어설 수 있는 힘이 있다고 믿었다.

앨 고어의 승복 연설은 훌륭했다. 진실하고 품위 있고 애국심이 넘치는 연설이었다. 내가 축하전화를 하자 그는 코미디언인 친구가 자기를 보고 '투표에서는 이기고 일은 안 해도 되니 전혀 손해본 것이 없는 사람'이라고 놀리더라는 이야기를 했다.

다음 날 아침, 나는 토니 블레어와 잠시 이야기를 나눈 뒤, 기자회견 석상에서 고어의 용감한 행동을 칭찬하고 부시 대통령 당선자와 협력해서 일을 하겠다고 발표했다. 우리 가족은 블레어 부부와 함께 워윅 대학교에 갔다. 그곳에서 나는 또 한 번 고별연설을 했다. 제3의 길 그룹이 생각하고 있는 세계화 시대로의 접근법이란 무역뿐만 아니라, 경제적 능력, 교육, 의료, 민주적인 통치를 달성하기 위한 활동이란 요지로 연설했다. 연설을 하면서 나는 토니 블레어와 우정을 나누고 동반관계를 누릴 수 있었던 점에 대해 감사했다. 그와 함께 했던 시간은 너무나 소중했으며 앞으로도 그 시간이 그리워질 것 같았다.

영국을 떠나기 전에, 우리는 버킹검 궁으로 가서 엘리자베스 여왕의 따뜻한 환대를 받았다. 우리는 차를 마시며 선거 문제와 국제적인 관심사에 관해 이야기를 나누었다. 여왕은 여느 때와 달리 궁전 마당까지 나와 차에 오르는 우리에게 작별인사를 했다. 여왕 역시 지난 8년 동안 너그럽고 친절하게 나를 대해준 사람이었다.

12월 15일, 나는 의회와 총괄예산에 합의했다. 8년간의 주요한 입법활동이 승리를 거두는 마지막 순간이었다. 교육예산은 특별히 성과가 좋았다. 학교 현대화 지원예산으로 10억 달러를 확보하고, 헤드스타트 사업(저소득층 자녀를 위한 교육프로그램─옮긴이주)의 대폭 확대, 130만 학생들에게 방과후 프로그램 실시를 할 수 있는 재정 확보, 10만 명의 교사를 고용하기 위한 기금의 25퍼센트 증액, 펠 보조금, 학습 능력 향상 지도 프로그램, 성과가 좋지 않은 학교들을 끌어올리기 위한 기금의 확충 등을 달성했다. 예산안에는 또한 '뉴 마켓' 사업, 생물의학 연구기금, 직업을 가진 생활보호대상자와 장애인들에 대한 건강보험 혜택, 그리고 밀레니엄 외채탕감 사업이 포함되어 있었다.

존 포데스타와 스티브 리케티, 나의 입법보좌관인 래리 스타인을 포함한 모든 팀들의 노고가 컸다. 레임덕 현상이 나타날 수 있었던 임기 마지막 해에 나는 연두교서에서 제시한 무수한 사업들을 통과시켰다. 앞에서 언급한 것 외에도, 의회는 아프리카-지중해 국가 무역법안, 중국무역법안, 국토유산사업, 그리고 노동계층에 대한 보육지원의 대폭 증액안도 통과시켰다.

나는 선거 결과에 대해서 크게 실망하고 있었고, 중동 문제에 대한 걱정도 남아 있었다. 하지만 아일랜드와 영국을 방문하고 예산안 통과에서 큰 성과를 거둔 후, 차츰 크리스마스 분위기에 젖어들 수 있었다.

12월 18일, 나는 유럽연합 지도자들과의 마지막 회의를 개최했다. 자크 시라크 프랑스 대통령과 로마노 프로디 유럽연합 집행위원장이 백악관을 방문했다. 나는 오랜 친구들과 함께 마지막 회의를 가질 수 있게 된 것이 기뻤다. 시라크는 유럽연합과 대서양을 가로지르는 국제관계를 확대하기 위한 나의 노력을 치하했다. 나는 이제까지 유럽연합의 성장과 확대, 나토의 확대와 러시아와의 새로운 관계 개척, 그리고 발칸 문제 등 커다란 세 가지 분야에서 거둔 성과에 대해서 언급했다.

내가 시라크, 프로디와 함께 회의를 하고, 중동 팀은 워싱턴의 볼링공군기지에서 회담을 시작하는 동안, 힐러리는 백악관에서 대통령 당선자의 부인 로라 부시의 방문을 받았다. 우리는 워싱턴에서 집을 구하러 다녔다. 힐러리가 워싱턴을 떠나는 것을 원하지 않았던 뉴욕 주민들 덕분이었다. 마침내 우리는 매사추세츠 애비뉴의 대사관 구역인 록크릭 파크와 인접해 있는 아름다운 집을 구했다.

다음 날, 부시 대통령 당선자가 백악관을 방문했다. 8년 전에 내가 그의 아버지와 함께 했던 자리와 비슷했다. 우리는 선거운동과 백악관의 운영, 국가안보에 대해서 이야기를 나누었다. 그는 과거 공화당 행정부 출신의 경험 있는 팀을 꾸리고 있었다. 그 팀은 가장 큰 안보상의 문제가 국가미사일 방어체제와 이라크 문제라고 생각하고 있었다. 나는 그에게 지난 8년간의 경험을 돌아볼 때, 그가 맞이하게 될 최대의 안보문제는 오사마 빈 라덴과 알 카에다 문제, 중동의 평화 부재 문제, 핵무기를 보유한 인도와 파키스탄의 분쟁, 파키스탄이 탈레반이나 알 카에다와 유착하고 있는 문제, 북한 문제, 그리고 이라크 문제라고 말했다. 나는 빈 라덴을 잡지 못한 것이 가장 유감이고, 중동에서 협정이 맺어질 가능성이 여전히 남아 있으며, 미사일프로그램 중단을 놓고 북한과 협상이 거의 마무리 단계에 접어들었지만, 협상을 완결짓기 위해서는 아마 부시 당선자가 북한을 방문해야 할 것이라고 말했다.

부시는 그다지 많은 대꾸를 하지 않고 나의 이야기를 듣더니, 내가 대통령 직무를 수행했던 방식으로 이야기를 돌렸다. 유능한 팀을 꾸리고 나라를 위해서 옳다고 생각하는 일을 해야 한다는 것이 내가 그에게 당부한 유일한 내용이었다. 그 후 우리는 정치 문제에 대해서 잠시 더 이야기를 나누었다.

부시는 2000년에 적절한 웅변술과 보수적인 제안들을 결합하면서 유능한 정치가로서 활약했다. 아이오와에서 그가 처음으로 '온정주의적 보수주의'에 관한 연설을 하는 것을 들었을 때, 나는 그가 당선될 수도 있겠다는 생각을 했다. 예비선거 이후 그는 우익적인 입장을 노골적으로 드러내면서 여론조사에서 뒤지기 시작했다. 하지만 그는 수사修辭를 조절하여 중도적인 입장으로 복귀했다. 예를 들어 그는 공화당 의원들에게 가난한 사람들에게 피해를 주는 균형예산을 짜려 하지 말라고 촉구했고, 나의 외교정책 중 몇 가지에 대한 지지를 표명하기도 했다. 주지사로 활동하는 동안, 그의 보수주의는 주의 민주당 의원들과 함께 일할 수밖에 없는 상황, 그리고 텍사스의 체제 속에서 많은 실무적 권력을 휘둘렀던 민주당 부지사 밥 불록의 지원 덕분에 상당히 변화되었다. 이제 그는 보수적인 공화당 의회와 함께 활동할 것이고, 어떤 길을 선택할 것인가는 그에게 달려 있었다. 나는 부시와 이야기를 나눈 후, 그가 자기 나름의 길을 걸어갈 능력을 충분히 가지고 있다는 것을 깨달았다. 하지만 그것이 그가 주지사 시절에 걸었던 길이 될 것인지, 사우스캐롤라이나 예비선거에서 존 맥케인을 따돌리기 위해 선택했던 길이 될 것인지는 알 도리가 없었다.

12월 23일은 중동평화회담에서 운명적인 날이었다. 양측 대표단은 볼링공군기지에서 며칠간 협상을 계속해오고 있었고, 나의 팀과 나는 논쟁의 범위를 좁혀 커다란 타협을 이끌어내지 않으면, 협의안에 도달할 수 없을 것이라는 판단을 내렸다. 아라파트는 다른 아랍국가의 지도자들에게 원성을 사게 될까봐 몸을 사리고 있었다. 바라크는 국내에서 샤론에게 주도권을 빼앗기고 있었다. 나는 양측 대표단을 캐비닛 룸으로 불러 협상을 계속하기 위한 전제조건을 제시했다. 이것은 캠프 데이비드 회담 이후로 양측과 개별적인 논의를 거치고 난 뒤 고안한 중재안이었다. 나는 이 중재안을 나흘 안에 받아들이면 협상을 계속할 것이고, 그렇지 않으면 협상을 끝내겠다고 말했다.

나는 양측이 신중하게 들을 수 있도록 중재안을 천천히 읽었다. 영토 문제에 관해서, 이스라엘은 팔레스타인 측에 서안지구의 94-96퍼센트를 양도하되, 이스라엘과 1-3퍼센트의 땅을 교환하고, 이스라엘이 갖게 되는 땅에 정착민의 80퍼센트가 집단적으로 거주하는 것을 양해한다. 안보 문제에 관해서, 이스라엘 병력은 3년 기한 내에 철군하고 국제병력의 점진적인 투입을 받아들인다. 팔레스타인 측은 요르단 밸리 내의 소규모 이스라엘군이 다른 지역의 철군 완료 후 3년 동안 국제군의 관리 하에 주둔할 수 있다는 것을 양해한다. 이스라엘은 팔레스타인 연락관을 받아들인다는 것을 전제로 서안지구의 조기경보 기지를 유지할 수 있다. 그리고 '이스라엘의 안보에 대한 급박하고 가시적인 위협'이 발생한 경우에는 서안지구에 비상병력을 파견할 수 있다.

팔레스타인에 수립될 새로운 국가는 '군대를 가져서는 안 되고', 강력한 보안부대는 둘 수 있다. 팔레스타인 영공에 대한 주권을 가지되, 이스라엘의 훈련과 작전상 요구에 따라, 국경 안보와 전쟁 억제를 위한 국제군의 요구에 따라 특별히 조정할 수 있다.

예루살렘 문제에 대해서, 아랍인 구역은 팔레스타인이, 유대인 구역은 이스라엘이 가지되, 팔레스타인은 성전 산/하람에 대한 주권을 가지고 이스라엘은 통곡의 벽과 통곡의 벽의 일부인 '신성한 장소'에 대한 주권을 가진다. 성전 산의 지하와 통곡의 벽 주위의 발굴작업은 양측의 합의가 있는 경우에만 시행한다.

난민 문제에 대해서, 팔레스타인의 새로운 국가는 1948년 전쟁과 그 이후의 사건으로 인해서 추방된 난민들의 고국이 된다. 하지만 이스라엘이 자국의 법과 자주적인 결정에 의거해서 난민의 일부를 수용할 가능성을 배제하지 않으며, 레바논에 거주하는 난민 문제에 우선권을 둔다. 난민에 대한 보상을 위해서 국제적인 노력을 기울인다. 난민들이 새로 수립되는 팔레스타인 국가나 팔레스타인에 이양된 교환영토 지역, 그리고 현재 거주하고 있는 국가, 자신들이 원하는 국가, 혹은 이스라엘에서 거주지를 찾을 수 있도록 국제적인 지원을 한다. 양 정상은 이 합의안이 유엔 안전보장이사회 결의안 194호를 따른다는 것에 동의해야 한다.

마지막으로, 양측의 합의는 갈등의 종식을 명백히 천명하고 일체의 폭력을 중단시키는 것이 되어야 했다. 나는 이 합의안과 팔레스타인 수감자의 마지막 석방은 유엔 안전보장이사회 결의안 242호와 338호의 조건을 이행한다는 내용의 새로운 결의안을 마련하겠다고 제안했다.

나는 이상의 중재안은 협상이 불가능한 것이며, 내가 할 수 있는 최선의 중재안이라는 사실을 선언하고, 양측이 이 중재안의 범위 안에서 최종적인 지위 협정을 체결하기를 바란다고 말했다. 내가 회담장을 떠난 후, 데니스 로스를 비롯한 나의 팀은 회담장에 남아 오해의 소지가 있는 내용들을 정확하게 밝혔다. 하지만 양측의 불평에는 일절 귀를 기울이지 않았다. 나는 양측이 중재안을 받아들이는 것이 곤란할 것임을 짐작하고 있었다. 하지만 합의를 완료하든지 아니면 그만두든지 양자택일을 할 시기였다. 아니, 이미 너무 늦은 때였다. 팔레스타인 측은 완전한 영토 반환 요구를 포기해야 했다. 그들은 이미 그것을 예상하고 있었으면서도 결코 시인하려고 하지 않았다. 이스라엘은 동예루살렘과 구 시가의 일부를 포기해야 했다. 하지만 그들의 종교적·문화적 장소는 보존될 것이다. 평화를 이룩하기 위해서 이 정도의 양보는 불가피하다는 것은 이미 오래전에 입증된 사실이었다. 이스라엘 측은 서안지구와 교환 영토에서 바라크가 마지막으로 제안했던 것보다 조금 더 많은 양의 영토를 이양해야 했다. 하지만 정착촌의 80퍼센트 이상을 유지할 수 있는 영토를 가지게 되는 셈이었다. 양측은 갈등을 공식적으로 종식시켜야 했다. 중재안은 상당히 부담스러운 내용이었지만, 그들이 진정으로 평화를 원한다면 아주 공평한 중재안이라는 것이 나의 생각이었다.

아라파트는 '정확한 규정'이 필요하다면서 애매한 말을 들먹이기 시작했다. 하지만 중재안의 내용은 정확했다. 그 중재안의 범위 내에서 협상을 하든지, 아니면 그만둬야 했다. 늘 그랬듯이, 그는 내게 시간을 더 달라고 했다. 나는 무바라크 이집트 대통령에게 전화를 걸어 중재안의 요지를 알려주었다. 그는 역사에 남을 만한 중재안이라면서 아라파트에게 그것을 받아들이라고 설득하겠다고 말했다.

12월 27일, 바라크의 각료들은 몇 가지 단서를 두고 중재안에 찬성했다. 하지만 그들의 단서는 모두 중재안의 범위 안에 포함된 것이었고, 어쨌든 중재안을 받아들이는 것이었다. 역사에 남을 만한 일이었다. 이스라엘 정부는 교환영토를 포함해서 서안지구의 97퍼센트와, 이스라엘 정착촌도 포함되어 있는 가자지구 전체를 팔레스타인에 양도하겠다고 발표했다. 이제 공은 아라파트의 마당에 떨어진 셈이었다.

나는 날마다 다른 아랍국가의 지도자들에게 전화를 걸어 아라파트가 중재안을 받아들이도록 설득해달라고 부탁했다. 그들은 이스라엘의 중재안 수락 사실에 놀라면서, 아라파트도 반드시 수락해야 한다고 말했다. 그들이 아라파트에게 무어라고 했는지는 전혀 알 도리가 없었다. 사우디 대사인 반다르 왕자는 후일 내게 자신과 압둘라 왕세자는 아라파트에게서 중재안을 받아들일 거라는 인상을 받았다고 말했다.

12월 29일, 데니스 로스는 우리가 존경하고 있는 아부 알라를 만나서 아라파트가 중재안을 거부할 경우 어떻게 될지 알고 있는지 확인했다. 나도 백악관을 떠나고, 로스도 백악관을 떠날 것이다. 바라크는 다가오는 선거에서 샤론에게 패배하게 될 것이다. 부시는 내가 그렇게 시간과 비용을 쏟아붓고도 실패한 이 일에는 결코 뛰어들려고 하지 않을 것이다.

나는 아라파트가 그렇게 큰 실수를 범하리라고는 생각하지 않았다. 그 전날 나는 장거리미사일생산금지 협상을 마무리하기 위한 북한 방문을 하지 않겠으며, 차기 행정부가 내가 이루어놓은 성과 위에서 북한과의 협상을 완결지을 것을 확신한다고 발표했다. 나는 북한과의 미사일 협상을 중단하고 싶지 않았다. 우리는 이미 북한의 플루토늄과 미사일실험 프로그램을 중단시키고, 한국을 배제한 채 다른 현안에 관한 협상을 진행하는 것을 거부함으로써, 김대중 대통령의 '햇볕정책'을 위한 무대를 마련해놓았다. 김대중 대통령은 대담한 '햇볕정책'을 통해서 남북간의 화해에 대한 열망을 제시하고 있었고, 그것은 한국전쟁 이후 그 어느 때보다 강력한 것이었다. 그리고 당시는 김대중 대통령이 노벨평화상을 수상한 직후였다.

북한을 방문했던 매들린 올브라이트는 내가 북한을 방문하면 미사일 협상을 완료할 수 있을 것이라고 확신하고 있었다. 나는 북한과 협상을 진척시키고 싶었지만, 중동 평화협상의 성사가 임박한 상황에서 지구 정반대편에 가 있고 싶지는 않았다. 더욱이 아라파트가 협상 성사를 간절히 바라고 있다면서 북한 방문을 단념할 것을 간청한 상태였기 때문에, 나는 북한 방문을 강행할 수 없었다.

임기 마지막 30일 동안, 중동 문제와 예산 문제 외에도 엄청나게 많은 사건들이 일어났다. 나는 브래디법 제정 7주년 기념일을 맞아 61만 1,000명의 중죄인, 탈주자, 스토커가 권총을 구매하는 것을 예방했다는 사실을 발표했다. 나는 '세계 에이즈의 날'을 맞아 하워드 대학교에서 아프리카 24개국 대표들에게 연설했다. 나는 미국이 에이즈 사망률을 70퍼센트 이상 줄였다는 사실을 밝히고, 아프리카를 비롯 에이즈가 만연하고 있는 지역에서 좀더 많은 노력이 진행되어야 한다고 말했다. 나는 대통령도서관에 대한 구상을 발표했다. 나는 유리와 강철을 재료로 해서, 길고 좁게 만든 '21세기로 향하는 다리'가 아칸소 강 위로 솟아오른 듯한 형태로 기념관을 세울 구상을 하고 있었다.

나는 전국 평균을 밑도는 예방접종률을 보이는 저소득층 지역의 아동들에 대한 접종확대 계획을 발표하고, 부유한 채무자들에 비해서 저소득층 채무자들에게 불리하게 되어 있는 파산개혁법안에 대해 거부권을 행사했다. 임기 중의 마지막 거부권 행사였다. 나는 카슈미르의 정전협정을 유지하겠다는 인도의 결정과 군사분계선으로 철수 준비를 하고 있는 파키스탄의 결정에 대해서 환영의 뜻을 밝혔다. 나는 트럭과 버스에서 나오는 유해가스를 줄이기 위한 법규를 신설했다. 이 법규와 1년 전에 제정한 자동차와 스포츠형 다목적 차량의 배출가스 규제기준이 함께 적용될 경우, 10년 후에는 새로운 차량들의 가스방출량이 현재 운행 중인 차량의 가스방출량에 비해서 95퍼센트 이상 줄어들 것이며, 이런 조치를 통해서 수천 건의 호흡기 질병과 때이른 사망을 예방할 수 있을 터였다.

크리스마스 사흘 전에, 나는 62명의 사람들에게 감형과 사면을 단행했다. 나는 첫 번째 임기 때 사면을 많이 하지 않았기 때문에, 미루어둔 숙제들을 빨리 처리하고 싶었다. 카터 대통령은 4년 동안 566건, 포드 대통령은 2년 반 동안 409건, 레이건 대통령은 8년 동안 406건, 부시 대통령은 77건의 사면을 단행했다. 부시 대통령의 사면 목록 중에는 논란이 많았던 이란-콘트라 스캔들 관련자들에 대한 사면과 카스트로에 반대하는 쿠바인 올랜도 보슈의 석방도 포함되어 있었다. 올랜도 보슈는 연방조사국이 대량살인의 혐의가 있다고 믿고 있었던 인물이었다.

사면과 감형에 대한 나의 입장은 아칸소 주법무장관과 주지사 시절에 형성된 것으로, 나는 감형에 대해서는 보수적인 입장이었다. 하지만 비폭력적인 범죄를 지은 사람이 형기를 마치고 일정한 시간 동안 법률을 준수하는 생활을 한 경우, 사면을 해서 투표권을 되돌려주는 것에 대해서는 자유주의적인 입장이었다. 법무부에는 신청서류를 검토하고 사면 추천을 담당하는 사면국이 있었다. 나는 8년 동안 사면국에서 추천서를 받으면서 두 가지 사실을 알게 되었다. 법무부의 담당직원들은 신청서류를 검토하는 데 너무 꾸물거리고, 거의 대부분의 경우 부적합 판정을 내린다는 점이었다.

나는 일이 그렇게 되는 이유를 잘 알고 있었다. 워싱턴에서는 모든 것이 정치와 관련되어 있고, 사면은 한 건 한 건마다 논쟁이 일어날 소지가 있었다. 공직자로서 골치 아픈 문제에 말려들지 않는 확실한 방법은 '안 된다'고 말하는 것이었다. 법무부의 사면국은 검토 절차를 늦추거나 부적합 판정을 내리면 공격받을 일이 없다는 것을 알고 있었다. 대통령에게 귀속된 사면권한이 서서히 법무부의 길고 긴 창자 속으로 들어가게 되는 셈이었다.

마지막 몇 달 동안, 우리는 법무부를 재촉해서 많은 사면대상자 명단을 보내도록 했고, 사면국의 태도는 점점 나아졌다. 내가 사면한 59명과 감형한 3명 중 대부분의 사람들은, 실수를 한 뒤 형기를 마치고 법을 준수하며 살고 있는 사람들이었다. 나는 소위 '애인' 사건에 관련된 사람들을 사면했다. '애인' 사건이란 남편이나 남자친구가 마약과 관련된 범죄를 지은 경우, 그와 관련되어서 체포되는 여성들에 관한 사건을 일컫는 것이었다. 검찰은 범죄에 직접 관련이 없는 이런 여성들에게 남편이나 남자친구에게 불리한 증언을 하지 않을 경우 장기형을 선고하겠다고 위협하곤 했다. 결국 검찰에 협조를 거부하거나 털어놓을 만큼 아는 것이 없는 여성들이 장기징역형에 처해지는 경우가 많았다. 어떤 경우에는 문제의 남자들이 후일 검찰에 협조해서 감형되는 바람에 여자들보다 짧은 기간 복역하게 되는 경우도 있었다. 우리는 몇 달 동안 이런 경우들을 찾아내서 사면을 했다. 나는 그전 여름에도 이런 사람들 넷을 사면한 적이 있었다.

나는 또 전직 세출위원회 의장이었던 댄 로스텐코프스키를 사면했다. 그는 나라를 위해서 많은 기여를 했고 실수한 것을 충분히 갚은 사람이었다. 나는 전직 농무장관 에스피 사건으로 구속된 타이슨푸드 회사의 중역 아치 셰퍼도 사면했다. 셰퍼는 에스피가 타이슨의 휴가지에 갈 수 있도록 여행준비를 하라는 지시를 따랐다가, 미처 모르고 있었던 옛날 법률을 위반한 혐의로 징역형을 받은 상태였다.

크리스마스 특사를 하고 나니, 엄청나게 많은 사면신청이 쏟아져 들어왔다. 정상적인 절차가 지연되는 것 때문에 화를 내고 있던 사람들이 낸 신청이 대부분이었다. 다음 5주 동안, 우리는 수백 건의 사면신청을 검토해서,

대부분 기각하고 140건을 승인했다. 나는 8년 동안 7,000건의 사면신청자들 중에서 456명을 사면했다. 백악관 법률고문 베스 놀런과 브루스 린지, 그리고 사면보좌관인 케이브는 최선을 다해서 관련된 정보를 찾고 법무부에서 허가를 받아냈다. 결정하기 쉬웠던 사건들은 수잔 맥두걸과 헨리 시스네로스 같은 사건들(독립변호사들이 부당하게 처리했던 사건들)과, '애인 사건' 관련자들, 그리고 오래전에 사면을 해주었어야 했던 신청자들이었다. 정보를 제대로 파악하지 못해서 실수로 사면을 했던 경우가 하나 있었다. 사면신청자가 다른 주에서 조사를 받고 있다는 사실을 법무부가 알지 못했기 때문이다. 대부분의 사면은 어느 정도 재산이 있고, 사회에 해를 끼치지 않을 사람들을 대상으로 시행되었다.

가장 큰 논란을 불러일으킨 것은 마크 리치와 그의 동업자인 핀커스 그린의 사면이었다. 부유한 사업가인 리치는 세금납부액을 줄이기 위해서 특정한 유류의 거래가격을 거짓 보고했다는 혐의로 기소되었는데, 그는 기소되기 직전에 미국을 떠나 스위스로 갔다. 1980년대에는 이런 사건이 종종 있었다. 당시에는 가격통제를 받는 유류와 그렇지 않은 유류가 있었기 때문에, 부정직한 사람들이 소득을 줄여서 신고하거나 고객에게 부당한 가격을 받는 경우가 있었다. 당시에는 그 법률을 위반했다는 이유로 기소당한 사람들과 회사들이 간혹 있었는데, 개인에 대해서는 민사범으로 처리되는 것이 일반적인 추세였고, 부정적인 돈벌이와 관련된 법에 의거해 세금 혐의로 기소되는 경우는 극히 드물었다. 그러나 리치와 그린이 바로 그런 경우였다. 그들에게 그런 혐의가 걸린 후, 법무부는 검찰에 중단을 명령했다. 리치는 기소된 후에 해외에 체류했는데, 대부분 이스라엘과 스위스에 있었다.

정부는 리치가 2억 달러의 벌금을 내겠다고 합의하자, 리치가 회사를 계속 운영할 수 있도록 허용했다. 이 금액은 정부가 주장하는 그의 세금포탈액 4,800만 달러의 네 배에 해당하는 금액이었다. 세금 전문가이자 루스 레이더 진스버그 법관의 남편인 마티 진스버그와 하버드 법대 교수 버나드 울프먼은 리치 회사의 거래장부를 검토한 끝에, 그 회사가 세금을 내지 않은 것에는 아무런 문제가 없다는 것을 밝혀냈다. 이런 판단은 리치가 그 거래에 관하여 세금을 내야 할 의무가 없다는 것을 의미했다. 리치는 출소기 한법의 적용을 받지 않기로 합의한 상태였기 때문에, 다른 민사범들과 마찬 가지로 정부에 의해 고소될 수 있는 상태였다. 에후드 바라크는, 리치가 이스라엘을 위해서 기여한 바가 크고, 팔레스타인 사람들과의 관계에서도 많은 도움을 주었다면서 나에게 리치를 사면해줄 것을 세 차례나 부탁했고, 이스라엘 주요 정당의 몇몇 인물도 그의 석방을 청원했다. 법무부는 외교 정책상의 이익을 증진시킬 수 있다면 리치의 사면에 반대하지 않겠다고 말했다.

대부분의 사람들이 내가 부유한 도망자를 사면한 것은 잘못이라고 주장하고 나섰다. 그들은 리치의 전처가 나의 지지자였고, 나의 백악관 법률고문으로 활동했던 사람과 두 명의 유명한 공화당 법률가가 리치의 변호사팀을 구성하고 있기 때문에 내가 정당하지 않은 사면을 단행했다고 보고 있었다. 딕 체니 부통령 당선자의 비서실장인 루이스 '스쿠터' 도 그 무렵 리치의 변호를 맡은 적이 있었다. 내가 실수했을 수도 있다. 하지만 실수를 했다면, 내가 그 사건에 관심을 가지게 된 방식에 실수가 있을 뿐이었다. 내가 사면 결정을 내린 것은 정당한 사리분별에 근거한 것이었다. 2004년 5월 현재에도 리치는 아직 법무부에 의해서 고소되지 않은 상태다. 이것은 놀라운 일이다. 민사사건에서 정부의 입증 부담은 형사사건 입증 부담에 비해서 훨씬 가벼운데도 법무부가 그토록 오랫동안 리치를 고소하지 않은 이유는 무엇일까?

나는 나중에 몇 가지 사면 때문에 비난을 받아야 했다. 하지만 나는 사면하지 못한 사건들이 더 마음에 걸렸다. 나는 마이클 밀큰 건을 사면해야 마땅하다고 생각했다. 왜냐하면 그는 감옥에서 나온 후 전립선암을 앓으면서도 훌륭한 일을 많이 했기 때문이다. 하지만 재무부와 증권거래위원회는 그의 사면을 결사적으로 반대했다. 그들은 금융산업에 대한 규제를 강화하려고 하는 때에 그를 사면한다는 것은 적절하지 않은 행동이 될 것이라고 주장했다.

사면 신청을 기각하고 나서 내가 상당히 후회했던 두 사람은 웨브 허블과 짐 가이 터커였다. 터커의 사건은 항소 중이었고, 허블은 실제로 법률을 위반했지만 수감기간이 사면 승인에 필요한 통상적인 기간보다 짧았다. 하지만 두 사람은 위증을 강요하는 케네스 스타의 요구를 거절했다는 이유로 고생하고 있는 사람들이었다. 내가 대통령이 되지 않았다면, 그리고 내가 스타의 수중에 떨어졌다면, 그들은 그런 고통을 겪을 필요가 없었을 것이다. 데이비드 켄달과 힐러리는 그들을 사면하라고 나를 채근했다. 하지만 나머지 사람들은 모두 사면을 반대했다. 결국 나는 참모들의 고집에 굴복했고, 두고두고 그것이 후회가 되었다. 나는 나중에 짐 가이 터커를 만났을 때 미안하다고 말했다. 그리고 언젠가는 웨브 허블에게도 사과를 할 것이다.

우리는 다른 때와 똑같은 크리스마스를 맞았다. 하지만 백악관에서 보내는 마지막 크리스마스라고 생각하니 느낌이 많이 달랐다. 나는 마지막 크리스마스 연회들을 좀더 즐겁게 치르고 싶었다. 그리고 이번 크리스마스는 워싱턴에서 함께 시간을 보냈던 많은 사람들과 시간을 함께 보낼 수 있는 좋은 기회였다. 나는 크리스마스에 사용할 장식(종, 책, 크리스마스용 접시, 양말, 사진 따위)들을 꼼꼼히 챙겼다. 그리고 산타클로스 인형 여러 개로 옐로 오벌 룸을 가득 채웠다. 나는 일부러 시간을 내서 2층과 3층에 있는 방들을 찾아가서 그곳에 있는 사진들과 오래된 가구들을 자세히 들여다보았다. 그리고 백악관 안내직원들을 찾아가서 백악관에 걸려 있는 대형 괘종시계들의 역사에 대해서 이야기를 들었다. 얼마 안 있으면 힐러리와 나의 초상화도 그곳에 걸리게 될 거라는 걸 생각하니, 선임자들과 그들 부인들의 초상화가 예사로 보이지 않았다. 우리는 시미 녹스를 초상화 화가로 선정했다. 우리는 그의 실물적인 그림풍이 좋았다. 그는 백악관에 작품을 걸게 된 최초의 아프리카계 미국인이 될 터였다.

크리스마스가 지난 다음 한 주 동안, 나는 몇 가지 법안에 서명을 하고 로저 그레고리를 제4순회항소법원 최초의 아프리카계 미국인 판사로 임명했다. 그레고리는 충분한 자격을 갖춘 사람이었고, 제시 헬름스가 그곳에 흑인 판사를 들이지 않으려고 기를 썼던 기간도 그만하면 충분했다. 그레고리 임명은 '휴회중' 임명이었다. 의회가 휴회 중일 때 대통령이 임명권을 행사할 수 있는 기회는 단 한 번으로 제한되어 있었다. 나로서는 신임 대통령도 남동부의 항소법원이 모두 백인 일색인 것을 원하지 않을 것이라는 데 내기를 건 셈이었다.

나는 예산안이 통과됨으로써, 앞으로 4년간 6조 달러의 부채를 줄일 수 있는 돈을 확보하게 될 것이며, 현재와 같은 추세로 가면 2010년에는 부채 없는 나라가 될 것이라고 발표했다. 그렇게 되면 세금 1달러당 12센트의 금액을 세금 감면이나 새로운 투자에 사용할 수 있을 터였다. 우리의 재정운용 덕분에, 지속적인 경제성장에도 불구하고 장기이자율은 내가 취임할 당시에 비해 2퍼센트나 하락한 상태였다. 이자율의 하락은 저당과 자동차할부금, 기업대출, 학생대출의 비용부담 감소 효과를 가져왔다. 사람들의 호주머니를 불려준다는 면에서는 세금을 감면하는 것보다 이자율을 낮추는 쪽이 훨씬 효과가 컸다.

1년을 마감하는 마지막 날, 나는 미국의 국제형사재판소 가입을 승인하는 조약에 서명했다. 로트 상원의원을 비롯한 대부분의 공화당원들이 강력하게 반대하는 조약이었다. 그들은 외국에 파견된 미군 병사들이 정치적인 목적에 의해서 국제형사재판소에 기소될 수 있다고 우려했다. 그것은 나도 우려하던 바였지만, 내가 서명한 조약은 그런 일의 발생을 방지할 수 있도록 작성되어 있었다. 나는 국제전범재판소를 발의한 세계 지도자들 중 하나였고, 또한 나는 미국이 그 조약을 지지해야 한다고 생각했다.

우리는 다시 한 번 르네상스 위켄드에 가지 못하게 되었다. 이번에는 가족끼리 캠프 데이비드에서 마지막으로 새해를 맞고 싶어서였다. 아라파트에게서는 여전히 소식이 없었다. 나는 새해 첫날에 아라파트에 전화를 해서 다음 날 백악관을 방문해달라고 부탁했다. 아라파트가 백악관에 도착하기 전에 반다르 왕자와 이집트 대사가 그가 묵고 있는 호텔을 찾아갔다. 아라파트의 젊은 보좌관 한 사람은 그 두 사람이 중재안을 승낙할 것을 강력하게 재촉하고 있다고 우리에게 전해주었다. 아라파트는 나를 찾아와서 내 중재안에 대해서 이것저것 잔뜩 물어봤다. 그는 이스라엘에 종교적인 의미가 큰 곳이니 통곡의 벽은 이스라엘이 관할하게 하되, 나머지 서쪽 벽 15미터는 팔레스타인이 관할해야 한다고 주장했다. 나는 누군가가 통곡의 벽 밑을 관통하는 터널을 만들어서 성전 산 지하 유적들을 손상시키지 못하게 하려면, 이스라엘이 벽 전체를 관할하는 것이 당연한 일이라고 말했다. 구 시가는 유대교도 구역, 이슬람교도 구역, 기독교도 구역, 아르메니아교도 구역, 이렇게 네 개로 나뉘어져 있었다. 중재안에는 팔레스타인이 이슬람교도 구역과 기독교도 구역을 관할하고, 이스라엘이 유대교도 구역, 아르메니아교도 구역을 관할한다는 내용이 있었다. 아라파트는 기독교도 교회들이 있는 아르메니아교도 구역의 일부도 관할해야 한다고 주장했다. 나는 그가 나에게 그런 말을 한다는 것이 믿기지 않았다.

아라파트는 난민들의 귀환 권리를 포기하지 않을 방법을 찾으려고 노력하고 있었다. 그는 귀환 권리를 포기해야 한다는 것을 알고 있었지만, 그로 인해서 비난받게 될 것을 두려워하고 있었다. 나는 이스라엘은 수백 년 넘게 북부 이스라엘에서 살아온 난민들을 레바논에서 데려가겠다고 약속했지만, 어떤 이스라엘 지도자도 그렇게 많은 팔레스타인 사람들을 받아들일 수는 없을 것이라는 점을 다시 지적했다. 팔레스타인 사람들의 출산율이 더 높아 수십 년 안에 이스라엘의 유대적인 특성이 위협받을 것이 뻔했기 때문이다. 성지에 아랍인이 다수를 차지하는 국가가 두 개나 서는 일은 있을 수 없었다. 이것은 아라파트가 두 개의 국가 해결 방식을 포함하는 1993년 평화협정에 서명할 때 인정한 사실이었다. 게다가 그 협정서는 이스라엘의 국민투표에 의해서 인정이 되어야 했다. 귀환 권리를 주장하는 것은 협상을 깨자는 것이었다. 이스라엘 국민에게 그 협정안에 찬성표를 던지라고 설득한다는 것은 불가능한 일이었기 때문이다. 한편, 나는 이스라엘이 내가 제안한 중재안을 벗어나지 않는 최종협상안에 찬성표를 던질 거라고 생각했다. 만일 협상이 이루어지면, 바라크는 다시 힘을 얻어 선거에서 이길 수도 있을 것 같았다. 그러나 현재는 이스라엘 유권자들이 인티파다에 겁을 집어먹고 평화협상을 거절하는 아라파트에 대해 분노하는 바람에, 바라크는 여론조사에서 샤론에 한참 뒤처져 있었다.

아라파트는 때때로 완전히 상황을 파악하지 못하고 혼란에 빠져 있는 듯이 보일 때가 있었다. 나는 그가 더 이상 게임을 주도하는 입장이 아니라는 생각이 들었다. 그는 암살자의 총탄을 피하기 위해서 밤마다 거처를 옮겨 다니고, 수없이 많은 시간을 비행기를 타고 다니고, 다시 수도 없이 많은 시간을 팽팽한 긴장 속에서 회의를 해야 했다. 그는 혁명가에서 정치가로 단번에 도약할 수는 없었다. 그는 비행기를 타고 이곳에서 저곳으로 옮겨 다니고, 세계 각국의 지도자들에게 팔레스타인 공예가들이 만든 진주장식품을 선사하고, 그들과 함께 텔레비전에 얼굴을 내미는 일에 익숙한 사람이었다. 하지만 폭력이 끝나고 팔레스타인이 세계적인 언론의 주목에서 벗어나게 되면, 그는 고용 문제와 학교 문제, 기본적인 공공시설 등의 문제를 해결하려고 노력해야 했다. 아라파트 팀의 젊은 사람들은 대부분 그가 협상하기를 원하고 있었다. 아부 알라와 아부 마젠도 같은 생각인 것 같았지만, 그들은 아라파트와 사이가 틀어지는 걸 원하지 않았다.

그가 떠날 때만 해도, 나는 그의 속셈을 알 수가 없었다. 그의 태도를 보면 아닌 것 같았지만, 조건이 이렇게 좋은데 그가 기회를 놓칠 거라고는 도저히 믿기지 않았다. 바라크는 내가 그 지역을 방문하기를 원하고 있었지만, 나는 아라파트가 내 중재안에 제시된 커다란 현안들에 대해서 이스라엘 측에 긍정적인 답변을 주는 것이 시급하다고 생각하고 있었다. 12월에 볼링 공군기지 정상회담이 실패로 돌아간 것은, 아라파트가 자신에게 힘든 변수들을 받아들이지 않았기 때문이었다.

마침내 아라파트는 1월 13일에 시몬 페레스와 만나기로 합의했다. 페레스는 먼저 아라파트의 측근인 사에브 에레카트를 만나야 했다. 그러나 그 회담 역시 아무런 성과가 없었다. 이스라엘 측은 안전장치로, 변수들에 대해 가능한 최대한의 합의를 담은 서한을 작성해놓으려고 노력했다. 바라크가 선거에서 질 경우에도 양측이 전에 중단되었던 지점에서 회담을 지속할 수 있는 근거를 만들어두려는 것이었다. 아라파트는 그것조차 거절했다. 무엇이든 양보하는 모습은 결코 보이고 싶지 않은 모양이었다. 양측은 이집트 타바에서 회담을 계속했다. 합의에 상당히 근접한 것 같았지만, 결국 합의에 성공하지는 못했다. 아라파트는 결코 "안 된다"고 말하지 않았다. 그저 "된다"고 말할 수 없었을 뿐이었다. 교만은 몰락을 부른다.

나의 임기가 끝나기 직전에 나눈 마지막 대화에서, 아라파트는 그동안의 노고에 감사한다며 나보고 위대한 사람이라고 말했다. 나는 대꾸했다. "의장님, 나는 위대한 사람이 아니라 실패자입니다. 당신이 나를 실패자로 만들었지요." 나는 그가 샤론의 당선을 후원하고 있는 셈인데, 샤론은 당선되면 소용돌이를 몰고 올 것이라고 말했다.

2001년 2월, 아리엘 샤론이 압도적인 차이로 총리에 당선되었다. 이스라엘인들의 판단은 합리적이었다. 아라파트가 내 제안을 받아들이지 않는다면 그 어떤 것도 받아들이지 않을 것이며, 평화를 위한 동반자가 없어진다면 차라리 가장 공격적이고 비타협적인 지도자를 선택하는 게 낫다는 것이 그들의 판단이었다. 샤론은 아라파트에 대해서 강경한 태도로 맞설 것이고, 에후드 바라크와 미국도 그렇게 하라고 부추길 것이다. 내가 임기를 마치고 나서 1년 뒤, 아라파트는 내가 제시했던 중재안에 기초해서 협상을 할 준비가 되었다고 말했다. 아라파트는 드디어 결정을 내릴 시간, 즉 '자정이 되기 5분 전'이 되었다고 생각했던 모양이었다. 하지만 그의 시계는 이미 오래전에 고장이 난 상태였다.

바라크가 수용한 제안을 아라파트가 거부한 것은 역사에 길이 남을 만한 잘못이었다. 하지만 많은 팔레스타인 사람들과 이스라엘 사람들은 여전히 평화를 갈구하고 있다. 언젠가 평화는 올 것이고, 최종합의안은 캠프데이비드 회담과 그 이후 기나긴 6개월 동안 나왔던 제안들과 비슷할 것이다.

1월 3일, 나는 첼시와 처가 식구들과 함께 상원 회의장 방청석에 앉아서, 앨 고어가 뉴욕의 신참 상원의원에게서 취임선서를 받는 장면을 지켜보았다. 나는 너무나 흥분해서 난간을 뛰어 넘어가고 싶었다. 우리는 앞으로 17일 동안 공직에 함께 있을 것이다. 미국 역사상 처음으로, 한 사람은 백악관에서, 한 사람은 상원에서 일하는 부부가 탄생한 셈이었다. 하지만 힐러리는 이제 자신의 길에 들어섰다. 내가 할 수 있는 일은 트렌트 로트 공화당 상원의원에게 힐러리한테 너무 심하게 굴지 말라고 부탁하고, 힐러리에게 내가 웨스트체스터 카운티의 사정을 조사하는 일을 맡겼다고 제안하는 것 정도일 것 같았다.

다음 날 우리는 '어머니'와 관련된 백악관 행사를 주최했다. 2000년의 유방암 및 자궁암 보호와 치료법의 제정을 축하하는 자리였다. 이로써 건강보험 없이 유방암이나 자궁암 진단을 받은 여성들도 완전한 메디케이드 혜택을 받게 되었다.

1월 5일, 나는 39개 주 6,000만 에이커에 달하는 국유림을 도로 건설과 벌목으로부터 지켜내게 되었음을 발표했다. 그중에는 미국의 마지막 온대 강우림인 알래스카의 통가스 국유림도 포함되어 있었다. 목재 관련 이익집단들은 이 법안에 반대했고, 나는 부시 행정부가 경제적인 이유에서 이 법의 규제를 풀 수도 있다고 생각했다. 하지만 국유림에서 나오는 목재의 양은 미국 전체 목재량의 5퍼센트에 불과했고, 도로가 없는 삼림지대에서 나오는 목재의 양 역시 5퍼센트에 불과했다. 또 하나의 귀중한 국보를 보존할 수 있다면 이 정도 적은 양의 목재를 구하지 못한다고 해도 능히 버틸 수 있을 터였다.

발표가 끝난 후, 나는 포트마이어로 가서 대통령 이임 전에 의례적으로 거행되는 삼군 고별사열식에 참석했다. 멋진 사열식이었다. 나는 대통령의 인장이 새겨진 성조기와 삼군이 마련한 메달을 받았다. 힐러리도 메달을 하나 받았다. 빌 코헨은 자신을 국방장관으로 임명함으로써 내가 야당의 선출직 공직자를 국방장관으로 임명한 최초의 대통령이 되었다고 밝혔다.

대통령이 누리는 최고의 영예는 군 최고사령관이 되는 것이다. 미국 대통령의 경우에는, 조상의 뿌리가 세계 구석구석까지 퍼져 있는 가지각색의 종교와 인종을 가진 사람들로 이루어진 군대의 통수권자이다. 미군 병사들은 미국의 국가적 표어인 '여럿으로 이루어지는 하나E pluribus unum'를 생활 속에서 구현하고 있었다. 나는 이제까지 미군 병사들이 발칸 반도의 난민수용소에서 환영을 받는 모습을 보았고, 중앙아메리카의 재난의 피해자들을 돕는 모습, 콜롬비아와 지중해 연안에서 마약상들과 싸우는 모습, 과거 공산국가였던 중부 유럽의 국가들에서 환영을 받는 모습, 알래스카의 외떨어진 기지에서 임무를 완수하는 모습, 중동의 사막에서 보초를 서는 모습, 그리고 태평양을 순찰하는 모습을 보았다.

사람들은 전장에 나가 싸우는 군인들의 모습만 생각한다. 그러나 미국인들이 평화를 수호하는 임무에 나선 덕분에 얼마나 많은 전쟁이 일어나지 않았는지, 얼마나 많은 인명피해가 일어나지 않았는지, 그리고 얼마나 많은 눈물이 흘러내리지 않았는지 일일이 헤아릴 수가 없을 것이다. 내가 취임할 무렵에는 군부와의 관계가 불안정했을 수도 있다. 하지만 나는 최고사령관답게 열심히 일했다. 나는 우리 군대가 내가 처음 보았을 때보다 훨씬 나은 모습으로 변화되었다는 굳은 확신을 가지고 있었다.

1월 6일 토요일, 국립동물원에 들러 팬더를 보고 나서, 힐러리와 나는 앨 고어 부통령 부부와 함께 사우스론에서 송별연을 열었다. 지난 8년 동안 백악관에서 직원으로 일했거나 자원해서 활동해온 모든 사람들을 위한 자리였다. 수백 명의 사람들이 모였는데, 먼 곳에서 달려온 사람들도 많았다. 우리는 서너 시간 동안 이야기를 나누고 추억을 되새겼다. 내가 앨 고어를 최근의 선거에서 국민들이 선택한 사람이라고 소개하자, 참석자들은 열화와 같은 환호성으로 그를 맞았다. 앨 고어는 우리가 백악관에 있는 동안 결혼을 했거나 자식을 얻은 사람들은 모두 손을 들어보라고 말했다. 엄청나게 많은 사람들이 손을 드는 것을 보고 나는 깜짝 놀랐다. 공화당원들은 뭐라고 하건, 민주당은 가족을 중시하는 정당인 것이다.

백악관의 사회분야 보좌관인 캐프리시어 마셜은 1991년부터 나를 지지했고, 맨 처음 선거운동 때부터 힐러리와 함께 활동했던 사람이었다. 송별연회에서는 캐프리시어가 미리 준비해둔 깜짝 놀랄 만한 행사가 있었다. 뒤에 있던 커튼이 열리면서 '플리트우드 맥' 밴드가 "내일에 대한 생각을 멈추지 마라"를 부르기 시작했다.

일요일에 나는 힐러리와 첼시와 함께 펀드리 유나이티드 감리교회에 갔다. 필 워거먼 목사가 힐러리와 나를 소개했고, 우리는 8년 동안 따뜻하게 우리를 품어준 신도들에게 고별인사를 했다. 첼시는 이곳에서 좋은 친구들을 사귀었고, 교회의 애팔래치아선교사업에 참여해 켄터키의 깊은 농촌지역에서 많은 것을 배웠다. 신도들은 인종도 다양하고 출신국가도 다양하고, 부자도 있고 가난한 사람도 있고, 고지식한 사람도 있고 발랄한 사람도 있고, 어린 사람도 있고 나이든 사람도 있었다. 펀드리는 워싱턴의 노숙자들만이 아니라, 내가 평화를 이루려고 했던 지역의 난민들도 후원해온 교회였다.

나는 무슨 말을 해야 할지 알 수가 없었다. 워거먼이 내가 청중들에게 앞으로 어떤 삶을 살고 싶은지 이야기할 것이라고 선수를 쳤다. 나는 다시 일반 여객기를 타고 여행을 하면 신앙이 시험을 받게 될 것이고, 큰 방에 들어갈 때마다 '대통령 만세Hail to the Chief'(대통령에게 경의를 표하기 위해서 연주되는 곡—옮긴이주)를 연주해주는 밴드가 없어서 방향이 헷갈릴 것이라고 먼저 농담을 했다. 이어 내가 하고 싶은 일은 성실한 시민이 되는 것, 지금껏 받아온 대접보다 나은 대접을 받아 마땅한 사람들의 희망과 행복을 위해 노력하는 것, 그리고 평화와 화해를 위해 계속 일하는 것이라고, 지난 8년간 최선을 다했지만 아직도 해야 할 일이 많이 남아 있다고 말했다.

그날 밤 나는 뉴욕 시에서 열린 '평화를 지지하는 이스라엘 정책 포럼'에서 연설했다. 그때까지도 사람들은 중동 평화에 대한 희망을 가지고 있었다. 아라파트가 몇 가지 단서를 전제로 중재안을 받아들인다고 말했기 때문이었다. 그런데 문제는 그가 붙인 단서가 이스라엘 측의 단서와는 달리, 난민 문제와 통곡의 벽 문제에 관한 중재안에서 벗어나 있다는 점이었다. 하지만 나는 아라파트의 수락을 기정사실로 받아들이고 있었다. 내 임기가 끝나기 전까지 협상을 마무리하겠다는 그의 맹세가 있었기 때문이다. 미국 내의 유대인 공동체는 늘 나를 우호적으로 대해주었다. 하임 사반과 데니 에이브러험과 같은 사람들은 이스라엘과 깊은 연계를 가지고 있었고, 오랫동안 내게 좋은 조언을 해주었다. 그밖에도 평화를 위한 나의 일을 지지해준 사람들이 많이 있었다.

다음 날, 나는 무하마드 알리를 포함해서 28명의 미국인들에게 시민훈장을 수여했다. 이어 나는 민주당전국위원사무실로 가서 의장인 에드 렌델 필라델피아 시장과 조 앤드루에게 감사의 인사를 하고, 테리 매컬리프를 만났다. 매컬리프는 나와 앨 고어를 위해 많은 도움을 주었던 사람이고, 지금은 민주당전국위원회 위원장직에 출마한 상태였다. 그렇게 많은 일을 해왔는데, 그가 위원장이라는 어려운 자리를 맡으려 한다니 믿기지 않았다. 하지만 그가 그 자리를 원한다면, 나는 당연히 그를 지지했다. 나는 명예도 인정도 얻지 못하는 힘든 민주당전국위원회 활동에 진력해온 사람들에게 진심에서 우러나는 감사의 말을 전했다.

1월 9일, 나는 고별인사차 나를 크게 후원해준 곳들을 순회하는 여행을 시작했다. 먼저 나는 1992년 성 패트릭 축일의 예비선거 때 내게 승리를 안겨줌으로써 후보 지명에 대한 확신을 갖게 해준 미시간과 일리노이를 방문했다. 이틀 뒤에는, 1996년에 가장 높은 지지율을 보여준 매사추세츠를 방문하고, 1992년 초에 나를 '돌아온 아이'로 만들어준 뉴햄프셔를 방문했다. 그 사이에 나는 프랭클린 루스벨트 기념관을 찾아가 휠체어에 앉은 프랭클린 루스벨트 대통령의 동상 제막식에 참석했다. 장애인 단체들의 강력한 주장과 루스벨트 가족의 후원으로 설립된 동상이었다. 문서보관소에 있는 1만여 장이 넘는 사진 중에서 루스벨트가 휠체어에 앉아 있는 모습은 단 네 장뿐이었다. 장애를 가진 미국인들의 권리는 그 이후로 많이 신장되었다.

나는 도버에서 뉴햄프셔 주민에게 작별인사를 했다. 도버는 9년 전에 '마지막 개가 죽을 때까지'(최후까지라는 뜻—옮긴이주) 그들과 함께 하겠다고 약속했던 곳이다. 옛날에 나를 지지했던 많은 사람들이 참석해서 나의 연설을 들었다. 나는 몇몇 사람을 거명하며 감사의 말을 전하고, 오래전 겨울에 승리를 가져다주기 위해서 열심히 뛰었던 그들의 노고를 치하했다. 나는 그들에게 "나는 대통령이 되지 못해도, 마지막 개가 죽을 때까지 여러분 곁에 있을 것"이라는 말을 잊지 말아달라고 당부했다.

1월 11일부터 14일까지, 나는 정부각료와 백악관 참모들, 그리고 친구들을 불러 캠프 데이비드에서 파티를 열었다. 14일 밤에는 저녁식사 후 캠프 데이비드 예배당에서 돈 헨리의 독주회가 있었다. 다음 날 우리 가족은 아름다운 캠프 데이비드 예배당에서 마지막 주일예배를 드렸다. 그곳에서 우리는 젊은 해군들과 캠프를 꾸려가는 직원들과 함께 자주 예배를 드렸다. 그들은 나에게 성가대에서 활동할 기회를 주었고, 주일이 되기 하루 이틀 전에는 내가 미리 연습을 할 수 있도록 우리 가족이 묵는 '미루나무실'에 찬송가 악보를 남겨두었다.

월요일에 나는 컬럼비아 대학교에서 마틴 루터 킹 목사 기념일 행사에 참석했다. 나는 이날을 맞을 때마다 지역사회를 찾아가 봉사활동을 해왔다. 나는 이번 기회를 이용해서 8년 동안 나의 마음의 고향이 되어주었던 컬럼비아특별지구(수도 워싱턴의 소재지—옮긴이주)에 대한 감사를 표했다. 나는 하원의원 앨리너 홈스 노튼, 토니 윌리엄스 시장, 여러 시의회 의원들과 절친한 사이였다. 나는 그들이 필요로 하는 법안을 통과시키고 부당한 법률이 제정되는 것을 막기 위해서 활동했다. 그곳에는 아직도 문제가 많이 있었다. 하지만 내가 8년 전 취임 직전에 방문해서 조지아 애비뉴를 걷던 그 시절에 비하면 크게 형편이 좋아진 상태였다.

나는 의회에 참석해서 '통합된 미국을 위한 미완의 과제'라는 제목으로 마지막 연설을 했다. 나는 연설의 대부분을 인종위원회의 마지막 보고서를 기초로 한 내용에 할애했고, 광범한 제안사항들을 제시했다. 교육, 의료, 고용, 형사재판절차에 있어서 인종적 차별을 종식하기 위한 노력을 배가할 것, 저소득 편모가정의 아동교육을 돕기 위해서 특별한 노력을 기울일 것, 아메리칸 인디언 지역에 새로운 투자를 할 것, 증오범죄방지법안을 통과시킬 것, 투표법을 개혁할 것, 아메리코의 활동과 '하나의 미국을 위한 백악관' 활동을 지속할 것 등이었다. 우리는 8년 동안 많은 진전을 이루었다. 하지만 미국은 더욱 다양해지고 있었고, 해야 할 일은 아직도 수없이 많았다.

1월 17일, 나는 이스트 룸에서 마지막 행사를 치렀다. 브루스 배빗과 나는 여덟 개의 천연기념물을 발표했다. 그중에는 1803년 루이스와 클라크의 탐험대가 인디언 안내인 새카자위어, 노예 요크와 함께 열었던 개척로가 지나가는 지역이 두 군데 포함되었다. 이렇게 해서 우리 행정부는 48개 주에서 시어도 루스벨트 이후 그 어느 행정부보다 넓은 보호구역을 지정하게 되었다.

나는 천연기념물 지정 발표를 하고 나서, 백악관을 떠나 임기 중 마지막 여행길에 올랐다. 나는 리틀록을 찾아가 아칸소 의회에서 연설을 할 예정이었다. 나와 함께 정치계에 입문했던 옛 친구들 중에는 주 상원의원이나 하원의원으로 활동하는 사람들도 있었다. 정치계에 입문할 당시 나와 정견이 달랐던 사람들도 몇 명 있었다. 워싱턴에서 활동하고 있거나 활동한 경력이 있는 아칸소 출신 정치인들 20여 명, 워싱턴 지역에서 살고 있는 고등학교 동기들 세 명, 그리고 내가 주지사로 재임하던 시절 의회 담당 연락관을 맡았던 사람들 몇 명도 나와 동행했고, 첼시도 따라나섰다. 우리는 공항에서 시내로 들어오는 길에 첼시가 다녔던 학교 두 곳에 들렀다. 나는 부커아츠 매그닛 스쿨에 입학시킨 것이 엊그제 같은 첼시가 벌써 숙녀가 되어버렸다는 생각을 하니 기분이 묘했다.

나는 세상을 하직한 프랭크 홀트 판사와 풀브라이트 상원의원을 포함해서, 오늘의 내가 있게 해준 아칸소의 모든 주민에게 감사의 뜻을 전했다. 나는 아칸소의 의원들에게 연방정부가 각 주의 교육, 경제개발, 의료, 복지개혁을 지원하도록 계속 압력을 넣으라고 촉구했다. 마지막으로 나는 옛 친구들에게 사흘 후에 임기를 마치게 된다면서 감사의 말을 전했다. "미국의 위대하고 신비로운 민주주의 덕분에, 아칸소 주 호프, 사우스허비 스트리트 출신의 어린 꼬마가 대통령이 될 수 있었습니다…… 순전히 친구들의 도움에 힘입어 당선된 대통령은 저밖에 없을 겁니다. 여러분이 없었다면 나는 절대로 대통령이 될 수 없었을 겁니다." 나는 친구들을 남겨두고 남은 직무를 마무리하기 위해 백악관으로 돌아왔다.

다음 날, 나는 종일 업무를 마감하는 일에 정신을 쏟았다. 그날 밤, 나는 집무실에서 대국민 고별연설을 했다. 나는 먼저 대통령으로 일할 기회를 준 미국 국민들에게 감사의 뜻을 전하고, 대통령으로서 어떤 철학을 가지고 무슨 일을 했는지 간단하게 요약했다. 이어 나는 미래의 과제 세 가지를 제시했다. 첫째, 계속해서 국가 재정을 올바르게 관리하는 책임을 감당하는 것,

둘째, 미국의 안보와 번영을 위해서 세계의 경제 번영과 자유를 위한 싸움의 선두에 나서고 테러리즘과 조직범죄, 마약거래, 치명적인 무기의 확산, 환경파괴, 질병, 지구상의 모든 빈곤과 맞서 싸우는 것, 그리고 마지막으로, '여러 가지 피부색을 가진 사람들을 씨실과 날실로 삼아 통합된 미국이라는 천을 짜는 일'을 지속하는 것이었다.

부시 대통령 당선자와 그의 가족의 건강을 기원하면서, 나는 "취임하던 날보다 더 큰 희망과 더 큰 이상, 미국의 앞에 탄탄대로가 열릴 것이라는 더 큰 확신을 가지고 백악관을 떠날 것"이라고 말했다.

대통령 임기 마지막 날인 1월 19일에, 나는 지뢰에 관한 성명을 발표했다. 1993년 이후로 미국은 330만 개의 지뢰를 파괴했고, 35개국의 지뢰를 제거하는 일에 5억 달러의 돈을 썼으며, 병력을 보호할 수 있는 지뢰대체무기를 개발하기 위해서 전력을 기울이고 있었다. 나는 새로운 행정부에 대해서 미국이 세계적으로 전개해온 지뢰금지 활동을 앞으로 10년 더 지속해줄 것을 당부했다.

거처로 돌아왔을 때는 늦은 밤이었다. 하지만 아직 짐을 다 꾸리지 못한 상태였다. 여기저기 짐 상자가 흩어져 있었고, 어느 옷을 어디로 보내야 할지(뉴욕으로 보낼지, 워싱턴으로 보낼지, 아니면 아칸소로 보낼지) 몰라 망설여야 했다. 힐러리와 나는 잠을 잘 생각이 전혀 들지 않았다. 우리는 이 방 저 방을 둘러보기로 했다. 백악관에서 보내는 마지막 밤은 취임식 무도회를 끝내고 백악관에 들어왔던 날과 똑같이 영광스러운 순간이었다. 내가 누리고 있는 영광을 생각하면 늘 감격스러웠다. 이곳이 8년 동안 우리 집이었다는 사실, 그리고 이제는 모두 지나가버린 일이라는 사실이 믿기지 않았다.

나는 링컨실로 가서 링컨의 자필로 쓰인 게티즈버그 연설을 마지막으로 읽고, 노예해방선언문이 새겨진 석판을 바라보았다. 링컨은 내가 서 있는 바로 그 자리에서 노예해방선언문에 서명했다. 퀸스 룸에 갔을 때는 윈스턴 처칠이 제2차 세계대전 중 가장 어려웠던 시기에 사흘 동안 그곳에 머물렀던 일을 생각했다. 나는 오벌 오피스의 조약 탁자 뒤에 앉아서 텅 빈 책꽂이들과 아무것도 걸려 있지 않은 벽들을 바라보며, 북아일랜드, 중동, 러시아, 한국, 그리고 국내의 문제들과 관련하여 이 방에서 했던 수없이 많은 회의들과 전화 통화들을 생각했다. 1998년 이후 『성경』과 책들, 편지들을 읽으면서 하나님께 용기와 인도를 기원하던 곳도 바로 이 방이었다.

그날 오전, 신임 대통령의 취임식에 참석하기 위해서 백악관을 나서기 직전, 나는 미리 녹음해두었던 마지막 라디오 연설을 내보냈다. 라디오 연설에서 나는 백악관 참모들과 상주 직원들, 비밀검찰부, 정부 내각, 그리고 앨 고어에게 내가 직무를 진행할 수 있도록 도와준 데 대해 깊은 감사의 뜻을 전했다. 나는 임기 마지막 날, 마지막 순간까지 일하겠다는 약속을 지켰다. 나는 25년 만에 미국의 범죄발생률을 최저로 만드는 데 기여해온 경찰의 인력을 늘리기 위해서 1억 달러를 지출하겠다는 계획을 발표했다.

자정이 지난 뒤, 나는 오벌 오피스로 돌아와 짐을 꾸리고 몇 장의 편지를 썼다. 혼자 책상에 앉아서 지난 8년간 일어났던 일들을 하나씩 되새겨보면서, 세월이 참으로 빨리 흘러갔다는 생각을 했다. 조금 있으면 나는 대통령직을 차기 대통령에게 넘겨주고 백악관을 떠날 터였다. 나는 힐러리와 첼시와 함께 대통령 전용기에 마지막으로 탑승할 예정이었다. 전용기에는 우리를 세계 구석구석으로 실어다주었던 훌륭한 승무원들 외에도 수많은 사람들이 탑승할 예정이었다. 가까운 참모들, 새로운 경호대원들, 몇 명의 군 장교들. 그중에는 특별한 생일케이크를 만들어준 해군의 글렌 메이스 하사관과 우리 짐을 꼼꼼히 챙겨준 공군의 글렌 파월 하사관도 있었다. 그리고 나를 '무도회장에 데려온' 사람들 몇 명(조던 부부와 매컬리프 부부, 맥라티 부부, 해리 토머슨)도 이 탑승자 명단에 올라 있었다.

언론사 사람들 몇 명도 함께 탑승할 예정이었다. 8년 동안 나에 대한 보도를 해온 CBS 라디오의 마크 놀러도 포함되어 있었다. 나는 몇 주 동안 여러 언론사 기자들과 여러 차례 마무리 인터뷰를 했는데, 놀러도 그 가운데한 사람이었다. 인터뷰에서 그는 내게 "인생의 최고의 시간이 끝난다"는 것이 두렵지 않으냐고 물었다. 나는 내 인생의 모든 순간을 즐기며, 언제 어떤 상황에서도 "모든 일에 열심히, 흥미를 가지고 임하면서 유용한 일을 찾아내는 사람"이라고 대답했다.

　나는 새로운 인생에 대한 기대로 마음이 설레고 있었다. 나의 도서관을 짓고, 내게 맞는 공적인 활동을 하고, 힐러리를 후원하는 한편, 독서와 골프, 음악, 그리고 여유 있는 여행을 하는 데 더 많은 시간을 투자할 작정이었다. 나는 만족스러운 인생을 살 것임을 알았고, 건강이 허락하는 한 많은 일을 할 수 있다고 믿었다. 하지만 마크 놀러가 던진 질문은 나의 아픈 곳을 찔렀다. 나는 대통령 시절이 그리울 것이다. 고통스러웠던 시기에도, 나는 대통령이라는 것이 좋았다.

　집무실을 떠날 때 부시 대통령에게 편지를 남겨두어야 했다. 8년 전에 그의 아버지가 내게 편지를 남겨두었던 것처럼. 조지 부시 전 대통령은 나를 호의적으로 격려해주었다. 나도 신임 대통령을 그렇게 대하고 싶었다. 곧 조지 W. 부시는 미국의 대통령이 될 것이고, 나는 그의 행운을 기원하고 있었다. 나는 선거운동 내내 부시와 체니가 했던 연설들에 깊은 주의를 기울였다. 그들이 세계를 보는 방식은 나와는 전혀 달랐다. 그들은 내가 했던 일들을 원점으로 되돌려놓기를 원할 것이고, 경제 정책과 환경 분야에서 특히 그런 경향이 심하게 드러날 것이다. 그들은 큰 폭의 세금감면을 실시할 것이고, 얼마 지나지 않아 미국은 1980년대와 같은 대규모 재정적자에 시달리게 될 것이다. 부시는 교육과 아메리코 정책에 대해서 고무적인 발언을 했지만, 교육, 보육, 방과 후 프로그램, 거리 순찰 경찰력, 혁신적인 연구, 그리고 환경에 이르기까지 국내 정책에 대한 지출을 줄이라는 압력을 피할 수 없을 것이다. 하지만 그것은 더 이상 내가 손댈 수 있는 일이 아니었다.

　나는 공화당의 독주가 심해질 경우, 냉전 이후 미국이 일구어온 국제적인 동반관계들이 후퇴할 수 있다고 생각했다. 공화당은 핵실험금지조약과 기후변화조약, 탄도요격미사일조약, 그리고 국제형사재판소에 대해서 반대하고 있었다.

　나는 8년 동안 워싱턴의 공화당 의원들의 활동을 지켜봐왔다. 부시는 임기 초기부터 공화당을 장악하고 있는 극우 지도자들과 이익집단들로부터 온정적 보수주의를 포기하라는 압박을 받을 터였다. 나는 내 길이 옳다는 확신을 가지고 있었고, 그들 역시 자신들이 옳은 길을 걷고 있다는 투철한 확신을 가지고 있었다. 하지만 나는 모든 살아 있는 증거들이, 그리고 역사적인 판단이, 우리를 뒷받침하고 있다고 생각했다.

나는 내가 입안한 정책과 프로그램들이 어떻게 되든 손을 댈 수가 없었다. 정치에서 영원한 것은 없는 법이다. 사람들이 나의 이른바 유산에 대해서 내리는 성급한 판단에도 영향을 미칠 수 없었다. 냉전이 끝난 뒤 21세기로 전진해간 미국의 역사는 기록되고, 다시 기록되고, 또다시 기록될 것이다. 내가 나 자신의 대통령 직무를 평가할 때 가장 중요시하는 것은 단 하나였다. 그것은 바로 예전과는 전혀 다른 시대, 세계가 상호의존하는 시대에 과연 나는 미국의 국민에게 보탬이 되는 일을 했느냐 하는 것이었다.

나는 '보다 완벽한 통합'을 이루는 데 기여했는가? 나는 기회의 폭을 넓히고, 자유의 의미를 심화하고, 공동체의 유대를 강화했는가? 나는 미국을 21세기의 평화와 번영, 그리고 자유와 안보를 주도하는 세력으로 만들기 위해서 노력했다. 나는 세계화 경제에 인간적인 면모를 부여하려고 노력했다. 나는 다른 나라들을 향해 책임을 공유하고, 혜택을 공유하고, 가치관을 공유하는, 보다 통합된 세계를 세워나가는 과정에 참여할 것을 촉구했다. 나는 과도기를 통과하여 새로운 시대로 진입하는 미국에, 우리의 능력에 대한 희망과 낙관주의를 심어주려고 노력했고, 새로운 파괴 세력이 우리에게 어떤 영향을 미칠 것인지 늘 잊지 않게 하려고 노력했다. 마지막으로 나는 새로운 사상과 과거의 가치관에 입각하여 새로운 진보 정치를 세우고, 세계 전역에서 펼쳐지는 비슷한 생각을 가진 운동을 지지하려고 노력했다. 새 행정부와 여당이 내가 입안한 정책들을 망칠 수도 있었다. 하지만 우리가 역사의 옳은 쪽을 지키려고 노력하는 한은, 내가 새천년으로 들어서면서 잡았던 방향이 언젠가는 승리하게 될 것이라고 믿었다.

나는 집무실에서 보낸 마지막 밤에, 소파 사이의 작은 탁자 위에 보관해두던 유리상자를 생각했다. 그 유리상자 안에는 닐 암스트롱이 1969년에 달에서 가져왔다는 작은 암석이 들어 있었다. 집무실에 모인 사람들이 논쟁을 하다가 이성을 잃고 흥분하는 일이 있으면, 나는 사람들의 말을 막고 끼어

들어 이렇게 말하곤 했다. "여러분, 이 돌이 보입니까? 이게 36억 년 전에 만들어진 거랍니다. 우리는 모두 잠시 스쳐가는 목숨들일 뿐입니다. 마음 가라앉히고 일이나 계속합시다."

그 돌 덕분에, 나는 역사를 완전히 다른 관점에서, 흔히들 말하는 '긴 안목으로' 바라볼 수 있게 되었다. 우리가 할 일은 가능한 한 열심히 사는 것, 그리고 남들도 역시 그렇게 할 수 있도록 돕는 것뿐이다. 그 다음에 무슨 일이 일어날까, 그리고 나는 남들 눈에 어떻게 보일까 하는 것은 우리가 손댈 수 없는 일이었다. 흐르는 물과 같은 세월은 우리를 싣고 흘러가버린다. 우리가 가진 것은 이 순간일 뿐이다. 내가 내 시간을 최대한 활용했느냐 하는 것은 다른 사람들이 판단할 몫이다. 거처로 돌아가서 짐을 더 싸고, 힐러리와 첼시와 조금 이야기를 나누다 보니 벌써 새벽이었다.

다음 날 아침, 나는 부시 대통령에게 남길 편지를 쓰기 위해서 오벌 오피스로 다시 갔다. 힐러리도 내려왔다. 우리는 한참 동안 창문 밖을 내다보았다. 우리는 함께 소중한 시간을 보냈던 아름다운 잔디밭을 넋을 놓고 바라보았다. 나는 그곳에서 버디에게 테니스 공을 던지면서 많은 시간을 보냈다. 힐러리는 편지를 쓰라고 자리를 비켜주었다.

나는 편지를 책상 위에 올려놓고, 작별인사를 하기 위해서 백악관 참모들을 소집했다. 우리는 서로 안아주고, 격려의 미소도 보내고, 훌쩍이기도 하고, 사진도 몇 장 찍었다. 곧 이어 나는 마지막으로 집무실에서 걸어 나왔다.

내가 두 팔을 활짝 벌린 채 문밖으로 걸어 나오는 순간, 그곳에 기다리고 있던 기자들이 카메라 셔터를 눌러댔다. 나는 존 포데스타와 함께 복도를 걸어 나와, 힐러리와 첼시, 그리고 고어 부부가 기다리고 있는 대회의실로 향했다. 그곳에서 신임 대통령과 상견례를 가질 예정이었다. 백악관 상주 직원(관리실 직원들, 조리실 직원들, 화훼담당 직원들, 정원관리 직원들, 안내 직원들, 집사들, 개인급사들)들이 모두 나와 작별인사를 건넸다. 대부분 가족처럼 친근한 사이가 되어 있었다. 나는 사람들 얼굴을 바라보면서 기억들을 되새겼다. 그들을 언제 다시 만날지 알 수 없는 일이었고, 설사 다시 만난다고 해도 지금과 똑같은 상황은 아닐 터였다. 그들은 새로운 가족을 맞을 것이고, 그들은 우리를 도왔듯이 새로운 가족을 열심히 도울 터였다.

소규모 해군 악대가 현관에서 연주를 하고 있었다. 나는 피아노를 치고 있는 찰리 코라도 상사 옆에 앉았다. 그는 40년째 대통령들을 위해서 연주를 해온 사람이었다. 찰리는 우리를 위해서 늘 그 자리를 지켜주었다. 그의 음악을 들으면서 힘을 얻었던 것이 한두 번이 아니었다. 힐러리와 나는 마지막으로 춤을 추었다. 10시 30분쯤 부시 대통령 부부와 체니 부통령 부부가 도착했다. 잠시 커피를 마시면서 담소를 하고 나서, 우리 여덟 명은 리무진에 탑승했다. 나는 조지 W. 부시와 같은 차를 타고 펜실베이니아 애비뉴의 의사당으로 향했다.

한 시간 후, 200년이 넘도록 미국을 자유로운 나라로 지켜준 평화적인 정권이양이 다시 한 번 이루어졌다. 나의 가족은 새로운 대통령 가족에게 작별인사를 하고 앤드루 공군기지로 가서 대통령 전용기(이제는 더 이상 나를 위한 전용기가 아닌)에 마지막으로 탑승했다. 8년간의 대통령직을 마치고, 정치에 반평생을 바친 후, 나는 다시 평범한 시민이 되었다. 그러나 여전히 나라를 돕고, 여전히 내일에 대해 생각하는 시민, 그리고 특별히 감사하는 마음으로 살아가는 시민이 되었다.

에필로그

나는 이 책에 내 이야기와 20세기 후반기의 미국의 이야기를 담으려고 했다. 미국의 마음과 정신을 사로잡기 위하여 경쟁하는 힘들을 가능한 한 공정하게 묘사하려고 했고, 우리가 살고 있는 새로운 세계에서 펼쳐지는 여러 가지 도전들, 그리고 미국의 정부와 국민은 어떻게 그 도전에 대응해야 하는지에 대한 나의 생각을 설명하려고 했다. 그리고 공직 생활을 해보지 않은 사람들에게 공직을 맡는다는 것이 어떤 것인지, 특히 대통령이 된다는 것이 어떤 것인지 느끼게 해주려고 했다.

이 책을 쓰면서 나도 모르게 과거로 흘러 들어가, 이야기 속의 사건들을 다시 살았고, 그때의 느낌을 되새겼으며, 그 느낌을 글로 썼다. 내가 해소하고자 노력했던 당파적 갈등이 줄어들지 않고 계속되었던 대통령 두 번째 임기를 다룰 때에는, 나의 재임기가 미국 역사의 흐름 속에서 어떤 위치를 차지하는지 이해하려고 노력했다.

크게 보자면, 미국의 역사는 '좀더 완벽한 통합'을 바라는 미국의 건립자들의 요구에 부응하기 위해서 우리가 노력해온 과정들을 기록하고 있다. 안정된 시기에 진보파와 보수파는 무엇을 바꾸고 무엇을 보존할지 논쟁을 했고, 이 과정에서 양당제도는 미국의 발전에 기여한다. 그러나 여러 가지 사건들로 인해서 변화가 강요되는 시기가 오면, 우리는 시련을 겪게 되고, 기회의 범위를 확대하고, 자유의 의미를 심화하고, 공동체의 유대를 강화해야 한다는 근본적 사명으로 되돌아가게 된다. 나는 이것이 미국의 통합을 좀더 완벽하게 이룬다는 말의 의미라고 생각한다.

전환점에 설 때마다 우리는 분열보다는 통합을 선택했다. 공화국 초기에 국가 경제체계와 법률체계를 만들었던 것, 남북전쟁 기간에 합중국을 보존하고 노예제를 폐지했던 것, 농업사회에서 산업사회로 이동하던 20세기 초에 연방정부를 강화함으로써 경쟁을 유지하고, 노동자들을 위한 기본적인 안전장치를 확보하고, 가난하고 나이 들고 병든 사람들을 부양하고, 자연자원을 약탈로부터 보호했던 것, 1960년대와 1970년대에 민권과 여권을 신장했던 것이 바로 통합을 이루어가는 과정이었다. 각 시기마다, 우리는 통합의 의미를 규정하고, 통합을 방어하고 확대하려는 투쟁을 했고, 강력한 보수 세력들은 이에 대항하여 저항했다. 그리고 투쟁의 성과가 불투명한 경우에는, 정치적인 갈등과 개인적인 갈등이 심화되었다.

1993년에 내가 대통령에 취임했을 때, 산업시대로부터 세계화된 정보시대로 이동하는 과정에서 합중국은 또 하나의 역사적 도전에 직면하고 있었다. 미국 국민은 생활하고 일하는 방식에 있어서 커다란 변화들, 그리고 커다란 문제들에 직면하고 있었다. 세계화 경제에 참여할 것인가, 아니면 경제적 국가주의를 고수할 것인가? 경쟁 상대가 없는 군사적·정치적·경제적 힘을 이용해서 상호의존적인 세계가 제공하는 위협에 맞서고 그 혜택을 나눌 것인가, 아니면 요새화된 미국을 만들 것인가? 기회균등과 사회정의를 지향하는 산업시대의 정부를 버릴 것인가, 아니면 그 성과를 보존하면서 사람들에게 새로운 시대에 성공을 거둘 수 있는 수단을 제공하는 방식으로 개혁을 할 것인가? 인종적·종교적 다양성의 확대가 국가 공동체에 균열을 가져올 것인가, 아니면 국가 공동체를 강화할 것인가?

내가 대통령으로서 이런 문제들에 답하기 위해서 선택했던 방향은 좀더 완벽한 통합을 향한 전진을 지속하는 것, 국민에게 더 높은 전망을 열어주는 것, 국민을 단결시켜 21세기 미국 정치를 위한 생기 넘치는 새로운 구심점을 마련하는 것이었다. 미국 국민의 3분의 2가 나의 전체적인 접근방법을 지지했다. 그러나 논란을 일으키는 문화적 문제들과 늘 귀를 솔깃하게 하는 세금 감면 문제가 눈앞에 등장했을 경우, 유권자들의 의견은 엇비슷하게 나뉘었다. 결과가 불투명해지자, 살벌한 당파적·개인적 공격이 기승을 부렸다. 공화국 초기와 아주 흡사한 상황이었다.

나의 역사적 분석이 옳을 수도 있고, 틀릴 수도 있다. 하지만 내가 대통령으로서의 나의 활동을 평가하는 주된 기준은 그 행동이 국민의 생활에 어떤 영향을 미쳤느냐 하는 것이다. 그것이 바로 내가 점수를 딴 방법이었다. 수많은 사람들이 새로운 일자리와 새로운 집, 대학 지원금을 받았고, 많은 아이들이 건강보험과 방과후 프로그램의 혜택을 받았다. 많은 사람들이 생활보호대상자의 처지에서 벗어나 일자리를 찾았고, 많은 가정들이 가족휴가법의 도움을 받았으며, 많은 사람들이 더 안전한 동네에서 살게 되었다. 모든 사람들에게는 이야기가 있는데, 이제 그 이야기는 전보다 좋아졌다. 공기와 물이 더 맑아지고, 자연유산이 더 많이 보존되면서 모든 미국인의 생활이 개선되었다. 그리고 우리는 전 세계 사람들에게 평화, 자유, 안보, 번영에 대한 더 큰 희망을 안겨주었다. 그들에게도 역시 그들의 이야기가 있다.

내가 대통령이 되었을 때, 미국이라는 배는 해도도 없는 바다로, 긍정적 힘들과 부정적 힘들이 완전히 따로 노는 것처럼 보이는 세계로 들어서고 있었다. 나는 내 조국이 처한 상황, 그리고 새로운 세기에 접어들 때 우리가 밟아야 하는 길을 제대로 파악하고 있다고 생각했다. 왜냐하면 나는 나 자신의 평행적인 삶을 통합하려고 노력하며 평생을 살아왔고, 모든 사람들을 귀중하게 여기라는 가르침 속에서 자랐으며, 주지사 시절에는 세계화의 밝은 면과 어두운 면을 모두 보았기 때문이었다. 나는 흩어진 것을 통합하는 방법을 알고 있었고, 그것이 얼마나 어려운 일인지도 알고 있었다.

9월 11일, 알 카에다가 상호의존의 힘들(열린 국경, 자유로운 이민과 여행, 정보와 기술의 자유로운 이용)을 이용하여 뉴욕, 워싱턴, 펜실베이니아에서 70여 개국 출신의 3,000명에 가까운 사람들을 살해했다. 그날은 모든 것이 박살나 흩어진 것처럼 보였다. 세계가 미국이 당한 고통, 그리고 테러와 싸우려는 결의를 보고 미국인들 주위로 모여들었다. 그 후 몇 년 동안 그 싸움은 강렬해졌고, 국내외에서 테러와의 전쟁을 수행하는 최선의 방법을 놓고 솔직한 의견들이 나타나면서, 당연한 일이지만 차이도 드러나고 있다.

우리가 살고 있는 상호의존적인 세계는 본질적으로 불안정하며, 그 속에는 기회와 파괴의 힘들이 공존하고 있다. 우리가 상호의존하는 상태로부터 책임과 혜택과 가치를 공유하는 좀더 통합된 지구 공동체로 나아가는 길을 찾기 전에는 불안정한 상태가 계속될 것이다. 그런 세계를 건설하는 일, 테러를 물리치는 일은 단숨에 이루어질 수 없다. 그것은 21세기 초반의 가장 커다란 도전이 될 것이다. 나는 미국이 이 일에 앞장서기 위해 해야 할 일을 다섯 가지로 꼽고 있다. 첫째, 테러나 대량살상무기의 확산과 싸우고, 그런 위협들에 대한 방어 체계를 개선해야 한다. 둘째, 세계화의 혜택을 받지 못하는 지구상의 50퍼센트의 사람들이 가난, 무지, 질병, 나쁜 정부를 극복하도록 도움으로써 친구는 늘리고 테러리스트는 줄여야 한다. 셋째, 세계적 수준의 협력 기구들을 강화하고, 그런 기구들을 통하여 안보와 번영을 촉진하며, 테러에서 에이즈, 지구온난화에 이르기까지 공동의 문제들과 싸워야 한다. 넷째, 미국을 우리가 바라는 세계의 운영 방식을 더 잘 구현하는 모범적인 나라로 만들기 위해 계속 노력해야 한다. 다섯째, 우리의 차이가 인간으로서의 공통점보다 더 중요하다고 믿는 낡은 강박감을 버리려고 노력해야 한다.

나는 세계가 고립으로부터 상호의존으로, 상호의존에서 다시 협력으로 행진해 나아갈 것이라고 믿는다. 그 외에 다른 길이 없기 때문이다. 우리의 조상들이 10만 년 전쯤 아프리카 사바나에서 처음 일어서서 걸어 다닌 이후로 오랜 세월이 흘렀다. 냉전이 끝나고 나서 불과 15년이 안 되어, 서방은 과거의 적인 러시아, 중국과 대체로 화해를 했다. 역사상 처음으로 세계 인구의 반 이상이 자신이 선택한 정부 밑에서 살고 있다. 테러에 대항한 세계적 협력이 유례 없는 수준으로 향상되었으며, 가난, 질병, 지구온난화와 싸우고, 세계의 모든 아이들을 학교에 보내기 위해 더 많은 일을 해야 한다는 인식도 확산되었다. 미국을 비롯한 수많은 자유 사회들은 인종과 종교에 관계없이 모든 사람들이 서로 존중하고 조화를 이루며 함께 살 수 있다는 것을 보여주었다.

미국은 테러에 의해 무너지지 않는다. 미국은 테러를 물리칠 것이다. 하지만 우리는 그 과정에서 미국의 특성이나 아이들의 장래를 훼손하는 일이 없도록 조심해야 한다. 더 완벽한 통합을 이루어야 한다는 것은 미국의 사명일 뿐 아니라 세계적인 사명이다.

내 이야기로 돌아오자. 나는 지금도 젊은 시절에 세웠던 인생 목표를 달성하기 위해서 노력하고 있다. 좋은 사람이 되겠다는 목표, 이것은 평생 노력해야 할 일이다. 그리고 이것을 이루기 위해서는 다른 사람들에 대한 분노를 버리고 내 잘못을 책임져야 하고, 용서를 해야 한다. 내가 힐러리, 첼시, 친구들, 미국과 전 세계의 수많은 사람들로부터 용서받은 것을 생각한다면, 그 정도는 최소한의 수준이라고 생각한다. 젊은 정치가 시절, 흑인 교회에 나가면서 나는 처음으로 사람들이 장례식을 '귀향'이라고 부르는 것을 들었다. 우리 누구나 고향에 갈 것이고, 나도 고향에 갈 준비를 하고 싶다.

한편으로, 나는 첼시가 이루어가는 삶과 힐러리가 상원에서 하는 훌륭한 활동을 지켜보면서 큰 기쁨을 누리고 있다. 내 재단이 미국과 전 세계의 가난한 공동체에 경제, 교육, 서비스의 기회를 확대하고, 에이즈와 싸우면서 값싼 약품을 필요한 사람들에게 공급하고, 인종간, 종교간 화해라는 나의 평생의 목표를 계속 이어나가려고 노력하는 것을 보는 것도 큰 기쁨이다.

아쉬운 것이 있을까? 물론이다. 이 책에서 말했듯이 개인적인 면에서나 공적인 면에서나 당연히 아쉬움이 있다. 어느 쪽이 더 무거운지 판단하는 것은 다른 사람들에게 맡기겠다.

나는 그저 나의 기쁨과 슬픔, 꿈과 공포, 승리와 실패의 이야기를 하려 했을 뿐이다. 그리고 나의 세계관과 내가 싸웠던 극우파의 세계관 사이에 어떤 차이가 있는지 설명하려 했다. 기본적으로 그들은 자신들이 모든 진리를 알고 있다고 진정으로 믿는다. 하지만 나는 다르게 본다. 사도 바울은 이 생에서는 우리가 '거울로 보는 것 같이 희미하게' 보며, '부분적으로만 안다'고 했는데, 나는 그 말이 옳다고 생각한다. 그래서 그는 '믿음, 소망, 사랑'이라는 덕목들을 찬양한 것이다.

나는 흔히 보기 힘든 삶을 살았다. 믿음, 소망, 사랑으로 충만하고, 은총과 행운도 과분하게 받은 놀라운 삶이었다. 내 삶이 흔히 보기 힘든 삶이라고 했지만, 아마 미국이 아닌 다른 곳이었다면 이런 삶은 아예 불가능했을 것이다. 많은 사람들과는 달리, 외할아버지 가게 주위를 맴돌던 어린 시절 이후로, 나는 언제나 내가 믿는 것들을 위해 일하는 특권을 누려왔는데, 이런 특권을 누릴 수 있는 사람은 그리 많지 않다. 나는 나를 끔찍이 사랑하는 멋진 어머니 곁에서 성장했으며, 훌륭한 스승들의 지도를 받았으며, 의리 있는 친구들을 아주 많이 사귀었으며, 내가 만난 여자들 중에서 가장 훌륭한 여자와 사랑이 충만한 결혼생활을 이루었으며, 내 삶에 늘 빛을 던져주는 아이를 얻었다.

앞에서 말한 대로, 나는 이것이 괜찮은 이야기라고 생각한다. 그리고 이 이야기를 하면서 나도 괜찮은 시간을 보냈다.

감사의 말

　　　　　　　나는 이 책을 쓰면서 많은 사람들에게 신세를 졌다. 이들의 도움이 없었다면 이 책을 쓸 수 없었을 것이다. 저스틴 쿠퍼는 2년이 넘는 청춘을 바쳐 나와 함께 일을 했다. 낮은 물론이고, 지난 여섯 달 동안은 밤에도 함께 작업을 했다. 그는 산더미 같은 자료를 찾아내서 정리하고, 자료가 불충분한 부분은 더 많은 조사를 했으며, 수많은 오류들을 수정했다. 그는 20권이 넘는 커다란 노트에 알아보기 어렵게 써놓은 나의 원고를 타이핑해주었다. 대여섯 번 넘게 고쳐 쓴 부분도 많았지만, 그는 한 번도 인내심을 잃지 않았고, 의욕도 꺾이지 않았다. 마지막 단계에 접어들어서는, 나에 대해서, 그리고 내가 하고 싶은 이야기에 대해서, 그가 나보다 더 잘 아는 것 같다는 느낌을 받을 때도 있었다. 이 책은 그의 재능과 노력의 증거다. 물론 이 책에서 잘못된 부분은 결코 그의 탓이 아니다.

　함께 일을 시작하기 전에, 나는 나의 편집자 로버트 고트리브가 그 분야에서 최고라는 말을 들었다. 그는 실제로 그랬고, 또 그 이상이었다. 그를 30년 전에 만났다면 참으로 좋았을 뻔했다. 고트리브는 마법의 순간들과 과감한 삭제에 대해 가르쳐주었다. 그의 판단과 감각이 없었다면 이 책의 길이는 두 배로 늘고 품질은 반으로 떨어졌을 것이다. 그는 정치에 관심은 있지만, 강박감 같은 것은 없는 사람의 입장에서 나의 이야기를 읽었다. 그는 나로 하여금 내 삶의 인간적인 측면에서 주의를 돌리지 않도록 도와주었다. 나는 그의 설득에 따라 나의 인생에서 나를 도와준 헤아릴 수 없이 많은 사람들의 이름을 빼야 했다. 일반 독자는 그들의 이름을 다 기억하면서 읽을 수 없다는 판단 때문이었다. 만일 당신이 그런 사유로 인해서 내 책에서 이름이 빠진 사람 중의 하나라면, 부디 그와 나를 용서해주기를 바란다.

이 정도 길이와 양을 갖춘 책은 엄청난 양의 사실 확인 작업이 요구된다. 그중의 대부분은 메그 톰슨이 담당했다. 이 총명한 젊은 여성은 1년여 동안 내 삶의 세세한 부분들을 조심스럽게 확인했다. 마지막 두 달 동안 메그 톰슨은 케이틀린 클레보릭을 비롯한 젊은 자원봉사자의 도움을 받았다. 그들은 나의 기억이 완벽하지 않다는 사실을 입증하는 많은 사례들을 확보하고 있다. 만일 이 책에 사실과 관련된 오류가 남아 있다 해도, 그것은 결코 그들의 노력이 부족했기 때문은 아니다.

크노프 출판사 사람들의 노고에 대해서는 어떤 감사의 말로도 충분하지 않다. 우선 사장이자 편집장인 소니 메타에게 감사의 마음을 전한다. 그는 처음부터 이 프로젝트에 확신을 가졌으며, 이 프로젝트를 진행시키는 데서 중요한 역할을 맡았다. 지난 2년 동안 그는 나와 마주칠 때마다 놀란 표정을 지었는데, 그 표정은 "정말 예정대로 끝날 수 있는 거죠?" 또는 "왜 집에서 글을 안 쓰고 여기 와 있는 겁니까?" 하는 식이었다. 소니 메타의 표정은 늘 그가 기대했던 효과를 발휘했다.

이 책의 출간에 도움을 준 크노프 출판사의 여러 사람들에게도 감사의 뜻을 표한다. 크노프의 편집/제작 팀이 나와 똑같은 심정으로 이 책(그것도 진행속도가 엄청나게 느린 책을)의 정확성과 세부적인 내용에 신경을 써준 데 대해서 감사한다. 편집과장 캐서린 후리건의 지칠 줄 모르는 노력과 꼼꼼한 작업에 대해서는 특별히 감사한다. 또 고상한 성품의 제작 책임자 앤디 휴즈, 피로를 모르는 제작 편집자 머리어 매시, 원고정리 책임자 리디어 부칠러, 원고 편집자 샬롯 그로스, 교열자들인 스티브 메시너, 제너 돌런, 엘런 펠드먼, 리터 매드리걸, 리스 폴리지, 디자인 책임자 피터 앤더슨, 표지 미술 책임자 캐럴 카슨, 늘 도움을 주었던 다이애나 테저리너와 에릭 블리스, 리 펜티에게도 감사한다.

그밖에도 크노프의 많은 사람들이 나를 도와주었다. 귀중한 안내를 해준 토니 치리코, 짐 존스턴, 저스틴 르케이츠, 앤 디아즈, 캐럴 제인웨이와 수잔 스미스, 존 파인, 홍보 마케팅 부서의 팻 존슨, 폴 보가즈, 니너 분, 니콜러스 래티머, 조이 댈러네그러-생거, 어맨더 카우프, 새러 로빈슨, 앤-라이스 스피처. 또 노스마킷 스트리트 그래픽스, 코럴 그래픽스, R. R. 도널리 앤드 선즈에게도 감사한다.

훌륭한 변호사이자 오랜 친구인 로버트 바넷은 크노프와의 계약 협상을 맡아 주었다. 바넷과 그의 파트너 마이클 오코너는 외국 출판사들과의 계약 협상에도 참여했다. 그들에게 매우 감사한다.

대통령에 취임한 1993년 말부터 나는 오랜 친구 테일러 브랜치를 한 달에 한 번씩 만나 있었던 일들을 구술했다. 녹음되어 남아 있는 당시의 생생한 대화는 대통령 재임기의 특정한 순간들을 기억하는 데 큰 도움을 주었다. 백악관을 떠난 뒤에는, 백악관에서 연설문 작성자로 일하던 훌륭한 역사학자 테드 위드머가 대통령 취임 이전의 생활에 대해 구술하는 내용을 녹음했다. 이 자료는 옛 기억을 되살리고 정리하는 데 큰 도움을 주었다. 백악관 일지 작성자 재니스 커니는 나에게 엄청난 메모를 주었고, 덕분에 하루 하루의 사건을 재구성할 수 있었다.

원고를 전문적이고 법적인 관점에서 검토해준 데이비드 켄달과 베스 놀런에게 감사한다.

사진은 빈센트 버거와 캐럴린 후버의 도움을 받아 골랐다. 버거는 이 책에서 다루어지는 특별한 순간들을 포착한 사진들을 많이 찾아냈으며, 후버는 주지사관저와 백악관에서 주욱 우리 가족과 함께 지냈다. 그녀는 내가 대통령이 되었을 때 나의 어린 시절부터 1974년까지의 개인적인 서류와 편지를 빠짐없이 정리해주었는데, 그녀의 노고가 없었다면 이 책의 앞부분 중 상당부분을 생략해야 했을 것이다. 조지타운 대학교와 옥스퍼드 대학교의 문서보관소와 자료정리 담당자들도 도움을 주었다.

이 책 전체 또는 일부를 읽어보고 추가, 삭제, 재정리, 문맥, 해석 등에 대한 제안을 해준 사람들에게 매우 감사한다. 그 사람들은 힐러리, 첼시, 도로시 로댐, 더그 밴드, 샌디 버거, 토미 캐플런, 메리 드로사, 낸시 헌리시, 딕 홀브루크, 데이비드 켄달, 짐 케네디, 이언 클라우스, 브루스 린지, 아이러 매거지너, 셰릴 밀스, 베스 놀런, 존 포데스타, 브루스 리드, 스티브 리체티, 밥 루빈, 루비 샤미르, 브룩 시어러, 진 스펄링, 스트로브 탤벗, 마크 웨이너, 매기 윌리엄스, 그리고 첫 페이지를 쓸 때부터 내 옆에 있었던 친구들인 브라이언과 마이러 그리스펀 등이다.

내 친구들과 동료들 가운데 많은 사람들이 시간을 내서 즉석에서 나에게 구술 기록을 남겨주었다. 휴머 에이브딘, 매들린 올브라이트, 데이브 바람, 우디 매싯, 폴 베갈라, 폴 베리, 짐 블레어, 시드니 블루멘탈, 어스킨 보울스, 론 버클, 탐 캠벨, 제임스 카빌, 로저 클린턴, 패티 크린터, 데니스 대이저먼드, 린더 딕슨, 람 에마누엘, 앨 프롬, 마크 기어런, 앤 헨리, 데니스 하일런드, 해럴드 이케스, 로저 존슨, 버넌 조던, 미키 캔터, 딕 켈리, 토니 레이크, 데이비드 레오풀로스, 카프리시아 마셜, 맥 맥라티, 루디 무어, 밥 내시, 케빈 오키프, 리언 파네타, 벳시 리더, 딕 라일리, 바비 로버츠, 휴 로댐, 토니 로댐, 데니스 로스, 마서 색스턴, 엘리 시걸, 테리 슈메이커, 마샤 스콧, 마이클 시헌, 낸시 소더버그, 더그 소스닉, 로드니 슬레이터, 크레이그 스미스, 게일 스미스, 스티브 스미스, 캐럴 스테일리, 스테파니 스트린트, 래리 서머스, 마서 화이트스톤, 델타 윌리스, 캐럴, 윌리스, 그리고 나의 독자들 몇 명이 그런 사람들이다. 틀림없이 내가 빠뜨린 사람들도 있을 것이다. 그렇다면 미안하며, 그들의 도움에도 감사의 뜻을 전하고 싶다.

내 조사는 행정부 구성원이나 다른 사람들, 그리고 물론 힐러리의 회고록과 어머니의 회고록에도 큰 도움을 받았다.

데이비드 앨소브룩과 클린턴 대통령 자료 프로젝트의 직원들은 인내심을 가지고 끈질기게 자료들을 복원했다. 드보라 부시, 수잔 콜린스, 게리 풀크, 존 켈러, 지미 퍼비스, 에밀리 로빈슨, 롭 세이버트, 데이너 시먼스, 리처드 스탤컵, 론더 윌슨 등 그들 모두에게 감사하고 싶다. 또 아칸소 역사가 데이비드 웨어에게도 감사하고 싶다.

내가 지난 2년 반 동안, 특히 지난 6개월 동안 책을 쓰는 데 몰두해 있는 동안에, 내 재단의 일은 계속되어 도서관을 짓고 다음과 같은 목표를 위해 일했다. 나의 재단의 목표는 아프리카와 카리브 해 지역에서 에이즈와 싸우고, 전 세계에 싼 약과 시험 도구를 제공하는 일, 미국, 인도, 아프리카의 가난한 공동체들에 경제적 기회를 확대하는 일, 국내외의 젊은 사람들의 교육과 시민 봉사를 장려하는 일, 전 세계의 종교간, 인종간, 민족간 화해를 옹호하는 일 등이다. 우리 재단을 운영하고, 대통령 도서관과 아칸소 대학 클린턴 공공봉사학부를 설립하도록 기부금을 내준 사람들에게 감사하고 싶다. 여러 가지 일들을 관리하고 이 책의 집필에 도움을 준 비서실장 매기 윌리엄스에게도 깊이 감사한다. 내가 이 책을 쓰는 동안 재단의 일과 프로그램을 계속 맡아준 나의 재단의 구성원들과 사무실 직원들에게 감사하고 싶다. 백악관을 떠나던 날부터 내가 새 생활을 하도록 도와주고, 미국과 세계를 여행하는 중에도 나의 집필시간을 확보해주기 위해서 갖은 노력을 다 해주었던 나의 카운슬러 더그 밴드에게 특별히 감사하고 싶다.

차파쿠아의 우리 집을 돌보아준 오스카 플로레스에게도 감사한다. 저스틴 쿠퍼와 내가 새벽까지 일을 할 때면, 플로레스는 우리에게 저녁을 먹을 시간을 잊지 않도록 챙겨주고, 커피가 충분한지 확인해주곤 했다.

마지막으로, 이 책에 기록된 삶을 가능하게 해 주었던 모든 사람은 일일이 다 거명할 수가 없다. 내 젊은 시절의 모든 선생님과 스승들, 내 모든 선거운동에서 뛰어주고 보탬을 준 사람들, 민주당지도자협의회, 미국주지사연합, 그리고 내가 공공정책에 관해 배우는 데 큰 기여를 했던 여러 조직에서 함께 일했던 사람들. 세계의 평화, 안보, 화해를 위하여 나와 함께 일했던 사람들, 백악관을 운영하고 내 출장을 도와준 사람들, 주법무장관 시절, 주지사 시절, 대통령 시절에 나의 행정부에서 일했던 수많은 재능 있는 사람들(그들의 헌신적인 노력이 없었다면 나는 공직 활동기의 생활에 대해서 할 말이 많지 않았을 것이다), 나와 나의 가족의 안전을 보호해준 사람들. 그리고 내 평생의 벗들. 내가 거명한 사람들은 내 인생의 잘못된 부분에 대해서는 아무런 책임이 없지만, 내 인생에서 뭔가 괜찮은 부분이 있다면, 그에 대해서는 치하를 받아 마땅하다.

옮긴이 말

　　　　　　　　　대개의 정치가들이 그렇듯이 클린턴 역시
지지자도 많고 반대자도 많은 인물이었다. 게다가 클린턴은 반대자들이 확
실하게 싫어할 수 있는 빌미, 그것도 입에 오르내리기 좋은 빌미를 제공했으
니 다른 경우보다 찬반이 더 뚜렷하게 갈리는 인물이었다고 할 수 있다. 아
니, 임기 내내 쉴새없이 '스캔들'이 터져나오고 그것 때문에 수도 없이 특별
검사한테 시달린 것을 보면, 반대는 많을지 몰라도 지지가 과연 있었을까 하
는 생각이 들 정도다. 그러나 놀랍게도 그는 프랭클린 루스벨트 이후 민주당
대통령으로는 처음으로 재선에 성공했다.

　그 이유가 궁금하다면, 이 책에서 그 점 하나만큼은 확실하게 알 수 있을
것이다(물론 어디까지나 클린턴의 입장에서 내놓은 답이기는 하지만). 그 다음에 또
한 가지 분명하게 알 수 있는 것은 미국 정치의 역사와 지형 속에서 클린턴
이라는 정치가의 위치다. 클린턴은 이 점에 대해서만큼은 대단히 객관적인
인식을 가지고 있는데, 이것이 그의 정치적 자산 가운데 제일 중요한 부분이
아니었을까 하는 생각도 든다. 물론 클린턴 자신의 강인한 기질도 도움이 되
었겠지만, 그런 인식이 있었기 때문에 싸울 때와 타협할 때를 냉정하게 판단
하면서 숱한 대립을 돌파할 수 있었던 것 같다. 이 책에는 이런 점들 외에도
귀 기울여 들을 만한 이야기들이 분명히 많이 있지만, 아무리 귀를 기울여도
클린턴이 말해주는 만큼만 듣고 나머지는 짐작만 해야 한다는 것 또한 분명
하다. 이 책은 어디까지나 자서전이니까.

　자서전의 장점은 무엇보다 말하는 사람의 목소리를 들을 수 있다는 것

이다. 높든 낮든, 거칠든 부드럽든, 고상하든 유치하든, 미화하든 솔직하든, 장광설을 늘어놓든 간략하게 지나가든, 그냥 있는 그대로 들어보는 것도 자서전을 읽는 매력의 하나라는 것이다. 옮긴이는 이 책이 대통령에서 퇴임한 지 4년도 지나지 않은 시점에서 나온 자서전으로서 장점과 단점이 고루 들어 있다고 보는 쪽인데, 어쨌든 글쓴이의 목소리를 미성美聲으로 채색하고 싶은 욕구를 최대한 억제했다. 일러두기 삼아 잠깐 더 덧붙이자면, 비유적 표현 같은 것들도 가급적 영어 표현을 있는 그대로(이른바 직역 식으로) 살려두었다. "마지막 개가 죽을 때까지"라든가 "모자를 먹는다" 같은 것이 그런 예다. 비슷한 표현으로 바꾸거나 뜻만 빼오는 데 시간이 많이 걸려서라기보다는, 그런 것도 나름대로 재미있고 현장감에도 이바지할 수 있다고 생각했기 때문이다. 또 약간 전문적인 표현, 예를 들어 흔히 통증역치라고 번역되는 의학용어 'pain threshold'라는 말은 살려주기는 하되, 어차피 비유적으로 사용된 것이므로 고통의 시작점 정도가 우리 귀에는 조금 더 편할 것 같아 그렇게 표현해보기도 했다. 결과가 의도를 못 따라간 경우와 더불어 다른 실수들에 대해서는 지적을 바라지만, 어떤 선입관 없이 문제들의 종류를 구분하고 그 원인을 섬세하게 따져보는 것도 지적指摘 수준을 높이는 방법일 것 같다.

그렇지 않아도 두툼한 책에 사족이 길어지는 것도 부담을 주는 일이 될 것 같다. 길고 즐거운 여행을 하게 되기를 바란다.

1 | 아버지를 만나다

1946년 8월 19일, 아칸소 주의 호프에서 유복자로 태어난 아기가 아버지에 대해 많은 것을 알 수 있을 때까지는 40년 이상이 필요했다. 그가 대통령이 되자 이복 형제의 존재도 드러나고, 아버지가 젊은 군인으로 전쟁터에서 쌓았던 미담이며 주고받았던 편지들도 모아졌다. 젊은 아버지의 죽음은 자신도 젊은 나이에 죽을 수도 있다는 생각을 갖게 하고, 그로 하여금 삶의 매순간을 최대한 활용하고, 더 큰 도전을 향해 앞으로 나가야 한다는 결심을 다지게 했다.

2 | 마모와 파포의 사랑을 먹고 자라다

지금은 '클린턴 출생지'로 복원된 집에서 그는 '늘 세상에서 가장 중요한 사람인 것처럼 느끼게 해 준' 넘치는 사랑 속에서 자란다.

외할머니(마모)는 많이 먹게 하고, 숫자카드로 셈을 알게 하고, 매일 책을 읽어주었다. 대공황으로 모두가 어려웠던 때였지만, 외할아버지(파포)는 인종 차별 없이 베푸는 삶을 실천하셨기 때문에 그는 '그 동네에서 흑인 아이들과 놀던 유일한 백인 아이'였으며, 이러한 삶은 그가 대통령 시절에 펼쳤던 여러 가지 정책의 뿌리가 된다. 가난하지만 행복하게 살던 많은 친척들 속에서 그는 많이 배운 사람만이 똑똑한 것이 아니라는 사실을 깨닫게 되고, 대통령 시절, 모든 사람들에게 대학의 문호를 개방하려고 노력한다. 버디 할아버지의 이야기를 들으며 경험한 이런 폭넓은 삶은 그가 '평생 다른 사람의 이야기에 관심을 갖게 하고, 다른 사람들을 알고 싶고, 이해하고 싶고, 느끼고 싶게' 만들었다.

3 | 빌리 클린턴이 되다

어머니가 로저 클린턴과 재혼함에 따라 그는 호프에서의 4년 인생을 마감하고, 핫스프링스에서 새로운 인생을 시작한다. 그는 빌리 클린턴이 되고, '새로운 세계는 재미있었다.' 유치원 친구 맥 맥라티는 모든 장애물을 문제없이 넘었음에도 통통하고 굼떠서 장애물을 넘지 못하는 그를 항상 기다려 주었으며, 첫 백악관 비서실장이 되어 그를 돕게 된다. 어린 그가 빠져들었던 영화 중 〈하이 눈〉은 지금도 가장 좋아하는 영화다. 뭔가 대결할 일과 마주칠 때마다 '어려운 상황을 피하지 않고 똑바로 응시하던 게리 쿠퍼의 눈과 두려움을 이기고 자신의 의무를 향해 걸어가던 그의 당당한 모습을 떠올리곤' 했으며, 이것은 실제로 그에게 큰 힘을 주었다.

4 | '아주 좋았던' 핫스프링스에서의 경험들

유황온천으로 유명해진 훨씬 크고 세련된 도시, 새로운 동네, 새로운 학교, 새로운 친구, 음악과의 만남, 새로운 교회에서의 진지한 종교적 체험, 그리고 클린턴 집안의 새로운 친척들. 이런 경험들과 인맥은 후에 정치에 입문한 그에게 커다란 자산이 된다. 10살 때 시작한 밴드 활동에서, 단지 밴드에 색소폰 연주자가 필요했기 때문에 1년 동안 불었던 클라리넷 대신 테너 색소폰을 연주하게 되었지만, 한 번도 후회한 적이 없다. 졸업식 전날, 샤이어 선생님은 "네가 커서 주지사가 될지 곤경에 빠질지는 네가 언제 말을 하고 언제 입을 다물어야 하는지를 배우느냐 못 배우느냐에 달렸다"는 충고를 하는데, 그 말이 옳다는 것이 증명된다.

5 │ 10살 때 전당대회를 '열심히' 시청 하다

마침내 형제가 생기고, 텔레비전이 생긴다. 양당, 특히 민주당 전당대회를 시청하며 완전히 빠져든다. 열 살, 이상하게도 정치 세계에서 편안함을 느낀다. 다음 해에 9명의 흑인 아이들이 인종차별 정책을 지지하는 성난 군중을 뚫고 리틀록 센트럴 고교에 등교하는 사건이 일어나고, '리틀록의 아홉 학생'은 평등을 추구하는 용기의 상징이 된다. 이 사건의 30주년을 맞아 그는 주지사로서 그들을 초대하고, 40주년 때는 대통령으로서 성대한 기념식을 연다. 중학교 때, "예수님은 모든 죄인을 사랑하며, 모든 사람이 예수님의 말씀을 들을 기회를 가져야 한다"며 부흥회에 백인만 참가시키자는 백인시민협의회의 요청을 거절했던 빌리 그레이엄 목사에게 감명 받은 그는 얼마 안 되는 용돈을 쪼개 선교 지원금을 보내기 시작한다. 그 후 백악관의 주인이 되었을 때까지도 그레이엄 목사는 훈계와 격려를 보내 주었으며, 언제나 자신의 신앙을 삶으로 보여 주었다. 여름에 열리는 밴드 캠프는 정치력과 리더십을 기르는 데 이상적인 곳이었으며, '자기 자신이 아주 중요한 사람이라는 느낌을 갖게' 해 주었다. 술이 취한 아버지가 보여 주었던 폭력적인 행동을 보면서 그는 화가 나도 절대 자제력을 잃지 않겠다고 결심했으며, 그 때문에 부담스러운 도전은 피할 수 있었다. 공격에 대응하는 방법은 하나가 아니라는 것도 배우게 된다.

6 │ 어머니 그리고 아버지 클린턴

마취전문 간호사로 일했던 어머니는 항상 일과 놀이로 하루 하루를 가득 채웠고, 늘 동생 로저와 그를 위해 옆에 있었고, 학교행사에 한 번도 빠지지 않았으며, 아이들의 친구들을 위한 시간도 내주었지만, 결혼생활의 고통스런 문제만큼은 겉으로 드러내지 않았다. 어머니가 보여준 모범은 그가 대통령이 되었을 때 큰 도움이 된다. 선량했던 그의 계부는 다시 술을 마시게 되면서 폭력을 휘두르게 되고, 그의 어머니는 16살 된 그와 5살짜리 동생을 데리고 스컬리 스트리트에 있는 새 집에서 '지금도 삶에 중요한 일부를 이루고 있는' 새로운 삶을 시작한다. 그는 계부를 사랑하지 않은 적이 없고, 끊임없이 그를 바꾸려고 노력했다. 이혼을 강행한 어머니는 불과 몇 달 뒤 아버지와 재결합하는데, 결과적으로 어머나나 로저에게 별로 좋은 일은 아니었다.

7 │ '정신적 지주' 케네디 대통령과 악수하다

그는 매년 열리는 미국 재향군인회 주 소년단 행사에 참가함으로써 열여섯 살에 이미 정치인으로서의 꿈을 키우고, 미국소년단 행사에 아칸소 상원의원으로 선출되어 참가하게 된다. 미국소년단에서 그는 의사당을 방문하여 진짜 상원의원들을 만난다. 그는 백악관에서 케네디 대통령을 만나고, '의도대로' 악수를 했으며, 그때 친구가 찍어 준 사진은 그가 대통령 후보가 되었을 때 다시 화제가 된다.

2년 전, 열네 살 때 케네디가 젊음과 힘과 나라를 다시 움직이겠다는 결의를 가지고 대통령에 출마했을 때, 그는 케네디가 이기기를 간절히 원했고, 그가 후보로 지명되자 닉슨을 지지한 대부분의 반 친구들에게 최대한 그를 옹호했었다. 그는 케네디의 가치관, 헌신적 태도, 사회적 양심을 존경했다. 그는 2학년 회장이 되었지만, 활동제한규칙에 따라 학생회장 선거에는 출마할 수 없었다. 이 규칙에 화가 난 다른 친구가 그를 간사후보로 올린 것을 모른 척 하는 어리석은 정치적 행동을 저지르게 되고, 당연히 고배를 마신다. 이 사건을 통해 그의 정치규칙 하나가 생긴다. '진정으로 원하지 않는 자리, 앉아야 할만한 이유가 없는 자리에는 절대 출마하지 마라.'

8 | 마틴 루터 킹과 케네디 대통령 때문에 울다

1963년 여름, 그는 그의 생애에 가장 위대한 연설을 듣는다. "언젠가 나의 네 자녀는 피부색이 아니라 인격을 기준으로 판단하는 나라에 살게 될 것입니다." 마틴 루터 킹의 연설을 들으며 흐느끼기 시작하고, 킹의 꿈을 실현시키기 위해 무슨 일이든 하겠다는 결심을 굳힌다. 11월, 케네디 대통령이 저격을 당했다는 소식을 전해 듣고, 바로 넉 달 전 악수했던 그를 생각하며 눈물을 흘린다. 이 사건의 영향으로 오직 워싱턴에 다시 가고 싶다는 마음에 조지타운대학교에만 원서를 내고, 외교대학에 합격한다. 고교 졸업식장에서 그는 "우리에게서 우리 국민을 강하게 해주었던 젊은 이상주의와 도덕주의가 떠나지 않게 해주십시오……우리는 죽어도 다른 사람들은 여전히 자유로운 땅에서 살아갈 수 있도록 노력하게 해 주십시오"라는 정치와 종교 신념이 담긴 내용의 대표기도를 한다.

9 | 아칸소의 시골뜨기, 조지타운대학교에 가다

신입생 담당이었던 디넌 신부는 라틴어 외에는 전혀 외국어를 모르는 남부의 침례교도가 어떻게 외교대학에 오게 되었는지 모르겠다고 했다. 그는 1, 2학년 모두 학생회장으로 선출됨으로써 남부 시골뜨기의 저력을 보여 준다. 1학년 때는 "내가 당선되든 낙선하든 언제라도 필요한 역할을 맡아 봉사할 것이며, 우리 학년이 좀더 강해지고 좀더 자랑스러워질 수 있는 분위기가 되도록 노력하겠다"고 겸손하게 말했고, 2학년 때는 교파를 초월한 예배나 공동체 봉사 프로그램 등 캠퍼스의 쟁점들을 본격적으로 다루는 공약을 내세웠다. 그러나 그는 자원봉사 활동만으로는 많은 국민의 활동을 가로막는 가난과 차별, 기회부족이라는 어려움을 극복할 수 없음을 확신하게 되었기 때문

에 당시 존슨 대통령의 시민권, 투표권, 빈곤 극복 정책을 더욱 강력하게 지지하게 된다.

10 | 주지사 선거운동원으로 일하며 정치를 배우다

2학년을 마치고 그는 아칸소에서 프랭크 홀트 판사의 주지사 선거운동원으로 고용되고, 홀트 대신 가끔 대리 연설도 하면서 순회 유세의 경험을 쌓는다. 아주 외딴 마을까지 직접 찾아가는 후보는 그곳의 표를 몽땅 걷어 올 수 있었으며, 선거에서 얻어야 할 곳은 다 얻어야 한다는 것을 알게 되었고, 후에 대통령 선거에 나섰을 때 이 풀뿌리 유세는 그에게 승리를 안겨 준다. 잭 홀트의 추천으로 그는 풀브라이트가 위원장으로 있는 외교위원회의 사무원 보조로 일하게 됨으로써 외교정책의 중심에서 직접 목격할 수 있게 되고, 학비도 해결한다. 이 기회가 아니었다면 그의 인생은 전혀 달라졌을 것이다.

11 | 정치의 중심, 의사당으로 출근하다

학생 신분으로 외교위원회에서 일하는 동안 그는 신문 스크랩을 위해 매일 주요 일간지들을 탐독했고, 16개월 뒤에는 로즈장학금 면접을 통과할 만큼 지식을 쌓았다. 당시 존슨 대통령은 시민권법·투표권법·빈곤퇴치법을 통과시키고, 가난한 사람들과 노인들에게 의료 혜택을 주는 등 많은 업적을 이루었지만, 베트남 전쟁 반대는 확산되기 시작한다. 많은 거물들이 상원에 나와 펼치는 논쟁을 들으며 정치 세계를 파악하게 된다. 그는 가능한 모든 자료들을 읽었는데, 정부가 전황에 대해 오도하고 있다는 사실이 분명히 드러나 있었다. 전사자 명단에서 그의 친구 이름을 발견했을 때 그는 죄책감을 느끼고 입대할까 생각도 하지만, 반전편에 선다.

12 | 민권을 위한 폭동과 반전운동 확대

학생회장 선거에서 패배라는 쓴맛을 본 여름, 말콤 엑스가 인종 통합을 거부하고 '백인들이 이제까지 경험하지 못했던 인종 폭력을 예언' 한 이후 뉴워크와 디트로이트에서 심각한 폭동이 일어나고, 여러 도시에서 160회 이상의 폭동이 일어난다. 점차 전투적인 민권운동과 반전운동 사이의 경계선이 흐려지기 시작하고, 반전운동은 점점 확대되어서 미국 전역에서 대규모 시위와 집회가 열린다. '의회와 동남아시아 결의안' 이란 제목의 그의 논문은, 흔히 통킹 만 결의안으로 알려진 그 결의안에 대해 '웨인 모스 상원의원 말고는 그 누구도 이 결의안의 합헌성이나 합리성을 검토하거나 의문을 제기하지 않았다' 는 것이 핵심으로 주목을 받는다.

13 | 킹과 바비 케네디 그리고 아버지의 죽음

대학 4학년이던 가을 그의 아버지는 암에 굴복했다. 장례식 날에 비가 내려서 가족들을 걱정시키더니 마침내 비가 멈추고, 그의 아버지는 평생 소원대로 '빗속에 묻히지 않았다'. 까다로운 심사를 거쳐 그는 로즈장학생으로 선발된다. 그 해 1968년은 미국 역사상 유례 없는 격동과 비탄의 한 해였다. 북베트남에 대한 폭격을 전면 중단하기로 한 존슨 대통령의 폭탄선언, 마틴 루터 킹의 암살, 민권운동가들의 빈민운동 활동 재개 등으로 격동은 좀처럼 가라앉지 않는다. 민주당 후보 지명 선거에 나섰던 바비 케네디가 암살되고, 충격 속에 대부분의 졸업식 축하행사는 취소된다. 졸업 후 그는 아칸소로 돌아와 주지사에 재출마한 풀브라이트를 위해 일하고, 그가 주지사에 당선되자 옥스퍼드로 갈 준비를 시작한다. 격동과 시위와 혼란과 비방 속에서 민주당 대통령 후보로 험프리가 지명된다.

14 | 정치적 자산이 된 옥스퍼드의 친구들

로즈장학생 그룹이 서로 낯을 익히기 위해 함께 항해를 하는 오랜 전통에 따라 그는 영국행 여객선에 오른다. 항해 중에 그는 모든 사람들과 만나려고 노력했고, 그보다 뛰어나고 다양한 신념을 가진 그들의 이야기를 듣고 그들에게서 배운다. 어렸을 때부터 몸에 밴 이런 태도는 '만남과 인간관계'의 소중함을 잊지 않게 하고, 인재를 가려내는 능력을 길러 주었다. 로즈장학생의 상당수가 그가 대통령으로 일할 때 중요한 역할을 맡는 '진정한 친구'가 된다. 오랜 역사를 자랑하는 옥스퍼드와 영국을 알아 가는 동안, 미국에서는 도시 폭력과 학생 시위가 계속되고 있었고, 험프리는 닉슨에게 승리의 축배를 양보한다. 1968년은 나라를 분열시키고, 민주당을 분열시켰으며, 보수적인 민주주의가 진보적인 민주주의를 대체하여 미국의 지배적인 정치 세력으로 등장한 해였다. 그해의 악몽은 그를 비롯한 모든 진보적 정치가들이 고투해야 할 활동무대를 만들어 놓았다.

15 | 징집영장을 받고 미국으로 돌아오다

프랭크 홀트가 연방 대법원 판사로 다시 뽑혔다는 기쁜 소식을 들으며 어머니의 재혼 결혼식을 치른 후, 영국으로 간 그에게 전쟁의 비참함을 알리는 친구의 편지는 그의 정체성을 되돌아보게 한다. 옥스퍼드 시절, 친구 릭은 강제 징집을 하지 않으면 가난한 사람들이 감당해야 할 국방의 의무가 훨씬 무거워질 것이며, 모든 사람들이 공동체를 위한 봉사에 참여해야 한다고 믿고 있었다. 릭의 의견은 징병에 대한 그의 반감을 산산이 깨뜨려 버렸다. 릭과의 토론에서 뿌려진 씨는 20년 후 그가 첫 대통령 유세에 나섰을 때 싹을 틔웠고, 청년들의 국가 공동체 서비스 프로그램을 제안하는 발판이 되었다. 징집영장을 받고 그는 미국으로 향한다.

16 | 입대 대신 선택한 40일 간의 유럽 여행

전쟁에 대한 고민과 갈등으로 힘들어하던 그는 법대에 진학하고 ROTC에 입단하여 시간을 번다. 그러나 군복무 중인 친구들, 부상당한 이웃들, 인종 문제와 반전운동으로 혼란한 사회 분위기에서 그는 무엇이 최선인가 고민한다. 옥스퍼드에서 1년 더 공부할 수 있게 된 그는 암스테르담에서 스칸디나비아를 거쳐 러시아까지 갔다가 프라하, 뮌헨을 거쳐 옥스퍼드로 돌아오는 40일 간의 긴 여행을 떠난다. 유서 깊은 문화, 희망의 불빛을 갈망하는 공산권 사람들, 따라붙은 감시자 등 만남과 경험을 통해 그는 미국과 민주주의에 대한 새로운 신념을 다지고 영국으로 돌아온다. 방학 때 스페인을 여행한 후, 옥스퍼드 대신 예일 법대를 선택한다. 그의 생애에 있어서 아주 특별한 2년이었다.

17 | 힐러리와의 첫 데이트, 사랑에 빠지다

강의실에서 한 여성을 발견하고, 이름도 모른 채 그녀에게 끌린다. 어느 날 도서관에서 만난 그녀는 그에게 다가와 "당신은 계속 날 쳐다보고, 나도 계속 당신을 돌아보고 있으니, 서로 이름쯤은 알아야겠네요. 저는 힐러리 로댐인데요, 당신은요?" 그 날 이후 그들은 항상 함께 있기를 원한다. 방학 동안 그렇게도 원하던 맥거번 상원의원을 위해 일해달라는 제안도 거절하고, 오직 힐러리와 함께 있겠다는 열망으로 그녀를 따라 캘리포니아로 간다. 예일로 돌아와서 그들은 '너무나 행복하고 너무나 가난한' 생활을 시작한다. 선거운동원으로 많은 경험을 쌓으며 마지막 학기를 끝내고, 아칸소 법대에 조교수로 채용된다. 그러나 힐러리가 일하기로 정한 곳은 너무 멀리 떨어져 있었다. 졸업 후 함께 떠난 해외여행에서 그는 청혼하지만, 그녀는 그를 사랑하지만 결혼은 할 수 없다고 한다.

18 | 하원의원에 출마하다

변호사 시험에 나란히 합격한 후 힐러리는 매사추세츠로 떠나고, 그는 법대교수로서 지내면서 학생들과 동료 교수들, 교직원 회의에서 많은 것을 배운다. 뛰어난 정치적 잠재력을 가지고 있는 힐러리의 앞날을 위해 그는 이러지도 저러지도 못하면서 휴가 때만 함께 한다. 상황에 따라 하원의원에 출마하게 되고, 시골구석까지 찾아가는 풀뿌리 선거유세에 나선다. 그의 연설은 청중들의 심금을 울렸고, 관심을 끌었고, 지원부대는 더욱 강력해졌고 그는 승리를 확신한다. 결과는 패배였지만, 그 날의 패배는 그에게 행운이었다. 그가 이겨서 워싱턴으로 갔더라면, 그는 절대로 대통령에 당선되지 못했을 것이고, 18년 간의 소중한 아칸소 시절도 놓치고 말았을 것이다.

19 | 마침내 결혼, 선거에서도 승리하다

낙태 찬반론이 사회적 이슈로 뜨고 있는 가운데 그는 법대교수로 열심히 일하다가 '선거 때 진 빚을 갚기 위해' 다시 정치활동을 하게 된다. 여성과 소수 세력들의 정당활동 참여를 확대하기 위해 일하는 한편, 진폐증 프로그램에 대해 조사하는 등 강의와 정치활동, 법률활동으로 바쁘게 지낸다. 힐러리는 그의 옆에서 법대 강의와 함께 법률상담소를 운영하면서 경력을 쌓아간다. 힐러리가 좋아하는 집을 몰래 구해놓고, 그가 청혼했을 때 그녀는 결혼을 승낙하고 새집 거실에서 결혼식을 올린다. 멕시코 신혼여행 후, 그는 주정부 법무장관 선거에 나서고, 모든 지지자들에게 승리로 보답한다. 선거가 끝난 뒤 유럽여행 중에 카터운동본부로부터 아칸소 지부장을 맡아달라는 제안을 받고, 받아들인다.

20 | 아칸소 주지사가 된 32세의 젊은 정치가

새로운 업무를 위해 집을 옮기고, 힐러리는 로 즈법률회사에 자리를 잡는다. 법무장관이 할 일은 범위도 넓고 다양해서 늘 분주하게 움직였으며, 여러 법안이 상정되고, 그것을 다루는 과정에서 '클린턴 정치 원칙'을 확립하게 된다. 그는 흑인들의 행사에도 참석하고, 오순절 교회가 주최하는 여름캠프에 해마다 참가하였는데, 그들과의 만남은 그의 삶을 풍요롭게 하고 변화를 주었다. 초교파적으로 다른 사람들에게 사랑을 베풀며 사는 사람들에게 깊은 감명을 받았기 때문이다. 그는 주정부 일과 아칸소가 좋았기 때문에 워싱턴으로 가야 하는 상원의원 대신 주지사 선거에 출마하기로 결심한다. 통나무 운송업자들과 함께 줄다리기 대회에 참가하고, 토마토 빨리 먹기 대회에 참가하는 등 주민들과 함께 하는 선거운동을 펼친 그는 32살에 아칸소 주지사에 당선된다.

21 | 첼시의 탄생, 재선에서 고배를 마시다

젊음은 경험 부족과 함께 주지사로서 활동하는 데 많은 문제를 낳는다. 자동차면허세 인상에 서명하는 실수, 개혁 부서에 능력만 믿고 아칸소 출신이 아닌 사람들을 채용함으로써 유권자들의 반감을 산다. 공익사업, 교육, 복지 문제 등 많은 계획들이 훌륭한 정책이었음에도 반대에 부딪치고, 실책이 되었다. 첼시의 탄생은 그에게 '가장 행복한 순간'을 주었고, 로 즈법률회사가 준 4개월의 휴가로 가장 중요한 시기에 아기와 함께 할 수 있었다. 그는 다른 부모들도 똑같은 기회를 가질 수 있어야 한다고 생각했고, 대통령이 되었을 때 '가정과 의료 휴가 법령'에 서명했다. 출산이나 환자가 생겼을 때 3개월의 휴가를 허가하는 이 법안으로 3,500만이 넘는 국민들이 혜택을 받았다. 그러나 그는 여러 가지 불운까지 겹쳐 주지사

재선에서 실패하고 그를 돕던 많은 직원들과 함께 실업자가 되었다.

22 | 아칸소는 다시 빌 클린턴을 선택하다

새로운 일자리인 법률회사에서 일하는 동안 재도전을 꿈꾼 그는 유권자들을 찾아다니며 그를 선택하지 않은 이유를 조사하고, 그 점에 대해 솔직하게 대응하며 그들의 마음을 얻기 시작한다. 영향력 있는 인사들의 지지를 얻어내고, 텔레비전 광고를 통해 과거의 실책을 인정하고 진실로 사과했으며, "귀를 기울이지 않고는 지도자가 될 수 없다는 사실을 늘 잊지 않는 주지사가 되겠다"고 호소한다. 힐러리가 유권자들을 위해 남편의 성을 따르겠다고 선언함으로써 패인의 하나였던 문제도 해결된다. 교육 개선·고용증대·공공요금 인하를 가장 중요한 현안으로 제시한 그에게 두 번 다시 '바보짓'은 하지 않을 거라는 믿음으로 아칸소는 그를 택한다.

23 | 아칸소에서 전국으로 넓힌 정치활동

그가 제안한 교육기준안·교사시험법·판매세 인상 등이 지지를 얻고, 전국 각지에서 아칸소의 교육개혁에 대한 긍정적인 평가들이 쏟아진다. 고용창출과 소득증대를 위한 경제 개혁으로 침체되었던 경제는 호전되고 있었다. 그는 다시 주지사가 되고, 전국주지사의회에서 부의장으로 선출된다. 그는 아칸소의 경제 발전을 위해 전국은 물론 일본까지 가서 관련자들을 만나 설득하고 회사와 공장을 유치해 나간다. 2년 후, 헌법개정에 의해 4년으로 임기가 바뀐 주지사에 다시 당선된 그는 전국주지사의회 의장이 되고, 전국교육위원회 의장직도 맡는다. 경제 분야에서 그는 빈민지구에 투자 기회를 증대시키고, 복지제도 개혁을 제안

한다. 이 개혁안은 생활보호 대상자에게 일거리를 주어서 경제적 자립을 함으로써 자존감을 갖게 하자는 것으로, 대통령 시절에도 제안되고, 지지율을 높이는 데 큰 몫을 한다.

24 | 두 가지 이유로 대통령 출마를 포기하다

주지사로서의 업적으로 점점 지명도가 높아진 그는 세 가지 이유로 대통령 출마를 고려했으며, 두 가지 이유로 출마를 포기한다. 힐러리는 그가 아칸소에서 시작한 일을 마쳐야 하며, 전국적인 기반을 더 넓혀야 한다고 조언했고, 그녀가 옳았다. 그는 전국을 돌아다니며 교육과 복지제도 개혁에 관한 정책 연설을 하면서 지지 기반을 넓혀 간다. 그가 애써온 교육개혁만큼은 부시대통령도 '정치싸움을 벗어난 영역에서' 계속 진행시키겠다고 지원함으로써 그는 백악관 실무자들과 함께 6개 항목의 목표에 합의하고, 부시대통령에 의해 발표된다.

25 | 마침내 대통령 출마를 결심하다

다시 주지사가 되고, 의욕적으로 매달린 정책들은 거의 다 통과된다. 그가 민주당지도자회의 총회에서 한 기조연설은 가장 설득력 있고 중요한 연설이었다. 수백만 미국인들이 생각하고 있는 것의 핵심을 포착하고 있었고, 자유주의와 보수주의 모두를 끌어안음으로써 민주당을 지지하지 않던 유권자들도 귀를 기울이게 했다. 그는 미국이 나아갈 길을 옹호하는 중요한 대변자로 자리를 잡는다. 대통령 출마를 결심하지만, 걸프전쟁으로 부시의 인기가 최고인 때여서 그가 승리할 가능성은 없어 보였다. 그러나 그에게는 그의 구상이나 정책, 주지사로서 해낸 일에 관심을 가진 언론의 우호적인 대접이 있었고, 거의 무명의 존재이며 여론조사에서 매우 뒤져져 있는 그를 위해 선거운동을 하러 나선 아칸소의 지지자들과 전국에

퍼져 있는 열렬한 팬들이 있었으며, 무엇보다도 그 자신이 준비되어 있었다.

26 | 예비선거 중에 불거진 스캔들

그는 '대통령 선거운동이 성공을 거두려면 기본적인 세 가지가 필요하다. 우선 사람들이 그를 보고 대통령으로 상상할 수 있어야 한다. 다음에는 사람들에게 알려지는 데 필요한 돈과 지지가 있어야 한다. 마지막으로 아이디어와 메시지, 쟁점을 놓고 전투를 벌일 수 있어야 한다'고 생각했다. 경쟁은 치열했지만, 전국에서 지지 세력들이 늘어가고 기금도 많이 모였으며, 희망적인 2위를 달리고 있었다. 그러나 제니퍼 플라워스의 '불륜관계' 주장과 함께 대학 시절의 병역문제가 터짐으로써 지지율은 급락한다. 대학 시절의 많은 친지들이 발벗고 나서서 그의 결백과 진심을 증명해 주었기 때문에 그는 다시 소생했고, 오직 정책으로 열띤 논쟁을 벌인다.

27 | '자질' 문제로 비난하던 언론이 지지하고 나서다

뉴욕주의 선거를 앞두고 언론은 화이트워터 사건, 환경 오염 문제, 마리화나 등 '자질' 문제를 놓고 '공격부터 하고 질문은 나중에 한다'는 식으로 트집을 잡는다. 그 배경에는 '남부의 가난한 촌뜨기'라는 선입견도 있었다. 그와 그의 지지자들은 모든 역량을 뉴욕 주에 쏟아 부었고, 다른 몇 주에서 승리한다. 언론들은 '언론으로부터 역사상 유례 없는 비난을 받았음에도 그가 살아남았다는 것은 그의 자질이 훌륭하다는 것을 분명하게 보여준다. 그는 끈기 있게, 큰 압박 속에서도 매우 당당한 모습을 보여 주었다'며 그를 끌어안기 시작한다. 앨 고어를 러닝메이트로 지명한 그는 민주당 전당대회에서 마침내 공식적인 민주당 대통령 후보가 된다.

28 | 미국은 '새로운 힘과 변화'를 선택했다

작은 도시와 시골 구석구석까지 찾아가기 위해 마련된 버스유세는 서민적인 면과 전진을 상징하며 호응을 얻는다. 그가 경제 재건과 의료보험 개혁에 대한 지지를 호소하는 동안 부시는 정책보다는 적을 중상하기 위해 안간힘을 썼고, 언론은 부시에게서 등을 돌린다. 억만장자 페로가 선거전에 복귀하면서 공개 토론회를 하기로 부시 측과 합의한다. 그가 경제 문제에 집중하고 있는 동안, 부시는 클린턴의 자질과 정직성 문제를 공격하기로 결심한다. 팽팽했던 대결에서 그는 '스타일, 정책의 구체성, 편안함'이라는 점에서 많은 지지를 얻고, 부통령 토론회에서는 앨 고어가 압도적인 우세였다. 모든 매체 광고를 동원한 부시의 공격에도 불구하고, 자질 문제보다는 국가 현안인 경제 문제에 핵심을 두고 있던 국민들은 '지쳐 있는 이 나라에 새 힘을 충전하고 새로운 방향을 제시할 가능성이 있어 보이는' 클린턴을 선택한다.

29 | 정권 인수 중에 '올해의 인물'로 뽑히다

축하할 여유도 없이 새 대통령으로서 '해야 할 일'은 늘어만 간다. 정권 인수위원회를 구성하고, 외국 지도자들과 국회 지도자를 만나고, 국회 제출용 경제 계획안을 만들고, 내각을 구성하는 등 취임식 전에 준비해 두어야 할 일들이 그를 재촉하고 있었다. 그는 각 분야에서 유능하고 다양한 출신 배경을 갖춘 인물들로 내각을 구성했으며, 경제를 최우선 과제로 삼겠다는 약속도 지켰다. 타임지는 그를 '올해의 인물'로 선정했고, 몇 가지 문제도 발생했지만, 여론조사 결과 국민의 84%가 선거 후의 그의 행동에 대해 긍정적으로 보는 것으로 나타났다. 그의 당선은 제2차 세계대전 참전용사들로부터 베이비붐 세대로 옮겨가는, 미국의 세대 교체의 상징이었다.

30 | 취임식, 백악관 시대를 열다

버지니아 몬티첼로에 있는 토머스 제퍼슨의 집에서 열린 취임기념행사에 참가하여, 젊은 이들과 토머스 제퍼슨의 중요성을 놓고 토론한 후 '승리를 안겨준' 버스로 워싱턴을 향한다. 콘서트 등 모든 취임식 주간행사에 참가하고, 연설문을 점검하고, 마침내 취임식이 시작된다. 힐러리가 들고 있는 성경에 왼손을 올려놓고, 오른손을 들어 취임선서를 하고 그는 미합중국 대통령이 된다. 취임 연설에 대해 "가슴에 남는 구절도 없고, 마음을 끄는 구체적인 사항도 없다"는 혹평도 있었지만, 그는 마음에 들었다. 역사상 세 번째로 짧은 취임 연설이었지만, 국민들은 그가 세상을 어떻게 보는지, 그가 무엇을 하고자 하는지 알 수 있었다.

31 | 취임 1년, 좌절과 성공을 겪다

군대 내의 동성애 문제는 군관계자들과의 토론과 설득에도 불구하고 상하의원은 그의 제안을 반대하는 결의안을 통과시키고, 의료개혁을 위한 특별대책위원회를 힐러리에게 맡긴 것은 논란을 불러일으킨다. 선거공약을 지키기 위해 업무는 더 늘었음에도 백악관 직원을 25% 줄인다. 출산이나 가족이 아플 때 일정 기간의 휴가를 보장하는 가족의료휴가법에 서명하는데, 그 후 8년 동안 가장 반응이 좋은 법안이 된다. 적자 감소를 위한 경제 정책을 발표한 연설은 전체적으로 좋은 반응을 얻었고, 그와 경제팀들은 이를 설명하기 위해 전국으로 흩어졌다.

32 | 취임 100일간의 성적은 중간 정도

외교정책은 그의 가장 큰 관심사였다. 그는 러시아를 돕겠다고 약속했기 때문에 옐친과의 회담에서 러시아에 많은 돈이 갈 것이라는 사실을 분명히 밝혔다. 러시아 민주주의를 강화하는 일에는 큰 성공을 거두었지만, 보스니아에서의 학살과 인종 청소를 끝내려는 노력은 더 많은 시간이 필요했다. 취임 첫 100일 간의 업무 성적은 중간 정도. 공화당의 완강한 반대와 너무 많은 일을 한꺼번에 하려 했던 것이 이유다. 그러나 실제로 할 일이 너무 많았고, 그는 약속을 지키고 싶었다.

33 | 첫 국제회의 G−7에 참가 후 첫 한국 방문

적자 축소가 경제 전략의 핵심이었던 그가 거둔 성과는 금융기관에 대한 규제 개혁이었다. 그 결과 법이 정한 범위의 저소득층에게 주택저당, 소기업, 공동체 개발 대출금으로 돈을 풀게 되었다. 23년 간 잠자고 있던 공동체 재투자법이 처음으로 제대로 시행된 것이다. 클리블랜드 해프닝, 이발 스캔들, 출장국 기자들의 불만 등의 소동은 '서로 이해하지 못하면, 중요한 일을 개선하려는 노력을 국민에게 알리는 일이 얼마나 어려운지 보여주는' 실전교육이었다. 일본에서 첫 국제회의인 G-7 정상회의에 참석하고, 한국 방문 길에 오른다.

비무장지대의 미군부대를 방문하고, 돌아오지 않는 다리 너머로 냉전의 마지막 전초기지에서 자기편을 지키고 있는 젊은 북한 병사를 바라보았다. 김영삼 대통령과 아침에 조깅을 마친 후 실내 수영장에 들어가자 엘비스에서 재즈에 이르기까지 그가 좋아하는 음악이 울려 퍼졌다. 그는 유명한 한국식 환대를 받으며 수영을 즐겼다. 정상회담과 국회에서 연설을 끝낸 후 한국을 떠나며, 한미 간의 오랜 동맹 관계를 더욱 단단히 유지해 나가겠다는 결심을 굳힌다.

34 | 평생 친구 빈스 포스터의 충격적인 죽음

백악관 법률고문을 맡고 있던 빈스 포스터의 죽음에 그는 충격을 받는다. 빈스는 유치원에 들어가기 전부터의 친구로 최근 그의 능력과 성실성 문제를 제기한 언론에 상처를 받았다. 공개적으로 비판을 받아 본 적 없고, 명예와 존중이라는 가치에 뿌리를 두었던 그로서는 감당하기가 힘들었다. "워싱턴에서는 사람을 망치는 일을 스포츠로 생각한다. 사람들은 클린턴 부부와 충성스런 참모진들의 결백을 결코 믿지 않을 것이다." 후에 비열한 스타검사는 빈스를 '두 번 죽인다.' 클린턴은 오직 봉사와 좋은 일을 위해 그의 곁에 온 아칸소 친구들이 비판의 대상이 되고 있는 것이 슬펐다. 빈스를 보내고, 그는 경제 계획을 들고 상하의원의 표를 얻기 위한 설득 작업에 들어가고, 밀고 당기는 예산 드라마가 펼쳐진다.

35 | 라빈과 아라파트

오슬로에서 진행되던 비밀회담에서 라빈과 아라파트가 평화 합의에 이르렀다는 기쁜 소식이 온다. 그들은 백악관에 와서 평화협정에 서명할 것이며, 미국은 그들과의 대화를 계속할 것이라고 발표했다. 당시에는 자국민들이 어떤 반응을 보일지 알 수 없었기 때문에 두 지도자가 직접 온다는 것은 도박이었다. 두 지도자는 조인식에 직접 왔고, 연설을 했으며 '전 세계가 보고 싶어 하니까' 악수를 나눴다. 다음 날 이스라엘과 요르단 외교관들은 최종적인 평화에 더 다가가는 협정에 서명했고, 유태계와 아랍계 미국인 사업가 수백 명은 투자를 위해 함께 노력할 것을 다짐했다.

36 | 김영삼 대통령을 위한 국빈 만찬 준비

대통령 1차년도에 대국회 관계에서 가장 높은 성공률을 기록하는 성과가 있었음에도 여론조사 지지율이 낮았다. 성공적인 업적을 홍보하지 않아 국민들이 잘 모르기 때문이기도 하지만, 공화당의 끈질긴 공격과 그의 실수를 최대한 이용하는 노련함의 공이 크다. 그동안 경제 장관들이 모이던 아시아태평양 경제협력체에 그는 지도자들이 직접 모이자고 제안했고, 그 최초의 모임이 이루어진다. 일본의 새 총리, 중국의 총서기 장쩌민 등과 현안 문제에 대한 의견을 나누고, 북한 문제를 해결하기 위해 서로 돕기로 한다. 워싱턴으로 돌아온 그는 김영삼 대통령을 위해 처음으로 국빈 공식만찬을 준비한다.

37 | 가장 힘들었던 1994년

새해 5일, 어머니가 세상을 뜨셨다. 밥 돌과 뉴트 깅리치는 그 소식에도 무심한 채 화이트워터에 대한 독립변호사의 임명이 필요하다고 주장한다. 장례를 치르고 그는 유럽 순방길에 오른다. 프라하에서 하벨을 만나고, 우크라이나 대통령을 만나 옐친과 함께 서명하게 될 협정에 미리 감사했다. 모스크바에서 옐친은 러시아에 대한 원조 결정에 감사하며, 그가 제안한 '평화를 위한 동반관계'를 조건부로 승인한다. 유럽 순방으로 미국은 큰 이익을 얻었지만, 국내에서는 전혀 알지 못한다. 모두가 화이트워터 이야기만 하고 싶어했다. 내용도 잘 모르고, 부정의 '믿을 만한 증거'도 없이 민주당 의원들 몇몇도 합세한다. 사실이 아닌데도 대처방안을 세워야 했고, 지쳐 있는 동안 공화당계 출신인 로버트 피스크가 특별검사로 임명된다.

38 | 온갖 거짓으로 진흙탕이 된 화이트워터의 물살

화이트워터의 거친 물살은 진실을 비쳐 가며 거짓 증거들로 혼탁해지고, 드디어는 그 당시 사고를 당한 사람들은 '의문의 죽음을 당한 수많은 사람들'이 되어 가고 있었다. 그는 마약 밀반입, 증인 살해 등의 범죄자로 몰렸으며, 여론조사에서는 반수의 사람들이 그들 부부가 거짓말을 하고 있으며 불법적인 일을 했다고

생각했다. 한편으로 그는 대통령으로서, 학위 없는 노동자들을 위한 법안, 취학 전 아동 교육 개혁안, 복지개혁안 등을 내놓고, 인도와 파키스탄, 보스니아와 크로아티아, 중국 등을 상대로 성공적인 외교정책을 펼치고, 끊임없이 이어지는 일들을 현명하게 처리해 나간다.

39 | 아이티 민주주의 무혈로 회복시키다

화이트워터는 피스크 검사에 의해 맑아졌지만 그는 비난 속에 해임되고, 후임으로 임명된 케네스 스타는 당성이 아주 강해서 화이트워터를 다시 흙탕물로 만들 작정을 하고 있었다. 그 와중에도 외교정책은 착실히 진행되고, 그의 법안은 성공과 실패 끝에 빛을 보기도 하고 다음 회기로 밀리기도 한다. 아이티의 공포정치가 극에 달하고 있을 때, 해결사로 카터 대통령과 콜린 파월, 샘 넌을 특사로 보낸다. 언제 공격을 개시하게 될지 모르는 위태로운 상황에서 협상 시간은 계속 늘어났으며, 마침내 아이티는 전쟁 대신 평화를 택한다. 중간선거는 6주 남았는데, 그에 대한 불신은 아직 걷히지 않았다.

40 | 축복받은 10월

의료 제도 개혁은 좌절되지만, 총 13개의 세출 예산안이 통과되어 또 한번 생산적인 입법의 해를 마무리한다. 40%의 지지율로 맞이한 10월은 그나마 얼마간의 행운을 가져온다. 만델라가 국빈 방문하고, 상호 협력을 위한 합동위원회 설치에 합의한다. 상하의원은 초당적인 지지로 초등 및 중등 교육법을 통과시키고, 실업률은 떨어지고 경제 성장은 자리를 잡았으며, 수출도 호황이었다. 아이티는 민주주의를 회복하고, 강도 높은 협상 끝에 북한이 핵확산 위협을 종식시키는데 합의하고, 이스라엘과 요르단이 평화협정에 합의하고 조인식에 그를

증인으로 초청한다. 이스라엘 국회에서 연설하고, 숙연한 마음으로 홀로코스트 기념관을 방문했다. 성공적이고 고무적인 방문이었지만, 고국에서는 힘겨운 선거가 기다리고 있었다.

41 | 상하의원 선거에서 민주당 완패하다

'대통령 자리'를 지키면서 지지율을 강화할 만한 말과 행동만 하라는 충고를 받았지만, 그를 위해 뛰어 준 사람들의 지원유세를 거절할 수 없어 선거운동에 뛰어든다. 유권자들에게 그것은 좋지 않은 인상을 주었고, 결과는 완패였다. 그가 짧은 기간 동안 누구보다 많은 일을 했다는 것을 아무도 몰라주었다. 그가 재선에 나서지 않을 거라는 예측이었지만, 시간은 그의 편이었다. 적자는 줄어들고 경제는 계속 좋아질 터였고, 새로운 국회는 국민 전체를 볼 때 너무 우익으로 치우쳐 있으며, 공화당은 감세와 국방비 증액 비용을 대기 위해 교육, 의료, 환경 지원에 들어가는 돈을 줄이자고 할 터였고, 그건 국민들의 복지를 위협하는 제안이었다.

42 | 침몰하는 멕시코 구출 작전

새해 벽두에 찾아온 최대의 위기는 멕시코의 재정위기였다. 페소화 가치가 급락하고, 외환고는 바닥 난 상태여서 돈을 꾸거나 갚을 능력을 잃었다. 멕시코를 살려내지 않으면, 마약과 불법 이민자들이 국경을 넘어 올 것이고, 교역 관계에 있는 모든 나라들이 연쇄적으로 영향을 받게 된다. 미국의 지원에도 멕시코가 소생하지 못하면 돈을 몽땅 잃을 수도 있다. 강력한 반대에 부딪혔지만, 그는 멕시코의 새 대통령을 믿었기 때문에 지원을 결정한다. 국제통화기금에서 180억 달러를 지원 받고, 105억 달러를 빌려 간 멕시코는 예정보다 3년이나 앞당겨 차관에 이자 14억 달러까지 다 갚는다. '재임 기간에 이루어진 가장 인기 없고, 가장 이해 받지 못했던, 그러나 가장 중요한 외교정책 결정'이었다.

43 | 오클라호마 폭발 사고와 예산 싸움

연방정부를 증오하는 한 인물에 의한 오클라호마 폭발 사고로 어린이를 포함한 무고한 생명이 희생당하자, 그는 이미 국회에 제출한 테러방지 법안에 대해 신속한 처리를 요구한다. 화이트워터 문제로 클린턴 부부는 심문을 받는다. 예산을 둘러 싼 긴 싸움에서 그는 처음으로 공화당의 예산폐기안에 거부권을 행사한다. 불필요한 프로젝트 대신 교육, 국가봉사, 환경에서 너무 많은 지출이 삭감되기 때문이다. 공화당이 교육, 아메리코, 안전한 마시는 물 프로그램에서 7억 달러 이상을 되살려 주었기 때문에 그들과 합의에 이르고, '경제가 나아져서 예상보다 적자가 감소되었으며, 공화당식의 가혹한 삭감 없이도 9년이면 균형 예산을 이룰 수 있는' 희망이 보인다.

44 | 결혼 20주년에야 사준 다이아몬드 반지

보스니아에서는 치열한 전투가 시작되고, 무기수출금지 조치 철회 압력, 화이트워터 청문회, 예산 싸움 등으로 긴장을 풀 수 없었지만, 10월 말의 하루는 기쁨이었다. 그는 결혼 20주년 기념식에서 힐러리에게 자신들이 살아온 삶을 기념하는 예쁜 다이아몬드 반지를 선물한다. 그것은 힐러리가 그의 청혼을 받아들였을 때 돈이 없어 약혼반지조차 사주지 못했던 지난날에 대한 보상이기도 했다. 힐러리는 그 반지를 좋아했으며, 자신들의 삶의 기복에도 불구하고 그들이 여전히 서로에게 묶여 있다는 표시로 그 반지를 끼고 다녔다.

45 | '장막 앞의 불기둥' 라빈 암살되다

보스니아 평화회담이 시작되고 있는 시각에 이스라엘 수상 라빈이 총을 맞다. 대규모 평화 집회에 참석했다가 떠나는 길이었다. 이스라엘 정착민들이 있는 서안지구를 팔레스타인에게 넘겨주는 걸 참을 수 없었던 젊은 법대생은 평화를 사랑한 라빈의 숭고한 정신을 분노로 갚았다. 라빈은 불과 열흘 전에 그에게 유대인 호소연합회에서 주는 이사야상을 수여하려고 미국에 왔었다. 신뢰와 존경으로 쌓아온 우정, 그는 이제 라빈 없이 중동에서 무엇을 할 수 있을까! 라빈의 손녀는 "할아버지는 장막 앞의 불기둥이었어요. 이제 우리는 어둠 속에 홀로 남은 장막일 뿐, 우리는 너무 추워요"라는 말로 청중을 감동시킨다.

46 | 청문회의 고난 속에서, 다시 대통령이 되다

화이트워터는 스타 검사의 각본대로 펼쳐지느라 국민의 혈세가 낭비되고 있었지만, '특별검사'의 비뚤어진 야망은 갈수록 왜곡되어 간다. 힐러리는 『한 마을이 필요하다』를 펴내고 용감하게 전국을 돌며 홍보행사를 펼치고, 사람들은 그녀를 지지해 주었다. 아일랜드와 중동에서 평화가 깨지고, 스타검사는 그의 발목을 놓지 않지만, 그의 정책을 제대로 알리고 긍정적인 평가를 얻기 위해 본격적인 재선 운동에 들어간다. 테러와 흑인교회 연쇄방화 등의 사건들 속에서도 '4년 간의 성적이 좋았고' 또 '아무 죄 없이 정적들에게 시달리고 있다'는 것이 드러났기 때문에 유권자들은 그에게 한번 더 미국을 맡긴다.

47 | 폴라 존스, 합의 거절하고 사과 요구하다

대통령으로서 5번째 맞이한 1997년의 성적은

비교적 만족스럽다. 헬싱키 정상회담; 나토 확대, 화학무기 협약, 교토의정서, 입양법의 전면적 개혁 등 외교정책도 성공적이었고, 균형 예산안, 최대의 대학 지원, 아동건강보험 확장, 식품의약품국 개혁 등도 지지를 얻는다. 폴라 존스의 사건은 재판으로 가더라도 승산이 있었지만, 남은 임기 동안 단 며칠이라도 낭비하기 싫어 합의를 제안한다. 폴라 측은 '성희롱'에 대해 사과하지 않으면 합의할 수 없다고 하고, 그건 사실이 아니라 응할 수 없었다. 그의 정적들이 돈을 대는 법률회사가 사건을 맡게 되면서 험난한 앞날을 예고한다. 크리스마스 하루 전 미국은 비틀거리는 한국 경제를 지원하기 위해 17억 달러를 제공하기로 합의한다. 그는 1992년 5월 로스앤젤레스 시청 계단에서 김대중 대통령을 처음 만났는데, 그 때 김 대통령은 자신이 그와 똑같은 새로운 방식으로 정치에 접근하고 있다고 당당하게 말했다고 한다. 김 대통령은 용감한 동시에 통찰력이 있었으며, 그는 김 대통령을 지원하고 싶었다고 한다.

48 | 르윈스키와의 '부적절한' 관계, 대가를 치르다

1998년, 가장 부정적인 한 해가 된다. 르윈스키와의 일은 부도덕하고 어리석은 일이었다. 그보다 더 후회되는 일은 가족에게, 국민에게 창피했기 때문에 그들 모두를 '속였다'는 것이다. 그로 인해 '모든 일에서' 거짓말쟁이처럼 돼버렸지만, 공적인 생활이나 재정 문제에서 그는 정직했다. 나라 재정은 이제 흑자로 올라섰고 대내외적인 정책은 모두 성공적이었지만, 르윈스키는 '개인적인 수모와 불명예로 외롭고 힘든' 그와의 싸움을 포기하지 않는다.

49 | 탄핵 위기 속에서 민주당 완승

르윈스키와의 관계를 힐러리에게 고백한다. 세계 곳곳에서 테러가 발생하고, 빈 라덴과의 전쟁이 시작된다. 그밖에 경제 지원과 평화를 위한 정상회담, 중동평화유지 등에서 뛰어난 능력을 발휘해 미국을 빛나게 하지만, 정적들은 오직 개인적인 실수에 초점을 맞춰 탄핵을 추진한다. 그런 중에 정치분석가들의 예상과는 반대로 민주당은 승리한다. 대통령 탄핵만을 내세운 공화당보다는 경제 발전과 국익을 가져온 성공적인 정책을 지지한 국민들은 압도적으로 탄핵을 반대하고, 그가 '탄핵을 받을 정도의 중대한 범죄를 범하지 않았다'는 것이 증명된다.

50 | 김대중 대통령과 북한 문제 협력 합의

11월 그는 한국을 방문하여 경제위기 극복을 위한 노력과 북한과의 적극적인 교류를 추진하고 있는 김대중 대통령의 활동에 대한 지지를 밝히고, 미국과 한국이 미사일과 핵무기를 비롯한 대량 살상 무기의 확산을 허용해서는 안 된다는 점을 분명히 했다. 화이트워터로 시작된 특검 조사 보고에서 스타검사는 '대통령 부부의 범죄 사실을 발견하지 못했으며' 또한 자신이 대배심 규칙을 위반하여 '언론과 몰래 이야기했다'는 사실을 인정한다. 스타가 거짓 증언을 하고, '불법적으로' 탄핵과정에 개입한 것도 밝혀진다. 폴라 존스 소송은 상당한 돈을 지불하되 사과는 하지 않기로 매듭짓는다. 탄핵 절차가 진행되는 동안에도 그는 직무에 충실함으로써 언론도 균형을 잡아가기 시작한다. 실업률은 계속 떨어졌고, 주식시장은 상승세를 타기 시작했다. 무엇보다도 이익을 본 많은 국민들이 그에게 격려와 지지를 보내고 있었다.

51 | 탄핵 동의안 부결되다

탄핵재판이 시작되는 날 그는 연두교서를 발표하고, 그가 제시한 믿을 만한 정책은 최고의 지지율을 얻는다. 탄핵사유였던 위증과 사법방해 혐의는 구체적이고 근거 있는 반론 앞에 산산조각 난다. 3주간의 격론 끝에 탄핵 동의안은 부결되고, 그는 모진 시련에서 벗어났다. 전 세계에 발가벗겨지고, 수많은 돌을 맞았지만, '누구도 완벽한 사람은 없다'며 그를 밀어준 우방 국가의 지도자들, 개인적인 실수보다는 미국의 자존심을 지켜준 업적에 표를 던진 국민들, 무엇보다 웃음을 되찾은 힐러리가 있었기에 평온 속에 봄을 맞는다.

52 | 세르비아, 코소보 공격

세르비아의 코소보 공격으로 세계 평화가 위협받게 된다. 유엔과 미국을 비롯한 동맹국들, 나토의 설득과 제안에도 밀로셰비치는 5만 명의 무고한 생명들을 앗아가고, 25만 명의 난민이 발생한다. 나토의 대대적인 공습 끝에 밀로셰비치는 국제사법재판소에서 전쟁범죄 혐의로 기소되고, 나토는 코소보에 평화유지군을 파견한다. 미국 내에서는 교내 총기난사 사건이 발생하고, 이를 계기로 총기소지 규정을 확대하여 사실상 '무면허 총기구매'의 가능성을 차단한다.

53 | 엘 고어를 대통령으로!

엘 고어가 대통령 출마를 선언하고, 그의 경쟁자는 조지 W. 부시였다. 나라 형편이 좋아지고, 행정부에 대한 지지도가 높았기 때문에 엘 고어의 승리는 낙관적이었다. 엘 고어는 역사상 가장 적극적이고 능력 있는 부통령이었지만, 부통령을 그저 보좌역으로 생각하는 사람들의 고정관념을 깨뜨릴만한 '독립성'을 찾아야 했다. 클린턴은 미국의 중심부인 리틀록에 자신의 도서관을 세우고 싶어 했고 그의 인생과 대통령 직무에 대한 책을 쓰고 싶어 했다. 대외적으로는 인도와 파키스탄, 터키와 그리스 사이의 갈등을 중재하고, 오사마 빈 라덴을 체포 또는 살해하기 위한 특공대 파견 프로그램은 취소되었지만, 국가안보팀의 활약으로 수많은 테러공작은 무산되고, 아무 문제없이 희망의 새 천년을 맞이한다.

54 | 쿠바 엘리안 사건, 정치문제로 확대되다

쿠바에서 엄마와 함께 낡은 배를 타고 미국으로 오다가 사고로 혼자 남은 어린아이를 놓고, 누구에게 양육권이 있는가 하는 것이 선거전의 현안으로 떠오른다. 미국에 있는 아이의 친척들은 아이를 카스트로의 독재 밑으로 돌려보내는 것은 옳지 않다고 버텼고, 미국 이민국은 조사 결과 쿠바의 아버지에게 돌려보내져야 한다고 했다. 엘 고어는 아이의 이익을 위해서는 미국에 남아야 한다고 주장했고, 쿠바의 아버지 품에서 행복한 미소를 짓고 있는 사진이 신문에 실리면서 여론은 부자 지간의 재결합 쪽으로 기울어졌다.

55 | 아쉬웠던 북한 방문 취소

힐러리는 상원의원이 되고, 고어는 '플로리다 투표용지'로 불거진 '재검표의 부당한 처리'로 이기고도 졌다. 임기는 끝나가고 있었지만, 마무리져야 할 일은 미국과 전 세계에 널려 있었고, 그는 최선을 다해 문제들을 해결해 나간다. 그는 일찍이 빌 페리를 특사로 보내 '북한이 장거리 미사일 생산 시도를 포기하면 광범위한 지원을 하겠다'고 제안했었고, 이제 북한과의 협상을 진척시키기 위해 북한에 갈 예정이었다. 노벨평화상을 받은 직후 한국의 김대중 대통령이 '햇볕정책'을 통해 그 어느 때보다 강도 있게 남북한의 화해를 열망하고 있다는 것을 알고, '햇볕정책'을 위한 어떤 계기를 마련하고 싶었다. 그러나 아라파트는 중동평화회담에서 제시된 중재안을 마무리하기를 원한

다며 북한 방문을 단념할 것을 간청한다. 북한 방문은 취소되고, 대통령 임기 마지막 날 그가 한 일은 '미국이 세계적으로 전개해 온 지뢰금지 활동을 앞으로 10년 더 지속해 줄 것을 당부하는 것'이었다.